INTRODUÇÃO À ECONOMIA

O GEN | Grupo Editorial Nacional – maior plataforma editorial brasileira no segmento científico, técnico e profissional – publica conteúdos nas áreas de ciências sociais aplicadas, exatas, humanas, jurídicas e da saúde, além de prover serviços direcionados à educação continuada e à preparação para concursos.

As editoras que integram o GEN, das mais respeitadas no mercado editorial, construíram catálogos inigualáveis, com obras decisivas para a formação acadêmica e o aperfeiçoamento de várias gerações de profissionais e estudantes, tendo se tornado sinônimo de qualidade e seriedade.

A missão do GEN e dos núcleos de conteúdo que o compõem é prover a melhor informação científica e distribuí-la de maneira flexível e conveniente, a preços justos, gerando benefícios e servindo a autores, docentes, livreiros, funcionários, colaboradores e acionistas.

Nosso comportamento ético incondicional e nossa responsabilidade social e ambiental são reforçados pela natureza educacional de nossa atividade e dão sustentabilidade ao crescimento contínuo e à rentabilidade do grupo.

JOSÉ PASCHOAL ROSSETTI

PROFESSOR E PESQUISADOR DA
FUNDAÇÃO DOM CABRAL

VIGÉSIMA PRIMEIRA EDIÇÃO

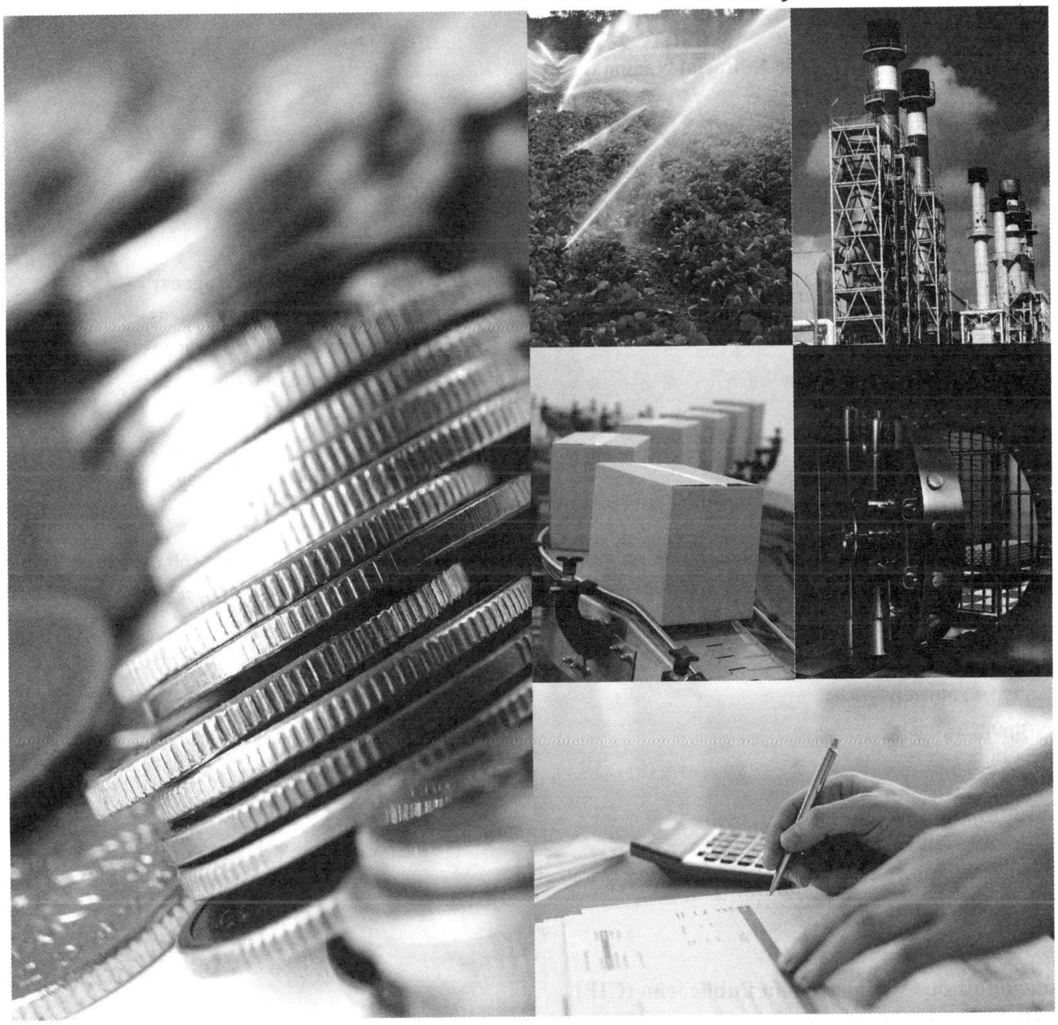

INTRODUÇÃO À ECONOMIA

O autor e a editora empenharam-se para citar adequadamente e dar o devido crédito a todos os detentores dos direitos autorais de qualquer material utilizado neste livro, dispondo-se a possíveis acertos caso, inadvertidamente, a identificação de algum deles tenha sido omitida.

Não é responsabilidade da editora nem do autor a ocorrência de eventuais perdas ou danos a pessoas ou bens que tenham origem no uso desta publicação.

Apesar dos melhores esforços do autor, do editor e dos revisores, é inevitável que surjam erros no texto. Assim, são bem-vindas as comunicações de usuários sobre correções ou sugestões referentes ao conteúdo ou ao nível pedagógico que auxiliem o aprimoramento de edições futuras. Os comentários dos leitores podem ser encaminhados à **Editora Atlas Ltda.** pelo e-mail faleconosco@grupogen.com.br.

Direitos exclusivos para a língua portuguesa
Copyright © 2018 by
Editora Atlas Ltda.
Uma editora integrante do GEN | Grupo Editorial Nacional

1ª edição – Abril de 1969
2ª edição – Abril de 1970 (3 tiragens)
3ª edição – Dezembro de 1971
4ª edição – Setembro de 1972
5ª edição – Dezembro de 1974 (5 tiragens)
6ª edição – Janeiro de 1977
7ª edição – Janeiro de 1978 (2 tiragens)
8ª edição – Fevereiro de 1980
9ª edição – Janeiro de 1982 (2 tiragens)
10ª edição – Janeiro de 1984 (2 tiragens)
11ª edição – Junho de 1985
12ª edição – Janeiro de 1987
13ª edição – Abril de 1988
14ª edição – Janeiro de 1989
15ª edição – Abril de 1991 (3 tiragens)
16ª edição – Março de 1994 (3 tiragens)
17ª edição – Janeiro de 1997 (3 tiragens)
18ª edição – Janeiro de 2000 (2 tiragens)
19ª edição – Janeiro de 2002
20ª edição – Julho de 2003 (11 tiragens)
21ª edição – Agosto de 2016 (3 tiragens)

Reservados todos os direitos. É proibida a duplicação ou reprodução deste volume, no todo ou em parte, sob quaisquer formas ou por quaisquer meios (eletrônico, mecânico, gravação, fotocópia, distribuição na internet ou outros), sem permissão expressa da editora.

Rua Conselheiro Nébias, 1384
Campos Elísios, São Paulo, SP – CEP 01203-904
Tels.: 21-3543-0770/11-5080-0770
faleconosco@grupogen.com.br
www.grupogen.com.br

Arte de capa: Elenir Batista Pereira
Foto do autor: Cleuber Dias Torrão. Acervo PwC
Montagem e finalização: MSDE | MANU SANTOS Design Estratégico
Editoração Eletrônica: Formato Editora e Serviços

Dados Internacionais de Catalogação na Publicação (CIP)
(Câmara Brasileira do Livro, SP, Brasil)

Rossetti, José Paschoal
Introdução à economia / José Paschoal Rossetti. – 21. ed. – [4. Reimpr.]. – São Paulo: Atlas, 2019.

Bibliografia
ISBN 978-85-97-00286-7

1. Brasil – Condições econômicas 2. Economia. I. Título.

93-3253 CDD-330

Índices para catálogo sistemático:

1. Ciências econômicas   330
2. Economia   330

*À minha mãe e ao meu pai,
em memória.
À Therezinha
e aos nossos filhos.*

Sumário

Apresentação, xix

Prefácio, xxi

Parte I
A Compreensão da Economia, 1

1 A Abrangência e as Limitações da Economia, 3

1.1 A Economia como Ciência Social, 4
- As Ciências Sociais ou do Comportamento, 4
- Relações Biunívocas da Economia, 5
- De que se Ocupa a Economia, 6

1.2 A Quantificação da Realidade Econômica, 8
- Unidades Adotadas, 9
- Distinção entre Variáveis Quantificáveis, 10
- Relações entre Variáveis, 12
- Formas Usuais de Indicações Quantitativas, 15
- O Fato Econômico: Fundamentos e Natureza, 16

1.3 O Conceito de Economia, 17
- Dimensão e Adjetivação Iniciais: a Economia Política, 17
- As Fronteiras Ampliadas: os Conceitos Clássico e Neoclássico, 20
- A Perspectiva Socialista, 22
- A Concepção de Robbins, 23
- Uma Primeira Síntese: as Questões Presentes em Abordagens Distintas, 27

1.4 A Metodologia de Desenvolvimento do Conhecimento Econômico, 28
- A Construção do Conhecimento: Senso Comum, Ciência e Ideologia, 28
- A Elaboração da Ciência: os Métodos Indutivo e Dedutivo, 32
- Fundamentos Teóricos e Vinculação Ideológica: as Escolas Econômicas, 36

1.5 "Compartimentos" Usuais da Economia, 39
- Proposições Positivas e Normativas: Diferenciação Fundamental, 39
- A Microeconomia: a Abordagem Microscópica, 41
- A Macroeconomia: a Abordagem Macroscópica, 44
- A Política Econômica: o Processo de Escolha de Fins e Meios, 46

1.6 O Significado e as Limitações da Economia, 52
- O Caráter Probabilístico das Leis Econômicas, 53
- A Condição *Ceteris Paribus*, 57
- As Partes e o Todo em Economia: o Sofisma de Composição, 59

❑ O Alcance e as Limitações da Economia, 60

Resumo, 62

Palavras e Expressões-chave, 63

Questões, 64

2 Os Recursos Econômicos e o Processo de Produção: Caracterização Básica, 66

2.1 O Fator *Terra*: um Conceito Abrangente de Reservas Naturais, 67
- ❑ Os Recursos Naturais: o Conceito do Fator Terra, 67
- ❑ A Limitada Dotação do Fator Terra, 71
- ❑ O Futuro: os Limites do Crescimento Exponencial, 73
- ❑ A Disponibilidade do Fator Terra no Brasil, 78

2.2 O Fator *Trabalho*: as Bases Demográficas da Atividade Econômica, 79
- ❑ O Quadro Demográfico: o Conceito do Fator Trabalho, 79
- ❑ As Pirâmides Demográficas: Configurações e Ônus Populacional, 83
- ❑ A História Demográfica: Crescimento Lento, Forte Expansão e Estabilização, 86
- ❑ O Quadro Demográfico e a Qualificação do Fator Trabalho no Brasil, 93

2.3 O Fator *Capital*: Conceito, Tipologia e Processo de Acumulação, 100
- ❑ Conceito e Tipologia do Fator Capital, 100
- ❑ As Fontes e o Processo de Acumulação do Fator Capital, 105
- ❑ A Acumulação do Fator Capital no Brasil, 109

2.4 A Capacidade Tecnológica: Elo entre os Recursos de Produção, 110
- ❑ Conceito Abrangente de Capacidade Tecnológica, 110
- ❑ O Processo de Geração e Acumulação de Capacidade Tecnológica, 113
- ❑ P&D e C&T no Brasil: Esforços para Superar a Fragilidade, 118

2.5 A Capacidade Empresarial: a Energia Mobilizadora, 121
- ❑ Conceito de Empresariedade, 121
- ❑ Qualificação e Importância da Capacidade Empresarial, 124

2.6 O Processo de Produção: Fundamentos e Categorias Resultantes, 125
- ❑ Os Setores de Produção: uma Classificação Usual, 125
- ❑ A Mobilização dos Recursos e a Interação dos Fatores, 126
- ❑ Categorias Resultantes do Processo Produtivo, 127

2.7 A Função Produção: Desenvolvimentos Básicos, 130
- ❑ A Relação Funcional Produção-recursos, 130
- ❑ A Dinâmica da Produção: Acumulação, Crescimento e Bem-estar, 132

Resumo, 134

Palavras e Expressões-chave, 135

Questões, 137

3
A Interação dos Agentes Econômicos e as Questões-chave da Economia, 140

3.1 O Sistema Econômico: uma Visão de Conjunto, 141

3.2 Os Agentes Econômicos: Qualificações e Funções, 143
- As Unidades Familiares: Identificação e Características, 143
- As Empresas: Unidades Básicas do Aparelho de Produção, 147
- O Governo: Características e Funções, 152

3.3 A Interação dos Agentes Econômicos, 154
- As Razões de Ser da Interação Econômica e do Sistema de Trocas, 154
- O Escambo como Sistema Primitivo de Trocas, 157
- As Mercadorias-moeda: a Evolução para as Trocas Indiretas, 161
- O Metalismo: Origem e Evolução, 162
- A Aparição da Moeda-papel, 165
- Da Moeda-papel para o Papel-moeda: a Criação da Moeda Fiduciária, 166
- Características e Funções da Moeda na Atualidade, 168

3.4 O Processo de Interação e os Fluxos Econômicos Fundamentais, 170
- Uma Diferenciação Fundamental: Fluxos Reais e Fluxos Monetários, 170
- Uma Primeira Aproximação: a Interação de Unidades Familiares e Empresas, 171
- Uma Segunda Aproximação: a Introdução do Governo, 173

3.5 O Processo Econômico e as Questões-chave da Economia, 175
- Uma Visão de Conjunto: Processos e Questões-chave, 175
- A Eficiência Produtiva, 177
- A Eficácia Alocativa, 178
- A Justiça Distributiva, 180
- O Ordenamento Institucional, 182

Resumo, 185

Palavras e Expressões-chave, 186

Questões, 187

4
As Duas Primeiras Questões-chave da Economia: a Eficiência Produtiva e a Eficácia Alocativa, 191

4.1 Os Fundamentos das Duas Primeiras Questões-chave, 193
- A Escassez de Recursos, 193
- As Ilimitáveis Necessidades e Aspirações, 195

4.2 A Eficiência Produtiva: as Curvas (ou Fronteiras) das Possibilidades de Produção, 198
- As Possibilidades de Produção e os Custos de Oportunidade, 198
- Os Quatro Pontos Notáveis das Curvas de Possibilidades de Produção, 203
- Os Deslocamentos das Fronteiras de Produção, 206
- A Lei dos Rendimentos Decrescentes, 208
- A Ocorrência de Custos de Oportunidade Crescentes, 211

4.3 A Eficácia Alocativa: os Dilemas Fundamentais, 217
- O Dilema das "Espadas e Arados": Segurança ou Bem-estar, 217
- O Dilema do Consumo e do Investimento: o Presente e o Futuro, 225
- Observações Finais sobre a Eficácia Alocativa, 231

Resumo, 233

Palavras e Expressões-chave, 234

Questões, 236

5 A Terceira Questão-chave da Economia: a Justiça Distributiva, 239

5.1 A Questão da Desigualdade Econômica, 242
- Quadros Referenciais: Estruturas de Repartição em Diferentes Países, 242
- A Estrutura de Repartição da Renda no Brasil, 248

5.2 Os Instrumentos de Aferição das Desigualdades, 253
- A Hipérbole de Pareto: Conceito e Interpretação, 253
- A Curva de Lorenz e o Coeficiente de Gini, 258
- A Estrutura de Repartição da Renda no Brasil, 264
- Desigualdade e Pobreza: Diferenças Conceituais e Implicações, 269

5.3 Desigualdade, Pobreza e Justiça Distributiva, 274
- As Causas Prováveis das Desigualdades, 274
- O que Significa Justiça Distributiva, 282

Resumo, 287

Palavras e Expressões-chave, 288

Questões, 290

6 A Quarta Questão-chave da Economia: o Ordenamento Institucional, 292

6.1 Formas Alternativas de Ordenamento: uma Visão de Conjunto, 294
- As Bases das Primeiras Formas de Ordenamento Institucional, 294
- O Pensamento Liberal Clássico e a Economia de Mercado, 297
- O Pensamento Socialista e a Economia de Comando Central, 299
- Uma Síntese: Traços e Transição dos Modelos de Referência, 301

6.2 O Modelo Liberal: o Ordenamento pelas Forças do Mercado, 303
- Uma Primeira Aproximação: a "Mão Invisível" do Mercado, 303
- Os Vícios e as Imperfeições da Economia de Mercado, 309
- As Intervenções Corretivas: Fundamentos e Objetivos, 312

6.3 O Modelo Coletivista: o Ordenamento por Comandos Centrais, 318
- A Crítica Socialista e a Planificação da Economia, 318
- O Quadro Institucional e os Modelos de Planificação, 322
- Implantação e Evolução do Modelo na URSS, 324
- O Modelo em Outras Economias de Comando Central, 329
- As Imperfeições dos Sistemas Centralizados, 336

6.4 O Processo de Desradicalização: A Tendência Centrípeta, 342
- As Direções Dominantes: dos Extremos para o Centro, 342
- Um Novo Paradigma: a Economia Social de Mercado, 346

Resumo, 348

Palavras e Expressões-chave, 349

Questões, 351

7
Os Grandes Desafios Econômicos do Mundo em que Vivemos, 354

7.1 A Consolidação da Nova Ordem Geopolítica Mundial, 356
- A Superação do Conflito Leste-Oeste, 356
- A Nova Ordem Geopolítica: os Blocos de Integração, 359
- A Definição do Modelo Multipolar, 359
- As Esferas de Coprosperidade, 362

7.2 As Distâncias entre as Condições de Competitividade das Nações, 365

7.3 O Desafio da Universalização do Desenvolvimento, 370
- Indicadores de Desenvolvimento: Um Quadro Comparativo, 370
- IDH e IDS: Índices de Desenvolvimento Humano e Social, 374
- O Rompimento dos Círculos Viciosos do Atraso, 381

7.4 Desafios da Competitividade e da Geração de Empregos, 385
- A Competitividade: Razões e Desafios, 385
- A Geração de Empregos: Razões e Desafios, 389
- "Pares Paradoxais", Progressos e Desafios e Complexa Superação, 395

7.5 A Expansão Econômica e a Preservação Ambiental, 397
- Externalidades Ambientais da Expansão Econômica, 397
- Desenvolvimento Sustentável: Significado e Mecanismos, 400

7.6 O Desafio-síntese: uma Grade Referencial, 402
- A Conciliação da Eficiência Econômica com a Liberdade Política, 402

Resumo, 405

Palavras e Expressões-chave, 406

Questões, 408

Parte II
Teoria Microeconômica Básica, 411

8
O Mercado: Estruturas e Mecanismos Básicos, 413

8.1 O Mercado: Conceito, Tipologia e Estruturas, 414
- O Conceito Econômico de Mercado, 414
- Principais Estruturas de Mercado, 417
- Conflitos de Interesse e Mecanismos de Equilíbrio, 427

8.2 A Procura: Conformação, Elasticidade e Deslocamentos, 429
- Conformação Básica da Curva de Procura, 429
- A Elasticidade-preço da Procura: Conceito e Aferição, 433
- Os Fatores Determinantes da Elasticidade-preço da Procura, 435

❑ Deslocamentos da Curva da Procura: Fatores Determinantes, 437

8.3 A Oferta: Conformação, Elasticidade e Deslocamentos, 441
- ❑ Conformação Básica da Curva de Oferta, 441
- ❑ A Elasticidade-preço da Oferta: Conceito e Aferição, 443
- ❑ Os Fatores Determinantes da Elasticidade-preço da Oferta, 444
- ❑ Deslocamentos da Curva da Oferta: Fatores Determinantes, 446

8.4 O Equilíbrio de Mercado: a Intersecção Procura-oferta, 449
- ❑ O Conceito de Preço de Equilíbrio, 449
- ❑ Os Deslocamentos da Procura e da Oferta e o Movimento dos Preços, 452
- ❑ A Elasticidade e a Intensidade dos Movimentos, 454

8.5 As Funções e as Imperfeições do Mercado, 456
- ❑ O Mercado como Alocador de Recursos, 456
- ❑ Virtudes, Vícios e Intervenções Regulatórias, 459

Resumo, 461

Palavras e Expressões-chave, 462

Questões, 463

9 Os Comportamentos dos Consumidores e dos Produtores: Fundamentos Teóricos, 465

9.1 O Comportamento do Consumidor: Fundamentos Teóricos, 466
- ❑ A Curva da Procura e o Princípio da Utilidade Marginal, 466
- ❑ As Curvas de Indiferença e as Restrições Orçamentárias, 474
- ❑ A Derivação de uma Curva Típica de Procura, 480

9.2 O Comportamento do Produtor: Fundamentos Teóricos, 482
- ❑ Os Conceitos de Receita Total e Marginal, 482
- ❑ Os Conceitos de Custos Fixos, Variáveis, Totais, Médios e Marginais, 484
- ❑ O Objetivo de Maximização do Lucro, 492

9.3 Outros Fatores Condicionantes do Comportamento, 496
- ❑ Outros Determinantes do Comportamento do Consumidor, 496
- ❑ Outros Determinantes do Comportamento da Empresa, 498
- ❑ As Abordagens de Scitovsky e de Baumol, 501

Resumo, 503

Palavras e Expressões-chave, 504

Questões, 506

10 Objetivos Privados e Benefícios Sociais: as Condições de Equilíbrio nas Diferentes Estruturas de Mercado, 508

10.1 O Protótipo da Eficiência Social: a Concorrência Perfeita, 509
- ❑ Condições de Mercado sob Concorrência Perfeita, 509
- ❑ A Maximização do Lucro sob Concorrência Perfeita, 514
- ❑ A Eficiência Social da Concorrência Perfeita, 517
- ❑ Do Protótipo à Realidade: uma Síntese dos Desvios, 525

10.2 O Monopólio: Condições, Efeitos e Controle, 527
- ❑ Condições e Razões para a Existência de Monopólios, 527

❏ A Maximização do Lucro pela Empresa Monopolista, 529
❏ As Formas de Controle do Poder Monopolista, 534

10.3 A Concorrência Monopolística: uma Estrutura a Meio-termo, 536
❏ Características Básicas: Diferenciação e Procura Elástica, 536
❏ A Busca do Preço-prêmio: a Variável-chave do Resultado, 537

10.4 Os Oligopólios: Tipologia e Características Dominantes, 542
❏ A Alta Concentração como Característica Dominante, 542

10.5 Uma Síntese: as Estruturas de Mercado Comparadas, 552
❏ Um Balanço Final: os Pontos Básicos de Cada Estrutura, 552

Resumo, 555

Palavras e Expressões-chave, 556

Questões, 557

Parte III
Conceito e Cálculo dos Agregados do Setor Real da Economia, 559

11 Conceito e Cálculo dos Agregados Macroeconômicos, 561

11.1 A Mensuração da Atividade Econômica como um Todo, 562
❏ A Contabilidade Social: Objeto e Desenvolvimento, 562
❏ Os Sistemas Padronizados de Contas Nacionais, 564

11.2 Conceitos Básicos: Valor Adicionado, Renda e Dispêndio, 567
❏ O Conceito de Valor Adicionado: o Produto Nacional, 567
❏ A Composição do Valor Adicionado: o Conceito de Renda Nacional, 570
❏ A Destinação da Renda: o Conceito de Dispêndio Nacional, 572

11.3 Uma Aproximação Simplificada: Apenas Dois Agentes Econômicos, 573
❏ Os Fluxos do Produto, 573
❏ Os Fluxos da Renda, 576
❏ Os Fluxos do Dispêndio, 578

11.4 Uma Segunda Aproximação: a Introdução do Governo, 579
❏ Os Fluxos de Receita do Governo, 579
❏ Os Fluxos de Dispêndio do Governo, 581
❏ Impactos da Introdução do Governo, 582

11.5 Um Modelo Completo de Economia Aberta, 586
❏ As Transações Externas: Principais Categorias, 586
❏ Impactos nos Fluxos Agregados, 587

11.6 Uma Síntese: os Conceitos Agregados Convencionais, 590
❏ A Diferença entre "Interno" e "Nacional", 590

❏ Os Conceitos Convencionais: PIB, PNB, PNL, RN e RPD, 591

11.7 A Desagregação dos Fluxos Macroeconômicos, 591

❏ As Matrizes Tipo Leontief, 591

Resumo, 595

Palavras e Expressões-chave, 596

Questões, 597

**12
A Mensuração Agregativa: Questões Relevantes, Significados e Limitações, 599**

12.1 A Questão da Economia Subterrânea não Aferida, 601

❏ O Conceito de Economia Subterrânea, 601
❏ Razões e Dimensões da Economia Subterrânea, 602

12.2 A Questão das Comparações Intertemporais, 605

❏ As Variações Nominais e as Reais, 605
❏ Os Deflatores do Cálculo Agregativo, 606

12.3 A Questão das Comparações Internacionais, 609

❏ A Conversão para uma Denominação Monetária Comum, 609
❏ Os Ajustamentos pela Paridade do Poder de Compra, 612

12.4 Limitações e Significado dos Macroagregados, 615

❏ Limitações Reconhecidas: um Passo para o Aperfeiçoamento, 616

Resumo, 619

Palavras e Expressões-chave, 621

Questões, 622

**13
O Sistema de Contas Nacionais do Brasil: Articulação, Metodologias e Conteúdos, 624**

13.1 A Evolução do Sistema de Contas Nacionais do Brasil, 626

❏ Os Primeiros Sistemas: de 1947 a 1996, 626
❏ O SNA de 1993 e a Nova Estrutura das Contas, 632

13.2 O Atual Sistema de Contas Nacionais do Brasil, 634

❏ Classificações Básicas do Sistema, 634
❏ Os Grandes Agregados do Atual SCNB, 639
❏ Estrutura e Conteúdo das TRUs, 642
❏ As Contas Econômicas Integradas, CEIS, 643
❏ Uma Síntese: a Lógica Contábil do SCNB, 647
❏ PIB: a Grandeza-chave da Economia Interna, 649

13.3 Desagregações dos Macroindicadores, 654

❏ As Categorias da Formação Bruta de Capital Fixo, 654
❏ A Composição do PIB Segundo as Atividades Produtivas, 656
❏ A Distribuição Espacial das Atividades Produtivas, 657

Resumo, 660

Palavras e Expressões-chave, 661

Questões, 662

Parte IV
Conceito e Medição dos Agregados do Setor Financeiro da Economia, 665

14
O Sistema de Intermediação Financeira, 667

14.1 A Intermediação Financeira: Pressupostos e Funções, 668
- Diferenças entre os Setores Real e Financeiro, 668
- A Intermediação Financeira: a Abordagem Gurley-Shaw, 671
- Funções da Intermediação Financeira, 674

14.2 A Segmentação do Setor de Intermediação Financeira, 676
- Características e Papéis dos Quatro Segmentos, 676

14.3 O Sistema Financeiro Nacional, 682
- A Estrutura do Sistema, 682
- As Instituições do Subsistema Normativo, 684
- As Instituições do Subsistema de Intermediação, 686

Resumo, 690

Palavras e Expressões-chave, 691

Questões, 691

15
A Moeda: Oferta, Procura e Velocidade de Circulação, 693

15.1 Os Ativos Financeiros Monetários e os Quase Monetários, 694
- Quadros Referenciais: os Ativos Financeiros no Brasil e em Outros Países, 694
- Os Ativos Monetários e os Quase Monetários, 700

15.2 A Medição da Oferta Monetária, 704
- Os Conceitos Restritos e Abrangentes de Oferta Monetária, 704
- Os Conceitos e a Medição dos Agregados Monetários, 705

15.3 O Sistema Bancário e a Multiplicação dos Meios de Pagamento, 710
- Uma Primeira Aproximação: a Multiplicação da Moeda Bancária, 710
- Uma Abordagem mais Elaborada do Comportamento Monetário, 716

15.4 O Controle da Oferta Monetária: os Movimentos Expansionistas e os Contracionistas, 719
- Os Instrumentos de Controle da Oferta Monetária, 719

15.5 A Interação da Oferta e da Procura por Moeda, 721
- Os Motivos da Procura por Moeda, 721
- A Velocidade de Circulação da Moeda: Conceito e Determinantes, 725

Resumo, 731

Palavras e Expressões-chave, 732

Questões, 734

16
A Variação do Valor da Moeda: Causas e Consequências, 736

16.1 A Interação dos Setores Monetário e Real, 738
- A Teoria Quantitativa da Moeda, 738
- A Moeda, os Preços e o Desempenho do Setor Real, 740

16.2 A Variação do Valor da Moeda: Conceitos, 745
- Quatro Situações Possíveis de Variação dos Preços e do Valor da Moeda, 745

16.3 A Inflação: Categoria Predominante de Variação dos Preços e do Valor da Moeda, 747
- Conceito, Características e Mensuração da Inflação, 747
- Principais Teorias Explicativas, 749
- Dinâmica e Intensidade dos Processos Inflacionários, 753
- Principais Consequências da Inflação, 754
- A Estabilização dos Preços no Mundo: os Fatores Determinantes, 757

16.4 A Inflação no Brasil: Características, Causas e Programas de Estabilização, 760
- A Secular Alta de Preços: uma Tendência Superada, 760
- Os Programas de Estabilização, 761

Resumo, 766

Palavras e Expressões-chave, 769

Questões, 771

Parte V
Teoria Macroeconômica Básica, 773

17
O Significado e as Condições do Equilíbrio Macroeconômico, 775

17.1 A Gestão Macroeconômica: os Fins e os Meios, 777
- Os Objetivos Macroeconômicos das Nações, 777
- Os Instrumentos da Política Macroeconômica, 781

17.2 O Hiato do PIB: um dos Indicadores-síntese do Desempenho Macroeconômico, 784
- Os Conceitos de Produto Potencial e de Produto Efetivo, 784
- O Conceito de Hiato do PIB, 787

17.3 O Anel Hiato-preços: uma Introdução à Dinâmica Macroeconômica, 788
- A Curva de Phillips, 788
- O Anel Hiato-preços: uma Versão Estendida da Curva de Phillips, 790

17.4 Uma Primeira Aproximação ao Equilíbrio Macroeconômico, 795
- A Procura e a Oferta Agregadas, 795
- A Interação da Oferta e da Procura Agregadas, 798

Resumo, 800

Palavras e Expressões-chave, 801

Questões, 802

18
As Variáveis e as Funções Macroeconômicas Básicas, 804

18.1 O Fluxo Circular do Produto, da Renda e do Dispêndio, 806
- O Produto, a Renda e o Dispêndio Agregados, 806
- Identidades Contábeis e Condições de Equilíbrio, 808

18.2 O Consumo das Unidades Familiares, 810
- Principais Fatores Determinantes, 810
- As Propensões a Consumir e a Poupar, 816

18.3 O Investimento das Empresas, 819
- As Decisões de Investimento: Fatores Determinantes, 819
- A Eficiência Marginal do Capital e a Taxa de Juros, 823

18.4 Os Tributos e os Dispêndios do Governo, 826
- Os Fatores Determinantes do Orçamento Público, 826

18.5 A Procura Externa Líquida, 831
- Conceito e Fatores Determinantes, 831

18.6 A Função Procura Agregada Reconsiderada, 834
- Os Movimentos da Procura Agregada, 834

Resumo, 838

Palavras e Expressões-chave, 839

Questões, 840

19
O Equilíbrio Macroeconômico, as Flutuações e as Políticas Corretivas, 842

19.1 Uma Primeira Aproximação: as Condições do Macroequilíbrio, 844
- Os Clássicos e Keynes: Contextos Históricos, 844
- A Lei de Say-Mill e o Equilíbrio com Pleno-emprego, 847
- Os Pontos de Sustentação da Abordagem Keynesiana, 852

19.2 A Cruz Keynesiana: um Modelo Simplificado de Equilíbrio do Produto, da Renda e do Emprego, 858
- O Conceito de Cruz Keynesiana, 858
- Uma Primeira Abordagem: a Economia Fechada sem Governo, 861
- A Introdução do Governo na Cruz Keynesiana, 864
- A Cruz Keynesiana em uma Economia Aberta, 865
- O Efeito Multiplicador dos Dispêndios, 869
- As Flutuações: o Princípio de Aceleração, 873
- Outras Teorias Explicativas das Flutuações, 876
- Uma Síntese: as Condições do Equilíbrio e o Pleno-emprego, 878

19.3 A Interação dos Setores Real e Monetário: Efeitos sobre o Macroequilíbrio, 880
- A Versão Clássica: a Ortodoxa e a Revitalizada, 880
- A Versão de Orientação Keynesiana, 882

19.4 Eficácia, Defasagens e Posturas: as Controvérsias e os Desafios da Política Econômica, 887
- Os Desafios da Política Econômica, 887
- Controvérsias e Ambiguidades da Política Econômica, 888

Resumo, 892

Palavras e Expressões-chave, 893

Questões, 894

Parte VI
A Economia Nacional e as Relações Econômicas Internacionais, 897

20 As Relações Econômicas Internacionais, 899

20.1 Fatores Determinantes das Trocas Internacionais, 901
- As Diferenças na Dotação de Recursos Naturais, 901
- As Assimetrias em Atributos Construídos, 906

20.2 A Interdependência das Nações, 907
- Os Fluxos Crescentes de Comércio, 907
- O Processo de Globalização: Pré-requisitos, 911
- As Consequências da Globalização, 914

20.3 A Evolução da Teoria das Trocas Internacionais, 919
- Uma Síntese em Perspectiva Histórica, 919
- A Hipótese dos Benefícios Unilaterais, 919
- A Hipótese dos Benefícios Recíprocos, 922
- As Limitações da Versão Clássica: a Abordagem Heckscher-Ohlin, 930
- A Revisão dos Pressupostos Clássicos, 934
- A Competitividade como Foco dos Desenvolvimentos Recentes, 938

Resumo, 945

Palavras e Expressões-chave, 946

Questões, 947

21 O Balanço Internacional de Pagamentos e os Impactos das Transações Externas, 949

21.1 O Balanço Internacional de Pagamentos: Conceito e Estrutura, 951
- Principais Categorias de Transações, 951
- A Estrutura do Balanço Internacional de Pagamentos, 952
- O Balanço Internacional de Pagamentos do Brasil, 958

21.2 Os Instrumentos de Ajuste dos Fluxos Externos, 963
- A Taxa de Câmbio e o Balanço de Pagamentos, 963
- Outros Instrumentos de Ajuste: Tarifas e Quotas, 967

21.3 Os Custos e Benefícios das Transações Externas, 969

Resumo, 970

Palavras e Expressões-chave, 971

Questões, 971

Referências bibliográficas, 973

Índice de assuntos, 987

Apresentação

Cada nova edição de *Introdução à economia* do Prof. José Paschoal Rossetti conserva as características que fizeram do livro um clássico em sua área. É, reconhecidamente, o mais adotado nos centros universitários do país, marcando época como uma **síntese didática do conhecimento econômico**. Sucessivamente revisto, atualizado, reeditado e reimpresso ao longo dos últimos 40 anos, o livro destaca-se, entre outros atributos, por conciliar linguagem clara com rigor conceitual e teórico e por enfatizar as questões centrais mais próximas das necessidades e realidades de nosso país. O cuidado com a atualização e complementação periódicas fizeram dele um texto abrangente e completo, reconhecido como um dos melhores instrumentos no ensino diferenciado da economia introdutória.

Por todas essas razões, era de se esperar que cada nova edição buscasse apenas incorporar ao texto anterior as principais mudanças e avanços no seu campo de especialização, mantendo a mesma estrutura que o consagrou.

Não tem sido esse, entretanto, o caminho escolhido.

Junto com as atividades de pesquisa, consultoria e docência que o Prof. Rossetti desenvolve na Fundação Dom Cabral, ele se impôs o desafio de fazer a cada nova edição uma ampla revisão, que contemple, a cada momento, a complexidade e a riqueza das dramáticas mudanças dos últimos tempos no mundo e no país.

Parte, dessa forma, da premissa de que é imperativo que se compreendam a fundo a direção, a velocidade e as implicações atuais e futuras dessas mudanças, para as nações e para seus agentes econômicos: governos, empresas e pessoas físicas agrupadas em unidades familiares. Através de sua acurada percepção, ele reconhece e destaca os grandes desafios econômicos da atualidade que, se equacionados, levarão a um mundo substancialmente modificado. Trata de todos eles com clareza e rigor, tornando essa nova edição mais rica e sua leitura mais instigante. Ele reconhece também a urgência com que as novas concepções devem ser discutidas pela sociedade, propondo-as, assim, aos estudantes universitários desde o início de sua vida acadêmica.

Justifica-se, dessa forma, a revisão de todo o texto a cada nova edição, bem como a forma como os novos temas da atualidade são tratados. Procurando manter-se equidistante em relação às alternativas de tratamento das questões mais polêmicas, o Prof. Rossetti privilegia o método de deixar ao leitor o questionamento das posições contidas nos diversos modelos e escolas do pensamento econômico. Procura, ainda, relativizar os diferentes enfoques, finalizando os capítulos com um conjunto de questões para reflexão, muitas delas provocativas, para que cada um busque sua compreensão e defina suas posições, em consonância com suas crenças, valores e referências de vida.

Para finalizar, gostaria de registrar outra faceta do Autor, que tenho acompanhado e que conheço bem. Trata-se do trabalho que ele vem desenvolvendo nos programas avançados da Fundação Dom Cabral, como pesquisador e professor de temas ligados a cenários e a projeções sociais, institucionais e de políticas econômicas. Aqui, o Prof. Rossetti é uma referência não apenas nacional, mas também internacional. Nossos colegas, professores do *INSEAD – The European Institute of Business Administration* e da *J. L. Kellogg Graduate School of Management – Northwestern University,* instituições parceiras da Dom Cabral para programas voltados para altos executivos, são os primeiros a reconhecer a seriedade do seu trabalho. Seriedade que teve, há 47 anos, quando foi lançada a primeira edição deste seu *Introdução à economia*, o que poderíamos chamar de seu primeiro marco.

Emerson de Almeida
Fundador
Presidente da Diretoria Estatutária da Fundação Dom Cabral

Prefácio

Entre edições (novas versões, modificadas) e reimpressões (simples tiragens das edições), este texto totaliza 61: com esta, são 21 edições e 40 tiragens, com média de praticamente três tiragens para cada nova edição. Nos últimos 15 anos, porém, foram feitas, em média, perto de cinco tiragens de cada edição – bem mais que a média histórica. Aparentemente, uma situação paradoxal, pois as mudanças rápidas e de alta densidade que têm ocorrido nos últimos anos exigiriam edições de atualização mais próximas umas das outras. No limite, nem deveriam mais ocorrer simples reimpressões.

Este aparente paradoxo é justificável.

Esta 21ª edição incorporou mudanças mais profundas que todas as anteriores somadas. E mudanças assim exigem maior tempo de pesquisa e de redação. Desde o lançamento deste texto, e em todas as edições que se sucederam, nossos três principais objetivos foram a abrangência, a atualização e a conciliação do rigor conceitual com a exposição didática. Entendemos que os livros-textos devem estar voltados pelo menos para estes três alvos. E mais: para bem atenderem a sua finalidade, exigem ajustes em todas as edições, incorporando as mudanças que se observam no ambiente que descrevem, as revisões conceituais, as controvérsias e os avanços em modelação teórica. Mas, em nenhuma das edições das décadas de 70, 80 e 90 o texto foi tão substantivamente modificado e atualizado quanto nas edições desta primeira metade do século XXI. A percepção de todos os que acompanharam a trajetória deste texto é de que o projeto editorial das duas últimas edições significou, efetivamente, um novo livro, em sua estrutura, concepção e conteúdo. Chegamos até a quantificar o que restou das edições anteriores em relação às cinco últimas, com esta incluída, sem quaisquer alterações. O resultado surpreendeu: menos de 3%.

As razões das mudanças são facilmente reconhecíveis. Beiram a obviedade. Elas derivam das *novas realidades* e dos *novos desafios* que têm marcado praticamente todos os campos da ação humana nestes últimos 25 anos. Na área econômica, mudanças de alto impacto têm levado à revisão de conceitos e dos próprios fundamentos de muitas matrizes teóricas. A um só tempo, multiplicam-se realinhamentos e controvérsias, tanto na esfera da micro, quanto na da macroeconomia. E, em sua esteira, desenvolvem-se novas abordagens teóricas e novas proposições de política.

Não é difícil listar as mudanças de maior impacto:

1. O **fim da confrontação ideológica radicalizada** entre as superpotências que se estabeleceram entre o fim da Segunda Grande Guerra ao início dos anos 90; em consequência, a revisão de valores dogmáticos, de velhos paradigmas e de matrizes dialéticas.

2. A **formação de blocos econômicos**, mercados comuns e zonas de livre comércio; consequentemente, a revisão dos conceitos de fronteiras econômicas e de soberania nacional. Mais ainda: a dilatação da unidade de análise da macroeconomia convencional, da nação para os blocos de

integração; e a transposição dos antigos conceitos de empresas nacionais e multinacionais, para os de empresa transnacional, global-localizada.

3. A **consolidação de uma nova ordem competitiva**, multipolarizada, com forte presença de nações e de empresas emergentes, com deslocamentos do eixo da gravidade da economia global; como consequência, no âmbito micro, a revisão conceitual das estruturas de mercado e a reavaliação da eficiência social de cada uma delas; no âmbito macro, a reconsideração dos efeitos da abertura econômica sobre as novas condições de equilíbrio do produto agregado, do emprego e dos preços.

4. A **desfronteirização**, vista como estágio avançado do processo de interdependência internacional, implicando fluxos reais e financeiros interfronteiras, de velocidade, intensidade e magnitude crescentes; consequentemente, a revisão do papel regulatório das organizações multilaterais e a reconsideração da eficácia dos mecanismos convencionais de política econômica adotados isoladamente pelas nações.

5. O **rápido crescimento, em número e em poder de influência, de organizações não governamentais**, sobrepondo-se ao governo em muitas de suas funções; em consequência, a revisão dos papéis das esferas pública e privada que, a médio e longo prazo, estarão sendo compartilhados com os dessas novas organizações, embriões de uma nova estrutura de poder e de organização social.

6. A **instalação da era pós-industrial**, no sentido de a indústria de transformação deixar de ser geradora líquida de postos de trabalho; consequentemente, não é mais a produção industrial que gerará mais emprego, mas seus produtos. Produtos de consumo gerados por indústrias como as de equipamentos de transporte e eletroeletrônicos estão criando, em escala crescente, novos postos de trabalho "a jusante" no setor de serviços. Estabelece-se então uma nova categoria de efeito multiplicador, resultante de novos padrões massivos de procura agregada por bens duráveis, que não faz parte do arsenal convencional da macroeconomia. O forte deslocamento setorial da força de trabalho, do primário-secundário para o terciário, é um dos sinais dessa transformação impactante.

7. A **revisão autocrítica do papel da empresa**. Uma revisão que vai além da reconsideração do lucro máximo como motivador dominante, até porque esta já está incorporada à nova microeconomia. A tendência vai mais fundo que esta revisão formal: o "valor social" da empresa tende a sobrepor-se ao "valor econômico". Os gestores responderão também à sociedade, não só aos acionistas-controladores. Uma geração atrás, seria visionário quem imaginasse um "selo verde" sancionando a atividade produtiva; hoje, pode-se vislumbrar um passo além, o "selo social".

Enfim, em praticamente todas essas áreas, diretamente relacionadas à vida econômica, estabelecem-se novas condições. Elas decorrem de novas realidades. E implicam novos desafios.

No projeto editorial que definimos, esses novos aspectos cruciais deveriam, de alguma forma, ser considerados. A maior parte frontalmente, com incursões fundas, não apenas tangencialmente. Mais do que apenas atualizar dados e referências ou rever as abordagens teóricas básicas, o desafio implicava rever o projeto como um todo. Daí é que decorreram a reformatação estrutural do texto e as mudanças em concepção e conteúdos.

A partir das duas últimas edições, este texto está subdividido em seis partes, com os seguintes conteúdos:

I – A Compreensão da Economia

- ❑ Abrangência e Limitações da Economia.
- ❑ Recursos, Agentes Econômicos e Fluxos Fundamentais.
- ❑ As Questões-chave da Economia.
- ❑ A Economia do Século XXI: os Grandes Desafios.

II – Teoria Microeconômica Básica

- ❑ O Mercado: Estruturas e Mecanismos Básicos.
- ❑ Os Comportamentos dos Consumidores e Produtores.
- ❑ O Mercado sob Concorrência Perfeita.
- ❑ O Monopólio e os Oligopólios.
- ❑ A Eficiência Social das Diferentes Estruturas.

III – Conceito e Cálculo dos Agregados do Setor Real da Economia

- ❑ A Mensuração da Atividade Econômica como um Todo.
- ❑ Os Fluxos Macroeconômicos Convencionais.
- ❑ Os Conceitos de PIB, PNB, PNL, RN e RPD.
- ❑ A Contabilidade Social no Brasil.
- ❑ As Questões Relevantes da Aferição Macroeconômica.

IV – Conceito e Medição dos Agregados do Setor Financeiro

- ❑ O Sistema de Intermediação Financeira: Funções e Segmentação
- ❑ Os Ativos Financeiros: Monetários e Não Monetários
- ❑ Os Ativos Monetários: Conceitos, Oferta e Procura
- ❑ A Interação dos Setores Real e Monetário
- ❑ Os Objetivos e os Instrumentos da Política Monetária
- ❑ A Variação do Valor da Moeda: Causas e Consequências

V – Teoria Macroeconômica Básica

- ❑ O Equilíbrio Macroeconômico: Significado e Condições
- ❑ A Gestão Macroeconômica: os Fins e os Meios
- ❑ As Variáveis e as Funções Macroeconômicas Básicas
- ❑ Os Modelos Básicos do Equilíbrio Macroeconômico
- ❑ As Flutuações do Desempenho Macroeconômico
- ❑ Os Processos Corretivos: as Políticas Fiscal e Monetária

VI – A Economia Nacional e as Relações Econômicas Internacionais

- ❑ Os Fatores Determinantes das Trocas Internacionais
- ❑ As Correntes Teóricas das Trocas Internacionais

❏ O Processo de Globalização: Significado e Desafios
❏ O Balanço Internacional de Pagamentos
❏ Uma Síntese: Custos e Benefícios das Trocas Internacionais

Procuramos tratar estes conteúdos a partir de referenciais teóricos recentes e consolidados. Nas áreas em que subsistem conflitos de pontos de vista, questões ainda abertas ou novas realidades que desafiam a formatação teórica e a formulação de políticas, registramos os vários ângulos de abordagem e apontamos os desafios. Não nos fixamos em apenas uma linha conceitual ou em uma diretriz de política: abrimos espaços a visões alternativas. Entendemos que assim é que devem ser os livros-textos: o quanto possível universais e equidistantes dos pontos de sustentação de questões ainda controvertidas. O comprometimento deve ser com a abrangência, a atualização, o rigor conceitual e a exposição didática. Não com uma dada linha doutrinária.

Mais uma vez, entregamos o resultado de nosso esforço aos professores e a tantos outros leitores que, nesses anos todos, têm prestigiado nosso trabalho. Lamentamos, porém, a dificuldade que temos para registrar agradecimentos pelas contribuições recebidas. Conservamos mais de quinhentas manifestações, na forma de resenhas, correspondências, apreciações críticas e avaliações. A maior parte foi encaminhada à Editora, em resposta ao processo de avaliação feito junto aos professores da disciplina, em todo o país. Podemos dizer que nenhuma das apreciações deixou de ser considerada. Comentários pertinentes têm-nos levado a rever o trabalho, buscando a maior sintonia possível com os que o utilizam como livro-texto, básico, de referência ou complementar. Compensamos a dificuldade em registrar as colaborações críticas construtivas pela atenção que temos dispensado a todas elas, em muitos casos respondendo a seus autores em correspondências pessoais.

Desejamos, porém, registrar algumas dívidas de difícil resgate. Uma delas, em memória, com Luiz Herrmann, diretor-presidente da Editora Atlas. Sem o seu apoio não teríamos lançado a primeira edição deste texto, nenhum dos outros textos de nosso acervo. Sua retidão de propósitos, seu equilíbrio e sua competência para estabelecer relações interpessoais francas e duradouras foram a base de nossos 42 anos de convivência e de trabalho compartilhado. Outra dívida de difícil resgate é com a Fundação Dom Cabral. Na FDC encontramos o ambiente inquieto e questionador da academia, a postura crítica, a exigência da qualidade plena, a obrigatoriedade de estar no limite da última fronteira. As parcerias com os centros de excelência da Europa, dos Estados Unidos e, mais recentemente, da Ásia, bem como com as empresas associadas no país exigem que seja assim. Durante os 25 últimos anos, em paralelo às atividades de pesquisa, docência e de atuação em Conselhos de Administração, abrimos espaços para os trabalhos de atualização deste texto e para o seu emprego, como referência básica, no módulo de economia do MBA executivo da FDC. As avaliações e os depoimentos dos exigentes alunos desse curso têm sido muito importantes para o trabalho permanente de aprimoramento conceitual e de atualização de dados.

Um livro-texto exige também parcerias com as várias áreas da Editora, envolvidas com o projeto editorial. Usufruímos das contribuições da Direção Editorial, que atua como autêntica ouvidoria, posicionando-se entre os autores, as universidades e o mercado editorial, trazendo percepções relevantes sobre conteúdos, formas de exposição e aspectos relacionados à qualidade didática dos textos, quadros sinóticos e construções gráficas. Outras contribuições são relacionadas com a atenta leitura e revisão dos originais e com a paciente formatação do projeto gráfico e da diagramação, página por página. São áreas credoras de dívidas dos autores, difíceis de ser resgatadas. As competências desses profissionais têm muito a ver com o produto final, somando-se às observações de professores que adotam os livros-texto e que contribuem para ajustamentos construtivos. Mas assumimos a responsabilidade pela adequação final do livro aos padrões de exigência do sistema universitário, para cursos fundamentais de economia.

José Paschoal Rossetti
Abril, 2016

Parte I
A Compreensão da Economia

- ❏ Abrangência e Limitações da Economia
- ❏ Recursos, Agentes Econômicos e Fluxos Fundamentais
- ❏ As Questões-chave da Economia
- ❏ A Economia do Século XXI: os Grandes Desafios

1

A Abrangência e as Limitações da Economia

A atividade econômica se define pela interação de complexas variáveis. Dadas as limitações do espaço geográfico e dos meios naturais, ela é influenciável por fatores antropológico-culturais, pelo ordenamento político, pelo progresso tecnológico e pelo comportamento dos diferentes grupos sociais que constituem as nações. Procurar compreender, em toda sua extensão, esses eixos de sustentação é uma das tarefas mais importantes dos que se dedicam ao estudo da economia.

DENISE FLOUZAT
Économie contemporaine

O estudo dos aspectos econômicos da vida faz parte de uma das mais abrangentes categorias do conhecimento humano, as **ciências sociais**.

Genericamente, a economia centra sua atenção nas **condições da prosperidade material**, na **acumulação da riqueza** e em sua **distribuição aos que participaram do esforço social de produção**.

A ênfase maior ou menor com que cada um desses aspectos é tratado subordina-se aos princípios e aos valores fundamentais de cada uma das grandes correntes e escolas do pensamento econômico.

Dado seu enquadramento no campo das ciências sociais e suas ligações com diferentes correntes de pensamento, cabe de início destacar, para uma bem fundamentada compreensão da economia:

- As ligações da economia com outras ciências sociais.
- A fixação dos pontos básicos em que se apoia o estudo da economia.
- As diferentes concepções da economia, envolvendo seu objeto e conceito.
- A metodologia de desenvolvimento do conhecimento econômico.
- As divisões usuais da economia.
- O significado e as limitações das leis econômicas.

1.1 A Economia como Ciência Social

As Ciências Sociais ou do Comportamento

As ciências sociais ocupam-se dos diferentes aspectos do comportamento humano. Podem ser também descritas como **ciências do comportamento** ou, alternativamente, como **ciências humanas**. Compreendem áreas distintas, diferenciáveis quanto aos seus focos, pela tipologia das ações humanas a que cada uma delas se dedica.

A **ciência política** trata das relações entre a nação e o Estado, das formas de governo e da condução dos negócios públicos. A **sociologia** ocupa-se das relações sociais e da organização estrutural da sociedade. A **antropologia cultural** volta-se para o estudo das origens e da evolução, da organização ancestral das sociedades humanas. A **psicologia** ocupa-se do comportamento humano, de suas motivações, valores e estímulos. Ao **direito** cabe fixar, com a precisão ditada pelos usos, costumes e valores da sociedade, as normas que regularão os direitos e as obrigações individuais e sociais. E à **economia**, que, como as demais áreas, abrange apenas uma fração das ciências sociais, compete o estudo da ação econômica, envolvendo essencialmente o processo de produção, a geração e a apropriação da renda, o dispêndio e a acumulação.

À semelhança do que ocorre com os demais ramos das ciências sociais, não se pode considerar a economia como fechada em torno de si mesma. Pelas implicações da ação econômica sobre outros aspectos da vida humana, o estudo da economia pressupõe a abertura de suas fronteiras às demais áreas das ciências humanas. Esta abertura se dá em dupla direção, assumindo assim caráter **biuní-**

FIGURA 1.1
O caráter biunívoco das relações da economia com outros ramos do conhecimento social.

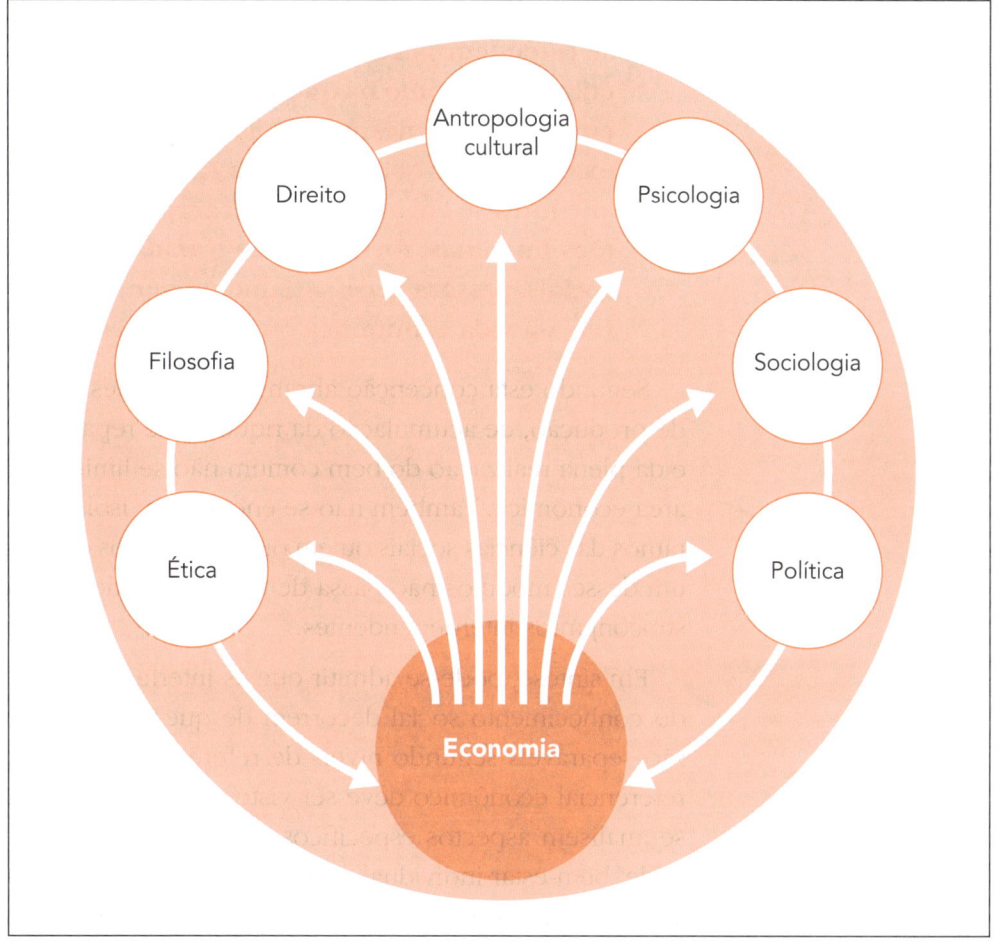

voco. De um lado, porque a economia busca alicerçar seus princípios, conceitos e modelos teóricos não apenas na sua própria consistência e aderência à realidade, mas ainda nos desenvolvimentos dos demais campos do conhecimento social. De outro lado, porque pode influir nos princípios e nos desenvolvimentos conceituais dos demais campos. E vai ainda além, abrindo suas fronteiras à **filosofia** e à **ética**; à **história** e às diferentes manifestações da **religião**; à **tecnologia** e aos variados ramos que se ocupam do estudo do **meio ambiente**.

Relações Biunívocas da Economia

As relações biunívocas da economia com outros ramos do conhecimento humano se encontram explicitadas na Figura 1.1. E foram assim sintetizadas por Leonard Silk:[1]

> "Os economistas não têm seu trabalho limitado pelas ideias formais de uma única disciplina. As filosofias políticas e os princípios éticos a que subordinam seus valores, suas vidas e a variada gama de suas percepções procuram explicar muitas coisas que ultrapassam a lógica explícita de seu trabalho profissional."

Entre os economistas que trataram das ligações entre a economia e outras ciências do comportamento, Kenneth Boulding[2] é uma das referências que resumiram essas relações com clareza e objetividade. São dele as seguintes observações:

> "Os problemas econômicos não têm contornos bem delineados. Eles se estendem perceptivelmente pela política, pela sociologia e pela ética, assim como há questões políticas, sociológicas ou éticas que são envolvidas ou mesmo decorrentes de posturas econômicas. Não será exagero dizer que a resposta final às questões cruciais da economia encontra-se em algum outro campo. Ou que a resposta a outras questões humanas, formalmente tratadas em outras esferas das ciências sociais, passará necessariamente por alguma revisão do ordenamento real da vida econômica ou do conhecimento econômico."

Segundo esta concepção abrangente, as questões relacionadas aos processos de produção, de acumulação da riqueza, de repartição, de difusão do bem-estar e da plena realização do bem comum não se limitam às soluções encontradas na área econômica. Também não se encontram, isoladamente, em quaisquer outros ramos das ciências sociais ou em outros módulos do conhecimento humano. Cada um desses módulos não passa de uma fração de um todo maior, constituído por subconjuntos interdependentes.

Em síntese, pode-se admitir que as interfaces da economia com outros ramos do conhecimento social decorrem de que as ações e as relações humanas não são separáveis segundo níveis de referência rigorosamente pré-classificados. O referencial econômico deve ser visto apenas como uma abstração útil, para que se analisem aspectos específicos da luta humana pela sobrevivência, prosperidade, bem-estar individual e bem comum. Ocorre, todavia, que essa mesma luta não se limita às relações econômicas. Vai muito além, abrangendo aspectos que dizem respeito à postura ético-religiosa, às formas de organização política, aos modos de relacionamento social, à estruturação da ordem jurídica, aos padrões das conquistas tecnológicas, às limitações impostas pelas condições do meio ambiente e, mais abrangentemente, à formação cultural da sociedade. A Figura 1.2 resume, esquematicamente, essas observações.

De que se Ocupa a Economia

A despeito da complexa teia de relações sociais e da multiplicidade dos fatores condicionantes que envolvem a ação econômica, há um conjunto de aspectos particulares da realidade social que gravitam mais especificamente no campo de interesse da economia. Um deles é o polinômio **produção-distribuição-dispêndio-acumulação**, sintetizado por J. B. Say,[3] um dos mais notáveis teóricos da economia clássica. Outro é o trinômio **riqueza-pobreza-bem-estar**, destacado por outro mestre notável, A. Marshall.[4] Ou então o binômio, **crescimento-desenvolvimento**, citado por Kuznets.[5] Outro ainda é o trinômio **recursos-necessidades-prioridades**, aprofundado por L. Robbins.[6]

Fundamentada nessas concepções, uma relação abrangente, ainda que não exaustiva, de grandes temas de que se ocupa a economia incluiria:

- ❏ **Escassez**. A escassa disponibilidade de recursos para o processo produtivo. Sua conformação. Seus custos. Sua exaustão ou capacidade de renovação.
- ❏ **Emprego**. O emprego dos recursos. A ociosidade dos que se encontram disponíveis. O desemprego, suas causas e consequências.

FIGURA 1.2
A ação econômica e seus principais condicionamentos.

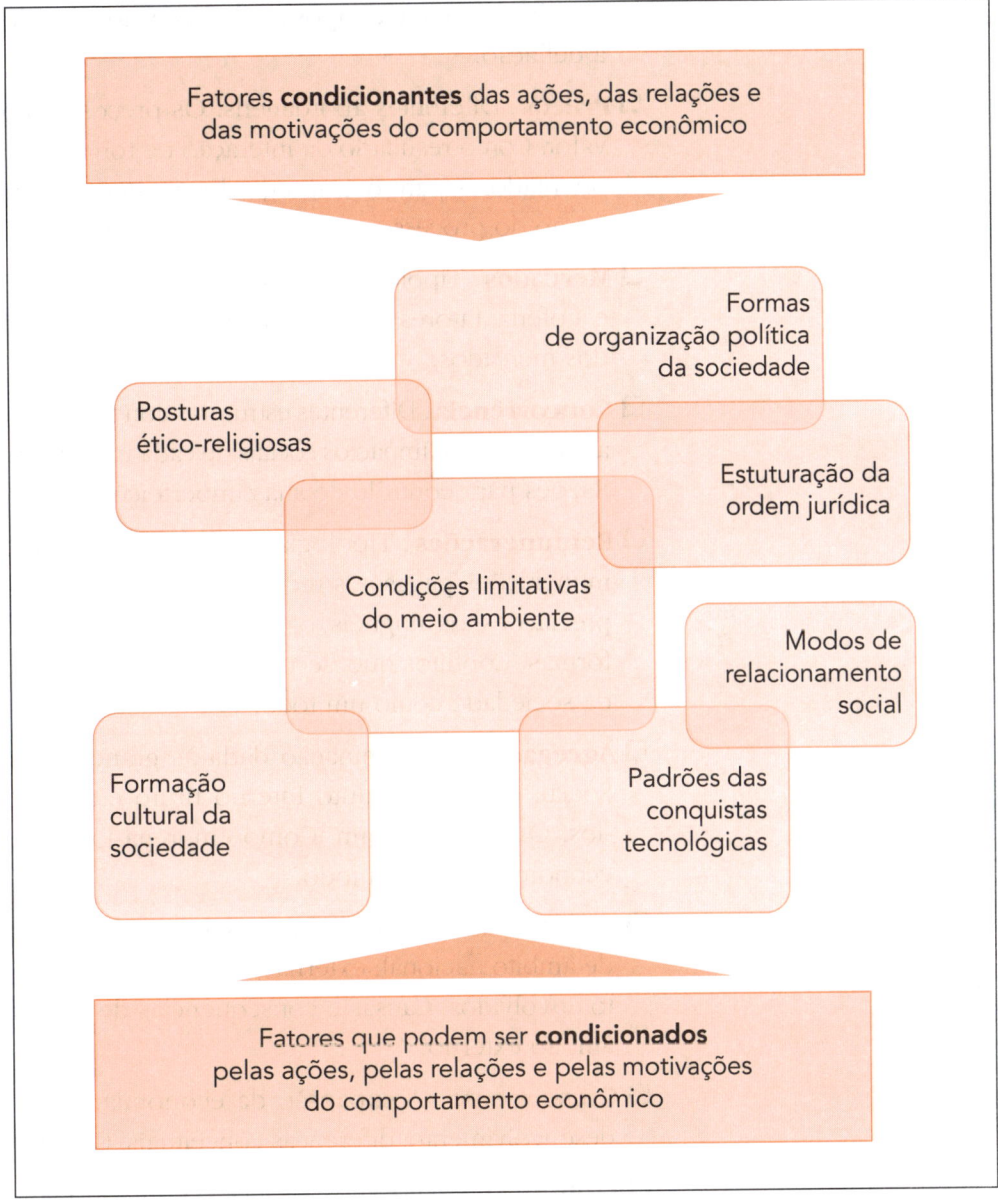

❑ **Produção**. O processo produtivo como categoria econômica básica. Decorrências da produção: a geração de renda, o dispêndio e a acumulação. A riqueza, a pobreza e o bem-estar.

❑ **Agentes**. Como se classificam e como se comportam os agentes econômicos. Em que conflitos de interesse se envolvem. Quais suas funções típicas. Quais suas motivações.

❑ **Trocas**. Fundamentos do sistema de trocas: divisão do trabalho, especialização, busca por economias de escala. Eficiência comparativa dos sistemas de trocas em relação à autossuficiência.

❑ **Valor**. Fundamentos do valor dos recursos e dos produtos deles decorrentes. Razões objetivas e subjetivas que definem o valor.

❑ **Moeda**. Como e por que se deu seu aparecimento. Como evoluiu. Formas atuais e futuras de moeda. Razões da variação de seu valor. Consequências das duas categorias opostas de variação do valor da moeda: a inflação e a deflação.

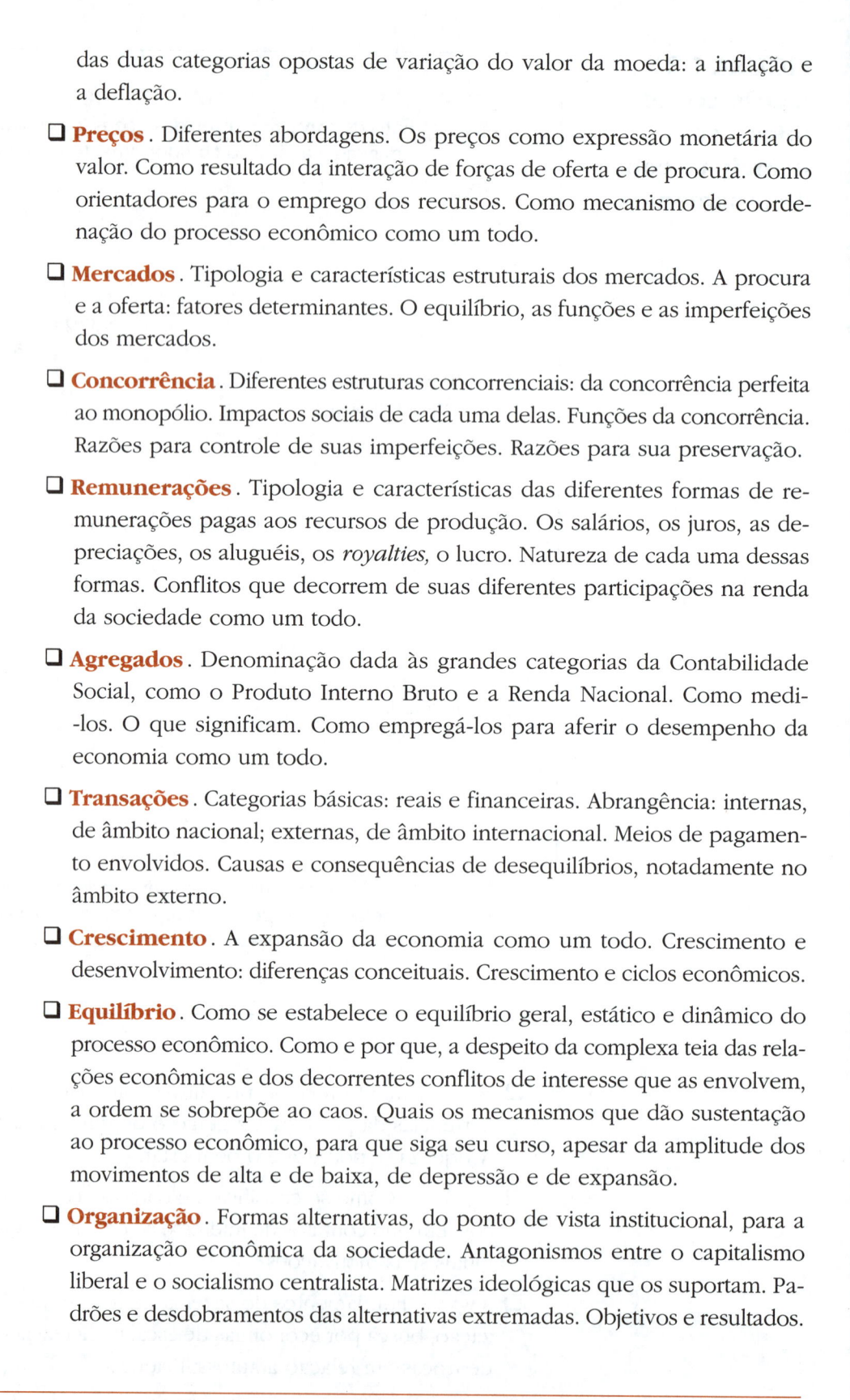

- **Preços**. Diferentes abordagens. Os preços como expressão monetária do valor. Como resultado da interação de forças de oferta e de procura. Como orientadores para o emprego dos recursos. Como mecanismo de coordenação do processo econômico como um todo.

- **Mercados**. Tipologia e características estruturais dos mercados. A procura e a oferta: fatores determinantes. O equilíbrio, as funções e as imperfeições dos mercados.

- **Concorrência**. Diferentes estruturas concorrenciais: da concorrência perfeita ao monopólio. Impactos sociais de cada uma delas. Funções da concorrência. Razões para controle de suas imperfeições. Razões para sua preservação.

- **Remunerações**. Tipologia e características das diferentes formas de remunerações pagas aos recursos de produção. Os salários, os juros, as depreciações, os aluguéis, os *royalties*, o lucro. Natureza de cada uma dessas formas. Conflitos que decorrem de suas diferentes participações na renda da sociedade como um todo.

- **Agregados**. Denominação dada às grandes categorias da Contabilidade Social, como o Produto Interno Bruto e a Renda Nacional. Como medi-los. O que significam. Como empregá-los para aferir o desempenho da economia como um todo.

- **Transações**. Categorias básicas: reais e financeiras. Abrangência: internas, de âmbito nacional; externas, de âmbito internacional. Meios de pagamento envolvidos. Causas e consequências de desequilíbrios, notadamente no âmbito externo.

- **Crescimento**. A expansão da economia como um todo. Crescimento e desenvolvimento: diferenças conceituais. Crescimento e ciclos econômicos.

- **Equilíbrio**. Como se estabelece o equilíbrio geral, estático e dinâmico do processo econômico. Como e por que, a despeito da complexa teia das relações econômicas e dos decorrentes conflitos de interesse que as envolvem, a ordem se sobrepõe ao caos. Quais os mecanismos que dão sustentação ao processo econômico, para que siga seu curso, apesar da amplitude dos movimentos de alta e de baixa, de depressão e de expansão.

- **Organização**. Formas alternativas, do ponto de vista institucional, para a organização econômica da sociedade. Antagonismos entre o capitalismo liberal e o socialismo centralista. Matrizes ideológicas que os suportam. Padrões e desdobramentos das alternativas extremadas. Objetivos e resultados.

1.2 A Quantificação da Realidade Econômica

Não obstante mais extensa em relação às sínteses a que nos referimos – de Say, Marshall, Kuznets e Robbins –, essa relação de grandes temas de que se ocupa a economia não é exaustiva. Cada um deles tem múltiplos desdobramentos. Conjuntos e subconjuntos relacionados a cada um desses temas poderão ser destacados, cobrindo diferentes aspectos e particularidades da vida econômica.

Todos, porém, têm uma característica comum: **são passíveis de alguma forma de mensuração**.

Esta característica é apontada como uma diferença marcante entre a economia e outros ramos do conhecimento social. Em economia é possível:

- Quantificar resultados.
- Construir identidades quantificáveis.
- Estabelecer relações quantitativas entre diferentes categorias de transações.
- Desenvolver modelos explicativos da realidade, baseados em sistemas de equações simultâneas.
- Proceder a análises fundamentadas em parâmetros quantificados.
- Desenvolver sistemas quantitativos para diagnósticos e prognósticos.

Esta particularidade da economia possibilitou o surgimento de correntes econômicas fundamentadas no **método matemático**, bem como o desenvolvimento de um importante ramo auxiliar de investigação econômica, a **econometria**. O significado desse ramo está sintetizado no Quadro 1.1. No Quadro 1.2 encontra-se uma síntese das formas usuais de indicações quantitativas em economia.

Unidades Adotadas

A **unidade monetária** é a base do processo de quantificação em economia. Além de exercer outras funções, que mais à frente serão analisadas, a moeda é, fundamentalmente, **unidade de conta** e **denominador comum de valores**.

Para quantificar atividades econômicas internas, processos e resultados, a unidade de referência é a moeda corrente do país. Para transações ou comparações externas, empregam-se divisas internacionalmente aceitas, as chamadas moedas fortes dos países centrais, como o dólar dos Estados Unidos. Na conversão de uma unidade monetária para outra, adota-se a relação de troca entre elas – a taxa cambial.

São, assim, expressas monetariamente não só as transações usuais do dia a dia e seus resultados acumulados, bem como magnitudes agregadas, de que é exemplo o Produto Interno Bruto, isto é, a soma de todos os bens e serviços finais produzidos pela economia do país. Dada a diversidade dos bens e serviços produzidos, não haveria outra forma de expressar uma magnitude dessa grandeza e complexidade.

As quantificações em unidades monetárias apoiam-se ou se complementam por quantificações em **unidades não monetárias**, como as dos sistemas metrológicos usuais e suas conversões.

> **QUADRO 1.1**
> **A econometria: significado e aplicações.**
>
> A **econometria** é um ramo da economia que combina a análise econômica, a matemática e a estatística. Trabalha com a determinação, por métodos matemáticos e estatísticos, de leis quantitativas que regem a vida econômica.
>
> A denominação "econometria" foi introduzida em 1926 pelo economista e estatístico norueguês Ragnar Frisch, que recebeu o Prêmio Nobel de economia em 1969. Inspirou-se no termo "biometria", que apareceu no final do século XIX para designar a área de estudos biológicos que emprega métodos estatísticos. Como método diferenciado de estudo da vida econômica, a econometria desenvolveu-se rapidamente após a Primeira Guerra Mundial.
>
> A econometria desenvolveu-se em resposta às condições mutáveis da vida econômica. O estudo dos ciclos econômicos tornou-se uma preocupação crescente, tanto para grandes corporações empresariais, como para a sociedade como um todo. Se, por exemplo, uma grande empresa pudesse prever as flutuações econômicas com um grau de precisão razoável, poderia, até certo ponto, ilhar-se de seus efeitos adversos. Adicionalmente, a sociedade como um todo, operando por meio de governo ou de organizações de pesquisa, estava interessada em prever as tendências econômicas para controlá-las, melhorar seu curso ou compensá-las. Tudo isso estimulou a pesquisa econométrica.
>
> A análise econométrica é hoje especialmente útil tanto para prever o futuro, como para analisar políticas públicas. Com a expansão das atividades econômicas dos governos nacionais, tornou-se crescente a necessidade de determinar com a exatidão possível os efeitos da atuação do setor público sobre os indivíduos e as organizações empresariais. As técnicas econométricas passaram a fornecer instrumentos e quadros analíticos para essas determinações.
>
> Os campos de investigação em que a econometria encontrou maior aplicação foram:
>
> **A análise do equilíbrio geral da economia como um todo**. Seu propósito é demonstrar como se realizam ajustes mutuamente consistentes. Pela variedade de equações que se incluem em análises dessa natureza, as soluções dos modelos econométricos correspondentes tornam-se bastante complexas. Por isso, os modelos de equilíbrio geral têm sido mais empregados como instrumental teórico para a compreensão do mecanismo econômico como um todo do que, propriamente, como ferramenta operacional.
>
> **A análise matricial dos fluxos de bens e serviços entre os diferentes setores da economia nacional**. Sua denominação usual é matriz de insumo-produto. A matriz revela a relação de cada setor de produção da economia com todos os demais. Os modelos matriciais de insumo-produto tornam-se particularmente úteis para o planejamento das economias socialistas, em que a iniciativa governamental substituiu por completo os mecanismos da livre iniciativa empresarial.
>
> **A teoria dos Jogos, como instrumento importante para simular questões estratégicas**. Em situações em que existem interesses conflitantes e diferentes hipóteses de reações às ações concretas a determinadas decisões, simulações com base em parâmetros quantificáveis são especialmente úteis. Neste campo, a econometria utiliza conceitos estatísticos de probabilidade, procurando inferir as chances de diferentes categorias de reações. Sua aplicação é particularmente observada na orientação do processo decisório de grandes corporações.
>
> **Fonte:** OSER, Jacob; BLANCHFIELD, William C. *História do pensamento econômico*. São Paulo: Atlas, 1987.

Distinção entre Variáveis Quantificáveis

Uma das mais importantes distinções, no campo da economia quantificada, diz respeito à natureza das variáveis quantificáveis. A denominação genérica **variável** aplica-se a cada uma das expressões que compõem subconjuntos de diferentes categorias de atividades econômicas. Diz-se, por exemplo, que o produto da atividade econômica é uma variável; são também variáveis as diferentes categorias de renda geradas no decurso do processo de produção; o consumo, enquanto forma de dispêndio da renda, é outra variável; a parcela da renda não consumida,

QUADRO 1.2
A quantificação da realidade e as variáveis econômicas: formas usuais de indicações quantitativas.

Unidades adotadas	**Monetárias** (A moeda como unidade de conta e denominador comum de valores)	❏ Moeda corrente do país (a). ❏ Divisas externas (b). ❏ Relações cambiais entre (a) e (b).
	Não monetárias	❏ Sistemas metrológicos usuais e suas conversões.
Distinção fundamental entre variáveis econômicas quantificáveis	**Variáveis-fluxo**	❏ Indicam magnitudes medidas **ao longo de determinado período de tempo**.
	Variáveis-estoque	❏ Indicam magnitudes medidas **em determinado momento**.
Relações entre variáveis	**Relações funcionais** ❏ Lineares ❏ Não lineares	❏ Indicam relações entre duas variáveis, expressando a correspondência funcional entre elas.
	Relações incrementais	❏ Indicam variações cumulativas, no decurso de séries históricas, entre duas variáveis. ❏ Indicam a resposta de uma ou de um conjunto de variáveis a determinada ação econômica.
	Relações matriciais	❏ Indicam a interdependência de conjuntos interconsistentes de variáveis.
Formas usuais de indicações quantitativas	**Números-índices**	❏ Indicam variações de grupos, de conjuntos ou de agregações de dados econômicos.
	Medidas de tendência central	❏ Expressam em termos médios, medianos ou modais a observação de determinada situação ou transação econômica.
	Quocientes	❏ Resultado da divisão de variáveis econômicas, expressando: ✓ Variações ao longo do tempo. ✓ Proporções em determinado momento.
	Coeficientes	❏ Expressam parâmetros de correlação, simples ou múltipla, entre variáveis econômicas. ❏ Expressam graus de concentração (ou de dispersão) de determinadas condições estruturais da economia.
	Valores absolutos	❏ Expressam resultados de transações: ✓ Específicas; de dado agente, ou interagentes. ✓ Da atividade econômica agregativamente considerada.

denominada poupança, é também uma variável. São também variáveis o preço e as quantidades ofertadas e procuradas de um bem econômico qualquer. As exportações e as importações de mercadorias de um país são dois outros exemplos de variáveis econômicas, bem como o saldo líquido da balança comercial do país. Dois últimos exemplos: as taxas de juros e de câmbio são também variáveis – e de alta relevância econômica.

Variáveis econômicas são, portanto, expressões indicativas de diferentes categorias de atividades econômicas – transações, processos, resultados. Essa denominação genérica resulta de que elas **variam** em determinado período de tempo – algumas a curto ou até a curtíssimo prazo; outras a médio e a longo prazos.

Quanto à sua natureza, as variáveis econômicas são usualmente classificadas em duas categorias: **variáveis-fluxo** e **variáveis-estoque**.

As **variáveis-fluxo** são indicadores que se referem, necessariamente, a transações ocorridas **ao longo de determinado período de tempo**. O Produto Interno Bruto é exemplo clássico de variável-fluxo. Usualmente, o PIB é aferido para períodos anuais. Resulta da soma dos fluxos de produção ocorridos ao longo de determinado ano. Para cada ano, obtém-se uma magnitude diferente. Ano a ano, o PIB varia. Mais exemplos: as exportações, as importações; os tributos arrecadados e os gastos correntes do governo; o consumo das pessoas são, tipicamente, variáveis-fluxo.

As **variáveis-estoque** são medidas que expressam magnitudes **em determinado momento**. O nível das reservas cambiais de um país é, tipicamente, um estoque. Os meios de pagamento são também estoques. Mais exemplos: o contingente de empresas listadas nas Bolsas de Valores; o capital imobilizado, outras formas de riqueza nacional acumulada e a população economicamente mobilizável.

Uma analogia poderá esclarecer melhor essa distinção fundamental. Suponha-se que as reservas internacionais de um país se encontrem em um reservatório. Seu nível, **em determinado momento**, é um estoque; mas este nível varia para mais e para menos, em função de fluxos, de que são exemplos os gastos cambiais com importações (saídas do reservatório) e as receitas cambiais com exportações (entradas). Outro exemplo: a parcela da riqueza nacional expressa pelo total dos investimentos em máquinas, equipamentos e edificações é também um estoque; mas esse varia para menos, em função de desgastes físicos e depreciações; e para mais, se ocorrerem novos fluxos de investimentos.

Relações entre Variáveis

As variáveis econômicas, estoques ou fluxos, não são expressões isoladas, desprovidas de conexões. Elas representam magnitudes geralmente resultantes de complexas teias de relações e de estruturas interconectadas. Estabelecem-se, assim, entre as variáveis econômicas, diferentes formas de relações, de que são exemplos as **funcionais**, as **incrementais** e as **matriciais**.

As **relações funcionais** expressam a correspondência ou o grau de dependência entre variáveis. Relações dessa natureza são usualmente verbalizadas da seguinte forma: a variável X é função de Y. Isso significa que a magnitude de X depende da de Y. Vamos a dois exemplos:

1. As quantidades procuradas de determinado produto são função de seu preço. Trata-se de uma relação inversa: quanto menores os preços, maiores as quantidades procuradas. Esta relação funcional de correspondência entre quantidades procuradas *(QP)* e preços *(P)* geralmente é expressa da seguinte forma:

$$QP = f(P)$$

Deve-se ler: as quantidades procuradas são função do preço.

2. O fluxo anual de consumo observado em determinado país é função da renda de que a sociedade dispõe. Trata-se de uma função direta: quanto maior o nível de renda, maior pode ser o de consumo. Esta relação funcional de correspondência entre renda *(Y)* e consumo *(C)* geralmente é expressa da seguinte forma:

$$C = f(Y)$$

Deve-se ler: o consumo é função da renda.

As **relações incrementais** expressam variações cumulativas entre variáveis que, ao longo do tempo, seguiram suas próprias trajetórias, dependentes ou não de fatores comuns ou interconectados. Expressam também a resposta de determinado conjunto de variáveis econômicas a determinada ocorrência verificada em outra variável. Os incrementos são usualmente indicados pela letra grega delta (Δ). Dois exemplos:

1. Ao longo de determinado período de tempo, expandiram-se a renda nacional como um todo *(Y)* e a massa salarial *(W)*, um de seus mais importantes componentes. Indicando os aumentos, ou incrementos, dessas duas variáveis respectivamente por ΔY e ΔW, a relação incremental seria dada por:

$$\frac{\Delta Y}{\Delta W}$$

Deve-se ler: relação incremental renda-salários.

Uma relação incremental unitária indicaria que as duas variáveis se expandiram em iguais proporções. Se inferior a um, a massa salarial expandiu-se proporcionalmente mais que a renda nacional como um todo; se maior que um, indicaria perdas da categoria salários em relação à renda como um todo.

2. Em determinado período de tempo, os investimentos em novos bens de capital (máquinas, equipamentos, edificações) atingiram determinada magnitude. Em resposta a esses investimentos, criam-se novos empregos para a população economicamente mobilizável. Indicando os novos investimentos por ΔI e os novos empregos por ΔE, a relação incremental seria dada por:

$$\frac{\Delta I}{\Delta E}$$

Deve-se ler: relação incremental investimentos-emprego.

Note-se que, nesta relação, estamos comparando duas variáveis econômicas definidas por diferentes unidades. Os investimentos são indicados em

FIGURA 1.3 Estrutura simplificada de uma matriz de insumo--produto: um exemplo de transações expressas sob a forma de relações matriciais.

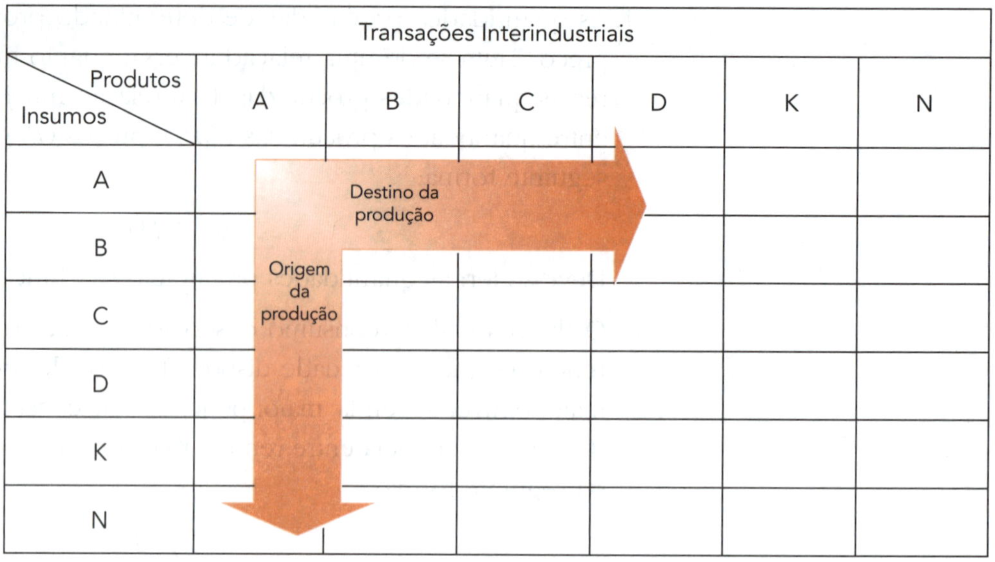

Insumos \ Produtos	A	B	C	D	K	N
A						
B						
C						
D						
K						
N						

Transações Interindustriais
Origem da produção / Destino da produção

unidades monetárias; o emprego, por número de trabalhadores. Caso, por exemplo, os novos investimentos tenham totalizado, ao longo de determinado período, R$ 50 bilhões, gerando 250 mil novos empregos diretos e indiretos, teríamos uma relação incremental de 250.000 por 1. Isso significa que, para cada R$ 250 mil em novos investimentos, gera-se um emprego novo na economia.

As **relações matriciais** indicam a interdependência de conjuntos interconsistentes de variáveis. São indicadas através da construção de **matrizes de dupla entrada**, correlacionando-se linhas e colunas de variáveis interconsistentes. De novo, vamos buscar um exemplo para simplificar o entendimento dessa categoria de relações entre variáveis econômicas.

Suponhamos o conjunto dado pelos setores de produção de determinada economia (florestal, agropecuário, mineração, químico, metalúrgico, têxtil, papel-papelão, equipamentos de transporte, materiais elétricos e de comunicações, borracha e outros mais). Entre esses setores estabelecem-se relações matriciais, à medida que, de um lado, cada um deles produz para os demais e, de outro lado, cada um deles é abastecido pelos outros.

Vamos chamar de **insumos** os fluxos de materiais, componentes e subsistemas que cada setor recebe dos demais para processar sua produção; e de **produtos** os fluxos de produção que cada ramo envia para os outros. Os insumos são entradas; os produtos são saídas. Vamos colocar as entradas nas colunas de nossa matriz e as saídas nas linhas, indicando por A, B, C, D, ..., K, ..., N os setores produtivos considerados.

A matriz de insumo-produto, cruzando linhas e colunas, teria a conformação indicada na Figura 1.3.

Os cruzamentos das linhas e colunas definem células. E cada célula indica uma relação intra ou intersetorial de recíproca dependência: o quanto cada setor depende de outro para realizar (entradas) ou escoar (saídas) sua produção.

Construções matriciais como esta evidenciam a estrutura das relações estabelecidas dentro do aparelho de produção das economias nacionais. São instrumentos úteis para indicar excedentes de produção ou gargalos de suprimentos. Indicam ainda impactos, sobre todo o sistema, decorrentes da expansão, da retração ou de gargalos de determinado setor.

Formas Usuais de Indicações Quantitativas

Há outros **indicadores econômicos** usualmente expressos através de **números-índices**, **medidas de tendência central**, **quocientes**, **coeficientes** e **valores absolutos**.

Os **números-índices** indicam variações de conjuntos de dados econômicos. Há diferentes critérios para seu cálculo. Todos, porém, conduzem a valores que expressam uma espécie de síntese do conjunto das variações dos dados econômicos considerados. Vamos a dois exemplos:

1. O INPC – Índice Nacional de Preços ao Consumidor indica a variação mensal dos preços de uma cesta de bens e serviços pagos pelos consumidores de determinada faixa de renda. Resulta da média ponderada dos índices calculados nas principais regiões metropolitanas do país. Como o INPC, os demais índices de preços medem variações de conjuntos de preços, não do preço de um único e determinado produto. Trata-se, portanto, de uma indicação de natureza agregativa.

2. O INA – Indicador do Nível de Atividade revela o desempenho da atividade produtiva e suas variações ao longo do tempo. Expressa as flutuações da economia, resultando da média ponderada de índices de desempenho de diferentes grupamentos de setores de produção.

Nos dois casos, os números-índices são indicações de conjuntos com elementos comuns. Refletem, portanto, variações de dados econômicos similares e agrupados.

As **medidas de tendência central** são formas usuais de variáveis econômicas que refletem valores transacionais praticados "em média". Os exemplos mais comumente citados são as taxas de juros e de câmbio. As taxas divulgadas são a média das efetivamente praticadas, em determinado período, nos mercados financeiro e cambial. As transações efetivamente realizadas estiveram, em geral, bastante próximas da média, umas acima outras abaixo, registrando a cada momento as condições prevalecentes nos mercados. Consideram-se como indicadores as correspondentes tendências centrais.

Os **quocientes** resultam da divisão de variáveis econômicas, expressando mudanças ao longo do tempo ou proporções em determinado momento. Vamos ver dois exemplos simples:

1. A **taxa de desemprego** é quociente que resulta da divisão da população economicamente ativa pela economicamente mobilizável, em determinado momento.

2. A **estrutura do consumo** de determinada classe socioeconômica é expressa por um conjunto de quocientes. Resulta da divisão de cada categoria de

consumo considerada (alimentação, habitação e transportes, por exemplo) pelo consumo total. Indica, portanto, um conjunto específico de dados, expressos como proporções do todo.

Já os **coeficientes** expressam, geralmente, parâmetros de correlação entre variáveis econômicas. Há determinadas funções econômicas, em que os coeficientes das variáveis consideradas são indicadores mais importantes que as próprias variáveis. Em outros casos, calculam-se coeficientes para indicar graus de concentração ou de dispersão que se observam em determinados aspectos da realidade econômica. Vamos a três exemplos:

1. O coeficiente Gini é um conhecido indicador do grau de desigualdade na distribuição da renda nacional às classes socioeconômicas. Seu campo de variação é definido entre zero e um. Quanto mais próximo de um, maior a concentração da renda.

2. Há vários indicadores de comportamento monetário apresentados na forma de coeficientes. Um deles é a proporção entre o papel-moeda em poder do público em relação aos depósitos mantidos no sistema bancário. Quando alto, indica baixa aversão ao meio circulante e confiança na estabilidade da moeda; quando baixo, implica elevação da velocidade de circulação da moeda, geralmente associável à aceleração de processos inflacionários.

3. Um terceiro exemplo: os coeficientes de abertura da economia, dados pela relação entre os movimentos internacionais de capital, as correntes de comércio exterior e o Produto Interno Bruto. Quanto mais altos, maiores os graus de interdependência e de inserção mundial da economia.

Finalmente, as indicações em **valores absolutos** compõem a maior parte da quantificação da realidade econômica. Resultam de uma multiplicidade de levantamentos, consolidações e cálculos sistematicamente realizados. Levantamentos censitários, estatísticas econômicas resultantes de consolidações feitas por órgãos de governo, entidades de classe e organizações multilaterais são geralmente apresentados, em dados primários, sob a forma de valores absolutos. Os censos demográficos e econômicos, os levantamentos nas áreas das finanças públicas, do sistema financeiro e das transações internacionais, bem como o cálculo de cada uma das contas do Sistema de Contabilidade Social são apresentados, primariamente, na forma de valores absolutos, expressos monetariamente ou pelas medidas de sistemas metrológicos usuais.

O Fato Econômico: Fundamentos e Natureza

A particularidade que acabamos de evidenciar (a possibilidade de tratamento quantitativo) não deve ofuscar nossas primeiras observações acerca do caráter social da economia. Cada variável expressa resultados produzidos por um complexo sistema de relações sociais, fundamentado em dado ordenamento político-institucional e inspirado em sistemas doutrinários ou ideológicos de referência. O **fato econômico** apresenta-se, na realidade, condicionado por uma multiplicidade de fatores extraeconômicos.

À busca de uma primeira síntese, vamos recorrer a um dos mais notáveis pensadores da economia, J. A. Schumpeter:[7]

- ❑ O processo social, na realidade, é um todo indivisível. No entanto, em seu trabalho metodológico, a mão classificadora do investigador procura separar, por sua natureza, cada um dos fatos que compõem a indescritível teia das relações sociais. A classificação de um fato como **econômico** envolve, assim, uma abstração – a primeira das muitas que são impostas pelas hipóteses assumidas para a cópia mental da realidade.

- ❑ Os **fatos sociais** resultam do comportamento humano. Eles se caracterizarão como **fatos econômicos** à medida que todo o conjunto dos aspectos sociais que os envolve for de certa forma eclipsado por motivações de ordem econômica. O eclipse, no entanto, será sempre parcial e temporário, à medida que cada um dos fatos destacados também envolve considerações éticas, sociais e políticas, além de estarem subordinados a todo um conjunto de normas jurídicas ou de valores culturais que mudam com o correr do tempo.

- ❑ A descrição e análise dos elos causais que ligam os fatos econômicos aos não econômicos e a descoberta da logicidade que orienta as relações sociais como um todo devem estar sempre presentes nas abstrações que elaboramos para sistematizar o conhecimento dos aspectos econômicos do processo social.

Consolidando os conteúdos até aqui desenvolvidos, a Figura 1.4 sintetiza as interfaces da economia com outros campos do conhecimento social, destacando as relações biunívocas que se podem estabelecer entre eles, tanto no âmbito da construção do conhecimento, como no ordenamento efetivo da vida em sociedade. Sintetiza ainda as categorias centrais e os temas de maior relevância que gravitam no campo mais específico da economia – todos, praticamente, passíveis de quantificação.

Para leitura, o Quadro 1.3 traz, em sequenciação livre, trechos selecionados dos três primeiros capítulos de *Principles of economics,* de Alfred Marshall,[8] publicado em 1890. Revela o entendimento de um dos mais fecundos mestres da economia neoclássica sobre o objeto da economia e as questões básicas de que se ocupam os economistas. Como pano de fundo, o texto destaca o ordenamento da vida em sociedade, lastreado em princípios institucionais e morais. É leitura relevante para uma bem fundamentada **compreensão da economia**.

1.3 O Conceito de Economia

Dimensão e Adjetivação Iniciais: a Economia Política

A complexa teia das relações sociais e a multiplicidade dos fatores condicionantes da atividade econômica dificultam, de certa forma, a formulação de uma definição abrangente para a economia. Além disso, como já destacamos, a economia é fortemente influenciada, tanto em sua construção como ramo do conhecimento, como na realidade, por diferentes concepções político-ideológicas,

FIGURA 1.4
Categorias centrais e temas de alta relevância da economia: interfaces de cada um deles com desenvolvimentos dos demais campos do conhecimento social.

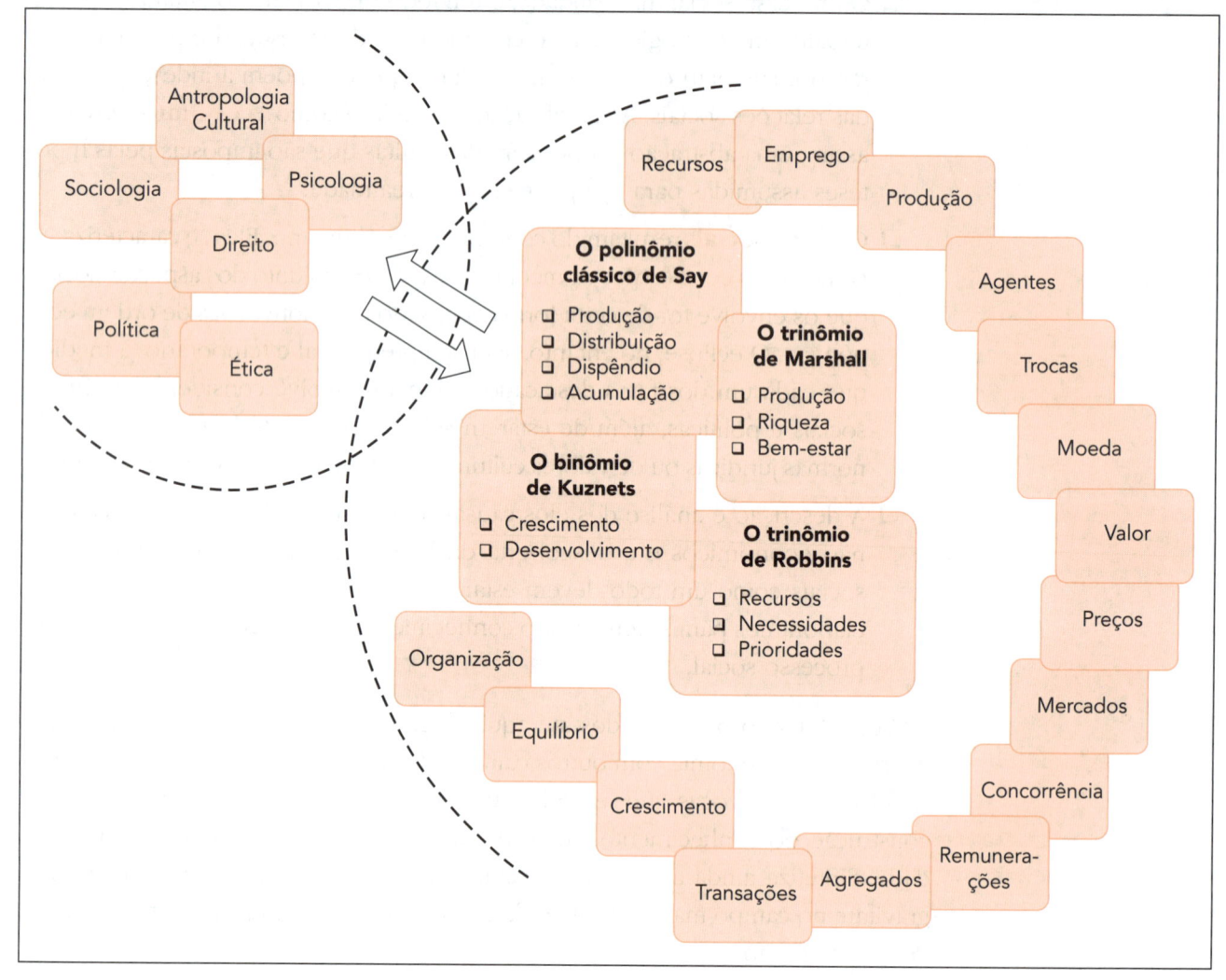

Campos do conhecimento social (exterior): Antropologia Cultural, Sociologia, Psicologia, Direito, Política, Ética.

Categorias centrais e temas da economia (anel): Recursos, Emprego, Produção, Agentes, Trocas, Moeda, Valor, Preços, Mercados, Concorrência, Remunerações, Agregados, Transações, Crescimento, Equilíbrio, Organização.

Núcleo:
- **O polinômio clássico de Say**
  - Produção
  - Distribuição
  - Dispêndio
  - Acumulação
- **O trinômio de Marshall**
  - Produção
  - Riqueza
  - Bem-estar
- **O binômio de Kuznets**
  - Crescimento
  - Desenvolvimento
- **O trinômio de Robbins**
  - Recursos
  - Necessidades
  - Prioridades

algumas até conflitantes entre si. Consequentemente, cada corrente de pensamento econômico enxerga a realidade a partir de crenças e valores predefinidos, a partir dos quais elabora suas concepções, estabelece seus conceitos e formata seus modelos. E tem mais: ao longo do tempo, as instituições econômicas e as concepções político-ideológicas se modificam. Torna-se, então, geralmente crescente a complexidade do processo econômico. Surgem novas preocupações e novas concepções. E evolui, decorrentemente, o conceito de economia.

Em seu nascedouro, a denominação usual da economia era adjetivada. Denominava-se **economia política**. Com o tempo, a adjetivação caiu em desuso. Evoluiu, simplesmente, para **economia**. Mas nada impede que, no futuro, a velha adjetivação possa voltar ou outra forma de simplificação possa ocorrer, fruto, por exemplo, de fusões interdisciplinares.

A expressão **economia política** afirmou-se a partir do início do século XVII. Embora filósofos da Grécia Antiga, como Platão e Aristóteles, e os escolásticos da Idade Média tenham explorado temas de conteúdo econômico, a expressão

QUADRO 1.3
Economia: um estudo da riqueza e um ramo do estudo do homem.

A economia é um estudo da humanidade nas atividades correntes da vida; examina a ação individual e social em seus aspectos mais estreitamente ligados à obtenção e ao uso das condições materiais do bem-estar.

Assim, de um lado, é um estudo da riqueza; e, de outro, e mais importante, uma parte do estudo do homem. O caráter do homem tem sido moldado por seu trabalho quotidiano e pelos recursos materiais que emprega, mais do que por outra influência qualquer, à parte a dos ideais religiosos. Os dois grandes fatores na história do mundo têm sido o religioso e o econômico. Aqui e ali o ardor do espírito militar ou artístico predominou por algum tempo; mas as influências religiosas e econômicas nunca foram deslocadas do primeiro plano, mesmo passageiramente, e quase sempre foram mais importantes do que as outras todas juntas.

Vista dessa forma, a economia é um estudo dos homens tal como vivem, agem e pensam nos assuntos comuns da vida. Mas diz respeito, principalmente, aos motivos que afetam, de modo intenso e constante, a condução do homem no campo das transações mercantis e dos negócios. E como as transações e seus benefícios são mensuráveis, a economia conseguiu avançar mais que os outros ramos do estudo do homem. Assim como a balança de precisão do químico torna sua disciplina mais exata que outras ciências físicas, a balança do economista, apesar de mais grosseira e imperfeita, deu à economia uma exatidão maior do que a de qualquer outro ramo das ciências sociais. Naturalmente, em termos comparativos, a economia não tem a mesma precisão das ciências físicas exatas, pois ela se relaciona com as forças sutis e sempre mutáveis da natureza humana.

É essencial notar que o economista não se arroga a possibilidade de medir os motivos e as inclinações humanas. Ele só o faz indiretamente, através de seus efeitos. Avalia as motivações da ação por seus resultados, do mesmo modo como o faz o cidadão comum, diferindo dele somente pelas maiores precauções que toma em esclarecer os limites de seu conhecimento. Alcança suas conclusões provisórias pela observação da conduta humana sob certas condições, sem tentar penetrar questões de ordem transcendental. Na utilização do conhecimento, considera os incentivos e os fins últimos que levaram à busca de determinadas satisfações. As medidas econômicas dessas satisfações são o ponto de partida da economia.

Passemos, agora, a outro ponto. Quando dizemos que um resultado ou efeito é medido pela ação que o causou, não estamos admitindo que toda ação humana deliberada seja resultado de um cálculo econômico. As pessoas não ponderam previamente os resultados econômicos de cada uma de suas ações. Nem todas as ações humanas são objeto de cálculo econômico. Mas o lado da vida de que a economia se ocupa especialmente é aquele em que ocorre, com mais frequência, calcular os custos e os benefícios de determinada ação ou de um empreendimento, antes de executá-lo. E em que é possível calcular seus resultados e efeitos.

Aqui devemos ter presente que os motivos das ações humanas não residem, necessariamente, apenas em benefícios materiais, economicamente mensuráveis. Envolvidos pelas forças da concorrência, muitos homens de negócios são muitas vezes estimulados mais pela expectativa de vencer seus rivais do que propriamente por acrescentar mais a sua própria riqueza. Por outro lado, o desejo de obter a aprovação ou de evitar a censura de seus pares, no meio social em que vivem, pode também levar comumente a ações e decisões de significativos efeitos econômicos.

Podemos melhor ilustrar essas ideias enumerando algumas das principais questões estudadas pela economia.

❑ Quais as causas que afetam o consumo e a produção, a distribuição e a troca de riquezas; a organização da indústria e do comércio; o comércio exterior; as relações entre empregados e empregadores. Como essas questões são influenciadas umas pelas outras.

❑ Qual o alcance e a influência da liberdade econômica. Qual sua importância, efeitos imediatos e mais remotos. Até que ponto os inconvenientes da liberdade econômica, para os que dela não se beneficiam, justificam modificações em instituições como a propriedade e a livre empresa. Em que medida poderíamos fazer essas modificações sem enfraquecer a energia dos que promovem o progresso.

❑ Como deve ser distribuída a incidência de impostos entre as diferentes classes da sociedade. Quais os empreendimentos de que a sociedade, por ela mesma, deve encarregar-se e quais os que se farão por intermédio do governo. Em que medida o governo deve regulamentar a forma como os homens de empresa dirigem seus negócios.

❑ Sob que aspectos diferem os deveres de uma nação em relação a outra, em matéria econômica, dos que têm entre si os cidadãos de uma mesma nação.

Assim considerada, a economia é o estudo das condições materiais da vida em sociedade e dos motivos que levam os homens a ações que têm consequências econômicas. São seus objetos o estudo da **pobreza**, enquanto estudo das causas da degradação de uma grande parte da humanidade; das condições, motivações e razões da **riqueza**; das ações individuais e sociais ligadas à obtenção do **bem-estar**.

Fonte: MARSHALL, Alfred. *Principles of economics*. 8. ed. Londres: Macmillan, 1961.

é atribuída ao mercantilista francês Antoine de Montchrétien, autor de um *Traité d'économie politique,* publicado em 1615.

Até chegar ao tratado de Montchrétien, da Antiguidade ao Renascimento, as questões econômicas de maior relevância eram os sistemas da posse territorial, a servidão, a arrecadação de tributos, a organização das primeiras corporações (dos *artificia* e das *fraternitates),* a defesa de mercados, o comércio inter-regional, a cunhagem e o emprego de moedas. E cada uma dessas questões era tratada sob os ângulos da política, da filosofia e do direito canônico.

As dimensões da economia, enquanto ramo do conhecimento, só se alargaram com a maior complexidade assumida pelas questões econômicas, após o Renascimento, com o desenvolvimento dos novos Estados-nações mercantilistas – Espanha, Portugal, Inglaterra, França e Alemanha. Nesse período, os pensadores pós-renascentistas definiam a economia como ramo do conhecimento essencialmente voltado para a administração do Estado, sob o objetivo central de promover seu fortalecimento. Justificava-se, assim, a adjetivação – **economia política**.

As Fronteiras Ampliadas: os Conceitos Clássico e Neoclássico

No século XVIII, novas concepções se desenvolveram. A preocupação central já não era com o fortalecimento do Estado, mas com a riqueza das nações. Duas importantes obras foram publicadas e, com elas, abriu-se uma nova era no estudo da economia: a era clássica, coincidente com o Iluminismo, a Idade da Razão. A primeira das duas obras clássicas foi *Tableau économique,* de François Quesnay, publicada em 1758. A segunda, *An inquiry into the nature and causes of the wealth of nations,* de Adam Smith, publicada em 1776.

Quesnay fundamentou seu pensamento em levantamentos quantitativos: suas tabelas econômicas são consideradas como um trabalho embrionário de análise de interdependência, um primeiro esboço de relações matriciais. Seu interesse, porém, ia além da quantificação. Ele queria demonstrar como se formava a riqueza e como ela se distribuía entre três classes sociais: a dos produtores rurais, a dos artesãos urbanos e a dos nobres proprietários.

Smith fundamentou-se em axiomas filosóficos. Não foram com a riqueza das nações suas primeiras preocupações acadêmicas. Em 1759, ele publicou sua primeira obra, *Theory of moral sentiments.* Os sentimentos morais, as motivações fundamentais da natureza humana, a busca da aprovação social, as razões maiores da acumulação e da conservação da fortuna material foram os pressupostos de sua descrição da ordem econômica, fundamentada nas leis que regem a **formação, a acumulação, a distribuição e o consumo da riqueza**.

Este polinômio foi a base do conceito clássico de economia. A maior parte dos economistas clássicos, que viveram na transição dos séculos XVIII e XIX, como o pastor Thomas Malthus, o financista John Law, o político Stuart Mill, o banqueiro Richard Cantillon, o negociante David Ricardo e o teórico Jean Baptiste Say definiam a economia, partindo desses quatro fluxos. Say, considerado um dos mais notáveis mestres da era clássica, assim definiu a economia em seu *Traité d'économie politique,* publicado já no início do século XIX, em 1803:

> **"A economia política torna conhecida a natureza da riqueza; desse conhecimento de sua natureza deduz os meios de sua formação, revela a ordem de sua distribuição e examina os fenômenos envolvidos em sua distribuição, praticada através do consumo."**

No conceito clássico, da formação ao consumo da riqueza, passando pela acumulação e pela distribuição, todo o processo econômico haveria de ser cuidadosamente classificado e investigado. Daí resultariam seus núcleos de sustentação: conjuntos interconsistentes de princípios, teorias e leis explicativas da realidade econômica. Não é difícil entender que ênfases diferenciadas em um ou outro termo do polinômio clássico foram a base das crenças e das doutrinas político-ideológicas sobre a eficácia social de diferentes formas de organização das atividades econômicas.

A ênfase no processo de acumulação capitalista e nos mecanismos de repartição dos esforços sociais de produção desaguou na proposta socialista. Os neoclássicos, mais conservadores, buscaram entender o equilíbrio do processo econômico, tal como se apresentava. Embora muitos deles tenham reagido às iniquidades sociais, não propuseram formas alternativas e revolucionárias para a reorganização econômica da sociedade, cuidando porém de apontar os vícios da ordem estabelecida e mecanismos de ajuste e correção. Por isso mesmo, sintetizaram os temas cruciais da economia em um novo trinômio: **riqueza-pobreza-bem-estar**. E anteciparam os fundamentos da conduta econômica do homem: a escassez de recursos diante de necessidades ilimitáveis.

Os pontos fundamentais da abordagem neoclássica, sintetizados por Marshall, são:

- ❏ As necessidades e os desejos humanos são inúmeros e de várias espécies. Apenas em estágios primitivos de civilização são suscetíveis de serem satisfeitos. Na verdade, o homem não civilizado não tem mais necessidades do que o animal, mas à medida que vai progredindo, elas aumentam e se diversificam, ao mesmo tempo em que surgem novos métodos capazes de satisfazê-las.

- ❏ As mudanças nos estágios culturais das sociedades organizadas implicam maior quantidade e diversidade de utilidades. **A economia examina a ação individual e social, em seus aspectos mais estritamente ligados à obtenção e ao uso dos elementos materiais do bem-estar. Assim, de um lado, é um estudo da riqueza; e, de outro, e mais importante, é uma parte do estudo do homem.**

- ❏ A economia é um estudo dos homens tal como vivem, agem e pensam nos assuntos ordinários da vida. Mas diz respeito, principalmente, aos motivos que afetam, de modo intenso e constante, a condução do homem no trato com as questões que interferem em sua riqueza e nas condições materiais de seu bem-estar.

Cabe observar que a síntese de Marshall não se limitou à descrição e à análise dos processos econômicos definidos pelo trinômio riqueza-pobreza-bem-estar.

Foi além, ao discutir aspectos éticos ligados à conduta humana e às formas de organização da sociedade que poderiam ampliar ou diminuir, em função do processo distributivo, o número dos que têm de fato acesso às condições materiais possíveis de ser alcançadas em dado estágio cultural. Traços da organização social, como a liberdade de empreendimento e a concorrência, foram analisados sob a óptica de sua influência na geração e difusão do bem-estar social. Daí foram derivadas algumas de suas mais contundentes observações sobre o caráter social da economia. Entre as mais citadas, destacam-se:

- O estudo das causas da pobreza é o estudo das causas da degradação de grande parte da humanidade.

- A escravidão era considerada por Aristóteles como uma regra da natureza, e provavelmente também era vista dessa forma pelos próprios escravos nos tempos primordiais. Mas agora, afinal, nos dispomos seriamente a investigar se é necessário haver grande número de pessoas condenadas desde o berço ao trabalho rude, a fim de prover os requisitos de uma vida refinada e culta para outros, enquanto elas próprias são impedidas por sua pobreza e labuta de ter qualquer cota de participação naquela forma de vida.

- Em um mundo no qual todos os homens fossem perfeitamente virtuosos, todos pensariam só em seus deveres e nenhum desejaria ter uma cota de conforto maior do que a de seus concidadãos. Os mais fortes facilmente suportariam o fardo mais pesado e admitiriam que os mais fracos, embora produzindo menos, elevassem seu consumo. Felizes nessa maneira de pensar, eles trabalhariam para o bem geral com toda a energia, espírito inventivo e iniciativa que tivessem. Mas a história em geral, e até mesmo a das aventuras socialistas, mostra que os homens comuns raramente são capazes de um ideal altruísta por tempo considerável. Mas, em contrapartida, têm uma capacidade de serviço desinteressado muito maior do que a que demonstram. E a concorrência, por seu lado, não registra apenas efeitos perniciosos; sua proscrição poderia ser mais antissocial do que ela própria.

- Conclusivamente: constitui o fim último da economia descobrir como se pode combinar o latente ativo social das virtudes humanas com as forças da concorrência para a promoção do bem-estar social.

A Perspectiva Socialista

O binômio produção-distribuição (entendendo-se distribuição no sentido de processo distributivo ou, mais simplesmente, como repartição) é a base a partir da qual a perspectiva socialista construiu sua concepção sobre a matéria de que se ocupa a economia.

Os pontos básicos dessa perspectiva são assim fixados por Oskar Lange:[9]

- O homem, vivendo em uma sociedade que se encontra em certo nível de desenvolvimento histórico, sente necessidades de naturezas diversas. Uma parte dessas é de caráter biológico, sendo sua satisfação indispensável à vida; outra parte é consequência da vida em comum na sociedade e produto de um conjunto de condições determinadas pelo estágio cultural alcançado. Mesmo as necessidades biológicas se revestem de um caráter e de uma forma que são função da cultura da sociedade. As necessidades dos homens, embora primitivamente originadas das biológicas, são por conseguinte um produto da vida social e em comum. Dependem, assim, do grau de desenvolvimento da sociedade humana.

- Para satisfazer às necessidades humanas, é indispensável a produção ou usufruto de bens que o homem extrai da natureza, transformando-os, modificando seus caracteres, deslocando-os no espaço e estocando-os. A atividade humana que consiste em adaptar os recursos e as forças da natureza com a finalidade de satisfazer às necessidades humanas é designada pelo termo **produção**. Trata-se de uma atividade consciente e intencional, fundamentada no **trabalho**.

- Das conexões entre a produção e o trabalho se extraem os elementos vitais do processo econômico. A produção é um **ato social**, que envolve divisão do trabalho. O trabalho de um homem é apenas uma parte do trabalho combinado e associado de todos os membros da sociedade. É uma parte do **trabalho social**, cujo produto é representado pelos bens que servem, direta ou indiretamente, para satisfazer às necessidades humanas, manifestadas de formas diferentes em diferentes sociedades.

- A realização completa desse processo social inclui, por fim, a **distribuição** ou **repartição** do produto social do trabalho. A repartição reveste-se também de caráter social. É, por sua natureza, um ato social, que assume diferentes formas, de acordo com os graus de desenvolvimento da sociedade. Há vínculos, que se cristalizam historicamente, entre os modos de produção e a maneira como se opera a distribuição do esforço social de produção. Em sua *Introdução à crítica da economia política*, Marx acentuou que "as relações e os modos de distribuição aparecem simplesmente como o anverso da produção. A estrutura da distribuição é determinada pela estrutura da produção".

- Conclusivamente: enquanto as relações de produção dependem do nível histórico das forças produtivas, isto é, da atuação social do homem no trato com a natureza, as relações de distribuição dependem das relações de produção. A maneira como se opera a distribuição dos produtos na sociedade é determinada pela maneira como os homens participam do processo de produção.

- **O estudo das leis sociais que regulam a produção e a distribuição dos meios materiais destinados a satisfazer às necessidades humanas resume o campo de que se ocupa a economia.**

A Concepção de Robbins

Aparentemente menos influenciada por sistemas ideológicos e também mais isenta em relação a considerações doutrinárias, uma tentativa mais recente de caracterizar os fatos econômicos e de delimitar com maior nitidez os aspectos econômicos da vida social foi empreendida na primeira metade dos anos 1930, em um notável ensaio de Lionel Robbins[10] sobre a natureza e o significado da economia.

A sistematização de Robbins não partiu, como a maior parte das que a antecederam, de categorias convencionais de fatos econômicos, como produção, distribuição, dispêndio, acumulação, riqueza e bem-estar. Os pontos em que se fixou foram os seguintes:

- ❑ **MULTIPLICIDADE DE FINS**. Independentemente de sua classificação como econômicos ou não econômicos, são **múltiplos** os **fins** que a atividade humana procura alcançar.

- ❑ **PRIORIZAÇÃO DE FINS POSSÍVEIS**. Além de múltiplos, os fins possíveis, almejados pelos seres humanos, têm importância diversa e podem ser classificados por ordem de **prioridade**, embora esta varie no tempo e no espaço e, respeitada a individualidade de cada um, também possa variar de indivíduo para indivíduo.

- ❑ **LIMITAÇÃO DE MEIOS**. Os **meios** para alcançar a multiplicidade dos fins possíveis são **limitados**.

- ❑ **EMPREGO ALTERNATIVO DOS MEIOS**. Os meios têm **usos alternativos** e, por isso mesmo, podem ser mobilizados para os mais diversos fins.

Para Robbins, nenhuma dessas quatro condições, isoladamente considerada, é suficiente para caracterizar o fato econômico. Este é caracterizado por um importante elemento, que estabelece os elos entre as quatro condições vistas como um todo. Este elo é **a capacidade humana de fazer escolhas**, em face da multiplicidade de fins pretendidos e da diversidade de meios para alcançá-los. Ademais, os atos de escolha também decorrem do fato de os recursos poderem ser mobilizados para diferentes fins, embora sejam escassos ou limitados. **O fato econômico resume-se, assim, nos atos de escolha entre fins possíveis e meios escassos aplicáveis a usos alternativos**.

A primeira lição que se extrai dessa sistematização diz respeito à **economicidade da ação humana**. Esta decorre da **inevitabilidade da escolha**. Entre uma multiplicidade de opções sobre as ações que presumivelmente conduzirão à geração e acumulação das mais variadas categorias de riqueza e aos mais diversos estágios de prosperidade e bem-estar, as pessoas estão agindo economicamente quando procedem a uma escolha determinada. Seja qual for esta escolha, ela conduzirá:

1. **Ao alcance do fim proposto, total ou parcialmente, sob diferentes graus de eficiência**. A isso se dá a denominação genérica de **benefício**.

2. **À utilização de meios disponíveis, também sob diferentes graus de eficiência**. A isso se dá a denominação genérica de **custo**.

3. **À determinação de como se utilizarão os meios disponíveis na consecução do fim proposto**. Aos mecanismos e critérios que envolvem a destinação dos meios utilizados se dá a denominação genérica de **alocação**.

4. **À não consecução de outros fins**. A escolha de determinado fim e a consequente utilização de meios escassos implicam necessariamente a redução da capacidade efetiva da sociedade para obter outros benefícios. A esta

FIGURA 1.5
Uma síntese sequencial dos conceitos básicos da sistematização de Robbins.

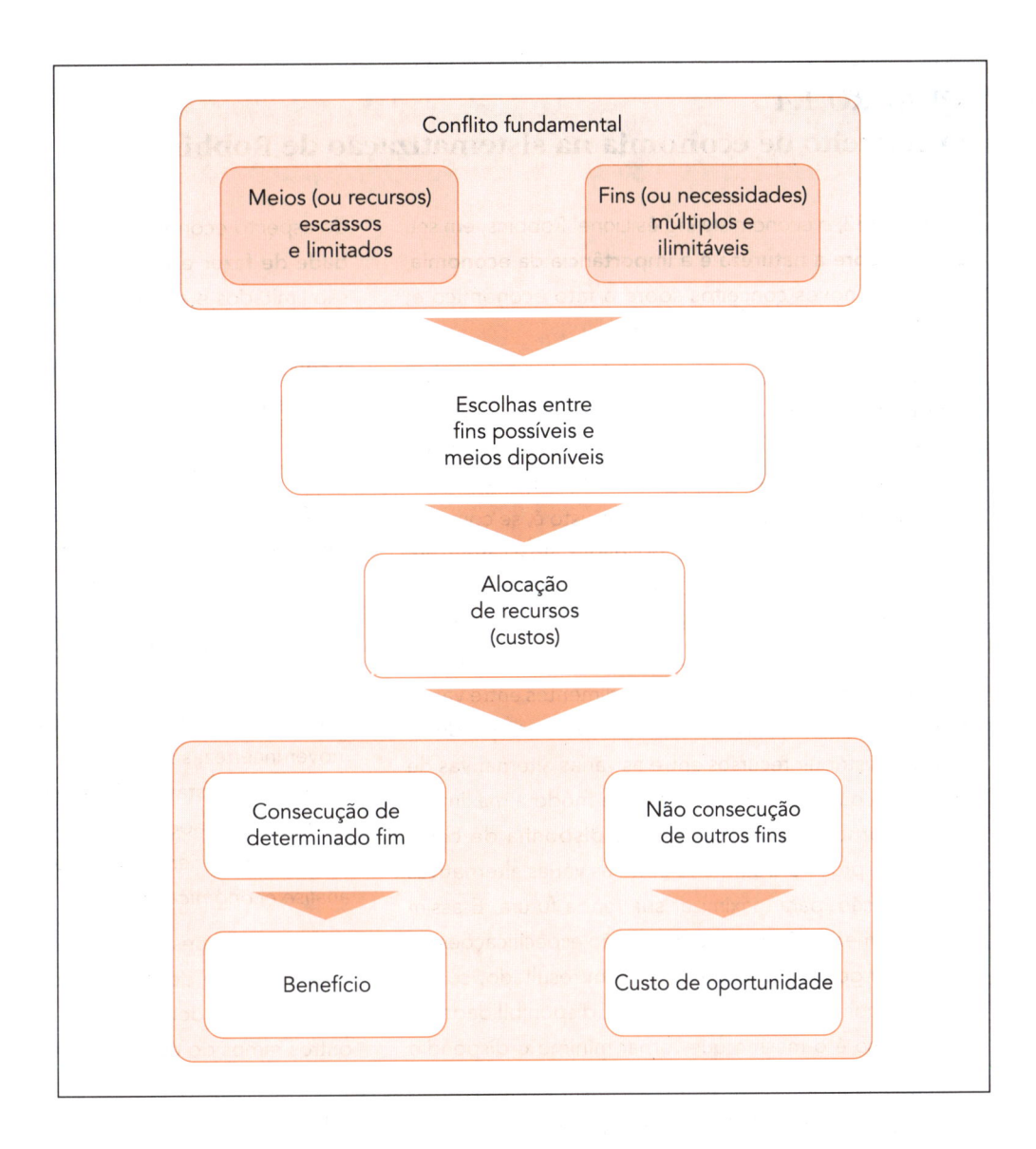

```
                    Conflito fundamental

        Meios (ou recursos)          Fins (ou necessidades)
         escassos                     múltiplos e
         e limitados                  ilimitáveis

                          ↓
                Escolhas entre
                fins possíveis e
                meios diponíveis

                          ↓
                   Alocação
                   de recursos
                    (custos)

                          ↓
        Consecução de              Não consecução
        determinado fim            de outros fins

              ↓                          ↓
           Benefício              Custo de oportunidade
```

quarta decorrência do processo de escolha se dá a denominação de **custo de oportunidade**.

Quaisquer escolhas feitas por indivíduos, empresas, governos ou outros agentes econômicos quanto à **alocação** de recursos implicam, portanto, uma relação entre **custos** (os meios empregados) e **benefícios** (os fins alcançados), bem como a ocorrência de **custos de oportunidade** (outros fins que, com os mesmos recursos, poderiam ter sido alcançados). A sistematização de Robbins está esquematizada na Figura 1.5. E no Quadro 1.4 resumimos um texto de C. Napoleoni[11] sobre essa sistematização.

Dessa sistematização resulta, com rigor conceitual, um conceito de economia essencialmente vinculado ao fato econômico. Desde que este resulta de atos de escolha entre fins e meios, a economia pode ser vista como um ramo das ciências sociais que se ocupa da administração eficiente dos escassos recursos existentes, empregados na consecução dos fins que tenham sido estabelecidos pela sociedade – quer seja através de descentralizado processo decisório, quer seja através de um poder central. Ou, como Robbins a definiu:

QUADRO 1.4
O conceito de economia na sistematização de Robbins.

Em 1932, o economista inglês Lionel Robbins, em seu **Ensaio sobre a natureza e a importância da economia**, explicitou novos conceitos sobre o fato econômico e, simultaneamente, sobre a economia.

Para compreender a sistematização de Robbins, devemos partir do conceito walrasiano de escassez. L. Walraz define como escassa uma coisa que seja ao mesmo tempo útil e limitada em relação às necessidades a que ela possa satisfazer. Se as riquezas são escassas, isto é, se com elas não é possível satisfazer às necessidades até a saturação, decorre que o problema que cada agente econômico deve resolver consiste em tirar o máximo proveito dos recursos escassos a sua disposição. O consumidor, por exemplo, tende a distribuir seus rendimentos entre vários bens, procurando maximizar sua utilidade. O produtor tende a distribuir recursos entre as várias alternativas de produção que lhe são acessíveis, de modo a maximizar seus retornos. Um poupador que disponha de certo montante procura distribuí-lo entre as várias alternativas de aplicação, para maximizar sua renda futura. E assim sucessivamente. Todos esses casos são especificações do problema geral de tornar máximo um resultado, condicionado por determinada, e escassa, disponibilidade de meios. Isso é o mesmo que tornar mínimo o dispêndio de meios para alcançar dado resultado.

Esta bem consolidada compreensão teórica sugeriu a Robbins a procura de uma definição para o **fato econômico**, que não fosse apenas classificatória, mas analítica. Ele pretendeu indicar em que consistiria o aspecto propriamente econômico da conduta humana.

Aprofundando o conceito walrasiano de escassez, Robbins estabeleceu quais seriam as condições, necessárias e suficientes, que tornam a ação humana suscetível de consideração econômica. Foram quatro as condições definidas: as duas primeiras dizem respeito aos fins e as duas outras aos meios de ação. A primeira condição é que os fins sejam múltiplos; a segunda, que os fins tenham diferentes graus de importância e possam ser hierarquizados; a terceira é que os meios sejam limitados; e a quarta é que os meios tenham usos alternativos.

Isoladamente considerada, nenhuma dessas quatro condições está apta a caracterizar o fato econômico. Vistas, porém, em conjunto, definem qual o elemento essencial do aspecto econômico da conduta humana: **a possibilidade de fazer escolhas**. Quando, de um lado, os meios são limitados e aplicáveis a usos alternativos e, de outro lado, os fins são graduáveis por ordem de importância, a conduta humana assume necessariamente a forma de uma **escolha** e tem, então, uma **dimensão econômica**. A economia vem assim a configurar-se como a ciência que estuda a conduta humana na utilização de meios escassos para atender a fins alternativos. Com essa definição, clareava-se o caráter essencial do trabalho científico em economia: a determinação dos resultados que o ato de escolha alcança em uma série de casos particulares, de maximização na realização de fins ou de minimização no emprego de meios. A importância que Robbins, com rigor, atribuiu a esta questão essencial contribuiu para remover incertezas sobre a natureza da ciência econômica, favorecendo notavelmente seu progresso ulterior. Isso foi bem demonstrado em um dos monumentos da moderna sistematização científica em economia, os *Fundamentos da análise econômica*, do americano P. Samuelson, de 1947.

Uma das questões mais importantes, decorrentes da sistematização de Robbins, diz respeito à neutralidade da economia, deixando aqui claras suas interfaces com outros ramos do conhecimento social. Do ponto de vista formal, a economia é indiferente em relação aos fins que um conjunto de recursos é capaz de atingir. Ocorre, porém, que os fins que a ação humana estabelece estão naturalmente sujeitos a outros tipos de avaliação, dos pontos de vista ético e político, por exemplo. Como Robbins destaca, isso não significa que o economista não possa nem deva expressar juízos de valor acerca dos fins que se pretende alcançar e da forma como serão empregados os correspondentes meios disponíveis. Mas, ao transitar da abordagem puramente econômica para outras categorias de considerações, o economista transita do que se convencionou chamar de economia "positiva" para a economia "normativa". Vale dizer, da "ciência econômica" para a "política econômica". Nesse trânsito, tornam-se inevitáveis juízos de valor e cruzamentos com considerações extraeconômicas, sistematizadas em outros campos do conhecimento, com os quais, então, se tornam inexoráveis as relações de interdependência.

Fonte: NAPOLEONI, Cláudio. *O pensamento econômico do século XX*. Rio de Janeiro: Paz e Terra, 1979.

> "**A economia é a ciência que estuda as formas de comportamento humano resultantes da relação existente entre as ilimitadas necessidades a satisfazer e os recursos que, embora escassos, se prestam a usos alternativos.**"

Esse conjunto de elementos conceituais (**meios escassos, fins alternativos e ilimitáveis, escolha** e **alocação**) está presente na maior parte das mais recentes definições de economia. Selecionamos as seguintes:

- **Umbreit, Hunt e Kinter**:[12] "A economia é o estudo da organização social através da qual os seres humanos satisfazem suas necessidades de bens e serviços escassos."

- **Leftwich**:[13] "Embora nem sempre seja fácil separar a demarcação das fronteiras que separam a economia de outros campos do conhecimento social, há atualmente concordância geral em relação a seu conteúdo principal. Ao se ocupar das condições gerais do bem-estar, o estudo da economia inclui a organização social que implica distribuição de recursos escassos entre necessidades humanas alternativas, com a finalidade de satisfazê-las a nível ótimo."

- **Barre**:[14] "A economia é a ciência voltada para a administração dos escassos recursos das sociedades humanas: ela estuda as formas assumidas pelo comportamento humano na disposição onerosa do mundo exterior, decorrente da tensão entre desejos ilimitáveis e meios limitados."

- **Stonier e Hague**:[15] "Não houvesse escassez nem necessidade de repartir os bens entre as pessoas, não existiriam sistemas econômicos nem economia. A economia é, fundamentalmente, o estudo da escassez e dos problemas dela decorrentes."

- **Rogers**,[16] autor de um manual de introdução à economia cujo título principal, sugestivamente, é *Choise – Escolha*: "A economia diz respeito ao estudo de um fenômeno chamado escassez. Embora as pessoas tenham sido até aqui bem-sucedidas em fazer com que se expandissem a produção de bens e serviços necessários às suas vidas, elas não conseguiram reduzir substancialmente a diferença entre seus desejos e os meios capazes de satisfazê-los. Continuam, assim, *agindo economicamente*, pois ainda não se libertaram e, presumivelmente, não será fácil libertarem-se do difícil exercício da *escolha*."

- **Horsman**:[17] "Escolher a melhor forma de empregar recursos escassos para obter benefícios máximos: este é o problema básico de todas as sociedades economicamente organizadas."

Uma Primeira Síntese: as Questões Presentes em Abordagens Distintas

O Quadro 1.5 sintetiza as três abordagens consideradas: a neoclássica, a socialista e a de Robbins.

Há nítidas ligações formais entre as três abordagens. A razão de ser da economia está presente nas três formas de delimitar o campo específico do conhecimento econômico – **o estudo das formas aplicadas pelas pessoas na incessante busca de meios para satisfazer às condições ilimitáveis de bem-estar.**

> **QUADRO 1.5**
> **O conceito de economia: três abordagens distintas.**
>
> | A abordagem neoclássica | A perspectiva socialista | A sistematização de Robbins |
> |---|---|---|
> | ❑ A economia é um estudo dos homens tal como vivem, agem e pensam nos assuntos ordinários da vida.
❑ Focaliza, principalmente, a condução das pessoas no trato com questões que interferem em sua riqueza e bem-estar.
❑ O fim último de que cuida a economia consiste em descobrir como as virtudes humanas e a concorrência podem conduzir ao bem-estar social. | ❑ As necessidades humanas são determinadas pelo estágio cultural da sociedade.
❑ Para satisfazer a um padrão de necessidades, as pessoas se dedicam a um ato social: a produção.
❑ A realização desse processo se completa com a distribuição do produto social.
❑ O estudo das leis sociais que regulam a produção e a distribuição resume o campo de que se ocupa a economia. | ❑ A sociedade tem objetivos múltiplos, ilimitados, mas meios limitados. A conduta econômica consiste em escolher entre fins possíveis e meios escassos para alcançá-los.
❑ A economia é um ramo que estuda as formas do comportamento humano que resultam da relação entre necessidades ilimitadas e recursos escassos.
❑ Meios escassos, fins alternativos, escolha e alocação são os elementos a partir dos quais se define o campo de que se ocupa a economia. |

São traços comuns das três abordagens:

❑ Foco na tensão entre necessidades e recursos.

❑ Ênfase em compreender o comportamento humano e as formas de organização da sociedade para administrar a tensão básica entre fins e meios.

❑ Elementos presentes: limitação de meios, multiplicidade de necessidades e mecanismos de alocação e distribuição.

1.4 A Metodologia de Desenvolvimento do Conhecimento Econômico

A Construção do Conhecimento: Senso Comum, Ciência e Ideologia

A robustez de seus pressupostos e a constatação de que há traços comuns entre as diferentes abordagens da economia, notadamente quanto a seu significado e propósitos, não escondem por inteiro duas de suas mais desafiantes características: de um lado, a delimitação entre o **senso comum** e o conhecimento econômico cientificamente sistematizado; de outro lado, a vinculação da sistematização científica a **paradigmas ideológicos**.

Essas duas características resultam de duas diferentes situações:

1. **O senso comum em economia.** Na mais pura acepção marshalliana, a economia "cuida das atividades correntes da vida". Trata das ações, interações

**FIGURA 1.6
Senso comum,
ciência e
ideologia:
atributos
diferenciadores.**

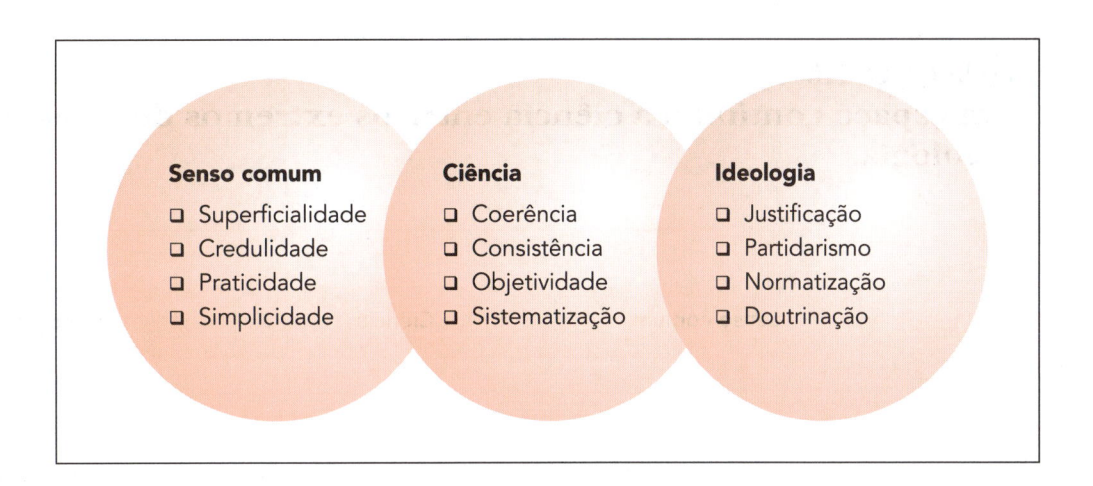

Senso comum
- Superficialidade
- Credulidade
- Praticidade
- Simplicidade

Ciência
- Coerência
- Consistência
- Objetividade
- Sistematização

Ideologia
- Justificação
- Partidarismo
- Normatização
- Doutrinação

e reações de uma multiplicidade de agentes, que interferem no processo econômico em caráter permanente, definindo expectativas, influenciando cursos de ação e interpretando causas e efeitos do ordenamento corrente de que participam. Decorrentemente, há em economia grande número de axiomas que derivam do quotidiano da vida e expressam o entendimento de cada agente ou o senso comum que se forma sobre causas e efeitos do ordenamento do processo econômico.

2. **A vinculação a paradigmas ideológicos**. Em economia, não é fácil demarcar os limites entre o conhecimento científico e a acepção ideológica. De certa forma, essa dificuldade reforça as relações biunívocas da economia com outros ramos do conhecimento social. E faz sempre ressurgir, apesar da delimitação sistematizada de seu campo de investigação, seus estreitos laços com a filosofia, a política e a ética.

A dificuldade de delimitação entre **senso comum**, **ciência** e **ideologia** não se restringe, obviamente, à economia. No Quadro 1.6, constata-se sua extensão praticamente a todos os outros campos do conhecimento humano. Na economia, porém, as dificuldades de delimitação parecem superar a de outros ramos, pela força e pela capacidade de pressão dos agentes econômicos e pela magnitude dos interesses envolvidos. Por isso mesmo, é útil aprofundar esses conceitos, notadamente quanto a seu significado e atributos. A clara compreensão de cada um deles tem muito a ver com a construção do conhecimento científico em economia e com a definição de seus compartimentos usuais.

Os principais atributos dos conceitos de senso comum, ciência e ideologia encontram-se sintetizados na Figura 1.6. Registram-se também ali, em ilustração gráfica, as interfaces entre os três conceitos.

- **O senso comum**. O entendimento das pessoas sobre o mundo que as cerca, tanto no âmbito de suas relações com as forças da natureza, quanto no que diz respeito às diferentes manifestações de sua interação social, começa por um conjunto de **conhecimentos acríticos**, geralmente denominados pela expressão **senso comum**. À medida que elas vão ampliando seu contato com a natureza e com seus pares, vão também acumulando novos conjuntos de habilidades e de práticas e, ao mesmo tempo, exercitando sua

QUADRO 1.6
Um espaço contínuo: a ciência entre os extremos do senso comum e da ideologia.

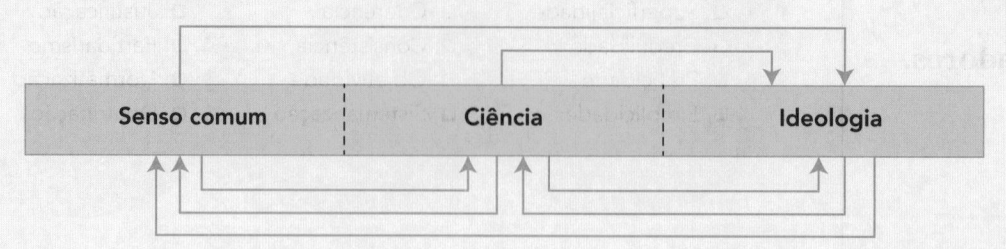

```
Senso comum ┆ Ciência ┆ Ideologia
```

O problema central da metodologia é a demarcação científica, ou seja, a definição do que é ou não ciência. Por incrível que pareça, não há coisa mais controversa em ciência do que sua própria definição.

É sempre mais fácil definir pela exclusão, ou seja, definir o que a ciência não é. Podemos imaginar um espaço contínuo, no meio do qual colocamos a **ciência** e nos extremos o **senso comum** e a **ideologia**. Ao dizermos que se trata de um espaço contínuo, aceitamos que os limites entre estas categorias não são estanques; pelo contrário, eles se superpõem nas orlas de contato.

O critério de distinção do **senso comum** seria o **conhecimento acrítico**, imediatista, que acredita na superficialidade do fenômeno. A dona de casa também sabe de inflação, porque percebe facilmente a subida contínua dos preços; mas seu conhecimento do problema é diferente daquele do economista, que tem para ele já uma teoria elaborada (ou várias) e uma avaliação crítica de profundidade. Podem-se colocar dentro do senso comum também modos ultrapassados de conhecer fenômenos, considerados como crendices ou coisas semelhantes. O trabalhador rural pode ter seu método de previsão de chuva, usando como indicador importante o zurrar do burro; o agrônomo se sentirá inclinado a rejeitar este método e a buscar outros indicadores tidos por mais críticos e realistas. Muitas doenças são curadas por métodos caseiros, resultantes de conhecimentos historicamente acumulados; a medicina acadêmica pode aceitar certos métodos, mas há de preferir vias testadas por experiências críticas, realizadas em laboratórios de pesquisa. Em tudo, o critério de distinção é o espírito crítico no tratamento do fenômeno, traduzido em características como profundidade e rigor lógico.

O critério de distinção da **ideologia** será o **caráter justificador** desse tipo de conhecimento. Justificar, ao contrário de argumentar, significa buscar a convicção, a adesão, a defesa do problema em foco. Enquanto o senso comum costuma ser uma postura singela, a ideologia alcança níveis da maior sofisticação, mesmo porque sua arma mais vantajosa é seu envolvimento com a ciência, na procura de vestir a prescrição com a capa de descrição. Inclui a deturpação dos fatos em favor da posição a ser defendida, e chega mesmo à falsificação, quando atinge o nível da própria mentira. As interpretações divergem bastante quanto à importância do fenômeno ideológico, havendo os que o julgam predominante e avassalador (num mar de ideologia há pequenas ilhas dispersas de ciência) e os que o julgam cada vez mais residual (num mar de ciência restam ainda poucas ilhas de ideologia).

Encontramos ideologia na produção científica porque, sendo a ciência um fenômeno social, não pode escapar ao posicionamento político, manifesto ou latente. Encontramos senso comum porque não somos capazes de discursar sobre todos os assuntos com conhecimento especializado.

Aceitando-se, então, que a ciência difere do senso comum e da ideologia, quais seriam os critérios de cientificidade, para não ficarmos apenas numa definição por exclusão? Podemos imaginar critérios **internos** e **externos**. Os internos são:

- **Coerência**. Significa argumentação estruturada, corpo não contraditório de enunciados, desdobramento do tema de forma estruturada, dedução lógica de conclusões.
- **Consistência**. Significa a capacidade de resistir a argumentações contrárias.
- **Originalidade**. Significa produção não tautológica nem meramente repetitiva, representando uma contribuição ao conhecimento.
- **Objetivação**. Significa a tentativa de reproduzir a realidade assim como ela é, não como gostaríamos que fosse.

Além desses, há ainda critérios externos, redutíveis à intersubjetividade, de que são exemplos a **divulgação**, a **comparação crítica** e o **reconhecimento generalizado**.

A exigência de critérios externos decorre do caráter social e histórico da ciência. Equivale a dizer que a ciência não é um todo acabado. Uma ciência acabada destruiria a concepção de processo científico e perderia a noção de utopia da verdade. Toda teoria não passa de um tijolo substituível no edifício inacabável da ciência. Equivale a dizer que o produto da ciência é passível de discussão, exceto se introduzirmos o dogmatismo.

Ao perigo do dogmatismo corresponde o do relativismo: não havendo possibilidade de fundamentação última, a ciência então não passaria de um jogo diletante e descompromissado, em que cada qual diz o que quer e aceita o que bem entender. Tal relativismo não é sustentável sociologicamente, porque a ciência não é um fenômeno individual, mas social, ou seja, a demarcação científica é feita mais pela comunidade que pelo indivíduo.

Fonte: DEMO, Pedro. *Metodologia científica em ciências sociais*. 3. ed. São Paulo: Atlas, 2011.

consciência, seu discernimento, seu tino e sua perícia. Por herança cultural, gerações que se sucedem ampliam, testam e submetem à provação experimental os conhecimentos acumulados que lhes foram transmitidos. Boa parte destes nada mais é do que um **entendimento superficial** acerca da coisa pretensamente conhecida e dominada. Outra parte resume-se à **credulidade**, em geral decorrente de tentativas primitivas e inacabadas de explicar o desconhecido. E outra parte não vai além da **praticidade**, sem, contudo, explicar por que as coisas acontecem ou por que determinados fenômenos se manifestam. A este sistema de conhecimento, a que podemos chamar **senso comum,** deve-se expressiva parcela do domínio inicial das pessoas sobre os mais variados campos de sua atuação.

❑ **Construção da ciência**. Partindo de sistemas de conhecimentos acríticos, os seres humanos vão, progressivamente, à busca do **conhecimento científico**. Da informação à consciência, do entendimento à inteligência, da prática aos ensaios experimentais, o senso comum vai dando lugar à ciência, com o suceder das gerações. As práticas agrícolas rudimentares, por exemplo, deram lugar à agronomia experimental, à pesquisa agronômica, à seleção genética de espécies vegetais e à fertilização química. No campo das ciências humanas, a análise da interação espontânea ensejou a classificação e codificação das mais variadas manifestações sociais, procurando-se conhecer as razões ou motivos das diferentes formas de comportamento ou de reação das pessoas. Esse novo conjunto de conhecimentos, sistematicamente elaborado e experimentado, traduziu, em etapas sucessivas, a passagem do senso comum à ciência, cabendo notar que, na construção do conhecimento científico, buscam-se pelo menos três relevantes critérios de cientificidade. Primeiro, a **coerência**, significando falta de contradições, argumentação estruturada, corpo não contraditório de enunciados, desdobramento do conhecimento de forma organizada, conclusões a partir de deduções lógicas. Segundo, a **consistência**, no sentido de resistência à argumentação contrária. E, terceiro, a **objetividade**, no sentido de reprodução da realidade como ela é, não como o observador gostaria que fosse.

❑ **Ideologia e normas**. Integrando-se ao estado do conhecimento humano e reproduzindo seu **posicionamento** em relação ao mundo que o cerca, surge e se cristaliza um terceiro corpo de ideias e de entendimentos, que chamamos **ideologia**. A distinção entre ciência e senso comum fundamenta-se, como vimos, em um conjunto de critérios geralmente aceitos; ainda assim, esses dois compartimentos não se podem considerar estanques, entrelaçando-se como elos de uma mesma corrente. Da distinção entre ciência e ideologia também resultam elos entrelaçados, não obstante os critérios com que se define a ciência sejam bem diversos daqueles com que se identificam as ideologias. Estas se caracterizam pela **justificação**, pelo **partidarismo**, pela **normatização** e pela **doutrinação**.

A ideologia surge da exigência de **legitimação**, comum às mais diferentes formas de ordenamento institucional. O campo em que gravitam as posturas ideológicas é diverso daqueles em que se acomodam o senso comum e a ciência. A ideologia expressa um conjunto de crenças, valores, convicções, prescrições e normas. Estas se desenvolvem a partir da necessidade que toda organização social tem de se legitimar. Ao contrário do senso comum e da ciência, as ideologias não buscam a neutralidade, a explicação simples e objetiva com que as pessoas procuram compreender o mundo que as cerca. O caráter diferenciador da ideologia é sua não neutralidade. O discurso ideológico é predominantemente partidário e significa posicionamentos políticos derivados de correntes filosóficas e de interesses de classe. Ocorre, porém, que a justificação ideológica encobre-se com o véu do argumento científico. Daí resultam os elos de encadeamento entre a ciência e a ideologia. E nem sempre é fácil separá-los, notadamente no campo das ciências sociais. Geralmente, as ideologias (ou seja, a necessidade de legitimação de determinados ordenamentos institucionais) são veiculadas por grupos dominantes ou por grupos que aspiram ao poder. Tem-se, assim, em geral, a **ideologia dominante**, à qual se contrapõem **ideologias alternativas** ou **emergentes**. Cada uma delas gravita em torno de diferentes sistemas de crenças, valores e convicções; por isso, cada uma propõe normas diferentes para o ordenamento ou o reordenamento da sociedade, em suas mais diferentes manifestações, entre as quais se destaca a economia.

Em síntese, os produtos finais almejados pelo senso comum, pela ciência e pela ideologia são, respectivamente, a **praticidade**, a **sistematização** e a **doutrinação**.

A Elaboração da Ciência: os Métodos Indutivo e Dedutivo

As dificuldades de separação radical das três esferas que acabamos de explorar, o senso comum, a ciência e a ideologia, não implica admitir que, em economia, é impossível separar a construção científica, de um lado, do senso acrítico e superficial e, de outro lado, das proposições e das justificações ideológicas.

Mas essa tarefa não é fácil. De um e de outro lado, é dificultada pelos processos construtivos e pelos racionais desenvolvidos. Reconhecem-se, porém, ainda que possivelmente contaminados por pressupostos ideológicos, conjuntos referenciais de princípios, teorias, leis e modelos econômicos, elaborados a partir das metodologias convencionais da elaboração científica. A esse conjunto é que se dá a denominação genérica de **teoria econômica** ou, simplesmente, **economia**.

Na construção da economia, como usualmente ocorre em outros ramos do conhecimento, o instrumental empregado assenta-se sobre **bases metodológicas**. Como observa Demo,[18] embora a metodologia não deva ser supervalorizada, dada sua natureza instrumental, ela desempenha papel decisivo na formação dos produtores de ciência, à medida que os fazem conscientes de seus limites e de suas possibilidades – "pode-se mesmo dizer que a mediocridade e a falta de preocupação metodológica coincidem".

A metodologia da elaboração científica, em seus fundamentos, busca, como primeiro passo, **observar sistematicamente a realidade**. Depois, elaborar modelos simplificados que a reproduzam, que identifiquem relações de causas e efeitos e que interpretem os mais variados eventos e seus desdobramentos. No processo de elaboração, basicamente, recorre-se a duas abordagens distintas, ainda que complementares: a **indução** e a **dedução**. Assim, em sua acepção mais simples, as bases sobre as quais se constrói o conhecimento científico constituem-se, preliminarmente, de processos descritivos que conduzam ao reconhecimento da realidade e, subsequentemente, de duas abordagens metodológicas distintas, embora complementares, a indutiva e a dedutiva.

Em síntese, essas três bases são:

1. **O reconhecimento**. Consiste na observação sistematizada da realidade. Uma vez definida a investigação de um aspecto da realidade econômica, observam-se, classificam-se e descrevem-se as categorias dessa mesma realidade que sejam pertinentes à investigação pretendida. O reconhecimento envolve, assim, a ampla observação do mundo real, a partir da qual são selecionados fatos, dados e relações de comportamento que sirvam para sua compreensão ou interpretação.

2. **A indução**. A reunião de informações, resultantes de processos sistematizados de reconhecimento, pode conduzir à formulação de princípios, teorias, leis ou modelos explicativos da realidade observada. A transposição do processo de reconhecimento da realidade para abordagens teóricas e sistematizadas é o que caracteriza o **método indutivo** de investigação. Esse método é, por excelência, o empregado pela econometria. Acoplados aos desenvolvimentos da matemática e da estatística, os modelos econométricos derivam de levantamentos sistemáticos e quantificados de variáveis econômicas, bem como das relações estabelecidas entre elas. Necessariamente, porém, por maior que seja sua abrangência e complexidade, o modelo econométrico é uma fração da realidade observada, o mesmo ocorrendo com princípios, teorias e leis dele derivadas. Trata-se de uma simplificação da realidade observada, de uma abstração experimental.

3. **A dedução**. A abordagem dedutiva resulta de processos aprioristicos, pelos quais se levantam hipóteses sobre realidades não investigadas a partir de levantamentos sistematizados, quer pela natureza das questões envolvidas, quer por sua complexidade. As hipóteses formuladas são objeto de desenvolvimentos teóricos, cuja factibilidade não se sujeita, porém, à mensuração convencional, mas à tipificação de fatos ou de comportamentos deduzidos de abstrações sobre a realidade concreta. Tal é, em essência, o que caracteriza o **método dedutivo** de investigação.

O emprego de um ou de outro método de investigação, para a construção sistematizada da economia, depende da natureza dos fatos econômicos com que se está lidando. O método indutivo presta-se, mais propriamente, à investigação de aspectos da realidade econômica passíveis de mensurações mais precisas. O dedutivo, por sua vez, é adotado para teorizar situações sujeitas a tal número de influências entrelaçadas que se torna difícil separar elementos relevantes para observações, ordenamentos e interpretações derivadas de levantamentos estatísticos. Os princípios que procuram explicar o comportamento racional dos indivíduos na escolha de padrões de consumo que maximizem sua satisfação são, geralmente, derivações do **método dedutivo**. Já as relações funcionais de dependência entre, por exemplo, a renda e o consumo da sociedade como um todo resultam da aplicação convencional do **método indutivo** sobre séries de dados sistematicamente levantados.

No final do século XIX, quando se acendeu o debate sobre a metodologia mais apropriada à investigação econômica, Gustav Schmoller e Carl Menger, dois pensadores da chamada escola histórica alemã, ao final de um longo debate denominado de **methodenstreit**, ou a **batalha dos métodos**, concluíram que "a observação e a descrição, a definição e a classificação são atividades preparatórias. Mas o que desejamos alcançar por seu intermédio é o conhecimento da interdependência dos fatos econômicos. Para isso, a indução e a dedução se fazem tão necessárias para o pensamento científico, como as pernas direita e esquerda para a caminhada". Na realidade, não é a natureza dos métodos empregados que confere maior **pertinência, propriedade** ou **aplicabilidade** aos fundamentos, às relações comportamentais, às definições de causa-e-efeito e à modelagem da economia. Estes três atributos decorrem de resultados a que os economistas conseguem chegar, por diferentes caminhos de sistematização metodológica.

Na Figura 1.7, esquematizamos os métodos de investigação destacados. O trabalho preparatório, preliminar, é a observação sistemática da realidade, quer para o tratamento indutivo de levantamentos quantitativos, quer para a formulação dedutiva de hipóteses.

Quando observados sistematicamente, os fatos geralmente mostram que a realidade econômica se comporta de forma quase sempre ordenada, previsível e teoricamente passível de modelação, apesar das quase indescritíveis teias de relações que se estabelecem entre os agentes econômicos e os principais setores em que a atividade econômica como um todo pode ser desmembrada. Não obstante sejam parte integrante de um amplo conjunto de relações sociais, influenciadas por questões extraeconômicas, os fatos econômicos se manifestam com certa regularidade e de acordo com algumas precondições determinadas. Daí por que, em economia, é possível definirem-se relações entre variáveis. As relações causais estabelecidas, por caminhos dedutivos ou indutivos, evidenciam que a observação sistemática da realidade, em economia, é passível do que se pode chamar de "interpretações científicas", das quais resultam as formas usuais de descrição científica da realidade econômica – princípios gerais, teorias, leis e modelos.

O conjunto sistematizado dessas descrições é a expressão da economia, enquanto ciência social. Vistas em conjunto, são generalizações validadas pela observação da realidade concreta. São ainda suposições teóricas testadas. Ou modelos simplificadores, construídos a partir de relações funcionais ou de identidades que procuram revelar os mecanismos que governam a realidade.

O esquema sintetizado na Figura 1.7 evidencia, também, que há um permanente processo de retroalimentação na construção do conhecimento econômico. Novas realidades exigem novas abordagens teóricas. Os fatos econômicos, como de resto os fatos sociais como um todo, comportam duas dimensões – a **temporal** e a **espacial**. A realidade econômica varia no tempo e no espaço, sujeita às mutantes condições decorrentes de novas realidades culturais, políticas, institucionais, tecnológicas ou ambientais. Daí por que se exigem reelaborações, derivadas das

**FIGURA 1.7
A construção da economia: da observação sistematizada da realidade à modelação simplificadora e interpretativa.**

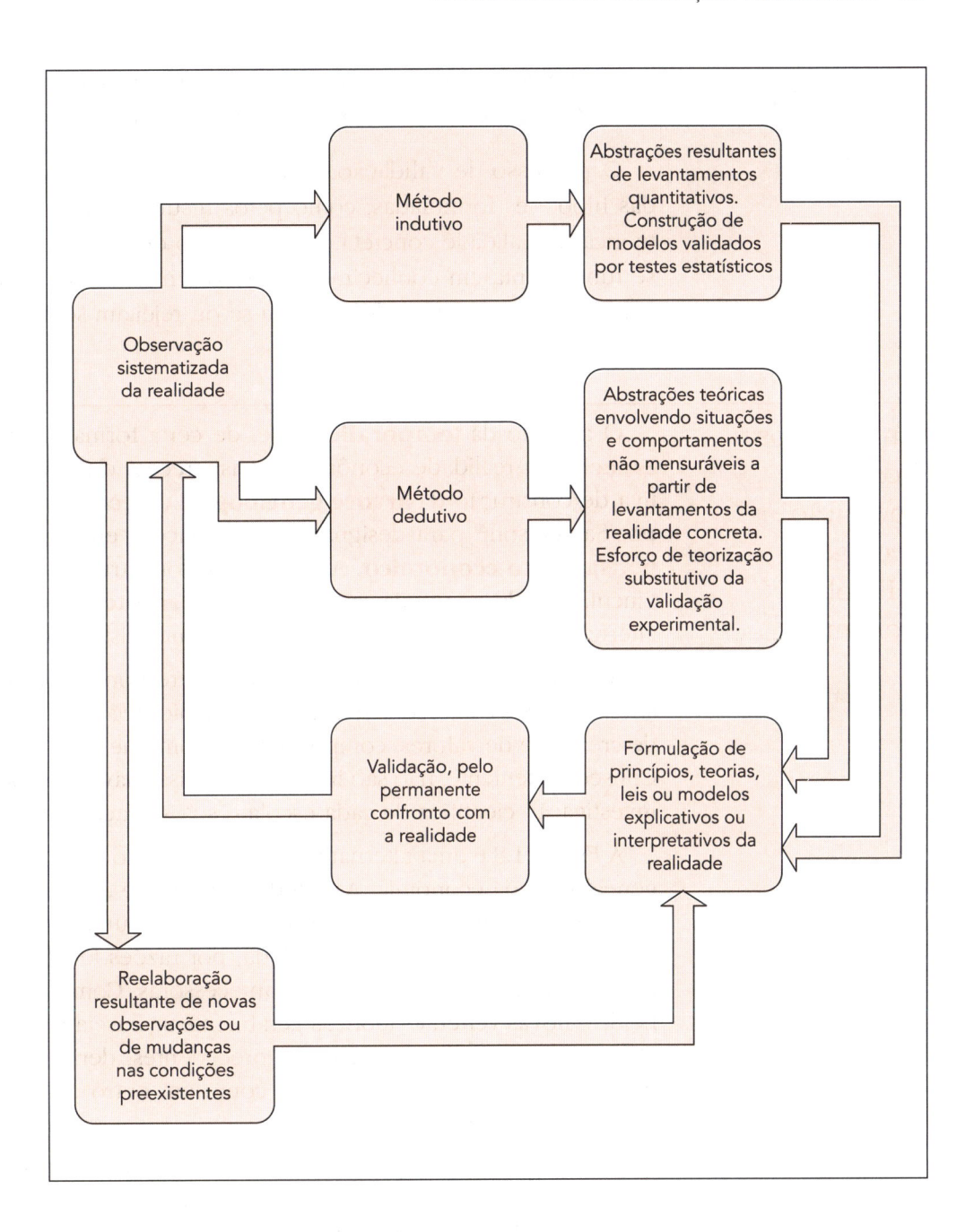

novas observações sobre a realidade modificada: os postulados da economia, a despeito de sua elaboração por métodos científicos, não se apresentam como verdades definitivas. Mas essa particularidade não diferencia, por si só, a economia das demais ciências. Mesmo as ciências exatas e experimentais estão sujeitas à permanente validação de seus quadros referenciais e de suas hipóteses.

Consequentemente, as simplificações e interpretações da realidade, resultantes dos trabalhos de teorização e de modelação confrontam-se permanentemente com essa mesma realidade. É fundamental, no ordenamento metodológico de construção da economia, o constante intercruzamento dos fatos com as generalizações teóricas. Como registra Herskovits:[19]

"Nenhuma ciência social pode cumprir seus objetivos se não atender ao princípio de que os problemas só podem ser compreendidos com

clareza e os dados somente podem levar a interpretações válidas mediante a contínua referência cruzada entre as hipóteses e os fatos."

O processo de validação pode dar-se não só pela comprovação dedutiva das hipóteses formuladas, como pelos resultados da aplicação de elaborações teóricas à realidade concreta. A formulação de políticas econômicas geralmente se fundamenta em conhecimentos decorrentes de sistematizações teóricas. No confronto com a realidade, validam-se ou rejeitam-se, total ou parcialmente, os conhecimentos acumulados.

Fundamentos Teóricos e Vinculação Ideológica: as Escolas Econômicas

O atributo da **temporalidade** e, de certa forma, também o da **dimensão espacial** da realidade econômica transparecem claramente em qualquer tentativa de construção da **árvore genealógica da economia** – expressão cunhada por Samuelson[20] para designar as interligações entre as principais **escolas do pensamento econômico**. Além desses dois atributos, transparecem ainda as vinculações da economia com diferentes **correntes ideológicas**, dominantes ou alternativas, desenvolvidas em cada momento histórico.

As escolas do pensamento econômico correspondem, assim, não só a conjuntos sistematizados e interconsistentes de princípios teóricos, como também a sistemas de crenças e de valores, comprometidos com questões éticas, políticas e sociais. Consequentemente, não são inteiramente dissociáveis os focos e os resultados da investigação científica de cada escola e sua subjacente matriz ideológica.

A Figura 1.8 é uma alternativa de apresentação dos grandes troncos da árvore genealógica da economia. As interligações entre as principais escolas decorrem de que nenhuma delas pode ser considerada uma ilha, no sentido estrito da palavra. Cada corrente está vinculada, por razões ideológicas ou por princípios teóricos, a uma ou mais correntes antecessoras. Como registram Oser e Blanchfield,[21] "novas vertentes teóricas geralmente se baseiam em ideias predecessoras. Outras decorrem de oposições às precedentes, derivando o pensamento para novas direções. Mas tanto em um como em outro caso, há evidentes ligações entre as principais vertentes".

As ligações se dão por dois canais. O primeiro é o da **convergência dos fundamentos teóricos**. O segundo, e também relevante, é o da **vinculação ideológica**. Tal é a força dessa vinculação que o estudo do surgimento e evolução das ideologias sobrepõe-se ao estudo do surgimento e evolução das principais escolas do pensamento econômico.

O surgimento e a consolidação de determinada ideologia se dão em três momentos distintos, assim sintetizados por Chauí:[22]

1. Ela se inicia como um conjunto sistemático de ideias que os pensadores de uma classe em ascensão produzem para que essa nova classe apareça como representante dos interesses de toda a sociedade, legitimando a luta da nova classe pelo poder.

2. Prossegue via popularização, tornando-se um conjunto de crenças e valores aceitos por todos os que são contrários à estrutura dominante existente e consolidando-se à medida que é interiorizado pela consciência de todas as categorias sociais não dominantes da sociedade.

FIGURA 1.8
Principais correntes do pensamento econômico: uma síntese.

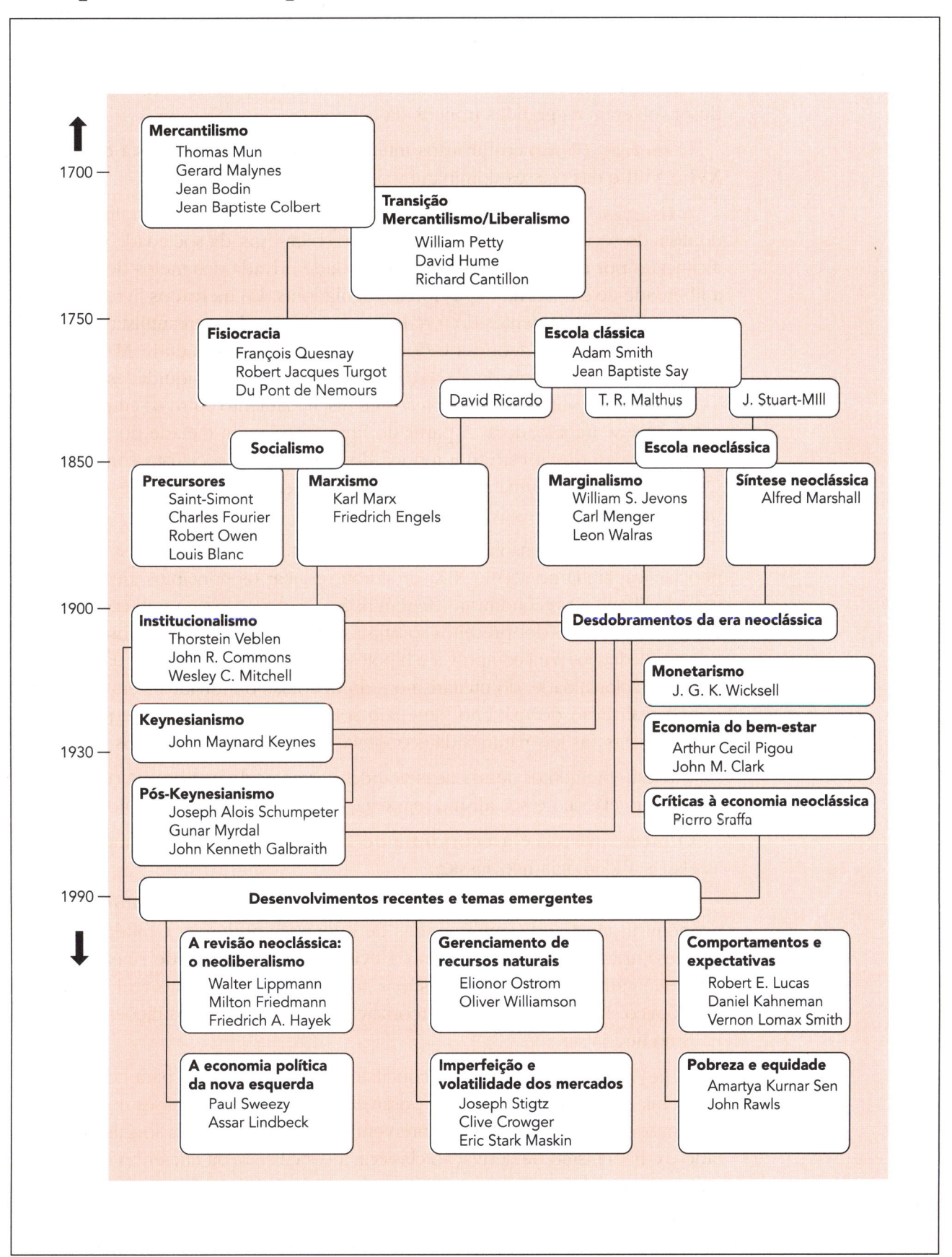

1700

Mercantilismo
- Thomas Mun
- Gerard Malynes
- Jean Bodin
- Jean Baptiste Colbert

Transição Mercantilismo/Liberalismo
- William Petty
- David Hume
- Richard Cantillon

1750

Fisiocracia
- François Quesnay
- Robert Jacques Turgot
- Du Pont de Nemours

Escola clássica
- Adam Smith
- Jean Baptiste Say

David Ricardo — T. R. Malthus — J. Stuart-MIll

1850

Socialismo

Precursores
- Saint-Simont
- Charles Fourier
- Robert Owen
- Louis Blanc

Marxismo
- Karl Marx
- Friedrich Engels

Escola neoclássica

Marginalismo
- William S. Jevons
- Carl Menger
- Leon Walras

Síntese neoclássica
- Alfred Marshall

1900

Institucionalismo
- Thorstein Veblen
- John R. Commons
- Wesley C. Mitchell

Desdobramentos da era neoclássica

Monetarismo
- J. G. K. Wicksell

Economia do bem-estar
- Arthur Cecil Pigou
- John M. Clark

Keynesianismo
- John Maynard Keynes

1930

Críticas à economia neoclássica
- Pierro Sraffa

Pós-Keynesianismo
- Joseph Alois Schumpeter
- Gunar Myrdal
- John Kenneth Galbraith

1990

Desenvolvimentos recentes e temas emergentes

A revisão neoclássica: o neoliberalismo
- Walter Lippmann
- Milton Friedmann
- Friedrich A. Hayek

Gerenciamento de recursos naturais
- Elionor Ostrom
- Oliver Williamson

Comportamentos e expectativas
- Robert E. Lucas
- Daniel Kahneman
- Vernon Lomax Smith

A economia política da nova esquerda
- Paul Sweezy
- Assar Lindbeck

Imperfeição e volatilidade dos mercados
- Joseph Stigtz
- Clive Crowger
- Eric Stark Maskin

Pobreza e equidade
- Amartya Kurnar Sen
- John Rawls

3. Uma vez interiorizada e sedimentada, a ideologia proposta dá sustentação a uma nova estrutura de dominação, mesmo que os interesses das categorias sociais de que emergiu sejam sufocados pelos interesses particulares da nova classe dominante.

Foi assim, sob esses fatores determinantes de interpretação, que surgiram e se desenvolveram os grandes troncos da economia.

O **mercantilismo** costurou os interesses do Estado colonialista dos séculos XVI e XVII e das classes dominantes por ele protegidas.

A **fisiocracia** e a **escola clássica** traduziram os ideais do liberalismo individualista do século XVIII – a crença de que o bem-estar da sociedade poderia ser alcançado por instituições como a propriedade privada dos meios de produção, a liberdade de empreender e as forças reguladoras dos mercados livres e da concorrência. Os fundamentos do fortalecimento do Estado mercantilista ruíram sob as novas construções teóricas e doutrinárias das escolas liberais. Mais à frente, fortaleceram-se os ideais do **socialismo**, como reação às iniquidades atribuíveis à ordem liberal, notadamente o crescente distanciamento entre os empreendedores e a classe trabalhadora. A partir do final da primeira metade do século XIX, com o **marxismo**, a estrutura teórica do pensamento socialista consolidou-se. Os fundamentos de uma nova concepção de economia e de ordenamento do processo econômico estavam definidos.

Paralelamente à consolidação teórica e à cientificidade do socialismo, a escola neoclássica, ainda no século XIX, procurou resgatar os princípios ideológicos do modelo liberal. Os economistas denominados **marginalistas** eram contra as tendências decorrentes dos preceitos socialistas. Desenvolveram engenhosos modelos teóricos dedutivos para comprovar a hipótese de que o equilíbrio geral da economia, fruto da racionalidade, do utilitarismo e do hedonismo individuais era compatível com a realização do máximo benefício social – desde que não se praticassem interferências nas leis naturais da economia, como as propostas pelos socialistas.

Os desdobramentos dessas duas grandes correntes do pensamento econômico, liberalismo clássico e socialismo marxista, estenderam-se pelo século XX.

O **monetarismo** e a **economia do bem-estar** são escolas mais recentes atreladas à ideologia neoclássica.

O **institucionalismo** retomou a discussão da harmonia natural da vida econômica, mostrando que choques de interesses poderiam também desaguar em desajustamentos. E procuraram a evidenciação indutiva de suas hipóteses, fundamentada em estudos estatísticos sobre o funcionamento real do sistema econômico. Rejeitaram, assim, a teorização dedutiva e as abstrações do marginalismo hedonista.

O **keynesianismo** buscou a conciliação: criar condições para condução da economia da forma mais eficiente possível, sem ofender suas bases institucionais. De um só golpe, refutou tanto a intervenção revolucionária do socialismo de Estado e o liberalismo de derivação clássica: a conciliação da eficiência econômica, da justiça social e da liberdade política foi seu objetivo maior.

Por fim, entre os mais recentes desenvolvimentos, o **neoliberalismo** e a **economia política da nova esquerda** buscam mais adequar aos novos tempos as contribuições de seus predecessores, evoluindo para uma nova ordem menos radical, do que propor novas rupturas conceituais e institucionais. Não obstante ainda estejam em campos opostos quanto à estratégia de condução de economias nacionais, as distâncias entre estas duas correntes são menores que as observadas entre os dois grandes troncos ideológicos que marcaram os últimos 250 anos. A exacerbação da confrontação ideológica extremada levou à divisão do mundo em duas porções radicalmente opostas, durante boa parte da segunda metade do século XX – os 45 anos da Guerra Fria, de 1945 a 1990. Com o fim das radicalizações e com a flexão histórica das duas ortodoxias (a liberal e a socialista marxista) a tendência dominante é a convergência para o centro desradicalizado.

Os desenvolvimentos mais recentes parecem, assim, caracterizar-se mais por tendências centrípetas (deslocamentos das extremidades ideológicas para o centro) do que por tendências centrífugas (deslocamentos para as extremidades), que marcaram, nos séculos precedentes, o surgimento e a afirmação das diferentes correntes do pensamento econômico. Até que ponto esses novos desenvolvimentos apontam na direção do **fim das ideologias radicais** parece ser, daqui para a frente, uma das mais intrigantes questões da economia.

À revisão das ideologias extremadas, outros temas emergentes têm marcado a evolução do pensamento econômico nas duas últimas décadas. Os que se destacam são: 1. impactos das questões ambientais e proposições para seu gerenciamento; 2. as imperfeições e a volatilidade dos mercados; 3. os comportamentos e as expectativas dos agentes econômicos, como fatores determinantes da intensidade e da duração dos ciclos conjunturais; e 4. a pobreza, a desigualdade e os processos de mobilidade socioeconômica.

1.5 "Compartimentos" Usuais da Economia

Proposições Positivas e Normativas: Diferenciação Fundamental

Os conceitos de senso comum, ciência e ideologia, as metodologias básicas de construção da economia e os vínculos entre fundamentos teóricos e pressupostos ideológicos são, em conjunto, essenciais para a compreensão dos conteúdos e dos significados dos principais "compartimentos" da economia.

A primeira e mais importante diferenciação é entre as expressões **economia positiva** e **economia normativa**. Essa diferenciação é atribuída a John Neville Keynes, filósofo e renomado economista político do final do século XIX, pai de John Maynard Keynes, um dos mais influentes economistas da primeira metade do século XX. Suas noções de **positivo** e **normativo** resultaram do rigor de seu pensamento lógico formal.

Embora à primeira vista pouco relevante, essa diferenciação é fundamental para a construção científica. Para Lipsey,[23] autor de um texto de referência, de *Introdução à economia positiva*, "a capacidade de separar os juízos normativos dos positivos deve ser vista como uma das principais razões do progresso da economia e também de outros ramos do conhecimento humano".

A economia positiva trata *a realidade como ela é*. A economia normativa considera mudanças nessa mesma realidade, propondo como ela *deve ser*. Essa diferenciação será melhor compreendida através de alguns exemplos. Foi esse o recurso utilizado por Lipsey para bem fixar a diferença entre as duas noções. "A afirmação de que *a cisão do átomo é impossível,* é uma proposição positiva, que pode ser confirmada ou refutada (como de fato foi) pela ciência. Já a afirmação *os cientistas não devem proceder à cisão do átomo* é uma proposição normativa, que implica juízos éticos dependentes da posição filosófica de quem a formulou e que, por isso mesmo, não pode ser definitivamente refutada ou confirmada, uma vez que depende de juízos de valor, pessoais e subjetivos. A resposta à pergunta *quais são as medidas que reduzem o desemprego e quais as que evitam a inflação* é de natureza positiva. É normativa a proposição *devemos dar mais importância ao desemprego do que à inflação.* A pergunta positiva pode ser respondida, objetivamente, por esquemas conceituais da economia. Uma simples listagem, não hierarquizada, das diferentes medidas possíveis, dificilmente será objeto de controvérsias. Já a proposição normativa é passível de controvérsia: afinal, a proposição oposta é também admissível. Uma ou outra estarão na dependência de juízos de valor sobre questões direta e indiretamente envolvidas na proposição original."[24]

A **economia descritiva** e a **teoria econômica** situam-se, preponderantemente, no campo da economia positiva. A **política econômica** é, preponderantemente, normativa. A Figura 1.9, construída a partir de esquema proposto por Bronfenbrenner,[25] ajuda a esclarecer essa distinção. Não obstante os diferentes troncos da teoria econômica estejam impregnados pelas ideologias subjacentes à sua aparição e desenvolvimento, eles buscam estabelecer verdades comprováveis pelas metodologias convencionais da dedução e da indução. Já as proposições de política econômica são, quanto à sua própria significação, normativas. Necessariamente, envolvem escolhas fundamentadas em juízos de valor.

Essa distinção simples entre proposições normativas e positivas conduz a uma questão metodológica relevante: a impossibilidade lógica de se deduzirem afirmações positivas de juízos normativos e vice-versa. Outro exemplo simples ajuda a compreender esta questão de método. Suponha-se que alguém afirme que: 1. quando as taxas de crescimento da população são superiores às da expansão da renda nacional como um todo, a renda *per capita* se reduz; 2. a redução da renda *per capita* implica perda do poder aquisitivo real da sociedade, mantidos os níveis vigentes de preços; e 3. logo, como é desejável a manutenção e, mesmo, a ampliação do poder aquisitivo real, devem ser adotadas políticas de contenção do crescimento populacional. As afirmações (1) e (2) são factuais, positivas; a proposição (3) é de caráter normativo. Não há, entre elas, relações lógicas e formais. As duas primeiras não são condições suficientes para dar sustentação à terceira. Mas esta pode não ser aceita por questões morais, ainda que possa ser justificada por outras razões, diferentes das duas primeiras consideradas.

Esta ressalva metodológica não implica a inexistência de conexões entre os "compartimentos" positivo e normativo. Basta examinar as conexões indicadas na Figura 1.9 para se observar que a política econômica, não obstante seja formulada a partir de escolhas que envolvem juízos de valor, tem o respaldo da modelação teórica desenvolvida pelos diferentes troncos da economia positiva. Na realidade, a política econômica, desde que tecnicamente respaldada, busca sustentação na teoria econômica. E é exatamente essa sustentação que lhe confere certo grau

FIGURA 1.9 Economia positiva e economia normativa: uma ordenação auxiliar para compreensão conceitual.

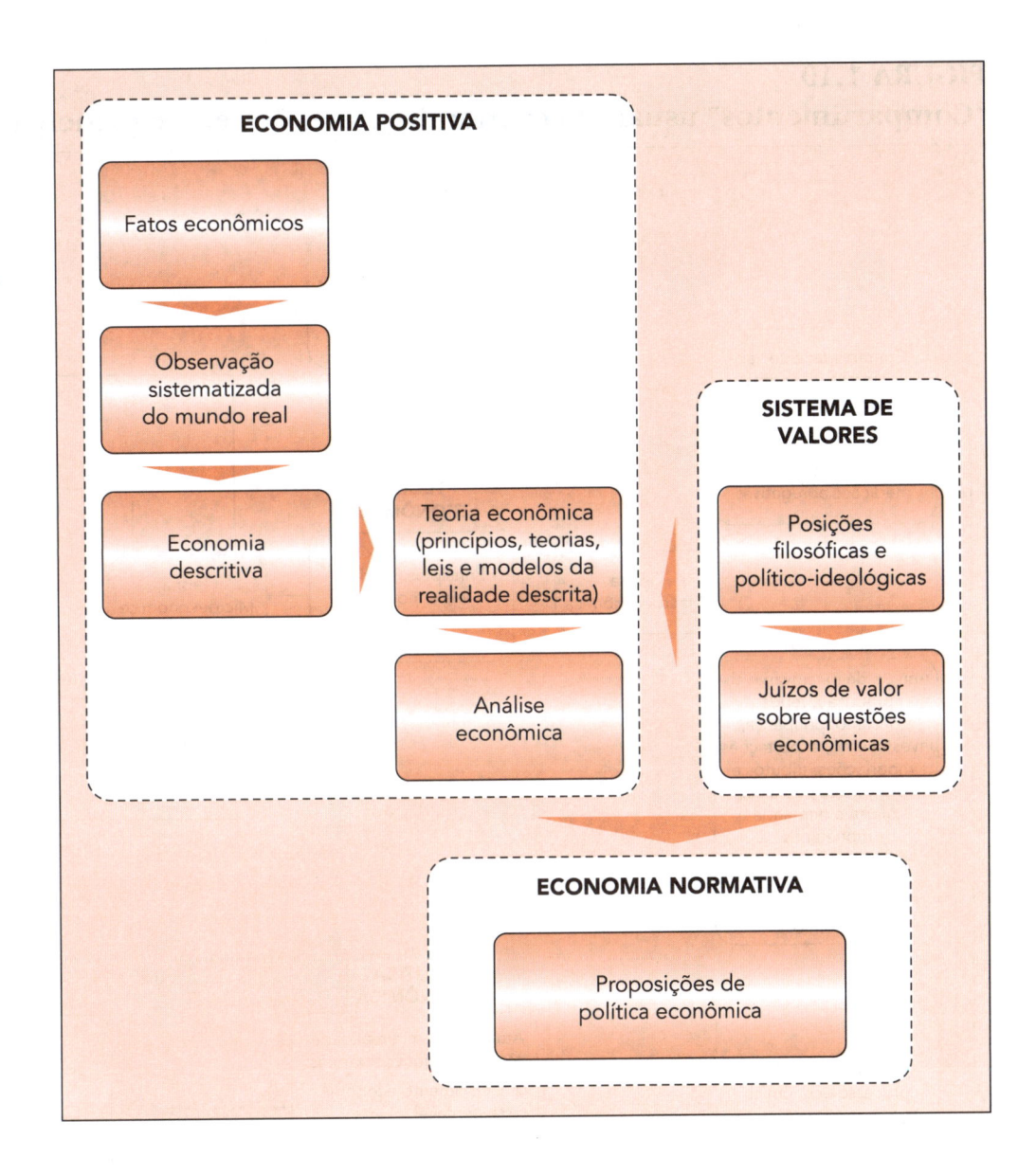

ECONOMIA POSITIVA
- Fatos econômicos
- Observação sistematizada do mundo real
- Economia descritiva
- Teoria econômica (princípios, teorias, leis e modelos da realidade descrita)
- Análise econômica

SISTEMA DE VALORES
- Posições filosóficas e político-ideológicas
- Juízos de valor sobre questões econômicas

ECONOMIA NORMATIVA
- Proposições de política econômica

de confiabilidade, reduzindo os graus de risco e de incerteza sobre os efeitos esperados, decorrentes de cursos de ação politicamente decididos.

Vistos sob este ângulo, os diferentes "compartimentos" em que usualmente se subdivide a economia positiva alimentam o processo político de escolha da economia normativa. A Figura 1.10 foi construída para evidenciar com mais detalhes as conexões existentes entre os dois campos. Por fim, cabe registrar que o desdobramento dos diferentes segmentos da economia positiva conduz à divisão usual entre **microeconomia** e **macroeconomia**.

A Microeconomia: a Abordagem Microscópica

A microeconomia está voltada, em síntese, para:

❏ As unidades individualizáveis da economia, como o consumidor e a empresa, consideradas isoladamente ou em agrupamentos definidos por critérios classificatórios.

❏ O comportamento do consumidor: a busca da satisfação máxima (dada sua restrição orçamentária) e outras motivações.

FIGURA 1.10
"Compartimentos" usuais da economia: conexões entre principais segmentos.

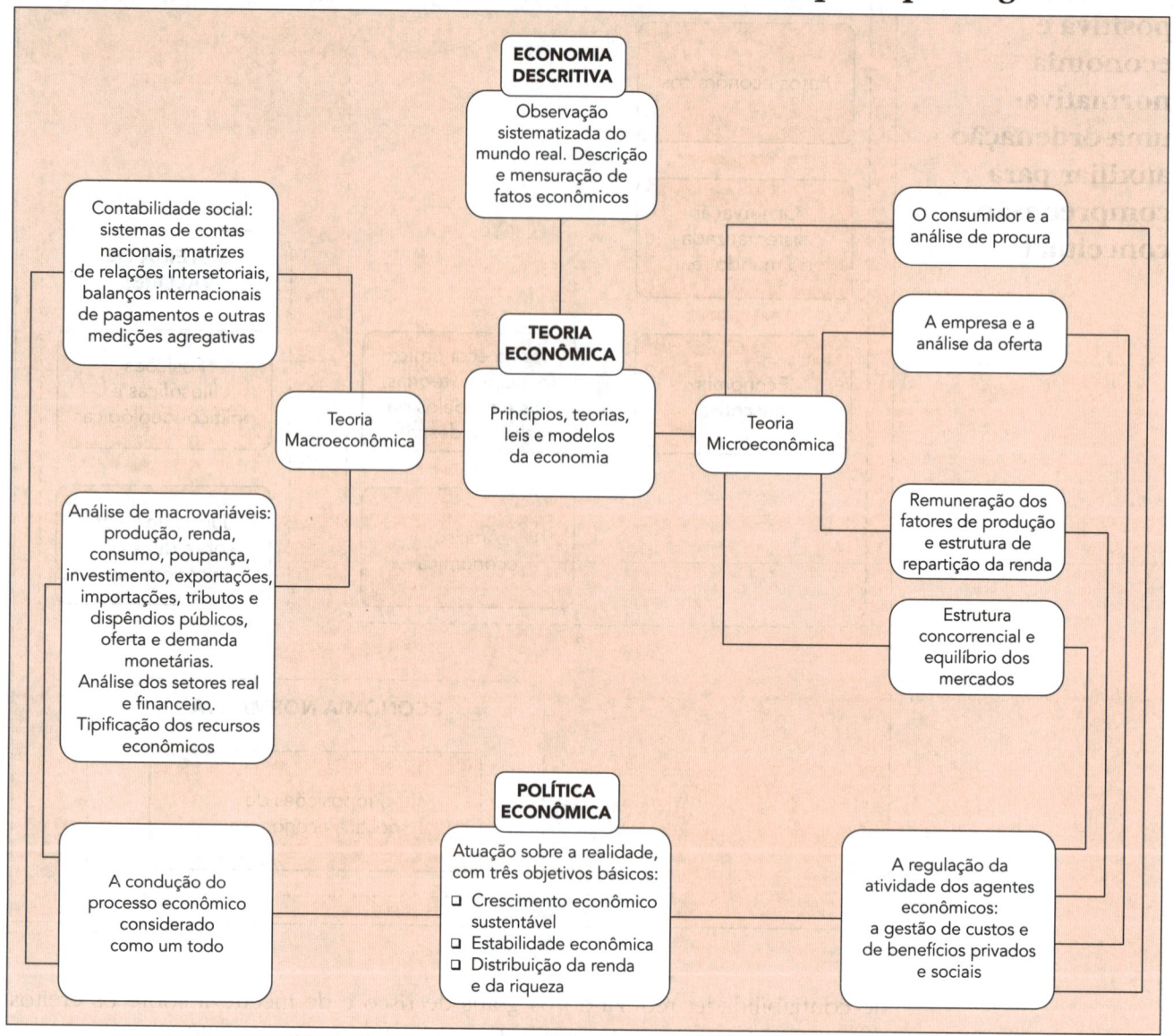

ECONOMIA DESCRITIVA
Observação sistematizada do mundo real. Descrição e mensuração de fatos econômicos

TEORIA ECONÔMICA
Princípios, teorias, leis e modelos da economia

- Teoria Macroeconômica
- Teoria Microeconômica

POLÍTICA ECONÔMICA
Atuação sobre a realidade, com três objetivos básicos:
- Crescimento econômico sustentável
- Estabilidade econômica
- Distribuição da renda e da riqueza

Contabilidade social: sistemas de contas nacionais, matrizes de relações intersetoriais, balanços internacionais de pagamentos e outras medições agregativas

Análise de macrovariáveis: produção, renda, consumo, poupança, investimento, exportações, importações, tributos e dispêndios públicos, oferta e demanda monetárias. Análise dos setores real e financeiro. Tipificação dos recursos econômicos

A condução do processo econômico considerado como um todo

O consumidor e a análise de procura

A empresa e a análise da oferta

Remuneração dos fatores de produção e estrutura de repartição da renda

Estrutura concorrencial e equilíbrio dos mercados

A regulação da atividade dos agentes econômicos: a gestão de custos e de benefícios privados e sociais

- ❏ O comportamento da empresa: a busca do lucro máximo (dadas as estruturas de custos e a atuação da concorrência) e outras motivações.
- ❏ A estrutura e os mecanismos de funcionamento dos mercados. As conformações básicas da oferta e da procura, definidas para diferentes classes de bens e serviços.
- ❏ As funções e as imperfeições dos mercados, na alocação eficaz dos escassos recursos da sociedade e na geração dos produtos destinados a satisfazer às necessidades tidas como ilimitáveis.
- ❏ As remunerações pagas aos agentes que participam do processo produtivo e a consequente repartição funcional da renda social.
- ❏ Os preços recebidos pelas unidades que geram cada um dos bens e serviços que compõem o produto social.

❑ A interface entre custos e benefícios privados e o interesse maior do bem--comum.

A abordagem microeconômica remonta aos primeiros autores clássicos, como Smith, Ricardo, Say e Stuart Mill. Partindo da análise do comportamento racionalista do "homem econômico", tanto produtores quanto consumidores investigaram os mecanismos de funcionamento e de equilíbrio da economia. Fruto da filosofia liberal-individualista que prevaleceu na primeira metade do século XVIII, a economia clássica aprofundou os objetivos maximizantes dos agentes individuais e os potenciais decorrentes de promoção da riqueza nacional. Os marginalistas retomaram, no século XIX, essa mesma abordagem, explorando-a, porém, a partir de outras vertentes teóricas. Jevons, Menger e Böhm-Bawerk colocaram os indivíduos no centro da reflexão econômica e construíram modelos fundamentados nas motivações dos processos decisórios desses agentes. Das decisões individuais, sustentadas por posturas utilitaristas e hedonistas, decorreriam mecanismos de interação capazes de justapor os interesses privados aos sociais. A metodologia fundamental dessa abordagem é dedutiva. O nível de abstração envolvido é necessariamente alto, ao investigar categorias do tipo **utilidade**, **valor**, **satisfação**, **indiferença** e **bem-estar**.

Pelos desenvolvimentos que lhe deram origem, a microeconomia é também chamada de **teoria dos preços**. No modelo liberal-individualista, fortemente vinculado à tradição microeconômica, é pelo livre mecanismo do sistema de preços que as ações individuais dos produtores e dos consumidores podem ser articuladas e coordenadas. Ao estudar a formação dos preços, a microeconomia enverada para o estudo da oferta, pela qual são responsáveis os produtores, e da procura, que depende do comportamento, motivações e reações dos consumidores. Trata, ainda, do estudo dos mercados, em suas várias formas e estruturas, examinando as condições gerais de equilíbrio das empresas em cada uma das situações concorrenciais possíveis. E investiga, na esteira da análise do processo produtivo, os mercados dos recursos de produção e as remunerações correspondentes (por exemplo, os salários pagos no mercado de trabalho e os lucros atribuídos à capacidade empresarial), para afinal chegar à teoria da repartição da renda.

A despeito de sua abordagem microscópica, a microeconomia interessou-se também pelo equilíbrio geral do sistema econômico, a partir da interdependência entre as atividades dos produtores, proprietários de recursos e consumidores. O pressuposto teórico é o equilíbrio geral, sob a condição do **ótimo econômico**. Pelos mecanismos da livre tensão que se manifesta em cada mercado, via preços, orientam-se as ações convergentes de cada um dos agentes do processo econômico. Os produtores maximizam seus lucros; os consumidores, sua satisfação; os recursos escassos são aplicados da forma mais eficaz possível, maximizando tanto o conceito de retornos privados, quanto o de retorno social como um todo. O funcionamento desse sistema corresponde ao de um jogo não cooperativo, tensionado, no sentido de que cada unidade individual cuida de seus próprios interesses, sem coalizões com as demais. A otimização dos resultados, sob este conceito de alocação de máxima eficiência, pressupõe que nenhum dos participantes do sistema pode, em dado momento, melhorar sua própria posição sem sacrificar os níveis de satisfação, também máximos, de outro ou de outros participantes.

Para abranger toda a dimensão deste universo teórico, a microeconomia desdobra-se nos quatro conjuntos destacados na Figura 1.10: o consumidor e a análise da procura, a empresa e a análise da oferta, a estrutura concorrencial e o equilíbrio de mercados, a remuneração de fatores de produção e a repartição da renda. Interarticuladas, essas quatro ramificações teóricas compreendem um amplo espectro de funções microeconômicas essenciais, exercidas no interior dos sistemas econômicos em direções que convergem para seu equilíbrio.

A Macroeconomia: a Abordagem Macroscópica

A macroeconomia está voltada, em síntese, para:

- O comportamento da economia em seu conjunto, agregativamente considerado. A unidade de referência é o todo, não suas partes individualizadamente consideradas.

- O desempenho totalizado da economia. As causas e os mecanismos corretivos das grandes flutuações conjunturais. Os altos e baixos da economia como um todo.

- Os agregados econômicos, resultantes de mensurações do conjunto das atividades dos agentes econômicos, de que são exemplos o Produto Interno Bruto e a Renda Nacional – ou seja, respectivamente, a soma de todos os bens e serviços finais produzidos dentro das fronteiras econômicas de determinado país e a renda apropriada pelo conjunto de todas as unidades participantes do processo econômico.

- As relações entre macrovariáveis. Por exemplo, as conexões entre o nível dos investimentos e o nível do emprego de todos os recursos.

- Medidas de tendência central, como as taxas de juros e de câmbio, bem como suas influências sobre o desempenho da economia como um todo.

- Variáveis-fluxo e variáveis-estoque calculadas para a economia agregativamente considerada. Fluxos agregados, por exemplo, como a renda, o consumo, a poupança e a acumulação. Estoques agregados, por exemplo, como os meios de pagamento e as reservas de divisas internacionais.

- As trocas internacionais de bens e serviços, vistas como um todo. Os fluxos totalizados dos movimentos internacionais de capitais. O registro e a contabilização desses movimentos, possibilitando levantamentos como o Balanço Internacional de Pagamentos.

- As finanças públicas. Os tributos arrecadados por todas as esferas de governo. Os dispêndios públicos, correntes e de investimentos. As execuções orçamentárias. O equilíbrio das contas públicas.

- As grandes disfunções da economia. Questões como a inflação, o desemprego, os choques cambiais.

- O crescimento e o desenvolvimento das economias nacionais. A determinação de seus principais fatores condicionantes.

❑ Os indicadores básicos para comparações internacionais do desempenho econômico dos países, como os níveis de produto e de renda *per capita*, os padrões de produtividade e os de competitividade.

Como a abordagem microeconômica, também a macroeconômica remonta aos primeiros autores clássicos, embora seu maior desenvolvimento se tenha dado no século XX, particularmente a partir dos anos 1930. Os economistas clássicos se ocuparam também de questões relacionadas ao desempenho da economia como um todo, trabalhando sobre hipóteses que conduziriam ao equilíbrio geral. E, mesmo antes deles, os mercantilistas tinham preocupações marcadamente macroeconômicas. Sua unidade de análise era o Estado e as questões com que trataram foram, por exemplo, os efeitos das trocas internacionais, o processo de acumulação do Estado mercantil e os sistemas monetários.

Com o advento da era clássica, o deslocamento da unidade de análise para o "homem econômico" não significou que as questões de ordem macroeconômica tenham sido desconsideradas. As crises e os ciclos econômicos depressivos foram objeto de preocupação, não obstante os economistas clássicos acreditassem que a ordem natural e o livre funcionamento dos mercados, sob a tensão dos comportamentos individuais maximizantes, eram condições suficientes para garantir o equilíbrio geral da economia. Ao conservar a denominação adjetivada, **economia política**, que veio do período mercantilista, a economia clássica não mergulhou apenas em questões de âmbito microeconômico. São temas clássicos a **diversidade do progresso e a riqueza das nações, as variações do valor da moeda, os papéis do governo, a distribuição da renda agregativamente considerada e, mais importante, uma primeira tentativa de compreender como se dava o equilíbrio do sistema econômico**. Claramente, a abordagem focada no comportamento dos agentes econômicos e o emprego do método dedutivo não significaram descaso para com as questões de grande escala.

No século XIX, particularmente a partir de 1867, com a publicação do primeiro volume do *Das kapital*, de Karl Marx, esses grandes temas clássicos foram retomados pelos socialistas, embora sob outro paradigma ideológico. A economia marxista aprofundou temas como **a circulação, a reprodução e a acumulação do capital social, a produção global da sociedade e sua repartição, as tendências de longo prazo do sistema capitalista liberal e o determinismo histórico das crises de grandes proporções que o atingiriam**.

Mas o desenvolvimento da teoria macroeconômica deu-se mesmo no século XX, com a economia keynesiana.

A grande depressão dos anos 30, que provocou uma das mais destruidoras ondas de desemprego de toda a história econômica, propagada em cadeia de um país para outro, deslocou o interesse da investigação microeconômica para questões de ordem macroeconômica. Os pressupostos da tradição clássica e também os do socialismo foram revistos. Entre outras, uma grande questão que exigia resposta era o que determina o nível geral do emprego. Ou, então, o que faz flutuar os níveis agregados da produção e do emprego.

Na busca das respostas, a abordagem macroscópica de J. M. Keynes foi sintetizada numa das mais importantes obras do pensamento econômico, *General theory of employment, interest and money,* publicada em 1936. Seus temas centrais foram a definição de novas unidades de análise, como a renda, o consumo, a poupança e o investimento **agregativamente considerados; os elementos determinantes dos níveis da produção e do emprego; os movimentos cíclicos da economia como um todo**; e a definição de novos parâmetros e de novas motivações para a **ação econômica do Estado**.

Para abranger as dimensões deste universo teórico, a macroeconomia desdobra-se nos dois grandes conjuntos destacados na Figura 1.10: os sistemas de contabilidade social, os balanços internacionais de pagamentos e a análise de macrovariáveis reais e financeiras. As finanças públicas, a economia monetária, a economia internacional e as teorias do crescimento e do desenvolvimento fazem parte deste universo. Os sistemas de contas nacionais e outros levantamentos sistematizados suprem os dados exigidos para a compreensão e a modelação da realidade macroeconômica. Decorrentemente, a metodologia dominante da investigação macroeconômica é indutiva.

Deve ter ficado evidente que as palavras e expressões-chave que mais empregamos para elucidar o conceito e o campo de interesse da macroeconomia foram **agregado, conjunto, totalizado, como um todo, níveis gerais e grandes escalas**. Efetivamente, enquanto a microeconomia cuida de aspectos da realidade econômica em escala reduzida, a macroeconomia trata de questões de **grande escala**.

O Quadro 1.7 resume as questões cruciais de que tratam esses dois grandes universos de análise, enfatizando porém que eles não se excluem mutuamente. Fazem parte de um mesmo campo do conhecimento e tratam de questões que, em essência, remetem a conteúdos convergentes.

A Política Econômica: o Processo de Escolha de Fins e Meios

Os desenvolvimentos conceituais, as leis, os princípios e os modelos simplificadores da realidade econômica atendem ao propósito maior de orientar e de dar sustentação técnica à **política econômica** – segmento normativo da economia. Como já destacamos, as proposições de política econômica enquadram-se no campo da economia normativa. Consequentemente, além de se alicerçarem nos desenvolvimentos da teoria econômica, micro e macro, traduzem concepções de ordenamento da vida econômica alinhadas a posições filosóficas e político-ideológicas, bem como a juízos de valor sobre como e em que direções devem ser canalizados os esforços econômicos da sociedade.

A definição dos objetivos de política econômica e dos meios que se mobilizam para alcançá-los constituem, por si sós, processos de escolha que envolvem toda uma multiplicidade de concepções normativas, umas até conflitantes com outras. As ênfases dadas a diferentes combinações de objetivos e meios da política econômica geralmente envolvem questões que remetem a posturas filosóficas e a justificações ideológicas. É na operação deste segmento e neste campo da militância profissional dos economistas que se tornam bastante claras as relações entre senso comum e ciência e, primordialmente, entre ciência e ideologia.

QUADRO 1.7
Macroeconomia e microeconomia: a convergência de seus conteúdos.

Consideremos as três seguintes definições sintetizadas de macroeconomia:

- "A expressão macroeconomia aplica-se ao estudo das relações entre os grandes agregados econômicos" (R. G. D. Allen, *Macroeconomic theory*).
- "A teoria macroeconômica é a teoria da renda, do emprego, dos níveis gerais de preços e da moeda" (J. M. Culbertson, *Macroeconomic theory and stabilization*).
- "A macroeconomia é a parte da economia que estuda as médias globais e os agregados do sistema" (K. E. Boulding, *Economic analysis*).

Todas elas destacam a ideia de que a macroeconomia trata do funcionamento da economia **como um todo**, inclusive como são determinados o produto e o emprego total de recursos da economia e o que faz com que seus níveis flutuem. A **macroeconomia** tenta explicar por que, às vezes, apenas 3% da força de trabalho está desempregada e, em outras ocasiões, esta taxa atinge 7% ou mais, da mesma forma como tenta explicar por que, em certas oportunidades, há uma plena utilização da capacidade produtiva da economia, quando mensurada em função de seus trabalhadores, fábricas, equipamentos e conhecimentos tecnológicos, e por que em outras situações boa parte dessa capacidade se encontra ociosa. Procura, do mesmo modo, explicar por que o total de bens e serviços produzidos cresce a uma taxa média de 4% ao ano em uma década e a uma taxa média de 2% em outra, e, do mesmo modo, por que em determinados períodos de tempo os níveis dos preços se elevam acentuadamente, ao passo que em outros períodos os preços permanecem estáveis ou chegam até a baixar.

Em resumo, a macroeconomia tenta responder a questões realmente "relevantes" da vida econômica: pleno-emprego ou desemprego, produção a plena capacidade ou ociosidade, taxa satisfatória ou insatisfatória de desenvolvimento, inflação ou estabilidade dos níveis de preços.

Por outro lado, a **microeconomia** não se ocupa da produção geral, do emprego total ou dos dispêndios globais com todos os bens e serviços combinados, mas da produção de determinados bens e serviços de empresas individuais e do dispêndio específico com determinados produtos feito por consumidores em mercados delimitados. A unidade de estudo é a **parte**, e não o **todo**. Por exemplo: a microeconomia visa explicar como a empresa individual decide qual será o preço de venda de um produto em particular, que montante de produção maximizará seus lucros e qual a combinação mais baixa possível de custos de mão de obra, matérias-primas, bens de capital, e outros insumos com vistas à obtenção de determinado produto. Preocupa-se, também, com a forma pela qual o consumidor determina a distribuição de seus gastos entre os muitos produtos e serviços que estão a sua disposição, de tal modo que possa maximizar o benefício auferido. A microeconomia toma como **dados** o produto, o emprego e o dispêndio globais, com todos os bens e serviços, seguindo no exame de como os recursos são alocados entre as várias empresas individuais e da forma pela qual os preços dos vários produtos dessas empresas são estabelecidos. A microeconomia indaga de que forma os gastos dos consumidores se deslocam do produto de uma empresa para o de uma concorrente, e de que modo tal mudança fará com que o emprego e o produto sejam realocados entre setores de produção e empresas.

Indicadores globais que a microeconomia toma como **dados**, a macroeconomia toma como **variáveis**, cujas relações e magnitudes devem ser estabelecidas. Opostamente, o que a macroeconomia toma como **dados** (a estrutura dos gastos dos consumidores entre os produtos de diferentes setores da economia), a microeconomia toma como **variáveis** de seus desenvolvimentos teóricos.

Embora estas distinções ajudem a esclarecer diferenças essenciais entre a macro e a microeconomia, evidenciando a diversidade de seus focos, na prática a economia não é conduzida a partir de dois compartimentos separados e estanques. Eles são intercomplementares. Ao se analisarem variáveis macroeconômicas e suas relações, deve-se, do mesmo modo, levar em conta alterações em variáveis microeconômicas, pois estas podem exercer impactos sobre as macroeconômicas. À medida que se analisa o processo econômico que determina o bem-estar material de uma nação, devem-se considerar tanto os aspectos macroeconômicos como os microeconômicos. Do ponto de vista macroeconômico, o bem-estar material de uma nação será tanto maior quanto mais próxima a economia estiver do **pleno-emprego** de seus recursos. Do ponto de vista microeconômico, o bem-estar material será tanto mais elevado quanto mais a economia se aproximar da **alocação ótima** de seus recursos. É evidente que as metas básicas macroeconômicas e microeconômicas são compatíveis: o máximo de bem-estar para a população como um todo, cuja realização é o objetivo primordial da política econômica somente pode ser conseguido com a conjunção da **plena utilização** com a **alocação ótima**. São, assim, convergentes os focos e os conteúdos da macro e da microeconomia.

Fonte: SHAPIRO, Edward. *Macroeconomic analysis*. 5. ed. New York: HJB, The Dryden Press, 1991.

A concepção conceitual e a compreensão do significado e dos limites da política econômica vão, portanto, além de sua subordinação formal aos desenvolvimentos das teorias micro e macroeconômica. Além de atender às orientações ideológicas da estrutura de poder estabelecida, a política econômica posta em prática geralmente integra um quadro ainda mais amplo, a que se dá a denominação de **política pública**. Esta envolve um complexo sistema de aspirações nacionais e de compromissos internacionais. A política pública abrange as relações externas ou as da comunidade internacional a que o país se encontra integrado. Abrange ainda a política de defesa e de segurança nacional, a política social e todo um conjunto inter-relacionado de ações públicas de que fazem parte as de conteúdo econômico.

Vista sob esta ampla perspectiva, a política econômica, tanto em sua formulação quanto em sua execução, absorve influências de fatores econômicos e extraeconômicos, internos e externos. Sua execução é uma das múltiplas funções dos governos nacionais. Tem, seguramente, alta importância, mas não é, necessariamente, a única razão de ser ou a função primordial do governo. De acordo com esta acepção, **a política econômica é um ramo da economia normativa que integra o universo maior da política pública**.

A formulação e a execução da política econômica envolvem dois procedimentos interdependentes:

❑ A determinação dos principais objetivos (ou fins) que se pretendem alcançar, consistentes com outros fins políticos e sociais.

❑ A escolha dos instrumentos (ou meios) que serão manejados para a consecução dos objetivos determinados.

A escolha dos fins e meios da política econômica sofre a influência das instituições políticas e das orientações ideológicas em que se fundamentam as políticas públicas das nações. Para diferentes concepções ideológicas e estruturas políticas de poder, fixam-se diferentes objetivos de política econômica ou, pelo menos, se hierarquizam os objetivos sob critérios diferentes. Além desses vínculos político-ideológicos, a determinação e hierarquização dos objetivos sujeitam-se a problemas de ordem conjuntural e à condução de transformações avaliadas como necessárias para que o conjunto dos objetivos da política pública sejam atingidos. Não há, portanto, qualquer hierarquia de fins e meios que se possa considerar universalmente aceita ou que se possa estabelecer rigidamente ao longo do tempo. Mais ainda: o processo de escolha de fins e meios, tanto da política pública quanto de sua seção econômica, é influenciado, em cada um de seus pormenores, pela constelação dos fatores reais de poder que atuam na arena das grandes negociações políticas das nações e na definição de suas diretrizes estratégicas. A Figura 1.11 destaca esses fatores e é um quadro de referência para a compreensão do jogo de interesses e da diversidade de credos e valores que interferem no processo de escolha de fins e meios.

OS OBJETIVOS DA POLÍTICA ECONÔMICA. A despeito das complexas redes de influência a que está sujeita, a política econômica atende a três objetivos básicos: o **crescimento econômico sustentável**, a **estabilidade econômica**

e a **distribuição da renda e da riqueza**. A influência dos fatores destacados se exerce notadamente sobre dois aspectos cruciais. O primeiro diz respeito a como serão hierarquizados esses objetivos, o que significa dizer a qual deles será dada maior ênfase. Basta olhar para a constelação dos fatores reais de poder para se perceber que uns atribuiriam alta ênfase ao crescimento com estabilidade – uma diretriz que se alinha às suas crenças e aos interesses de seus negócios; outros dariam maior ênfase à questão da equitatividade social – uma diretriz alinhada a suas convicções e interesses políticos. E o segundo aspecto diz respeito a como alcançar o objetivo primordial da hierarquia definida.

Os objetivos básicos da política econômica, sujeitos a disputas políticas envolvendo sua hierarquização e modos de execução, são:

- **O crescimento econômico sustentável**, abrangendo:
    1. A melhoria ou expansão das disponibilidades de recursos para a expansão econômica: (a) a adequação dos atributos e qualificação da população economicamente ativa; (b) a modernização e a ampliação da capacidade instalada de produção; e (c) a exploração das reservas naturais ocorrentes no espaço econômico, sob a condição de preservação autossustentada do meio ambiente.
    2. A implantação de infraestrutura adequada, que dê suporte à extração, movimentação e transformação dos recursos econômicos disponíveis.
    3. A adequação da capacidade de financiamento para as necessidades de investimento, compatíveis com os padrões e o ritmo desejado de crescimento.

- **A estabilidade econômica**, abrangendo:
    1. A estabilidade geral do processo econômico, garantindo-se normalidade conjuntural e sustentação dos níveis de emprego observados na economia como um todo.
    2. A estabilidade do nível geral dos preços. Embora os preços de determinados bens ou serviços possam flutuar, sofrendo, por exemplo, a influência de fatores sazonais, a média geral de todos os preços deve permanecer estável ou registrar variações pouco expressivas. Vale dizer: a redução da taxa de inflação para níveis baixos, convergentes para as metas definidas pelos gestores da política monetária.
    3. O equilíbrio nas transações econômicas com o exterior, envolvendo o equilíbrio do balanço internacional de pagamentos e a manutenção, sustentada por fluxos não voláteis, de um nível adequado de reservas internacionais.

- **A distribuição da renda e da riqueza**, abrangendo:
    1. Uma distribuição equitativa da renda e da riqueza.
    2. A redução progressiva ou, no limite, a total remoção dos bolsões de pobreza absoluta.

FIGURA 1.11
Os fatores de poder: o entrechoque de credos básicos, valores e interesses na definição das diretrizes das políticas pública e econômica.

Política pública

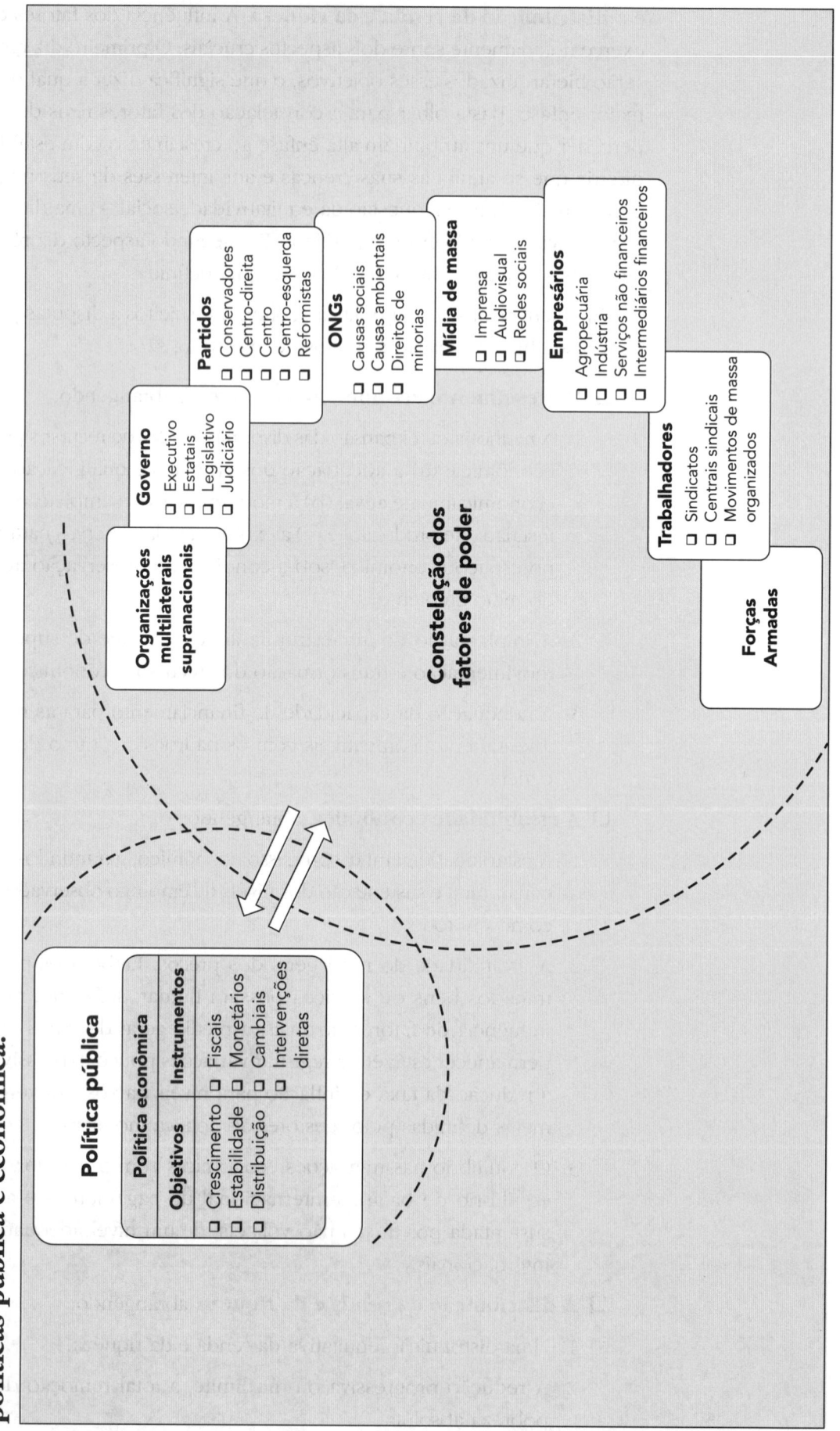

Política econômica	
Objetivos	**Instrumentos**
☐ Crescimento	☐ Fiscais
☐ Estabilidade	☐ Monetários
☐ Distribuição	☐ Cambiais
	☐ Intervenções diretas

Constelação dos fatores de poder

Organizações multilaterais supranacionais

Governo
☐ Executivo
☐ Estatais
☐ Legislativo
☐ Judiciário

Partidos
☐ Conservadores
☐ Centro-direita
☐ Centro
☐ Centro-esquerda
☐ Reformistas

ONGs
☐ Causas sociais
☐ Causas ambientais
☐ Direitos de minorias

Mídia de massa
☐ Imprensa
☐ Audiovisual
☐ Redes sociais

Empresários
☐ Agropecuária
☐ Indústria
☐ Serviços não financeiros
☐ Intermediários financeiros

Trabalhadores
☐ Sindicatos
☐ Centrais sindicais
☐ Movimentos de massa organizados

Forças Armadas

3. A redução do contingente dos excluídos do quadro socioeconômico; no limite, sua total supressão.

Esses três grandes objetivos da política econômica não são facilmente conciliáveis entre si e, além disso, concorrem com outros objetivos de política pública. Daí a exigência inexorável de hierarquização. Todos, porém, dizem respeito a fins que a sociedade geralmente reputa como desejáveis. São múltiplas as vantagens de se viver em economias que registram índices firmes de crescimento sustentável, mantendo as condições da estabilidade conjuntural e proporcionando um justo padrão de distribuição dos resultados dos esforços de toda a sociedade. A garantia de empregos para todos os que desejarem trabalhar, um padrão de vida acima do que se considera a linha mínima da subsistência e a segurança e o bem-estar, estendidos às gerações futuras, dependem em grande parte da consecução desses objetivos. Proporcioná-los é uma das tarefas mais importantes de todos os fatores de poder que interagem para definir prioridades e formas de atingi-las.

OS INSTRUMENTOS DA POLÍTICA ECONÔMICA. Para a consecução de cada um de seus objetivos centrais, a política econômica conta com um elenco de instrumentos de ação. A maior parte deles resulta de elaborações teóricas da economia e da compreensão sistematizada do processo econômico, desenvolvida pela micro e pela macroeconomia convencionais. Os instrumentos de ação derivados dos diferentes troncos da macroeconomia são os **fiscais**, os **monetários** e os **cambiais**, respectivamente atrelados a conhecimentos desenvolvidos nos campos das finanças públicas, da economia monetária e da economia internacional. Os associáveis à microeconomia são **intervenções diretas** nos mercados e nas estruturas concorrenciais, geralmente destinados a ajustar os interesses privados de agentes individuais aos interesses maiores da sociedade como um todo.

Em síntese, os conteúdos e as áreas de atuação de cada um desses instrumentos, também sujeitos a escolhas influenciadas por juízos de valor e por objetivos do poder político dominante, são:

- ❏ **Instrumentos fiscais**. Referem-se ao manejo das finanças públicas, ou seja, às várias categorias de receitas e de dispêndios das diferentes esferas de governo. As receitas dos governos provêm de tributos que incidem sobre diferentes fatos econômicos: a produção e a circulação de mercadorias, a geração de rendas, as transferências de propriedades, as heranças, as operações financeiras e as transações internacionais. As despesas são com custeio da máquina burocrática, investimentos em infraestrutura econômica e social, subsídios e transferências de rendas à sociedade. Efetivamente, cada uma dessas categorias de receitas e despesas exerce diferentes efeitos sobre cada um dos objetivos da política econômica. Defini-los previamente é um dos propósitos da teoria econômica, no sentido de orientar sua aplicação, para a eficaz consecução dos fins pretendidos.

- ❏ **Instrumentos monetários**. Referem-se basicamente ao manejo de operações destinadas a regular o suprimento de meios de pagamento e a gestão dos demais estoques de ativos financeiros. O suprimento desses ativos implica a adequada irrigação da economia com moeda e crédito, em atendimento às exigências de liquidez do setor real. A liquidez insuficiente ou em excesso pode comprometer objetivos de crescimento, de estabilidade ou de distribuição da renda e da riqueza. As formas com que as autoridades públicas regulam esses suprimentos e a priorização de suas destinações são, também, decorrentes de escolhas compatibilizadas com os objetivos da política pública e definem prioridades decorrentes de escolhas políticas. Resultam quase sempre da interação das autoridades públicas com os demais fatores de poder. Seus efeitos sobre os interesses em jogo e os decorrentes objetivos definidos geralmente são de alto impacto. Também aqui, clarificá-los previamente, para sua eficaz utilização, é uma das principais razões de ser da teoria monetária.

❑ **Instrumentos cambiais**. Referem-se ao manejo da taxa de câmbio da moeda nacional relativamente a moedas estrangeiras. O nível efetivo dessa taxa exerce alta influência sobre importantes variáveis-fluxo da economia, como as importações e exportações de mercadorias e serviços e os movimentos internacionais de capitais. O crescimento, a estabilidade e mesmo a estrutura distributiva podem ser fortemente afetados pela magnitude e direção desses fluxos. Também aqui, as linhas de atuação das autoridades públicas que condicionam os movimentos das taxas cambiais são resultantes, de um lado, de conhecimentos teóricos acumulados; de outro, dos rumos definidos da política pública.

❑ **Intervenções diretas**. Abrangem um amplo espectro de mecanismos de intervenção das autoridades públicas, diretamente exercidos sobre as atividades de agentes econômicos individuais, sobre remunerações dos recursos de produção, sobre os preços dos produtos e mesmo sobre o comportamento das empresas e dos consumidores. Embora alguns desses instrumentos – que afetam, direta ou indiretamente, preços, tarifas, remunerações, concorrência, competitividade, oferta e procura – possam ter poder de impacto tão alto quanto o dos demais instrumentos examinados, eles são geralmente acionados em caráter coadjuvante, complementando medidas mais abrangentes adotadas nas áreas fiscal, monetária e cambial. Mas interferem e, por vezes, poderosamente, sobre os três objetivos básicos da política econômica.

1.6 O Significado e as Limitações da Economia

Relacionados ao significado e às limitações da economia, já podemos destacar um conjunto de traços marcantes, presentes na maior parte dos tópicos até aqui desenvolvidos. Os principais são:

❑ **Biunicidade**. Os desenvolvimentos conceituais e teóricos da economia têm relações biunívocas com outros campos do conhecimento humano, notadamente os que se situam no universo das ciências sociais.

❑ **Condicionantes extraeconômicas**. A economia é um ramo do conhecimento sujeito a condicionalidades que escapam de sua órbita restrita de atuação.

- **Quantificação**. Diferentemente do que ocorre em outros campos das ciências sociais, é possível **quantificar** a quase totalidade do que se convencionou chamar de fatos econômicos. Esta particularidade dá à economia um caráter diferenciado, resultante da aplicação de métodos matemáticos e estatísticos para modelação da realidade com que ela lida.

- **Fundamento social**. A possibilidade de quantificação dos fatos econômicos não subtrai da economia seus **fundamentos sociais**. Nem interfere nas ligações interdisciplinares com outras ciências do comportamento.

- **Justaposições**. Em economia, os limites entre o que se considera senso comum, ciência e ideologia não são facilmente demarcáveis. Isso justifica por que pensadores da escola institucionalista, como Mitchell e Veblen, teriam hesitado em considerar a economia como ciência ou, alternativamente, **como conjuntos de proposições integrados a diferentes matrizes ideológicas**. E há autores, como J. Robinson[26] e A. L. Macfie,[27] que a definem, simultaneamente, como **ciência e ideologia**.

- **Na construção do conhecimento econômico, senso comum, ciência e ideologia se interpenetram**. As metodologias usuais da economia não se contrapõem aos espaços comuns ocupados entre essas três categorias. Decorrentemente, os desenvolvimentos teóricos das escolas econômicas trazem nítidas marcas das ideologias e dos interesses a que historicamente se subordinaram.

- **Implicações doutrinárias**. Quando nos transportamos do universo da **economia positiva** para o da **economia normativa**, as implicações doutrinárias e político-ideológicas da economia transparecem com maior nitidez. E, além delas, há que se considerar as fortes interferências exercidas, na definição dos fins e meios da política econômica, pelos fatores de poder que gravitam em torno dos formuladores da política econômica, procurando influenciá-los segundo seus credos, valores e interesses.

É este, afinal, o quadro de referências em que se situam, de um lado, os desenvolvimentos teóricos e conceituais da economia positiva e, de outro lado, as aplicações e operações práticas da economia normativa. E mais: tanto as proposições positivas quanto as normativas estão envolvidas por fatores temporais e espaciais. A temporalidade e a dimensão espacial da economia estão presentes em cada um de seus desenvolvimentos e aplicações.

O Caráter Probabilístico das Leis Econômicas

A esse conjunto de complexas características soma-se mais uma: **o caráter probabilístico da economia**, que diferencia as formas como suas leis são estabelecidas e aplicadas daquelas que se estabelecem e se aplicam no campo das ciências experimentais. É o que destacaremos agora, antes de concluirmos sobre o alcance e as limitações da economia.

A descrição sistematizada da realidade econômica sugere que ela se sujeita a um tipo determinado de ordem, registrando-se certa uniformidade na ocorrência de cada um dos fatos econômicos. É possível identificar, por sua repetitividade, as principais causas de fatos selecionados, bem como identificar relações funcionais que ajudam a compreender alguns dos mecanismos fundamentais da ordem econômica. A realidade, a despeito da multiplicidade de fatores extraeconômicos que nela interferem, não é descrita por processos que acontecem desordenada e caoticamente. Quando os fatos econômicos selecionados para observação são tratados segundo as metodologias convencionais de construção do conhecimento científico, constatam-se regularidades e relações de dependência que sugerem ser possível classificar causas e efeitos, mensuráveis na maior parte dos casos.

Assim, desde que se possam identificar dados e variáveis que se inter-relacionam em processos econômicos determinados, é também possível a construção de modelos que reproduzam simplificadamente esses mesmos processos. A modelação da realidade, a descoberta dos princípios que dão sustentação à ordem econômica, a teorização básica sobre comportamentos repetitivos dos agentes econômicos e as leis segundo as quais os fatos econômicos se manifestam resultam, assim, de **regularidades sistematicamente observadas**.

Há, porém, diferenças fundamentais entre a exatidão com que são formulados princípios, leis, teorias e modelos econômicos, comparativamente com os das ciências experimentais. Isso porque, em síntese:

- Não é possível isolar, para observação, nem controlar por completo, qualquer aspecto particular da realidade econômica.
- As leis econômicas têm caráter probabilístico.
- As teorias e os modelos econômicos são simplificações da realidade. São generalizações, em certos casos abstratas, que objetivam explicar como se comportam os agentes econômicos, a que influências reagem e quais os conjuntos de variáveis de maior relevância que interferem nos processos representados.

Princípios, teorias, leis e modelos econômicos estabelecem-se, assim, dentro dos **limites circunstanciais das ciências sociais**. Embora sejam possíveis evidências factuais e comprovações resultantes da confrontação com a realidade, os graus de certeza e de exatidão com que a economia estabelece sua estrutura teórica diferem daqueles que se observam nas áreas de conhecimento experimentais e exatas. Nestas, há verificações que se podem comprovar em laboratório, isolando-se cada um dos fatores que possam interferir no fenômeno sob observação. Nestes casos, a experimentação pode ser rigorosamente controlada e seus resultados aferidos com elevada precisão.

Em economia, um ramo do conhecimento que se situa no universo das ciências sociais, dificilmente podem ser isolados e mantidos sob rigoroso controle todos os fatores que interferem em processos sob observação. Consequentemente, as leis da economia devem ser entendidas como menos imperativas que as das ciências experimentais. Seus agentes são seres humanos, por hipótese movidos por comportamentos racionais, expostos a um "leque aberto" de crenças e valores e, sob livre-arbítrio, capazes de influir voluntariamente ou sob estímulos, na direção e na intensidade dos fatos econômicos de que participam ou que possam influir em suas vidas. Mais ainda: as condições históricas, sociais e culturais, sob as quais a estrutura teórica da economia se estabelece, modificam-se permanentemente. E novas estruturas vão, com o correr dos anos, substituindo aquelas que se definiram sob condições já não mais prevalecentes.

Já na maior parte das ciências experimentais, as condições com que se estabelecem estruturas teóricas são bem diversas das que se observam nas ciências sociais. Na física, uma ciência experimental por excelência, os modelos explicativos do comportamento das forças da natureza podem ser construídos com alto grau de certeza. As forças gravitacionais e os princípios da termodinâmica podem ser reduzidos a expressões matemáticas rigorosas. As observações de laboratório de que essas expressões resultaram podem ser repetidas tantas vezes quantas forem necessárias para sua cabal demonstração. Além disso, há a possibilidade de construir equipamentos auxiliares para testar os princípios e as leis estabelecidas. Em tais circunstâncias, a aproximação obtida é, em certos casos, fantástica. A lei da constância da velocidade da luz, por exemplo, está estabelecida com este *grau de precisão:* $c = (2,997930 \pm 0,000003) \times 10^8$ metros por segundo, onde o sinal $\pm$ determina os limites dentro dos quais a velocidade c é conhecida. As *medidas de grandeza* no campo de uma ciência experimental como a física são igualmente passíveis de um expressivo rigor. Para grandes e pequenas magnitudes, as medidas podem ser estabelecidas com reduzida margem de erro relativo. A distância média da Terra ao Sol, por exemplo, é estimada em 149.597.900 quilômetros. Esses milhões de quilômetros são dados com elevado grau de certeza. A medida é rigorosa. Mas mesmo que não fosse, ocorrendo erros nos três últimos algarismos, estes seriam necessariamente inferiores a 0,000007%, devido à magnitude dos valores envolvidos. Com equiparável grau de precisão, a física chega a estimar distâncias orbitais percorridas por elétrons; no átomo de Bohr, a magnitude dessa distância é estimada em 33×10^{-6} microns. As noções de tempo, no campo das ciências experimentais, podem também ser calculadas com margens de erro igualmente reduzidas: o tempo de vibração do mais alto som audível é igual a 10^{-4} segundos. E, para citarmos um último exemplo, as *relações* entre os fenômenos naturais também podem ser precisamente calculadas. Os termômetros de mercúrio, com escalas em décimos de graus centígrados, constituem um exemplo da precisão com que essas relações são estabelecidas.

Em economia, o tratamento dado aos fatos observados e às resultantes estruturas teóricas não alcançam o mesmo rigor numérico. Elas não resultam de observações realizadas em tubos de ensaio ou balões volumétricos, com o auxílio de equipamentos de alta precisão. O laboratório da economia é a sociedade humana, cujo comportamento é mutável no tempo e sujeito a condicionalidades espaciais. Por mais consistentes que possam ser estabelecidas relações de causa e efeito, elas não são inteiramente controláveis ou condicionáveis. Não é possível isolar, um a um, os traços da matriz sociocultural subjacente a uma dada ordem econômica.

Isso significa que, apesar da constância, repetitividade e uniformidade dos fatos que dão origem à estrutura teórica da economia, as leis econômicas são, quanto a seus fundamentos, leis sociais. Elas resultam da aglomeração de decisões individuais motivadas por uma multiplicidade de fatores econômicos e extraeconômicos. Dificilmente, são iguais e de igual intensidade os fatores que

**FIGURA 1.12
Uma nuvem de pontos: a relação entre preços e quantidades procuradas. O ajustamento a uma função linear.**

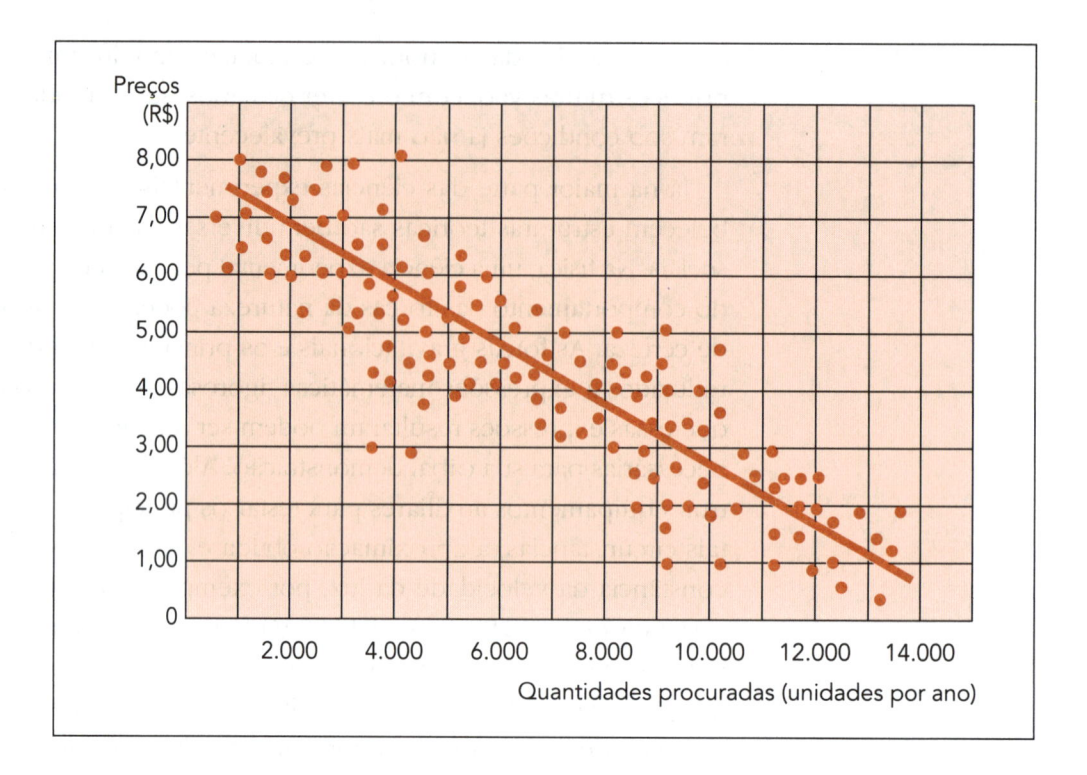

motivam e impulsionam cada um dos agentes individuais. Esta é a razão pela qual os graus de precisão alcançados na economia não se igualam aos que se definem nas ciências que lidam com as forças da natureza.

Vamos exemplificar, recorrendo a relações funcionais conhecidas e bastante simples. Por exemplo, a relação funcional que se estabelece entre a temperatura ambiente e a dilatação dos sólidos difere, quanto a seus graus de precisão, da que se verifica entre as quantidades procuradas e os preços de determinado produto. A graduação dos termômetros é definida pela relação linear rigorosa que se estabelece entre a temperatura ambiente e a dilatação da coluna de mercúrio. De igual forma, pode-se definir uma relação linear entre preços e quantidades procuradas, como a que mostramos na Figura 1.12. Mas esta é resultante de uma *nuvem de pontos,* cuja conformação admite um *ajustamento* a uma função linear. A nuvem e a função resultante tornam evidente que há uma relação de dependência entre preços e quantidades procuradas. A nuvem a que se ajustou a função linear define-se pelos comportamentos individuais de consumidores. Cada ponto reproduz o comportamento de um deles. A um mesmo preço cada consumidor reage de forma diferente: não são iguais, para todos, as quantidades procuradas correspondentes aos diferentes preços praticados. Mas, em termos de *grandes números,* a função ajustada é a representação estatística e probabilística da procura do produto sob observação.

Repetindo-se esta mesma observação para uma multiplicidade de outros produtos, nuvens de pontos, de conformações assemelhadas, seriam sistematicamente registradas. E ajustamentos estatísticos de características também assemelhadas poderiam ser calculados. A repetitividade comprovada conduziria, então, à formulação de uma *lei da procura,* segundo a qual os preços e as quantidades procuradas se correlacionam inversamente.

Grande número de outras relações funcionais de dependência pode ser estabelecido em economia. Entre, por exemplo, a renda agregada e o consumo agregado, ou seja, entre a totalização de todas as categorias de renda recebida pela nação e a totalização de todos os bens e serviços por ela consumidos, há também uma relação funcional, como a sugerida na Figura 1.13. À medida que a renda agregada se eleva, o consumo agregado também tende a aumentar. Os levantamentos das contas nacionais podem comprovar esse tipo de correlação direta. Mas, também, em termos agregados, podem ocorrer situações conjunturais em que o consumo agregado se retrai para níveis abaixo daqueles sugeridos pela linha de normalidade descrita pela função. Ou então o oposto disso: um superaquecimento do consumo, em relação aos níveis correntes de renda agregada.

Nos dois exemplos de relações funcionais, o que desejamos destacar é que **as leis econômicas, expressas ou não por relações funcionais, são leis probabilísticas e não relações exatas**. Como sugere Zamora,[28] "as leis econômicas são **hipotéticas e probabilísticas**. Hipotéticas porque só se verificam se se reunirem as hipóteses e condições que foram previamente estabelecidas para sua formulação. A realidade só se comportará segundo a forma prevista quando não intervierem causas que possam perturbar a reprodução constante das relações de causa e efeito determinadas. E são também probabilísticas porque se referem ao resultado de uma infinidade de fatos elementares, diversos e independentes, que se distribuem ao acaso, embora se entrelacem em seu jogo simultâneo, determinando a uniformidade de médias estatísticas, que ocorrerão dentro de limites determinados de probabilidade".

A Condição *Ceteris Paribus*

O caráter hipotético e probabilístico das leis econômicas sugere que estas devem ser entendidas como válidas dentro dos limites definidos pelo conjunto das condições simplificadoras adotadas. Os dois exemplos que exploramos, o da *lei da procura* e o da *função consumo* são, tipicamente, simplificações da realidade. Ambos se fundamentam não nas reações de um único e isolado agente econômico observado, mas no resultado estatístico da observação de como se comportou o *grande número* (lei da procura) e de como se correlacionaram, *em séries históricas conhecidas*, os agregados do consumo e da renda (função consumo). Se observássemos apenas um único agente ou um único dado histórico, não teríamos elementos suficientes para generalizações. A generalização e a validação exigem um número *estatisticamente significativo* de observações. Algumas dessas observações poderão ser *atípicas*, não se situando na "faixa de normalidade" definida pelo comportamento típico do conjunto. Alguns consumidores poderão manter inalteradas as quantidades procuradas de determinado bem econômico ainda que seu preço sofra sucessivas alterações reais para mais ou para menos; em escala macroeconômica, ainda que tenha aumentado o nível da renda agregada, pode-se observar, em determinada circunstância, que o consumo não reagiu para mais ou, até mesmo, que tenha regredido. Mas tanto comportamentos como verificações circunstanciais atípicas não invalidam as conclusões e os enunciados resultantes de observações estatisticamente significantes.

**FIGURA 1.13
Uma série histórica de longo prazo: a relação entre renda agregada e consumo agregado.**

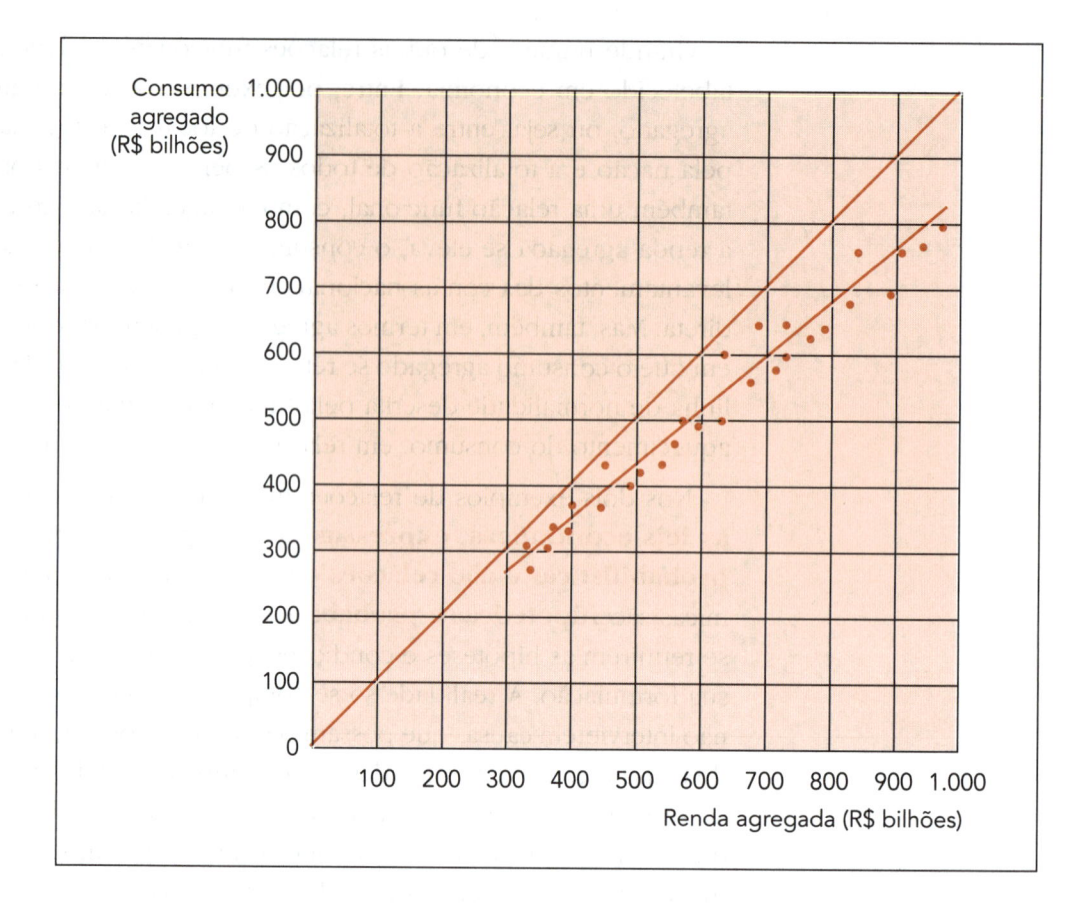

É com base nos resultados de observações estatisticamente significantes que se formulam leis de procura, funções consumo e todas as demais relações entre variáveis da micro e da macroeconomia. Desde que observações significantes indiquem que há uma relação funcional de dependência entre quantidades procuradas (QP) e preços (P) de determinado bem econômico, esta pode ser expressa por uma função do tipo $QP = f(P)$. De igual forma, séries históricas poderão comprovar empiricamente que há também uma relação funcional de dependência entre o consumo agregado (C) e a renda agregada (Y), de tal forma que possa ser expressa por uma função do tipo $C = f(Y)$.

Deve-se ter presente, porém, que relações funcionais como as que acabam de ser exemplificadas, bem como tantas outras que se formulam no campo da economia, são influenciadas por uma pluralidade de causas. As quantidades procuradas foram dadas como função dos preços e o consumo agregado como função da renda agregada. Essas funções são, obviamente, simplificações da realidade. Há certamente outros fatores que podem influenciar quantidades procuradas e consumo agregado. Muitos fatores causais, alguns dos quais até imprevisíveis, podem interferir na intensidade do movimento e mesmo na direção dessas variáveis: elas se encontram entrelaçadas a uma complexa rede de relações econômicas e extraeconômicas, distantes até daquelas que atuaram no restrito meio em que as observações iniciais foram realizadas.

Isso significa que a validade das leis e dos modelos econômicos implica que sejam mantidos constantes todos os demais fatores que podem interferir nas magnitudes das variáveis sob observação. É exatamente a esta particularidade que os economistas querem referir-se quando empregam a expressão latina *ceteris paribus*. Ela significa **mantidos inalterados todos os demais fatores** ou, então, **permanecendo iguais todos os demais elementos**.

Trata-se de uma expressão subjacente ao caráter e à natureza das leis econômicas. Rigorosamente falando, as duas funções econômicas que utilizamos como exemplos deveriam, então, ser enunciadas da seguinte forma: *ceteris paribus*, as quantidades procuradas são uma função do preço; *ceteris paribus*, o consumo agregado é função da renda agregada.

Ocorre, porém, que esta expressão não é, a cada momento, sistematicamente acrescentada a cada uma das leis econômicas, às descrições resultantes de modelos ou às comprovações resultantes de pesquisas econômicas. Mas é admitida como condição subjacente, que os economistas têm presente em seu trabalho acadêmico, na interpretação da realidade pesquisada, na formulação de políticas e na elaboração de prognósticos.

As Partes e o Todo em Economia: o Sofisma de Composição

Uma última observação sobre leis econômicas, mas não menos importante, diz respeito ao **sofisma de composição**. Trata-se de uma forma de raciocínio, bastante comum no campo das ciências sociais e da economia em particular, que pretende imputar ao conjunto certos princípios ou leis que são válidos apenas para uma parte do todo. Em economia, não é sempre que um princípio válido para um agente econômico, individualmente considerado, será válido também para a economia como um todo. Vamos a dois exemplos simples:

❏ Quando um produtor agrícola, individualmente considerado, cuja produção atende a uma diminuta parcela do mercado total, obtém uma colheita excepcional, excedendo os padrões correntes da produtividade agrícola em sua região, é alta a probabilidade de que sua renda real exceda às melhores expectativas. Todavia, se todos os produtores obtiverem excelentes colheitas, em razão, por exemplo, de melhorias nos padrões genéticos de sementes, de novos desenvolvimentos em tratos culturais ou de favoráveis condições atmosféricas, não se pode mais dizer que é alta a probabilidade de que a renda de todos exceda às melhores expectativas. Pode mesmo ocorrer o oposto, à medida que a safra excelente resulte em redução de preços: os preços rebaixados poderão comprometer o rendimento real da atividade. O que era válido para o produtor individual não é necessariamente válido para o conjunto.

❏ Por seu caráter precaucional, a poupança, em escala individual, é considerada uma virtude, mesmo que seus níveis em relação ao rendimento sejam elevados. Todavia, se o nível da poupança agregada for excessivamente elevado em relação à renda da sociedade como um todo, o consumo fatalmente será afetado e até mesmo os investimentos em novas instalações para produção poderão ser postergados. Pelos níveis acentuadamente altos da poupança, o emprego e a própria renda da sociedade poderão ser desfavoravelmente afetados. Isso significa que uma virtude, quando tomada em escala individual, pode tornar-se causa de um processo econômico depressivo, piorando as condições econômicas vigentes.

Pode-se incorrer, assim, em sofisma de composição, sempre que se imputa ao todo um princípio válido para uma parte desse mesmo todo. Em economia, a escala de observação não pode ser ignorada: ela tem muito a ver com a validade de determinados princípios e com suas generalizações. Como observa Lipsey:[29]

> "A validade de um princípio econômico está contingenciada por determinada *escala de observação*. Devem-se distinguir os que são válidos em escala *microeconômica* dos que se estabelecem para magnitudes agregadas, em relações apreendidas pela *macroeconomia*."

Sofismas de composição, em economia, geralmente decorrem, assim, de raciocínios simplistas que desconsideram níveis de referência e escalas de observação. O todo e a parte, em economia, se interpenetram – e é muito difícil, talvez mesmo impossível, compreender o conjunto sem que se compreenda cada uma de suas partes. Compreender como agem os agentes econômicos individuais e como eles reagem a determinadas condições circunstanciais é uma das exigências elementares para que se possa compreender como e com base em que motivações se movimenta a economia como um todo. O todo, afinal, é a soma das partes. Mas há, em economia, determinados comportamentos que, de um lado, são virtuosos em escala individual e, de outro lado, podem ser desastrosos em escala agregada. Vícios privados, contrariamente, podem levar a virtuosos mecanismos que conduzem ao equilíbrio geral. Estes aparentes paradoxos são inerentes ao processo econômico. Eles certamente dificultam o exercício da generalização. Por isso mesmo, constituem, ao lado de tantos outros, um dos mais intrigantes desafios da economia.

O Alcance e as Limitações da Economia

Conclusivamente: embora a economia seja um ramo do conhecimento de "amplo espectro", tendo contribuído de alguma forma na superação de desafios relacionados à luta incessante do homem para alcançar melhores condições de bem-estar, há um conjunto de limitações que gravitam em torno de suas proposições positivas e recomendações normativas.

Em síntese, as principais limitações são:

❑ A economia é uma ciência social que não pode se considerar fechada em torno de si mesma. Desenvolvimentos de outras ciências que investigam o comportamento humano devem estar presentes na observação da realidade econômica e nas decorrentes prescrições de medidas corretivas para cursos de ação socialmente indesejáveis.

❑ Os problemas econômicos têm contornos que não se limitam apenas à realidade investigada pela economia. Eles se estendem pela política, pela sociologia, pelo direito, pela ética e não raramente têm raízes históricas e religiosas. Consequentemente, como observam Robinson e Eatwell,[30] "a economia jamais poderá ser uma ciência totalmente *pura,* isenta de valores humanos. Frequentemente, os pontos de vista morais e políticos, sob os quais são encarados os problemas econômicos, encontram-se tão entrelaçados com as questões propostas e, mesmo, com os métodos de análise empregados, que nem sempre é fácil manter esses três elementos distintos um do outro".

❏ A sistematização da realidade econômica envolve sistemas de valores: justificações ideológicas estão presentes na maior parte dos modelos convencionais da análise econômica.

❏ As leis econômicas são leis sociais e não relações exatas. É assim que devem ser interpretadas e utilizadas para leitura da realidade objetiva.

❏ Os modelos empregados pelos economistas são simplificações probabilísticas da realidade. Embora estatisticamente significantes, não excluem a exigência da condição *ceteris paribus* nem as armadilhas decorrentes de sofismas de composição.

Limitações como essas acompanham a economia desde seu nascedouro. Não foram ainda superadas e dificilmente serão um dia. Nassau Senior, um dos mais destacados economistas ingleses da primeira metade do século XIX, precursor da síntese neoclássica, escreveu em 1936, em *An outline of the science of political economy*:[31]

> **"Os princípios da economia constituem importantes elementos para a solução de problemas concretos, mas eles não são os únicos que devem ser considerados."**

É a esta mesma limitação que se refere Stevenson Watson,[32] renomado autor de política econômica, ao observar:

> **"Não se deve supor que a economia seja uma espécie de máquina calculadora, na qual os problemas entram em uma extremidade e as soluções saem na outra. Embora, para muitas questões econômicas, isto seja possível em certa medida, não convém esquecer que a maior parte das políticas econômicas se enreda em problemas jurídicos e administrativos, políticos, sociológicos e éticos. Por isso, são raras as vezes em que a economia positiva é a única fonte de solução."**

Essas limitações não significam que as questões econômicas não sejam de alguma forma delimitáveis, perdendo-se no emaranhado de uma realidade indescritível. Significam apenas que os fatos econômicos e as questões nucleares da economia têm raízes e desdobramentos não limitáveis por um único campo do conhecimento. E dificilmente serão um dia limitados. O avanço do conhecimento humano, em praticamente todos os domínios, quebra fronteiras disciplinares e evidencia que a busca de soluções para questões corriqueiras do dia a dia ou para problemas de âmbito planetário, passa muito mais por fusões interdisciplinares do que pela rigidez e incomunicabilidade dos isolamentos.

A compreensão da economia, quanto à sua abrangência e limitações, inicia-se por este ponto.

RESUMO

1. O estudo dos aspectos econômicos da vida faz parte de uma das mais abrangentes categorias do conhecimento humano, as **ciências sociais**. A economia centra sua atenção nas condições da prosperidade material, na acumulação da riqueza e em seus mecanismos de distribuição. Os aspectos envolvidos nesses processos vão, todavia, além de considerações meramente econômicas, avançando sobre questões políticas e jurídicas, sociológicas e psicológicas, filosóficas, religiosas e históricas. Consequentemente, os economistas não têm seu trabalho limitado pelas ideias formais de uma única disciplina.

2. A despeito da complexa teia de relações sociais e da multiplicidade dos fatores condicionantes da vida econômica, há um conjunto destacado de aspectos particulares da realidade social que gravitam mais especificamente no campo de interesse da economia. Os de maior relevância são: 1. A escassez de recursos para o processo produtivo, o emprego desses recursos e as causas do desemprego e da ociosidade. 2. Como se comportam os agentes econômicos, quais são suas motivações, conflitos de interesse e funções. 3. Quais os fundamentos do sistema de troca e da divisão social do trabalho. 4. O que fundamenta o valor dos recursos e dos produtos deles decorrentes. 5. Como e por que se deu o aparecimento da moeda, como evoluiu, quais suas formas atuais e quais as razões para as variações de seu valor. 6. Como se formam os preços e quais suas funções no processo econômico. 7. Como se estabelece a concorrência e que razões justificam ao mesmo tempo sua preservação e seu controle. 8. Como e para que se medem os resultados da atividade econômica como um todo. 9. Como se estabelece o equilíbrio geral do processo econômico e que fatores influenciam os movimentos de depressão e de expansão. 10. Quais as formas alternativas, do ponto de vista institucional, para a organização da atividade econômica da sociedade.

3. Todas estas questões têm uma característica comum: são passíveis de alguma forma de **mensuração**. Sem perder contato com a realidade social e política em que se insere, a economia pode quantificar resultados, proceder a análises fundamentadas em parâmetros quantificados e desenvolver sistemas quantitativos para diagnósticos e prognósticos. A **econometria** é o ramo auxiliar da investigação econômica que trabalha com a determinação, por métodos matemáticos e estatísticos, das leis quantitativas que regem a vida econômica. Números-índices, medidas de tendência central, quocientes, coeficientes e valores absolutos são formas usuais de indicações quantitativas em economia. E, em sua maior parte, as variáveis econômicas podem ser correlacionadas, através de relações funcionais, incrementais e matriciais. A possibilidade de quantificação e de tratamento de dados econômicos por métodos estatísticos e matemáticos não deve ofuscar, todavia, as condicionalidades extraeconômicas da realidade observada.

4. A complexa teia das relações sociais e a multiplicidade dos fatores condicionantes da atividade econômica dificultam a definição da economia. As definições mais recentes dão ênfase à razão de ser da conduta econômica do homem: a **escassez de recursos** em face das **ilimitáveis necessidades humanas**. A economia é, fundamentalmente, o estudo da escassez e dos problemas dela decorrentes. A escassez implica **escolhas e custos de oportunidade**. Escolher a melhor forma de empregar recursos escassos é o problema básico de toda sociedade economicamente organizada.

5. A construção do conhecimento econômico fundamenta-se em **bases metodológicas indutivas e dedutivas**. Aqui se combinam o método indutivo da investigação econométrica com o método dedutivo da abstração. As interpretações de que resultam as formas usuais de descrição científica da realidade econômica (princípios gerais, teorias, leis e modelos) comportam, porém, dimensões temporais e espaciais. A

PALAVRAS E EXPRESSÕES-CHAVE

- Ciências sociais, humanas ou do comportamento
- Economia
- Econometria
- Indicadores econômicos
  - Variáveis econômicas
  - Variáveis-fluxo
  - Variáveis-estoque
  - Relações funcionais
  - Relações incrementais
  - Relações matriciais
- Fatores econômicos
- Recursos escassos
- Necessidades ilimitáveis
- Escolha econômica
- Alocação de recursos
- Senso comum, ciência e ideologia
- Metodologia científica
  - Método indutivo
  - Método dedutivo
- Proposições positivas
- Proposições normativas
- Economia descritiva
- Teoria econômica
  - Microeconomia
  - Macroeconomia
- Política econômica
  - Principais fins
  - Principais meios
- Leis econômicas
  - Caráter probabilístico
  - Condição *ceteris paribus*
  - Sofisma de composição

realidade econômica e a dos fatores extraeconômicos que nela interferem variam no tempo e no espaço. Daí por que postulados da economia, a despeito de sua elaboração por métodos científicos convencionais, dificilmente se apresentam como verdades definitivas. Esta particularidade não diferencia, por si só, a economia das demais ciências. De certa forma, não há ramo do conhecimento humano que não se sujeite à permanente validação de seus quadros referenciais e de suas hipóteses.

6. Esta característica e ainda as ligações da economia com aspectos doutrinários e ideológicos se tornam claras quando se examinam os pressupostos e suas vinculações com diferentes realidades históricas das **escolas do pensamento econômico**. Duas grandes correntes ideológicas se constituíram na formação holística da economia: as que serviram a processos centralistas, convergentes para a ação coordenadora do Estado, e as que acreditaram que o equilíbrio geral da economia seria fruto da racionalidade, do utilitarismo e do hedonismo individuais. Desenvolvimentos mais recentes, alinhados aos novos tempos, parecem buscar sínteses e compreensões menos radicais. Até que ponto esses desenvolvimentos apontam na direção do fim das ideologias é uma das mais intrigantes questões da nova economia.

7. As vinculações da economia com grandes troncos ideológicos, observadas em suas proposições positivas, tornam-se ainda mais nítidas no campo normativo. As proposições de **política econômica**, não obstante se fundamentem nos desenvolvimentos da **teoria econômica**, macro e micro, atuam sobre a realidade, buscando três objetivos: o crescimento, a estabilidade e a equitatividade. As ênfases dadas a cada um desses aspectos têm raízes político-ideológicas. A escolha de fins e meios, em economia, subordina-se às orientações ideológicas em que se fundamentam as políticas públicas das nações, bem como aos resultados de entrechoques com fatores de poder, cujos credos e interesses não são necessariamente convergentes.

8. Desse complexo conjunto de fatores atuantes deriva a compreensão do **significado**, da **abrangência** e das **limitações da economia**. Além dos paradigmas, as escalas de observação e o caráter probabilístico das proposições da economia têm muito a ver com seu alcance e com seus limites. A compreensão da economia deve iniciar-se por este ponto.

QUESTÕES

1. Richard Gill, professor de economia em Harvard, diz que "as questões econômicas do mundo atual são de uma profundidade e de uma gravidade não registradas pela história em épocas passadas. Tanto nas sociedades opulentas, quanto nas emergentes, os problemas são de imensa gravidade e, diante deles, a economia não reúne condições para, *sozinha*, encontrar todas as soluções". Para destacá-la mais, grifamos a palavra *sozinha*. Reflita sobre as razões deste destaque.

2. Quais os principais ramos das ciências humanas com que a economia registra **relações biunívocas**? Qual o significado dessa expressão e como justificá-la? Não é difícil encontrar exemplos de aspectos da realidade econômica que são fortemente influenciados por fatores extraeconômicos. Apresente alguns exemplos, extraídos de recentes fatos.

3. Liste pelo menos dez grandes temas que gravitam no campo de interesse da economia. Como estimuladores de ideia, considere o polinômio clássico **produção-distribuição-dispêndio-acumulação** ou, então, o trinômio da sistematização de Robbins, **recursos-necessidades-prioridades**.

4. Uma das características diferenciadoras da economia, em relação a outras ciências humanas, é a possibilidade de quantificação. As **variáveis econômicas** são expressões indicativas de diferentes categorias de atividades econômicas – transações, processos e resultados. Diferencie variáveis-fluxo de variáveis-estoque, citando exemplos. Dê também exemplos de relações entre variáveis e cite pelo menos três formas usuais de indicações quantitativas em economia.

5. Por que a denominação usual da economia, em seu nascedouro, era **economia política**? Com o tempo, essa adjetivação caiu em desuso. A denominação usual evoluiu, simplesmente, para **economia**. Essa expressão mais simples, não adjetivada, seria realmente preferível? A expressão original não seria mais adequada? Posicione-se a esse respeito, considerando o seguinte texto de Bresser Pereira, professor da EASP-FGV.

   "A economia é uma ciência social e, portanto, uma ciência ideologicamente condicionada. Os economistas clássicos, ao chamar esta ciência de **economia política**, intuíam esse fato. Marx deixou claro para sempre esse caráter ideológico da economia. A reação neoclássica tentou devolver a 'pureza científica' à economia, transformando-a em uma ciência positiva, matematicamente rigorosa e empiricamente comprovável. Chegaram até a mudar o nome, de *political economy*, para *economics*. Mas é óbvio que esta era uma mera tentativa de esconder a realidade, de mascarar o caráter ideologicamente legitimador das relações de produção embutido na economia."

6. Com Lionel Robbins, na primeira metade do século XX, surgiram os elementos fundamentais das definições contemporâneas da economia: 1. **escassez de recursos**; 2. **escolha de fins**; e 3. **necessidades humanas ilimitáveis**. Explique cada um desses elementos e dê uma definição de economia que os leve em consideração.

7. A sistematização de Robbins, centrando a economia no trinômio **recursos-prioridades-necessidades**, conseguiu extrair da economia suas vinculações ideológicas? Justifique sua opinião.

8. Diferencie **proposições positivas** de **proposições normativas**. Dê exemplos, se possível relacionados a recentes questões econômicas.

9. A microeconomia e a macroeconomia, da forma como atualmente são conceituadas, são divisões usuais da teoria econômica. Em síntese, de que aspectos da realidade econômica cada uma delas trata? O que, fundamentalmente, as diferencia?

10. Segundo Milton Friedman, professor da Universidade de Chicago, Nobel de Economia de 1976, "a economia normativa não pode ser independente da economia positiva. Quaisquer prescrições relativas a fins e meios de diretrizes econômicas apoiam-se, obrigatoriamente, em previsões sobre consequências de se proceder de uma forma e não de outra. E essas previsões precisam assentar-se, explícita ou implicitamente, na economia positiva". Estas observações significam que possam ser desconsideradas influências extraeconômicas? Justifique seu entendimento.

11. Quanto à concepção e à natureza de seus princípios e de suas leis, mostre as diferenças mais significativas entre as ciências sociais e as experimentais.

12. Por que as leis econômicas são hipóteses estatísticas probabilísticas? O que significa essa expressão, no sentido com que é empregada para qualificar as leis da economia?

13. Em que consiste a expressão latina *ceteris paribus*? Por que razões os economistas recorrem a esta expressão, quando, por exemplo, estabelecem relações entre duas ou mais variáveis?

14. Na manhã de uma segunda-feira, o cidadão K é informado de que ele foi o único ganhador do maior prêmio lotérico acumulado já pago no país, tornando-se rico "da noite para o dia". Por que, então, o governo não autoriza a emissão de moeda em quantidade suficiente para depositar nas contas bancárias de todos os cidadãos uma importância equivalente à que foi ganha pelo cidadão K? Em uma manhã qualquer de segunda-feira, se todos a recebessem, não se tornariam também ricos da "noite para o dia"? Explique o que essa proposta tem a ver com o **sofisma de composição**.

2

Os Recursos Econômicos e o Processo de Produção: Caracterização Básica

Em suas atividades de produção, os sistemas econômicos empregam o trabalho humano, as reservas naturais e os recursos instrumentais – mais simplesmente, capital, em suas três dimensões. O capital físico acumulado – infraestrutura, ferramentas, máquinas e equipamentos – permite um volume de produção maior e mais diversificado, comparativamente a uma situação em que se aplicassem apenas o trabalho humano e as reservas naturais. Uma das bases decisivas do progresso conseguido pela humanidade, da pré-história aos dias atuais, fundamenta-se, precisamente, na maior disponibilidade e na maior perfeição dos instrumentos com que se realiza a produção. Há, todavia, limitações à continuidade infinita desse processo. Estas decorrem de que o fluxo de recursos se deve processar em permanente equilíbrio. A destruição das reservas naturais, o crescimento demográfico imoderado ou a instrumentação inadequada poderão comprometer as bases da atividade de produção e, consequentemente, a própria sobrevivência da humanidade.

CLAUDIO NAPOLEONI
Elementi di economia politica

Todas as categorias básicas de fluxos econômicos – a geração da renda, as diferentes formas de dispêndio e a acumulação de riquezas – resultam da **produção**, considerada, pela sua relevância, como **atividade econômica fundamental**. O estudo dessa atividade, de suas bases, de seu significado e de seus fluxos é, assim, um bom ponto de partida para a compreensão do processo econômico.

Partindo de uma versão simplificada da atividade de produção, destacaremos:

- Os conceitos, as características e a tipologia dos recursos econômicos de que todas as economias devem dispor, sejam quais forem seus estágios de desenvolvimento, suas bases institucionais e as matrizes político-ideológicas em que se fundamentam.
- O processo de mobilização desses recursos e as categorias econômicas dele resultantes.
- A relação funcional produção-recursos.
- A dinâmica do processo produtivo e seus efeitos relevantes: o crescimento, a acumulação de riquezas e o bem estar social.

Os **recursos de produção** são também denominados **fatores de produção**. Eles são constituídos pelas dádivas da natureza, pela população economicamente mobilizável, pelas diferentes categorias de capital e pelas capacidades tecnológicas e empresarial. Respectivamente, são as seguintes as denominações usuais desses recursos:

- Terra.
- Trabalho.
- Capital.
- Tecnologia.
- Empresariedade.

Do emprego desses cinco recursos de produção, de sua disponibilidade, de suas qualificações ou capacitações, das formas de sua mobilização e de sua interação resultam os padrões de atendimento das ilimitáveis necessidades individuais e sociais. A dinâmica da interação desses recursos e seus principais desdobramentos serão agora estudados. Começaremos pelo conceito, caracterização e tipologia de cada um deles.

2.1 O Fator *Terra*: um Conceito Abrangente de Reservas Naturais

Os Recursos Naturais: o Conceito do Fator Terra

Do elenco de recursos que os sistemas econômicos mobilizam no desencadeamento do processo de produção, as **reservas naturais**, ou o fator **terra**, constituem a base sobre a qual se aplicam os potenciais produtivos dos demais recursos.

> **QUADRO 2.1**
> **O fator *terra*: conceito, abrangência e tipologia.**
>
> **A. Solo**
>
> Meio natural para o desenvolvimento dos vegetais. Parcela dinâmica da superfície terrestre. Sua superfície inferior é definida pela ação de agentes biológicos e climáticos. Seu aproveitamento econômico define-se pela profundidade efetiva, drenagem, saturação, fertilidade e relevo.
>
> **B. Subsolo**
>
> Camada da crosta terrestre em que se encontram lençóis de água; jazidas minerais, metálicas e não metálicas; lençóis petrolíferos e reservas de gás natural. O aproveitamento econômico dos depósitos do subsolo define-se pelo conhecimento geológico, qualidade das reservas medidas e acessibilidade.
>
> **C. Águas**
>
> Incluem oceanos, mares e lagos. Rios e outros hídricos que correm pela superfície infiltram-se no subsolo e renovam-se pelos mecanismos do ciclo hidrológico. O aproveitamento econômico é definido por fatores como propriedades físico-químicas, potabilidade, navegabilidade e potencialidade para fins hidrelétricos.
>
> **D. Pluviosidade e clima**
>
> A pluviosidade é uma das fases do ciclo hidrológico: sua importância, como recurso econômico, define-se pelos intervalos de ocorrência e pelos índices de precipitação. O clima define-se por fatores como a maritimidade, a continentalidade, a altitude, a localização geográfica, o relevo e a dinâmica das massas de ar. A pluviosidade e o clima, as variações de temperatura e a insolação complementam as potencialidades econômicas das demais reservas.
>
> **E. Flora e fauna**
>
> A flora constitui-se por todas as espécies ocorrentes nas diferentes formas de cobertura vegetal do solo, bem como as que ocorrem no interior dos oceanos, mares e complexos hídricos. A fauna constitui-se pelas espécies que habitam ecossistemas definidos: vertebrados e invertebrados; sua existência e preservação são diretamente definidas pelo conjunto dos demais fatores que condicionam o meio ambiente. A importância econômica dessas duas categorias de recursos naturais define-se pelos seus potenciais de aproveitamento efetivo para satisfação de necessidades humanas. Limitam-se por restrições derivadas de processos de extinção.
>
> **F. Fatores extraplanetários**
>
> O Sol, pelas suas irradiações e fontes de energia, é dado como recurso vital. São também recursos outras potencialidades extraplanetárias: em sentido amplo, a organização, os movimentos, as emissões de ondas e de outras formas de energia que se encontram no espaço sideral.

As reservas naturais, renováveis ou não, encontram-se na base de todo o processo de produção. As dádivas da natureza, aproveitadas pelo homem em seus estados naturais ou então transformadas, encontram-se presentes em todas as atividades de produção. A própria localização espacial dos agrupamentos humanos foi historicamente condicionada pela disponibilidade de reservas naturais. Embora outros fatores tenham influenciado a dispersão e as aglomerações humanas nos diferentes espaços continentais, certamente as disponibilidades de fatores naturais e seu aprendizado sobre como vencer e aproveitar as forças da natureza atuaram como fortes condicionantes da constituição e da perpetuação das nações, de sua ascensão e de seu declínio.

O Quadro 2.1 sintetiza o conceito e a tipologia das reservas naturais. Em seu significado econômico, este recurso é constituído pelo conjunto dos elementos da natureza utilizados no processo de produção. Não obstante seja denominado como fator terra, ele não inclui apenas a disponibilidade total de terras potencialmente apropriadas para a agricultura e a produção animal, mas também o conjunto dos elementos naturais que se encontram no solo e no subsolo; os lençóis de água

QUADRO 2.2
A discutível fixidez do fator terra: a expansão e as limitações.

Condições que expandem as bases das reservas naturais economicamente aproveitáveis	Condições que restringem a ação do homem sobre as reservas naturais economicamente aproveitáveis
❑ Estágio do conhecimento humano. ❑ Disponibilidade de instrumentos exploratórios. ❑ Avanços sobre novas fronteiras. ❑ Processos de renovação e de reposição. ❑ Processos de reciclagem de materiais básicos já transformados e rejeitados.	❑ Níveis de exaustão das reservas minerais aferidas. ❑ Ameaças de extinção de espécies vegetais e animais. ❑ Degradação de macrodisponibilidades naturais. ❑ Consciência preservacionista. ❑ Restrições legais, condicionantes das formas de acesso e de exploração econômica.

subterrâneos, os mananciais, riachos, ribeirões, rios e quedas de água; os lagos, os mares e os oceanos; a vegetação e os recursos da flora; a fauna; o clima e a pluviosidade; e recursos extraplanetários, como o sol e as demais fontes de energia do espaço sideral. O fator terra, em concepção abrangente, engloba, assim, todos os recursos e condições existentes na natureza. É do complexo conjunto de elementos que o constitui que o homem extrai os bens econômicos com os quais procura saciar suas ilimitáveis necessidades individuais e sociais.

A disponibilidade das reservas naturais, todavia, não depende apenas dos níveis e das dimensões de suas ocorrências, mas também de sua interação com os demais recursos de produção, notadamente a capacitação tecnológica. É a partir da interação com os demais recursos que se viabiliza seu efetivo aproveitamento. E este depende também dos diferentes estágios da consciência social sobre sua preservação e reposição. O Quadro 2.2 sintetiza os elementos condicionantes da disponibilidade desse recurso.

Em **direção expansiva**, o estágio do conhecimento humano, associado à disponibilidade de instrumentos exploratórios, tem ligações diretas com as dimensões das reservas naturais economicamente aproveitáveis. Os processos de renovação e de reposição de recursos básicos, juntamente com as formas e a extensão da ocupação territorial, também definem o grau em que as reservas naturais ocorrentes são efetivamente empregadas no processamento da produção, quer pelos métodos com que são extraídas matérias-primas de origem mineral, vegetal e animal, quer pelas técnicas de aproveitamento de potenciais energéticos, originários do Sol, da intensidade dos ventos e dos movimentos das águas. A disponibilidade efetiva é também definida pelo avanço do homem sobre novas fronteiras e, por fim, pelo desenvolvimento de processos de reciclagem dos materiais extraídos da natureza.

Em **direção restritiva**, a disponibilidade do fator terra é ainda afetada pelos níveis de exaustão de reservas minerais, pelas ameaças de extinção de espécies vegetais e animais, pela degradação de macrodisponibilidades, por imposições legais e pela crescente consciência preservacionista das nações.

Os modelos de aproveitamento sustentável do fator terra resultam do balanceamento dessas forças expansivas e restritivas. De todas as citadas, três condições têm adquirido crescente importância: 1. o desenvolvimento de técnicas de reciclagem de recursos naturais já transformados e até então rejeitados; 2. a capacidade humana de suprir deficiências decorrentes do caráter não renovável de grande parte das reservas conhecidas; e 3. a capacidade humana de conciliar o desenvolvimento socioeconômico e a preservação dos ecossistemas que se transformam sobre a pressão dos processos produtivos. De elaboração recente, esses modelos justificam-se pela relevância das reservas naturais enquanto recursos econômicos. A disponibilidade do fator terra constitui-se em uma das mais rigorosas condições *sine qua non* para a efetivação do processo produtivo. É desse fator que derivam as condições materiais de preservação da espécie humana – sob diferentes padrões de bem-estar.

Assim, embora o fator terra seja constituído de um **conjunto determinado e finito de macrodisponibilidades**, sua significação econômica tem variado, de um lado, sob o impacto positivo de condições expansivas e, de outro lado, sob a ação de condições restritivas. Entre as expansivas, o estágio do conhecimento humano e o desenvolvimento de mais avançadas tecnologias de extração, renovação, reposição e reciclagem têm sido destacadas como as de maior relevância. Entre as restritivas, a crescente consciência sobre o equilíbrio global homem-natureza. Os três textos seguintes ajudam a compreender os limites e os impactos dessas condições.

❑ Umbreit, Hunt e Kinter:[1] "As reservas naturais adquirem significação econômica e se incorporam aos estoques efetivos de recursos à medida que o desenvolvimento da ciência e da técnica torne possível sua utilização. Com a passagem do tempo, o homem modifica sua disponibilidade de recursos naturais pela descoberta de novos usos para materiais que, antes, tinham pequena ou nenhuma significação econômica para ele. Alguns dos elementos que agora incluímos entre os recursos essenciais eram, outrora, de pequena importância. Há cerca de 150 anos o petróleo dificilmente poderia ser encarado como recurso de extrema significação – a ponto de sua falta, nos dias atuais, ser capaz de paralisar quase a totalidade do processo de produção. Da mesma forma, recuando ainda mais no tempo, houve época em que mesmo o carvão e o minério de ferro não eram tidos como recursos essenciais, pois o homem não havia ainda descoberto as enormes possibilidades de sua incorporação às atividades de produção."

❑ Kindleberger:[2] "Quando o estado tecnológico se altera pela inovação, as características econômicas e, muitas vezes, também físicas, de dado recurso natural podem igualmente alterar-se. Melhoramentos nos métodos de refino podem tornar possível o reaproveitamento de escórias postas de lado em minas esgotadas; novas técnicas de perfuração podem aumentar os recursos naturais de petróleo e de gás em profundidades subterrâneas e, extensivamente, mar adentro; novas sementes, devido a maior coeficiente de germinação ou a maior resistência ao calor ou ao frio, podem dilatar a área econômica de dada cultura. Assim, quando a tecnologia evolui, a base dos recursos naturais tende positivamente a se alterar."

- Schmidheiny:[3] "Um planeta já superlotado terá de suportar crescentes contingentes humanos, década após década. Não se está dando tempo para que os recursos naturais renováveis se renovem. Estamos vivendo mais das dotações do planeta do que de seus rendimentos. O uso excessivo ou o mau uso dos recursos naturais leva à perigosa poluição do ar, das águas e dos solos. Muitas partes de nosso meio ambiente estão se degradando rapidamente. Ecossistemas degradados estão perdendo a biodiversidade, muitas vezes de forma irreversível. O declínio ambiental faz parte de uma espiral descendente. A evidência desse declínio deve conduzir a modelos de desenvolvimento sustentável: satisfazer necessidades presentes, sem comprometer a capacidade de as futuras gerações atenderem às suas demandas."

A Limitada Dotação do Fator Terra

A dotação do fator terra expressa-se por magnitudes das seguintes ordens de grandeza:

- A disponibilidade de solos potencialmente aproveitáveis para a agricultura é de 3,2 bilhões de hectares.
- As águas dos mares e oceanos totalizam 1,4 bilhão de quilômetros cúbicos.
- Estão em movimento nas bacias hidrográficas continentais, constituídas pelos rios e seus afluentes, outros 200 milhões de quilômetros cúbicos de águas.
- As reservas mundiais conhecidas de carvão totalizam cinco vezes 10^{12} toneladas; as de petróleo, 455 vezes 10^9 barris; as de ferro, 10^{11} toneladas.
- Há 1.560.000 formas de vida que habitam a Terra. Considerando-se as cadeias de sustentação dos ecossistemas, todas têm, ainda que remota ou indiretamente, algum tipo de relação com interesses econômicos de exploração.
- O Sol, 1.500.000 vezes maior que a Terra, é uma fonte "inesgotável" de energia, disponível por ainda 5 milhões de anos.

Essas magnitudes não significam, porém, que a dotação do fator terra seja ilimitada. Como todos os demais fatores de produção, as reservas naturais são escassas. Elas são passíveis de exaustão e seu aproveitamento pressupõe a aplicação dos demais recursos de produção, cuja disponibilidade também é escassa.

O caráter limitado do fator terra tem sido historicamente destacado. No século XVIII, os economistas fisiocratas atribuíram preponderante importância a esse fator, evidenciando a alta dependência da produção agregada em relação às atividades diretamente ligadas ao cultivo da terra. Entre os clássicos, o pastor Thomas Malthus e o financista David Ricardo procuraram evidenciar que a escassez de reservas naturais poderia impor limites ao crescimento econômico. É bastante conhecida a teoria malthusiana da população, segundo a qual, pela limitação de recursos, a produção de meios de subsistência cresceria segundo as taxas de uma progressão aritmética, conflitando com o crescimento demográfico que deveria ocorrer segundo os termos de uma progressão geométrica.

O advento das revoluções técnico-científica e industrial do século XIX atenuou durante algum tempo a preocupação clássica com a fixidez do fator terra. O desenvolvimento dos fatores capital e capacidade tecnológica suplantaria a limitação das reservas naturais. Estavam em voga novas ideias, no sentido de novos paradigmas, sobre a capacidade ampliada de produção, decorrente de pesquisas básicas e de inovações. O fator terra, tradicionalmente considerado como de disponibilidade fixa, passou a ser descrito em relação ao estágio dos demais recursos. Estavam em pleno curso os fatores expansivos derivados dos estágios, cada vez mais avançados, do conhecimento humano. Como Trenton[4] assinala, "as reservas naturais passaram a significar mais do que simples disponibilidades de volumes físicos, relativamente fixos e imutáveis. Passaram a ser vistas como dotações mutáveis, inclusive para mais. Sua escassez ou abundância e, consequentemente, seu valor, passaram a ser definidas por condicionalidades espaciais e temporais. Em diferentes épocas e lugares, o avanço da tecnologia, as descobertas científicas e as atitudes sociais em relação às suas formas de aproveitamento é que determinariam os graus de sua escassez e os limites de sua exploração".

Esta mudança de atitude em relação à fixidez do fator terra predominou durante a segunda metade do século XIX, avançando até a primeira metade do século XX. Ela acabou por conduzir, sobretudo nos países de colonização mais recente, à inadequada utilização das disponibilidades naturais ocorrentes. O cauteloso pensamento dos economistas clássicos seria substituído pela crença de que os avanços da técnica e da ciência facultariam ao homem o domínio pleno da natureza. "O progresso tecnológico", observa Paterson,[5] "iria disseminar-se nos vastos espaços vazios dos continentes mais novos, onde os imigrantes da Europa, sem qualquer ligação sentimental com o solo, passariam a explorá-lo à larga, sem serem perturbados por sua consciência. Na América do Norte, a terra abundante e de baixo custo passaria a ser a moeda que financiava a ocupação continental. Pelo seu baixo custo, seria pouco estimada e, consequentemente, objeto de exploração predatória e pouco seletiva. Derrubavam-se duas ou três espécies de árvores para uso e queimava-se todo o resto das florestas. Ou então usava-se a energia hidráulica para desmantelar colinas, em busca de ouro, numa ação devastadora que deixaria suas marcas através da erosão do solo e assoreamento dos cursos de água".

A concepção dominante entre a segunda metade do século XIX e a primeira metade do século XX era de que as condições expansivas atuariam indefinidamente no alargamento das bases de recursos naturais economicamente aproveitáveis. Mas nos últimos 75 anos, particularmente a partir dos anos 70, as limitações do fator terra voltaram a ser objeto de preocupações fundamentadas. Era a vez do neomalthusianismo. Os cálculos sobre disponibilidades futuras de recursos não renováveis, a manifesta escassez de fontes convencionais de energia e os indicadores alarmantes

TABELA 2.1
Recursos minerais não renováveis: duração em anos das reservas conhecidas.

Recursos minerais metálicos e não metálicos	Reservas conhecidas	Duração das reservas em anos			
		A. Mantido fixo o consumo global	B. Com crescimento do consumo global		C. Com reservas quintuplicadas e com crescimento projetado
			Taxas projetadas de crescimento	Duração	
Alumínio	$1{,}17 \cdot 10^9$ toneladas	100	6,4	31	55
Cromo	$7{,}74 \cdot 10^8$ toneladas	420	2,6	95	154
Carvão	$5{,}00 \cdot 10^{11}$ toneladas	2.300	4,1	111	150
Cobalto	$4{,}80 \cdot 10^9$ libras	110	1,5	60	148
Cobre	$308 \cdot 10^6$ toneladas	36	4,6	21	48
Ouro	$353 \cdot 10^6$ onças troy	11	4,1	9	29
Ferro	$1{,}00 \cdot 10^{11}$ toneladas	240	1,8	93	173
Chumbo	$91 \cdot 10^6$ toneladas	26	2,0	21	64
Manganês	$8 \cdot 10^8$ toneladas	97	2,9	46	94
Mercúrio	$3{,}34 \cdot 10^6$ frascos	13	2,6	13	41
Molibdênio	$10{,}80 \cdot 10^9$ libras	79	4,5	34	65
Gás natural	$1{,}14 \cdot 10^{15}$ pés cúbicos	38	4,7	22	49
Níquel	$147 \cdot 10^9$ libras	150	3,4	53	96
Petróleo	$455 \cdot 10^9$ barris	31	3,9	20	50
Grupo platina	$429 \cdot 10^6$ onças troy	130	3,8	47	85
Prata	$5{,}5 \cdot 10^9$ onças troy	16	2,7	13	42
Estanho	$4{,}3 \cdot 10^6$ toneladas	17	2,3	15	61
Tungstênio	$2{,}9 \cdot 10^9$ libras	40	2,5	28	72
Zinco	$123 \cdot 10^6$ toneladas	23	2,9	18	50

Fonte: MEADOWS, Donella H. e outros. *Limites do crescimento*. 2. ed. São Paulo: Perspectiva, 1978.

de degradação ambiental passaram a motivar levantamentos e projeções de longo prazo, todos apontando na direção dos **limites do crescimento**.

O Futuro: os Limites do Crescimento Exponencial

Um dos mais consistentes estudos sobre os limites do crescimento, impostos pela exaustão do fator terra, tem sido desenvolvido pelo *MIT, Massachusetts Institute of Technology*, desde o início dos anos 70, sob a pioneira orientação de Dennis Meadows. São da primeira versão desse estudo as projeções sintetizadas na Tabela 2.1. Segundo aquelas projeções, eram raras as reservas de minerais metálicos e não metálicos não renováveis que não se esgotariam em algum dia dentro dos 100 anos seguintes. Não obstante versões mais recentes dessas projeções, consolidadas por Meadows[6] a partir da última década do século XX, apontem para o alongamento de alguns desses limites, por força de novos avanços tecnológicos e de atitudes preservacionistas, não se modificaram as conclusões a que o estudo original conduziu. Em síntese, são as seguintes:

FIGURA 2.1
A provisão mundial de terras cultiváveis é declinante a longo prazo: a agricultura concorre com outros usos. Em direção oposta, o crescimento demográfico exige maiores quantidades de terras cultiváveis. Em algum ponto nos próximos 100 anos, as duas tendências se chocarão, a não ser que as conquistas da ciência e da técnica continuem superando essa limitação.

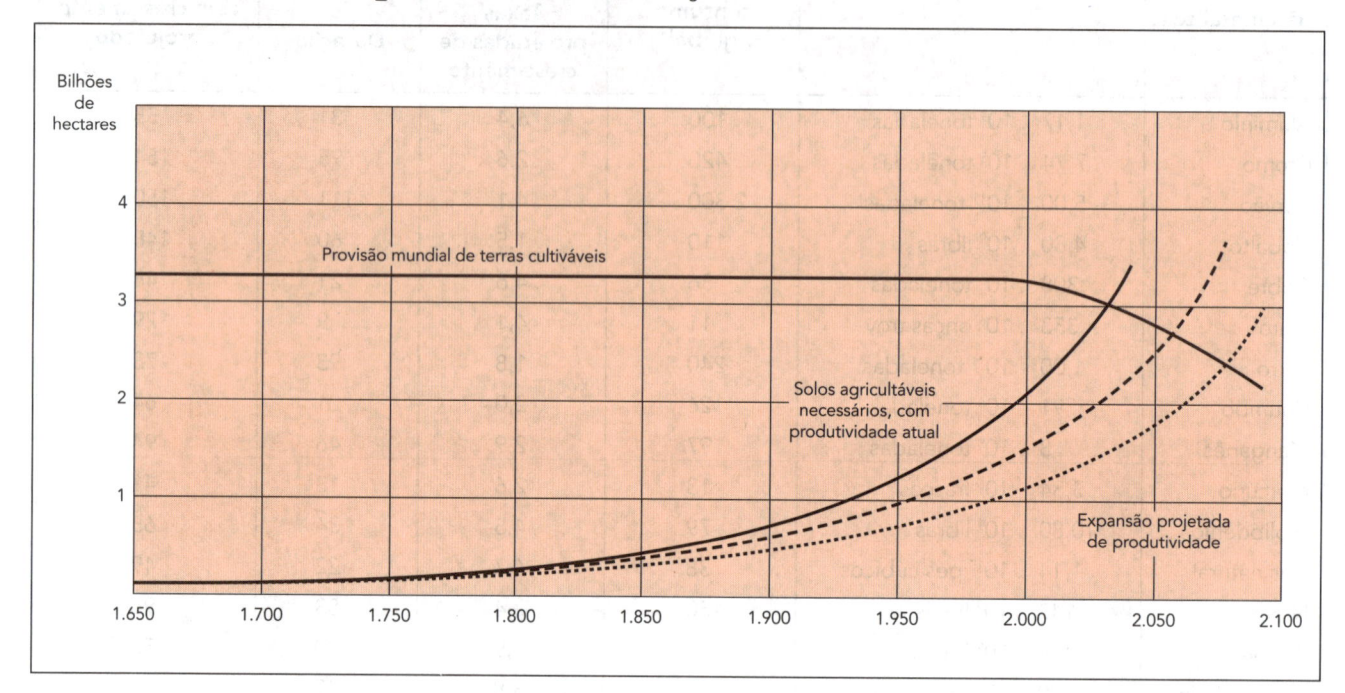

❏ Dos 3,2 bilhões de hectares de terras apropriados para a atividade agrícola, aproximadamente a metade, mais rica e mais acessível, está sendo cultivada há mais de 150 anos. Se, nos próximos 50 ou 100 anos, a totalidade dessas terras vier a ser cultivada, a população global máxima que poderia ser sustentada é da ordem de 11,3 bilhões de habitantes, ou seja, a disponibilidade global dividida pelo atual 0,3 hectare considerado necessário para alimentar um habitante/ano, mantidos os padrões tecnológicos até então dominados. Isso sem contar que, ao longo do tempo, estarão ocorrendo, porém, dois fatores dificultadores. O primeiro decorre dos usos alternativos que estarão sendo dados aos solos cultiváveis, decorrentes da expansão urbana, da construção de estradas, barragens, linhas de transmissão de energia e outras "benfeitorias" concorrentes. O segundo decorre do crescimento dos custos de exploração, dado que os solos ainda disponíveis já não são os mais apropriados. Certamente, o progresso da ciência e da técnica expandirá os padrões de produtividade. Ainda assim, em algum ponto, ainda que distante, o homem esbarrará com a limitação desse fator. A Figura 2.1 reproduz simulações sobre quando se dará o encontro das curvas das terras disponíveis com as necessárias para atender à subsistência da população global.

❏ Se os atuais padrões de exploração e de destinação das reservas não renováveis se mantiverem, os limites do crescimento neste planeta serão

FIGURA 2.2 Segundo o modelo de Meadows, em sua primeira versão, se as tendências até então observadas continuarem, os níveis da produção por habitante declinarão a partir da segunda metade do século XXI. Três décadas depois, a fixidez do fator terra estrangularia a capacidade de crescimento econômico.

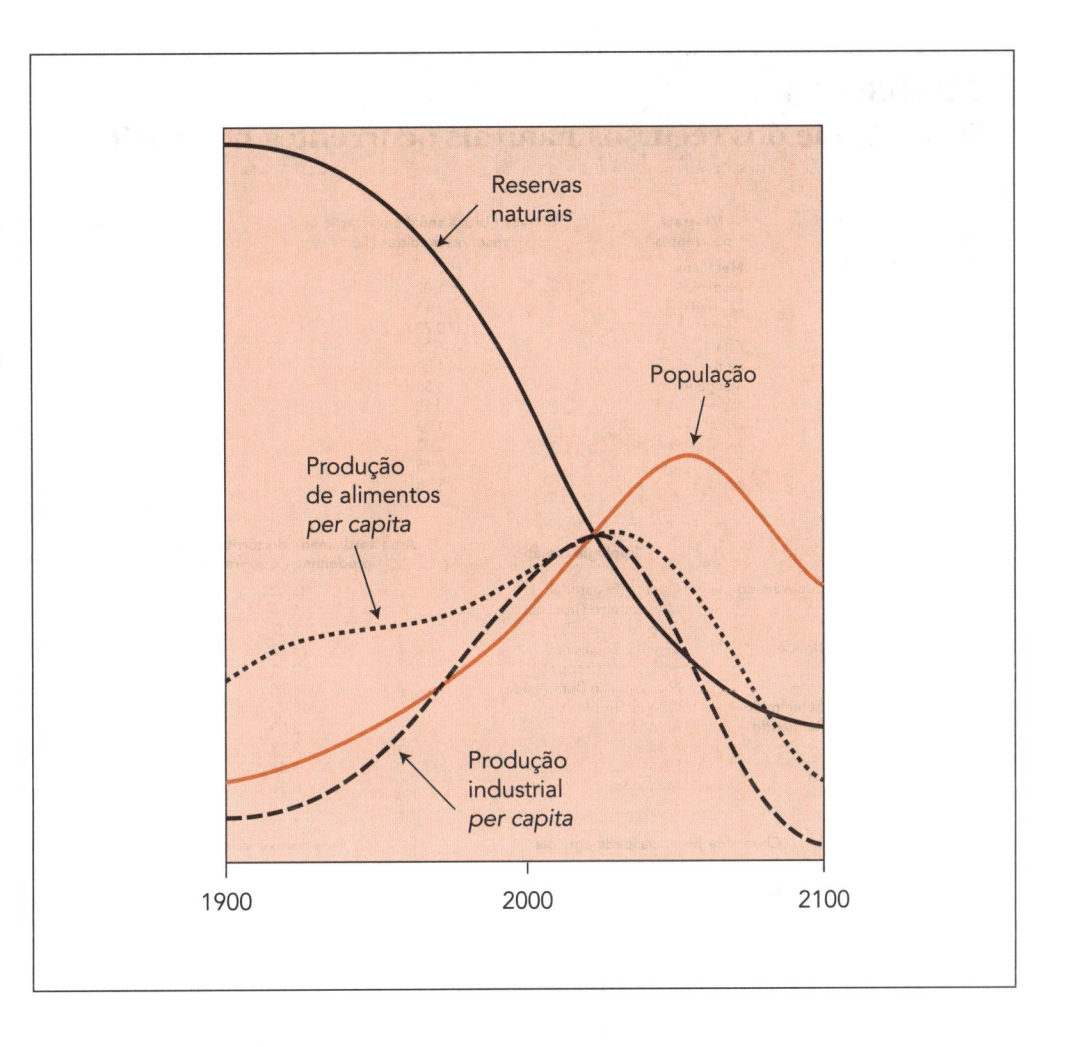

alcançados dentro dos próximos 100 anos. O resultado mais provável será o declínio incontrolável da capacidade efetiva de produção.

❑ Caso a população mantenha o crescimento das últimas décadas e as reservas naturais continuem a ser exauridas de modo incontrolável, os níveis da produção por habitante atingirão seu apogeu ao final da primeira metade do século XXI, para então começarem a declinar. Subsequentemente, a escassez de matérias-primas básicas estrangulará o crescimento. Os limites terão sido alcançados. As simulações estão reproduzidas na Figura 2.2.

A essência das conclusões de Meadows reproduz o pensamento de Malthus. Por isso, elas se alinham à corrente neomalthusiana, segundo a qual, por mais que se expandam os demais fatores de produção – o trabalho, o capital, a tecnologia e a empresariedade –, a fixidez do fator terra poderá impedir a continuidade do crescimento econômico.

Outras correntes, menos fatalistas, têm procurado evidenciar que a perpetuação do processo de produção possa decorrer do desenvolvimento de novas fontes de energia, de melhorias introduzidas nos processos de reposição de reservas renováveis, de mecanismos que reduzam a expressões mínimas os lixos e resíduos não recicláveis, de modelos de crescimento ecoeficientes e de políticas públicas de forte conteúdo preservacionista, sancionadas pelas sociedades do futuro sintetizadas no Quadro 2.4.

QUADRO 2.3
Diversidade dos recursos naturais ocorrentes no Brasil.

RESERVAS MINERAIS METÁLICAS E NÃO METÁLICAS	Minerais ocorrentes	Extração bruta anual em relação às reservas medidas (%)	Minerais ocorrentes	Extração bruta anual em relação às reservas medidas (%)
	Metálicos		**Não metálicos**	
	Alumínio	1,02	Calcário	0,14
	Chumbo	2,11	Dolomita	0,22
	Cobre	0,72	Feldspato	0,27
	Estanho	5,96	Gipsita	0,20
	Ferro	1,81	Granito	2,19
	Manganês	4,33	Magnesita	0,20
	Níquel	0,55	Mármore	0,03
	Prata	1,03	Talco	0,38
	Terras raras	0,07	Xisto	0,44
	Titânio	0,15		
	Zinco	5,08		

CLIMA E PLUVIOSIDADE		Tipologia climática	Área aproximada do território em que predomina (% sobre total)	Extensão dos períodos de seca (meses no ano)
	Superúmido	Quente (Equatorial)	36,02	Sem seca
		Mesotérmico (Tropical)	1,60	3 meses
		Quente (Tropical)	4,27	1 a 3 meses
	Úmido	Quente (Equatorial)	24,23	4 a 5 meses
		Subquente (Tropical)	2,91	1 a 3 meses
		Mesotérmico (Temperado)	4,20	Subseca
	Semiúmido	Quente (Tropical)	17,72	4 a 5 meses
	Semiárido	Brando	2,50	6 meses
		Mediano	2,73	7 a 8 meses
		Forte	3,56	9 a 10 meses
		Muito forte	0,26	11 meses

SOLOS	Classes de potencialidade agrícola	Área aproximada do território em que predomina (% sobre total)
	Boa	4,2
	Boa a regular	9,0
	Regular	30,5
	Regular a restrita	9,2
	Restrita	18,0
	Restrita a desfavorável	2,4
	Desaconselhável para utilização agrícola	26,7

RECURSOS HÍDRICOS	Principais bacias	Potencial hídrico total (GWh/ano)	Capacidade em operação ou construção (% sobre potencial hídrico total)
	Amazônica	484.501,34	0,58
	Tocantins	126.857,49	38,42
	Atlântico Sul		
	Trecho Norte e Nordeste	9.529,97	17,61
	Trecho Leste	60.863,65	21,33
	Trecho Sudeste	29.512,32	32,74
	São Francisco	92.522,30	59,14
	Paraná	275.600,07	64,13
	Uruguai	52.739,51	25,03
	Total	1.132.126,55	28,31

RECURSOS DA FLORA	Utilizações para fins econômicos	Número de espécies que podem ser exploradas para os fins descritos
	Extração de madeira	1.144
	Produção de fibras	251
	Produção de fármacos	1.839
	Celulose	176
	Corantes	197
	Óleos essenciais	82
	Ceras, óleos e resinas	98
	Látex	32
	Alimentação humana	706
	Alimentação animal	489

RECURSOS DA FAUNA	Ordens e espécies ocorrentes	Números classificados em cada espécie
	Mamíferos	600
	Aves	1.580
	Répteis	290
	Peixes de água doce	1.500
	Invertebrados	100.000

Fonte: IBGE. *Anuário Estatístico do Brasil*, Recursos Naturais e Meio Ambiente, v. 60, 2000. Rio de Janeiro, 2002. Praticamente a totalidade destes dados se mantém com baixas variações nas edições do *Anuário Estatístico do Brasil*. Ver v. 73. Rio de Janeiro: IBGE, 2014.

QUADRO 2.4
A natureza (*o fator terra*) como limite da economia.

A natureza é o único limitante da economia. Este talvez tenha sido o principal alerta que Georgescu-Roegen (1906-1994) – considerado pelo Nobel Paul A. Samuelson como "o economista dos economistas" – lançou à comunidade científica. Até então, economistas consideravam que o fluxo de recursos naturais usados no processo produtivo podia ser substituído por capital. É a ideia de que o desenvolvimento tecnológico permitiria aumentar o produto com a utilização decrescente de insumos primários e até, no limite, prescindir deles. Claro que existe a possibilidade de melhorar o desempenho do capital construído, diminuindo a utilização de recursos naturais por unidade de bem e serviço produzido, por exemplo, diminuindo o desperdício (ecoeficiência). Há, porém, um limite físico para isso, que implica a inevitável utilização de tais recursos e a geração de resíduos em qualquer processo produtivo.

Se a economia não requeresse novas entradas de matéria e energia e não gerasse resíduos, então seria uma máquina de moto-perpétuo, ou seja, uma máquina capaz de produzir resultados ininterruptamente, consumindo a mesma energia e valendo-se sempre dos mesmos materiais. Todavia, isso contradiz a lei da entropia. Esta determina que um sistema isolado não consegue seguir realizando resultados de forma ininterrupta; em síntese: que não existe o sonhado moto-perpétuo.

Qual a consequência disso para se pensar o crescimento econômico no longo prazo? Os estoques terrestres concentrados de minerais e energia, que abastecem a base material para as manufaturas são limitados, mas sua taxa de utilização pela humanidade é facultativa. Assim, o cerne do problema está na taxa de utilização desses estoques e na acumulação dos efeitos prejudiciais dos resíduos no ambiente (em suas mais diversas formas), que fazem com que a atividade econômica de uma geração afete a possibilidade de as gerações futuras terem qualidade de vida semelhante.

Por isso, é fundamental o crescimento da eficiência no uso dos recursos naturais e o desenvolvimento de alternativas não fósseis de energia. Todavia, isso não deve escamotear o fato de que no futuro, mesmo que longínquo, será forçoso estabilizar e até mesmo retrair a produção. Mesmo a humanidade voltando a explorar de maneira bem mais direta a energia solar, não terá como evitar a dissipação dos materiais pelas atividades industriais na biosfera, o que exigirá a superação do próprio crescimento material. A ecoeficiência só reduz o impacto ambiental se seu aumento percentual for maior do que o aumento percentual no volume total da atividade econômica. Não é, pois, uma tábua de salvação ambiental.

Eventos recentes – como a *Conferência Internacional sobre Decrescimento Econômico para a Sustentabilidade Ambiental e a Equidade Social* e o relatório *Prosperidade sem Crescimento, da Comissão de Desenvolvimento Sustentável* do governo britânico – confirmam que não há como escapar do dilema decrescimento. Antes mesmo do que Georgescu-Roegen poderia prever, o decrescimento tem sido cada vez mais discutido como a única maneira de garantir sustentabilidade ambiental de longo prazo.

Fonte: CECHIN, Andrei. São Paulo: Edusp/Senac, 2010. *A natureza como limite da economia: a contribuição de Nicholas Georgescu-Roegen*. Extrato de síntese publicada em *Rumos*, revista da ABDE, ano 34, n. 250, mar./abr. 2010.

Outro fator que poderá atuar na mesma direção é a redução das taxas mundiais de crescimento da população – fenômeno que está em pleno curso, nos últimos 25 anos. À medida que essas taxas continuem a cair, a disponibilidade de reservas naturais por habitante poderá evoluir segundo os termos de uma progressão de razão decrescente, até estabilizar-se. Se as condições expansivas das bases de reservas economicamente aproveitáveis continuarem a exercer impactos positivos, a perpetuação da vida humana no Planeta será então sustentada.

Independentemente de os resultados finais confirmarem ou não inferências como as de Malthus, de Meadows ou de Georgescu-Roegen, elas têm o mérito de conscientizar cada geração sobre duas responsabilidades fundamentais: a moderação do crescimento populacional e a racional exploração de reservas naturais, especialmente as não renováveis. Essas responsabilidades são universais, no sentido de que abrangem todas as economias, independentemente de seu estágio de desenvolvimento. As já desenvolvidas, em vista do consumo destrutivo que contribui para a exaustão acelerada das reservas não renováveis; as emergentes, de desenvolvimento retardado ou de extrema pobreza, pela expansão populacional geométrica e pelo caráter predatório com que avançam sobre suas próprias reservas naturais.

A Disponibilidade do Fator Terra no Brasil

O Brasil é, caracteristicamente, um país bem dotado do fator terra. Há amplas e diversificadas reservas naturais. O Quadro 2.3 sintetiza a diversidade das reservas naturais ocorrentes no país. Em síntese, o quadro revela as seguintes disponibilidades:

- A ocorrência de reservas minerais metálicas e não metálicas é diversificada. A extração bruta anual, em relação às reservas medidas, para a maior parte dos minerais, é inferior a 1,0%. Na maior parte dos casos, as reservas inferidas praticamente duplicam as reservas medidas (resultantes de afloramentos, trabalhos subterrâneos e sondagens).

- A tipologia climática é de alta diversidade. Os climas variam do superúmido ao semiárido. O clima superúmido, quente equatorial, estende-se por 36,02% do território; sob esse clima, é alta a pluviosidade, praticamente não há períodos de seca. Outros tipos de clima superúmido, úmido e semiúmido, em que os períodos de seca variam de um a cinco meses, com predominância de quatro a cinco, abrangem 54,93% do território. A pluviosidade só é caracteristicamente baixa nas porções territoriais em que o clima é semiárido; nessas porções, as secas vão de seis a dez meses. No semiárido muito forte, as secas predominam durante 11 meses. Mas este último tipo de clima predomina em 0,26% do território (pequenas porções dos interiores da Paraíba, Pernambuco e norte da Bahia).

- Os solos efetivamente desaconselháveis para atividades agrícolas correspondem a 26,7% do território. São solos rasos, de deficiente drenagem, fertilidade natural muito baixa, topografia montanhosa a escarpada. Mas em 52,9% do território, correspondendo a 4,5 milhões de quilômetros quadrados, há potencialidades satisfatórias para a atividade agrícola: os solos são de adequada profundidade, fertilidade natural de alta a média e topografia plana a ondulada.

- Há oito grandes bacias hidrográficas no país, com potencial estimado de 1.132.126,55 GWh/ano. Em relação a este potencial, as unidades geradoras em operação ou em construção totalizam 320.551,61 GWh/ano, 28,31% do potencial estimado.

- Os recursos da flora apresentam alta diversidade, consideradas suas utilizações para fins econômicos. Há 1.144 espécies que podem ser exploradas para extração de madeira; 1.839, para a produção de fármacos; 706, para a alimentação humana; 489, para a alimentação animal; e 251 para a produção de fibras. Celulose, corantes, ceras e látex podem ser extraídos de outras 585 espécies ocorrentes no território.

❏ A fauna silvestre brasileira é bastante rica em espécies. Há 600 espécies de mamíferos e 1.580 espécies de aves. Quanto a répteis, há 40 espécies de quelônios, 120 de lagartos, 230 de ofídios e cinco de jacarés e caimãs. Os anfíbios totalizam 331 espécies, o que faz do Brasil um dos países mais bem dotados quanto à fauna desta ordem. Estimam-se em mais de 1.500 as espécies de peixes de água doce, sendo 1.000 na bacia amazônica. A fauna de invertebrados chega a mais de 100.000 espécies.

A biodiversidade no país, a variedade da tipologia climática, a diversidade de solos de alto potencial, a pluviosidade satisfatória e a ampla ocorrência de reservas minerais geralmente dificultam a compreensão, no país, de que o fator terra é escasso. Em consequência, disponibilidades e potencialidades estão sujeitas a processos acelerados de degradação, exaustão e extinção.

No Brasil, são recentes tanto a conscientização da sociedade quanto à escassez do fator terra, quanto a formulação de uma política nacional do meio ambiente. Estudos sistematizados sobre a realidade físico-ambiental passaram a ser consolidados a partir do início dos anos 70 e as primeiras disposições legais restritivas datam do início dos anos 80. O objetivo central da recente política pública do país nessa área é compatibilizar conservação e desenvolvimento. Pela variedade de ecossistemas naturais e pelas diferenciadas formas de organização e de desenvolvimento socioeconômico, a questão ambiental reveste-se, no país, de grande complexidade. Entre a exploração predatória e a consciência preservacionista, observam-se no país posições antagônicas em relação ao fator terra. Mas tem prevalecido, entre as diferentes correntes de pensamento, a que defende o **desenvolvimento sustentado** – a busca de equilíbrio de longo prazo entre as disponibilidades naturais, o crescimento econômico e o desenvolvimento social.

2.2 O Fator *Trabalho*: as Bases Demográficas da Atividade Econômica

O Quadro Demográfico: o Conceito do Fator Trabalho

O fator **trabalho** é constituído de uma parcela da população total: a economicamente mobilizável. Definida por duas faixas etárias, a pré-produtiva e a pós-produtiva, a parcela não economicamente mobilizável não se inclui, assim, no conceito e na caracterização convencional de **recursos humanos**. Estes são delimitados pela faixa etária apta para o exercício da atividade de produção. O Quadro 2.5 sintetiza os conceitos convencionais.

Os limites da faixa etária considerados economicamente mobilizável variam em função de dois fatores relevantes:

❏ O estágio de desenvolvimento da economia.

❏ O conjunto de definições institucionais, geralmente expresso através da legislação social e previdenciária.

QUADRO 2.5
O fator trabalho: conceito e caracterização.

População total				
População não mobilizável economicamente		População economicamente mobilizável	
Porção pré-produtiva	Porção pós-produtiva	População economicamente ativa	População economicamente inativa

População total

Quadro demográfico que habita o país. Inclui as imigrações líquidas de outros países. Organiza-se e se movimenta no espaço territorial em função de fatores históricos e culturais, atraído pelas potencialidades de reservas naturais, pela densidade das estruturas produtivas industriais e mercantis e pela decorrente concentração das atividades econômicas. Em todas as nações, a distribuição espacial da população é concentrada e crescentemente aglomerada em grandes centros urbanos.

População não mobilizável economicamente

Parcela da população total não mobilizável para o exercício de atividades econômicas. Divide-se em duas porções:

- **Porção pré-produtiva**

    Potencialmente mobilizável no futuro, mas situada em faixas etárias inferiores à de acesso ao mercado de trabalho. Na maior parte dos países, considera-se que a idade de acesso da população às atividades produtivas situa-se entre 14 e 16 anos.

- **Porção pós-produtiva**

    Constituída pelas faixas superiores da estrutura etária, que já deixaram as atividades formais de produção. Na maior parte dos países, para quase a totalidade da população, as faixas pós-produtivas são as superiores a 65 anos.

População economicamente mobilizável

Parcela da população total apta para o exercício de atividades econômicas. A maior parte desse subconjunto é economicamente ativa; parte geralmente inferior é constituída por inativos.

- **População economicamente ativa**

    Constitui-se por empregadores, empregados e autônomos (que trabalham por conta própria). A aptidão e a capacitação para o exercício de atividades produtivas são definidas por parâmetros como herança cultural, grau de instrução e sanidade física e mental. Este subconjunto, em relação ao contingente economicamente mobilizável, varia em função de fatores sazonais e conjunturais.

- **População economicamente inativa**

    Subconjunto da população economicamente mobilizável, apta para o exercício de atividades produtivas, mas que se encontra inativa ou que se dedica a ocupações que não se consideram para a avaliação da atividade produtiva. A inatividade, a desocupação ou o desemprego decorrem não apenas de fatores conjunturais e sazonais, mas ainda de condições estruturais ou, mesmo, de escolhas individuais. O desemprego pode ser, portanto, subclassificado em dois subconjuntos: involuntário ou voluntário.

Nas economias menos desenvolvidas, a idade de acesso às funções produtivas, sobretudo no meio rural, é acentuadamente mais baixa em comparação com as economias maduras, que já alcançaram altos padrões de desenvolvimento econômico e social. Em média mundial, o acesso realiza-se entre 15 e 25 anos. A extensão dessa faixa decorre da diversidade dos períodos de preparação para o trabalho e ainda de diferenças que se observam nas instituições legais de cada país quanto à idade mínima exigida para o ingresso no processo produtivo.

Quanto ao tempo de dedicação ao trabalho, a variação também é ampla, situando-se, porém, entre 40 e 50 anos para a maior parte das ocupações. O limite superior, além de variar em função de institutos legais, como o período mínimo exigido para aposentadoria espontânea ou compulsória, é também definido pela expectativa de vida, pelo tipo de ocupação produtiva e pela posição na estrutura ocupacional – os empregadores são os que geralmente alcançam ou até superam o limite superior.

Em função desse conjunto de fatores, observam-se grandes variações de país para país nas proporções dos subconjuntos economicamente mobilizável e não mobilizável em relação à população total. Segundo dados da Organização Internacional do Trabalho, OIT, para uma população mundial de 7,26 bilhões em 2015, a economicamente mobilizável (contingente total, acima de 15 anos) era de 5,45 bilhões, representando assim 75,1% do total. Mas, a população economicamente ativa era estimada em 3,49 bilhões, 64% da mobilizável. As proporções entre os contingentes mobilizável e ativo são mais altas nos países de baixa renda, comparativamente aos de alta renda. Na África e na América Latina e Caribe ficam entre 60 e 70%. Na América do Norte e na Europa, entre 58% e 64%. É esta proporção que se combina com os demais recursos de produção (terra, capital, tecnologia e empresariedade) e à qual compete suportar os encargos da produção.

A Tabela 2.2 mostra a distribuição da população total em grandes áreas continentais nas três faixas etárias – a pré-produtiva, a produtiva e a pós-produtiva. Embora sejam estas as faixas etárias convencionadas, nas nações mais pobres muitos indivíduos começam a trabalhar antes dos 15 anos. E nas nações de alta renda, de baixo crescimento demográfico e maior expectância de vida, muitos permanecem no mercado de trabalho após os 60 anos.

A Figura 2.3 resume a configuração convencional da população economicamente mobilizável e não mobilizável. Traz, além da distribuição por faixas etárias, a subdivisão da porção economicamente mobilizável entre ativos e inativos. A população economicamente ativa desdobra-se em três categorias: empregadores, empregados e autônomos (que atuam por conta própria). A composição destas três categorias também varia de país para país, observando-se que o contingente empregado tende a ser maior nos países de alta renda, onde os mercados de trabalho são mais organizados e onde são mais efetivos os instrumentos de proteção do fator trabalho.

Em todos os países, uma parcela da população economicamente mobilizável, embora apta, fica à margem do processo produtivo. É a porção economicamente inativa. A inatividade pode ser voluntária ou involuntária. O desemprego involun-

TABELA 2.2
Estrutura etária do quadro demográfico mundial em 2015: a proporção da população economicamente mobilizável, em relação ao contingente total, é maior nas regiões mais desenvolvidas.

Áreas	Faixas etárias (% s/ total)		
	0 a 15 anos	15 a 60 anos	Mais de 60 anos
ÁSIA	24,4	64,2	11,4
Ásia Central	28,7	61,5	9,8
Ásia Oriental	19,8	65,9	14,3
Sudeste da Ásia	29,7	60,7	9,6
Sudoeste da Ásia	27,2	63,3	9,5
ÁFRICA	40,2	54,0	5,8
África Central	39,1	54,9	6,0
África Ocidental	36,7	57,4	5,9
África Oriental	41,0	54,3	4,7
África Setentrional	39,3	54,9	5,8
África do Sul	40,3	53,6	6,1
AMÉRICA LATINA E CARIBE	25,9	59,3	14,8
AMÉRICA DO NORTE	19,6	60,0	20,4
EUROPA	15,7	60,8	23,5
Europa Ocidental	14,2	61,0	24,8
Europa Meridional	16,7	60,1	23,2
Europa Oriental	15,6	61,6	22,8
Europa Setentrional	15,3	60,3	24,4
CEI	18,0	61,9	20,1
OCEANIA	23,7	59,9	16,4
MUNDO	25,8	62,0	12,2

Fonte: ILO – International Labour Office. *World Employment and Social Outlook: Trends 2015. Yearbook of Labour Statistics.* Geneva: ILO, 2014.

tário resulta da incapacidade da economia em manter ou ampliar oportunidades ocupacionais para seus contingentes humanos aptos para o trabalho. Já o desemprego voluntário resulta de opções de vida, de características da organização social e da cultura da sociedade. Pode também permanecer voluntariamente desempregada uma parcela, geralmente pequena, que sobrevive com rendimentos originários de outros fatores de produção de sua propriedade.

Outras razões do desemprego são os processos tecnológicos de produção empregados, as oscilações conjunturais (altos e baixos níveis de atividade econômica) e movimentos sazonais (dependendo do tipo de atividade econômica predominante, as taxas de ocupação podem variar nas diferentes estações do ano, como ocorre nas zonas rurais nos períodos de entressafra).

OS RECURSOS ECONÔMICOS E O PROCESSO DE PRODUÇÃO: CARACTERIZAÇÃO BÁSICA 83

FIGURA 2.3
O fator trabalho é definido pela parcela economicamente mobilizável da população total. Divide-se em dois subconjuntos: o ativo e o inativo. A população economicamente ativa é, sob condições normais, a de maior magnitude. Fatores sazonais, conjunturais, estruturais ou ligados a preferências individuais definem as proporções em que os dois subconjuntos se apresentam.

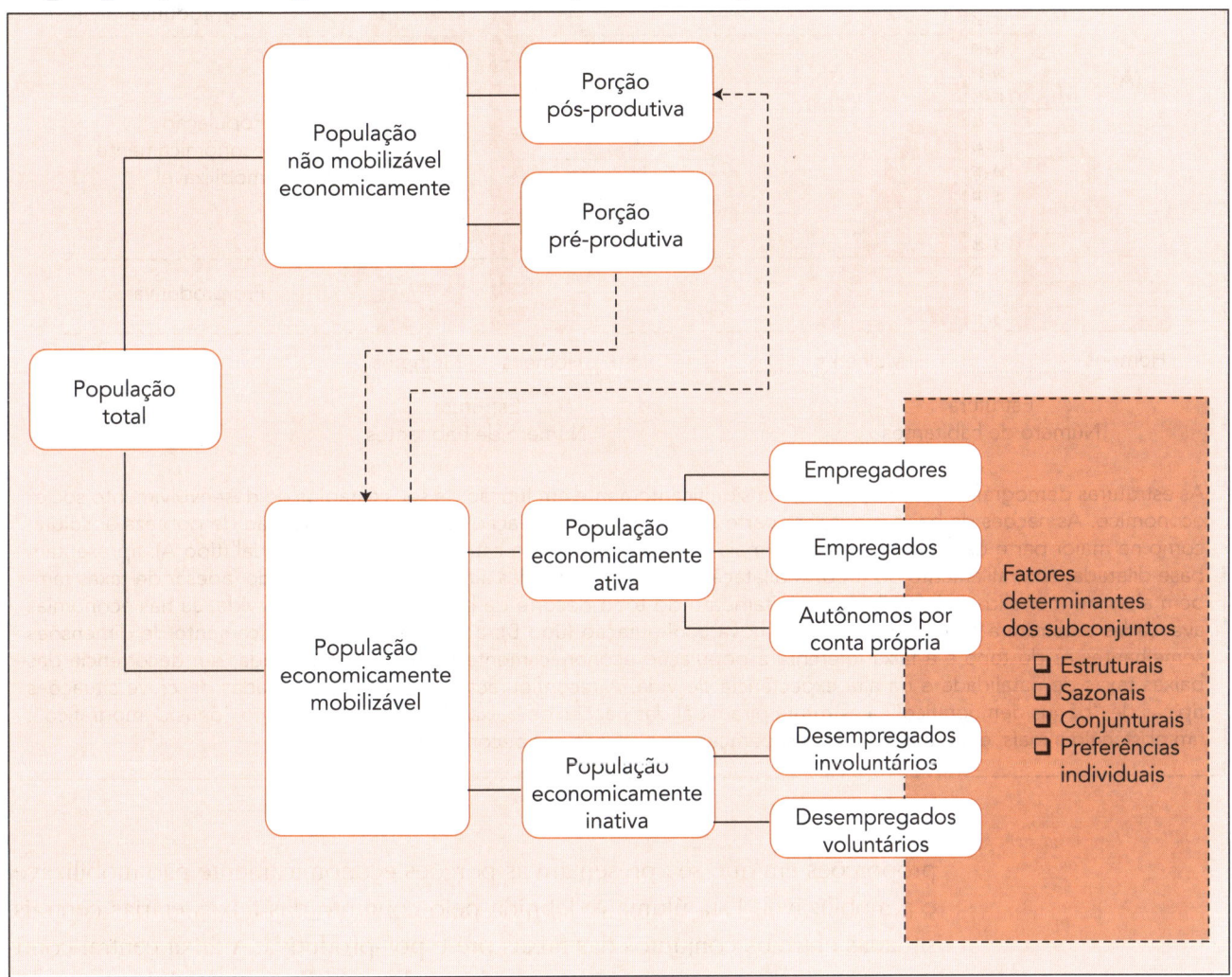

As Pirâmides Demográficas: Configurações e Ônus Populacional

Segundo os conceitos que sintetizamos no Quadro 2.5 e na Figura 2.3, os contingentes demográficos dos países são segmentáveis em três porções, para configuração convencional da força de trabalho:

- A porção pré-produtiva.
- A porção central, correspondente à população economicamente mobilizável (força de trabalho potencial).
- A porção pós-produtiva.

Estas três porções são visualmente identificáveis nas estruturas demográficas – gráficos construídos a partir da divisão do contingente por sexos, no eixo horizontal, e por faixas etárias, no eixo vertical. As estruturas evidenciam as

FIGURA 2.4
Estruturas demográficas típicas: dois diferentes estágios de desenvolvimento socioeconômico.

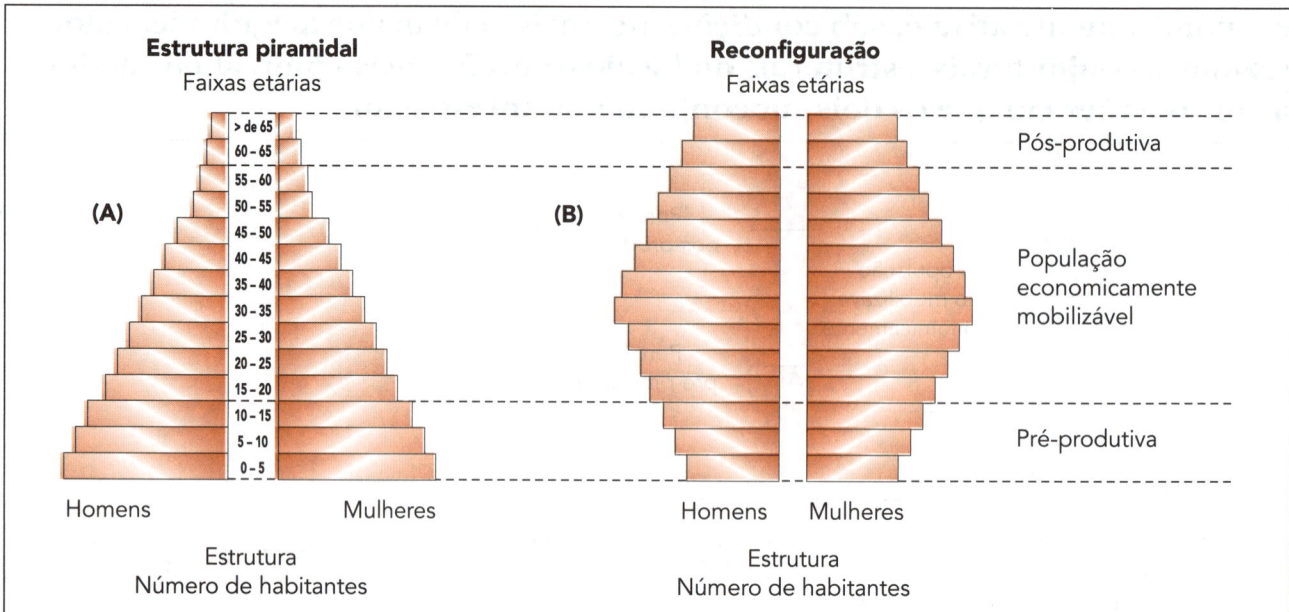

Estrutura piramidal
Faixas etárias

(A)

> de 65
60 – 65
55 – 60
50 – 55
45 – 50
40 – 45
35 – 40
30 – 35
25 – 30
20 – 25
15 – 20
10 – 15
5 – 10
0 – 5

Homens   Mulheres
Estrutura
Número de habitantes

Reconfiguração
Faixas etárias

(B)

Pós-produtiva

População economicamente mobilizável

Pré-produtiva

Homens   Mulheres
Estrutura
Número de habitantes

As estruturas demográficas das nações variam significantemente em função de seus estágios de desenvolvimento socioeconômico. As nações de baixa renda, em parte expressiva da população sobrevive em situação de pobreza absoluta, como na maior parte da África e nos países mais pobres do Caribe, a estrutura típica é piramidal (tipo A): apresentam base dilatada, com afilamento do topo. A dilatação da base resulta das altas taxas de natalidade (apesar de taxas também altas de mortalidade infantil) e o estreitamento do topo decorre da baixa expectância de vida. Já nas economias avançadas a estrutura piramidal evolui para nova configuração (tipo B): a base é estreita, praticamente de dimensões semelhantes às do topo e a faixa referente à população economicamente mobilizável é dilatada, em decorrência das baixas taxas de natalidade e da alta expectância de vida. A reconfiguração das nações avançadas descreve situações típicas de "bônus demográfico"; a estrutura piramidal das nações de baixa renda é descrita como "ônus demográfico": um obstáculo a mais, entre outros, para a superação da exclusão socioeconômica.

proporções em que se apresentam as porções economicamente não mobilizável e a mobilizável. Esta última é definida pelo conjunto das faixas etárias centrais, situadas entre os conjuntos das faixas pré e pós-produtiva. A faixa central configura, assim, o que se considera como **força de trabalho potencial**; a inferior e a superior, medidas em relação ao contingente total, configuram a **taxa de dependência**. O fator trabalho encontra-se efetivamente entre o limite superior da dependência pré-produtiva e o limite inferior da dependência pós-produtiva. No primeiro encontra-se a porção que ainda não alcançou a idade mínima de acesso ao trabalho formal. No segundo, a porção economicamente comprometida pelo envelhecimento, cuja contribuição realizou-se em períodos passados.

Na Figura 2.4 encontram-se, para fins comparativos, as estruturas demográficas de duas nações imaginárias, A e B. A estrutura A reproduz uma das condições demográficas típicas de nações de baixa renda. Nessas nações, o crescimento populacional geralmente processa-se a altas taxas e a expectância de vida é baixa: consequentemente, a base da pirâmide é dilatada e o topo é estreito. Já a estrutura B reproduz a conformação demográfica típica de nações que alcançaram altos padrões de desenvolvimento socioeconômico. Nessas nações, as taxas de

FIGURA 2.5
Taxas de crescimento da população e níveis de desenvolvimento socioeconômico: as mais altas taxas de expansão demográfica ocorrem nas nações de mais baixos níveis de PNB *per capita*.

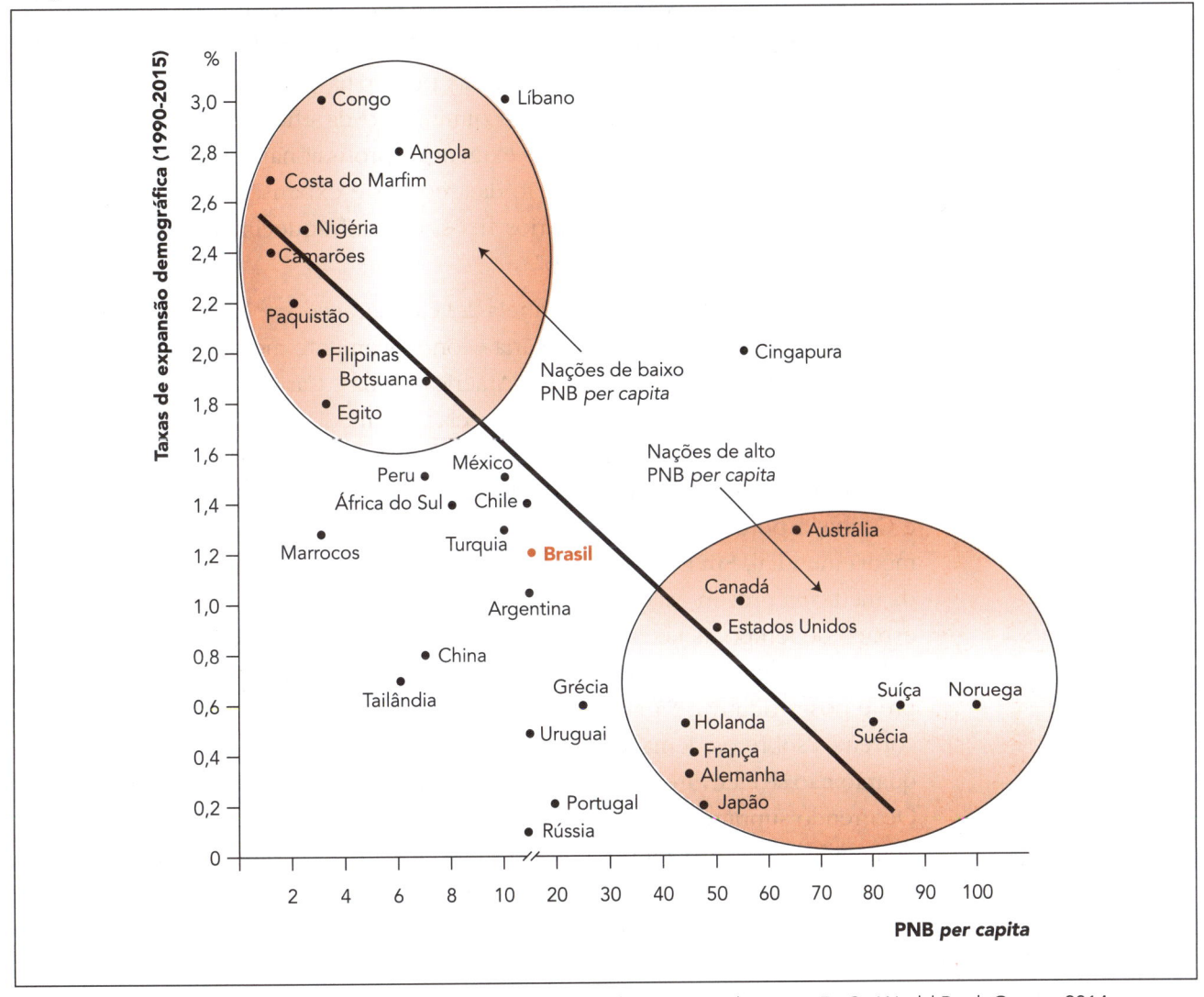

Fonte: *Human Development Report* e *World Development Indicators*. Washington, D. C.: World Bank Group, 2014.

expansão demográfica são reduzidas (em alguns casos não são significativamente diferentes de zero) e é alta a esperança de vida. A base da estrutura demográfica se contrai, praticamente igualando-se à do topo e a faixa etária produtiva torna-se a mais expressiva.

O estágio de desenvolvimento da economia, inversamente correlacionado com as taxas de crescimento da população, como mostra a Figura 2.5, é o principal determinante das diferentes conformações das estruturas demográficas. Os efeitos econômicos dessas diferentes conformações não são unidirecionais. As bases dilatadas, por exemplo, indicam alto potencial de provisão de recursos humanos mobilizáveis no futuro; mas, simultaneamente, representam uma sobrecarga no presente, exigindo altas taxas de investimentos sociais que concorrem com outras categorias de investimentos infraestruturais. Considerando-se que as economias que apresentam essa configuração geralmente são pouco desenvolvidas, essa conformação pode dar origem a um círculo vicioso de enfraquecimento econômico, típico das nações mais debilitadas da Ásia Central, África, América Latina e Caribe. Já nas estruturas de bases estreitas e topos dilatados configuram situações de relativo conforto socioeconômico presente; mas, dependendo da magnitude das taxas de reposição demográfica e de dependência pós-produtiva, o futuro poderá ser comprometido. Barre[7] mostra que "as principais consequências do aumento da idade média da população são a diminuição da eficiência no trabalho, por dificuldades de adaptação às novas exigências profissionais; o comprometimento das finanças públicas, pela redução das receitas e expansão proporcionalmente maior dos encargos previdenciários fixos; e o enfraquecimento do espírito de iniciativa, de inovação e de risco".

A comparação dos dados da Tabela 2.2 é esclarecedora. Na América do Norte, na Europa e na Oceania, a faixa etária economicamente mobilizável é proporcionalmente maior que a da África e da América Latina e Caribe. Nos dois outros conjuntos de faixas etárias, as distâncias em relação à média mundial são relativamente ainda mais pronunciadas: a faixa pré-produtiva é bem menor; a pós-produtiva, bem maior. Na Ásia Central, no Sudoeste da Ásia, na África e na América Latina e Caribe, a porção economicamente mobilizável é proporcionalmente inferior à média mundial. Em muitas das nações dessas áreas, propagaram-se os benefícios da medicina preventiva e da melhor administração da saúde, reduzindo em curto espaço de tempo as taxas de mortalidade infantil e ampliando a expectância de vida. Dilataram-se simultaneamente, em relação aos últimos 50 anos, as porções pré e pós-produtiva. São crescentes, assim, nos países dessas áreas, as pressões correntes sobre os demais recursos de produção. E elas permanecerão altas enquanto não se efetivarem condições de ruptura dos círculos viciosos estabelecidos. Ocorrendo suprimentos adequados dos demais recurso de produção, a dinâmica demográfica é absorvida pelo processo de crescimento como um todo, gerando-se condições para a alteração dos desequilíbrios instalados. Mas a transição de uma situação para outra geralmente é complexa – porque as situações mais dramáticas de desequilíbrio ocorrem exatamente nas áreas em que o crescimento demográfico é mais acelerado.

A História Demográfica: Crescimento Lento, Forte Expansão e Estabilização

Os contingentes demográficos são, a um só tempo, bases de suprimento do fator trabalho e ônus que pressionam tanto as disponibilidades dos demais fatores produtivos quanto os resultados dos esforços sociais de produção. Enquanto as populações cresciam lentamente e o contingente total que habitava o Planeta era de pequena magnitude, a relação homem-natureza, seguramente uma das mais dramáticas, não se alterava substantivamente. Como observa Vaz da Costa,[8] "durante milênios, o objetivo principal da atividade humana era a simples sobrevivência. A fome, as enfermidades, os animais selvagens, as intempéries, as guerras, as pestes e toda sorte de inimigos forçavam o homem a lutar constantemente pela autopreservação. A descoberta do fogo e da agricultura, a domesticação de animais, a invenção da roda e o desenvolvimento de outros conhecimentos foram tornando menos árduas as condições de vida. Mas, mesmo assim, para assegurar a permanência da espécie humana, a natureza dotou-a de alta capacidade reprodutiva, como resposta à elevada mortalidade que prevaleceu desde a pré-história até os nossos dias".

O LONGO PERÍODO DE CRESCIMENTO LENTO. Em decorrência das condições hostis prevalecentes, da pré-história até o início da Era Cristã, o crescimento populacional foi bastante lento, além do que teriam ocorrido com certa frequência grandes baixas populacionais devido sobretudo às guerras e as pestes. Estimativas recentes revelam que durante os 600 mil anos transcorridos antes da Era Cristã a taxa anual de crescimento da população mundial teria sido de 0,002%. Por essa taxa, a população mundial só conseguiria duplicar de 300 em 300 séculos.

Mas, nos primórdios da era histórica, a tendência era de aceleração: o número de habitantes do mundo duplicava possivelmente em cada 30 séculos. A partir da Era Cristã, a aceleração acentuou-se e o resultado pode ser avaliado por esses números: em 17 séculos a população mundial dobrou e, em 1650, o mundo contava com cerca de 540 milhões de habitantes, enquanto a taxa de crescimento anual já estava próxima de 0,3%. Ainda assim, a expansão populacional poderia ser considerada vagarosa. Muitas crianças nasciam, mas o número de mortes prematuras alcançava níveis elevados, **mantendo-se certo equilíbrio entre as taxas de natalidade e mortalidade, com ligeira vantagem da primeira**.

No século XVIII, todavia, o quadro alterou-se significativamente. As populações de todas as nações começaram a crescer a taxas mais altas, **rompendo-se o equilíbrio entre as taxas de natalidade e mortalidade**. Na Europa Ocidental, o crescimento anual da população aproximava-se de 0,8% anual, superior às estimativas dessa taxa para o conjunto mundial: 0,5%. Em 1750, a população mundial superava a casa dos 700 milhões de habitantes e 50 anos mais tarde, no alvorecer do século XIX, rompeu a barreira dos 900 milhões. Em 1840, alcançou-se o primeiro bilhão e não demorou muito para que o segundo bilhão fosse atingido: 90 anos mais tarde, por volta de 1930, a população mundial somava dois bilhões de habitantes. Na década de 50, o mundo já contava com dois bilhões e meio e na década de 60 atingiu e superou os três bilhões.

O CURTO PERÍODO DE RÁPIDA EXPANSÃO. Do terceiro ao quarto bilhão, o tempo decorrido foi bem menor do que do segundo para o terceiro. Em 1970, a população mundial totalizava 3,6 bilhões de habitantes. Vinte anos depois, em 1990, o contingente total já havia atingido 5,2 bilhões. Para a virada do milênio (2000/2001), a estimativa era de 6,15 bilhões. Nos últimos 30 anos do século XX (1970-2000), o aumento absoluto totalizou 2,5 bilhões. Exatamente o tamanho da população mundial em 1950. Isso significa que apenas na última metade do século a expansão populacional adicional foi igual ao total até então resultante de toda a história demográfica.

A rápida alteração do quadro demográfico mundial ocorreu devido à acentuada queda da taxa de mortalidade, uma decorrência do avanço da medicina, do progresso verificado a partir do século XIX na administração dos programas de saúde pública, nos padrões de higiene e de alimentação, além de outros fatores de melhoria da qualidade de vida em grande parte das nações. Os benefícios

TABELA 2.3 Aceleração e desaceleração das taxas de crescimento da população, agrupadas por continentes e por níveis de desenvolvimento das nações: período 1950-2013.

Critérios de agrupamento	Taxas médias anuais		
	1950-2013	1950-1980	1980-2013
Regiões mais desenvolvidas	0,69	0,96	0,44
Regiões menos desenvolvidas	1,97	2,25	1,71
❏ Padrões de extrema pobreza	2,42	2,33	2,51
❏ Em desenvolvimento	1,90	2,24	1,58
África	2,51	2,46	2,55
Ásia	1,79	2,12	1,48
América Latina e Caribe	2,07	2,58	1,60
América do Norte	1,16	1,32	1,01
Oceania	1,76	1,98	1,55
Mundo	1,65	1,89	1,44

Fontes: United Nations. Population Division. *World Population Prospects: The 2012 Revision*. New York: UN, 2013.

dessa alteração registraram-se primeiramente nos países economicamente avançados, estendendo-se depois aos emergentes e mesmo aos de mais baixos níveis de desenvolvimento socioeconômico. Nas duas últimas décadas do século XX, o crescimento da população mundial ocorria a um ritmo próximo de 1,5%, cerca de 750 vezes superior ao longo período da evolução humana até chegarmos à Era Cristã. Se esta taxa fosse mantida, os habitantes da Terra somariam, no final da primeira metade do século XXI, em 2050, 12,7 bilhões: a 1,5% anual, em cada 50 anos a população duplicaria e antes do final do século XXI alcançaria o contingente de 25 bilhões, dificilmente suportável.

A DESACELERAÇÃO. Nas três últimas décadas, porém, ocorreu um consistente processo de desaceleração do crescimento demográfico. A transição da aceleração para a redução das taxas de crescimento do contingente mundial iniciou-se com maior visibilidade nas nações mais ricas do hemisfério norte, mas alcançou também as nações de regiões mais pobres, impactando a velocidade aferida para o período 1950-1980. Desde então, até o início da segunda década do século XXI, a taxa mundial recuou de 1,89% para 1,44% ao ano, como mostram os dados da Tabela 2.3. Apenas na África e em outras poucas nações de renda *per capita* acentuadamente baixa a transição não se reproduziu.

Esse processo de desaceleração deve continuar, sob o efeito de cinco relevantes condições determinantes:

❏ Redução da taxa de fecundidade, por maior uso da contracepção, retardamento do casamento e novos padrões de relações sociais.

❏ Adoção, pelos governos de nações pobres de alta densidade (contingente p/ km²), de diferentes modalidades de políticas públicas de planejamento familiar.

FIGURA 2.6 Projeções do crescimento da população mundial: as hipóteses da expansão exponencial continuada e da desaceleração. Segundo esta segunda hipótese, o contingente global poderá estabilizar-se ao alcançar 10,8 bilhões de habitantes.

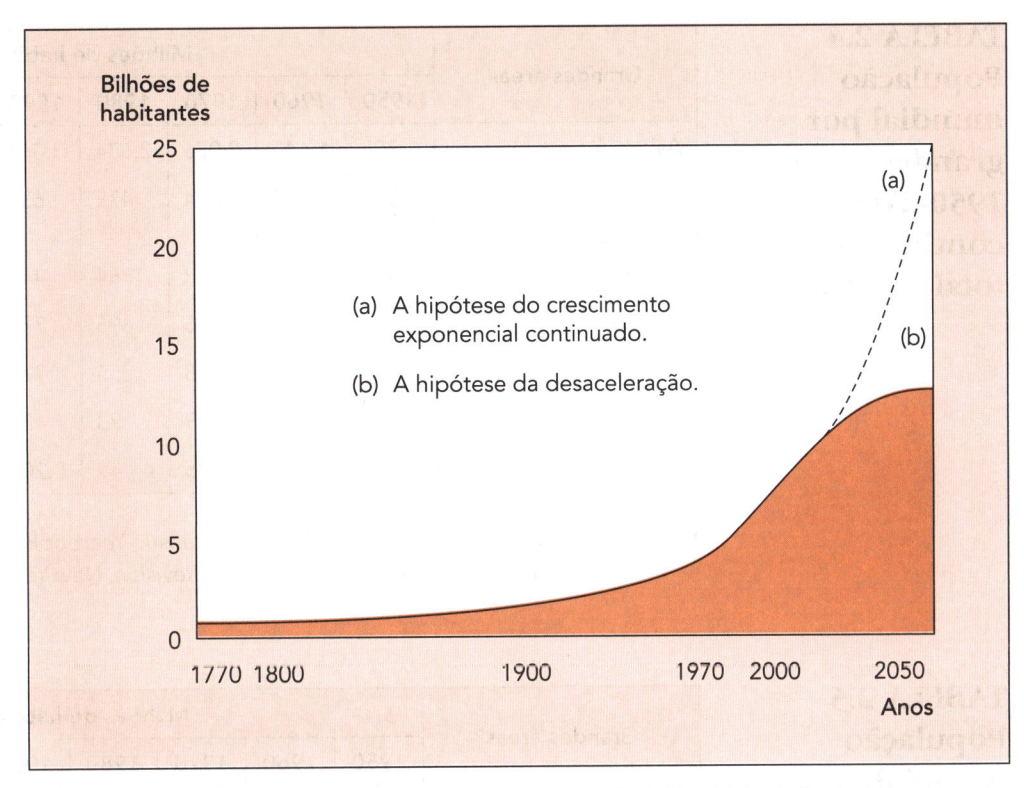

Bilhões de habitantes

(a) A hipótese do crescimento exponencial continuado.
(b) A hipótese da desaceleração.

Anos: 1770 1800 — 1900 — 1970 2000 — 2050

Fontes: *World Development Report 2014*. Washington, D.C.: World Bank Group (para as projeções). *Statistical Yearbook 1973*, United Nations (para dados históricos).

- Alteração, para mais, da relação custo/benefício da prole numerosa — um dos efeitos da urbanização.
- Maior presença da mulher nos contingentes da população economicamente ativa.
- Crescente conscientização sobre a hipótese de ruptura do equilíbrio homem-natureza — consequentemente, mudanças de atitude em relação a programas de contenção da expansão demográfica e maior racionalidade no emprego de reservas naturais.

A desaceleração do crescimento populacional, mostrada na Figura 2.6, não significa, porém, que a questão demográfica e que a relação entre o ônus populacional e a força de trabalho se encontrem equacionadas a curto-médio prazo em termos mundiais. Isso porque, ainda que o contingente demográfico mundial possa estabilizar-se, segundo a hipótese reproduzida na Tabela 2.4, a proporção das populações que estarão habitando áreas de baixos níveis de desenvolvimento socioeconômico deverá aumentar nas próximas décadas, como evidenciam os dados da Tabela 2.5, transportados para a Figura 2.7. Este é o resultado dramático das diferenças ainda observadas nas taxas de crescimento das populações das nações avançadas e emergentes.

A estabilização tardia dos contingentes demográficos das áreas mais pobres não reproduz o tipo de crescimento demográfico observado nos últimos 70 anos e projetado para os próximos 35, o que se verificou nas áreas hoje desenvolvidas, nos séculos precedentes. Como observa Madison,[9] "nos períodos de crescimento

TABELA 2.4 População mundial por grandes áreas, 1950-2100: contingente total estimado.

Grandes áreas	Milhões de habitantes							
	1950	1960	1970	1980	1990	2013	2050	2100
Ásia	1.355	1.645	2.056	2.634	3.061	4.299	5.164	4.712
África	217	270	344	478	637	1.111	2.393	4.185
América Latina e Caribe	162	213	283	364	441	617	782	736
Europa	572	639	705	695	770	742	709	639
América do Norte	166	199	228	255	276	355	446	513
Oceania	13	16	19	23	24	38	57	70
Mundo	2.485	2.982	3.635	4.449	5.201	7.162	9.511	10.854

Fontes: United Nations. Population Division. *Statistic Yearbook 1973* (para dados históricos). *World Population Prospects: The 2012 Revision.* New York: UN, 2013.

TABELA 2.5 População mundial por grandes áreas, 1950-2100: porcentagem sobre o total do contingente estimado.

Grandes áreas	Milhões de habitantes							
	1950	1960	1970	1980	1990	2013	2050	2100
Ásia	54,6	55,1	56,6	59,2	58,8	60,0	54,1	43,4
África	8,7	9,1	9,5	10,8	12,2	15,5	25,1	38,6
América Latina e Caribe	6,5	7,1	7,8	8,2	8,4	8,6	8,2	6,8
Europa	23,0	21,5	19,4	15,6	14,8	10,4	7,4	5,9
América do Norte	6,7	6,7	6,3	5,7	5,3	5,0	4,7	4,7
Oceania	0,5	0,5	0,5	0,5	0,5	0,5	0,6	0,6
Mundo	100,0	100,0	100,0	100,0	100,0	100,0	100,0	100,0

Fontes: United Nations. Population Division. *Statistic Yearbook 1973* (para dados históricos). *World Population Prospects: The 2012 Revision.* New York: UN, 2013.

mais rápido dos países hoje desenvolvidos, constatou-se um aumento populacional às vezes suplementado por grandes contingentes humanos emigrados de outros países, também desenvolvidos. Elevadas taxas de crescimento populacional coincidiram em alguns países com as épocas de maior expansão de suas economias, constituindo-se, talvez, numa das causas do crescimento econômico acelerado. Nos Estados Unidos, por exemplo, por ser um país de dimensões continentais, bem dotado de recursos naturais e de outras condições favoráveis ao desenvolvimento, verificou-se um crescimento demográfico de 1,7% ao ano no período 1870-1970, no qual se inclui forte imigração europeia. O crescimento médio da produção de 15 países desenvolvidos naquele período foi de 2,7% ao ano, enquanto a população de todos eles aumentou, em termos ponderados, a um ritmo pouco superior a 1%". Subsequentemente, progressos notáveis na capacidade de produção e transformações na estrutura produtiva aumentaram ainda mais o diferencial entre produção econômica e reprodução humana.

FIGURA 2.7
Taxas de crescimento da população e níveis de desenvolvimento socioeconômico: as mais altas taxas de expansão demográfica ocorrem nas nações de mais baixos níveis de PNB *per capita*.

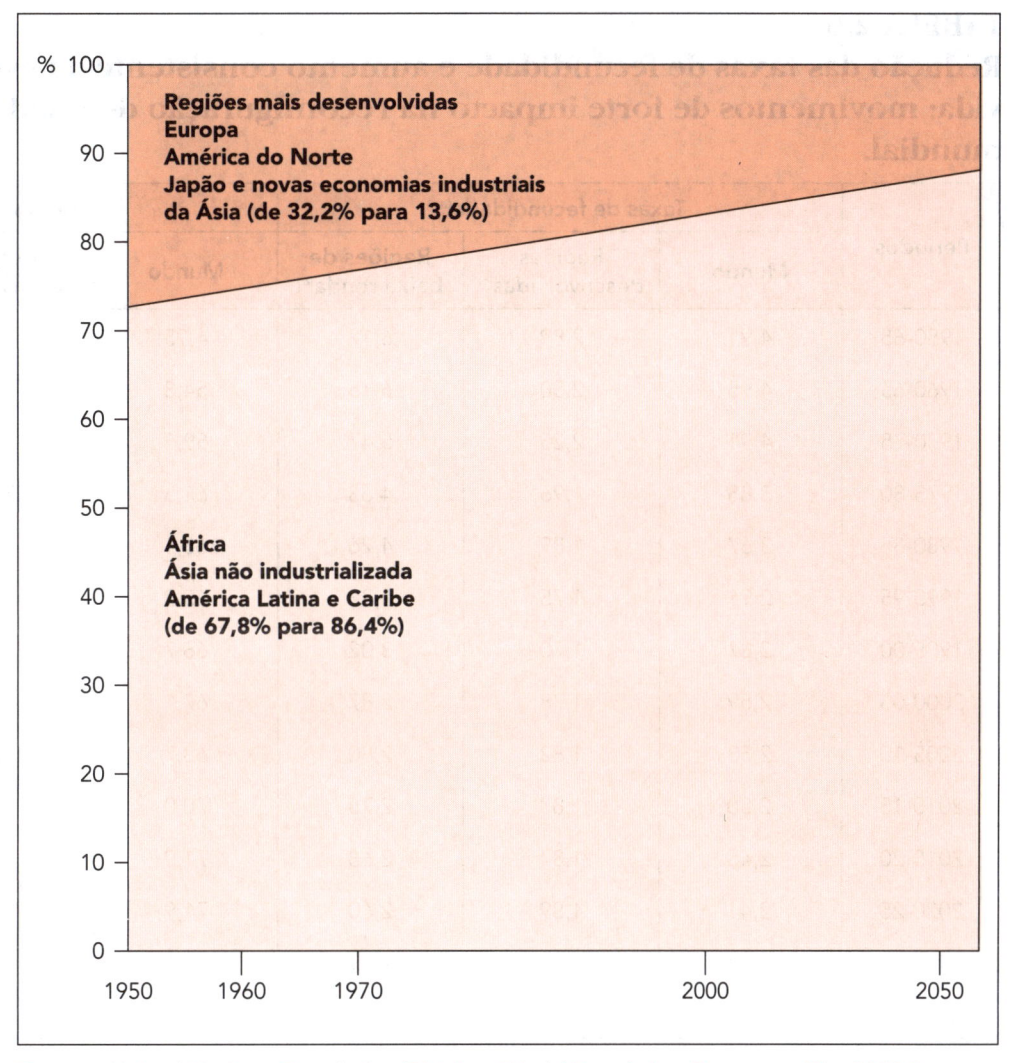

Regiões mais desenvolvidas
Europa
América do Norte
Japão e novas economias industriais da Ásia (de 32,2% para 13,6%)

África
Ásia não industrializada
América Latina e Caribe
(de 67,8% para 86,4%)

Fontes: United Nations. Population Division. *World Population Prospects: The 2012 Revision.* New York: UN, 2013.

Já nas economias de baixa renda, nos últimos 75 anos, a "explosão demográfica", próxima de 3% ao ano, não foi acompanhada de taxas significativamente superiores de crescimento da produção. Influências religiosas, concepções políticas, baixa instrução básica e reduzida capacidade de melhoria ou de aumento dos demais recursos de produção contribuíram para estreitar o diferencial entre as taxas de crescimento da população e da produção. Na maior parte dessas economias, notadamente na África e nas amplas porções não industrializadas da Ásia, estabeleceram-se desequilíbrios entre os suprimentos dos recursos de produção, conduzindo a círculos viciosos de difícil rompimento. Somente a partir da segunda metade dos anos 70 um subconjunto de nações da Ásia Oriental destacou-se por estratégias vigorosas de crescimento econômico, apoiadas em fortes aportes de capital e de tecnologias procedentes de países industriais maduros, seguindo caminhos semelhantes aos trilhados pelo Japão nos últimos 120 anos (da Era Meiji, no final do século XIX, à atualidade).

A partir dos anos 80, nas províncias costeiras da China Continental e na região norte da Índia, observaram-se também movimentos assemelhados. No restante da Ásia, na África e na América Latina e Caribe, até final do século XX, os dese-

TABELA 2.6
Redução das taxas de fecundidade e aumento consistente da esperança de vida: movimentos de forte impacto na reconfiguração do quadro demográfico mundial.

Períodos	Taxas de fecundidade[a]			Esperança de vida[b]		
	Mundo	Regiões desenvolvidas[c]	Regiões de baixa renda[d]	Mundo	Regiões desenvolvidas[c]	Regiões de baixa renda[d]
1950-65	4,91	2,89	6,12	4,95	65,2	43,1
1960-65	4,95	2,80	6,15	54,8	70,2	48,2
1970-75	4,91	2,25	5,47	59,3	72,3	54,5
1975-80	3,85	1,96	4,63	61,5	73,4	57,3
1980-85	3,67	1,89	4,26	63,1	74,5	61,7
1990-95	2,91	1,75	3,38	65,2	74,9	62,5
1995-00	2,87	1,70	3,02	66,7	75,2	63,3
2000-05	2,59	1,78	2,87	67,1	76,3	64,8
2005-10	2,53	1,83	2,80	68,7	77,1	66,7
2010-15	2,50	1,83	2,75	70,0	78,4	68,3
2015-20	2,45	1,87	2,68	71,0	78,9	69,8
2020-25	2,41	1,89	2,60	71,9	80,0	71,6
2045-50	2,24	1,92	2,49	75,9	82,7	73,8
2095-00	1,99	1,95	2,17	81,8	88,9	80,2

(a) Número médio de filhos por mulher.
(b) Esperança provável de vida, ao nascer. Combinação ponderada de ambos os sexos.
(c) Europa, América do Norte e Oceania (1950-1995) mais nações industrializadas da Ásia de renda média alta (1995-2100).
(d) África, Ásia não industrializada, América Latina e Caribe.

Fontes: United Nations. Population Division. *World Population Prospects: The 2012 Revision.* New York: UN, 2013.

quilíbrios estruturais entre os recursos de produção, em grande parte resultantes do imoderado crescimento demográfico, não foram superados com a mesma velocidade observada nas nações emergentes da Ásia. A tendência de longo prazo, porém, segundo estimativas confiáveis das Nações Unidas, é a expressiva queda da taxa de fecundidade (número de filhos por mulher) nas nações de baixa renda, aproximando-a da média mundial e mesmo das nações desenvolvidas, comportamento que amortecerá o crescimento demográfico, embora deverá ocorrer paralelamente o alongamento da esperança de vida em termos mundiais, como mostram os dados da Tabela 2.6. Há assim um longo período ainda a percorrer, particularmente das nações mais pobres do mundo, onde a relação entre a força de trabalho a alta taxa de dependência do contingente pós-produtivo não se alterará significativamente a curto-médio prazo: o ônus demográfico permanecerá alto.

O Quadro Demográfico e a Qualificação do Fator Trabalho no Brasil

As expressivas reduções das taxas de crescimento, a configuração qualitativa, a reconfiguração do padrão piramidal e a estrutura de ocupação do contingente demográfico brasileiro não diferem das observadas em outras economias de semelhantes padrões de desenvolvimento econômico e social. Praticamente todas as mudanças recentes nos padrões demográficos do país assemelham-se às de outras economias emergentes, notadamente quanto à queda da taxa de fecundidade e à consequente redução do ritmo de crescimento a despeito do aumento da esperança de vida.

Até os anos 40, o crescimento da população brasileira definiu-se por taxas anuais inferiores a 2%. A taxas desta magnitude, o contingente duplicava a cada 35 anos. Foi o que ocorreu entre a última década do século XIX e o final dos anos 20, no século XX, quando o Brasil totalizou 30 milhões de habitantes. Daí em diante, o crescimento acelerou-se, chegando a 3% anuais entre os anos 50 e 60. A esta taxa, a população dobra de tamanho a cada 23 anos. A marca dos 100 milhões foi atingida na década de 70 e, na de 80, embora o crescimento tenha se mantido alto, a aceleração diminuiu consideravelmente.

A taxa de crescimento da última década do século XX recuou para o ritmo observado no final do século XIX, de 1,6% ao ano. E nas duas primeiras décadas do século XXI os recuos foram ainda mais expressivos, 1,2% ao ano entre 2000 e 2010, com projeção de 0,8% ao ano entre 2010 e 2020. Para períodos mais longos, já se vislumbra para o Brasil a hipótese de população estacionária (crescimento zero), seguida de redução do contingente. As projeções da transição da primeira para a segunda metade do século XXI são de variação negativa anual de – 0,03% a – 0,04% anuais. É o que revelam os dados da Tabela 2.7.

A Figura 2.8 ilustra a flexão do crescimento demográfico do país: de crescimento exponencial, para desaceleração, estabilização e redução do contingente. Se a população do país continuasse a crescer às taxas dos anos 50-70 do século XX, em 2020 o Brasil totalizaria 300 milhões de habitantes. Mas a desaceleração no país foi ainda maior do que a das projeções para os contingentes mundial e da América Latina e Caribe. Na Tabela 2.9 evidenciam-se essas relações comparativas. O tamanho da população brasileira, que até o final do século XX vinha aumentando em relação à população mundial e mesmo em relação à da América Latina e Caribe, passou a recuar a partir das primeiras décadas do século XXI e deve recuar ainda mais nas próximas décadas.

O Brasil está a caminho de um novo padrão de crescimento e de configuração de seu quadro demográfico. Algumas das causas e implicações deste processo, apontadas por G. Martine e outros,[10] são:

- ❏ Queda significativa do nível de fecundidade, em todas as regiões e estratos sociais, mesmo à ausência de quaisquer políticas oficiais de controle de natalidade ou de planejamento familiar. Entre os anos 70 e 80, a taxa de fecundidade recuou de 5,8 para 4,3, com uma variação, para menos, de 25,9%. Redução ainda mais expressiva dessa taxa ocorreu nas primeiras décadas do século XXI, de 2,39 (2000) para 1,74 (2014). Em relação a 1970, esta taxa ficou 3,4 vezes menor. É o que revelam os dados da Tabela 2.8.

TABELA 2.7
Crescimento da população brasileira, 1872-1990. Após longo período acelerado, reversão do processo de aceleração a partir da década de 70.

Anos	Milhões de habitantes	Taxa de mortalidade	Taxa de natalidade	Taxa de crescimento
1872	9,93			
		3,0	4,6	1,6
1890	14,33			
		2,8	4,6	1,8
1900	17,44			
		2,6	4,5	1,9
1920	30,64			
		2,5	4,4	1,9
1940	41,24			
		2,0	4,3	2,3
1950	51,94			
		1,2	4,2	3,0
1960	70,99			
		1,0	3,8	2,8
1970	93,14			
		0,9	3,4	2,5
1980	119,00			
		0,7	3,0	2,3
1990	144,09			
		0,6	2,2	1,6
2000	173,45			
		0,6	1,8	1,2
2010	195,50			
		0,6	1,4	0,8
2020	212,08			

Fonte: IBGE. *Anuário Estatístico do Brasil*, v. 58. Rio de Janeiro, 1988; outras edições: 1970 e 1988 (série histórica). Projeções revisadas pelo IBGE em 2013. v. 73. Rio de Janeiro, 2014 (2000-2020).

❏ Mudança na estrutura etária, com expressivo "envelhecimento" da população. A proporção da população menor de 15 anos reduziu-se consistentemente a cada ano: de 34,8% (1990), para 24,1% (2010). E os grupos mais idosos, acima de 60 anos, aumentaram sua expressão relativa no contingente total: de 66% (1990), para 10,8% (2010).

❏ Mudança nos padrões da estrutura demográfica, a médio-longo prazo. O topo alonga-se e dilata-se. A base contrai-se e as faixas centrais aumentam suas expressões relativas. A Figura 2.10 evidencia a conformação-tipo do novo padrão, comparando a estrutura de 2010 com a de 1980 e com a projetada para 2020.

FIGURA 2.8
Contingente demográfico brasileiro, 1990-2050. A visível flexão do crescimento exponencial.

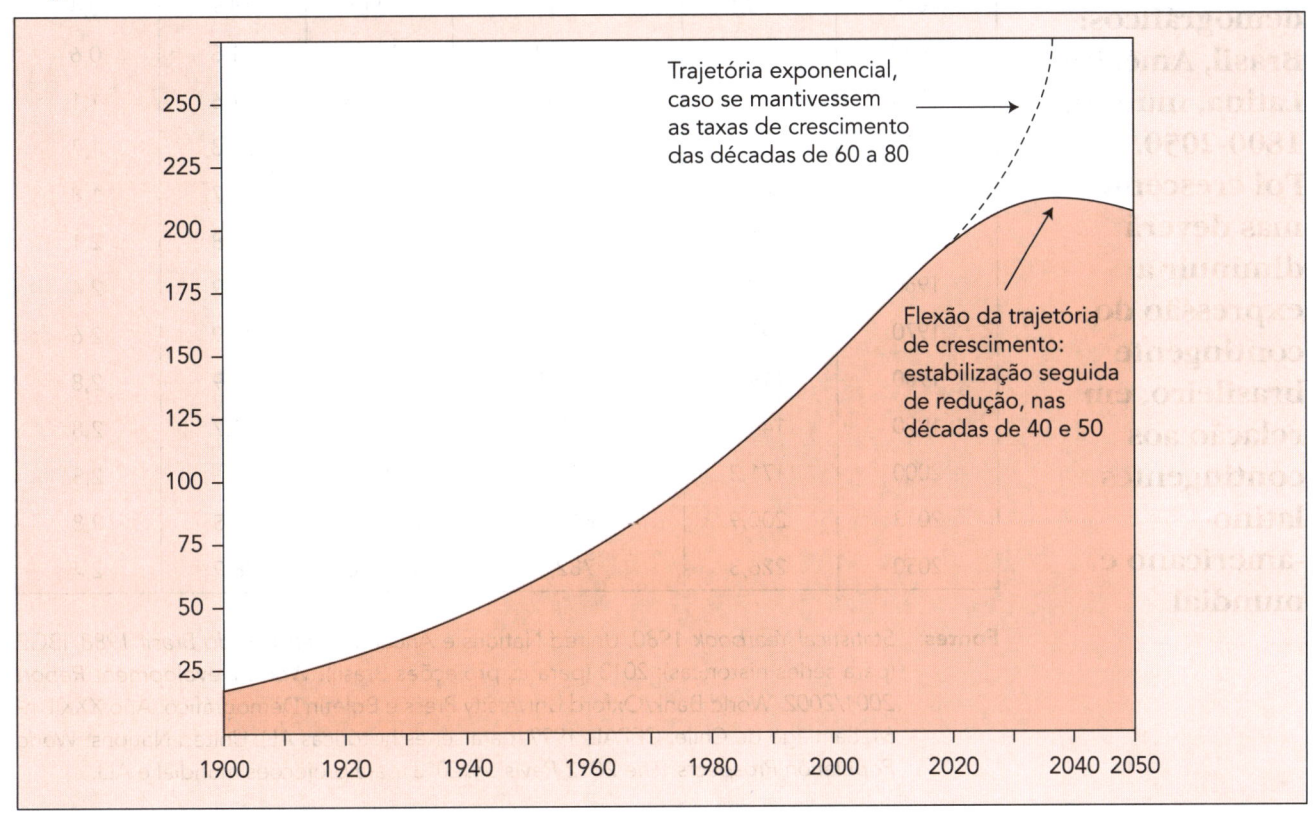

Trajetória exponencial, caso se mantivessem as taxas de crescimento das décadas de 60 a 80

Flexão da trajetória de crescimento: estabilização seguida de redução, nas décadas de 40 e 50

TABELA 2.8
Comportamento de dois relevantes indicadores das mudanças demográficas no Brasil: taxa de fecundidade e esperança de vida ao nascer. Período 2000-2020.

Anos	Taxa de fecundidade	Esperança de vida
2000	2,39	69,83
2005	2,09	71,99
2008	1,95	73,15
2009	1,91	73,51
2010	1,87	73,86
2011	1,83	74,20
2012	1,80	74,52
2013	1,77	74,84
2014	1,74	75,14
2015	1,72	75,44
2016	1,69	75,72
2017	1,67	75,99
2018	1,65	76,25
2019	1,63	76,50
2020	1,61	76,74

Fonte: IBGE. *Anuário Estatístico do Brasil 2013*, v. 73. Rio de Janeiro: IBGE, 2014.

TABELA 2.9 Evolução dos contingentes demográficos: Brasil, América Latina, mundo, 1800-2050. Foi crescente, mas deverá diminuir a expressão do contingente brasileiro, em relação aos contingentes latino-americano e mundial.

Anos	(Milhões de habitantes)			Participação %	
	Brasil	América Latina	Mundo	Na AL	No mundo
1800	3,6	19	906	18,9	0,4
1850	7,1	33	1.171	21,5	0,6
1900	17,4	63	1.608	27,6	1,1
1920	30,6	92	1.811	33,3	1,7
1940	41,2	130	2.295	31,7	1,8
1950	51,9	163	2.517	31,8	2,1
1960	70,1	213	3.005	32,9	2,4
1970	93,1	283	3.635	32,9	2,6
1980	119,0	341	4.175	34,9	2,8
1990	144,1	441	5.201	32,7	2,8
2000	171,3	525,4	6.057,0	32,6	2,8
2013	200,9	617,4	7.162,1	32,5	2,8
2050	226,3	782,5	9.511,0	28,9	2,4

Fontes: *Statistical Yearbook 1980*, United Nations e *Anuário Estatístico do Brasil 1988*, IBGE (para séries históricas); 2013 (para as projeções Brasil). *World Development Report 2001/2002*. World Bank/Oxford University Press e Boletín Demográfico, Año XXXII, nº 64. Santiago de Chile: CEPAL, 1999 (para séries históricas AL). United Nations. *World Population Prospects: The 2012 Revision*. 2013 (para projeções mundial e AL).

FIGURA 2.9 Padrões das mudanças projetadas na conformação da pirâmide demográfica. O alongamento para cima e a dilatação do topo: o efeito de mais alta expectativa de vida (a → b). O estreitamento da base e o alargamento da faixa central: o efeito da redução da fecundidade.

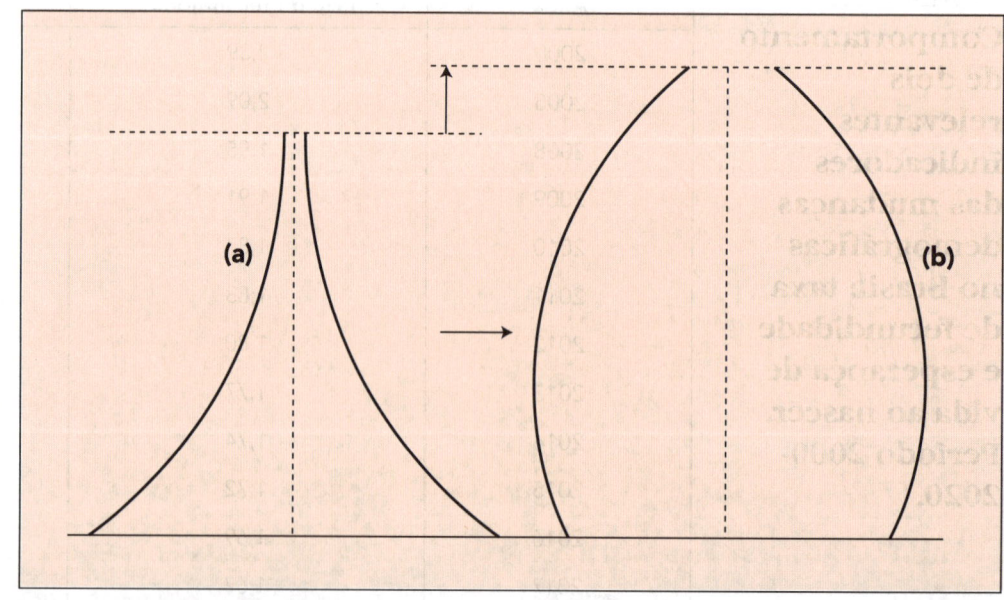

Fontes: IBGE. *Anuário Estatístico do Brasil*. Rio de Janeiro, 1972 (para dados de 1970). *Anuário Estatístico do Brasil*, v. 60, 2000 (para dados de 1990 e para projeções 2020). Rio de Janeiro, 2002.

FIGURA 2.10
A pirâmide demográfica no Brasil: 1980, 2010 e 2020. Mudanças projetadas na conformação básica. O estreitamento da base, o alargamento do topo e a maior densidade da população economicamente mobilizável em relação à população total.

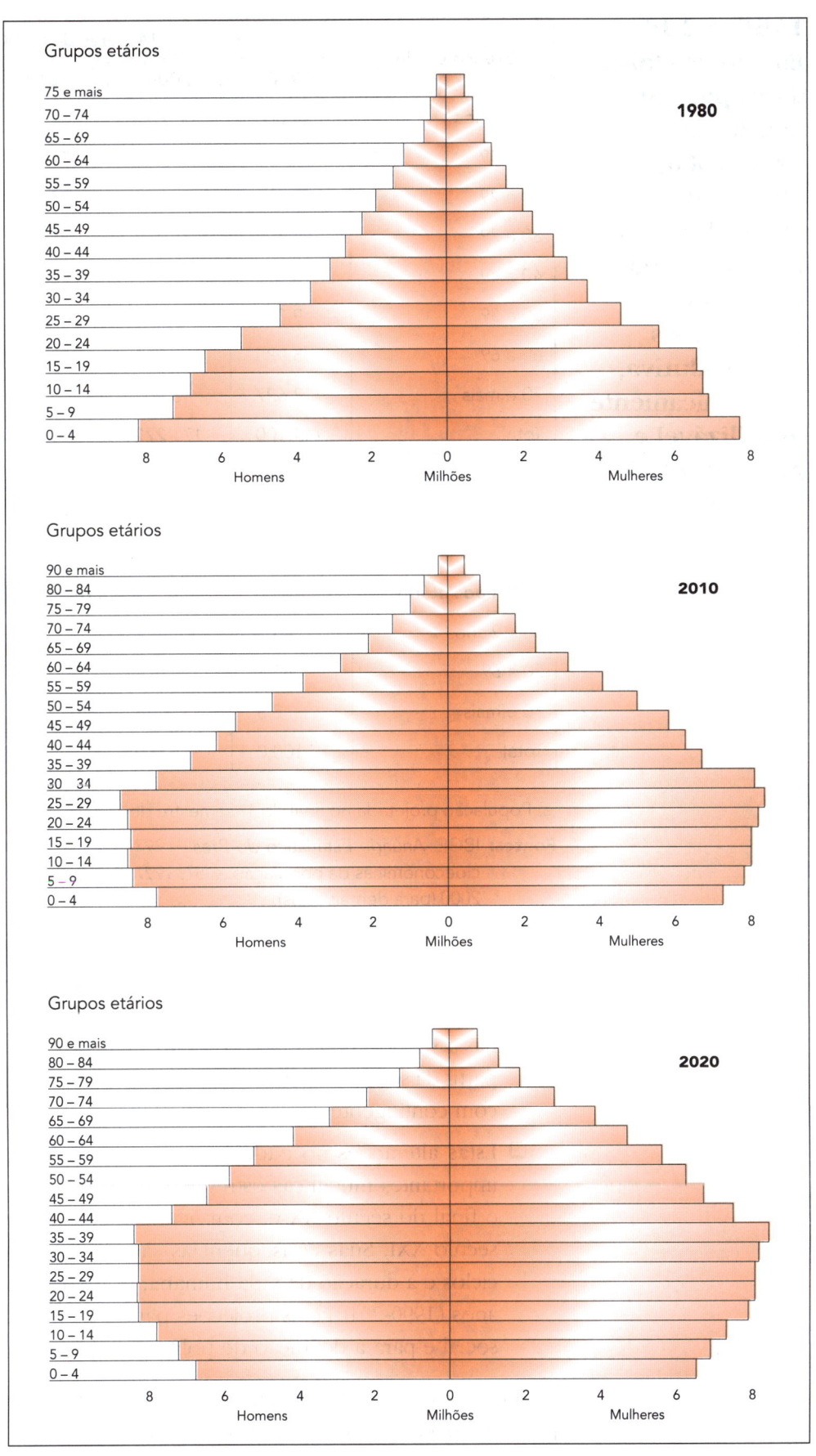

Fonte: IBGE. *Projeção da população do Brasil por sexo e idade.* Rio de Janeiro: IBGE/DPE/COPIS, ago. 2013.

TABELA 2.10 Estrutura etária da população brasileira, 1990, 2000, 2010, 2015 e 2020. Mudanças projetadas nas expressões das porções pré-produtiva, economicamente mobilizável e pós-produtiva.

Grupos etários	Milhares de habitantes[a]				
	1990	2000	2010	2015	2020
0 a 9 anos	34.060	33.574	32.475	28.903	26.263
10 a 19	30.711	35.349	33.368	33.987	32.337
20 a 29	27.001	30.209	34.863	33.415	33.026
30 a 39	20.109	26.544	29.541	32.880	34.292
40 a 49	13.280	19.417	25.593	26.749	28.727
50 a 59	9.377	12.267	18.125	21.712	24.172
60 a 69	5.935	8.011	10.668	13.068	16.101
70 e mais	3.627	5.901	8.611	10.160	12.218
Total	144.100	171.272	193.244	200.874	207.136
0 a 19 anos	64.771	68.923	65.843	62.890	58.600
20 a 69	75.702	96.448	118.790	127.824	136.318
70 e mais	3.627	5.901	8.611	10.160	12.218
Grupos etários	% em relação ao total				
0 a 19 anos	44,9	40,2	34,1	31,3	28,3
20 a 69	52,6	56,4	61,4	63,6	65,8
70 e mais	2,5	3,4	4,5	5,1	5,9
Total	100,0	100,0	100,0	100,0	100,0

(a) População projetada no final do 1º semestre de cada ano.

Fontes: IBGE. *Anuário Estatístico do Brasil 1997*. Seção 2, Características demográficas e socioeconômicas da população, v. 57, 1997. Rio de Janeiro: IBGE, 1998 (para 1990); v. 60, 2000 (para demais anos).

❑ Não obstante a esperança de vida ao nascer alterou-se para mais, o recuo mais que proporcional da taxa de fecundidade provocou seguidas reduções nas taxas de crescimento do contingente, que caminha na direção de zero. A partir da segunda metade do século XXI, a população brasileira estacionará com contingente abaixo de 230 milhões.

❑ Estas alterações no padrão demográfico correspondem a uma das mais importantes mudanças estruturais ocorridas na sociedade brasileira desde o final do século XX e, com maior intensidade nas primeiras décadas do século XXI. Suas consequências são evidentes, estreitamente ligadas aos ciclos e à duração da vida humana: as mudanças ocorridas nos últimos 20 anos (1990-2010) e as projeções para 2020 impactam fortemente a agenda social e para a definição de políticas públicas.

A evolução da estrutura etária da população brasileira nos últimos 50 anos e a projetada para o ano de 2020, mostradas nas Tabelas 2.10 e 2.11, fundamentam-se nesses novos padrões e são resultantes das mudanças sociais que destacamos. Do ponto de vista da expressão da população economicamente mobilizável

TABELA 2.11 Evolução da estrutura etária da população brasileira, 1960, 1980, 1990, 2000, 2010, 2015, 2020. O estreitamento da porção pré-produtiva e o alongamento da pós-produtiva, em escalas não proporcionais. A expansão relativa do contingente economicamente mobilizável.

Grupos etários	% sobre população total						
	1960	1980	1990	2000	2010	2015	2020
0 a 4 anos	16,0	13,8	11,7	9,9	8,8	6,7	6,2
5 a 9	14,5	12,4	11,9	9,7	8,8	7,6	6,6
10 a 14	12,2	12,0	11,2	10,2	8,8	8,5	7,4
15 a 19	10,2	11,4	10,1	10,3	8,5	8,4	8,2
20 a 24	8,9	9,7	9,7	9,8	8,9	8,1	8,1
25 a 29	7,5	7,9	9,1	8,5	9,1	8,5	7,8
30 a 34	6,4	6,6	7,7	7,8	8,1	8,7	8,2
35 a 39	5,6	5,3	6,3	7,2	7,2	7,7	8,4
40 a 44	4,6	4,8	5,1	6,2	6,9	6,9	7,3
45 a 49	3,9	3,9	4,1	5,2	6,4	6,5	6,5
50 a 54	3,1	3,5	3,6	4,2	5,3	6,0	6,1
55 a 59	2,3	2,6	2,9	3,2	4,1	4,8	5,6
60 a 64	2,0	2,1	2,4	2,6	3,2	3,7	4,4
65 a 69	1,1	1,7	1,7	2,0	2,4	2,8	3,3
70 e mais	1,7	2,4	2,5	3,2	4,5	5,1	5,9
0 a 14 anos	42,7	38,2	34,8	29,8	26,4	22,8	20,2
15 a 64	54,5	57,7	61,0	65,0	66,7	69,3	70,6
65 e mais	2,8	4,1	4,2	5,2	6,9	7,9	9,2

Fontes: IBGE. *Anuário Estatístico do Brasil 1997*. Seção 2, Características demográficas e socioeconômicas da população, v. 57, 1997. Rio de Janeiro: IBGE, 1998 (para 1990); v. 60, 2000 (para demais anos).

(força potencial de trabalho) em relação ao contingente total, os novos padrões da estrutura etária evidenciam a transição de uma histórica situação de "ônus demográfico" para a de "bônus". Em 1960, o potencial mobilizável para atividades produtivas era de 54,5% do contingente total, com uma taxa de dependência, pré e pós-produtiva de 47,5%. Passados 50 anos, o potencial aumentou para 69,3%, com recuo dos contingentes dependentes. Para 2020, a força de trabalho potencial é projetada em 146.238.

Esta estrutura, até final da primeira metade do século XXI, deve modificar-se significativamente, em função da queda acentuada na taxa de crescimento da população. Para as próximas décadas, são projetadas reduções, ano após ano, do crescimento absoluto da população, até chegar a zero, entre os anos de 2041-45. No último quinquênio desse período dos anos 40 o crescimento será negativo, com taxa média anual de – 0,09%. A Tabela 2.12 registra essas mudanças, bem como as de outros dois indicadores relevantes: a taxa de fecundidade (em declínio) e a esperança de vida ao nascer (em expansão, mas menos que proporcional à do número de filhos por mulher). Neste período, os contingentes potenciais para

TABELA 2.12
Projeções da população brasileira: período 2010-2050. A redução do crescimento, ano após ano, até chegar a zero e tornar-se negativo.

Períodos	Crescimento absoluto no período (Mil)	Crescimento anual médio		Mudanças em dois indicadores relevantes					
		Absoluto (Mil)	% ao ano	Esperança de vida			Taxa de fecundidade		
				De	→	Para	De	→	Para
2011-15	7.053	1.411	0,70	7,42	→	75,4	1,83	→	1,72
2016-20	5.996	1.199	0,58	75,7	→	76,7	1,69	→	1,61
2021-25	4.890	978	0,45	76,9	→	77,8	1,60	→	1,55
2026-30	3.718	744	0,34	78,0	→	78,6	1,54	→	1,51
2031-35	2.534	507	0,23	78,8	→	79,3	1,51	→	1,50
2036-40	1.236	247	0,11	79,5	→	79,9	1,50	→	1,50
2041-45	– 171	– 34	0,00	80,2	→	80,3	1,50	→	1,50
2046-50	– 1.551	– 310	– 0,09	80,4	→	80,7	1,50	→	1,50

atividades produtivas – ou a população economicamente mobilizável – deverão aumentar até 2025, reduzindo a taxa de dependência para 44%. Daí, em diante, mantendo-se o atual critério de limitar entre o potencial produtivo da população à faixa etária de 14 a 65 anos, ocorrerá nova reversão dessa vez de "bônus" para "ônus demográfico".

Os contingentes potenciais para atividades produtivas do Brasil, em 2014, estão sintetizados na Tabela 2.13. Embora tenha ocorrido nos últimos 50 anos massivo movimento de inserção das mulheres no mercado de trabalho, são ainda entre os gêneros as parcelas da população efetivamente ativa. E são estas parcelas que se combinam com os demais recursos para as atividades produtivas das nações.

As distâncias entre os efetivos potenciais e os ativos são indicações aproximadas de desocupação, de desemprego (parte, como vimos, voluntária; parte, involuntária) e de ociosidade do contingente economicamente mobilizável. Mais à frente, veremos que as taxas de ociosidade de dado recurso de produção têm muito a ver com a disponibilidade e com sua conformação qualitativa dos demais fatores.

2.3 O Fator *Capital*: Conceito, Tipologia e Processo de Acumulação

Conceito e Tipologia do Fator Capital

O fator **capital** compreende o conjunto das riquezas acumuladas pela sociedade para fins produtivos. É com o emprego dessas categorias de riquezas que a população ativa se torna equipada para o exercício das atividades de produção. Esse conjunto de riquezas que dá suporte às operações produtivas existe em todas as sociedades economicamente organizadas, independentemente de seus estágios de desenvolvimento econômico.

TABELA 2.13 População economicamente mobilizável e economicamente ativa no Brasil, 2014. Taxas de atividade em relação aos contingentes total e mobilizável.

Porções do contingente total	Milhares	Taxas em relação ao contingente total (%)	
POPULAÇÃO ECONOMICAMENTE MOBILIZÁVEL			
❑ Homens	68.620	68,5	
❑ Mulheres	71.108	69,3	
❑ Total	139.728	68,9	
POPULAÇÃO ECONOMICAMENTE ATIVA		Taxas de atividade	
		Em relação ao contingente total	Em relação ao contingente economicamente mobilizável
❑ Homens	66.365	66,3	96,7
❑ Mulheres	44.060	42,9	61,9
❑ Total	110.425	54,5	79,0
CONTINGENTE TOTAL			
❑ Homens	100.160		
❑ Mulheres	102.609		
❑ Total	202.769	100,0	

Fonte: IBGE. *Projeção da população do Brasil.* Revisão de 2013. Indicadores implícitos. Rio de Janeiro: IBGE, 2015.

Mesmo sistemas primitivamente organizados dispõem desse recurso de produção. Desde as culturas pré-históricas, à medida que o homem evoluía de organizações nômades para estágios de maior sedentariedade, foram desenvolvidos diversos instrumentos destinados a melhorar as possibilidades de exploração econômica do meio ambiente. Atribui-se aos homens do paleolítico superior o desenvolvimento do conjunto arco-flecha. No período mesolítico o arsenal de recursos aumentou; há vestígios do uso de pequenas lascas de sílex engastadas em cabos de vários formatos, além de formas rudimentares de trenós e barcos, empregados para diversas finalidades produtivas. No período neolítico o homem começou a produzir alimentos, superando a fase da coleta; surgiram aldeias permanentes, exigindo melhor coordenação dos esforços de produção que conduziu a um processo típico de acumulação de riquezas para uso como instrumentos de trabalho produtivo. Com o desenvolvimento de produtos cerâmicos e da tecelagem, ainda que incipientes, novos equipamentos tiveram que ser criados. Na proto-história o processo dessa evolução acelerou-se. O homem aprendeu a trabalhar os metais, e sua primitiva metalurgia assentou-se sobre novos meios e instrumentos de produção; substituiu os trenós por carros de rodas; horizontalizou a roda, criando a roda de oleiro, instrumento básico da mais antiga indústria mecanizada; ideou, construiu e utilizou o arado; promoveu irrigações artificiais, construindo barragens e canais.

O desenvolvimento desses instrumentos e meios de produção, associado às primeiras manifestações de construções infraestruturais, identifica-se claramente com o processo de **formação de capital**. Desde as mais remotas culturas o homem foi acumulando riquezas destinadas à obtenção de novas riquezas. Com o passar do tempo, com a acumulação e a transmissão de conhecimentos de geração a geração, o acervo de recursos aumentaria em progressão. O processo de instrumentação do trabalho humano assumiria crescente complexidade, tornando cada vez mais eficiente o esforço social de produção, mas exigindo, em contrapartida, que considerável parcela desse mesmo esforço passasse a ser canalizada sistematicamente para o aperfeiçoamento e produção de novos e mais complexos recursos.

Com a revolução industrial do século XVIII, intensificou-se ainda mais o processo de criação, emprego e acumulação de recursos de capital. Equipamentos mais sofisticados, movidos por novas formas de energia, incorporaram-se ao acervo desse recurso de produção. Modificaram-se processos. Aperfeiçoaram-se máquinas-ferramentas. A produção mecanizou-se. Citam-se geralmente como exemplos das transformações do fator capital nesse período as novas máquinas de fiar de Hargreaves, que substituíram as rocas; o tear mecânico de Cartwright; a máquina a vapor de James Watt, uma descoberta decisiva que passou a ser empregada como força motriz em vários processos industriais e, posteriormente, em equipamentos de transporte. Daí até o final do século XIX, novas e importantes conquistas técnicas redimensionaram os estoques de capital das nações industrialmente mais avançadas, notadamente na Europa Ocidental. E novos avanços então ocorreriam, com o emprego do motor elétrico, baseado na energia hidráulica, e do motor de explosão, movido a combustíveis derivados do petróleo. Por último, uma terceira onda ocorreria no século XX, notadamente após a década de 40, quando o acervo de capital passou a incorporar avanços derivados da eletrônica e da energia atômica – até chegar às variantes mais recentes dessas sucessivas ondas, como a mecatrônica e a robotização.

Esses avanços que se introduziram na concepção e nos mecanismos de operação dos meios de produção não alteraram, contudo, o conceito básico de capital. Também não o alteraram as diferentes concepções político-institucionais sobre a propriedade, o controle e o usufruto desses meios. Independentemente do estágio técnico e da conformação política da sociedade, o fator **capital** constituiu-se sempre das **diferentes categorias de riqueza acumulada, empregadas na geração de novas riquezas**.

As riquezas acumuladas pela sociedade que se enquadram neste conceito incluem, além de máquinas, equipamentos, instrumentos e ferramentas, outros subconjuntos que também se caracterizam pelo mesmo destino. Resultantes do **processo de acumulação** da sociedade, destinam-se também à produção de novas riquezas, materiais e imateriais. Os Quadros 2.6 e 2.7 sintetizam os diferentes subconjuntos de bens de capital que as nações empregam no processo de produção. Os principais são:

- Infraestrutura econômica.
- Infraestrutura social.
- Construções e edificações.

QUADRO 2.6
Uma síntese: as principais categorias do estoque de capital.

Grandes itens					
Infraestrutura		Construções e edificações segundo a destinação	Equipamentos de transporte	Máquinas, equipamentos, instrumentos e ferramentas	Agrocapitais
Econômica	Social				
❑ Energia ❑ Telecomunicações ❑ Transportes	❑ Educação e cultura ❑ Saúde e saneamento ❑ Esportes ❑ Lazer ❑ Segurança	❑ Administrações públicas ❑ Militares ❑ Fabris ❑ Comerciais ❑ Residenciais	❑ Ferroviário ❑ Rodoviário ❑ Hidroviário ❑ Aeroviário	❑ De extração ❑ De transformação ❑ De construção ❑ De prestação de serviços	❑ Lavouras permanentes ❑ Plantéis ❑ Instalações ❑ Edificações ❑ Equipamentos ❑ Implementos ❑ Ferramentas

❑ Equipamentos de transporte.

❑ Máquinas, equipamentos, instrumentos e ferramentas.

❑ Agrocapitais.

A **infraestrutura econômica** é constituída por três grupos de capitais fixos, envolvendo os sistemas instalados de geração, transmissão e distribuição de energia, de telecomunicações e de transportes, em todas as suas modalidades. Aos equipamentos básicos desses grupos, soma-se a **infraestrutura social**, constituída pelos sistemas instalados de saneamento básico, de potabilização das águas e de outros suprimentos de interesse social, como educação e cultura, saúde, esportes, lazer e segurança.

Além dos equipamentos infraestruturais, os estoques de capital fixo imobilizado também incluem as **construções e edificações**, agrupáveis segundo suas principais destinações: repartições públicas, fábricas, uso comercial, uso residencial e uso militar. São também bens de capital todos os **equipamentos de transporte** empregados no processo de produção, como locomotivas e vagões, embarcações, aeronaves, caminhões, ônibus e utilitários, bem como **máquinas, equipamentos, instrumentos e ferramentas de trabalho**, utilizados em atividades extrativas, na indústria de transformação, na indústria de construção e em atividades de prestação de serviços públicos e privados. Por fim, incluem-se também nos estoques de capital da sociedade os **agrocapitais**, como as lavouras permanentes implantadas, os plantéis animais destinados à tração e à reprodução, as instalações rurais, como currais, cercas, açudes e edificações, os implementos, equipamentos e ferramentas rurais.

QUADRO 2.7
O fator capital: caracterização, sob o ponto de vista da economia como um todo. Tipologia e categorias que o constituem.

Infraestrutura econômica	Energia
	    ❏ Unidades de geração
	    ❏ Linhas de transmissão
	    ❏ Sistemas de distribuição
	Telecomunicações
	    ❏ Equipamentos instalados em terra
	    ❏ Satélites em operação
	Transportes
	    ❏ Ferrovias
	    ❏ Rodovias
	    ❏ Aeroportos
	    ❏ Estruturas portuárias
	    ❏ Hidrovias

Infraestrutura social	Sistemas instalados de saneamento básico
	Sistemas instalados de potabilização das águas
	Sistemas destinados a suprimentos de interesse predominantemente social
	    ❏ Educação e cultura
	    ❏ Saúde
	    ❏ Esportes
	    ❏ Lazer
	    ❏ Segurança

Construções e edificações	Das administrações públicas De uso militar De fábricas De uso comercial De uso residencial
Equipamentos de transporte	Locomotivas e vagões Embarcações Aeronaves Caminhões/ônibus/utilitários
Máquinas, equipamentos, instrumentos e ferramentas	Utilizadas em atividades extrativas Utilizadas na indústria de transformação Utilizadas na indústria de construção Utilizadas em atividades de prestação de serviços públicos e privados

Agrocapitais	Lavouras permanentes implantadas
	Plantéis animais
	    ❏ De tração
	    ❏ De reprodução
	Instalações rurais
	    ❏ Currais e cercas
	    ❏ Açudes e outros sistemas de disponibilização de águas
	    ❏ Silos para armazenagem
	    ❏ Sistemas instalados de irrigação
	Outras edificações rurais, como galpões e moradias
	Implementos, equipamentos e ferramentas rurais

As Fontes e o Processo de Acumulação do Fator Capital

Essas diferentes categorias de capital acumuladas pela sociedade resultam de um dos mais importantes fluxos econômicos: o de **investimento**. Conceitualmente, **formação de capital e investimento são expressões sinônimas**. Ambas significam a adição, ao aparelho de produção da economia, de novos estoques de riquezas efetivamente destinadas a produzir novas riquezas. Nesse sentido, a formação de capital se dá pela destinação de uma parcela do esforço produtivo das nações à acumulação de novos bens de produção.

A adição de novos bens de produção só aumenta, em termos líquidos, o estoque de capital da sociedade se ela for superior à **depreciação**. Os bens de capital depreciam-se pelo uso, pela ação do tempo e pela obsolescência técnica. Ano após ano, uma parte dos estoques de capital torna-se "imprestável": os depósitos de sucata e os "ferros-velhos" são o destino de peças quebradas e desgastadas, quando não de máquinas inteiras; equipamentos de transporte deixam de rodar; edificações são demolidas; nos campos, lavouras permanentes são erradicadas, animais de uso são descartados, instalações são reformadas. Isso sem contar os estoques de máquinas e equipamentos que, embora ainda em condições de funcionamento, são substituídos por modelos de última geração que os tornaram obsoletos.

Somente quando os investimentos superam a depreciação, os estoques de capital aumentam em termos líquidos. A formação bruta de capital fixo desconsidera as depreciações; quando elas são subtraídas, definimos a formação líquida de capital fixo. Esta é também a diferença entre os conceitos de **investimento bruto** e de **investimento líquido**. O Quadro 2.8 resume esses conceitos.

Por resultar da incorporação, a um dado estoque de capital da sociedade, de uma parcela do esforço corrente de produção, o processo de formação de capital implica determinado tipo de **renúncia social**, que corresponde a uma das mais importantes e benéficas categorias de **diferimento do consumo**. As sociedades só acumulam estoques de capital se destinarem para esse fim uma parcela do esforço social de produção. Se a totalidade dos esforços e dos recursos da sociedade for destinada para a produção de bens que satisfaçam às necessidades imediatas de consumo, nada restará para a produção daquelas categorias de riquezas que se adicionam aos estoques de capital. A contrapartida desse processo é a poupança de parcela equivalente dos rendimentos gerados no decurso da atividade produtiva. Esta é a fonte financiadora do processo de acumulação.

A Figura 2.11 sintetiza as fontes internas e externas do processo de acumulação. As internas são, para a maior parte das economias nacionais, as de maior importância relativa. As fontes externas geralmente têm caráter complementar. Elas complementam os esforços internos da sociedade, destinados a seu processo de acumulação de capital. Entre as fontes internas, as poupanças das famílias são as de maior expressão relativa, quase sempre responsáveis por volta de 70% do esforço internamente empreendido. Estas, como as poupanças das empresas (lucros não distribuídos e reaplicados), são em geral espontâneas, resultando de decisões originárias das mais diferentes categorias de motivações individuais. Em alguns casos, podem ser estimuladas ou até tornadas compulsórias, por

QUADRO 2.8
O fator capital: conceitos relevantes.

Capital	Estoque de riquezas acumuladas, destinadas à produção de novas riquezas (materiais e imateriais) e ao aprimoramento dos demais recursos de produção.
Formação bruta de capital fixo	Processo pelo qual se acumulam os estoques de bens de capital. Os fluxos econômicos que conduzem à formação bruta de capital fixo denominam-se investimentos brutos. Os conceitos econômicos de investimento e de formação de capital encontram-se, assim, interassociados. **Investimentos brutos** e **formação bruta de capital fixo** são, praticamente, expressões sinônimas.
Depreciação do capital fixo	Processo pelo qual os estoques de capital fixo desgastam-se pelo uso, pela ação do tempo ou pela obsolescência técnica. A velocidade com que ocorre o processo de depreciação ou de sucateamento depende da categoria de capital fixo. As construções e as edificações, geralmente, depreciam-se a ritmos mais lentos que a maior parte das máquinas e equipamentos.
Formação líquida de capital fixo	Expressão resultante da **formação bruta de capital fixo menos as depreciações**. É expressão sinônima de investimentos líquidos: investimentos brutos menos depreciações. Na mensuração das variações do estoque de capital, consideram-se os investimentos líquidos. E estes podem ter sinal negativo. Quando as depreciações superam os investimentos brutos, o estoque remanescente de capital se reduz. Quando as depreciações são inferiores, ele aumenta, significando neste caso que a economia passa a contar com disponibilidades ampliadas desse fator de produção.

Estoque inicial de capital + Fluxos de investimento bruto − Processo de depreciação = Estoque resultante de capital

instrumentos de política econômica do governo, acionados com o objetivo de aumentar os esforços sociais de acumulação. A estas duas fontes soma-se ainda a poupança do setor público, caracterizada pelo excedente da receita em relação às despesas correntes do governo.

Complementando o esforço interno, a acumulação de capital pode também ser financiada por fontes externas, como o ingresso líquido de capitais de risco (que geralmente ocorre com a entrada de empresas multinacionais no país receptor), o fluxo de capitais exigíveis (sob a forma de empréstimos e financiamentos) e ainda as transferências unilaterais de governos ou de organizações internacionais, representadas, por exemplo, por programas de ajuda ao desenvolvimento – auxílios a fundo perdido geralmente destinados a projetos de alto interesse social. Quanto a estas três diferentes fontes externas, cabe observar que o recurso a capitais exigíveis implica endividamento externo para o país receptor. Os recursos procedentes das demais fontes internalizam-se sem endividar o país receptor.

Financiadas por essas diferentes fontes, as taxas de formação bruta de capital fixo, em relação a expressões agregadas, como Produto Nacional Bruto, diferem acentuadamente entre as economias nacionais, como revelam os dados da Tabela 2.14. Há nações que, no passado, caracterizaram-se por altas taxas de formação de capital, de que resultaram processos acelerados de crescimento econômico,

FIGURA 2.11
Fontes internas e externas do processo de acumulação. Os vínculos entre a poupança e a formação bruta de capital fixo.

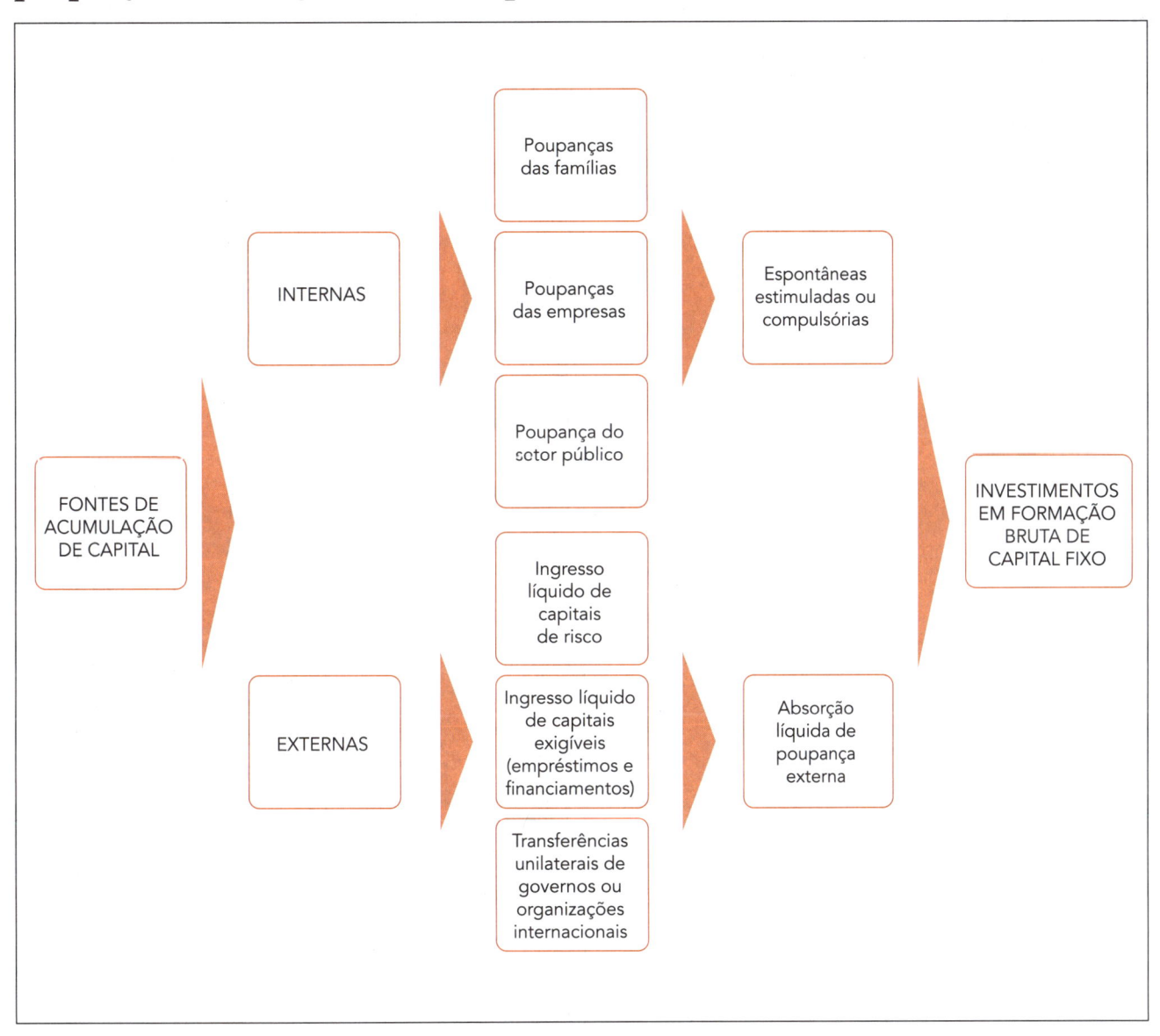

```
                              Poupanças
                              das famílias

                              Poupanças              Espontâneas
               INTERNAS       das empresas           estimuladas ou
                                                     compulsórias
                              Poupança do
                              setor público
FONTES DE                                                              INVESTIMENTOS
ACUMULAÇÃO                                                             EM FORMAÇÃO
DE CAPITAL                    Ingresso                                 BRUTA DE
                              líquido de                               CAPITAL FIXO
                              capitais
                              de risco

                              Ingresso líquido       Absorção
               EXTERNAS       de capitais            líquida de
                              exigíveis              poupança
                              (empréstimos e         externa
                              financiamentos)

                              Transferências
                              unilaterais de
                              governos ou
                              organizações
                              internacionais
```

mas que no presente (período 2001-2012) acumulam moderadamente, reduzindo seu ímpeto histórico de expansão. Na América do Norte e na Europa encontram-se exemplos desse tipo. Outras nações notabilizaram-se no passado recente por elevadas taxas de investimento bruto, mantendo ainda o mesmo ritmo acumulador. Há casos notáveis na Ásia Oriental e no Sudeste da Ásia. E há também, na outra extremidade desse processo, casos caracterizados por baixas taxas de formação bruta de capital fixo. Na África Ocidental e Oriental, na América do Sul, na América Central e no Caribe, há nações que não se notabilizaram historicamente por taxas expressivas de acumulação de capital. O resultado tem sido o enfraquecimento de suas capacidades efetivas de produção. São casos clássicos em que a abundância de outros recursos de produção (reservas naturais e população economicamente mobilizável) não é complementada pela disponibilidade do fator capital.

**TABELA 2.14
Formação bruta de capital fixo em relação ao Produto Nacional Bruto. Taxa média plurianual, em países selecionados, período 1996-2012.**

REGIÕES	PAÍSES SELECIONADOS	PERÍODO 1996-2001	PERÍODO 2001-2012
ÁFRICA OCIDENTAL	Benin	18,4	20,0
	Níger	13,9	26,0
	Nigéria	7,0	9,3
ÁFRICA ORIENTAL	Burundi	7,6	14,5
	Etiópia	17,9	23,7
	Quênia	17,0	17,2
	Ruanda	16,8	18,0
ÁFRICA SETENTRIONAL	Egito	20,2	18,9
	Marrocos	21,7	31,3
	Tunísia	29,9	25,0
ÁFRICA DO SUL	África do Sul	16,8	18,8
	Madagascar	12,1	23,9
ÁSIA CENTRAL	Índia	23,1	31,7
	Nepal	21,6	28,7
	Paquistão	15,1	17,7
ÁSIA ORIENTAL	China	33,7	43,1
	Coreia do Sul	31,9	29,3
	Japão	21,0	21,9
SUDESTE DA ÁSIA	Cingapura	36,6	23,1
	Filipinas	21,1	20,5
	Israel	21,1	17,6
	Indonésia	23,7	27,4
	Kuwait	14,1	17,3
	Tailândia	29,4	26,5
	Turquia	23,0	19,4
AMÉRICA DO NORTE	Canadá	18,7	23,3
	Estados Unidos	17,3	18,1
	México	20,2	24,1
AMÉRICA DO SUL	Argentina	17,9	20,7
	Bolívia	19,5	15,6
	Colômbia	16,3	21,0
	Equador	19,3	22,3
	Paraguai	22,3	16,0
	Peru	23,0	21,7
	Uruguai	14,5	18,2
	Venezuela	16,5	24,1
AMÉRICA CENTRAL E CARIBE	Costa Rica	19,4	22,4
	República Dominicana	21,9	17,4
	El Salvador	16,2	16,3
	Guatemala	16,1	18,0
	Honduras	27,7	27,2
EUROPA OCIDENTAL	Alemanha	21,3	18,1
	Áustria	23,4	22,7
	Bélgica	20,6	21,2
	França	18,3	19,9
	Holanda	24,0	19,3
EUROPA MERIDIONAL	Grécia	21,0	21,3
	Espanha	21,7	26,4
	Itália	19,7	20,5
	Portugal	25,4	22,3
EUROPA ORIENTAL	Hungria	22,6	22,3
	Polônia	24,2	20,9
EUROPA SETENTRIONAL	Dinamarca	19,7	19,9
	Finlândia	18,0	20,4
	Irlanda	21,3	20,2
	Noruega	22,9	22,2
	Suécia	17,0	18,3
	Reino Unido	18,1	16,4
OCEANIA	Austrália	23,4	27,1
	Nova Zelândia	20,2	21,7
	Papua-Nova Guiné	14,3	20,5

Fonte: IMF, International Monetary Fund. *International Financial Statistics.* Publication Service, IMF, v. LV, nº 8, Aug. 2002 e v. LXVI, 2013.

TABELA 2.15 Disponibilidade de equipamentos infraestruturais em economias de baixa, média e alta renda.

Categorias infraestruturais de capital	Economias nacionais, segundo o nível de renda *per capita*		
	Baixa	Média	Alta
Capacidade de geração de energia (bilhões de KW/hora)	3.662	9.778	12.198
Consumo *per capita* de energia (kgs equivalentes de petróleo)	360	1.281	4.872
Tratores por mil trabalhadores agrícolas	17	95	840
Telecomunicações (linhas-tronco por mil habitantes)	25	80	750
Acesso à telecomunicação móvel (% da população)	47	83	100
Saneamento básico (% da população que tem acesso)	37	60	96
Água potável canalizada (% da população que tem acesso)	69	88	99
Rodovias pavimentadas (% s/ total)	22	55	94

Fonte: *World Development Indicators 2011/2012*. Washington, D.C.: World Bank, 2014.

Assim, de forma geral, o processo de acumulação de capital foi ou ainda é mais intenso nas economias de mais altas taxas de crescimento e de mais altos padrões de desenvolvimento. Nas mais pobres, as taxas históricas de formação de capital foram em geral insuficientes, estabelecendo-se então um círculo vicioso de difícil rompimento: não há crescimento da capacidade de produção, porque não há formação de capital; e não se acumulam riquezas na forma de bens de capital por novos investimentos porque não há crescimento e a economia é caracteristicamente pobre. Neste caso, o resultado de longo prazo é a estagnação da produção e da renda nacional por habitante. Já no caso das economias de mais altas taxas de acumulação, o resultado de longo prazo é a expansão da capacidade produtiva por habitante, elevando-se os níveis de bem-estar social como um todo.

A Tabela 2.15 revela as diferenças entre economias nacionais, agrupadas segundo o nível de renda *per capita*, quanto à disponibilidade de uma das mais importantes categorias de capital – os equipamentos infraestruturais. Diferenças de magnitudes assemelhadas registram-se para as demais categorias.

A Acumulação do Fator Capital no Brasil

No Brasil, o processo de acumulação bruta de capital fixo tem-se realizado a taxas médias anuais inferiores a 20% ao ano, em relação ao Produto Interno Bruto. A Tabela 2.16 resume a trajetória dos investimentos brutos no período 2000-2014, segundo as principais categorias de capital. São os seguintes os principais aspectos desse processo no país, revelados pela série histórica considerada:

❏ As taxas anuais situam-se no intervalo 17,2% (a mais baixa) a 20,6% (a mais alta). Trata-se de intervalo inferior à média mundial ponderada, estimada em 22,5%. É superior apenas às dos países mais pobres da África e da América Central e Caribe. Mas está bem abaixo do esforço de capitalização ostentado pelas nações asiáticas que se notabilizaram nas últimas décadas pelo ritmo acelerado e pelos padrões diferenciados de seu crescimento econômico.

TABELA 2.16 Formação bruta de capital fixo no Brasil em relação ao PIB e segundo as duas principais categorias de bens de capital.

Anos	Formação bruta de capital fixo (% do PIB)	Categorias de bens de capital (% sobre o total)		
		Construção Civil	Máquinas e equipamentos	Outros
2001	18,4	56,2	31,2	12,5
2002	18,0	57,9	30,0	12,1
2003	16,7	53,6	32,7	13,7
2004	17,4	52,7	34,2	13,1
2005	17,2	51,3	35,5	13,2
2006	17,3	49,3	37,4	13,3
2007	18,1	47,6	39,5	12,9
2008	19,5	45,0	42,8	12,2
2009	19,2	50,3	37,0	12,7
2010	20,6	49,5	39,1	11,4
2011	20,6	50,2	38,2	11,6
2012	20,2	52,3	35,4	12,3
2013	20,5	51,4	35,9	12,7
2014	19,7	52,6	33,1	14,3

Fonte: IBGE, Sistema de Contas Nacionais. Extraídos de CARVALHO, L. Mello; FEVEREIRO, J. B. R. Torres. *Nota técnica. Revisão metodológica das Contas Nacionais e principais impactos sobre a trajetória do país e seus componentes.* Rio de Janeiro: EPEA, mar. 2015.

❑ As empresas e as famílias são os principais agentes do processo de acumulação. Mais de 90% do esforço de capitalização da economia nacional provém destas duas fontes. A formação bruta de capital fixo atribuída ao governo (administrações públicas) tem representado nos últimos 15 anos menos de 10% do esforço total. Esta é a razão dos baixos percentuais em relação ao PIB.

❑ As construções são a categoria de investimento de mais alta expressão relativa. Os recursos destinados a esse fim superam, na média, 35% dos destinados a máquinas e equipamentos. Outras categorias de acumulação (de que são exemplos lavouras permanentes e plantéis animais nas áreas rurais) representam a parcela menos expressiva, equivalentes a 12% da acumulação bruta.

2.4 A Capacidade Tecnológica: Elo entre os Recursos de Produção

Conceito Abrangente de Capacidade Tecnológica

Conceituada como recurso de produção, a capacidade tecnológica é constituída pelo conjunto de **conhecimentos** e **habilidades** que dão sustentação ao processo de produção. Este fator materializa-se em instituições (ambiente regulatório e de negócios), qualificações do capital humano das nações, qualidade da infraestrutura e sofisticação dos bens de capital disponíveis e dos produtos gerados. Desenvolve-se com maior ou menor velocidade em decorrência da propensão à criatividade das nações. Esse conjunto de qualificações é fundamental para a interligação dos recursos de produção, dando sustentação ao processo de produção. Envolve desde os conhecimentos acumulados sobre as fontes de energia empregadas, passando pelas formas de extração de reservas naturais, pelo seu processamento, transformação e reciclagem, até chegar à configuração e ao desempenho dos produtos finais resultantes. Trata-se, assim, de um recurso de produção que envolve todo o processo produtivo, em todas as suas etapas.

Os franceses sintetizam na expressão *savoir faire* (saber fazer) o conceito de tecnologia. Uma síntese que corresponde à expressão inglesa *know-how* (como fazer). O conjunto dos conhecimentos e habilidades de **saber fazer** e de **como fazer** transmite-se de geração a geração, evoluindo na direção de formas operacionais de crescente sofisticação – desde os primeiros conhecimentos dominados por civilizações milenares até os mais recentes avanços resultantes do binômio pesquisa e desenvolvimento (P&D) em bases científicas. Nesse sentido, a capacidade tecnológica pela sua relevância econômica, social e ambiental, é um dos mais expressivos acervos da herança cultural das nações.

O Quadro 2.9 sintetiza um conceito abrangente de **capacidade tecnológica**. Como conjunto de conhecimentos e habilidades, é o elo entre o capital, a força de trabalho e as reservas naturais. Isso significa que as novas habilidades ou novos conhecimentos que vão se acumulando estão simultaneamente incorporados aos bens de capital e ao conjunto das capacitações da força de trabalho.

Convencionalmente, as habilidades e conhecimentos que abrangem esse recurso de produção são agrupáveis em três grandes categorias. A primeira é a capacitação científica para pesquisa e desenvolvimento (P&D). Esta categoria é a principal fonte da capacidade tecnológica. Envolve capacidades para armazenar, processar, interpretar, integrar e fundir conhecimentos técnico-científicos. A segunda é a capacitação para desenvolver e implantar projetos, tanto de novos processos quanto de novos produtos. É aí que se dá a passagem da **invenção** à **inovação**, segundo a clássica diferenciação de J. A. Schumpeter. E a terceira é a capacitação para operar, com maiores ou menores graus de sofisticação, as atividades de produção propriamente ditas.

A primeira categoria (capacitação para P&D) requer habilidades e conhecimentos científicos para atividades de pesquisa básica e aplicada. Os cientistas e técnicos dos institutos de pesquisa, devotados ao binômio ciência e tecnologia, é que reúnem as capacitações requeridas para os procedimentos de invenção, bem como talentos para engenheirar protótipos em escala experimental, tanto de novos processos quanto de novos produtos. Já a segunda categoria envolve habilidades e conhecimentos para acessar as tecnologias já desenvolvidas, dominadas e de última geração. E a terceira envolve requisitos necessários à operação dos projetos implantados. Diz respeito a atividades de manutenção, de planejamento e controle de produção, de otimização de processos, de aperfeiçoamento de *layout* e de controle de qualidade. Diz respeito também ao domínio dos relacionamentos com os integrantes da cadeia produtiva em que a unidade produtora se situa. É a

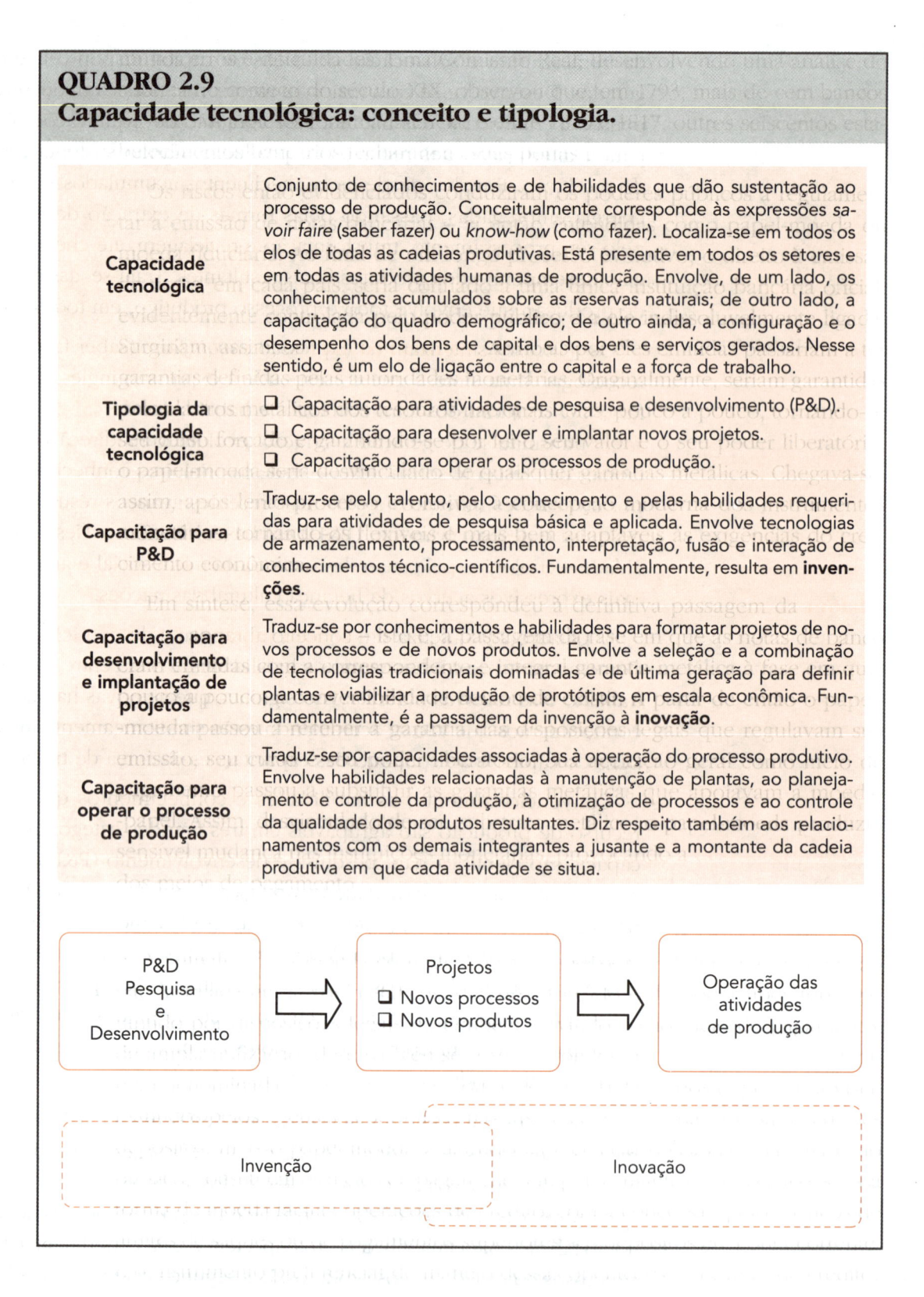

QUADRO 2.9
Capacidade tecnológica: conceito e tipologia.

Capacidade tecnológica	Conjunto de conhecimentos e de habilidades que dão sustentação ao processo de produção. Conceitualmente corresponde às expressões *savoir faire* (saber fazer) ou *know-how* (como fazer). Localiza-se em todos os elos de todas as cadeias produtivas. Está presente em todos os setores e em todas as atividades humanas de produção. Envolve, de um lado, os conhecimentos acumulados sobre as reservas naturais; de outro lado, a capacitação do quadro demográfico; de outro ainda, a configuração e o desempenho dos bens de capital e dos bens e serviços gerados. Nesse sentido, é um elo de ligação entre o capital e a força de trabalho.
Tipologia da capacidade tecnológica	❑ Capacitação para atividades de pesquisa e desenvolvimento (P&D). ❑ Capacitação para desenvolver e implantar novos projetos. ❑ Capacitação para operar os processos de produção.
Capacitação para P&D	Traduz-se pelo talento, pelo conhecimento e pelas habilidades requeridas para atividades de pesquisa básica e aplicada. Envolve tecnologias de armazenamento, processamento, interpretação, fusão e interação de conhecimentos técnico-científicos. Fundamentalmente, resulta em **invenções**.
Capacitação para desenvolvimento e implantação de projetos	Traduz-se por conhecimentos e habilidades para formatar projetos de novos processos e de novos produtos. Envolve a seleção e a combinação de tecnologias tradicionais dominadas e de última geração para definir plantas e viabilizar a produção de protótipos em escala econômica. Fundamentalmente, é a passagem da invenção à **inovação**.
Capacitação para operar o processo de produção	Traduz-se por capacidades associadas à operação do processo produtivo. Envolve habilidades relacionadas à manutenção de plantas, ao planejamento e controle da produção, à otimização de processos e ao controle da qualidade dos produtos resultantes. Diz respeito também aos relacionamentos com os demais integrantes a jusante e a montante da cadeia produtiva em que cada atividade se situa.

P&D Pesquisa e Desenvolvimento → Projetos ❑ Novos processos ❑ Novos produtos → Operação das atividades de produção

Invenção — Inovação

esse conjunto de conhecimentos e habilidades que se dá a denominação genérica de **capacidade tecnológica**.

Nas nações tecnologicamente mais avançadas, esse conjunto altera-se com alta velocidade quanto a seus conteúdos básicos, a seus fundamentos e aos produtos gerados. A cada dia, novos conhecimentos e habilidades incorporam-se ao acervo

FIGURA 2.12
Os processos de geração, acumulação e retroalimentação da capacidade tecnológica.

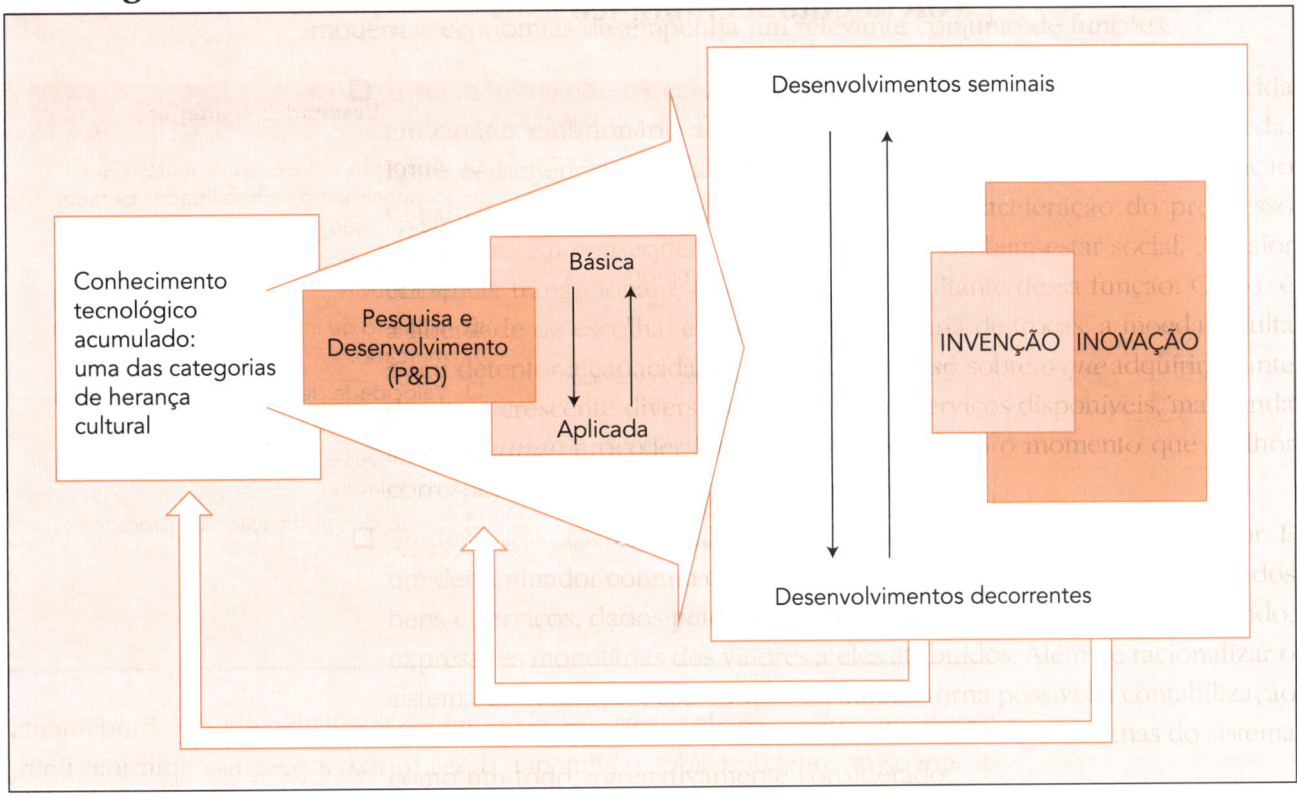

```
                              Desenvolvimentos seminais
                                         ↑
                                         |
    ┌──────────────┐         Básica      |
    │ Conhecimento │           ↑         |
    │ tecnológico  │  ┌────────┴───┐     |    ┌─────────────────┐
    │ acumulado:   │  │ Pesquisa e │     |    │ INVENÇÃO INOVAÇÃO│
    │ uma das      │  │Desenvolvimento    |    │                 │
    │ categorias   │  │   (P&D)    │     |    │                 │
    │ de herança   │  └────────┬───┘     |    └─────────────────┘
    │ cultural     │           ↓         |
    └──────────────┘        Aplicada     |
                                         ↓
                              Desenvolvimentos decorrentes
```

tecnológico, exigindo permanente reciclagem dos recursos humanos que os empregam e tornando defasados e, no limite, absolutamente obsoletos os bens de capital fundamentados em tecnologias geradas anteriormente. A velocidade com que esse processo se dá é uma das mais nítidas diferenças entre as sociedades primitivas e as avançadas. "Na sociedade selvagem", diz Boulding,[11] "mantêm-se, de geração em geração, os mesmos costumes, as mesmas técnicas, os mesmos procedimentos – desde a aração da terra até as preces. O filho segue exatamente as pegadas do pai e a filha as da mãe, sem se desviarem um centímetro da trilha repisada. Na moderna sociedade civilizada, por outro lado, há fluxos constantes de mudanças. Estamos a cada instante melhorando os métodos de nossos antecessores. As novas gerações olham para as de um século atrás com senso de grande superioridade técnica, tocadas apenas por certo pesar sentimental. A despeito do descômodo sentimento de não podermos ombrear espiritual e intelectualmente com nossos antepassados, temos certa confiança de que os excedemos em avanço tecnológico. Avanço que não é vago e imaginário, mas uma experiência real da humanidade".

O Processo de Geração e Acumulação de Capacidade Tecnológica

A Figura 2.12 resume, esquematicamente, os processos de geração, de acumulação e de retroalimentação da capacidade tecnológica. A evolução do conhecimento tecnológico acumulado é função dos níveis e padrões do sistema educacional, dos recursos destinados a pesquisa e desenvolvimento (P&D), básica e aplicada. A pesquisa básica, de interesse científico, embora nem sempre

> **QUADRO 2.10**
> **Fontes e resultados aparentes do processo de desenvolvimento tecnológico.**
>
> | Fontes | Resultados aparentes |
> |---|---|
> | ❑ Heranças culturais
❑ Propensão cultural à inovação.
❑ Educação básica.
❑ Tipologia dos cursos e programas oferecidos pelo sistema educacional.
❑ Dispêndios em P&D.
❑ Número de instituições envolvidas com P&D.
❑ Número de pessoas envolvidas com atividades de P&D.
❑ Invenções patenteadas.
❑ Contratos de licenciamento firmados:
   ✓ *Inbound* – de dentro para fora.
   ✓ *Outbound* – de fora para dentro | ❑ Absorção e desenvolvimento dos conhecimentos e habilidades geradas de geração a geração.
❑ *Links* de inovação nas cadeias produtivas.
❑ Número de inovações introduzidas no mercado.
❑ Velocidade de mudança nos materiais, processos e produtos.
❑ Inovações e mudanças efetivamente assimiladas.
❑ Níveis de sofisticação dos produtos e serviços gerados. |

resulte em aplicações de resultados econômicos imediatos, é a que fundamenta desenvolvimentos derivados e alimenta, dessa forma, a pesquisa aplicada. Entre estes dois campos estabelecem-se relações biunívocas, de natureza semelhante às que se verificam entre os desenvolvimentos seminais e os deles decorrentes, já no campo em que se dá transposição de **invenções** em **inovações**. Segundo a clássica distinção schumpteriana, as invenções traduzem-se pela descoberta de novas formas ou fontes de energia, de novos materiais, de novos processos e de novos produtos; já as inovações referem-se à incorporação das novas descobertas ao fluxo corrente de produção da sociedade.

As fontes e os resultados desse processo encontram-se sintetizados no Quadro 2.10. A educação básica, a estrutura e as ofertas de cursos do sistema educacional, os recursos aplicados em pesquisa e desenvolvimento, o número de instituições e pessoas envolvidas nessas atividades, as invenções patenteadas pelos pesquisadores e cientistas nacionais e os contratos de licenciamento e de absorção de tecnologias desenvolvidas internamente e trazidas de outras nações são as fontes usuais do processo de desenvolvimento tecnológico. E seus resultados aparentes traduzem-se pelo número de inovações introduzidas no mercado, pela velocidade de mudança nos materiais empregados, nos processos adotados, nos produtos resultantes e nas inovações que são efetivamente assimiladas pela sociedade.

Nas economias avançadas, as inovações multiplicam-se e a velocidade de mudança tecnológica acelera-se – seja como resultado de desenvolvimentos próprios, seja pela absorção de capacidade tecnológica de origem externa. Mas nem todas as inovações e mudanças são assimiladas: as reações dos usuários é que validam ou não os novos desenvolvimentos levados ao mercado. Um estudo realizado por Booz, Allen & Hamilton[12] nos Estados Unidos evidenciou que, para se chegar a uma inovação, descartam-se seis entre sete pesquisas desenvolvidas. Ainda assim, o êxito com inovações é estimado em 65%.

Os avanços assimilados e incorporados ao acervo da capacidade tecnológica das nações acompanham, em trajetória paralela, os processos de modernização dos bens de capital, bem como os de formação dos recursos humanos, dando-lhes aptidão para empregarem as máquinas, ferramentas, implementos e instrumentos mais avançados. Assim é que as revoluções científico-tecnológicas e as de conhecimentos e técnicas incorporadas aos processos de produção ocorreram paralelamente. Elas caracterizam-se por ondas que se autoexpandem, abrangendo gradualmente todos os setores de atividade e estendendo-se a todas as manifestações da vida em sociedade. Propagam-se e envolvem as formas como se exteriorizam as relações de produção, as transações empresariais e até os meios pelos quais se expressam e se intercomunicam os mecanismos e as redes institucionais da sociedade.

Essas ondas que renovam, de geração a geração, a capacidade tecnológica das nações migram de um para outro lugar, mudando com o tempo os epicentros de desenvolvimento e de irradiação do progresso. Em seu nascedouro, a revolução tecnológica do século XVIII concentrou-se na Inglaterra, dotando esse país, por volta de 1870, de 30% da capacidade industrial do mundo. Mas daí em diante, como observa Kindleberger,[13] "as capacidades inovadoras da Alemanha e, depois, dos Estados Unidos, se aceleraram e a da Grã-Bretanha retrocedeu. À medida que a indústria se tornava mais complexa, a invenção se transferia da oficina do amador engenhoso para o laboratório científico, favorecendo os países do continente que tinham tradição científica, em detrimento das ilhas britânicas que negligenciaram a ciência e a técnica em proveito dos estudos clássicos".

Durante o século XX, esse processo de deslocamento espacial das ondas de invenção e de inovação tecnológica se acentuou. Novas nações passaram a modificar aceleradamente processos de produção e a inovar em produtos finais. Intensificaram seus investimentos em P&D, mudaram radicalmente os projetos de novas plantas e aperfeiçoaram os instrumentos e os processos com que elas passaram a ser operadas. Primeiro, foram os Estados Unidos e a Alemanha, para onde já havia migrado, desde o final do século XIX, a capacitação tecnológica britânica. Depois, outros países das porções ocidental e setentrional da Europa destacaram-se nesse processo. Subsequentemente, o Japão, que vinha inovando desde o final do século passado, com o advento da Era Meiji, despontou e se afirmou como potência tecnológica na Ásia Oriental. E, mais recentemente, pelo menos oito Tigres Asiáticos e, com alta visibilidade, a China Continental, surpreenderam o sistema competitivo mundial com os avanços tecnológicos que foram capazes de absorver, incorporar a seus processos de produção e a seus produtos, irradiando-os para outras nações importadoras, em velocidade transformadora de sua infraestrutura e de seus parques industriais sem precedentes na história humana.

As ondas das mudanças tecnológicas assimiladas pelas economias em estágios mais avançados geralmente modificam não só a conformação e o desempenho dos produtos finais levados aos mercados de consumo, mas, antecedentemente, os bens de capital empregados para produzi-los e as formas de organização e de operação das unidades de produção. São esses novos padrões tecnológicos, materializados sob a forma de novas máquinas e equipamentos, de novas técnicas de organização da produção e de novos produtos finais, que explicam a expansão econômica. A cada geração, os avanços tecnológicos assumem importância equivalente, ou mesmo maior, na explicação do crescimento e o desenvolvimento socioeconômico das nações do que a disponibilidade de reservas naturais, a simples acumulação de capital e a existência de contingentes populacionais economicamente mobilizáveis. Dotação de reservas naturais, acumulação de capital e aumento da população economicamente ativa não são mais, isoladamente consideradas, as causas centrais do crescimento e do desenvolvimento econômico. Concomitantemente com a disponibilização e expansão desses recursos, requer-se a assimilação das novas tecnologias desenvolvidas. Já nas primeiras décadas da segunda metade do século XX, em texto de referência acadêmica, Delfim Netto[14] evidenciava que "investigações mais recentes vieram a dar proeminência, no processo de desenvolvimento, à incorporação de novas técnicas produtivas e não apenas à acumulação. Como, entretanto, a técnica materializa-se no capital, é claro que a utilização de nova tecnologia implica, também, a utilização de mais capital. Entretanto, **não basta a capacidade de criar excedentes para acelerar o desenvolvimento, pois este se realiza apenas quando o excedente é reintegrado no processo produtivo na forma de novas combinações tecnológicas**, isto é, na forma de capital de tipo essencialmente diverso daquele que predomina no sistema econômico".

Quando essas novas combinações modificam radicalmente os padrões até então vigentes, estabelecem-se as condições históricas das revoluções tecnológicas. Adotando a sucessão dos grandes movimentos destacados por Mandel,[15] os principais períodos das revoluções tecnológicas mais recentes foram:

- ❑ O da difusão do vapor, como força motriz, entre o fim do século XVIII, até a última década do século XIX.
- ❑ O da substituição do vapor pela aplicação generalizada dos motores a combustão e elétrico, iniciada no final do século XIX e estendida até o final da Segunda Guerra Mundial, no século XX.
- ❑ O da incorporação da fissão nuclear às fontes de energia e da eletrônica aos processos e produtos.

A estes três períodos, definidos por novas matrizes tecnológicas e por novos paradigmas, pode-se agora acrescentar mais um, desenvolvido e assimilado nas duas últimas décadas do século XX e, em velocidade crescentemente acelerada, nestas primeiras décadas do século XXI.

- ❑ O da passagem de tecnologias intensivas em capital e energia, voltadas para linhas de produção em larga escala, para tecnologias intensivas em informação e informatização, flexíveis, computadorizadas e alimentadas por redes de comunicação aberta que as disseminaram em termos mundiais.

O Quadro 2.11 sintetiza as características mais importantes dessa nova onda: como fator de produção, a capacitação tecnológica define-se por novos paradigmas desde o final do século XX.

QUADRO 2.11
Capacitação tecnológica no final do século XX: mudanças em paradigmas.

A dinâmica tecnológica mundial mudou significativamente nas duas últimas décadas. Junto com a grande variedade de invenções e de inovações radicais e incrementais em quase todos os processos de produção, há evidências de mudanças de paradigmas, caracterizadas pela passagem de tecnologias intensivas de capital e de energia, voltados para linhas inflexíveis de produção em larga escala, para tecnologias intensivas em informação e informatização, flexíveis e computadorizadas. As atividades produtivas tecnologicamente mais maduras rejuvenesceram-se com essas mudanças, procurando alinhar-se com os setores mais modernos e avançados, que as criaram ou que passaram a se fundamentar nos desenvolvimentos delas decorrentes. Trata-se de uma nova revolução tecnológica que está assim afetando todos os setores, embora de forma desigual. Em sua esteira, novos requerimentos têm sido impostos à economia como um todo, envolvendo mudanças institucionais e organizacionais. Dentre as características mais importantes dos novos paradigmas e dos efeitos da difusão das novas tecnologias através da economia, destacam-se as seguintes:

- **Intensificação da complexidade**. As novas tecnologias são fortemente baseadas em conhecimento científico. As inovações delas decorrentes exigem crescentes gastos em P&D.
- **Aceleração dos novos desenvolvimentos**. As taxas de mudança nos processos e produtos se dão a uma velocidade cada vez mais alta. Como consequência, observa-se uma crescente especialização em produtos e processos de alta especificidade. A aquisição, a sedimentação e a atualização em "competências nucleares" (core competences), de alta especialização, têm sido a resposta de setores que buscam manter-se permanentemente aptos a acompanhar a nova dinâmica do desenvolvimento tecnológico.
- **Fusão e integração**. A integração e a fusão de novas tecnologias é peça fundamental para o rejuvenescimento de setores produtivos. Ressalta-se em particular a característica que as modernas tecnologias de informação e de comunicação possuem de permear todo o conjunto das atividades econômicas.
- **Novos métodos de P&D**. Os procedimentos de P&D passaram a se fundamentar nas novas aquisições das tecnologias da informação e da comunicação. Os novos sistemas de base eletrônica cumprem o importante papel de dar maior velocidade e maior confiabilidade à transmissão, armazenamento e processamento de dados. O desenvolvimento de novas configurações está fortemente associado ao uso desses novos métodos pelos institutos e centros de P&D. Ressalta-se a utilização de sistemas como CAD (*computer-aided design*) e CAE (*computer-aided engineering*).
- **Mudanças nos processos de produção**. Decorrem da introdução de novos sistemas do tipo CAM (*computer-aided manufacturing*), FMS (*flexible manufacturing systems*) e CIM (*computer integrated manufacturing*). Esses sistemas permitem automação, flexibilização, integração e otimização de processos produtivos.
- **Mudanças nos perfis do binômio capital-trabalho**. As novas tecnologias exigem simultaneamente mudanças na configuração dos bens de capital e novos níveis de qualificação do fator trabalho. A velocidade com que ocorrem inovações em processos e produtos requer permanente requalificação e reaprendizagem dos fatores básicos de produção. Na maior parte dos casos, as mudanças de perfis podem ser descritas como radicais.

Fonte: COUTINHO, Luciano; FERRAZ, João Carlos (Coord.). *Estudo da competitividade da indústria brasileira*. Campinas: Editora da UNICAMP/Papirus, 1994.

P&D e C&T no Brasil: Esforços para Superar a Fragilidade

No Brasil, até o início da década de 1950, os bens de capital empregados, os processos de produção e os produtos resultantes caracterizavam-se por reduzidos graus de sofisticação tecnológica. A incorporação de capacitação tecnológica mais avançada passou a ocorrer a partir da segunda metade dos anos 50, com a diversificação das atividades de produção, notadamente em segmentos da indústria de transformação. Bens de capital de maior complexidade tecnológica, que já se encontravam em adiantado grau de maturação em nível mundial, ingressaram no país, por investimentos públicos em segmentos infraestruturais de maior prazo de maturação, e por investimentos privados, nacionais e multinacionais, em segmentos substituidores de importações. Ao longo desse processo de diversificação, com alargamento da base infraestrutural, a incorporação e a difusão de tecnologias mais avançadas se deram pela absorção de fontes externas. Não ocorreram, na mesma proporção, esforços internos de investimento nas áreas de P&D e C&T.

Na década de 60, estimularam-se os esforços internos de desenvolvimento de capacitação tecnológica, por pesquisas básicas e aplicadas. Criaram-se bases institucionais para o desenvolvimento científico e tecnológico. Datam desse período a criação do Conselho Nacional e do Fundo Nacional de Desenvolvimento Científico e Tecnológico, CNPq e FNDCT. A partir dessas bases, criaram-se institutos e centros de pesquisa. Mas seus esforços mais efetivos restringiram-se à adaptação de processos, materiais e produtos às peculiaridades internas. A oferta e a incorporação de capacitação tecnológica continuaram fortemente dependentes de fontes externas.

Nas décadas de 70 e 80, esforços mais consistentes de montagem de uma infraestrutura científico-tecnológica no país e de formação de pesquisadores concentram-se em centros de pesquisa de empreendimentos estatais. Como Coutinho e Ferraz[16] destacam, "o setor público tornou-se na principal fonte de recursos para C&T, responsável por 80% dos investimentos nessa área. Mas com o desequilíbrio financeiro do setor público, observou-se a paulatina redução dos orçamentos para C&T, com o progressivo enfraquecimento da infraestrutura para pesquisa científica e tecnológica então montada. As consequências mais sérias de tal enfraquecimento foram a evasão de importantes pesquisadores destas instituições e a obsolescência dos laboratórios e equipamentos de pesquisa". Nos anos 80, o dispêndio nacional com C&T no Brasil evoluiu do patamar anual de US$ 2,5 para US$ 3,0 bilhões, atingindo 0,7% do PIB, em média anual.

Dispêndios superiores a 1,0% do PIB só voltaram a crescer nos anos 90, como mostram os dados da Tabela 2.17, então com maior equilíbrio entre as participações dos setores público e privado. Os novos esforços seriam resultantes da maior inserção do país no sistema competitivo mundial, decorrentes de estratégia de abertura da economia, na esteira dos movimentos de globalização e de integração de mercados. Estes esforços concentraram-se na busca de novos processos (com focos em redução de custos, produtividade) e principalmente de novos produtos (com objetivos de acompanhamento dos padrões mundiais aos ofertados no país), como mostram os dados da Tabela 2.18. Mas em relação aos níveis das economias mais avançadas, os dispêndios em P&D do Brasil permaneceram expressivamente inferiores. A Tabela 2.19 evidencia as distâncias: são duas a três superiores às do país.

TABELA 2.17 Dispêndios em P&D – pesquisa e desenvolvimento no Brasil. Período 1990-2012.

Anos	% em relação ao PIB		
	Empresas e instituições privadas	Governo e instituições públicas	TOTAL
1990-95	0,40	0,66	1,06
1996-99	0,53	0,59	1,12
2000	0,51	0,55	1,06
2001	0,51	0,56	1,07
2002	0,49	0,53	1,02
2003	0,49	0,52	1,01
2004	0,49	0,48	0,97
2005	0,53	0,48	1,01
2006	0,51	0,49	1,00
2007	0,57	0,54	1,11
2008	0,58	0,58	1,16
2009	0,56	0,59	1,15
2010	0,57	0,63	1,12
2011	0,58	0,62	1,20
2012	0,60	0,64	1,24

Fonte: Ministério da Ciência, Tecnologia e Inovação. Coordenação Geral de Indicadores. Brasília: MCTI, 2013.

TABELA 2.18 Indicadores relacionados ao fator capacidade tecnológica no Brasil: dispêndios, categorias, finalidades e resultados.

Indicadores selecionados	Valores aferidos
❏ Aplicações em ciência e tecnologia em relação ao Produto Interno Bruto	1,27%
❏ Dispêndio com P&D: desenvolvimento próprio e aquisições	
a) Valores médios por empresa (US$ mil)	4.019
b) % sobre valor bruto da produção	1,48%
❏ Tipo de atividade de P&D: % sobre dispêndio total	
a) Pesquisa básica	8,9%
b) Pesquisa aplicada	31,2%
c) Desenvolvimento experimental	59,9%
❏ Finalidade da atividade de P&D: % sobre dispêndio total	
a) Novos processos	33,8%
b) Novos produtos	61,4%
c) Outros fins	4,8%
❏ Resultados aferidos	
a) Novos processos: redução média de custos	50,3%
b) Novos produtos: % gerada em relação ao valor bruto da produção	39,0%

Fonte: ANPEI, Associação Nacional de Pesquisa e Desenvolvimento das Empresas Industriais. *Indicadores empresariais de inovação tecnológica*. São Paulo, dez. 2002.

TABELA 2.19
Comparações internacionais dos dispêndios em P&D em relação ao PIB: a posição do Brasil, 2000-2012.

Países	2000	2001	2002	2003	2004	2005	2006	2007	2008	2009	2010	2011	2012	Média
Japão	3,00	3,07	3,12	3,14	3,13	3,31	3,41	3,46	3,47	3,36	3,25	3,38	3,35	3,27
Coreia do Sul	2,30	2,47	2,40	2,49	2,68	2,79	3,01	3,21	3,36	3,56	3,74	4,04	4,36	3,11
Estados Unidos	2,62	2,64	2,55	2,55	2,49	2,51	2,55	2,63	2,77	2,82	2,74	2,76	2,79	2,65
Alemanha	2,47	2,47	2,50	2,54	2,50	2,51	2,54	2,53	2,69	2,82	2,80	2,89	2,98	2,63
França	2,15	2,20	2,24	2,18	2,16	2,11	2,11	2,08	2,12	2,27	2,24	2,25	2,29	2,18
Cingapura	1,85	2,06	2,10	2,05	2,13	2,19	2,16	2,36	2,65	2,18	2,04	2,17	2,04	2,15
Canadá	1,87	2,04	1,99	1,99	2,01	1,99	1,96	1,92	1,87	1,92	1,82	1,74	1,69	1,91
Reino Unido	1,79	1,77	1,78	1,73	1,67	1,70	1,72	1,75	1,75	1,82	1,77	1,78	1,73	1,75
China	0,90	0,95	1,07	1,13	1,23	1,32	1,39	1,40	1,47	1,70	1,76	1,84	1,98	1,40
Itália	1,04	1,08	1,12	1,10	1,09	1,09	1,13	1,17	1,21	1,26	1,26	1,25	1,27	1,16
Rússia	1,05	1,18	1,25	1,29	1,15	1,07	1,07	1,12	1,04	1,25	1,13	1,09	1,12	1,14
Portugal	0,73	0,77	0,73	0,71	0,74	0,78	0,99	1,17	1,50	1,64	1,59	1,52	1,50	1,11
Brasil	**1,06**	**1,07**	**1,02**	**1,01**	**0,97**	**1,01**	**1,00**	**1,11**	**1,16**	**1,15**	**1,20**	**1,20**	**1,24**	**1,09**
Argentina	0,44	0,42	0,39	0,41	0,44	0,46	0,50	0,51	0,52	0,60	0,62	0,65	0,74	0,52

Fonte: OECD – Organization for Economic Co-operation and Development. *Main Science and technology indicators*. Paris: OECD, 2014.

FIGURA 2.13
Índice global de inovação: quadro conceitual de pilares e resultados.

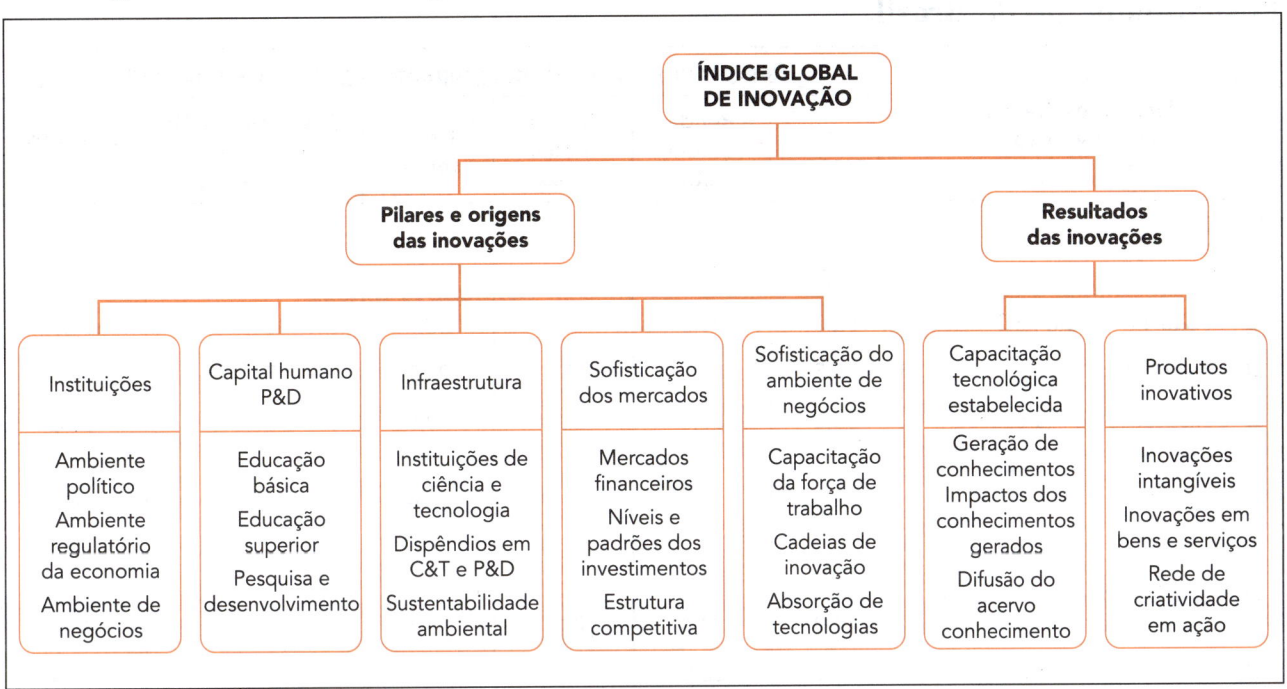

```
                          ÍNDICE GLOBAL
                          DE INOVAÇÃO
                    ┌──────────┴──────────┐
            Pilares e origens          Resultados
             das inovações           das inovações
```

Instituições	Capital humano P&D	Infraestrutura	Sofisticação dos mercados	Sofisticação do ambiente de negócios	Capacitação tecnológica estabelecida	Produtos inovativos
Ambiente político	Educação básica	Instituições de ciência e tecnologia	Mercados financeiros	Capacitação da força de trabalho	Geração de conhecimentos	Inovações intangíveis
Ambiente regulatório da economia	Educação superior	Dispêndios em C&T e P&D	Níveis e padrões dos investimentos	Cadeias de inovação	Impactos dos conhecimentos gerados	Inovações em bens e serviços
Ambiente de negócios	Pesquisa e desenvolvimento	Sustentabilidade ambiental	Estrutura competitiva	Absorção de tecnologias	Difusão do acervo conhecimento	Rede de criatividade em ação

Fonte: DUTTA, Soumitra (Ed.). *The Global Innovation Index 2012*. Fontainebleau: INSEAD, 2014.

Além dos dispêndios diretos em P&D, há outros pilares que dão sustentação a objetivos nacionais de inovação. Eles estão sintetizados na Figura 2.13. E as avaliações dos países, segundo suas diretrizes em cada um desses pilares são mostrados na Tabela 2.20. Também quanto a este conjunto de fatores que definem a capacitação tecnológica e de inovação dos países, a posição do Brasil está distante da dos países de alta renda e, mais ainda, dos dez do topo do *ranking* mundial em inovações.

2.5 A Capacidade Empresarial: a Energia Mobilizadora

Conceito de Empresariedade

Com a **capacidade empresarial**, ou **empresariedade**, completa-se o quadro dos recursos de produção de que as economias nacionais dispõem. A descoberta e a exploração de recursos naturais, a mobilização da população em idade de produzir, a disponibilidade dos bens de capital, a qualificação e os graus de atualização e de sofisticação dos padrões tecnológicos que serão empregados – enfim, a mobilização, a interação e a combinação dos recursos fundamentais de produção pressupõem a existência de um quinto fator de alta relevância: a **capacidade de empreendimento**. É através dela que os recursos disponíveis são reunidos, organizados e acionados para o exercício de atividades produtivas.

Na realidade, a existência de recursos humanos aptos para o exercício de atividades produtivas, a disponibilidade de capital, a dotação de reservas naturais e a capacidade tecnológica acumulada só geram fluxos de produção, quando

TABELA 2.20
Índice global de inovações: *ranking* dos países segundo níveis de renda em 2012. Posicionamento do Brasil.

Pilares e resultados das inovações	Resultados de 141 países, agrupados segundo níveis de renda					
	Alta renda	Renda média alta	Renda média baixa	Baixa renda	Posições dos 10 países do topo do *ranking*	Posições do Brasil
PILARES						
❏ Instituições	79,0	55,6	43,3	44,2	90,7	50,4
❏ Capital humano e P&D	52,5	35,1	26,6	22,7	58,7	31,5
❏ Infraestrutura	51,5	35,2	25,8	21,2	59,5	39,1
❏ Sofisticação de mercados	53,6	38,8	32,8	28,9	69,4	35,6
❏ Sofisticação do ambiente de negócios	52,0	39,7	34,0	30,4	62,7	44,4
RESULTADOS						
❏ Capacitação tecnológica estabelecida	44,0	27,4	23,7	18,3	59,1	30,5
❏ Inovações observadas	44,6	32,0	24,6	21,2	50,3	35,4
Médias não ponderadas dos pilares	**53,9**	**37,6**	**30,1**	**26,7**	**64,3**	**38,1**

Fonte: DUTTA, Soumitra (Ed.). *The Global Innovation Index 2012*. Fontainebleau: INSEAD, 2014.

mobilizados e combinados. Isoladamente, cada um de per si, não é suficiente para que se desencadeie o processo de produção. Caso não sejam idealizados, implantados e mantidos empreendimentos capazes de absorver e combinar esses recursos, eles serão apenas potencialmente relevantes. Adquirem importância efetiva, não apenas potencial, quando empregados efetivamente. É de seu emprego, de sua aglutinação em torno de empreendimentos em todas as cadeias produtivas, de sua adequada combinação, bem como da organização e da direção a que se submetem que resultam os fluxos de produção de bens e serviços tangíveis e intangíveis. E todo esse esforço de mobilização e coordenação é atribuível ao "quinto fator de produção", a **capacidade empresarial**.

O Quadro 2.12, em resenha histórica, traz uma síntese das características, das funções e dos papéis do empreendedor. Transparece nitidamente nessa resenha que a caracterização desse fator é condicionada por concepções ideológicas. E a sanção social a sua atuação é derivada direta de sua postura ética.

Independentemente, porém, das concepções e posturas envolvidas, nenhuma economia pode prescindir da capacidade empresarial como fator de produção, seja esta atribuída preponderantemente a agentes e a grupos privados, seja a organismos governamentais. As motivações do Estado, de grupos empresariais e do empreendedor independente não são iguais. Também não é a mesma a recompensa. E podem ainda variar amplamente os resultados alcançados por

QUADRO 2.12
O conceito de empreendedor: uma resenha da literatura.

O termo **empreendedor** é de origem francesa – **entrepreneur**. Originalmente, abrangia as funções do inventor, do planejador, do construtor, do administrador e do empregador, mas não as de provedor de capital, nem as de quem corre riscos. Somente com o surgimento do capitalismo liberal é que se estabeleceu uma distinção clara entre aqueles que executavam funções técnicas e aqueles que se ocupavam de funções empresariais.

Foi Richard Cantillon, homem de negócios e financista do século XVIII, quem empregou pela primeira vez o conceito de forma específica, atribuindo-lhe um conteúdo econômico preciso. Ele sugeriu que o empreendedor é um agente econômico dotado de capacidade de previsão e de disposição para assumir riscos, executando ações convergentes à obtenção de lucros. Tratava-se, segundo esse conceito, de uma atividade ousada e fundamentada no interesse próprio, mas de importantes consequências sociais: as ações dos empreendedores é que estabeleceriam o equilíbrio entre a oferta e a procura em mercados específicos. Em outras palavras, o empreendedor seria o agente do equilíbrio, em uma economia liberal de mercado.

Outros autores franceses da época, como Quesnay, Turgot e o abade Baudeau, também descreveram o empreendedor como peça fundamental do sistema de mercado, embora divergissem em suas avaliações sobre a natureza de sua ação e os principais atributos de sua caracterização: a posse do fator capital, a busca do lucro, o espírito de inovação e a baixa aversão a riscos.

No início do século XIX, Jean Baptiste Say deu um passo à frente, ao dividir o processo produtivo em três estágios: o da pesquisa, o da inovação e o da produção propriamente dita. O papel do empreendedor seria o de articular essas três fases, tendo em especial capacidade para estimar, com alguma exatidão, a importância dos produtos e sua provável demanda. Segundo esse conceito, o ato de empreender não incluía necessariamente a propriedade do capital.

Os clássicos ingleses pouco acrescentaram a esse quadro conceitual. Adam Smith, por exemplo, não distinguiu o empreendedor das várias categorias de agentes atuantes na economia, como se cada negócio fosse levado a cabo por si só. Somente Stuart-Mill contribuiu nesse campo, destacando que a renda dos empreendedores era de natureza diferente da dos demais agentes econômicos: seus ganhos foram atribuídos em parte a sua destreza e a sua capacidade de administrar, em parte à remuneração de seu próprio capital, em parte ainda a sua disposição em correr riscos. Esse legado clássico, transmitido a Marx, o levou a não distinguir os conceitos e as funções do capitalista e do empreendedor. Sua finalidade maior seria a acumulação e o comando do fator capital.

No final do século XIX, o estudo do papel do empreendedor passou a ser influenciado em larga medida pelo trabalho de historiadores e sociólogos alemães, como Schmöller, Sombart e Weber. Eles destacaram que o espírito empresarial é que dava ânimo a toda a economia, através da inovação criativa. E Weber foi além, ao evidenciar que o empreendedor era um agente que se desviava dos padrões normais, destacando-se pela criação de novos métodos de produção. Sua preocupação primordial era explicar como, pela ação dos empreendedores, o estado autoperpetuável é em algum ponto alterado. E mais: mostrou como o espírito do capitalismo e a ética religiosa poderiam combinar-se: a acumulação da riqueza, fruto de novos e bem-sucedidos empreendimentos, era moralmente sancionada à medida que se combinasse com uma carreira sóbria e laboriosa.

No início do século XX, novas contribuições teóricas ajudaram a definir melhor os papéis do empreendedor. Schumpeter associou a empresariedade ao desenvolvimento econômico e mostrou como as ações inovadoras podem introduzir descontinuidades cíclicas na economia. Os papéis centrais do empreendedor passaram então a fixar-se em três bases: a inovação, a assunção de riscos e a permanente exposição da economia ao estado de desequilíbrio, rompendo-se a cada momento paradigmas que se encontravam estabelecidos. Trabalhos mais recentes, como os de A. Gerschenkron (*Economic backwardness in historial perspective*, 1962) e de I. M. Kirzner (*Competition and entrepreneurship*, 1973) enfatizam esses mesmos conceitos, embora evidenciando que esses papéis e seus impactos diferem em função do ambiente em que os empreendedores atuam e dos padrões de desenvolvimento já alcançados.

Fonte: BIRCHAL, Sérgio de Oliveira. *Entrepreneurship and the formation of a business environment in nineteenth-century Brazil*. London School of Economics and Political Science, mimeo, 1994. Síntese dos Capítulos 1 e 2, "A brief review on the literature on the entrepreneur".

estas diferentes fontes de empresariedade. Mas, sejam quais forem os propósitos e os resultados, a capacidade empresarial, de interesse público ou privado, estará sempre presente quando se mobilizam os estoques acumulados de recursos de produção. O processo de produção, em seus fundamentos, dá-se pela mobilização combinada dos recursos terra, trabalho e capital, sob os padrões tecnológicos alcançados pelas nações. E o **fator mobilizador** é a **capacidade empresarial**.

Qualificação e Importância da Capacidade Empresarial

Os agentes dotados de capacidade empresarial reúnem um conjunto de qualificações que os diferenciam em relação aos contingentes economicamente mobilizáveis. As principais, destacadas por Leibenstein,[17] são as seguintes:

- Ter visão estratégica, orientada para o futuro, capaz de antever novas realidades e seus desdobramentos.
- Ter baixa aversão aos riscos inerentes ao ambiente de negócios.
- Ter espírito inovador, quebrando paradigmas, abrindo novas fronteiras, propondo novas soluções para satisfazer às ilimitáveis necessidades humanas.
- Ter sensibilidade para farejar oportunidades de investimento ou de reunir e processar informações que os levam a descobri-las.
- Ter energia suficiente para implantar seus projetos, animando tantos investidores quantos sejam necessários para sua execução.
- Ter acesso aos outros quatro recursos de produção, bem como capacidade para combiná-los e motivá-los, levando adiante os projetos implantados.
- Ter a capacidade de organizar o empreendimento, adquirindo ou contratando os recursos necessários, transferindo subsequentemente a gestores competentes a coordenação permanente das operações.

Há autores, como Hailstones,[18] que destacam a capacidade empresarial como "o mais importante dos fatores de produção; sua persistente busca pelo lucro e por outros elementos motivadores, inerentes à produção e distribuição de bens e serviços, é a principal força propulsora do processo econômico". A empresariedade seria, assim, a energia mobilizadora da economia. A carência de espírito empresarial retarda movimentos inovadores e inibe o processo de crescimento econômico. Em contrapartida, nações dotadas de energia empreendedora mobilizam as pontencialidades existentes, desenvolvem esforços de complementação de suas deficiências naturais e emergem em pouco tempo como potências competitivas.

A disponibilidade de agentes dotados de capacidade empresarial está associada a fatores culturais, sociais, econômicos e institucionais. Como regra, considerando-se como inatas as qualificações requeridas que definem os empreendedores, é escassa a dotação desse fator. Em economias de desenvolvimento tardio, apesar das oportunidades de investimento existentes, a falta de espírito empresarial é uma das principais barreiras para a promoção do crescimento. Sob condições de atraso acentuado, a aceitação fatalística das condições vigentes contrasta com as motivações encontradas nas sociedades economicamente mais avançadas. As atitudes que conduzem à empresariedade ocorrem geralmente em sistemas avançados; são mais escassas em sistemas tardios. É como se a capacidade empresarial também resultasse da emulação social que estimula a busca por inovações e da cultura que valoriza a conquista, a liderança e o êxito no ambiente de negócios.

Fatores culturais adversos, associados à baixa mobilidade social, podem dificultar a emergência e o desenvolvimento do espírito empreendedor. Contrariamente, quando se criam motivações sociais suficientemente fortes para impulsionar agentes dotados de capacidade empreendedora, remove-se uma das barreiras institucionais que mais dificultam a ocorrência e a atuação desse fator. A capacidade empresarial é condicionada por bases institucionais que não reprimem nem condenam a ascensão social derivada do êxito em negócios. A ambição que move empreendedores justifica-se socialmente à medida que contribui para gerar empregos e dotar a economia de uma das precondições relevantes para o bem-estar social – a expansão da produção.

2.6 O Processo de Produção: Fundamentos e Categorias Resultantes

Os Setores de Produção: uma Classificação Usual

Os cinco recursos que acabamos de conceituar e descrever – terra, trabalho, capital, capacidade tecnológica e capacidade empresarial – são mobilizados e combinados entre si pelo diversificado conjunto das unidades que integram o aparelho de produção das economias nacionais. Todos eles estão de alguma forma presentes em todos os fluxos resultantes das atividades de produção. As proporções com que cada um desses recursos contribui no processo produtivo variam de setor para setor. Há atividades intensivas do fator terra; outras, são trabalho-intensivas ou capital-intensivas; a capacidade tecnológica, como fator de produção e como produto, é intensiva nas unidades de P&D; somente a importância relativa da empresariedade é similar para as diferentes categorias de atividades produtivas. Mas, direta ou indiretamente, não há atividade produtiva que possa prescindir de qualquer um dos recursos básicos de produção. Sua disponibilidade é a condição *sine qua non* para que se desencadeiem os fluxos de produção das economias nacionais.

A intensidade com que se dá o emprego de cada um deles e as diferentes categorias de produtos resultantes são os dois critérios de referência para classificação das atividades de produção. Estas são usualmente classificadas em atividades primárias, secundárias e terciárias. As atividades primárias de produção compreendem a agropecuária; nestas, é alta a intensidade do fator terra. As secundárias incluem a indústria extrativa mineral e as indústrias de transformação e de construção; nestas, embora as proporções variem entre os principais ramos industriais, é alta a intensidade do fator capital. E as atividades terciárias, geralmente caracterizadas pela intensividade do fator trabalho, compreendem o comércio, a intermediação financeira, os transportes, as comunicações e outras categorias de prestação de serviços.

Mais especificamente, é esta a classificação usualmente adotada:

ATIVIDADES PRIMÁRIAS DE PRODUÇÃO

❑ **Lavouras** – Culturas permanentes. Culturas temporárias extensivas. Horticultura. Floricultura.

❑ **Produção animal** – Criação e abate de gado e aves. Pesca. Caça. Derivados da produção animal.

❑ **Extração vegetal** – Produção florestal: silvicultura e reflorestamento para usos múltiplos. Extração de recursos florestais nativos.

ATIVIDADES SECUNDÁRIAS DE PRODUÇÃO

❑ **Indústria extrativa mineral** – Extração de minerais metálicos e não metálicos.

❑ **Indústria de transformação** – Transformação de minerais não metálicos. Siderurgia e metalurgia. Material eletroeletrônico e de comunicações. Material de transporte. Beneficiamento de madeira e mobiliário. Celulose, papel e papelão. Química. Produtos farmacêuticos e veterinários. Borracha. Produtos de matéria plástica. Produtos de higiene e limpeza. Têxtil, vestuário, calçados e artefatos de couro. Produtos alimentares. Bebidas. Fumo. Editorial e gráfica.

❑ **Indústria da construção** – Obras públicas. Construções e edificações para fins residenciais e não residenciais.

❑ **Atividades semi-industriais** – Produção, transmissão e distribuição de energia elétrica. Gás encanado. Tratamento de esgotos. Potabilização e distribuição de água.

ATIVIDADES TERCIÁRIAS DE PRODUÇÃO

❑ **Comércio** – Comércio exterior. Comércios internos atacadista e varejista, subagrupados segundo grandes ramos.

❑ **Intermediação financeira** – Instituições reguladoras e de emissão monetária. Bancos comerciais e de desenvolvimento. Sociedades de crédito, financiamento e investimento. Seguros. Capitalização. Atividades complementares dos mercados monetário, financeiro, de capitais e cambial.

❑ **Transportes e comunicações** – Transportes aéreos, ferroviários, hidroviários e rodoviários. Comunicações. Telecomunicações.

❑ **Governo** – Administração pública direta e autarquias, das diferentes esferas de governo: central, estadual, municipal.

❑ **Outros serviços** – Assistência à saúde. Educação e cultura. Hospedagem e alimentação. Conservação e reparação de máquinas, veículos e equipamentos. Lazer. Atividades profissionais liberais.

A Mobilização dos Recursos e a Interação dos Fatores

O conjunto desses setores e subsetores compõe o **aparelho de produção da economia nacional**. No decurso das atividades de produção, eles mobilizam os recursos básicos, processando e reprocessando produtos de utilização intermediária, até chegar aos produtos finais disponibilizados em diferentes mercados. Cada um desses setores e subsetores está, direta ou indiretamente, interligado com todos os demais, numa quase indescritível sucessão de transações econômicas interdependentes. Interligando-os, formam-se redes e cadeias de interdependência de elos intersetoriais e intrasetoriais.

Por meio dessas redes e cadeias de inter e de intrarrelações, todo o conjunto se movimenta, articuladamente, através de **unidades de produção** – uma expressão genérica que engloba todas as empresas e todas as demais categorias organizacionais que participam do processo produtivo. Interconectadas por conjuntos de elos e cadeias produtivas, as unidades de produção caracterizam-se por alta heterogeneidade. Diferenciam-se não só quanto a suas formas jurídicas de constituição e quanto as suas modalidades de operação, mas ainda quanto a suas dimensões e também quanto à natureza dos produtos que processam. Todas, porém, têm como traço comum a capacidade de empregar e de combinar os recursos de produção de que a economia dispõe.

A Figura 2.14 é uma representação esquemática do processo de produção, das principais categorias de produtos resultantes e de suas destinações. Todo o processo tem como núcleo de referência o aparelho de produção, constituído por unidades interconectadas. Estas, não importa quais sejam suas dimensões, as atividades a que se dediquem ou as suas formas institucionais de organização, empregam e combinam os recursos ativos disponíveis, dotados de determinado padrão tecnológico e das qualificações necessárias ao exercício do processo produtivo. Mobilizados, dirigidos e interarticulados nas unidades de produção, esses recursos exercem pressões **primárias** sobre as reservas naturais. Primariamente, desenvolvem-se atividades que se caracterizam pela alta intensividade do fator terra, estabelecendo-se então o contato inicial dos recursos ativos com as dádivas da natureza. A partir de atividades primárias, desencadeiam-se outras, classificadas como **secundárias**, caracterizadas pelo reprocessamento e transformação das reservas naturais extraídas, já então multiplamente combinadas entre si. Estabelecem-se então **fluxos contínuos** de emprego de recursos, de extração, de processamento e de reprocessamento de materiais, apoiados por atividades **terciárias**. E o resultado de todos esses processos e fluxos contínuos é a geração de produtos, tangíveis e intangíveis, que atendam às necessidades de consumo e de acumulação da sociedade.

Categorias Resultantes do Processo Produtivo

As saídas desses fluxos contínuos são classificáveis segundo a natureza dos produtos gerados e suas destinações. Segundo sua natureza, os produtos gerados classificam-se em **bens** e **serviços**. Segundo sua destinação, em bens e serviços de **consumo**, **intermediários** e de **produção**.

A NATUREZA DOS PRODUTOS

❏ **Bens** é a denominação usual de produtos tangíveis, resultantes de atividades primárias e secundárias de produção. É a denominação genérica dos produtos que provêm das atividades agropecuárias e das diferentes categorias de atividades industriais, de transformação e de construção.

FIGURA 2.14
O processo e os fluxos de produção: a mobilização dos recursos e a destinação dos bens e serviços produzidos.

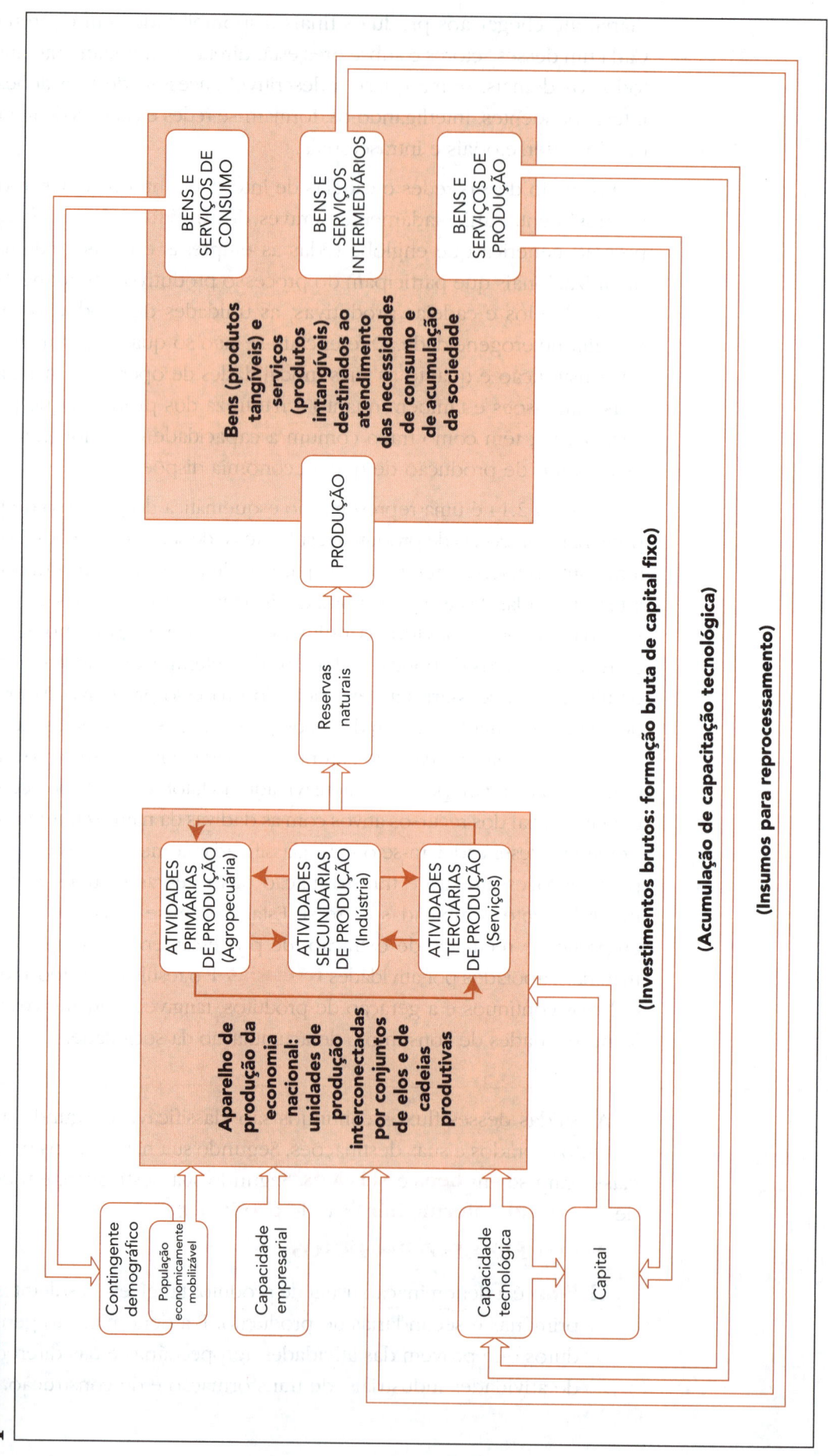

- **Serviços** é a denominação usual de produtos intangíveis, resultantes de atividades terciárias de produção.

A DESTINAÇÃO DOS PRODUTOS

- Os **bens e serviços de consumo**, duráveis ou de uso imediato, destinam-se à satisfação das necessidades do contingente demográfico. Eles satisfazem a necessidades não apenas biofisiológicas, mas também a diversificados e crescentes complexos de requisições e de aspirações sociais, que mobilizam praticamente todo o aparelho produtor da economia.

- Os **bens e serviços intermediários** são constituídos por **insumos destinados a reprocessamento**. Esses bens reingressam no aparelho de produção da economia, para que sejam transformados em bens capazes de atender a necessidades finais. As sementes, as fibras naturais ou sintéticas, os minérios e uma multiplicidade de outros bens da mesma natureza são identificados como intermediários. No campo dos serviços, há também os que apenas se destinam a servir de suporte para as atividades de produção do sistema. Estes também são considerados intermediários, uma vez que se destinam a atender às exigências operacionais das empresas e não às necessidades finais da sociedade. A todos os bens e serviços desta categoria, ao retornarem às unidades de produção, são adicionados novos esforços ativos, que não apenas modificarão suas características, como também seu valor econômico. Em certos casos, para se chegar ao produto final, vários bens e serviços intermediários passam por sucessivas fases de transformação. Em cada uma delas mobilizam-se novos recursos e combinam-se novos insumos e serviços, elevando-se em consequência a soma dos valores adicionados.

- Os **bens e serviços de produção** são constituídos por uma categoria diferenciada de produtos finais. Embora não destinados ao consumo, consideram-se como terminais em relação aos fluxos de produção de que se originaram. Destinam-se a esse fim os equipamentos infraestruturais, econômicos e sociais; as construções e edificações; as máquinas, os equipamentos, os instrumentos e as ferramentas. Trata-se, enfim, do diversificado conjunto de produtos de que se constitui o estoque de capital da economia. Por isso mesmo, os bens e serviços destinados a suprir as necessidades de acumulação do aparelho de produção são também denominados **bens de capital**.

Totalizados, todos esses fluxos de produção de bens e serviços estão diretamente associados ao processo de crescimento econômico. Este se dá, em termos quantitativos, quando se expande a disponibilidade de bens e serviços finais por habitante. Se o esforço social de produção da população economicamente ativa, coadjuvado pelo emprego dos demais recursos de produção, resultar na disponibilidade expandida de bens e serviços de consumo ou de produção, estabelecem-se as condições do crescimento continuado da economia como um todo.

Quando os fluxos correntes da produção de bens e serviços de consumo alcançam taxas superiores às do crescimento do contingente demográfico, realiza-se uma das condições fundamentais para a expansão dos padrões de bem-estar material da sociedade como um todo. O crescimento da produção de bens e serviços de consumo, segundo taxas superiores às da expansão do quadro demográfico, significa que um volume maior de produtos de consumo está sendo produzido para cada um dos habitantes, estabelecendo-se então uma das condições essenciais para que cada qual possa elevar seu padrão corrente de bem-estar material.

Ocorre, porém, que os fluxos correntes de produção de bens de produção, destinados ao processo de acumulação de capital e não à satisfação das necessidades imediatas de consumo, estão também diretamente associados ao processo de crescimento econômico. A acumulação resultante desta categoria de produtos é que torna possível ampliar as potencialidades do aparelho de produção da economia. A ocorrência de investimentos líquidos (resultantes de taxas de acumulação bruta de capital fixo superiores às da sua depreciação) aumenta a disponibilidade do estoque de bens de capital, mesmo que se mantenham os padrões tecnológicos vigentes. Com maior disponibilidade de capital, torna-se possível ampliar os níveis de emprego da população em idade produtiva. E, então, pela combinação desses dois recursos básicos em escala crescente, torna-se possível ampliar os níveis agregados de produção.

Estes conceitos sugerem que é necessário algum padrão de equilíbrio entre as destinações dadas aos resultados do esforço social de produção. De um lado, a expansão dos padrões materiais de bem-estar exige maior disponibilização de bens e serviços para o consumo; de outro lado, a expansão da capacidade de produção da economia como um todo exige a destinação de uma parcela da produção total para o processo de acumulação de capital e de capacitação tecnológica.

Em síntese, entre consumir mais no presente, sacrificando-se a capacidade futura de produção, ou acumular mais, sacrificando-se o consumo presente, há uma variedade de posições de equilíbrio que tanto podem atender às necessidades correntes de bem-estar a curto prazo, quanto aos objetivos sociais de longo prazo associados ao processo de acumulação.

2.7 A Função Produção: Desenvolvimentos Básicos

A Relação Funcional Produção--recursos

A compreensão do processo macroeconômico de produção pode ser complementada por um conjunto de relações funcionais e de identidades macroeconômicas. Trata-se de um primeiro exercício de modelação, que nos levará à formatação de um modelo elementar de crescimento econômico. Formas mais avançadas de funções produção, como as de Harrod-Domar[19] e de Coob-Douglas,[20] conduzem à medição das taxas de contribuição de cada recurso de produção nos processos de crescimento, bem como à mensuração de relações incrementais entre as dotações de recursos e os fluxos de produtos resultantes. Apresentaremos, porém, uma abordagem introdutória, com o objetivo de consolidar a compreensão formal dos fluxos e processos até aqui descritos.

Adotaremos as seguintes notações:

P = Produção

T = População economicamente mobilizável

K = Capital

R = Reservas naturais

t = Período de tempo

Abstraímos, para simplificação do modelo, os possíveis efeitos sobre o volume de produção de variações introduzidas nos padrões da tecnologia empregada e de mudanças institucionais de atuação da capacidade empresarial. Considerando apenas os três recursos básicos – T, K e R –, admitimos que o volume agregado de produção é função direta do quanto de cada um deles for mobilizado e efetivamente empregado. A relação de dependência entre o emprego desses três recursos e a produção resultante pode ser definida por uma função do seguinte tipo:

$$P_t = f(T_t, K_t, R_t)$$

Essa relação funcional significa que a produção corrente da economia, em determinado período de tempo, é função do emprego dos recursos disponíveis: trabalho, capital e terra. Tratando-se, por definição, de uma função direta, quanto mais aumentarmos o emprego desses recursos, em proporções compatibilizáveis entre si, maior será o volume físico da produção resultante.

Em escala macroeconômica, quanto mais altas forem as disponibilidades dos recursos de produção, mais expressivas deverão ser as possibilidades efetivas de obtenção de bens e serviços. Em termos de potencialidades básicas, os níveis possíveis de produção decorrem da dotação de recursos efetivamente mobilizáveis. As fronteiras de produção das economias nacionais deslocam-se em função da disponibilidade de recursos. E o suprimento dos recursos, ponderado por suas qualificações, é que define o *quantum* da produção efetiva.

Para que determinada economia nacional, considerada como um todo, possa aumentar suas potencialidades de produção, os estoques de recursos básicos devem ser acrescidos de novos suprimentos. O **suprimento de recursos humanos** é uma decorrência natural da taxa de expansão do contingente demográfico. Se, em sucessivos períodos de tempo, o contingente registrar variações líquidas positivas, o efeito de médio e longo prazo será a dotação e a renovação de novos e maiores contingentes da população economicamente mobilizável. Já o **suprimento dos recursos de capital** é derivado da incorporação, aos estoques preexistentes, de novos bens de produção. Se, em sucessivos períodos de tempo, as taxas brutas de investimento superarem as de depreciação, os estoques remanescentes de capital resultarão ampliados. Finalmente, o **suprimento de reservas naturais** decorre da relação que se estabelecer entre os movimentos expansivos e os restritivos que definem os níveis de dotação e de padrões de acesso às diferentes categorias do fator terra. Como esses movimentos podem compensar-se mutuamente, consideraremos que a disponibilidade desse fator é relativamente fixa em períodos de tempo de curto prazo.

A Dinâmica da Produção: Acumulação, Crescimento e Bem-estar

Para traduzir os movimentos que se observam da dotação dos recursos, bem como seus efeitos sobre as possibilidades de produção da economia, vamos considerar mais as seguintes notações:

C = Parcela da produção total destinada ao consumo

I = Parcela da produção total destinada ao investimento

d = Depreciação do capital fixo

n = Taxa líquida de expansão do contingente demográfico

Reconsiderando o fluxo de produção, sob a óptica das duas diferentes categorias de bens e serviços finais resultantes, podemos definir a seguinte **identidade macroeconômica**:

$$P_t = C_t + I_t$$

Esta identidade indica que a produção de bens e serviços finais se desdobra, como já havíamos mostrado anteriormente, em duas categorias básicas: as que se destinam a satisfazer às necessidades de **consumo** e as que, pelos **investimentos**, atendem às necessidades de acumulação de bens de capital. Vista de outra forma, esta identidade também significa que, pelo menos a curto prazo, a sustentação de altas taxas de investimento concorre com a manutenção de elevado suprimento de bens e serviços de consumo. O processo de acumulação de capital, do qual resultam favoráveis condições para a promoção do crescimento econômico, exige o sacrifício das possibilidades correntes de consumo. Os esforços de acumulação exigidos justificam-se por duas exigências: a primeira é que as taxas brutas de investimento superem as de depreciação do capital; a segunda é que a acumulação líquida de capital resulte em uma disponibilidade crescente de unidades de capital por unidades de trabalho.

A dinâmica do crescimento econômico envolve, assim, de um lado, a expansão do contingente demográfico, fonte de suprimentos crescentes de população apta para o trabalho produtivo e, de outro lado, a expansão cumulativa dos estoques de capital.

No período de tempo $t + 1$, a expansão de contingentes da população economicamente mobilizável pode ser expressa por:

$$T_{t+1} = (1 + n)\, T_t, \text{ sendo } n > 0$$

E a expansão dos estoques de capital, também no período $t + 1$, pode ser indicada por:

$$K_{t+1} = K_t + P_t - C_t - d_t$$

ou, simplificando, como:

$$P_t - C_t = I_t$$

e a expansão líquida da disponibilidade de capital pode ser expressa por:

$$K_{t+1} = K_t + I_t - d_t, \text{ sendo } I_t > d_t$$

Quanto às reservas naturais, a variação das disponibilidades básicas pode ser considerada como inalterável no decurso do período $t + 1$, desde que os comportamentos sociais, os mecanismos institucionais e as mudanças tecnológicas que exercem efeitos expansivos e restritivos sobre esse recurso se compensem mutuamente. Assim:

$$R_{t+1} = R_t$$

Incorporando à função produção inicialmente definida os movimentos que, no decurso do período $t + 1$, modificaram o suprimento de recursos, temos:

$$P_{t+1} = f[(1 + n)T_t, K_t + I_t - d_t, R_{t+1}]$$

Esta nova expressão formal da função produção evidencia que a dinâmica do processo produtivo é condicionada por suprimentos de recursos associados à expansão da população economicamente mobilizável ($n > 0$) e a uma taxa de investimento capaz de cobrir, minimamente, a depreciação do capital ($I_t > d_t$). Mas, para que ocorram condições realmente efetivas de expansão econômica, fundamentada em maiores padrões de produtividade, a disponibilidade do fator capital em relação à do fator trabalho deve expandir-se no decurso de sucessivos períodos, de tal forma que:

$$\frac{K_{t+1}}{P_{t+1}} > \frac{K_t}{P_t}$$

Esta condição é fundamental para que o resultado final do processo a médio e longo prazo, cumulativamente, seja uma crescente disponibilidade de bens e serviços finais por habitante. Quando a dinâmica do processo produtivo resultar em uma relação quantitativa do tipo

$$\frac{\Delta P_{t+1}}{P_t} > n$$

realiza-se uma das precondições para a elevação continuada do bem-estar social – a expansão do Produto Nacional *per capita*. Mas se os resultados se expressarem por uma relação do tipo

$$\frac{\Delta P_{t+1}}{P_t} < n$$

os padrões de bem-estar material desfrutados pela sociedade dificilmente poderão ser sustentados. Neste caso, a capacidade reprodutiva do contingente demográfico não teria sido acompanhada por um esforço de produção compatível.

Esses desenvolvimentos teóricos, sintetizados na Figura 2.15, evidenciam que, pelo menos quanto a seus condicionamentos quantitativos, a promoção do bem-estar social requer suprimentos de recursos humanos e de capital em escalas e em proporções suficientes para a expansão sustentada de produção por habitante. Esse processo, porém, pode esbarrar em outros fatores condicionantes – sejam de natureza técnica, associados à condução da política pública, sejam de ordem político-ideológica, institucional ou até mesmo de origem comportamental. E mais:

FIGURA 2.15
As precondições do crescimento econômico: a dinâmica de expansão das possibilidades de produção.

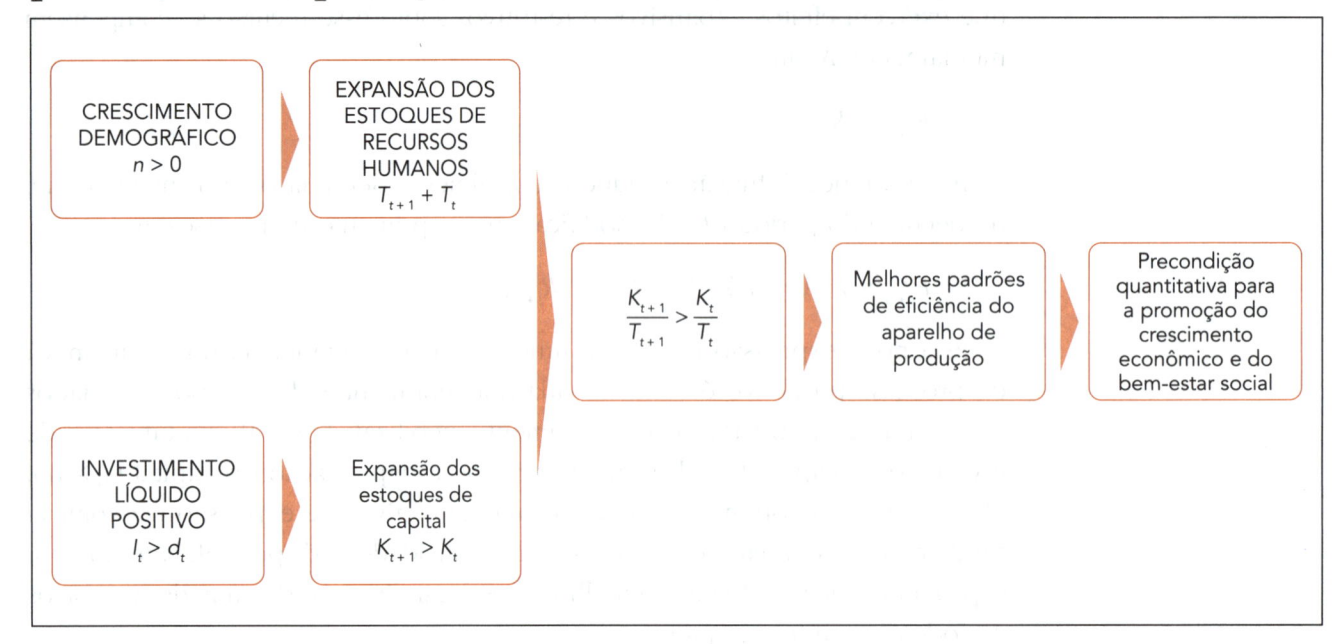

```
CRESCIMENTO          EXPANSÃO DOS
DEMOGRÁFICO   ──▶    ESTOQUES DE
   n > 0             RECURSOS
                     HUMANOS
                     T_{t+1} + T_t
                                      ──▶   K_{t+1}/T_{t+1} > K_t/T_t   ──▶  Melhores padrões   ──▶  Precondição
                                                                             de eficiência do        quantitativa para
                                                                             aparelho de             a promoção do
                                                                             produção                crescimento
                                                                                                     econômico e do
                                                                                                     bem-estar social
INVESTIMENTO         Expansão dos
LÍQUIDO       ──▶    estoques de
POSITIVO             capital
 I_t > d_t           K_{t+1} > K_t
```

o crescimento expresso por relações quantitativas, resultante da busca incessante por condições que ampliem os padrões da eficiência produtiva, é apenas uma das questões-chave da economia. No próximo capítulo, mostraremos que há, pelo menos, outras três questões cruciais – a eficácia alocativa, a justiça distributiva e o padrão do ordenamento institucional.

RESUMO

1. Todas as categorias básicas de fluxos econômicos resultam da **produção**, considerada por isso mesmo como **atividade econômica fundamental**. O processo de produção fundamenta-se na mobilização de um conjunto de cinco **recursos de produção**: as **reservas naturais** (ou fator terra), os **recursos humanos** (ou fator trabalho), os **bens de produção** (ou fator capital), a **capacidade tecnológica** e a **capacidade empresarial**.

2. Entre o elenco dos recursos de produção, as **reservas naturais** constituem a base sobre a qual se exercem as atividades dos demais recursos. Elas se encontram na origem de todo o processo de produção. São também descritas como dádivas da natureza e constituem-se em amplo conjunto de elementos, que incluem o solo, o subsolo, as águas, a pluviosidade e o clima, a flora, a fauna e até fatores extraplanetários, como o sol e outras formas de energia que se encontram no espaço sideral. A disponibilidade desse recurso depende do balanceamento entre movimentos expansivos e restritivos, não sendo, portanto, um fator de oferta fixa. Entre os expansivos, encontram-se o próprio estágio do conhecimento humano sobre as potencialidades de sua exploração e o domínio de processos de reposição e reciclagem. Entre os restritivos, encontram-se os processos de exaustão ou degradação das macrodisponibilidades que o constituem.

3. O **trabalho** é constituído pela parcela da população total economicamente mobilizável. Esta parcela é definida pela faixa etária apta para o exercício de atividades

PALAVRAS E EXPRESSÕES-CHAVE

- Recursos de produção
  - Terra (ou reservas naturais)
  - Trabalho (ou recursos humanos)
  - Capital (ou bens de produção)
  - Capacidade tecnológica (ou tecnologia)
  - Capacidade empresarial (ou empresariedade)
- Estrutura demográfica
  - Ônus demográfico
  - Porção pré-produtiva
  - Porção pós-produtiva
  - População economicamente mobilizável
  - População economicamente ativa
  - População economicamente inativa
- Processo de acumulação
  - Formação bruta de capital fixo
  - Depreciação do capital fixo
  - Formação líquida de capital fixo
- Produção
  - Atividades primárias de produção
  - Atividades secundárias de produção
  - Atividades terciárias de produção
- Unidades de produção
- Bens
- Serviços
- Bens e serviços de consumo
- Bens e serviços intermediários (ou insumos)
- Bens e serviços de produção
- Função produção

---

de produção, cujos limites variam em função do estágio de desenvolvimento da economia e de um conjunto de definições institucionais, geralmente expresso pela legislação social e previdenciária. As faixas etárias pré e pós-produtivas consideram-se como **ônus demográfico**. Da faixa produtiva, onde se encontra a parcela da **população economicamente mobilizável**, a maior parte constitui a **população economicamente ativa**; outra parte permanece **inativa**, por razões involuntárias ou voluntariamente. As proporções em que se apresentam os subconjuntos ativo e inativo, bem como a relação entre a faixa mobilizável e o ônus demográfico, são função do estágio de desenvolvimento da economia e da conformação de suas estruturas demográficas. As nações de desenvolvimento tardio apresentam, em geral, estruturas piramidais de conformação menos favorável para o processo produtivo, além de taxas de crescimento geralmente superiores às das nações mais avançadas no plano econômico. As projeções da disponibilidade e da conformação desse recurso apontam na direção de um quadro estacionário a médio prazo. Esse deverá ser o efeito do processo de redução das taxas de reprodução humana resultantes de menores índices de fecundidade.

4. O **capital** compreende o conjunto das riquezas acumuladas pela sociedade, destinadas à produção de novas riquezas. Esse conjunto inclui, além de máquinas, equipamentos, ferramentas e instrumentos de trabalho, outros subconjuntos que se caracterizam pelo mesmo destino: a infraestrutura econômica e social, as construções e edificações, os equipamentos de transporte e os agrocapitais, como os plantéis de tração e reprodução e as lavouras permanentes implantadas. Denomina-se **formação bruta de capital fixo** a adição dessas categorias de riqueza aos estoques de capital preexistentes. Mas, como esses estoques se desgastam, se depreciam e se tornam obsoletos com o passar do tempo, precisamos deduzir a depreciação da acumulação bruta, para chegarmos ao conceito de **formação líquida de capital fixo** – equivalente ao conceito de **investimento líquido**. As taxas líquidas de formação de capital são bastante diversas, de país para país: geralmente são muito baixas nas nações econo-

micamente deprimidas e alcançam alta expressão em relação ao Produto Nacional Bruto nas nações que se destacam por altas taxas de crescimento econômico, como as da Ásia Oriental e do Sudeste da Ásia nos últimos 30 anos.

5. O elo entre a força de trabalho e o capital acumulado é a **capacidade tecnológica**. Este recurso complementar é constituído pelo conjunto de habilidades e de conhecimentos que dão sustentação ao processo de produção. Os franceses sintetizam na expressão *savoir faire* (saber fazer) o conceito de tecnologia. Esta síntese conceitual corresponde à expressão inglesa *know-how* (como fazer). O conjunto das habilidades e conhecimentos de **saber fazer** e de **como fazer** transmite-se de geração a geração e, nesse sentido, é um dos mais expressivos acervos da herança cultural das nações. Abrangentemente, a tecnologia envolve pelo menos três capacitações: para atividades de pesquisa e desenvolvimento (P&D), para desenvolvimento e implantação de novos projetos e para operação das atividades de produção. As atividades de P&D correspondem, *grosso modo*, ao processo de **invenção**. A transposição das invenções para o processo produtivo corresponde ao conceito de **inovação**. As grandes ondas históricas de invenções/inovações coincidiram com as grandes revoluções técnico-científicas e industriais.

6. Com a **capacidade empresarial**, ou **empresariedade**, completa-se o quadro dos recursos de produção de que as economias nacionais dispõem. A descoberta e a exploração de reservas naturais, a mobilização da população em idade de trabalhar, a disponibilidade dos bens de capital e a qualificação dos padrões tecnológicos que serão empregados – enfim, a mobilização, a aglutinação e a combinação dos demais recursos pressupõem a existência de **capacidade de empreendimento**. Os agentes dotados dessa capacidade geralmente possuem atributos que os diferenciam dentro dos contingentes economicamente mobilizáveis. Geralmente, eles têm baixa aversão a riscos, espírito inovador, sensibilidade para farejar oportunidades de negócios, energia para implantar projetos, capacidade para organizar o empreendimento e visão estratégica, orientada para o futuro.

7. O **processo de produção** caracteriza-se por fluxos resultantes do emprego combinado desses cinco recursos. A intensividade com que se dá o emprego de cada um deles e as diferentes categorias de produtos resultantes são os dois critérios de referência para classificação das atividades produtivas. As **atividades primárias de produção** (compreendidas pela agropecuária) caracterizam-se pela alta intensidade do fator terra. O fator capital geralmente é de mais alta intensividade nas **atividades secundárias** (compreendidas pelas indústrias de transformação e de construção). E as **atividades terciárias** (que compreendem a prestação de serviços) geralmente se caracterizam pela alta intensividade do fator trabalho.

8. O **aparelho de produção da economia nacional** é constituído por **unidades de produção** que operam nessas três grandes categorias de atividades. Delas resultam duas diferentes categorias de produtos, denominadas **bens** e **serviços**. **Bens** são produtos tangíveis, resultantes de atividades primárias e secundárias. **Serviços** é a denominação usual de produtos intangíveis, resultantes de atividades terciárias. Estas duas categorias de produtos, resultantes de cadeias de processamento e reprocessamento, destinam-se a satisfazer às necessidades de consumo e de acumulação da sociedade.

9. O processo de crescimento econômico, dado como uma das precondições para o bem-estar material da sociedade, resulta da expansão e da melhor qualificação dos recursos de produção empregados. Resulta também de condições relacionadas às formas de sua mobilização. A eficiência produtiva decorrente é uma das questões-chave da economia. As outras são a eficácia alocativa, a justiça distributiva e o ordenamento institucional.

QUESTÕES

1. A condição fundamental para que se realize o fluxo de produção é a existência de um conjunto de cinco recursos. Cite e conceitue cada um deles.

2. Adotando um conceito abrangente, destaque as principais categorias de recursos que constituem o **fator terra** e enumere condições que podem interferir, em sentido **expansivo** e **restritivo**, na disponibilidade efetiva desse recurso.

3. Uma nação indígena primitiva e uma nação dotada de habilidades e conhecimentos técnicos avançados fixam-se em bases territoriais **rigorosamente iguais** quanto a suas dimensões e ainda quanto à tipologia do solo, à constituição do subsolo, aos cursos d'água, aos lagos, às costas oceânicas, à flora, à fauna, ao clima e à pluviosidade. Pode-se então dizer que as reservas naturais efetivamente disponíveis, para fins produtivos, são dadas como iguais para as duas nações?

4. O fator terra é constituído por um conjunto determinado e finito de macrodisponibilidades. Isso significa que, embora o progresso da ciência e da técnica tenha até aqui atuado na expansão efetiva das reservas e dos índices de seu aproveitamento, em algum ponto o homem esbarrará com a limitação desse fator? Ou os limites do crescimento econômico serão sempre e ininterruptamente superados?

5. Qual o significado da expressão **crescimento sustentado**?

6. O **trabalho** é constituído por dada parcela da população total. Defina qual é essa parcela e mostre quais os fatores que a fazem variar de país para país, como proporção do contingente total.

7. Apenas uma parte da população economicamente mobilizável mantém-se economicamente ativa. Outra parte é constituída por inativos – ou desempregados. Que fatores podem ser associados às taxas de inatividade – ou de desemprego?

8. As estruturas demográficas têm conformações diferentes, fortemente influenciadas pelo estágio de desenvolvimento econômico e social. Destaque as características principais da estrutura demográfica de uma nação de desenvolvimento tardio, comparando-as com as de nações em estágios mais avançados de desenvolvimento econômico e social.

9. A história demográfica mundial caracterizou-se por um **longo período de crescimento lento**, seguido por um **curto período de rápida expansão**. Para o futuro, projeções confiáveis indicam **estabilização** e até **redução do contingente**. Destaque os principais fatores da esperada desaceleração.

10. A desaceleração e a estabilização do crescimento demográfico são esperadas também no Brasil? Há apenas indícios de que ocorrerá ou já estaria ocorrendo? Sob os efeitos desse processo, qual seria a conformação futura da estrutura demográfica brasileira?

11. O que compreende o **fator capital**? Por que o conceito de capital se associa aos de **investimento** e de **acumulação**?

12. É correto afirmar que o emprego e a acumulação de capital só passaram a ocorrer com a Revolução Industrial do século XVIII? Justifique sua resposta.

13. Diferencie o conceito de **formação bruta** do de **formação líquida de capital fixo**.

14. As diferentes formas de **acumulação de capital** implicam uma espécie de renúncia social quanto às possibilidades correntes de consumo. Para financiá-las, exigem-se poupanças. Relacione as principais categorias de poupanças que podem ser mobilizadas para financiar os investimentos em formação de capital.

15. A **capacidade tecnológica**, conceituada como recurso de produção, pode ser vista como elo de ligação entre as reservas naturais, a força de trabalho e o capital. Explique esta concepção.

16. **A capacidade tecnológica é um dos principais acervos da herança cultural de uma nação**. Justifique essa afirmação.

17. Explique as diferenças conceituais entre os processos de **invenção** e de **inovação** e destaque os principais pilares do processo de inovação nas economias nacionais. Qual é o posicionamento do Brasil nesses pilares? E, em sua opinião, destaque os dois de maior importância.

18. "Tenho grande capacidade empresarial. Mas me sinto como se estivesse com as mãos amarradas. O que me falta é dinheiro para pôr em marcha meus projetos." Levando em conta as características e qualificações das pessoas dotadas de capacidade empresarial, você concordaria com uma pessoa que lhe dissesse isso?

19. Considere duas economias, A e B, com igual dotação, quantitativa e qualitativa, de recursos básicos (trabalho, capital, tecnologia e reservas naturais). Por razões de ordem cultural, a economia A não dispõe de empresários tão ativos, munidos de "espírito empresarial" e com "faro" apurado para descobrirem oportunidades, como os que se encontram na economia B. Este fator poderia levar, a longo prazo, a diferenças significativas no estágio e no padrão de crescimento das duas economias? Justifique seu ponto de vista.

20. Mobilizando os cinco fatores básicos de produção, o aparelho de produção das economias nacionais desenvolve um grande fluxo contínuo de geração de bens e serviços. Diferencie os conceitos de bens e serviços finais de **consumo**, bens e serviços **intermediários** e bens e serviços finais de **produção**.

21. Quanto à intensividade de emprego dos recursos e à natureza dos bens e serviços gerados, as atividades de produção classificam-se usualmente em **primárias**, **secundárias** e **terciárias**. Mostre as diferenças entre elas.

22. Para que, ao mesmo tempo, possam ser incrementados o padrão corrente de bem-estar material da sociedade e a elevação da relação capital/trabalho, a produção deve expandir-se a taxas compatíveis com o crescimento *per capita* do consumo e da formação de capital. Caso, porém, o crescimento da produção seja inteiramente destinado ao consumo, a relação capital/trabalho será sacrificada e, consequentemente, serão sacrificadas as possibilidades futuras de produção e a própria continuidade do crescimento econômico. Discuta essas proposições.

23. Discuta a seguinte afirmação: "Entre consumir mais no presente, sacrificando-se o futuro, e consumir mais no futuro, sacrificando-se o presente, há opções de meio-termo que atendem tanto às necessidades econômicas de curto prazo quanto aos objetivos sociais de longo prazo do crescimento."

24. Em um grupo, foi apresentada, para debate, a seguinte questão: "A excitação artificial do consumo, via campanhas promocionais por veículos de comunicação

de massa, atinge a capacidade de acumulação e de crescimento das economias nacionais?" O grupo dividiu-se, entendendo uns que a acumulação e o crescimento seriam afetados negativamente; outros opinaram que esses dois processos seriam coadjuvados positivamente pelo chamado consumismo; outros opinaram que não há relações entre a excitação do consumo e os processos mencionados. Qual das três posições você assumiria? Justifique-a.

3
A Interação dos Agentes Econômicos e as Questões-chave da Economia

As questões-chave da economia, tal como as conhecemos hoje, existem há apenas oito ou nove mil anos – pouco mais do que um instante, em comparação com os milhões de anos desde que criaturas humanoides habitam a Terra. Elas começaram quando os grupamentos humanos verificaram ser possível permanecer em um só lugar e sobreviver. Gradualmente, abandonaram a vida nômade de coleta de meios de subsistência, estabelecendo-se em locais fixos para cuidar do cultivo do solo e de colheitas, manter rebanhos e desenvolver rudimentares atividades artesanais e de serviços de apoio à vida sedentária. Desde então, passaram a se defrontar com, pelo menos, quatro questões-chave: a plena utilização dos recursos, a escolha do que produzir, a distribuição dos resultados do esforço de produção e a organização da vida econômica em sociedade.

RICHARD LIPSEY
An introduction to positive economics

Na gestão do processo produtivo em escala macroeconômica encontram-se, como vimos no capítulo anterior, duas questões-chave da economia: uma, que chamaremos de **eficiência produtiva**, diz respeito ao aproveitamento ótimo dos recursos de produção; outra, que chamaremos de **eficácia alocativa**, diz respeito a uma adequada combinação de produtos finais gerados, no sentido de que se otimizem, simultaneamente, a satisfação das necessidades de consumo e as exigências do processo de acumulação da sociedade. Mas há outras duas questões-chave, tão importantes quanto as relacionadas à gestão do processo produtivo: uma terceira, que chamaremos de **justiça distributiva**, diz respeito aos mecanismos e à estrutura de distribuição dos resultados do esforço social de produção; e uma quarta, que chamaremos de **ordenamento institucional**, diz respeito à definição de regras de convivência política, econômica e social que satisfaçam aos macro-objetivos de eficiência, eficácia e justiça.

Estas quatro questões-chave se encontram fortemente inter-relacionadas. Fecham-se sobre si mesmas. Dificilmente uma nação alcançará, mantendo-os a longo prazo, o progresso material e o bem-estar social se desatender aos requisitos em que cada uma delas se fundamenta. Mais: não basta que apenas uma, ou duas, ou mesmo três, sejam adequadamente equacionadas por algum tempo. A quarta que faltar comprometerá, cedo ou tarde, o bom desempenho das demais.

Para bem compreendermos estas questões, consideraremos agora a constituição do **sistema econômico como um todo**. E evidenciaremos como os **agentes econômicos** interagem dentro desse sistema. Em síntese, veremos:

- Os elementos constitutivos do sistema econômico como um todo: **recursos**, **agentes** e **instituições**.
- Quais são os agentes econômicos, que papel cada um deles exerce nas sociedades economicamente organizadas, quais são seus interesses, em que conflitam e como interagem.
- As razões de ser da interação dos agentes econômicos.
- A aparição e o desenvolvimento do instrumento básico da interação econômica: a moeda.
- O processo de interação dos agentes e os fluxos econômicos resultantes. Passo a passo, por aproximações sucessivas, construiremos um modelo completo dos grandes fluxos resultantes da interação econômica, subdivididos em duas categorias: os fluxos reais e suas contrapartidas monetárias.
- O processo econômico em visão de conjunto: quadro-resumo das questões-chave – um passo importante para a **compreensão da economia**.

3.1 O Sistema Econômico: uma Visão de Conjunto

A Figura 3.1 sintetiza os principais elementos constitutivos dos sistemas econômicos:

**FIGURA 3.1
Recursos, agentes e instituições:** as três categorias que formam as bases de qualquer sistema econômico.

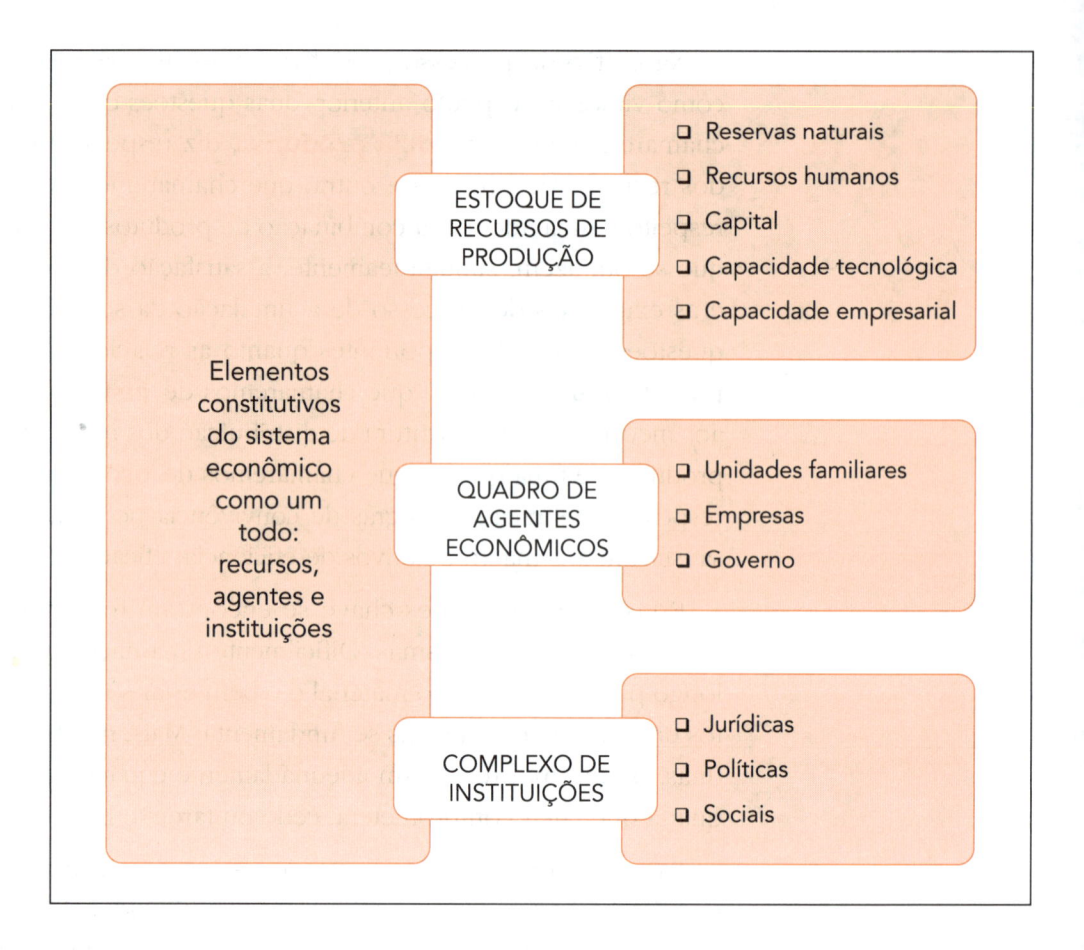

Elementos constitutivos do sistema econômico como um todo: recursos, agentes e instituições

- **ESTOQUE DE RECURSOS DE PRODUÇÃO**
  - Reservas naturais
  - Recursos humanos
  - Capital
  - Capacidade tecnológica
  - Capacidade empresarial

- **QUADRO DE AGENTES ECONÔMICOS**
  - Unidades familiares
  - Empresas
  - Governo

- **COMPLEXO DE INSTITUIÇÕES**
  - Jurídicas
  - Políticas
  - Sociais

- Um estoque de fatores de produção.
- Um quadro de agentes econômicos interativos.
- Um complexo de instituições.

M. Bornstein[1] resume o conceito de sistema econômico a partir desses três conjuntos de elementos:

> **Sistemas econômicos são arranjos historicamente constituídos, a partir dos quais os *agentes econômicos* são levados a empregar *recursos* e a interagir via produção, distribuição e uso dos produtos gerados, dentro de mecanismos *institucionais* de controle e de disciplina, que envolvem desde o emprego dos fatores produtivos até as formas de atuação, as funções e os limites de cada um dos agentes.**

O primeiro conjunto, o estoque de fatores de produção, constitui a própria base da atividade econômica. Já vimos que sem terra, trabalho, capital, tecnologia e empresariedade não se realiza a produção, atividade econômica fundamental, da qual dependem todas as demais categorias de fluxos econômicos, como os de consumo e acumulação. Os estoques desses elementos condicionam a existência e as dimensões do aparelho de produção. Suas qualificações e as formas com que são combinados condicionam a eficiência. E de decisões sobre as alternativas de geração de produtos finais decorrem os padrões de eficácia do sistema como um todo.

As formas de emprego e de destinação dos recursos e a composição dos produtos gerados são decididas pelos agentes econômicos. Eles decidem e mobilizam os recursos. Produzem. Geram e se apropriam de diferentes categorias de rendas. Transacionam. Consomem. Acumulam. E agem de acordo com um complexo de instituições que dão respaldo e forma a suas interações.

As relações que se estabelecem entre o segundo conjunto dos elementos constitutivos do sistema, o quadro dos agentes econômicos, são definidas pelo terceiro conjunto, o complexo das instituições. Nenhum sistema econômico é possível sem que um conjunto de normas jurídicas discipline os deveres e as obrigações dos detentores dos recursos e das unidades que os empregarão. Também não há como prescindir de um conjunto de instituições políticas, que definam as esferas de competência de cada agente, e de instituições sociais, que estabeleçam valores de referência e regras de conduta.

Estes três conjuntos de elementos, **recursos**, **agentes e instituições**, formam um todo intercomplementar.

A operacionalidade do sistema visto como um todo envolve, por procedimentos e condutas que se intercruzam, todos os elementos básicos relacionados.

Aprofundando em seguida o conceito e as funções de cada um dos agentes econômicos, daremos os primeiros passos para compreender os movimentos, os fluxos e a dinâmica da organização econômica.

3.2 Os Agentes Econômicos: Qualificações e Funções

Como foi sintetizado na Figura 3.1, há três diferentes grupos de agentes econômicos que interagem, participando direta ou indiretamente de todas as transações que se realizam no interior dos sistemas econômicos:

- ❏ As unidades familiares.
- ❏ As empresas.
- ❏ O governo.

As Unidades Familiares: Identificação e Características

O conceito econômico de **unidades familiares** engloba todos os tipos de unidades domésticas, unipessoais ou familiares, com ou sem laços de parentesco, segundo as quais a sociedade como um todo se encontra segmentada.

O conceito tem raiz sociológica. Sua qualificação econômica resulta de que essas unidades possuem e fornecem os recursos de produção, apropriam-se de diferentes categorias de rendas e decidem como, quando, onde e em que as rendas recebidas serão despendidas. As capacidades de escolha quanto à gestão de seus orçamentos (fontes de receita e destino dos dispêndios) constituem um dos mais importantes atributos das unidades familiares. O desempenho do sistema econômico como um todo e o de mercados específicos (em especial os de bens de consumo) são fortemente influenciados pelas decisões independentes de milhões de unidades familiares – diversas em sua constituição e estratificadas em diferentes grupos socioeconômicos.

A maior parte das unidades familiares tem uma ou mais pessoas economicamente ativas, diretamente empregadas, fornecendo recursos para o processamento das atividades primárias, secundárias ou terciárias de produção. São proprietários de terras, de fábricas ou de unidades de prestação de serviços. São empregadores ou empregados. Ou, ainda, agentes que trabalham por conta própria. Mas há unidades familiares que não têm pessoas efetivamente empregadas nas atividades de produção. Estas se mantêm, participando também dos fluxos econômicos, com recursos que a sociedade lhes transfere, de que são exemplos os pagamentos dos sistemas de previdência social, públicos e privados e os programas de governo de distribuição de bolsas de subsistência a unidades familiares absolutamente pobres.

Na destinação de seus recursos de produção e das diferentes formas de renda ou de transferência recebidas, cada uma das unidades familiares possui amplo poder decisório. Elas administram, de forma independente, seus próprios orçamentos. Decidem sobre seus dispêndios correntes de consumo, sobre o aumento de seus ativos ou a diminuição de seus passivos. Este poder decisório é uma das principais características econômicas desse agente. Dele decorre, em grande parte, o montante, o direcionamento e a composição do fluxo agregado de dispêndio da economia.

A Tabela 3.1 e a Figura 3.2 sintetizam, quanto à sua constituição, origem dos rendimentos e destinação dos dispêndios, as unidades familiares no Brasil. A estimativa para o ano 2012 é de 65,9 milhões de unidades familiares, nas diferentes categorias de grupamentos. Para uma população de 196,9 milhões, o número médio de pessoas por unidade familiar é estimado em 2,9. A maior parte das diferentes categorias de grupamentos é de casais, com ou sem filhos, convivendo ou não com outros parentes. Esses tipos de grupamentos representam 64,0% do total. As unidades unipessoais representam 13,2%. Outros 22,8% distribuem-se entre outros tipos de unidades familiares, observando-se, nesse subconjunto, a alta expressão de mulheres sem cônjuges com filhos.

O atendimento às necessidades e às aspirações desse conjunto de 65,9 milhões de unidades familiares é um dos mais importantes propósitos do sistema econômico nacional. Do ponto de vista da economia como um todo, o consumo das famílias é o mais alto fluxo do dispêndio agregado. Os dispêndios correntes de consumo das unidades familiares são constituídos pelo mais diversificado conjunto de bens e serviços finais de todas as economias nacionais. É o mais importante fluxo de sustentação da atividade produtiva e dos níveis de emprego dos recursos. Somadas, as decisões das unidades familiares, quanto à destinação de seus rendimentos, são assim as mais importantes fontes de sustentação da atividade econômica, posto que é para o consumo das famílias que se movimenta a maior parte das cadeias produtivas das economias nacionais. Em 2012, no Brasil, os dispêndios das unidades familiares totalizaram R$ 2,75 trilhões, correspondentes a 62,6% do Produto Interno Bruto.

TABELA 3.1
Unidades familiares no Brasil em 2012: caracterização, rendimentos e estrutura de dispêndios.

CARACTERIZAÇÃO	TOTAL ESTIMADO Ano 2012 Mil	% SOBRE TOTAL
Unidades domésticas sem parentesco	8.698	13,20
❏ Unipessoais, homens	4.296	6,52
❏ Unipessoais, mulheres	4.402	6,68
Unidades Familiares	52.820	80,16
❏ Casal sem filhos	12.520	19,00
❏ Casal com filhos	29.652	45,00
❏ Mulher sem cônjuge, com filhos	10.648	16,16
Outros tipos de arranjos familiares	4.376	6,64
TOTAL	65.894	100,00
ORIGEM DOS RENDIMENTOS	**% EM RELAÇÃO AO RENDIMENTO TOTAL**	
Rendimentos do trabalho		63,89
❏ Empregados	45,18	
❏ Empregadores	5,85	
❏ Conta própria	12,86	
Transferências		19,35
❏ Previdência pública	15,58	
❏ Previdência privada	0,73	
❏ Pensões, mesadas e doações	2,30	
❏ Programas sociais federais	0,73	
Rendimentos de aluguéis		1,78
Outras categorias		14,98
(lucros, juros de aplicações financeiras, rendimentos do capital e rendimentos não monetários)		
TOTAL		100,00
ESTRUTURA DO DISPÊNDIO	**% EM RELAÇÃO AO DISPÊNDIO TOTAL**	
Dispêndios correntes de consumo		84,9
Alimentação		16,1
Habitação		22,2
❏ Aluguéis e condomínios	13,6	
❏ Manutenção e reparação	4,1	
❏ Artigos de limpeza	0,6	
❏ Mobiliários e eletrodomésticos	3,9	
Serviços de utilidade pública		7,1
❏ Energia elétrica	2,3	
❏ Telefones fixo, celular e Internet	2,6	
❏ Água e esgoto	0,9	
❏ Gás e outros	1,3	
Transporte		11,0
❏ Urbano	2,2	
❏ Viagens	4,0	
❏ Combustíveis e manutenção de veículos	4,8	
Vestuário		4,7
❏ Roupas e tecidos	3,2	
❏ Calçados e apetrechos	1,3	
❏ Joias, bijuterias e similares	0,2	
Higiene e cuidados pessoais		2,0
Assistência à saúde		5,7
❏ Medicamentos e materiais e tratamento	3,0	
❏ Plano de saúde, consultas e exames	2,4	
❏ Cirurgias, tratamento ambulatorial e hospitalização	0,3	
Educação		2,5
Recreação e cultura		1,6
Serviços pessoais		0,9
Outras despesas correntes		11,1
❏ Cerimônias e festas familiares	0,6	
❏ Impostos e contribuições trabalhistas	7,7	
❏ Pensões, mesadas, doações	1,1	
❏ Previdência privada	0,2	
❏ Despesas diversas	1,5	
Aumento do ativo (aquisição de imóveis e veículos)		13,0
Diminuição do passivo		2,1
TOTAL		100,0

Fonte: IBGE. *Pesquisa nacional por amostra de domicílios 2011*. Pesquisa de orçamentos familiares 2008-2009. Rio de Janeiro: IBGE, 2012 e 2010.

FIGURA 3.2
Constituição, origem dos rendimentos e estrutura do dispêndio das unidades familiares no Brasil.

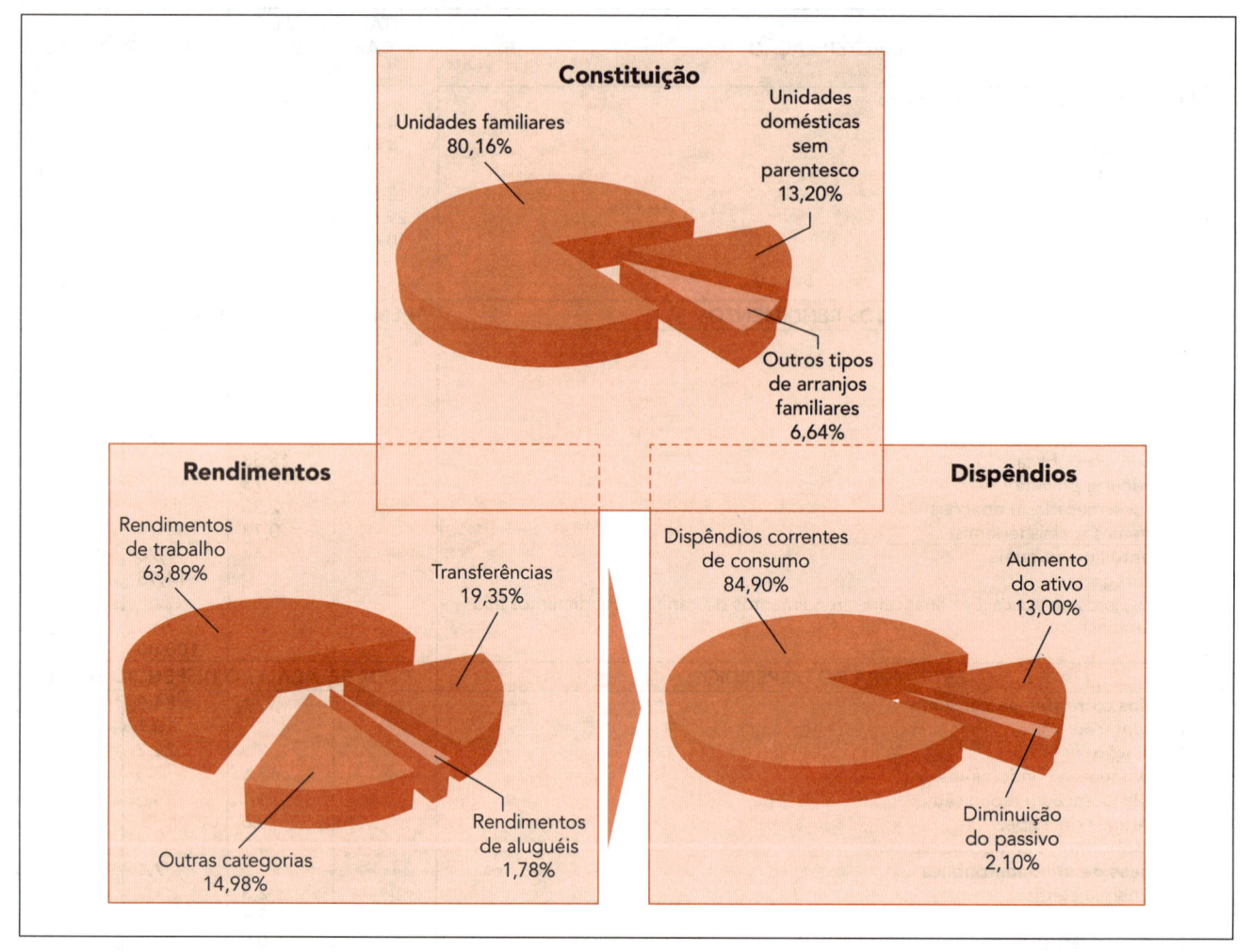

Constituição
- Unidades familiares: 80,16%
- Unidades domésticas sem parentesco: 13,20%
- Outros tipos de arranjos familiares: 6,64%

Rendimentos
- Rendimentos de trabalho: 63,89%
- Transferências: 19,35%
- Outras categorias: 14,98%
- Rendimentos de aluguéis: 1,78%

Dispêndios
- Dispêndios correntes de consumo: 84,90%
- Aumento do ativo: 13,00%
- Diminuição do passivo: 2,10%

Fonte: IBGE. *Pesquisa nacional por amostra de domicílios 2011*. Pesquisa de orçamentos familiares 2008-2009. Rio de Janeiro: IBGE, 2012 e 2010.

Em contrapartida, o total dos rendimentos das famílias é também o mais importante fluxo de recursos recebidos pelas pessoas, que correspondem ao conceito de Renda Nacional, originários dos dois conjuntos de agentes econômicos – as empresas e o governo. No ano de 2012, no Brasil, a renda agregada das unidades familiares foi constituída, em sua maior parte, dos rendimentos do trabalho (63,89%), originários das empresas, seguidos pelas transferências previdenciárias e programas sociais de pagamento de bolsas providas pelo governo (19,35%). A essas duas fontes somaram-se outras, como recebimentos de aluguéis, direitos autorais, juros pagos de instituições financeiras e lucros distribuídos, que totalizaram 16,74%.

Quanto à estrutura dos dispêndios, segundo a PNAD de 2012, os gastos correntes com consumo chegavam a 81,3%. Para o aumento de ativos ou diminuição de passivos, destinavam-se pouco menos de 15,1%. O restante, cerca de 11,1%, ia para outros dispêndios correntes, entre os quais o pagamento de contribuições trabalhistas e impostos.

As Empresas: Unidades Básicas do Aparelho de Produção

As **empresas** são os agentes econômicos para os quais convergem os recursos disponíveis da economia, mobilizados para fins produtivos. São as unidades que os empregam e combinam, para a geração dos bens e serviços que atenderão às necessidades de consumo e de acumulação da sociedade. Nesse sentido, do ponto de vista da teoria econômica, **empresas** e **unidades de produção** são expressões sinônimas.

O conjunto das empresas que compõem o aparelho de produção é heterogêneo sob diversos aspectos: tamanhos, estatutos jurídicos, origens do capital e estruturas de controle, formas de gestão e natureza dos produtos gerados.

❏ **Tamanho**. O universo das empresas é constituído por unidades de dimensões expressivamente diversas: vão desde micro-organizações individuais, de atuação local e que operam com uma só pessoa, até corporações gigantes, de atuação globalizada e que empregam milhares ou mesmo milhões de pessoas. No Brasil, convencionou-se considerar como microempresas, quanto ao número de empregados, as que empregam menos de 10 pessoas no setor de serviços ou menos de 20 no setor industrial. Daí em diante são denominadas pequenas, médias e grandes, considerando-se, além do número de pessoas empregadas, também as receitas operacionais anuais. Neste universo, em praticamente todos os países, a maior parte é de micro-organizações. O Cadastro Central de Empresas no Brasil, editado em 2012 pelo IBGE, registrou a existência de 5.654.630 empresas, das quais 94,4% classificadas como micro, empregando, em média, 3 pessoas; as pequenas, com média de 31,9 pessoas empregadas, representavam 4,7% do universo; e as médias e grandes, 0,9%, com média de 522,3 empregados. Isso sem contar o grande número de organizações rurais produtivas, que não operam como pessoas jurídicas; nestas, a quase totalidade da atividade de produção é exercida por pessoas físicas: totalizam 5.498.505 propriedades, a maior parte, 59,4%, também de pequenas dimensões, com menos de 25 hectares, e 26,8% entre 25 e 100 hectares, perfazendo 82,6%. É o que revelam os dados das Tabelas 3.2 e 3.3. Já na Tabela 3.4 estão agrupadas, segundo as receitas operacionais anuais, as 500 maiores empresas do mundo, dos Estados Unidos, da América Latina e do Brasil. Em 2013, a maior empresa do mundo, segundo esse critério, atingiu receitas operacionais próximas de US$ 500 bilhões, mobilizando mais de 2,5 milhões de empregados. As 500 maiores do mundo totalizaram US$ 31,1 trilhões anuais; as dos Estados Unidos, US$ 12,2 trilhões e as da América Latina e do Brasil, respectivamente, US$ 2,6 trilhões e 1,0 trilhão. Cerca de 30% das listadas entre as 500 maiores da AL e do Brasil são de atuação global. Estas dimensões refletem também o vigor das economias nacionais e de seus mercados: as maiores empresas do mundo são constituídas nas economias mais avançadas e instalam operações próprias em outros mercados nacionais, que as atraem pelas suas dimensões e pelas oportunidades de expansão de seu âmbito geográfico de atuação.

❏ **Estatutos jurídicos**. Outra característica diferenciadora das empresas são seus estatutos jurídicos. Estes vão desde a titularidade assumida por pessoa física

TABELA 3.2
Universo das empresas no Brasil: número e tamanho médio, segundo o número de pessoas empregadas.

Empresas	Faixas de pessoal empregado	Empresas		Pessoal empregado	
		Número	% sobre total	Número	Média por empresa
Microempresas	Até 4 empregados	4.126.638	77,3	6.609.769	1,6
	5 a 9	803.180	15,0	4.724.581	5,9
	10 a 19	411.634	7,7	4.844.836	11,8
	Subtotal	5.341.452	100,0	16.179.186	3,0
Pequenas	20 a 29 empregados	113.347	44,0	2.326.968	20,5
	30 a 49	85.633	33,2	2.684.949	31,4
	50 a 99	58.730	22,8	3.223.070	54,9
	Subtotal	257.710	100,0	8.234.987	31,9
Médias e grandes	100 a 250 empregados	33.559	60,5	4.098.589	122,1
	250 a 500	11.867	21,4	3.499.246	294,9
	Mais de 500	10.042	18,1	21.372.254	2.128,3
	Subtotal	55.468	100,0	28.970.089	522,3
TOTAL	–	5.654.630	–	53.384.262	9,4

Fontes: IBGE. *Estatísticas do cadastro central de empresas 2012.* Rio de Janeiro: IBGE, 2014.

proprietária, como ocorre com a maior parte das organizações produtivas no meio rural, passam pela constituição na forma de sociedades por cotas de responsabilidade limitada e alcançam o mais alto grau de complexidade estatutária quando operam como sociedades anônimas. Esta constituição é geralmente adotada por empresas de grande porte, cabendo ainda distinguir as de capital fechado e as abertas, listadas nas bolsas de valores. Estas últimas são, em todas as nações, as de menor número, embora de enorme expressão econômica. A Tabela 3.5 registra a evolução destas empresas no período 1990-2014. No final de 2014, existiam apenas 44.619 empresas de capital aberto em todo o mundo. Nas Américas, o número está estacionado em torno de 10 mil. Na Europa, um pouco abaixo, tendo alcançado grande expansão na última década do século XX, com o fim da URSS e da Cortina de Ferro: até final dos anos 80, na Europa Central e no grande Leste Europeu, com o sistema econômico coletivista de controle centralizado pelo Estado, predominavam empresas estatais de capital fechado. Com a mudança do sistema, a maior parte da estrutura produtiva foi privatizada e grande número de empresas abriu o capital: daí a expansão de cerca de 6.000 para 10.000 empresas listadas. Já na virada da primeira para a segunda década do século XXI, o vigor das novas nações industriais da Ásia – com destaque para o Japão, os Quatro Tigres e a China Continental – o número de grandes empresas se multiplicou, observando-se forte propensão à abertura

TABELA 3.3 Empresas cadastradas no Brasil: número de estabelecimentos segundo as principais atividades produtivas.

Atividades rurais de produção	Número de propriedades rurais com atividades produtivas			
	Áreas	% s/ total	Atividades produtivas[b]	
	Até 25 hectares	3.266.668	Lavouras	
	25 a menos de 100	1.472.044	❏ Permanentes	2.037.700
	100 a menos de 250	431.730	❏ Temporárias	4.895.650
	250 a menos de 1.000	246.732	Produção animal	3.726.120
	1.000 a menos de 2.000	41.206	Produção florestal	350.030
			Produção extrativa vegetal	1.830.720
	Mais de 2.000	40.125	Agricultura e pesca	38.900
	TOTAL	5.498.505[a]		

Atividades dos setores primários, secundário e terciário de produção	Número de empresas, segundo classificação das atividades produtivas	
	Atividades primárias[c]	
	❏ Agricultura e produção animal	100.745
	Indústrias	
	❏ Indústrias extrativas	10.653
	❏ Indústria de transformação	436.329
	❏ Produção e distribuição de eletricidade e gás	2.297
	❏ Água, esgoto, atividade de gestão do resíduos e descontaminação	10.311
	❏ Indústrias da construção	218.851
	Serviços	
	❏ Comércio	2.170.617
	❏ Transporte, correios e armazenagem	222.056
	❏ Alojamento e alimentação	316.062
	❏ Informação e comunicação	147.422
	❏ Intermediação financeira	75.349
	❏ Atividades imobiliárias	59.294
	❏ Atividades profissionais, científicas e técnicas	255.179
	❏ Atividades administrativas e serviços complementares	432.920
	❏ Administração pública, defesa e seguridade social	17.625
	❏ Educação	123.559
	❏ Saúde humana e serviços sociais	148.560
	❏ Artes, cultura, esporte e recreação	66.926
	❏ Outras atividades de serviços, inclusive de instituições internacionais	380.495

Distribuição espacial	Regiões	Número de empresas	% s/ total
	❏ Norte	206.149	3,6
	❏ Nordeste	879.979	15,6
	❏ Sudeste	2.912.747	51,5
	❏ Sul	1.226.401	21,7
	❏ Centro-Oeste	429.354	7,6
	Total	5.654.630	100,0

(a) O número de propriedades cadastradas é inferior à soma das principais atividades em razão de a maior parte delas dedicar-se a atividades múltiplas.

(b) Estimativas do autor, com base em séries históricas.

(c) Atividades rurais organizadas na forma de pessoas jurídicas. Neste setor, no Brasil, as atividades produtivas são, em sua quase totalidade, exercidas por pessoas físicas (proprietários rurais). É reduzido o número dos que exercem a atividade produtiva na condição de pessoa jurídica.

Fonte: INCRA, Sistema Nacional de Cadastro Rural, apuração realizada em fevereiro de 2012. IBGE. *Estatísticas do cadastro central de empresas.* Rio de Janeiro: IBGE, 2014.

TABELA 3.4 Dimensões comparativas das 500 maiores empresas do mundo, dos Estados Unidos, da AL e do Brasil, em 2013.

Conjuntos	Receitas operacionais totais em US$ bilhões[a]			
	Mundo	Estados Unidos	América Latina	Brasil
Maior	476,3	476,3	130,5	104,3
10 maiores	3.713,1	2.204,9	652,4	267,8
100 maiores	14.264,4	7.712,1	1.631,8	637,8
200 maiores	20.640,7	9.738,6	2.027,8	792,6
300 maiores	24.973,7	10.878,1	2.272,6	890,2
400 maiores	28.372,9	11.642,6	2.455,8	959,8
500 maiores	31.058,4	12.210,5	2.599,2	1.010,3
Médias por empresa	62,1	24,4	5,2	2,0

(a) A maior empresa da AL e do Brasil, Petrobras, aparece com dados distintos, por duas razões: 1. critério de conversão cambial; e 2. ROL (Brasil) e ROB (AL).

Fontes: *Fortune* (Mundo e Estados Unidos) e *América Economia* (AL).

do capital. Atualmente, é nesta grande região emergente do mundo que se concentra a maior parte das empresas listadas: 54,5%. No Brasil, o número de empresas listadas em bolsa mantém-se em torno de 400. No país, a maior parte das sociedades anônimas é de capital fechado. Além destas quatro categorias (titularidade assumida pela pessoa física, sociedades por quotas de responsabilidade limitada e sociedades anônimas de capital fechado e aberto), há ainda outras categorias de constituição jurídica, de que são exemplos as fundações, as sociedades cooperativas e as instituições sem fins lucrativos.

❑ **Origens e controle**. Quanto a este atributo, as empresas agrupam-se em três categorias: **públicas, privadas** e de **economia mista**. Diferenciam-se, neste caso, quanto às origens dos recursos para sua constituição, bem como quanto a seu subsequente controle. As empresas públicas são geralmente constituídas para a produção de bens e serviços públicos de alta essencialidade, combinando investimentos elevados e retornos lentos, em áreas pouco atrativas para os empreendedores privados. Já as empresas de propriedade e controle privados estabelecem-se em setores mais atrativos, notadamente quanto aos níveis de retorno financeiro dos investimentos realizados.

❑ **Formas de gestão**. A organização e a gestão das empresas podem assumir uma multiplicidade de formas, geralmente dependentes da maneira como o capital se divide entre os proprietários controladores. Nas micro, pequenas e médias empresas, o controle e a direção se justapõem: a direção é assumida pelos proprietários. Mas com o crescimento das escalas de produção, com a maior complexidade organizacional e com a aplicação de tecnologias mais avançadas, a gestão passa das mãos de **indivíduos controladores** para **grupos organizados** ou, mais genericamente, para a "inteligência organizada" – a **tecnoestrutura** Segundo a expressão de Galbraith,[2] nas

TABELA 3.5
A evolução do número de empresas de capital aberto, no período de 1990-2014. Embora tenha mais do que duplicado, o número é pequeno em relação ao inverso das empresas.

Continentes	Número de companhias listadas nas bolsas de valores do mundo											
	1990	1995	2000	2005	2007	2008	2009	2010	2011	2012	2013	2014
Américas	9.322	10.821	10.549	11.134	11.146	10.510	10.111	10.068	10.154	10.147	10.212	10.435
Europa, Oriente Médio e África	6.330	7.854	9.306	9.210	10.035	10.126	10.045	9.977	10.207	9.715	9.603	9.873
Ásia e Oceania	5.933	6.377	9.445	18.956	19.648	20.819	20.901	21.398	22.052	23.117	23.569	24.311
TOTAL	21.585	25.052	29.300	39.350	40.829	41.515	41.057	41.443	42.413	42.979	43.384	44.619

Fonte: World Federation of Exchanges.

grandes empresas amadurecidas o controle e a gestão se dissociam. O poder decisório passa dos controladores para a tecnoestrutura. Mas, como nas pequenas empresas emergentes, **não amadurecidas**, este processo está ainda longe de se completar, coexistem no sistema empresarial como um todo as mais diferentes formas de organização e de gestão. Os modelos convencionais de gestão misturam-se ainda com os que emanam da burocracia governamental e se transferem para as empresas públicas. Geralmente, são menos flexíveis que os adotados na esfera privada.

❑ **Natureza dos produtos**. Quanto a este atributo, a heterogeneidade decorre das diferenças que se observam entre os produtos gerados pelas atividades produtivas primárias, secundárias e terciárias. Das duas primeiras resultam bens; da última, serviços. E cada um se destina a um tipo diferenciado de necessidade: individual ou coletiva; dos mais variados graus de essencialidade; permanente, sazonal ou esporádica; renovável ou não. Mais: há empresas que não chegam com seus produtos ao mercado final de consumo. Sua produção se destina a suprir necessidades de outras empresas. São as produtoras de bens e serviços intermediários. Movimentam negócios que atendem às necessidades de outros negócios.

Embora heterogêneas quanto a estes e a outros atributos (como amplitude geográfica de atuação, objetivos societários e graus de integração vertical), as empresas reúnem pelo menos três características comuns, a partir das quais se identificam como agentes econômicos. A primeira resulta do fato de que é nelas que se empregam, se reúnem, se organizam e se remuneram os recursos de produção – sob este aspecto, são polos de atração de diferentes formas de ativos de que dispõem os sistemas econômicos. A segunda resulta de sua interatividade. Como unidades de produção, elas não subsistem isoladamente. Sejam as do subsetor de lavouras ou da indústria extrativa mineral, sejam as da indústria de transformação ou de construção, sejam ainda as dos subsetores de transportes, de comunicações ou de intermediação financeira, todas dependem de fornecimentos regulares procedentes das demais. As operações produtivas descrevem-se a partir de fluxos permanentes de **entradas e saídas**. No processamento de sua própria produção de bens ou serviços, cada empresa depende de fornecimentos procedentes de outras empresas, direta ou indiretamente. E a terceira característica diz respeito a sua perpetuidade: esta depende, para todas as empresas, da sanção dos agentes econômicos para os quais sua produção é destinada.

A Tabela 3.3 sintetiza o número de empresas no Brasil, por setor de atividade. As propriedades rurais produtivas totalizam, no país, 5,5 milhões de unidades, das quais apenas 100,7 mil, 1,8% do total, constituídas na forma de pessoa jurídica. A quase totalidade apresenta-se na forma de propriedades de pessoas físicas. Nas atividades industriais, extrativas, de transformação e de construção encontram-se mais de 678 mil empresas. Todavia, é no setor terciário que se concentra o maior número, mais de 4,4 milhões de estabelecimentos. Os dados também confirmam a diversidade das empresas quanto a seu tamanho, ao pessoal ocupado e às faixas de remuneração, observando-se que os rendimentos médios são maiores nas empresas de maior porte.

O Governo: Características e Funções

O governo destaca-se como agente econômico devido às particularidades que envolvem suas ações econômicas. Segundo o conceito de Edey e Peacock,[3] o governo é "um **agente coletivo** que contrata diretamente o trabalho de unidades familiares e que adquire uma parcela da produção das empresas **para proporcionar bens e serviços úteis à sociedade como um todo**. Trata-se, pois, de um centro de produção de **bens e serviços coletivos**. Suas receitas resultam de retiradas compulsórias do poder aquisitivo das unidades familiares e das empresas, feitas por meio do sistema tributário; e a maior parte de suas despesas se caracteriza por pagamentos efetuados aos agentes envolvidos no fornecimento dos bens e serviços à sociedade".

Este conceito exclui as empresas públicas, estatais. Estas classificam-se na categoria anterior. Sob o ponto de vista econômico, são agentes que atuam no sistema produtivo de modo semelhante ao das empresas privadas, não obstante se diferenciem quanto à origem e controle do capital. O governo, visto como agente econômico, engloba os órgãos federais, as administrações estaduais e municipais. Reúne a administração pública direta e suas autarquias, que fornecem serviços de uso coletivo, de que são exemplos típicos a defesa, a segurança, a administração da justiça e os programas públicos de saneamento básico e saúde, urbanização, educação e cultura.

A Tabela 3.6 destaca alguns aspectos do governo como agente econômico no Brasil. Além de interagir com os demais agentes, o governo é um **centro de geração, execução e julgamento de regras básicas para a sociedade como um todo**. Boa parte das instituições que regulam a vida dos sistemas econômicos emana de unidades governamentais. Sob este aspecto, o governo é um agente diferenciado. Interage com os demais. Mas tem também poderes como regulador e indutor do processo econômico, atuando no ajustamento de macrofluxos de produção, de geração de renda e de dispêndio do sistema econômico como um todo. Além destes poderes, exerce forte influência sobre os níveis de emprego

TABELA 3.6
O governo como agente econômico no Brasil: unidades, pessoal empregado, tributos arrecadados, dispêndios e serviços gerados.

Número de unidades governamentais	Esferas de governo	Unidades
	União	1
	Estados	26
	Distrito Federal e Municípios	5.570

Pessoal empregado	Em relação ao total da população empregada no Brasil em 2012, de 94,7 milhões de habitantes, as administrações públicas empregavam 11,5 milhões, correspondentes a 12,0% do contingente ativo, com a seguinte distribuição entre as três esferas de governo:

	Pessoal empregado (Mil)	% por esfera de governo	em relação à população empregada
❏ União, governo central	2.039,5	17,8	2,2
❏ Executivo	1.872,8	16,4	
❏ Judiciário	130,9	1,1	
❏ Legislativo	35,8	0,3	
❏ Ministério Público	10,4	0,1	
❏ Estados da Federação	3.120,5	27,3	3,3
❏ Municípios	6.280,9	54,9	6,6
Total	11.451,3	100,0	12,1

Tributos arrecadados	No quadriênio 2010-2013, o total dos tributos arrecadados pelas três esferas de governo representou 35,2% do Produto Interno Bruto, com a seguinte composição:

	% na arrecadação	% em relação ao PIB
❏ União, governo central	68,9	24,8
❏ Estados da Federação	25,3	9,1
❏ Municípios	5,8	2,1

Dispêndios segundo os três poderes	Poderes	% sobre total dos dispêndios correntes e de investimentos, 1990-2013
	Executivo	93,4
	Judiciário	4,7
	Legislativo	1,9

Serviços gerados	Em 2012, em relação ao total da oferta de bens e serviços da economia nacional, os serviços das administrações públicas, nas três esferas de governo, representam 16,6%.

Fontes: IBGE. *Anuário Estatístico do Brasil 2013*, v. 73. Rio de Janeiro: IBGE, 2014. IBGE. *Contas regionais do Brasil*. Rio de Janeiro: IBGE, 2014, BACEN, Indicadores econômicos consolidados. Março de 2015.

dos recursos produtivos e sobre os processos e estruturas de distribuição da renda e da riqueza geradas pela sociedade.

3.3 A Interação dos Agentes Econômicos

As Razões de Ser da Interação Econômica e do Sistema de Trocas

Os processos, os mecanismos e os instrumentos de interação dos agentes econômicos decorrem de dois fatores fundamentais:

❑ A diversidade das necessidades humanas, que conduz à organização de sistemas de trocas.

❑ A diversidade de capacitações das pessoas e nações, determinadas por heranças culturais ou por vocações naturais, que conduz à especialização e à divisão social do trabalho.

A diversidade das necessidades é observada mesmo sob situações primitivas de vida e de organização social. Os primeiros grupamentos humanos, que trocaram gradativamente a vida nômade por formas mais sedentárias de organização social, exigiam diversificado suprimento de bens e serviços: produtos destinados à alimentação e à proteção em relação ao meio ambiente; instrumentos para caça e pesca e também para a defesa do grupo quando da invasão de seu território por outros grupos; utensílios de uso doméstico, objetos de adorno e instrumentos para práticas coletivas, festivas e religiosas. Este conjunto de necessidades de naturezas diversas exigiam capacitações diferenciadas, de guerreiros, agricultores, pastores, artesãos e sacerdotes – cada qual dedicando-se preponderantemente a uma destas atividades e satisfazendo às necessidades individuais e do grupo através de sistemas primitivos de trocas.

Surgiram assim três importantes fatores de propulsão do progresso econômico: a divisão do trabalho, a especialização e as trocas. Estes fatores promoveram mudanças substantivas na organização da vida econômica. Possibilitaram aperfeiçoamentos em todos os campos e conduziram a formas cada vez mais complexas de produção – mas também mais eficientes. A diversidade dos bens e serviços se ampliou, criando-se novas necessidades. E as capacitações acompanharam o ritmo das mudanças, atendendo às novas exigências e até antecipando outras. Como desdobramento natural da multiplicação de necessidades e capacitações, as redes de trocas se tornaram mais complexas, estenderam-se geograficamente, ganharam novas amplitudes e passaram a exigir instrumentos que as viabilizassem. A autossuficiência foi substituída pela interação.

O processo de interação, resultante do trinômio **divisão do trabalho-especialização-trocas**, não obstante de crescente complexidade, fundamentou-se em pelo menos dois visíveis benefícios, ambos decorrentes do princípio das **vantagens comparativas**:

❑ Maior eficiência.

❑ Ganhos de escala.

À medida que as práticas da divisão do trabalho e da especialização se generalizam, se intensificam e se consolidam, as operações produtivas se tornam mais eficientes, explorando-se vantagens comparativas comprovadas. Embora praticadas em larga escala só após os notáveis avanços da ciência, das tecnologias de produção e do sistema industrial dos séculos XVIII e XIX, estas práticas constituem umas das mais importantes heranças culturais das nações. Em todas as épocas, para imprimir maior eficiência à solução de seus problemas econômicos fundamentais e atender às crescentes necessidades sociais, as nações recorreram à divisão do trabalho e à especialização, intensificando-se as redes de trocas. Pouco a pouco foram desaparecendo os sistemas fundamentados na autossuficiência. Progressivamente, as técnicas rudimentares foram cedendo lugar a tecnologias mais avançadas, até que a força de trabalho passasse a ser constituída por trabalhadores altamente especializados e interdependentes, enquanto as unidades de produção, também interdependentes, passavam a se dedicar a linhas de produção crescentemente especializadas e específicas, quanto à natureza e destino dos produtos gerados.

Como descrevem Paul e Ronald Wonnacott,[4] "o artesão do século XIX produzia uma ampla variedade de móveis e artigos de madeira, desde caixinhas de joias até ataúdes. Nas regiões de fronteira, os colonos eram basicamente autossuficientes. As famílias produziam a comida para a mesa, construíam as casas onde moravam e frequentemente teciam a maior parte das roupas que usavam. Há muito tempo não é mais assim. As fazendas são geralmente especializadas, produzindo poucos produtos, ou até mesmo um só, no qual se especializam. O trabalhador das fábricas substituiu o artesão da oficina e opera máquinas desenhadas para produzir apenas um tipo de móvel, ou talvez mesmo um tipo de peça para móveis. Mudanças como essas produziram alguns problemas, além de nítidos benefícios. Os trabalhadores modernos podem não se sentir tão realizados no trabalho como os antigos artesãos, que podiam ver o resultado final de seu processo de criação e produção. Mas, a especialização contribuiu para maior eficiência e novos ganhos de escala têm sido possíveis".

A **maior eficiência** e os **ganhos de escala** resultam, fundamentalmente, das vantagens comparativas derivadas da especialização. Os países tropicais são mais eficientes produzindo café e cacau; os de clima frio, produzindo trigo. Vocações naturais como estas conduzem a vantagens recíprocas: trocando café e cacau por trigo, o Brasil e o Canadá podem, ambos, beneficiar-se. As disponibilidades desses produtos, para os dois países, serão maiores se cada qual especializar-se na produção para a qual têm maiores vantagens comparativas. A produção de lã exige grandes extensões de terra; a de seda, não. E as tecnologias para um e para outro produto não são iguais. Com maior especialização, a produção será maior, comparativamente às tentativas de se buscar a autossuficiência em ambos. Ainda que possa ser alcançada, será mais onerosa. Nas fábricas, especializando-se em um só produto ou em determinado componente de um ou mais produtos finais, os processos de produção não serão interrompidos, as máquinas serão de maior especificidade, seus operadores mais especializados. Escalas maiores de produção serão, então, possíveis. Por fim, no setor de serviços, podem observar-se também os benefícios da especialização. A ampla diversidade de serviços exigidos pelas modernas sociedades requer que os princípios da especialização se estendam às atividades terciárias. *Faça você mesmo* pode ser um interessante apelo para atividades artesanais que requeiram baixa especialização, sob objetivos geralmente amadorísticos. Mas ninguém pode prestar a si mesmo todos os serviços. A maior parte deles exige conhecimentos especializados. Quando um eletricista recorre aos serviços de um jardineiro e este recorre aos do eletricista, ambos têm ganhos. **As especializações reduzem custos associados ao tempo de execução e ampliam os benefícios associados à qualidade**.

Fundamentadas na **divisão do trabalho** e **na especialização**, beneficiando-se de **vantagens comparativas**, as modernas economias alcançam **escalas de produção** impensáveis nos séculos precedentes. Os rebanhos de bovinos aumentam, buscando-se, cada vez mais, raças de aptidões bem definidas. Os plantéis das granjas de suínos e de aves atingem hoje escalas muitas vezes superiores às que prevaleciam em unidades de produção não especializadas. As fábricas movimentam volumes de produção que pouco têm a ver, quanto às escalas praticadas, com os realizados em décadas precedentes. E mesmo os serviços envolvem escalas crescentes, do número de contas movimentadas pelos intermediários financeiros, ao número de usuários dos transportes de massa.

Essas **grandes escalas** resultam da **divisão social do trabalho**. No universo das unidades de produção, cada uma faz uma parte da produção de altas escalas e de alta diversificação. O próprio conceito de produção se torna mais abrangente, não se limitando apenas à obtenção de bens materiais extraídos da natureza. Como observa Hicks,[5] "embora uma grande parte da produção seja composta de bens materiais diretamente originários da terra, a produção de todas as utilidades necessárias à vida humana em sociedade não se completa apenas com esse tipo de bens. Os comerciantes não são originariamente responsáveis pela produção dos bens com que transacionam; todavia, o comércio desempenha a útil atividade de reunir e oferecer alto sortimento de bens em locais que melhor satisfaçam às necessidades dos consumidores. O leite deve ser transportado dos currais para as usinas de pasteurização e destas para os pontos de venda aos consumidores; neste caso, o transporte, a usinagem e a comercialização são, economicamente, tão importantes quanto a ordenha. Além disso, há numerosas atividades humanas que não estão diretamente ligadas à produção de bens materiais. Os médicos, os professores e os atores são, todos eles, exemplos de produtores de serviços que satisfazem a necessidades tão importantes quanto as proporcionadas por bens materiais. Eles contribuem com trabalho socialmente útil e são também produtores, na ampla e correta acepção desse termo".

A divisão do trabalho e a especialização, bases da diversificação da produção e dos ganhos de escala, têm, como contrapartidas, a interação entre os agentes econômicos e o estabelecimento de um **sistema de trocas**: o peão das fazendas de gado de Campo Grande, os que cultivam a cana para as usinas de açúcar e as destilarias de etanol de Ribeirão Preto, o minerador de Itabira, o metalúrgico de Volta Redonda, o petroleiro das plataformas de Campos, o operário das fábricas de eletroeletrônicos da Zona Franca de Manaus, o portuário de Vitória, os operadores dos pregões das bolsas de valores e de mercadorias de São Paulo e os funcionários das repartições públicas de Brasília aplicam-se a trabalhos aparentemente desconectados, mas que se integram e se intercomplementam, compondo uma complexa e quase indescritível teia de relações de trocas. Cada qual, operando uma minúscula e aparentemente insignificante parte do todo, faz a economia funcionar. Um depende do outro, tanto quanto uma unidade de produção, por mais integrada que seja, depende de todas as demais, direta ou indiretamente. E, ao se dedicar a sua tarefa produtiva, nos campos, nas minerações, nas fábricas e nas diferentes atividades de prestação de serviços, cada qual adquire junto à sociedade o direito de desfrutar, para a satisfação de suas próprias necessidades e das de seus dependentes, certa parcela da produção final, sob a forma de bens e serviços finais.

O Escambo como Sistema Primitivo de Trocas

Sistema social de trocas ou, mais simplesmente, **sistema de trocas**, é a expressão síntese de todos os processos de interação dos agentes econômicos, resultantes da divisão do trabalho e da especialização.

Um sistema de trocas ágil e bem estruturado exige, porém, o emprego de uma das mais importantes instituições econômicas: a **moeda**. Esta instituição vem de tempos remotos. Seu aparecimento decorreu da necessidade de superar obstáculos para o desenvolvimento do sistema de trocas, base de todo o progresso material que se iniciou com a organização social das atividades produtivas. A intensificação do regime social de interdependência dos agentes econômicos conduziu a sua descoberta e ampla utilização, possibilitando a prática de **trocas indiretas**.

A descoberta desse importante instrumento de trocas indiretas foi porém precedido por sistemas primitivos de **trocas diretas**, baseados no **escambo**. O escambo é a troca direta, sem intervenção de um instrumento monetário. Esse sistema teria sido prática usual nos primórdios da evolução econômica, quando a divisão social do trabalho começou a ser de alguma forma praticada. Como ainda não haviam sido desenvolvidos instrumentos monetários, as trocas realizavam-se em espécie: produto por produto, produto por serviço, serviço por serviço. Praticando o escambo, um produtor que dispusesse de excedentes do produto A ia ao mercado para trocá-lo por unidades de B, C ou D, necessárias para a satisfação de necessidades não atendidas por A. No mercado de trocas, esse produtor deveria procurar por outros produtores que, dispondo de excedentes de B, C ou D, estivessem dispostos a trocá-los por A. Encontrando-os, negociariam as trocas diretas em espécie.

Aparentemente, esse primitivo sistema de trocas pode parecer simples e eficiente. Todavia, sua operacionalidade é dificultada por, pelo menos, duas exigências:

❑ A existência, no mercado de trocas, de necessidades coincidentemente inversas.

❑ A definição de uma relação quantitativa de troca.

A primeira exigência é fundamental para o escambo. Os parceiros da troca, necessariamente, devem ter excedentes disponíveis e necessidades **inversamente**

coincidentes. Se um produtor de trigo necessita de lã, ele deve encontrar outro que dispõe de lã e deseja exatamente trigo. Mais: ao se encontrarem, deverão chegar a um acordo sobre a **relação de troca**, expressão que significa a relação de valor entre os produtos para a efetivação da troca – no caso, quanto de lã será dado em troca de quanto de trigo. Isso, considerando-se apenas dois produtores e dois produtos. Mas, se existirem dez produtores, cada qual levando ao mercado um produto diferente do dos demais, mas buscando, cada qual, suprimentos de todos os outros nove, além de se tornar mais complexa a questão da coincidência entre disponibilidades e necessidades, o número de relações de troca cresce geometricamente. Estando disponíveis dez produtos, intercambiáveis entre si (*A*, *B*, *C*, *D*, *E*, *F*, *G*, *H*, *I* e *J*), para que cada um deles possa ser trocado por todos os demais, tornam-se necessárias as seguintes relações:

Valor de *A* em relação aos outros 9.

Valor de *B* em relação aos outros 8.

Valor de *C* em relação aos outros 7.

Valor de *D* em relação aos outros 6.

Valor de *E* em relação aos outros 5.

Valor de *F* em relação aos outros 4.

Valor de *G* em relação aos outros 3.

Valor de *H* em relação aos outros 2.

E, por fim, valor de *I* em relação a *J*.

Isso significa que, na hipótese de ocorrerem dez produtos diferentes, o número de relações de troca necessárias, para que se estabeleçam as quantidades de cada um que serão dadas em troca dos demais, eleva-se a 45. Para 50 produtos, são necessárias 1.225 relações. Se o número de produtos diferentes chegar a 500, o número de relações de troca exigidas eleva-se para 124.750. O cálculo pode ser feito pela conhecida expressão da soma dos termos das progressões geométricas:

$$RT = \frac{n(n-1)}{2}$$

em que *n* é o número de produtos intercambiáveis disponíveis no mercado e *RT* as relações de troca que se estabelecerão. Na Tabela 3.7 mostramos as relações correspondentes a diferentes combinações de produtos. A progressão geométrica das relações de trocas, decorrente da diversificação de produtos, torna as operações de escambo impraticáveis. A evolução e a diversidade de mercados transformam o escambo numa penosa e ineficiente forma de transação.

Não param aí, contudo, as dificuldades envolvidas em mercados de troca que funcionam à base do escambo. Além dos inconvenientes que decorrem das duas exigências examinadas (necessidades coincidentes e fixação de relação de troca), a história do desenvolvimento dos sistemas de trocas registra outras curiosas dificuldades, algumas delas praticamente insuperáveis. W. S. Jevons,[6] economista inglês do século XIX que se destacou pelo estudo do valor, da utilidade, das trocas e da

TABELA 3.7
Relações de troca necessárias para o funcionamento de um mercado à base do escambo.

Número de produtos diferentes disponíveis no mercado	Relações de troca necessárias
10	45
50	1.225
100	4.950
250	31.125
500	124.750
750	280.875
1.000	499.500

moeda, em ensaio publicado em Paris em 1876, *La monnaie et le mécanique de l'échange*, faz o seguinte relato: "Há alguns anos, Mademoiselle Zélie, cantora do Théâtre Lyrique de Paris, deu um recital nas Ilhas Society. Em troca de uma ária da *Norma* e de outros trechos, deveria caber-lhe a terça parte da receita. Feitas as contas, verificou-se que lhe caberiam três porcos, vinte e três perus, quarenta e quatro galinhas, cinco mil cocos, além de considerável quantidade de cachos de bananas e centenas de limões e laranjas. Em Paris, a venda desses animais e frutas poderia ter proporcionado uma receita de quatro mil francos. Mas, nas Ilhas Society, não existindo outras formas de moeda, Mademoiselle Zélie foi forçada a consumir uma parte desses pagamentos em espécie, alimentando com o restante das frutas os próprios animais que havia recebido." Jevons refere-se ainda às dificuldades enfrentadas por um certo Capitão Wallace, em uma expedição ao arquipélago da Malásia, onde, embora se encontrassem meios de subsistência com facilidade, o escambo tornava extremamente difíceis as provisões. Mas ele observou, com o passar do tempo, que um regular sortimento de alguns artigos, como facas, anzóis, espelhos, produtos têxteis, aguardente e sagu, facilitava o escambo. Usando-os como meios de troca, o escambo se dava com maior facilidade viabilizando o acesso a grande número de outros produtos trocados pelos artigos de maior aceitação. Mas, ainda assim, subsistiam enormes dificuldades, relacionadas ao transporte e divisibilidade desses produtos.

A Figura 3.3 evidencia as dificuldades que seriam encontradas por quatro produtores, com disponibilidades e necessidades não coincidentes, em um mercado de trocas à base do escambo. Na primeira ilustração, um dos produtores deseja lã e dispõe de trigo; mas o que deseja trigo dispõe de sal. O que dispõe de lã deseja tabaco; e aquele que dispõe de tabaco deseja sal. Obviamente, as trocas entre eles só se tornarão possíveis se eles conseguirem negociar, conjuntamente, as trocas desejadas. Ou, então, se dispuserem de uma outra mercadoria que possa ser utilizada como meio de troca, aceita por todos sem restrições. Ao recorrerem a tal mercadoria, como fez o Capitão Wallace na Malásia, eles estarão evoluindo do primitivo estágio do escambo, em sua mais primitiva forma, para um sistema de trocas fundamentado em **mercadorias-moeda**.

FIGURA 3.3
As trocas e a aparição da moeda.

A inviabilidade das trocas
Disponibilidades e necessidades não coincidentes tornam as trocas inviáveis, ainda que todos disponham do que todos desejam.

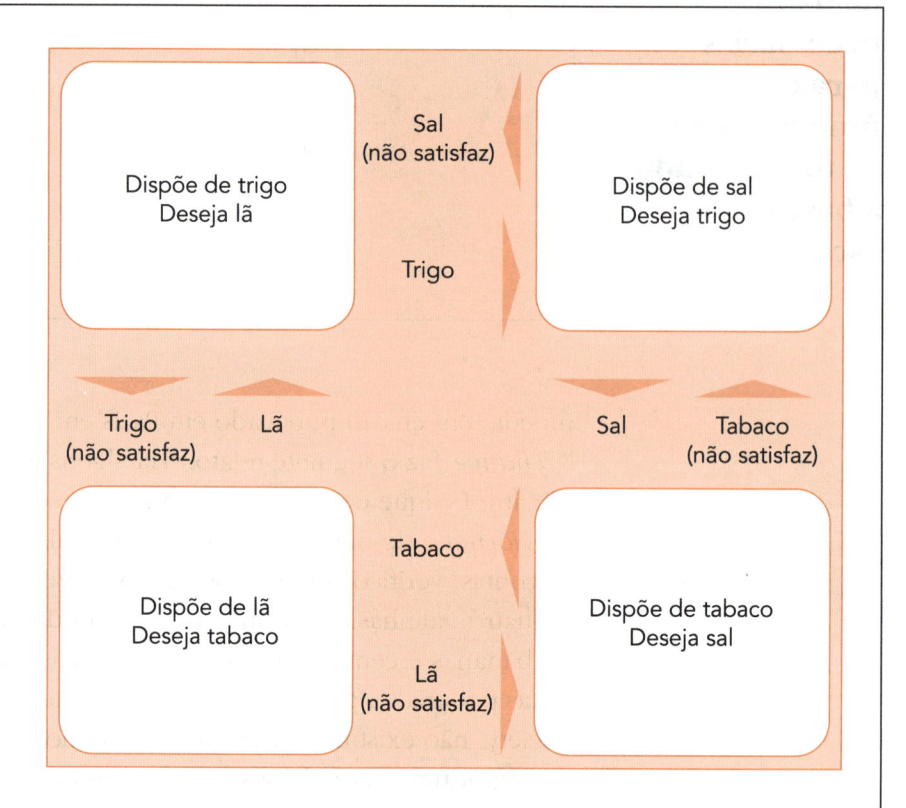

- Dispõe de trigo / Deseja lã
- Dispõe de sal / Deseja trigo
- Dispõe de lã / Deseja tabaco
- Dispõe de tabaco / Deseja sal

Sal (não satisfaz)
Trigo
Trigo (não satisfaz) — Lã
Sal — Tabaco (não satisfaz)
Tabaco
Lã (não satisfaz)

A viabilização das trocas com um instrumento que exerça a função de moeda, viabilizam-se trocas indiretas. Cada qual troca seu produto por um outro que tenha valor de troca. De posse deste, cada qual o trocará por aquele desejado para a satisfação direta de sua necessidade.

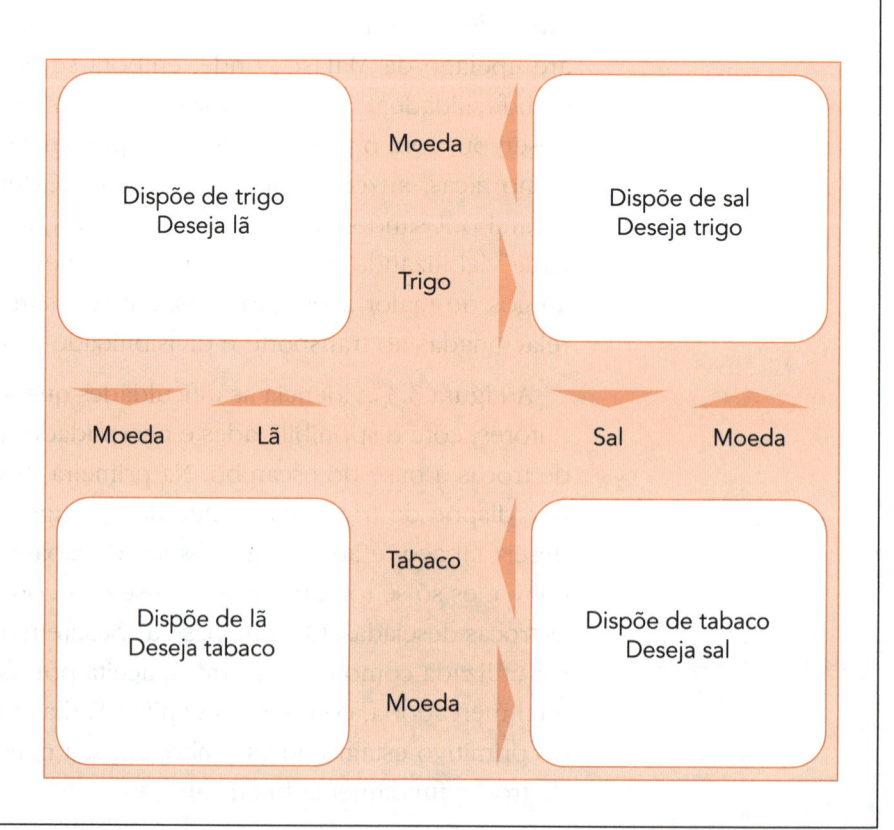

- Dispõe de trigo / Deseja lã
- Dispõe de sal / Deseja trigo
- Dispõe de lã / Deseja tabaco
- Dispõe de tabaco / Deseja sal

Moeda
Trigo
Moeda — Lã
Sal — Moeda
Tabaco
Moeda

As Mercadorias-moeda: a Evolução para as Trocas Indiretas

As **mercadorias-moeda** solucionaram os principais inconvenientes do escambo primitivo. Ainda que muitas das primeiras mercadorias-moeda fossem imperfeitas como instrumentos de troca, não preenchendo todas as características intrínsecas exigidas da moeda, elas facilitaram as trocas. Os mercados se ampliaram e o comércio evoluiu com seu emprego. A divisão social do trabalho e a especialização foram estimuladas. Iniciava-se, embora lentamente, uma nova era, caracterizada pela crescente intensificação das trocas indiretas entre os agentes econômicos. Por mais rudimentares que fossem, enquanto instrumentos de troca, as mercadorias-moeda possibilitaram as trocas indiretas. Essas mercadorias, ainda que não fossem diretamente utilizadas pelos que as recebiam como instrumentos de produção ou bens de consumo, tinham aceitação tão geral e segura que seus detentores poderiam trocá-las por quaisquer outros bens ou serviços desejados.

As primeiras mercadorias-moeda variaram de região para região e de época para época. Mas todas sempre apresentaram pelo menos duas características básicas: eram **relativamente raras** (para que tivessem valor) e **atendiam a necessidades essenciais e comuns** (para que pudessem ser aceitas como instrumentos de troca, sem dificuldades ou restrições).

Os usos e costumes é que definiram, assim, quais mercadorias, em cada época e região, seriam empregadas como instrumentos de troca. O gado exerceu essa função no mundo antigo. Essa a razão pela qual o gado, a riqueza e a moeda têm, na maioria dos idiomas, raízes comuns. C. Menger,[7] economista da Universidade de Viena, ao descrever a natureza e a origem da moeda, em seu *Princípios de economia política*, editado em 1871, mostrou que no antigo dialeto alemão das regiões nórdicas, *naut* significa, ao mesmo tempo, gado e moeda; também na antiga língua dos frísios, *sket* tem os dois significados; o *faihu* dos godos e o *féoh* dos anglo-saxões são empregados, alternativamente, para designar gado, riqueza, patrimônio e moeda. Nos dialetos árabes, *amawal* significa gado e moeda. E a origem dos termos latinos *pecunia* e *peculio* vem de *pecus*, gado.

Além do gado, muitas outras mercadorias serviram como moeda. Entre elas, as mais citadas são o sal, o tabaco, as peles curtidas, os peixes secos, a lã, a seda, o açúcar. Na Guiné, durante largo espaço de tempo, os escravos, o algodão e o linho foram utilizados como mercadorias-moeda. No Norte da Europa, prevaleceram os peixes secos, além de gado, tecidos, manteiga. Nas Ilhas Britânicas, prevaleceu o gado. Na Rússia também, além de peles de esquilo e de marta. No Canadá e na Virgínia, respectivamente, o tabaco e as peles foram mercadorias-moeda, durante a colonização. Na China, o chá, o sal e o arroz foram importantes mercadorias-moeda. Na Austrália, o rum, o trigo e as carnes secas. Essas mesmas mercadorias, e ainda cereais, tabaco, madeira e gado, foram empregados como instrumentos de troca na época colonial nos Estados Unidos.

Todas essas mercadorias e tantas outras utilizadas em outras regiões tornaram as trocas mais simples, comparativamente às transações diretas praticadas no estágio do escambo primitivo. Mas, apesar da evolução representada pelo uso desses primeiros instrumentos monetários, nenhum deles preenchia as características essenciais exigidas da moeda. Entre os principais problemas relacionados ao uso das primeiras mercadorias-moeda, ressaltam os relacionados **à homogeneidade**

e à divisibilidade. Essas mercadorias, na maior parte dos casos, **não eram homogêneas**: o valor do gado varia em função da idade, da pureza da raça e de características genéticas herdadas de cruzamentos; o valor do chá, do açúcar e mesmo da lã depende de sua procedência e qualidade; a tipificação dos cereais decorre das variedades cultivadas. Além disso, em muitos casos, as mercadorias-moeda apresentavam-se sob a forma de **unidades indivisíveis**, dificultando o pagamento exato das trocas efetuadas. Isso ocorria com o gado e mesmo com as peles curtidas; estas, embora divisíveis, perdem valor à medida que se seccionam em partes. Por fim, numerosas mercadorias-moeda eram **perecíveis**, dificultando o exercício de uma das mais importantes funções dos instrumentos monetários: a de servirem também como reservas de valor.

O Metalismo: Origem e Evolução

Assim, embora a utilização das primeiras mercadorias-moeda tenha sido um passo importante para a concepção e estruturação dos sistemas monetários, novos instrumentos passaram a ser exigidos, devendo preencher os cinco requisitos essenciais da moeda:

- Homogeneidade.
- Inalterabilidade e indestrutibilidade.
- Divisibilidade.
- Transferibilidade.
- Facilidade de manuseio e de transporte.

Foi o não preenchimento desses requisitos pelas primeiras mercadorias-moeda que levou os povos mais desenvolvidos da Antiguidade a instituir sistemas monetários baseados em **metais**. A ocorrência dessa instituição é oito séculos anterior ao início da Era Cristã. Os escritos de Heródoto citam que os lídios foram os primeiros a utilizar moedas metálicas. Fidon, rei de Argos, teria sido o primeiro soberano que cunhou as placas utilizadas como moeda dentro das fronteiras sob seu domínio. Este é o primeiro registro de uma notável evolução: a utilização de moedas de **emissão oficial** e de **curso legal**.

Os benefícios resultantes da utilização das moedas metálicas propagaram-se rapidamente pela Grécia Continental, pela costa ocidental da Ásia Menor e pela ampla faixa litorânea da Macedônia. Quase todas as antigas civilizações compreenderam desde logo a importância da moeda – e entenderam que os metais reuniam importantes características para serem utilizados como instrumentos monetários. Como Adam Smith[8] registrou, os povos compreenderam que os metais, em sua maior parte, eram raros, duráveis, fracionáveis e homogêneos. E ainda apresentavam um grande valor para um pequeno peso. Essas características impuseram-se, na expressão de Smith, como **razões irresistíveis**, definidas por qualidades econômicas e físicas, que acabaram por conduzir os metais, sobretudo os preciosos, à posição de **instrumentos monetários preferenciais**.

Consequentemente, em todas as civilizações culturalmente mais avançadas, a utilização de metais com fins monetários propagou-se e generalizou-se com relativa facilidade e rapidez. Esparta recorreu inicialmente ao ferro. No Egito, em

Roma, em várias comunidades nacionais da Europa Central e na China, há provas documentais de que o cobre, o bronze e, principalmente, a prata e o ouro foram largamente empregados como instrumentos monetários. Em todas essas regiões, as primeiras formas de moedas metálicas foram gradativamente cedendo lugar aos metais preciosos. **O ouro e a prata, pela sua relativa raridade, pela sua durabilidade, homogeneidade e divisibilidade ascenderam à posição de metais monetários por excelência.** Além disso, suas possíveis aplicações industriais, suas raízes místicas e seus usos como elementos de ostentação de riqueza e de poder sempre os tornaram desejados e procurados. Ademais, o emprego desses metais preciosos com fins monetários seria ainda incentivado por sua alta e universal aceitabilidade.

Inicialmente, contudo, os metais preciosos foram utilizados como mercadorias-moeda antes que viessem a ser oficialmente cunhados. As formas físicas com que apareciam nos mercados de trocas eram as mais diversas. Variavam em peso e em grau de pureza. Ora já se apresentavam transformados em objetos de adorno; ora em lingotes, em pó, em pepitas, grãos ou palhetas, em lâminas ou fios – ou mesmo *in natura*. A variabilidade dessas formas impunha, assim, sua pesagem e avaliação, na maior parte dos casos por peritos, cada vez que eram empregados em uma operação de troca.

Desse estágio inicial evoluiu-se para a cunhagem. Os caracteres cunhados, que se generalizaram durante a Idade Média, eram os brasões de grandes proprietários, de soberanos ou de chefes de Estado. A pureza, o peso e o valor seriam assim oficialmente marcados, não só facilitando as operações de troca, como aumentando a confiança dos que os recebiam e generalizando sua aceitação. Assim, como registra P. Hugon,[9] ao mesmo tempo em que muda de forma, a moeda metálica muda quanto a sua essência. Em sua origem, é apenas uma mercadoria aceita mais facilmente que as outras, nas operações de trocas; mas, quando a autoridade pública se encarrega da divisão dos lingotes em peças cunhadas (o essencial da operação da amoedagem), ela perde o caráter de instrumento privado e facultativo das trocas e torna-se uma moeda pública de aceitação obrigatória. Passa a ter **curso legal e poder liberatório** – os credores e os vendedores são obrigados a aceitá-la em pagamento de seus créditos e de suas mercadorias.

Na maior parte das nações que passaram a recorrer ao ouro e à prata como instrumentos monetários de curso oficial, tornou-se recomendável sua cunhagem simultânea. Os dois metais, sob a forma de peças monetárias, quando usados conjuntamente, facilitavam a fixação de escalas diferenciadas de valores. A prata era geralmente empregada na cunhagem de moedas de valor mais baixo. A utilização exclusiva do ouro tornaria impraticáveis as cunhagens de peças de valor reduzido. De início, porém, não havia relação fixa de valor entre os dois metais, praticando-se o chamado **padrão paralelo**. Mas, como esse sistema não funcionou adequadamente, devido a grandes e constantes variações de valor entre os dois metais, tornou-se necessária a fixação de uma relação legal entre certo peso de ouro e o equivalente peso de prata. Esse tipo de sistema, descrito como **bimetalismo** ou **padrão duplo**, foi praticado a partir da última década do século XVIII. Em 1792, os Estados Unidos, por imposição legal, estabeleceram a relação de 15 para 1, considerando-se, assim, o valor do ouro, para pesos equivalentes, 15 vezes superior ao da prata. Na França, a relação foi de 15,5 para 1. Na Bélgica, na Suíça, na Itália e em outros países, as relações legais, fixadas também na mesma época, obedeceram a padrões próximos dos adotados pelos franceses e norte-americanos.

Essas relações, porém, apesar dos critérios com que foram estabelecidas e dos posteriores acordos internacionais para sua homogeneização e manutenção, continham certa dose de arbitrariedade. Como observa E. Gudin,[10] o caráter arbitrário decorria de que a natureza não se comprometeria a produzir 15 gramas de prata sempre ao mesmo custo do que 1 de ouro. A abertura de novas minas ou o melhoramento dos processos de extração de um ou de outro metal poderiam alterar a relação legal.

De fato, em 1847, descobriram-se as minas de ouro da Califórnia e, em 1851, as da Austrália. A produção anual de ouro quase duplicou. A prata, ao contrário, rarefez-se com o desenvolvimento do comércio com a Índia, que absorvia quantidades consideráveis desse metal. Disso resultou a desvalorização do ouro em relação à prata. Vinte anos mais tarde, em 1871, ocorreria o inverso. Como registra C. Gide,[11] a produção anual do ouro, pelo esgotamento das minas da Austrália e da Califórnia, caiu aproximadamente 50%; contrariamente, em consequência da descoberta das minas do Oeste da América do Norte, a produção da prata aumentou nessa mesma proporção. A Alemanha, ao mesmo tempo, adotando o padrão monometálico e desamoedando a prata, provocou nos centros financeiros da época um generalizado desprezo por suas antigas moedas de prata. Mais uma vez mudou o valor relativo desses metais, porém em sentido inverso. No mercado de metais preciosos, com 1 grama de ouro poderiam ser obtidos não somente 15, mas sucessivamente 16, 17, 18 e até 20 de prata.

Em consequência dessas alterações, como ainda se mantivessem fixos os valores legais estabelecidos entre os dois metais, as moedas de ouro tenderiam a desaparecer. Como ainda era garantido por lei o poder liberatório das moedas de ouro e de prata, os devedores, podendo escolher, prefeririam pagar seus credores com a moeda de mais baixo valor intrínseco, conservando em seu poder a outra. Com isso, as moedas de ouro passaram a ser entesouradas, vendidas a peso ou exportadas. Esse fenômeno passaria a ser conhecido como **Lei de Gresham** – um financista inglês da época, ao qual é atribuída a seguinte observação:

> **Quando duas moedas, ligadas por uma relação legal de valor, circulam ao mesmo tempo dentro de um país, aquela que possui um valor intrínseco maior tende a desaparecer, prevalecendo para fins monetários a que tem um valor intrínseco menor. Consequentemente, a moeda má expulsa a boa.**

Intervindo nesse processo, as nações da Europa Ocidental, a exemplo do que já fizera a Alemanha, desamoedaram a prata e implantaram um novo padrão monetário, monometálico, baseado exclusivamente no ouro. Isso ocorreu por volta de 1873. Assim, o bimetalismo perdurou até o instante em que o desmoronamento do valor da prata pôs fim à rivalidade entre os dois metais, estabelecendo-se então, como J. M. Keynes[12] registrou em seu *Tratado sobre a moeda*, "a monarquia absoluta do ouro".

A Aparição da Moeda-papel

Paralelamente à evolução do metalismo, desenvolveu-se embrionariamente a intermediação bancária. Esse desenvolvimento talvez possa ser apontado como um dos mais importantes momentos históricos da evolução da moeda, por ter sido a base e a origem da **moeda-papel**.

Com o desenvolvimento dos mercados, com a multiplicação dos bens e serviços disponíveis e com o acentuado aumento das operações de troca, não só locais, como inter-regionais e internacionais, o volume da moeda em circulação aumentaria consideravelmente na segunda metade do século XVIII e, sobretudo após a Revolução Industrial, durante todo o século XIX. Ademais, o volume e o valor das transações entre os grandes mercadores e industriais vinham registrando persistente expansão. Gradativamente, tornavam-se maiores as dimensões da atividade econômica. E, em consequência, o manejo das moedas metálicas, pelos riscos envolvidos e pelas dificuldades de transporte, tornava-se desaconselhável para as transações de maior vulto.

Impunha-se, assim, como fundamental para a continuidade do crescimento econômico e expansão das operações de troca, a criação de um novo conceito de instrumento monetário, cujo manejo não implicasse riscos e dificuldades de transporte. Essas novas exigências levariam à utilização, como meios alternativos de pagamento, das **letras de câmbio** ou dos **certificados de depósito de moedas metálicas** emitidos pelas primeiras casas de custódia de valores ou pelas tradicionais ourivesarias.

A origem desses estabelecimentos, precursores do sistema bancário moderno, remonta à Antiguidade. Originariamente, a prática da custódia floresceu nos templos da Babilônia. Existiam casas de custódia e ourivesarias no Egito e em Roma. As *Institutas* de Justiniano continham doutrina sobre as operações dessas instituições. Os judeus e os lombardos especializaram-se em negócios monetários na Idade Média. E os templários tiveram uma organização semelhante à de um banco internacional, com sede em Jerusalém. No tempo das cruzadas chegaram a manipular somas consideráveis, até haver sido decretada sua extinção, em 1313. Mas outras casas de custódia surgiriam e floresceriam em Veneza, durante os séculos XIV, XV e XVI. Com a evolução dos negócios, essas casas passaram a receber maior volume de depósitos metálicos e a emitir certificados e letras de câmbio em escalas e valores crescentes. Nos séculos XVII e XVIII, as atividades dessas instituições intensificaram-se ainda mais, em decorrência do emprego generalizado de metais preciosos com fins monetários.

Em suas origens, como observa P. A. Samuelson,[13] esses estabelecimentos assemelhavam-se a depósitos de guarda de volumes ou armazéns. O depositante deixava seu ouro para ser guardado, recebia um certificado de depósito, mais tarde apresentava esse certificado, pagava uma pequena taxa pela guarda e recebia o ouro ou a prata de volta. Em seu mais primitivo sistema operacional, essas casas de custódia, originárias de ourivesarias ou de fundições de metais preciosos, identificavam, por uma etiqueta ou gravação, as peças metálicas que haviam sido confiadas a sua guarda, relacionando-as nominalmente com seus depositantes. Assim, ao proceder à reconversão de seus certificados de depósito, os depositários recebiam exatamente suas próprias peças originais. Essa forma operacional evoluiu para a não identificação dos depósitos. Os depositários passaram a aceitar **certificados de depósito nominativos**, relativos a determinada quantidade de ouro, prata ou moedas metálicas. E, ao proceder a sua posterior reconversão, não receberiam, necessariamente, as mesmas peças que haviam sido por eles depositadas.

Essa evolução foi paralela a uma segunda alteração operacional, de alta relevância: com a supressão da identificação dos valores depositados, as casas de custódia foram também lentamente suprimindo o caráter nominativo dos certificados, passando a emiti-los como uma espécie de **título ao portador**. A partir desse estágio, os mercadores passariam a empregar os certificados de depósito como meios de pagamento. Eles serviam para facilitar e simplificar a realização de pagamentos, sem que se modificasse substancialmente o sistema monetário vigente. Para cada certificado emitido, era mantido em custódia um lastro metálico correspondente. Assim, confiando-se em seu lastro integral, passou a circular e a ter aceitação generalizada um novo tipo de instrumento monetário – a **moeda-papel**. Com seu emprego, seriam afinal eliminadas as dificuldades inerentes à utilização das próprias peças metálicas.

Assim, vantajosamente, a **moeda-papel** substituiria as moedas metálicas em sua função de servir como meio de pagamento. O público habituar-se-ia, com relativa facilidade, a utilizar esse novo tipo de instrumento monetário. Afinal, os certificados de depósito asseguravam, a qualquer tempo e a qualquer pessoa, o direito à sua imediata reconversão em moedas metálicas de ouro e prata. Cada uma das notas em circulação, emitidas pelas casas de custódia, era garantida por um correspondente **lastro metálico**. As garantias existentes e a confiabilidade em sua reconversão acabariam por transformá-las em instrumentos monetários de uso generalizado e amplo.

Da Moeda-papel para o Papel-moeda: a Criação da Moeda Fiduciária

Mas a evolução dos instrumentos monetários foi além do desenvolvimento e uso da moeda-papel. A experiência acumulada pelas casas de custódia conduziria a uma importante constatação: o lastro metálico, para garantir as reconversões requeridas, não precisava ser, necessariamente, igual ao total dos valores dos certificados de depósito em circulação. Com um encaixe metálico menor, as casas de custódia poderiam atender às solicitações metálicas que lhes eram apresentadas, mesmo porque, enquanto alguns solicitavam operações de reconversão (geralmente para pagamentos em outras praças ou regiões ou, então, para transferir seus ativos metálicos para outras casas de custódia), outros estavam operando em sentido oposto, trazendo metais para serem custodiados e recebendo, em troca, novos certificados de depósito emitidos.

Nesse estágio, os certificados emitidos, devido a sua aceitação já generalizada, passaram a circular mais que as próprias peças metálicas. Todos os recebiam em pagamento de transações comerciais realizadas, embora sem curso legal. Seu valor e sua aceitação não decorreriam ainda da regulamentação oficial de sua emissão e de garantias asseguradas pelos poderes públicos. Simplesmente, resultavam da confiança geral em sua plena conversibilidade.

Essa confiança seria fundamental para as primeiras **emissões de certificados desprovidos de encaixe metálico**. As casas de custódia, transformando-se então em casas bancárias, compreenderam que, dentro de certos limites, poderiam conceder créditos, descontando títulos representativos de operações comerciais, através da emissão de notas bancárias. A ampla aceitação dessas notas, como uma nova forma de moeda, dificilmente provocaria, segundo a concepção dos banqueiros, uma corrida geral do público às casas bancárias, solicitando, massivamente, sua total reconversão em metais preciosos. Assim, poderiam circular formas puramente **fiduciárias** de moeda, representadas pelas notas bancárias colocadas em circulação a partir de uma simples operação de crédito e não em decorrência de depósitos em espécies metálicas.

Essas emissões monetárias trariam vantagens para produtores, comerciantes e banqueiros. Os primeiros passaram a ter acesso a uma nova fonte de financiamento para seus investimentos. Os comerciantes, mediante as operações de desconto de títulos comerciais, obtinham crédito suficiente para a expansão de seus negócios. E os banqueiros, servindo como intermediários entre os cedentes e os tomadores, beneficiavam-se das receitas correspondentes aos juros. Além disso, emitindo notas desprovidas de encaixe metálico, poderiam realizar rentáveis investimentos.

Evidentemente, essa passagem histórica das primeiras formas de **moeda-papel** (certificados emitidos mediante lastro metálico integral) para as primeiras formas de **papel-moeda** ou de **moeda fiduciária** (notas bancárias emitidas a partir de operações de crédito, com lastro metálico parcial) envolveria consideráveis margens de risco. Como o valor das notas em circulação passou a ser maior do que as garantias metálicas existentes, não mais existiam plenas garantias de conversibilidade. Originalmente, os certificados de depósito em circulação eram iguais ao valor total de metais custodiados. Mas, com o desenvolvimento das operações de crédito e emissão de moeda fiduciária, o lastro metálico tornara-se apenas parcial. Se as casas bancárias não agissem com prudência, todo o sistema poderia desmoronar, bastando para isso que os possuidores do papel-moeda em circulação reclamassem, por desconfiança generalizada, a reconversão metálica em grande escala e em curtos intervalos de tempo. A insuficiência de reservas desacreditaria essa nova forma de moeda, cuja aceitação se vinha processando lentamente, desde fins do século XVII.

Os riscos envolvidos não tardaram a se manifestar. Como registra R. G. Lipsey,[14] "a história do desenvolvimento bancário no século XIX e mesmo no início do século XX, em ambos os lados do Atlântico, está repleta de exemplos de bancos arruinados pelas exigências instantâneas sobre suas efetivas reservas de ouro. Quando isto sucedia, os possuidores de notas bancárias fiduciárias passavam a ter em seu poder meras tiras de papel destituídas de qualquer valor". Foi o que teria ocorrido em Londres em 1793, quando um pânico geral desarticulou o funcionamento do sistema. Segundo o relato de Withers,[15] em *The meaning of money*, "os bancos só chegaram a operar com perfeição, prudência e segurança após muitos erros e dificuldades. Uma Comissão Real, desenvolvendo uma análise do sistema no começo do século XIX, observou que, em 1793, mais de cem bancos provinciais ingleses foram à falência; e entre 1810 e 1817, outros seiscentos estabelecimentos bancários fecharam as suas portas".

Os riscos então evidenciados conduziram os poderes públicos a regulamentar a emissão de notas bancárias – já então entendidas como papel-moeda ou moeda fiduciária. Ao final de um longo processo evolutivo, o direito à emissão de notas, em cada país, seria confiado a uma única instituição bancária oficial, evidentemente controlada pelo poder público e a ele indissoluvelmente ligada. Surgiriam, assim, os **bancos centrais**. As notas por eles emitidas passariam a ter garantias definidas pelas autoridades monetárias. Originalmente, seriam garantidas pelos lastros metálicos dos tesouros nacionais. Mas, pouco a pouco, tornando-se seu curso forçado e garantindo-se por lei o seu valor e o seu poder liberatório, o papel-moeda seria desvinculado de quaisquer garantias metálicas. Chegava-se, assim, após lento processo evolutivo, à concepção moderna dos instrumentos monetários, tornando-os flexíveis e mais bem adaptáveis às exigências do crescimento econômico.

Em síntese, essa evolução correspondeu à definitiva passagem da **moeda-papel** ao **papel-moeda** – isto é, à passagem da fase em que as notas de banco eram emitidas com a correspondente e integral garantia metálica à fase em que, pouco a pouco, a conversibilidade deixou de existir. A partir de então o papel-moeda passou a receber a garantia das disposições legais que regulavam sua emissão, seu curso e seu poder liberatório. Sua aceitação geral como meio de pagamento passou a substituir as garantias metálicas que apoiavam a moeda-papel. Assim, desvinculado de seu substrato metálico, o papel-moeda produziu sensível mudança nas instituições monetárias, provocando a **desmaterialização** dos meios de pagamento.

Características e Funções da Moeda na Atualidade

Na atualidade, a moeda corrente caracteriza-se por ser fiduciária, de emissão não lastreada em ativos metálicos, de curso forçado e de poder liberatório garantido por disposições legais. E, também servindo como meio de pagamento, de ampla utilização, desenvolveu-se e se consolidou a **moeda escritural**, também denominada **moeda bancária** ou **invisível**. Trata-se dos depósitos a vista, mantidos pelos agentes econômicos nas instituições bancárias. Os saldos destes depósitos, mais o papel-moeda e as moedas metálicas divisionais nas mãos do público, constituem os meios de pagamento em praticamente todas as nações. Essa forma de moeda facilita operações de crédito, com a concessão pelos bancos de limites de saques ou de pagamentos superiores aos depósitos em conta-corrente. E o instrumento preferencial de manejo dessas operações é o cartão de crédito.

A denominação de **moeda escritural**, dada aos depósitos a vista nas instituições bancárias, decorre da forma mais utilizada para sua movimentação como meio de pagamento. Esta se dá por transferências de saldos, por lançamentos a débito e a crédito, com os quais se liquidam as transações entre os agentes econômicos. Esta forma de moeda corresponde, nas nações de sistema financeiro maduro, a mais de 90% dos meios de pagamento. Os restantes 10% apresentam-se sob a forma visível de moeda manual.

Em suas novas formas, **manual, escritural, visível e invisível**, a moeda nas modernas economias desempenha um relevante conjunto de funções:

- **Intermediária de trocas.** Esta é a função essencial da moeda, já exercida em caráter embrionário até mesmo pelas primitivas mercadorias-moeda. Entre os benefícios resultantes desta função destacam-se a especialização e a divisão social do trabalho, básicas para a aceleração do progresso material e, em consequência, para expansão do bem-estar social. A maior eficiência transacional é outro benefício resultante dessa função. Outro, é a liberdade de escolha: enquanto intermediária de trocas, a moeda faculta a seu detentor a capacidade de decisão, não só sobre *o que* adquirir, diante da alta e crescente diversidade dos bens e serviços disponíveis, mas ainda sobre *quando* proceder à transação, escolhendo o momento que melhor corresponder à otimização de sua satisfação.

- **Medida de valor.** A moeda é uma unidade padrão de medida de valor. É um denominador comum de valores, uma unidade de conta. Os preços dos bens e serviços, dados pelo padrão monetário corrente, são, neste sentido, expressões monetárias dos valores a eles atribuídos. Além de racionalizar o sistema de valoração, esta função da moeda torna possível a contabilização das atividades econômicas, não só de cada um dos agentes, mas do sistema como um todo, agregativamente considerado.

- **Reserva de valor.** Segundo a clássica observação de J. M. Keynes,[16] a moeda é a ponte entre o presente e o futuro. Ela não se limita a exercer funções transacionais. Os motivos para sua retenção podem ser também precaucionais e especulativos. A moeda é também um reservatório por excelência de poder de compra. É o padrão de liquidez. Mais até: a moeda é a **liquidez por excelência**. Como tal, exerce também a função de reserva de valor.

- **Padrão de pagamentos diferidos.** Esta função resulta da capacidade da moeda em facilitar a distribuição de pagamentos ao longo do tempo. Os pagamentos feitos aos recursos de produção, por exemplo, ao trabalho, são exemplos de diferimento. As operações de crédito e financiamento, que dão sustentação à maior parte das grandes transações econômicas, são também exemplos de compromissos diferidos, cuja liquidação contratada se dá sob a interveniência da moeda.

Estas quatro funções sintetizam a importância da moeda na interação dos agentes econômicos. Ela é o instrumento básico que viabiliza as mais diversas categorias de transações praticadas pelos agentes econômicos, correntes e diferidos. A começar por uma das mais importantes: a remuneração dos recursos de produção que as unidades familiares colocam à disposição das empresas. Depois, pela contrapartida: a aquisição, pelas unidades familiares, dos bens e serviços ofertados pelas empresas. E ainda por todas as categorias de transações desses dois agentes econômicos com o governo. Por fim, a moeda é o elemento de ligação de todos eles com o sistema de intermediação financeira.

QUADRO 3.1
Os recursos de produção e suas remunerações: a cada recurso corresponde uma categoria de remuneração.

Recursos de produção	Remunerações correspondentes
TRABALHO	Salários
CAPITAL	Aluguéis
	Arrendamentos
	Depreciações
TECNOLOGIA	*Royalties*
	Direitos de propriedade
EMPRESARIEDADE	Lucros
EXCEDENTES FINANCEIROS	Juros

Em síntese, a moeda está presente, como meio de pagamento e medida de valor, em todos os fluxos econômicos fundamentais. E, como reserva de valor e padrão de pagamentos diferidos, é um elemento de ligação entre os fluxos correntes, as expectativas futuras e a liquidação de transações ao longo do tempo.

3.4 O Processo de Interação e os Fluxos Econômicos Fundamentais

Uma Diferenciação Fundamental: Fluxos Reais e Fluxos Monetários

Exercendo suas funções clássicas, a moeda é o elo de interligação das transações praticadas pelos agentes econômicos. Totalizadas, essas transações definem os valores dos principais agregados macroeconômicos, subagrupáveis em fluxos reais e fluxos monetários.

Os **fluxos reais** definem-se a partir de suprimentos de recursos de produção, de seu emprego e de sua combinação pelas unidades de produção, finalizando-se com a resultante geração de bens e serviços intermediários e finais. Denominam-se **reais** por sua concretitude física, representada, de um lado, pelo emprego efetivo de recursos produtivos e, de outro lado, pelos produtos gerados, quer se destinem a reprocessamentos, ao consumo final ou ao processo de acumulação.

Os **fluxos monetários** definem-se como contrapartida dos fluxos reais. Traduzem-se, de um lado, pelos pagamentos de remunerações aos recursos de produção empregados; de outro lado, pelos preços pagos aos bens e serviços adquiridos, independentemente de sua destinação.

Sob a forma de fluxos monetários, a contrapartida do emprego de recursos de produção, é sua remuneração. A cada recurso, como sintetizamos no Quadro 3.1, corresponde uma categoria de remuneração. Os salários constituem a denominação genérica de todas as formas de pagamento ao trabalho, inclusive os encargos sociais. O capital é remunerado através de aluguéis e arrendamentos ou, então, ressarcido pelos lançamentos contábeis da depreciação. A capacidade tecnológica é remunerada por *royalties* ou outros direitos de propriedade, pagos a seus detentores. E a empresariedade é remunerada pelo lucro gerado pelos empreendimentos; os dividendos pagos a acionistas, possuidores de quotas-partes do capital das empresas, incluem-se nesta mesma categoria.

Por fim, há ainda uma importante categoria de fluxo monetário, o pagamento de juros. Ele resulta da remuneração dos excedentes financeiros que os agentes econômicos superavitários colocam à disposição de agentes deficitários, para o financiamento de investimentos ou de consumo. É, caracteristicamente, um "fluxo extrarecursos", mas que se soma à remuneração dos recursos de produção, para totalizar a renda agregada.

A divisão social do trabalho, a especialização e as trocas são operacionalizadas pela interconexão dessas duas categorias de fluxos. E assim também a interação dos agentes econômicos.

Uma Primeira Aproximação: a Interação de Unidades Familiares e Empresas

Para uma primeira aproximação, vamos considerar um sistema econômico fechado, constituído apenas por duas categorias de agentes econômicos, as unidades familiares e as empresas.

A Figura 3.4 esquematiza os fluxos real e monetário que resultam da interação desses dois agentes. Na origem dos fluxos, as unidades familiares fornecem recursos às empresas; isso porque, com exceções não significativas, os recursos de produção pertencem a esta categoria de agente econômico. A capacidade de trabalho é o exemplo clássico; mas, além dela, os ativos reais, como o capital, pertencem às unidades familiares que detêm sua posse e domínio. Os direitos de propriedade sobre tecnologias pertencem, também, às pessoas que os detêm diretamente ou aos que detêm a propriedade e o controle das instituições de pesquisa. Por fim, tanto quanto o trabalho, a capacidade empresarial é atributo pertencente às pessoas que a possuem: os empresários, uma diferenciada categoria de agente econômico, responsável pela mobilização dos demais recursos produtivos. Daí por que todas as categorias de renda, que correspondem a pagamentos a esses recursos, fluem para as unidades familiares. São elas que, afinal, as recebem, como contrapartida dos recursos de produção fornecidos às empresas.

Os fluxos real e monetário que interligam esses dois agentes econômicos complementam-se e se realimentam. No **lado real** se dá o **emprego de recursos** e o **suprimento de bens e serviços**. No lado monetário se dá a **remuneração dos recursos empregados** e o **pagamento pelos bens e serviços adquiridos**.

A Figura 3.5 consolida todos esses fluxos. Trata-se de uma primeira aproximação simplificada, mas que evidencia com clareza as inter-relações básicas que se verificam entre os dois agentes. As unidades familiares são remuneradas pelos recursos fornecidos: elas recebem pagamentos das empresas sob diferentes formas de remuneração, como salários, aluguéis e arrendamentos, *royalties* e outros direitos de propriedade, lucros distribuídos (dividendos); recebem também juros, caso tenham colocado à disposição das empresas seus excedentes financeiros para

FIGURA 3.4 Caracterização dos fluxos real e monetário, consideradas apenas duas categorias de agentes econômicos: unidades familiares e empresas.

Fluxos reais
As unidades familiares fornecem recursos às empresas (*a*). As empresas suprem as unidades familiares de bens e serviços finais (*b*).

EMPRESAS — (a) → UNIDADES FAMILIARES — (b) →

Fluxos monetários
Empregando a moeda como meio de pagamento, as empresas remuneram as unidades familiares pelos recursos empregados (*c*). E estas retransferem para as empresas os ganhos recebidos, ao pagarem pelos bens e serviços adquiridos (*d*).

EMPRESAS — (c) → UNIDADES FAMILIARES — (d) →

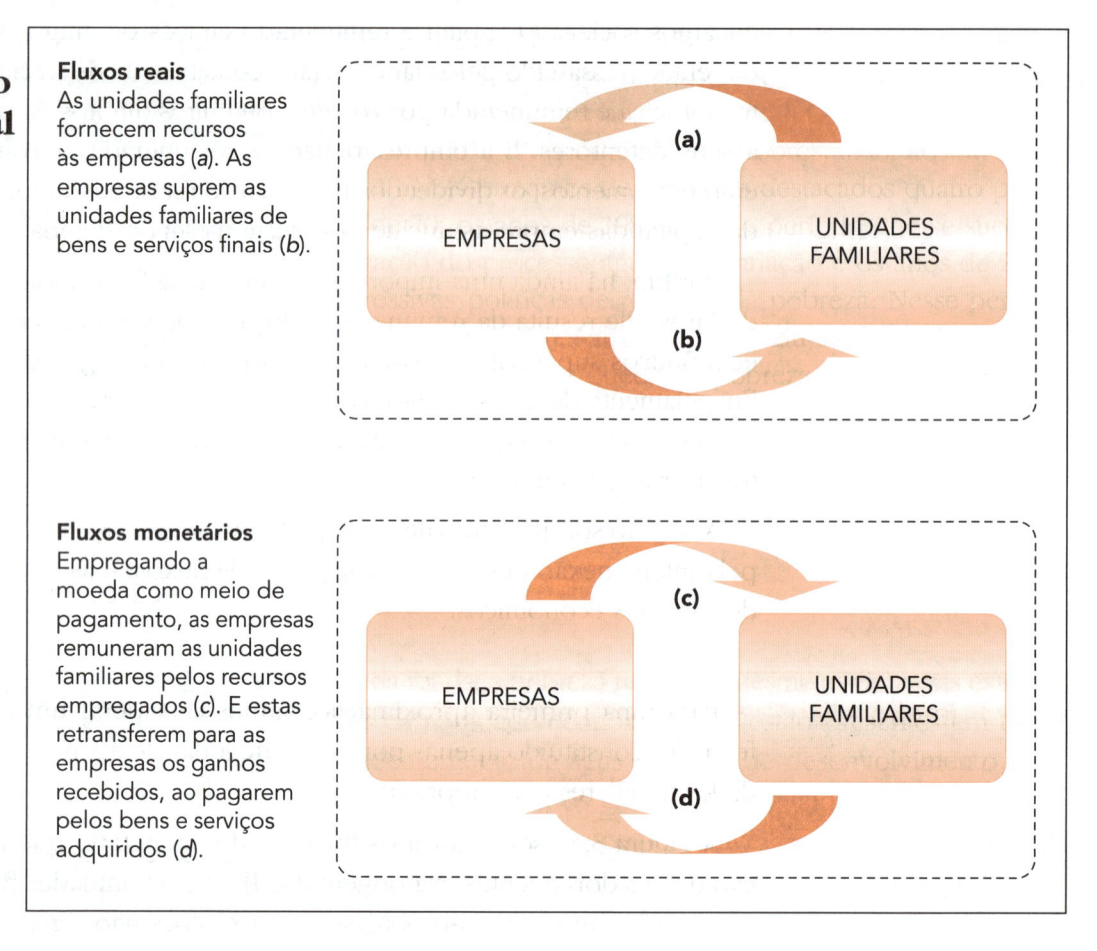

FIGURA 3.5 A interação unidades familiares e empresas: a interdependência dos fluxos reais e monetários consolidados.

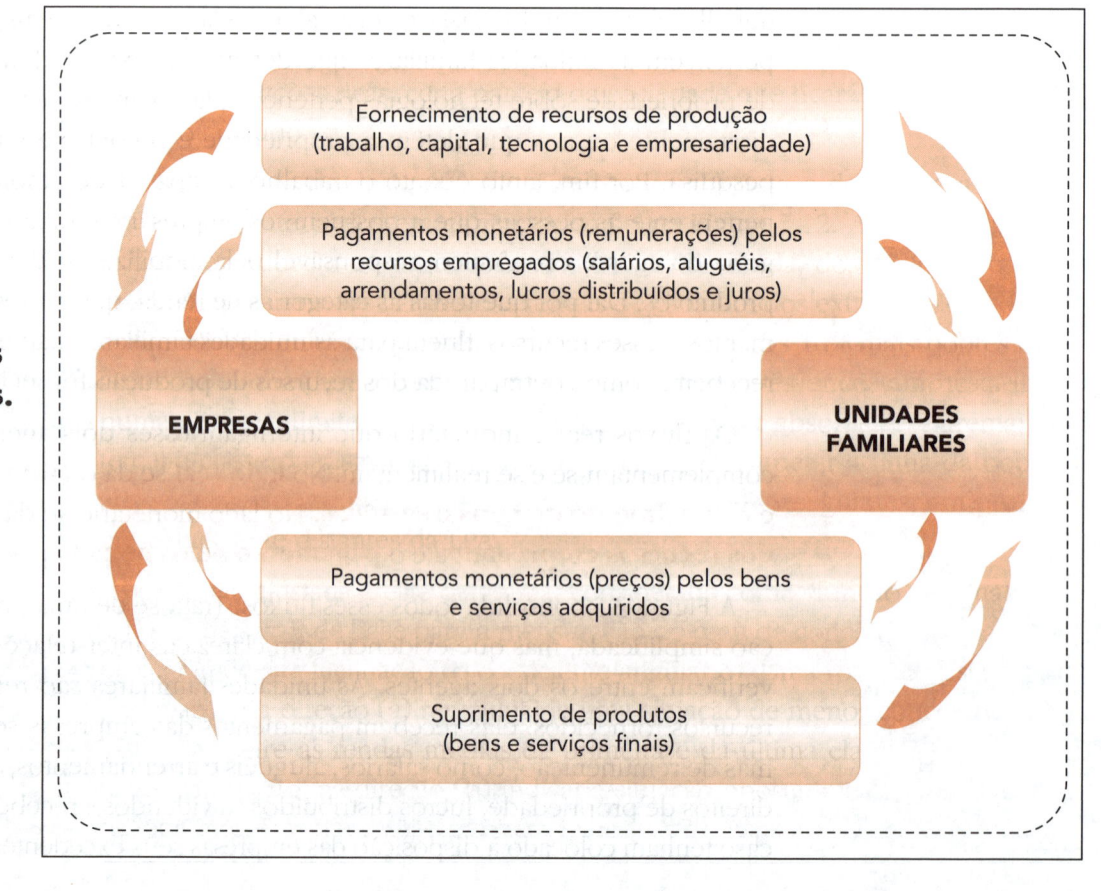

EMPRESAS ⇄ UNIDADES FAMILIARES

- Fornecimento de recursos de produção (trabalho, capital, tecnologia e empresariedade)
- Pagamentos monetários (remunerações) pelos recursos empregados (salários, aluguéis, arrendamentos, lucros distribuídos e juros)
- Pagamentos monetários (preços) pelos bens e serviços adquiridos
- Suprimento de produtos (bens e serviços finais)

financiar processos de produção ou de acumulação de capital. Com a massa das remunerações recebidas, as unidades familiares são dotadas de **poder aquisitivo**, para desfrutar dos bens e serviços produzidos pelas empresas. E, ao adquirir os bens e serviços que atenderão a suas necessidades, as unidades familiares retransferem para as empresas, pelos preços pagos quando das aquisições, os fluxos monetários delas originados.

Essa descrição sugere que o direito de usufruir de uma parte dos bens e serviços produzidos pela sociedade é adquirido por meio da participação no processo produtivo. As unidades familiares que participam desse processo fornecem às empresas os recursos de produção de que dispõem. A remuneração recebida é função da capacidade contributiva dos recursos fornecidos, caracterizando-se como uma espécie de crédito perante a sociedade. Crédito que será usado na aquisição de bens e serviços resultantes do esforço social de produção. Se não for interrompido por quaisquer formas de vazamentos, este circuito é capaz de manter o aparelho de produção da economia em permanente ação, garantindo o emprego dos recursos disponíveis e a consequente satisfação das necessidades sociais.

Uma Segunda Aproximação: a Introdução do Governo

A introdução do governo nesse modelo simplificado de fluxos reais e monetários não o modifica, quanto a seus fundamentos, características e funcionamento. Não obstante exerça também funções normativas e regulatórias, ao coparticipar dos fluxos econômicos fundamentais, o governo é um agente econômico como outro qualquer. Ele se apropria de uma parte da renda social e, com ela, proporciona à sociedade o suprimento de bens e serviços de uso coletivo que, de outra forma, não seriam disponibilizados. Para tanto, ele também emprega e remunera recursos de produção, interagindo assim com as unidades familiares. E adquire produtos, conectando-se com as empresas.

A Figura 3.6 mostra os novos fluxos que resultam da introdução do governo no modelo e de sua interação com as unidades familiares e as empresas. Os fluxos básicos entre as unidades familiares e as empresas são mantidos, mas com três diferenças substantivas:

- ❏ **Redução do poder aquisitivo e da capacidade privada de acumulação.** Tanto as unidades familiares quanto as empresas sofrem reduções em seu poder aquisitivo ou em sua capacidade de acumulação. A redução é imposta pelo governo, através da cobrança de tributos diretos e indiretos – proporcionais à renda, progressivos ou regressivos. Os tributos diretos incidem sobre as diferentes categorias de remuneração de recursos; os indiretos são incluídos nos preços dos bens e serviços. Quando proporcionais, atingem com a mesma alíquota todos os níveis de renda; quando progressivos, as alíquotas variam em função da renda, mantendo-se a regra de tributar mais pesadamente os níveis mais altos de renda; quando regressivos, penalizam proporcionalmente as rendas mais baixas. Estas diferentes categorias e formas de tributação justificam-se pela exigência de justiça fiscal, no sentido de que as contribuições da sociedade para a manutenção do governo

FIGURA 3.6
A interação unidades familiares, empresas e governo: a interdependência dos fluxos reais e monetários consolidados.

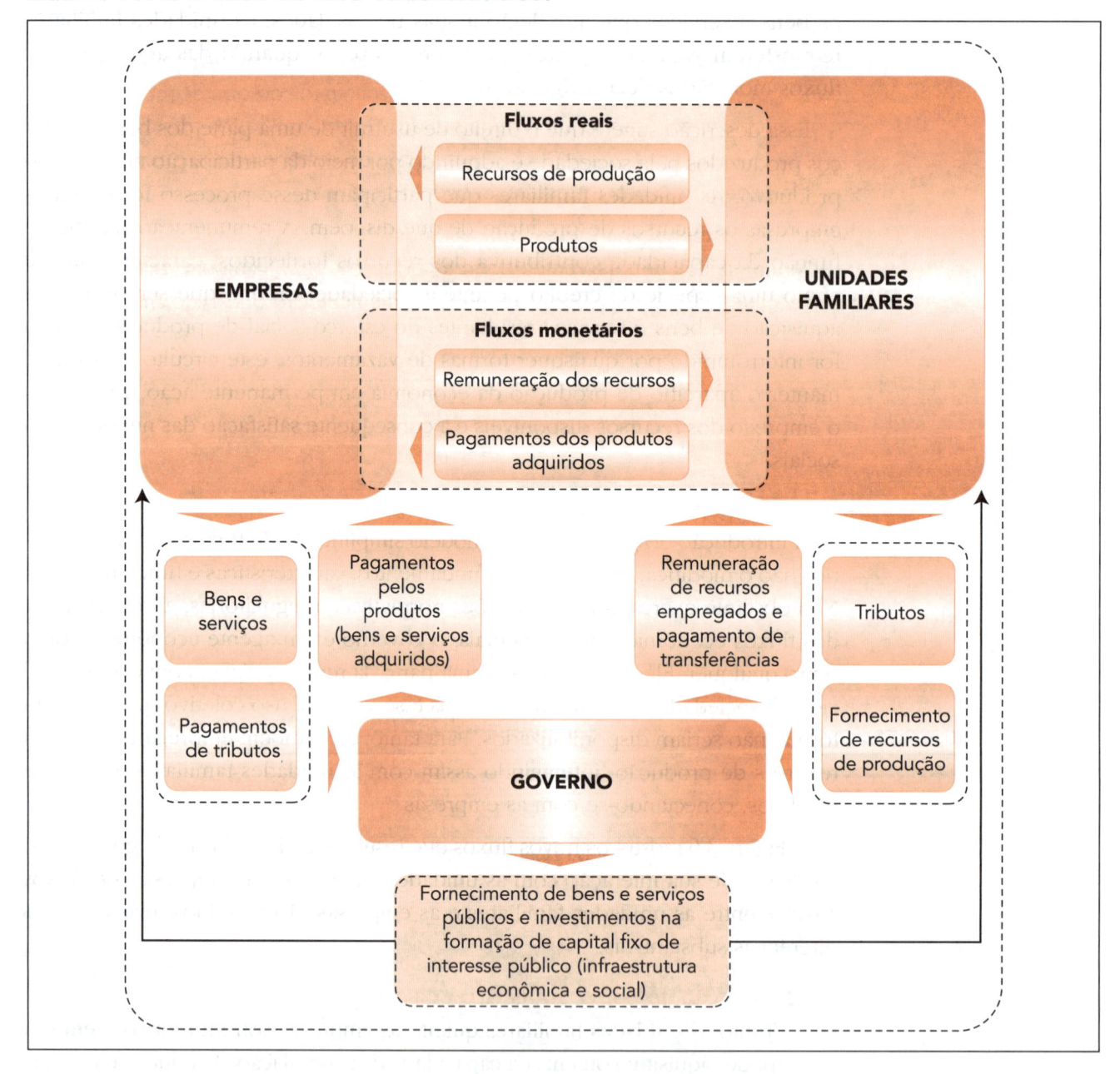

mantenham-se sob padrões de equanimidade a partir das diferentes capacidades contributivas de cada agente econômico.

❏ **Realocação de renda**. Operando o sistema de previdência social, o governo retira parte da renda da sociedade, tanto das unidades familiares quanto das empresas, realocando-a através do pagamento de transferências. Essa operação, de alto impacto social, possibilita a sustentação de unidades familiares sob condições adversas no mercado de trabalho (seguro-desemprego), situadas na faixa pós-produtiva da pirâmide demográfica (aposentados) e sobrevivendo em condições de miserabilidade (bolsas a famílias em estado de pobreza absoluta).

❑ **Reconfiguração da procura e da oferta de bens e serviços.** Como agente econômico, o governo, de um lado, adquire bens e serviços fornecidos pelas empresas e, de outro lado, fornece bens e serviços à sociedade, seja através da formação bruta de capital fixo (infraestrutura de interesse econômico e social), seja pelo atendimento direto de necessidades através do suprimento de bens e serviços públicos e semipúblicos.

Na redução da capacidade privada de consumo e de acumulação, na realocação de rendas e na reconfiguração dos fluxos de procura e de oferta de bens e serviços, admite-se que o governo se conduza, como pondera J. Kendrick,[17] "pelo objetivo básico de refletir corretamente as necessidades coletivas; assim, é de se supor que os bens e serviços produzidos pelo governo e pagos coletivamente através da arrecadação tributária forneçam a mesma utilidade ou satisfação que os consumidores e as empresas teriam caso pudessem produzi-los e adquiri-los diretamente com suas rendas. Presumivelmente, a probabilidade de se realizar este pré-requisito é tanto mais alta quanto maior for a participação popular nas decisões governamentais, através de regimes de governo que favoreçam a representação política das várias camadas da sociedade".

3.5 O Processo Econômico e as Questões-chave da Economia

Uma Visão de Conjunto: Processos e Questões-chave

A Figura 3.7 sintetiza, em visão de conjunto, os processos econômicos básicos de emprego de recursos produtivos e de produção, de geração e de apropriação de rendas. E destaca as quatro questões-chave da economia, fortemente correlacionadas à forma como esses processos básicos se realizam.

A produção, como já havíamos destacado em tópico anterior, é a atividade econômica fundamental, da qual decorrem todos os demais fluxos básicos da economia e a partir da qual se dá a interação dos agentes econômicos. Essa atividade básica resulta do emprego de recursos produtivos, pelo qual são gerados os bens e serviços destinados à satisfação das necessidades de consumo e de acumulação da sociedade. Em paralelo ao processo de produção, desenvolve-se o de geração de rendas, sob a forma de remunerações pagas aos recursos mobilizados. Esse processo está associado, de um lado, à especialização e à divisão social do trabalho e, de outro lado, à utilização da moeda, instrumento de troca e medida de valor que viabiliza os diferentes tipos de transações e categorias de atividade que se observam no interior dos sistemas econômicos.

O processo de geração de rendas, visto sob o ângulo de remuneração dos recursos de produção, é um dos mais notáveis aspectos do processo econômico visto como um todo. Como também já destacamos, nenhum agente econômico, atuando isoladamente, é capaz de produzir a totalidade dos bens e serviços que necessita para sua subsistência e para a conquista de outras aspirações que resultem em melhoria de seus padrões de bem-estar material. Cada agente, considerado isoladamente, apenas participa de uma das múltiplas etapas do processo produtivo. Mas, por menor que pareça ser sua participação, adquire junto à sociedade o direito de desfrutar de um diversificado volume de bens e serviços finais. Vista

FIGURA 3.7
Uma visão de conjunto do processo econômico e das questões-chave da economia.

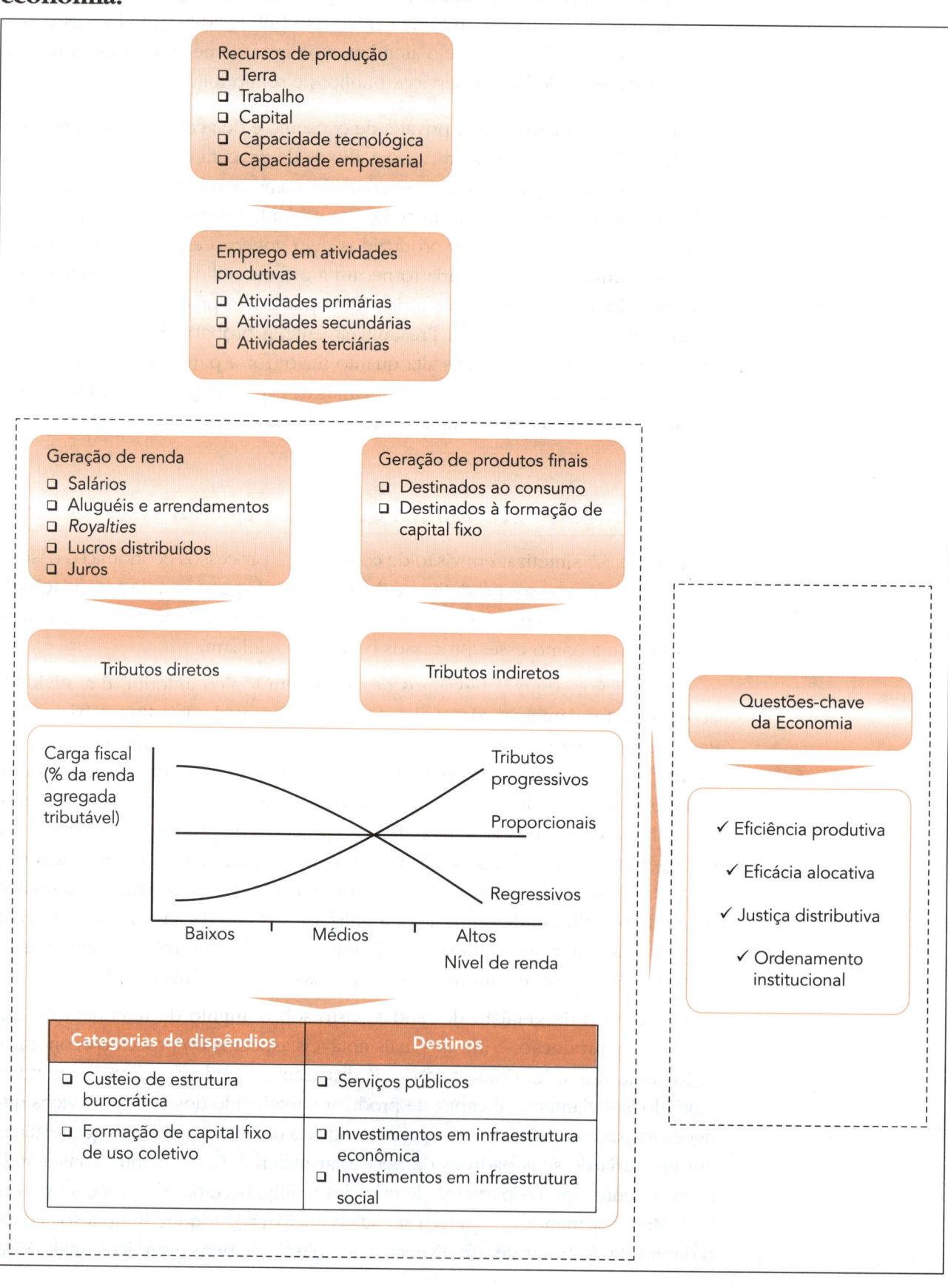

Recursos de produção
- Terra
- Trabalho
- Capital
- Capacidade tecnológica
- Capacidade empresarial

Emprego em atividades produtivas
- Atividades primárias
- Atividades secundárias
- Atividades terciárias

Geração de renda
- Salários
- Aluguéis e arrendamentos
- *Royalties*
- Lucros distribuídos
- Juros

Geração de produtos finais
- Destinados ao consumo
- Destinados à formação de capital fixo

Tributos diretos

Tributos indiretos

Carga fiscal (% da renda agregada tributável)
- Tributos progressivos
- Proporcionais
- Regressivos

Baixos — Médios — Altos
Nível de renda

Categorias de dispêndios	Destinos
☐ Custeio de estrutura burocrática	☐ Serviços públicos
☐ Formação de capital fixo de uso coletivo	☐ Investimentos em infraestrutura econômica ☐ Investimentos em infraestrutura social

Questões-chave da Economia
- ✓ Eficiência produtiva
- ✓ Eficácia alocativa
- ✓ Justiça distributiva
- ✓ Ordenamento institucional

isoladamente, a contribuição de cada agente pode parecer insignificante, quando comparada com seus padrões de consumo e com seus níveis individuais de acumulação de riquezas. Totalizando, entretanto, as remunerações pagas a todas as unidades familiares que participam do processo produtivo, obteremos um valor agregado muito próximo ao do total do consumo e da acumulação agregadas. E este último valor será próximo do total do produto gerado. As diferenças entre essas grandes magnitudes resultam de vazamentos, sob a forma de rendas poupadas, de estoques de produtos intermediários ainda em processamento e de variações de estoques de produtos finais, para mais e para menos, ocorridas durante o período adotado para a contabilização dos macrofluxos econômicos.

Com a participação do governo neste processo, estas grandes magnitudes não se alteram. Isso porque, ao interagir com os demais agentes econômicos, o governo, de um lado, reduz compulsoriamente o poder aquisitivo das unidades familiares, direta ou indiretamente, através de recolhimentos tributários. Mas estes retornam ao sistema, não só pelas remunerações que o governo paga às unidades familiares que lhe fornecem recursos, como também por aquisições junto às empresas, destinadas à produção de bens e serviços públicos e aos investimentos infraestruturais.

As condições em que esses fluxos simultâneos se realizam impactam os resultados finais do processo econômico e estão fortemente relacionadas à qualidade das soluções das quatro **questões-chave da economia**:

- A eficiência produtiva.
- A eficácia alocativa.
- A justiça distributiva.
- O ordenamento institucional.

A primeira questão tem a ver com o emprego de recursos de produção. A segunda com os produtos gerados. A terceira com as rendas. E a quarta com as instituições que regularão e disciplinarão o funcionamento do sistema como um todo e as formas e condições de interação dos agentes econômicos.

A Eficiência Produtiva

A **eficiência produtiva** é a questão-chave que diz respeito à mobilização dos recursos de produção de que todas as economias dispõem, independentemente de seus estágios de desenvolvimento e de seus padrões culturais – seja uma tribo indígena da região amazônica que ainda não tenha entrado em contato com o que convencionamos chamar de civilização, seja uma moderna nação pós-industrial do hemisfério norte. Todas as nações dispõem dos mesmos recursos, ainda que em estágios diferenciados de desenvolvimento. E todas se defrontam com a exigência de mobilizá-los segundo os máximos padrões possíveis de eficiência.

A razão essencial da busca por **eficiência produtiva** decorre de que os recursos são escassos, no sentido de que o suprimento de todos eles é finito ou limitado. Além disso, o conceito econômico de escassez tem a ver com as ilimitáveis necessidades sociais. Estas superam a dotação de recursos: os agentes buscam sempre ampliar seus níveis de satisfação, através de maior suprimento e de maior variedade de bens e serviços. Mais ainda: aspiram por produtos de qualidade cada vez mais apurada e de desempenho cada vez mais avançado. Ao mesmo tempo, procuram aprimorar os seus próprios recursos e empregá-los de tal forma que se minimizem as taxas ocorrentes de ociosidade e desemprego e se maximizem os retornos.

Nesse sentido, a busca pela **eficiência produtiva** pressupõe, pelo menos, as seguintes condições:

- ❏ Utilização de todos os recursos disponíveis, no sentido de que não se observe a indesejável ocorrência de quaisquer formas de subemprego ou de desemprego. Esta condição implica, no limite, **ausência de capacidade ociosa**. Usualmente, é conceituada como **pleno-emprego**.

- ❏ Mobilização e combinação dos recursos disponíveis sob **padrões ótimos de desempenho** e de **organização do processo produtivo**, no sentido de que não se observe subaproveitamento do potencial máximo disponível.

Conceitualmente, a eficiência produtiva é alcançada quando, além de estarem plenamente empregados e não ociosos, os recursos mobilizados estão operando no limite máximo de seus potenciais. Assim somente se considera que uma economia está operando na plenitude de sua capacidade quando as possibilidades de produção são mobilizadas em seus níveis mais elevados. Uma vez alcançado este limite, não é possível aumentar a produção pela utilização de recursos que tenham permanecido ociosos (posto que se encontram plenamente empregados), nem pela reorganização do modo pelo qual os recursos estão sendo utilizados (posto que o sistema está operando nos limites mais avançados da capacitação técnica conhecida).

A Eficácia Alocativa

Esta segunda questão-chave está também relacionada à escassez de recursos e às ilimitáveis necessidades sociais. Dado o conflito entre a escassa disponibilidade de meios e a multiplicidade crescente de necessidades e aspirações a atender, não basta que os recursos estejam empregados segundo padrões de máxima eficiência produtiva: este é um requisito necessário, mas não suficiente. Além dele, coloca-se a questão da **eficácia alocativa**, que diz respeito à **escolha dos bens e serviços finais, de consumo e de acumulação, que a economia produzirá**.

Sendo escassos os recursos e ilimitáveis as necessidades manifestadas pela sociedade, é conceitualmente impossível produzir todos os bens e serviços requeridos para satisfazer a todas as necessidades sociais efetivamente existentes e a todas as aspirações individuais latentes. **Escassez implica escolhas**. E escolhas implicam **custos de oportunidade** – expressão que, neste caso, tem a ver com todas as aspirações e necessidades que deixam de ser atendidas sempre que outras são priorizadas.

Limitação de meios, multiplicidade de fins, priorização dos fins que serão alcançados e decisões sobre as **alternativas de emprego dos meios**. Esses quatro pontos fundamentais da economia têm tudo a ver com a questão-chave da **eficácia alocativa**. Seu significado está associado a escolhas socialmente eficazes, que reproduzem as escalas de preferência da sociedade por determinadas combinações de bens e serviços finais, privados e públicos. Afinal, das diferentes combinações de produtos finais que um sistema econômico pode produzir, deve existir uma que atende, em grau ótimo, às aspirações e às prioridades sociais.

Atuando como agente econômico, o governo reduz o poder aquisitivo da sociedade, por tributos diretos e indiretos. Com a receita tributária, investe em infraestrutura econômica e social e na produção de bens e serviços públicos e semipúblicos. Sobre os padrões de sua atuação podem ser levantados vários pontos intimamente ligados à questão da **eficiência alocativa**. Por exemplo:

- ❑ Que serviços devem ser priorizados: saúde e saneamento, educação e cultura, defesa e segurança? Quanto de recursos orçamentários será alocado a cada um desses serviços?

- ❑ Na implantação de bases infraestruturais, a quais se dará prioridade: rodovias pavimentadas, hidrovias, portos e aeroportos, edificações para uso das administrações públicas, quartéis para as forças armadas ou centros para a prática de esportes e lazer?

- ❑ De quanto da renda agregada e do produto gerado o governo deverá se apropriar sob a forma de tributos: as magnitudes da carga fiscal e do dispêndio público são adequadas e compatíveis com os suprimentos públicos exigidos pela sociedade?

- ❑ Deverá o governo destinar recursos para investimentos em energia, telecomunicações e indústrias de base, como siderurgia, ou deixar estas atividades a cargo de empresas privadas? Qual dos dois agente é mais eficaz na gestão de empreendimentos desta natureza?

- ❑ Ou, então: os recursos de que o governo se apropria não seriam mais bem gerenciados e destinados a fins mais bem escolhidos se permanecessem nas mãos das próprias unidades familiares e das empresas? Quais os limites mínimo e máximo toleráveis?

Questões do mesmo teor podem ser levantadas para a atuação das empresas. Também aqui é bastante fácil relacionar alguns exemplos:

- ❑ Que produtos primários devem ser produzidos: proteínas de origem animal ou vegetal; carnes ou leite; grãos, fibras ou frutas?

- ❑ Que estrutura de produção secundária melhor atenderá às aspirações sociais: bens de capital ou de consumo; produtos siderúrgicos, metalúrgicos, metal-mecânicos ou produtos sintéticos derivados da petroquímica; têxteis de fibras naturais ou sintéticas; livros, revistas ou jornais; medicamentos ou produtos de higiene pessoal; eletroeletrônicos de uso doméstico ou automóveis; utilitários de uso pessoal ou equipamentos de transporte coletivo?

- ❑ Que tipologia de serviços se exige do setor terciário: transportes, telecomunicações, intermediação financeira, hotelaria?

- ❑ Enfim, ainda que a resposta a todas essas questões não envolva opções radicais, exigindo-se então todos os bens e serviços relacionados, quais as quantidades em que devam ser produzidos?

Conceitualmente, considera-se que o resultado da ação produtiva preenche as condições da **eficácia alocativa** quando:

❑ O processo de alocação dos recursos tende a uma **escala de prioridades** que satisfaça às **exigências mínimas** requeridas pelos diferentes grupos sociais da nação. Afinal, por serem escassos os recursos, certamente não será possível atender à totalidade dos desejos manifestados por todos os grupos sociais. Mas considerar-se-á eficaz o processo de escolha sempre que existir uma cesta mínima de bens e serviços à qual, presumivelmente, todos possam ter acesso, antes que produtos menos essenciais sejam produzidos.

❑ Satisfeitas as requisições mínimas vitais da sociedade, os recursos ainda disponíveis são destinados à produção de um conjunto dado de produtos, cuja diversificação seja suficientemente ampla, abrangendo as demais exigências manifestadas pela sociedade.

Embora seu enunciado seja simples, o preenchimento dessas duas condições é de alta complexidade e dificilmente se terá uma indicação quantitativa do grau em que elas são alcançadas. Há mais de uma razão para isso. Primeiro, porque não é nada fácil definir as prioridades que, realmente, atenderão às requisições mínimas da sociedade. Ainda que se conheçam essas requisições, elas são as mesmas para todas as unidades familiares? Se cada qual pudesse priorizar suas exigências mínimas, haveria uma dada estrutura de produção de bens e serviços, públicos e privados, que atenderia, em rigorosa igualdade de condições, à presumível média das prioridades individuais? Segundo, porque, ainda que se chegasse a um consenso sobre a primeira cesta mínima priorizada, qual então seria a composição da segunda menos essencial? Terceiro, porque a imaginação criadora dos agentes econômicos e as novas exigências da vida em sociedade sempre superam a efetiva capacidade de a economia prover as necessidades e obrigações delas decorrentes.

Por isso mesmo, a **eficácia alocativa** é uma questão-chave. Tanto quanto a **eficiência produtiva**, é de equacionamento complexo. E mais: sua efetiva solução é fortemente dependente das duas outras questões-chave mencionadas, a **justiça distributiva** e o **ordenamento institucional**. É o que veremos a seguir.

A Justiça Distributiva

A **justiça distributiva** é a terceira questão-chave da economia. O preenchimento das condições das duas primeiras questões não constitui condição suficiente para uma justa distribuição do produto social. A eficiência produtiva limita-se ao pleno-emprego dos recursos. A eficácia alocativa diz respeito à otimização do processo de escolha sobre o que produzir. Já a justiça distributiva tem a ver com a estrutura de repartição da renda agregada.

Esta terceira questão-chave diz respeito a uma das mais controversas áreas da reflexão econômica. Seu ponto crucial é definir qual a estrutura de repartição da renda e da riqueza que melhor reflete as capacidades e os esforços individuais. Uma sociedade sem classes socioeconômicas diferenciadas é justa? E, ainda que justa, não traria dificuldades para se alcançar, por exemplo, a eficiência produtiva?

E, ainda que pudesse ser eficiente, não seria conflitante com as diferentes aspirações individuais quanto aos produtos resultantes da alocação de recursos? Enfim, o pleno igualitarismo é apenas uma utopia ou a expressão plena da justiça distributiva? Caso determinado grau de desigualdade seja mais justo, por refletir as diferenças individuais de capacitação e esforço, quais então os limites toleráveis? Em síntese, entre uma estrutura caracterizada pelos extremos da abundância ostentatória e da privação desumana, qual a que melhor reproduz as contribuições dos diferentes grupos e estratos sociais para a geração do produto e da renda agregada?

A plena igualdade é, por uns, vista como objetivo distributivo inquestionável; por outros, como cristalização de injustiças, dado que capacitações e esforços diferenciados não seriam diferenciadamente premiados. Embora os ideais da perfeita igualdade ou da construção de uma sociedade sem classes encontrem atraentes apelos éticos, sua consecução poderia implicar, segundo a abordagem liberal ortodoxa, desestímulo ao esforço individual e acarretar o rebaixamento dos níveis efetivos de produção; a longo prazo, poderia mesmo convergir para generalizado estado de empobrecimento.

As controvérsias em torno desta questão-chave decorrem de uma multiplicidade de fatores. Alguns resultam das dificuldades para se definir formalmente se dada estrutura de repartição da renda agregada revela-se equânime com dada avaliação de capacitações, esforços e contribuições. Já outros fatores têm a ver com diferentes posições político-ideológicas, muitas das quais formatadas a partir de inconformismos com as estruturas de repartição concretamente resultantes da livre operação dos sistemas econômicos. Pela natureza desses fatores, a desradicalização no equacionamento desta questão-chave tem sido uma tendência que tem prevalecido. Segundo essa tendência, a **justiça distributiva** implica a satisfação das duas seguintes condições:

❏ Equidade na distribuição do produto social. Conceitualmente, equidade e igualdade absoluta não são expressões sinônimas. Esta última significa que todos se encontram situados rigorosamente em uma mesma linha; aquela admite posições abaixo e acima de determinada linha de riqueza média, desde que as distâncias entre as posições individuais sejam equiparáveis aos níveis das respectivas capacidades e contribuições postas a serviço do esforço social de produção.

❏ Adoção de princípios e critérios distributivos que não impliquem perdas de estímulos socialmente úteis.

A não satisfação da primeira condição dá margem a desigualdades injustas. A não satisfação da segunda é incompatível com as condições requeridas para se alcançar eficiência produtiva. Como Keynes[18] observou, "há justificativas sociais e psicológicas para desigualdades na renda e na riqueza, embora não para grandes disparidades. Há valiosas atividades humanas que requerem o motivo do lucro e a atmosfera da propriedade privada e da riqueza para darem os seus frutos. Todavia, para estimular essas atividades, não é necessário que o jogo seja praticado com apostas tão altas. Apostas menores podem levar igualmente ao mesmo resultado, desde que os jogadores se habituem a elas. A tarefa de modificar a natureza humana não deve ser confundida com a de administrá-la".

O Ordenamento Institucional

A quarta questão-chave diz respeito às formas como a sociedade se organiza para buscar eficiência econômica, alocar recursos com eficácia e repartir o resultado do esforço social de produção. Trata-se de questão também controversa, dado que não há uma única possibilidade de **ordenamento institucional**, mas, teoricamente, pelo menos três:

- ❏ O ordenamento do processo econômico através da **liberdade de empreendimento** e da livre manifestação das chamadas **forças de mercado**. Neste caso, os agentes econômicos desfrutam de ampla liberdade, quer quanto à destinação dos recursos de sua propriedade ou domínio, quer quanto à escolha dos bens e serviços cuja produção será priorizada. E a estrutura de repartição é um vetor resultante da livre interação dos agentes econômicos: prevalecem as forças da competição.

- ❏ O ordenamento do processo econômico através de um sistema de **comando centralizado**. Neste caso, os agentes econômicos não são guiados pela "mão invisível" das forças do mercado livre, mas por ordens expressas, emitidas por comandos centralizados autoritários ou por centrais de planificação da economia nacional. A escolha dos bens e serviços que serão produzidos e a própria estrutura da repartição do produto social resultam de decisões de um organismo central que exerce autoridade de comando e controla a economia como um todo.

- ❏ O ordenamento do processo econômico através de **sistemas mistos**, em que as forças de mercado coexistem com mecanismos específicos de comando e regulação, exercidos pela autoridade pública. Neste caso, há restrições à plena liberdade e as escolhas sociais resultam tanto de influências originárias do mercado quanto de determinações de órgãos de comando. Uma dada parcela dos recursos disponíveis ou dos resultados do esforço social de produção é apropriada pela autoridade pública, que a redistribui, direta ou indiretamente, segundo escalas de prioridades politicamente decididas.

A primeira forma de ordenamento foi proposta pelos pensadores liberais do século XVIII. Eles entendiam que as forças do mercado eram eficazes para promover uma adequada combinação de eficiência produtiva, alocação ótima e justiça distributiva. Rejeitavam, assim, as diferentes formas de ordenamento centralizado que vinham sendo praticadas pela maior parte dos Estados-nações mercantilistas, dominados desde o Renascimento por monarquias absolutistas. Propunham a implantação de um sistema de **ampla liberdade** – entendendo-se aqui a palavra **liberdade** em seu sentido ortodoxo, como ausência de obstáculos sociais ou políticos aos processos de escolha. Como decorrência dessa ausência de obstáculos, o direito à propriedade e à acumulação privadas, tanto de meios de produção quanto de produtos, resultava inquestionável. Consideravam que os sistemas de incentivo, no sentido de fontes de dinamismo da economia, decorreriam da busca individual do benefício máximo, limitada apenas pelas forças opostas da concorrência. Em síntese, o mercado livre seria o *locus* do poder de competição dos agentes econômicos, sob mínima intervenção de autoridades públicas.

A segunda forma de ordenamento foi praticada em diferentes momentos históricos, anteriores e posteriores às proposições liberais do século XVIII. Os propósitos da ampla intervenção da autoridade pública foram os mais diversos e o modelo de comando estabeleceu-se sob variados graus. Da Antiguidade clássica ao fim da Idade Média estabeleceram-se as mais variadas formas de **dirigismo**. Na economia bizantina, observaram-se formas rígidas e minuciosas de intervenção: a autoridade central determinava o que deveria ser produzido, estabelecia metas quantitativas, fixava salários e margens máximas de lucro. Nas nações muçulmanas, não obstante a cultura econômica liberal dos árabes, prevaleceu o legado intervencionista das civilizações anexadas ao Islã. Na economia artesanal-comercial da Baixa Idade Média, dominada pelo sistema senhorial e feudal, prevaleceu como característica da organização econômica a aplicação de normas coercitivas. Embora ativo, o comércio foi objeto de controles rigorosos impostos por um poder central. Características como estas não foram removidas com o Renascimento. Contrariamente até, os novos Estados-nações da Europa Ocidental, no período compreendido entre os séculos XVI e XVIII, edificaram uma gigantesca **pirâmide de regulamentos**, que só seria radicalmente contestada pelas revoluções liberais do final do século XVIII.

Com o surgimento da filosofia liberal, interrompeu-se a prática histórica dos comandos centralizados. Mas foi de curta duração o período em que se praticaram os princípios do pensamento liberal ortodoxo. Não tardaram a se manifestar oposições ao modelo liberal-individualista, lastreadas nos desajustamentos sociais decorrentes da furiosa onda de opressão dos fracos pela liberdade ilimitada dos fortes. Mostrando as contradições do livre mercado, os socialistas do século XIX apontaram a propriedade privada dos meios de produção e a liberdade irrestrita de empreender como as instituições-chave que deveriam ser removidas. Em seu lugar, propuseram a implantação de um novo ordenamento, convergente não para a exacerbação dos interesses individuais, mas para o benefício social. A consequência dessa proposta foi a coletivização e a estatização dos meios de produção. Subsequentemente, implantaram-se centrais de comando, em substituição ao até então descentralizado poder decisório dos proprietários dos recursos de produção: **ao individualismo liberal opuseram as forças latentes do socialismo**. Em síntese, os reformadores sociais, cuja ação se fundamentava na crítica marxista, fizeram das centrais de planificação o *locus* do poder decisório. Sua crença era de que a centralização do comando manteria não só a eficiência produtiva, mas também uma estrutura de produção socialmente mais eficaz, pois evitaria a geração de produtos supérfluos e os desperdícios injustificáveis da ostentação burguesa. E, por fim, a repartição mais justa decorreria da propriedade coletiva dos meios de produção. Segundo suas convicções, a propriedade privada identifica-se com as origens de todas as formas de iniquidade social.

A terceira forma de ordenamento da economia situa-se em posições intermediárias, entre os extremos do liberalismo ortodoxo e do coletivismo estatista revolucionário. Posiciona-se entre o liberalismo maximizador de benefícios individuais e o socialismo transformador da natureza humana. Mas não se pode definir com precisão seus contornos, dado que inumeráveis formas de sistemas

QUADRO 3.2
Três formas possíveis de ordenamento institucional do processo econômico: os principais critérios diferenciadores.

Critérios diferenciadores	Formas de ordenamento institucional		
	Economia de mercado	Sistemas mistos	Economia de comando central
1. LIBERDADE ECONÔMICA	Ausência de restrições à liberdade econômica.	Restrições seletivas à liberdade dos agentes econômicos. Introdução do conceito de *liberdades sociais*.	Amplas restrições às variadas formas de liberdade: de ocupação, de empreendimento, de dispêndio e de acumulação.
2. PROPRIEDADE DOS MEIOS DE PRODUÇÃO	Privada, individual ou societária.	Coexistência de formas.	Coletiva, socializada. Estatizada.
3. SISTEMA DE INCENTIVOS	Busca do máximo benefício privado pelos agentes individuais.	Submissão do interesse individual privado ao interesse social.	Busca do bem comum: o solidarismo e a cooperação em substituição à competição.
4. COORDENAÇÃO E ALOCAÇÃO DOS RECURSOS	Atribuída à livre manifestação das forças do mercado.	Atribuída à atuação conjugada de forças do mercado com planejamento público indicativo, não impositivo.	Atribuída a ordens minuciosas emanadas de centrais de planificação.
5. *LOCUS* DO PROCESSO DECISÓRIO	Os mercados.	Os mercados, sob o poder regulatório da autoridade pública.	As centrais de planificação, como última instância da organização burocrática.

mistos são possíveis. Mas, a despeito de ser difícil sua precisão conceitual, são as formas mistas de ordenamento que acabaram por prevalecer em praticamente todas as nações na transição do século XX para o XXI. Extremistas resistentes são exceções, não o ordenamento modal.

Cada uma destas três formas de **ordenamento institucional** diferencia-se entre si, segundo cinco critérios, propostos por Lindbeck:[19]

- A liberdade econômica.
- A propriedade dos meios de produção.
- O sistema de incentivos.
- A coordenação econômica e a alocação de recursos.
- O *locus* do processo decisório.

Partindo desses critérios diferenciadores, o Quadro 3.2 sintetiza como eles se apresentam em cada uma das três formas de ordenamento institucional, **a economia de mercado, a economia de comando central e os sistemas mistos**.

RESUMO

1. Os sistemas econômicos são constituídos por três conjuntos de elementos: um **estoque de recursos de produção**, um quadro de **agentes econômicos interativos** e um **complexo de instituições**. O primeiro conjunto constitui a própria base da atividade econômica: não há atividade possível, sem a existência de recursos naturais e humanos, complementados pelo capital e pelo acervo de conhecimentos tecnológicos. Esses recursos são mobilizados e combinados entre si pela ação de agentes econômicos – unidades familiares, empresas e governo – e as formas de emprego e de sua interação são definidas por um sistema institucional.

2. As **unidades familiares** englobam diferenciadas formas de unidades domésticas, unipessoais e familiares, segundo as quais a sociedade se encontra segmentada. São essas unidades que detêm a posse e domínio dos recursos de produção, colocando-os à disposição das empresas.

3. As **empresas**, embora variem segundo diversos aspectos (tamanho, estatutos jurídicos, origens e controle, formas de gestão e natureza dos produtos), têm como principal característica comum a interatividade: nenhuma subsiste isoladamente, cada uma depende direta ou indiretamente de todas as demais e as operações produtivas descrevem-se por um permanente e complexo processo de entradas e saídas.

4. O **governo**, interagindo com as unidades familiares e as empresas, destaca-se como agente econômico produtor de bens e serviços públicos, além de ser um centro de geração, execução e julgamento de regras básicas para a sociedade como um todo.

5. No processamento da produção, na geração e na apropriação de rendas e nos processos decisórios de dispêndio e de acumulação, esses três agentes econômicos interagem ininterruptamente. As razões da interação são a diversidade das necessidades humanas, que conduz à organização de sistemas de trocas, e a diversidade de capacitações, que conduz à especialização e à divisão social do trabalho.

6. O processo de interação, resultante do trinômio **divisão do trabalho-especialização-trocas**, é justificado e estimulado pelos benefícios da maior eficiência e dos ganhos de escala. Fundamentadas nesse trinômio, as modernas economias alcançam escalas de produção impensáveis nos séculos precedentes e se mostram cada vez mais eficientes, no emprego de recursos e na geração de produtos finais com padrões de desempenho crescentemente avançados. Mesmo os sistemas de trocas fundamentam-se em mecanismos e instrumentos crescentemente sofisticados, não disponíveis nas sociedades primitivas, não obstante essas já praticassem embrionariamente a divisão social do trabalho e as trocas.

7. Primitivamente, as trocas entre agentes econômicos processavam-se pelo **escambo**. Eram **trocas diretas**, produto por produto. Desse primeiro estágio, as sociedades economicamente organizadas evoluíram para a prática de **trocas indiretas**, com a utilização de um instrumento monetário. As primeiras formas de moeda foram mercadorias de grande valor de uso, que por sua ampla e irrestrita aceitação, tinham também valor de troca: produtos têxteis, gado, cereais, metais, sal e até escravos foram **mercadorias-moeda**, definidas pelos usos e costumes de cada época e região. As que melhor se adaptaram para fins monetários foram os metais, em especial os preciosos, por preencherem os cinco requisitos exigidos da moeda: homogeneidade, inalterabilidade, divisibilidade, transferibilidade e facilidade de manuseio.

PALAVRAS E EXPRESSÕES-CHAVE

- Sistema econômico
- Agentes econômicos
  - ✓ Unidades familiares
  - ✓ Empresas
  - ✓ Governo
- Divisão social do trabalho
- Especialização
- Sistema de trocas
  - ✓ Trocas diretas (ou escambo)
  - ✓ Trocas indiretas
- Mercadorias-moeda
- Moeda representativa (ou moeda-papel)
  - ✓ Custódia
  - ✓ Lastro
  - ✓ Monometalismo
  - ✓ Bimetalismo
  - ✓ Lei de Gresham
- Moeda fiduciária (ou papel-moeda)
  - ✓ Valor legal
  - ✓ Curso forçado
  - ✓ Poder liberatório
- Moeda escrituraL (ou moeda bancária)
- Funções da moeda
  - ✓ Intermediária de trocas
  - ✓ Medida de valor
  - ✓ Reserva de valor
  - ✓ Padrão de pagamentos diferidos
- Fluxos reais
- Fluxos monetários
- Remuneração de recursos
  - ✓ Salários
  - ✓ Aluguéis e arrendamentos
  - ✓ *Royalties*
  - ✓ Lucros distribuídos
  - ✓ Juros
- Questões-chave da economia
  - ✓ Eficiência produtiva
  - ✓ Eficácia alocativa
  - ✓ Justiça distributiva
- Ordenamento institucional
- Sistemas institucionais
  - ✓ Economia de mercado
  - ✓ Economia de comando central
  - ✓ Sistemas mistos

8. A instituição de sistemas monetários baseados em metais ensejou novos avanços, como a cunhagem e a emissão oficial. Paralelamente, desenvolveu-se a intermediação bancária e os certificados de depósito dos metais monetários passaram a ser empregados como meios de pagamento: descobria-se assim a **moeda-papel**, caracterizada por lastro integral e por garantia plena de conversibilidade. Depois, vieram as formas fiduciárias de **papel-moeda**, já então emitidas por autoridades monetárias, que garantiam seu valor legal e seu poder liberatório.

9. Na atualidade, a moeda corrente é fiduciária, de emissão não lastreada em reservas metálicas, de curso forçado e de poder liberatório garantido por instituições legais. E, também servindo de meio de pagamento, desenvolveu-se a **moeda escritural**, lastreada por depósitos a vista ou por garantias creditícias de limites operacionais em instituições bancárias. Em suas duas formas, manual e escritural, visível e invisível, a moeda desempenha as funções de intermediária de trocas, medida de valor, reserva de valor e padrão de pagamentos diferidos. Essas quatro funções sintetizam a indispensabilidade da moeda na interação dos agentes econômicos.

10. A moeda é o instrumento que viabiliza as complexas e quase indescritíveis redes de interação dos agentes econômicos. Eles interagem através de fluxos reais, cuja contrapartida é necessariamente monetária.

11. Os modos e os resultados da interação dos agentes econômicos, bem como a forma com que os processos simultâneos de produção, de geração de renda e de dispêndios se realizam, estão fortemente relacionados com as quatro questões-chave da economia: **a eficiência produtiva**, **a eficácia alocativa**, **a justiça distributiva e o ordenamento institucional**. A primeira questão tem a ver com o emprego dos recursos econômicos. A segunda com as escolhas sobre quais produtos devem ser gerados. A terceira com a estrutura de repartição da renda social que se considera equânime. A quarta com quais devem ser as instituições que regularão o funcionamento do sistema como um todo.

12. A busca da eficiência produtiva pressupõe o pleno-emprego dos recursos. A busca da eficácia alocativa pressupõe que a economia tenha uma pauta de produção que atenda às exigências mínimas e às aspirações da sociedade pela expansão de seus padrões de bem-estar material. E estes dois macro-objetivos se completam com equidade na repartição do produto social.

13. Os graus com que todos esses grandes requisitos do processo econômico serão ou não alcançados são também dependentes do ordenamento institucional praticado. Três formas são possíveis: a **economia de mercado**, fundamentada na liberdade de ação para os agentes econômicos, a **economia de comando central**, conduzida por centrais de planificação, e uma ampla variedade de situações intermediárias, com que se caracterizam os **sistemas mistos**.

14. Embora os processos e os mecanismos de interação dos agentes econômicos e as quatro questões-chave da economia sejam de enunciado aparentemente simples, elas sintetizam as **razões de ser** da economia. Todos os desenvolvimentos conceituais e teóricos que virão a seguir estarão, de alguma forma, fundamentados nelas.

QUESTÕES

1. Diferencie, conceituando cada uma delas, as três seguintes categorias de elementos constitutivos dos sistemas econômicos: estoque de **recursos**, quadro de **agentes econômicos** e complexo de **instituições**.

2. São três os agentes econômicos que interagem no interior dos sistemas econômicos: **unidades familiares, empresas e governo**. Destaque os papéis de cada um.

3. Qual é o tipo de unidade familiar de maior ocorrência no Brasil? De onde provêm seus rendimentos e que características relevantes podem ser destacadas na estrutura de seus dispêndios?

4. Empresas e unidades de produção são expressões sinônimas do ponto de vista da teoria econômica. E esta categoria de agente econômico é heterogênea sob diversos aspectos. Discorra sobre essa heterogeneidade, sob os aspectos tamanho, estatutos jurídicos, origens e controle, formas de gestão e natureza dos produtos.

5. A interação dos agentes econômicos fundamenta-se em dois fatores: a **diversidade das necessidades humanas** e a **diversidade das capacitações pessoais**. Mostre como esses fatores levaram à especialização, à divisão do trabalho e às trocas. E relate os benefícios daí decorrentes.

6. Conceitue o **escambo** e explique por que esse sistema de trocas exige os dois seguintes requisitos:

- Existência de **necessidades coincidentemente inversas** entre os parceiros das trocas.
- Fixação das relações de valor entre os produtos envolvidos, para a efetivação das trocas – ou, mais simplesmente, fixação de **relações de trocas**.

7. Para o funcionamento de um sistema de escambo em que estejam envolvidos 10 produtos, torna-se necessária a fixação de 45 relações de trocas; se o número de produtos diferentes aumentar para 100, o número de relações de trocas que se torna necessário fixar aumentará para 4.950. Explique as razões dessa escala progressiva e mostre por que ela representa um dos inconvenientes do escambo.

8. O primitivismo do escambo é superado com o emprego de **mercadorias-moeda**. A propósito dessa evolução, discuta os seguintes aspectos:

   - Características que as mercadorias-moeda devem reunir.
   - Motivo da ocorrência de grande variedade de mercadorias-moeda, em diferentes épocas e regiões.
   - Vantagens e benefícios sociais da utilização de mercadorias-moeda.
   - Principais problemas apresentados pelas mercadorias-moedas.

9. Os inconvenientes decorrentes da utilização de mercadorias-moedas, como os cereais, o gado, o sal, as fibras e outros produtos semelhantes, levaram os povos mais desenvolvidos a instituir **sistemas monetários baseados em metais**. Justifique essa afirmação, destacando as vantagens da utilização de metais (sobretudo os preciosos) para fins monetários.

10. Discuta as causas e consequências do seguinte fenômeno, conhecido como Lei de Gresham: **Quando duas moedas, ligadas por uma relação legal de valor, circulam ao mesmo tempo dentro de um país, aquela que possui valor intrínseco maior tende a desaparecer, prevalecendo para fins monetários a que tem um valor intrínseco menor.**

11. Relate as origens históricas da **moeda-papel**.

12. Quais as diferenças essenciais (quanto às garantias de conversibilidade e quanto à relação lastro/emissão) entre a **moeda-papel** e o **papel-moeda**?

13. Explique por que surgiram os bancos centrais, enquanto instituições destinadas a regulamentar a emissão primária de moeda e a controlar o processo de criação secundária de meios de pagamento pelos bancos comerciais.

14. Explique e dê exemplos de cada uma das quatro seguintes funções da moeda: intermediária de trocas, medida de valor, reserva de valor e padrão de pagamentos diferidos.

15. Diferencie os conceitos de **fluxo real e fluxo monetário**. Sintetize esses dois fluxos em um modelo simples de interação de unidades familiares e empresas.

16. Com a introdução do governo, registram-se três impactos relevantes no modelo simples de interação das unidades familiares com as empresas: redução do poder aquisitivo e da capacidade privada de acumulação, realocação da renda e reconfiguração da procura e da oferta de bens e serviços. Destaque os custos e benefícios sociais desses impactos.

17. Em que consistem as quatro questões-chave da economia: **eficiência produtiva, eficácia alocativa, justiça distributiva e ordenamento institucional**?

18. É possível dar exemplos de sociedades primitivas que não se defrontaram com nenhuma das quatro questões-chave da economia? E é possível imaginar a existência, no futuro, de sociedades muito avançadas, para as quais estas mesmas questões deixarão de existir?

19. Sendo escassos os recursos e conceitualmente ilimitáveis as necessidades, a operação sob pleno-emprego e a escolha de uma pauta de produção que conduza a uma combinação socialmente satisfatória de bens e serviços finais resumem os conceitos de **eficiência produtiva** e de **eficácia alocativa**. Mostre por que, embora digam respeito a diferentes aspectos das questões-chave da economia, são de fundamental importância, notadamente em nações mais pobres.

20. Determinada economia opera a altos níveis de **eficiência produtiva**, falhando visivelmente no que diz respeito à **justiça distributiva**. Em outra economia verifica-se exatamente a situação oposta: há satisfatória justiça distributiva, mas o padrão de vida é acentuadamente baixo e as condições de subsistência são precárias, em decorrência de visível ineficiência produtiva. Se fosse possível escolher entre as duas, qual a preferível? Justifique sua resposta.

21. Centrado nas questões-chave da eficiência produtiva e da eficácia alocativa, é proposto para discussão o seguinte ponto de vista: **É inadmissível que em uma nação de vasta extensão territorial e de terras cultiváveis inaproveitadas como o Brasil não se produzam alimentos suficientes para todos, ao mesmo tempo em que recursos conceitualmente escassos são empregados na produção de automóveis, eletrodomésticos e cosméticos**. Justifique sua posição em relação a este ponto de vista, não deixando, porém, de considerar qual tem sido seu comportamento pessoal, não apenas como consumidor, mas ainda como participante ativo do processo de produção.

22. Centrado na questão-chave da justiça distributiva, é proposto para discussão o seguinte ponto de vista: **A distribuição individual igualitária dos resultados do esforço social de produção não é inteiramente justificável, pois a capacidade para o trabalho, o esforço, a dedicação e mesmo o ímpeto com que cada qual se lança à procura de resultados materiais são bem diferentes de indivíduo para indivíduo. Por isso, a distribuição sob regime de plena igualdade dos resultados de esforços e de capacidades individuais muito diferentes é tão injusta quanto a uma situação de desigualdade muito acentuada**. Posicione-se em relação a este controvertido ponto de vista.

23. Desde o alvorecer dos tempos até os dias atuais as nações estão à procura de **formas de organização da atividade econômica** que assegurem a solução harmonizada dos problemas econômicos centrais, comuns a qualquer sociedade de ontem, de hoje e provavelmente de amanhã. A forma ideal, que consiga ao mesmo tempo combinar uma alta eficiência produtiva e uma satisfatória eficácia alocativa com um sistema distributivo rigorosamente justo, já teria sido praticada em alguma época ou lugar? Justifique sua resposta.

24. Em 1936, na introdução de suas notas finais sobre a filosofia social a que sua *Teoria geral* poderia conduzir, J. M. Keynes escreveu: "Os dois principais defeitos da sociedade econômica em que vivemos são sua incapacidade para proporcionar o pleno-emprego e sua arbitrária e desigual distribuição da riqueza e das rendas." Esta observação seria verdadeira ainda hoje? Caso *sim*, por que, já passados mais de 60 anos, ainda não se encontraram soluções satisfatórias para esses problemas? Caso *não*, que outras questões de maior relevância surgiram?

4

As Duas Primeiras Questões-chave da Economia: a Eficiência Produtiva e a Eficácia Alocativa

A economia examina as opções viáveis que se apresentam aos agentes econômicos – unidades familiares, empresas e governo – para empregar os limitados recursos sob seu comando, tomando **decisões racionais** diante de alternativas concorrentes. Como os recursos são limitados, qualquer que seja a decisão e por mais racional que possa ter sido a alternativa escolhida, um custo relevante estará sempre presente – o **custo de oportunidade**. Decisões racionais de governos, empresas e unidades familiares não o eliminam, nem o eliminarão jamais. Escassez, escolha e decisões racionais sobre custos de oportunidade comparados são os fundamentos do comportamento econômico.

WILLIAM J. BAUMOL e ALAN S. BLINDER
Economics: principles and policy

Eficiência produtiva e **eficácia alocativa**, as duas primeiras questões-chave da economia, tratam de dois elementos cruciais do processo econômico: o **emprego** de recursos escassos e a **escolha** entre fins alternativos. Estes dois elementos estão presentes, de forma explícita ou não, nas definições usuais da economia – tal sua importância fundamental. J. Gwartney e R. Stroup[1] abrem seu texto *Economics: private and public choice*, destacando que as questões básicas da economia são o processo eficaz de escolha e o emprego eficiente de recursos. J. Ragan e L. Thomas[2] enfatizam as mesmas questões em *Principles of economics*: a economia gravita em torno do emprego de recursos escassos e das escolhas que os agentes econômicos fazem sobre sua destinação.

A palavra **eficiência**, no sentido em que é empregada na designação da primeira questão-chave, significa, literalmente, maximizar o emprego dos recursos; e a palavra **eficácia** significa, também literalmente, otimizar as escolhas. Isso significa que a questão-chave **eficiência produtiva** tem a ver com o **emprego**; e **eficácia alocativa** tem a ver com a **escolha** – esses dois elementos cruciais do processo econômico.

Ser eficiente no emprego de recursos e ser eficaz na escolha do que fazer com eles resumem, assim, as duas questões básicas com que se defrontam todos os agentes econômicos. As unidades familiares, detentoras dos recursos de produção, serão eficientes à medida que conseguirem mantê-los empregados: ainda que o único recurso disponível seja a própria capacidade de trabalho, ser eficiente implicará manter-se empregado, produzindo no limite mais alto da capacitação física e mental. Depois virá a questão da escolha: como otimizar a renda recebida, buscando a máxima satisfação de necessidades e aspirações pessoais. De igual forma, as empresas buscam, de um lado, ser eficientes no processamento da produção, gerando o máximo de produtos com os recursos que estão empregando; de outro lado, serão estrategicamente eficazes se escolherem corretamente em que negócios devem empregar os recursos que mobilizam e os excedentes que geram. A estratégia empresarial bem-sucedida resulta de uma combinação ótima de competências básicas com negócios atrativos. Em essência, isso também não é diferente no âmbito da ação governamental – os recursos retirados da sociedade, sob forma de imposições tributárias, serão alocados eficazmente se a execução do dispêndio dirigir-se para a melhor combinação dos bens e serviços públicos que possam atender às aspirações sociais, dadas as restrições orçamentárias da receita.

Em síntese, as duas primeiras questões-chave da economia dizem respeito aos seguintes aspectos:

❑ **Emprego eficiente de recursos produtivos**. No limite, a busca do pleno-emprego dos fatores de produção, com redução para zero de disfunções como o subemprego e o desemprego involuntários.

❑ **Máximo aproveitamento dos recursos empregados**. Potencialidades e capacidades ineficientes utilizadas implicam desperdícios socialmente injustificáveis.

❏ **Escolhas sobre o que e quanto produzir** compatíveis com as aspirações da sociedade, quanto à sustentação do bem-estar corrente e à progressiva melhoria de níveis e padrões.

Estas duas questões-chave fundamentam-se em duas realidades antagônicas:

❏ A **escassez de recursos**.
❏ As **ilimitáveis aspirações da sociedade**.

Se, contrariamente a estas duas realidades, os recursos à disposição de cada agente econômico fossem ilimitados e suas necessidades e aspirações fossem limitáveis, a economicidade da ação humana perderia sua razão de ser. Dada a abundância relativa dos recursos, quaisquer necessidades seriam plenamente satisfeitas. Na condição limite, todos os bens seriam livres: a disponibilidade ilimitada de recursos seria de tal ordem que a obtenção de quaisquer bens não seria onerosa. Mas, na realidade, são raros os **bens livres**: até mesmo o ar que respiramos vai, pouco a pouco, se transformando em bem econômico. O emprego de recursos para a despoluição do ar ou para evitar que a poluição ocorra está transformando o ar num **bem econômico** como outro qualquer: um bem cuja existência exige o emprego de recursos.

4.1 Os Fundamentos das Duas Primeiras Questões-chave

A Escassez de Recursos

A Figura 4.1 resume os fundamentos das duas primeiras questões-chave da economia. O conflito entre recursos limitados e necessidades ilimitáveis é a base da conduta econômica das pessoas e do próprio desenvolvimento da economia como ramo do conhecimento.

Em *Elements of modern economics*, A. L. Meyers[3] recorre a interessante hipótese, radicalmente oposta à lei universal da escassez, para evidenciar a diferença entre a magia de transformar todos os bens econômicos em bens livres e a realidade de buscar a satisfação das necessidades e aspirações sociais pelo emprego oneroso de recursos limitados. A hipótese mágica consistiria em dotar cada agente econômico de uma Lâmpada de Aladim. Bastaria fricioná-la, para que aspirações e necessidades fossem satisfeitas. A limitação dos recursos estaria superada.

A Lâmpada Mágica proveria todos os agentes econômicos de produtos, em diversidade e em quantidade suficientes para saciar plenamente necessidades e aspirações. Todos teriam o que desejassem. O processo produtivo, tal como o conhecemos, complexo e oneroso, não seria mais necessário: o poder mágico de um único instrumento, um "bem de produção por excelência", supriria cada qual de todas as suas requisições. Divisão do trabalho, especialização, trocas, moeda – tudo isso perderia sentido. Também não fariam mais qualquer sentido as lutas de classe, os conflitos entre agentes econômicos e grupos sociais, a concorrência, a busca por capacitações competitivas e os esforços do empreendedor inovativo. Ciência e tecnologia, pesquisa e desenvolvimento, materiais, processos e produtos

FIGURA 4.1
Os fundamentos da busca incessante por eficiência e eficácia em escala social: os recursos são escassos, mas as necessidades e aspirações são ilimitáveis.

RECURSOS → UNIDADES DE PROCESSAMENTO → PRODUTOS

O conceito de escassez
- Os recursos são limitados e finitos.
- O emprego de qualquer recurso é oneroso.
- O processo de gestão dos recursos empregados é também oneroso.
- Por maiores que sejam as economias de escala, resultantes da especialização e da divisão social do trabalho, a capacidade de geração de bens e serviços é limitada.
- Em conflito com as exigências de maior eficiência e de melhoria de seus padrões de desempenho, as unidades de processamento, tanto dos governos quanto dos agentes privados, têm restrições orçamentárias.
- As restrições implicam escolhas. Escolhas são também – e inevitavelmente – renúncias.
- Uma das expressões que mais bem definem este fundamento econômico é *trade-off*: situações de escolha entre opções conflitantes.

O conceito de necessidades ilimitáveis
- O desenvolvimento socioeconômico não se caracteriza por eliminar, mas por acrescentar novas necessidades às preexistentes.
- O processo de emulação social é uma fonte geradora de insatisfações. E a incessante busca individual para atendê-las impulsiona o progresso da sociedade como um todo.
- Ao padrões de bem-estar alcançados por uns são por eles próprios superados, mas almejados por outros: não há mecanismos suficientemente poderosos para bloquear esse ilimitável processo.
- Em conflito com as aspirações ilimitáveis, os agentes econômicos têm restrições orçamentárias.
- Estabelecem-se, assim, situações de *trade-off* tanto no emprego de recursos para produzir quanto na capacidade de acesso aos produtos gerados.

inovadores – tudo isso estaria disponível no interior da Lâmpada Mágica. Bastaria despertar o mago.

Mas a realidade é bem outra. O poder mágico da Lâmpada de Aladim contrasta com a condenação do Velho Testamento – "comerás o pão com o suor de teu rosto". Ao sonho da magia das mil e uma noites intermináveis, contrapõe-se a realidade bíblica dos seis dias de trabalho e um de descanso. Descanso para recuperação de forças, para mais trabalho e mais suor, se a aspiração for por padrões crescentes de bem-estar material. A condenação bíblica é a que acompanha a espécie humana – desde as primeiras manifestações de vida em sociedade. Nenhum sistema econômico, nenhuma forma mágica de organizar a vida econômica foi capaz de satisfazer plenamente a todas as aspirações individuais e sociais. Mesmo os grandes impérios que um dia chegaram perto da opulência ruíram antes que conseguissem estendê-la a todos em seus domínios. E talvez mesmo nas sociedades do futuro as questões básicas da economia continuarão, de alguma forma, a existir.

Para atuar sobre a natureza e extrair dela os suprimentos de que necessitam, as sociedades economicamente organizadas, mesmo as que registraram notáveis progressos materiais, defrontaram sempre com a limitação de seus recursos produtivos. O suprimento de recursos sempre foi, e provavelmente continuará sendo, limitado e finito. O emprego de qualquer recurso é oneroso, traduzindo-se em ônus pela contrapartida da remuneração que lhe é devida. Por maiores que sejam as economias de escala, resultantes da especialização e da divisão social do trabalho, a capacidade de geração de bens e serviços é limitada. As unidades de produção defrontam com restrições orçamentárias sempre que pretendem produzir mais ou com maior eficiência. A mesma realidade é vivida pelas unidades familiares: diante de suas aspirações, suas disponibilidades orçamentárias definem suas limitações. Por fim o governo, sob este aspecto um agente econômico como outro qualquer, tem possibilidades também limitadas de prover todos os bens e serviços públicos requeridos pela sociedade.

As Ilimitáveis Necessidades e Aspirações

Em contraposição à limitação de recursos, parecem ser ilimitáveis as necessidades e as aspirações sociais, por bens e serviços públicos e privados. Não só pela crescente diversificação dos produtos que as modernas economias são capazes de levar aos mercados, como também pelos cada vez mais sofisticados padrões com que se apresentam e pelos níveis de desempenho progressivamente melhores. Em todas as sociedades modernas, as unidades familiares demandam mais e melhores produtos. As empresas exigem equipamentos de mais alta sofisticação, mais ágeis e mais produtivos. E os governos se veem às voltas com pressões ampliadas, exercidas pelos outros dois agentes econômicos, por mais infraestrutura econômica e social – e de melhores e mais competitivos padrões. E também mais e melhores bens e serviços públicos.

Nos mercados de bens de consumo, as unidades familiares demandam, a cada nova geração, produtos de maior sofisticação, aos quais se encontram incorporados mais trabalho, mais investimentos em capital, mais pesquisa e desenvolvimento e até mesmo mais empresariedade. E grande parte dos novos produtos, que satisfazem a novas e crescentes necessidades, quando chegam pela primeira vez aos mercados de consumo, são de difícil acesso para a maior parte das unidades familiares – mas sua produção em larga escala logo os torna acessíveis a todos (ou a quase todos). Bens e serviços que ontem eram "supérfluos", ou que atendiam apenas a um reduzido extrato de "sofisticados", hoje se tornaram **necessidades inevitáveis**. Assim foi com as lâmpadas elétricas, depois com os automóveis, depois com os eletrodomésticos, com os alimentos pré-preparados e com os microcomputadores de uso pessoal, agora com as viagens internacionais e os celulares, *smartphones* e *tablets*, mais adiante com o acesso universal às infovias de informação e aos sistemas de GPS com navegação guiada por voz.

Obviamente, as escalas de necessidades variam em função do estágio de desenvolvimento das sociedades e das pessoas. A conhecida escala teórica da hierarquia de necessidades de A. H. Maslow,[4] formulada nos anos 50, estabelece que as necessidades individuais básicas são de natureza fisiológica; depois vêm outras, que vão da segurança à busca de autorrealização. À medida que

**FIGURA 4.2
A hierarquia das necessidades individuais e da sociedade como um todo.**

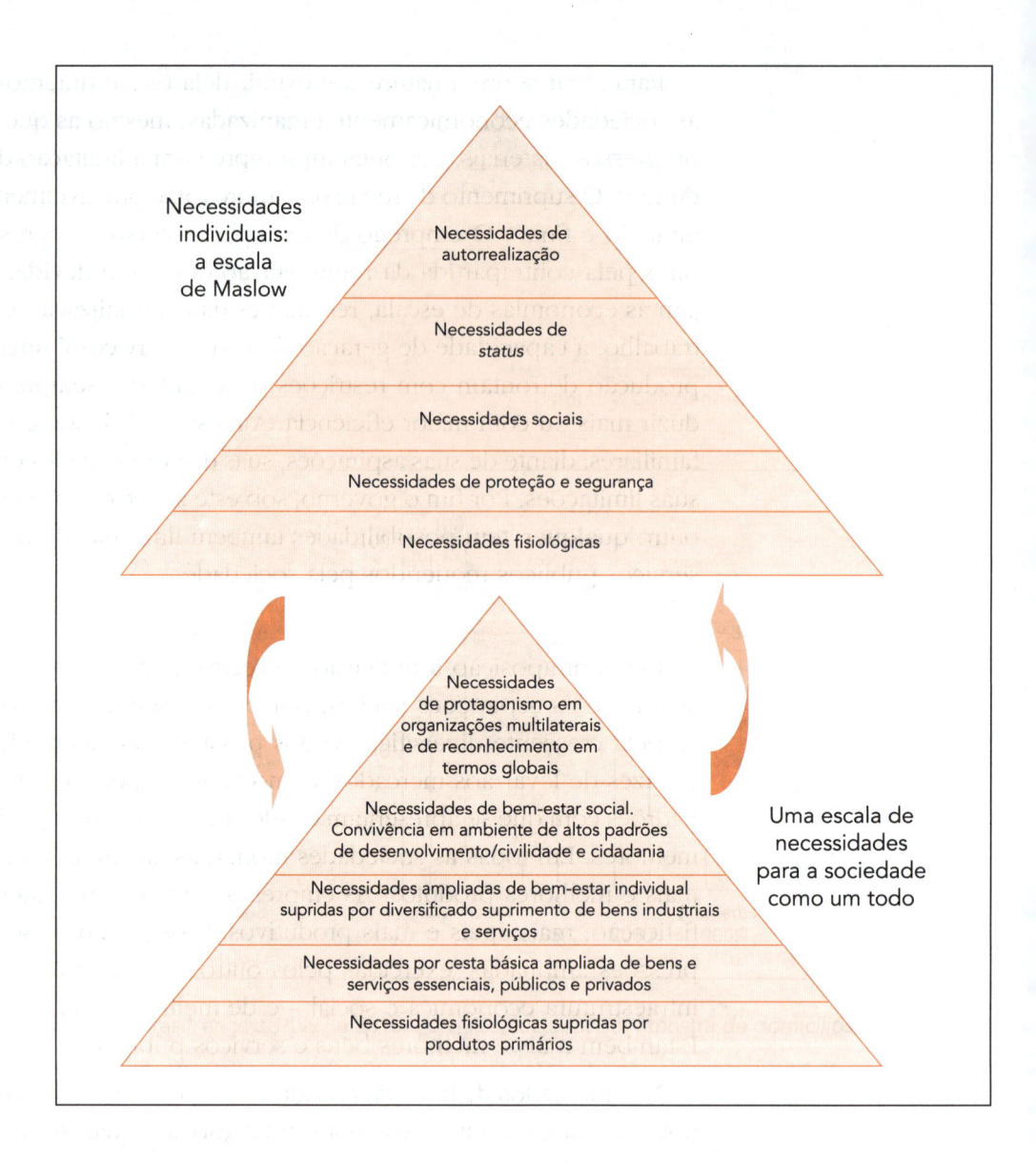

Necessidades individuais: a escala de Maslow

- Necessidades de autorrealização
- Necessidades de *status*
- Necessidades sociais
- Necessidades de proteção e segurança
- Necessidades fisiológicas

Uma escala de necessidades para a sociedade como um todo

- Necessidades de protagonismo em organizações multilaterais e de reconhecimento em termos globais
- Necessidades de bem-estar social. Convivência em ambiente de altos padrões de desenvolvimento/civilidade e cidadania
- Necessidades ampliadas de bem-estar individual supridas por diversificado suprimento de bens industriais e serviços
- Necessidades por cesta básica ampliada de bens e serviços essenciais, públicos e privados
- Necessidades fisiológicas supridas por produtos primários

se avança na escala hierárquica, embora não sejam apenas produtos materiais que irão satisfazer às exigências do mais alto estrato, a diversidade dos bens e serviços requeridos se amplia. Para uma sociedade como um todo, poderia ser formulada uma escala semelhante à de Maslow. Começaria também pelo padrão fisiológico, suprido por produtos primários. Daí evoluiria para uma cesta básica ampliada e para a exigência de bens e serviços públicos essenciais, como saúde e saneamento básico, educação, lazer e segurança. Em estágio mais avançado, o suprimento de necessidades individuais ainda mais ampliado passa a exigir uma diversificada pauta de bens industrializados e serviços. Mais adiante, a necessidade de bem-estar social, suprida pela convivência em ambiente em que todos desfrutam de altos padrões de desenvolvimento, civilidade e cidadania. Por fim, o reconhecimento em termos globais: o protagonismo em organizações multilaterais e a autoestima nacional. A Figura 4.2 sintetiza as duas escalas hierárquicas. A segunda foi construída por analogia à de Maslow.

A hipótese de que as necessidades são ilimitáveis tem muito a ver com essas escalas hierárquicas. Em todas as nações, há unidades familiares que se encontram nos diferentes estágios da pirâmide de aspirações. E os que se encontram nos estágios inferiores certamente se aplicarão na ascensão para o estágio seguinte. A emulação social, o efeito-demonstração e as relações de vizinhança são estímulos para a busca de padrões mais altos. Esses estímulos individuais se amplificam à medida que consideramos a sociedade como um todo. Por mais altos que sejam os padrões do desenvolvimento econômico e social já alcançados, há sempre mais por fazer, em cada um dos estágios hierárquicos considerados.

As necessidades biofisiológicas em nações economicamente desenvolvidas poderão estar superadas. Mas, mesmo assim, elas se renovam a cada dia e exigem suprimento contínuo e melhorado em padrões de qualidade dos bens e serviços destinados a atendê-las. A geração dos produtos que as atendem não pode cessar. Mesmo que seu suprimento possa ser satisfatoriamente atendido por pequena parcela da população ativa, que trabalha nos campos com altos padrões de tecnologia, sua produção se perpetua pela renovação diária das necessidades a que elas atendem. E quanto aos demais bens e serviços, exigidos para a satisfação das necessidades de hierarquia superior, por mais que a produção em larga escala se desenvolva, seu pleno suprimento dificilmente será alcançado, mesmo nas economias de mais altos padrões de desenvolvimento. A razão desse aparente paradoxo encontra-se na criação de novas aspirações, na renovação crescente das exigências das novas gerações. O progresso não elimina necessidades. Contrariamente, ele renova as antigas e cria outras mais.

Organizações tribais primitivas podem até satisfazer-se com ocas de pau-a-pique e abrigos de sapé. Mas esse padrão de satisfação tem pouco a ver com as condições de habitalidade exigidas por sociedades que já desfrutam dos padrões mais avançados de urbanização. E mais: ainda que, em sua essência, as necessidades não se modifiquem, os meios para satisfazê-las mudam constantemente e envolvem suprimentos crescentes de materiais e serviços. No século passado, os meios de transporte eram uns; hoje, são outros. E os atuais sistemas de transporte, bem como todas as bases infraestruturais exigidas para sua operação, são tão necessários às sociedades modernas, quanto as carruagens e os carros-de-boi empregados no início do século. As ferrovias não suprimiram necessidades; o transporte aéreo também não – com seu advento, novas necessidades foram criadas. O ferro-de-brasa foi substituído pelo elétrico; as bicas naturais de água, pela água encanada; os tanques, pelas máquinas automáticas de lavar; os fogões de lenha e os fornos de barro, pelos fogões a gás e pelos fornos de micro-ondas. As primeiras máquinas de escrever foram substituídas pelas elétricas. Depois vieram as eletrônicas. Por fim, os microcomputadores tornaram todas elas obsoletas. Mas todos esses novos equipamentos de uso doméstico não conseguiram suprir necessidades. Com seu advento e uso generalizado, novas aspirações se incorporaram a novos padrões de referência.

As novas aspirações são também resultantes da intensificação do processo de comunicação social. Brinquedos eletrônicos, equipamentos de som e imagem, novos alimentos, serviços bancários, produtos de uso pessoal para esportes e lazer, viagens, roupas elegantes, apartamentos à beira-mar, casas de campo – não há o que não possa ser promovido pelos meios de comunicação de massa. A maior parte de todos os bens e serviços massivamente promovidos está alguns degraus acima do estágio biofisiológico de necessidades, mas é incorporada às novas aspirações da sociedade. Cabe ainda observar que, com a universalização do acesso às mídias eletrônicas e com a democratização do acesso à informação, os padrões exigidos se ampliam e se manifestam pressões por acesso a praticamente todos os mercados finais. A busca por elevação dos padrões materiais de vida se torna incessante – e, na maior parte das nações, tem sido atendida por produção em escalas sem precedentes históricos, expandidas por tecnologias que evoluem em degraus geométricos. Como C. Gide[5] já observava no início do século, em seu *Cours d'économie politique*, as necessidades humanas ampliadas são a motivação maior da atividade econômica. "A logicidade da economia fundamenta-se no atendimento das novas aspirações humanas, mesmo porque civilizar um povo nada mais é do que despertá-lo para necessidades novas" – concluía o mestre francês.

A logicidade apontada por Gide e, depois, nos anos 30, sistematizada por L. Robbins em seu *Ensaio sobre a natureza e a importância da economia*, fundamenta-se essencialmente no atendimento das ilimitáveis necessidades humanas. Mas decorre do conflito entre as aspirações crescentes e a escassez de recursos.

Daí as duas questões-chave que estamos aprofundando: a eficiência produtiva e a eficácia alocativa. Como os recursos são escassos e as necessidades ilimitáveis, os meios de produção disponíveis devem ser empregados segundo padrões máximos de eficiência e as escolhas sobre os bens e serviços resultantes do esforço de produção devem estar de alguma forma ajustadas aos padrões hierarquizados das necessidades sociais.

4.2 A Eficiência Produtiva: as Curvas (ou Fronteiras) das Possibilidades de Produção

As Possibilidades de Produção e os Custos de Oportunidade

Formalmente, qual o significado de **eficiência produtiva**? O que significa o pleno-emprego dos recursos disponíveis? Quando é que uma economia alcança o limite máximo da eficiência? De que fatores depende a expansão das **fronteiras de produção**? E quais são as melhores alternativas para destinação dos recursos escassos?

Todas essas perguntas têm respostas bastante simples:

❑ **Eficiência produtiva** significa operar a níveis bem próximos do pleno-emprego, trazendo para índices não significativamente diferentes de zero as taxas de subemprego e de desemprego involuntários.

❑ A expressão **pleno-emprego** abrange todos os recursos de produção, não apenas o trabalho. Pressupõe, assim, manter ocupada a totalidade da população economicamente mobilizável, utilizar plenamente os bens de capital disponíveis e operar o processo produtivo segundo os melhores padrões tecnológicos conhecidos.

❏ O **limite máximo da eficiência** é alcançado quando, já operando a pleno-emprego, não há mais qualquer ociosidade a ser aproveitada. Alcançando esse limite, qualquer acréscimo na produção de determinado bem ou serviço implicará reduções na produção de outro.

❏ A **expansão das fronteiras de produção** é função de acréscimos na dotação dos recursos terra, trabalho e capital ou, então, de desenvolvimento de tecnologias mais avançadas, que permitam produzir mais com os mesmos recursos disponíveis. Movimentos como esses aumentam as possibilidades de produção da economia.

❏ As **possibilidades de produção existentes** podem ser destinadas a uma multiplicidade de combinações de diferentes categorias de bens e serviços. É difícil determinar qual a melhor combinação. As combinações praticadas resultam ou de decisões de governantes ou de decisões descentralizadas resultantes da livre atuação das empresas e das unidades familiares. A melhor é a que estiver mais ajustada a uma escala de necessidades hierarquizadas, que atenda aos requisitos da sociedade como um todo.

Sejam quais forem as combinações praticadas e por mais eficiente que seja a economia como um todo, há sempre limites para as possibilidades efetivas de produção. A razão é a limitação de recursos. Como eles são escassos, nunca é possível produzir quantidades infinitas de bens e serviços. As fronteiras de produção definem os limites máximos. As possibilidades são limitadas.

Para melhor compreensão dessas questões, vamos supor duas economias imaginárias, *A* e *B*, que disponham de determinados suprimentos de recursos de produção. Ambas contam com contingentes de população aptos e igualmente preparados para o exercício de atividades produtivas, mas o contingente de *A* é quantitativamente superior ao de *B*. Ambas dispõem de reservas naturais relativamente abundantes, como fontes de energia, subsolos ricos em minerais metálicos e não metálicos, cursos internos de água, terras para agricultura e produção animal e costas marítimas, pluviosidade e clima satisfatórios. Mas em reservas naturais as dotações de *A* superam quantitativamente as de *B*. Ambas contam com capitais acumulados, embora os investimentos de *A* tenham superado os de *B*, ao longo dos anos. Não obstante não sejam diferentes quanto aos padrões tecnológicos e à capacidade empreendedora de seus homens de negócios, as possibilidades de produção de *A* serão superiores às de *B*. Uma simples comparação dos dados da Tabela 4.1 basta para se ter a clara noção de que se trata de duas nações de diferentes possibilidades produtivas. Se ambas operarem a pleno-emprego, *A* poderá produzir muito mais do que *B*. Mas, ainda que diferentes, ambas têm limites. Quando estiverem operando a pleno-emprego, se desejarem aumentar a produção de determinada categoria de bem ou serviço, terão que reduzir a produção de outra categoria.

O aumento da produção efetiva de qualquer categoria de bens ou de serviços, quando a economia opera no limite máximo de suas possibilidades de produção, exige que se aumentem os recursos humanos e de capital, além de abertura de novas áreas territoriais para suprimento de materiais básicos.

TABELA 4.1 Economias imaginárias *A* e *B*: com diferentes disponibilidades de recursos, as possibilidades de produção não são iguais. As de *A* superam as de *B*.

Recursos de produção	Disponibilidades	
	Economia *A*	Economia *B*
População economicamente mobilizável (milhões)	50	35
Reservas de medidas de recursos minerais (milhões de toneladas aferidas)	1.450	980
Potencial hidrelétrico (mW/ano)	89.000	65.000
Solos favoráveis para produção agrícola e animal (mil km^2)	1.200	780
Costas marítimas (km)	2.600	1.500
Capital acumulado ($ bilhões)		
❏ Infraestrutura econômica	570	400
❏ Infraestrutura social	630	570
❏ Máquinas e equipamentos	1.200	900
❏ Edificações	1.700	1.300
❏ Agrocapitais	110	70

Simplificando essa abordagem, vamos supor que uma destas duas economias, ou qualquer outra que seja imaginada, decida produzir apenas dois produtos diferentes, mobilizando, porém, no processo produtivo todos os seus recursos disponíveis. Na produção desses dois bens, operará em regime de máxima eficiência, combinará seus fatores de produção segundo padrões organizacionais ótimos, utilizando, assim, plenamente, suas possibilidades de produção. Estará operando no limite máximo de suas próprias fronteiras de produção.

Os dados da Tabela 4.2 facilitam a compreensão do modelo teórico. Eles revelam, para diferentes combinações de produção dos dois bens, *X* e *Y*, as possibilidades máximas de produção da economia, em milhões de unidades/ano. Consideram-se seis alternativas, de *A* a *F*. A primeira alternativa (*A*) e a última (*F*)

TABELA 4.2 Alternativas de emprego dos recursos de produção em uma economia imaginária.

Alternativas	Produção em milhões de unidades/ano (Limites máximos, em regime de pleno-emprego)	
	Produto *X*	Produto *Y*
A	250	0
B	200	250
C	150	450
D	100	600
E	50	700
F	0	750

definem opções extremas pela produção de apenas um dos dois produtos. Em *A*, a opção é por *X*; em *F*, por *Y*. Tanto em um caso como em outro, as possibilidades máximas de produção de apenas um dos dois bens são alcançadas quando se sacrifica totalmente a produção do outro. Já as alternativas intermediárias (*B*, *C*, *D* e *E*) são combinações diferentes dos dois produtos. Na alternativa *C*, por exemplo, os limites máximos possíveis serão de 150 milhões de unidades/ano do produto *X* e de 450 milhões de unidades/ano do produto *Y*. Se, operando com essa combinação, a economia decidir aumentar a produção de qualquer um dos dois bens, a do outro será sacrificada. Na posição *B*, será possível aumentar de 150 para 200 milhões de unidades/ano a produção de *X*, mas a de *Y* será sacrificada, reduzindo-se de 450 para 250 milhões de unidades/ano. Esses movimentos inevitáveis de aumento/redução decorrem da hipótese teórica assumida de que a economia estará operando a pleno-emprego, em todas as alternativas consideradas. Por isso, cada uma das combinações revela, teoricamente, limites máximos de produção. Em todas elas, a economia estará operando no limite superior de sua fronteira de produção. Por isso, não há como aumentar a produção de qualquer um dos dois bens, sem sacrificar a do outro. Isso significa que qualquer combinação envolve **custos de oportunidade**.

Generalizando: numa economia em que todos os recursos disponíveis estejam aplicados, em regime de máxima eficiência, na produção de diferentes produtos da categoria *X*, como

$$x_1, ..., x_k, ..., x_n$$

deverão ser obrigatoriamente reduzidos os volumes de produção desses produtos, se a decisão for o aumento da produção de diferentes produtos da categoria *Y*, como

$$y_1, ..., y_k, ..., y_n$$

Indicando por *P* a produção máxima da economia e por *q* e *p*, determinadas quantidades, em unidades/ano, de cada um dos diferentes produtos *x* e *y*, podemos ter:

$$P = qx_1 + qx_k + qx_n$$

ou, então, produzindo também bens da categoria *Y*:

$$P = (q-p)x_1 + py_1 + (q-p)x_k + py_k + (q-p)x_n + py_n$$

Esta generalização mostra o que os dados da Tabela 4.2 já haviam revelado: quando uma economia está operando em regime de máxima eficiência, a produção de maiores quantidades de um bem qualquer implica desistência total ou parcial da produção de outros bens. **A ocorrência de custos de oportunidade, quaisquer que sejam as alternativas adotadas, é inexorável**.

Todos os agentes econômicos, considerados isoladamente ou em conjunto, defrontam com esta inexorável lei econômica. As unidades familiares podem ter aspirações ilimitáveis, mas defrontam com a amarga realidade dos recursos escassos, definidos por orçamentos restritos: a aquisição de uma casa de praia envolve um **custo de oportunidade**, representado, por exemplo, pela não aquisição de uma casa de campo. Um novo televisor pode significar o adiamento da satisfação de muitas outras necessidades. Mesmo pessoas que dispõem de grandes fortunas não escapam da inexorabilidade dos custos de oportunidade: ainda que possam ter todos os bens e serviços que desejarem, não poderão desfrutar de todos simultaneamente nem terão de qualquer um deles suprimentos infinitos. As mais altas satisfações possíveis são finitas e competem com outras, também finitas, que não podem ser usufruídas ao mesmo tempo.

Também no setor público, quaisquer decisões sobre destinação de recursos orçamentários envolvem **custos de oportunidade**. E é nesse setor que esse conceito se torna particularmente claro. A prefeitura de um município tem uma capacidade de produção de bens e serviços públicos limitada por sua dotação orçamentária. Em determinado exercício fiscal, empregará recursos, destinando-os para redes de iluminação pública, construção de guias, sarjetas e passeios públicos, postos de saúde, praças de esporte, edificações para repartições e novas escolas. A escassez de recursos impedirá que um programa de obras e serviços públicos seja tão extenso, a ponto de superar a necessidade de escolha entre mais iluminação ou mais escolas. Normalmente, alguma coisa é sacrificada em favor de outra. E as prioridades decididas, não importa quais sejam, traduzem sempre **custos de oportunidade**.

Em todas as esferas da administração governamental, as mesmas dificuldades existirão. E quanto mais alta é a esfera, maiores as consequências de longo prazo das decisões tomadas: usinas hidrelétricas, novas ferrovias ou estradas pavimentadas para o transporte rodoviário; novas universidades ou cabos submarinos, intercontinentais, de fibras óticas para telecomunicações; incentivo às indústrias de base ou apoio à agropecuária; espadas para a guerra ou arados para a paz? E **ambas** não é a resposta quando é necessário decidir por uma entre duas alternativas.

Paul A. Baran,[6] em *A economia política do desenvolvimento*, ao analisar os problemas centrais das economias nacionais planificadas, mostrou que um dos mais relevantes é a decisão sobre a distribuição ótima de recursos. O problema surge ao se decidir "se o desenvolvimento econômico deve realizar-se mediante a expansão das indústrias pesadas, de bens de produção, ou mediante o aumento das indústrias leves, de bens de consumo. Esse problema envolve a distribuição da renda nacional entre consumo e investimento ou, o que é praticamente a mesma coisa, qual o ritmo de crescimento que se deseja alcançar durante o período de planificação que se considera".

A experiência histórica da Rússia Soviética, quanto a esta questão básica, transformou-se em caso clássico durante os 75 anos de duração da estatização coletivista. Tratando-se nesse período de economia de comando central, todo o processo decisório centralizou-se, desde os primeiros anos da revolução socialista, em órgãos estatais de planejamento. E, entre as duas possibilidades básicas de desenvolvimento, a opção foi por indústrias de base, ao mesmo tempo em que se fortaleceram os orçamentos da área de defesa e, mais adiante, as pesquisas espaciais. Os planificadores também não descuidaram das áreas afins de ciência e tecnologia, educação e cultura. Mas o grande **custo de oportunidade** do modelo foi o sacrifício das indústrias leves de bens de consumo.

Decorridos mais de sete décadas, entre a revolução de 1917 e a *glasnost-perestroika* do início dos anos 90, as consequências dessas opções tornaram-se bastante claras. A indústria pesada, as bases infraestruturais e os investimentos em ciência e tecnologia aliaram-se para o objetivo de conquista do espaço e fortalecimento da defesa. Estruturou-se amplo sistema de defesa, com armas estratégicas de alta sofisticação tecnológica. Nesse campo, durante os 40 anos da guerra fria, os soviéticos rivalizaram com os norte-americanos. Mas estas conquistas implicaram pesados custos de oportunidade. A produção de bens de consumo foi pouco diversificada. Os padrões usuais de qualidade e de desempenho desses produtos não se equipararam aos alcançados pelos países industrializados do sistema ocidental. Indústrias como a têxtil, de calçados, de artigos de limpeza doméstica e de higiene pessoal, de equipamentos eletroeletrônicos domésticos e de automóveis desenvolveram-se menos. Enfim, **a escassez de recursos impediu que esses setores se desenvolvessem no mesmo ritmo que os de infraestrutura e defesa**. E mesmo os Estados Unidos, seu grande rival nos anos da guerra fria, sentiram as consequências da destinação preponderante de recursos para a área de defesa. Com sua atenção e seus recursos voltados para a corrida armamentista, perderam a hegemonia mundial na indústria de bens de consumo. Agora, rivalizam nessa área com as novas economias industriais da Ásia, cuja opção foi exatamente oposta: o desenvolvimento da indústria leve de bens de consumo, voltado para a conquista de megamercados mundiais.

Os Quatro Pontos Notáveis das Curvas de Possibilidades de Produção

As questões-chave da **eficiência produtiva** e da **eficácia alocativa**, seus fundamentos e principais desdobramentos, poderão ser ainda mais bem entendidas com o auxílio de um dos mais conhecidos instrumentos da teoria econômica básica: **a curva (ou fronteira) das possibilidades de produção**.

Para construir uma curva deste tipo, vamos utilizar os dados da Tabela 4.2, plotando as seis diferentes combinações de produção de X e Y de nossa economia imaginária, respectivamente nos eixos das abcissas e das ordenadas. É o que foi feito na Figura 4.3. À esquerda, em (a), foram transpostos os dados das seis alternativas consideradas; à direita, em (b), com a união dos pontos obtidos pela transposição dos dados, obtivemos a curva de possibilidades de produção de nossa economia imaginária.

A curva obtida revela as combinações máximas dos produtos X e Y que a economia é capaz de produzir. Como uma das hipóteses básicas de construção do modelo foi o pleno-emprego dos recursos de produção disponíveis, a curva resultante representa uma espécie de **fronteira de produção**, uma barreira de transposição impossível. No máximo, com os recursos de que dispõe, operando segundo padrões de máxima eficiência, a economia poderá escolher por algum ponto ao longo da curva. Ir além dela, com os recursos atualmente disponíveis, é impossível.

FIGURA 4.3
A curva (ou fronteira) de possibilidades de produção: combinações máximas possíveis de produção de X e Y, com o pleno-emprego dos recursos disponíveis.

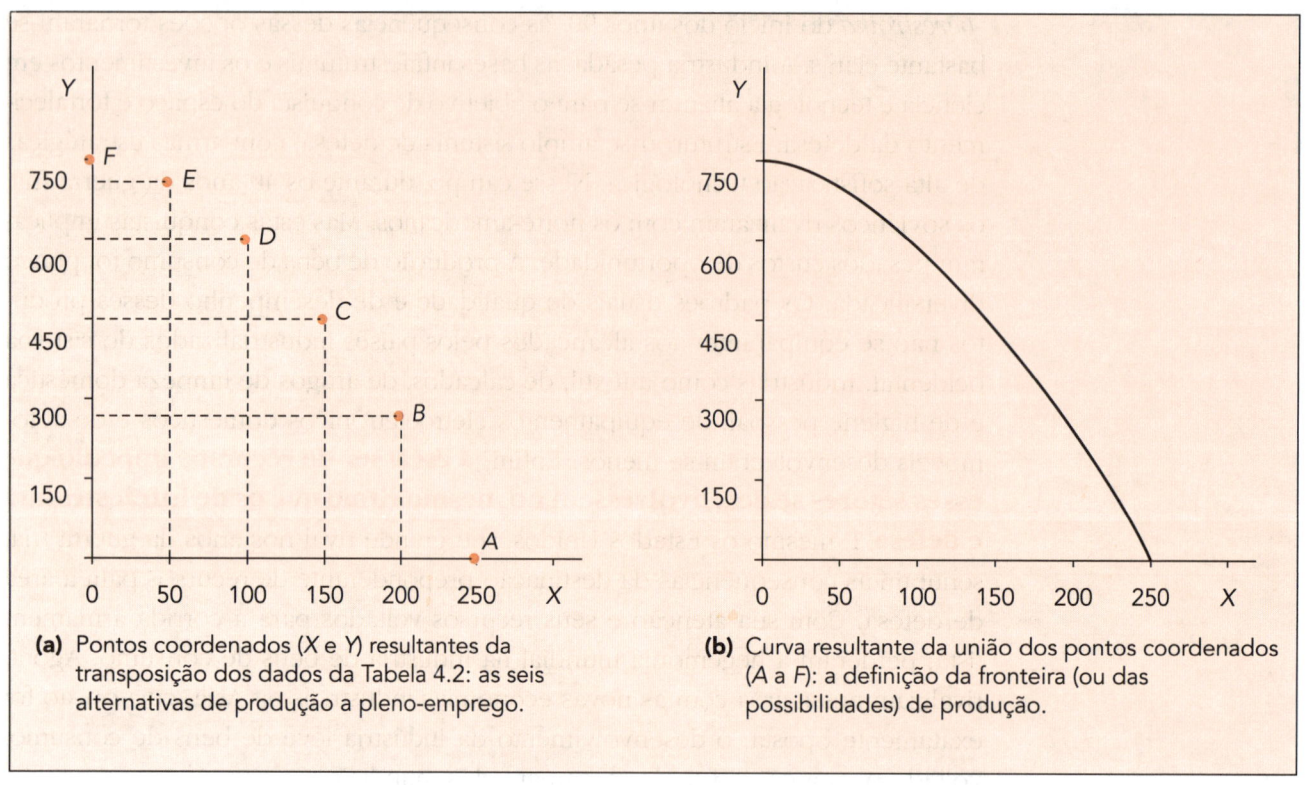

(a) Pontos coordenados (X e Y) resultantes da transposição dos dados da Tabela 4.2: as seis alternativas de produção a pleno-emprego.

(b) Curva resultante da união dos pontos coordenados (A a F): a definição da fronteira (ou das possibilidades) de produção.

Na Figura 4.4, identificamos os **quatro pontos notáveis** em que uma economia pode situar-se, conhecida sua curva de possibilidades de produção:

❑ **Ponto O**. Nesse ponto, a economia reduziu a zero sua produção, tanto de X, quanto de Y. Trata-se de uma situação identificada como de **pleno desemprego**. Obviamente, é uma posição que se configura apenas no plano teórico, pois na realidade seria insustentável. Nesse ponto, a economia não estará utilizando, para quaisquer fins, os recursos de produção de que dispõe. Consequentemente, estará com a produção zerada. É evidente que nenhuma economia em qualquer tempo e lugar se situou nessa posição. Seria uma situação de plena inanição, segundo a qual nem mesmo a produção mínima de subsistência para atendimento de necessidades fisiológicas estaria sendo realizada.

❑ **Ponto Q**. Neste ponto, a economia está operando com **capacidade ociosa**. Indica uma posição intermediária entre os extremos do pleno desemprego e do pleno-emprego. Significa que uma parte dos recursos de produção não está sendo mobilizada. Trata-se de situação comum e, sob certos aspectos, "normal". Normalmente, há pessoas desempregadas, algumas até por razões voluntárias. Uma parte das máquinas estará parada, ainda que seja para operações de manutenção. Outras máquinas estarão sendo subutilizadas, não operando a plena carga. Algumas edificações terão espaços ociosos e, na extração de reservas da natureza, além da ociosidade de máquinas

FIGURA 4.4
Os quatro pontos notáveis das fronteiras de possibilidades de produção: pleno desemprego (*O*), capacidade ociosa (*Q*), pleno-emprego (*P*) e nível impossível de produção (*R*), dados os recursos correntes disponíveis.

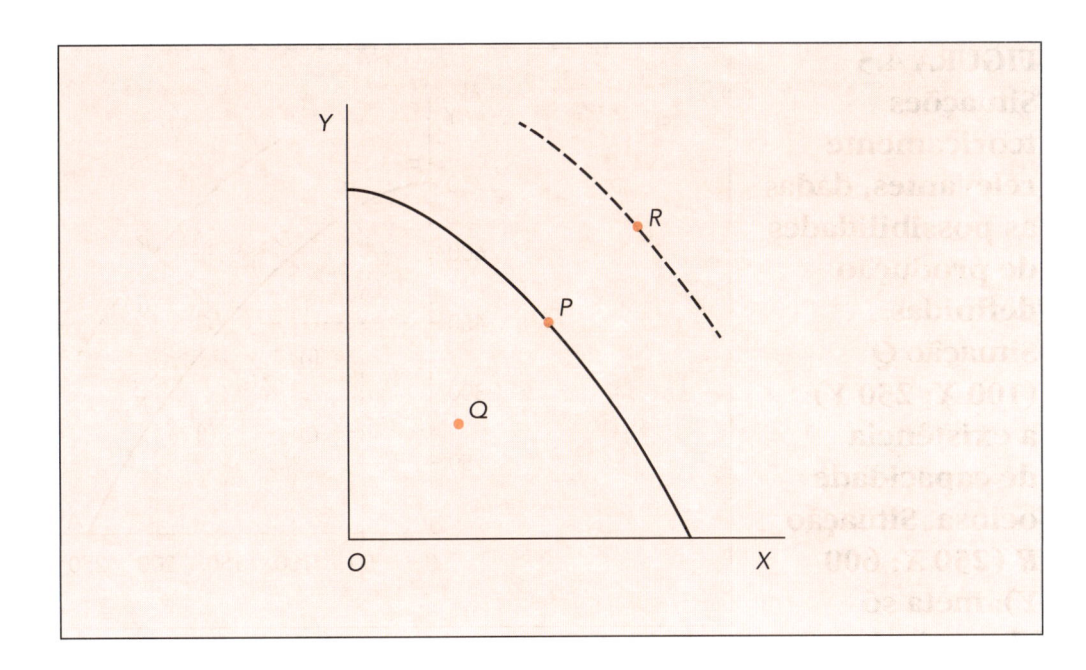

e pessoas empregadas, estará ocorrendo certa taxa de desperdícios dos recursos extraídos. Enfim, os níveis realizados de produção estarão aquém daqueles que poderiam estar sendo efetivamente obtidos.

❑ **Ponto *P***. Este ponto indica uma situação "ideal", mas dificilmente alcançável na realidade. Ele representa o **pleno-emprego**. É um dos mais importantes objetivos de qualquer sociedade, tanto sob pontos de vista econômicos, como também sociais. Mas, rigorosamente, o alcance do pleno-emprego é muito difícil. Sempre se verifica, ainda que bastante reduzida, alguma taxa de desemprego. A operação a pleno-emprego é uma situação extremada, vivida talvez pelas nações em períodos de guerra, quando são efetivamente mobilizadas todas as forças de combate e, na retaguarda, todas as possibilidades de produção que não tenham sido ainda danificadas. Economia de guerra, esforço de guerra e pleno-emprego seriam assim, de certa forma, expressões equivalentes.

❑ **Ponto *R***. Este quarto ponto notável define um **nível impossível de produção**, relativamente às possibilidades demarcadas pela curva. Trata-se de posição inalcançável no período imediato, por estar situada além das fronteiras de produção da economia. O ponto *R*, ou qualquer outro situado à direita da curva ou fora da fronteira, só será alcançável em períodos futuros, desde que ocorram deslocamentos positivos, para mais, da curva de possibilidades de produção. E deslocamentos assim são possíveis, desde que ocorram investimentos em formação de capital fixo, aumento do contingente humano economicamente mobilizável, novas descobertas para melhor aproveitamento de reservas naturais e melhorias qualitativas nas tecnologias de produção.

Dados esses quatro pontos notáveis, voltamos à curva de possibilidades de produção que definimos a partir dos dados da Tabela 4.2 para identificar duas situações teoricamente relevantes. A primeira é indicada pelo ponto *Q*. Nesta si-

FIGURA 4.5
Situações teoricamente relevantes, dadas as possibilidades de produção definidas. Situação Q (100 X; 250 Y): a existência de capacidade ociosa. Situação R (250 X; 600 Y): meta só alcançável se a fronteira de produção se deslocar para mais.

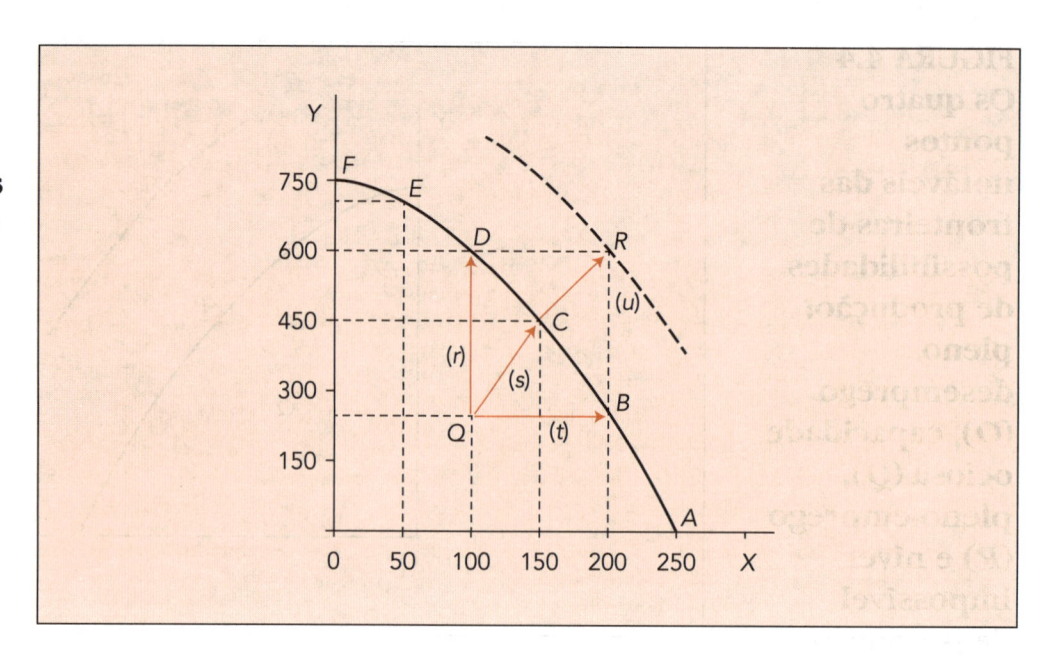

tuação, a economia estará produzindo 100 milhões de unidades/ano do produto X e 250 milhões de unidades/ano do produto Y. Obviamente, está operando com capacidade ociosa: ao optar por produzir 100 milhões de unidades/ano de X, a produção de Y poderá atingir 600 e não apenas 250 milhões de unidades/ano. Deslocando-se na direção r até alcançar o ponto D, a economia poderá empregar esta ociosidade, sem sacrificar a produção de X". Alternativamente, se optar por produzir 250 milhões de unidades/ano de Y, a produção de X poderá ser aumentada de 100 para 200 milhões de unidades/ano, sem que seja necessário qualquer sacrifício da produção de Y: neste caso, o deslocamento se dará na direção t, até atingir a fronteira de produção, no ponto B. Outros deslocamentos também são possíveis, como s, na direção de C. Com deslocamentos deste tipo, os dois produtos terão seus níveis correntes de produção ampliados, simultaneamente, até que a economia se situe sobre sua curva de possibilidades de produção. E, ao atingi-la, qualquer aumento na produção de um dos dois bens implicará redução na do outro: não haverá mais ociosidade a aproveitar.

A segunda situação é indicada pelo ponto R. Ao alcançá-lo, a economia produzirá 200 milhões de unidades/ano de X e 600 milhões de unidades/ano de Y. Mas, dados os recursos de que a economia hoje dispõe, esse nível não é alcançável. A produção de 200 milhões de unidades/ano de X é possível, mas não simultaneamente com 600 milhões de unidades/ano de Y. Trata-se de uma combinação XY situada além das fronteiras atuais. Para alcançá-la, deslocando-se na direção u, a economia terá, antes, que deslocar a fronteira de produção como um todo.

Os Deslocamentos das Fronteiras de Produção

Os deslocamentos das curvas de possibilidades de produção são a representação teórica do processo de crescimento econômico. Nas últimas três ou quatro décadas, ocorreram deslocamentos notáveis nas fronteiras de produção das economias nacionais, praticamente em todas as áreas, a uma velocidade superior à das décadas precedentes. Para R. Gill,[7] "não seria um exagero muito grande dizer que o crescimento econômico, no seu sentido moderno, era desconhecido até a Revolução Industrial do fim do século XVIII e começo do XIX. Mesmo hoje, há diversas áreas do mundo, especialmente na África, onde este processo ainda não deitou raízes. Nos países industrialmente adiantados, porém, o crescimento (essa mudança positiva da curva de possibilidade de produção) é um traço característico da vida econômica. Através de um processo continuado, que abrange o crescimento da população, a acumulação de máquinas e outros bens de capital, e, acima de tudo, uma constante atenção para com a invenção e a inovação (novos materiais, novos produtos e nova tecnologia de produção), essas modernas economias estão ampliando suas possibilidades de produção a uma taxa desconhecida em toda a história anterior da humanidade".

Em síntese, os deslocamentos positivos das curvas de possibilidades de produção decorrem de um conjunto de fatores, muitas vezes interdependentes. O aumento dos contingentes demográficos economicamente mobilizáveis é um deles, embora não seja suficiente para, a longo prazo, traduzir-se em aumentos constantes das fronteiras de produção. Ele deve ocorrer simultaneamente com a melhoria dos padrões de qualificação da população mobilizável e ainda com novos investimentos em formação de capital – infraestrutura econômica e social, máquinas, equipamentos, instrumentos e ferramentas de trabalho. Mais ainda: novas capacitações tecnológicas devem estar disponíveis, atuando como elemento de ligação entre os novos suprimentos dos recursos capital e trabalho. Por fim, exige-se que os fatores de que depende a expansão da disponibilidade de reservas naturais superem os que implicam degradação, exaustão ou extinção.

Inversamente, podem também ocorrer deslocamentos negativos das fronteiras de produção. No passado, pestes e epidemias devastadoras reduziam os contingentes economicamente mobilizáveis, provocando reduções expressivas nas possibilidades de produção. No final da Idade Média, a peste negra, que chegou à Europa trazida por navegadores genoveses que a contraíram na Crimeia, devastou grandes regiões. Até que fosse dominada, dizimou de 25% a 35% da população europeia. As guerras e a barbárie também exerceram efeitos devastadores, em várias épocas e lugares. A Guerra Mundial de 1914-18 envolveu 65 milhões de combatentes: 22 milhões sofreram mutilações, 14 milhões morreram em combate. Mas não são apenas as pestes, as epidemias e as guerras que devastam as capacidades de produção das economias nacionais. Outros fatores, embora menos traumáticos, podem implicar reduções significativas em potencialidades de produção: os desarranjos institucionais e as depressões econômicas de longo prazo podem resultar em sucateamento dos bens de capital. A redução dos investimentos em formação bruta de capital fixo, a níveis inferiores aos do binômio depreciação-obsoletismo, implica reduções da capacidade produtiva, que não tardam a manifestar-se, sob a forma de variações negativas do Produto Nacional Bruto. Por fim, a prática de explorações predatórias extensivas pode também resultar em devastação de recursos naturais, atingindo a sustentação do crescimento, ou até mesmo a própria perpetuação da atividade.

A Figura 4.6 exemplifica essas duas hipóteses. A hipótese (*a*), de deslocamento positivo da fronteira de produção, é função da expansão ou melhoria de recursos disponíveis. A hipótese (*b*) é função de redução, desqualificação ou sucateamento

FIGURA 4.6
Deslocamentos das fronteiras de produção: aumentos ou reduções dependem da dotação e da qualificação dos recursos de produção.

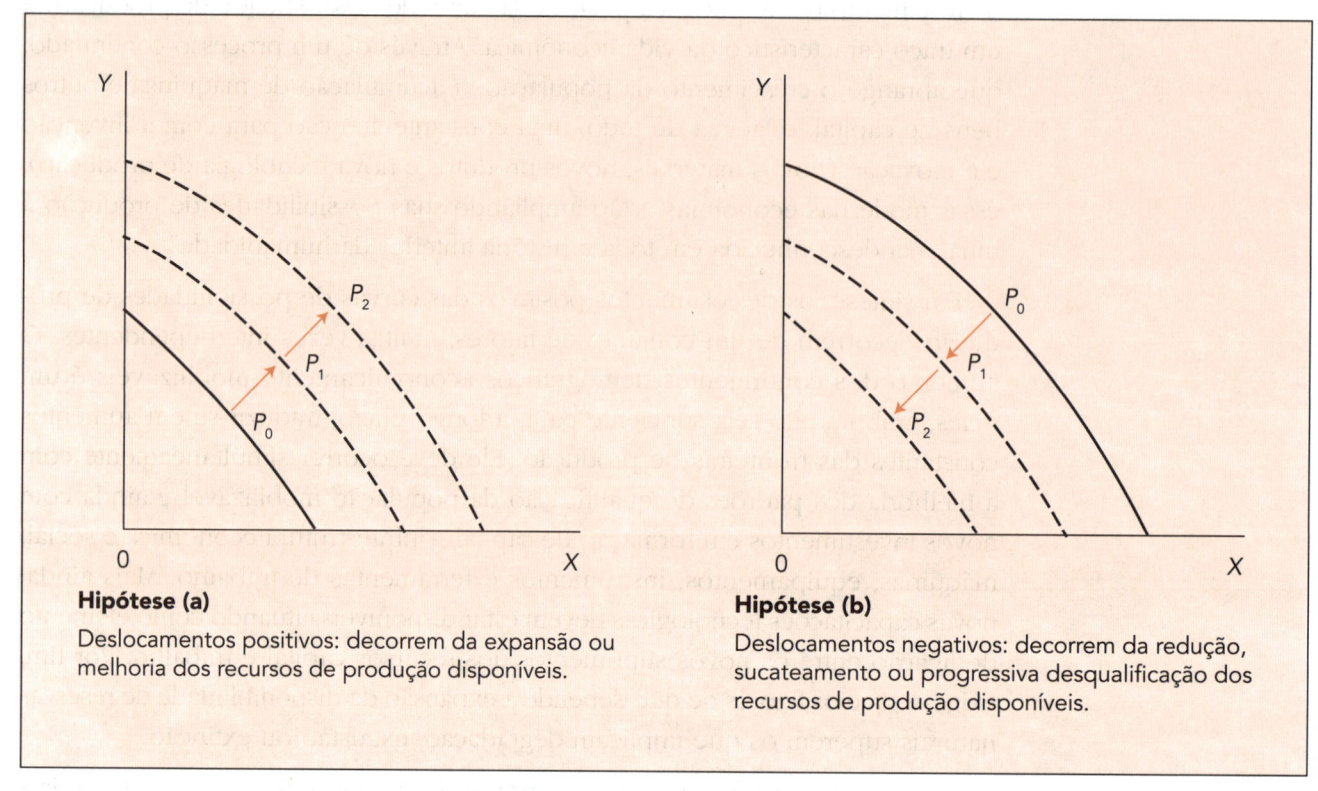

Hipótese (a)
Deslocamentos positivos: decorrem da expansão ou melhoria dos recursos de produção disponíveis.

Hipótese (b)
Deslocamentos negativos: decorrem da redução, sucateamento ou progressiva desqualificação dos recursos de produção disponíveis.

de recursos de produção. A primeira resulta de permanente processo de acumulação de capacidades, em sentido amplo. A segunda exemplifica um processo de desacumulação social progressiva. Obviamente, o primeiro é o que ocorre sob condições de normalidade. O segundo geralmente é atribuível a condições anormais ou a deficiências institucionais e estruturais de difícil reversão que podem instalar-se nas economias nacionais.

A Lei dos Rendimentos Decrescentes

A correlação direta que se estabelece entre suprimentos, qualificação dos recursos de produção e deslocamentos das curvas de possibilidades de produção não significa que quaisquer acréscimos que se observem na dotação dos recursos ocasionarão acréscimos proporcionais na capacidade de produção e no volume resultante de produto. Os rendimentos ou retornos marginais podem ser decrescentes. Ou até mesmo nulos.

A **lei dos rendimentos decrescentes** é um dos mais antigos axiomas da teoria econômica básica. Seu primeiro enunciado é atribuído a Robert Jacques Turgot, financista da corte de Luís XIV. Ele observou que os aumentos em capacidades de produção que resultem de suprimentos de apenas um recurso serão necessariamente decrescentes ao longo do tempo. Sendo a produção um fluxo decorrente do suprimento e da combinação de vários recursos simultaneamente, não basta aumentar o suprimento de apenas um deles, mantendo-se os demais fixos. Cedo ou tarde, os rendimentos resultantes serão decrescentes.

TABELA 4.3
A lei dos rendimentos decrescentes: uma hipótese fundamentada na fixidez de reservas naturais (terra) e na redução da relação capital/trabalho.

Períodos	Suprimento variável dos recursos trabalho e capital		Suprimento fixo de terra (reservas naturais) (3)	Possibilidades de produção a pleno-emprego (4)		Variações marginais (4)	
	Trabalho (1)	Capital (2)		X	Y	ΔX	ΔY
t_0	10	30	200	150	450	—	—
t_1	14	32	200	170	510	20	60
t_2	18	34	200	189	567	19	57
t_3	22	36	200	206	618	17	51
t_4	26	38	200	221	663	15	45
t_5	30	40	200	234	699	13	36
t_6	34	42	200	244	729	10	30
t_7	38	44	200	251	750	7	21
t_8	42	46	200	255	762	4	12
t_9	46	48	200	256	765	1	3
t_{10}	50	50	200	256	765	0	0

(1) Em milhões de trabalhadores economicamente ativos.
(2) Avaliação, em $ bilhões, dos bens de capital disponíveis.
(3) Em mil km² de terras aproveitáveis, dotadas de diversificados recursos básicos.
(4) Em milhões de unidades/ano.

Os dados da Tabela 4.3 são uma aproximação teórica à lei dos rendimentos decrescentes. Trata-se de uma hipótese construída a partir dos dados de uma economia imaginária semelhante à de nossos modelos anteriores. No período t_0, mobilizando em regime de pleno-emprego todos os seus recursos disponíveis, a economia produziu, como na alternativa C do modelo anterior, uma combinação de 150 e 450 milhões de unidades/ano dos produtos X e Y, respectivamente. Por hipótese, os recursos disponíveis nesse período eram de 10 milhões de trabalhadores e de $ 30 bilhões em bens de capital, atuando a partir de dada tecnologia sobre 200 mil km² de terras dotadas de satisfatória diversidade de recursos naturais. Nos períodos seguintes, de t_1 a t_{10}, o suprimento de recursos humanos e de capital será crescente, não obstante a relação capital/trabalho se modifique, passando ao longo do período de $ 30 bilhões por 10 milhões de trabalhadores, para $ 50 por 50, mantendo-se supostamente os padrões tecnológicos vigentes. Mas as reservas naturais permanecerão fixas.

Os resultados são mostrados nas últimas quatro colunas da Tabela 4.3. Nos períodos subsequentes, de t_1 a t_9, as possibilidades de produção resultarão ampliadas, em resposta aos suprimentos crescentes dos recursos trabalho e capital. As fronteiras de produção deslocaram-se para a direita, como na Figura 4.7. Mas

**FIGURA 4.7
Os rendimentos decrescentes e as curvas de possibilidades de produção.**

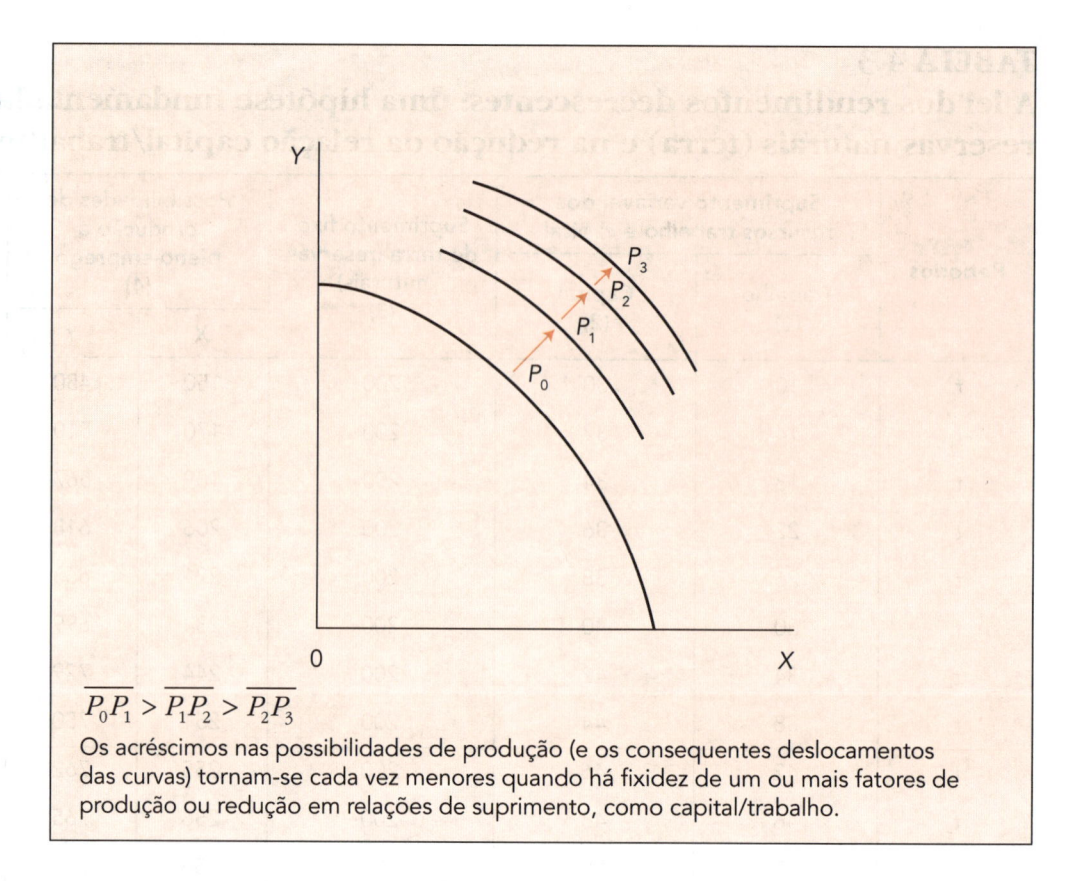

$\overline{P_0P_1} > \overline{P_1P_2} > \overline{P_2P_3}$

Os acréscimos nas possibilidades de produção (e os consequentes deslocamentos das curvas) tornam-se cada vez menores quando há fixidez de um ou mais fatores de produção ou redução em relações de suprimento, como capital/trabalho.

tanto os deslocamentos, quanto as produções marginais resultantes registram movimentos sucessivamente decrescentes, até chegar a zero no último período, t_{10}. As razões de movimentos desta ordem podem ser sintetizadas pelo próprio enunciado da lei dos rendimentos decrescentes:

> Dada como inalterada a capacidade tecnológica de uma economia, as modificações positivas no suprimento de um ou mais recursos físicos de produção poderão provocar expansão de sua capacidade final de produção. Todavia, na hipótese de se registrar a fixidez de um ou mais recursos, os aumentos na capacidade serão menos que proporcionais, tornando-se decrescentes ou mesmo nulos a partir de certo ponto.

A ocorrência de rendimentos decrescentes, não obstante diga respeito a uma das mais importantes e antigas leis da economia, está sujeita a algumas restrições. As principais são:

❑ **Formas de combinação dos recursos**. As formas com que os recursos de produção são combinados podem retardar ou até anular a ocorrência de rendimentos decrescentes. Combinações dos mesmos recursos, mas com tecnologias de emprego diferenciadas e aperfeiçoadas, podem manter ou até ampliar os níveis possíveis de produção ao longo do tempo.

❑ **Relação entre recursos**. Uma relação que resulte em crescente suprimento de bens de capital por unidade de trabalho pode compensar a rigidez de suprimentos naturais (terra) e a fixidez dos conhecimentos tecnológicos.

TABELA 4.4
A ocorrência de custos de oportunidade crescentes: com decréscimos constantes na produção de *X*, obtêm-se acréscimos decrescentes da produção de *Y*.

Alternativas	Decréscimos (constantes) na produção de X	Acréscimos (decrescentes) na produção de Y	Razão (custos de oportunidade)
A	–	–	–
B	50	250	5/1
C	50	200	4/1
D	50	150	3/1
E	50	100	2/1
F	50	50	1/1

❑ **Organização do processo produtivo**. A organização das unidades de produção interfere nos padrões de eficiência da economia como um todo. Com melhorias introduzidas na capacidade gerencial e em processos, podem ocorrer economias crescentes de escala, retransmitidas às fronteiras de produção.

Em síntese, como registra G. Mattersdorff,[8] no verbete ***law of diminishing returns***, da *Encyclopedia of economics*, editada por D. Greenwald, "o impacto da lei dos retornos decrescentes poderá ser abrandado ou postergado por qualquer ocorrência que aumente a produtividade dos recursos de produção. A divisão do trabalho, avanços em especialização, inovações em processos servem, todos, para esticar os limites impostos pela escassez relativamente maior de determinado recurso. Mas tão logo se extenue o impacto dessas melhorias introduzidas no processo de produção, mantendo-se a fixidez de um ou mais recursos, a lei dos retornos decrescentes voltará, com toda certeza, a manifestar-se".

A Ocorrência de Custos de Oportunidade Crescentes

Outra questão teórica que as curvas de possibilidades de produção ajudam a compreender é a ocorrência de **custos de oportunidade crescentes**. Para aprofundá-la, vamos retornar aos dados da Tabela 4.2, calculando agora a relação entre os decréscimos na produção de um dos dois produtos, digamos *X*, e os correspondentes acréscimos na produção do outro, no caso *Y*.

Com os dados da Tabela 4.2, construímos a Tabela 4.4. Como já havíamos suposto, na alternativa *A* a economia produz apenas *X*, não se dedicando à produção de *Y*. Se os agentes econômicos decidirem produzir também *Y*, terão de desistir de certa parcela da produção de *X*. A alternativa *B* mostra-nos que a desistência de 50 milhões de unidades/ano da produção de *X* possibilitará a produção de 250 de *Y*. Se, animadas por essa transformação que se operou em sua organização produtiva, os agentes econômicos decidirem desistir de mais de 50 de *X*, em favor da produção de *Y*, os novos resultados poderão surpreendê-los: embora desistindo de igual parcela do primeiro produto, só serão obtidos 200 milhões de unidades/ano adicionais de *Y* e não 250, como na primeira etapa da transformação. Sucessivamente, se a economia insistir em passar de *C* para *D* e depois para *E* e *F*, os acréscimos da produção de *Y* serão cada vez menores, não obstante sejam constantes os decréscimos na produção de *X*.

FIGURA 4.8
A ocorrência de custos de oportunidade crescentes: a razão de ser da concavidade das curvas de possibilidades de produção.

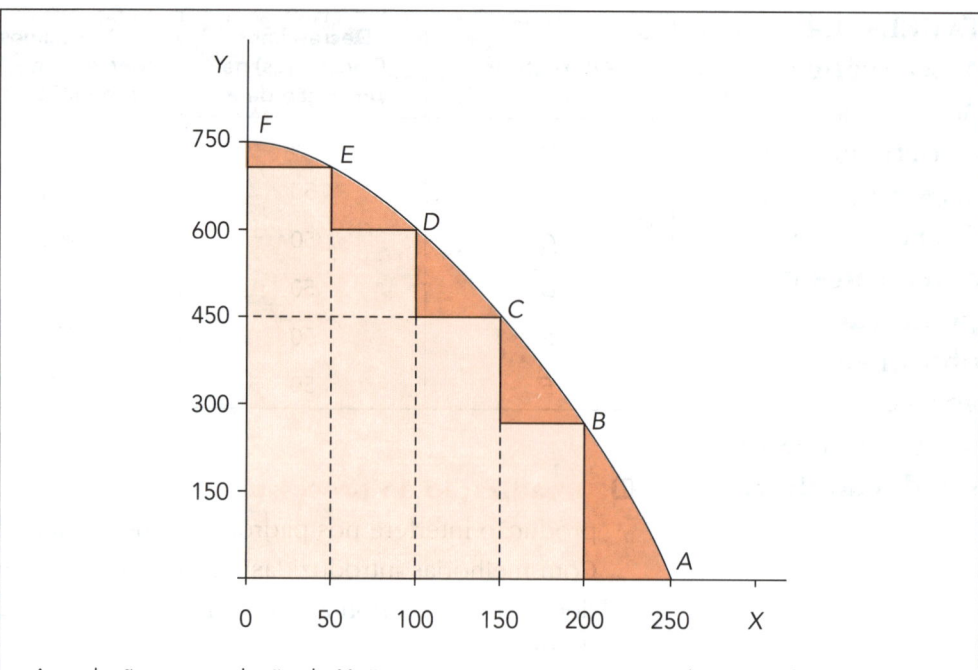

```
Y
750  F
        E
600        D
450           C
300              B
150
  0   50  100 150 200 250   X
                          A
```

As reduções na produção de X são constantes, e iguais, em todas as mudanças de alternativas de produção, a 50 milhões de unidades/ano. Mas os acréscimos resultantes em Y são decrescentes, caindo de 250 milhões de unidades/ano (mudança de A para B) até 50 (mudança de E para F). Os custos de oportunidade crescentes são basicamente devidos à inflexibilidade dos fatores de produção.

As causas dessa ocorrência são de natureza bem diferente da anterior. Os rendimentos decrescentes, como vimos, estão basicamente relacionados à fixidez dos recursos de produção. Mas agora não estamos considerando o suprimento de recursos, nem supondo qualquer variação em sua disponibilidade: todos os recursos permanecem inalterados. O que se altera é a destinação que se dá a eles, nas diferentes alternativas originalmente supostas na Tabela 4.2. Na primeira alternativa, todos os recursos estão destinados à produção de X. Na última, todos estão destinados a Y. Observamos, porém, que os primeiros 250 milhões de unidades/ano de Y custaram à sociedade 50 milhões de unidades/ano de X: basta verificar o que ocorreu quando da passagem da alternativa A para B. Mas, à medida que os agentes econômicos continuaram insistindo em aumentar a produção de Y, o custo de oportunidade das novas unidades desse segundo produto foi tornando-se cada vez mais elevado. O acréscimo obtido quando da passagem da alternativa B para C foi de apenas 200 milhões de unidades/ano, embora os agentes tenham desistido novamente de 50 de X. Depois, com igual desistência, o acréscimo seria de apenas 150. E, sucessivamente, seria cada vez menor: 100, de D para E; e finalmente apenas 50 de E para F. De uma razão de cinco por um (alternativa B), a economia chegou à razão de um por um (alternativa F), como evidenciam os números da Tabela 4.4.

Na Figura 4.8 são mostrados graficamente os efeitos da **lei dos custos de oportunidade crescentes**, sobre a curva de possibilidades de produção de nossa economia imaginária. A concavidade dessa curva é, aliás, explicada pela ocorrência dessa lei. Como se observa no gráfico, os decréscimos em X são constantes, mas os correspondentes acréscimos em *Y* são sucessivamente decrescentes. Essa ocorrência é atribuída à **inflexibilidade dos recursos de produção**, que geralmente não se revelam perfeitamente adaptáveis a usos alternativos. Essa é, em essência, a concepção teórica da lei dos custos de oportunidade crescentes, cujo enunciado mais comum é, geralmente, o seguinte:

> **Dadas como inalteradas as capacidades tecnológicas e de produção de uma economia e estando o sistema a operar a níveis de pleno-emprego, a obtenção de quantidades adicionais de determinada classe de produto implica necessariamente a redução das quantidades de outra classe. Em resposta a constantes reduções impostas à classe que estará sendo sacrificada, serão obtidas quantidades adicionais cada vez menos expressivas da classe cuja produção estará sendo aumentada, devido à relativa e progressiva inflexibilidade dos recursos de produção disponíveis e em uso.**

O alcance dessa lei, em termos práticos, induz à concepção de que certos recursos (humanos, de capital e mesmo naturais), que apresentam elevada produtividade para certa classe de produtos, poderão não se adaptar perfeitamente à produção de outra classe. Transferir recursos da produção pecuária para a agrícola conduzirá, é certo, a determinada expansão da produção pecuária. Essa expansão será, todavia, cada vez menor se a sociedade continuar insistindo na transferência dos recursos de uma atividade para outra. Da mesma forma, a transferência de recursos empregados na produção primária para a indústria de transformação implicará custos de oportunidade crescentes, devidos, no caso, a um grau provavelmente ainda maior de inflexibilidade.

A ocorrência de custos de oportunidade crescentes manifesta-se claramente em períodos de guerra, quando as nações beligerantes sacrificam expressivas e crescentes parcelas da produção civil para atender à produção armamentista que dará suporte aos esforços bélicos. Se, ao entrar em guerra, a nação dispõe de capacidade ociosa mobilizável para produção de interesse militar, os acréscimos que poderá ter nesta categoria de produção poderão resultar da mobilização dos recursos ociosos, sem que se sacrifique a produção de bens e serviços que atendem às necessidades civis. Todavia, se a nação já estiver operando sobre suas próprias fronteiras de produção, a expansão da indústria militar só se efetivará sem o sacrifício da indústria civil se as fronteiras de produção se deslocarem positivamente. Mas esta não é a regra em períodos de guerra. Os efeitos devastadores do conflito geralmente reduzem as fronteiras de produção. Ao sacrifício de vidas produtivas, soma-se a destruição de bens de capital e até mesmo o comprometimento de reservas naturais.

Foi o que ocorreu nos Estados Unidos durante as duas últimas grandes guerras. Partindo de 1914 como data-base e igualando a 100 os índices das produções civil e militar naquele ano, observamos que, em 1915, mantendo a mesma produção militar, os Estados Unidos obtiveram um acréscimo de 8% na produção civil. Mas, já a partir de 1916, quando a nação já se preparava para ingressar no conflito, a produção civil cresceu menos que em 1915, para possibilitar um acréscimo de 33% na produção militar. Em 1917, o índice da produção militar expandiu-se de 133 para 1.370, com o que a produção civil foi sacrificada, reduzindo-se de 114

TABELA 4.5
Exemplos historicamente marcantes: índices da produção civil e militar nos Estados Unidos, durante a Primeira e Segunda Grandes Guerras.

	Primeira Grande Guerra				Segunda Grande Guerra		
Anos	Produção civil (1914 = 100)	Produção militar	Produção militar como % do PNB	Anos	Produção civil (1939 = 100)	Produção militar	Produção militar como % do PNB
1914	100	100	0,8	1939	100	100	0,9
1915	108	100	0,8	1940	108	200	1,6
1916	114	133	1,0	1941	118	870	6,3
1917	110	1.370	9,4	1942	99	3.270	22,7
1918	89	3.230	23,3	1943	93	5.600	34,5

Fontes: BACKMAN, B.; FABRICANT, S.; STEIN, J. *War and defense economics*. New York: Rinehart, 1951. STUDENSKI, Paul. Armament expenditure in principal countries. *The Annals of American Academy of Political and Social Sciences*, Mar. 1941.

para 110. Em 1918, no auge do esforço militar, os Estados Unidos sacrificaram novamente a produção civil, que se reduziu de 110 para 89 para possibilitar um sensível acréscimo na produção militar, que passou de 1.370 para 3.230.

O mesmo fenômeno ocorreu na Segunda Grande Guerra, como demonstram os dados da Tabela 4.5. A partir de 1941, ano em que os Estados Unidos declararam guerra à Alemanha, à Itália e ao Japão, a produção militar expandiu-se consideravelmente, e em 1942 e 1943, tendo os índices da produção militar alcançado 3.270 e 5.600, os da produção civil reduziram-se para 99 e 93. Tanto na Segunda como na Primeira Grande Guerra, as reduções observadas na produção civil decorreram da ampla expansão da produção bélica. Como revelam os dados, a produção bélica dos Estados Unidos, em 1918, alcançou 23,3% do PNB, no auge do esforço desenvolvido no último ano da Primeira Grande Guerra. E, em 1943, essa taxa elevou-se a 34,5%. No último ano da Segunda Grande Guerra, segundo outras fontes, a taxa do esforço militar dos norte-americanos teria sido aproximadamente de 60%. Evidentemente, tal esforço implicaria a redução da produção civil, embora possam ter aumentado, pelos investimentos na indústria bélica e pela melhoria dos padrões tecnológicos, as possibilidades de produção da economia como um todo.

Na Figura 4.9, encontra-se a indicação gráfica das mudanças operadas na estrutura produtiva dos Estados Unidos nos dois períodos. Na Primeira Grande Guerra, os índices das produções civil e militar cresceram até 1916, supondo-se então que se expandiram nesse período as fronteiras da produção nacional. Com o deslocamento de P_0 para P_1, a produção civil expandiu-se de x_0 para x_1, e a militar experimentou um acréscimo proporcionalmente maior: de y_0 para y_1. A partir de 1917, operou-se um deslocamento de P_1 para P_2, ampliando-se novamente a produção militar de y_1 para y_2, enquanto a produção civil recuou para uma posição localizada aquém de x_0. A produção civil, que havia se expandido

FIGURA 4.9
A ocorrência histórica de custos de oportunidade crescentes: mudanças na utilização da capacidade de produção dos Estados Unidos durante as guerras de 1914-18 e de 1939-45.

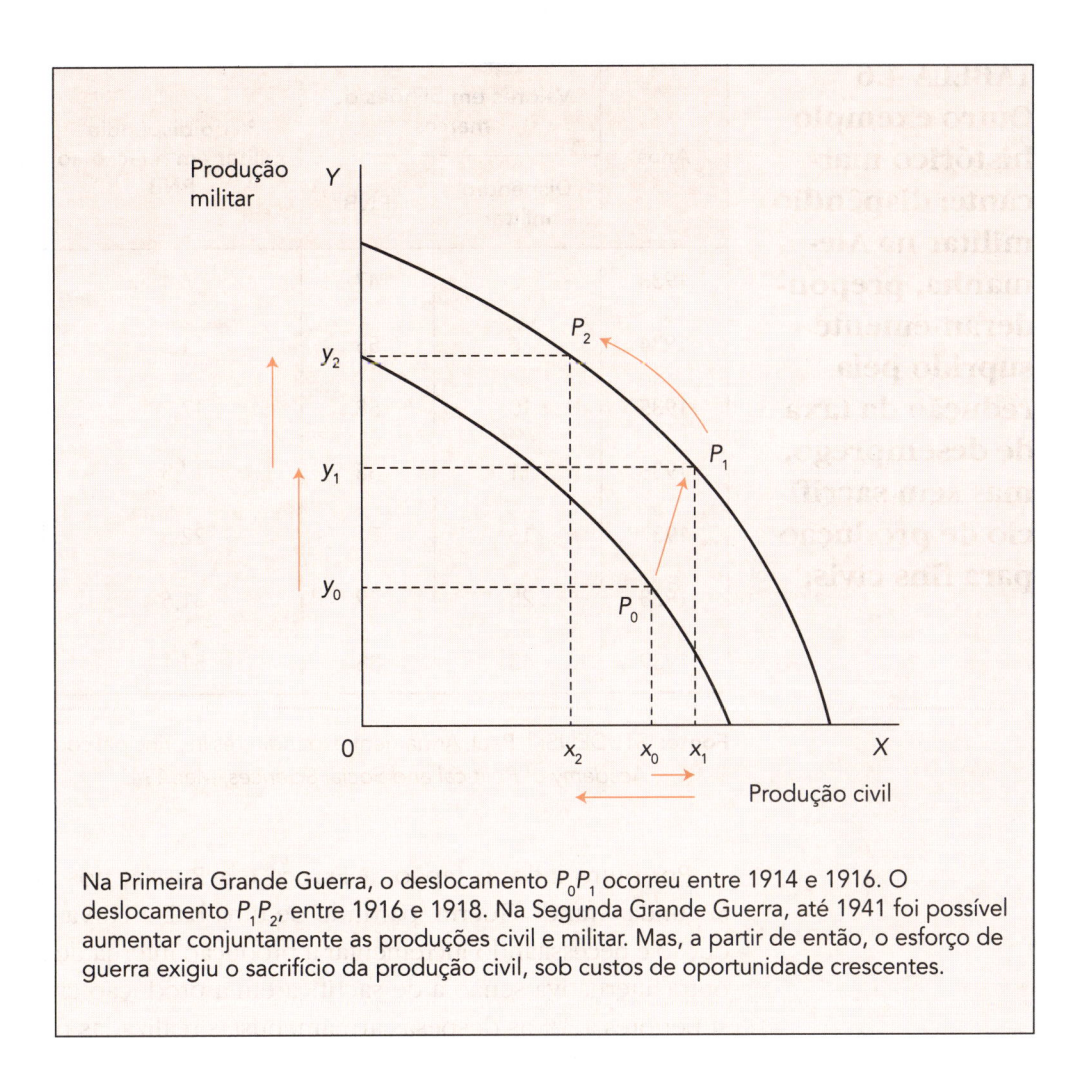

Na Primeira Grande Guerra, o deslocamento P_0P_1 ocorreu entre 1914 e 1916. O deslocamento P_1P_2, entre 1916 e 1918. Na Segunda Grande Guerra, até 1941 foi possível aumentar conjuntamente as produções civil e militar. Mas, a partir de então, o esforço de guerra exigiu o sacrifício da produção civil, sob custos de oportunidade crescentes.

de 100 (1914) para 114 (1916), reduziu-se para 89 (1918), operando-se assim inicialmente um crescimento de x_0 para x_1 e, posteriormente, um recuo de x_1 para x_2. Nos anos da Segunda Grande Guerra, o problema foi o mesmo. Até 1941, o deslocamento deu-se no sentido P_0P_1. A partir de então, o esforço armamentista, no sentido P_1P_2, correspondeu, inevitavelmente, a uma redução da produção civil.

Na Alemanha, no período que antecedeu a Segunda Grande Guerra, o aumento da produção armamentista operou-se por meio do aproveitamento da capacidade ociosa interna, traduzida por uma taxa de desemprego superior a 26%. Em 1933, como registra P. A. Samuelson,[9] "muito antes de qualquer declaração formal de guerra, a Alemanha iniciou seu esforço bélico". Nesse ano, as despesas armamentistas, em relação ao PNB, alcançavam 6,4%. Em 1934, registrou-se um aumento para 11,3%, que se foi ampliando gradativamente até alcançar 51,1% no ano de 1939, quando o segundo conflito mundial se iniciou. A Alemanha, contando então com considerável estoque de armamentos, havia reduzido a zero a taxa de desemprego e reunia condições para enfrentar o potencial bélico da Inglaterra e da França, nações que a 3 de setembro lhe declararam guerra.

Na Tabela 4.6, encontram-se os dados correspondentes aos movimentos econômicos dos alemães, sob Hitler. E na Figura 4.10 poderão ser visualizadas as transformações que se operaram em sua estrutura de produção.

TABELA 4.6
Outro exemplo histórico marcante: dispêndio militar na Alemanha, preponderantemente suprido pela redução da taxa de desemprego, mas sem sacrifício de produção para fins civis.

Anos	Valores em bilhões de marcos		% do dispêndio militar em relação ao PNB	Taxa de desemprego (% da força de trabalho)
	Dispêndio militar	PNB		
1933	3	47	6,4	26,3
1934	6	53	11,3	14,9
1935	10	58	17,2	11,6
1936	11	63	17,5	8,3
1937	16	71	22,5	4,6
1938	25	79	31,6	2,1
1939	45	88	51,1	–

Fonte: STUDENSKI, Paul. Armament expenditures in principal countries. *The Annals of American Academy of Political and Social Sciences,* Mar. 1941.

Por outro lado, o Japão, a França e a Rússia, nos anos que antecederam a Segunda Grande Guerra, partindo de uma baixa curva de possibilidades de produção e necessitando incrementar a produção interna de armamentos, não tiveram outra alternativa senão a de sacrificarem a produção civil. Em 1925, eram pouco superiores a 3% as despesas armamentistas realizadas pelo governo do Japão em relação ao PNB do país; em 1939, tal relação elevava-se a cerca de 30%. Na França, essa relação elevou-se de 3,2% (1925) para 10,2% (1938), enquanto na Rússia o orçamento geral do governo, em 1939, canalizou para o setor bélico mais de 26% do dispêndio agregado, em contraposição aos 5% que eram aplicados em armamentos no decênio anterior.

Terminada a Segunda Grande Guerra e iniciado o prolongado período da Guerra Fria (1945-90), a corrida armamentista de caráter dissuasório, em que se envolveram as duas superpotências militares, os Estados Unidos e a antiga URSS, implicou crescente tecnificação da produção para fins militares, exigindo alocações de recursos, humanos e de capital, fortemente comprometidos com a sustentação da superioridade hegemônica. Quando, na transição dos anos 80 para os anos 90, o sistema bipolar de radicalizações se desarticulou, as reconversões de recursos, de fins militares para fins civis, deram-se a **custos crescentes de readaptação**: reconverter estruturas de produção, modelos de gestão e pessoas, de uma pauta de produção para outra, exige investimentos de readaptação, reengenharia de processos e reeducação dos quadros humanos. E quanto mais se aprofunda o processo readaptativo, estruturas e processos mais rígidos são envolvidos, sob custos sociais elevados. A inexorabilidade dos **custos de oportunidade crescentes** dá-se, assim, em dupla direção: nos períodos de conflito, quando da onerosa conversão de recursos da produção civil para a de fins militares; e, nos períodos de reconstrução da paz, quando da readaptação de estruturas, processos e pessoas para novos padrões de comportamento estratégico e de operações produtivas.

FIGURA 4.10
O esforço armamentista da Alemanha, preparando-se para a Segunda Guerra Mundial: inicialmente, redução do desemprego para aumento da produção militar em relação ao PNB; depois, sacrifício da produção civil para incremento da produção militar.

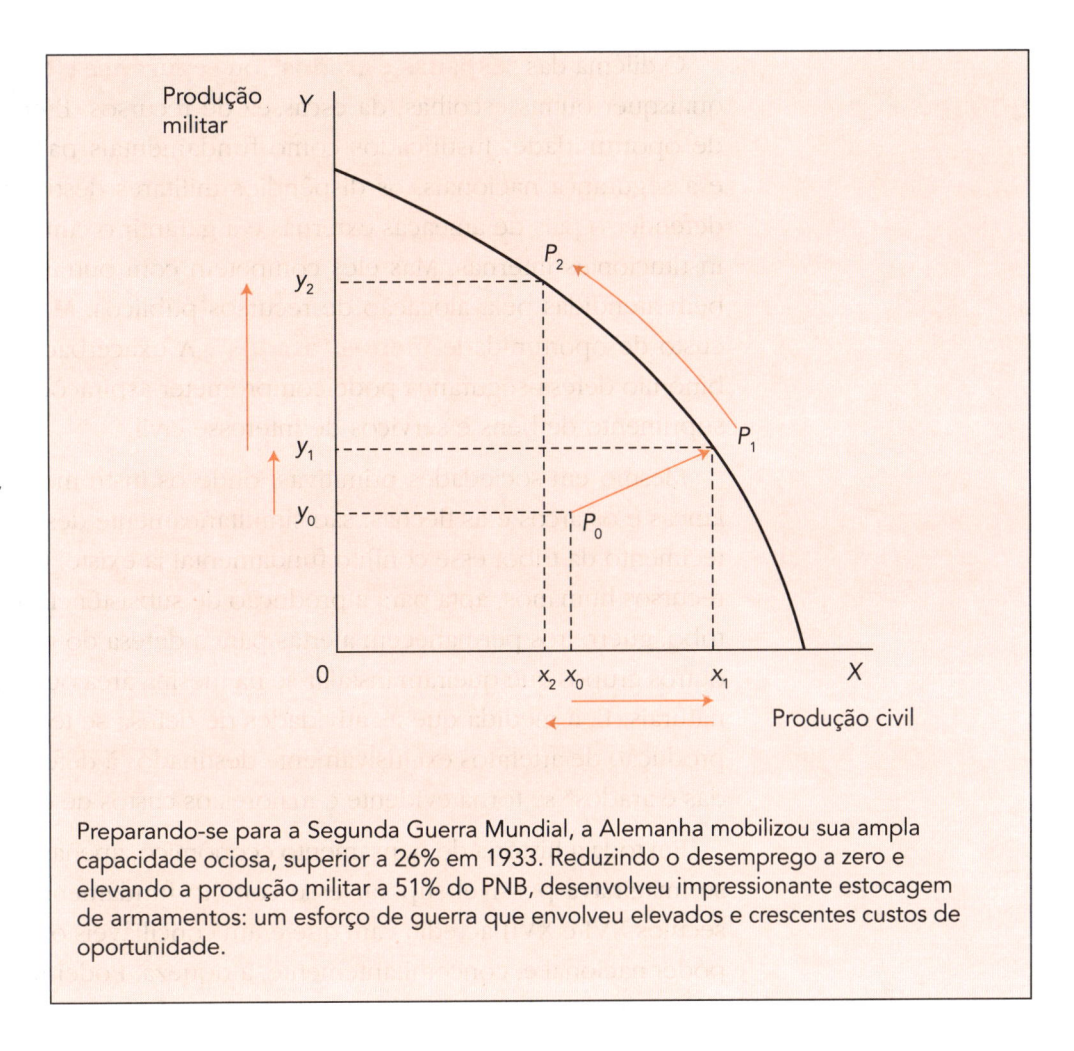

Preparando-se para a Segunda Guerra Mundial, a Alemanha mobilizou sua ampla capacidade ociosa, superior a 26% em 1933. Reduzindo o desemprego a zero e elevando a produção militar a 51% do PNB, desenvolveu impressionante estocagem de armamentos: um esforço de guerra que envolveu elevados e crescentes custos de oportunidade.

4.3 A Eficácia Alocativa: os Dilemas Fundamentais

O Dilema das "Espadas e Arados": Segurança ou Bem-estar

Fortemente relacionada ao conflito entre a escassez de recursos e as ilimitáveis necessidades e aspirações sociais, a **eficácia alocativa**, segunda questão-chave da economia, traduz-se pela inexorabilidade do processo de escolha. Dadas as possibilidades sempre limitadas de produção, todas as nações, em todas as épocas e lugares, sempre se defrontaram com a definição de prioridades para a destinação dos recursos. E, entre as grandes prioridades, há duas que se destacam por sua relevância e pelas consequências econômicas, sociais e políticas das escolhas feitas. São, na realidade, dois **dilemas fundamentais**. As respostas a cada um deles implicam diferentes posições, com agudos reflexos sobre o próprio deslocamento das fronteiras de produção.

O primeiro desses dois dilemas diz respeito à escolha entre **espadas e arados**, duas palavras-símbolo que traduzem o conflito entre a destinação de recursos para fins militares ou civis. Este dilema é particularmente importante para a composição dos orçamentos públicos e, a partir daí, para a configuração de referência da economia nacional. E o segundo dilema fundamental, obviamente atrelado ao primeiro, diz respeito à escolha entre **consumo e investimento**, ou seja, entre o bem-estar no presente e a acumulação de recursos para que se usufrua de maior bem-estar no futuro.

O dilema das **"espadas e arados"** ou **segurança e bem-estar** decorre, como quaisquer outras escolhas, da escassez de recursos. E envolve evidentes custos de oportunidade. Justificados como fundamentais para assegurar a soberania e a segurança nacionais, os dispêndios militares destinam-se essencialmente a defender o país de ameaças externas e a garantir o cumprimento de disposições institucionais internas. Mas eles competem com outras exigências sociais, também atendidas pela alocação de recursos públicos. **Mais "espadas"** tem como custo de oportunidade **menos "arados"**. A exacerbação de dispêndios com o binômio defesa-segurança pode comprometer aspirações sociais relacionadas ao suprimento de bens e serviços de interesse civil.

Mesmo em sociedades primitivas, onde os instrumentos de guerra, como as lanças e os arcos e as flechas, são simultaneamente destinados à caça e ao abastecimento da tribo, esse conflito fundamental já existe. Uma parte apreciável dos recursos humanos, apta para a produção de subsistência, é destinada à defesa da tribo: guerreiros permanecem alertas para a defesa do grupo contra a invasão de outros grupos que queiram instalar-se na mesma área ou usufruir de seus recursos naturais. E, à medida que as atividades de defesa se tecnificam, exigindo ampla produção de artefatos exclusivamente destinados à defesa, mais o conflito "espadas e arados" se torna evidente e maiores os custos de oportunidade envolvidos.

Em toda a história do pensamento econômico, apenas no período mercantilista se imaginava possível superar esse conflito fundamental. Os mercantilistas dos séculos XVI e XVII acreditavam que eram conciliáveis os objetivos de aumentar o poder nacional e, concomitantemente, a riqueza. Poder militar, comércio, riqueza e bem-estar poderiam harmonizar-se, sob o objetivo maior de fortalecimento do Estado. Essa ideia sobreviveu por algum tempo e até mesmo alguns economistas clássicos não admitiam que a destinação de recursos a um dos dois fins prejudicaria seriamente o outro.

Mas há estudos antropológicos que evidenciam a existência do conflito, mesmo em sociedades primitivas. M. Mead,[10] em *Cooperation and competition among primitive peoples*, mostra que se podem encontrar até exemplos claros de opções bem demarcadas e diferenciadas. "Há registros de sociedades do tipo predominantemente guerreiro e competitivo, como os Manus, das Ilhas do Almirantado, ou os Kwakiut, de Vancouver, cuja opção se baseava na busca do poder e na guerra. Já os Bathonga, da África, e os Cakota, da América do Norte, eram predominantemente cooperativos e entregues à busca do bem-estar." E não é preciso ir tão longe. Na própria Grécia Antiga há exemplos notáveis de opções quase extremas. Esparta optou pela segurança. Atenas pelo bem-estar. Em *The story of the human race*, H. Thomas[11] registrou que "os espartanos, obscuros e bárbaros, venceram batalhas que se estenderam por uma geração (de 431 a 404 antes de Cristo); os atenienses perdiam batalhas, mas se notabilizaram pelo bem-estar e pelo progresso, antecipando as grandes conquistas da civilização. Atenas produzia homens mais eminentes, mas soldados menos capazes que os de Esparta". A Figura 4.11 reproduz essas opções: Esparta canalizou recursos prioritariamente para a expansão de seu poder de guerra; Atenas, contrariamente, priorizou o bem-estar e o consumo civil.

FIGURA 4.11
O dilema das "espadas e dos arados": as históricas opções de Esparta e de Atenas.

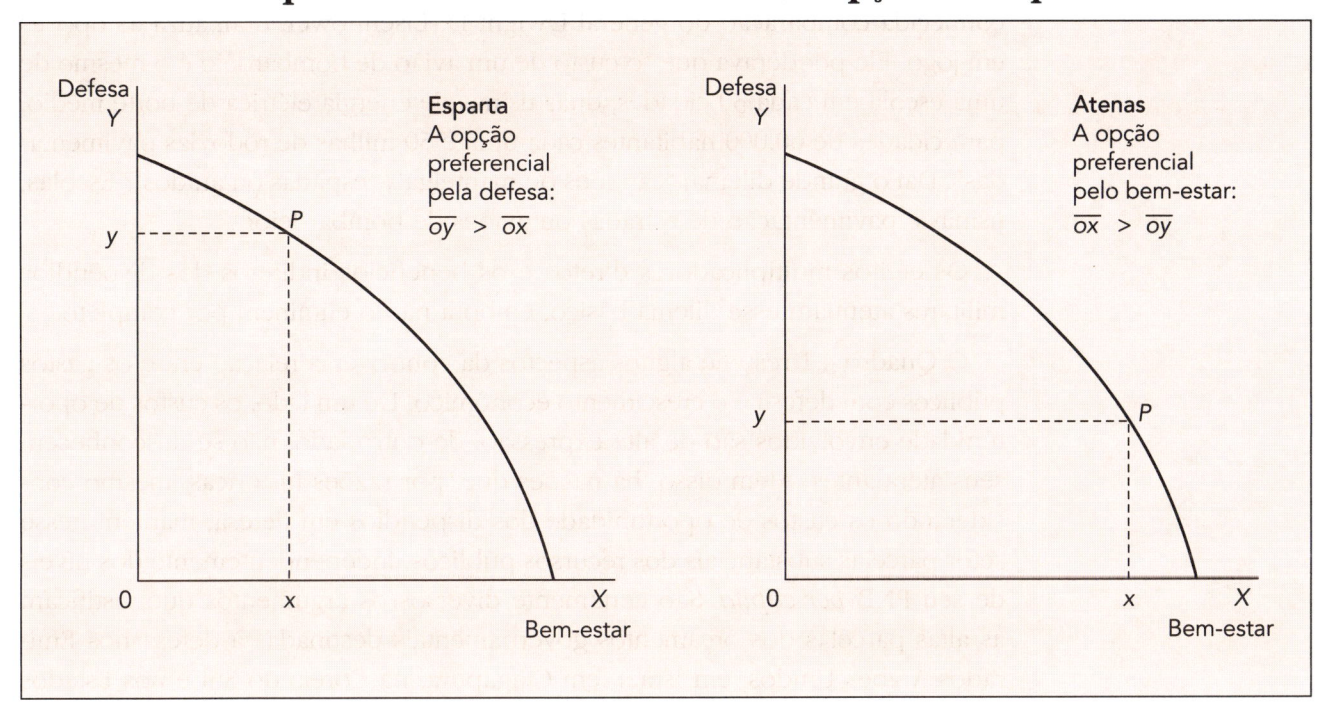

Esparta — A opção preferencial pela defesa: $\overline{oy} > \overline{ox}$

Atenas — A opção preferencial pelo bem-estar: $\overline{ox} > \overline{oy}$

Em todas as épocas e lugares, exemplos como esses podem ser encontrados. A orientação do uso de recursos para fins civis ou para a guerra, o bem-estar e a segurança, ainda que não mutuamente excludentes, sempre envolveram opções concorrentes. A escassez de recursos impede que todas as aspirações sejam simultaneamente alcançadas, ainda mais quando os custos envolvidos absorvem parcelas expressivas das limitações orçamentárias. Em ensaio sobre *Os fundamentos econômicos do poder nacional*, R. Campos[12] mostrou que "a raiz do dilema de Goering ('canhões ou manteiga') está em que a destinação de recursos conducentes ao objetivo do poder não é exatamente, pelo menos a curto prazo, a que conduz mais diretamente à riqueza e à elevação do padrão de vida. Pelo contrário, o poder de guerra, tendo como manifestação direta a força, implica acumulação de **capital não reprodutivo**, ao passo que a riqueza civil se assenta na acumulação de **capital reprodutivo**. Se nos lembrarmos de que o Produto Nacional se compõe de duas parcelas, bens e serviços de consumo e de investimento, é intuitivo que a acumulação de instrumentos de guerra implica ou subtração ao consumo presente ou diminuição de investimentos produtivos, comprometendo as possibilidades futuras de produção de bens e serviços. É claro que todos esses conceitos comportam maior refinamento. Isto porque vários investimentos militares podem ser considerados altamente produtivos: este é o caso da formação tecnológica dos efetivos militares, que implica enriquecimento do capital humano. Também as técnicas industriais e o desenvolvimento de equipamentos de guerra, subsidiários do poder militar, comportam aplicações diretamente produtivas. Entretanto, de um ponto de vista mais geral, o investimento militar tem por produto específico a segurança e não a satisfação das necessidades imediatas ou futuras do consumo econômico".

Na realidade, os gastos públicos com defesa implicam destinações de recursos que, de outra forma, estariam alocados a outras áreas de atuação do governo. A conhecida comparação do general Dwight D. Eisenhower, dramatiza as opções em jogo. Ele ponderava que "o custo de um avião de bombardeio é o mesmo de uma escola em cada 30 cidades, duas usinas de energia elétrica de porte médio, para cidades de 60.000 habitantes cada uma e 50 milhas de rodovias pavimentadas". Daí o grande dilema: "canhões ou manteiga", "espadas ou arados"? Escolas, usinas e pavimentação de estradas ou aviões de bombardeio?

Os efeitos multiplicadores diretos e os benefícios indiretos dos dispêndios militares atenuam esse dilema básico, embora não o eliminem por completo.

O Quadro 4.1 resume alguns aspectos da controversa relação entre os gastos públicos com defesa e o crescimento econômico. De um lado, os custos de oportunidade envolvidos são de alta expressão; de outro lado, não se desconhecem seus atenuantes. Além disso, há nações que, por razões históricas, mesmo considerando os custos de oportunidade dos dispêndios em defesa, mantêm nesse setor parcelas substanciais dos recursos públicos, independentemente dos níveis de seu PNB *per capita*. São certamente diversos os argumentos que justificam as altas parcelas dos orçamentos governamentais destinadas à defesa nos Emirados Árabes Unidos, em Israel, em Cingapura, na Coreia do Sul e nos Estados Unidos – nações de alto PNB *per capita* e altos gastos públicos com defesa. E são diversos ainda os argumentos que levam nações de baixo PNB *per capita* a também destinarem parcelas expressivas de seus restritos orçamentos públicos à segurança. São estes os casos do Azerbaijão, de Omã, do Paquistão, da Colômbia, da Índia, da Jordânia e da Algéria. Já a Dinamarca, com um dos mais altos PNB *per capita* do mundo, apresenta uma taxa menor de gastos públicos com defesa. Em termos proporcionais, a Tailândia e o Quênia destinam mais recursos para este fim. O Quadro 4.2 sintetiza essas diferentes posições.

Sob o ponto de vista das implicações das diferentes opções sobre o crescimento econômico as alternativas mais extremadas parecem menos justificáveis. O extremismo armamentista parece tão pernicioso quanto o total abandono da estrutura de defesa.

A ideologia do desenvolvimento e a ideologia da segurança não se excluem por completo, apesar dos enormes custos dos instrumentos de guerra modernos e das maciças doses de capital exigidas para o crescimento econômico. Como a guerra moderna pressupõe ampla e sólida retaguarda industrial e tecnológica, passível de rápida mobilização, uma economia sólida e industrialmente diversificada é, de um lado, um dos fundamentos do poder nacional. De outro lado, como a promoção do crescimento exige estabilidade política e ordem institucional, a euforia dos investimentos civis não deve sufocar por completo a manutenção de forças de defesa satisfatoriamente equipadas. A **disciplina do desenvolvimento**, referida por R. Prebish[13] pressupõe a garantia de uma rígida segurança institucional. E os eventuais esforços de mobilização para a defesa exigem o apoio de toda a estrutura de produção da economia.

> **QUADRO 4.1**
> **Gastos públicos com defesa: a controversa relação com o crescimento econômico.**
>
> Estima-se que o Produto Mundial Bruto (soma dos produtos nacionais de todos os países) em 2012 totalizou US$ 71,7 trilhões e que os dispêndios públicos, fortemente influenciados pelos altos orçamentos dos governos dos países industrialmente mais avançados, representaram 32% deste total. Como os dispêndios com defesa alcançaram, em média mundial estimada, 7,7% dos gastos públicos, somente em 2012 foram destinados para a segurança US$ 1.756 bilhões.
>
> Os países industrializados são os que mais gastam em termos absolutos e *per capita* com segurança, não obstante se encontrem também nações de baixa renda com altos dispêndios em defesa. Em termos regionais, a América Latina destina a menor parcela de seu PNB aos gastos militares, cerca de 1,4%, entre as áreas de baixos e médios padrões de desenvolvimento econômico. Já no Oriente Médio e no Norte da África, estas taxas alcançam de 10 a 12% do PNB. Os dispêndios militares são também relativamente altos na Ásia Central, puxados pelos orçamentos militares da Índia e da China Continental. No Sul da Ásia e da África subsaariana representam menos de 3% do PNB.
>
> Todos esses dados são apenas relativamente confiáveis: podem ser subestimados. Os governos costumam diminuir deliberadamente a amplitude de seus gastos com o binômio segurança-defesa. Construções para fins militares são classificadas dentro do conjunto das demais obras públicas. A manutenção das forças armadas é misturada com a do funcionalismo civil e até os juros de dívidas externas resultantes de dispêndios militares não são destacados do total do serviço da dívida.
>
> As razões da subestimação deliberada podem ter a ver com a confidencialidade desses dados por razões de segurança nacional. Mas em parte podem também ser atribuídas às controvérsias sobre a contribuição destes dispêndios para o crescimento e o desenvolvimento econômico. Um estudo pioneiro, feito em 1973 por E. Benoit, associou os dispêndios militares de modo positivo com o crescimento, notadamente pelo caráter difuso dos avanços tecnológicos trazidos não só pela C&T e P&D de fins militares, mas também pelos efeitos multiplicadores dos dispêndios com defesa sobre todo o sistema industrial. De certa forma, isto pode ser verdadeiro, quando os países desenvolvem suas próprias indústrias de equipamentos militares: exemplos mundiais relevantes são a China, a Índia, o Paquistão e a Coreia.
>
> Mas há estudos recentes que revelam relações negativas entre gastos militares e crescimento econômico. Basicamente, o que mais se enfatiza é o **alto custo de oportunidade dos dispêndios com defesa**, isto é, o desvio de recursos escassos que poderiam ser utilizados de modo mais produtivo no âmbito civil. Um estudo das Nações Unidas envolvendo 69 países em desenvolvimento revelou que o aumento dos gastos militares nos últimos 50 anos acarretou expressiva redução dos investimentos e do crescimento econômico. Os críticos dos gastos militares sustentam que são tênues os vínculos com as indústrias civis, notadamente quando os gastos com defesa têm alto conteúdo de importação.
>
> Em suma, a relação entre os gastos públicos com defesa e o crescimento econômico é controversa. Depende de uma série de fatores, especialmente a difusão tecnológica possível, a expressão dos ganhos do comércio exterior nessa área e os custos/benefícios da formação militar para a economia civil. Todos os possíveis benefícios devem ser contrapostos aos custos de oportunidade que acarretam, notadamente em países de baixos níveis de PNB *per capita*.
>
> **Fonte:** Texto atualizado, com dados do *World Development Report 2012*, do Banco Mundial. O texto original foi editado no relatório de 1998, dedicado à análise da relação entre finanças públicas e desenvolvimento econômico e social.

Esta alternativa é tanto mais séria quanto menos desenvolvido o país e menor o estoque de capital já acumulado. Nos países já economicamente avançados, a canalização de recursos para investimentos militares não reprodutivos exerce um impacto redutor sobre o padrão de vida, diminuindo, sem porém destruir, o ritmo do progresso. Em situação anormal de desemprego, as inversões descritas como de segurança podem até ser um fator de reativação da atividade econômi-

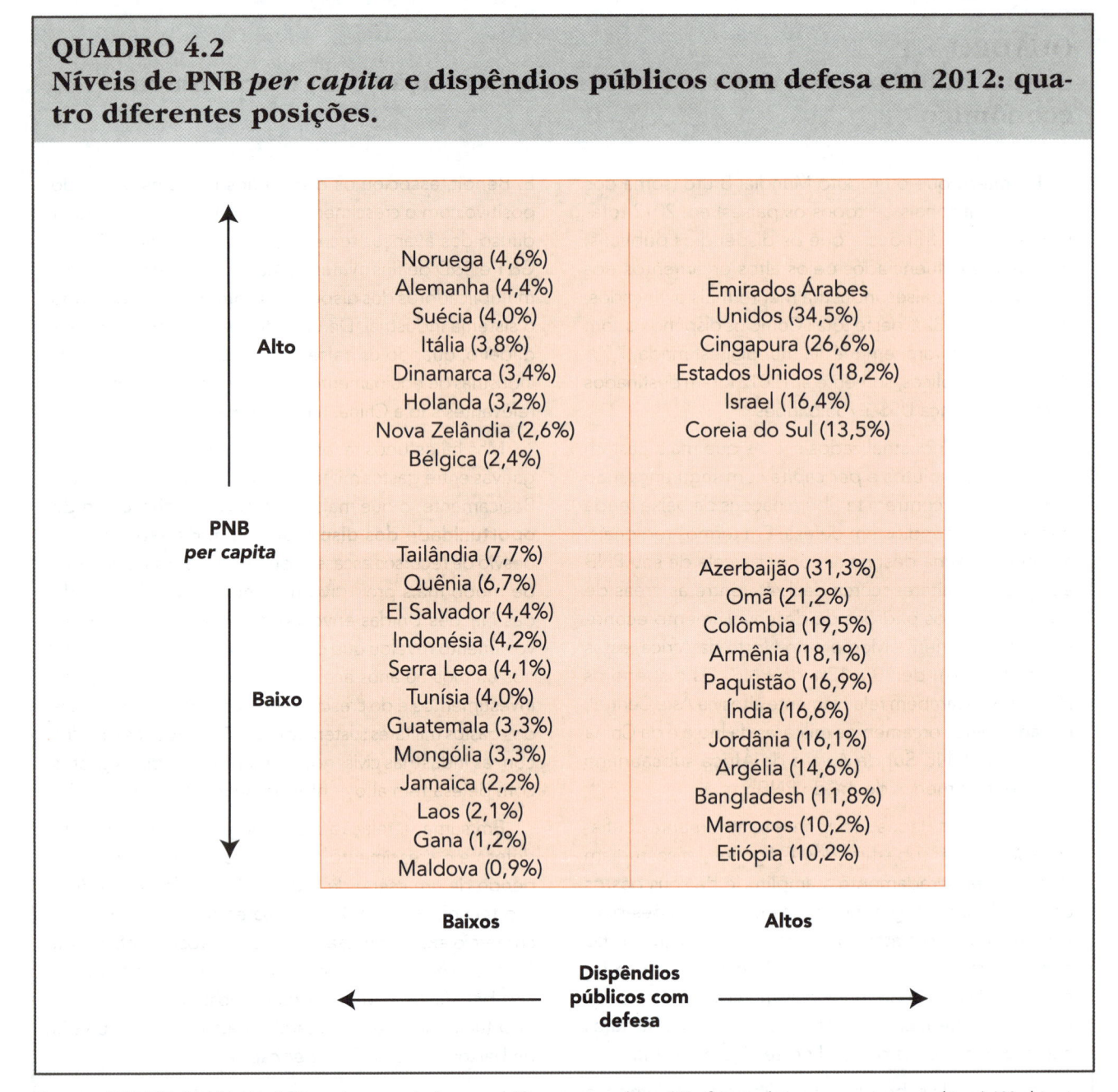

> **QUADRO 4.2**
> Níveis de PNB *per capita* e dispêndios públicos com defesa em 2012: quatro diferentes posições.

PNB *per capita* — Alto:

- Noruega (4,6%)
- Alemanha (4,4%)
- Suécia (4,0%)
- Itália (3,8%)
- Dinamarca (3,4%)
- Holanda (3,2%)
- Nova Zelândia (2,6%)
- Bélgica (2,4%)

PNB *per capita* Alto / Dispêndios Altos:

- Emirados Árabes Unidos (34,5%)
- Cingapura (26,6%)
- Estados Unidos (18,2%)
- Israel (16,4%)
- Coreia do Sul (13,5%)

PNB *per capita* Baixo / Dispêndios Baixos:

- Tailândia (7,7%)
- Quênia (6,7%)
- El Salvador (4,4%)
- Indonésia (4,2%)
- Serra Leoa (4,1%)
- Tunísia (4,0%)
- Guatemala (3,3%)
- Mongólia (3,3%)
- Jamaica (2,2%)
- Laos (2,1%)
- Gana (1,2%)
- Maldova (0,9%)

PNB *per capita* Baixo / Dispêndios Altos:

- Azerbaijão (31,3%)
- Omã (21,2%)
- Colômbia (19,5%)
- Armênia (18,1%)
- Paquistão (16,9%)
- Índia (16,6%)
- Jordânia (16,1%)
- Argélia (14,6%)
- Bangladesh (11,8%)
- Marrocos (10,2%)
- Etiópia (10,2%)

Eixo horizontal: Dispêndios públicos com defesa (Baixos ← → Altos)

Fontes: WORLD BANK. *World Development Indicators. Military expenditure (% of central government expenditure).* Washington DC, 2012. SIPRI – Stockholm International Peace Research Institute. *Yearbook 2013.*

ca. Mas, nas nações emergentes, o desvio de vultosos recursos para fins bélicos impede o fortalecimento da estrutura civil, por dela subtrair apreciáveis estoques de capital que aí se acumulariam.

Quando examinado em relação ao crescimento econômico, o dilema fundamental do bem-estar e da segurança envolve agudas implicações. As opções de canalização das possibilidades adicionais de produção da economia para a segurança ou o bem-estar terão efeitos futuros, dado o caráter produtivo dos investimentos em infraestrutura econômica e nas demais categorias de bens de capital, contrariamente ao caráter não reprodutivo dos investimentos em equipamentos de defesa. A Figura 4.12 compara três diferentes opções:

- **Opção A**. A preferência, neste caso, é a formação de futuras possibilidades de produção para gerar bens e serviços de consumo e de investimento, voltados para a satisfação de necessidades civis de bem-estar. O acréscimo $x_0 x_1$ é superior a $y_0 y_1$. Os investimentos são predominantemente reprodutivos.

- **Opção B**. A preferência, neste caso, é a formação de futuras possibilidades de produção para gerar bens e serviços destinados às atividades de defesa e segurança. O acréscimo $y_0 y_1$ é superior a $x_0 x_1$. Os investimentos são predominantemente não reprodutivos.

- **Opção C**. Sob hipótese de preferências divididas, a formação de futuras possibilidades de produção atenderá ao duplo objetivo de aumentar a estrutura básica de segurança e os padrões civis de bem-estar.

Nos três casos, as possibilidades futuras de produção aumentarão. E, dependendo dos níveis de eficiência produtiva, a produção efetiva também aumentará. Mas sua composição será diferente. Para os objetivos de expansão do bem-estar, as opções C e sobretudo B são críticas. Dependendo da significância relativa do acréscimo na produção destinada ao bem-estar, os padrões vigentes poderão até recuar, caso os acréscimos possíveis sejam inferiores ao crescimento da população total. Os efeitos de opções deste tipo podem, todavia, ser atenuados, através de **investimentos militares bivalentes**. Segundo essa concepção, as forças de defesa são mobilizadas, em épocas de paz, para finalidades associadas ao bem-estar civil. Na Europa do Leste, nos últimos anos da Guerra Fria, os contingentes de mão de obra deslocados para as casernas foram constantemente transformados em brigadas de trabalho civil. Na ex-URSS e nos Estados Unidos, a indústria espacial, desenvolvida para dotar de maior eficácia seus complexos sistemas de defesa, subsidiou a expansão tecnológica dos setores de produção tipicamente civis. De outro lado, também nos países da América Latina e em outras regiões que ainda não atingiram estágios satisfatórios de desenvolvimento econômico, esses e outros expedientes de natureza **bivalente** como solução para o dilema da "espada e do arado", têm sido regularmente praticados.

No Brasil, a tradição pacifista e a diplomacia arbitral conduziram à opção pelo bem-estar. A indústria militar tem expressão reduzida e os ministérios militares despendem em consumo e em investimentos não reprodutivos 1,4% do PNB. Ainda assim, as forças armadas têm sido mobilizadas para finalidades civis. Sob esta orientação, têm colocado a serviço de atividades civis seu complexo industrial, que começou a ser montado em meados do século XVIII com a instalação da antiga *Casa do Trem*, precursora de *Arsenal de Guerra do Rio de Janeiro*. Há vários exemplos de suprimentos originários da indústria bélica brasileira para a indústria de óleo e gás, notadamente nos segmentos de prospecção e de comandos de perfuração. Outros exemplos relevantes já ocorreram em outros segmentos, como os de tecnologias de produção de aços especiais, de blindagem de veículos e de radares metereológicos. São casos de "transbordamentos" de tecnologias militares para fins civis ou de *spin-off* de disseminação e de transferência de P&D

FIGURA 4.12
Expansão do bem-estar, por dispêndios em bens e serviços públicos de destinação civil, *versus* expansão da capacidade de defesa, por dispêndios de interesse militar.

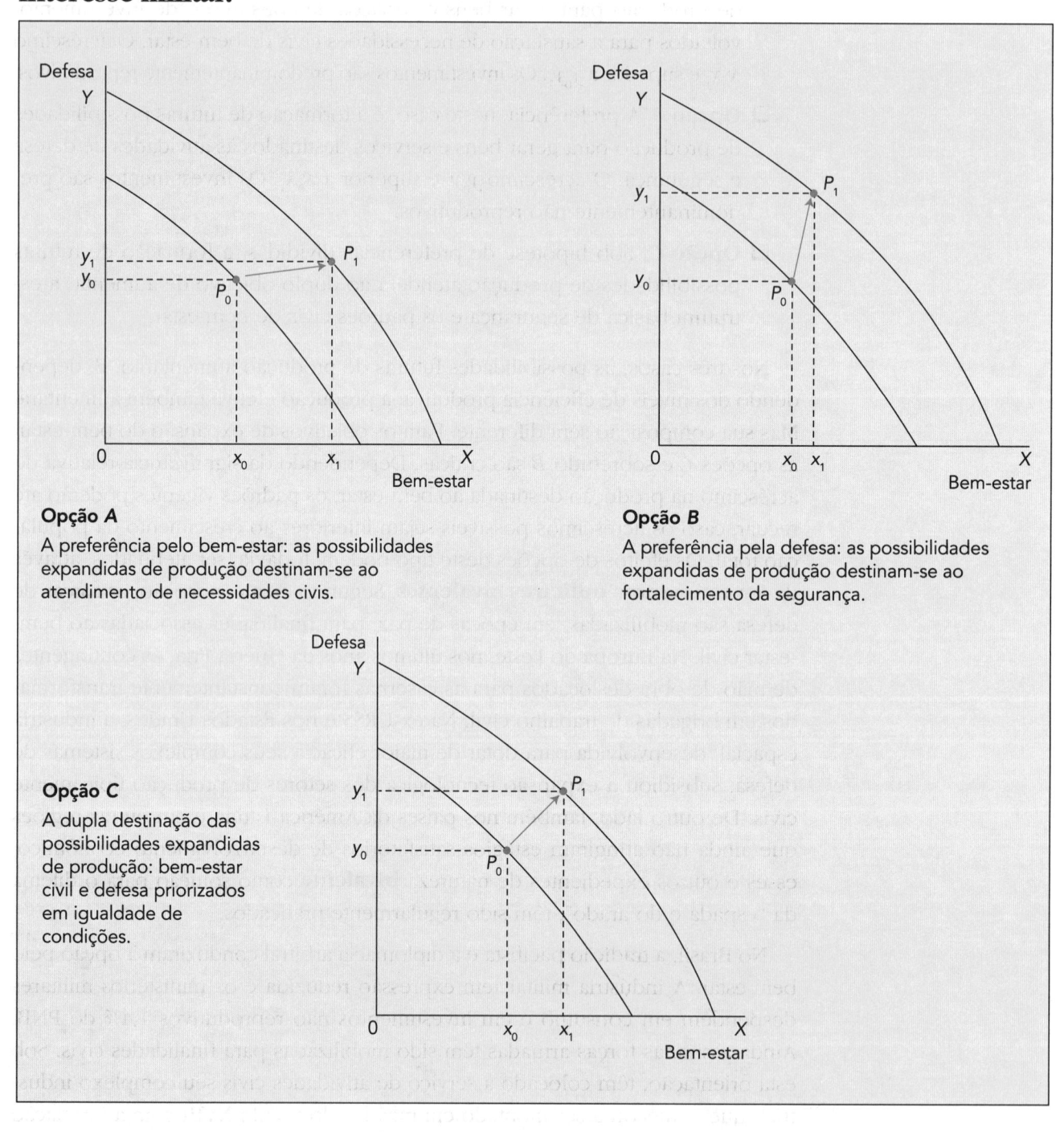

Opção A
A preferência pelo bem-estar: as possibilidades expandidas de produção destinam-se ao atendimento de necessidades civis.

Opção B
A preferência pela defesa: as possibilidades expandidas de produção destinam-se ao fortalecimento da segurança.

Opção C
A dupla destinação das possibilidades expandidas de produção: bem-estar civil e defesa priorizados em igualdade de condições.

originários de investimentos em C&T dos institutos militares de pesquisa convertidos em produtos de interesse da indústria privada de bens finais de consumo ou de acumulação de capital produtivo. E há ainda outra categoria de emprego dual das forças armadas, associável à interiorização dos quartéis: a mobilização de efetivos militares para o exercício de atividades civis, notadamente nos setores de educação básica, alfabetização e saúde: as regiões Norte e Nordeste têm sido priorizadas na execução destas iniciativas duais. A articulação de políticas públicas com estes objetivos tem mobilizado o governo brasileiro, tanto em estratégias de parcerias quanto de dualidade. São peças deste objetivo e PNID – Política Nacional da Indústria de Defesa e a PDP – Política de Desenvolvimento Produtivo.

O Dilema do Consumo e do Investimento: o Presente e o Futuro

O segundo dilema fundamental, relacionado à questão-chave da eficácia alocativa, envolve as duas principais categorias de produtos finais: os bens e os serviços destinados ao consumo e os destinados à formação de capital. Este segundo aspecto da eficácia alocativa é fortemente relacionado com os deslocamentos das fronteiras de produção. Embora os movimentos das curvas de possibilidades de produção também possam decorrer de maior suprimento e melhor qualificação da força de trabalho, bem como de avanços nos padrões vigentes da capacitação tecnológica, o processo de formação de capital é de importância essencial para que os deslocamentos se processem e para que ocorram, nas novas fronteiras de produção definidas, rendimentos crescentes dos demais recursos de produção.

Entre os elementos relacionados com o deslocamento das fronteiras de produção, a formação de capital produtivo desempenha um dos papéis de maior relevo. Para C. Napoleoni,[14] "uma das bases decisivas do progresso conseguido pela humanidade, da pré-história até nossos dias, fundamenta-se na maior abundância e na maior perfeição dos instrumentos com que se realiza a produção: a infraestrutura econômica e os demais bens de capital. As diferenças que hoje se observam quanto aos padrões e níveis de desenvolvimento econômico dos países dependeram no passado, em grande escala, das diferenças qualitativas e quantitativas do processo de formação de capital". W. W. Rostow[15] destaca o mesmo processo, em *The stages of economic growth*. Segundo Rostow, não obstante o processo de arrancada para o crescimento possa ser atribuível a um complexo conjunto de fatores, "um aumento na taxa de investimentos produtivos está sempre presente. A arrancada pode revestir-se sob a forma de uma revolução política que afete diretamente o equilíbrio do poder, os valores sociais e o caráter das instituições. Mas, cedo ou tarde, estará associado às inovações tecnológicas que geralmente resultam dos dispêndios com formação de capital".

De fato, na formação econômica dos países avançados, como os da Europa Ocidental, os Estados Unidos, o Japão e, mais recentemente, os Tigres Asiáticos, destaca-se sempre um ponto comum: invariavelmente, em todos os casos, o processo de formação de capital, através de expressivas taxas de poupança e investimento, constituiu-se num dos mais importantes elementos para a expansão das possibilidades de produção. Três casos historicamente notáveis de expansão econômica acelerada (o da economia soviética no período stalinista, o da economia japonesa no intervalo compreendido entre o pós-guerra e o final da década de 80 e o da China Continental nos últimos 25 anos) testemunham a destinação preponderante de recursos para a acumulação infraestrutural, acompanhados por investimentos de alta produtividade social, destinados a treinar recursos humanos aptos a empregar os bens de capital que se incorporaram ao aparelho produtivo de seus sistemas econômicos. A ex-URSS investiu entre 1928-1950, segundo a programação dos quatro planos quinquenais executados nesse período, entre 28 e 33% do PNB, em média anual, para rápida formação de recursos básicos de capital. O Japão, no pós-guerra, reduzindo a menos de 0,5% seus dispêndios militaristas e comprimindo o consumo interno, registrou taxas anuais de acumulação situadas em torno de 30% do PNB. E a China superou esses dois casos notáveis, quanto à relação investimentos/PNB, destinando para infraestrutura, indústrias de base, indústrias de bens de capital e edificações para fins produtivos entre 35% e 45% ao ano do PNB. Com esse nível de investimentos e com os correspondentes deslocamentos de suas fronteiras de produção, essas três economias, em intervalos relativamente curtos, ascenderam à posição de potências, não obstante a soviética tenha apresentado exacerbado conteúdo militarista e suas bases institucionais tenham comprometido a questão-chave da eficiência produtiva.

Nesses três casos mais recentes, e certamente nos que ocorreram ao longo do século XIX, após a Revolução Industrial, a destinação de altas parcelas do PNB para a formação de recursos de capital implicou, necessariamente, uma equivalente renúncia às possibilidades presentes de consumo. Não há exemplos históricos de economias de rápido desenvolvimento que não tenham reduzido suas taxas de consumo. As que sucumbiram à sedução do consumo enfraqueceram seus potenciais de acumulação: trocaram pelo consumo no presente as possibilidades de um bem-estar mais sólido no futuro.

O grande conflito surge quando as pressões para aumento do consumo presente dificultam os processos de formação de capital. A Figura 4.13 resume o caso genérico: as possibilidades futuras de produção dependem, essencialmente, da parcela das possibilidades efetivas de produção que é destinada ao processo de formação de capital. Nas duas hipóteses destacadas, a diferença fundamental está na proporção dos dispêndios de consumo e de investimento: as fronteiras de produção deslocam-se proporcionalmente mais quando os dispêndios em formação de capital produtivo são mais expressivos. A Figura 4.14 sintetiza outra forma de destacar a mesma realidade. Os resultados de médio e longo prazos da opção P_0 são bem diferentes dos que derivam da opção P_1 e, mais ainda, de P_2. O deslocamento das fronteiras de produção é uma função direta da proporção das capacidades correntes de produção destinadas ao processo de formação de capital.

A compreensão de **dilema do consumo e do investimento** e os notáveis exemplos históricos de países que ascenderam à posição de potências econômicas por opção preferencial à formação de capital, inspiraram, desde as grandes transformações geopolíticas dos anos 90, um conjunto de nações que superaram em espaços relativamente curtos de tempo, os padrões de generalizada pobreza em que se encontravam e ascenderam à posição de emergentes de alto potencial. Notabilizaram-se por movimentos desta natureza os emergentes da Ásia (além dos Tigres Asiáticos e da China, um grupo destacado de outras nações de continente asiático como Índia, Indonésia, Tailândia, Malásia, Paquistão e Filipinas); do Norte da África e do Oriente Médio (como Argélia, Emirados Árabes, Arábia Saudita); da Europa Central (como Romênia e Polônia); e da América Latina (com destaque para Chile e México). Todos registraram altas taxas de investimento em

FIGURA 4.13
O dilema do investimento e do consumo e o processo de crescimento econômico: o deslocamento das fronteiras de produção é fortemente dependente da formação bruta de capital fixo.

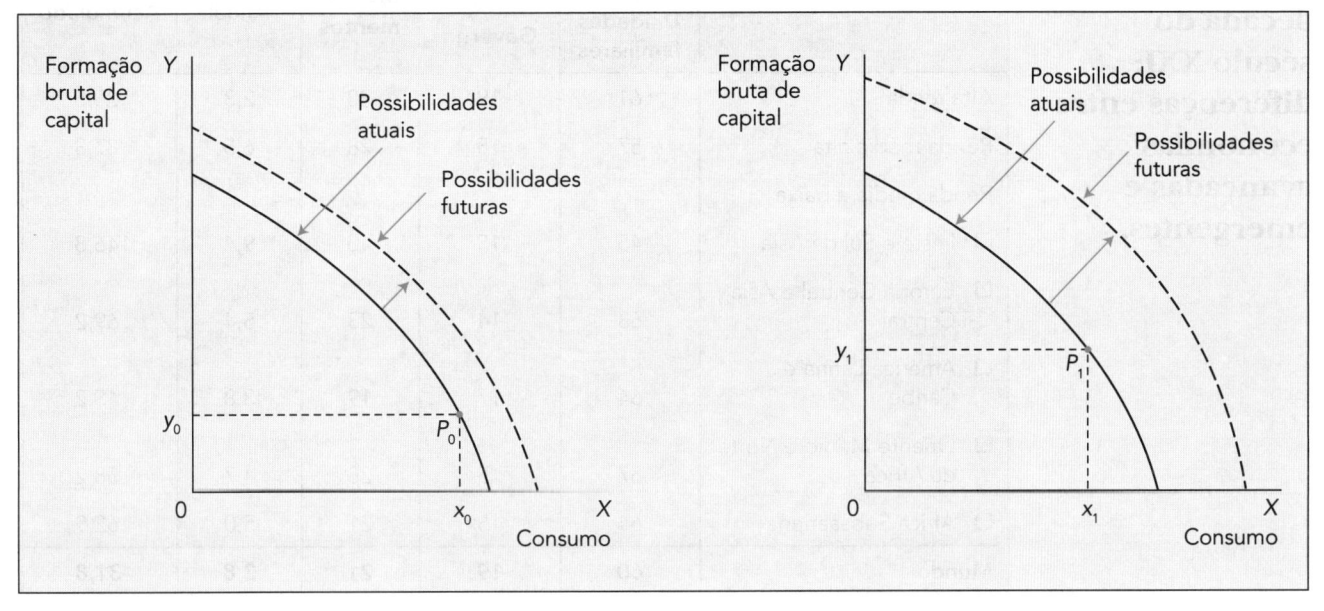

FIGURA 4.14
Três diferentes posições, quanto ao dilema investimento e consumo: as diferentes possibilidades futuras de produção resultantes.

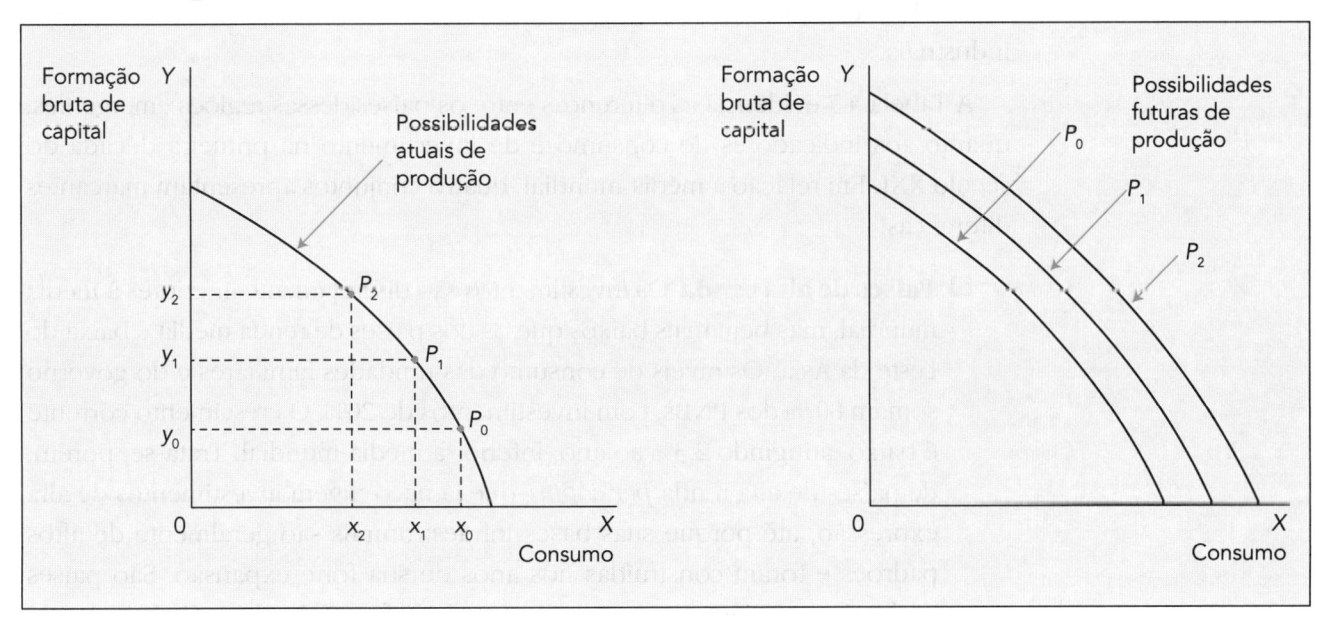

relação aos seus PNBs, sacrificando temporariamente tanto o consumo privado como o do governo.

Deste conjunto de países, os quatro tigres Asiáticos iniciaram seu *take off* econômico duas décadas antes que a China Continental despertasse e ultrapassaram a condição de emergentes potenciais para a de potências industriais, atingindo

TABELA 4.7 O consumo e os investimentos na primeira década do século XXI: diferenças entre economias avançadas e emergentes.

Agrupamentos dos países segundo níveis de renda	Dispêndios em relação aos PNBs: 2001-2010[a] (% anual)			Crescimento dos PNBs (%)	
	Consumo		Investimentos	Anual	Acumulado
	Unidades familiares	Governo			
Alta renda	61	19	20	2,3	25,5
Renda média alta	57	15	28	6,5	87,8
Renda média e baixa					
❑ Leste e Sul da Ásia	45	15	40	9,4	146,8
❑ Europa Central e Ásia Central	63	14	23	5,4	69,2
❑ América Latina e Caribe	64	17	19	3,8	45,2
❑ Oriente Médio e Norte da África	57	15	28	4,7	58,2
❑ África Subsaariana	64	15	21	5,0	62,9
Mundo	**60**	**19**	**21**	**2,8**	**31,8**

(a) Não considerados os saldos líquidos das balanças de comércio exterior.

Fonte: WORLD BANK. *World Development Report,* anos de 2001 a 2012. Statistical Appendix.

níveis de renda *per capita* próximos dos mais tradicionais e avançados países industriais.

A Tabela 4.7 evidencia as diferenças entre os países dessas regiões emergentes, quanto aos indicadores de consumo e de investimento na primeira década do século XXI. Em relação à média mundial, quatro conjuntos apresentam marcantes diferenças:

❑ **Países de alta renda**. Os investimentos são discretamente inferiores à média mundial, mas bem mais baixos que os dos países de renda média e baixa do Leste da Ásia. Os níveis de consumo das unidades familiares e do governo somam 80 % dos PNBs, com investimentos de 20%. O crescimento corrente é baixo, atingindo 2,3% ao ano, inferior à média mundial. Trata-se, porém, de países de alta renda *per capita*, que já não exigem investimentos de alta expressão, até porque suas bases infraestruturais são geralmente de altos padrões e foram construídas nos anos de sua forte expansão. São países onde não se exigem os mesmos esforços de formação de capital, podendo assim desfrutar de padrões mais altos de consumo.

❑ **Países de renda média alta**. São economias que superaram os estágios iniciais do *take off*, geralmente sacrificando as aspirações de consumo para investimentos de maior peso na geração de possibilidades efetivas de geração de empregos, produção e renda. Mantiveram na primeira década do século altos níveis de investimento, superiores à média mundial ponderada e realizaram forte crescimento econômico, de 6,5% ao ano, acumulando uma expansão de 87,8% em dez anos.

- **Países emergentes do Leste e Sul da Ásia.** Estão neste conjunto dois grandes emergentes, destacados pelas dimensões de seus territórios, população e PNBs: China e Índia, além de outros emergentes de média alta renda, como Malásia e Tailândia. É o conjunto de maiores índices anuais de crescimento do PNB, mais de três vezes superiores à média mundial, puxados pela notável expansão da China. A média ponderada de expansão econômica no período 2001-2010 foi de 9,4% ao ano, acumulando 146,8%. Este desempenho, sem dúvida o de maior velocidade nos últimos 30 anos, é atribuível à opção pelo investimento, com a compressão de dispêndios de consumo. Em relação ao PNB, este conjunto investiu na primeira década do século XXI 40%, praticamente o cobro da média mundial. Um notável exemplo de opção pela expansão de fronteiras de produção, que poderá nas próximas décadas ser convertida progressivamente na direção de atender às aspirações sociais por maior consumo e bem-estar material.

- **América Latina e Caribe.** Integram este conjunto de 31 economias que enveredaram por opção oposta à dos sistemas emergentes do Sul e do Leste da Ásia – o Brasil, o México, a Argentina, a Venezuela, a Colômbia e o Chile são as seis de maior expressão, quanto às dimensões de seus PNBs: somados, representam 92% da capacidade efetiva de produção do conjunto. As 31 nações desse conjunto registraram no período 2001-2010 o mais baixo crescimento entre os países de renda média e baixa, inferior até ao dos 47 países da África Subsaariana, região em que há raros países de renda média alta, como África do Sul, Gabão e Botsuana. O grupo latino-americano e caribenho ostenta as mais altas taxas de consumo entre todos os agrupamentos, superando não só a média mundial, como mesmo os níveis dos países de alta renda em relação aos seus PNBs. A consequência é a mais baixa taxa de crescimento anual entre os países de renda média e baixa: 3,8% ou 45,2% acumulados nos dez primeiros anos do século XXI; aproximadamente um terço do desempenho da Nova Ásia Industrial.

O posicionamento do Brasil quanto à opção entre consumo e investimento, medida pela relação investimento/PNB, foi o mais baixo entre as 25 maiores economias emergentes nos últimos 20 anos. A Tabela 4.8 revela os esforços de investimentos desses países, com expressivo destaque para a China. A taxa média de investimentos desse conjunto, nesse período, praticamente reproduziu a da primeira década do século, mostrada na Tabela 4.7. No período 1991-2010, os 25 maiores emergentes investiram 28,3% em relação ao PNB. O Brasil, último da listagem, apenas 17,7%. A opção pelo consumo é puxada principalmente pelos expressivos gastos do governo com a manutenção de sua estrutura burocrática e com gastos sociais, previdenciários e de transferências de renda para os contingentes mais pobres da nação. Nos últimos dez anos, acentuando ainda mais esta opção, o consumo das unidades familiares foi fortemente estimulado, seja pelo aumento real da massa salarial, como pesas massivas operações de crédito a pessoas físicas e ainda por incentivos fiscais. Resultados desta opção de política

TABELA 4.8
Investimentos em relação ao PNB em 25 países avançados. Período 1991-2010

Países emergentes	Médias quinquenais ponderadas, em %				
	1991-1995	1996-2000	2001-2005	2006-2010	Período 1991-2010
China	40,4	37,4	40,1	45,2	43,1
Irã	35,4	33,4	34,7	33,2	34,1
Coreia do Sul	37,4	31,6	29,6	29,0	31,1
Índia	23,4	24,4	27,6	36,4	31,0
Indonésia	39,2	29,1	23,7	28,3	29,9
Tailândia	41,0	27,9	26,2	26,2	29,8
Cingapura	34,0	33,2	21,7	24,5	27,1
Malásia	39,4	32,1	23,0	19,4	25,8
México	26,0	27,1	23,7	25,9	25,6
Hong Kong	29,4	29,3	22,5	21,7	25,3
Chile	25,0	25,0	21,5	23,9	23,9
Nigéria	23,6	21,4	25,2	24,3	23,9
Venezuela	18,7	25,1	21,7	25,5	23,9
Taiwan	26,4	25,1	21,1	21,5	23,2
Emirados Árabes	24,9	24,3	20,7	21,4	22,0
Rússia	31,5	19,4	20,3	21,5	21,6
Colômbia	22,7	19,4	18,3	22,6	21,3
Arábia Saudita	21,2	19,7	19,2	23,0	21,2
Turquia	23,1	21,3	17,9	20,0	20,4
Argentina	17,9	19,4	16,0	23,6	19,9
Egito	19,9	19,6	17,7	20,0	19,4
Paquistão	19,5	17,4	17,2	20,4	18,9
Filipinas	22,5	21,8	17,0	15,1	18,1
África do Sul	14,5	16,0	16,7	21,0	18,0
Brasil	16,8	17,0	16,7	18,3	17,7
Médias ponderadas	**26,5**	**25,4**	**26,4**	**30,7**	**28,3**

Fonte: IMF, International Monetary Fund. *International Financial Statistics*. Washington, DC: IMF, vários números, 1990-2012.

econômica: entre 2001-2010, o consumo das famílias cresceu 5,23% ao ano, 66,49% no período, superior à expansão do PNB, que foi de 32,31%. E o consumo do governo também superou o do PNB: foi de 4,33% ao ano, 52,79% acumulados.

Esta opção enfraqueceu a expansão da capacidade de produção da economia. E, entre os pontos fracos do país, relacionados às possibilidades efetivas de produção, um dos mais sérios é a ocorrência de gargalos em infraestrutura: capacidade instalada de geração de energia, insuficiências crônicas em todos os modais de transporte, precariedade, saneamento básico e déficits em sistemas fundamentais como educação, saúde e condições habitacionais e urbanas.

Resumindo: as economias avançadas têm capacidade instalada para sustentar bons suprimentos das duas grandes categorias de produtos – os destinados ao consumo e os destinados aos investimentos em formação de capital. Isso não significa que não estejam expostas a um dos mais importantes fundamentos da economia, o da escassez de recursos frente às ilimitáveis aspirações da sociedade. Mas, pela opção que fizeram pelos investimentos nos duros anos de sua formação econômica, a tipologia da capacidade instalada e a alta relação entre os recursos capital e trabalho traduzem-se hoje por capacidades diferenciadas em relação às nações que não se destacaram historicamente por esforços em pesquisas e desenvolvimento, investimentos em busca de novas e mais avançadas tecnologias de produção, formação de capital e capacitação da força de trabalho. Nessas nações, após longo período de maturação de processo de desenvolvimento, estabeleceram-se **círculos virtuosos**, caracterizados por alta predisposição ao investimento, crescimento das fronteiras de produção e consequente capacidade de expansão do bem-estar social.

Já nas nações sob condições econômicas incipientes, podem-se instalar **círculos viciosos**: as pressões por mais consumo dificultam a formação de capital. Com baixas taxas de investimento, as fronteiras de produção não se deslocam significativamente para mais; e, com baixos deslocamentos, tornam-se cada vez mais difíceis a superação do atraso econômico e a expansão do bem-estar social.

As Figuras 4.15 e 4.16 reproduzem os deslocamentos das fronteiras de produção, sob as diferentes opções históricas reveladas nas Tabelas 4.7 e 4.8. As nações industriais avançadas que hoje desfrutam de satisfatórias condições de bem-estar material, com sólidas bases infraestruturais construídas nos anos iniciais de sua formação econômica, reúnem agora condições para manter, simultaneamente, novos investimentos e altos níveis de consumo. Elas dispõem de fronteiras de produção expandidas, níveis altos de PNB por habitante – uma espécie de prêmio pelas opções históricas e pelos esforços empreendidos no passado. Opções semelhantes estão orientando nações emergentes do presente, como as do Leste e do Sul da Ásia, que terão, com alta probabilidade, mais à frente, condições para desfrutarem dos prêmios pelos sacrifícios, impostos às gerações que hoje se dedicam a ampliar vigorosamente as possibilidades de produção. Em situação oposta encontram-se países com maiores dificuldades de acelerar o ritmo com que sairão da condição de emergentes para a de potências econômicas sólidas, como a maior parte dos da América Latina e do Caribe.

Observações Finais sobre a Eficácia Alocativa

As questão-chave da **eficácia alocativa** tem a ver com a definição de um padrão de alocação de recursos que atenda às necessidades correntes da nação, mas com olhos também voltados para visões de longo prazo. Economias ainda pobres, os dois dilemas fundamentais ("empadas" ou "arados", consumo ou movimentos) tornam-se mais agudos, notadamente nos casos em que, além do atendimento de necessidades básicas da sociedade ainda insatisfatoriamente atendidas, parcelas

FIGURA 4.15
Trajetória típica das nações avançadas: em seus anos de formação econômica, alta destinação de recursos para a expansão das fronteiras de produção, sacrificando as aspirações de consumo. Benefício conquistado a longo prazo: construção de condições para desfrutar de altos padrões de consumo e bem-estar social.

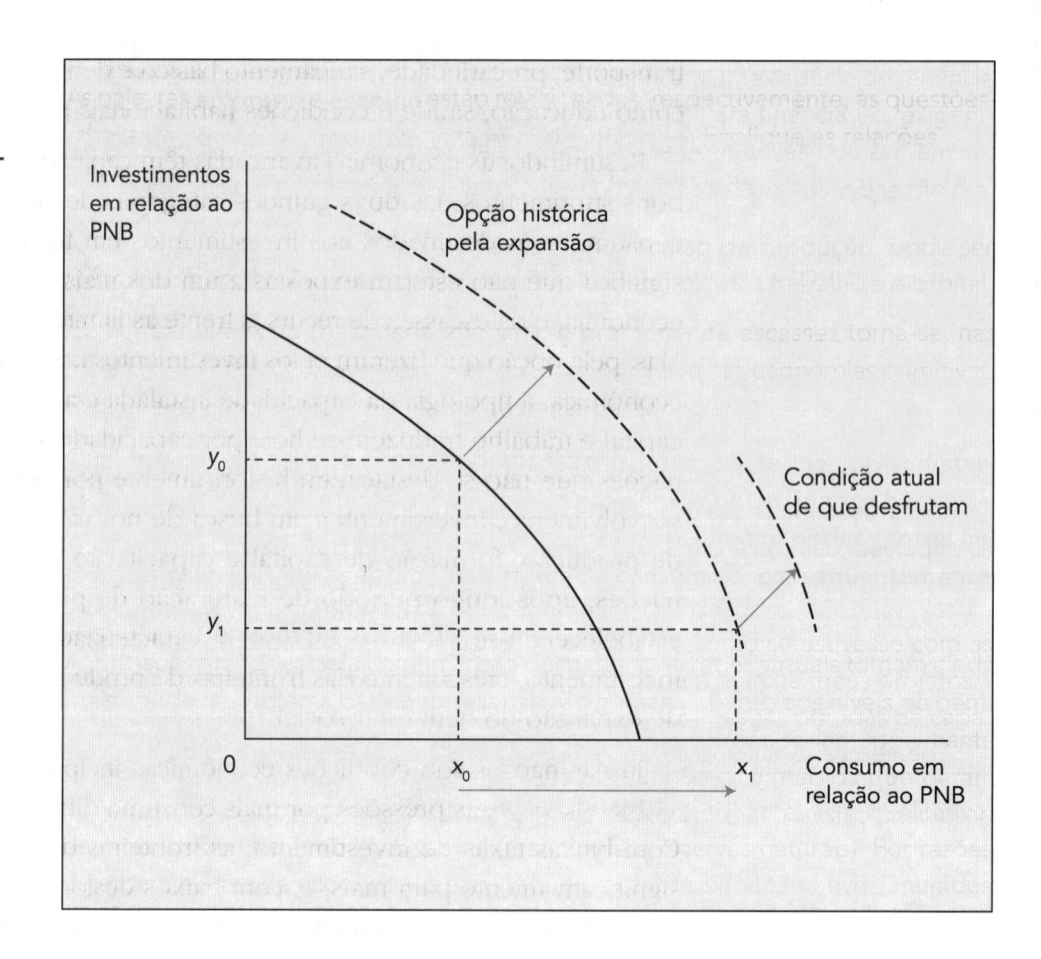

FIGURA 4.16
Opções de diferentes consequências históricas: o sacrifício do consumo no presente para expansão das fronteiras de produção, no Leste e no Sul da Ásia; a redução das possibilidades de expansão pela compressão dos investimentos em decorrência do alto consumo na América Latina e Caribe.

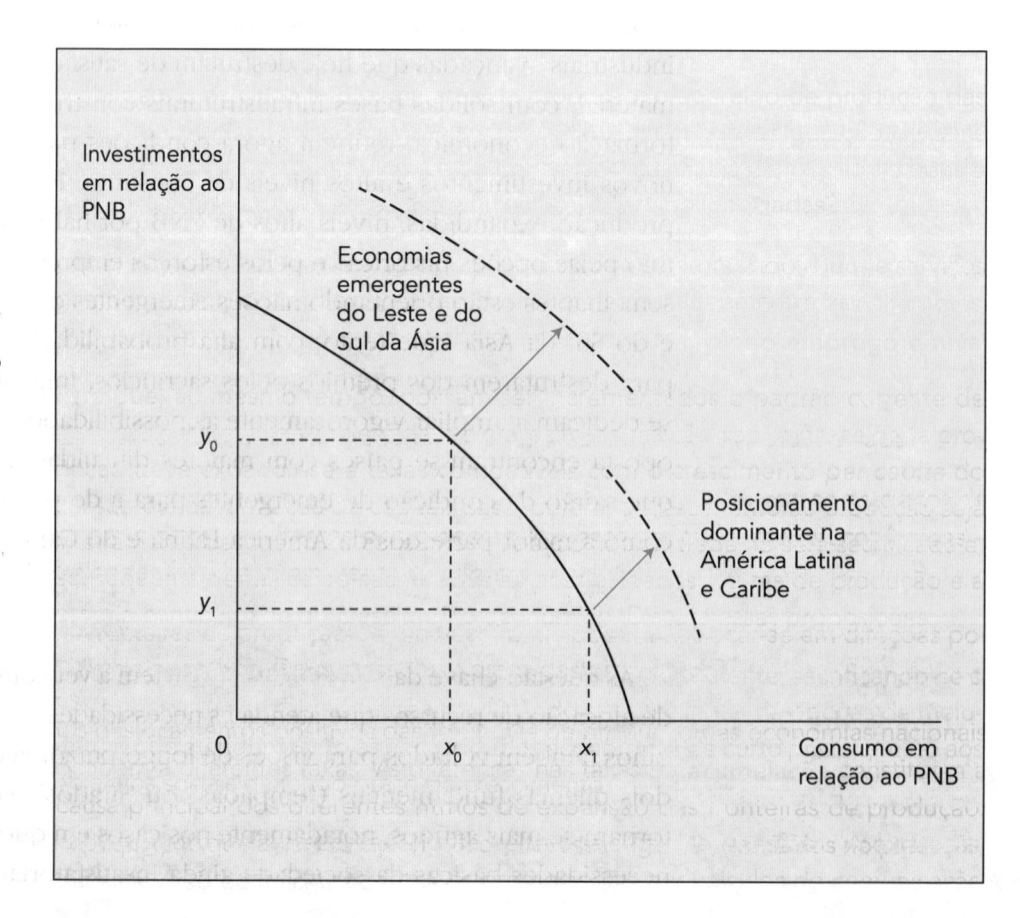

dos escassos recursos disponíveis precisam ser destinadas a finalidades de defesa e segurança, por viverem sob a ameaça de relações hostis com outras nações fronteiriças. Na África, no Oriente Médio e na Ásia há exemplos de situações em que o estado de pobreza absoluta em que vive parcela expressiva da população convive com a barbárie e a ocorrência de guerras tribais.

Outras condições que podem dificultar a opção por diretrizes estratégicas mais eficazes de alocação de recursos são de ordem interna e institucional. Quando os altos níveis do consumo são originários do setor público, o ordenamento legal estabelecido pode dificultar a forte redução dos dispêndios correntes do governo. Os dispêndios com a estrutura burocrática do setor público não são facilmente flexíveis para baixo: institutos legais construídos ao longo do tempo cristalizaram direitos de difícil remoção. Tratavam-se então as possibilidades de expansão dos investimentos públicos, ao mesmo tempo em que a pressão tributária para manter as condições vigentes drenam recursos privados que, de outra forma, estariam convertidos em expansão das fronteiras de produção. São estes os casos de países das Américas Central e do Sul (entre os quais o Brasil) e de economias periféricas da Europa Ocidental que, embora integrantes da Zona do Euro, não se notabilizaram em sua formação econômica pelo rigor da eficácia alocativa: tornaram-se reféns do formalismo e da burocracia improdutiva.

RESUMO

1. As duas primeiras questões-chave da economia tratam de dois elementos cruciais do processo econômico: o **emprego** de recursos e a **escolha** entre alternativas concorrentes. Ocorre que os recursos são escassos e as necessidades e aspirações sociais são ilimitáveis. Se os recursos não fossem escassos e existissem de todos eles quantidades ilimitadas para a produção, todos os bens seriam **livres**, no sentido de que a obtenção de qualquer um deles não seria onerosa. Mas a escassez, confrontada com as necessidades ilimitáveis, torna onerosos tanto o processo produtivo quanto o de escolha sobre o que e quanto produzir. Daí as exigências essenciais a que as duas primeiras questões-chave dizem respeito: a **eficiência produtiva** e a **eficácia alocativa**.

2. **Eficiência produtiva** implica maximizar o emprego dos recursos escassos: exatamente por serem escassos, devem ser mobilizados em regime de pleno-emprego, eliminando-se ou reduzindo-se a níveis próximos de zero quaisquer ineficiências que caracterizem capacidade ociosa. **Eficácia alocativa** significa escolhas otimizadas, no sentido de que os recursos disponíveis atendam prioritariamente às necessidades essenciais da sociedade, atuais e futuras, dada certa escala hierárquica.

3. O conflito entre escassez e necessidades não se elimina com o processo de desenvolvimento socioeconômico. Contrariamente até, o desenvolvimento caracteriza-se por acrescentar novas necessidades às preexistentes, embora contribua também para o melhor desempenho dos recursos, à medida que agrega novos conteúdos tecnológicos ao processo produtivo. Consequentemente, em qualquer época e lugar, independentemente dos estágios econômicos e sociais alcançados, esse conflito se perpetua.

4. As capacidades efetivas de produção de uma economia são usualmente representadas por curvas (ou fronteiras) de possibilidades de produção. É em relação a essas fronteiras que se estabelecem os padrões do pleno-emprego e as taxas de ociosidade. Essas fronteiras, definidas pelos padrões quantitativos e qualitativos

PALAVRAS E EXPRESSÕES-CHAVE

- Bens livres
- Bens econômicos
- Escassez de recursos
- Necessidades ilimitáveis
- Alternativas concorrentes
- Escolha racional
- Hierarquia de necessidades
  - Fisiológicas e vitais
  - Cesta básica ampliada
  - Bem-estar social
  - *Status*
  - Reconhecimento, realização, protagonismo
- Curvas (ou fronteiras) de possibilidades de produção
  - Pleno desemprego
  - Capacidade ociosa
  - Pleno-emprego
- Custos de oportunidade
- Rendimentos decrescentes
- Dilemas fundamentais
  - Segurança e bem-estar
  - Consumo e investimento
- Expansão das fronteiras de produção
  - Capital reprodutivo
  - Capital não reprodutivo

dos recursos de produção podem expandir-se ou contrair-se. Os movimentos de expansão são os que ocorrem sob situações normais: eles resultam de aumentos da população economicamente mobilizável e da formação de capital, desde que as reservas naturais ocorrentes suportem maiores pressões produtivas. Movimentos de retração geralmente resultam de processos violentos que dizimem a capacidade de produção ou, então, de níveis insuficientes de acumulação que impliquem sucateamento dos bens de capital e progressiva desqualificação do fator trabalho.

5. As curvas (ou fronteiras) de possibilidades de produção evidenciam um dos mais importantes conceitos da economia básica: o de **custo de oportunidade**. Ele resulta do processo de escolha, inevitável diante da escassez de recursos. Significa que qualquer escolha envolve também perdas, pois não é possível produzir e usufruir de todos os bens e serviços ao mesmo tempo. Como os orçamentos dos agentes econômicos são restritos, a escolha de quaisquer alternativas de destinação de recursos implica custos de oportunidade, expressos pelas alternativas não escolhidas. Este conceito é válido para todos os agentes e está presente nos processos decisórios de unidades familiares, empresas e nações.

6. Outra importante categoria da economia básica, que as curvas de possibilidades de produção ajudam a compreender, é a **lei dos rendimentos decrescentes**. Ela está associada ao suprimento de recursos de produção. Sendo a produção um fluxo decorrente do suprimento e da combinação de vários recursos simultaneamente, não basta aumentar o suprimento de apenas um ou dois deles, mantendo-se os demais fixos. Cedo ou tarde, a fixidez do recurso cujo suprimento não se alterou produzirá rendimentos decrescentes. As formas de combinação dos recursos, a relação entre os fatores e a organização do processo produtivo poderão atenuar a ocorrência dessa lei. Mas dificilmente evitarão que a fixidez de um fator possa ser o tempo todo substituída por suprimentos crescentes dos demais.

7. Outro conceito básico que as curvas de possibilidades de produção ajudam a esclarecer é a ocorrência inevitável de **custos de oportunidades crescentes**, quando dada estrutura de recursos, destinada à produção de uma categoria de bens e serviços, é convertida para a produção de outras categorias. Embora processos de conversão

sejam possíveis, os custos de oportunidade envolvidos serão necessariamente crescentes, quanto mais neles se insistir. Nos períodos de guerra, a conversão de recursos empregados na produção civil para a produção de suprimentos de uso militar se dá sob custos crescentes. Mas não só em épocas de guerra isso se verifica. A concavidade típica das curvas de possibilidades de produção se justifica pela ocorrência de custos crescentes. Os recursos são relativamente inflexíveis. Embora conversões de uso sejam possíveis, elas implicam sacrifícios crescentes, pois os recursos liberados serão crescentemente impróprios para usos diversos daqueles para os quais foram preparados.

8. Todas estas questões são decorrentes do conflito econômico entre recursos escassos e necessidades ilimitáveis. São também dele decorrentes os dois dilemas fundamentais com que defrontam todas as economias, quanto à macroalocação dos recursos disponíveis.

9. O primeiro grande dilema é entre produção civil e militar, ou entre **defesa e bem-estar**. A raiz desse dilema fundamental está em que a destinação de recursos para finalidades de defesa e segurança conflita com as exigências de expansão do bem-estar. Embora as nações também requeiram suprimentos decorrentes de gastos militares, a destinação de recursos para esse fim compromete parcelas dos restritos orçamentos públicos que poderiam estar sendo destinadas a outros fins.

10. O segundo grande dilema é entre **consumo e investimento**. Ele está relacionado com os deslocamentos futuros das fronteiras de produção. Quanto mais a sociedade pressionar pela produção de bens e serviços de consumo, mais poderão ser sacrificadas as opções que envolvem o processo de acumulação de capital. Embora as possibilidades de produção não resultem apenas de maiores suprimentos de bens de capital, eles são fundamentais para o crescimento e competem o tempo todo com as pressões de consumo, notadamente quando a alta propensão social a consumir é excitada pela comunicação de massa. A questão que se coloca é que a sedução do consumo enfraquece as possibilidades de acumulação.

11. Tanto quanto o dilema entre **defesa e segurança**, o dilema **consumo e investimento** é particularmente relevante para nações de baixa renda. As economias de alta renda têm recursos, apesar de também escassos, para atender adequadamente a esses conflitos básicos. Nessas nações, após longo período de maturação do crescimento, podem até se estabelecer **círculos virtuosos**, caracterizados por alta predisposição ao investimento, crescimento das fronteiras de produção e expansão do bem-estar, sob satisfatórias condições institucionais de segurança. Mas nas nações de baixa renda, podem-se instalar **círculos viciosos**: as pressões por mais consumo dificultam a formação de capital; com investimentos insuficientes, as fronteiras de produção deslocam-se lentamente, conflitando com as aspirações inatendidas atuais e futuras que não param de crescer.

12. Resumindo: por este conjunto de razões, as duas primeiras questões-chave da economia são a **eficiência produtiva** e a **eficácia alocativa**. Depois virão outras, como a repartição justa dos resultados do processo social de produção e a busca por modelos de gestão e de organização institucional mais adequados para lidar com a razão de ser da conduta econômica de todas as nações, em todas as épocas: a escassez.

QUESTÕES

1. As palavras **emprego** e **escolha** estão relacionadas, respectivamente, às questões-chave da **eficiência produtiva** e da **eficácia alocativa**. Explique as relações.

2. Sob que circunstâncias todos os bens seriam **livres**? Estas circunstâncias são realísticas?

3. Diferencie os conceitos de **bens livres** e **bens econômicos**.

4. Ao contrário do que se poderia imaginar, o problema da escassez torna-se, nas modernas economias, provavelmente mais grave do que nas economias primitivas. Explique e comente as razões deste aparente paradoxo.

5. Qual sua opinião sobre a seguinte proposição: **Já que existe inevitável distanciamento entre os recursos escassos e as crescentes necessidades humanas, seria justificável e preferível, sob todos os aspectos, que um poder central impusesse controles para reprimir os anseios de consumo e, consequentemente, as exigências de acumulação**?

6. As pressões exercidas pela comunicação de massa e de redes virtuais tornam ainda mais agudo o problema básico da insatisfação humana quanto aos níveis de bem-estar materiais já alcançados. Nesse sentido, essas pressões não seriam socialmente indesejáveis? Ou, contrariamente, elas seriam justificáveis, à medida que geram motivações para que as reações prossigam no propósito de aperfeiçoamento de suas forças produtivas e de suas conquistas?

7. As necessidades podem ser hierarquizadas, no sentido de que algumas são vitais e outras supostamente menos essenciais, levando-se em conta o estágio socioeconômico das pessoas e das nações. Partindo de uma analogia à hierarquia das necessidades individuais de Maslow, construa uma escala hierárquica de necessidades para uma sociedade como um todo.

8. Imagine uma situação em que todas as necessidades de determinada nação se encontrassem plenamente satisfeitas. Neste caso, as regras básicas da economia, quanto à administração dos recursos, poderiam ser negligenciadas?

9. Qual o significado das curvas (ou fronteiras) de possibilidades de produção? Desenhe uma curva típica e estabeleça, em relação a ela, quatro posições diferentes, significando **pleno desemprego**, **capacidade ociosa**, **pleno-emprego e nível impraticável de produção a curtíssimo prazo**.

10. Economias diferentes têm diferentes possibilidades de produção. Por quê?

11. O que significa a expressão **custos de oportunidade**? De exemplos de custos de oportunidade, resultantes dos processos de escolha dos agentes econômicos – unidades familiares, empresas e governo.

12. As fronteiras de produção de uma economia podem deslocar-se em direções positivas e negativas. De que resultam esses deslocamentos?

13. Os deslocamentos positivos das fronteiras de produção das economias nacionais ocorrem a diferentes taxas. As diferenças nas taxas de **acumulação** constituem a causa principal dos diferentes ritmos de expansão das fronteiras de produção. Explique por que a acumulação implica, necessariamente, sacrifícios no presente, para possíveis benefícios no futuro.

14. Quaisquer acréscimos em suprimentos de recursos podem provocar, indefinidamente, o deslocamento para mais das curvas de possibilidades de produção? Justifique sua resposta, mostrando em que consiste a **lei dos rendimentos decrescentes**.

15. Em uma ilha imaginária do Atlântico, essencialmente voltada para a agricultura, as terras já estão totalmente ocupadas e aproveitadas, de que resulta determinado nível agregado de produção. Se, indefinidamente, se expandirem as disponibilidades de capital produtivo e de recursos humanos, a produção agrícola aumentará as taxas decrescentes. Justifique a ocorrência desse fenômeno, à luz da **lei dos rendimentos decrescentes**. Cite outros exemplos em que esta lei inexoravelmente ocorreria.

16. Sob que circunstâncias os efeitos da lei dos rendimentos decrescentes podem ser atenuados?

17. Qual a razão fundamental da ocorrência de custos de oportunidade crescentes? Nos períodos de guerra nações beligerantes defrontam com esta questão, notadamente no auge de seu esforço de guerra. Justifique por quê.

18. O Japão, nos primeiros 25 anos posteriores à Segunda Grande Guerra, destinou para atividades descritas como de defesa e de segurança nacional menos de 1% do total de seu PNB. Embora essa decisão não possa, isoladamente, ser considerada como causa principal da expansão da economia japonesa nesse período, discuta sua importância diante de diretrizes essencialmente voltadas para a promoção do crescimento econômico.

19. A obstinada promoção do desenvolvimento econômico e social de uma nação pode levar ao extremo da não destinação de quaisquer recursos para atividades de defesa e segurança. Por outro lado, caso sejam justificáveis maciças dotações de recursos para defesa e segurança (como parece ser o caso do Estado de Israel), a produção civil poderá reduzir-se a níveis mínimos de subsistência. Justifique seus pontos de vista a propósito destas duas proposições extremadas.

20. Uma economia de baixa renda decide destinar elevadas parcelas de seus recursos para a expansão de seu arsenal de guerra e para a manutenção de forte e sofisticado sistema de defesa e de segurança nacional. Posicione-se em relação a essa decisão, examinando suas implicações. Discuta até que ponto uma decisão deste tipo pode comprometer objetivos econômicos centrados na expansão do bem-estar. Seria este o caso da Coreia do Norte?

21. A expansão das possibilidades de produção de qualquer economia exige que se expandam, entre outros recursos, as disponibilidades de capital. Como isso exige investimentos e estes exigem poupanças para seu financiamento, discuta por que a expansão relativa do consumo não é facilmente conciliável com a elevação das taxas de crescimento da capacidade de produção.

22. Discuta o seguinte círculo vicioso, que pode se estabelecer nas nações de extrema pobreza, de baixo nível de PNB *per capita*:

    ❑ O crescimento econômico é dificultado pelo baixo volume de investimentos.

    ❑ Os investimentos são dificultados pela baixa capacidade de poupança.

    ❑ A poupança é baixa porque os níveis do PNB *per capita* mal são capazes de satisfazer às exigências vitais de consumo. Em termos relativos, o consumo atinge alta proporção do PNB, reduzindo acentuadamente a taxa de poupança.

- Dado o baixo nível do PNB *per capita*, consome-se a quase totalidade do pouco que se produz, não se tem capacidade para poupar e, consequentemente, não há recursos para financiar os investimentos que elevariam a capacidade de produção.
- A permanência da capacidade de produção em nível baixo é fator de perpetuação da pobreza.

23. Justifique, dando exemplos, a seguinte afirmação: Quando pessoas credenciadas do governo se reúnem para decidir a que setores e atividades devem ser destinados prioritariamente os recursos disponíveis da nação, eles devem ter em mente que estes são escassos e que devem, portanto, ser mobilizados no sentido de que os **custos de oportunidade** de suas decisões sejam minimizados.

24. A que condições pode-se atribuir o alto crescimento das economias do Leste e do Sul da Ásia? A longo prazo, estas condições devem ser radicalmente mantidas? Justifique sua resposta, recorrendo às condições que hoje se observam em tradicionais economias industriais avançadas.

25. Liste condições que dificultam, em países da América Latina (entre os quais o Brasil), o vigoroso deslocamento positivo das suas "curvas de possibilidades de produção".

5

A Terceira Questão-chave da Economia: a Justiça Distributiva

Continua não atingida a meta mais importante de um sistema econômico, que é a de produzir uma quantidade suficiente de bens e serviços, capaz de satisfazer integralmente às aspirações diversificadas e por vezes conflitantes de todos os cidadãos. E a razão maior está em que a forma como se distribuem os resultados do esforço social de produção permanece como um dos mais importantes desafios de toda a humanidade.

JOHN LINDAUER
Macroeconomics

A **justiça distributiva**, terceira questão-chave da economia, trata de um dos mais complexos aspectos da realidade econômica: a repartição dos resultados do esforço social de produção. A complexidade desta questão resulta de múltiplos fatores. Os principais são:

- **Correlação contribuições-participação**. São muito grandes, talvez mesmo intransponíveis, as dificuldades para se definir uma escala justa de participação de cada um dos agentes econômicos nos resultados da atividade produtiva. Conceitualmente, esta escala deverá estar correlacionada com as contribuições efetivas de cada um, reproduzindo uma estrutura compatível de remunerações e de acesso aos produtos gerados. As dificuldades decorrem de como avaliar as contribuições em relação ao valor agregado do produto social. Decorrem também de que as recompensas socialmente valorizadas podem não estar correlacionadas com o produto efetivamente realizado. Reconhecimento, renda, poder, prestígio e riqueza não são correlacionáveis exclusivamente com fatores econômicos. Como, então, definir uma escala que, de alguma forma, justifique a estratificação social afinal observada?

- **Juízos de valor envolvidos**. O processo de repartição da renda e da riqueza e a resultante estratificação da sociedade em classes socioeconômicas estão sujeitos a uma grande variedade de juízos de valor. Uma repartição igualitária de renda seria mais adequada que uma repartição diferenciada? Há os que julgam o igualitarismo a expressão maior da justiça distributiva. Mas há também os que entendem que uma sociedade sem classes, fundamentada em mecanismos distributivos igualitários, não passa de uma utopia. Mais até: ainda que fosse possível realizar essa utopia, ela também cristalizaria injustiças, pois as contribuições, os talentos e os esforços de cada um dos agentes não seriam iguais. Uma distribuição desigual de recompensas seria assim justificável. Mas, ainda que se aceite este juízo, até onde podem ir as desigualdades, para que os resultados finais continuem justificáveis e aceitos como justos?

- **Efeitos colaterais**. Quaisquer que sejam a estrutura de distribuição da renda e da riqueza e os mecanismos que a definem, haverá sempre efeitos colaterais sobre a economia como um todo. Isso porque as questões-chave da economia relacionam-se entre si. A eficiência produtiva fundamenta-se também na justiça distributiva. Um modelo de repartição dos resultados do esforço produtivo pode atuar como fator de estimulação da eficiência e da produtividade dos agentes econômicos; outro modelo pode atuar em direção oposta e levar os agentes a formas de atuação descompromissadas e pouco produtivas. Quando há degraus para subir e possibilidades de mudanças nas posições relativas, a mobilidade social ascendente se estabelece. Apesar das tensões e conflitos que podem ocorrer, ela pode ser fator de estimulação para a sociedade como um todo. Como destaca J. Pastore,[1] "uma sociedade sem mobilidade é uma sociedade estagnada, que simplesmente reproduz a estrutura vigente ao longo do tempo". Mas é muito difícil estabelecer parâmetros para desigualdades socialmente úteis. Quando eles são ultrapassados, outros efeitos colaterais podem manifestar-se. E serão tão ou mais perniciosos que a estagnação resultante da imobilidade social.

- ❑ **Desdobramentos político-institucionais**. As diferentes formas de organização da vida econômica, suas justificações ideológicas e implicações político-institucionais têm estreitas relações com diferentes propostas para a questão da **justiça distributiva**. A contraposição entre a economia de mercado e a de comando central se estabelece a partir desta questão-chave. Os primeiros ideólogos do dirigismo centralista acreditavam que esse tipo de organização conduzia a resultados distributivos de melhor qualidade, quando comparados com os derivados dos mercados livres. Na base dos sistemas econômicos praticados nos três últimos séculos, encontram-se, assim, diferentes propostas de solução para esta questão crucial. Mas nenhum sistema conseguiu até hoje solucioná-la adequadamente.

A questão-chave da **justiça distributiva** diz respeito, assim, a um dos mais complexos aspectos da vida econômica. Há os que consideram como normal a distribuição desigual de recompensas socialmente valorizadas, como a riqueza, o prestígio e o poder: não importam quais sejam os limites e os padrões das desigualdades, eles teriam resultado de valorações definidas e sancionadas pela própria sociedade. Mas há os que consideram as desigualdades, sobretudo quando muito acentuadas, como um dos mais perversos efeitos da ordem historicamente estabelecida: somente mecanismos revolucionários poderiam quebrar os padrões estabelecidos e romper os círculos viciosos que deles decorrem.

Estes diferentes posicionamentos indicam que, neste campo, as reações situam-se dentro de amplo espectro. Vão de um extremo a outro, bem distantes entre si. Do conformismo à proposta de ações revolucionárias.

Como observa Vila Nova,[2] "dificilmente alguém poderá discordar que a desigualdade social constitui um dos fatos mais inquietantes da sociedade humana, sobretudo aquele tipo de desigualdade que separa os indivíduos em classes sociais. Por que existem classes sociais? Por que, na maioria das sociedades conhecidas, os homens são separados em coletividades distintas como unidades sociais, de acordo com sua participação na distribuição desigual da riqueza, do prestígio e do poder? Por que a distribuição desigual de bens socialmente valorizados é aceita pela maioria dos indivíduos como um fato *normal*? Por que os homens aceitam como normais sistemas de distribuição desigual? O que faz com que os indivíduos pertençam a uma camada e não a outra na hierarquia social? Por que os sistemas de distribuição de bens socialmente valorizados e as hierarquias sociais a eles relacionadas se mantêm estáveis, apesar de injustos e moralmente condenáveis?"

A questão-chave da **justiça distributiva** resume esses questionamentos. Focalizando-a do ponto de vista da economia básica, destacaremos os seguintes aspectos:

- ❑ **Quadros de referência**. Indicadores quantitativos de estruturas de distribuição de renda em diferentes países. Agrupamento dos países segundo os indicadores de repartição da renda e os estágios de desenvolvimento econômico. Correlação da estrutura de repartição com outros aspectos da realidade econômica. Mudanças, ao longo do tempo, na configuração básica da estrutura de repartição.

- ❑ **Causas**. Por que as rendas diferem? Causas prováveis das desigualdades. Evidências sobre as causas de maior relevância.
- ❑ **Medidas convencionais**. Conceito, metodologia de cálculo e interpretação das medidas convencionais dos graus de concentração da renda e da riqueza. O conceito de pobreza. As medidas convencionais de pobreza relativa e absoluta.
- ❑ **Igualitarismo, desigualdade e equitatividade**. Significado econômico destes termos. Quais suas implicações na definição de políticas públicas que tenham por meta a justiça distributiva.

Quadros Referenciais: Estruturas de Repartição em Diferentes Países

5.1 A Questão da Desigualdade Econômica

A desigualdade econômica, evidenciada pelas estruturas de repartição da renda pessoal, é uma das características universais das nações. Manifestou-se sempre em todas as épocas e em todas as sociedades, embora sob diferentes graus. Não há uma só economia nacional que tenha apresentado algum dia ou que apresente hoje padrões distributivos de renda e de riqueza que possam ser descritos como de **igualdade absoluta**. Como sintetiza J. L. Bach,[3] em *Economics: an introduction to analysis and policy,* "a desigualdade e a pobreza são tão antigas quanto a história do homem socialmente organizado".

Prevalecem em todas as nações estruturas de repartição da renda e da riqueza caracterizadas por diferentes graus de **desigualdade**. Considerando-se pobreza e riqueza como conceitos relativos, há pobres e ricos em todas as economias nacionais, independentemente do estágio de desenvolvimento alcançado. E, na maior parte das nações, os limites inferiores de renda recebidos pela classe socioeconômica situada na base da pirâmide de repartição, geralmente definem situações de extrema pobreza ou de **pobreza absoluta**.

A Tabela 5.1 sintetiza a estrutura de repartição pessoal da renda em 51 países selecionados dos cinco continentes. Não obstante esses países tenham diferentes sistemas institucionais, estruturas econômicas diversas, níveis e padrões de desenvolvimento também distintos, a configuração básica de distribuição da renda é, à primeira vista, parecida: há um grande distanciamento entre as fatias da renda agregada que são apropriadas pelos 20% mais pobres e pelos 20% mais ricos. O máximo de que os 20% mais pobres se apropriam está entre 9% e 10%; o mínimo de que os 20% mais ricos se apropriam está entre 35% e 45% do total da renda gerada. E há nações onde os 20% mais pobres ficam com pouco mais de 3%, enquanto aos 20% mais ricos destinam-se entre 55% e 60%. O primeiro caso, de melhor conformação distributiva, é de três nações que viveram experiências institucionais socialistas, Bulgária, Polônia e Hungria. O segundo caso, de alta concentração da renda, ocorre em nações de baixa e média renda, das Américas Central e do Sul, Panamá, Peru e Colômbia.

TABELA 5.1
Estrutura da repartição da renda em países selecionados em 2010: taxas de participação na renda agregada de cinco estratos socioeconômicos.

Continentes, Regiões e Países		% de Participação da renda agregada				
		20% mais pobres	Segundo quintil	Terceiro quintil	Quarto quintil	20% mais ricos
ÁFRICA	**África Ocidental**					
	Costa do Marfim	5,6	10,1	14,9	21,8	47,6
	Guiné-Bissau	7,3	11,6	16,0	21,9	43,2
	Mauritânia	6,0	10,4	15,1	21,5	47,0
	Senegal	6,2	10,6	15,3	22,0	45,9
	África Oriental					
	Etiópia	9,3	13,2	16,8	21,3	39,4
	Quênia	4,8	8,7	13,2	20,1	53,2
	Ruanda	5,2	8,3	11,9	17,8	56,8
	Tanzânia	6,8	11,1	15,6	21,7	44,8
	África Setentrional					
	Argélia	7,0	11,6	16,2	22,6	42,6
	Marrocos	6,5	10,5	14,5	20,6	47,9
	Tunísia	5,9	10,1	14,7	21,3	47,9
	África do Sul					
	Botswana	3,1	5,8	9,6	16,4	65,0
	Lesoto	3,0	7,2	12,5	21,0	56,4
	Zimbabwe	4,6	8,1	12,2	19,3	55,7
ÁSIA	**Ásia Central**					
	Bangladesh	8,9	12,4	16,1	21,3	41,4
	Índia	8,6	12,2	15,8	21,0	42,4
	Paquistão	9,6	12,9	16,4	21,1	40,0
	Nepal	8,3	12,2	16,2	21,9	41,5
	Ásia Oriental					
	China	5,0	9,9	15,0	22,2	47,9
	Coreia do Sul	7,9	13,6	18,0	23,1	37,5
	Hong Kong	5,3	9,4	13,9	20,7	50,7
	Japão	10,6	14,2	17,6	22,0	35,7
	Sudeste da Ásia					
	Cingapura	5,0	9,4	14,6	22,0	49,0
	Filipinas	6,0	9,4	13,9	21,0	49,7
	Indonésia	8,3	12,0	15,8	21,0	42,8
	Malásia	4,5	8,7	13,7	21,6	51,5
	Tailândia	6,7	10,3	14,5	21,4	47,2
AMÉRICA	**América Central e Caribe**					
	Costa Rica	3,9	8,0	12,4	19,9	55,9
	Guatemala	3,1	6,9	11,4	18,5	60,3
	Panamá	3,3	7,8	12,5	20,1	56,4
	República Dominicana	4,7	8,6	13,2	20,8	52,8
	América do Sul					
	Bolívia	2,1	6,8	11,9	19,9	59,3
	Colômbia	3,0	6,8	11,2	18,8	60,2
	Peru	3,9	8,3	13,6	21,5	52,6
	Venezuela	4,3	9,5	14,6	22,2	49,4
	América do Norte					
	Canadá	7,2	12,7	17,2	23,0	39,9
	Estados Unidos	5,4	10,7	15,7	22,4	45,8
	México	4,4	8,9	13,3	20,4	53,0
EUROPA	**Europa Ocidental**					
	Alemanha	8,5	13,7	17,8	23,1	36,9
	Bélgica	8,5	13,0	16,3	20,8	41,4
	Espanha	7,0	12,1	16,4	22,5	42,0
	França	7,2	12,6	17,2	22,8	40,2
	Europa Oriental					
	Bulgária	8,5	13,7	17,9	23,1	36,7
	Polônia	7,7	12,0	16,2	22,0	42,1
	Hungria	8,4	12,9	16,9	22,0	39,9
	Europa Setentrional					
	Dinamarca	8,3	14,7	18,2	22,9	35,8
	Noruega	9,6	14,0	17,2	22,0	37,2
	Reino Unido	6,1	11,4	16,0	22,5	44,0
	Suécia	9,1	14,0	17,6	22,7	36,6
OCEANIA	Austrália	5,9	12,0	17,2	23,6	41,3
	Nova Zelândia	6,4	11,4	15,8	22,6	43,8

Fonte: WORLD BANK, *World Development Report 2012*. Selected World Development Indicators. Washington, DC. 2012.

TABELA 5.2
Estruturas comparadas de distribuição da renda, em 2012.
(a) Bulgária, Hungria e Polônia.
(b) Panamá, Peru e Colômbia.

População economicamente ativa segundo classes de rendimento	Estruturas comparadas (% de participação na renda agregada)		PEA (milhões)		Renda (US$ bilhões/ano)		Renda *per capita* da PEA (US$/ano)	
	(a)	(b)	(a)	(b)	(a)	(b)	(a)	(b)
20% mais pobres	8	4	6,2	12,2	52,1	16,7	8.403	1.369
20% seguintes	13	8	6,2	12,2	84,6	33,4	13.645	2.738
20%	17	13	6,2	12,2	110,7	54,4	17.855	4.459
20%	22	24	6,2	12,2	143,2	100,5	23.097	8.238
20% mais ricos	40	51	6,2	12,2	260,5	213,6	34.452	17.508
Totais/média	**100**	**100**	**31,0**	**61,0**	**651,1**	**418,6**	**13.503**	**6.862**

Fonte: Dados primários do World Bank. World Development Indicators. *World Development Report 2012*. Washington DC, 2012. Cálculos do autor.

A Tabela 5.1 está montada segundo os padrões convencionais com que se evidenciam as estruturas de distribuição da renda pessoal agregada. As estatísticas disponíveis geralmente agrupam a população em classes diferenciadas pela magnitude da renda. Quando se consideram cinco grupos, cada quintil corresponde a 20% do contingente total. Quando se consideram dez grupos, cada decil corresponde a 10% do contingente total. No caso, a estratificação é quintílica – o que equivale a dizer que a nação foi dividida em cinco diferentes grupamentos, todos de igual tamanho, mas diferenciados por suas participações na renda agregada. O primeiro grupamento corresponde à classe de mais baixa renda: os 20% mais pobres. O segundo, aos 20% seguintes, de renda superior à do primeiro, mas inferior à do terceiro. Até chegar ao quinto grupamento, correspondente à classe de mais alta renda: os 20% mais ricos.

A primeira impressão que a leitura da Tabela 5.1 dá é de que as estruturas de repartição são bastante parecidas. Mas é uma falsa impressão. São bastante diferentes as estruturas das seis nações que destacamos: Bulgária, Polônia e Hungria, de um lado, caracterizando estruturas de menor desigualdade; de outro lado, Panamá, Peru e Colômbia, caracterizando estruturas de alta desigualdade.

A Tabela 5.2 evidencia claramente as diferenças. Nos três primeiros países, a renda agregada estimada para 2012, é de US$ 651,1 bilhões, gerada por uma população economicamente ativa de 31,0 milhões. Nos outros três, a renda agregada estimada, também para 2012, é de US$ 418,6 bilhões, gerada por uma população economicamente ativa de 61,0 milhões. Estas estimativas evidenciam a primeira diferença entre os dois conjuntos de países. A renda média *per capita* estimada para Bulgária, Hungria e Polônia, é de US$ 13.503 anuais. A estimada para Panamá, Peru e Colômbia, é de US$ 6.862 anuais. Mas, além dessa diferença em termos *per capita* para os dois conjuntos de países, a forma como a renda agregada se distribui é bem diversa. Os dados da Tabela 5.2 revelam:

❏ A simples leitura das cinco fatias ou classes de rendimento evidencia que nos países do grupo (a) a distribuição da renda é menos concentrada do que nos países do grupo (b).

❏ Nos países do grupo (a), Bulgária, Hungria e Polônia, os 20% mais pobres ficam com 8% da renda agregada. Isso significa que 6,2 milhões de pessoas economicamente ativas (20% de 31 milhões) recebem US$ 52,1 bilhões (8% de US$ 651,1 bilhões). A renda *per capita* dos 20% mais pobres é de US$ 8.403 anuais.

❏ Ainda no grupo (a), as rendas *per capita* das outras quatro classes vão de US$ 13.645 (segundo quintil) a US$ 34.452 anuais (último quintil, dos 20% mais ricos).

❏ Nesse mesmo grupo (a), a renda *per capita* da classe mais rica é 4,1 vezes superior que a da mais pobre (US$ 34.452 comparados com US$ 8.403). Não obstante existam diferenças interclasses, elas configuram uma estrutura de desigualdade moderada.

❏ Nos países do grupo (b), Panamá, Peru e Colômbia, os 20% mais pobres ficam com 4% da renda agregada. Isso significa que 8,2 milhões de pessoas economicamente ativas (20% de 61 milhões) recebem US$ 16,7 bilhões (4% de US$ 418,6 bilhões). A renda *per capita* dos 20% mais pobres é de US$ 1.369 anuais.

❏ Ainda no grupo (b), as rendas *per capita* das outras quatro classes vão de US$ 2.738 (segundo quintil) a US$ 17.508 (último quintil, dos 20% mais ricos).

❏ Nesse grupo (b), a renda *per capita* da classe mais rica é 6,4 vezes superior que a da mais pobre (US$ 17.508 comparados com US$ 1.369). As diferenças interclasses configuram uma estrutura de maior desigualdade.

❏ Em resumo: em (a), a renda *per capita* média de todas as classes, com exceção da mais pobre, é superior à de (b). A estrutura de repartição é menos desigual. No conjunto, (a) apresenta mais altos níveis de produção e de renda por habitante e melhor conformação distributiva. A Figura 5.1 mostra claramente as diferenças dentro de cada conjunto de países. E também as diferenças entre os dois conjuntos.

Os padrões da estrutura distributiva do Panamá, Peru e Colômbia são semelhantes, embora relativamente menos concentrados, aos da maior parte das nações de baixa renda da África, das demais nações das porções Central e Sul das Américas e de países em estágio ainda inicial de emergência da Ásia Central e do Sudeste da Ásia. Essa semelhança praticamente configura uma regra: nos países de desenvolvimento tardio, a repartição da renda é mais concentrada: os mais ricos apropriam-se de alta proporção da renda agregada, em acentuado contraste com os mais pobres, que participam do produto social com taxas de baixa expressão.

FIGURA 5.1
Renda média da população economicamente ativa, de dois conjuntos de países:

(a) Bulgária, Hungria e Polônia;

(b) Panamá, Peru e Colômbia.

Estruturas médias de distribuição comparadas.

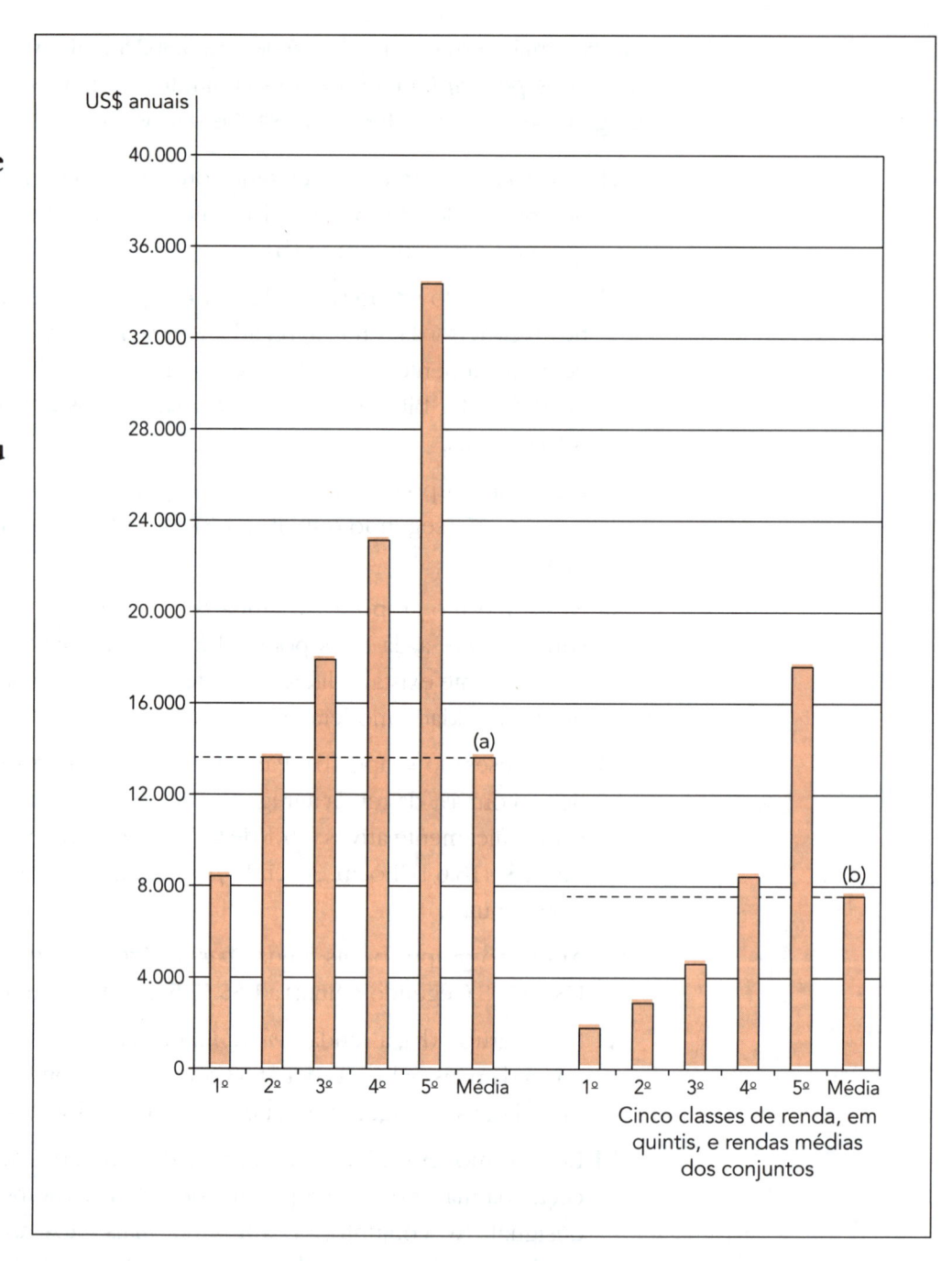

Já os países que mais se aproximam dos padrões da estrutura distributiva dos países da Europa Oriental são os de mais alta renda da Ásia Oriental, da América do Norte, da Oceania e das porções Ocidental e Setentrional da Europa. O desenvolvimento econômico sustentado e de longo prazo, notadamente quando associado à estabilidade econômica e a padrões institucionais social-democratas, é um dos fatores que modificam a estrutura de repartição da renda na direção de menor desigualdade interclasses. São raros os países economicamente desenvolvidos de estruturas distributivas de alta concentração. Como também são raros os casos em que os baixos níveis de desenvolvimento coexistem com padrões distributivos de baixa desigualdade.

TABELA 5.3 Estrutura de distribuição da renda agregada e PNB *per capita* em países selecionados, em 2010. Nas economias mais ricas, de mais alto PNB *per capita*, a desigualdade tende a ser menos acentuada.

Países selecionados	% de participação na renda agregada		PNB *per capita*
	Dos 20% mais ricos	Dos 80% mais pobres	US$ anuais
Maior desigualdade			
Namíbia	68,3	31,7	5.063
África do Sul	68,2	31,8	7.266
Haiti	63,4	36,6	670
Angola	61,9	38,1	4.210
República Centro-africana	60,6	39,4	488
Guatemala	60,3	38,7	3.667
Honduras	59,9	40,1	2.020
Zâmbia	59,4	40,6	1.225
Bolívia	59,3	40,7	1.953
Suriname	56,9	43,1	8.319
Papua Nova Guiné	56,4	43,6	1.382
Nigéria	54,0	46,0	1.432
Equador	53,8	46,2	4.508
Congo	53,1	46,9	2.920
República Dominicana	52,8	47,2	5.157
Malásia	51,5	48,5	10.933
Moçambique	51,5	48,5	551
Uganda	50,7	49,3	506
China	47,9	52,1	7.594
Nicarágua	47,2	52,8	1.475
Menor desigualdade			
Cingapura	47,0	53,0	42.785
Estados Unidos	45,8	54,2	46.616
Portugal	45,6	54,4	21.382
Israel	44,9	55,1	28.552
Reino Unido	44,0	56,0	36.233
Irlanda	42,0	58,0	46.019
Itália	42,0	58,0	33.761
Espanha	42,0	58,0	29.956
Bélgica	41,4	58,6	43.000
Austrália	41,3	58,7	51.586
Suíça	41,3	58,7	70.573
França	40,2	59,8	39.186
Canadá	39,9	60,1	46.212
Holanda	38,7	61,3	46.623
Noruega	37,2	62,8	86.156
Alemanha	36,9	63,1	40.164
Finlândia	36,7	63,3	43.864
Suécia	36,6	63,4	57.071
Dinamarca	35,8	64,2	56.486
Japão	35,7	64,3	43.118

Fonte: WORLD BANK, *World Development Report 2000-2001*. World Development Indicators. Washington: World Bank/Oxford University Press, 2001.

FIGURA 5.2 Correlação entre desigualdade e PNB *per capita*. Nas nações de baixa renda, a desigualdade tende a ser maior que nas de alta renda.

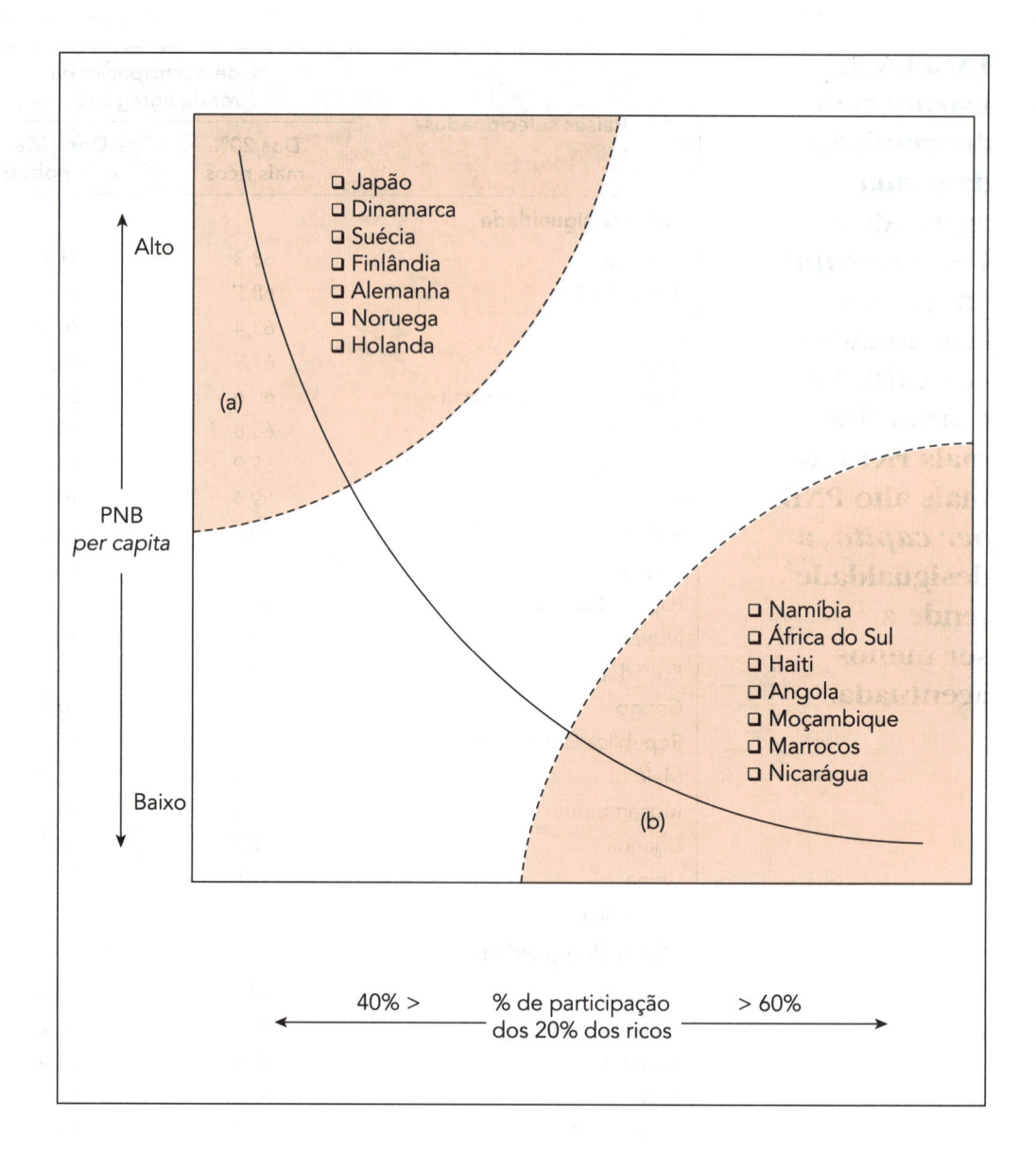

```
                    Japão
                    Dinamarca
        Alto        Suécia
                    Finlândia
                    Alemanha
                    Noruega
                    Holanda

        (a)

PNB
per capita
                                            Namíbia
                                            África do Sul
                                            Haiti
                                            Angola
                                            Moçambique
                                            Marrocos
        Baixo                                Nicarágua
                                    (b)


        ←——— 40% >    % de participação    > 60% ———→
                      dos 20% dos ricos
```

A Tabela 5.3 mostra claramente que os padrões distributivos de menor desigualdade ocorrem em países economicamente avançados de alto PNB *per capita*. Os padrões de alta desigualdade são característicos de nações de baixo PNB *per capita*. Na Figura 5.2, a região (a), em que se combinam menores participações dos 20% mais ricos na renda agregada com altos níveis de PNB *per capita*, é ocupada por países como Japão, Dinamarca, Suécia, Finlândia, Alemanha, Noruega e Holanda. Na região (b), em que se combinam baixo PNB *per capita* e alta participação dos mais ricos na renda agregada, situam-se países da América Latina, Ásia e África, como Namíbia, África do Sul, Haiti, Angola, Moçambique, Marrocos e Nicarágua. A curva, tipo hipérbole, que interliga essas duas regiões expressa a correlação entre desigualdade e PNB *per capita*.

A Estrutura de Repartição da Renda no Brasil

No Brasil, os padrões da estrutura de distribuição da renda assemelham-se aos das nações de PNB *per capita* médio, de emergência tardia e de alta concentração distributiva. Os dados da Tabela 5.4 mostram que os 20% mais pobres ficam

TABELA 5.4
Estrutura de distribuição da renda no Brasil, em 2012: semelhante a de países emergentes tardios de alta desigualdade.

População acima de 15 anos, segundo classes de rendimentos	% de participação na renda agregada	
	Distribuições simples	Distribuições acumuladas
10% mais pobres	1,1	1,1
10% seguintes	3,4	4,5
10%	4,3	8,8
10%	4,4	13,2
10%	5,3	18,5
10%	6,5	25,0
10%	8,0	33,0
10%	10,1	43,1
10%	14,9	58,0
10% mais ricos	42,0	100,0
5% mais ricos	30,1	–
1% mais rico	12,9	–

Fonte: IBGE. *Pesquisa nacional por amostra de domicílios*, PNAD, 2012.

com 5,6% da renda agregada; os 20% mais ricos, com 56,9%. Com esses dados, o Brasil estaria entre os países de maior desigualdade da Tabela 5.3.

A estrutura de repartição da renda no país é de alta concentração. Qualquer que seja o ângulo de leitura dos dados, eles revelam a alta discrepância entre as parcelas da renda agregada apropriadas pelos mais pobres e mais ricos. Na Tabela 5.4 observam-se, entre outras, as três seguintes indicações de alta concentração:

❑ O segmento de mais alta renda do país, constituído pelo 1% mais rico, apropria-se de 12,9% da renda agregada. Esta taxa de apropriação é bastante próxima da dos 40% mais pobres, que ficam com 13,2% da renda agregada.

❑ Aos 5% mais ricos destinam-se 30,1% da renda agregada, próxima da participação acumulada dos 70% mais pobres.

❑ Mesmo entre os mais ricos, a estrutura distributiva é concentrada: dos 42,0% de renda apropriados pelos 10% mais ricos, 30,1% destinam-se aos 5% mais ricos.

Esta estrutura de distribuição praticamente se reproduz em todas as grandes regiões do país. Os dados da Tabela 5.5 revelam que a forma como a renda se reparte é muito parecida em todas as regiões, embora no Nordeste, no Norte e no Centro-Oeste, a desigualdade interclasses seja ainda mais acentuada que nas regiões Sudeste e Sul. Repete-se assim no país o que já havíamos observado para o sistema mundial como um todo: embora ocorram exceções a esta regra, a alta concentração e o desenvolvimento econômico são inversamente correlacionados.

TABELA 5.5
Estrutura da distribuição da renda no Brasil, por grandes regiões em 2012. Dados em quintos, com base em rendimentos familiares *per capita*.

Classes de rendimentos	Distribuição do rendimento familiar *per capita*, por regiões					
	Distribuições simples (%)					
	Brasil	Norte	Nordeste	Centro-Oeste	Sudeste	Sul
20% mais pobres	3,5	3,4	3,2	4,0	4,3	4,7
20% seguintes	7,7	7,4	7,5	7,8	8,5	9,2
20%	12,2	12,0	12,1	11,2	12,2	13,1
20%	18,9	18,8	19,0	17,5	18,8	20,0
20% mais ricos	57,7	58,4	58,2	59,5	56,2	53,0
Total	100,0	100,0	100,0	100,0	100,0	100,0
Classes de rendimentos	Distribuições acumuladas					
	Brasil	Norte	Nordeste	Centro-Oeste	Sudeste	Sul
80% mais pobres	42,3	41,7	41,8	40,5	43,7	47,0
20% mais ricos	57,7	58,3	58,2	59,5	56,3	53,0

Fonte: IBGE. *Pesquisa nacional por amostra de domicílios*, PNAD, 2013.

TABELA 5.6
Evolução da estrutura de distribuição da renda no Brasil, 1960-2012.

População acima de 15 anos segundo classes de rendimentos	% de participação na renda agregada								
	1960	1970	1980	1990	1995	2005	2008	2011	2012
10% mais pobres	1,1	1,2	1,0	0,8	1,1	1,0	1,1	1,2	1,1
10% seguintes	2,3	2,2	2,1	1,8	2,4	2,8	3,0	3,4	3,4
10%	3,4	2,9	2,9	2,2	3,0	3,7	4,0	4,2	4,3
10%	4,7	3,7	3,7	3,0	3,4	3,8	4,1	4,4	4,4
10%	6,2	4,9	4,3	4,1	4,4	4,8	5,1	5,3	5,3
10%	7,7	6,0	5,5	5,5	5,6	6,0	6,2	6,5	6,5
10%	9,4	7,3	7,4	7,3	7,3	7,5	7,8	8,0	8,0
10%	10,9	9,9	9,9	10,3	10,1	10,1	10,1	10,2	10,1
10%	14,7	15,2	15,5	16,3	15,9	15,3	15,4	15,1	14,9
10%	39,6	46,7	47,7	48,7	46,8	45,1	43,2	41,8	42,0
5% mais ricos	28,4	30,3	32,7	34,9	33,7	32,4	30,9	29,8	30,1
1 % mais rico	12,1	12,5	13,0	14,2	13,5	13,2	12,5	12,1	12,9

Fonte: OECD – IBGE. *Estatísticas históricas do Brasil*: séries econômicas, demográficas e sociais de 1550 a 1985. Rio de Janeiro: IBGE, 1987. *Anuário Estatístico do Brasil*, 1996. *Pesquisa nacional por amostra de domicílio*, PNAD, 2000-2012.

FIGURA 5.3 Evolução da estrutura de distribuição da renda agregada no Brasil, 1960-2012. A concentração aumentou, ampliou-se a participação relativa dos 20% mais ricos, até 1995, quando se inicia a reversão desta tendência.

1960
(a) 80% mais pobres, 45,7%.
(b) 20% mais ricos, 54,3%.
(b') 1% mais rico, 12,2%.

1970
(a) 80% mais pobres, 38,1%.
(b) 20% mais ricos, 61,9%.
(b') 1% mais rico, 12,5%.

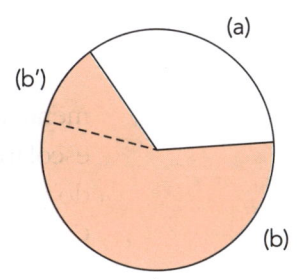

1980
(a) 80% mais pobres, 36,8%.
(b) 20% mais ricos, 63,2%.
(b') 1% mais rico, 13,0%.

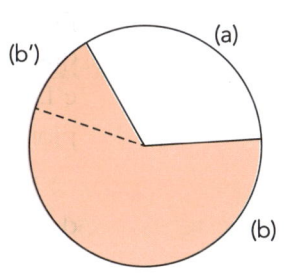

1990
(a) 80% mais pobres, 35,0%.
(b) 20% mais ricos, 65,0%.
(b') 1% mais rico, 14,2%.

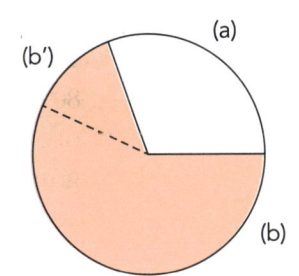

1995
(a) 80% mais pobres, 35,7%.
(b) 20% mais ricos, 64,3%.
(b') 1% mais rico, 13,9%.

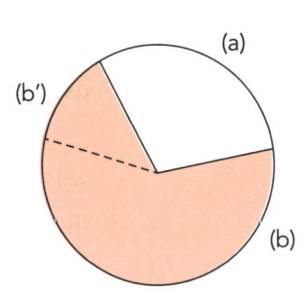

2012
(a) 80% mais pobres, 43,1%.
(b) 20% mais ricos, 56,9%.
(b') 1% mais rico, 12,9%.

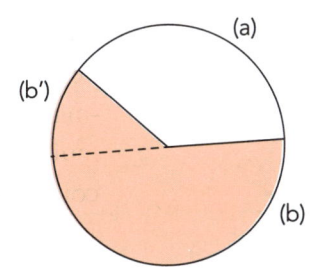

De 1960 a 1990, a renda tornou-se crescentemente concentrada no Brasil. A Tabela 5.6 e a Figura 5.3 revelam que em 1960 a estrutura de distribuição era menos desigual que em 1990. No período 1960-90, a participação dos 20% mais ricos aumentou de 54,3% para 65,0%, comprimindo-se consequentemente a renda apropriada pelos mais pobres. O aumento praticamente contínuo da concentração ocorreu na presença de diferentes padrões de desempenho macroeconômico. Tanto nos anos 60 e 70, quando o PNB *per capita* aumentou consideravelmente no país, quanto nos anos 80, quando o ritmo de crescimento da economia diminuiu sensivelmente, os indicadores da estrutura distributiva indicaram aumento da desigualdade interclasses no país.

A questão-chave da **justiça distributiva** no país não se equacionou adequadamente nesses 30 anos. Além de outros determinantes de alta desigualdade, como escolaridade e discriminações por gênero, raça e cor, a inflação alta e acelerada do período 1980-1994, foi um dos principais fatores da crescente concentração. Com o Plano Real e a estabilidade monetária, estabeleceram-se novas condições: o fim do "imposto inflacionário", a erosão dos preços de várias categorias de produtos finais e os aumentos reais dos rendimentos implicaram mudanças, ainda que discretas, na estrutura distributiva. Ainda assim, como observam R. Bonelli e L. Ramos,[4] "o Brasil chegou à última década do século XX ostentando um dos piores índices de desigualdade na distribuição dos rendimentos do mundo".

Nos oito anos seguintes ao da criação do real, observou-se consistente processo de descontração da renda, mantendo-se ainda bastante altos os índices de desigualdade, embora a participação dos 80% mais pobres aumentou de 35,7% para 37,3%, reduzindo-se a participação do quinto mais rico. Passados dez anos, em 2012, o movimento de descontração foi bem mais acentuado: a participação dos 80% mais pobres aumentou para 43,1%, notando-se que a mudança mais expressiva ocorreu entre os 50% mais pobres. Em 1995, a parcela de renda destinada a este grupo era de 13,1%; em 2002, 14,3%; em 2012, 18,5%. A redução da desigualdade acelerou-se por um conjunto de programas sociais criados pelo governo, com destaque para a concessão de bolsas – transferências de renda, para famílias em situação de extrema pobreza, em maior proporção nas regiões de mais baixos níveis de renda *per capita* do país. Mas, mesmo com as expressivas mudanças na estrutura de distribuição, mantém-se ainda altas as distâncias interclasses.

A Tabela 5.7 e a Figura 5.4 sintetizam indicadores de concentração da renda sob o ângulo das distâncias intercalasses. Em 2012, o rendimento anual declarado de 116.367 pessoas acima de dez anos, atingiu R$ 1.966,8 bilhões, com média *per capita* de R$ 16.902. Somente 29,1% da população ficavam acima desse valor; 11,3%, próximas; mas 92,4% bem acima. Distribuídas em classes segundo o número de salários-mínimos recebidos, constatou-se a existência de 43,2 milhões de pessoas, 37,2% do total, com rendimentos mensais inferiores a um salário-mínimo. A renda total desse primeiro grupo totalizou R$ 214,6 bilhões, valor muito próximo da do último grupo, em que estava apenas 0,6% da população, com rendimentos mensais superiores a 20 salários-mínimos: R$ 200,9 bilhões.

TABELA 5.7
Brasil: rendimento médio mensal declarado, em 2012, de pessoas acima de 10 anos. Distribuição por classes e distanciamento relativo interclasses.

Classes de rendimento mensal em salários-mínimos	Número de pessoas		Total do rendimento médio anual		Classes acumuladas % sobre totais		Rendimento médio anual per capita	
	Em milhares	% sobre total	R$ milhões	% sobre total	Pessoas	Rendimentos	R$	Distância em relação à média
Até 1/2	13.235	11,4	26.681,8	1,4	11,4	1,4	2.016	0,12
1/2 a 1	30.065	25,9	187.876,2	9,5	37,3	10,9	6.249	0,37
1 a 2	39.125	33,6	433.818,0	22,1	70,9	33,0	11.088	0,66
2 a 3	13.205	11,3	241.017,7	12,3	82,2	45,3	18.252	1,08
3 a 5	11.828	10,2	340.220,6	17,3	92,4	62,6	28.764	1,70
5 a 10	6.095	5,2	321.377,2	16,3	97,6	78,9	52.728	3,12
10 a 20	2.076	1,8	214.940,7	10,9	99,4	89,8	103.536	6,30
Mais de 20	738	0,6	200.889,5	10,2	100,0	100,0	272.208	16,11
TOTAL	116.367	100,0	1.966.821,7	100,0	–	–	16.902	1,00

Fonte: IBGE. *Anuário Estatístico do Brasil 2013*, v. 13. Rio de Janeiro: IBGE, 2013.

Os distanciamentos entre as classes estão na última coluna da Tabela 5.7, considerando-se como base de comparação o rendimento médio anual do conjunto: as relações vão de 0,12 a 16,11. Mas se considerarmos as distâncias de classe mais alta em relação às sete anteriores, as relações se ampliam acentuadamente. O rendimento médio mensal da última classe é 135 vezes superior à da primeira. Os distanciamentos em relação à média do conjunto escondem as enormes diferenças entre os extremos da extrema pobreza e o dos rendimentos médios do topo das classes consideradas. São, porém, distâncias entre médias, ainda insignificantes se considerarmos a mais baixa renda em relação à mais alta. P. Samuelson[5] refere-se às distâncias entre as extremidades, observando que "se construíssemos a pirâmide das rendas com cubos de brinquedo e cada camada indicasse uma renda de US$ 1.000, o pico ficaria mais alto que a Torre Eiffel, mas a maioria de nós estaria a um metro do chão".

5.2 Os Instrumentos de Aferição das Desigualdades

A Hipérbole de Pareto: Conceito e Interpretação

Os dados sobre estruturas de repartição da renda, da forma como são convencionalmente apresentados, indicam como a renda agregada se encontra distribuída, permitindo que se comparem os padrões de distribuição das economias nacionais, bem como sua evolução ao longo do tempo. Mas nem sempre os dados sobre a distribuição da renda entre as diferentes classes dão a medida exata das diferenças observadas. Isso só é possível com o emprego de instrumentos de aferição, que em geral reduzem os graus de concentração das estruturas de distribuição a um

**FIGURA 5.4
Brasil:
rendimento
médio anual
da população
acima de 10
anos, em 2012.
Distanciamento
relativo
interclasses.**

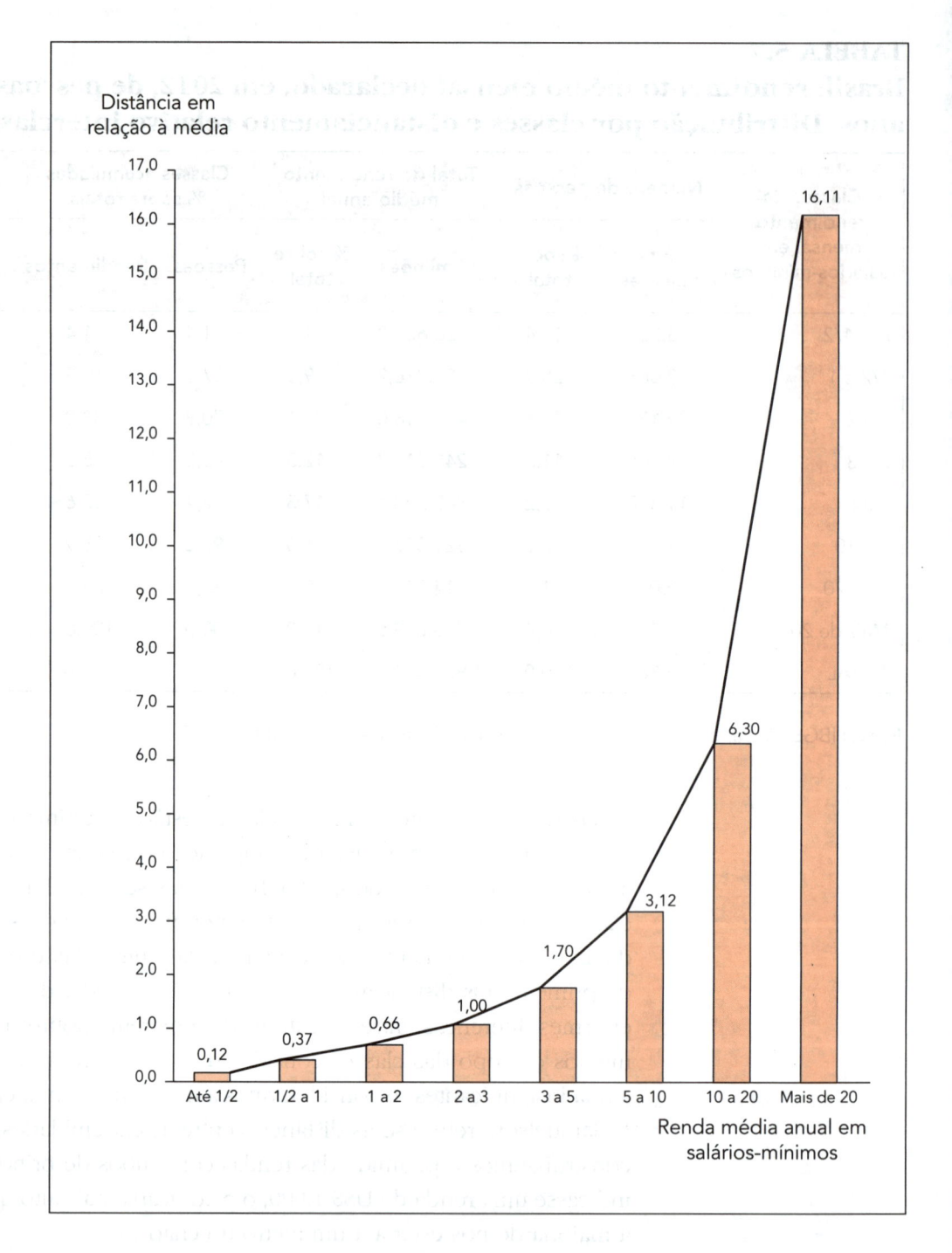

Distância em relação à média

Classe (salários-mínimos)	Valor
Até 1/2	0,12
1/2 a 1	0,37
1 a 2	0,66
2 a 3	1,00
3 a 5	1,70
5 a 10	3,12
10 a 20	6,30
Mais de 20	16,11

Renda média anual em salários-mínimos

único coeficiente. São deste tipo, por exemplo, o **coeficiente alfa de Pareto** e o **coeficiente de Gini**, este último derivado de uma das mais conhecidas representações gráficas de estruturas distributivas, a **curva de Lorenz**.

Na última década do século XIX, o economista italiano Vilfredo Pareto, sucessor de Léon Walras na cadeira de economia política da Universidade de Lausanne, tentou desenvolver uma **lei de distribuição da renda**, fundamentada em estudos estatísticos, tendo concluído que as estruturas de distribuição são relativamente constantes em diferentes países e épocas. As estruturas seriam definidas por uma relação funcional, tipo hipérbole, entre as diferentes classes de renda e o número dos indivíduos inscritos em cada uma delas. Segundo Pareto, a renda social se distribui sempre entre os indivíduos de acordo com certo padrão universalmente similar: grande número de indivíduos recebe rendimentos abaixo do nível médio geral, enquanto pequeno número se localiza nas faixas superiores, recebendo rendimentos acentuadamente acima da média. "Há, escreveu Pareto,[6] uma tendência inevitável para que a renda seja distribuída sempre dessa forma, independentemente da diversidade da política pública adotada e das instituições políticas e sociais vigentes." Essa lei e outros resultados de suas observações foram reunidos em seu *Cours d'économie politique*, publicado em dois volumes, nos anos de 1896 e 1897.

O enunciado geral da lei de Pareto baseou-se em dados estatísticos de diferentes países, a partir dos quais o pesquisador de Lausanne construiu séries de distribuição de frequência, adotando como intervalos de classe os diversos estratos da repartição e acumulando descendentemente os dados correspondentes ao número dos indivíduos inscritos em cada uma das classes. As distribuições foram reproduzidas em diagramas cartesianos, representando-se no eixo das abscissas as classes de renda e no eixo das ordenadas as frequências descendentemente acumuladas, correspondentes ao número de indivíduos com rendimentos *iguais* ou *superiores* aos das classes consideradas.

As curvas encontradas apresentavam sempre uma forma semelhante, descrevendo ramos de hipérbole, cuja equação poderia ser dada pela expressão:

$$Y = \frac{A}{(X-r)^\alpha}$$

na qual Y e X são as variáveis interdependentes da hipérbole (respectivamente, número de indivíduos e correspondentes classes de rendimentos), A e α parâmetros positivos e r a menor renda a partir da qual a curva se desenvolve.

Dada a equação acima, quando X tende para r, Y tende para o infinito; quando X tende para o infinito, Y tende a zero. Isso quer dizer que **tanto maior será o número dos indivíduos inscritos quanto menores os níveis de rendimento; na outra extremidade da curva, quanto mais expressivo for o nível do rendimento, menor o número dos indivíduos inscritos**.

Assim definida, a curva de Pareto tem duas assíntotas, para $X = r$ e para $Y = 0$, como pode ser observado no gráfico (a) da Figura 5.5. Se deslocarmos o eixo vertical do gráfico (a), fazendo com que coincidam a origem e a menor renda, então, como no gráfico (b) da figura referida, r será igual a zero, e a equação geral assumirá outra forma, dada, simplificadamente, pela expressão:

$$Y = \frac{A}{X^\alpha}$$

ou, então, por:

$$Y = A \cdot X^{-\alpha}$$

Essa forma simplificada da hipérbole de Pareto pode ser expressa em valores logarítmicos, transformando-se então numa equação linear, dada por

$$\log Y = \log A - \alpha \log X$$

FIGURA 5.5
Hipérbole de Pareto. Curvas ajustadas a estruturas de repartição da renda.

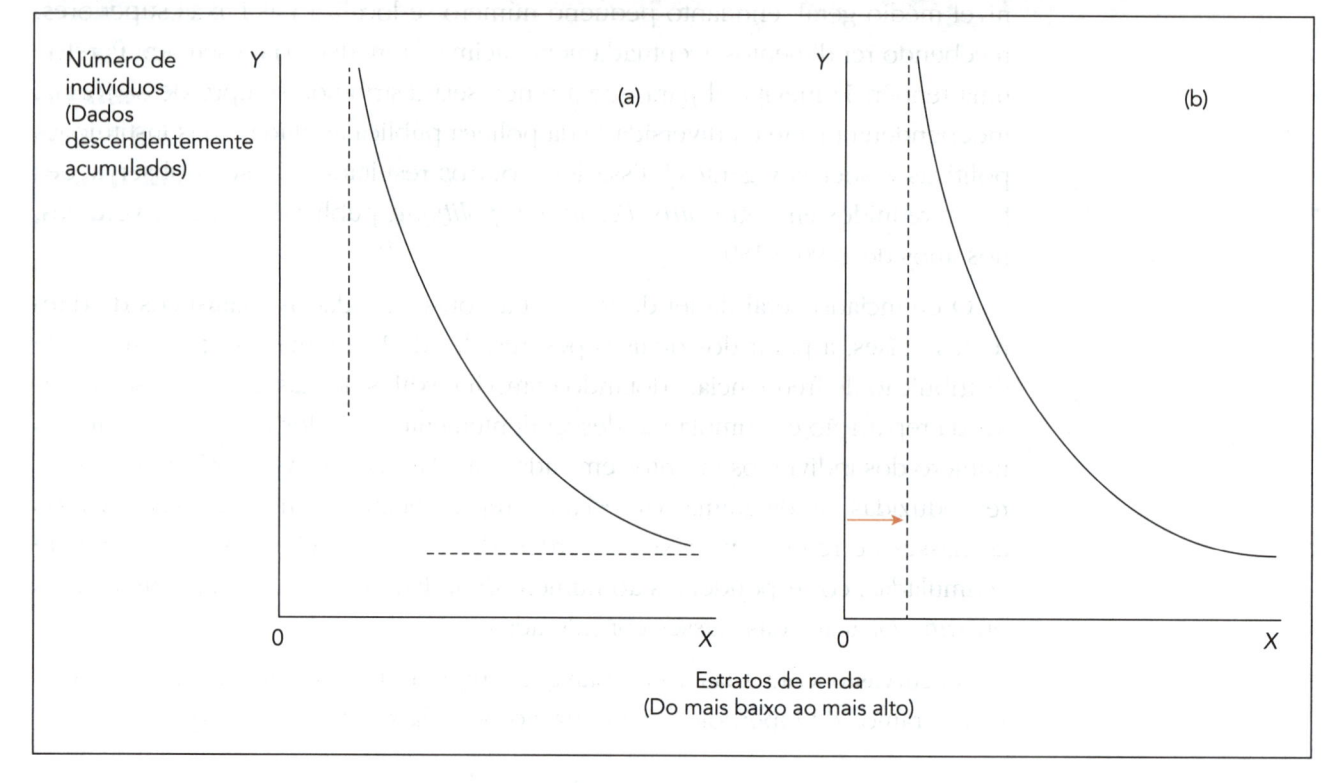

Número de indivíduos (Dados descendentemente acumulados)

(a) (b)

Estratos de renda
(Do mais baixo ao mais alto)

Isso equivale a dizer que, se tomarmos os logaritmos de *X* e *Y*, a hipérbole se transformará numa expressão linear, cuja inclinação será dada pelo **coeficiente alfa**, ao qual Pareto atribuiu fundamental importância. **Seria esse coeficiente o indicador do grau de desigualdade da repartição da renda**. A inclinação na expressão linear:

$$\log Y = \log A - \alpha \log X,$$

evidentemente determinada pelo **coeficiente alfa**, varia em função do grau de desigualdade: **quanto mais acentuada a inclinação, menor a desigualdade na repartição da renda; quanto menor a inclinação, maiores as desigualdades**.

Pareto ajustou diversas séries estatísticas sobre a repartição da renda em diferentes países da Europa Ocidental à forma logarítmica, linear, da equação básica de sua hipérbole e verificou que o **coeficiente alfa** apresentava sempre uma variação entre 1,2 (coeficiente mínimo) e 1,9 (coeficiente máximo), com média girando em torno de 1,5. Quanto mais o coeficiente se aproximasse de 1,9, tanto mais inclinada seria a reta e menores as desigualdades das estruturas da repartição. Inversamente, quanto mais próximo de 1,2 se situasse o coeficiente, menos inclinada seria a reta e mais acentuadas as desigualdades econômicas entre os indivíduos.

Nos cinco gráficos da Figura 5.6 essas conclusões podem ser facilmente observadas. Por exemplo, a reta do gráfico (b) é mais inclinada, comparativamente à do gráfico (d). O coeficiente de inclinação da primeira tem um valor paramétrico menor do que o da segunda. Nessas condições, representando essas duas retas

FIGURA 5.6
Cinco hipóteses de estruturas de repartição, representadas sob a forma de curvas de Pareto: da plena igualdade à plena desigualdade.

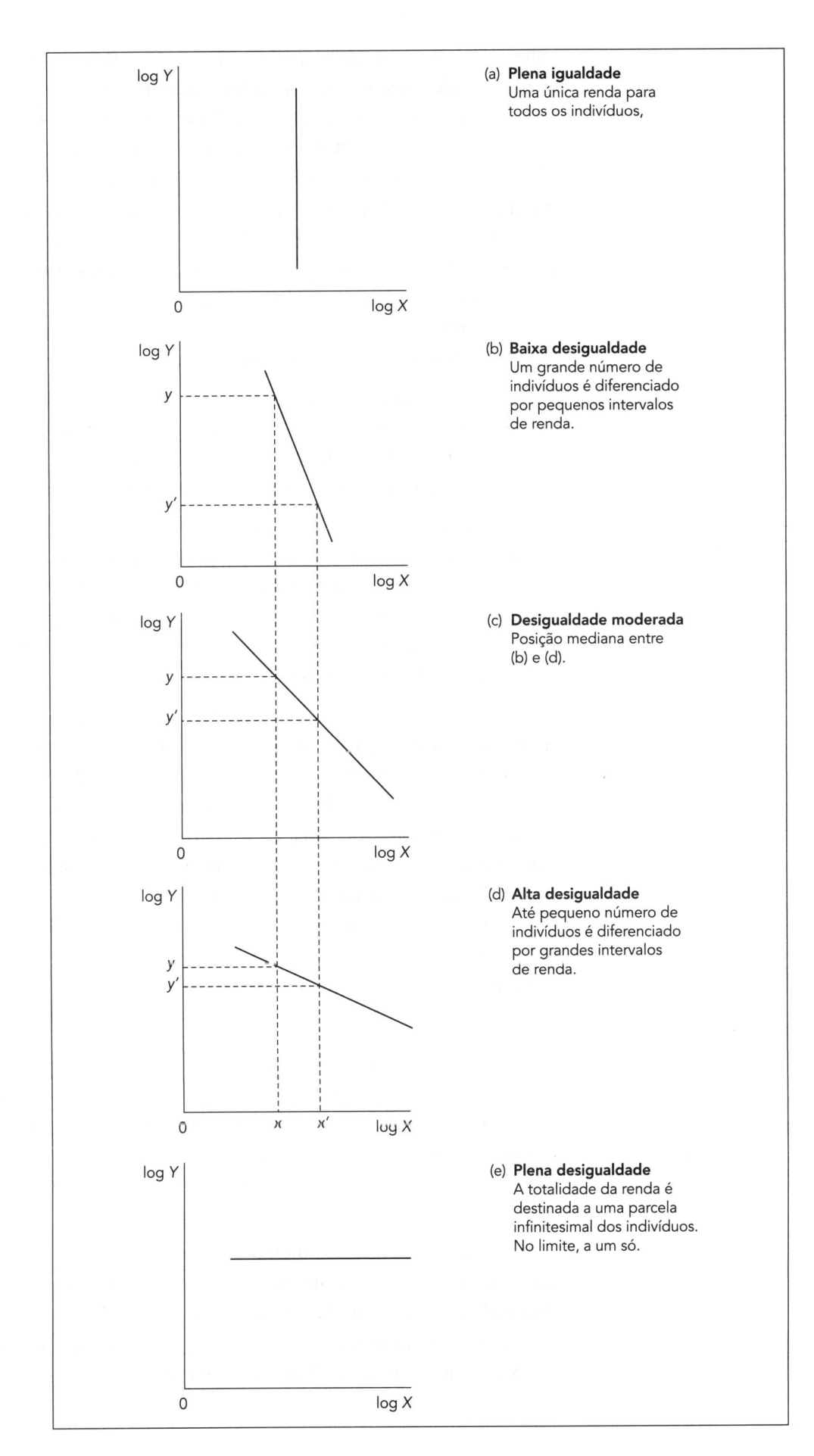

(a) **Plena igualdade**
Uma única renda para todos os indivíduos.

(b) **Baixa desigualdade**
Um grande número de indivíduos é diferenciado por pequenos intervalos de renda.

(c) **Desigualdade moderada**
Posição mediana entre (b) e (d).

(d) **Alta desigualdade**
Até pequeno número de indivíduos é diferenciado por grandes intervalos de renda.

(e) **Plena desigualdade**
A totalidade da renda é destinada a uma parcela infinitesimal dos indivíduos. No limite, a um só.

diferentes estruturas de repartição da renda, a da primeira seria mais favorável, evidenciando menores disparidades, comparativamente à da segunda. Com efeito, para abrangermos, na reta no gráfico (b), um grande número de indivíduos, bastará que consideremos um pequeno intervalo das faixas de repartição ($xx' < yy'$). No caso (d) passa-se o inverso: grandes intervalos de renda, correspondentes a grandes desigualdades, diferenciam qualquer amostra, ainda que reduzida, da população ($xx' > yy'$). Já os gráficos (a) e (e) representam situações extremas: aquele, plena igualdade na repartição da renda, sem quaisquer diferenças entre os níveis recebidos pelos indivíduos; este, plena desigualdade, com a totalidade da renda atribuída a uma parcela infinitesimal da população. Finalmente, o gráfico (c) localiza-se numa posição mediana em relação aos extremos.

Como indicador do grau de concentração da renda, o **coeficiente alfa** de Pareto, embora em desuso, pode ser empregado para comparações internacionais e intertemporais. Quanto mais alto o valor absoluto do coeficiente, menos concentrada a repartição da renda; quanto mais baixo, maior a concentração.

Pelas evidências reveladas por Pareto eram raros, em sua época, casos de valores iguais aos dos extremos originalmente definidos (1,2 e 1,9). Estruturas caracterizadas por alta desigualdade, situam-se no intervalo 1,3 a 1,4. Para economias que praticaram modos coletivistas de produção e de repartição, o coeficiente situa-se no intervalo 1,6 a 1,7. Este é também o valor definido para economias industriais maduras, de alto PNB *per capita*.

O **coeficiente de Pareto** abriu também espaço para controvertidas interpretações de natureza sociológica, com implicações políticas. O próprio Pareto, apontado como um dos ideólogos do conservadorismo político da primeira metade do século XX, adotou, com base nos resultados de seus estudos sociométricos, uma postura conformista em relação às estruturas de repartição da renda. Segundo acreditava, os resultados das reformas sociais que objetivam a eliminação das desigualdades econômicas não se mantêm indefinidamente, pois "a tendência da repartição será retornar aos padrões universais da desigualdade". No Quadro 5.1, que sintetiza observações de Oskar Lange, reproduzimos uma síntese das controvérsias em torno da abordagem de Pareto.

A Curva de Lorenz e o Coeficiente de Gini

Um segundo método de evidenciar os diferentes graus de concentração das estruturas de repartição da renda – este sim de utilização praticamente universal – foi proposto por Lorenz, um estatístico norte-americano, por volta de 1905. Diferentemente da curva de Pareto, a de Lorenz assemelha-se a um ramo de parábola. É definida a partir dos porcentuais acumulados da população e de suas participações correspondentes na renda agregada.

A curva de Lorenz é geralmente comparada com uma **reta de equidistribuição**, que corresponde a uma situação teórica em que a renda seria igualitariamente distribuída entre a população. Entre a curva de Lorenz e a reta de distribuição igualitária, define-se uma **área de desigualdade**. Quanto maior for esta área, maior a concentração na distribuição da renda.

QUADRO 5.1
A hipérbole de Pareto: construção e interpretação.

Em 1897, muito antes do aparecimento das pesquisas econométricas, o economista e sociólogo italiano Vilfredo Pareto descobriu certa regularidade na distribuição da renda nos países capitalistas e também naqueles onde imperavam relações feudais ou de capitalismo nascente.

Com base em estatísticas de diferentes países, Pareto construiu séries de dados sobre o número de pessoas correspondentes a diferentes faixas de renda recebida. A seguir, traçou os gráficos dos dados obtidos, marcando as diferentes faixas de renda no eixo das abscissas e, no eixo das ordenadas, o número de pessoas que recebiam rendas iguais ou superiores às de cada faixa. Pareto afirmou que, na maioria dos casos estudados, os dados assim representados tinham a forma semelhante à de uma hipérbole, cujo coeficiente de concavidade indicava o grau em que a desigualdade se apresentava.

Analisando as estruturas de repartição da renda em diversos países e em vários períodos, Pareto descobriu que a magnitude do coeficiente de concavidade das hipérboles, a que denominou **coeficiente alfa**, variava entre os limites de 1,2 a 1,9, com média de 1,5. Esse coeficiente definiria o grau de desigualdade das estruturas de distribuição. Quanto maior o seu valor, tanto mais côncava a hipérbole e tanto maiores as diferenças entre as rendas dos vários grupos da população.

A partir de suas constatações, Pareto tentou deduzir leis sociológicas gerais, que ele considerou como leis naturais válidas em qualquer época e em qualquer sociedade. Daí ele acreditar que as reformas sociais tendentes à extinção na distribuição da renda nacional eram condenadas ao fracasso, pois a lei natural da divisão da renda nacional agiria no sentido de restabelecer a distribuição preexistente. Ele expressou assim seu pensamento: "Tendo em vista a tendência da distribuição da renda em se configurar segundo uma forma definida, quaisquer mudanças introduzidas se anulam ao longo do tempo; a sociedade sempre volta a sua forma normal, como a solução de um determinado sal resulta sempre em cristais semelhantes."

Essa posição de Pareto explica suas convicções políticas. Ele acreditava que a história é uma sucessão de aristocracias formadas por minorias, suscetíveis de se transformarem em dirigentes, que impõem suas próprias condições às demais classes sociais. Não surpreende, assim, que, por suas posições políticas, ele é geralmente apontado como um dos mentores intelectuais do fascismo italiano.

Para apoiar sua tese de que a distribuição da renda se apresentava segundo uma lei universal, Pareto argumentou que suas observações foram feitas com base em estatísticas de diferentes países em diferentes períodos. Foram estudadas a Inglaterra, a Prússia e a Saxônia no século XIX; Florença do período renascentista; a Basileia medieval; Augsburg nos séculos XV e XVI e o Peru no final do século XVIII. Os resultados foram sempre os mesmos, apesar de mudanças nos sistemas sociais e da diversidade institucional.

A literatura econômica produziu inúmeras interpretações da "Lei de Pareto". Harold Davis, econometrista norte-americano contemporâneo, considerou que, se o **coeficiente alfa** da distribuição de Pareto tem valor próximo a 1,5, a sociedade considerada estaria sob "equilíbrio social". Se o valor se afastar significativamente de 1,5, na direção de seu limite inferior, 1,2, o equilíbrio seria perturbado, podendo levar a sociedade até a revolução social. Quando o valor se aproximasse do limite superior, as classes dominantes, em seu próprio interesse, tenderiam a reforçar seu poder, recorrendo inclusive a formas autoritárias de governo, não democráticas.

Frequentemente, tentou-se também interpretar a lei e os resultados similares das observações de Pareto como resultado decorrente das distribuições das capacidades humanas da sociedade. Daí falta apenas um passo para se chegar à conclusão de que a distribuição da renda corresponde à distribuição das capacidades humanas e que existe determinado valor definido para o **coeficiente alfa** que corresponderá ao estado normal do equilíbrio social.

Outros estudos, porém, concluíram em outra direção. Os estatísticos dinamarqueses Westergaard e Nyboelle descobriram que as rendas de grupos sociais determinados não se apresentavam segundo a conformação de Pareto. Na Polônia, as rendas de todos os trabalhadores não se distribuem de modo algum segundo a fórmula de Pareto. Estudos realizados por Z. Pawlowski mostram que a distribuição dominante nas sociedades socialistas diverge da de Pareto.

Fonte: LANGE, Oskar. *Introdução à econometria*. Lei de distribuição da renda: a curva de Pareto. Rio de Janeiro: Fundo de Cultura, 1963.

TABELA 5.8
Estruturas teóricas de repartição da renda. Seis economias imaginárias: da igualdade perfeita à plena desigualdade.

DISTRIBUIÇÕES SIMPLES - População segundo classes de rendimento	% de participação na renda agregada					
	A	B	C	D	E	F
20% mais pobres	20	15	10	6	2	0
20% seguintes	20	17	13	10	5	0
20%	20	20	16	15	10	0
20%	20	23	20	17	23	0
20% mais ricos	20	25	41	52	60	100

DISTRIBUIÇÕES ACUMULADAS - População segundo classes de rendimento	% de participação na renda agregada					
	A	B	C	D	E	F
20% mais pobres	20	15	10	6	2	0
40%	40	32	23	16	7	0
60%	60	52	39	31	17	0
80%	80	75	59	48	40	0
100%	100	100	100	100	100	100

A Tabela 5.8 reúne seis estruturas teóricas de repartição da renda, de seis países imaginários, *A* a *F*. Os dados apresentam-se de forma convencional, definindo-se as estruturas distributivas a partir de cinco quintis, dos 20% mais pobres aos 20% mais ricos da população. Os valores estão expressos em distribuições simples e acumuladas.

Na economia *A*, a renda é igualmente distribuída. Não há qualquer diferença entre as participações de cada classe de renda no agregado da renda nacional. Cada classe apropria-se igualmente de 20%. Trata-se de caso típico de uma sociedade sem classes. O critério econômico de diferenciação das classes desaparece: todas têm renda igual. Já na economia *B*, existe desigualdade interclasses. Nessa, os 20% mais pobres se apropriam de 15% da renda agregada, enquanto os 20% mais ricos ficam com 25%, percentual muito próximo dos atribuídos às classes imediatamente anteriores, 23% e 20%: mas, ainda que o grau de desigualdade seja baixo, já não é mais igualitária a distribuição da renda. Nas economias *C*, *D* e *E* também não há igualdade distributiva, observando-se em cada uma delas estruturas subsequentemente mais concentradas de distribuição. Em *C*, os 20% mais pobres ficam com 10% da renda; em *D*, com 6%; e em *E*, com apenas 2%. *C* parece-se com os países da Europa Central; *E*, com os da África Ocidental e da América Latina de estruturas distributivas altamente concentradas. Por fim, representando uma estrutura extremada, na economia *F*, a última classe, dos 20% mais ricos, apropria-se de toda a renda. Nesta economia imaginária, a desigualdade seria plena.

**FIGURA 5.7
Seis diferentes estruturas teóricas de repartição da renda: do extremo da plena igualdade (*A*), ao extremo da plena desigualdade (*F*).**

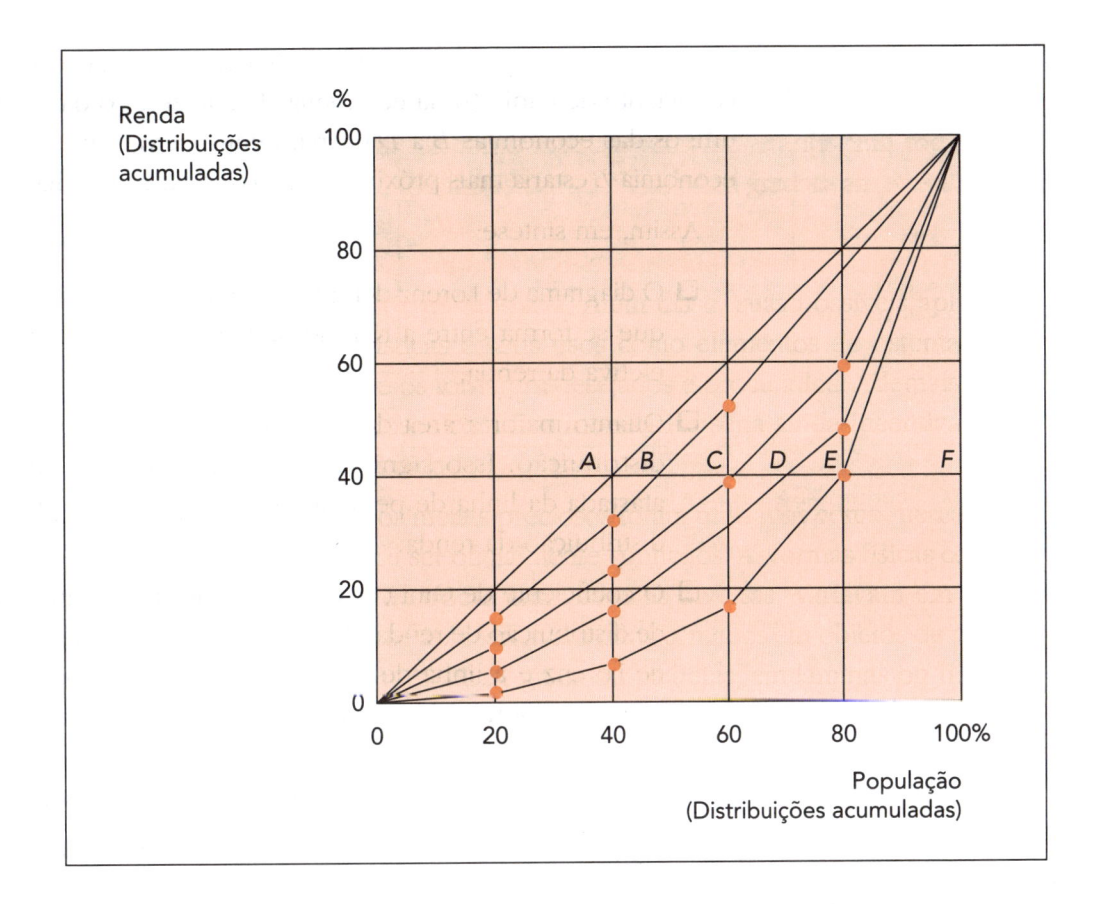

Transportando cada uma destas seis estruturas para um diagrama de Lorenz, como o da Figura 5.7, definiremos diferentes **áreas de concentração da renda**. No eixo das abscissas, indicamos os percentuais acumulados da população; no das ordenadas, os percentuais acumulados da renda. Para a economia *A*, em que a renda é igualmente distribuída a todas as classes, obtivemos a reta *A*, uma **diagonal de equidistribuição**, equivalente a uma linha de **plena igualdade**. Ela serve de linha referencial, em relação à qual, definindo-se os traçados correspondentes às estruturas de distribuição das demais economias, estabelecem-se diferentes afastamentos, tanto maiores quanto mais concentrada for a distribuição da renda. As áreas de concentração resultam desses afastamentos.

Assim, notamos que, entre a diagonal de plena igualdade e os traçados das economias *B* a *F*, definem-se áreas de concentração proporcionais aos graus de desigualdade. No caso extremo da economia *F*, a área de concentração é dada por um triângulo cujos lados são os eixos do diagrama e a reta de equidistribuição. Enquanto a reta *A* define um caso de plena igualdade, o triângulo *F* define um caso extremo de plena desigualdade, ou de máxima concentração.

A partir das curvas de Lorenz, podemos calcular um coeficiente de concentração de renda, definido a partir da área que se estabelece entre a curva de desigualdade e a reta de perfeita igualdade. Trata-se do **coeficiente de Gini**, graficamente dado pela divisão da área compreendida pela curva de Lorenz e o triângulo de plena desigualdade, formado pela linha de perfeita igualdade e os dois eixos do diagrama. Assim, **o coeficiente de Gini varia dentro do intervalo zero a um; zero, quando não há área de desigualdade; um, quando a área é igual à do**

triângulo de plena desigualdade. No caso das seis economias imaginárias, o coeficiente de Gini (*G*) da economia *A* seria zero; o da economia *F* seria igual a um; os das economias *B* a *D* ficariam entre zero e um, observando-se que o da economia *B* estaria mais próximo de zero e o da economia *E* mais próximo de um.

Assim, em síntese:

- O diagrama de Lorenz define um polígono de concentração de renda: a área que se forma entre a reta de perfeita igualdade e a curva de distribuição efetiva da renda.

- Quanto maior a área do polígono, maior a desigualdade da estrutura de distribuição. Isso significa que quanto mais a curva de Lorenz estiver afastada da linha de perfeita igualdade, maior o grau de concentração na distribuição da renda.

- O coeficiente de Gini (*G*) define o grau de desigualdade de uma estrutura de distribuição de renda. Ele é calculado a partir da área formada pela curva de Lorenz e a linha de perfeita igualdade. É pela comparação dessa área com a de plena desigualdade que se define o coeficiente de Gini. Assim:

$$G = \frac{\text{Área de desigualdade}}{\text{Área de plena desigualdade}}$$

- O campo de variação do coeficiente de Gini é de zero a um. Quanto mais próximo de um, maior a concentração de renda e a desigualdade.

$$0 \leq G \leq 1$$

- O coeficiente *G* indica, assim, graus de desigualdade comparados, referentes a diferentes economias. Indica também a evolução das estruturas de distribuição de renda em uma mesma economia ao longo do tempo.

Escolhemos sete economias de diferentes estruturas distributivas para representar em diagramas de Lorenz. São as da Tabela 5.9: África do Sul, Guatemala, Malásia, China, Alemanha, Suécia e Japão. Os dados foram dispostos de forma a evidenciar que estas economias se encontram em ordem decrescente de desigualdade. Na África do Sul, a estrutura de distribuição de renda é a mais concentrada; a do Japão, a mais igualitária. Malásia, China, Alemanha e Suécia encontram-se em posições intermediárias.

Na Figura 5.8 registramos as curvas de Lorenz dos dois extremos deste conjunto e para a China. Observa-se que a área de concentração da África do Sul é visivelmente maior que a do Japão – esta bastante próxima da linha de equidistribuição. A da China se situa entre os dois extremos. Na Tabela 5.10 encontram-se os coeficientes de Gini para os sete países da Tabela 5.9 e para outras economias de dois grupos de países, de maior e de menor desigualdade.

FIGURA 5.8
Curvas de Lorenz de três economias, com visíveis padrões de distribuição da renda. As áreas de concentração (polígonos definidos pela estrutura de distribuição em relação à linha de perfeita igualdade) são maiores na África do Sul e na China, comparativamente à do Japão.

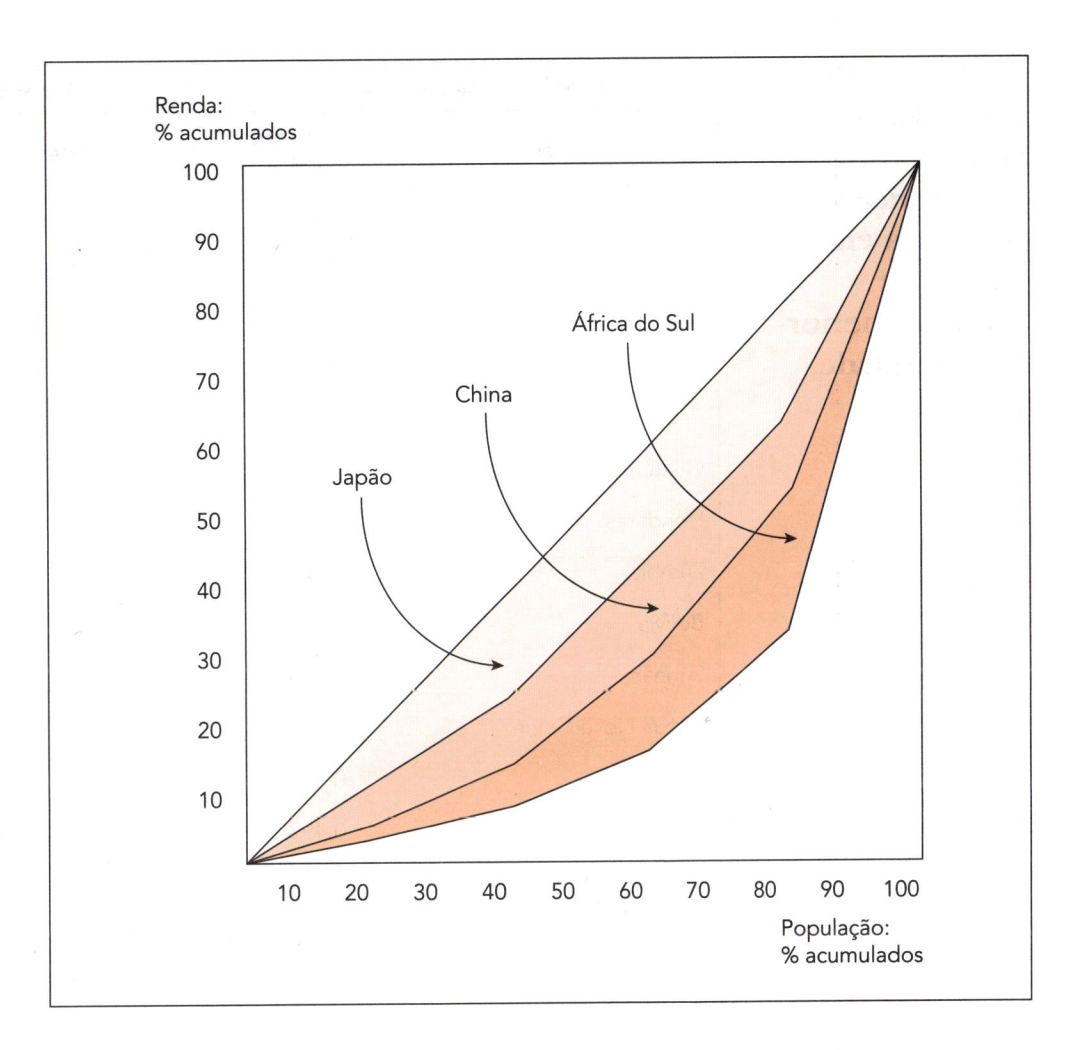

TABELA 5.9
Estruturas de repartição da renda de cinco economias selecionadas:
África do Sul, Malásia, China, Alemanha, Suécia e Japão.

DISTRIBUIÇÕES SIMPLES População segundo classes de rendimentos	% de participação na renda agregada						
	África do Sul	Guatemala	Malásia	China	Alemanha	Suécia	Japão
20% mais pobres	2,7	3,1	4,5	5,0	8,5	9,1	10,6
20% seguintes	4,6	6,9	8,7	9,9	13,0	14,0	14,2
20%	8,2	11,4	13,7	15,0	16,3	17,6	17,6
20%	16,3	18,5	21,6	22,2	20,8	22,7	22,0
20% mais ricos	68,2	60,3	51,5	47,9	41,4	36,6	35,6
Distribuições Acumuladas População segundo classes de rendimento	% de participação na renda agregada						
	África do Sul	Guatemala	Malásia	China	Alemanha	Suécia	Japão
20% mais pobres	2,7	3,1	4,5	5,0	8,5	9,1	10,6
40%	7,3	10,0	13,2	14,9	21,5	23,1	24,8
60%	15,5	21,4	26,9	29,9	37,8	40,7	42,4
80%	31,8	39,9	48,5	52,1	58,6	63,4	64,4
100%	100,0	100,0	100,0	100,0	100,0	100,0	100,0

Fonte: WORLD BANK. World Development Indicators. *World Development Report 1999-2000*. Washington: World Bank/Oxford University Press, 2001.

TABELA 5.10 Coeficiente Gini de distribuição da renda em países de maior e menor desigualdade, em 2013.

Maior desigualdade		Menor desigualdade	
Países	Coeficiente Gini	Países	Coeficiente Gini
Namíbia	0.639	Cingapura	0,401
África do Sul	0,631	Estados Unidos	0,396
Haiti	0,592	Portugal	0,385
Angola	0,586	Israel	0,392
República Centro Africana	0,563	Reino Unido	0,360
Guatemala	0,559	Irlanda	0,343
Honduras	0,570	Itália	0,360
Zâmbia	0,546	Espanha	0,347
Bolívia	0,563	Bélgica	0,330
Suriname	0,529	Austrália	0,352
Papua Nova Guiné	0,509	Suíça	0,337
Nigéria	0,488	França	0,327
Equador	0,493	Canadá	0,326
Congo	0,473	Holanda	0,309
República Dominicana	0,472	Noruega	0,258
Jamaica	0,455	Alemanha	0,283
Moçambique	0,457	Finlândia	0,269
Uganda	0,443	Suécia	0,250
China	0,425	Dinamarca	0,247
Nicarágua	0,405	Japão	0,249

Fonte: WORLD BANK, *World Development Report 2000-2001*. World Development Indicators. Washington: World Bank/Oxford University Press, 2001.

A Estrutura de Repartição da Renda no Brasil

No Brasil, os coeficientes de Gini, calculados para os anos de 1960, 70, 80, 90, 2000 e 2012, evidenciam o já destacado processo de crescente concentração da renda, somente revertido a partir de 95. Os dados da Tabela 5.11, transportados para a Figura 5.9, mostram como, no período, a distribuição da renda tornou-se mais desigual. Em relação à diagonal de perfeita igualdade, as curvas de Lorenz para os dois anos extremos do período, 1960 e 2010, mostram-se respectivamente mais afastadas, definindo para o último ano uma área de concentração maior do que para o primeiro. Os valores estimados para o coeficiente de Gini evoluíram de 0,500 para 0,572, aumentando seguidamente até 1990, ano em que alcançou seu mais alto nível. Em 1995, com fim de longo período de alta inflação, o processo de concentração progressiva da renda se reverteu, acelerando-se a partir dos primeiros anos do século XXI, com as políticas sociais do governo.

TABELA 5.11
Evolução da estrutura de repartição de renda no Brasil, 1960-2012. Distribuições acumuladas.

Classes de rendimentos	% de participação de cada classe na renda agregada							
	1960	1970	1980	1990	1995	2000	2005	2012
20% mais pobres	3,4	3,4	3,1	2,6	3,3	3,5	3,8	4,5
40%	11,5	10,0	9,7	7,8	8,9	9,9	11,3	13,2
60%	25,4	20,9	19,5	17,4	18,4	20,1	22,1	25,0
80%	45,7	38,1	36,8	35,0	35,7	37,4	39,7	43,1
100%	100,0	100,0	100,0	100,0	100,0	100,0	100,0	100,0
Coeficientes de Gini	0,500	0,562	0,580	0,616	0,592	0,572	0,569	0,507

Fonte: IBGE. *Estatísticas históricas do Brasil*: séries econômicas, demográficas e sociais de 1550 a 1985. Rio de Janeiro: IBGE, 1987. *Anuário Estatístico do Brasil 1994*. Rio de Janeiro: IBGE, 1994. IBGE. *Pesquisa nacional por amostra de domicílios*, 2002 e 2013.

FIGURA 5.9
Curvas de Lorenz das estruturas de repartição da renda no Brasil, em 1960 e 2012. Evidenciando maior concentração, a área de desigualdade em 2001 ampliou-se.

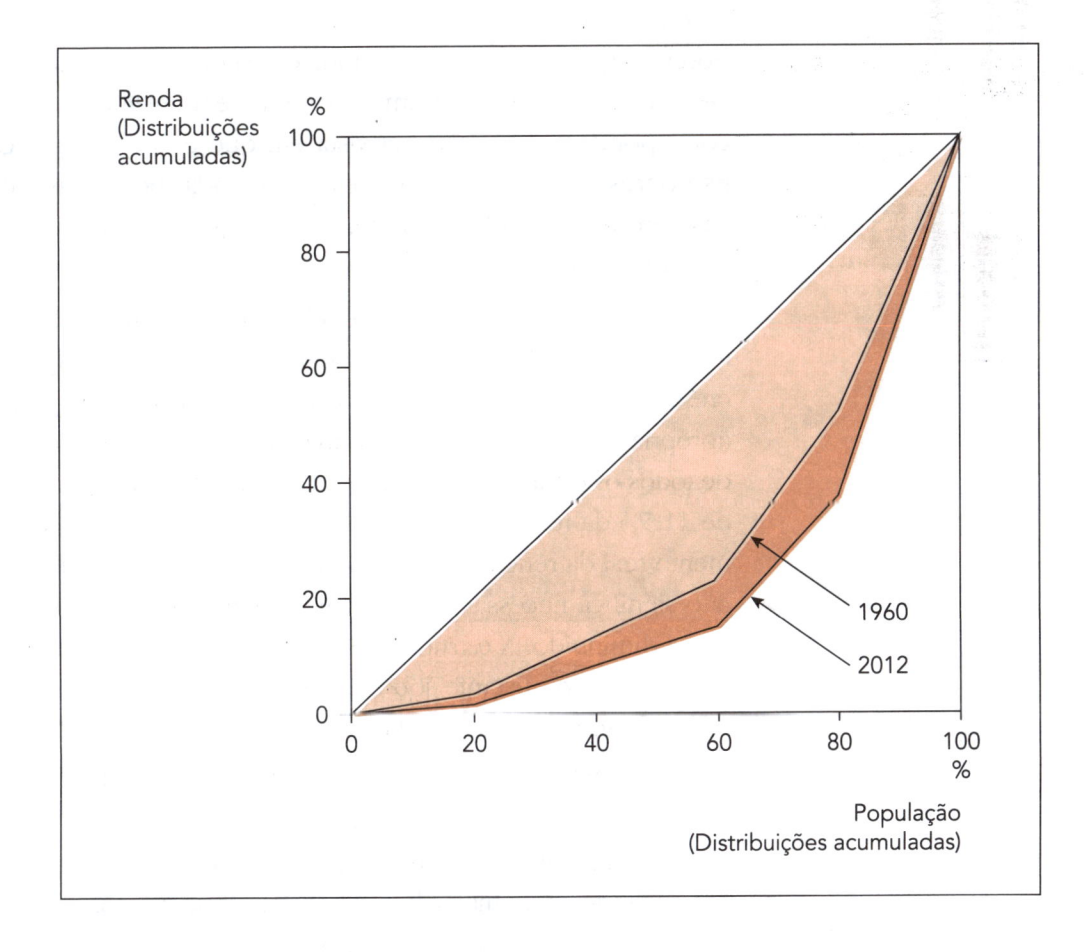

Além do processo inflacionário, uma importante causa deste aumento de concentração da renda parece ter sido a mudança que se observou, durante o período 1960-2010, na estrutura da economia do país e, consequentemente, na composição da população economicamente ativa. O crescimento econômico do período implicou progressiva heterogeneidade do mercado do trabalho, proporcionando ganhos diferenciados para os grupos mais bem preparados, basicamente em decorrência do fato de ser a oferta de mão de obra relativamente mais escassa à medida que aumenta o nível de sua qualificação.

Supostamente, no caso do Brasil, parece ter havido alta correlação entre a transição para o desenvolvimento e o aumento da desigualdade na repartição individual da renda nas décadas de 1960, 70 e 80. Como observou M. H. Simonsen,[7] "em primeiro lugar, porque os altos níveis de atividade provocam, nessa transição, um crescimento natural do lucro das empresas e, consequentemente, um aumento da renda dos empresários e administradores. Em segundo lugar, porque se acumula certa concentração da qual resulta uma transferência de recursos daqueles mais propensos a consumir para aqueles mais propensos a poupar. Em terceiro lugar, porque a aceleração do crescimento provoca, como efeito de transição, uma diferenciação entre os mercados de mão de obra qualificada e não qualificada, intensificando a demanda e os preços no primeiro deles. E, em quarto lugar, porque o mercado estabelece um prêmio para aqueles que mais se sobressaem em termos de capacidade técnica e empresarial. Deve-se todavia observar que um aumento do índice de concentração de rendas pode processar-se em duas hipóteses, numa economia em crescimento. A primeira, dramática, corresponde à descrição marxista em que os ricos ficam cada vez mais ricos e os pobres cada vez mais pobres. A segunda, bem mais alentadora, refere-se ao caso em que os pobres também se enriquecem, ainda que menos do que proporcionalmente aos ricos".

No caso brasileiro, com as evidências de aumento da concentração, os ricos tornaram-se ainda mais ricos, no período considerado, apropriando-se de parcelas crescentes da renda nacional; no entanto, embora a proporção da renda agregada apropriada pelos mais pobres tenha sofrido reduções relativas, as rendas absolutas de todos os estratos se expandiram. Em 1960, os 40% mais pobres apropriavam-se de 11,5% da renda agregada; em 2000, de 9,9%; mas, considerando-se o crescimento real da renda ao longo do período, a participação relativa inferior de 2000 não significa necessariamente que a magnitude absoluta da renda desse estrato tenha diminuído. A estrutura da distribuição piorou. Mas o padrão médio de vida elevou-se, não obstante sob evidente aumento da distância entre os extremos da pirâmide socioeconômica. Já no período 2000-2012, mudaram tanto a magnitude real da renda quanto a participação dos 40% mais pobres.

Nas regiões do país em que os padrões de desenvolvimento econômico se mostram mais elevados e homogêneos, os coeficientes de Gini resultam inferiores aos das regiões de maior heterogeneidade socioeconômica e de desenvolvimento relativamente tardio. Os dados da Tabela 5.12 e a Figura 5.10 mostram com bastante clareza este outro aspecto da repartição da renda no Brasil. Embora as diferenças sejam discretas, as áreas do diagrama de Lorenz definidas pelas estruturas distributivas do Sul e do Nordeste são diferentes. A do Nordeste evidencia graus de concentração superiores.

TABELA 5.12
Coeficientes de Gini da distribuição da renda no Brasil, segundo grandes regiões. Período 1990-2012.

Regiões	Coeficientes de Gini							
	1990	1993	1995	1997	1999	2000	2005	2012
Norte	0,591	0,588	0,574	0,574	0,553	0,543	0,520	0,497
Nordeste	0,622	0,619	0,581	0,577	0,617	0,566	0,587	0,521
Sudeste	0,578	0,581	0,574	0,566	0,551	0,554	0,523	0,493
Sul	0,567	0,577	0,571	0,556	0,559	0,543	0,520	0,480
Centro-Oeste	0,610	0,617	0,592	0,606	0,591	0,585	0,568	0,520
Brasil	**0,616**	**0,603**	**0,592**	**0,588**	**0,576**	**0,572**	**0,552**	**0,507**

Fonte: IBGE. *Pesquisa nacional por amostra de domicílios*. Rio de Janeiro: IBGE, 2002.

FIGURA 5.10
Curvas de Lorenz das estruturas de repartição da renda no Brasil em 2012, por grandes regiões.
A área de desigualdade definida para o Nordeste é maior que a definida para o Sul.

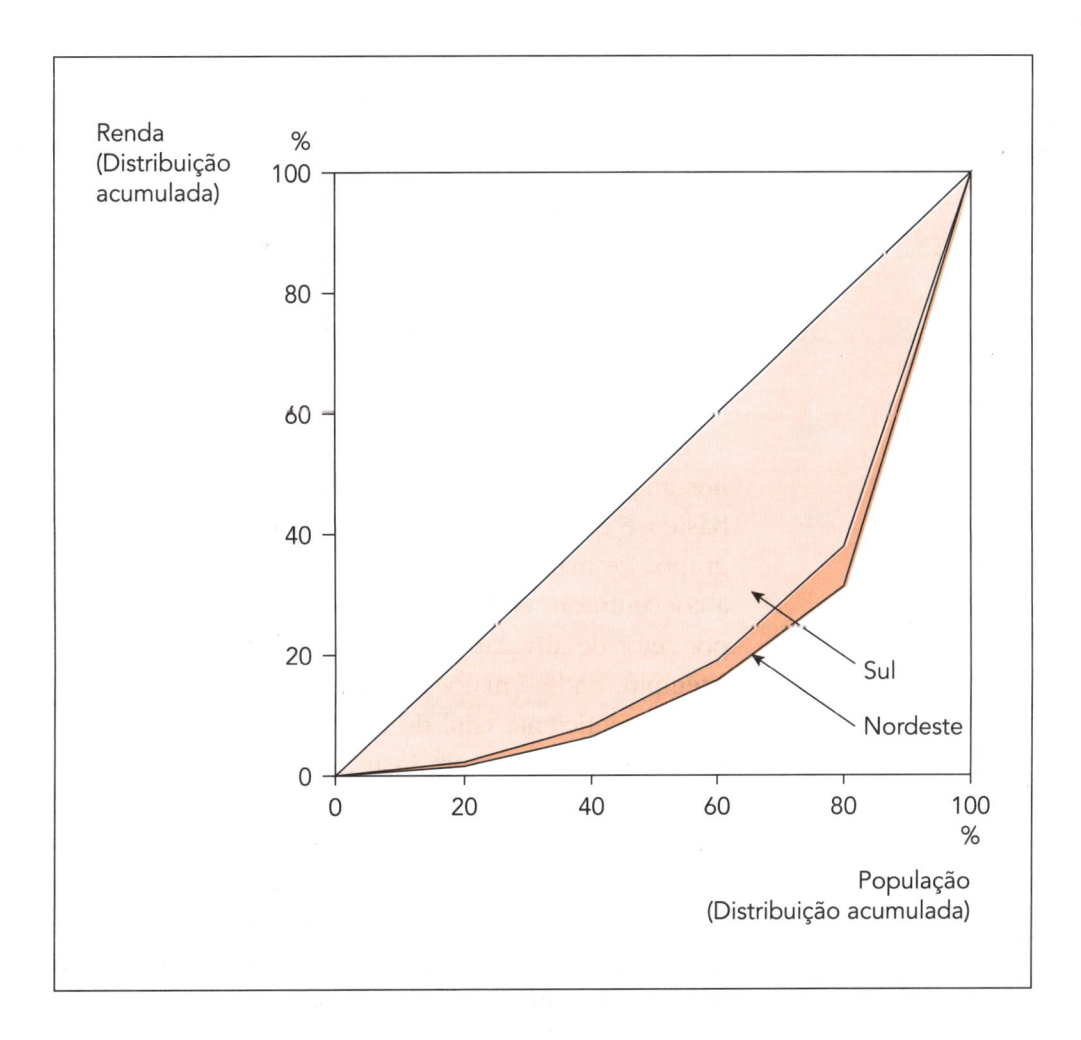

**TABELA 5.13
Coeficientes de Gini para grupos específicos da população economicamente ativa do Brasil, em 1970 e 2000: grupos mais homogêneos apresentam graus de desigualdade inferiores aos de grupos mais heterogêneos.**

1970		2000[a]	
Grupos	Coeficientes de Gini	Grupos	Coeficientes de Gini
Setor primário	0,414	Setor primário	0,601
Setor secundário	0,473	Setor secundário	0,559
Setor terciário	0,547	Setor terciário	0,602
Sexo masculino	0,532	Sexo masculino	0,574
Sexo feminino	0,410	Sexo feminino	0,551
Sem instrução	0,380	Sem instrução	0,442
1 a 3 anos	0,402	1 a 3 anos	0,485
4 a 7 anos	0,436	4 a 7 anos	0,596
8 a 10 anos	0,464	8 a 10 anos	0,611
11 a 14 anos	0,451	11 a 14 anos	0,497
15 anos e mais de estudo	0,398	15 anos e mais de estudo	0,422
10-17 de idade	0,346	10-17 de idade	0,346
18-24	0,403	18-24	0,495
25-39	0,517	25-39	0,610
40-54	0,572	40-54	0,621
55 anos e mais	0,609	55 anos e mais	0,589
Economia como um todo	**0,562**	**Economia como um todo**	**0,572**

(a) Não são disponíveis, para anos mais recentes, indicadores de estruturas de distribuição da renda no Brasil segundo esses agrupamentos.

Fonte: IBGE. *Anuário Estatístico do Brasil 1992*. Rio de Janeiro: IBGE, 1992. (para dados de 1970).
IBGE. *Pesquisa nacional por amostra de domicílios*. Rio de Janeiro: IBGE, 2001.

A Tabela 5.13 resume outros aspectos da estrutura de repartição no Brasil, nos anos de 1970 e 2000, evidenciados pelos coeficientes de Gini. O aspecto básico é que os graus de desigualdade se ampliam quando se consideram grupos de maior heterogeneidade. Para a economia brasileira como um todo, a concentração é maior do que a calculada para grupos específicos, definidos por setor de atividade, sexo, instrução e faixas etárias. No setor terciário, por exemplo, onde é maior a heterogeneidade de produtos e de grupos profissionais, o coeficiente Gini de concentração é maior, nos dois anos considerados. Grupos de pessoas sem instrução, de um lado, e, de outro lado, grupos que têm 15 anos e mais de estudo apresentam graus de desigualdade praticamente iguais. Situados entre esses dois extremos, os demais grupos, provavelmente mais heterogêneos, revelam graus de desigualdade de renda mais acentuados. Esta característica das estruturas de distribuição torna-se ainda mais evidente quando consideramos grupos separados por faixas etárias: à medida que os anos passam, as diferenças entre as pessoas vão-se ampliando, em função de uma série de fatores que explicam por que a renda se distribui de forma desigual. Os coeficientes de Gini captam essa realidade: entre as pessoas que se encontram no início de suas vidas profissionais, as diferenças de renda são bem menos acentuadas que as que se verificam entre as que já se encontram nos últimos anos de suas vidas produtivas. A Tabela 5.13 revela que, para esses dois grupos, os valores dos coeficientes de Gini vão de 0,346 a 0,610. Em todos os demais grupamentos, não se observam distâncias tão acentuadas.

Desigualdade e Pobreza: Diferenças Conceituais e Implicações

Os indicadores convencionais de desigualdade, não obstante revelem e comparem os padrões de repartição que se observam em diferentes grupos sociais ou em diferentes economias nacionais, escondem um outro aspecto crucial da questão-chave da justiça distributiva: a existência da **pobreza**.

Como observa M. C. Romão,[8] "todos nós, independentemente de nossa situação econômica, cultural ou ideológica, somos capazes de fornecer uma ideia, ainda que um tanto grosseira, de quais são as pessoas ou famílias pobres da sociedade da qual fazemos parte. Entretanto, poucos conceitos são tão difíceis de se definir como o de pobreza. Tais dificuldades crescem à medida que o conceito deva servir de instrumento operacional de intervenção política, para redução ou erradicação de situações extremas de miséria e indigência. A pobreza e outras situações radicalmente mais severas devem ser definidas em termos absolutos ou relativos? São para ser estudadas apenas do ponto de vista econômico ou os aspectos não econômicos precisam também ser explicados? A pobreza deve ser compreendida em relação à estrutura sociopolítica da sociedade de que faz parte ou vista independentemente dessa estrutura? Questões como estas, e tantas outras que poderão ser lembradas, ilustram a complexidade do conceito. Por isso é que é grande a variação das estimativas da pobreza entre diversos estudos relativos a uma mesma área geográfica, dependendo das diferentes percepções e conceitos. Grande parte dessa ambiguidade deve ser tributada à ausência de um marco teórico que possa explicar satisfatoriamente a pobreza nas suas múltiplas manifestações. Por último, ainda que houvesse um sistema teórico preciso relacionado ao conceito, ainda persistiria a questão da distinção prática entre o pobre e o não pobre: qual seria o limiar de renda a ser considerado se, por exemplo, a abordagem da **pobreza absoluta** fosse o conceito pertinente".

O conceito de **pobreza relativa** é derivado direto das estruturas de desigualdade na distribuição da renda. Sob este prisma, a pobreza pode ser definida em relação a determinado padrão médio – como a renda média por pessoa ocupada, calculada para o conjunto da população economicamente ativa. Os que se encontram abaixo desse padrão são pobres em relação ao conjunto.

Já o conceito de **pobreza absoluta** leva em conta não a posição relativa de determinada classe em relação à sociedade a que pertence. Ele parte da concepção de que **pobreza e desigualdade não são coisas iguais**, embora se apresentem correlacionadas. A pobreza absoluta é definida por uma linha abaixo da qual subsistem condições de **destituição**, **marginalidade** e **desproteção**, assim sintetizadas por S. Abranches:[9] "Destituição dos meios de subsistência física; mar-

FIGURA 5.11 Critério metodológico para definição do conceito de *pobreza*. A fixação de critérios para a estimativa das *linhas de pobreza absoluta* e de *pobreza extrema*.

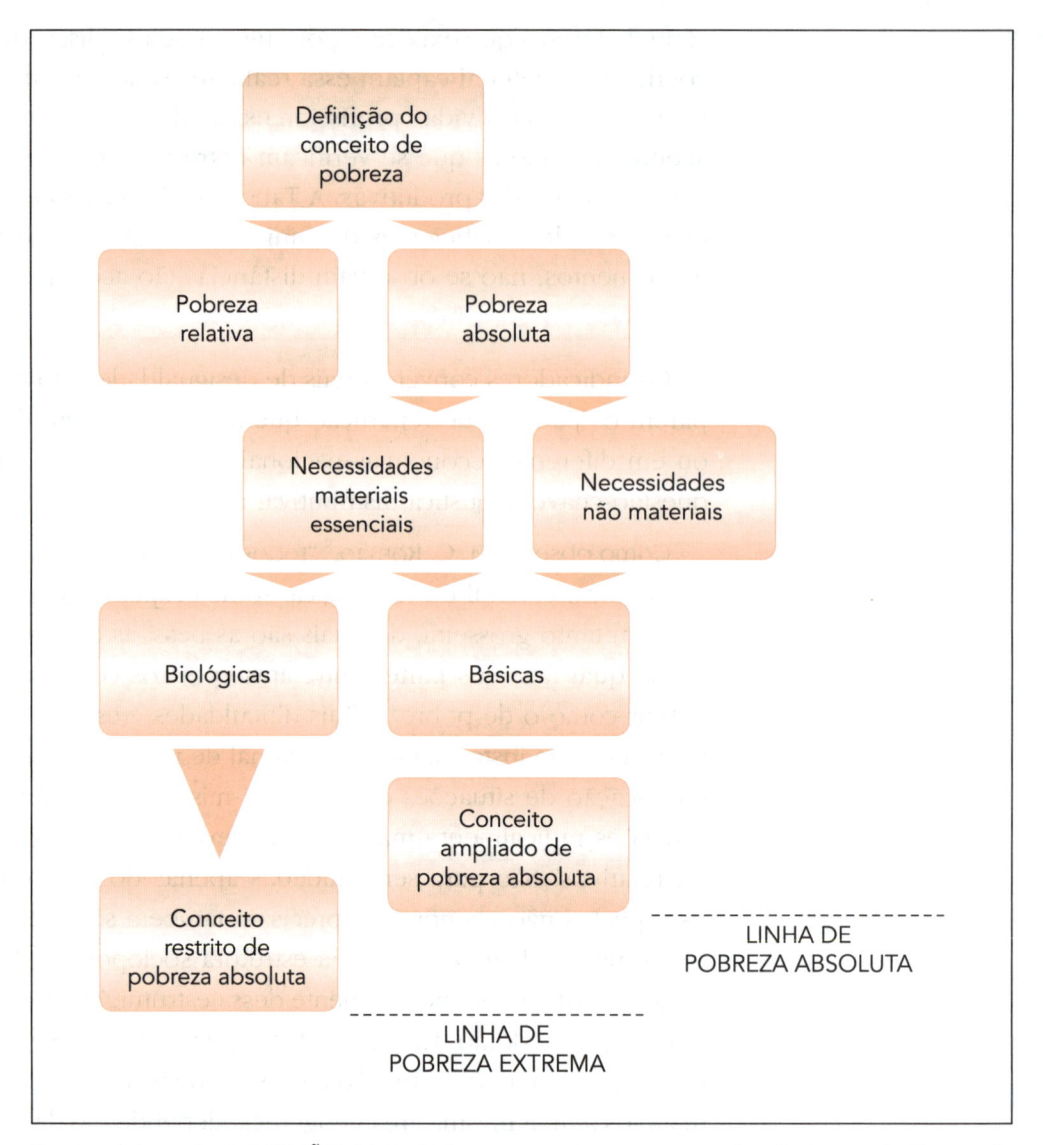

Fonte: Adaptada de ROMÃO, M. C. *Pobreza*: conceito e mensuração. Cadernos de Economia nº 13 do IPEA, Instituto de Pesquisa Econômica Aplicada. Rio de Janeiro: IPEA, 1993.

ginalização no usufruto dos benefícios do progresso; e desproteção por falta de amparo público adequado, incluindo as garantias de sobrevivência."

As duas abordagens de referência para definição da linha de **pobreza absoluta** são:

❑ A **sobrevivência biológica**. Diz respeito à definição de uma linha de pobreza a partir dos requisitos mínimos exigidos para satisfação de necessidades alimentares. Trata-se de uma linha abaixo da qual não é possível a satisfação de necessidades biofisiológicas mínimas.

❑ A **satisfação de necessidades básicas**. Diz respeito à definição de uma linha de pobreza que não se limita ao preenchimento de requisitos biofisiológicos. É mais abrangente, incluindo também disponibilidade orçamentária para atender a exigências mínimas de vestuário, moradia, transportes, assistência à saúde e educação fundamental.

A Figura 5.11 sintetiza essas duas abordagens, que partem da definição do conceito de pobreza. O conceito de pobreza relativa tem a ver com a posição em que as diferentes classes socioeconômicas se encontram em dada estrutura de repartição da renda e da riqueza. Em relação aos que se situam na classe superior, os das classes abaixo desta são pobres relativos, mas não necessariamente pobres absolutos. A situação de **pobreza absoluta** tem a ver com determinado nível de renda não suficiente para suprir necessidades materiais essenciais, vitais e básicas. E a de **pobreza extrema** é definida por nível de renda insuficiente para atender a necessidades fisiológicas, de sobrevivência.

Quando se consideram como suprimentos vitais apenas os relacionados a necessidades biológicas, define-se um **conceito restrito e extremo de pobreza absoluta**. Somando-se a esses suprimentos os destinados a outras necessidades materiais essenciais, define-se um **conceito ampliado de pobreza absoluta**. Calculando-se o nível de renda correspondente a cada um, definem-se duas linhas de diferente significado: a LPA, linha de pobreza absoluta; e a LPE, linha de pobreza extrema.

Estabelecidos os conceitos, surge a questão de como medir as linhas definidas. Do ponto de vista prático, operacional, estabelecem-se quais são as necessidades vitais, biológicas e básicas e quais os bens e serviços que as satisfazem. Estabelecidos quais, quantificam-se os requisitos mínimos de cada um, consistentes com os padrões culturais e sociais vigentes. E, então, conhecidos seus custos médios, estabelecem-se os valores do orçamento capaz de cobri-los. As rendas abaixo e acima do valor orçamentário definido situam-se, assim, conceitualmente, abaixo e acima da linha de pobreza absoluta ou de indigência.

Com base na linha definida, pode-se medir o grau de pobreza de determinada sociedade por diferentes tipos de índices. Os principais são:

- **Índices de incidência de pobreza** Definem-se pela proporção da população que se encontra abaixo da LPA ou da LPE, em relação à população total. Conhecidos (a) os níveis de rendas recebidos pelas diferentes classes de uma sociedade, (b) o número dos indivíduos correspondentes a cada nível e (c) as linhas de pobreza absoluta definidas, o índice de incidência de pobreza indica quantos, em termos relativos, se encontram abaixo de cada uma delas.

- **Índice de insuficiência de renda** Conhecidas as linhas de pobreza e a renda agregada de todos os que se encontram abaixo dela, este índice mede a deficiência de renda em relação a cada uma das linhas definidas. Em termos de políticas públicas ele indica o montante de renda necessário para que sejam erradicadas as situações de pobreza extrema e absoluta.

- **Índice de déficit da pobreza** Para o cálculo desse índice devem ser conhecidas: (a) a linha de pobreza, (b) a renda agregada de todos os que se encontram abaixo dela e (c) a renda agregada da sociedade como um todo. Esses dados permitem que se calcule quanto de renda precisa ser adicionado à renda de todos os pobres para que eles alcancem a linha de pobreza. Esse valor, comparado com o valor agregado da renda da sociedade como

> **QUADRO 5.2**
> **Critérios para estimativa do número de habitantes em situações de pobreza absoluta ou extrema.**
>
> | CONCEITOS UNIVERSALMENTE ACEITOS |
> |---|
> | CNB = Cesta de produtos que atende à satisfação de necessidades básicas.
CNF = Cesta de produtos que atende à satisfação de necessidades fisiológicas.
q = Quantidade de cada um dos produtos da cesta, necessários para atender às necessidades definidas pelo período de um mês.
p = Preços de mercado para aquisição de cada um dos produtos da cesta. |
> | Condição para não ocorrência de excluídos radicais |
>
> **LINHA DE POBREZA ABSOLUTA**
> LPA = (CNB) . q . p < US$ 2,50 por dia
>
> **LINHA DE POBREZA EXTREMA**
> LPE = (CNF) . q . p < US$ 1,25 por dia
>
> A ocorrência da exclusão socioeconômica

um todo, dimensiona a parcela da renda da sociedade que seria necessária para a superação das linhas de pobreza extrema e absoluta dos contingentes situados abaixo delas.

O Quadro 5.2 sintetiza os conceitos e critérios para definição das linhas de pobreza extrema (LPE) e absoluta (LPA). A LPE é definida por uma cesta de produtos que atende à satisfação de necessidades fisiológicas, multiplicando-se cada um deles pelas quantidades necessárias para o período de um mês e pelos preços de mercado para sua aquisição. O resultado é, assim, expresso em unidades monetárias. Convertidas em US$, estima-se que este critério corresponde a US$ 1,25 por dia (US$ 38,75 mensais), em termos médios mundiais. Se a renda pessoal for inferior a esse valor, impossibilitando a aquisição da cesta definida, está-se diante de uma situação de pobreza extrema. A LPA é definida pelos mesmos critérios, mudando-se apenas a composição da cesta de produtos, ampliada em relação à da LPE, por incluir maior número de itens necessários para atendimento de outras necessidades básicas que superam o conceito restrito de pobreza extrema. O valor dessa cesta, também em termos médios mundiais, é estimado em US$ 2,50 por dia (US$ 75,50 mensais). Tanto a LPE quanto a LPA são em valores definidos pelo conceito da paridade do poder de compra das moedas nacionais em relação ao dólar dos Estados Unidos.

TABELA 5.14
A pobreza extrema no mundo: 1990-2015.

Anos	População (milhões de pessoas) com renda diária abaixo de US$ 1,25						
	África subsaariana	Sul da Ásia	Leste da Ásia e Pacífico	América Latina e Caribe	Oriente Médio e Norte da África	Europa e Ásia Central	MUNDO
1990	290	620	939	53	13	7	**1.923**
1993	338	636	887	55	13	13	**1.942**
1996	359	630	682	51	12	20	**1.754**
1999	385	617	661	55	13	18	**1.751**
2002	400	638	518	54	11	10	**1.631**
2005	398	596	324	40	9	6	**1.374**
2008	403	540	272	31	7	2	**1.255**
2011	415	399	161	28	6	2	**1.011**
2015	403	311	86	27	7	1	**836**
	% em relação ao total da população						
1990	56,6	54,1	57,0	12,2	5,8	1,5	**36,4**
1993	60,9	52,1	51,7	11,9	5,3	2,9	**35,1**
1996	59,7	46,8	38,3	10,5	4,8	4,3	**30,4**
1999	59,3	45,0	35,9	11,0	4,8	3,8	**29,1**
2002	57,1	44,1	27,3	10,3	3,8	2,1	**26,1**
2005	52,8	39,3	16,7	7,3	3,0	1,3	**21,1**
2008	49,7	34,1	13,7	5,4	2,1	0,8	**18,6**
2011	46,8	24,5	7,9	4,6	1,7	0,5	**14,5**
2015	10,9	18,1	4,1	4,3	2,0	0,3	**11,5**

Fonte: WORLD BANK. World view: millenium development goals: erradicate extreme poverty. *World Development Report 2015*. Washington DC: World Bank, 2015.

No mundo, em 2015, estima-se que 836 milhões de pessoas se encontravam em situação de extrema pobreza, 11,5% da população mundial, como indicam os dados da Tabela 5.14. Esse contingente era mais de duas vezes superior há 25 anos atrás, em 1990: 1.923 milhões, ou 36,4% do contingente mundial naquele ano, dos quais 96,1% em três regiões – África subsaariana, Sul da Ásia e Leste da Ásia e Pacífico. Em 2015 essas três regiões concentravam 1.849 milhões de pessoas em situação de extrema pobreza (96,2% da população mundial nessa condição), mas com grande mudança quanto a suas participações relativas: nesses 25 anos, as nações da Ásia reduziram a extrema pobreza de 1.559 milhões de pessoas para 397 milhões – é ali que se situam as mais bem-sucedidas economias emergentes asiáticas, destacando-se entre elas, em peso e velocidade das mudanças socioeconômicas, a China Continental e os Quatro Tigres Asiáticos, Cingapura, Taiwan, Hong Kong e Coreia do Sul. Mas, na África subsaariana o número dos extremamente pobres multiplicou-se: eram 290 milhões em 1990, 28% menor que os 403 milhões de 2015. Na América Latina, o contingente diminuiu, aumentando, porém, sua participação no conjunto da pobreza extrema no mundo, de 2,8% para 3,3%. Esta mudança na posição relativa explica o êxito maior alcançado pelos países asiáticos em suas ações relacionadas à redução da pobreza.

No Brasil, nos últimos 30 anos, ocorreram mudanças expressivas no número de pessoas que viviam em situação de pobreza absoluta, tanto o total do contingente quanto sua proporção em relação à população total. O Quadro 5.3 mostra a evolução no período 1970-2011 da proporção dos pobres absolutos: a queda foi de cerca de 70% para níveis próximos de 10%. São destacados quatro períodos distintos: a década de 70, os anos de 1980-1993, o período que se sucedeu ao Plano Real, de superação do processo agudo de inflação e os anos de 2003-2011, marcados por agressivas políticas de redução da pobreza. Nesse período de quatro décadas, o número de pobres absolutos reduziu-se de 51,2 para 18,7 milhões. Foram raros os anos em que a queda da pobreza foi interrompida. E, quando ocorreu, os motivos centrais foram condições macroeconômicas adversas, tanto em relação ao crescimento da economia, quanto em relação a processos inflacionários.

5.3 Desigualdade, Pobreza e Justiça Distributiva

As Causas Prováveis das Desigualdades

A desigual repartição da renda, a pobreza relativa e mesmo as pobrezas extrema e absoluta são aspectos da realidade econômica que estão presentes em todas as sociedades, independentemente de seus estágios de desenvolvimento e da ordem institucional praticada. Embora os graus de desigualdade e a incidência da pobreza variem em função de fatores como o nível do PNB *per capita* e o tipo de ordenamento político-institucional, o fato é que não há nação em que a distribuição se caracterize pela perfeita igualdade. No diagrama de Lorenz, por exemplo, os casos concretos de estruturas distributivas estão sempre afastados, ainda que com diferentes padrões, da linha referencial de plena igualdade. E, quando se estabelecem parâmetros do tipo **linhas de pobreza**, sempre haverá, mesmo nas nações ricas, certa parcela da sociedade que ficará abaixo do padrão mínimo definido.

Os conceitos de desigualdade, de pobreza absoluta e de pobreza extrema podem ser sintetizados em conjunto, como na Figura 5.12. As dez colunas do gráfico reproduzem a estrutura da distribuição da renda, dos 10% mais pobres aos 10% mais ricos. Os valores das rendas de cada um dos extratos são definidos em relação às linhas da pobreza extrema e absoluta. Os 10% mais pobres estão abaixo da linha de pobreza extrema; os 10% seguintes encostam nesta linha, numa situação limite entre as condições da pobreza absoluta e extrema; já a terceira classe da distribuição está bem próxima de superar a linha da pobreza absoluta, situação em que se encontram as sete classes seguintes, em posições crescentemente distantes da LPA.

Uma reta ajustada a este diagrama, considerada como "função desigualdade" (FD), pode servir de base para a mensuração do grau de concentração da renda, pelo grau de sua inclinação (o coeficiente angular δ). Uma rotação desta função para baixo, na direção (a) reproduziria uma situação de menor concentração: as distâncias entre as rendas médias da primeira e da última classe seriam menores; uma rotação, na direção (b) indicaria situação oposta: maior distância entre os extremos e concentração também maior. Outro aspecto dessa representação

QUADRO 5.3
A evolução da pobreza no Brasil: proporção de pobres absolutos em relação à população total: 1970-2011.

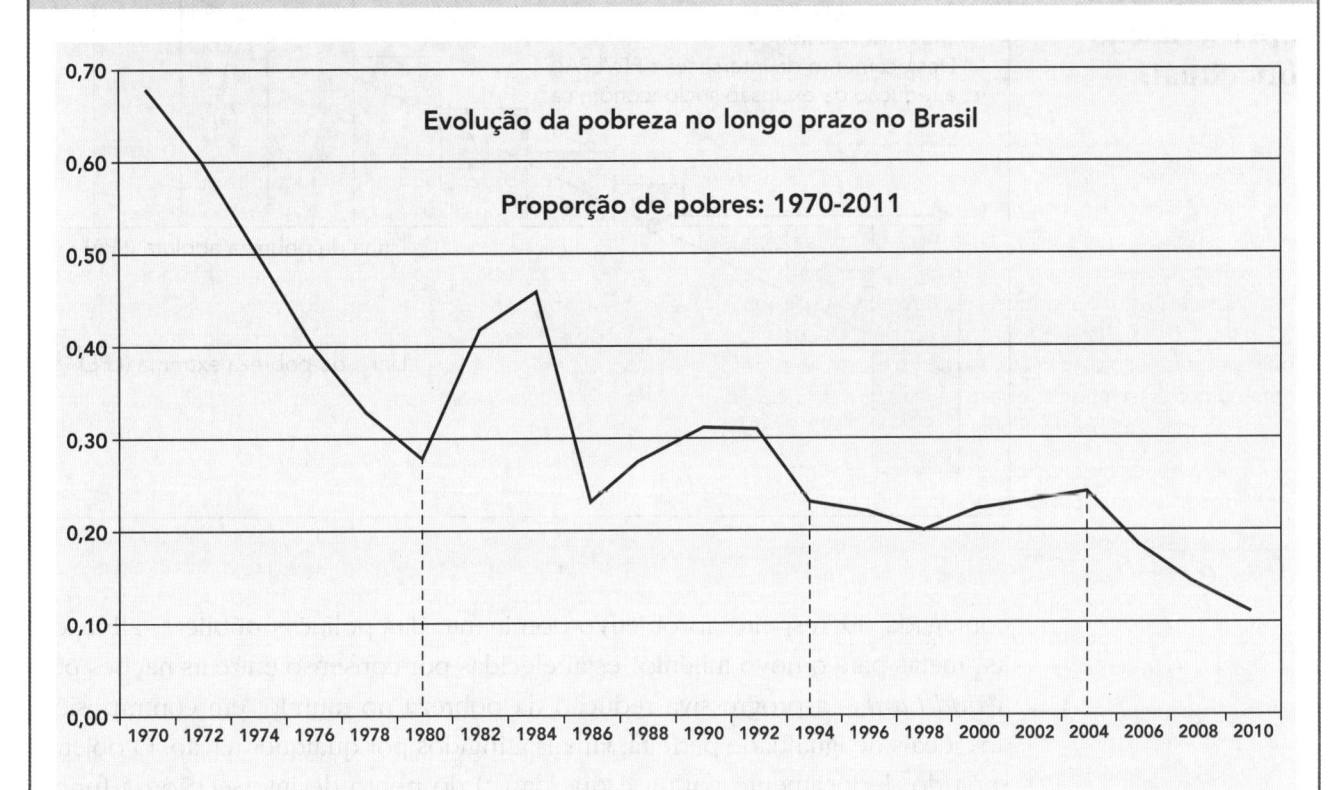

Evolução da pobreza no longo prazo no Brasil

Proporção de pobres: 1970-2011

Década de 70	Período de grande crescimento do PIB, definido como o "milagre econômico": a proporção dos pobres caiu fortemente, de 68,4%, para 35,3%, embora muito desigual entre as regiões Sudeste e Sul e o restante do país.
Período 1980-1993	Caracterizado como "longa década perdida", de baixo crescimento do PIB, combinado com índices de inflação que chegaram a quatro dígitos anuais. Foram anos de rupturas em relação à década anterior, invertendo-se as tendências da redução da pobreza: nos estados mais dinâmicos, a proporção dos pobres aumentou; nas áreas menos avançadas em termos econômicos a pobreza declinou em termos relativos.
Período 1993-2003.	Período marcado por bem-sucedido plano de estabilização monetária e de controle da hiperinflação. A estabilidade dos preços tem efeitos positivos sobre a desconcentração da renda e redução da pobreza. O Plano Real foi fundamental para forte redução da pobreza, de 30,3% para 20,6%.
Período 2003-2011	A despeito de alguns anos de crise, o crescimento econômico foi retomado, embora em ritmo bem inferior à média alcançada pelos países emergentes. A geração de empregos, a valorização real dos salários e a expansão e a extensão dos programas de transferências assistenciais beneficiaram preponderantemente os mais pobres, trazendo a ocorrência da pobreza para níveis próximos de 10% do contingente demográfico do país.

Fonte: ROCHA, Sonia. *Pobreza no Brasil: a evolução de longo prazo (1970-2011)*. Rio de Janeiro: INAE – Instituto Nacional de Altos Estudos. XXV Fórum Nacional 2013.

**FIGURA 5.12
Desigualdade e pobreza de exclusão: uma representação conceitual.**

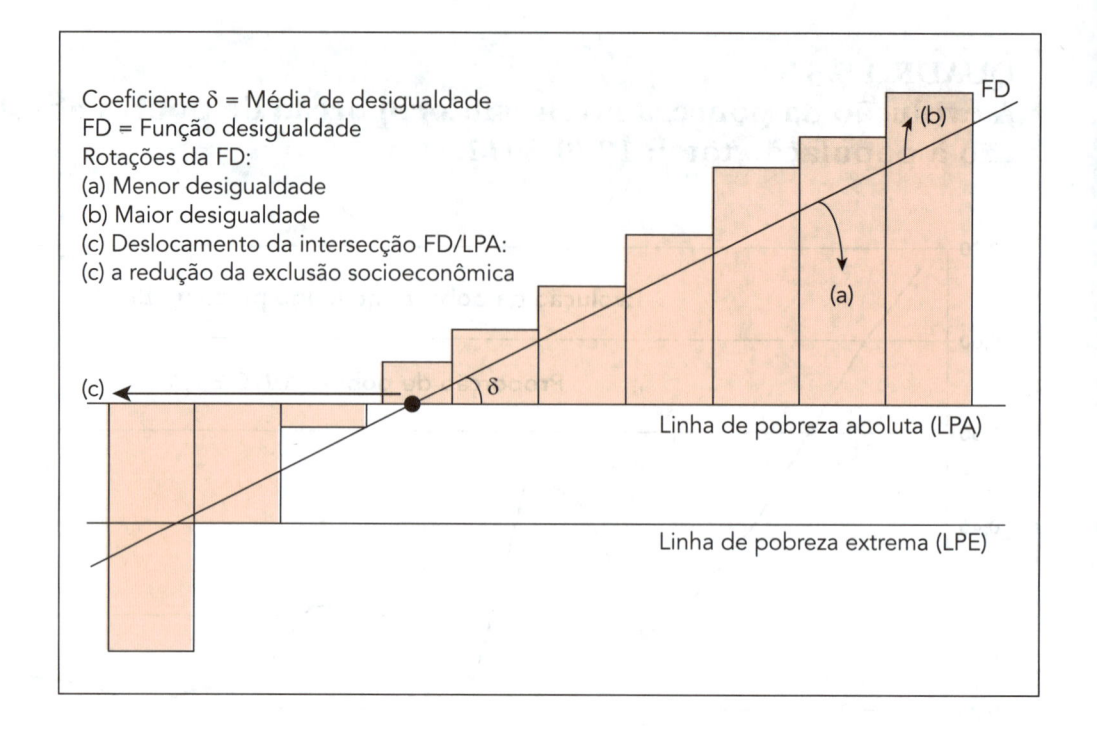

Coeficiente δ = Média de desigualdade
FD = Função desigualdade
Rotações da FD:
(a) Menor desigualdade
(b) Maior desigualdade
(c) Deslocamento da intersecção FD/LPA:
(c) a redução da exclusão socioeconômica

Linha de pobreza aboluta (LPA)

Linha de pobreza extrema (LPE)

conjugada diz respeito ao objetivo dominante das políticas públicas, alinhadas às "metas para o novo milênio" estabelecidas por consenso entre as nações pelo *World Bank* – a progressiva redução da pobreza no mundo, em contraposição aos ideais de igualdade perfeita, jamais atingidos por qualquer nação. O objetivo seria do deslocamento para a esquerda (c) do ponto de intersecção da função desigualdade com a linha de pobreza absoluta FD/LPA. Mesmo que o coeficiente angular da função desigualdade permanecesse inalterado, a exclusão socioeconômica absoluta com esse deslocamento estaria eliminada.

Este deslocamento é o que está ocorrendo, em todo o mundo, como mostramos nas Tabelas 5.15 e 5.16. Mas o ideal da inclusão nos mercados de todas as nações e em todos os continentes está ainda longe de ser alcançado. Restam, então, duas perguntas relacionadas à terceira questão-chave da economia – a justiça distributiva. Quais os principais fatores determinantes da desigualdade e de seus mais preocupantes aspectos – as pobrezas absoluta e extrema? Quais as causas e, uma vez conhecidas, como definir políticas públicas para erradicar, reduzir ou eliminar seus efeitos?

Baumol-Blinder,[10] Samuelson[11] e Ragan-Thomas[12] destacam as seguintes:

- ❑ Heranças históricas.
- ❑ Macrocondicionantes.
- ❑ Retorno do capital humano.
- ❑ Talento e habilidades inatas.
- ❑ Curva da experiência.
- ❑ Estoques de riqueza acumulados.
- ❑ Poder de mercado.

FIGURA 5.13
Três diferentes estruturas de distribuição da renda: (a) alta concentração, com alta incidência de pobreza extrema; (b) baixa concentração, mas com ocorrência de pobreza absoluta; e (c) alta desigualdade, mas sem registros de pobreza absoluta ou extrema.

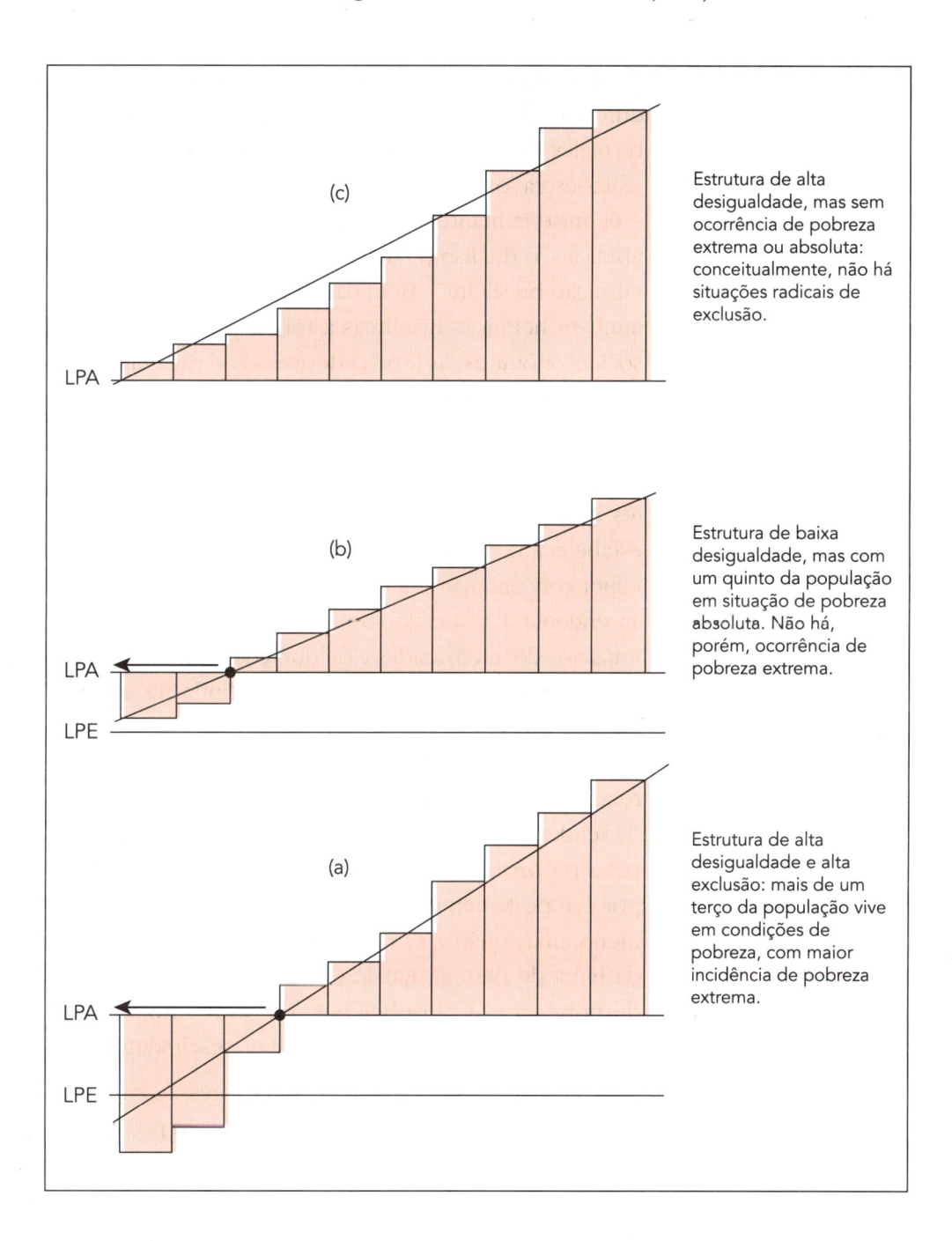

(c) Estrutura de alta desigualdade, mas sem ocorrência de pobreza extrema ou absoluta: conceitualmente, não há situações radicais de exclusão.

(b) Estrutura de baixa desigualdade, mas com um quinto da população em situação de pobreza absoluta. Não há, porém, ocorrência de pobreza extrema.

(a) Estrutura de alta desigualdade e alta exclusão: mais de um terço da população vive em condições de pobreza, com maior incidência de pobreza extrema.

❏ Heterogeneidade ocupacional.
❏ Discriminação.
❏ Estrutura dos orçamentos públicos.

Heranças históricas. A escravidão e a servidão, ainda que legalmente abolidas há muitas décadas ou mesmo há séculos passados, deixam marcas de difícil remoção na estrutura distributiva das sociedades que as praticaram. A imobilidade social, imposta por um poder dominante em dada época, acaba transmitindo-se de geração a geração, embora possa ser quebrada por levantes revolucionários ou atenuada por disposições institucionais. Há heranças sociais que se perpetuam, embora em graus atenuados ao longo do tempo. H. Jaguaribe[13] observa que "a causa primária do dualismo social brasileiro foi o instituto da servidão, que perdurou até fins do século XIX. Abolida a instituição servil, supunham-se eliminados os males dela decorrentes e não se praticaram políticas públicas para incorporar os ex-escravos às condições da cidadania. A reprodução familiar da ignorância e da miséria manteve, assim, no curso das quatro gerações que nos separam da abolição, o dualismo básico entre participantes e excluídos dos benefícios da civilização brasileira". Além das decorrentes de instituições como a escravidão, são também heranças históricas a forma como se segmenta a sociedade em classes socioeconômicas, as formas de acesso de cada classe aos bens públicos e privados e, como consequência, a acumulação diferenciada de riquezas.

Macrocondicionantes. Condições macroeconômicas prevalecentes por longos períodos podem ser a causa do agravamento de estruturas distributivas preexistentes. Modelos de crescimento e de desenvolvimento, definidos pelo poder político estabelecido, podem impactar as estruturas de distribuição, seja na direção de maior concentração da renda e da riqueza ou de esforços para mobilidade social ascendente. E os desdobramentos desses mesmos modelos continuarão a exercer impactos de intensidades e de durações variadas. Sob a hipótese de se estabelecer um longo período de altas taxas de "inflação crônica", o quadro repartitivo se alterará substantivamente, na direção de maior desigualdade. A capacidade das várias camadas sociais de neutralizarem os efeitos da inflação sobre seus fluxos de renda e de riqueza não é igualmente distribuída. As camadas do topo da pirâmide de rendas geralmente têm capacidades diferenciadas das camadas inferiores, seja pelas próprias diferenças dos níveis de educação, de informação e de renda, seja por comportamentos e conhecimentos específicos sobre como lidar com o fenômeno inflacionário. O resultado final é o afastamento do conjunto da sociedade da linha de perfeita igualdade. E também o aumento dos índices de incidência de pobreza e de insuficiência de renda, notadamente quando o descontrole macroeconômico acaba por afetar o crescimento da economia como um todo.

Retorno do capital humano. A expressão *capital humano* designa o conjunto dos atributos pessoais, úteis para o processo produtivo, herdados ou acumulados, através de fatores como *background* familiar e educação formal. As pesquisas que procuraram definir a contribuição de diferentes variáveis para as diferenças pessoais de renda encontraram significativas correlações entre o capital humano (*background* e educação) e a posição das diferentes classes socioeconômicas na estrutura de repartição. As pessoas que destinam maior soma de anos em sua formação pessoal, sacrificando o lazer e outras alternativas de alocação de seu tempo, terão retornos futuros maiores em relação àquelas que não optaram pela acumulação dessa categoria de valor que influencia fortemente os níveis da "riqueza humana". Há diferenças expressivas entre os custos e o tempo de preparação de um neurocirurgião e o de um torneiro mecânico – e os retornos, expressos sob a forma de rendas recebidas, serão também diferentes ao longo das vidas profissionais de um e de outro, transmitindo-se na estrutura de repartição. Além das diferenças de custos e de tempo envolvidos nas várias alternativas pessoais de educação formal, a educação informal, de berço, relacionada a condições familiares, também é significativo fator de diferenciação de rendas e retornos futuros. Segundo C. Langoni,[14] "é razoável imaginar-se que as opções fundamentais dos indivíduos, como estudar ou trabalhar, anos de dedicação aos estudos, tempo de permanência na escola e escolha da profissão sejam afetados pelo *status* social de suas famílias. Em certo sentido, as expectativas frente a estas alternativas cruciais, que irão determinar em grande parte todo o perfil futuro de sua renda, são formadas dentro do *status* social das famílias". Quando considerados em conjunto com a educação formal, fatores de diferenciação como estes, atribuíveis ao *background* familiar, têm alta relevância entre as causas de desigualdade da renda e da riqueza.

Talento e habilidade inatas. Em qualquer sociedade, há indivíduos que se destacam por talentos ou habilidades superiores aos da média da população. Há os que possuem "dons" altamente valorizados pela própria sociedade, de que são exemplos atletas, artistas e profissionais que se destacam por competências raras, reconhecidas em seus países ou mesmo em termos mundiais. Mais: um dos cinco fatores básicos de produção, a empresariedade, é um tipo diferenciado de habilidade que pode conduzir à construção de impérios econômicos ao longo de uma vida produtiva. Em paralelo, o talento diferenciado para lidar com finanças e mercado de capitais é também fator de diferenciação, que se manifesta particularmente nas nações em que os sistemas de intermediação financeira são maduros e sofisticados, possibilitando operações especulativas e de alta exposição a riscos, para as quais raros são os que reúnem habilidades requeridas para a criação desta categoria e riqueza. O controvertido *QI*, o talento, o dom e a habilidade inata para diversificadas oportunidades criadoras de riqueza são, assim, fatores de diferenciação que também se transmitem nas estruturas distributivas da sociedade como um todo.

Curva da experiência. Na maior parte das atividades humanas, a experiência também conta como fator de diferenciação. Os níveis de renda por faixas etárias diferenciam-se em todas as sociedades, praticamente segundo um mesmo padrão. Nas primeiras faixas de acesso ao mercado de trabalho, os rendimentos são inferiores aos das faixas etárias do centro e do topo da porção produtiva das nações. O que conta, como fator de desigualdade, é a curva da experiência ao longo da vida produtiva. À medida que os anos passam, a experiência é valorizada como um bem econômico: ela minimiza a ocorrência de erros e de riscos, implica potenciais mais altos de produtividade e eficiência e caracteriza-se como herança cultural cuja transmissão se valoriza e se remunera.

Estoques de riqueza acumulados. A riqueza econômica acumulada, sob a forma de recursos de produção ou quotas-partes do patrimônio empresarial da sociedade, é também fator que explica por que as rendas diferem. Para alguns, estes estoques resultaram de rendas poupadas ao longo de toda uma vida de trabalho – e transformadas em ativos, como quotas de fundos de investimento de renda fixa, ações e outras formas de haveres mobiliários, além de imobilizações que geram fluxos permanentes de rendimentos. Para outros, os estoques de riqueza geradores de renda resultaram de heranças ou de outras formas de transmissão de propriedade de uma geração a outra. Quando, para grupos restritos, a estes estoques de riqueza se somam os relacionados ao *background* familiar

TABELA 5.15
Principais variáveis determinantes da desigualdade de renda no Brasil, em 1989 e 1999.

Variáveis eleitas para avaliação	Contribuição bruta (em %) (Parcela da desigualdade total que pode ser aplicada por uma variável tomada isoladamente)	
	1989	1999
Educação	25,9	33,0
Posição na ocupação	17,4	18,2
Cor	6,9	8,1
Idade	7,0	7,8
Região geográfica	2,3	3,3
Setor de atividade	1,3	3,0
Gênero	4,9	2,9

Fonte: RAMOS, Lauro; VIEIRA, Maria Lúcia. *Desigualdade de rendimentos no Brasil nas décadas de 80 e 90*: evolução e principais determinantes. IPEA, Texto para discussão nº 803. Rio de Janeiro: IPEA, 2001.

e à riqueza humana, os diferenciais de renda ampliam-se ainda mais em relação à média da sociedade. Se, à presença desses fatores, o processo de mobilidade social for lento, as diferenças estruturais da repartição se ampliarão ao longo do tempo, aumentando a área de desigualdade em relação à linha de equidistribuição. Mas há evidência empírica de que a universalização e a redução dos custos de acesso à informação, associadas às facilidades de uso de tecnologias avançadas amortecem os efeitos cumulativos da riqueza acumulada. Nas sociedades em que os rendimentos do capital humano superam os de outros tipos de ativos, abrem-se espaços para a mobilidade social ascendente e para a quebra dos fatores de perpetuação e de crescente concentração das estruturas de repartição.

Poder de mercado. Este fator de diferenciação é derivado direto de imperfeições da concorrência e dos processos de competição. Pessoas que se encontram em posições monopolistas têm capacidade para aumentar suas rendas por seu poder de mercado: a capacidade que têm de impor parâmetros de recompensa que derivam de sua privilegiada posição. Como fator de diferenciação de rendas e, com o correr do tempo, de riquezas acumuladas, o poder de monopólio tende a perpetuar-se com a imposição de barreiras à entrada de concorrentes e com mecanismos de proteção à situação vigente, configurados como reservas de mercado. Perpetua-se também através de disposições legais que mantêm o poder de monopólio nas mãos dos que o detêm. Estabelecem-se, nesse caso, proteções cartoriais que se transmitem para as estruturas de repartição, cristalizando-se ao longo do tempo.

Heterogeneidade ocupacional. Derivada da crescente divisão social do trabalho e da especialização, a crescente heterogeneidade ocupacional é também fator de diferenciação. A escolha da profissão ou a desigualdade de oportunidades para escolhê-la é um dos fatores que, associado à educação, mais explicam a desigualdade de rendimentos das pessoas ativas. Os mercados de trabalho não remuneram igualmente profissionais da mesma área, atribuindo-lhes diferentes níveis de reconhecimento e de capacitação presumida. Mas as distâncias são obviamente ainda maiores entre diferentes campos profissionais.

Discriminação. A discriminação, notadamente a motivada por sexo e cor, tem alta importância como fator explicativo das diferenças de renda e de riqueza. Os dados da Tabela 5.15 falam por si. Homens e mulheres não têm rendas equivalentes; e, quando separados também por grupos raciais, as diferenças revelam-se ainda mais acentuadas. Esse fator não se remove por leis – embora disposições legais antidiscriminação possam exercer efeitos atenuantes sobre as diferenças vigentes. Também não se remove pela democratização das oportunidades – simplesmente porque o acesso às oportunidades também está sujeito às regras ocultas da discriminação. Além disso, como registra Samuelson,[15] "a discriminação se alimenta a si própria e induz a certas profecias autorrealizáveis: quando pisoteados por muito tempo, os membros de todo grupo discriminado começam a demonstrar menosprezo a si mesmos e dúvidas acerca de suas capacidades potenciais em relação às da sociedade dominante que os cerca. Daí, a reprodução das desigualdades decorrentes, embora sob o fogo cruzado das regras antissegregação".

Estrutura dos orçamentos públicos. Outro fator de alto peso na configuração da estrutura de distribuição da renda nas nações é a composição dos orçamentos públicos ao longo do tempo, tanto no lado da receita quanto no dos dispêndios. No lado da receita, a tipologia dos impostos e as dimensões da carga tributária têm fortes correlações com os processos de mobilidade social. Impostos sobre os rendimentos, que são progressivos em relação aos níveis da renda pessoal auferida, têm impactos bem distintos dos impostos sobre as transações econômicas, especialmente de aquisição de bens de consumo que, embora as alíquotas possam ser diferenciadas pelos graus de essencialidade, são regressivos, no sentido de reduzirem a capacidade efetiva de compra dos mais pobres, em termos proporcionais à dos mais ricos. No lado do dispêndio, os efeitos são mais diretos: gastos em educação e cultura, saneamento básico e saúde, transferências previdenciárias e habitações populares subsidiadas são bem distintos de investimentos em construções para abrigar repartições públicas, em equipamentos para as forças armadas, em provisões infraestruturais (como geração de energia, sistemas de telecomunicações), em setores de base (como mineração e siderurgia) que poderiam ser realizados pela iniciativa privada, bem como em ampliação de dispêndios com manutenção dos quadros burocráticos. Mesmo as transferências previdenciárias, quando provêm condições diferenciadas para servidores públicos, têm efeitos perversos sobre a estrutura de distribuição da renda.

Este conjunto de causas de desigualdades socioeconômicas tem sido comprovado por pesquisas de reconhecidos critérios técnicos. A pesquisa registrada na Tabela 5.16 é um bom exemplo e destaca o quanto teriam sido altamente relevantes para processos consistentes de redução de desigualdades socioeconômicas os investimentos em educação no Brasil, nas décadas de 80 e 90: "a heterogeneidade dos trabalhadores, principalmente em termos de escolaridade, é aquela que se

TABELA 5.16
Os efeitos de discriminações de cor, raça e gênero sobre as estruturas de distribuição da renda: dados da realidade brasileira.

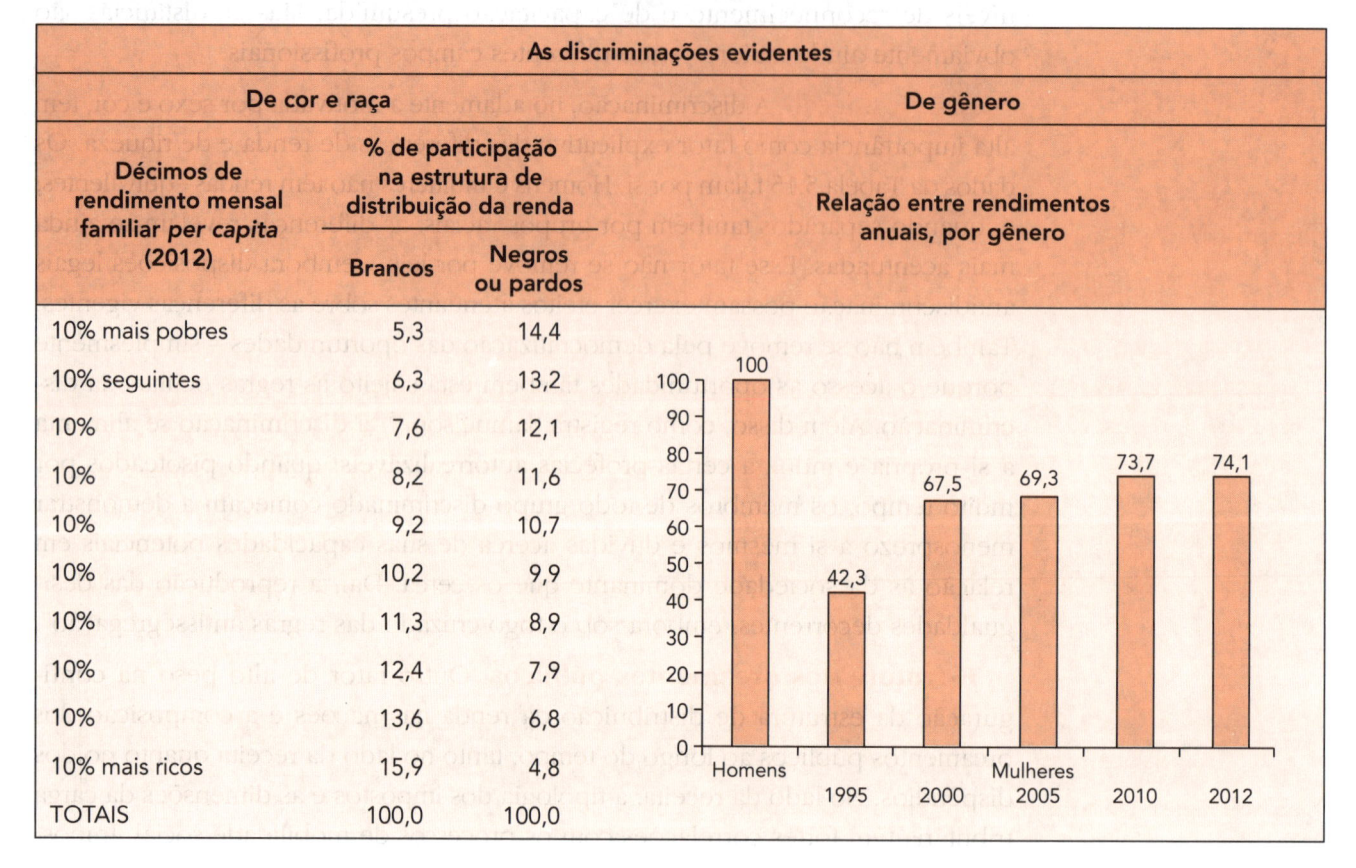

Décimos de rendimento mensal familiar *per capita* (2012)	De cor e raça — % de participação na estrutura de distribuição da renda	
	Brancos	Negros ou pardos
10% mais pobres	5,3	14,4
10% seguintes	6,3	13,2
10%	7,6	12,1
10%	8,2	11,6
10%	9,2	10,7
10%	10,2	9,9
10%	11,3	8,9
10%	12,4	7,9
10%	13,6	6,8
10% mais ricos	15,9	4,8
TOTAIS	100,0	100,0

De gênero — Relação entre rendimentos anuais, por gênero:
- Homens 1995: 100
- Mulheres 1995: 42,3
- Mulheres 2000: 67,5
- Mulheres 2005: 69,3
- Mulheres 2010: 73,7
- Mulheres 2012: 74,1

Fonte: IBGE. *Anuário estatístico do Brasil*, anos de 1997 e 2013. *Pesquisa nacional por amostra de domicílios*, anos de 2006 e 2013.

sobressai como o principal fator responsável pela desigualdade de rendimentos em todos os anos analisados. A segmentação associada à forma de inserção no mercado também possui alguma importância, embora com seu poder explicativo em um patamar bem mais abaixo que o da educação, enquanto a discriminação, seja em termos de gênero, seja em termos de cor, vem em terceiro lugar, respondendo por uma parcela mais modesta da desigualdade total".[16]

O Quadro 5.4 reúne os nove principais fatores de diferenciação da renda e da riqueza resumidos por Baumol-Blinder. Para todos os assinalados há comprovações empíricas de que eles atuam, significativamente, como fatores de diferenciação socioeconômica. Em diferentes sociedades e épocas, uns preponderam sobre outros. Mas dois deles parecem ter maior peso nos processos históricos de estratificação: os investimentos em "capital humano" e a discriminação.

O que Significa Justiça Distributiva

Conhecidos os dados e os modelos convencionais de medição das desigualdades de renda e de riqueza, os conceitos de pobreza e as causas que explicam as diferenças individuais e interclasses, vamos voltar aos pontos de origem:

QUADRO 5.4
Algumas razões da desigualdade de renda: as causas justas e a discriminação.

Ao listar as causas das desigualdades de rendas, as que mais prontamente vêm à mente são:

- ❏ Habilidade para fazer fortuna.
- ❏ Intensidade de trabalho.
- ❏ Risco.
- ❏ Compensação.
- ❏ Capital humano.
- ❏ Experiência.
- ❏ Herança.
- ❏ Acaso.
- ❏ Discriminação.

Habilidade para fazer fortuna. Todas as pessoas reconhecem que as habilidades individuais não são iguais. Mesmo para atividades que requeiram mais capacidade física do que intelectual, há diferenças marcantes: algumas pessoas são mais velozes, outras esquiam melhor, outras digitam com mais exatidão. Não nos devemos assim surpreender com o fato de que algumas pessoas têm mais habilidade para ganhar, acumular e multiplicar dinheiro. Economistas, sociólogos e psicólogos há muito tempo discutem as razões de ser dessa capacidade específica. São importantes, mas não preponderantes nessas pessoas o brilho de seus históricos escolares e as medidas convencionais de inteligência. O que, de alguma forma, a sociedade recompensa é um tipo diferenciado de capacidade, a que chamamos de **espírito empreendedor**.

Intensidade de trabalho. Algumas pessoas são mais **trabalho-intensivas** do que outras, voluntariamente. A expressão viciados em trabalho (*workaholic*) foi criada para distingui-las. Algumas são premiadas por este esforço, resultando em diferenças que se acumulam e se reproduzem com o passar do tempo.

Aversão a riscos. As atitudes em relação a riscos econômicos e financeiros não são iguais. Boa parte das pessoas que acumulam fortunas têm baixa aversão ao risco. Envolvem-se em projetos cercados de altas taxas de risco e de incerteza quanto a resultados. Alguns acertam e enriquecem; outros quebram.

Mecanismos de compensação. Embora este não seja um fator de grandes diferenças de rendas, ele também atua, diferenciando os padrões individuais de ganhos: alguns tipos de trabalhos, por serem mais perigosos, árduos e desagradáveis, são compensados por padrões diferenciados de remunerações.

Capital humano. Este é um fator de alta relevância. Relaciona-se com anos de estudos, treinamentos específicos, especializações pós-graduadas.

Há consenso e comprovação empírica de que as diferenças nos investimentos em capital humano são causa importante de desigualdades de renda. Para algumas pessoas, a baixa renda devida a baixos investimentos desta ordem é a penalização de uma decisão errada tomada no passado. Mas há outras que investiram pouco em sua própria formação não por erro, mas por falta de recursos próprios ou de suas famílias. Este tipo de investimento também exige recursos, que não se encontram bem distribuídos entre a sociedade.

Experiência no trabalho. É um fato bem conhecido e documentado por pesquisas acadêmicas que a experiência no trabalho é fator de diferenciação de remunerações. Isto é válido tanto para operários de "chão de fábrica", quanto para diretores graduados. Este fator fica evidente quando se consideram as rendas por faixas etárias.

Riquezas herdadas. Não é a totalidade da renda que vem do fator trabalho. Há riquezas que também proporcionam altos rendimentos a seus herdeiros. Quando as heranças são pouco tributadas, elas se transformam em fator de diferenciação, que se transmite entre as gerações. Embora existam casos em que a herança atua como mecanismo de redistribuição, em outros, atua como mecanismo de perpetuação de desníveis.

Acaso. A riqueza de alguns ricos e a pobreza de alguns pobres são também explicadas pelo acaso. Há investidores que ganham fortunas especulando em mercados derivativos. Outros ganham sozinhos em uma loteria oficial. Há os que se prepararam para carreiras que remuneram muito bem agora, mas que perdem atrativos ao longo do tempo. Casos assim formam uma lista interminável. E muitos diferenciais de renda e de riqueza existem em função deles.

Discriminação. Muitos fatores que explicam as diferenças de renda e de riqueza são aceitos como "normais" e "justos". Mas há um conjunto de causas que geram controvérsias e outras que a quase totalidade das pessoas repudia. Entre estas últimas está a discriminação associada a diferenças de sexo, origem étnica e raça. Embora não seja fácil quantificar as diferenças de renda atribuíveis à discriminação, este é um fator que de fato existe e sua importância tem sido objeto de pesquisas sistematizadas. E os números sempre sugerem que a discriminação atua em dupla direção: a negativa (penalizando os discriminados) e a positiva (em benefício dos grupos majoritários discriminadores).

Fonte: BAUMOL, W. J.; BLINDER, A. S. *Economics*: principles and policy. Capítulo 17, Poverty, inequality and discrimination. 6. ed. Orlando: Dryden/HBC, 1994.

❑ O que significa justiça distributiva?

❑ Quando é que uma economia equaciona, minimamente, os aspectos cruciais desta questão-chave?

Uma das mais conhecidas pistas para responder a estas questões foi indicada por J. Rawls,[17] em *A theory of justice,* em 1971. São dois os critérios rawlsianos de justiça distributiva: o da **maximização da renda mínima**, sintetizado pela expressão *maximin*, e o **princípio da diferença**. O primeiro implica que a estrutura de repartição seja tal que o mais pobre dos indivíduos – aquele que se encontra na base da pirâmide de estratificação socioeconômica – tenha padrões admitidos como de bem-estar. O segundo implica que as diferenças de renda reproduzam padrões de eficiência agregada que maximizem o bem-estar de todos. Estes critérios, obviamente, não se realizam quando as classes mais pobres se encontram abaixo de linhas como as de pobreza extrema ou de pobreza absoluta. Posições abaixo delas, definidas a partir de hábitos e de pressupostos culturais, não atendem à satisfação de necessidades mínimas, biofisiológicas e básicas. Consequentemente, não satisfazem às condições mínimas de bem-estar, estendidas a toda a sociedade. Estas principiam pela inexistência de classes sociais ou de indivíduos abaixo da linha de pobreza: a incidência da pobreza é zerada. Mas esta condição, embora fundamental, não basta. Ela se completa com a maximização do bem-estar da sociedade como um todo, por um padrão de desigualdade que premie capacidades e esforços produtivos positivamente diferenciados.

Estes dois critérios estão presentes em praticamente todos os modelos ou propostas de políticas públicas relacionadas à questão-chave da justiça distributiva. Foram considerados, por exemplo, por M. Alamgir,[18] em *Poverty inequality and social welfare: measurement, evidence and policies.* Ele propôs um indicador que integrasse uma medida convencional de desigualdade, como o índice de Gini, com os índices convencionais de medição da pobreza. Sociedades com alto grau de desigualdade e ao mesmo tempo com expressivas parcelas da população vivendo com rendas abaixo do nível de pobreza, não realizariam as condições exigidas do bem-estar. Nestas, a questão-chave da justiça distributiva não estaria bem equacionada.

Pobreza, insatisfação coletiva e desigualdade ou, por oposição, riqueza, bem-estar coletivo e igualdade encontram-se entre os fundamentos conceituais da terceira questão-chave da economia. A Figura 5.13 sintetiza três situações teóricas em relação a esta questão-chave, visualmente comparáveis. Na economia (a), embora mesmo o primeiro dos dez décimos da estrutura de distribuição da renda esteja acima da linha de pobreza absoluta, a configuração é de alta concentração. A "função distribuição" é bem inclinada e as distâncias entre os 10% mais pobres e os 10% mais ricos são bastante acentuadas. Na economia (c), além das distâncias entre os dois extremos sejam ainda mais acentuadas que em (a), há incidências expressivas de pobreza absoluta e extrema, que atingem 1/3 da estratificação socioeconômica; mais ainda, desses 30%, a maior parte está abaixo da linha de pobreza extrema. Comparativamente com as estruturas distributivas das economias (a) e (c), a de (b) poderia ser a de melhor configuração, pela baixa inclinação da "função distribuição", e pela inexistência de pobreza extrema e pela relativamente baixa proporção da população abaixo da linha de pobreza absoluta. Rigorosamente, porém, nenhuma das três está livre de questionamentos.

Mas existem ainda outras condições, relacionadas à integração da questão-chave da **justiça distributiva** com as outras questões-chave da economia. Elas se inter-relacionam, no sentido de que nenhuma, quando considerada isoladamente, basta a si própria nem ao sistema socioeconômico como um todo. A **eficiência produtiva** e a **eficácia alocativa** dizem respeito a duas condições diferentes – e intercomplementares. São importantes à medida que definem padrões de desempenho que nenhuma economia pode desconsiderar. E se completam com a **justiça distributiva**, à medida que há padrões de baixa desigualdade combinados com a erradicação de situações de exclusões socioeconômicas radicais que tanto atendem aos parâmetros sociais de equitatividade quanto aos propósitos do binômio eficiência-eficácia. A Figura 5.14 resume o conjunto de condições que atendem ao bom equacionamento das três questões-chave.

Em síntese, justiça distributiva não significa pleno igualitarismo. Significa, antes, **equitatividade**, no sentido de que a estrutura de repartição da renda e da riqueza reflita de alguma forma as causas "justas" da desigualdade, de que são exemplos o capital humano acumulado, os talentos socialmente sancionados e a curva da experiência. Os seguintes pontos ajudam a compreender este conceito:

❑ **Igualdade** e **equitatividade** não significam a mesma coisa. O igualitarismo significa todos iguais quanto a seus níveis de renda e de riqueza acumulada. A equitatividade admite que a disposição e a capacitação das pessoas diante dos desafios da economia são diferentes e devem, por isso, ser também diferentemente premiadas. Se todos recebessem a mesma renda e ficassem com fatias do produto agregado rigorosamente iguais, duas contraquestões seriam abertas: 1. Se se garantirem os mesmos "quinhões" para todos, todos realmente iriam ter o mesmo desempenho, ou alguns teriam que se esforçar mais para compensar as deficiências de outros? 2. O desempenho do sistema econômico como um todo não seria afetado, comprometendo os padrões de bem-estar de todo o conjunto com o correr do tempo?

❑ O conceito de equitatividade e o sentido de justiça distributiva que ele implica são feridos à presença de diferenças extremas na estrutura de repartição e, também, pela incidência das pobrezas extrema e absoluta. Embora não exista consenso quanto à meta de se construir uma sociedade onde a renda e a riqueza sejam iguais para todos, há limites para a desigualdade que, quando flagrantemente rompidos, são repudiados pela consciência social.

❑ O segundo critério rawlsiano de justiça distributiva tem muito a ver com padrões de equitatividade que representem vantagem para todos. A linha de perfeita igualdade seria justificável se os padrões permanentes de bem-estar não viessem a ser afetados. Caso contrário, há um padrão de distribuição desigual que preenche o critério de deixar melhor todas as pessoas. O que J. Rawls chama de **princípio da diferença** se justifica à medida que o

FIGURA 5.14
Os critérios que definem a justiça distributiva complementam-se com a intersecção desta questão-chave com os requisitos da eficiência produtiva e da eficácia alocativa: a compatibilização dos objetivos de equitatividade e de incidência zero de pobreza com os outros requisitos básicos da economia.

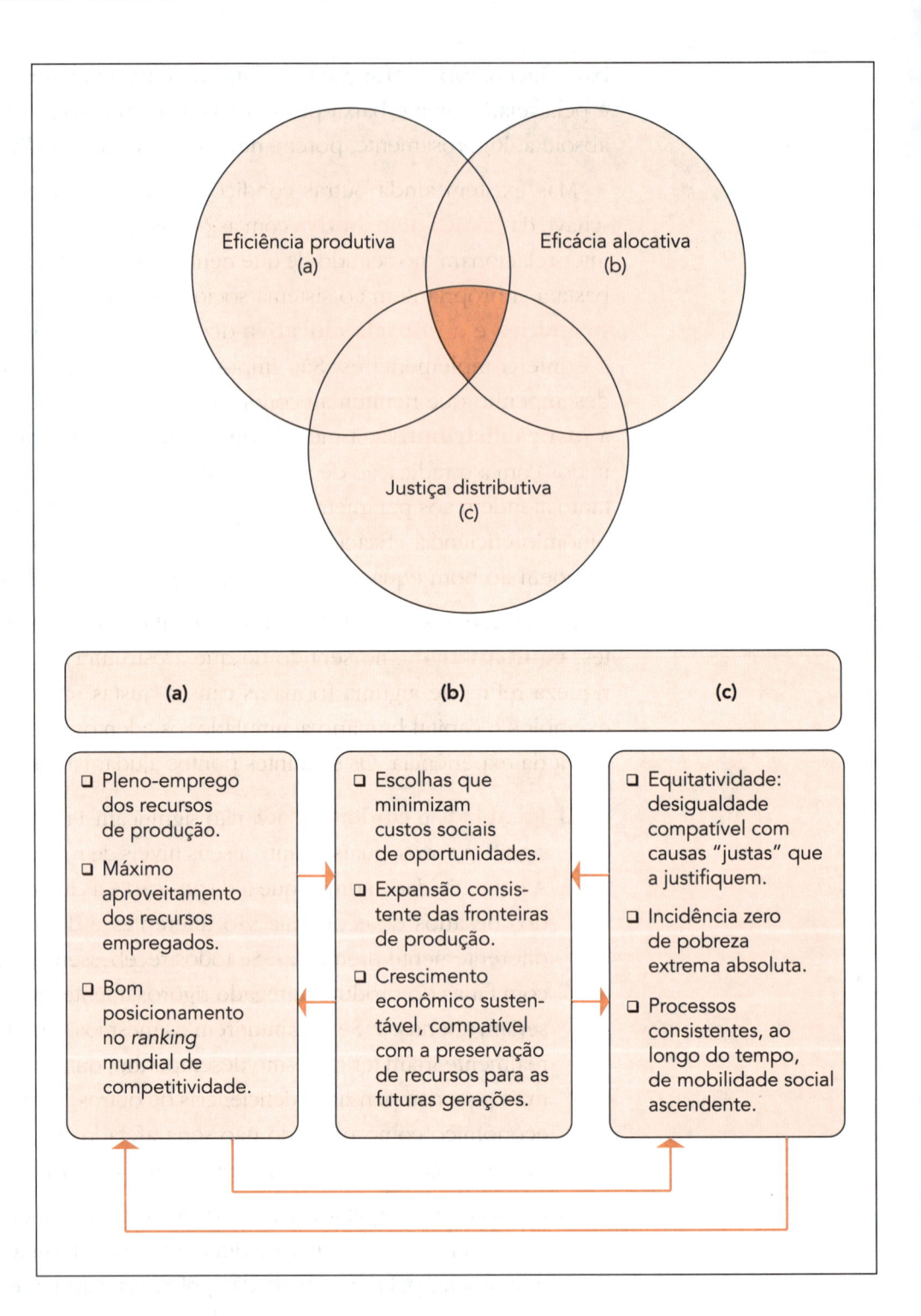

(a) Eficiência produtiva
- Pleno-emprego dos recursos de produção.
- Máximo aproveitamento dos recursos empregados.
- Bom posicionamento no *ranking* mundial de competitividade.

(b) Eficácia alocativa
- Escolhas que minimizam custos sociais de oportunidades.
- Expansão consistente das fronteiras de produção.
- Crescimento econômico sustentável, compatível com a preservação de recursos para as futuras gerações.

(c) Justiça distributiva
- Equitatividade: desigualdade compatível com causas "justas" que a justifiquem.
- Incidência zero de pobreza extrema absoluta.
- Processos consistentes, ao longo do tempo, de mobilidade social ascendente.

princípio da igualdade compromete outras questões-chave da economia, como a da eficiência máxima do conjunto.

- O princípio da diferença, ligado ao conceito convencional de equitatividade, é ferido por diferenças extremas na estrutura de repartição e, também, pela incidência de pobreza absoluta. Embora não exista consenso quanto à meta de se construir uma sociedade onde a renda e a riqueza sejam iguais para todos, há limites para a desigualdade que, quando flagrantemente rompidos, são repudiados pela consciência coletiva. Entre o igualitarismo pleno e as estruturas caracterizadas por desigualdades extremas há posições que não ferem o sentido de justiça nem comprometem outras metas econômicas. Mas não há indicações empíricas sobre qual o padrão de desigualdade que preenche todos os critérios.

Embora não existam indicações consensadas, há pelo menos três pontos a partir dos quais se podem definir estruturas de repartição que preenchem minimamente as condições da justiça distributiva. Em síntese, são:

- **Equitatividade**. Padrão de desigualdade justificado por causas "justas" e coletivamente aceitas que expliquem as diferenças de renda e de riqueza.
- **Zero de pobreza, extrema ou absoluta**. Atendimento universal de necessidades básicas, no sentido de que os mais pobres da estrutura distributiva tenham padrões mínimos de bem-estar, não limitados pela simples superação da linha de indigência ou de miséria.
- **Princípio da diferença**. Estrutura de repartição não plenamente igualitária, cujos resultados maximizam o bem-estar permanente de toda a sociedade.

RESUMO

1. A **justiça distributiva**, terceira questão-chave da economia, trata de um dos mais complexos aspectos da realidade socioeconômica: a forma como se distribuem a renda e a riqueza. A complexidade desta questão resulta de pelo menos quatro pontos: (a) dificuldades em se estabelecer uma justa correlação entre as contribuições de cada agente econômico e suas respectivas participações no agregado da renda e do produto social; (b) juízos de valor envolvidos, dificultando que se chegue a consenso sobre qual a estrutura de repartição mais justa, a que admite desigualdades ou a de absoluta igualdade; (c) efeitos colaterais que o processo distributivo exerce sobre outras questões-chave, notadamente a da eficiência produtiva; e (d) os desdobramentos político-institucionais da forma como se encaminha o equacionamento desta questão.

2. Não obstante em todas as épocas e em todas as sociedades a questão-chave da justiça distributiva tenha sido objeto de reflexões filosóficas, com implicações na condução das políticas públicas, a desigualdade econômica é uma das características universais das nações. Em todas, prevalecem estruturas de repartição da renda e da riqueza caracterizadas pela desigualdade: não há um só caso em que se tenha realizado a utopia da igualdade absoluta.

3. Se dividirmos os estratos socioeconômicos em cinco classes, ou quintis, começando pelos 20% mais pobres e indo até os 20% mais ricos, um padrão médio mundial de repartição seria do seguinte tipo: aos mais pobres, 6% da renda agregada; à classe seguinte, 13%; às duas seguintes, respectivamente, 18% e 24%; consequentemente, a última, dos mais ricos, se apropria de 39%. Fica longa, assim, a distância entre a renda média dos mais pobres e a dos mais ricos.

4. É alta a dispersão em torno de um possível padrão mundial de repartição. Como regra, nas nações mais pobres, de baixo PNB *per capita*, a renda é pior distribuída que nas nações mais ricas, de alto PNB *per capita*. As nações em que se observa maior desigualdade são das regiões mais pobres da África e da América Central. Nas nações industriais ricas, como as da Europa Setentrional, observa-se menor desigualdade.

PALAVRAS E EXPRESSÕES-CHAVE

- ☐ Igualdade absoluta (ou igualitarismo)
- ☐ Desigualdade
- ☐ Equitatividade
- ☐ Estruturas de repartição
  - ✓ Baixa desigualdade
  - ✓ Alta desigualdade
- ☐ Curva de Lorenz (ou diagrama de Lorenz)
  - ✓ Reta de equidistribuição (ou linha de plena igualdade)
  - ✓ Área de desigualdade
- ☐ Aferição das desigualdades
  - ✓ Coeficiente de Pareto
  - ✓ Coeficiente de Gini
- ☐ Graus de desigualdade
  - ✓ Plena igualdade
  - ✓ Baixa desigualdade
  - ✓ Desigualdade moderada
  - ✓ Alta desigualdade
  - ✓ Plena desigualdade
- ☐ Causas da desigualdade
  - ✓ Heranças históricas
  - ✓ Capital humano
  - ✓ Macrocondicionamentos ou macrocondicionantes
  - ✓ Talento e habilidade
  - ✓ Curva da experiência
  - ✓ Poder de mercado
  - ✓ Heterogeneidade ocupacional
  - ✓ Discriminação
  - ✓ Composição dos orçamentos públicos
- ☐ Pobreza
  - ✓ Pobreza relativa
  - ✓ Pobreza absoluta
  - ✓ Pobreza extrema
- ☐ Linha de pobreza absoluta
- ☐ Linha de pobreza extrema
- ☐ Índices de pobreza
  - ✓ Incidência de pobreza
  - ✓ Insuficiência de renda
  - ✓ Déficit de pobreza
- ☐ Critérios rawlsianos de justiça distributiva
  - ✓ *Maximin*
  - ✓ Princípio da diferença

5. No Brasil, os padrões de repartição assemelham-se aos das nações de mais baixo PNB *per capita* do mundo. Embora o país seja o 8º do mundo quanto à magnitude do PNB e o valor *per capita* esteja próximo da média mundial, a repartição de renda é uma das mais concentradas do mundo. Qualquer que seja o ângulo de leitura dos dados disponíveis, eles revelam alta discrepância entre as parcelas da renda agregada apropriada pelos 10% mais pobres e os 10% mais ricos. Um dado apenas basta para caracterizar o quadro distributivo: o 1% mais rico fica com 12,9% da renda agregada, uma parcela próxima que a dos 40% mais pobres, que ficam com 13,2%.

6. Ao longo do tempo, as estruturas de repartição da renda modificam-se, embora lentamente. Mudanças abruptas só ocorrem sob a ação de processos revolucionários – mas, ainda assim, a longo prazo, observam-se fortes tendências de retorno a posições mais próximas das historicamente prevalecentes. Na maior parte das nações, sob o efeito de políticas públicas e de mudanças institucionais redistributivas não radicais, a evolução é na direção de estruturas de menor desigualdade.

7. No Brasil, no período 1960-2012, a estrutura de repartição da renda tornou-se mais concentrada de 1960 a 95: o movimento foi na direção de maior desigualdade entre as classes de rendimentos. Em 1995, a média da renda da classe mais rica era 43,6% superior à da pobre. Outro dado: em 1960, os 80% mais pobres ficavam com 45,7% da renda agregada; em 1995, com 35,7%. A partir de 1995, a direção se inverteu:

estabeleceram-se condições para redução da desigualdade, com o fim de longo período de inflação acelerada e alta, que chegou a ultrapassar 1.450% ao ano e mudanças estruturais na economia. A partir de 2003, com a adoção de políticas públicas de redução da extrema pobreza, o movimento de desconcentração se ampliou. Em 2012, comparativamente a 1995, a estrutura de repartição da renda no país estava modificada: os 80% mais pobres ampliaram sua participação para 43,1%.

8. Embora a forma convencional de apresentação das estruturas de distribuição dê clara noção dos desníveis interclasses, existem alguns instrumentos que permitem aferições mais imediatas, internacionalmente comparáveis e indicadoras de mudanças ocorridas ao longo do tempo. Um dos indicadores mais utilizados, por seu significado e facilidade de interpretação, é o **coeficiente de Gini**. Seu campo de variação é de zero a um. Quanto mais perto de zero, menores as desigualdades; quanto mais próximo de um, mais desigual a repartição. Na Guatemala, país da América Central de alta desigualdade, o coeficiente de Gini é de 0,596; no Japão, de 0,219. No Brasil, movimentou-se de 0,500 (1960), para 0,616 (1990) e para 0,507 (2012).

9. Embora correlacionáveis, os conceitos de desigualdade e de pobreza não são iguais, notadamente quando se consideram os conceitos de **pobreza extrema** e **pobreza absoluta**. Estes conceitos revelam outros aspectos da justiça distributiva: o da destituição ou marginalidade socioeconômica. Definem-se a partir de linhas abaixo das quais a renda recebida não é suficiente para a satisfação de necessidades vitais e mínimas. A partir dessas linhas, podem-se calcular os índices de **incidência de pobreza** (proporção da população que se encontra abaixo das linhas), de **insuficiência de renda** (distância em relação às linhas) e de **déficit de pobreza** (quanto da renda agregada é necessário para erradicar os dois conceitos de pobreza absoluta e extrema).

10. As linhas de pobreza variam de nação para nação, seja em função de padrões culturais diferenciados, seja pelos níveis de renda exigidos para que se adquiram, aos preços vigentes, os bens e serviços requeridos para um mínimo de bem-estar. Variam, também, em função do número de pessoas de cada unidade familiar e das condições estruturais das regiões ou cidades em que vivem.

11. São muitas as causas prováveis da desigualdade e da pobreza. As principais relacionam-se a heranças históricas, a macrocondições econômicas (como a existência ou não de inflação, o tempo de duração e a amplitude de surtos inflacionários), ao retorno do capital humano, a atributos pessoais, como talento e experiência, a situações descritas como de competição imperfeita, à heterogeneidade ocupacional e à discriminação. A aceitação desses fatores pela sociedade não é igual. Há os que, por consenso, se consideram "razões justas de diferenças" (capital humano, talento e experiência, por exemplo); mas há "fatores odiosos" (como a discriminação).

12. Conhecidos os indicadores de desigualdade e de pobreza e as causas que as explicam, resta definir o que é, afinal, **justiça distributiva**. Não há uma única resposta aceita, universalmente consensada. Mas se podem estabelecer alguns critérios para responder a esta que é uma das mais complexas e controvertidas questões-chave da economia. Um deles parte de que certo grau de desigualdade é justo e pode interferir positivamente nas questões-chave da eficiência e da eficácia. Em síntese, fundamenta-se em três pontos: a equitatividade, o zero de pobreza absoluta e o princípio rawlsiano da diferença: uma estrutura de repartição não plenamente igualitária, cujos resultados maximizam o bem-estar de toda a sociedade.

QUESTÕES

1. Entre as questões-chave da economia, a da **justiça distributiva** é que envolve aspectos de maior complexidade, sob os pontos de vista ético, social e político. Explique por que.

2. Como se apresenta, na realidade, a estrutura de distribuição da renda das economias nacionais? O traço dominante é o igualitarismo ou a desigualdade? E, estabelecido o padrão, discorra sobre as variações que se observam e que se correlacionam com os níveis de PNB *per capita*.

3. Compare os padrões das estruturas de repartição da renda de Botswana, Lesoto e Zimbabwe e de outras nações de baixa renda das porções Central e Sul das Américas, com os de nações da Europa Central, como Bulgária, Polônia e Hungria. Destaque as principais diferenças.

4. No Brasil, os 10% mais pobres da população recebiam, em 2012, 1,1% da renda agregada; os 50% mais pobres, 18,5%; os 10% mais ricos, 42,0%; e o 1% mais rico, 12,9%. Como se situa, em termos mundiais, uma estrutura de repartição como esta? É de baixa ou alta desigualdade? E, justificando sua expectativa, qual a tendência de longo prazo: aumentar ou diminuir os graus de desigualdade no país?

5. A renda concentrou-se entre os anos de 1960 e 1995 e, entre 1995 e 2012, ocorreu movimento inverso no Brasil. O simples aumento do índice de concentração é fator suficiente para se afirmar que "os pobres ficaram mais pobres e os ricos mais ricos"? E, contrariamente, a redução significa que os "ricos ficaram mais pobres e o pobres mais ricos"? Justifique sua resposta.

6. O ponto de vista de Pareto de que a desigualdade de renda e de riqueza se submete a uma lei universal, com tendência a distribuir-se sempre da mesma forma, independentemente da diversidade da política pública e das instituições vigentes, coaduna-se com a experiência histórica? Ou as estruturas vigentes podem ser objeto de intervenções distributivas de efeitos significativos e duradouros?

7. Explique o que significam, no diagrama de Lorenz, a reta de **perfeita igualdade** e a **área de desigualdade**. E mostre como se calcula, a partir desse diagrama, o **coeficiente de Gini**.

8. O coeficiente de Gini (G) define o grau de desigualdade de determinada estrutura de repartição da renda. Ele varia de zero a um. Você poderia citar exemplos de casos reais em cada um dos dois extremos (G = 0; e G = 1)? E de nações com o coeficiente entre 0 e 0,5 e entre 0,5 e 1,0?

9. No Brasil, entre 1960 e 1995, o coeficiente de Gini modificou-se de 0,50 para 0,59. De 1995 a 2012, recuou de 0,59 para 0,51. Em poucas palavras, interprete esses resultados.

10. A aceleração do crescimento econômico e os processos de industrialização e de urbanização são fatores que, durante determinada fase, podem aumentar os índices de concentração da renda. As principais razões para isso seriam, em síntese:

    ❑ Maior heterogeneidade e consequente desnivelamento das atividades urbanas remuneradas.

    ❑ Aproveitamento, pelos indivíduos que se sobressaem em termos de capacidade técnica e empresarial, das novas oportunidades que se abrem na economia.

    Estas razões tendem a perpetuar-se a longo prazo? Elas deverão persistir, no Brasil, com o mesmo poder de gerar concentração de renda observado nas décadas precedentes? Justifique suas respostas.

11. Mostre as diferenças entre **pobreza** e **desigualdade**. E explique os conceitos de **pobreza absoluta** e de **pobreza extrema**.

12. As economias ricas, de alto PNB *per capita*, não estão livres da questão da desigualdade. Nelas, as rendas também se distribuem de forma desigual. Mas estariam livres da questão da **pobreza absoluta ou extrema**? De outro lado, em uma economia de baixa renda, onde se pratique a plena igualdade, a **pobreza relativa** desaparece. Mas essa economia estaria necessariamente livre também da pobreza absoluta?

13. Explique o significado dos **índices de incidência de pobreza**, de **insuficiência de renda** e de **déficit de pobreza**.

14. Nos Estados Unidos, uma nação industrial desenvolvida de alto PNB *per capita*, existe **pobreza absoluta ou extrema**? Ou este é um conceito restrito a países de baixo PNB *per capita*?

15. Explique as duas seguintes causas de desigualdade de renda e de riqueza: heranças históricas, macrocondicionantes e composição dos orçamentos públicos. No Brasil, elas teriam exercido algum efeito sobre o padrão da estrutura de distribuição?

16. Você considera como "justas" causas de desigualdade de rendas como o retorno do capital humano, o talento, as habilidades inatas e a curva da experiência? Justifique a resposta.

17. A plena igualdade na repartição da renda entre indivíduos seria justa e poderia assim permanecer a longo prazo? Justifique sua resposta.

18. Que diferença substantiva, sob o ponto de vista ético, existe entre os dois grupos de causas da desigualdade: (a) retorno do capital humano e talento diferenciado; e (b) poder de mercado e discriminação?

19. O que significa justiça distributiva – ou, mais diretamente, que critérios se poderiam estabelecer para que esta questão-chave possa ser considerada como minimamente equacionada?

20. Explique o significado da palavra equitatividade. Em que ele difere de igualitarismo e de igualdade absoluta?

21. Se forem constatados em conjunto, o **princípio da diferença** (tal como definido por Rawls), a **equitatividade** e **zero de pobreza absoluta**, pode-se dizer que se alcançou o objetivo da justiça distributiva? Justifique sua resposta. Caso seja negativa, diga, para justificar sua posição, o que você entende por justiça distributiva.

22. Em uma mesa-redonda em que se discutiam os problemas atinentes à distribuição da renda e da riqueza, dois pontos de vista conflitantes polarizaram as atenções e o debate:

    ❏ A desigual repartição é, sob qualquer ângulo que se considere, uma anomalia social, uma evidência de injustiça.

    ❏ O pleno igualitarismo é injusto e socialmente nocivo: injusto porque premia igualmente capacidades, talentos e esforços desiguais; socialmente nocivo porque induz à acomodação dos mais capazes.

    Se você estivesse participando dessa mesa-redonda, com qual dos dois pontos de vista estaria mais propenso a concordar? Justifique sua posição.

6

A Quarta Questão-chave da Economia: o Ordenamento Institucional

A diferença essencial entre as formas alternativas de organização da atividade econômica fundamenta-se em dois pontos cruciais: a concepção da propriedade e os modos de mobilização dos recursos de produção. As economias liberais de mercado confiam à iniciativa empresarial privada a gestão da maior parte de seus recursos, enquanto nas economias planificadas o governo centraliza as decisões de alocação de recursos e de produção. De um lado e de outro, há justificativas para essas formas opostas de ordenamento institucional. Mas a forma mais eficaz não parece estar nos extremos do intervencionismo pleno ou do liberalismo puro. Entre ambos, parece haver uma zona de meio-termo em que os interesses privados e os sociais tendem a ser mais bem compatibilizados.

JOSEPH LAJUGIE
Les systèmes économiques

A quarta questão-chave da economia trata do **ordenamento institucional** – das formas alternativas de organização da atividade econômica que melhor conduzam à realização simultânea da eficiência produtiva, da eficácia alocativa e da justiça distributiva. Dito de outra forma, trata-se de definir que princípios, bases estruturais e características da ordem econômica melhor compatibilizam os objetivos de pleno-emprego, máximo aproveitamento dos recursos empregados, expansão das fronteiras de produção, redução dos custos sociais de oportunidade a níveis mínimos, equitatividade e incidência zero de pobreza.

Quando sintetizamos, no Capítulo 3, as quatro questões-chave da economia, registramos que não há uma única forma de ordenamento institucional. As duas básicas são a **economia de mercado** e a **economia de comando central**. Entre esses dois polos, diametralmente opostos, podem-se estabelecer inúmeras variantes, genericamente denominadas de **sistemas mistos**. Naquele capítulo, registramos, também, que as diferenças entre estas formas de ordenamento institucional se estabelecem a partir de cinco critérios: 1. A liberdade econômica; 2. a propriedade dos meios de produção; 3. o sistema de incentivos para a ação dos agentes econômicos; 4. os mecanismos de coordenação e alocação de recursos; e 5. o *locus* do processo decisório.

Agora, deveremos ir mais fundo nesta questão-chave. Destacaremos:

- Uma visão de conjunto das características básicas da ordem econômica, sob perspectiva histórica.

- A formação das economias de mercado: os princípios do pensamento liberal clássico e os traços dominantes da ordem econômica decorrente.

- A construção das economias de comando central: a crítica à ordem econômica liberal, os pontos de sustentação do pensamento coletivista e a implantação do modelo centralista.

- Os vícios e as imperfeições das economias de mercado: as intervenções corretivas.

- Os vícios e as imperfeições das economias de comando central: a busca por novas soluções, que reduzam os graus do intervencionismo do governo.

- A transição para novas formas de ordenamento institucional: o processo de desradicalização político-ideológico e a construção da economia social de mercado.

Quando se destacam os traços dominantes das diferentes formas de ordenamento institucional, evidenciando-se sua evolução ao longo do tempo, seus resultados, suas contradições, seus vícios e suas imperfeições, a impressão que se tem é de que, a longo prazo, parece consolidar-se uma **tendência centrípeta**: os sistemas econômicos estão-se deslocando dos extremos para o centro. Provavelmente, esta não é uma falsa impressão. Parece claro que ela manifestou-se consistentemente nas duas últimas décadas do século XX, após um longo período em que se enfatizaram as virtudes de modelos puros e extremados. Consequentemente, de um lado e de outro, notadamente nos anos 90, os dois sistemas migraram para posições menos radicais, tanto com o neoliberalismo quanto com a economia política de centro-esquerda. As economias de comando central passaram por processos de reestruturação e de abertura. E as economias de mercado reviram os papéis, o tamanho e os limites do governo como agente econômico e rediscutiram as funções sociais dos empreendimentos privados.

A busca final parece ser por modelos que favoreçam a solução integrada das questões-chave da eficiência, da eficácia e da justiça social. Formas de ordenamento institucional que se fundamentem radicalmente numa destas questões, comprometendo as outras duas, tendem a ser vistas como experiências históricas passadas, fora de época. Isto porque as economias de comando central buscaram a qualquer custo a justiça social e imaginaram ser possíveis formas de ordenamento que descartassem o papel alocador do mercado: o resultado foi uma discutível eficácia alocativa e o comprometimento da eficiência produtiva. De seu lado, as economias de mercado centraram seus pressupostos na eficiência e na eficácia, ambas conduzidas pela ampla liberdade de empreendimento: o resultado, em muitos casos, foi o comprometimento da justiça social pelos efeitos de uma competição darwinista, em que prevalecia o poder dos mais fortes. Por isso, a síntese histórica e a definição de modelos menos radicais fundamentam-se na busca de formas de ordenamento que favoreçam soluções integradas das três questões centrais da vida econômica. Esta parece ser a base das transições ainda em curso.

6.1 Formas Alternativas de Ordenamento: uma Visão de Conjunto

As Bases das Primeiras Formas de Ordenamento Institucional

As primeiras formas de ordenamento institucional da economia, historicamente conhecidas, praticadas desde a Antiguidade até o final da Idade Média e, depois, estendidas pelos séculos XVI, XVII e primeira metade do século XVIII, fundamentaram-se em três bases:

- A **autoridade**: o exercício autocrático do poder.
- A **proteção**: o governo como agente tutelar.
- A **tradição**: a reprodução do conservadorismo.

O trinômio autoridade-proteção-tradição está presente em praticamente todas as formas de ordenamento que antecederam os modelos praticados nos últimos 250 anos. É provável que até os povos nômades do passado remoto se organizavam com base nesses mesmos princípios. Mas estes se tornaram mais nítidos quando o nomadismo e a sobrevivência baseada em formas rudimentares de extrativismo foram substituídos pela fixação dos grupos em determinada área geográfica e pelo desenvolvimento de seus processos produtivos.

As primeiras civilizações passaram a exigir formas de ordenamento diferenciadas das que prevaleciam até então. Elas se desenvolveram em torno de grandes rios: Mesopotâmia, no vale dos rios Tigre e Eufrates; Egito, no do Nilo; Índia, no do Ganges e do Indo; China, no do Amarelo. Apesar de esses rios fertilizarem a terra e permitirem boas colheitas, havia necessidade de levar suas águas até locais mais distantes por meio de canais de irrigação e de, em certos pontos, constituir diques para impedir enchentes destruidoras. Para coordenar esses trabalhos, exigia-se um poder central: dele emanavam os princípios da **autoridade** e da **proteção**.

Surge assim o governo como agente econômico coordenador e centralizador de decisões. Sua evolução conduziu à criação de sistemas burocratizados, marcados na maior parte dos casos por modelos autoritários de gestão, sob o predomínio do dirigismo e da centralização política. Foi assim nas civilizações formadas nos vales dos rios: na maior parte delas predominavam formas de ordenamento controladas por um poder central, como ocorreu no Egito. Raramente se praticavam sistemas mais soltos, liberais e menos intervencionistas. A Mesopotâmia é um dos raros exemplos em que o governo se limitava ao papel tutelar, realizando obras de utilidade coletiva, mas fazendo respeitar institutos como o da propriedade privada e o direito de livre contratação. O modelo básico, contudo, era burocrático e regulamentador, como ocorreu entre os fenícios, os hebreus, os hindus e os povos do Extremo Oriente.

Em paralelo aos princípios da **autoridade** e da **proteção**, exercidos pelo poder central, o princípio da **tradição** também exerica poderoso papel ordenador. Este terceiro princípio encarregava-se de reproduzir, conservadoramente, as bases das atividades econômicas e seus resultados ao longo do tempo, garantindo a perpetuidade de grupos e nações. Os recursos eram empregados segundo formas que não se alteravam com o tempo e as relações entre os agentes econômicos também se mantinham com base em rígidos padrões. As ocupações eram tradicionalmente mantidas e transmitidas no reduto da própria organização familiar, de forma a se perpetuarem as fontes de suprimento dos bens e serviços. Como observou A. Smith,[1] "no antigo Egito, todo homem era obrigado, por princípio religioso, a seguir a ocupação de seu pai; e cometia o mais horrível sacrilégio se a trocasse por outra".

A combinação desses três princípios, o da **autoridade**, o da **proteção** e o da **tradição**, estava assim presente nos primeiros modelos de ordenamento institucional. O da autoridade foi exercido por diferentes formas de governo praticadas desde tempos remotos, sob regimes autocráticos e centralistas. Dele derivava o princípio da proteção. E o da tradição encontrava-se de forma difusa, permeando a sociedade como um todo. As questões-chave da eficiência produtiva, da eficácia alocativa e da justiça distributiva solucionavam-se a partir desses princípios. E, em muitos casos, o primeiro deles, o da autoridade, era sancionado por dogmas religiosos.

G. A. Steiner[2] considera que "o padrão dominante era o da fixação de normas extremamente duras que atingiam a vida social em seus menores detalhes. Além da garantia de suprimentos resultante da tradição, o modelo típico baseava-se também em controles centralizados que, em graus variáveis, definiam remunerações de recursos, custos de serviços profissionais, formas de produção e regimes de propriedade. As estradas, os mercados e as posses eram controladas por autocracias, usualmente lastreadas por uma sanção religiosa. No Egito, os faraós eram frequentemente vistos como representantes terrenos de uma divindade suprema".

A maior parte destas práticas estendeu-se da Antiguidade à Idade Média e, desta, para o período pós-renascentista. Na Idade Média, o sistema feudal manteve-se pela combinação dos mesmos três princípios. Os senhores feudais mantinham seus domínios sob modelos autocráticos. As corporações de ofícios eram perpetuadas pela tradição. A atividade econômica como um todo mantinha-se sob o efeito de normas coercitivas. O sistema senhorial prevalecia, somando à autoridade e à tradição a mística da proteção: os servos dos senhores feudais e mesmo os arrendatários de seus domínios tributavam-lhes parcelas expressivas do resultado de seu trabalho, em troca de certa proteção, embora esta fosse, frequentemente, muito mais ilusória do que efetiva.

Esses costumes, as formas de controle e as obrigações deles derivadas não se modificaram substantivamente nas nações mercantilistas, pós-renascentistas. O feudalismo, o medievalismo e o mercantilismo têm alguns traços comuns, quanto às formas de ordenamento da vida econômica. Embora o princípio da tradição tenha sido duramente atingido pelas revoluções tecnológica, urbano-industrial, comercial e financeira que marcaram o fim da Idade Média, os dois outros princípios permaneceram, notadamente o da autoridade. Durante os 250 anos que vão do Renascimento até a primeira metade do século XVIII, poucos foram os aspectos da vida econômica que escaparam ao "olho regulador" da autoridade pública. Regulamentações detalhadas sobre o trabalho, as produções agrícola e manufatureira, as finanças e o comércio foram praticados como "atribuições inevitáveis" do governo. O mercantilismo construiu, assim, a economia do Estado, colocando-se a serviço de seu fortalecimento.

Ocupando a posição de agente econômico central, os governos das nações da Europa Ocidental edificaram, nesse período, uma gigantesca **pirâmide de regulamentações**. Como sintetiza E. Golob,[3] "muito longe de deixarem a economia a seu próprio destino, os governos estenderam, para todos os cantos, sistemas de controles em muitos aspectos semelhantes aos das cidades medievais. Desde as formas de emprego e de remuneração dos recursos de produção, passando pelo processo produtivo e chegando até à qualificação dos produtos e seus preços – tudo se submetia a procedimentos definidos pela autoridade central".

Os traços dominantes da ordem econômica desse período, bem como os da Antiguidade e da Idade Média têm, assim, muitos pontos em comum. Embora as dimensões do mundo econômico e dos sistemas de trocas tenham sido bem diferentes em cada um desses dois longos períodos, os comandos centralizados, as regulamentações detalhadas e o exercício de poder regulatório pela autoridade pública fundamentaram-se em princípios assemelhados.

O Quadro 6.1 sintetiza as características básicas da ordem econômica nesses dois períodos. As palavras-chave que definem o ordenamento institucional praticado expressam conteúdos semelhantes:

- Poder autocrático.
- Conservadorismo.
- Centralismo.
- Restrições.
- Regulamentações.

QUADRO 6.1
O ordenamento da economia: uma visão de conjunto, sob perspectiva histórica. Da Antiguidade à primeira metade do século XVIII.

Períodos históricos	Características básicas da ordem econômica
Da Antiguidade ao final da Idade Média	Economia de trocas incipiente. Formas primitivas de mercado. Alocação de recursos e processo distributivo sob orientações centrais. Bases em que se assentava a ordem institucional: ❏ Formas autocráticas de poder. ❏ Conservadorismo: tradição reproduzida. ❏ Mística da proteção. Traços dominantes da ordem econômica: ❏ Comandos centralizados. ❏ Sistemas fechados e autossuficientes.
Séculos XVI e XVII e primeira metade do século XVIII	Criação de Estados soberanos e fortes. Expansão de mercados: ❏ Diversificação, fundamentada na divisão social do trabalho e na especialização. ❏ Trocas internacionais, sob orientação centralizada. Traços dominantes da ordem econômica: ❏ Liberdade econômica, mas sob restrições. ❏ Empreendimentos privados sob regulamentações detalhadas. ❏ Mercados sob o poder regulatório da autoridade pública.

O Pensamento Liberal Clássico e a Economia de Mercado

As características básicas que acabam de ser descritas só foram superadas a partir da segunda metade do século XVIII, com a formulação do pensamento liberal clássico. Uma rebelião de novas ideias, fundamentada em novos princípios, coincidiu com a revolução industrial, com a guerra da independência nos Estados Unidos e com a Revolução Francesa. Os princípios da autoridade, da proteção e da tradição foram fortemente questionados pelos pensadores liberais: seus fundamentos conceituais foram demolidos.

Em 1776, mesmo ano da declaração da independência norte-americana, com a publicação de *The wealth of nations,* de A. Smith, começaram a mudar substantivamente as crenças nos princípios tradicionais de ordenamento da economia. Como mostra F. Watkins,[4] "as novas ideias e os novos acontecimentos foram produtos de correntes comuns que há muito vinham circulando de um e de outro lado do Atlântico, na Europa e na América. *The wealth of nations,* ao refletir o clima liberal de opinião, nos termos de uma clara e impressionante teoria, assinalou a maturidade e a emancipação da primeira entre as duas grandes ideologias dos séculos XVIII, XIX e XX. A declaração da independência refletiu o mesmo clima de opinião, pelo menos em parte, com seu apelo à rebelião, inaugurando o primeiro de uma série de grandes movimentos revolucionários". À mesma época, a França vivia momentos de crise. Denunciavam-se os privilégios das classes dominantes sustentados pelo poder central. Dois importantes elementos de seu império colonial mercantilista foram perdidos. Os controles burocráticos e a excessiva regulamentação vinham dificultando o desempenho da economia. Não havia uma questão-chave adequadamente solucionada – da eficiência à equitatividade.

Segundo o relato de G. Steiner,[5] "os homens não aceitavam mais cegamente o ponto de vista de que era natural e conveniente que o governo regulasse todos os aspectos da vida econômica e social. Pelo contrário, florescia a ideia de que era natural e conveniente que não houvesse qualquer intervenção. A ordem econômica deveria resultar da *ordem natural* que governa todos os aspectos da vida humana. A própria revolução americana lutou em defesa desses princípios. E, do outro lado do Atlântico, *The wealth of nations*, de Adam Smith, constituiu uma severa condenação aos objetivos e à ineficiência dos controles exercidos sobre os indivíduos e a sociedade pelos governos mercantilistas. Assim, a experiência americana e as teorias da ordem e do direito natural, desenvolvidas na Europa Ocidental, continham, em sua essência, as ideias que serviriam para fazer submergir a filosofia e a prática do regulamentarismo. Primeiramente, elas se baseavam na doutrina do individualismo, segundo a qual o indivíduo e não o governo era o objeto principal do interesse social. Em segundo lugar, elas se assentavam no conceito de *laissez-faire*, segundo o qual o governo deveria restringir seus esforços, interferindo o menos possível na vida dos cidadãos, a não ser para assegurar os direitos naturais ligados à vida, à liberdade e à propriedade. E, finalmente, elas se apoiavam na crença de que o sistema econômico poderia operar com base no interesse próprio de cada um dos agentes, e não, necessariamente, no controle por uma autoridade pública".

Datam desta época os novos conceitos sobre os quais se edificaria uma nova ordem institucional: o da **ordem natural** e o da **mão invisível do mercado**. Em substituição aos regulamentos impostos pelo governo, propunha-se o *laissez-faire* – expressão que implica a não interferência do governo na vida econômica da sociedade. Atribuída a V. Gournay, a expressão, em sua versão original, pregava *laissez-faire, laissez-passer, le monde vá de lui-même*. Em tradução livre, isto significa algo como: o mundo caminha por si próprio, independe de normas impostas por uma autoridade pública. Estabelecia-se a crença ou uma ordem natural, movida por mercados em que concorriam agentes econômicos livres para empreender e produzir, que seria por si só capaz de orientar as atividades econômicas.

A racionalidade do *homem econômico*, as virtudes do individualismo e o automatismo das forças do mercado, tudo isto sob ajustamentos que a concorrência se encarregaria de fazer, substituiriam, segundo as novas correntes de pensamento, as ordens emanadas do governo. Cada qual seria movido por seu próprio interesse, a propriedade dos meios de produção haveria de ser privada e a iniciativa de empreender seria liberada. Sob esta nova ordem, os empreendedores seriam atraídos por atividades produtivas que apresentassem melhores perspectivas de ganho: estas não poderiam ser outras que não aquelas que se dedicassem à geração dos bens e serviços efetivamente desejados pela sociedade. De seu lado, as unidades familiares também se guiariam por seus próprios interesses, quer no emprego dos recursos de sua propriedade, quer em suas satisfações de consumo. E, como os interesses conflitantes seriam solucionados pelas forças da concorrência, seriam raras as situações em que a eficiência, a eficácia e a equidistribuição não estivessem, de alguma forma, atendidas.

O Pensamento Socialista e a Economia de Comando Central

Esses novos princípios e as práticas revolucionárias que os sucederam atingiram seu apogeu entre as últimas décadas do século XVIII e a primeira metade do século XIX, quando passaram a ganhar corpo novas correntes de pensamento. O *laissez-faire* não foi tão justo quanto se supunha. Prevaleceu a lei dos mais fortes: em muitas atividades, ela sufocou as forças da concorrência. O modo liberal-individualista de produção não conduziu à justiça distributiva tão amplamente quanto imaginaram seus primeiros ideólogos. Com isso, criavam-se as condições para a proposta de uma nova ordem econômica, supostamente mais eficaz e mais justa.

A segunda metade do século XIX produziu, assim, uma nova proposta de ordenamento econômico e institucional respaldada na observação crítica da realidade. Ela nasceu, como observa F. Watkins,[6] do "fracasso do liberalismo em corresponder às suas promessas, extremamente otimistas, de bem-estar econômico geral. Segundo os teóricos do mercado livre, a eliminação de restrições governamentais às atividades econômicas levaria ao progresso imediato e universal das condições materiais de vida. Tal esperança não era inteiramente infundada. A riqueza aumentou, efetivamente, num ritmo sem precedentes, e o igualmente excepcional incremento do consumo evidenciou que, pelo menos, alguns dos benefícios da revolução industrial estendiam-se a crescentes, embora ainda diminutas, parcelas da população. Contudo, o que mais impressionava os observadores da época eram as desigualdades econômicas geradas pelo processo. Isso foi uma decepção amarga para as esperanças humanitárias dos que abraçavam o liberalismo, na expectativa de que o progresso econômico seria compartilhado por todos. O socialismo nasceu como resposta a essa decepção".

Durante o século XIX, porém, essa nova proposta, de fundamentação socialista, não produziu mudanças substantivas no ordenamento institucional da economia. Mesmo o pensamento marxista, teoricamente mais robusto que o de todos seus predecessores, não foi além de condenar o modo capitalista de produção e de buscar a evidência do colapso de longo prazo de seu sistema de valores, fruto de suas próprias contradições. Segundo Böhm-Bawerk,[7] professor da Universidade de Viena na segunda metade do século XIX, "Marx conhecia o resultado que desejava obter e manipulou com admirável habilidade e sutileza um conjunto de ideias e de premissas lógicas, até que estas produzissem de fato o resultado desejado, em forma silogística aparentemente respeitável". Partindo de pressupostos clássicos, Marx centrou sua argumentação na concepção de que a produção das nações era, essencialmente, fruto da força de trabalho, mas "indevidamente apropriada pelos empresários capitalistas". Com tal intuito, construiu um novo modelo teórico, cujas principais variáveis eram o trabalho socialmente necessário (atual e passado), o capital constante, o capital variável, a composição orgânica do capital e a taxa de lucro, à qual deu a denominação de **mais valia**. Seu modelo evidenciou os fundamentos das condições antagônicas da repartição da renda e da riqueza das nações e atribuiu a esses mesmos fundamentos as instabilidades e as perturbações cíclicas da economia liberal. Procurou ainda evidenciar, por uma linha determinista de raciocínio, que a economia de mercado caminharia para colapsos inevitáveis.

Somente no século XX, porém, é que ocorreu efetivamente a construção das economias de comando central, doutrinariamente fundamentadas no pensamento marxista. Estas economias passaram a ser uma alternativa às de mercado, estabelecidas desde as revoluções liberais do século XVIII. Como observa C. Hoover,[8] "até 1917, data da revolução soviética, o capitalismo individualista poderia ser apresentado não só como o melhor e o mais eficiente sistema econômico jamais surgido, mas, também, como um sistema universal". Todavia, a despeito de a primeira grande revolução socialista em escala nacional, tenha sido efetivada só na segunda década do século XX, vinham sendo observados desde a segunda metade do século XIX graves vícios da economia ortodoxa liberal, movida pelas forças dos mercados. "A livre concorrência, escreveu A. Marshall,[9] solta como um grande monstro selvagem, pôde fazer sua violenta trajetória. O abuso dos novos poderes por homens de negócio hábeis, mas incultos, levou males por todos os lados; incapacitou mães para cumprirem seus deveres; sobrecarregou crianças de cansaço e doença e, em muitos lugares, degradou a própria raça. Enquanto isso, a negligência da lei, muito mais que a fria obstinação da disciplina industrial, fez rebaixar a energia moral e física: privando o povo das qualidades que o capacitariam para a nova ordem de coisas, ela diminuiu o bem causado pelo advento da livre iniciativa."

É bem verdade que a livre ação das forças do mercado, o sistema concorrencial de propriedade privada e os estímulos da instituição do livre empreendimento promoveram, nas primeiras décadas das revoluções liberais, sensível expansão da eficiência produtiva e, consequentemente, certo crescimento do salário real das classes trabalhadoras. Todavia, as desigualdades econômicas tornaram-se flagrantes e insustentáveis: o crescimento do rendimento das classes trabalhadoras não poderia ser comparado ao rápido enriquecimento das classes empresariais, que detinham poderes de negociação incomparavelmente maiores que os da coletividade assalariada. As esperanças humanitárias do liberalismo não se realizaram: o sistema constituíra-se, quase exclusivamente, em um prêmio à capacidade dos empreendedores. O livre jogo das forças de mercado e a não interferência do governo não vinham garantindo, como esperavam os teóricos liberais, o perfeito funcionamento da economia. Algumas crises gerais, e mesmo as setoriais, denunciavam imperfeições insustentáveis.

Acreditavam os socialistas que as instituições básicas do liberalismo, a **liberdade de empreender**, a **livre concorrência** e a **propriedade privada dos meios de produção**, eram responsáveis pelas desigualdades na repartição da renda social e pelas seguidas crises econômicas. Eliminar essas instituições, substituindo-as por outras, sintetizava o objetivo específico da revolução coletivista. A propriedade dos meios de produção deveria pertencer à sociedade, e a organização da atividade não deveria ser guiada pelo interesse individual e pela concorrência, mas por um único centro de decisões, que atuaria no sentido do interesse coletivo.

O sistema liberal pluripolar seria assim substituído pela intervenção direta e total do governo. Os fluxos da produção e da renda seriam regulados por uma central de planificação, que estabeleceria os objetivos da economia, os meios para alcançá-los, a remuneração dos recursos e os preços dos bens e serviços. A

economia de comando central, diametralmente oposta à **economia de mercado**, promoveria a justa remuneração dos recursos e eliminaria as desigualdades econômicas. Além disso, através da fixação de metas compatíveis com as reais necessidades coletivas, realizaria o objetivo da eficácia alocativa.

Esse segundo sistema de organização da atividade econômica, embora proposto no século XIX, só seria praticado pelos soviéticos após a revolução de 1917. Somente à época da Segunda Grande Guerra é que outras nações passariam a submeter-se às regras da planificação centralizada. As de maior exposição foram a Tchecoslováquia, Iugoslávia, Hungria, Alemanha Oriental, Polônia, Bulgária, Albânia e Romênia, na Europa Central; Cuba, no Caribe, e a China, na Ásia.

Uma Síntese: Traços e Transição dos Modelos de Referência

Além de ter assistido à construção da economia de comando central na URSS e sua extensão à Europa Central, à China, a Cuba e a outras nações da Ásia e da África, o século XX assistiu também a mudanças de fundo introduzidas no ordenamento institucional das economias de mercado. Com a Grande Depressão dos anos 30, que atingiu praticamente todas as economias livres do mundo ocidental, o *laissez-faire* clássico chegou ao fim. Desde a década de 30, o governo voltou a assumir novas e crescentes funções, nas economias de mercado mais tradicionais. A regulação da economia como um todo, o empreendimento estatal como complemento ao da iniciativa privada e a promoção do bem-estar passaram a justificar maior intervenção do governo. Ele se tornou assim um agente econômico com múltiplas atribuições, tanto nas economias de mercado industrialmente desenvolvidas do hemisfério norte, onde suas funções de maior relevo se relacionaram à manutenção do pleno-emprego, como nas nações do hemisfério sul, onde suas funções mais relevantes estiveram ligadas a atividades empresariais em setores de base e infraestruturais.

No Leste, os traços dominantes da nova ordem econômica, fundamentada em comandos centrais, passaram a ser a **propriedade coletiva dos meios de produção** e as **restrições quase totais à liberdade de empreendimento**. No ocidente, os traços dominantes da ordem institucional passaram a incluir **restrições seletivas ao empreendimento privado**, a **estatização parcial do aparelho de produção** e a **submissão dos mercados ao poder regulatório da autoridade pública**. Tudo isso até o final dos anos 80. Já na última década do século, os dois sistemas de referência enveredaram-se para um novo processo histórico de transição: a reestruturação e a abertura das economias de comando central e a revisão dos papéis e dos limites do governo como agente econômico, nas economias de mercado.

O Quadro 6.2 sintetiza, sob perspectiva histórica, as características básicas da ordem econômica desde a segunda metade do século XVIII. Ali se encontram resumidos os conceitos e princípios dos dois sistemas de referência, o de mercado e o de comando central. Os traços dominantes do ordenamento institucional em cada um deles e em cada época se encontram também destacados.

QUADRO 6.2
O ordenamento da economia: uma visão de conjunto, sob perspectiva histórica. Da primeira metade do século XVIII às primeiras décadas do século XX.

Períodos históricos	Características básicas da ordem econômica
Segunda metade do século XVIII	Formulação do pensamento liberal clássico: ❑ O conceito de **ordem natural**. ❑ A crença na **mão invisível** do mercado. Proposição do *laissez-faire*, sob quatro princípios: ❑ A racionalidade do **homem econômico**. ❑ As virtudes do **individualismo**. ❑ O automatismo das **forças de mercado**. ❑ Os ajustamentos pela **concorrência**. Traços dominantes da ordem econômica: ❑ Estado minimalista. ❑ Propriedade privada dos meios de produção. ❑ Livre iniciativa empresarial. ❑ Mercado como centro de coordenação da economia.
Século XIX	Revelação das disfunções do *laissez-faire*. Crítica do sistema liberal clássico. Construção do pensamento coletivista: ❑ A condenação do modo capitalista de produção. ❑ A ênfase na justiça distributiva. ❑ As bases para uma nova ordem econômica.
Século XX	**A. Construção da economia de comando central:** ❑ Criação da URSS. ❑ Extensão do modelo à Europa Central, China, Cuba e outras economias da Ásia e da África. Traços dominantes da nova ordem econômica: ❑ Propriedade coletiva dos meios de produção. ❑ Restrições quase totais à liberdade de empreendimento. ❑ Organização de centrais de planificação para coordenação da economia. **B. Intervencionismo na economia de mercado:** ❑ Fim do *laissez-faire*. ❑ Novas funções do Estado: regulação, empresariamento e bem-estar. Traços dominantes da nova ordem econômica: ❑ Restrições seletivas ao empreendimento privado. ❑ Estatização parcial. ❑ Mercados submetidos ao poder regulatório da autoridade pública. **C. Economias em transição:** ❑ Questionamento das alternativas radicais (anos 80). ❑ Reestruturação e abertura das economias de comando central (transição dos anos 80 para 90). ❑ Revisão dos papéis, do tamanho e dos limites do governo nas economias de mercado (anos 90).

6.2 O Modelo Liberal: o Ordenamento pelas Forças do Mercado

Uma Primeira Aproximação: a "Mão Invisível" do Mercado

Em conhecida passagem de *Harmonies économiques*, um de seus mais importantes ensaios, F. Bastiat,[10] economista e publicista francês que viveu na primeira metade do século XIX, registrou as seguintes observações, sobre a complexa organização econômica necessária ao abastecimento das grandes metrópoles, que lhe teriam ocorrido em uma de suas viagens a Paris:

> "A imaginação do homem se perderia em um intrincado labirinto se tentasse avaliar a enorme quantidade de bens de consumo que deve diariamente vencer todo tipo de dificuldades e barreiras e entrar em Paris, para evitar que seus habitantes sejam surpreendidos pela fome, pela rebelião e pela pilhagem. Se o suprimento for interrompido, o milhão de habitantes de Paris morrerá em um curto espaço de tempo. Todavia, a tranquilidade dessa gente não é perturbada, por um instante sequer, pela perspectiva de tão aterrorizante catástrofe, apesar de não existir um organismo governamental que coordene todas as atividades relacionadas ao suprimento dos bens e serviços indispensáveis à sua vida."

Essas observações de Bastiat se tornaram clássicas, praticamente uma referência obrigatória para se iniciar a análise do funcionamento de uma economia de mercado. Parafraseadas por muitos autores, têm servido de introdução à análise das instituições básicas, da dinâmica e do funcionamento dos sistemas de livre empresa. Passados já dois séculos desde que foi escrita, a reflexão de Bastiat ganha maior força e dimensão, pelo gigantismo e pela impessoalidade que caracterizam as grandes cidades. "Consideremos, diz Samuelson,[11] a cidade de Nova Iorque. Sem um movimento contínuo de mercadorias, para dentro e para fora da cidade, esta chegaria à beira da inanição dentro de uma semana. Há necessidade de uma variedade de tipos e de quantidades certas de gêneros alimentícios. Dos municípios circunvizinhos, de 50 Estados e de pontos longínquos do mundo, mercadorias têm viajado dias e meses tendo Nova Iorque como destino. Como é que 12 milhões de pessoas conseguem dormir bem à noite, sem viver com o terror mortal de um colapso dos complexos processos dos quais depende a existência da cidade? Não obstante, ninguém se aterroriza, **embora praticamente todos os processos se realizem sem coerção ou direção centralizada de qualquer organismo consciente**. As mercadorias que fluem para essa grande metrópole são produzidas por milhões de pessoas, mais ou menos por sua livre iniciativa e sem direção ou plano diretor. Mas, fundamentando quase todos os procedimentos envolvidos, há esmerados mecanismos de coordenação inconsciente, que combinam o conhecimento e as ações de milhões de indivíduos interdependentes. Apesar de não contar com uma inteligência central, os mecanismos funcionam com regularidade. Pela **mão invisível do mercado**, eles impulsionam a livre iniciativa de milhares de empreendedores. Alocam recursos de forma aparentemente eficaz e garantem o abastecimento dos mercados."

TABELA 6.1 Consumo aparente de gêneros alimentícios na região metropolitana de São Paulo, em estimativa anual para o triênio 2012-2014.

Produtos	Consumo estimado em toneladas	
	Anual	Diário
Hortaliças	1.543.220	4.228
Frutas	3.760.230	10.302
Cereais e grãos	1.820.255	4.987
Carnes	468.910	1.334
Aves	1.064.705	2.917
Pescados	78.840	216
Conservas	101.105	277
Laticínios	73.730	202
Óleos e gorduras	225.200	617
Somas	9.136.195	25.080

As grandes metrópoles das economias de mercado são abastecidas, pelo menos quanto aos gêneros indispensáveis à sobrevivência humana, através de mecanismos livres, praticamente sem nenhuma coordenação central, deliberada, rígida e minuciosa. Doze vezes maior que a capital francesa à época de Bastiat, Nova Iorque é atualmente um dos maiores centros consumidores do mundo. E o processo institucional de seu abastecimento não é muito diferente daquele que garantia, no início do século XIX, o abastecimento do milhão de habitantes de Paris. E não é preciso ir tão longe. Basta considerar o caso da região metropolitana de São Paulo, seguramente o maior centro consumidor de alimentos do país. Projeções de estimativas do CEAGESP, do Instituto de Economia Agrícola de São Paulo e do IBGE/PNAD, indicam que esta região consome diariamente cerca de 4,2 mil toneladas de hortaliças, 10,3 mil toneladas de frutas, 4,9 mil toneladas de cereais e grãos alimentícios, 1,3 mil toneladas de carnes bovina e suína, além de 2,9 mil toneladas de aves e 216 toneladas de pescados. Consome ainda, por dia, 277 toneladas de carnes e vegetais em conservas, 202 toneladas de laticínios e 617 toneladas de óleos e gorduras alimentícias. Isto representa, como revelaram as estimativas para o triênio 2012-2014, 9,1 milhões de toneladas anuais. Ou 671 mil toneladas mensais. Ou ainda 25 mil toneladas diárias, consumidas sem interrupções pelos 20,9 milhões de habitantes dos 39 municípios dessa região metropolitana. Se, como observara Bastiat, por um curto espaço de tempo falhasse a complexa organização do sistema produtivo que fornece todos esses gêneros, a desordem e a fome assolariam a maior região metropolitana do país. Entretanto, jamais as populações de São Paulo e dos outros 38 municípios situados em torno dessa metrópole intranquilizaram-se diante de tal perspectiva. E realmente não haveria motivo para pânico, pois a paralisação total do abastecimento de uma região metropolitana como a de São Paulo não passa de uma hipótese remota.

Diariamente, antes mesmo que os 20,9 milhões de habitantes da região metropolitana despertem, começam a ser montadas as barracas de feiras-livres, enquanto no CEAGESP e em outros Centros de Distribuição milhares de pessoas já se movimentam para a distribuição de gêneros de toda espécie. Nos frigoríficos, em dias anteriores, o abate já terá sido feito, milhares de panificadores, em todas as madrugadas, já terão aquecido seus fornos e por todos os bairros já terão passado os atacadistas que procedem à distribuição do leite e de laticínios. Algumas horas mais, os 20,9 milhões de habitantes despertarão e toda uma complexa rede de abastecimento estará se movimentando harmoniosamente, como se algum organismo de planificação tivesse estabelecido minuciosamente as tarefas de cada um.

Mas não existe nenhuma repartição do poder público com essa incumbência. Não há nenhum órgão que planifique detalhadamente a chegada dos bens de subsistência destinados aos que vivem nessa região metropolitana. Nenhuma ordem dirigida de um organismo central obrigou os feirantes a levantarem-se antes dos demais, a abastecerem seus caminhões e a montarem suas barracas. As pessoas que desde a madrugada se vinham movimentando nos entrepostos de abastecimento não foram destinadas para trabalhar nesses locais por nenhuma imposição de um órgão de governo. Não se encontrará nenhuma autoridade central que terá estabelecido a quantidade de gado bovino, de suínos e de aves que os frigoríficos deveriam abater nem as áreas que deveriam ser ocupadas para o plantio das verduras e legumes necessários ao abastecimento dessa e de outras regiões metropolitanas e de cidades de menor porte. Nenhum organismo determinou o número de panificadoras que se deveria estabelecer, nem a produção de cada uma. Nenhuma ordem central estabeleceu os roteiros a serem cumpridos pelos milhares de veículos que se encarregaram da distribuição de todos os gêneros alimentícios.

Então, se não há organismos que coordenem toda essa complexa atividade, como ela pode desenvolver-se normalmente, sem o risco de um inesperado colapso? Que princípios governam as economias de mercado? Como suas instituições fundamentais garantem que se harmonizem as atividades de todas suas unidades de produção? Sem um elenco de ordens emanadas de uma autoridade econômica central, como podem essas sociedades garantir a sobrevivência e o progresso material da coletividade? Por fim, qual a "mão invisível" que substitui o planejamento central, com eficiência e eficácia alocativa?

Em *The wealth of nations*, de A. Smith, encontram-se as bases para compreensão do funcionamento das economias de mercado. Ele construiu os alicerces da teoria econômica clássica e descreveu os fundamentos dos sistemas de livre empreendimento, em que a propriedade dos meios de produção é privada e o mercado atua como centro de coordenação do processo econômico.

Smith propôs que o **interesse individual** é a mola propulsora das economias de mercado. Ele observou que os agentes econômicos, individualmente considerados, embora motivados por seus interesses próprios, agem frequentemente em benefício da sociedade como um todo. Ao decidirem por um investimento produtivo, ao escolherem uma atividade profissional, ao se definirem por uma ocupação, os agentes econômicos não têm a intenção de promover o bem público e, muitas vezes, nem mesmo sabem como ele possa ser promovido. Cada qual pretende apenas o próprio benefício, mas é guiado por uma espécie de **mão invisível** a percorrer caminhos que aparentemente nada têm a ver com seus propósitos individuais. Segundo a lógica definida por Smith, ao procurar seus próprios interesses, frequentemente os agentes econômicos, tomados individualmente, realizam também o interesse da sociedade e o fazem mais eficazmente do que quando, realmente, se predispõem a realizá-lo. Construído sob esta linha de argumentação, o pensamento clássico reproduzia a proposição da *Fable of the bees*, de B. Mandeville, publicada em 1705: **São do interesse público a cobiça, a ambição individual e a procura do benefício próprio; esses três aparentes vícios de comportamento constituem condições essenciais para a sustentação das atividades econômicas**.

O comportamento do **homem econômico**, segundo o ponto de vista originalmente desenvolvido por A. Smith, fundamenta-se, assim, no esforço que cada qual faz, continuamente, para melhorar sua própria posição. O interesse próprio é o impulso que leva ao empreendimento, à produção e à satisfação das necessidades sociais. Ainda que possa ser um **vício privado**, ele deságua em **benefícios públicos**. Como escreveu Smith, "não é da benevolência do açougueiro, do fabricante de cerveja e do padeiro que esperamos nosso jantar, mas da atenção que cada um deles dedica a seus próprios interesses". Para o pensamento liberal ortodoxo, se quem produz é livre para competir sem restrições em quaisquer mercados e, se quem consome é também livre para adquirir os bens e serviços que melhor satisfaçam a suas necessidades e aspirações, então o livre jogo dos interesses individuais envolvidos é suficientemente poderoso para manter a economia em funcionamento. Além do mais, ainda segundo o argumento da ortodoxia clássica, o bom funcionamento do sistema econômico como um todo não se fundamenta apenas na justificação do **interesse individual**, mas nos ajustamentos que a **concorrência perfeita** é capaz de promover. Ela é que limita os exageros do interesse privado, impedindo que produtores conspirem contra consumidores. **A concorrência é a contrapartida do interesse próprio**. É, em certo sentido, a instituição que reconcilia os interesses privados e sociais.

Em síntese, as proposições da ortodoxia liberal fundamentaram-se, assim, em quatro princípios:

- A racionalidade do **"homem econômico"**.
- As virtudes do **individualismo**.
- O automatismo das **forças de mercado**.
- Os ajustamentos pela **concorrência**.

Cada um desses quatro princípios justifica-se à presença dos outros três. Eles constituem um todo interdependente. São a base da reflexão liberal e de sua consequência maior, a **economia de mercado**. Seus conteúdos, resumidamente, são:

- **A racionalidade do "homem econômico"**. Fundamenta-se na presunção de que os agentes econômicos, individualmente considerados, sempre se conduzem de forma racional. O objetivo de cada um é a maximização de seus próprios rendimentos e, na aplicação dos rendimentos, a maximização dos graus possíveis de satisfação. Assim vistos, os agentes individuais prescindem da tutoria de um poder central, à medida que sua própria racionalidade constitui a segurança maior de seu bem-estar. O estatismo e o regulamentarismo seriam assim substituídos vantajosamente pelo individualismo e pela liberdade de ação econômica. A racionalidade de cada agente econômico levaria o sistema como um todo a também operar racionalmente.

- **As virtudes do individualismo**. Fundamentam-se na concepção de que a soma dos interesses individuais, resultante da racionalidade de cada agente econômico, é a própria expressão dos interesses coletivos. Cada qual, ao buscar seu próprio interesse, está convergindo para a realização do interesse social. Uma conhecida passagem de *The wealth of nations* observa que "todo indivíduo necessariamente trabalha para tornar a renda real da sociedade a maior possível. Geralmente, o indivíduo não tenciona, de fato, promover o interesse público, nem sabe em que extensão o está promovendo. Administrando seus negócios de forma que seu produto seja do maior valor, visa somente seu próprio ganho e é nisto, como em muitos outros casos, guiado por mão invisível a promover um fim que não é parte de suas intenções. Não é mau para a sociedade que o interesse público não seja parte das intenções de cada indivíduo. Buscando seus próprios interesses, frequentemente cada indivíduo promove o da sociedade mais efetivamente do que quando realmente tenciona fazê-lo". Em outro trecho, Smith observou ainda que aquilo que é prudência na conduta de cada agente da atividade privada dificilmente pode ser loucura na conduta de uma grande nação, procurando contrariar a posição largamente defendida pelos intervencionistas dos séculos anteriores, segundo a qual os interesses individuais dificilmente poderiam ser coincidentes com o bem-estar geral. J. Stuart-Mill, um dos mais notáveis seguidores da ortodoxia clássica no século XIX, provavelmente teria preferido crer na eficácia de outros incentivos. Mas observou em seu *Principles of political economy*, publicado em 1848: "No estágio imperfeito da cultura moral em que ainda se encontra a espécie humana, não há um substituto eficaz para a força do interesse pessoal. Para a maioria das pessoas, o único estímulo que se verificou ser suficientemente constante e forte para vencer a indolência e induzir ao trabalho, em si mesmo insípido e não excitante na maior parte do tempo, é a perspectiva de melhorarem sua própria condição econômica."

- **O automatismo da força de mercado**. L. Robbins[12] sintetiza da seguinte forma este terceiro princípio: "Segundo o sistema de liberdade econômica da ortodoxia clássica, os cidadãos, como consumidores, têm liberdade para adquirir o que mais lhes agrada a fantasia; como produtores, como trabalhadores ou como proprietários de outros meios de produção, têm liberdade de empregar sua força de trabalho e seus ativos de tal forma que, a seu juízo, estes lhes tragam a máxima recompensa econômica ou outra forma de satisfação. É o **mecanismo impessoal do mercado** que, segundo esse ponto de vista, faz os interesses dos diferentes indivíduos harmonizarem-se." Mercados em que os suprimentos e as necessidades a satisfazer se encontrem desequilibrados, com insuficiência de oferta, atraem novos fornecedores; ocorrendo o oposto, os produtores retraem-se. As quantidades ajustam-se às necessidades, sob a orientação de um dos mais eficientes índices de escassez: os preços. Os mercados são assim dotados internamente de forças que os mantêm em bom funcionamento. Intervenções de autoridades públicas, segundo este ponto de vista, geralmente mais prejudicam do que beneficiam o equilíbrio do sistema como um todo.

❑ **Os ajustamentos pela concorrência.** Este quarto princípio é uma espécie de contrapeso da ordem econômica, uma força natural de repressão dos vícios privados. Quando a concorrência se estabelece, ela impede que produtores conspirem contra o interesse social, a não ser que eles se unam, em conluios que destruam os princípios da competição. Havendo, porém, concorrência perfeita entre grande número de produtores e sendo também atomizada a procura, as ações conspirativas tornam-se mais difíceis. Mais ainda: a concorrência é instrumento de eficiência produtiva e de eficácia alocativa. Segundo o pensamento clássico de Smith, "a concorrência pode ser a causa da ruína de alguns, e o prêmio de outros; mas preocupações quanto a estas consequências cabem apenas às partes interessadas". Será fator de ruína para os menos eficientes; de êxito, de perpetuação no negócio e de expansão para os mais capazes. E a concorrência também ajuda a alocar os recursos de que a sociedade dispõe, à medida que os fins a que se destinam competem entre si, mantendo-se aqueles que melhor satisfaçam ao conjunto dos interesses envolvidos.

Fundamentado nesse conjunto de princípios, o pensamento liberal do século XVIII propôs o fim das práticas intervencionistas historicamente praticadas. Os traços dominantes da ordem econômica, segundo essa perspectiva, seriam:

❑ O governo mínimo, notadamente no sentido de pequena interferência nos mecanismos do livre mercado.

❑ A propriedade privada dos meios de produção.

❑ A livre iniciativa empresarial.

❑ O mercado como centro de coordenação da economia.

Quanto ao governo, a concepção da ortodoxia liberal era de certa forma utilitarista. Adam Smith acreditava que o governo teria três deveres a cumprir: primeiro, o dever de proteger a sociedade da agressão e da invasão por parte de outras sociedades independentes; segundo, o dever de proteger cada membro da sociedade da injustiça e da opressão, praticando adequada administração da justiça; terceiro, o dever de edificar e manter certas obras públicas, cuja exploração não fosse do interesse de outros agentes econômicos. Isto significa que a ordem natural e o *laissez-faire* não bastariam por si próprios. Sistemas que se fundamentem na liberdade de iniciativa, na propriedade privada dos meios de produção e na livre manifestação das forças de mercado exigiriam um conjunto de instituições complementares e de apoio, sem as quais suas próprias bases não se sustentariam. E estas instituições emanariam do governo, como é o caso da administração da justiça. Esta harmonizaria o interesse próprio com o bem-comum, onde e quando as proposições fundamentais do pensamento liberal não fossem suficientes para tanto.

Os Vícios e as Imperfeições da Economia de Mercado

As proposições e os princípios da ortodoxia liberal chocaram-se, porém, com as novas realidades que emergiram das ondas sucessivas de revoluções tecnológicas e industriais, ocorridas nos séculos XIX e XX, manifestamente mais intensas e velozes nas primeiras décadas do século XXI. Chocaram-se também com os vícios e as imperfeições da própria economia de mercado, tanto no plano micro, como no macroeconômico. E ainda com as novas requisições sociais que o empreendimento privado e o livre mercado não reúnem suficientes incentivos que conduzam ao seu atendimento.

As deficiências, os vícios e as imperfeições da economia de mercado resultaram, assim, de desvios entre suas bases conceituais e a realidade da vida econômica. E muitas delas se acentuaram ao longo dos anos, em decorrência de mudanças de alto impacto ocorridas nas condições sociais e político-institucionais da maior parte das nações. São geralmente destacadas as seguintes:

- ❑ Estruturas de mercado afastadas do protótipo da concorrência perfeita.
- ❑ Geração de externalidades negativas.
- ❑ Incapacidade para avaliação do mérito de bens e serviços produzidos.
- ❑ Instabilidade conjuntural.
- ❑ Ineficiências distributivas.
- ❑ Incapacidade para produzir bens públicos e semipúblicos de alto interesse social.
- ❑ Ineficácia alocativa.

Cada uma dessas deficiências e imperfeições está de alguma forma relacionada a um (ou a mais de um) dos traços dominantes da ordem econômica definida pela ortodoxia liberal. Há as que se relacionam com a proposição do governo minimalista; outras, com as prevalências da propriedade e da iniciativa privadas em todos os setores da vida em sociedade; outras ainda com a confiança cega no mercado como capaz de sinalizar todas as necessidades sociais e de coordenar seus suprimentos. Vamos considerar uma por vez, para destacarmos suas origens e alguns de seus desdobramentos.

- ❑ **Estruturas efetivas de concorrência**. O modelo idealizado de economia de mercado fundamentava-se na hipótese de concorrência perfeita. Esta é definida a partir de mercados atomizados em que interage um tal número de agentes econômicos que nenhum deles tem força suficiente para distorcer, em seu proveito, preços ou outros resultados da livre competição. É ainda definida por outras características, além do número de unidades econômicas interagentes, como a homogeneidade dos produtos, a ausência de barreiras para os que querem entrar ou sair do mercado e o amplo acesso de todos a informações transparentes e a fontes de desenvolvimento tecnológico. Ocorre, porém, que este conjunto de condições não se efetiva na maior parte dos mercados. As estruturas de concorrência que na realidade prevalecem são imperfeitas. As perfeitamente competitivas são abstrações conceituais dificilmente observadas na realidade. Consequentemente, a eficiência privada que se alcança em situações de concorrência imperfeita, notadamente quando ocorre a situação extrema do monopólio, nem sempre conduz à otimização dos interesses sociais. Os mercados não são, como imaginavam os primeiros pensadores liberais, centros de excelência para promover o bem comum. Ocorrendo imperfeições na estrutura de concorrência, com a formação de grupos conspirativos, como os trustes, os cartéis e outras formas de conluios, não se pode mais garantir que o interesse social prevalecerá sobre o privado.

❏ **Geração de externalidades negativas**. A palavra externalidade é empregada, aqui, no sentido de "efeitos sobre terceiros, ou sobre a sociedade como um todo, causados pelas ações ou comportamentos de agentes envolvidos em determinado ato econômico". As externalidades podem ser positivas ou negativas, benéficas ou prejudiciais, não importa se involuntárias ou não. Os exemplos são os mais variados. Vão desde a poluição do ar por uma fábrica de cimento ou a contaminação das águas por uma fábrica de produtos químicos, até o desconforto resultante da instalação de feiras em vias públicas ou o desconforto causado pela produção ou consumo de determinados bens ou serviços, que satisfazem a uns, mas prejudicam outros. O tratamento sistemático da questão das externalidades é devido a A. Pigou.[13] Em *The economics of welfare,* publicado em 1932, ele foi um dos primeiros a evidenciar que uma das imperfeições das economias em que a atuação dos agentes econômicos é preponderantemente livre é a **geração de externalidades negativas**. Mesmo quando perfeitamente competitivos, os mecanismos do mercado não garantem sua atenuação ou eliminação. Em certos casos, até contribuem para provocá-las. E quando seus efeitos nocivos estendem-se à sociedade como um todo e afetam significativamente o bem-estar, pode-se chegar à situação mais crítica, extrema, de **falência do mercado**, no sentido de que seu funcionamento não é compatível com o "ótimo social".

❏ **Incapacidade para avaliação de méritos**. A racionalidade do "homem econômico" não é garantia suficiente para que os padrões de produção ou de consumo sejam plenamente satisfatórios, tanto do ponto de vista da sociedade como um todo, como de indivíduos isoladamente considerados. Esta incapacidade produz consequências pessoais e sociais. Ainda que as consequências de ações livremente decididas sejam individualmente internalizadas, elas podem prejudicar o cidadão comum desavisado ou imprevidente. Mais do que isto: mercados sustentados por intensivas campanhas promocionais podem transformar consumidores em "títeres" – bonecos de cordão manipulados por produtores de alto poder de persuasão, sustentados pelo poder econômico de que desfrutam. À medida que ocorrem situações deste tipo, ainda que seus efeitos sejam mais perniciosos do ponto de vista de indivíduos do que da sociedade como um todo, a economia de mercado se desvia dos caminhos que levariam à otimização do bem comum. Mais diretamente: os custos e benefícios de agentes individuais não se compatibilizam, necessariamente, com os da sociedade como um todo.

❑ **Instabilidade conjuntural**. Os primeiros formuladores da ortodoxia liberal acreditavam que "como a oferta cria sua própria procura", tudo o que for produzido será escoado e a economia se manterá permanentemente em estado de equilíbrio e de pleno-emprego. Mas os fatos não confirmaram essa suposição. A história das economias de mercado é pontilhada por bruscas oscilações, de alta e de baixa, da atividade econômica como um todo. Momentos de euforia e de expansão são sucedidos por outros de recessão e de desânimo generalizado. As forças do mercado e da liberdade de empreender não são suficientes para reestimular, nos casos depressivos, ou para serenar as exaltações infundadas nos casos de euforia. Houve mesmo situações dramáticas de desemprego em larga escala e de flutuações de alta amplitude. A Grande Depressão dos anos 30, que por um período de quatro a cinco anos abalou as economias de mercado do mundo ocidental, foi uma das piores de todas as épocas, pela amplitude de seus desdobramentos. Há quem afirme, com certa razão, que a Segunda Grande Guerra teve muito a ver com a depressão de 1929-33. E esta com a incapacidade das instituições do livre mercado em promover a estabilidade econômica permanente.

❑ **Ineficiências distributivas**. A liberdade de ação econômica não é um prêmio de que todos desfrutam em igualdade de condições. Uma das causas da desigualdade de rendas e de riquezas é o talento diferenciado que alguns têm para desenvolver negócios e fazer fortuna. A capacidade empresarial livre não tem, para todos, o mesmo significado. Dela podem resultar distorções distributivas que se acumulam e se ampliam com o tempo, deixando muitos abaixo da linha de pobreza absoluta e outros em posições acentuadamente distantes desta linha, só que em direção oposta. Não se pode dizer que a economia de mercado, da forma como foi imaginada pela tradição liberal, é condição suficiente para a justiça distributiva.

❑ **Incapacidade para produzir bens públicos e semipúblicos**. Por definição, os "bens públicos" diferem dos "bens de mercado" por vários atributos. Os primeiros se definem por sua indivisibilidade e pela dificuldade em se ressarcirem seus custos de oferta pelos mecanismos do mercado. A segurança nacional e a dos cidadãos é um dos exemplos clássicos. Outro é o saneamento básico. Outro, ainda, a limpeza urbana. Em todos esses casos, não é possível medir quanto desses bens cada agente econômico "consome". E mais: como evidenciou P. Samuelson,[14] em *Aspects of public expenditure*, o "consumo" de qualquer agente não prejudica as possibilidades de consumo dos demais. Por essas razões, bens desta categoria não são proporcionáveis pelos mecanismos da iniciativa privada. Consequentemente, as economias de mercado têm dificuldades em atender a essas categorias de bens, não obstante seja alta sua essencialidade: ou elas se afastam de um de seus traços marcantes (o governo mínimo), ou esses bens essenciais não serão suficientemente supridos para atender às exigências sociais. O mesmo ocorre com os chamados "bens semipúblicos", que combinam os atributos dos "bens públicos" com os dos "bens de mercado". A educação escolar e o atendimento médico-hospitalar são exemplos típicos. Embora, nestes casos, seja possível quantificar quanto cada qual consome e, desta forma, ressarcir os custos envolvidos, os benefícios de ambos os serviços se dispersam de tal forma por toda a sociedade e são, assim, tão difusos que o benefício social que proporcionam é bem superior a seus custos. Assim, também neste caso, ainda que o mercado possa proporcioná-los, nada garante que o faça de forma a maximizar seus benefícios sociais.

❑ **Ineficácia alocativa**. Esta deficiência tem a ver com uma das características marcantes das economias de mercado: nelas, os produtores não ouvem as vozes de quem mais necessita, mas as de quem tem mais recursos para adquirir os bens e serviços que eles estão dispostos a produzir. Este ponto foi particularmente enfatizado por O. Lange,[15] um dos mais contundentes críticos do modelo liberal. Em *On the economic theory of socialism,* ele argumentou que o triunfo histórico alcançado pelas economias de mercado se fundamenta em um tipo de **racionalidade limitada**. O triunfo tem caráter **privado**, não **social**. Atendeu a fins privados, nem sempre compatíveis com metas que digam respeito às exigências da sociedade como um todo. Os recursos disponíveis não são alocados para satisfazer, primeiro, às necessidades básicas de todos e, depois, às necessidades menos essenciais desigualmente distribuídas pela sociedade. Por isso, segundo Lange, a economia máxima de meios pela empresa privada não tem, necessariamente, alcance social: há determinados empregos de recursos que, não obstante eficientes do ponto de vista da empresa privada, podem significar desperdícios do ponto de vista da satisfação das necessidades básicas de toda a sociedade.

Esse conjunto de deficiências, fortemente associado a **desvios de comportamento** ou a **imperfeições estruturais**, motivou diversas categorias de ações corretivas. A maior parte delas implicou maior participação das autoridades públicas na vida econômica, quer para suprir necessidades que os mecanismos de mercado se mostraram incapazes de atender, quer para ajustar os interesses privados aos sociais. Os resultados dessa maior participação do governo como agente econômico definiram uma nova ordem institucional, caracterizada por: 1. Restrições seletivas ao empreendimento privado; 2. estatização parcial; e 3. submissão dos mercados ao poder regulatório da autoridade pública.

As Intervenções Corretivas: Fundamentos e Objetivos

Se prevalecessem nas economias de mercado apenas os princípios da ortodoxia liberal clássica, os agentes econômicos privados seriam os árbitros de suas próprias condutas. Em seu conjunto, a economia seria autoajustável, praticando-se em todos os setores a liberdade transacional e de empreendimento, a concorrência livre e a busca do interesse próprio sob a égide da justiça para com os outros. Seriam descartados quaisquer outros meios de coordenação social e o governo ficaria limitado às três funções definidas por A. Smith: justiça, defesa e produção de bens e serviços fora da esfera de interesse da iniciativa privada. Fora disso, a supremacia do mercado, como mecanismo de coordenação, superaria o pulso forte do governo.

Não é esta, contudo, a realidade que prevaleceu nas economias de mercado. Com o correr do tempo, acontecimentos históricos de alto impacto, como a Grande Depressão dos anos 30, ou novas exigências, como a criação de condições para a aceleração do crescimento econômico em nações de baixos níveis de produção e renda, ou ainda a correção dos vícios, das imperfeições e das deficiências assinaladas, levou o governo a atuar com maior amplitude, deixando de ser mero agente passivo. Em paralelo à coordenação derivada do jogo dos interesses privados e das liberdades para empreender e transacionar, a maior presença do governo na ordem econômica tornou-se inevitável.

Ao ampliar sua esfera de ação, o governo assumiu funções adicionais. O número dessas funções e seu conteúdo interventor superaram as prescrições originais da ortodoxia liberal. As novas funções, segundo a síntese proposta por Ragan-Thomas,[16] passaram a compreender:

1. Promover a concorrência, fiscalizar e corrigir desvios que contrariem o interesse social.

2. Mobilizar instrumentos de política econômica para estabilizar a economia, notadamente em situações recessivas, de generalizada redução das atividades produtivas e do nível de emprego dos recursos.

3. Adotar políticas de redução da concentração da renda e de apoio a pessoas ou a comunidade em situação de pobreza absoluta.

4. Atenuar ou remover problemas decorrentes de externalidades.

5. Produzir bens e serviços públicos e semipúblicos, que, pelos mecanismos do mercado livre e pelos estímulos ao empreendimento privado, não seriam produzidos em escalas que atendessem às necessidades a eles relacionadas.

Uma das consequências da maior presença econômica do governo, voltado para essas novas funções, foi a ampliação de seus dispêndios em relação ao PNB. A Tabela 6.2 revela o tamanho da presença do governo, segundo esse indicador, em economias de mercado selecionadas, nas três últimas décadas do século XX e nas primeiras do século XXI. Em alguns países, os dispêndios do governo situam-se entre 45 e 50% do PNB, embora a média mundial não ponderada pareça estar entre 25 e 30%. Na Ásia, de forma geral, tende a situar-se entre 20 e 25%; na América, varia no amplo intervalo de 25 a 35%, na Europa, é onde a presença do governo alcança as mais altas taxas, puxadas pela promoção do bem-estar social.

O Quadro 6.3 sintetiza as principais categorias de dispêndios do governo nas economias de mercado segundo levantamentos do World Bank nas seis últimas décadas (1970-2014). Elas cobrem as principais funções do governo sintetizadas em forma matricial no Quadro 6.4. Quanto a sua constituição e a sua importância relativa, elas variam de país para país, como mostramos na Tabela 6.3. Na América, as duas principais categorias de dispêndios públicos são bem-estar social e defesa; na Europa e na Oceania, bem-estar social e outros serviços de interesse público; na Ásia, serviços de interesse econômico e educação.

TABELA 6.2
Dispêndios do governo central de economias de mercado selecionadas, em relação ao PNB, 1972 a 2013.

Continentes, regiões e países		1972	1980	1992	1996	2000	2006	2013
ÁSIA	**Sudeste da Ásia**							
	Cingapura	29,5	26,5	22,7	20,5	18,3	17,0	17,1
	Filipinas	13,4	18,8	19,4	18,2	18,5	19,1	19,5
	Tailândia	17,2	19,1	17,4	18,0	18,4	21,0	23,4
	Ásia Oriental							
	Coreia do Sul	18,0	17,9	17,6	17,4	17,5	19,5	25,0
	Japão	12,7	18,4	15,7	15,8	16,7	20,9	26,7
AMÉRICA	**América do Norte**							
	Canadá	19,5	21,8	20,3	21,0	21,9	23,5	24,9
	Estados Unidos	19,0	21,7	24,3	21,6	21,0	25,1	25,8
	México	12,0	26,3	25,5	25,8	26,2	26,5	26,8
	América Central							
	Costa Rica	18,9	26,3	25,5	26,7	26,3	26,5	25,3
	Panamá	27,6	33,4	30,4	21,9	27,0	26,8	26,6
	América do Sul							
	Argentina	19,6	18,4	24,3	23,4	25,3	26,9	27,5
	Bolívia	9,6	19,0	22,5	21,9	21,9	22,2	23,7
	Equador	13,4	15,0	15,9	16,4	16,2	17,6	18,3
	Paraguai	13,1	12,8	12,4	13,1	13,7	15,1	15,3
	Peru	16,7	20,4	12,5	13,8	16,4	18,5	19,1
	Uruguai	25,0	22,7	28,7	31,3	33,3	32,6	32,5
	Venezuela	21,4	18,7	22,4	25,7	30,6	33,5	35,8
EUROPA	**Europa Ocidental**							
	Alemanha	24,2	30,3	24,6	32,1	33,0	35,6	36,7
	Áustria	29,6	37,7	39,5	39,1	40,5	41,0	41,2
	Bélgica	39,9	51,3	50,4	46,8	46,7	47,0	50,4
	França	32,0	39,3	45,4	44,7	46,6	46,5	47,9
	Holanda	41,0	52,7	52,8	46,6	47,7	48,1	49,8
	Suíça	39,0	38,6	40,1	39,9	42,8	42,3	42,5
	Europa Meridional							
	Espanha	19,8	27,0	34,2	36,2	36,1	37,3	37,8
	Itália	27,6	41,0	51,6	47,9	44,6	45,3	46,0
	Europa Setentrional							
	Dinamarca	32,6	40,4	42,2	41,9	42,8	43,0	44,1
	Finlândia	24,3	28,4	39,2	40,6	39,3	40,1	42,3
	Irlanda	33,0	48,9	47,5	36,8	38,4	39,0	39,2
	Noruega	35,0	39,2	46,4	37,1	36,7	38,9	40,5
	Reino Unido	32,3	38,2	39,5	39,9	39,8	40,3	43,2
	Suécia	30,1	32,6	33,5	36,3	38,0	38,3	39,0
OCEANIA	Austrália	18,8	23,1	27,4	26,6	27,6	28,0	29,5
	Nova Zelândia	29,2	39,0	38,8	37,5	38,4	38,4	38,5

Fontes: WORLD BANK. World development indicators. *World development report 1991, 1994, 1998-99 e 2000-2001*. Washington: Oxford University Press, 1991, 1994, 1999 e 2002. IMF – International Monetary Fund. *International Statistics. Government Finance*. Yearbook 2014, v. LXVII. Os dispêndios referem-se à soma do consumo (manutenção da estrutura burocrática), às transferências previdenciárias e assistenciais e aos investimentos em formação bruta de capital fixo.

QUADRO 6.3
Principais categorias e listagem dos tipos de dispêndios dos governos centrais de economias de mercado.

Principais categorias	Tipos de dispêndio incluídos
DEFESA	❑ Manutenção de efetivos das forças armadas. ❑ Aquisição de suprimentos e equipamentos de defesa. ❑ Recrutamento e treinamento de novos efetivos. ❑ Construções para fins relacionados à área militar. ❑ Participação em programas de manutenção de forças multilaterais.
EDUCAÇÃO	❑ Administração, inspeção, suporte e provisões para escolas primárias, secundárias e universidades e também para instituições de treinamento técnico, gerencial e de pesquisa vocacional. ❑ Regulamentação do sistema educacional. ❑ Atividades de pesquisa, envolvendo objetivos, gestão de instituições educacionais, métodos pedagógicos e processos de aprendizagem. ❑ Subsídios para serviços de transporte, alimentação e atendimento médico e dentário a estudantes de todos os níveis. ❑ Construções para fins relacionados à área de educação.
SAÚDE	❑ Manutenção de clínicas, postos de atendimentos e hospitais. ❑ Aquisição de suprimentos, medicamentos e equipamentos. ❑ Planejamento familiar. ❑ Prevenção de doenças, notadamente endêmicas e epidêmicas. ❑ P&D, C&T relacionadas à área de saúde. ❑ Saneamento básico. ❑ Construções para fins relacionados à área de saúde.
BEM-ESTAR SOCIAL	❑ Seguridade social: aposentados, inválidos permanentes, idosos, inválidos temporários e doentes, desempregados e desamparados. ❑ Subsídios para maternidade e manutenção de filhos. ❑ Provisão de habitações para unidades familiares de baixa renda. ❑ Desfavelamento. ❑ Desenvolvimento comunitário e urbanização. ❑ Subsídios a instituições não governamentais de amparo social. ❑ Transferências para populações com rendas abaixo da linha definida como de pobreza absoluta. ❑ Redução ou eliminação de externalidades relacionadas ao meio ambiente. ❑ Defesa do meio ambiente e preservação ecológica. ❑ Subsídios a instituições não governamentais de preservação ambiental de atendimento social e de defesa de minorias.
SERVIÇOS DE INTERESSE ECONÔMICO	❑ Apoio ao desenvolvimento da competitividade e à atividade do país. ❑ Apoio ao desenvolvimento de regiões de baixa renda. ❑ Apoio ao desenvolvimento de setores de produção de interesse da economia nacional. ❑ Inspeção, regulação e manutenção da concorrência. ❑ Promoção comercial em mercados externos. ❑ P&D e C&T básicas e aplicadas de interesse econômico. ❑ Manutenção de programas de apoio à produtividade de processos e à qualidade de produtos.

OUTRAS CATEGORIAS	❑ Produção legislativa e administração da justiça.
	❑ Manutenção de outras áreas do governo:
	    ❑ Administração fiscal.
	    ❑ Gestão monetária.
	    ❑ Relações externas.
	❑ Investimentos em infraestrutura não relacionada às demais categorias.

Fonte: WORLD BANK. World development indicators: technical notes. *World development report 1994, 1998/1999 e 2000/2001*. Washington: Oxford University Press, 1994, 1998/99 e 2000/2001.

> **QUADRO 6.4**
> Matriz de correlação funções-dispêndios do governo: a produção de bens públicos, a redistribuição da renda e o controle de externalidades justificam a maior parte dos dispêndios.

Funções \ Dispêndios	Defesa	Educação	Saúde	Bem-estar social	Serviços de interesse econômico	Outras categorias
1. Preservação da concorrência				•	•	•
2. Estabilização da economia				•	•	•
3. Redistribuição da renda		•	•	•	•	
4. Controle de externalidades		•	•	•	•	•
5. Produção de bens públicos e semipúblicos	•	•	•	•	•	•

TABELA 6.3 Destinação média ponderada dos recursos dos governos centrais, em economias de mercado selecionadas, no período 1990-2013.

Principais categorias	América	Europa	Oceania	Ásia
Defesa	19,7	5,8	5,3	13,2
Educação	6,5	11,9	12,6	18,3
Saúde	12,9	12,5	15,4	7,8
Bem-estar social	33,9	45,8	38,9	15,2
Serviços de interesse econômico	11,5	9,7	7,5	20,1
Outros serviços de interesse público	15,5	14,3	20,3	25,4
TOTAL	100,0	100,0	100,0	100,0

Fonte: Dados primários do World Bank. World development indicators. *World development report 1992 e 2000-2001*. Washington: Oxford University Press, 1992 e 2002. IMF – International Monetary Fund. *International Statistics. Government Finance*. Yearbook 2014, v. LXVII. Cálculos do autor. As diferentes categorias de dispêndios, em cada Continente, foram ponderadas pelo PNB dos países selecionados.

Quando comparamos as atuais categorias dos dispêndios do governo e suas expressões em relação ao PNB, com as que se observavam nos séculos anteriores e nas duas primeiras décadas do atual, constatamos:

❑ Maior número de categorias e de tipos de dispêndio.

❑ Maior expressão do dispêndio em relação ao PNB.

As causas da expansão das categorias de dispêndio e da maior expressão dos gastos do governo em relação ao PNB nas economias de mercado, além das imperfeições e ineficiências do modelo liberal ortodoxo relacionaram-se também a novas realidades e a novas exigências sociais, decorrentes de pelo menos cinco fatores:

1. Urbanização e decorrente expansão das necessidades por bens e serviços públicos e semipúblicos.

2. Aumento da expectativa de vida da população e decorrentes exigências de maiores gastos previdenciários.

3. Tendência à concentração da renda entre pessoas e regiões e decorrentes exigências de dispêndios corretivos.

4. Maior sofisticação tecnológica das atividades de defesa e decorrente expansão de seus custos.

5. Crescente preocupação com os problemas do atraso econômico e consequente exigência de maior presença do governo, nos estágios iniciais de arranque econômico, como agente empresarial ou de fomento.

Esse aumento da presença do governo nas economias de mercado, exercendo funções regulatórias e de coordenação complementar, bem como de supridor das exigências crescentes por bens públicos e semipúblicos, já havia sido detectado desde o final do século XIX pelo economista alemão Adolph Wagner. Ele foi um dos primeiros a considerar as causas da emergência do setor público nas economias de tradição liberal. Suas observações, hoje conhecidas como **Lei de Wagner**, são de que **a expansão do governo nas economias de mercado se dá a taxas mais que proporcionais ao crescimento da renda agregada**. F. Rezende[17] assim sintetiza as três razões da lei de expansão do governo como agente econômico: "Em primeiro lugar, devido às necessidades naturais de crescimento das atividades administrativas e das despesas de segurança, que constituem o exemplo clássico de serviços que cabe ao governo manter. Em segundo, em decorrência da pressão provocada pela industrialização e urbanização sobre a demanda de serviços de natureza social. Em terceiro, em virtude da necessidade de intervenção direta ou indireta no processo produtivo para evitar a possível proliferação de monopólios, que seriam facilitados pelas modificações tecnológicas e crescente necessidade de vultosos investimentos para a expansão de alguns setores industriais."

O conjunto das razões para a maior presença do governo na vida econômica atuou tão fortemente nos últimos 50 anos, que, em muitos casos, os traços dominantes do ordenamento institucional nas economias de mercado ultrapassaram os limites que os economistas mais conservadores entendiam como prejudiciais à eficiência econômica e à própria eficácia alocativa, embora pudessem estar solucionando questões mais agudas relacionadas à justiça distributiva. Consequentemente, passaram a ser enfatizadas algumas restrições à intervenção do governo. As de maior relevância são:

❑ O regulamentarismo excessivo pode significar, no limite, a destruição do mercado, dos contratos e transações voluntárias como formas de coordenação.

❏ À medida que a coordenação dos processos econômicos passa para a esfera do governo, centralizam-se decisões alocativas. Para Simonsen,[18] "nos sistemas descentralizados, os erros de decisão tendem, de alguma forma, a compensar-se, como uma espécie de soma de vetores aleatórios; a alternativa de centralização talvez sirva para neutralizar pequenos enganos, mas pode ampliar os grandes, se unificados numa mesma direção".

❏ O governo como empresário tende a ser menos eficiente no emprego de recursos que os empreendedores privados, por fatores como: 1. Rigidez administrativa e descontinuidade gerencial; 2. pouca sensibilidade para custos e para exigências do mercado; 3. imunidade à competição, em especial no caso de monopólios estatais; e 4. ausência de mecanismos de estímulo e de penalização, correspondentes respectivamente ao lucro privado e à falência.

Este conjunto de restrições tem levado, desde o início dos anos 80, à revisão dos papéis, dos limites e do tamanho do governo nas economias de mercado. A tendência, que tem sido denominada genericamente de **neoliberalismo**, tem levado à redução de determinadas ações intervencionistas, em especial daquelas que não substituem vantajosamente os mecanismos do mercado, e à privatização de empreendimentos do governo. Permanecem, todavia, fortalecidas, mesmo nos países onde o neoliberalismo tem sido mais claramente praticado, funções relacionadas à produção de bens públicos e semipúblicos de interesse do bem-estar social e o controle de externalidades negativas.

6.3 O Modelo Coletivista: o Ordenamento por Comandos Centrais

A Crítica Socialista e a Planificação da Economia

A segunda grande categoria de ordenamento institucional, a economia de comando central, resultou de bases conceituais e de concepções sobre a organização da vida em sociedade, opostas, em muitos aspectos, às do liberalismo ortodoxo. Elas estão fortemente ligadas às propostas reformistas de pensadores socialistas, quase sempre inconformados com as práticas econômicas vigentes em suas épocas e com seus resultados, vistos do ponto de vista da sociedade como um todo.

Embora se encontrem raízes do pensamento socialista entre os primeiros filósofos políticos gregos e mesmo em velhos textos produzidos sob inspiração da tradição judaico-cristã, a primeira manifestação mais recente dessa corrente foi publicada em 1516: *Utopia*, de Thomas Morus. A primeira parte deste texto tratou das más condições econômicas e sociais observadas na Inglaterra e em outras nações ao tempo em que foi escrito. Ele atacou a instituição da propriedade privada, o desemprego e o desperdício, com ideias pioneiras sobre as questões-chave da eficiência e da eficácia. E então propôs uma nova forma de estruturar a economia e a vida em sociedade, fundamentada no **solidarismo igualitarista**: todos trabalhariam para o bem da sociedade, não haveria riqueza supérflua ou pobreza.

As propostas reformistas, de fundo socialista, que vieram depois da *Utopia* de Morus, foram semelhantes a elas em seus traços principais. Foram assim, por exemplo, as dos **utopistas franceses** e as dos **associativistas ingleses** dos séculos XVII e XVIII e da primeira metade do século XIX. Entre os franceses, Etienne Cabet destacou-se pela tentativa de pôr em prática suas ideias – propriedade comunal dos recursos e dos bens produzidos e promoção de uma sociedade igualitária. Em 1848, adeptos de suas ideias emigraram para os Estados Unidos, onde fundaram em Nauvoo, Illinois, uma comunidade com base em suas crenças. Mas o grupo não se manteve coeso e se desintegrou. Outros utopistas franceses foram Saint-Simon, Charles Fourier, Louis Blanc e Pierre-Joseph Proudhon. Todos, críticos severos da propriedade privada dos meios de produção, propunham o associativismo. Criticavam também as transmissões hereditárias, como causas de desigualdades. E propunham que um governo central se encarregasse de constituir e gerir um fundo social, além dos meios de produção. Esse mesmo fundo receberia e faria a gestão de todos os espólios.

Entre os associativistas ingleses, Robert Owen foi, de longe, o mais importante, por suas ideias e realizações. Ele foi um excepcional empreendedor. Fez fortuna como industrial e então se voltou para experiências de reforma social. Em uma tecelagem de que era sócio, em New Lamarck, convenceu os demais sócios a adotar um conjunto de práticas trabalhistas e de distribuição de resultados. Na primeira década do século XIX, a empresa se tornou modelo e recebeu cerca de 20 mil visitantes, entre os quais o czar russo, que vinham conhecer como se trabalhava e se vivia naquela comunidade solidária. Pretendendo que seus postulados fossem praticados em escala nacional, Owen procurou influenciar o governo a implantá-los, mas apenas algumas de suas medidas foram mais tarde, em 1844, incorporadas pelas leis fabris da Grã-Bretanha. Não tendo alcançado maior êxito em sua ação política, Owen emigrou para os Estados Unidos em 1824, onde adquiriu uma propriedade de 12 mil hectares, em Harmony. Ali, ele pretendeu introduzir e praticar suas ideias. Mas, em três anos, a experiência ruiu. E sua fortuna também. Diferentemente dele, os demais associativistas ingleses de sua época não se entregaram a práticas experimentais. Foram mais pensadores, críticos das condições vigentes em suas épocas, do que reformadores atuantes. Em 1824, enquanto Owen fundava sua comunidade em Harmony, William Thompson publicava *An inquiry into the principles of the distribution of wealth*. Em 1825, Thomas Hodgskin publicou *Labour defended against the claims of capital*. E, em 1839, um dos últimos associativistas ingleses da época, John Gray, publicou *Labour's wrongs and labours remedy,* uma das mais contundentes críticas ao modelo capitalista liberal de produção, de transações, de apropriação de rendas e de acumulação de riquezas.

Os pensamentos de Thompson, Hodgskin e Gray, bem como experiências como as de Cabet e Owen foram produtos das condições econômicas e sociais vigentes na primeira metade do século XIX. As imperfeições e os vícios das economias de mercado, fundamentadas em premissas liberais ortodoxas, eram fontes de inspiração para propostas reformistas. Os resultados da liberdade de empreendimento e do processo de acumulação movido pelo interesse privado, como os choques entre os recursos capital e trabalho, o crescente distanciamento entre classes sociais e as oscilações da atividade econômica que provocavam ondas de desemprego, é que justificaram as críticas e as propostas de alternativas socialmente mais justas desses ideólogos e homens de ação. E foram também a razão maior do *Manifesto comunista,* publicado por Karl Marx e Friedrich Engels, em 1848. E ainda do *Das Kapital,* de 1867, síntese do pensamento marxista.

Mas há grandes diferenças entre o pensamento marxista e o de seus predecessores. Uma das mais importantes é a contraposição de Marx às propostas reformistas de sua época. Ele se contrapôs a elas, procurando evidenciar que o socialismo, antes de ser a concepção de uma forma ideal de organização da vida em sociedade, deveria ser visto como uma tendência inevitável da história, uma espécie de ruptura engendrada pelas contradições do processo privado de acumulação. No pensamento de Marx, as sociedades estão sujeitas a um permanente processo de transformação histórica, decorrente de choques entre interesses opostos. Assim, das condições vigentes em sua época resultaria uma nova ordem, fruto da luta de classes entre os detentores do capital e o proletariado. Em sua visão determinista, admitia implicitamente que a ortodoxia clássica errou ao supor que a nova ordem econômica resultante dos princípios liberais, uma vez estabelecida, conduziria à estabilidade e ao crescimento permanentes. O oposto é que ocorreria: as forças que criaram a nova ordem econômica procurariam mantê-la, à medida que ela atendesse à perpetuação dos interesses da nova classe dominante; esta procuraria sufocar os interesses de forças opostas, até que estas novas forças, fortemente prejudicadas, se rebelassem contra a ordem existente e realizassem suas aspirações.

R. Heilbroner[19] expõe de forma simples as conclusões de Marx. Elas se fundamentam nas contradições históricas engendradas pelo progresso tecnológico, pela crescente acumulação privada dos meios de produção e pelos resultados de longo prazo da substituição do fator trabalho pelo fator capital:

> "Ao substituir homens por máquinas, o empreendedor privado mata pouco a pouco a sua galinha de ovos de ouro. E, não obstante, tem de matá-la, pois apenas obedece aos seus impulsos de acumular mais e mais e de tentar se manter à frente de seus concorrentes. Quando os salários aumentam, ele introduz a máquina para reduzir custos e manter a sua margem de lucro. É uma espécie de drama grego, no qual os homens seguem para um determinado destino, mas atuando involuntariamente para a sua própria destruição. A sorte, porém, está lançada e não há como impedir o resultado final. Como todos os empreendedores privados estão fazendo exatamente a mesma coisa, a relação entre a remuneração do trabalho e a produção diminui constantemente, até que comecem também a diminuir os lucros. Estes caem mais e mais, pois o consumo do que é produzido diminui à medida que as máquinas desempregam parte dos trabalhadores e o número dos que permaneceram empregados não consegue consumir toda a produção. O futuro é sombrio. Ocorrem falências. Desaparecem empresas. Até que, certo dia, termina o drama. O resultado final, traçado pelo próprio Marx, tem a eloquência do *dia da condenação*: com a centralização dos meios de produção e a socialização do trabalho,

finalmente rompem-se os 'revestimentos do sistema'. Os sinos dobram pela liberdade de iniciativa e pela propriedade privada."

Esta descrição corresponde ao **determinismo histórico** do pensamento marxista, segundo o qual as economias de mercado caminhariam para sua própria destruição. As contradições do modo liberal-individualista de produção desaguariam fatalmente na implantação de economias coletivistas. Uma nova forma de poder econômico então se estabeleceria. Os meios de produção seriam coletivizados: considerando-se que o capital nada mais é do que trabalho acumulado, ele seria de propriedade coletiva, controlado pelos trabalhadores que historicamente contribuíram para sua produção e acumulação. A liberdade de empreendimento seria restringida: no limite, deveria desaparecer. E, para definir os empreendimentos a que a nova sociedade se entregaria, surgiriam centrais de planejamento: nelas é que se indicariam os bens e serviços que seriam produzidos, os métodos de produção, as cadeias de suprimentos e o modo como seriam repartidos os resultados finais do esforço social de produção. Essas centrais também coordenariam o desempenho da economia como um todo.

Nos escritos de Marx e Engels ou de qualquer um de seus predecessores ou seguidores não se encontram, porém, quaisquer descrições minuciosas sobre como, após estabelecido esse novo ordenamento institucional, seriam na realidade prática conduzidas as economias coletivistas de comando central. Os primeiros esboços para a construção da nova ordem foram desenvolvidos na URSS, onze anos depois da revolução socialista de 1917. De 1917 a 21, o governo soviético, centralizado pelo comitê revolucionário de Petrogrado, removeu as instituições básicas da economia czarista, nacionalizou e socializou os meios de produção, criou um órgão central, o *Vesenkha,* uma espécie de Conselho Supremo da Economia, centralizou as decisões econômicas e adotou os princípios do comando centralizado dos investimentos, da produção e das demais grandes categorias de transações econômicas.

Os primeiros anos de implantação do novo sistema foram marcados por grandes dificuldades operacionais. Na fase inicial, de 1917 a 21, registrou-se grande número de crises setoriais e localizadas, que acabaram por se estender à economia como um todo. A produção agrícola acusou grande queda e a administração das indústrias e dos principais serviços por comitês de trabalhadores foi inicialmente frustrante. M. Niveau[20] relata que "os preços subiram vertiginosamente, a produção desmoronou e a moeda, desvalorizada, deixou de ser um meio de troca. Os pequenos camponeses sentiram-se frustrados, quando foi bloqueado o seu acesso à propriedade privada. Os operários também se frustraram quando foram notificados de que as fábricas sob seu comando não eram agora de sua propriedade. Nem viriam a ser. Tudo se submetia a um comando centralizado e quaisquer meios de produção eram de propriedade coletiva, impessoal. Junto com as frustrações, a carência de novos quadros dirigentes e a destruição pura e simples dos mecanismos de mercado desaguaram em rebeliões e fome. As engrenagens de substituição da velha ordem econômica não poderiam ser postas imediatamente em ação, entre outras razões por se tratar de uma experiência sem precedentes históricos: o funcionamento de um sistema coletivista de comando central".

As dificuldades desse primeiro período revolucionário levaram o primeiro dirigente da URSS coletivista, Vladimir Lenin, a um processo de distensão, definindo os contornos de uma **Nova Política Econômica** (NPE). Esta nova fase estendeu-se de 1921 a 27. Nesse período, organizou-se a União das Repúblicas Socialistas Soviéticas, URSS, que alcançou os povos não russos do antigo império czarista, da Ucrânia, da região do Cáucaso e da Ásia Central. Os princípios da NPE foram levados a todas as partes da nova união. Em relação aos pressupostos revolucionários de 1917, a NPE foi um passo para trás: descentralizou as decisões econômicas e passou a admitir, notadamente no meio rural, o retorno ao regime de propriedades não coletivas. Paralelamente, porém, com a ajuda técnica de estatísticos e economistas, que dominavam técnicas econométricas, como Kondratieff, Makarov e Groman, desenvolveram-se estudos para a implantação de um sistema centralizado de planificação, com o qual poderia afinal ser viabilizada a economia coletivista de comando central. Estabeleceram-se assim, nesse período, as instituições básicas do novo sistema, sua organização e os instrumentos de comando que empregaria.

O Quadro Institucional e os Modelos de Planificação

O retorno ao sistema de comando central ocorreu a partir de 1927-28, no início da era stalinista. Quando J. Stalin assumiu o poder, já se encontrava definido o quadro institucional do sistema. E também já se encontravam estruturadas suas bases organizacionais e o modelo de gestão que seria adotado para a coordenação da economia como um todo.

O quadro institucional fundamentava-se nos seguintes pontos:

❑ **A posse e o controle, pelo governo, da totalidade dos meios de produção da economia.** Isto significa reduzir a zero ou a quase zero as variadas formas de propriedade privada dos recursos produtivos. Admitem-se apenas algumas atividades terciárias, em que a prestação do serviço é executada por unidades individuais, sem o emprego de terceiros. Mas as terras, as fábricas, os bens de capital de forma geral, enfim, o aparelho de produção da economia passa para as mãos de um governo central, que determinará como e para que finalidades ele será mobilizado.

❑ **A justaposição dos poderes político e econômico.** Este traço é uma decorrência linear da coletivização dos meios de produção. Com ele, o governo define a alocação dos recursos e a destinação dos produtos. O governo, a um só tempo, centraliza o poder político, no sentido de estabelecer as diretrizes estratégicas da economia, e o poder econômico, no sentido de dispor, via centrais de planificação, da totalidade dos recursos econômicos da nação. Esta concentração de funções é que conduz à justaposição dos centros de decisão política e econômica. Trata-se de uma instituição que é diametralmente oposta ao princípio da descentralização das economias de mercado: nestas, prevalece a livre iniciativa empresarial e o mercado se transforma em um centro de orientação do processo econômico. Mas quando se estabelecem as bases do comando central, toda a iniciativa econômica é centralizada e o mercado é substituído por centrais de planificação.

❑ **A soberania do planejador**. Este traço institucional é uma decorrência natural dos dois anteriores. A soberania do consumidor ou a do produtor, movidos por interesses privados, é substituída pela do planejador movida por interesses coletivizados. A justificativa dessa mudança é a busca de racionalidade na alocação de recursos: por um plano central, busca-se eliminar uma das deficiências da economia de mercado apontada pelos socialistas: a ineficácia alocativa. Nos sistemas de comando central, o planejador define prioridades sociais e mobiliza o sistema econômico para realizá-las. Junto com a eficácia alocativa, o planejador determina também como e onde os recursos serão empregados, mobilizando-os em sua totalidade, segundo padrões estabelecidos de eficiência produtiva. O governo, por comandos centrais, é quem determina as parcelas da renda agregada que serão destinadas ao consumo e à acumulação, o total e a desagregação setorial dos investimentos, a relação de todas as categorias de bens e serviços que serão produzidos e as formas de mobilização dos recursos. Essas determinações imperativas é que definem a soberania do planejador como traço institucional.

❑ **A supremacia de medidas compulsórias de gestão, comparativamente a sistemas de incentivo fundamentados na busca do interesse próprio**. Ao coletivizar os meios de produção e ao estabelecer os mecanismos do comando central, medidas de caráter compulsório é que passam a prevalecer. São definidos de cima para baixo os parâmetros de eficiência, relativos a custos, prazos, níveis de produção e graus de produtividade. Para alcançá-los, o governo recorre à fixação de metas operacionais. E a métodos burocráticos de gestão, para acompanhar sua realização.

Em decorrência desse quadro institucional, o governo assume a posição de **agente econômico central**. É dele a responsabilidade pelo equacionamento das três questões-chave da economia: a eficiência, a eficácia e a justiça social. Segundo a descrição de R. Campbell,[21] "ele é a peça principal das engrenagens que realizam o produto social e repartem seus benefícios: convergem em sua direção todos os eixos decisórios que unem a agência central de planejamento a cada uma das unidades de produção". Como agente central, ele decide sobre a transferência de recursos de uma empresa para outra e, também, sobre a fração dos resultados que irão para seu próprio orçamento; definidos os padrões da estrutura de repartição, é ele que indica quanto da renda agregada irá para as unidades familiares. Este poder centralizador decorre da estrutura de propriedade dos meios de produção. Na economia soviética, por exemplo, o governo detinha, em 1950, o correspondente a 99,4% dos meios de produção.

Para conduzir a economia como agente central, o governo recorre a um conjunto interarticulado de planos. A tipologia dos planos, como esquematizamos na Figura 6.1, vai de planos prospectivos, elaborados para horizontes de longo prazo, passando por planos de médio prazo, geralmente quinquenais, até chegar aos planos operacionais, de condução do processo econômico, de orçamentação e de acompanhamento de metas anuais. Estes planos apresentam níveis de agregação e graus de detalhe inversamente proporcionais.

FIGURA 6.1
Tipologia dos planos nas economias de comando central: da orientação estratégica prospectiva à condução operacional da economia.

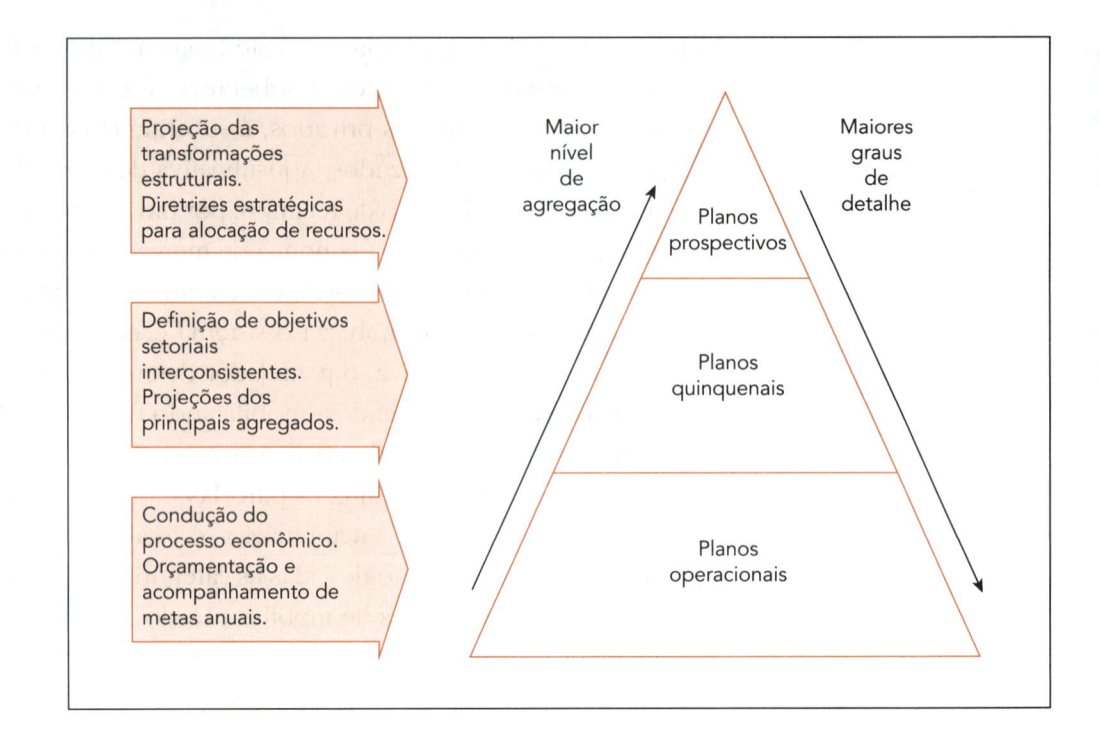

Projeção das transformações estruturais. Diretrizes estratégicas para alocação de recursos. → Planos prospectivos

Definição de objetivos setoriais interconsistentes. Projeções dos principais agregados. → Planos quinquenais

Condução do processo econômico. Orçamentação e acompanhamento de metas anuais. → Planos operacionais

Maior nível de agregação ↑ / Maiores graus de detalhe ↓

Esses são elaborados e acompanhados por centrais de planificação, geralmente estruturadas a partir de divisões setoriais. Os planos para os diferentes setores da economia são intercruzados, buscando-se sua interconsistência. Isto porque toda a cadeia de suprimentos, a produção agregada e os investimentos definidos para cada setor subordinam-se ao comando central. Não havendo liberdade de empreendimento cabe ao governo estabelecer minuciosamente todas as decisões alocativas da economia.

Implantação e Evolução do Modelo na URSS

Na URSS, a estrutura do modelo de planejamento central foi definida desde 1917, com a criação do *Vesenkha*, Conselho Supremo da Economia Nacional. Até 1928, esse conselho definiu as bases do processo de coletivização e acompanhou o desenvolvimento dos instrumentos com que seriam centralizadas as decisões alocativas e a condução efetiva da economia como um todo. A partir de 1928, quando se iniciou a **era dos planos quinquenais**, coube ao *Vesenkha*, situado no topo do sistema, a direção do processo de planificação e de comandos centrais. Ele se estruturou por setores, criando para cada um deles um ministério. Como relata C. Bobrowski,[22] em *Formation du système soviétique de planification,* "no início da década de 30, a estrutura era constituída por 32 ministérios, que controlavam desde as culturas agrícolas e os rebanhos até os sistemas de distribuição de bens finais à sociedade, estendendo ainda seus controles por toda a economia industrial e a de serviços. Estava assim implantada, na fase de transição do primeiro (1928-32) para o segundo (1933-38) plano quinquenal, uma economia nacional com um grau de dirigismo e de comando centralizado provavelmente não registrado em nenhuma outra época ou lugar". Tal era o grau de centralização e de controles que, nessa fase, como observa J. Lajugie,[23] "a própria moeda desempenharia papel secundário: os produtos eram distribuídos aos consumidores mediante cartões de suprimento. A estrutura burocrática não só determinava a parte da produção social que caberia a cada um, como ainda as centrais de abastecimento a que os consumidores deveriam dirigir-se. Os preços eram fixados também pela autoridade central. Eliminaram-se, assim, as funções básicas do mercado. Estava efetivamente implantada a economia de comando central".

A estrutura desse sistema de comando central foi mantida e seguidamente ampliada nos anos de execução dos demais planos quinquenais. Até o quinto plano (1950-54), o modelo de gestão centralizada definiu em detalhes praticamente tudo o que, de outra forma, seria decidido descentralizadamente pela interação de agentes econômicos individuais. A ideia até então posta em prática era a de alcançar, como observam Cornejo e Iturrioz,[24] "uma sociedade organizada cientificamente, sem concessões aos desejos, veleidades e caprichos dos habitantes, mas sim de acordo com as concepções de seus governantes e planificadores. Os que dirigem a economia proclamam-se intérpretes das aspirações da coletividade e das necessidades sociais. Partem do pressuposto de que a iniciativa livre conduz ao desperdício em escala social, embora possa maximizar os interesses privados das empresas. Os interesses coletivos, segundo os dirigentes dos sistemas socialistas centralizados são mais bem equacionados em centrais de planificação do que através de mercados livres. Todavia, essa concepção implica o perigo de subordinar inteiramente as aspirações da sociedade às opções dos assessores técnicos do governo. Além disso, a planificação integral, ao destruir a excitação do lucro e da concorrência, elimina as motivações para redução dos custos e melhoria dos produtos".

Coerentemente com esse grau de centralização, eram amplas as funções do Conselho Supremo da Economia Nacional, *Vesenkha*. Elas abrangiam desde a fixação de diretrizes de longo prazo até a definição de sistemas operacionais de controle. Passavam por sua estrutura burocrática desde a elaboração de um plano geral e único para a economia como um todo, os programas setoriais, os projetos de investimento, as cadeias de suprimentos, as metas de produção das empresas até as ordens para execução de todas as atividades econômicas programadas.

A organização burocrática para o exercício do comando central baseava-se em uma estrutura ministerial, definida pela segmentação setorial da economia. No início, eram apenas três ministérios – responsáveis pelos setores primário, secundário e terciário. Mas com o passar dos anos e a maior diversificação da produção, seu número foi-se ampliando. Chegaram a 32 quando se iniciou a Segunda Grande Guerra. E passavam de 50 ao término do quinto plano quinquenal, em 1954. No topo do sistema, o *Vesenkha* atuava como órgão centralizador. A elaboração, a execução e o controle dos planos realizavam-se sob seu comando. A seu lado, o *Gosplan* atuava como órgão assessor, fornecendo as bases técnicas e estatísticas para as atividades de planificação multissetoriais. Os ministérios reportavam ao topo a execução dos planos e recebiam dele, em detalhes, as metas a cumprir e os procedimentos a adotar. Com base nessa organização, a direção do processo de planificação seguia as linhas hierárquicas de um inflexível comando de cima para baixo. Cada ministério distribuía às indústrias a ele ligadas os planos e detalhes de execução vindos de cima. E, na eventualidade de erros e omissões, as correções caminhavam em direção oposta, de baixo para cima, até chegar de volta ao *Vesenkha,* que examinava as causas e definia os processos corretivos. Daí retornavam para os ministérios e, destes, para as indústrias, seguindo novamente todo o percurso da burocracia estabelecida.

À medida que a economia crescia, novas atividades produtivas e novas tecnologias eram incorporadas. A cada quinquênio, o sistema evoluía em complexidade e em exigências burocráticas. E as virtudes alocativas do comando centralizado esbarravam em ineficiências. Com isso, ao término do quinto plano, as dificuldades de comando central eram muito grandes e o modelo centralista passou a ser reestudado. Com a morte de Stalin, em 1953, ganharam corpo as propostas de descentralização, ainda que se mantivessem as bases institucionais do sistema coletivista. Em 1956, N. Kruschev iniciou o processo descentralizador. E havia, como observa A. Nove,[25] "suficientes motivos para a mudança. Cada um dos 50 ministérios industriais mostrava fortes tendências para se tornar um império econômico independente. Não havia autoridade responsável pelo planejamento regional e a concentração da autoridade em Moscou sobre empresas espalhadas por todas as quinze repúblicas causava atrasos burocráticos no ajuste de muitas questões cotidianas que sempre surgiam".

Anunciadas em 56, as reformas concretizaram-se em 57, com o término do sistema ministerial. O *Gosplan,* que até então era um núcleo de assessoria, transformou-se no órgão central do sistema nacional de planejamento. Suas atribuições, definidas por decreto, envolviam o estudo das opções alocativas, a consolidação de planos de longo e de curto prazos para o conjunto da economia, a definição de diretrizes para desenvolvimento dos setores-chave da economia, a distribuição regional dos recursos e a adoção de normas que assegurassem a integral disciplina estatal nas entregas das cadeias de suprimentos.

As reformas introduzidas no sistema de planificação econômica estão esquematizadas na Figura 6.2. O **sistema ministerial** (a) foi desarticulado, suprimindo-se o *Vesenkha.* O *Gosplan* foi reorganizado e reestruturado, posicionando-se no centro de um novo sistema de planificação, cujas bases seriam os *sovnarkhozes* – Conselhos Econômicos Regionais. O **sistema sovnarkhoz** (b) fundamentou-se na descentralização dos eixos decisórios. Criaram-se 104 conselhos regionais, estabelecidos em regiões com características econômicas diferenciadas e espalhados pelas 15 repúblicas. Sua missão seria a de elaborar e executar planos de produção no interior de cada região, acionando diretamente as indústrias e respectivas empresas instaladas sob sua jurisdição. O órgão central cuidaria apenas das macrodiretrizes da economia, do planejamento de longo curso e da fixação dos grandes objetivos nacionais. As cifras esperadas, bem como a distribuição dos investimentos, eram comunicadas aos *sovnarkhozes,* que então procederiam a um planejamento mais pormenorizado, com base nas proposições das próprias indústrias. Esse planejamento deveria ser submetido ao *Gosplan,* para consolidação e eventuais ajustes, quando necessários. Essa nova sistemática implicou, portanto, uma mudança radical de direção. Os centros decisórios fixaram-se na periferia do sistema. O órgão central cuidaria muito mais de supervisionar as ações da alçada dos órgãos regionais do que propria-

**FIGURA 6.2
Estrutura dos organismos de planejamento central na economia da URSS.
No sistema ministerial (1917-56), o processo se realizava do topo para a base. No sistema *sovnarkhoz*, (1956-86), o processo foi descentralizado: das indústrias para os setores e, destes, para o órgão central.**

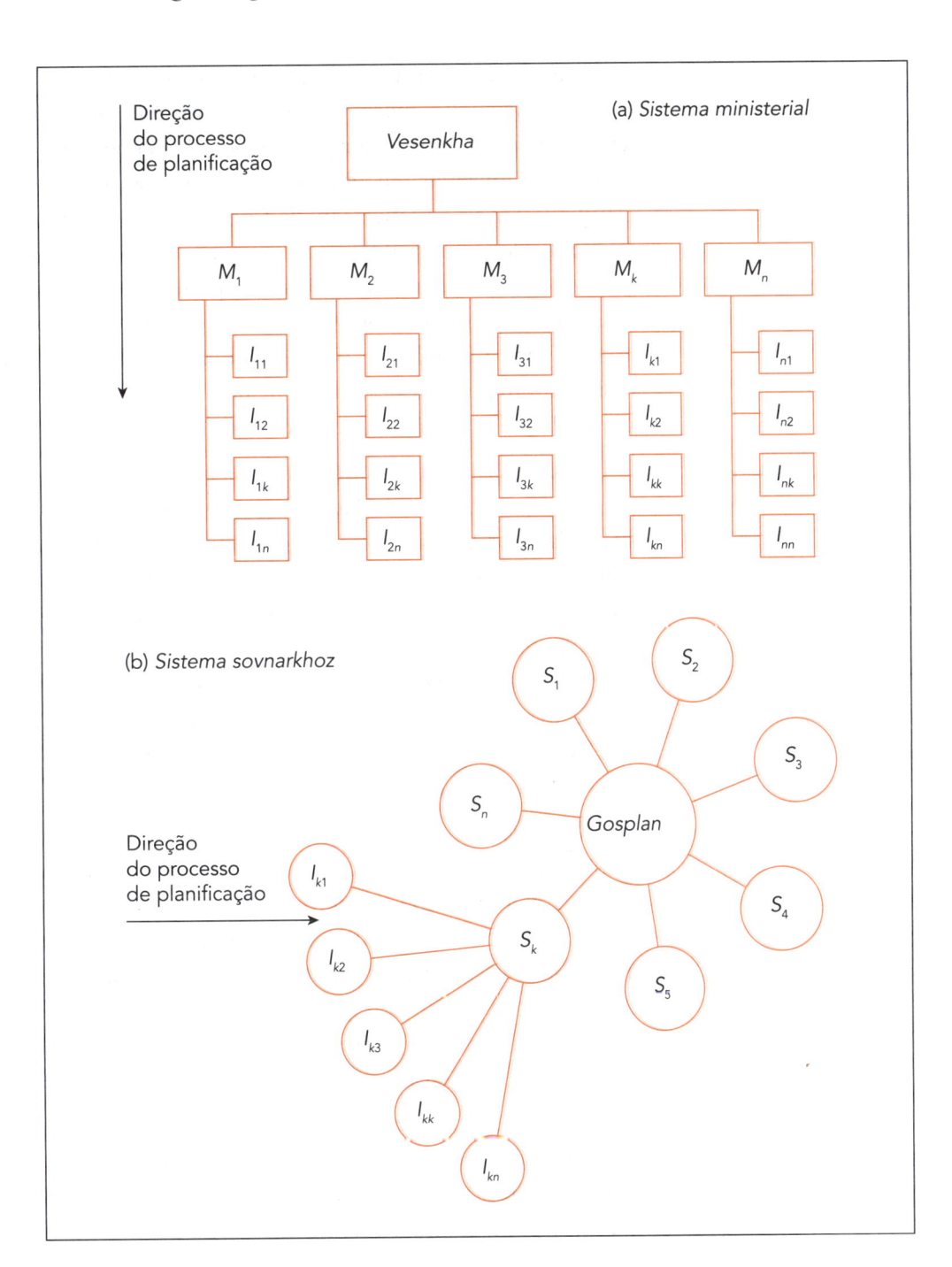

(a) *Sistema ministerial*

Direção do processo de planificação

Vesenkha — M_1, M_2, M_3, M_k, M_n

M_1: I_{11}, I_{12}, I_{1k}, I_{1n}
M_2: I_{21}, I_{22}, I_{2k}, I_{2n}
M_3: I_{31}, I_{32}, I_{3k}, I_{3n}
M_k: I_{k1}, I_{k2}, I_{kk}, I_{kn}
M_n: I_{n1}, I_{n2}, I_{nk}, I_{nn}

(b) *Sistema sovnarkhoz*

Direção do processo de planificação

Gosplan — S_1, S_2, S_3, S_4, S_5, S_n, S_k

S_k: I_{k1}, I_{k2}, I_{k3}, I_{kk}, I_{kn}

mente de fixar planos e projetos pormenorizados para cada uma das unidades de produção da economia nacional.

Sob esse novo sistema, foram desenvolvidos o sexto plano quinquenal, para o período 1956-61, e o sétimo plano, para o período de 1961-70. Esses dois últimos planos, além de terem transferido a espinha dorsal do comando central e o eixo decisório para as regiões e seus principais setores produtivos, incentivaram a produção de bens de consumo, que passaria a alcançar os maiores níveis registrados desde 1917. Nesse mesmo período, teriam ainda sido lançadas as sementes de um sistema híbrido: **o socialismo de mercado dirigido pela demanda do consumidor**.

De acordo com a nova orientação, os meios de produção continuariam a pertencer à sociedade, mas a distribuição dos recursos e a produção das indústrias leves deixariam de ser determinadas por uma agência central de planificação. Essas mudanças, iniciadas em 1962, coincidiram com a publicação, no *Pravda,* de um estudo de Yevsei G. Liberman, da Universidade de Karkov, sugerindo ao governo central a adoção de política descentralizante e o recurso a estímulos próprios das economias de mercado. Em 1964, a experiência foi iniciada e em 65 foi estendida a 400 fábricas, com relação às quais os órgãos governamentais mantinham poderes apenas para a fixação de preços e de taxas salariais. Os dirigentes das fábricas obtiveram maior autonomia e o resultado econômico substituiu o volume físico da produção como indicador básico de eficiência.

Apesar do vigor com que foram implantadas e da rapidez com que se estenderam para vários setores e unidades de produção da economia soviética, as reformas sugeridas por Liberman não chegaram a substituir por completo o sistema de planificação central. O *libermanismo,* associado ao *sistema sovnarkhoz,* promoveu nítida descentralização das decisões econômicas. Mas o *Gosplan* não se afastou inteiramente do comando e da direção da economia. A propriedade coletiva dos meios de produção em instante algum foi substituída pela propriedade privada e pela livre iniciativa. A essência e a profundidade das reformas iniciadas em 1957, embora tenham imposto novos rumos, não chegariam a modificar as bases institucionais do sistema nem a eliminar suas heranças históricas.

A força dessas heranças, quando do término do período abrangido pelo sétimo plano, sancionou novas mudanças. As tendências liberalizantes foram abandonadas. O governo voltou a controlar mais de perto as atividades internas de produção. A planificação centralizada passou a desempenhar papel preponderante na distribuição dos recursos humanos e materiais da economia. O mercado, como centro de orientação dos processos econômicos, voltou a ser substituído pela gestão centralizada. Suprimiram-se os conselhos regionais, restabelecendo-se a planificação por setores.

A resistência da burocracia central venceu as tendências liberalizantes sugeridas por Liberman. E o oitavo plano quinquenal, para o período 1966-70, foi o marco da retroação. Esse último plano foi inteiramente formulado pela central de planificação. E as indústrias de base voltaram a ser privilegiadas.

O novo plano quinquenal, para 1971-75, foi implementado a partir dessa mesma linha operacional, não obstante tenha sido o primeiro plano a projetar uma taxa de crescimento mais elevada para as indústrias leves do que para as indústrias pesadas. O décimo e o décimo primeiro planos quinquenais, para 1976-80 e 1981-85, mantiveram a prioridade às indústrias leves, duplicando os programas de produção de alguns bens de consumo de uso durável. Estas novas diretrizes vieram em resposta a exigências sociais, exercidas através de pressões de procura, geralmente manifestadas em mercados paralelos. O rigor dos postulados técnicos da centralização foi suavizado pela capacidade orientadora do mercado. E, ao término desse último plano, as bases institucionais da economia de comando central na URSS foram modificadas em profundidade, com a *glasnost* (abertura) e a *perestroika* (reestruturação), promovidas por M. Gorbachev. Em seu livro

Perestroika[26] encontram-se as seguintes observações: "A situação que surgiu em nosso país na década de 80 tornou a *perestroika* necessária e inevitável. O país começou a perder impulso. Os fracassos econômicos tornavam-se mais frequentes. Surgiu uma espécie de freio que afetava todo o desenvolvimento econômico e social. A melhoria do padrão de vida vinha diminuindo e havia dificuldades no suprimento de alimentos, moradias, bens de consumo e serviços. E iniciou-se também uma erosão gradual dos valores morais e ideológicos."

A *glasnost* e a *perestroika* vieram para corrigir essas dificuldades. Entre os objetivos anunciados destacaram-se:

- Restabelecer mecanismos descentralizados de coordenação econômica.
- Desburocratizar as transações das cadeias de suprimento de bens intermediários e finais.
- Restabelecer o espírito criativo e de inovação.
- Ampliar os graus de independência das empresas.
- Incorporar a capacidade orientadora do mercado aos mecanismos convencionais de planejamento econômico.

Esse conjunto interconsistente de mudanças, aplicado sobre uma economia que, em seu todo, mostrava claros sinais de esgotamento e de baixa competitividade com relação às economias industriais da Europa Ocidental, adquiriu força própria e se estendeu do plano econômico para o político. Elas foram as raízes da desintegração da URSS e da criação da CEI – Comunidade de Estados Independentes. Nestes, no plano político, passaram então a prevalecer: (a) O pluripartidarismo, superando os conceitos de ditadura do proletariado e de centralismo monopartidário; (b) a ampliação das franquias individuais; e (c) a divisão entre os poderes e a descentralização decisória.

O Modelo em Outras Economias de Comando Central

A história da economia de comando central da URSS praticamente se repetiu, embora sob variantes, nas nações do Leste Europeu e na China Continental. De início, as oito economias europeias de comando central (Alemanha Oriental, Polônia, Tchecoslováquia, Hungria, Romênia, Bulgária, Iugoslávia e Albânia) e a chinesa adotaram traços institucionais alinhados ao modelo soviético: (a) propriedade coletivizada dos meios de produção, embora com um pouco mais de concessão à liberdade de empreendimento para microunidades individuais; (b) iniciativas empresariais de maior porte monopolizadas pelo governo; (c) centralização das decisões sobre a geração do produto nacional e sobre os critérios de apropriação de rendas pelos agentes econômicos; e (d) economia planejada por um órgão central, com a missão de consolidar planos originários de diferentes sistemas de órgãos periféricos.

China: da centralização à abertura A China tornou-se uma economia de comando central quatro anos após o término da Segunda Grande Guerra, depois de cem anos de colonização parcial por potências ocidentais e mais de cinquenta anos de instabilidade política. A conversão para o modelo de comando central ocorreu em 1949, com a renúncia do governo de Chiang Kai-Shek. Com as tropas que o apoiavam, refugiou-se na ilha de Taiwan. É então constituída, sob a liderança de Mao Tsé-Tung, a República Popular da China. Doutrinariamente alinhada ao modelo soviético, adotou as bases institucionais do modelo de comando central. As terras foram coletivizadas. Na indústria de transformação, as empresas estatais e as de economia mista logo suplantaram as de propriedade privada. Mesmo no setor terciário, passaram a prevalecer as empresas de controle estatal. E, para coordenar as atividades produtivas e estabelecer as diretrizes para a economia como um todo, implantaram-se procedimentos de comando centralizado.

O modelo de comando central foi definido em 1950, oito meses após a implantação da república popular. O primeiro plano foi trienal, para o período 1950-52. Seu objetivo maior era a transformação das bases institucionais da economia e a gradativa coletivização e estatização dos meios de produção, ao mesmo tempo em que a prioridade estratégica era a implantação de sólida infraestrutura econômica e social. Terminado o período do primeiro plano, a China optou por planos quinquenais. O primeiro foi para o período 1953-57. Ao término desse plano, a composição da estrutura de propriedade dos meios de produção era típica de uma economia de gestão centralizada. A Tabela 6.4 evidencia esse aspecto do processo de transformação institucional. Em 1957, ao término do segundo plano, as propriedades privadas e individuais representavam 2,7% de todas as do setor terciário e 0,9% das do setor secundário.

As características deste primeiro período estenderam-se até 1980. Nos primeiros trinta anos do modelo de comando central, duas diretrizes básicas foram adotadas, como revela Huijiong:[27] "A primeira era de prosseguir no processo de transferência do sistema de produção privado para a propriedade do Estado; a segunda era a de considerar o sistema de planejamento central como o mecanismo principal de implementação da estratégia econômica." Consequentemente, as atividades econômicas desenvolvidas por empresas de propriedade não estatal ou não coletiva praticamente caíram para índices próximos de zero, permitindo-se apenas alguns tipos de trabalho urbano individual não integrados às malhas do planejamento centralizado. No início de 1980, como mostram os dados da Tabela 6.5, do total das pessoas empregadas, 78,3% eram em empresas estatais, 21,5% em empresas de propriedade coletiva e apenas 0,2% em trabalho individual urbano.

A central de planificação chinesa, durante os primeiros 30 anos de implantação do modelo, definia os objetivos de produção setor por setor, empresa por empresa – e, para cada uma delas, as taxas de investimento, os padrões de remuneração dos recursos e os preços. Eram mínimos os graus de autonomia empresarial e gerencial. O plano consolidado refletia as decisões alocativas da administração central e havia pouca flexibilidade em relação ao cumprimento das metas. Este processo centralizador ocorreu em dois períodos distintos. O primeiro, até 1957, quando se estabeleceram as **novas condições institucionais**; o segundo, de 1958 até 1979, quando se enfatizaram os princípios da **revolução cultural**. No primeiro, cinco diretrizes eram importantes: 1. a industrialização acelerada, com prioridade para setores de base e infraestruturais; 2. o desenvolvimento simultâneo da indústria e da agricultura, evitando-se o retardamento agrícola; 3. o estabelecimento da igualdade econômica e social; 4. a inibição de formação de grupos

TABELA 6.4 Composição da estrutura de propriedade na China nos anos 50: um aspecto da construção de uma economia de comando central.

Anos	Setor terciário: comércio e outros serviços (% em relação ao número de empresas)		
	Estatais	Cooperativas	Privadas
1950	14,9	0,1	85,0
1953	49,7	0,4	49,9
1954	69,0	5,4	25,6
1955	67,6	14,6	17,8
1956	68,3	27,5	4,2
1957	65,7	31,5	2,7

Anos	Setor secundário: indústrias de transformação (% em relação ao produto agregado)		
	Estatais e propriedade coletiva	Economia mista	Privadas e individuais
1950	33,5	1,9	64,6
1951	35,8	3,0	61,2
1952	44,8	4,0	51,2
1953	46,9	4,5	48,6
1954	52,4	9,8	37,8
1955	58,9	13,1	28,0
1956	71,6	27,2	1,2
1957	72,8	26,3	0,9

Fonte: GREGORY, P.; STUART, R. *Comparative economic systems*. 4. ed. Boston: Houghton Mifflin, 1992.

TABELA 6.5 População economicamente ativa na China, 1957-1980, segundo diferentes sistemas de propriedade.

Anos	% sobre o total das pessoas empregadas		
	Empresas estatais	Empresas de propriedade coletiva	Trabalho individual urbano
1957	73,6	22,8	3,6
1962	72,9	22,3	4,8
1965	72,8	23,9	3,3
1970	75,9	22,6	1,5
1975	78,1	21,6	0,3
1980	78,3	21,5	0,2

Fonte: HUIJIONG, Whang. *Industrialização e reforma econômica na China*. A economia mundial em transformação. 2. ed. Rio de Janeiro: FGV, 1994.

de elite formados por técnicos, gerentes, burocratas e dirigentes partidários; e 5. a autonomia e a independência em relação a quaisquer controles externos, mesmo os procedentes de Moscou. Já o segundo período procurou reafirmar os objetivos socializantes do modelo adotado. Buscou-se a eliminação de símbolos visíveis de poder e de privilégios. O objetivo maior era fazer com que as pessoas trabalhassem para a nação com o mesmo ardor com que lutariam em caso de guerra, dedicando todos os esforços individuais e sociais para a construção de uma sociedade igualitária. O país tornou-se uma grande escola de nova filosofia moral, fundamentada na conscientização coletiva homogeneizada sobre os princípios da nova ordem econômica e social. E a Guarda Vermelha encarregava-se de bloquear e reprimir quaisquer formas de disputas ideológicas e de cisões.

Mas após a morte de Mao Tsé-Tung em 1976, as barreiras da revolução cultural começaram a ser quebradas. O modelo de comando central, com o qual a China consolidou as bases de uma nova economia industrial e de uma nova organização social, mostrava-se a cada ano menos eficiente: a diversificação industrial, derivada de diretrizes que passaram a enfatizar também as indústrias leves de bens de consumo, dificultava a centralização de planejamento econômico abrangente. As taxas de crescimento econômico caíram, embora se mantivessem ainda positivas. E o desconforto com o regime de propriedade parecia crescer. Simultaneamente, o maoísmo ortodoxo parecia já não ter a mesma força e o mesmo poder de persuasão dos anos 50 e 60.

Esses movimentos e reacomodações culminaram com a ascensão ao poder de Deng Xiaoping. Ele iniciou um processo cauteloso, mas firme, de abertura econômica. Embora as rédeas do modelo político monopartidário e centralista fossem mantidas nas mãos fortes do governo, o quadro institucional da ordem econômica mudou substantivamente. Os resultados do processo de flexibilização e de mudanças mais profundas na economia traduziram-se, por exemplo, na estrutura da propriedade e no valor bruto da produção segundo diferentes categorias de empresas. Os dados da Tabela 6.6 revelam esses dois aspectos, em série histórica de 1984-2001. Em 1984, a estrutura da propriedade já era bem diversa da que prevalecia no final da era maoísta: na virada para o século XXI, o número de empresas privadas, aí incluídas as pequenas unidades individuais de prestação de serviços no meio urbano, era de 69,9% do total. E a produção resultante do setor não estatal, aí incluídas as *joint-ventures*, alcançava 65,0% do valor bruto calculado para a economia como um todo.

Em síntese, as principais reformas que se introduziram desde o final dos anos 70, regulamentadas em 1984 e confirmadas nas trocas do comando central nos anos 90 e em 2002, foram:

❑ Maior flexibilidade no comando central da economia.

❑ Maior autonomia das empresas, quanto a:

- ✓ Administração do patrimônio.
- ✓ Operações de produção.
- ✓ Suprimentos e vendas, nos mercados interno e externo.
- ✓ Excedente financeiro e investimentos.
- ✓ Fusões e incorporações de outras empresas.

TABELA 6.6
Composição da estrutura da propriedade e do valor bruto da produção na China: as mudanças após a nova regulamentação de 1984.

Anos	Número de empresas (% sobre o total)		Valor bruto da produção (% sobre o total)	
	Estatais e cooperativas	Privadas e joint-ventures	Estatais e cooperativas	Privadas e joint-ventures
1984	74,5	25,5	85,6	14,4
1985	62,0	38,0	75,3	24,7
1986	57,2	42,8	71,3	28,8
1987	53,6	42,4	67,9	32,1
1988	51,3	48,7	67,5	32,5
1989	50,4	49,6	66,4	33,6
1990	49,6	50,4	65,3	34,7
1991	49,6	50,4	64,6	35,4
1995	45,3	54,7	nd	nd
1996	42,7	57,3	48,9	51,1
1997	40.1	59,9	46,0	54,0
1999	38,3	61,7	35,0	65,0
2001	30,1	69,9	34,5	65,5

Fontes: HUIJIONG, Wang. *Industrialização e reforma econômica na China*. A economia mundial em transformação. 2. ed. Rio de Janeiro: FGV, 1994 (para série 1984-91). PRS Group. International risk guide. East Syracuse, Data Appendix. New York, 1999 (para série 1995-97). World Bank. *World Development Report 2002:* Building Institutions for Markets. Background paper. Washington, 2002.

✓ Gestão do quadro de pessoal.
✓ Política de preços.

❏ Reconsideração dos mecanismos de definição de preços, com crescente atenção para as indicações dos mercados interno e externo.

❏ Estimulação de processo de competição e de submissão das empresas à concorrência, com o objetivo de elevar os níveis de eficiência operacional da economia, aproximando-os de *benchmarks* mundiais.

❏ Aumento das taxas de participação da tecnologia e do capital estrangeiro na economia, via investimentos diretos ou *joint-ventures*.

Nos primeiros 15 anos do século XXI a China deu saltos gigantescos quanto à sua participação no Produto Mundial Bruto: em 2000, era de 7,3%; em 2005, 9,6%, saltando para dois dígitos no quinquênio 2005-2010, quando atingiu 23,7%. Em 2015, estimativas conservadoras indicam 16,8%. Estas participações são calculadas pelo critério paridade do poder de compra, que leva em conta basicamente a paridade dos preços finais da produção realizada por todos os países, em dólares dos Estados Unidos.

Não houve avanços neste mesmo período tão expressivos na estrutura de propriedade do sistema produtivo, relativamente aos padrões da transição do século XX para o XXI: as empresas estatais e as cooperativas de capital misto mantêm 30% do número de empresas de médio e de grande porte; as de capital privado e as constituídas por *joint-ventures* (cerca de 80% destas com participação de capital estrangeiro) mantiveram a participação de 70% que havia sido alcançada em 2001. Aumentaram, porém, e significativamente, o número de empresas de capital aberto – uma estrutura de propriedade impensável no período maoísta. No final de 2014, a *Shangai Stock Exchange* aproximou-se de 1.000 empresas de capital aberto, operando com 995; e a *Shenzhen Stock Exchange* chegou a 1.618, tornando a quinta maior bolsa do mercado mundial de capitais. Para se ter uma ideia da velocidade com que este processo ocorreu, basta um número de alta expressão: apenas no triênio 2010-2012, as operações de abertura de capital na China – IPO (sigla em inglês de *Initial Public Offering*, oferta pública inicial de ações, quando a operação é realizada e a empresa é ofertada e aberta ao mercado de capitais) foi superior ao número total de empresas de capital aberto listadas no Brasil.

Outro feito notável da China foi a abertura para o comércio internacional. No triênio 2003-2005, o país ingressou no G4 dos fluxos mundiais de comércio – Estados Unidos, Alemanha, Japão e China, todos com predominância de exportações de produtos industriais. Dez anos depois, no biênio 2013-2014, a China, então com exportações e importações de US$ 4,1 trilhões supera os Estados Unidos e passa a liderar o *ranking* mundial dos fluxos de comércio exterior.

Todos esses números estão fundamentados nas transformações iniciadas em 1978 e aceleradas nas duas décadas seguintes de 80 e 90, quando o crescimento econômico da China mantém-se, com raras exceções, ano após ano, em ritmo superior a 10% anuais: de 1981 a 1990, o crescimento anual chinês foi de 9,7%, acumulando 150,3% de expansão. Sobre esta expansão, entre 1991-2000, o crescimento anual foi de 10,1%, acumulando 161,7%; de 2001 a 2010 o ritmo foi ainda maior, de 10,49% ao ano, ou 168,9% acumulados. Com estas séries históricas, apesar da desaceleração do triênio 2011-2013, quando o ritmo médio anual foi de 8,20%, ou 26,7% acumulados, a economia chinesa em 2014 superou a dos Estados Unidos, tornando-se a número um do mundo em PIB pela paridade do poder de compra.

Europa do Leste: quadros institucionais em transição. Comparativamente às economias ortodoxas de comando central, como as da URSS stalinista ou da China maoísta, as economias socialistas da Europa do Leste caracterizaram-se, sempre, por maiores graus de flexibilidade. Os três traços fundamentais das economias coletivistas – a restrição à liberdade de empreender, a propriedade dos meios de produção e o centralismo no comando da economia – sempre foram menos extremados na Europa do Leste, embora sob duas variantes. As economias mais flexíveis eram as da Iugoslávia, Hungria, Polônia e Tchecoslováquia; as de maior rigidez, as da Alemanha Oriental, Bulgária, Romênia e Albânia.

O sistema típico das economias mais flexíveis da Europa do Leste poderia ser descrito como uma espécie híbrida, de **socialismo de mercado**. Os propósitos básicos eram combater a ineficiência decorrente da burocratização, a criação de mecanismos para a coparticipação dos agentes econômicos nos processos decisórios e a sustentação da orientação socialista. Estabelecidas após a Segunda Grande Guerra, essas economias conheciam as dificuldades e imperfeições do modelo soviético, no final da era stalinista. Nos anos 50, não obstante se mantivessem alinhadas quanto ao objetivo de se buscar maior justiça distributiva, as economias mais flexíveis acreditavam que a centralização excessiva poderia comprometer objetivos de eficiência econômica e até de eficácia alocativa, dificultando a longo prazo a sustentação de padrões de produtividade exigidos para a sustentação do bem-estar social.

Segundo Lipsey-Steiner,[28] essas economias "procuraram evitar três deficiências do modelo soviético: primeiro, o desastre na produção agrícola, pouco submissa aos padrões do comando central; segundo, as microineficiências da produção industrial; terceiro, os entraves da administração centralizada, para a qual faltavam pessoas treinadas e motivadas". Assim, embora mantendo um dos traços mais importantes do modelo de comando central, que é a propriedade social dos meios de produção, o Leste da Europa buscou uma mistura de mercado e planificação central, com ênfase no primeiro, como processo de coordenação social e de controle. E estabeleceu critérios para a autogestão das empresas, por comitês de trabalhadores que assim dispensavam as ordens emanadas do centro, substituindo-as pela autonomia decisória. O controle central se limitaria a decisões estratégicas de grande alcance para o sistema considerado como um todo. G. Dalton[29] sintetiza assim as variações do Leste Europeu em relação ao modelo soviético ortodoxo:

- A instituição da **autogestão**, como uma variante do coletivismo, a que se pode denominar de socialismo gremial: os trabalhadores, e não o governo, detêm o controle dos meios de produção, definindo os quadros gerenciais das empresas e a destinação dos resultados.

- A implantação de um **socialismo de mercado**: embora conservando a característica básica das economias socialistas, quanto à propriedade dos meios de produção, o foco é a construção de uma economia competitiva, que saiba também ouvir as exigências da sociedade manifestadas livremente através do mercado.

- **A abertura das fronteiras e dos canais de comunicação com o sistema ocidental**, em substituição ao isolacionismo cultural e transacional.

A Hungria, a antiga Tchecoslováquia e, assumindo a dianteira do processo de flexibilização, a Iugoslávia foram, entre as oito economias do Leste Europeu, as que mais se aproximaram desse modelo misto. Em graus variados, o governo transferia a microgestão para as próprias unidades de produção. Ao comando central caberia a definição de diretrizes estratégicas, como propósitos de crescimento da economia, relação entre consumo e acumulação, destinação dos fundos de investimento e regulamentações sobre a repartição do produto social. Decisões de alto impacto como investimentos em indústrias de base e em infraestrutura eram também submetidas à orientação centralista. E os governos mantinham também poderes fiscalistas, apropriando-se de uma alíquota tributária padrão incidente sobre os resultados brutos apurados. Mas essa exação fiscal retornava para o próprio sistema empresarial, por ser a base da constituição dos fundos estatais de investimentos básicos.

Esse afastamento do governo não se limitou apenas ao setor urbano-industrial. Na Iugoslávia, por exemplo, ele se estendeu à própria estrutura fundiária. Para corrigir o desempenho insatisfatório das fazendas estatais-coletivistas, foi admitida a propriedade privada, sob regime cooperativo, no meio rural. Nos anos 70 e 80, as fazendas estatais ocupavam 15% da área cultivável. Os restantes 85% eram constituídos por uma estrutura minifundiária privada, cuja área média estava em torno de 5 hectares. Desses minifúndios provinham por volta de 70% da produção agrícola da economia. E no próprio meio urbano, ao lado das empresas estatais-coletivas, cujos recursos eram administrados com base no sistema de autogestão, subsistia a pequena empresa de propriedade privada. Era livre a iniciativa de estabelecimentos que empregassem um máximo de cinco trabalhadores.

A coexistência dessa estrutura de propriedade e de gestão com as instituições do coletivismo foi assegurada pelo estreito regime de consultas e de informações entre os vários escalões do sistema. Sob a ocorrência de desencontros técnicos ou de diretrizes nas cadeias de suprimentos, o comando central assumia a posição de um **centro de regulação**, afastando-se após a correção do desvio e mantendo-se como um organismo destinado a assegurar o equilíbrio geral da economia, dirigir os rumos do crescimento e decidir sobre a estrutura da oferta agregada de bens e serviços. Às empresas concediam-se graus de autonomia crescentemente próximos de um modelo estruturalmente competitivo. Muitas de suas decisões, envolvendo produtos e processos, eram adotadas a partir de indicações sinalizadas pelo mercado. Em casos especiais, o governo fixava preços. Mas a estrutura dos preços relativos se movimentava sob a influência das condições do mercado.

Nos anos 90, sobre esse ordenamento institucional flexibilizado em relação aos rigores das economias ortodoxas de comando central, um conjunto mais extenso de reformas passou a ser praticado, na esteira das transformações que ocorreram na área soviética e que culminaram com a criação da CEI com a remoção do Muro de Berlim e com o fim da Cortina de Ferro – a extensa faixa central do continente europeu que separava de Norte a Sul a Europa Ocidental da Europa do Leste. As reformas avançaram do plano econômico para o político: boa parte do legado histórico do coletivismo centralista foi substituída por uma nova configuração. Dela fazem parte o pluralismo político, a transição da economia tradicional de planejamento central para a economia de mercado e a privatização das empresas. O Quadro 6.5 sintetiza o conteúdo dessas reformas.

As Imperfeições dos Sistemas Centralizados

Uma avaliação da trajetória histórica das economias de comando central evidencia uma característica comum a todas elas: a passagem de modelos centralistas para formas mais flexíveis de condução da economia. Em todas, observam-se também como evoluções comuns a revisão de duas instituições fundamentais: a propriedade coletivizada dos meios de produção e a restrição à liberdade para empreender.

QUADRO 6.5
As reformas políticas e econômicas da Europa do Leste: uma visão geral.

Esta descrição das reformas que ocorreram nos anos 90 na Europa do Leste abrange as nações que constituíam o CMEA, *Council for Mutual Economic Assistance*, isto é, a faixa central da Europa e a antiga URSS. Exclui, porém, a República Democrática Alemã, a Iugoslávia e a Albânia. A primeira, porque deixou de existir em outubro de 1990, com a "encampação alavancadora" pela Alemanha Ocidental; a segunda, pela sublevação ainda em curso, que poderá levar à desintegração política; e a terceira, porque ainda se assemelha, tanto do ponto de vista de seu sistema político, quanto de seus mecanismos econômicos, muito mais a um país como Cuba do que à atual Europa do Leste.

Em todos os demais países e ex-repúblicas soviéticas, um dos traços marcantes é a superação do marxismo-leninismo como ideologia de sustentação. Outro é a disposição em consolidar as bases da transição para o modelo de economia de mercado, embora ela seja menos nítida na Bulgária, na Romênia e nas ex-repúblicas soviéticas, comparativamente às demais nações. Outro ainda é o descrédito dos dois pilares do modelo de comando central, a saber: a propriedade estatal dos meios de produção e a gestão centralmente dirigida da economia.

As consequências das mudanças quanto a estes princípios são de alta relevância. Primeiro, porque o socialismo de mercado, que parecia exequível, parece deixar de ser concebido. Na faixa central da Europa do Leste, ele havia resultado das reformas executadas nas décadas de 60 e 70 e de certa forma ainda preservava a propriedade estatal dos meios de produção. Nos anos 90, porém, essa forma de propriedade passou a ser considerada como pouco eficaz e eficiente em todos os lugares. Preconiza-se a privatização em larga escala. Quanto ao comando central, a tendência não é a rejeição extremada de qualquer forma de planejamento, mas a troca do centralismo pela descentralização, representada pelo planejamento estratégico empresarial.

Os conteúdos dessas reformas são menos questionados que seu ritmo. Em alguns lugares, a preferência é por uma abordagem gradualista firme; em outros, por um tratamento de choque. A primeira abordagem parece prevalecer, estabelecendo-se até mesmo uma agenda de reformas, que passa pelos seguintes estágios:

- **A estabilização da economia**, envolvendo o fortalecimento da moeda e a retomada do crescimento do produto nacional.
- **A liberação dos preços**, com eliminação dos subsídios remanescentes.
- **A liberação da atividade econômica**, extinguindo-se o planejamento central e a gestão direta do governo sobre as empresas.
- **A criação de novas instituições econômicas**, como intermediários financeiros fiscalizados pelo Banco Central e bolsas de valores.
- **Substituição da propriedade estatal dos meios de produção** pela propriedade por entidades e agentes privados. Inclui-se, aqui, o retorno de propriedades nacionalizadas a seus antigos detentores.
- **Criação de novas condições para o crescimento**, fundamentadas em setores modernos, menos intensivos de energia e materiais básicos.
- **Substituição do sistema de consumo social mínimo**, "do berço à sepultura", por um novo conceito previdenciário, de "rede de segurança".
- **Abertura da economia ao exterior**, com abrandamento dos sistemas protecionistas.

Todos esses mecanismos e reformas foram de alguma forma acionadas nos países da área. Os estágios em que se encontram são dos mais variados. Mas não se notam, a não ser em redutos ainda conservadores e ortodoxos, sinais de flexão em direções opostas a estas. A impressão generalizada é de que todas essas reformas caminharão. A inspiração dominante é a **desradicalização**.

Fonte: LAVIGNE, M. Economic reforms in Eastern Europe: prospects for the 1990s. *Development strategies for the 21st century*. Tokyo: Institute of Developing Economies, 1992.

As mudanças observadas nessas economias têm muito a ver com as imperfeições e as deficiências do modelo centralista extremado. Entre as de maior relevância, são geralmente destacadas as seguintes:

- ❑ Burocratização excessiva imposta ao processo econômico.
- ❑ Insubmissão de atividades primárias e terciárias ao rigorismo dos comandos centrais.
- ❑ Congelamento de padrões tecnológicos definidos, que dificultam mudanças nas cadeias de produção.
- ❑ Vulnerabilidade à propagação de erros estratégicos ou operacionais.
- ❑ Desalinhamento das escolhas da burocracia estatal em relação às aspirações da sociedade.
- ❑ Dificuldades para reconhecer e corrigir externalidades negativas.
- ❑ Perda progressiva de eficiência produtiva, comprometendo a longo prazo o objetivo dominante da justiça distributiva.

Cada uma dessas deficiências e imperfeições está de alguma forma relacionada aos traços dominantes da ordem institucional definida pela ortodoxia dos modelos coletivistas-centralistas. Há as que se relacionam com a justaposição dos poderes econômico e político; outras, com a coletivização de todos os meios de produção. Há também as que derivam da soberania do planejador. E as que têm a ver com a total supressão do interesse próprio como alavanca para atender ao interesse social. Vamos considerar uma por vez, destacando seus conteúdos e consequências.

- ❑ **Burocratização**. A Figura 6.3 mostra como se processam em uma economia de comando central os fluxos fundamentais, reais e financeiros, de produção, de apropriação de rendas, de consumo e de acumulação. Todos eles passam, de alguma forma, pelo governo central. É também o governo que toma as decisões sobre a pauta dos bens e serviços que serão produzidos, controlando minuciosamente as metas definidas e o abastecimento das necessidades sociais. Em decorrência, a burocratização de todo o processo econômico torna-se inevitável. E se agiganta, à medida que o aparelho de produção da economia se desenvolve e a pauta de produção se diversifica. Com o crescimento e a diversificação, o aparato burocrático torna-se gradativamente mais complexo, até alcançar proporções de difícil operacionalização. São necessários órgãos centrais para regular em detalhe todas as operações: destinação de recursos humanos, de capital e tecnológicos; suprimentos de matérias-primas, semi-industrializados e componentes, setor por setor, empresa por empresa; fixação dos padrões de remuneração dos recursos de produção; avaliação de custos e definição de preços; cadastramento de consumidores e fornecimento de cupões de abastecimento. E mais: pelo caráter abrangente do dirigismo pleno, passam também pelo comando central decisões estratégicas de longo alcance, como as relacionadas aos investimentos em infraestrutura, à oferta de bens públicos e à própria composição estrutural do aparelho de produção. Para exercer pleno

FIGURA 6.3
Os fluxos econômicos em uma economia de comando central. O governo é o centro de alocação de recursos de produção, como dos suprimentos às cadeias de produção. Ele ainda determina a relação consumo/acumulação, os níveis de remuneração do trabalho e dos demais recursos, bem como os níveis de produção e de preços das principais categorias de dispêndio das unidades familiares. E controla rigidamente as relações de comércio com outras nações.

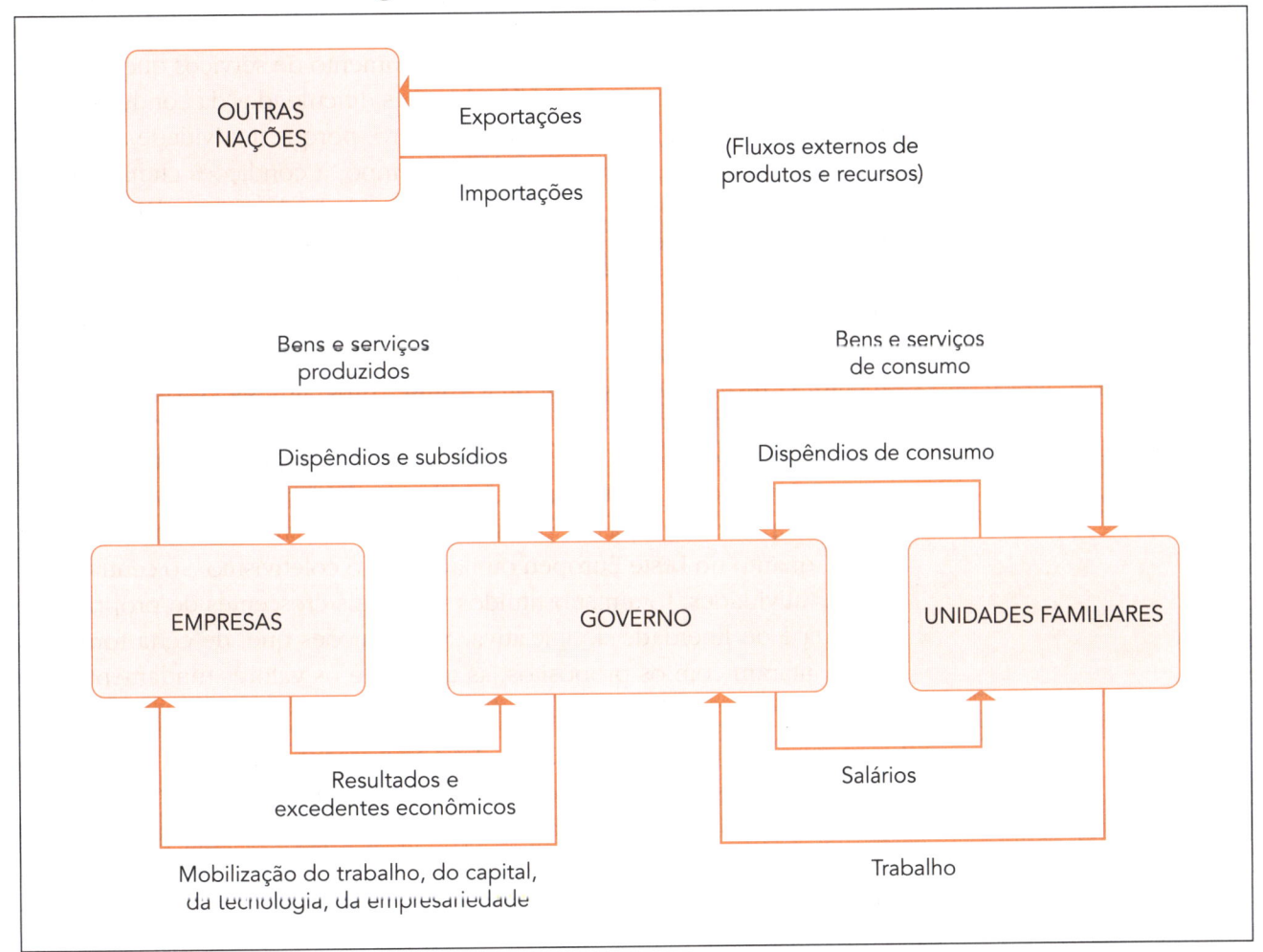

controle de todos esses processos, o *Gosplan* chegou a ter 5.200 burocratas encarregados do planejamento centralizado. Como registra G. Grossman,[30] "tratava-se de uma enorme pirâmide burocrática, abrangendo uma série de pirâmides com um vértice comum e bases dilatadas pelas minúcias a que chegam os controles. Entre as bases e o vértice, há uma imensidade de hierarquias burocráticas, que planejam, dão ordens para execução e controlam todos os processos. Dentro de cada pirâmide, há pouca comunicação horizontal, mas muitas correntes de comunicações verticais: com isso, uma mesma ordem percorre longos caminhos, do topo à base, antes que, efetivamente, seja executada. Com isso, o sistema como um todo perde eficiência. E quanto mais complexas e gigantescas as estruturas de controle maiores são as perdas".

❑ **Insubmissão ao rigorismo do comando central**. As atividades rurais e algumas atividades terciárias, de que são exemplos o comércio varejista e outras categorias de serviços urbanos, não se submetem bem ao rigorismo dos comandos centrais. A agricultura e a produção animal toleram muito mal o constrangimento da centralização estatal: este parece ser um setor que se adapta mais às instituições das economias de mercado, notadamente a liberdade empresarial e gerencial e a propriedade não coletivizada. Programar para indústrias de base ou ainda para a implantação de infraestruturas econômicas e sociais não é a mesma coisa que programar para a grande diversidade de indústrias leves e para suprimento de serviços que atendem a necessidades individuais. Na área rural as dificuldades da condução estatal centralizada são ainda maiores. Primeiro, porque a atividade agrícola é sujeita a intempéries, aos caprichos do tempo, a condições climatológicas que não dependem da vontade e da capacidade de quem planeja ou de quem executa o que foi planejado. Ademais, a rudeza das lides rurais, tanto a agricultura quanto a produção animal, exigem graus de dedicação pessoal que nem sempre se encontram quando a propriedade é coletiva e a gestão se estabelece por parâmetros que vêm de distantes centrais de planejamento. O mesmo ocorre com uma grande variedade de serviços urbanos, tão indispensáveis à vida em sociedade quanto as atividades industriais de base e de produção de bens de consumo. Consequentemente, pelas características e dificuldades operacionais envolvidas nessas atividades, elas foram as primeiras a passar pelas experiências de flexibilização. Tanto na URSS, quanto no Leste Europeu ou na China, o coletivismo e o centralismo, nessas atividades, foram substituídos por graus crescentes de propriedade privada e de liberdade de iniciativa. Substituições que, de certa forma, se confrontaram com os propósitos, as crenças e os valores fundamentais do modelo de comando central.

❑ **Congelamento de padrões**. Esta deficiência tem a ver com as dificuldades com que as estruturas burocráticas se envolvem sempre que lidam com processos de mudança. Dada a complexidade das relações e das transações que se estabelecem entre cada uma das microunidades do sistema, uma vez definidas e incorporadas pelo modelo de comando central, elas tendem a perpetuar-se. Tudo se encontra de tal forma entrelaçado que os padrões definidos só se modificam sob pressões de fora para dentro, decorrentes por exemplo de novas exigências da sociedade, de mudanças inevitáveis em padrões tecnológicos ou de decisões sobre a implantação de um novo setor de produção até então inexistente. Mas as resistências à mudança, decorrentes até de questões técnicas, acabam por levar ao congelamento de padrões definidos no passado. A consequência disso é o retardamento do sistema como um todo, em relação ao de nações onde a mudança é vista sob outro ângulo: não o das dificuldades envolvidas, mas o dos desafios para que se mantenham padrões permanentemente atualizados de competitividade.

❑ **Vulnerabilidade**. Esta é outra deficiência dos sistemas de comando central. Derivada direta da burocratização e da ausência de empreendimentos decididos descentralizadamente, tende a ser alta a vulnerabilidade do sistema como um todo à propagação de erros estratégicos ou operacionais. Todas as decisões, desde as de grande alcance até as mais minuciosas e operacionais, passam necessariamente pela pirâmide burocrática. Consequentemente, questões operacionais, como ocorrência de pontos de estrangulamento, ou simples atrasos nas cadeias de suprimentos, podem comprometer grandes áreas do sistema de produção, dado que as cadeias estão interarticuladas e não existe liberdade nos pontos de cruzamento para que se procedam às correções necessárias. Este tipo de vulnerabilidade se traduz por rupturas que desarticulam as teias de relações planejadas. Mas não é o único: há outro tipo de vulnerabilidade de consequências ainda maiores. É o que decorre de erros estratégicos. A estratégia de longo prazo definida pelo vértice da pirâmide burocrática é imposta ao sistema como um todo, de cima para baixo. E, pelo caráter centralista da gestão, nem sempre são suficientemente avaliadas e depuradas as linhas de dependência matricial e as origens e os destinos de tudo o que é produzido. Em consequência, os riscos de equívocos são maiores, comparativamente aos modelos em que decisões estratégicas e operacionais são compartilhadas por estruturas de produção em que as empresas são livres para negociarem seus suprimentos e abastecerem o mercado com seus produtos.

❏ **Desalinhamento das escolhas**. Decorrente direta da escassez de recursos, em face das necessidades sociais ilimitáveis, a escolha é inerente à atividade econômica, qualquer que seja o ordenamento institucional praticado. Há sempre uma infinidade de alternativas que podem manter os recursos escassos plenamente empregados; mas quando o processo é centralizado, as escolhas dos planejadores podem não estar alinhadas às aspirações da sociedade. No modelo centralista radical, a máxima utilidade social da escolha feita depende unicamente do acerto daqueles que decidiram para toda a sociedade. Segundo os primeiros teóricos do modelo de comando central, a centralização era defendida como fundamental para que a economia operasse com máxima eficácia social; eles argumentavam que o mercado não era um alocador de recursos tão eficaz como uma central de planejamento econômico. Mas esta visão é controvertida. Para J. Elliot,[31] "a concentração do poder decisório nas mãos do governo não é garantia suficiente de que o processo econômico de escolha responda à ótima alocação dos recursos limitados". As necessidades e aspirações da sociedade podem não estar alinhadas com as decisões dos órgãos centrais de planejamento. A eficácia alocativa implica que este alinhamento seja praticado. Já vimos que os mecanismos das economias de mercado também não são garantia suficiente de que a alocação de recursos atenda aos pré-requisitos da eficácia social. Mas sua substituição pelas decisões centralizadas também não garante que esta questão-chave seja otimamente equacionada.

❏ **Dificuldades para lidar com externalidades negativas**. Não há economia que não produza algum tipo de externalidade negativa. E as economias de comando central não estão livres de nenhuma das externalidades que geralmente decorrem das atividades de produção e dos processos de consumo e de investimento. Ocorre, porém, que as externalidades, pelo menos as relacionadas à produção e aos investimentos, são geradas pelo próprio governo, que detém a totalidade dos recursos e o domínio sobre sua utilização e destinação. Produzindo-se então externalidades indesejáveis e nocivas, que vão da poluição visual à degradação ambiental, qual agente econômico que, primeiro, vai reconhecê-las e, segundo, agir para que se removam ou se atenuem seus efeitos? Quando se confundem o agente gerador da externalidade com o que se encarregaria de sua remoção, estabelecem-se não apenas dificuldades operacionais, como conflitos de interesse e de poder. E o resultado final é a perpetuação, quando não o agravamento do efeito nocivo.

❏ **Perda progressiva de eficiência produtiva**. Esse conjunto de deficiências e de imperfeições das economias de comando central deságua em uma consequência maior, que em geral se agrava a longo prazo: a perda de eficiência produtiva. Esta, como deficiência-síntese, decorre tanto da burocratização excessiva, quanto da vulnerabilidade a erros, quanto do congelamento de padrões tecnológicos e de estruturas produtivas. O resultado cumulativo é a redução das taxas de crescimento da economia como um todo. E como faltam outros tipos de estímulos, como os derivados da liberdade de empreender e da acumulação privada, a tendência de declínio torna-se rígida e unidirecional: para baixo. Uma rigidez que pode desaguar, como ocorreu na URSS nos anos 80 e na última década da revolução maoísta na China, na própria redução dos volumes reais de produção. Estabelecendo-se um círculo vicioso desta espécie, a justiça distributiva, um dos atributos de maior alcance das economias de comando central – talvez mesmo a razão de ser de sua existência – pode comprometer-se. Com eficiência precária, ainda que a distribuição se realize sob propósitos igualitaristas, os padrões de bem-estar se achatam, fragilizando as bases de sustentação do sistema.

Os caminhos da desradicalização ideológica e da flexibilização dos comandos centrais decorreram deste conjunto de deficiências. Embora em graus variados, eles caminham para formas que gradualmente vão na direção de sistemas orientados pela maior liberdade de empreendimento e de coordenação pelos mercados. São raros e cada vez mais isolados os casos de economias alinhadas à matriz ideológica e às normas operacionais do centralismo que permanecem inflexíveis em relação aos postulados do modelo estatal radicalizado. Como ocorreu com as economias de mercado, a correção de vícios e imperfeições conduz à reconfiguração de novos arranjos institucionais.

6.4 O Processo de Desradicalização: a Tendência Centrípeta

As Direções Dominantes: dos Extremos para o Centro

Os movimentos observados durante o século XX em cada uma das duas formas de ordenamento institucional – nas economias de mercado, de um lado; e, de outro lado, nas economias de comando central – sugerem que daqui para a frente não deverão prevalecer os fundamentos das ortodoxias praticadas, em suas formas extremadas. As radicalizações, fundamentadas em pressupostos político-

-ideológicos diametralmente opostos, deverão ficar cada vez mais no passado. Os paradigmas de uma nova ordem institucional, definidos para novos horizontes históricos, são nitidamente desradicalizados.

Decorrentes da correção das imperfeições e das deficiências dos ordenamentos institucionais extremados, as mudanças introduzidas em cada um dos dois polos opostos parecem caminhar em **direção centrípeta** – dos extremos para o centro. A direção oposta, centrífuga, que levou aos extremos, parece historicamente superada. As posições de cada um dos sistemas em relação aos dois critérios fundamentais, a liberdade econômica e a propriedade dos meios de produção, já não são as praticadas no passado. O Quadro 6.6 sintetiza as direções das mudanças nas economias de comando central, da URSS, da China e da Europa do Leste. A liberdade econômica é maior, prevalecendo apenas restrições seletivas. E a propriedade dos meios de produção caminha na direção de ampliar a presença de empresas não estatais no aparelho de produção. Nesses dois campos, a Europa do Leste parece mais avançada em relação à China e esta em relação à CEI.

A Tabela 6.7 evidencia que estas mudanças se processaram em velocidades diferentes na faixa central da Europa Oriental e nas ex-repúblicas soviéticas nos anos em que se iniciaram as grandes mudanças institucionais. Mas, em todas, a parcela do produto nacional gerada por empreendimentos não estatais moveu--se para cima.

Já nas economias de mercado a posição extremada de ausência de restrições à liberdade econômica tem sido gradualmente substituída por restrições seletivas, a maior parte com o objetivo de prevenir ou remover externalidades negativas, sociais e ambientais, e de preservar a concorrência. Quanto à propriedade dos meios de produção, observou-se até a primeira metade dos anos 80 uma crescente presença de empresas estatais; mas de lá para cá as privatizações têm sido a regra dominante. O Quadro 6.7 sintetiza os movimentos prováveis. E a Tabela 6.8 mostra as diferenças entre as economias de mercado e as de comando central quanto a este traço institucional, nas últimas décadas do século XX, período em que ainda prevaleciam diferenças radicais entre as economias de mercado e de comando central.

Em síntese, enquanto no passado predominavam posturas opostas, decorrentes de sistemas e de valores antagônicos, em anos mais recentes parecem prevalecer movimentos em direção a novos paradigmas. O Quadro 6.8 resume a trajetória das grandes mudanças ocorridas nos últimos anos, no campo das matrizes político--ideológicas. A ortodoxia das economias do leste resultava da combinação do coletivismo e do solidarismo igualitarista, que desaguavam em comandos centrais. Já a ortodoxia das economias ocidentais de mercado resultava da combinação do liberalismo individualista com a competição darwinista – esta no sentido de sobrevivência apenas dos mais fortes. Os dois extremos parecem agora deslocados de suas posições polarizadas. A reconfiguração do modelo coletivista tem por motivação dominante a busca de maior eficiência econômica; e a do modelo de mercado tem por motivação a busca de maior justiça social. Mas o primeiro não parece inclinado a sancionar a competição darwinista; o segundo não está indo

QUADRO 6.6
Evolução de economias de comando central, em relação a dois critérios de diferenciação de sistemas econômicos: liberdade e propriedade.

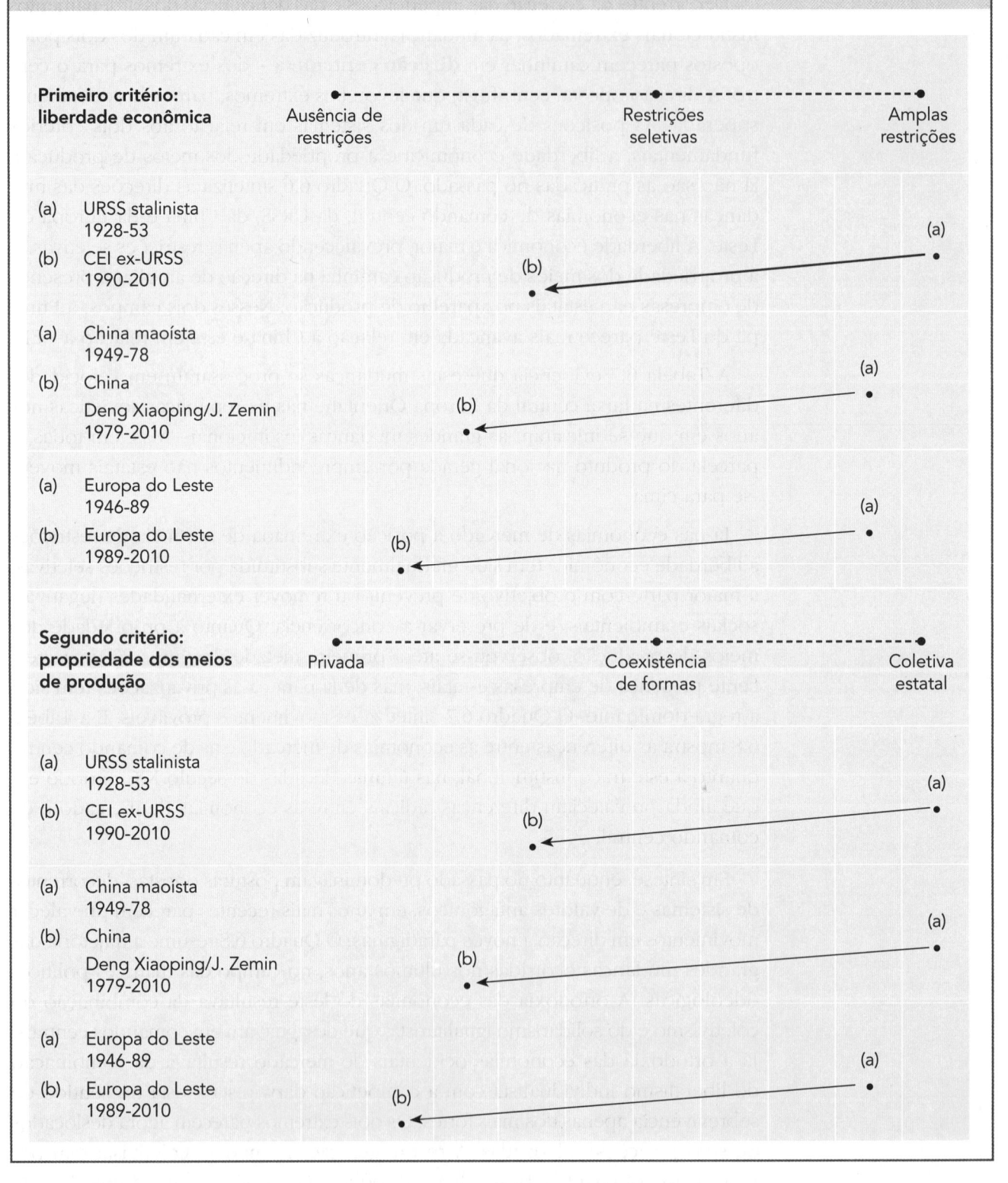

Primeiro critério: liberdade econômica

Escala: Ausência de restrições — Restrições seletivas — Amplas restrições

(a) URSS stalinista 1928-53 — Amplas restrições
(b) CEI ex-URSS 1990-2010 — Restrições seletivas

(a) China maoísta 1949-78 — Amplas restrições
(b) China Deng Xiaoping/J. Zemin 1979-2010 — Restrições seletivas

(a) Europa do Leste 1946-89 — Amplas restrições
(b) Europa do Leste 1989-2010 — Restrições seletivas

Segundo critério: propriedade dos meios de produção

Escala: Privada — Coexistência de formas — Coletiva estatal

(a) URSS stalinista 1928-53 — Coletiva estatal
(b) CEI ex-URSS 1990-2010 — Coexistência de formas

(a) China maoísta 1949-78 — Coletiva estatal
(b) China Deng Xiaoping/J. Zemin 1979-2010 — Coexistência de formas

(a) Europa do Leste 1946-89 — Coletiva estatal
(b) Europa do Leste 1989-2010 — Coexistência de formas

**TABELA 6.7
Economias de comando central: estimativa da evolução do produto gerado por empresas não estatais, nos primeiros anos seguintes às reformas econômicas.**

Economias selecionadas	1989	1990	1991	1992
Tchecoslováquia	3	5	9	20
Hungria	29	31	43	50
Polônia	48	19	28	35
Bulgária	7	10	12	16
Romênia	13	17	21	26
Rússia	6	6	10	12
Bielorrússia	5	6	7	8
Ucrânia	9	10	12	12
Estônia	–	–	18	22
Letônia	2	3	3	6
Lituânia	10	12	16	30

Fonte: GWARTNEY, J.; STROUP, R. *Economics: private and public choice.* 7. ed. Orlando: Dryden Press/HBC, 1995. Capítulo 34, Economies in transition.

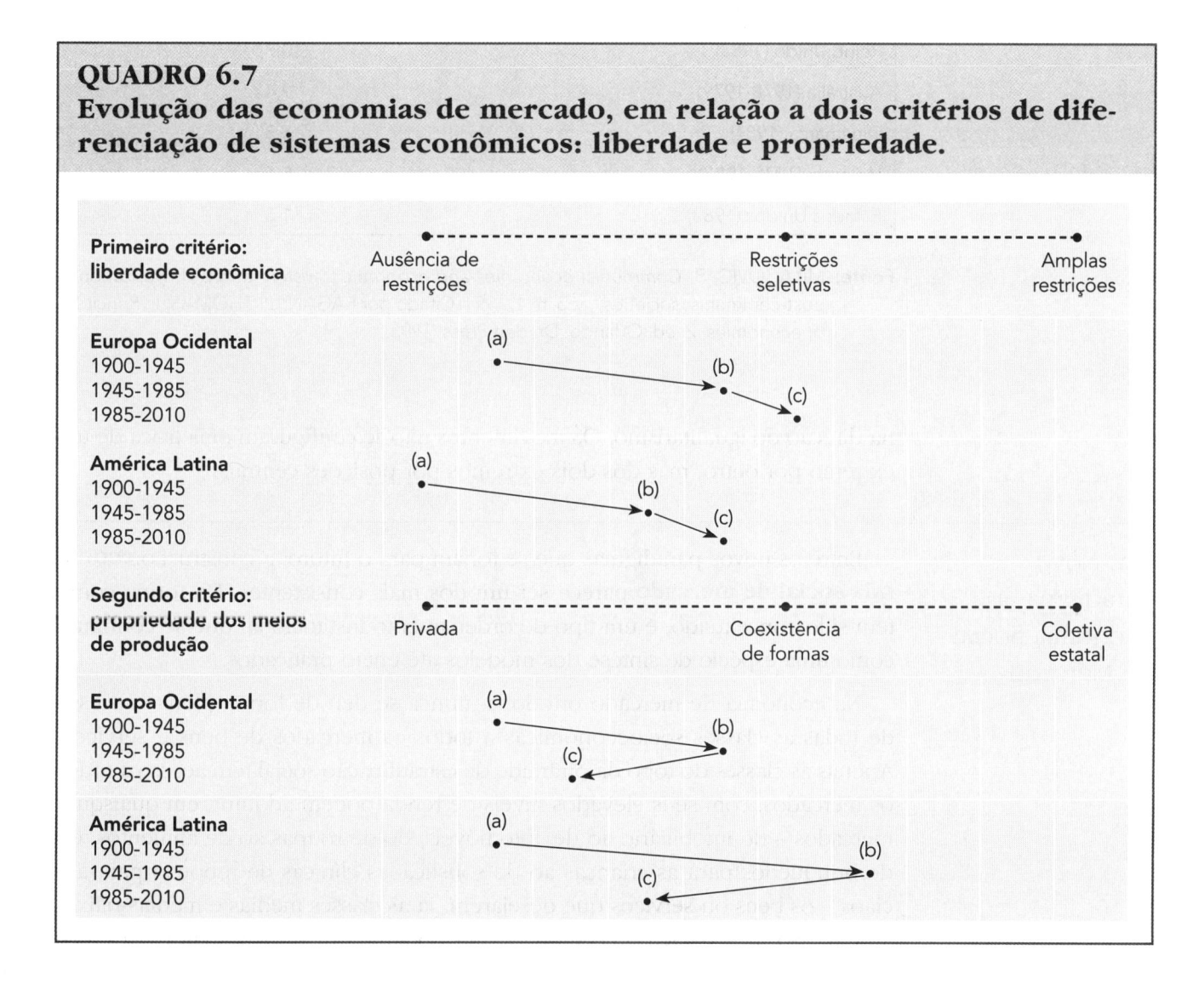

**QUADRO 6.7
Evolução das economias de mercado, em relação a dois critérios de diferenciação de sistemas econômicos: liberdade e propriedade.**

Primeiro critério: liberdade econômica

Ausência de restrições — Restrições seletivas — Amplas restrições

Europa Ocidental
1900-1945 (a)
1945-1985 (b)
1985-2010 (c)

América Latina
1900-1945 (a)
1945-1985 (b)
1985-2010 (c)

Segundo critério: propriedade dos meios de produção

Privada — Coexistência de formas — Coletiva estatal

Europa Ocidental
1900-1945 (a)
1945-1985 (b)
1985-2010 (c)

América Latina
1900-1945 (a)
1945-1985 (b)
1985-2010 (c)

TABELA 6.8 Importância das empresas estatais na geração do produto agregado, em economias selecionadas, em anos anteriores aos das grandes mudanças institucionais.

Economias selecionadas	% do produto agregado gerado por empresas estatais
Economias de comando central	
Tchecoslováquia (1989)	97,0
Alemanha Oriental (1982)	96,5
União Soviética (1985)	96,0
Polônia (1989)	81,7
China (1984)	73,6
Hungria (1984)	72,0
Economias de mercado	
França (1982)	16,5
Áustria (1978-1979)	14,5
Itália (1982)	14,0
Nova Zelândia (1987)	12,0
Alemanha Ocidental (1982)	10,7
Reino Unido (1983)	10,7
Austrália (1978-1979)	9,4
Dinamarca (1984)	6,3
Holanda (1971-1983)	5,6
Estados Unidos (1983)	1,3

Fonte: MILACOVIC, B. *Communist economies and economic transformation.* "Privatization in post-communist societies", v. 3, nº 1, 1991. Citado por RAGAN, J.; THOMAS, L. *Principles of economies.* 2. ed. Orlando: Dryden Press, 1993.

na direção do igualitarismo. Os movimentos não se configuram pela troca de um extremo por outro, mas dos dois extremos por posições centrais.

Um Novo Paradigma: a Economia Social de Mercado

Entre os novos paradigmas que se forjam para o futuro, a construção **economia social de mercado** parece ser um dos mais consistentes. Da forma como tem sido conceituado, é um tipo de ordenamento institucional que se configura como uma espécie de síntese dos modelos até então praticados.

Na economia de mercado ortodoxa, nunca se deu de forma plena o acesso de todas as classes socioeconômicas a todos os mercados de bens e serviços. Apenas as classes do topo da pirâmide de estratificação social têm acesso a todos os mercados: com seus elevados níveis de renda podem adquirir, em quaisquer mercados – do imobiliário ao de automóveis, do de roupas ao de alimentos, do de brinquedos para as crianças ao de sofisticadas clínicas de repouso para anciãos – os bens ou serviços que desejarem. Já as classes médias e médias-baixas têm acesso menos fácil, mas ainda assim podem tangenciar a maior parte dos

QUADRO 6.8
Os novos paradigmas do ordenamento institucional: a trajetória aparente das grandes mudanças.

Valores \ Sistemas	Coletivismo	Economia de comando central	Economia social de mercado	Economia de mercado	Liberalismo individualista
Solidarismo igualitarista		ORTODOXIA DO SISTEMA LESTE			Incongruência institucional
Estratificação não excludente		Reconfiguração do modelo: maior eficiência econômica	3ª via: o movimento centrípeto	Reconfiguração do modelo: maior justiça social	
Competição darwinista excludente		Incongruência institucional		ORTODOXIA DO SISTEMA OCIDENTAL	

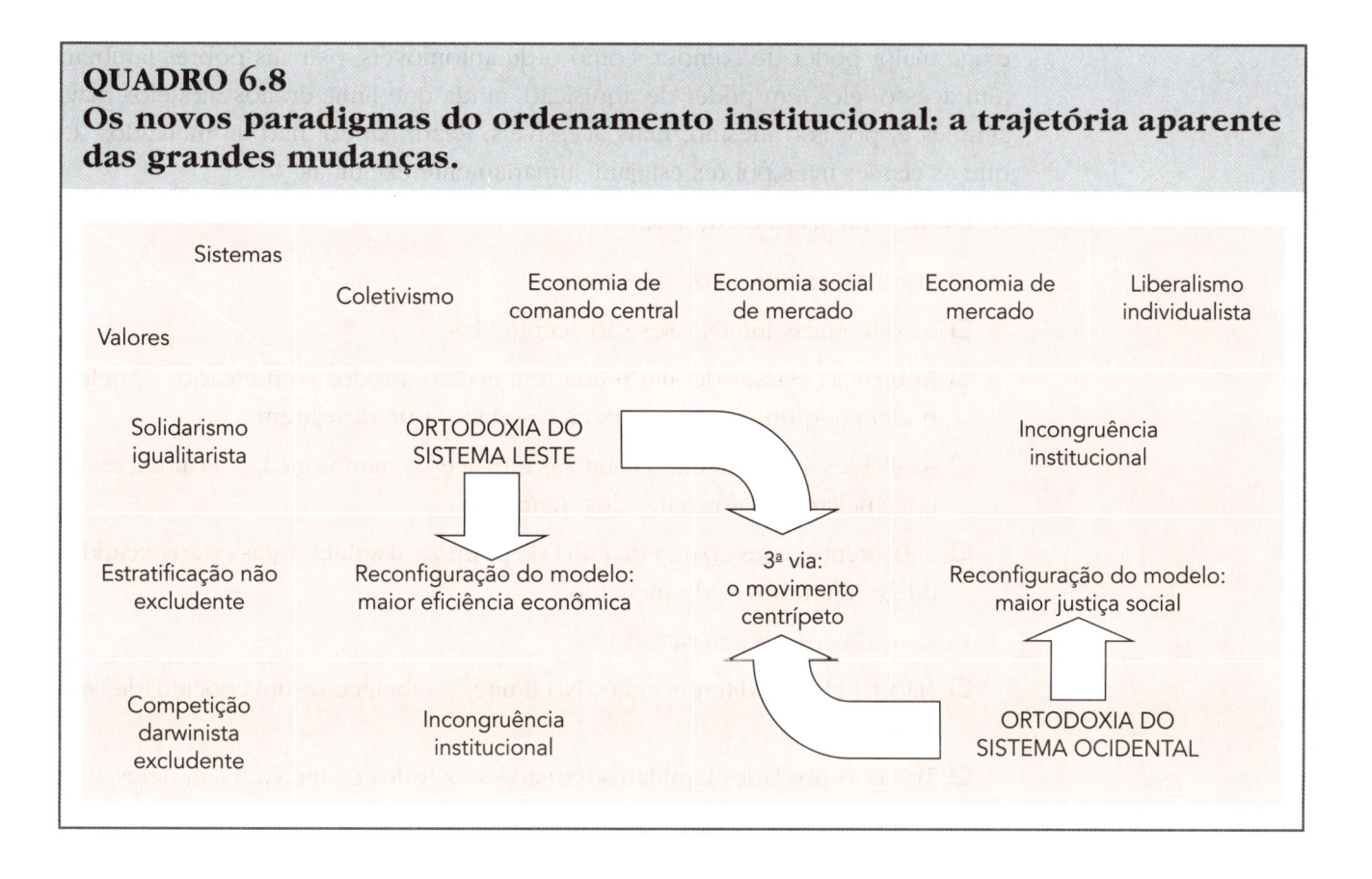

mercados. Mas as classes da base da pirâmide estão excluídas de grande número de mercados, notadamente nas nações de alta incidência da pobreza absoluta.

Em contraposição, na economia coletivista ortodoxa, também nunca se deu de forma plena o acesso de todas as pessoas a todos os produtos. No limite, esse sistema se fundamenta na construção de uma sociedade sem classes. Ao assumir o controle de todos os meios de produção, o que de fato o governo pretende é definir uma pauta de produção constituída por bens e serviços a que todas as unidades familiares possam ter acesso. Realizando-se o princípio do pleno igualitarismo, não se produzirá um só produto que não possa ser distribuído em quantidades iguais para todos. Se a determinado mercado ou produto apenas uma parte das unidades familiares tiver acesso, o princípio fundamental do sistema estará comprometido. Estabelecem-se classes diferenciadas. Com isso, o sentido maior do coletivismo não estará sendo alcançado.

Entre esses dois extremos – o de uma economia em que apenas uma pequena parte da sociedade tem acesso a todos os mercados; e o de uma economia em que todos têm acesso a todos os produtos – é que se posiciona conceitualmente a **economia social de mercado**. Nesta, todas as classes têm acesso, ainda que diferenciado pelos seus níveis de renda, a todos os mercados. Os mais ricos adquirem com facilidade, em todos os mercados, quaisquer produtos que desejarem. E os mais pobres, mesmo os da classe que se encontra na base da pirâmide, também têm acesso aos mesmos mercados, embora seu poder de compra seja inferior. Mas há – esta é a diferença essencial – poder efetivo de compra nas mãos de todas as classes. Nenhuma se exclui de qualquer mercado. Mercados onde se exige maior poder de compra, como o de automóveis, os mais pobres também têm acesso: eles têm poder de aquisição, ainda que limitado aos modelos mais simples e, por isso mesmo, mais acessíveis. Reafirmando: não há mercados de que as classes mais pobres estejam sumariamente excluídas.

Em resumo, as diferenças são:

Economia ortodoxa de mercado

- As diferenças interclasses são acentuadas.
- Apenas as classes de alta renda têm acesso a todos os mercados e, neles, podem adquirir quaisquer bens e serviços que desejarem.
- As classes médias e médias-baixas têm acesso menos fácil, mas ainda assim tangenciam a maior parte dos mercados.
- Subsistem classes abaixo da linha de pobreza absoluta. Estas estão excluídas de grande número de mercados.

Economia coletivista ortodoxa

- Não há classes diferenciadas. No limite, estabelece-se uma sociedade sem classes.
- Todas as unidades familiares têm acesso a todos os mercados e, neles, têm acesso a todos os produtos.
- As quantidades dos variados bens e serviços disponíveis são igualitariamente apropriadas por todos, embora as escolhas sejam planificadas.

Economia social de mercado

- As diferenças interclasses são decorrentes de causas socialmente aceitáveis. Prevalecem os princípios da equitatividade, não os do pleno igualitarismo.
- Todas as classes têm acesso a todos os mercados, embora com diferentes poderes de aquisição.
- Não há os que se excluam dos mercados essenciais. Às necessidades básicas todos têm amplo acesso. É nula a incidência de pobreza absoluta.

RESUMO

1. O **ordenamento institucional**, quarta questão-chave da economia, trata das formas de organização da vida econômica. Não há uma forma única de organização, mas pelo menos três: a **economia de mercado**, a **economia de comando central** e os **sistemas mistos**. Estas formas se diferenciam a partir de cinco critérios: a liberdade econômica, a propriedade dos meios de produção, o sistema de incentivos para a ação dos agentes econômicos, os mecanismos de coordenação e alocação de recursos e o *locus* do processo decisório. Estas formas e os princípios em que se fundamentam são o resultado de um longo processo evolutivo. E todas se encontram ainda em movimento, definindo novos princípios e novos paradigmas, todos aparentemente de **tendência centrípeta**.

2. As primeiras formas de ordenamento institucional fundamentavam-se em três princípios: a **autoridade**, a **proteção** e a **tradição**. O da autoridade era exercido pelas diferentes formas de governo que se praticaram. Dele se derivava o princípio da proteção, exercido pelo governo como agente tutelar. E o da tradição se encontrava

PALAVRAS E EXPRESSÕES-CHAVE

- ❑ Economia de mercado
  - ✓ Ordem natural
  - ✓ *Laissez-faire*
  - ✓ Individualismo
  - ✓ Interesse individual
  - ✓ Propriedade privada dos meios de produção
  - ✓ Livre iniciativa
  - ✓ Coordenação pelo mercado
  - ✓ Estado minimalista
- ❑ Economia de comando central
  - ✓ Coletivismo
  - ✓ Interesse coletivo
  - ✓ Propriedade coletiva dos meios de produção
  - ✓ Solidarismo igualitarista
  - ✓ Centrais de planificação
- ✓ Governo: agente central
- ❑ Liberalismo
- ❑ Socialismo
- ❑ Neoliberalismo
- ❑ Lei de Wagner
- ❑ Bens privados
- ❑ Bens semipúblicos
- ❑ Bens públicos
- ❑ Externalidades
  - ✓ Negativas (ou prejudiciais)
  - ✓ Positivas (ou benéficas)
- ❑ Desradicalização
- ❑ Tendências político-ideológicas
  - ✓ Tendência centrífuga
  - ✓ Tendência centrípeta
- ❑ Economia social de mercado

de forma difusa, permeando a sociedade como um todo, no sentido de que, pelo conservadorismo ocupacional, se garantisse a perpetuação dos suprimentos. Em muitos casos, esses princípios eram sancionados por dogmas religiosos.

3. As primeiras formas de ordenamento institucional desaguaram na imposição de regulamentações e controles. Foram assim o feudalismo, o medievalismo e o mercantilismo. Poucos eram os aspectos da vida econômica que escapavam ao "olho regulador" da autoridade pública. Alguns Estados-nações edificaram gigantescas "pirâmides de regulamentos". Praticamente, tudo se submetia a procedimentos definidos pela autoridade central. A liberdade econômica era restrita. E os mercados subordinavam-se ao poder regulatório do governo.

4. A partir da segunda metade do século XVIII essas bases institucionais foram substantivamente revistas. Datam desta época os novos conceitos sobre os quais o ordenamento institucional seria edificado: o da **ordem natural** e o da **mão invisível do mercado**. Em substituição aos regulamentos impostos pelo governo, propunha-se o *laissez-faire*, expressão que significa a não interferência do governo na vida econômica.

5. O ordenamento natural, conduzido pela mão invisível do mercado, é a base da **economia de mercado**. Seus fundamentos são a racionalidade do homem econômico, as virtudes do individualismo, o automatismo das forças do mercado e os ajustamentos pela concorrência livre e perfeita. Mantidos esses fundamentos, os traços dominantes desse tipo de ordenamento institucional são: (a) o governo mínimo, notadamente no sentido de pequena interferência nos mecanismos do livre mercado; (b) a propriedade privada dos meios de produção; (c) a livre iniciativa empresarial; e (d) o mercado como centro de coordenação da economia. E a mola propulsora do sistema é o interesse próprio. Para a ortodoxia liberal, ainda que este possa ser um **vício privado**, ele deságua em **benefícios públicos**.

6. As proposições e os princípios da ortodoxia liberal chocaram-se, contudo, com a realidade das economias de mercado. Deficiências, vícios e imperfeições passaram a manifestar-se com intensidades crescentes. Os principais foram: (a) estruturas efetivas de mercado afastadas do protótipo da concorrência perfeita; (b) geração de externalidades negativas; (c) incapacidade do mercado para avaliar o mérito dos bens e serviços oferecidos; (d) instabilidade conjuntural; (e) ineficiências distributivas; (f) incapacidade para produzir bens públicos e semipúblicos de alto interesse social; e (g) ineficácia alocativa.

7. Para corrigir esses vícios e imperfeições, manifestados em praticamente todas as economias de mercado, o governo ampliou sua participação e suas intervenções, como agente complementar e corretivo. A agenda da intervenção passou a incluir: (a) a preservação da concorrência, notadamente quando está em jogo o interesse social; (b) a estabilização conjuntural; (c) a redistribuição da renda; (d) a atenuação de externalidades negativas; e (e) a produção de bens e serviços públicos e semipúblicos.

8. A outra forma de ordenamento institucional praticada no século XX em várias nações foi a da **economia de comando central**. A partir dos anos 90 e no século XXI são raras as nações que se mantêm sob esta orientação doutrinária. Suas raízes ideológicas encontram-se no pensamento socialista dos séculos anteriores e, essencialmente, no marxismo-leninismo. As reações dos socialistas justificaram-se pelos desvios de comportamento e pelas imperfeições estruturais da ortodoxia liberal. As instituições básicas da tradição liberal foram postas em cheque. Em seu lugar vieram a propriedade coletiva dos meios de produção, as restrições à liberdade para empreender e a justaposição dos poderes político e econômico, assumindo o governo a posição de agente econômico central. E para coordenar e comandar a economia criaram-se centrais de planificação. A soberania do planejador substituiria a do consumidor. As motivações básicas eram a eficácia alocativa e a justiça distributiva.

9. Uma avaliação da trajetória histórica das economias de comando central, como as da URSS, da Europa do Leste e da China, revela, porém, que esta forma de ordenamento institucional também não esteve isenta de imperfeições e deficiências. As principais são: (a) burocratização excessiva imposta ao processo econômico; (b) dificuldades com o planejamento de atividades rurais, de ampla diversidade de indústrias leves e de serviços urbanos; (c) congelamento de padrões; (d) vulnerabilidade à propagação de erros; (e) desalinhamento das escolhas dos planejadores em relação às aspirações da sociedade; (f) dificuldades para lidar com externalidades negativas; e (g) perda progressiva de eficiência econômica, comprometendo os ideais de justiça distributiva.

10. Para corrigir e atenuar essas deficiências, as economias de comando central evoluíram para formas mais flexíveis de condução do processo econômico e para instituições menos radicais. Em praticamente todas essas economias, embora em graus variados, restabeleceram-se mecanismos descentralizados de coordenação econômica. As transações se desburocratizaram. O espírito criativo e inovador dos agentes econômicos foi estimulado: com isso, a liberdade de iniciativa e a propriedade privada dos meios de produção passaram a ser readmitidas.

11. De um e de outro lado, observaram-se nas últimas décadas e, em maior intensidade, nos últimos 25 anos, movimentos de desradicalização. A tendência dominante parece ser centrípeta. Ela sugere que, daqui para a frente, não deverão prevalecer os fundamentos das ortodoxias até então praticadas, em suas formas extremadas. Os novos paradigmas apontam na direção de uma nova síntese histórica de que é exemplo o conceito, ainda em face embrionária, de economia social de mercado.

12. A **economia social de mercado**, enquanto forma conceitual, é um tipo de ordenamento institucional que se configura como síntese dos modelos até então praticados. Sob essa forma, prevalecem os princípios da equitatividade, não os do pleno igualitarismo. O objetivo dominante é a inclusão socioeconômica: a promoção do acesso de todas as classes a todos os mercados, embora com diferentes poderes de aquisição. Atenua-se e, no limite, se remove por inteiro, uma das evidências mais chocantes dos velhos e deficientes paradigmas: a exclusão socioeconômica.

QUESTÕES

1. **Autoridade, proteção e tradição**. Explique em que consiste cada uma destas três bases das primeiras formas de ordenamento institucional da economia. E mostre por que elas desaguaram mais em controles e regulamentações do que em modelos fundamentados na liberdade de ação econômica.

2. A segunda metade do século XVIII foi caracterizada, pela eclosão de rebeliões e movimentos revolucionários de orientação liberal. Cite, na Europa e nas Américas, ocorrências históricas que se alinharam aos princípios do liberalismo e das economias de mercado.

3. Discorra sobre o significado da expressão *laissez-faire*. E mostre suas relações com os conceitos **de ordem natural** e de **mão invisível do mercado** desenvolvidos pela ortodoxia liberal.

4. A região metropolitana de São Paulo consome diariamente perto de 25 mil toneladas de gêneros alimentícios básicos, entre hortaliças, frutas, cereais, carnes e pescados. Sem que nenhum organismo de planificação estabeleça as atividades de cada produtor e daqueles que se encarregam da distribuição dos produtos, qual a força que os impulsiona? Como podem operar harmoniosamente? Por que a paralisação do abastecimento não passa de uma hipótese remota? De que instituição provêm as "ordens" para os milhares de produtores e distribuidores?

5. O benefício próprio, a cobiça e a ambição individual são socialmente nocivos? Justifique seu ponto de vista, mostrando os conflitos ou convergências entre **vícios privados** e **benefícios públicos**.

6. Explique cada um dos quatro seguintes princípios da ortodoxia liberal: (a) a racionalidade do **homem econômico**; (b) as virtudes do **individualismo**; (c) o automatismo das **forças de mercado**, e (d) os ajustamentos pela **concorrência**.

7. Qual sua posição em relação à clássica observação de Adam Smith: **Não é da benevolência do açougueiro, do fabricante de cerveja e do padeiro que esperamos nosso jantar, mas da atenção que eles dedicam a seus próprios interesses**. Você daria preferência a um sistema em que, eliminados os incentivos da procura do interesse próprio, todo o processo econômico viesse a ser comandado por centrais de planejamento controladas pelo governo? Justifique sua resposta.

8. Os incentivos privados que o pensamento liberal define como essenciais ao normal desenvolvimento das atividades econômicas não poderiam levar a conspirações contra o interesse público e à ausência da concorrência? Em outras palavras, a presença de monopólios ou de estruturas concorrenciais imperfeitas não faria ruir as proposições liberais? Justifique seus pontos de vista.

9. Em uma economia fundamentada nos princípios do liberalismo econômico, o consumo de um bem ou serviço tem o significado de um **voto**. Os produtos lançados no mercado são, assim, submetidos a um permanente **plebiscito**: as compras sig-

nificam **sim**, a produção deve continuar; os estoques invendáveis significam **não**, a produção não deve continuar. Discuta essa descrição, examinando a influência da atuação dos meios de comunicação de massa, via campanhas publicitárias, nos resultados desse plebiscito, do ponto de vista da real maximização do bem-estar coletivo.

10. Cite as principais imperfeições e deficiências das **economias de mercado**. Para corrigi-las, o governo ampliou seus mecanismos de intervenção e os graus de sua participação nessas economias. Correlacione os dispêndios dos governos centrais com as imperfeições citadas.

11. "À medida que cresce o nível de renda dos países que se industrializam, o setor público se expande a taxas mais que proporcionais ao crescimento da própria economia." Este é o enunciado da **Lei de Wagner**, economista alemão da segunda metade do século XIX, sobre a presença do Estado nas economias ocidentais. Enumere as causas dessa "lei". E compare as intervenções do governo nas atuais economias de mercado com a agenda mínima de atribuições proposta no século XVIII por A. Smith.

12. Compare os seguintes traços institucionais da ortodoxia liberal com os que prevalecem nas economias de comando central: (a) **governo mínimo**, (b) **propriedade privada dos meios de produção**; (c) **livre iniciativa para empreender**, (d) **mercado como centro de coordenação e comando**.

13. O socialismo, enquanto ideia ou proposição teórica, e a implantação em escala nacional de uma economia socialista centralmente planificada não ocorreram simultaneamente. Citando pensadores econômicos e fatos históricos, mostre que houve um longo percurso histórico entre as diferentes idealizações do socialismo e a *praxis* socialista revolucionária do século XX.

14. Nas economias coletivistas sujeitas à planificação integral, geralmente são formulados três diferentes tipos de planos, sob o comando centralizado do governo:

    ❏ Planos prospectivos.
    ❏ Planos quinquenais.
    ❏ Planos operacionais.

    Diferencie estes tipos de planos, quanto a seus objetivos, níveis de agregação e horizontes de tempo.

15. Uma vez eliminadas a liberdade para empreender e a propriedade privada dos meios de produção, seria viável uma economia que não recorresse a centrais de planificação? Justifique sua resposta.

16. Discuta as seguintes observações sobre as economias de comando central:

    ❏ A ideia subjacente à remoção da liberdade para empreender e da planificação integral da economia é a da organização de uma sociedade sem concessões às veleidades e caprichos individuais. Ao custo da eliminação da liberdade econômica opõe-se o benefício de não se destinarem recursos para a produção de bens supérfluos.

    ❏ Os que dirigem as centrais de planificação são intérpretes das aspirações da coletividade e das necessidades sociais. Seriam intérpretes fiéis?

❑ Os interesses coletivos e a eficácia alocativa são mais bem equacionados em centrais de planificação do que através de mercados livres.

❑ A planificação integral, ao destruir a livre empresa, a concorrência, a propriedade privada dos meios de produção e o incentivo do lucro, elimina as motivações para redução dos custos e melhoria dos produtos.

17. Discuta as seguintes afirmações: "No mundo do futuro, dada a crescente escassez de recursos e o crescimento demográfico, a economia deve preocupar-se não com a administração eficiente dos recursos, mas com a administração das necessidades humanas: as necessidades devem ser o foco da atenção econômica, não os recursos. Sendo assim, as economias de comando central, ao fixarem limites para as necessidades humanas, são as que melhor se ajustam às dificuldades que estão por vir." Destaque as implicações políticas e institucionais destas afirmações.

18. Descreva, sumariamente, a trajetória histórica da URSS, da Europa do Leste e da China, desde o início da implantação do modelo de comando central. Mostre as direções assumidas por essas economias em anos recentes.

19. Cite as principais imperfeições e deficiências das **economias de comando central**. Correlacione as imperfeições citadas com a evolução dessas economias em anos recentes.

20. O que significa a expressão **direção centrípeta**, quando empregada para indicar os movimentos observados a partir da transição dos anos 80 para os anos 90, no século XX, em cada uma das duas formas de ordenamento institucional – nas economias de mercado, de um lado; e, de outro lado, nas economias de comando central?

21. Quais as diferenças essenciais entre a **economia social de mercado** e as economias ortodoxas, de mercado e coletivista?

22. Você acredita que um modelo do tipo economia social de mercado é o que prevalecerá no futuro? Ou haverá um retorno às formas ortodoxas? Justifique sua resposta, citando exemplos da realidade hoje observada.

7

Os Grandes Desafios Econômicos do Mundo em que Vivemos

As questões econômicas mundiais e os grandes desafios para o futuro são de uma extensão não registrada pela história em épocas passadas. Seu equacionamento ou não equacionamento tem consequências de alto impacto – algumas delas não facilmente previsíveis. Há sociedades opulentas, maciçamente ricas, mas desencantadas com a qualidade de vida que modelaram. Mas há também, em elevado número, nações atrasadas que se encontram diante do torturante problema de não saber como administrar seus recursos escassos para reduzir a miséria generalizada, numa luta sem tréguas pela sobrevivência. De um lado e de outro nas sociedades opulentas e nas emergentes, os problemas existentes são de imensa gravidade. Diante deles, a economia não reúne condições para, sozinha, encontrar todas as soluções. Todavia, ela poderá fornecer um pano de fundo indispensável para sua discussão inteligente e proveitosa.

RICHARD T. GILL
Economics and the public interest

Comparativamente ao quadro político-ideológico, social e econômico observado nas viradas dos séculos XVIII e XIX, o que agora está se estabelecendo, desde a virada do século XX para o XXI, tem contornos bem diferentes. As questões mundiais são de ordem diversa das que atormentavam as nações nos séculos anteriores. Os radicalismos político-ideológicos, que chegaram a definir dois diferentes mundos, separando-os por uma Cortina de Ferro, de Sul a Norte, na Europa Central, foram visivelmente atenuados – uma onda de desradicalização, de conteúdo consistente, varreu os quatro cantos do sistema mundial. A maior parte dos radicalismos que agora se observa é de origem religiosa, definindo casos menos numerosos de teocracias dogmáticas e autoritárias e motivando ocorrências extremadas – ações terroristas, rebeliões e guerras entre facções rebeldes e o poder estabelecido. Extremismos de raízes ideológicas, sustentando instituições autoritárias, subsistem em reduzido número de países.

Junto com a desradicalização político-institucional, outras questões inquietantes do passado recente parecem caminhar para soluções naturais: este é o caso da transição demográfica. Não faz muito tempo, as preocupações com a "explosão demográfica" reviviam as alarmantes projeções de Thomas Robert Malthus, o economista e pastor anglicano que previa, em *An essay on the principle of population* (1978), crescente descompasso entre o crescimento da população e a produção de alimentos: o da população em progressão geométrica; o de alimentos, em progressão aritmética. O superpovoamento que desde então se observou em todos os continentes parecia inevitável e, com ele, a incapacidade de as economias nacionais atenderem às condições mínimas de subsistência de suas populações. Mas as tendências se modificaram: agora, as hipóteses prováveis a longo prazo são de população estacionária, de progressos tecnológicos e de produtividade crescente na produção de suprimentos básicos.

Mas ainda há muitas questões abertas. Mesmo as relacionadas às radicalizações político-ideológicas não estão reequacionadas por inteiro. Há ainda países na Ásia, na África e na América Latina e Caribe que se mantêm sob o comando radical de sistemas ditatoriais inspirados na ideologia do estatismo coletivista. Esta orientação dificulta a consolidação da nova ordem geopolítica mundial, fundamentada na construção de acordos internacionais de intercâmbio comercial e de livre movimentação de recursos interfronteiras. E, além dos desalinhamentos institucionais, subsistem outros, de complexa superação. Destacamos dois: as distâncias entre as condições de competitividade das nações, em ambiente de fronteiras econômicas menos protegidas que no passado ou até mesmo abertas por acordos regionais de integração de mercados; e as altas discrepâncias entre níveis de renda *per capita* das nações, somadas às dificuldades para rompimento dos círculos viciosos do atraso econômico. Por fim, outro desafio de alta complexidade é a conciliação das assustadoras dimensões da economia mundial e a expansão da produção global em escalas absolutas sem precedentes históricos, diante da imperiosa necessidade de preservação ambiental.

Este capítulo, com o qual encerramos a parte I – **A compreensão da economia** –, focaliza estes cinco grandes desafios. Em síntese, são:

- ❑ A consolidação da nova ordem geopolítica.
- ❑ As distâncias entre as condições de competitividade das nações.
- ❑ As altas discrepâncias entre os níveis de renda *per capita* das nações e o rompimento dos círculos viciosos do atraso socioeconômico.
- ❑ A conciliação da busca por competitividade e produtividade em níveis cada vez mais altos, diante das exigências de geração crescente de empregos.
- ❑ As dimensões da economia mundial e os impactos ambientais da produção em escalas sem precedentes históricos.

7.1 A Consolidação da Nova Ordem Geopolítica Mundial

A Superação do Conflito Leste-Oeste

Um dos grandes desafios mundiais das primeiras décadas do século XXI é a efetiva consolidação da nova ordem geopolítica que emergiu na última década do século XX. Uma das megatendências do terceiro milênio é a superação dos radicalismos político-ideológicos que se observaram praticamente durante todo o século XX, pelo menos até os anos 90. Os 70 anos que se estenderam da revolução coletivista soviética de 1917 até o término da Guerra Fria e a abertura da Cortina de Ferro, no final dos anos 80, foram definidos, primeiro, **por crescente tensão**; depois, pelo **equilíbrio** que resultou da corrida armamentista dissuasiva em que se envolveram os Estados Unidos e a extinta URSS e que evitou a ocorrência de uma nova conflagração em escala global; por fim, pela **distensão**, pelas cúpulas de desarmamento e pela reassimilação Leste-Oeste. O Quadro 7.1 sintetiza os principais lances desses movimentos: da confrontação ao rompimento de paradigmas e à reassimilação.

As divergências ideológicas que dividiram o mundo durante quase 70 anos no século XX originaram-se de valores de referência diametralmente opostos, como os sintetizados no Quadro 7.2. A intransigência na defesa dos postulados de cada um desses dois polos acabou por conduzir à confrontação ideológica radical e à Guerra Fria.

De um lado, observava-se a extraordinária força dogmática do marxismo-leninismo, em defesa do igualitarismo, do monopartidarismo, da propriedade coletivizada, do governo como agente dominante e da economia de comando central. A igualdade privilegiada em relação à liberdade e a construção de uma nova ordem ancorada na justiça social radicalizada reproduziam-se em apelos políticos suficientemente fortes para alimentar a militância revolucionária. De outro lado, a racionalidade do modelo liberal-individualista, teoricamente demonstrável pela *lógica de Pareto,* não parecia ter forças dogmáticas equivalentes às das concepções coletivistas e, por isso mesmo, resultava politicamente vulnerável e destituída de militância convincente. Os apelos políticos do pluralismo e da liberdade não pareciam suficientes para suplantar os vícios associáveis aos fundamentos do sistema: a propriedade privada dos meios de produção, a livre iniciativa para empreender e o mercado como alocador de recursos e coordenador das ações dos agentes econômicos.

QUADRO 7.1
A história da reassimilação Leste-Oeste: das radicalizações à distensão.

O longo período das confrontações radicalizadas à reassimilação Leste-Oeste divide-se em pelo menos cinco momentos distintos:

- Primeiro: a instalação da Guerra Fria (1945-53).
- Segundo: a primeira reaproximação (1953-61).
- Terceiro: a exacerbação das confrontações (1961-73).
- Quarto: a distensão (1973-89).
- Quinto: a desradicalização e a reassimilação (anos 90).

O primeiro momento caracterizou-se pelo agravamento da tensão. Não obstante aliados na Segunda Grande Guerra, os EUA e a URSS encontravam-se em polos opostos, quanto a suas concepções de organização da vida em sociedade. Os dilemas entre o mercado e o comando central, entre a liberdade para empreender e o centralismo do governo ou entre a propriedade privada e a coletivizada encontram-se na origem do afastamento pós-guerra e na sustentação das confrontações radicalizadas.

Em 1949, quando a URSS dominou a tecnologia nuclear, contrabalanceando a supremacia estratégica dos EUA, a Guerra Fria assumiu novos contornos e definiu-se com maior clareza. De um lado, as forças ocidentais organizaram a OTAN. De outro lado, formalizou-se o Pacto de Varsóvia. Em 1950, com a deflagração da guerra da Coreia, as confrontações caminharam para polarizações de alto risco. Quando os norte-coreanos invadiram o sul, apoiados pela URSS e pela China, a reação dos EUA foi imediata, em defesa de seus interesses geoestratégicos na Ásia. Mas os riscos de um terceiro conflito de proporções mundiais foram controlados pelo caráter dissuasório do poderio termonuclear.

Em 1953, com o término da guerra da Coreia e com a morte de Stálin, as relações Leste-Oeste assumiram novos contornos. Passaram a prevalecer o diálogo, a negociação e os acordos de não interferência nas áreas de dominação de cada uma das superpotências. Mas, a partir de 1961, os conflitos no Vietnã reacenderam as confrontações, que se estenderam até 1973. Nessa nova guerra, as motivações e as táticas dos guerrilheiros suplantaram a estratégia da guerra convencional e mostraram que as armas não são o melhor argumento na disputa ideológica. Contrariamente até: diante das armas, a força de ideologias dogmáticas se robustece. Tanto que, em 1975, dois anos após a retirada das tropas dos EUA do sul do Vietnã, Saigon rendeu-se à militância guerrilheira do norte.

A atuação dos EUA na Ásia passou então a subordinar-se à diretriz que havia inspirado, no segundo pós-guerra, as ajudas para a reconstrução do Japão. Definido como posto avançado do sistema ocidental, destinado a conter o expansionismo da URSS na Ásia, o Japão recebeu substantiva ajuda. E, pós-Vietnã, novos polos de desenvolvimento industrial na área foram estimulados: Taiwan, Coreia do Sul, Hong-Kong e Cingapura. A obstinada vocação para o trabalho, nessas economias emergentes, foi complementada por tecnologias de ponta, por modelos avançados de empresariamento e gerência e pelo escancaramento do mercado dos EUA a seus produtos.

A rápida expansão dessas economias exerceu forte efeito testemunhal sobre a Eurásia. Derivam desse efeito o fim do isolamento da China e sua reaproximação com o sistema ocidental. É também derivado desse mesmo efeito o crescimento de outras economias industriais emergentes, como as da Tailândia, Indonésia, Malásia, Filipinas e Paquistão. E mais: há nítida relação entre a abertura e a reestruturação econômica das ex-repúblicas soviéticas e os efeitos testemunhais do desempenho das novas economias asiáticas. A eles se somaram, para conduzir às grandes mudanças do Leste, no final dos anos 80, a esclerose econômica interna, os anseios sociais por mudanças nos padrões do consumo privado e nas instituições do sistema, notadamente as relacionadas à capacidade de empreendimento e à propriedade dos meios de produção. E, por fim, fechando o processo de distensão, a porção norte da cortina de ferro – Hungria, Polônia e Tchecoslováquia – aumentou a pressão para redução da influência soviética na área. Tudo convergindo para a desradicalização, para o fim das confrontações de raízes ideológicas e para as cúpulas de desarmamento, que se instalaram no quinquênio 1985-89.

Em síntese, os principais eventos que consolidaram a distensão e levaram à reassimilação Leste-Oeste nos anos 90 foram:

- A retirada do Vietnã.
- A revisão das ações estratégicas dos EUA: a abertura às economias-testemunho do Pacífico.
- O êxito das economias-testemunho, como fator de bloqueio do expansionismo da URSS na área.
- O fim do isolacionismo da China: a reaproximação com o ocidente e a abertura econômica de suas províncias costeiras – Senhzheng, Jiangsu, Fujian, Shatou e Xiamen.
- As pressões para redução da influência soviética no leste da Europa.
- A abertura e a reestruturação econômica da URSS.
- As reformas e a contrarrevolução no leste da Europa.
- Os símbolos maiores: a destruição do Muro de Berlim e a reunificação da Alemanha.
- A consolidação progressiva de nova tendência centrípeta: a superação de confrontações entre "dois mundos", ancoradas em radicalismos.

> **QUADRO 7.2**
> **O conflito Leste-Oeste fundamentado em sistemas de valores divergentes: uma polarização superada, quanto ao radicalismo de seus fundamentos.**

Valores de referência do sistema ocidental	Valores de referência do sistema leste
❑ Liberdade privilegiada em relação à igualdade.	❑ Igualdade privilegiada em relação à liberdade.
❑ Pluralismo político.	❑ Monopartidarismo.
❑ Propriedade privada dos meios de produção.	❑ Propriedade coletivizada dos meios de produção.
❑ Livre iniciativa para empreender.	❑ Iniciativa empresarial limitada à ação do governo.
❑ Mínima participação do governo na geração do PNB e reduzida intervenção na economia.	❑ Presença praticamente total do governo na geração do PNB e centralização de decisões sobre produção e repartição da renda e da riqueza.
❑ Economia coordenada e regulada pelo mercado.	❑ Economia de comando central.

O aparente desequilíbrio dos apelos políticos e das âncoras ideológicas desses polos antagônicos parecia, assim, conduzir à supremacia de um sistema sobre o outro. E, diante de polarizações doutrinariamente desequilibradas, não se descartava a hipótese da confrontação militar.

Durante as décadas de 20 a 90 e, de forma ainda mais aguda, nos 40 anos que se seguiram ao término da Segunda Grande Guerra, as controvérsias radicalizadas praticamente ofuscaram os ganhos e perdas dos sistemas opostos, em cada uma das três questões-chave da economia: a eficiência produtiva, a eficácia alocativa e a justiça distributiva. No leste, a eficiência vinha sendo progressivamente minada pelos próprios fundamentos do sistema e, em algum momento, poderia desaguar na degeneração da economia como um todo. No ocidente, os propósitos da eficiência privada poderiam dificultar a dispersão equitativa da riqueza gerada e, com o tempo, comprometer a eficácia da economia como um todo. Mas as disputas extremadas, ancoradas em forte conteúdo ideológico, não davam espaços para a desradicalização. Ainda assim, o modelo ocidental vinha corrigindo seus maiores vícios e deficiências. E o modelo coletivista, menos flexível, emitia sinais de esgotamento: em dado instante, dificilmente escaparia de correções de base.

Os pontos de ruptura manifestaram-se na segunda metade dos anos 80. No início dos anos 90, as radicalizações já soavam como anacrônicas. Da confrontação geopolítica aberta, de raízes ideológicas, evoluiu-se para a superação do conflito Leste-Oeste; da militarização do conflito ideológico, que produziu a Guerra Fria, para a desmilitarização das divergências e a distensão; da separação de dois mundos por uma Cortina de Ferro, para a emergência de propósitos convergentes; dos imperialismos fundamentados em crenças e valores divergentes, para os movimentos de integração sancionados por interesses econômicos comuns.

QUADRO 7.3
A nova ordem geopolítica mundial: dos alinhamentos ideológicos aos blocos de integração econômica.

Momentos históricos	Da hegemonia unipolar ao sistema multipolar	Do isolacionismo às esferas de coprosperidade
Três primeiras décadas do século XX	❏ Consolidação e irradiação da hegemonia unipolar dos EUA.	❏ Isolacionismo, protecionismo e posturas neocolonialistas.
Pós-guerra à transição dos anos 70-80	❏ Bipolarização EUA-URSS, definida por critérios ideológicos.	❏ Alinhamentos às superpotências, definidos por razões geopolíticas.
Anos 80	❏ Desarticulação do sistema bipolar: o término da Guerra Fria e da Cortina de Ferro.	❏ Primeiros movimentos de integração: a busca de sinergias estratégicas.
Anos 90	❏ Consolidação de novos polos competitivos: a reponderação dos fatores de supremacia e de poder.	❏ A macrorregionalização: a divisão do mundo em blocos de nações integradas.
Primeiras décadas do século XXI	❏ A definição de novo sistema multipolar e os deslocamentos do centro de gravidade econômica.	❏ A dilatação das esferas macrorregionais de coprosperidade.

A Nova Ordem Geopolítica: os Blocos de Integração

Aos avanços decorrentes dos processos de desradicalização ideológica e de reassimilação Leste-Oeste contrapõem-se, porém, novos desafios. A nova ordem geopolítica mundial resultante das grandes mudanças ocorridas desde o final do século XX traz, entre outros, dois desafios de alta relevância:

- ❏ A transposição do **modelo bipolar**, fundamentado em radicalizações ideológicas, para o **modelo multipolar**, centrado na capacidade de competição no campo econômico.
- ❏ A consolidação dos processos de **integração econômica e política** e a dilatação das **novas esferas macrorregionais de coprosperidade**.

O Quadro 7.3 sintetiza a evolução da ordem geopolítica mundial em cinco grandes momentos históricos dos séculos XX e XXI, quanto aos movimentos de polarização e de integração.

A Definição do Modelo Multipolar

Nas três primeiras décadas do século XX, a economia mundial definia-se por um modelo de **hegemonia unipolar**, mantendo-se os Estados Unidos na posição de potência hegemônica. A hegemonia unipolar definia-se por um conjunto de indicadores de desempenho diferenciado. Era norte-americano o maior PNB do sistema mundial, tanto em valor absoluto como *per capita*: quase metade da produção industrial do mundo realizava-se naquele polo hegemônico. Os Estados Unidos eram também hegemônicos em quatro aspectos relevantes: diversidade de bens e serviços produzidos e lançamento continuado de novos produtos, com reconhecidos padrões de qualidade e de modernidade; novas conquistas científicas e tecnológicas, básicas e aplicadas; capacitação gerencial, em praticamente todas as funções administrativas – produção, finanças, gestão de recursos humanos e, notadamente, marketing; dimensões e eficiência operacional das empresas; estratégia de desenvolvimento de novos negócios e energia empreendedora.

Embora a grande depressão dos anos 30 tenha abalado a economia norte-americana e, na esteira de seus efeitos devastadores, as das demais nações industriais da porção ocidental do hemisfério norte, os Estados Unidos mantiveram-se como principal polo mundial de irradiação de progresso e de prosperidade. Quando recuperada da grande depressão e das reacomodações resultantes da Segunda Grande Guerra, a economia norte-americana recobrou a posição de liderança, mantendo-a nas décadas de 40, 50, 60 e 70 – embora já na segunda metade dos anos 70 duas novas estruturas competitivas emergissem no sistema global: a da nova Ásia industrial e a da Europa ocidental que se preparava para a unificação econômica.

Mas nos 30 anos subsequentes à Segunda Guerra Mundial, o surgimento e a afirmação dessas novas estruturas competitivas realizaram-se sob uma nova ordem geopolítica, caracterizada pela bipolarização EUA-URSS, definida por critérios ideológicos. Durante os anos da Guerra Fria, 1945-85, o modelo de **hegemonia unipolar** foi suplantado pelo **bipolar**. Mas em nenhum momento desse longo período os Estados Unidos e a antiga URSS se envolveram em disputas comerciais e financeiras nem em rivalizações que tivessem por alvo a sustentação de hegemonia industrial para fins civis. A bipolarização definiu-se nos campos ideológico e estratégico-militar. E as duas superpotências envolvidas centraram seus esforços na corrida armamentista e em atividades que dessem suporte aos avanços tecnológicos de interesse bélico e à demonstração de superioridade estratégica – a conquista do espaço, por exemplo, serviu a esse duplo propósito.

Nos anos 80, porém, o sistema bipolar desarticulou-se. O armamentismo exacerbado e seus custos crescentes de sustentação, somado ao desbalanceamento dos investimentos para fins civis e para a defesa acabaram por enfraquecer as duas superpotências em outro campo clássico das relações internacionais, o econômico. Tanto nos Estados Unidos quanto na antiga URSS, os dispêndios armamentistas acabaram por comprometer os investimentos em infraestrutura, os binômios P&D (pesquisa e desenvolvimento) e C&T (ciência e tecnologia) para fins civis e, por fim, o equilíbrio orçamentário do governo. Paralelamente, a vocação empreendedora, a competitividade econômica e a ética do trabalho, nos Estados Unidos, vinham sendo gradualmente comprometidas por uma nova orientação de política pública, centrada nos princípios do Estado de Bem-Estar mais que na capacidade de competição. E, na antiga URSS, já se reavaliavam a superioridade da eficácia social do centralismo e a supremacia do coletivismo burocrático. De um lado e de outro, embora mais claramente na superpotência coletivista, registraram-se perdas no balanço do poder mundial. As dificuldades com a sustentação de um mínimo de eficiência econômica vulnerabilizaram a antiga URSS. E as evidências de perda da hegemonia industrial para fins civis, comerciais e financeiros, para as novas estruturas competitivas da Ásia e da Europa, vulnerabilizaram a economia dos Estados Unidos.

Consequentemente, na transição dos anos 80 para os anos 90, os fatores de supremacia e de poder já não se definiam mais nos campos ideológicos e estratégico-militar, mas no econômico. Passaram a destacar-se como novos fatores:

- A construção dos **pilares de competitividade** dos sistemas produtivos nacionais, para atuação em zonas de livre comércio, formalização de acordos comerciais e construção de mercados comuns – enfim, em um sistema de trocas internacionais menos protegido e bem mais aberto, em comparação com quaisquer outros períodos da história econômica.

- A **atratividade** para absorver capitais privados e autônomos de origem externa para investimentos em estruturas produtivas.

- A participação em **blocos regionais ou inter-regionais** de dinamização de negócios, de aceleração do crescimento e de prosperidade econômica compartilhada.

- Os graus de **participação nos fluxos mundiais de comércio** de mercadorias e a tipologia das importações e exportações, quanto aos valores agregados aos produtos transacionados.

- A **capacidade de investimento em P&D** – pesquisa e desenvolvimento de novas tecnologias de produção, novos materiais e novos produtos – para estar entre os principais geradores de inovações desruptivas, que destroem e reconstroem novas cadeias produtivas.

- A **redução de entraves burocráticos para o desenvolvimento de negócios** e a construção de sistemas infraestruturais de custos competitivos, sob liderança de governos inseridos em programas orientados para a capacidade competitiva das empresas.

- A **mobilidade ascendente em *rankings* internacionais** mede as dimensões, os indicadores de crescimento, a competitividade e a atratividade das economias nacionais.

- A sustentação de **bom posicionamento, acima da linha de "grau de investimento"** nas escalas que medem os riscos de investimentos nos países – tanto em estruturas produtivas, quanto em títulos de renda fixa, de emissão dos governos ou de instituições privadas, quanto em empresas de capital aberto, negociadas em seus mercados de capitais.

Considerando estes novos fatores de supremacia e de poder no campo econômico, definidos a partir da última década do século XX e o surgimento de um bom número de novos países emergentes em todos os continentes, mas de dimensões maiores e em proporção também maior no Leste da Ásia do Pacífico, a bipolarização da ordem geopolítica definida pelas duas superpotências dominantes no campo estratégico-militar está praticamente superada. Não se descarta a hipótese de a China Continental, a nova grande potência econômica mundial, definir-se também como potência militar, mas a nova ordem geopolítica emergente que está se consolidando é claramente fundamentada em diferenciais competitivos no campo econômico, fortalecidos pela construção e sustentação de blocos, de mercados comuns e de grandes acordos comerciais.

Com as grandes mudanças da última década do século XX, praticamente em todas as partes do mundo, as nações de mobilizaram para a **constituição de novas esferas de coprosperidade**, em velocidade, abrangência e dimensões sem precedentes históricos. A Figura 7.1 registra 12 iniciativas de construção de blocos econômicos, todas em um período relativamente curto: 1990-1998. Duas destas 12 iniciativas se consolidaram: a União Europeia, iniciada com 12 países, atualmente com 28 (dez dos quais pertenciam à Cortina de Ferro e à antiga URSS) e o NAFTA, integrado pelos três países da porção Norte das Américas. Outra iniciativa que amadureceu foi a de constituição de acordo comercial entre países da América e da Ásia, pelas rotas do Pacífico. Concretizada em 2015, reuniu 12 países: os três do NAFTA, dois da faixa Oeste da América do Sul e sete do Leste da Ásia e da Oceania. Mas as demais iniciativas, ainda que formalizadas, não avançaram com o mesmo êxito, entre as quais a ALCA e os demais blocos das porções Sul e Central das Américas.

As Esferas de Coprosperidade

Isso não obstante, uma nova ordem geopolítica e geoeconômica está em construção. Na nova arquitetura econômica global ganham força e ocupam crescentes espaços as economias emergentes competitivas, integradas ou não a blocos econômicos, como os Quatro Tigres Asiáticos e outros países de industrialização recente e com instituições alinhadas às das economias de mercado na Europa Central e do Leste e na Ásia. Entre todas, pelas suas dimensões, sobressaem a Índia e, notadamente, a China Continental. Estes países emergentes definem uma nova estrutura global e multipolar de competição. O número de grandes corporações empresariais, de atuação global, aumentou fortemente com as mudanças geopolíticas dos anos 90.

Na Europa Central e do Leste grande número de empresas estatais foram privatizadas e seu capital foi aberto; criaram-se bolsas de valores – um dos mais significativos indicadores do modelo capitalista, em países onde até então a propriedade privada dos meios de produção não era admitida. O mesmo ocorreu na China pós-maoísta. Com esses movimentos massivos, o número de grandes companhias multinacionais duplicou – o número estimado para 2015 é de 85.000. Como observam Dobbs, Koller e Ramaswamy,[1] "embora dois terços ainda tenham suas sedes em economias avançadas, o equilíbrio está mudando radicalmente. Em 1990, 5% das 500 maiores empresas globais, listadas em *Fortune* eram de mercados emergentes. Em 2013, o porcentual subiu para 26%. Por volta de 2025, estimamos que serão mais de 45%". Como destaca C. Lafer,[2] "a nova ordem evoluiu de um modelo de **bipolaridade** para a **multipolaridade indefinida**". As tensões subjacentes à nova ordem, os fatores de equilíbrio e de poder são agora de outra natureza: vão de corrida para a competitividade em termos mundiais, passando pelo inconformismo com as desigualdades internacionais de desenvolvimento e pelos desafios de consolidar as iniciativas promissoras de integração econômica e de dilatação das esferas de coprosperidade proposta nos anos 90, mas ainda em diferentes estágios de articulação e de maturidade – tanto por questões econômicas (União Europeia), quanto por desalinhamentos institucionais (CEI, América do Sul e Caribe), como por

OS GRANDES DESAFIOS ECONÔMICOS DO MUNDO EM QUE VIVEMOS 363

FIGURA 7.1
As principais iniciativas para a criação de blocos econômicos nos anos 90: desfronteirização, integração e dilatação de esferas de coprosperidade.

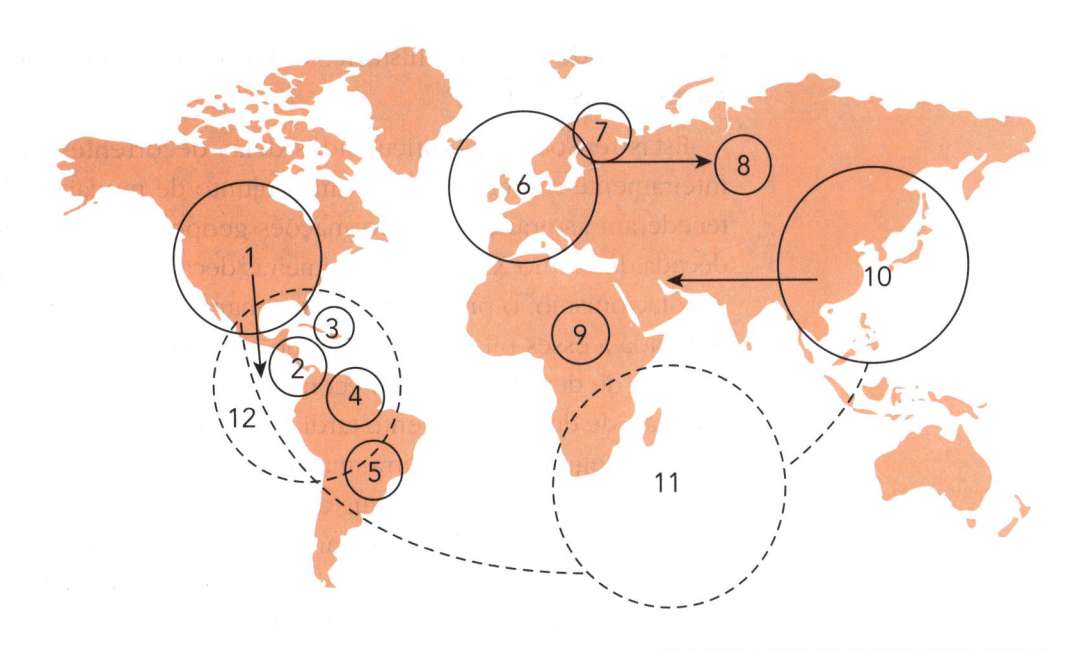

Principais blocos econômicos	Número de países-membros[1]	Objetivos
1. **NAFTA**. Tratado de Livre Comércio da América do Norte.	3	❏ Zona de livre comércio.
2. **MCCA**. Mercado Comum Centro Americano.	6	❏ União alfandegária.
3. **CARICOM**. Comunidade do Caribe.	5	❏ União aduaneira. ❏ Coordenação de políticas públicas.
4. **PA**. Pacto Andino.	5	❏ Mercado comum. ❏ Coordenação de políticas industriais.
5. **MERCOSUL**. Mercado Comum do Sul.	4	❏ Mercado comum. ❏ Atuação conjunta para desenvolvimento.
6. **UE**. União Europeia.	12	❏ Zona de livre comércio. ❏ Harmonização de políticas públicas. ❏ União monetária.
7. **EFTA**. Associação Europeia de Livre Comércio.	6	❏ Área de livre comércio.
8. **CEI**. Comunidade de Estados Independentes.	12	❏ Acordos multilaterais militares e econômicos.
9. **UEA**. União dos Estados Africanos.	38	❏ Coordenação de políticas públicas. ❏ Acordo multilateral de defesa e não agressão. ❏ Constituição de fundo de desenvolvimento.
10. **ASEAN**. Associação das Nações do Sudeste Asiático.	5	❏ Área de livre comércio.
11. **APEC**. Cooperação Econômica Ásia-Pacífico-América.	21	❏ Área expandida de livre comércio.
12. **ALCA**. Associação de Livre Comércio das Américas	34	❏ Área de livre comércio. ❏ Acordo multilateral de integração

(1) Envolvidos nos processos de negociação e de constituição dos blocos.

superação de conflitos históricos (Ásia) ou por enormes distanciamentos de raízes tribais (África).

Estas tensões e as dificuldades delas decorrentes são heranças ainda não inteiramente solucionadas de um conjunto de mudanças institucionais que antecederam as grandes transformações geopolíticas e geoeconômicas da última década do século XX. Nas três primeiras décadas do século passado, prevaleciam o isolacionismo, o protecionismo e a manutenção de posturas neocolonialistas. Alinhada a esses pilares, a divisão do sistema mundial era entre nações de altos padrões de desenvolvimento econômico, industrial e tecnológico, e nações periféricas, de desenvolvimento tardio. Subsistia então a lógica da dependência. A partir do segundo pós-guerra, mantendo-se esta lógica ainda apor mais 30 anos, os alinhamentos internacionais definiam-se por afinidades político-ideológicas com as duas superpotências separadas pela Cortina de Ferro – os Estados Unidos e a URSS. Era em torno destes dois polos que gravitavam os fundamentos da ordem estabelecida. Não se definiam macroparcerias de interesse econômico, industrial e financeiro. **As ligações internacionais subordinavam-se aos movimentos estratégicos de um mundo bipolarizado, sob tensões militares, doutrinárias e ideológicas**.

Mas, já nos anos 80, na Europa e mesmo na Ásia observaram-se movimentos sustentados por outros interesses: **a busca de sinergias estratégicas, para ampliar o poder de competição no campo econômico**. Na Ásia, a estrutura industrial do Japão reproduzia-se em novas economias emergentes, como Taiwan, Hong Kong, Coreia do Sul e Cingapura. Na Europa, a unificação do espaço econômico dava sustentação a novos e grandes projetos empresariais, frutos de fusões e aquisições, de alianças estratégicas e de maciços investimentos em novas estruturas de produção, sustentadas por tecnologias capital-intensivas de última geração. Na América, definiu-se a doutrina Monroe, o pan-americanismo, base que levaria à constituição da ALCA.

A União Europeia foi constituída. Em seus primeiros momentos, a integração significou a extensão da prosperidade industrial das nações mais avançadas a seus parceiros até inferiorizados no campo econômico-industrial: ali três expressões nacionais arrancaram para novos estágios – Portugal, Espanha e Itália. A esfera de coprosperidade definia-se e, nas duas décadas seguintes, dilatou-se. Na Ásia, o Japão posicionou-se como epicentro de um novo modelo industrial competitivo. Praticamente à mesma época em que se articulava e se criava a União Europeia, a prosperidade japonesa se estendia a dois, depois a quatro e, mais recentemente, a dez Tigres Asiáticos. E a estes movimentos – intensos, bem fundamentados e acelerados – somou-se a explosão industrial das províncias costeiras da China Continental, sustentada por um modelo institucional híbrido: o monopartidarismo político combinado com o modelo protocapitalista de economia competitiva de grandes dimensões e de crescente inserção nas cadeias globais de suprimentos. Só não vingou o pan-americanismo. Somadas às dificuldades de integração geográfica, novas correntes ideológicas se estabeleceram, enfraquecendo as condições requeridas para a construção de um amplo bloco de integração.

A tendência que emerge deste conjunto de movimentos geopolíticos e geoeconômicos é a **consolidação de esferas promissoras de coprosperidade**. Novas iniciativas nesta direção amadureceram. A de maior repercussão é o Tratado Comercial do Pacífico, envolvendo 12 economias dos dois lados desse oceano. Este acordo abrange países que, somados, representam perto de 40% da produção mundial e poderá impulsionar outras negociações semelhantes, colocando pressão sobre países como a China Continental e a Índia, ainda não integradas a blocos econômicos.

7.2 As Distâncias entre as Condições de Competitividade das Nações

A consolidação da nova ordem geoeconômica e geopolítica, bem como a criação e a consolidação de novas esferas promissoras de coprosperidade pressupõem que as nações estejam preparadas para a competição em um ambiente global crescentemente aberto e em processo acelerado de transformações e desafios. Como já assinalamos, o ambiente protecionista, nacionalista e propenso a soluções estatizantes encerrou-se na transição dos anos 80 para 90, no século XX. Nos últimos 25 anos foram construídos novos fundamentos estratégicos que podem ser sintetizados em uma só palavra: **competitividade** – suportada por um amplo conjunto de pré-requisitos e fatores condicionantes, como instituições e regulação; infraestrutura e eficiência do governo; educação e treinamento no ambiente de trabalho; ambiente macroeconômico e eficiência microeconômica dos mercados; dimensões da economia e escalas de produção; P&D, inovações e sofisticação do ambiente de negócios.

Estes conjuntos de pré-requisitos são os **fundamentos dos pilares de competitividade** definidos tanto pelo *International Management Development* (IMD), quanto pelo *World Economic Forum* (WEF). A Figura 7.2 traz uma listagem dos sete pilares adotados pelo WEF e dos pesos atribuídos a cada fator dentro de cada pilar, para a definição dos índices nacionais de competitividade. O número de fatores adotados é extenso: 17. Mas, ainda mais extensa, é a listagem das variáveis consideradas dentro de cada fator: 113. Esta ampla listagem evidencia a extensão dos esforços que as nações devem mobilizar, nos setores público e privado, para posicionamentos no topo dos *rankings* globais de competitividade. As dificuldades são reconhecidamente enormes, mas não é impossível evoluir dos estágios mais baixos em direção ao topo.

O primeiro pilar a ser construído para um país chegar ao topo do *ranking* global é definido por um **conjunto de instituições públicas e privadas**. As públicas começam pela garantia dos direitos de propriedade, não só de ativos reais, mas de patentes e direitos autorais. Passam pela conduta ética dos governos em todos os poderes e níveis que o constituem, avaliam as evidências de condutas irregulares e o poder de influência sobre a justiça e os marcos regulatórios. Medem a eficiência dos dispêndios dos governos e a transferência das políticas públicas. E chegam até às condições de segurança em que vivem

FIGURA 7.2
Pilares de competitividade do *World Economic Forum*: critérios para definição do *ranking* mundial das economias nacionais.

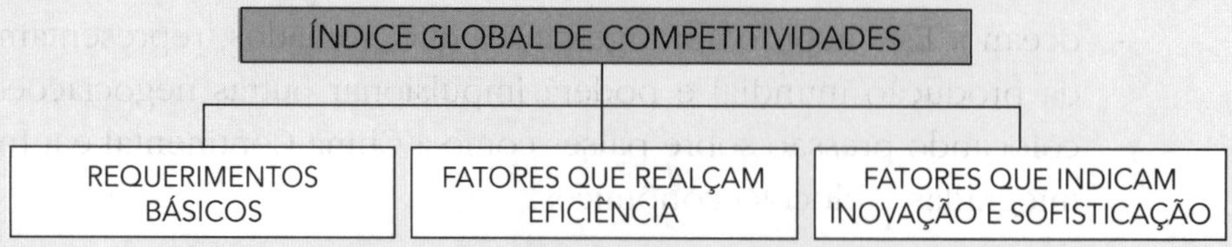

ÍNDICE GLOBAL DE COMPETITIVIDADES

- REQUERIMENTOS BÁSICOS
- FATORES QUE REALÇAM EFICIÊNCIA
- FATORES QUE INDICAM INOVAÇÃO E SOFISTICAÇÃO

Blocos	Pilares	Principais dimensões consideradas	Números de variáveis consideradas de cada pilar	% sobre total das variáveis
REQUERIMENTOS BÁSICOS	1. INSTITUIÇÕES	A. Instituições públicas ❏ Direitos de prioridade ❏ Ética e corrupção ❏ Poder de influência ❏ Eficiência do governo ❏ Segurança B. Instituições privadas ❏ Ética das empresas ❏ Governança corporativa	21	18,58
	2. INFRAESTRUTURA	❏ Transportes ❏ Energia elétrica e telecomunicações	9	7,97
	3. AMBIENTE MACROECONÔNICO		5	4,42
	4. SAÚDE E EDUCAÇÃO PRIMÁRIA	❏ Saúde ❏ Educação primária	10	8,85
FATORES QUE REALÇAM A EFICIÊNCIA	5. EDUCAÇÃO SECUNDÁRIA, SUPERIOR E TREINAMENTO	❏ Disponibilidade e matrículas ❏ Padrões de qualidade ❏ Treinamento nos ambientes de trabalho	8	7,08
	6. EFICIÊNCIA DOS MERCADOS DE BENS E SERVIÇOS	❏ Regulação da competição no mercado interno ❏ Direitos dos consumidores	16	14,16
	7. EFICIÊNCIA DO MERCADO DE TRABALHO	❏ Flexibilidade legal e custos ❏ Desenvolvimento e retenção de talentos	10	8,85
	8. DESENVOLVIMENTO DO MERCADO FINANCEIRO	❏ Eficiência e facilidade de acesso aos serviços ❏ Regulação	8	7,08
	9. ESTADO DA TECNOLOGIA	❏ Absorção e acesso à tecnologia ❏ Acesso às tecnologias de informação	9	7,97
	10. DIMENSÕES DO MERCADO	❏ Mercado interno ❏ Mercado externo	2	1,77
FATORES QUE INDICAM INOVAÇÃO E SOFISTICAÇÃO	11. SOFISTICAÇÃO DO AMBIENTE DE NEGÓCIOS		7	6,19
	12. P&D E INOVAÇÕES		8	7,08
TOTAIS	-	-	113	100,00

Fonte: WORLD ECONOMIC FORUM. *The global competitiveness report 2014-2015*. WEF: Colony/Geneve, 2014.

os cidadãos e os graus de sua exposição ao crime organizado. Já as instituições privadas são focadas na ética das empresas, nos seus mecanismos de controle e auditoria de processos e na proteção aos investidores, especialmente quando minoritários.

Esta ampla listagem de condições estabelecidas nos pilares básicos se estende para a **provisão de infraestrutura de qualidade**, para o **ambiente macroeconômico** e para duas **condições sociais básicas – educação primária e saúde**, esta medida pela ocorrência de endemias, epidemias e mortalidade infantil e pela expectância de vida. Estes pilares básicos são complementados pelos referentes à **eficiência e dimensões dos mercados**, ao **estágio da tecnologia**, à **sofisticação do ambiente de negócios**, e ao trinômio **P&D e inovações**.

Para atingir todas as condições básicas e complementares, constituídas por listagens ainda mais extensas das variáveis que compõem os 12 pilares da competitividade, as dificuldades são reconhecidamente enormes, mas não é impossível evoluir dos estágios mais baixos em direção ao topo.

A Tabela 7.1 lista os 144 países avaliados pelo WEF, distribuídos em cinco estágios. No estágio mais alto estão listados 37 países. Cabe notar que, entre eles, não estão apenas as tradicionais e avançadas economias industriais, como as da Escandinávia, da Europa Ocidental, da América do Norte, da Oceania e do Extremo Oriente. Estão ali também notáveis países emergentes, não mais limitados aos quatro primeiros Tigres Asiáticos. Eles se multiplicaram na Ásia e despontaram na Europa Central, no Oriente Médio, na América Latina e na costa leste do mar Báltico. Ao todo, os emergentes são 15, 41% dos países listados no topo.

Mas os países listados no topo são ainda uma parcela baixa do todo: apenas um quarto. Três quartos estão listados nos quatro níveis inferiores. Deste subconjunto de 107 países, a menor parte (15%) está em transição para o topo; a maior (85%) está nos três níveis inferiores do *ranking* mundial. Esta diversidade de níveis revela as enormes distâncias entre as economias nacionais, quanto às suas condições de competitividade.

A Figura 7.3 revela as distâncias entre três conjuntos de países: os situados no topo; os em estágios medianos e em transição para o topo; e os com índices baixos e muito baixos de competitividade. As dificuldades para os avanços dos países de desenvolvimento tardio, situados no último grupo, são – em praticamente todos os casos – heranças históricas de difícil superação. As chances de um número elevado do quinto grupo migrar para os dois estágios superiores não são muito altas. E, como é alta a correlação entre níveis de desenvolvimento, renda *per capita* e índices de competitividade, a evolução das nações neste *ranking* global é um dos cinco grandes desafios econômicos desta primeira metade do século XXI.

Vamos ver em seguida os outros quatro. Todos estão inter-relacionados.

TABELA 7.1
Ranking mundial das economias nacionais: estágios nacionais em que se encontram suas condições de competitividade.

Bons fundamentos em eficiência e inovações →				Fortes insuficiências
O topo do *ranking*: os mais altos estágios (37 países)	Em transição para o topo (16 países)	Estágios medianos (30 países)	Índices baixos (24 países)	Índices muito baixos (37 países)
Suíça 1	Azerbaijão 38	Ruanda 62	Seychelles 92	República do Quirguizistão 108
Cingapura 2	Mauritius 39	Macedônia 63	Laos 93	Bangladesh 109
Estados Unidos 3	Kuwait 40	Jordânia 64	Sérvia 94	Suriname 110
Finlândia 4	Lituânia 41	Peru 65	Camboja 95	Gana 111
Alemanha 5	Latvia 42	Colômbia 66	Zâmbia 96	Senegal 112
Japão 6	Polônia 43	Montenegro 67	Albânia 97	Líbano 113
Hong Kong 7	Bahrein 44	Vietnã 68	Mongólia 98	Cabo Verde 114
Holanda 8	Turquia 45	Geórgia 69	Nicarágua 99	Costa do Marfim 115
Reino Unido 9	Omã 46	Eslovênia 70	Honduras 100	Camarões 116
Suécia 10	Malta 47	Índia 71	República Dominicana 101	Guiana 117
Noruega 11	Panamá 48	Marrocos 72	Nepal 102	Etiópia 118
Emirados Árabes Unidos 12	Itália 49	Sri Lanka 73	Butão 103	Egito 119
Dinamarca 13	Cazaquistão 50	Botswana 74	Argentina 104	Paraguai 120
Taiwan 14	Costa Rica 51	República Eslovaca 75	Bolívia 105	Tanzânia 121
Canadá 15	Filipinas 52	Ucrânia 76	Gabão 106	Uganda 122
Catar 16	Federação Russa 53	Croácia 77	Lesoto 107	Suazilândia 123
Nova Zelândia 17	Bulgária 54	Guatemala 78		Zimbabwe 124
Bélgica 18	Barbados 55	Argélia 79		Gâmbia 125
Luxemburgo 19	África do Sul 56	Uruguai 80		Líbia 126
Malásia 20	Brasil 57	Grécia 81		Nigéria 127
Áustria 21	Chipre 58	Maldova 82		Mali 128
Austrália 22	Romênia 59	Irã 83		Paquistão 129
França 23	Hungria 60	El Salvador 84		Madagascar 130
Arábia Saudita 24	México 61	Armênia 85		Venezuela 131
Irlanda 25		Jamaica 86		Malavi 132
Coreia 26		Tunísia 87		Moçambique 133
Israel 27		Namíbia 88		Miamar 134
China 28		Trindade e Tobago 89		Burkina Fasso 135
Estônia 29		Quênia 90		Timor Leste 136
Islândia 30		Tadjiquistão 91		Haiti 137
Tailândia 31				Serra Leoa 138
Porto Rico 32				Burundi 139
Chile 33				Angola 140
Indonésia 34				Mauritânia 141
Espanha 35				Yemên 142
Portugal 36				Chad 143
República Tcheca 37				Guiné 144

Fonte: WORLD ECONOMIC FORUM. *The global competitiveness report 2014-2015.* WEF: Colony/Geneve, 2014.

FIGURA 7.3
Estágios de desenvolvimento de diferentes grupos de nações, quanto às condições requeridas para competitividade em termos mundiais.

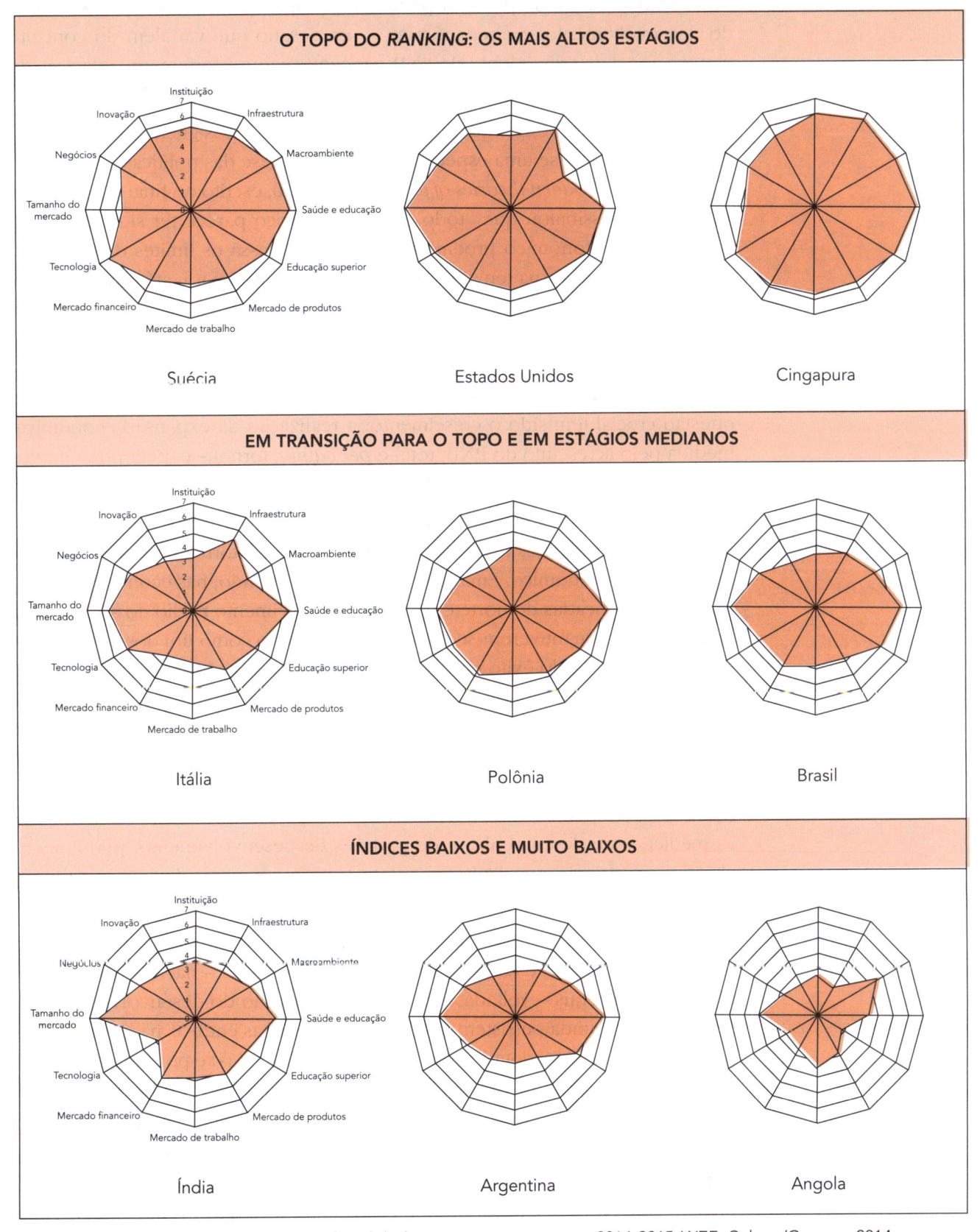

O TOPO DO *RANKING*: OS MAIS ALTOS ESTÁGIOS

Suécia — Estados Unidos — Cingapura

EM TRANSIÇÃO PARA O TOPO E EM ESTÁGIOS MEDIANOS

Itália — Polônia — Brasil

ÍNDICES BAIXOS E MUITO BAIXOS

Índia — Argentina — Angola

Fonte: WORLD ECONOMIC FORUM. *The global competitiveness report 2014-2015*. WEF: Colony/Geneve, 2014.

Indicadores de Desenvolvimento: um Quadro Comparativo

7.3 O Desafio da Universalização do Desenvolvimento

O terceiro grande desafio global, herdado de séculos anteriores e que deverá estender-se ainda por boa parte do terceiro milênio, é a universalização do desenvolvimento socioeconômico – um desafio que vai além do conceito convencional de crescimento do PNB *per capita* e que é fortemente relacionado a diretrizes estratégicas para avanços nos índices de competitividade.

Durante as três décadas que se seguiram ao segundo pós-guerra, o crescimento econômico tornou-se uma espécie de objetivo-síntese das políticas econômicas nacionais. Em *Modern theories of economic growth,* escrito no final dos anos 70, H. G. Jones[3] assinalou que "todo período histórico parece ter sido associado a um desafio econômico proeminente, que ultrapassa os limites da discussão especializada e se torna tema de interesse público. Assim foi, até recentemente, com os embates dialéticos sobre a eficácia comparativa das economias de mercado e de comando central e com o esclarecimento das causas da depressão mundial, entre as duas guerras: elas ofuscaram outras questões, refletindo-se na política, na literatura e nas artes. Mas, nos últimos anos, parece claro que a questão crucial tem sido o crescimento: a realização da expansão econômica, medida pelo acréscimo do PNB, total e *per capita*, tornou-se, pela primeira vez na história, o principal objetivo da maior parte dos países".

Realmente, muitas razões trouxeram o crescimento para o primeiro plano. A taxa de variação e os níveis do PNB por habitante tornaram-se símbolos de desempenho econômico. Em todas as regiões do mundo, nas economias industrialmente avançadas do norte e nas de desenvolvimento tardio do sul, as taxas de crescimento mantiveram-se durante longo tempo como um dos mais importantes indicadores do êxito ou do fracasso da política econômica. A magnitude do PNB tornou-se símbolo de supremacia e de poder, notadamente a partir da transposição da supremacia militar-estratégica para o campo econômico. E sua expressão em termos *per capita* passou a ser uma das condições necessárias, embora não suficientes, de desenvolvimento. Aos padrões quantitativos da aferição do desempenho somaram-se outros de natureza qualitativa. Mas em todas as medições de desempenho e de padrões de desenvolvimento, permaneceu alto o peso atribuído ao PNB *per capita* – até porque são altas as correlações entre esse indicador e outras condições do desenvolvimento das nações.

Nestas primeiras décadas do século XXI, a despeito do alto interesse que o tema tem despertado e da geração de políticas públicas – nacionais e de instituições multilaterais – voltadas para a universalização do desenvolvimento socioeconômico, ainda persistem diferenças substantivas entre as nações, medidas pelo PNB *per capita* (adotado como síntese dos desníveis) e por outros aspectos da realidade econômica e social fortemente relacionados com esse indicador.

A Tabela 7.2 evidencia as diferenças do PNB das nações, em termos totais e *per capita*. Embora o PNB *per capita* seja questionado – e com razão – como indicador do desenvolvimento, as marcantes diferenças observadas de seus níveis entre as nações mostram que os padrões materiais de vida satisfatórios estão longe de ser universalizados.

TABELA 7.2
O quadro mundial: PNB total e *per capita* de 142 países, agrupados segundo os continentes e principais regiões, em 2014.

Continentes, regiões e países	PNB Bilhões de US$	PNB Per capita US$ anuais	Continentes, regiões e países	PNB Bilhões de US$	PNB Per capita US$ anuais	Continentes, regiões e países	PNB Bilhões de US$	PNB Per capita US$ anuais
ÁFRICA CENTRAL			Cazaquistão	212,3	12.279	Chile	258,1	14.530
Angola	131,4	5.423	Nepal	19,6	695	Colômbia	377,7	7.903
Camarões	32,5	1.427	Paquistão	246,9	1.334	Equador	100,5	6.320
Gabão	17,2	10.189	Quirziquistão	7,4	1.268	Paraguai	31,0	4.731
Chade	13,9	1.023	Sri Lanka	74,9	3.737	Peru	202,9	6.555
Gongo	33,0	7.325	Tadjiquistão	9,2	1.109	Uruguai	57,5	16.813
República Centro-Africana	1,8	375	Uzbequistão	62,6	2.036	Venezuela	510,0	16.616
República do Congo	29,8	398	Turcomenistão	47,9	9.026			
						CARIBE		
						Cuba	77,1	6.776
ÁFRICA OCIDENTAL			**ÁSIA ORIENTAL**			Haiti	8,7	823
Benin	8,7	821	China	10.360,1	7.594	Jamaica	14,4	5.292
Burkina Fasso	12,5	711	Coreia do Norte	13,5	539	Porto Rico	103,1	29.059
Costa do Marfim	34,3	1.548	Coreia do Sul	1.410,4	27.971	República Dominicana	64,0	6.150
Gana	38,6	1.411	Hong Kong	290,9	40.169	Trinidad e Tobago	24,4	18.021
Guiné	6,2	505	Japão	4.601,5	36.194			
Guiné-Bissau	1,0	555	Mongólia	12,0	4.123	**EUROPA OCIDENTAL**		
Libéria	2,0	455	Taiwan	505,4	21.159	Alemanha	3.852,6	47.628
Mali	12,1	708				Áustria	436,3	51.125
Mauritânia	5,1	1.285	**SUDESTE DA ÁSIA**			Bélgica	533,4	47.519
Niger	8,1	424	Camboja	16,7	1.089	França	2.892,2	43.684
Nigéria	568,5	3.203	Cingapura	307,9	56.289	Holanda	869,5	51.590
Senegal	15,6	1.063	Filipinas	284,6	2.871	Suíça	685,4	83 687
Serra Leoa	4,9	776	Indonésia	888,5	3.492			
Togo	4,5	632	Laos	11,7	1.749	**EUROPA MERIDIONAL**		
			Malásia	326,9	10.934	Albânia	13,4	4.630
			Vietnã	186,2	2.052	Espanha	1.404,3	30.262
						Grécia	237,6	21.682
ÁFRICA ORIENTAL						Itália	2.144,3	34.960
Burundi	3,1	286	**SUDOESTE DA ÁSIA**			Portugal	229,6	22 083
Etiópia	54,8	565	Azerbaijão	75,2	7.884	Sérvia	43,9	6.157
Malavi	4,3	257	Arábia Saudita	746,2	24.159	Bósnia e Herzegovina	18,3	4.793
Moçambique	16,4	602	Armênia	10,9	3.626	Croácia	57,2	13.503
Quênia	60,9	1.357	Emirados Árabes Unidos	401,6	44.199			
Ruanda	7,9	696	Geórgia	16,5	3.663	**EUROPA ORIENTAL**		
Tanzânia	49,2	949	Iêmen	36,0	1.375	Belarus	76,1	8.036
Uganda	26,3	696	Iraque	320,5	9.207	Bulgária	55,7	7.708
Zâmbia	27,1	1.724	Israel	304,3	37.042	Estônia	25,9	19.710
			Jordânia	35,8	5.419	Federação Russa	1.860,6	12.937
ÁFRICA SETENTRIONAL			Kuwait	175,8	46.843	Letônia	31,9	16.030
Argélia	214,1	5.499	Líbano	45,7	10.050	Lituânia	48,2	16.456
Egito	286,5	3.198	Omã	81,8	19.310	República Eslovaca	99,8	18.417
Líbia	41,1	6.566	Turquia	799,5	10.529	República Tcheca	205,5	19.551
Marrocos	107,0	3.154				Moldova	7,9	2.232
Sudão	73,8	1.875	**AMÉRICA DO NORTE**			Hungria	137,1	13.901
Tunísia	47,0	4.274	Canadá	1.786,7	50.243	Polônia	548,0	14.423
			Estados Unidos	17.419,0	54.630	Ucrânia	131,8	2.905
ÁFRICA DO SUL			México	1.282,7	10.230			
África do Sul	349,8	6.478				**EUROPA SETENTRIONAL**		
Botsuana	15,8	7.117	**AMÉRICA CENTRAL**			Dinamarca	342,0	60.638
Lesoto	2,1	995	Costa Rica	49,6	10.424	Finlândia	270,7	49.542
Madagascar	10,6	450	El Salvador	25,2	4.126	Irlanda	245,9	53.306
Namíbia	13,4	5.514	Guatemala	58,7	3.665	Noruega	500,1	97.372
Zimbabwe	13,7	899	Honduras	19,3	2.424	Reino Unido	2.941,9	45.604
			Nicarágua	11,8	1.962	Suécia	570,6	58.885
			Panamá	46,2	11.944			
ÁSIA CENTRAL								
Afeganistão	20,8	658	**AMÉRICA DO SUL**					
Bangladesh	173,8	1.092	Argentina	540,2	12.569	**OCEANIA**		
Butão	1,8	2.352	Bolívia	34,2	3.238	Austrália	1.453,8	61.888
Índia	2.066,9	1.595	Brasil	2.346,1	11.385	Nova Zelândia	188,4	41.774
Irã	415,3	5.314				Papua Nova Guiné	15,4	2.063

Fonte: WORLD BANK. Selected world development indicators data base. World development report 2015.

**FIGURA 7.4
PNB *per capita*
de grandes
regiões
continentais:
relações
com a média
mundial, em
2014.**

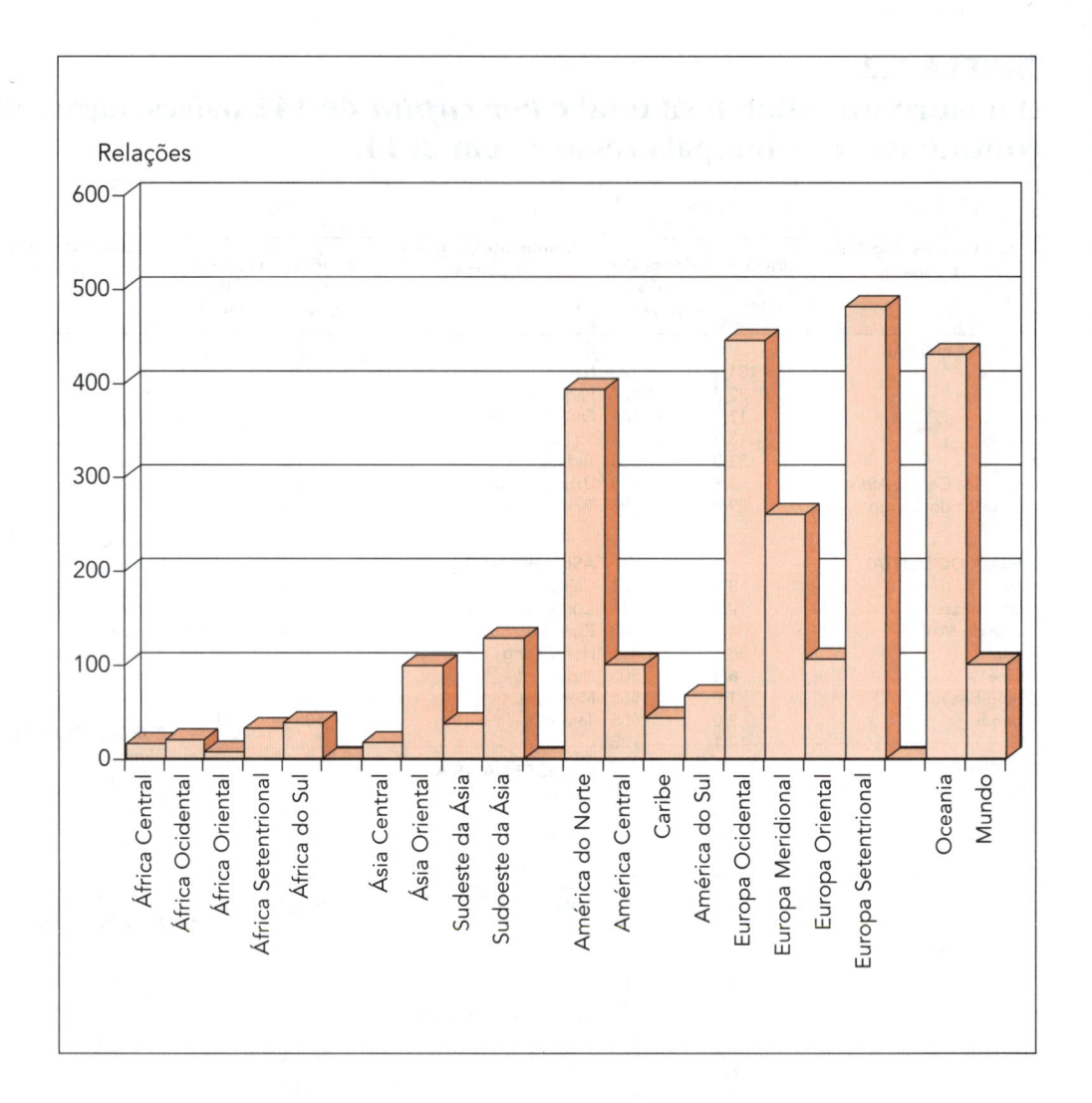

Relações

[Gráfico de barras mostrando as relações do PNB per capita com a média mundial para: África Central, África Ocidental, África Oriental, África Setentrional, África do Sul, Ásia Central, Ásia Oriental, Sudeste da Ásia, Sudoeste da Ásia, América do Norte, América Central, Caribe, América do Sul, Europa Ocidental, Europa Meridional, Europa Oriental, Europa Setentrional, Oceania, Mundo. Eixo vertical de 0 a 600.]

Não obstante o PNB *per capita* não seja um indicador depurado do *quantum* de bem-estar e de desenvolvimento humano se observa de fato entre as nações, as enormes diferenças entre os números apurados para cada país de diferentes regiões do mundo – e que são avaliados segundo metodologias mundialmente adotadas desenvolvidas pelas Nações Unidas – são bastante expressivas. Há nações nas porções ocidental e setentrional da Europa, por exemplo, onde o PNB *per capita* situa-se entre R$ 45 e 60 mil anuais; em dois países dessas regiões, Noruega e Suíça, ultrapassaram R$ 90 e 80 mil anuais. Em direção diametralmente oposta, nas porções central, ocidental e oriental da África, há nações onde este indicador é inferior a R$ 300 anuais; em outras, entre R$ 300 e 400 anuais; em grande parte entre R$ 500 e 1.000 anuais. A Tabela 7.3 e a Figura 7.4 mostram as diferenças, segundo grandes regiões dos cinco continentes. O PNB *per capita* das nações da África Oriental corresponde a 7% da média mundial, portanto, 13 vezes inferior; o da África Central, o da Ásia Central, e do Caribe, regiões em que ainda se registram situações de extrema pobreza, as médias ponderadas do PNB *per capita* alcançam, respectivamente, apenas 16%, 17% e 43% da média mundial. Já a média ponderada dos PNB *per capita* da América do Norte, da Europa Ocidental e Setentrional e da Oceania é entre 4 e 5 vezes superiores à média mundial.

TABELA 7.3 PNB total, população e PNB *per capita*, por continentes e regiões, em 2014.

Continentes e regiões	PNB total (Bilhões de US$)	População (Milhões de habitantes)	PNB *per capita* (US$ anuais)	Relações (PNB *per capita* mundial = 100)
ÁFRICA				
África Central	259,6	146,5	1.722	16
África Ocidental	722,1	341,4	2.155	20
África Oriental	250,0	313,2	798	7
África Setentrional	769,5	219,0	3.513	32
África do Sul	405,4	99,6	4.073	38
ÁSIA				
Ásia Central	3.359,4	1.866,2	1.800	17
Ásia Oriental	17.193,8	1.600,9	10.731	99
Sudeste da Ásia	2.022,5	501,7	4.031	37
Sudoeste da Ásia	3.049,8	221,3	13.781	128
AMÉRICA				
América do Norte	20.488,4	479,8	42.702	393
América Central	210,8	44,7	4.713	100
Caribe	291,7	40,0	7.295	43
América do Sul	4.458,2	412,7	10.802	67
EUROPA				
Europa Ocidental	9.269,4	191,9	48.303	445
Europa Meridional	4.148,6	147,2	28.183	260
Europa Oriental	3.228,5	279,5	11.551	106
Europa Setentrional	4.871,2	95,1	52.222	481
OCEANIA	1.657,6	35,5	46.693	430
MUNDO[a]	**76.656,5**	**7.036,2**	**10.856**	**100**

(a) Totalizações das 142 economias nacionais consideradas.

Fonte: WORLD BANK. Selected World Development Indicators. *World development report 2014*. Washington: World Bank, 2014.

As Tabelas 7.4 e 7.5 mostram esta mesma realidade sob outro ângulo. Dos 142 países listados, 88, ou 61,9%, têm PNB *per capita* inferior à média mundial, a maior parte bem distante. Os que estão abaixo da média são, em contrapartida, os que têm maiores contingentes demográficos. Os 37 países de mais baixo PNB *per capita* do mundo têm 15,5% da população mundial, mas produzem apenas 1,3% do Produto Mundial Bruto. No segundo grupo, a população é 33,6% do contingente global; o produto, de 6,8%. Os 88 países de mais baixos PNB *per capita* reúnem 73,6% da população mundial, mas realizam 39,8% do Produto Mundial Bruto. No outro extremo, os 26 países de renda mais alta têm 14,1% da população mundial, mas realizam 60,2% do produto global. A Figura 7.4 mostra visualmente as gigantescas desproporções.

TABELA 7.4
Agrupamentos dos países segundo os níveis do PNB *per capita*. Uma visão das desigualdades mundiais de desenvolvimento.

Níveis de PNB *per capita* (US$ anuais)		Número de países	PNB total (Milhões de US$)	População (Milhões de habitantes)	PNB *per capita* (US$ anuais)
Muito baixos	Até 1.500	37	999,2	1.091,4	915,5
Médios baixos	De 1.501 a 5.000	30	5.204,9	2.325,8	2.237,9
Médios	De 5.001 a 10.000	21	12.988,6	1.762,9	7.367,7
Médios altos	De 10.001 a 25.000	28	11.331,2	864,1	13.113,3
Altos	De 25.001 a 50.000	15	21.515,4	550,0	39.118,9
Muito altos	Acima de 50.001	11	24.617,2	442,0	55.695,0
TOTAIS	–	142	76.656,5	7.036,2	10.856,4

Fonte: WORLD BANK. *GNP – Gross National Product*. Washington, 2014. Agrupamento dos países e cálculos do autor.

TABELA 7.5
Distribuição do produto mundial bruto, segundo agrupamentos de PNB *per capita*.

Níveis de PNB *per capita* (US$ anuais)		Distribuição porcentual simples		Distribuição porcentual acumulada	
		PNB	População	PNB	População
Muito baixos	Até 1.500	1,3	15,5	1,3	15,5
Médios baixos	De 1.500 a 5.000	6,8	33,0	8,1	48,5
Médios	De 5.001 a 10.000	16,9	25,1	25,0	73,6
Médios altos	De 10.001 a 25.000	14,8	12,3	39,8	85,9
Altos	De 25.001 a 50.000	28,1	7,8	67,9	93,7
Muito altos	Acima de 50.001	32,1	6,3	100,0	100,0
TOTAIS	Acima de 50.001	100,0	100,0		

Fonte: WORLD BANK. *GNP – Gross National Product*. Washington, 2014. Agrupamento dos países e cálculos do autor.

IDH e IDS: Índices de Desenvolvimento Humano e Social

Confirmando essas acentuadas disparidades há outros indicadores que evidenciam, com maior clareza, as reais diferenças entre as economias de alto e as de baixo PNB *per capita*. Invariavelmente, todos os países com menos de 1.000 dólares anuais de PNB *per capita* acusam insuficiência nos setores da nutrição, da saúde, da educação e da habitação, além de mais altos índices de concentração da renda. Há forte correlação entre os mais relevantes indicadores do estágio socioeconômico alcançado e os níveis correspondentes do PNB *per capita*. Na Tabela 7.6 agrupamos indicadores extraídos do *Relatório do desenvolvimento humano*, editado pelas Nações Unidas em 2015. Ali se encontram agrupados indicadores como o consumo de energia *per capita*, a porcentagem

**FIGURA 7.5
Distribuição do produto mundial bruto: porções do produto destinadas a cinco diferentes grupamentos de nações.**

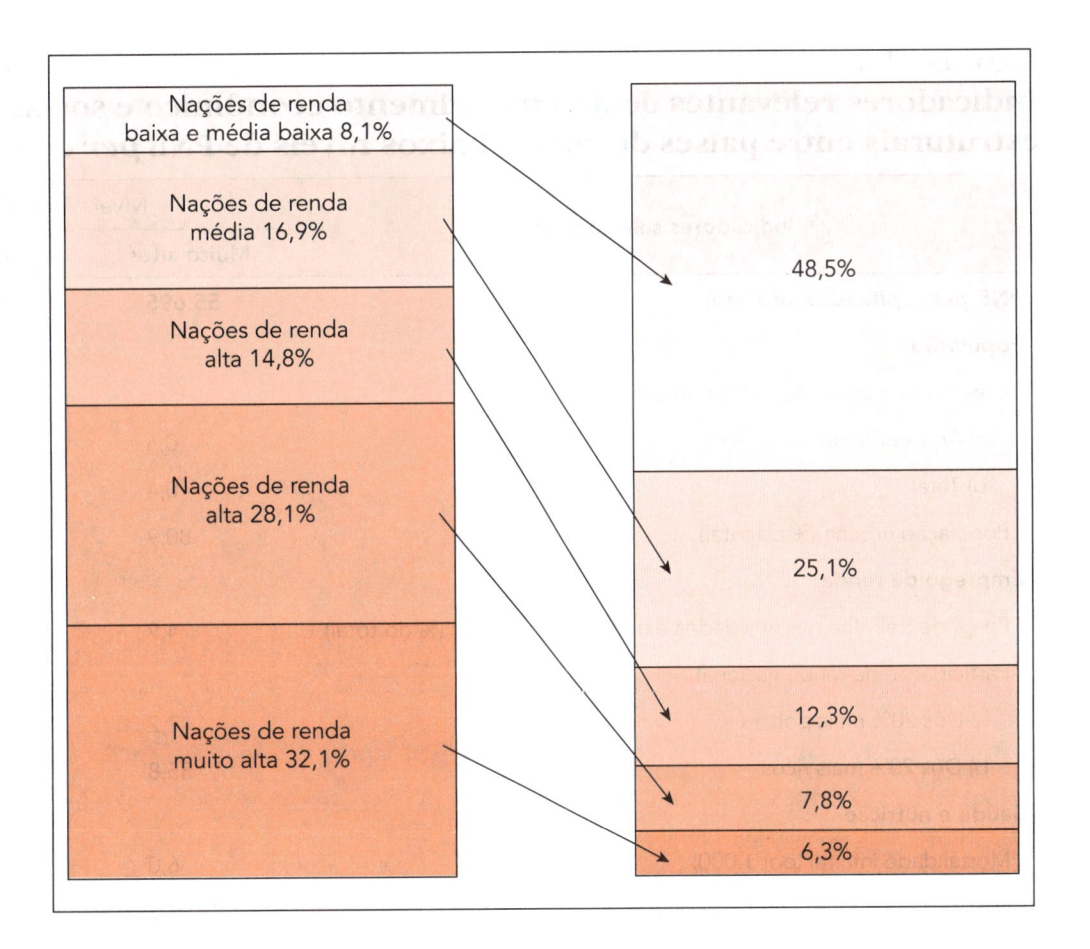

Nações de renda baixa e média baixa 8,1%	
Nações de renda média 16,9%	48,5%
Nações de renda alta 14,8%	
Nações de renda alta 28,1%	25,1%
Nações de renda muito alta 32,1%	12,3%
	7,8%
	6,3%

da força de trabalho nas atividades primárias e extrativas, a porcentagem do total da população em áreas urbanas, o consumo de calorias *per capita*, a taxa de analfabetismo, a expectativa de vida ao nascer e a poupança financeira bruta em relação à renda agregada, com a qual se financiam os investimentos que expandem a capacidade de produção das nações e os potenciais de geração de renda das fronteiras de produção.

As disparidades evidenciadas a partir desse conjunto de indicadores mostram a realidade que se encontra atrás dos diferenciais de PNB *capita*. As economias com PNB *per capita* médio superior a US$ 55.000 anuais alcançam padrões substantivamente distanciados das nações do extremo oposto. Como os dados revelam, as características destas últimas são, de forma geral, as seguintes:

❑ Padrão de vida próximo do nível de subsistência, com grande porcentagem do orçamento das unidades familiares desviada para despesas de alimentação.

❑ Padrão de vida próximo do nível de subsistência, com grande porcentagem do orçamento das unidades familiares destinada para despesas de alimentação.

❑ Estrutura habitacional deficiente, com baixas taxas de urbanização e baixo acesso a saneamento básico.

❑ Alta proporção da população dedicada às atividades agrícolas e alta participação do setor primário (geralmente sob exploração extrativa) na geração do produto nacional.

TABELA 7.6
Indicadores relevantes de desenvolvimento econômico e social: diferenças estruturais entre países de altos e baixos níveis de PNB *per capita*.

Indicadores selecionados	Níveis de PNB *per capita*		
	Muito altos	Médios	Muito baixos
PNB *per capita* (US$ por ano)	55.695	7.360	915
População			
Crescimento anual do contingente (%)			
a) Áreas urbanas	0,6	2,1	2,6
b) Total	0,4	1,3	1,5
População urbana (% do total)	80,9	61,5	36,9
Emprego de renda			
Força de trabalho nas atividades extrativas e primárias (% do total)	4,9	29,6	40,1
Participação na renda nacional			
a) Dos 20% mais pobres	7,2	6,8	5,4
b) Dos 20% mais ricos	35,8	42,3	53,7
Saúde e nutrição			
Mortalidade infantil (por 1.000)	6,0	36,3	64,7
Mortalidade materna (por 100.000)	10,3	263,4	395,0
Expectativa de vida ao nascer (anos)	80,4	70,2	51,6
População por			
a) Médicos (por 10.000)	27,8	7,4	2,8
b) Leito hospitalar	103,4	603,1	1.034,1
Despesas com alimentação (% da renda)	7,8	19,3	28,1
Consumo de calorias *per capita*	3.320,0	2.725,0	2.050,0
Educação			
Analfabetismo (população adulta)	–	18,3	35,6
Matrículas no ensino superior (% da população entre 20 e 24 anos)	76,0	23,0	8,0
Número de alunos por professores	14,5	29,3	48,1
Infraestrutura			
Energia (% de domicílios com eletricidade)	99,0	79,3	340,7
Consumo de energia *per capita* (equivalente a kg de petróleo)	4.870	1.890	685
Acesso a saneamento básico (% da população)	96	60	37
Telecomunicações (linhas telefônicas fixas por 1.000 habitantes)	639,3	3.203,8	39,3
Rodovias pavimentadas (km por 1.000.000 de habitantes)	14.350,0	3.125,0	585,0
Poupança financeira bruta			
(% em relação à renda agregada)	24,5	27,3	19,4

Fonte: UNITED NATIONS. Human Development Report 2014. *Measuring human development*: international comparisons of living standards. New York: Oxford University Press, 2014.

- Educação rudimentar, alta taxa de analfabetismo e facilidades insuficientes para o treinamento de recursos humanos.
- Baixa expectativa de vida ao nascer e mortalidade infantil elevada; mas, devido à elevada taxa de natalidade, geralmente se observam taxas de expansão demográfica superiores à média mundial.
- Baixo e insuficiente consumo de calorias *per capita*; nutrição inadequada e deficiências dietéticas; saúde pública e condições sanitárias deficientes.
- Indícios de desemprego disfarçado, decorrentes de carência de oportunidades de trabalho fora da economia de subsistência.
- Baixa disponibilidade *per capita* de equipamentos infraestruturais, notadamente nas áreas de energia, telecomunicações e transportes.
- Baixa proporção da poupança financeira bruta em relação à renda agregada, dificultando a expansão das fronteiras de produção da economia como um todo.
- Volume insuficiente de capital *per capita*, decorrente de baixas taxas de investimento bruto; no setor primário, em especial, tecnologia deficiente, com ferramentas e equipamentos de limitados recursos.

Como mostram os dados da Tabela 7.6, embora seja alta a correlação entre o PNB *per capita* e outros indicadores econômicos e sociais de bem-estar, de setores em que a população está empregada, de desenvolvimento econômico, de acesso a condições infraestruturais, instituições multilaterais e organizações dedicadas a pesquisas socioeconômicas aplicadas têm desenvolvido esforços para a construção de índices mais abrangentes de aferição, constituídos por uma combinação de indicadores de alta relevância, que sintetizem os padrões comparativos de desenvolvimento das nações.

No Brasil, várias iniciativas nesta direção foram desenvolvidas nas duas últimas décadas do século XX. Uma das mais destacadas foi a proposta de construção do IDS – Índice de Desenvolvimento Social, elaborada por M. C. Prates Rodrigues,[4] da FGV/IBRE, em 1991. Inspirado no IDH – Índice de Desenvolvimento Humano proposto originalmente pelo economista paquistanês Mahbud Ul Haq, em 1990, o IDS pretendia deter-se "na análise das condições materiais de vida da população, em termos de remuneração, saúde, educação, habitação, alimentação e transportes, itens que têm mais a ver com a realidade social imediata dos países em desenvolvimento. A metodologia do IDS é semelhante à adotada pelas Nações Unidas para o IDH. Ambos têm como linha mestra o ordenamento dos países segundo valores obtidos para os indicadores selecionados. A construção do índice geral deriva das médias dos índices parciais, construídos para cada indicador. Cada índice parcial reflete a posição relativa dos resultados observados para o indicador no universo pesquisado, variando no intervalo de zero e um". Quanto mais próximo de um, indica maior proximidade em relação à mais alta aferição de desenvolvimento; quanto mais próximo de zero, maior afastamento em relação aos padrões mais altos estabelecidos.

Embora os propósitos iniciais fossem a aferição por grande número de indicadores o IDS, desde sua primeira versão, concentrou-se em três indicadores,

QUADRO 7.4
Composição proposta para aferição do IDS: os três grupos de indicadores eleitos.

Versões	Indicadores		
	Saúde	Educação	Renda
1ª Versão (1991)	Esperança de vida ao nascer	Taxa de alfabetização de adultos (%)	Coeficiente de Gini
2ª Versão (1993)	(0,7) Esperança de vida ao nascer (em anos)	(0,7) Taxa de alfabetização de adultos (%)	(0,5) PIB real *per capita* (em US$)
	(0,3) Taxa de mortalidade infantil	(0,3) Escolaridade média (em anos)	(0,5) Relação entre os 20% mais pobres e os 20% mais ricos
3ª Versão (1994)	(0,4) Esperança de vida ao nascer (em anos)	(0,3) Taxa de analfabetismo de adultos (%)	(0,4) Renda média da população economicamente ativa (em salários-mínimos)
	(0,6) Taxa de mortalidade infantil (%)	(0,2) Escolaridade média (anos)	(0,6) relação entre os 10% mais pobres e os 20% mais ricos
		(0,2) Taxa de escolaridade superior (%)	
		(0,3) Taxa de escolaridade básica (%)	

(a) Os números entre parênteses são coeficientes propostos de ponderação.

Fonte: RODRIGUES, Maria Cecília Prates. *O IDS e o desenvolvimento social nas grandes regiões brasileiras.* Rio de Janeiro: IPEA, 1994.

mostrados no Quadro 7.4, mantidos em suas três versões – seguindo a mesma orientação do IDH. Quando o IDH foi proposto, uma das críticas era de que seria constituído de um número muito limitado e insuficiente de indicadores. O economista indiano Amartya Sem, Nobel em 1998, foi um dos críticos, mas cedeu à evidência da importância e da representatividade dos indicadores selecionados, passando então a contribuir para a consolidação desta iniciativa em termos mundiais. Os três indicadores adotados estão sintetizados na Figura 7.5: 1. Saúde – vida longa e saudável, indicado pela expectativa de vida ao nascer; 2. Educação, medida por dois indicadores de acesso ao conhecimento – a média dos anos de estudo dos adultos e os anos esperados de escolaridade das crianças; e 3. Padrão decente de vida – indicado pelo PNB *per capita*.

O IDH tornou-se referência mundial. É calculado para 190 países e é uma das bases de acompanhamento dos resultados do PNUD – Programa das Nações Unidas para o Desenvolvimento. As Tabelas 7.7 e 7.8 mostram os resultados para quatro grupos de países, classificados segundo os índices alcançados.

Em praticamente todos os países têm sido observados progressos. Mas a média mundial tem-se estabelecido entre o 2º e o 3º quartis: evoluiu de 0,597 (em 1990) para 0,702 (em 2013), como mostram os dados da Tabela 7.9.

TABELA 7.7
O IDH: proposta mais abrangente de aferição dos níveis comparativos de desenvolvimento econômico e social. Resultados aferidos em 2015, para grupos de países acima da média mundial.

Países em quartis	Componentes do IDH				
	Expectativa de vida ao nascer (anos)	Período de frequência escolar de adultos (anos)	Anos esperados de escolaridade crianças (anos)	PNB per capita[a] (US$)	Índice de desenvolvimento humano (IDH)
1º Quartil Índices muito altos					
Noruega	81,5	12,6	17,6	63.909	0,943
Austrália	82,5	12,8	19,9	41.524	0,931
Suíça	82,6	12,2	15,7	53.762	0,916
Holanda	81,0	11,9	17,9	42.397	0,915
Estados Unidos	78,9	12,9	16,5	52.308	0,912
Alemanha	80,7	12,9	16,3	43.049	0,911
Nova Zelândia	81,1	12,5	19,4	31.569	0,908
Canadá	81,5	12,3	15,9	41.887	0,901
Cingapura	82,3	10,2	15,4	72.371	0,899
Dinamarca	79,4	12,1	16,9	42.880	0,900
Suécia	81,8	11,7	15,8	43.201	0,897
Reino Unido	80,5	12,3	16,2	35.002	0,890
Japão	83,6	11,5	15,3	36.747	0,888
Israel	81,8	12,5	15,7	29.966	0,886
Áustria	81,4	10,8	15,7	43.869	0,885
França	81,8	11,1	16,0	36.629	0,884
Finlândia	80,8	10,3	17,1	38.695	0,883
Espanha	82,6	9,6	17,3	33.030	0,876
Itália	83,1	10,1	16,0	30.030	0,873
República Tcheca	78,6	12,3	16,4	26.660	0,870
2º Quartil Índices altos					
Uruguai	77,2	8,5	15,5	18.108	0,787
Romênia	73,8	10,7	14,1	17.433	0,782
Federação Russa	68,0	11,7	14,0	22.617	0,777
Bulgária	73,5	10,6	14,3	15.402	0,776
Malásia	75,0	9,5	12,7	21.824	0,770
Líbano	80,0	7,9	13,2	16.263	0,764
Turquia	75,3	7,6	14,4	18.391	0,756
México	77,5	8,5	12,8	15.854	0,755
Jordânia	73,9	9,9	13,3	11.337	0,744
Servia	74,1	9,5	13,6	11.301	0,743
Brasil	73,9	7,2	15,2	14.275	0,742
Peru	74,8	9,0	13,1	11.280	0,734
Tailândia	74,4	7,3	13,1	13.364	0,720
China	75,3	7,5	12,9	11.477	0,715

(a) Pelo critério *PPP – purchasing power parity*.

Fonte: UNITED NATIONS. *Human development report*. Washington, 2015.

TABELA 7.8
O IDH de países abaixo da média mundial. Resultados aferidos em 2015.

	Componentes do IDH				
Países em quartis	Expectativa de vida ao nascer (anos)	Período de frequência escolar de adultos (anos)	Anos esperados de escolaridade crianças (anos)	PNB per capita[a] (US$)	Índice de desenvolvimento humano (IDH)
3º Quartil Índices médios					
Mongólia	67,5	8,3	12,7	8.466	0,692
Indonésia	70,8	7,5	12,7	8.970	0,681
Egito	71,2	6,4	13,0	10.400	0,681
Paraguai	72,3	7,7	11,9	7.580	0,670
Bolívia	67,3	9,2	13,2	5.552	0,663
Filipinas	68,7	8,9	11,3	6.381	0,656
África do Sul	56,9	9,9	13,1	11.788	0,654
Iraque	69,4	5,6	10,1	14.007	0,641
Guatemala	72,1	5,6	10,7	6.866	0,626
Honduras	73,8	5,5	11,6	4.138	0,616
Marrocos	70,9	4,4	11,6	6.905	0,614
Nicarágua	74,8	5,8	10,5	4.266	0,611
Índia	66,4	4,4	11,7	5.150	0,583
Bangladesh	70,7	5,1	10,0	2.713	0,554
4º Quartil Índices baixos					
Nepal	68,4	3,2	12,4	2.194	0,537
Paquistão	66,6	4,7	7,7	4.652	0,535
Quênia	61,7	6,3	11,0	2.158	0,531
Angola	51,9	4,7	11,4	6.323	0,524
Camarões	55,1	5,9	10,4	2.557	0,501
Nigéria	52,5	5,2	9,0	5.353	0,500
Madagascar	64,7	5,2	10,3	1.333	0,496
Zimbabwe	59,9	7,2	9,3	1.307	0,484
Papua Nova Guiné	62,4	3,9	8,9	2.453	0,490
Senegal	63,5	4,5	7,9	2.169	0,485
Uganda	59,2	5,4	10,8	1.335	0,480
Haiti	63,1	4,9	7,6	1.636	0,469
Costa do Marfim	50,7	4,3	8,9	2.774	0,448
Moçambique	50,3	3,2	8,7	1.011	0,389

(a) Pelo critério *PPP – purchasing power parity*.

Fonte: UNITED NATIONS. *Human development report*. Washington, 2015.

FIGURA 7.6
Indicadores e metodologia de cálculo do IDH – Índice de Desenvolvimento Humano.

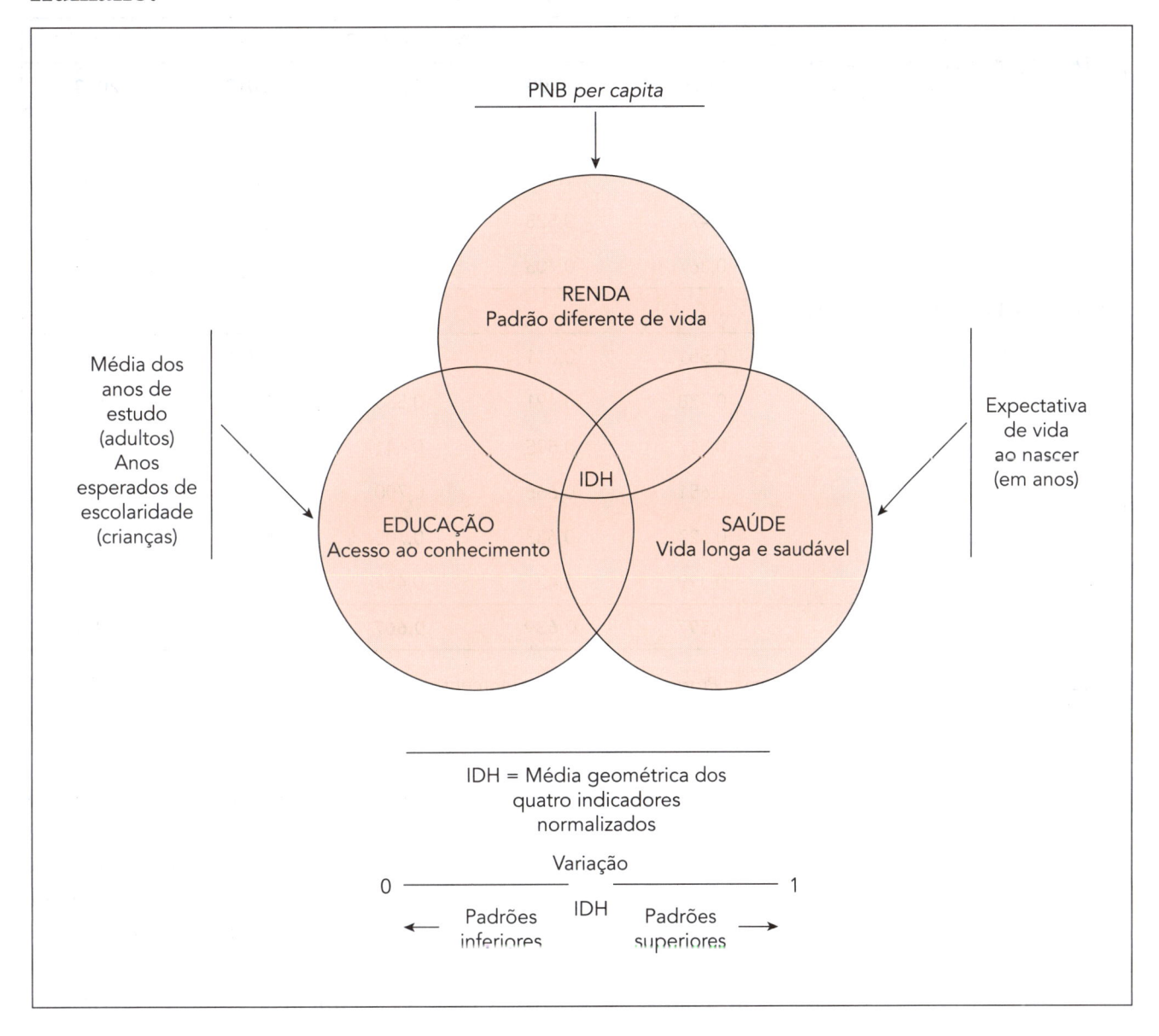

- PNB *per capita* → RENDA: Padrão diferente de vida
- Média dos anos de estudo (adultos) / Anos esperados de escolaridade (crianças) → EDUCAÇÃO: Acesso ao conhecimento
- Expectativa de vida ao nascer (em anos) → SAÚDE: Vida longa e saudável
- IDH (intersecção)

IDH = Média geométrica dos quatro indicadores normalizados

Variação: 0 ←—— IDH ——→ 1
← Padrões inferiores | Padrões superiores →

O Rompimento dos Círculos Viciosos do Atraso

Embora os valores aferidos do IDH para todos os agrupamentos de países estejam evoluindo positivamente, como revelam as mudanças sintetizadas na Tabela 7.9, as variações nos países de índices mais baixos, embora relativamente mais expressivas do que nos países de índices muito altos, estão ainda muito distantes dos níveis alcançados pelo 1º quartil.

Esta é uma indicação das dificuldades de rompimento dos círculos viciosos do atraso socioeconômico. Permanece, assim, como um dos mais importantes desafios para os formuladores de políticas públicas neste século o propósito de universalização de mais altos padrões de desenvolvimento humano e social – focado nos países de mais baixos índices. De um lado, o desafio é facilitado pelas mudanças político-ideológicas dos últimos 25 anos e pela maior clareza

TABELA 7.9
Evolução do IDH no período 1990-2013, segundo países agrupados em quartis, nas regiões de mais baixos níveis de PNB *per capita* e em médias mundiais.

IDH, segundo grupos de países	Médias do IDH				
	1990	2000	2005	2010	2013
1º Quartil, IDH muito alto	0,798	0,849	0,870	0,885	0,890
2º Quartil, IDH alto	0,593	0,643	0,682	0,723	0,735
3º Quartil, IDH médio	0,474	0,528	0,565	0,601	0,614
4º Quartil, IDH baixo	0,367	0,403	0,444	0,479	0,493
Regiões de baixo PNB *per capita*					
Estados Árabes	0,551	0,611	0,644	0,675	0,682
Sul da Ásia	0,438	0,491	0,533	0,573	0,588
Leste da Ásia	0,517	0,595	0,641	0,688	0,703
Europa e Ásia Central	0,651	0,665	0,700	0,726	0,738
América Latina e Caribe	0,627	0,683	0,705	0,734	0,740
África Subsaariana	0,399	0,421	0,452	0,489	0,502
Mundo	**0,597**	**0,639**	**0,667**	**0,693**	**0,702**

Fonte: UNITED NATIONS. *Sustaining Human Progress: Human Development Index Trends 1990-2013*. Washington: UN, 2014.

com que se busca, em todas as partes do mundo, a conciliação dos objetivos de eficaz alocação de recursos, de eficiência produtiva e de justiça social. Operam na mesma direção os movimentos de integração de mercados e de construção de novas esferas de coprosperidade, que tem abrangido número crescente de países emergentes. Mas, de outro lado, este desafio é dificultado por condições estruturais de difícil solução e pelos círculos viciosos que se estabelecem quando se verificam padrões incipientes de desenvolvimento econômico e social.

A Figura 7.7 sintetiza o conceito e as razões deste tipo perverso de círculo vicioso. Nos países de baixos padrões de desenvolvimento, a disponibilidade estrutural de recursos é desfavorável. Os recursos humanos caracterizam-se por insuficiente capacitação profissional; as condições de saúde e educação são precárias, agravando-se com as elevadas taxas de crescimento populacional. É baixa a disponibilidade de bens de capital por pessoa empregada. Prevalece o atraso tecnológico, por enormes dificuldades de investimentos em P&D; em decorrência, são baixos os padrões de produtividade, de qualidade e de competitividade dos produtos gerados. Em alguns desses, há disponibilidade de reservas naturais, mas os potenciais geofísicos são desconhecidos, as bases naturais são inadequadas e parte expressiva dos recursos de mais fácil acesso está exposta a explorações predatórias. Como observa H. Leibenstein,[5] "sendo

FIGURA 7.7
Os círculos viciosos do atraso econômico e social: da disponibilidade deficiente de recursos, para o baixo nível do produto e da renda *per capita*; desta, para os baixos níveis de acumulação, mantendo-se então para a perpetuação das deficiências estruturais.

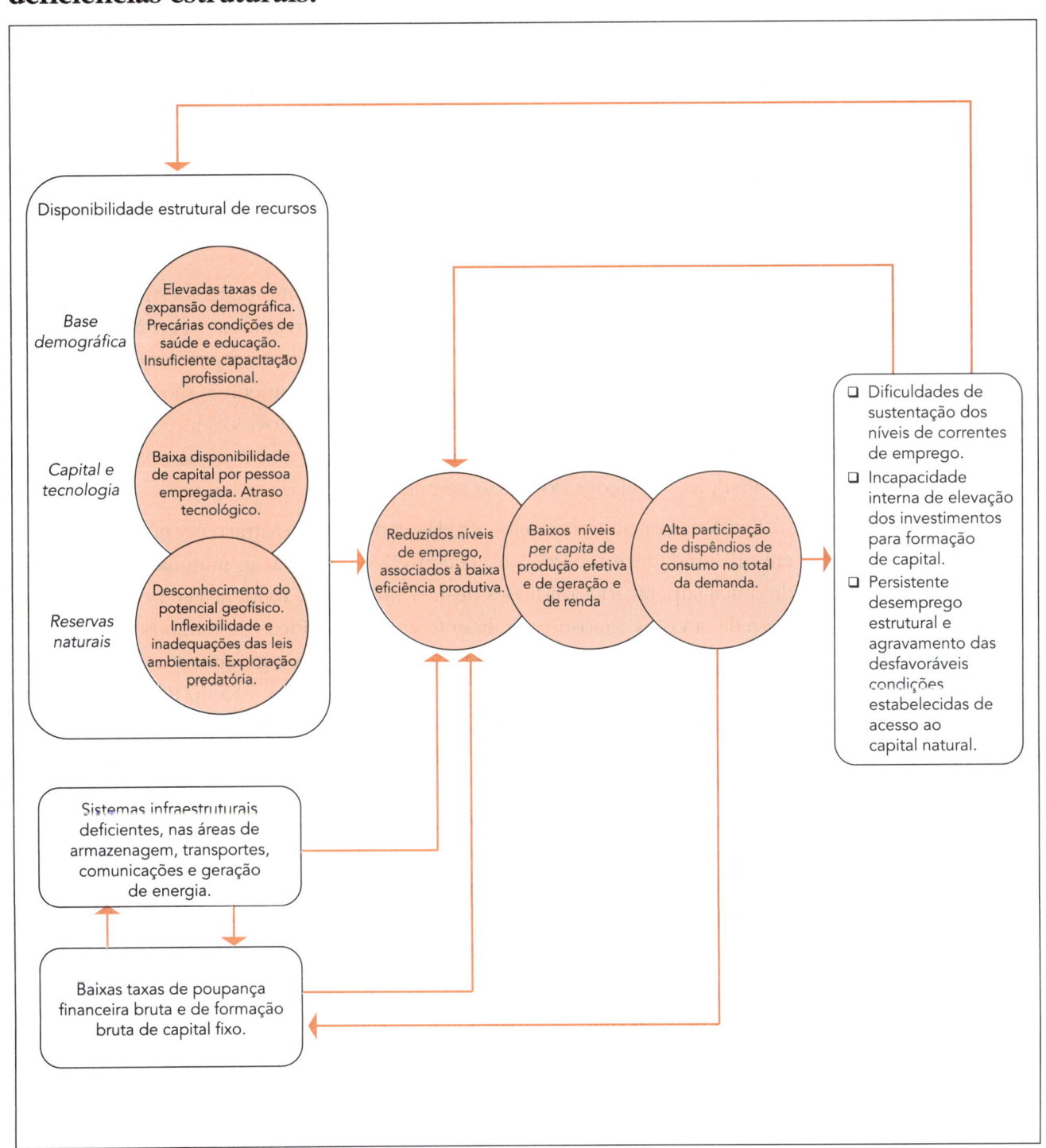

Disponibilidade estrutural de recursos

Base demográfica: Elevadas taxas de expansão demográfica. Precárias condições de saúde e educação. Insuficiente capacitação profissional.

Capital e tecnologia: Baixa disponibilidade de capital por pessoa empregada. Atraso tecnológico.

Reservas naturais: Desconhecimento do potencial geofísico. Inflexibilidade e inadequações das leis ambientais. Exploração predatória.

- Reduzidos níveis de emprego, associados à baixa eficiência produtiva.
- Baixos níveis *per capita* de produção efetiva e de geração e de renda.
- Alta participação de dispêndios de consumo no total da demanda.

- ❏ Dificuldades de sustentação dos níveis de correntes de emprego.
- ❏ Incapacidade interna de elevação dos investimentos para formação de capital.
- ❏ Persistente desemprego estrutural e agravamento das desfavoráveis condições estabelecidas de acesso ao capital natural.

Sistemas infraestruturais deficientes, nas áreas de armazenagem, transportes, comunicações e geração de energia.

Baixas taxas de poupança financeira bruta e de formação bruta de capital fixo.

baixo o nível de renda, a tendência é a de aproveitar até a exaustão as dádivas do presente e não a de repor, ainda que parcialmente, as bases naturais extraídas para o processo produtivo".

Além destas características desfavoráveis, os países de baixos padrões de desenvolvimento econômico, social e humano, ainda revelam carências básicas em infraestrutura – armazenagem, transportes, comunicações e energia. Os modelos de crescimento que dão ênfase à acumulação de capital tratam os investimentos em infraestrutura como prioritários. De fato são. Mas eles absorvem recursos financeiros maciços e só a longo prazo induzem à ampliação da capacidade efetiva de produção. Por isso, sua implantação é retardada, diante de outras prioridades de efeitos mais imediatos. E a consequência desse conjunto de dificuldades são os baixos níveis de emprego e de eficiência produtiva, que se refletem na baixa capacidade de produção *per capita*. Consequentemente, serão também insatisfatórios os níveis de renda *per capita*, com a agravante de se destinarem preponderantemente para o consumo, com baixas taxas de recursos destinadas ao processo de acumulação.

Estabelece-se assim o círculo vicioso. As disponibilidades estruturais de recursos não favorecem a produtividade. Os níveis resultantes do PNB *per capita* são baixos, reproduzindo-se ao mesmo tempo em baixa capacidade de consumo e de acumulação. Com baixa capacidade de investimentos, são dificultados os processos de formação de capital e de geração de novos empregos produtivos. E como o capital acumulado é insuficiente para provocar aumentos substantivos no PNB, as condições do atraso se perpetuam.

Em decorrência, o rompimento das condições do atraso econômico e social, em que ainda vivem parcelas substantivas da população mundial, é um desafio de difícil superação. Condições desfavoráveis, que tendem a se perpetuar sob a ação de círculos viciosos, geralmente exigem políticas de longo prazo. A reversão de círculos viciosos envolve processos amplos e geralmente demorados de transformação. Como pondera L. Walinsky,[6] "a promoção do desenvolvimento econômico e social exige persistência e esforços bem dirigidos. Nos processos de superação do círculo vicioso do atraso, a ajuda externa pode ser relevante, mas não realizará totalmente a tarefa. Os processos exigem poupanças, acumulação e produção de fontes internas, alocando-se os escassos recursos com disciplina e eficácia. Paralelamente, os valores, as normas de conduta e os modos de pensar incompatíveis com os objetivos de rompimento dos círculos do atraso devem modificar-se: e isto não ocorre a curto prazo. Determinação e esforços para tudo isto exigem, assim, visões e posturas de longo prazo".

O desafio da universalização das condições materiais dificilmente será superado em uma ou duas décadas. Exige o esforço orientado de pelo menos uma geração. Neste início de século, persistirá assim como uma das questões globais que provavelmente se transferirão para a segunda metade deste terceiro milênio. No final do século XX, apesar do processo de multipolarização e da dilatação recente das esferas de coprosperidade, o desenvolvimento econômico e social ainda tem longos percursos para se universalizar. Em relação às médias mundiais de IDH, é alta a dispersão nas duas direções: a extraordinária opulência de países de alta e muito alta renda contrasta com o retardamento crônico que se observa em grande número de países periféricos.

7.4 Desafios da Competitividade e da Geração de Empregos

A Competitividade: Razões e Desafios

O quarto grande desafio deste início de século é a conciliação entre as exigências de melhoria contínua da competitividade das empresas e as de expansão das oportunidades de emprego, não só para absorção de adultos involuntariamente desempregados, como de jovens que ingressam no mercado de trabalho, em busca de suas primeiras ocupações produtivas.

Há fortes razões para cada uma dessas duas exigências. Mas elas não são facilmente conciliáveis.

As razões para a expansão da competitividade, em ritmo mais acelerado que em épocas precedentes, têm a ver com o acirramento da concorrência entre as empresas, em praticamente todos os setores produtivos. A concorrência expandida, tanto entre gigantes do mundo corporativo que se desenvolveram nas economias industriais, como entre entrantes de economias emergentes, é derivada de extensa lista de fatores determinantes. Entre os de maior peso, destacamos dez no Quadro 7.5.

Este conjunto de dez grandes movimentos, todos eles ocorridos nos últimos 25 anos, impulsionaram a competição entre as empresas – e, por extensão, entre os países atuantes nas correntes mundiais de comércio de mercadorias e serviços – com velocidade e abrangência sem precedentes históricos. Praticamente todas as cadeias mundiais de suprimentos – de matérias-primas a bens acabados, de indústrias de base às de bens de consumo – foram expostas a novos desafios, em mercados crescentemente abertos e competitivos. A capacidade das nações industriais maduras e emergentes em ganhar posições no *ranking* mundial de competitividade passou a ser fator de supremacia e de poder, que se refletiram nos padrões internos de desenvolvimento e de bem-estar coletivo. De ponta a ponta, em todas as cadeias produtivas, estes dez movimentos forçaram a busca por padrões mais avançados de gestão, de produtividade e de inovações, que poupassem o emprego de materiais e de pessoas por unidade produzida de bens e de serviços. A nova orientação, praticamente universal, era "fazer mais com menos".

As raízes desta orientação foram três movimentos de alto impacto nos sistemas geopolítico e geoeconômico: 1. **multipolarização;** 2. **integração;** 3. **e abertura dos mercados nacionais.** A criação de áreas de livre comércio e a formalização de acordos bilaterais expandiram a competição, tanto pela maior mobilidade de recursos de produção, quanto pela movimentação interfronteiras de produtos procedentes de países emergentes com estruturas de custos fortemente competitivas. Mesmo dentro dos blocos econômicos constituídos, a abertura econômica foi além das suas próprias fronteiras. Os blocos tornaram-se também abertos ao comércio com outras nações, tradicionais e emergentes, com o objetivo de expor as empresas dos países-membros à competição externa, para aprimoramento permanente de sua capacidade competitiva em escala global. Como relata V. Thorstensen,[7] "durante o processo de integração europeia, tarifas aduaneiras e restrições quantitativas ao comércio foram abolidas: os postos de fronteiras continuaram a existir, mas mais com a função de levantamento de

QUADRO 7.5
Dez razões relevantes, acentuadas nos últimos 25 anos, para a melhoria contínua da competitividade das empresas.

Razões	Breves descrições
Multipolarização	Desenvolvimento de novos competidores globais, com estruturas de custos baixos e estratégias agressivas de conquista de mercados externos.
Integração	Criação de mercados comuns e formalização de acordos comerciais bilaterais, envolvendo nações com participações expressivas nas correntes mundiais de comércio.
Abertura	Pressões de instituições multilaterais, como a OMC – Organização Mundial do Comércio, para redução das barreiras alfandegárias e de outros instrumentos de proteção de mercados nacionais, como condição básica para maior abertura e expansão das transações correntes internacionais.
Global-localização	Propósitos estratégicos de grandes corporações empresariais em ampliar seus raios geográficos de atuação, investindo em maior número de países, tornando a competição mais acirrada nos mercados em que ingressam e forçando a busca por ampliação dos graus de produtividade dos recursos empregados, que se estendem às empresas locais.
Escalabilidade	Expansão das escalas de produção, reduzindo custos unitários, forçando os preços para baixo e exigindo de todos os competidores esforços para reduzirem a relação entre recursos empregados e produtos gerados.
Inovações	Desenvolvimento acelerado de novos bens de capital, robotizados e informatizados, combinado com avanços nos processos de gestão, em praticamente todos os setores produtivos, impactando a estrutura tradicional do mercado de trabalho. Ao mesmo tempo, surgem novos produtos, também redutores do emprego de recursos, por avanços em nanotecnologia e em "desmaterizações", de que são exemplos marcantes os equipamentos *wireless*.
Entrantes	Queda das barreiras de entrada para novas empresas, pela facilidade de acesso a tecnologias de produção. Mudanças nas estruturas de mercado, exposição de oligopólios estabelecidos a novos, ágeis e agressivos *players*, exigindo de todos maiores esforços para ampliarem suas condições de competitividade.
Fundos	Crescimento dos fundos de investimento em todo o mundo, disponibilizando recursos para novas iniciativas empresariais e para projetos de expansão de competidores já estabelecidos – um importante fator de expansão de empresas de menor porte, fortalecendo suas capacidades de competição nos mercados em que atuam e promovendo estratégias de aumento de seus portfólios de negócios.
Políticas públicas	Definição de estratégias nacionais de desenvolvimento focadas em ganhos de competitividade para atuação no mercado global. Estas iniciativas têm sido estimuladas nos últimos 20 anos, pela geração de relatórios anuais e de *rankings* globais de competitividade, em que são destacadas ações exigidas para avanços no posicionamento dos países.
Emergentes	Crescente número de países e de empresas emergentes, que reúnem amplo conjunto de condições para atuação agressiva nas correntes mundiais de comércio, provocando maior atenção de governos de todo o mundo, especialmente dos países avançados, para a adoção de programas focados em ganhos de competitividade em resposta aos pontos fortes dos sistemas emergentes.

dados estatísticos e de segurança, do que a de impor restrições à entrada de mercadorias procedentes de países não participantes do bloco, mas com relações de comércio com os integrados".

Em decorrência, em todos os setores produtivos dos países participantes de áreas de livre comércio ou de acordos comerciais, a busca por estruturas de produção mais enxutas e eficazes tornou-se condição de sobrevivência para empresas de todos os portes e segmentos de atuação. A competição assumiu proporções jamais praticadas. Estas novas condições levaram as empresas a modernizarem suas plantas de produção, incorporando tecnologias de última geração. Alianças e fusões entre empresas até então rivais passaram a ocorrer com inusitada frequência: neste caso, os ganhos de competitividade resultariam da **escalabilidade** – aumento de escalas de produção, para compressão de custos e redução de preços.

A este conjunto de novas realidades somaram-se as iniciativas de **global-localização de grandes empresas**. Em um sistema global multipolarizado e mais aberto, os "fluxos migratórios de empresas" se intensificaram. A expansão do âmbito geográfico de atuação, a presença em novos mercados, com unidades próprias, tornou-se fator de fortalecimento da dinâmica competitiva, abrindo espaços para transferências internacionais de suprimentos físicos, de modelos de gestão e de estruturação de negócios e de recursos financeiros. As novas unidades produtivas, de grupos com atuação multinacional, estruturaram-se com os mais avançados padrões de tecnologia e de gestão: um movimento que se estendeu às empresas locais; estas, foram também compelidas a ampliarem sua capacidade competitiva, como condição essencial de perpetuidade.

Todos estes movimentos fortaleceram-se com outros três "pontos de amarração": 1. **as novas ondas de inovação;** 2. **o crescimento dos fundos de investimentos;** e 3. **as políticas públicas centradas em ganhos de competitividade**. Desde as duas últimas décadas do século XX e, mais acentuadamente, nas primeiras do terceiro milênio, as grandes ondas de inovação que antes se consolidavam em décadas, passaram a produzir transformações agudas em poucos anos. Em atividades produtivas mais expostas à competição e à corrida tecnológica, praticamente a totalidade das linhas de produtos passou a modificar-se dentro de um único ano: a obsolescência se manifesta mais rapidamente. Muitos produtos ainda em pleno e bom funcionamento são substituídos por modelos mais avançados, especialmente nas áreas de tecnologia da informação e de comunicações. A obsolescência tecnológica antecipa-se à funcional. Em praticamente todos os mercados, de insumos a produtos finais, tanto nas cadeias de bens de consumo, como nas de bens de capital ocorrem mudanças de alto conteúdo tecnológico, incorporando avanços que se renovam continuamente. A velocidade das mudanças aumenta, fundem-se tecnologias, eliminam-se perdas, redesenham-se processos e reconfiguram-se os atributos competitivos de quase tudo o que é produzido. E todas estas mudanças, bem como a expansão econômica delas decorrentes são estimuladas pela facilidade de acesso a fundos de investimento, dispostos a associar-se a empresas promissoras, com estratégias bem definidas e consistentes.

A grande síntese de todos esses movimentos tem sido o surgimento de países e de empresas emergentes. As barreiras para empresas entrantes em seus próprios países e para a conquista de mercados externos caíram significativamente com as transformações geopolíticas do final do século XX. Mesmo com a crise dos mercados financeiros das grandes potências ocidentais no biênio 2008-2009, não se observou a volta das estratégias protecionistas. A abertura consolidou-se e mantiveram-se baixas as barreiras para acesso a tecnologias inovadoras e para absorção de competências gerenciais e operacionais. Prevaleceram novas condições para o desenvolvimento de negócios, substancialmente relacionadas às exigências de expansão da competitividade. Mesmo empresas tradicionais líderes em seus mercados buscam alianças com novos parceiros que dominam tecnologias relacionadas aos seus segmentos de atuação ou que têm capacidades diferenciadas para expansão de portfólios de negócios. Na maior parte dos setores, o domínio de tecnologias de produção e o acesso a bens de capital de alto desempenho deixaram de ser atributos exclusivos de grandes conglomerados estabelecidos em países industriais tradicionais. Praticamente todas as conquistas e avanços tecnológicos passaram a ser expostos em feiras internacionais, a empresas de todos os portes: passaram a ser "produtos de prateleira", estão disponíveis, à venda. Tornaram-se de domínio público.

Consequentemente, surgem novos concorrentes, surpreendendo empresas que jamais se consideraram ameaçadas. Acirra-se a competição. Novos modelos de negócios se desenvolvem. Quebram-se paradigmas. A maior parte dos novos concorrentes entra para ficar: os padrões com que se estabelecem superam os até então estabelecidos. Não há mais mercados cativos. Rompem-se velhas fidelidades a marcas e a antigas parcerias nas cadeias de produção. O que passa a valer é a preservação e, se possível, a melhoria da capacidade de competição.

A este conjunto de fatores soma-se neste início de novo século a aceitação consensual de alguns princípios macroeconômicos também ligados à competitividade. Em *The competitive advantage of nations,* M. Porter[8] sintetizou os seguintes:

> "A prosperidade econômica depende da produtividade com a qual os recursos nacionais são empregados. As economias nacionais progridem aprimorando suas condições de competitividade, obtendo vantagens competitivas de ordem superior nas indústrias existentes e desenvolvendo a capacidade de competir com êxito em novas indústrias ou segmentos de alta produtividade. Ou indústrias de um país aprimoram e ampliam suas vantagens competitivas ou ficam para trás. E o reforço mútuo dentro de complexos setoriais tende a difundir-se. A razão é que a competição global generalizada torna-se cada vez mais decisiva para a prosperidade econômica nacional, a despeito de seus impactos nos mercados de trabalho, entre os quais os deslocamentos setoriais da população economicamente ativa e a desaceleração na criação de novos empregos."

A Geração de Empregos: Razões e Desafios

Ao lado dos motivos para expansão da competitividade das empresas neste final de século, existem também fortes razões para a expansão das oportunidades de emprego da força de trabalho das nações. Destacamos oito no Quadro 7.6.

Todas as oito razões sintetizadas são de alta relevância. Justificam plenamente a necessidade de criação e de sustentação de altos níveis de emprego, fundamentais, em todas as nações, independentemente de suas instituições e de seus estágios de desenvolvimento, para a promoção de padrões de vida e de condições socioeconômicas satisfatórias. Mas as razões de maior peso, que mais dificultam o pleno-emprego da população economicamente mobilizável, têm raízes estruturais e culturais de difícil remoção. Comparativamente com as dificuldades associáveis às exigências de maiores índices de produtividade e de competitividade das empresas, expostas no tópico anterior, as condições sociodemográficas que dificultam a criação de altos níveis de emprego, para inclusão no mercado de trabalho da totalidade das pessoas da faixa etária produtiva são claramente bem mais complexas. Trata-se das três primeiras listadas no Quadro 7.6 – o crescimento demográfico, os altos índices de desemprego involuntário, a composição da força de trabalho, por gênero e faixa etária.

Crescimento demográfico. No século XX, desde a transição dos anos 70 para os anos 80, reverteu-se a tendência das taxas de crescimento da população em todas as nações: até então, a trajetória histórica era de alta, justificando a adoção da expressão "explosão demográfica" como síntese da vertiginosa expansão do contingente demográfico mundial. A reversão tem se mantido nas quatro últimas décadas e as projeções para horizontes de longo prazo (2050-2100) são de estabilização numérica do contingente global. Mas, mesmo caindo ano após ano, as taxas de crescimento populacional geraram contingentes adicionais numericamente expressivos, da ordem de 80 milhões de habitantes a mais a cada ano – aproximadamente 800 milhões a cada década. Os nascidos nos anos 80 e 90 ingressaram no mercado de trabalho nas duas décadas seguintes: são os contingentes de jovens que hoje procuram por empregos no mercado de trabalho. Na primeira década a taxa anual de crescimento demográfico foi a mais baixa dos últimos 50 anos e continua a cair nesta segunda década, aproximando-se de 1%. Mas, aplicada a um contingente superior a 7 bilhões, o crescimento absoluto anual mantém-se expressivo: 76 milhões, em média anual, que procurarão por empregos produtivos nas duas próximas décadas. Se não encontrarem, ampliarão o contingente que se encontra involuntariamente desempregado.

Desemprego involuntário. Os dados da Tabela 7.10 revelam como são resistentes e aparentemente crônicas as taxas de desemprego no mundo. Nos últimos anos mudaram muito pouco, tanto nos países desenvolvidos, quanto nas regiões emergentes e em desenvolvimento: a média mundial oscilou entre 6,1 e 6,3%; e as expectativas para o futuro próximo apontam para a mediana destas taxas, 6,2%. As taxas mais altas, praticamente o dobro da média mundial, mantêm-se no Oriente Médio e no Norte da África. Nota-se, porém, nos países economicamente avançados que a tendência é de aumento do desemprego, inversa à da maior parte dos países emergentes, com destaque para os asiáticos.

QUADRO 7.6
Uma síntese das razões para expansão do emprego da força de trabalho das nações: um conjunto de desafios, que superam os decorrentes dos esforços para expansão da produtividade e da competitividade das empresas.

Razões	Breves descrições
Crescimento demográfico	Ainda que a taxas decrescentes em relação às décadas anteriores, o crescimento demográfico mundial é expressivo em termos absolutos: nos próximos dez anos, a população crescerá 1,04% ao ano, 10,6% acumulados, superando 8 bilhões em 2025: uma expansão média anual de 76 milhões.
Desemprego involuntário	A taxa de desemprego involuntário estimada pela OIT – Organização Internacional do Trabalho é de 6,0% da força de trabalho em termos mundiais, em 2015. Esta estimativa equivale a cerca de 209 milhões de pessoas desempregadas, desconsiderando-se a vulnerabilidade e a precariedade de parcela expressiva dos empregos.
Composição da força de trabalho: gênero e faixa etária	Nas últimas cinco décadas, ocorreram mudanças substanciais na composição por gênero da força de trabalho. Na primeira década do século XX, a participação das mulheres no contingente empregado era de 5%; no início dos 50 esta taxa estava em 15%, em 2000 chegou a 40% e as perspectivas para 2020 são de números próximos aos da igualdade numérica entre os sexos no mercado de trabalho, em termos mundiais. Além desta mudança, expandiu-se o tempo de permanência das pessoas em atividades produtivas, decorrentes do aumento da expectativa de vida.
Aspirações sociais	Em praticamente todas as partes do mundo as aspirações sociais estão em alta – e aceleradamente. As expectativas de acesso aos mercados de bens e serviços finais de consumo estão fortemente estimuladas, pela massificação dos meios de comunicação e pelo acesso à informação. Ampliam-se, em decorrência, as buscas por oportunidades de emprego, especialmente entre as populações mais jovens.
Redução da pobreza	As políticas públicas consistentes de redução da pobreza extrema são focadas na geração progressiva de postos de trabalho produtivo: é um caminho preferível ao das transferências de renda para famílias excluídas. Pelas restrições orçamentárias do governo, as políticas de transferência de renda podem não ser sustentáveis, sobretudo quando não se definem diretrizes para a efetiva inclusão socioeconômica dos contingentes atendidos.
Redução da criminalidade	Embora a criminalidade não seja relacionada ao desemprego ou à precariedade das oportunidades oferecidas no mercado de trabalho, a oferta abundante de empregos é um dos fatores que podem contribuir para a melhoria das condições de segurança pessoal e patrimonial. O desemprego alto e crônico pode desaguar em atitudes que se contrapõem à normalidade da vida em sociedade, como a alta ocorrência do crime organizado.
Objetivos centrais da gestão macroeconômica	Entre os fins da política macroeconômica, são realçados e geralmente priorizados o crescimento econômico, a geração de empregos e a redução dos contingentes de desempregados e dos que estão expostos a condições de emprego vulneráveis e precárias. É alta a correlação entre estes objetivos e a promoção do bem-estar social – meta-síntese das políticas públicas em todas as nações.
Princípios morais	A dedicação das pessoas ao trabalho produtivo é um dos mais importantes fundamentos da vida em sociedade. É um dos alicerces da dignidade pessoal. É um valor – no sentido de legado moral – que se transmite de geração a geração.

Estas taxas, que parecem baixas, equivalem a contingentes superiores a 200 milhões de pessoas desempregadas e não revelam um dos aspectos mais preocupantes do emprego da força de trabalho das nações: a proporção de empregos vulneráveis e precários. Estas duas situações, conjugadas, são evidenciadas na Tabela 7.11. São vulneráveis boa parte dos empregos "por conta própria", os informais, os temporários e os oferecidos por empresas recém-constituídas com baixa probabilidade de permanecerem no mercado. São precários os que, embora mais duradouros, oferecem baixas remunerações, condições insalubres de trabalho e baixas perspectivas de mudanças para melhor. Nos países desenvolvidos, são relativamente baixas as condições de vulnerabilidade e de precariedade: correspondem a 9,7% dos contingentes empregados; na Europa Central e do Sudeste e na CEI, esta taxa dobra, vai a 18,8%. Mas a média mundial, puxada pelos emergentes e em desenvolvimento é de 42,7%, quase a metade da população empregada. Estão longe de ser números aceitáveis.

Composição da força de trabalho. Decorrente de um amplo conjunto de mudanças sociais e comportamentais dos últimos 50 anos, a composição da força de trabalho alterou-se substancialmente. A Figura 7.8 sintetiza os dois aspectos mais importantes da transformação estrutural da força de trabalho: **a presença massiva das mulheres no mercado de trabalho e o aumento da faixa etária produtiva.** No final da primeira metade do século XX, a maior parte das mulheres não exercia ocupações produtivas: permaneciam em seus lares, eram "donas de casa"; apenas 15% atuavam em algumas cadeias produtivas, com destaque para saúde (enfermagem), educação (primária e secundária), comércio e outros segmentos de serviços, além das indústrias têxtil e de alimentos. Atualmente, na maior parte das nações, estão presentes em todas as cadeias produtivas e em notável ascensão profissional. No final do século XX, superaram a 40% da força de trabalho empregada; na próxima década, as projeções apontam para a igualdade numérica, segundo gêneros, na força de trabalho. Os países desenvolvidos e os emergentes de maiores índices de crescimento econômico estão na frente deste movimento. Ele é tardio apenas nos países em que predominam concepções religiosas e tradições culturais contrárias a esta tendência.

Soma-se à massiva presença da mulher no mercado de trabalho o aumento da faixa etária produtiva, decorrente do aumento na expectativa de vida. A idade de saída do mercado de trabalho aumentou dez anos: de 55 para 65 anos – e não é desprezível a proporção de idosos, de mais de 65 anos que permanece em franca atividade produtiva. Juntos, estes dois movimentos ampliaram a demanda por postos de trabalho, exatamente em um período histórico de grandes mudanças no ambiente de negócios, puxadas pelas transformações geopolíticas e geoeconômicas do final do século XX, que levaram à busca imperativa de se "fazer mais com menos" (severa combinação de experiência, competência, produtividade e competitividade), em resposta ao acirramento da competição em escala global.

Os impactos deste conjunto de mudanças não favorecem a redução dos índices de desemprego, que permanecem resistentes. E dificultam o emprego dos jovens na maior parte das ocupações produtivas, especialmente em segmentos

FIGURA 7.8
Composição da força de trabalho, segundo gêneros e faixas etárias.

População economicamente mobilizável = 100		
Anos	Mulheres	Homens
1920	5	95
1950	15	85
1970	26	74
2000	44	58
2010	46	56
2020	50	50

Impactos de presença massiva da mulher no mercado de trabalho

- Redução da taxa de expansão demográfica. Crescimento positivo até a década de 40.
- Redução da taxa de fecundidade: número decrescente de filhos por mulher.
- Redução da "taxa de dependência" de faixas etárias pré e pós-produtiva em relação à produtiva.
- Mudanças comportamentais em relação à constituição de família.
- Perspectiva 2020: igualdade numérica entre os sexos no mercado de trabalho. Um dos mais importantes marcos das transformações socioeconômicas dos últimos 100 anos.
- O ingresso da mulher não implicou "efeito substituição", mas "efeito adição", em relação à participação do homem.

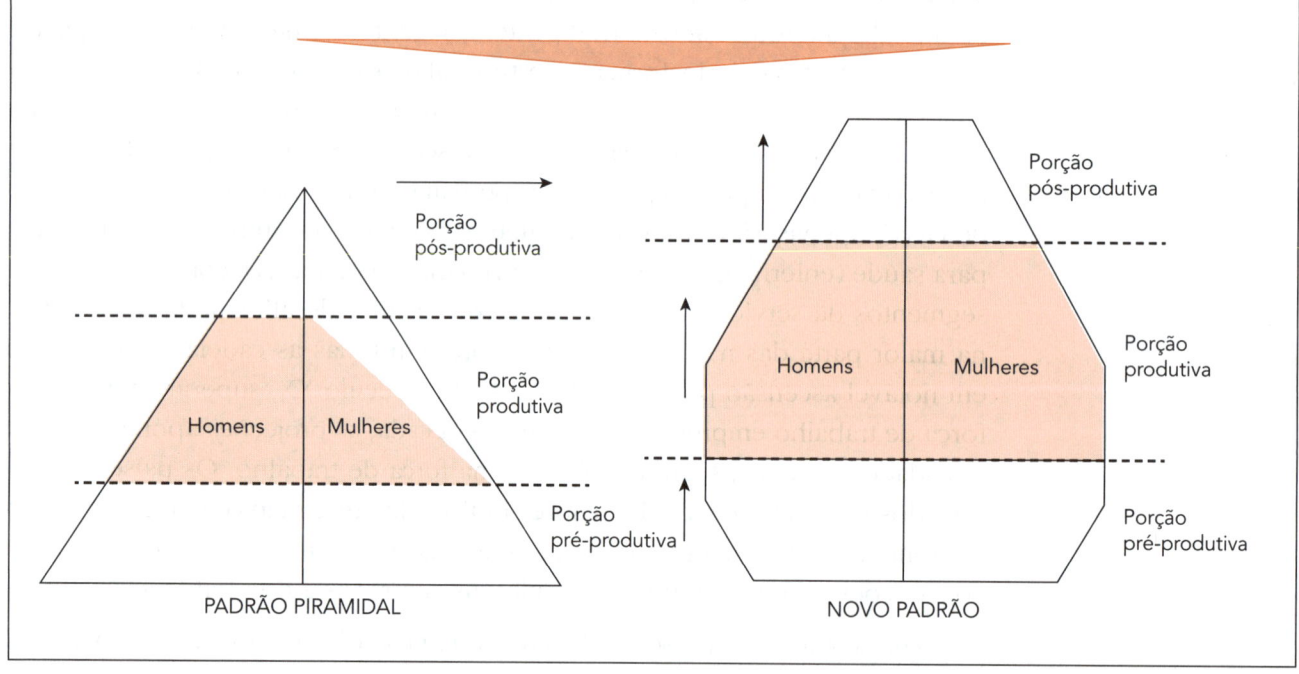

PADRÃO PIRAMIDAL — Porção pós-produtiva / Porção produtiva (Homens, Mulheres) / Porção pré-produtiva

NOVO PADRÃO — Porção pós-produtiva / Porção produtiva (Homens, Mulheres) / Porção pré-produtiva

mais maduros de negócios. A Tabela 7.13 mostra as diferenças das taxas de desemprego entre adultos e jovens em todas as partes do mundo: em média mundial, o desemprego de jovens é praticamente três vezes maior que o de adultos.

Outras razões para a expansão do emprego. Além das três razões que acabamos de destacar, há outras cinco, sintetizadas no Quadro 7.6 que justificam preocupações manifestadas em todas as partes do mundo com a resistência do desemprego involuntário. Destacam-se entre elas as **aspirações sociais em alta e os objetivos de redução da pobreza e da criminalidade**. Independentemente das condições que dificultam a geração de postos de trabalho para todos os que buscam por ocupações produtivas, as aspirações sociais estão em

TABELA 7.10
Taxas de desemprego no mundo, segundo estágios de desenvolvimento e regiões, em anos recentes.

Estágios de desenvolvimento e regiões	2000	2005	2010	2015[a]	2018[a]
❏ Países desenvolvidos	6,7	6,9	8,8	8,6	8,4
❏ Regiões emergentes e em desenvolvimento					
✓ Europa Central, do Sudeste[b] e CEI	10,7	9,1	9,2	8,3	8,3
✓ Leste da Ásia	4,5	4,2	4,2	4,8	5,0
✓ Sudeste da Ásia e Pacífico	5,0	6,4	4,7	4,3	4,5
✓ Sul da Ásia	4,5	4,7	3,8	4,1	4,1
✓ América Latina e Caribe	8,6	8,1	7,3	6,5	6,5
✓ Oriente Médio	11,5	11,2	11,1	11,0	10,8
✓ Norte da África	13,2	11,0	10,4	12,1	12,1
✓ África Subsaariana	8,5	7,5	7,6	7,6	7,5
MUNDO	**6,3**	**6,1**	**6,1**	**6,1**	**6,2**

(a) Estimativas preliminares. Cenário mediano.
(b) Excluem-se os países integrantes da União Europeia.
Fonte: ILO – International Labour Organization. *Global Employment Trends*. Geneve: ILO, 2014.

TABELA 7.11
Proporção de empregos vulneráveis e precários, segundo estágios de desenvolvimento e regiões: projeções para 2015.

Estágios de desenvolvimento e regiões	% de empregos vulneráveis e precários[a]
❏ Países desenvolvidos	9,7
❏ Regiões emergentes e em desenvolvimento	
✓ Europa Central, do Sudeste[b] e CEI	18,8
✓ Leste da Ásia	43,1
✓ Sudeste da Ásia e Pacífico	55,7
✓ Sul da Ásia	75,0
✓ América Latina e Caribe	30,9
✓ Oriente Médio	24,8
✓ Norte da África	34,6
✓ África Subsaariana	76,8
MUNDO	**47,2**

(a) Estimativas preliminares. Cenário mediano.
(b) Excluem-se os países integrantes da União Europeia.
Fonte: ILO – International Labour Organization. *Global Employment Trends*. Geneve: ILO, 2014.

TABELA 7.12
Composição da força de trabalho empregada, segundo gênero, estágios de desenvolvimento e regiões: evolução dos anos recentes.

Estágios de desenvolvimento e regiões	% de homens e mulheres em relação à força de trabalho empregada			
	2000		2020[a]	
	H	M	H	M
❑ Países desenvolvidos	56,1	43,9	50,5	49,5
❑ Regiões emergentes e em desenvolvimento				
✓ Europa Central, do Sudeste[b] e CEI	55,2	44,8	52,1	47,9
✓ Leste da Ásia	55,1	44,9	50,8	49,2
✓ Sudeste da Ásia e Pacífico	57,8	42,2	53,1	46,9
✓ Sul da Ásia	71,9	28,1	67,3	32,7
✓ América Latina e Caribe	62,1	37,9	54,8	45,2
✓ Oriente Médio	85,0	15,0	76,9	23,1
✓ Norte da África	79,7	20,3	69,3	30,7
✓ África Subsaariana	54,9	45,1	50,2	49,8
MUNDO	**60,3**	**39,7**	**51,3**	**48,7**

(a) Estimativas preliminares. Cenário mediano.
(b) Excluem-se os países integrantes da União Europeia.
Fonte: ILO – International Labour Organization. *Global Employment Trends.* Geneve: ILO, 2014.

TABELA 7.13
Taxas de desemprego de adultos e jovens, por estágios de desenvolvimento e regiões.

Estágios de desenvolvimento e regiões	Adultos			Jovens[a]		
	2000	2010	2015	2000	2010	2015
❑ Países desenvolvidos	5,6	7,5	7,4	13,5	18,1	18,1
❑ Regiões emergentes e em desenvolvimento						
✓ Europa Central, do Sudeste[b] e CEI	8,9	7,8	7,0	19,7	19,2	17,5
✓ Leste da Ásia	3,5	3,3	3,6	9,3	8,9	9,8
✓ Sudeste da Ásia e Pacífico	2,5	2,7	2,5	13,2	13,4	13,1
✓ Sul da Ásia	2,6	2,3	2,4	10,3	10,2	10,0
✓ América Latina e Caribe	6,4	5,0	5,0	15,7	14,1	13,9
✓ Oriente Médio	6,8	7,4	7,9	25,5	27,5	29,6
✓ Norte da África	9,0	6,2	7,3	26,1	20,1	24,5
✓ África Subsaariana	6,7	6,0	6,0	13,2	11,9	12,0
MUNDO	**4,6**	**4,5**	**4,6**	**12,7**	**12,6**	**12,8**

(a) Faixa etária de 15 a 29 anos.
(b) Excluem-se os países integrantes da União Europeia.
Fonte: ILO – International Labour Organization. *Global Employment Trends.* Geneve: ILO, 2014.

alta, em praticamente todas as partes do mundo. Esta pressão é derivada do acesso ampliado aos meios massivos e às redes sociais de comunicação. As pessoas não aspiram o que já têm ou o que desconhecem: mas conhecer e não ter gera novas aspirações, especialmente entre as populações mais jovens. Se a geração de oportunidades de trabalho para estes novos contingentes, pela geração de empregos de boa qualidade conciliar-se com suas aspirações (geralmente superiores às das gerações anteriores) não se alastrarão a pobreza e a criminalidade associáveis à precariedade e à vulnerabilidade das condições de trabalho. Não é sem razão, portanto, que entre os objetivos centrais da gestão macroeconômica são realçados e priorizados o crescimento econômico, a geração de empregos e a redução dos contingentes de desempregados e dos que estão expostos a condições de emprego vulneráveis e precárias. Por fim, mas não menos importante, cabe ressaltar que a dedicação das pessoas ao trabalho é um dos mais importantes fundamentos da vida em sociedade. Quando este fundamento se estabelece como um valor moral, transmitindo-se de geração a geração, as condições gerais de bem-estar e o bem comum são buscadas e alcançadas com maior consistência.

"Pares Paradoxais", Progressos e Desafios e Complexa Superação

As grandes mudanças na economia mundial e no ambiente de negócios, frente a frente com o conjunto das transformações sociodemográficas dos últimos 50 anos, sintetizadas nos dois tópicos anteriores, evidenciam a **difícil conciliação entre as exigências de geração continuada de mais empregos e as causas que pressionam as empresas a buscarem novos e mais rigorosos padrões de produtividade e de competitividade**. Trata-se de um dos mais agudos "pares paradoxais" da economia global neste início do século XXI. Outro "par paradoxal" de alta relevância, entre crescimento econômico e preservação ambiental, será destacado no próximo item.

Há evidentes entrelaçamentos entre as quatro grandes questões mundiais até aqui destacadas: 1. a consolidação da nova ordem geopolítica; 2. as distâncias entre a competitividade das nações; 3. as altas discrepâncias entre os níveis de renda *per capita* e o IDH das nações e as dificuldades para rompimento do círculo vicioso do atraso socioeconômico; e 4. a conciliação entre os esforços para expansão da produtividade dos recursos, condição básica para sustentar posições de competitividade, diante das exigências de geração crescente de postos de trabalho. Mas, a despeito dos desafios paradoxais e das altas discrepâncias entre os padrões de desenvolvimento socioeconômicos entre as nações, têm ocorrido progressos.

O Produto Mundial Bruto tem-se expandido persistentemente desde o segundo pós-guerra. A taxa média mundial de expansão econômica, medida pelas variações do PNB de todos os países totalizados, situou-se entre 3% e 3,5% nos últimos 70 anos. Aplicando-se a taxa mediana, de 3,25% ao ano, linearmente capitalizada, o produto mundial praticamente multiplicou-se por 8,4%, em termos reais. Superou, e por boa margem, o crescimento demográfico, que se multiplicou por 2,7, considerando-se, para o mesmo período, uma taxa anual de expansão demográfica de 1,9%. Junto com a expansão do PNB *per capita,* expandiram-se também as oportunidades de emprego para a massa expandida de força de trabalho. Mas o crescimento da população empregada não se deu na mesma proporção do crescimento do contingente demográfico. Daí o hiato entre a população economicamente mobilizável e a força efetiva de trabalho. Mais ainda: nos últimos 25 anos, o descompasso permaneceu. E as razões disso se encontram na corrida para o aumento da competitividade.

Nos países industriais desenvolvidos, o descompasso entre o aumento do trinômio produtividade-competitividade-produção e o das oportunidades de emprego para a força de trabalho é evidenciado pelo caráter crônico do desemprego involuntário que neles se instalou. Segundo estimativas da *ILO – International Labour Organization*, o número de desempregados no mundo situa-se no intervalo de 200 a 215 milhões de pessoas, a despeito da expansão econômica continuada e do reduzido crescimento populacional. Como E. Giannetti,[9] observou, em análise editada no início dos anos 90, "o caráter crônico do desemprego no Primeiro Mundo tornou-se claro a partir do momento em que o forte crescimento da economia mundial não gerou empregos em quantidade suficiente para reverter o aumento do desemprego verificado desde o primeiro choque do petróleo. Nos últimos 20 anos, a taxa de desemprego passou a ser regida por um novo padrão. Ela não se reduz significativamente durante as fases de expansão da economia, mas tende a crescer a cada nova fase de recessão. O desemprego deixou de ser um fenômeno temporário, ligado ao ciclo econômico, para se tornar um dado permanente da realidade".

Os fatores que explicam essa nova realidade associam-se em parte à entrada maciça das mulheres no mercado de trabalho, à introdução de novas tecnologias que reduzem a demanda pela mão de obra (notadamente a não especializada), às regulamentações públicas que inibem a contratação de mais trabalhadores, decorrentes de custos sociais e previdenciários crescentes que se agregam aos salários. Em grande parte, também são associáveis à corrida pelo aumento da competitividade e aos novos padrões organizacionais e gerenciais introduzidos nas empresas nos últimos 30 anos – particularmente nos últimos 15. Praticamente todos os fatores que justificam as diretrizes de expansão da competitividade desaguam, direta ou indiretamente, na redução do emprego de pessoas e na expansão de outros recursos, por unidade de bens e serviços finais produzidos.

O novo formato organizacional das empresas inclui diretrizes de redução de custos estruturais. Durante as três décadas subsequentes à Segunda Guerra Mundial, ainda prevaleceram os padrões que ensejaram o sucesso das grandes corporações empresariais. Até então, como registra estudo coordenado por Coutinho-Ferraz,[10] "regimes administrativos hierarquizados e divisão especializada de tarefas resultaram em grandes empresas multidivisionais, subdivididas em pirâmides multidepartamentais, com vários níveis de supervisão, linhas verticais de comando e baixo grau de comunicação horizontal". Mas estes tipos de estrutura ficaram no passado. Agora, prevalecem estruturas enxutas, com decrescente número de níveis hierárquicos, horizontalizadas, flexíveis e ágeis.

Esses novos padrões, definidos pelas novas exigências da competitividade em escala global, não favorecem, porém, a redução do desemprego involuntário.

Contrariamente até, implicam a busca por modelos de produção e de gestão intensivos em outros fatores. Em consequência, um novo desafio se somou neste início de novo século a todos os outros que, de alguma forma, já estavam presentes no sistema mundial nas décadas precedentes: como conciliar a expansão da produtividade, para atender a um dos mais importantes requisitos da competitividade, com a expansão das oportunidades de emprego de recursos humanos. Um desafio que, se não solucionado, dificultará a superação de pelo menos outros dois: a universalização das condições materiais do bem-estar e a consolidação da nova ordem geopolítica que emergiu da reconfiguração do sistema mundial.

7.5 A Expansão Econômica e a Preservação Ambiental

Externalidades Ambientais da Expansão Econômica

Outro grande objetivo econômico do mundo em que vivemos tem a ver com a superação de uma outra contradição também definida como "par paradoxal": de um lado, as fundamentadas razões para expansão da produção; de outro lado, as também fundamentadas razões para preservação ambiental. Ocorre que praticamente tudo o que as nações produzem resulta de bases naturais transformadas.

Não há como produzir sem transformar parcelas dos recursos naturais. Diante de escalas de produção gigantescas, são também enormes as pressões sobre o meio ambiente. E as escalas têm crescido em alta velocidade, pela ocorrência simultânea de amplo conjunto de fatores determinantes da expansão da economia mundial. O Quadro 7.7 traz uma listagem não exaustiva desses fatores, agrupados em três categorias – reais, financeiras e institucionais – e registra as crescentes dimensões alcançadas pela economia global nos últimos 15 anos: em termos nominais, quase triplicou, multiplicou-se por 2,7. Já as transações comerciais mais que triplicaram, em decorrência do novo ambiente geoeconômico e geopolítico, de abertura e de integração de mercados. As taxas reais de crescimento mundial, descontadas as variações inflacionárias, foram neste período, de 3,4% ao ano, acumulando uma expansão de 65,1%. Os números parecem pequenos, mas são na verdade assustadores, quanto às suas dimensões. O Quadro 7.7 também sintetiza o significado de uma expansão global de 3,4% anuais, aplicados a um valor de US$ 77,9 trilhões – estimativa do Produto Mundial Bruto de 2014. O crescimento nominal anual é de US$ 2,65 trilhões, um Brasil a mais a cada dez meses. E se esta taxa se mantiver por dez anos, a expansão nominal capitalizada será de US$ 30,92 trilhões, um Estados Unidos a mais a cada seis anos. Há uma diferença gigantesca entre o crescimento de 3,4% de um grão de ervilha (quase imperceptível a olho nu) e dos mesmos 3,4% aplicados ao gigantismo da economia global (perceptível pelas dimensões historicamente inusitadas das grandes empresas de atuação mundial, como pelo movimento nas ruas e logradouros públicos, não só de grandes centros urbanos, mas também de cidades de menor porte). Vivemos, na realidade, uma nova era, caracterizada pela expressão "economia de massas".

QUADRO 7.7
Fatores determinantes da expansão da economia mundial. Dimensões e significado do crescimento global.

Categorias	Listagem de fatores

Reais	❏ Dimensões da economia: escalas "assustadoras", sem precedentes.
	❏ Peso crescente das emergências ascendentes:
	  ✓ Nações emergentes. Novos centros de gravidade econômica. A ascensão da Ásia.
	  ✓ Empresas emergentes. Mudanças nos *rankings* globais das grandes companhias.
	  ✓ Classes scioeconômicas emergentes. A redução dos indicadores de pobreza absoluta e extrema.
	❏ A distribuição do Produto Mundial Bruto: altos potenciais de crescimento de novos mercados. A inclusão de 5 bilhões de "novos consumidores".
	❏ Desfronteirização: crescimento acelerado dos fluxos reais e financeiros entre os países.
	❏ Fluxo de investimentos mundiais sem precedentes históricos, quanto às suas dimensões.
	❏ Crescimento demográfico, embora desacelerado, mas com mudanças sociais e aspirações em alta.
	❏ Descartabilidade e revoluções tecnológicas.
	  ✓ Obsolescência tecnológica antecipando-se à funcional.
	  ✓ Incentivos para aceleração da renovação dos estoques de bens duráveis.
	  ✓ Consumo e investimentos fortemente estimulados.

Financeiras	❏ Liquidez internacional: juros "palatáveis" nos grandes mercados de crédito.
	  ✓ Dimensões do mercado de capitais:
	  ✓ Crescimento das operações de fundos de investimentos.
	  ✓ Abertura de capital de novas empresas nos novos centros de gravidade econômica.

Institucionais	❏ Avanços nos processos de abertura econômica:
	  ✓ Integração de mercados nacionais.
	  ✓ Acordos internacionais bilaterais e multilaterais.
	❏ Transposição de focos ideológicos:
	  ✓ Dos antagonismos radicais para desradicalizações e convergências.
	  ✓ Dos propósitos igualitaristas para os objetivos mundiais à inclusão.

Indicadores		Expressões nominais em US$ trilhões							
		2000	2002	2004	2006	2008	2010	2012	2014
❏ Produto Mundial Bruto		31,8	33,0	41,7	50,1	63,0	65,2	73,4	77,9
❏ Comércio mundial	Mercadorias	6,0	6,3	9,0	11,9	15,8	15,0	18,1	18,8
	Mercadorias e serviços	7,5	7,9	11,3	14,8	19,6	18,7	22,4	23,5

Significado do crescimento mundial, a 3,4% anuais sobre US$ 77,9 trilhões		
Crescimento absoluto		**Significado**
Anual	US$ 2,65 trilhões	Um Brasil a cada 10 meses.
Em dez anos	US$ 30,92 trilhões	Um Estados Unidos a cada 6 anos.

Fonte: IMF – International Monetary Fund. *World Economic Outlook.* Oct. 2015.

Ocorre, porém, que o estancamento, por questões ambientais, deste ritmo de expansão, tem visíveis **externalidades negativas**. E seriam também negativas as externalidades ambientais de sua continuidade desenfreada. Daí porque preservar as bases naturais e, simultaneamente, expandir a produção, chega a ser uma contradição de propósitos. Há evidências suficientes para comprovar que o aumento da produção por habitante, acompanhado de crescente densidade demográfica e maior expressão do produto industrial em relação à produção agregada, criam pressões significativas sobre as bases naturais. A qualidade ambiental se degrada, reservas são exauridas, reduz-se a biodiversidade e comprometem-se, de alguma forma, a continuidade e a capacidade futura de reprodução desse mesmo processo.

As **externalidades negativas** relacionadas à degradação ambiental e decorrentes dos padrões com que a expansão da produção tem ocorrido envolvem uma categoria complexa de "depreciação", como a diminuição da camada de ozônio, a devastação de florestas e a desertificação; a ocorrência de chuvas ácidas; a acumulação de lixos não recicláveis; a extinção de espécies e a contaminação de recursos vitais, como o ar e as águas. Algumas destas ocorrências assumem proporções alarmantes:

- As emissões de metano, óxidos nitrosos, CFCs (clorofluorcarbonos) e dióxido de carbono aumentaram 12 vezes nos últimos 40 anos. Em 2010, só as emissões de dióxido de carbono atingiram 4,6 toneladas por habitante, em média mundial. Esses gases quebram as moléculas de ozônio que se mantêm a 25 mil metros da superfície da Terra, mantendo calor na medida certa para as diferentes formas de vida que habitam o planeta. Esta camada ficou 2% mais fina, permitindo que 4% a mais de raios ultravioleta atinjam a Terra. A temperatura está em elevação e poderá aumentar 3 graus nas próximas cinco décadas, se persistir a velocidade com que a poluição vem ocorrendo e se forem corretas as simulações elaboradas pela comunidade científica. Uma mudança desta ordem teria consequências graves: as regiões situadas abaixo do nível do mar seriam encobertas pelo degelo das "neves eternas"; nas regiões de médias latitudes a produção de grãos se tornaria impraticável; e nos trópicos muitas formas de vida, entre elas a humana, não resistiriam.

- Nos últimos 20 anos, as áreas cobertas por florestas foram reduzidas em mais de 250 milhões de hectares. Em 2014, representavam 31,0% da área terrestre do planeta; em 1990, eram 36,5%. A extinção de coberturas nativas reduz a biodiversidade e pode provocar erosões que degradam os solos cultiváveis e assoreiam cursos de água. Esse processo já teria removido 480 bilhões de toneladas de camadas superficiais – mais do que toda a área usada pela agricultura dos Estados Unidos.

- As emissões de dióxido de enxofre por usinas termoelétricas no hemisfério norte provocam chuvas ácidas que causam danos ambientais de difícil reparação. Na América do Norte, essas chuvas afetaram as florestas coníferas nos Apalaches e pelo menos 10% dos lagos da região de Adirondack, na porção noroeste do continente. Na Europa, só nas duas últimas décadas do século XX foi emitido 1,6 bilhão de toneladas desse gás, afetando principalmente a região oriental, onde 40% das florestas foram prejudicadas.

❑ Compostos tóxicos e lixos radioativos se acumulam em todas as partes, sem ter mais onde ser descartados. No hemisfério norte continuam a ser acumulados anualmente 540 milhões de toneladas de resíduos tóxicos e 400 mil metros cúbicos de lixos radioativos. Embora a produção desses materiais não recicláveis esteja em queda livre, sua redução para zero ainda está distante: a matriz intersetorial de insumo-produto ficaria com células vazias se seu suprimento fosse interrompido, inviabilizando a geração de bens e serviços considerados vitais.

A ampla difusão dos efeitos desses processos ampliou a consciência social, desde as duas últimas décadas do século XX, sobre a necessidade de maior controle da degradação ambiental. O conhecimento das ameaças da degradação modificou o comportamento da sociedade. Os agentes econômicos parecem mais sensíveis às exigências da preservação das reservas naturais. Organizações não governamentais proliferaram em todos os cantos do planeta, forçando a produção legislativa de proteção ambiental e estimulando condutas preservacionistas voluntárias. Os governos se empenham em programas dirigidos para essa finalidade. As empresas consideram que a adequada relação produção-ambiente é fator crítico para seu posicionamento estratégico. E as unidades familiares tendem a rejeitar produtos ecologicamente incorretos.

Em pesquisa de alcance mundial desenvolvida pela PwC,[11] *Five global megatrends,* uma das questões cruciais destacadas foi o impacto do ritmo e da aceleração do crescimento global sobre as mudanças climáticas e a escassez de recursos naturais básicos: "consequentemente, as preocupações com a sustentabilidade foram trazidas para o radar dos dirigentes dos grandes grupos empresariais, em todo o mundo. Alguns grupos estão adotando agendas de responsabilidade social e ambiental. Outros tentam reduzir suas emissões de carbono. Muitos colocam entre seus objetivos estratégicos a redução do impacto de seus negócios sobre os ambientes e as comunidades em que operam. Mas isto é só começo. Os líderes de vanguarda buscam formas de criação de produtos e serviços de qualidade sem quaisquer externalidades negativas, não apenas pela necessidade de lidar com os riscos crescentes que ameaçam suas cadeias de suprimentos, como para reduzir a dependência de recursos naturais cada vez mais escassos e também para fortalecer a reputação das companhias que dirigem. E são atitudes voluntárias, que correm paralelamente aos maiores níveis de regulação pelos governos para controle das mudanças ambientais".

Desenvolvimento Sustentável: Significado e Mecanismos

O comportamento, induzido ou voluntário, dos agentes econômicos em relação à busca de soluções para o conflito entre a expansão da produção e a preservação ambiental tende para a consolidação universal de um novo conceito – o de **desenvolvimento sustentável**. Seu significado pode ser resumido em uma única palavra, proposta por S. Schmidheiny,[12] **ecoeficácia**.

Desenvolvimento sustentável ou **ecoeficácia** têm a ver com novas concepções de produção, fundamentadas em recursos básicos, processos e produtos que atendam às necessidades presentes, em escalas crescentes, mas sem comprometer a capacidade de as futuras gerações atenderem também aos padrões de necessidades que vierem a definir. Estas novas concepções não implicam que o acesso às bases naturais deva ser bloqueado. No limite, ações extremadas de bloqueio podem levar à paralisia do processo produtivo e a travamentos que impediriam a superação de outros desafios também relevantes, como os relacionados à universalização das condições materiais de bem-estar. Implicam, porém, **sustentabilidade das bases naturais** via soluções que vão desde as tecnologias de reciclagem até ações antiextinção de reservas não renováveis, passando pela redução da relação quantitativa insumos-produtos e convergindo para estratégias de competição fundamentadas em insumos-processos-produtos ecologicamente corretos. Em síntese, estas novas exigências implicam a definição de modelos operacionais em algum ponto entre o preservacionismo radical, ameaçador das exigências de crescimento, e o crescimento radical a quaisquer custos ecológicos, ameaçador das exigências de sustentação das reservas básicas.

Dois meios podem ser empregados para a operação de cadeias produtivas ecoeficazes: **a imposição de rigorosos controles pelos governos e a conscientização dos agentes econômicos**. De um lado, a coersão; de outro, a consciência ambiental livremente praticada. Mas enquanto a conscientização não se estabelece, as formas coercitivas são inevitáveis. Em síntese, os mecanismos que têm viabilizado a operacionalização desses novos conceitos resumem-se em três categorias:

- Imposição de controles diretos.
- Incorporação das externalidades negativas aos custos de produção.
- Autorregulação.

Controles diretos. Trata-se de abordagem fundamentada no comando da sustentatibilidade ambiental pelo governo, apoiado em instrumentos legais e na imposição de padrões para utilização de reservas naturais e na definição de tecnologias de processo produtivo que reduzam efeitos nocivos sobre o ambiente em que as empresas operam. A eficácia de mecanismos desse tipo deriva das penalizações impostas aos agentes econômicos que se desviarem dos padrões estabelecidos. Por isso, em muitos países, como no Brasil, há procedimentos que se definem como crimes ecológicos inafiançáveis. A rigidez no trato dos desvios é, no caso, justificada pelos benefícios sociais de longo prazo da ecoeficácia.

Incorporação de externalidades negativas a custos. Trata-se de abordagem de fundamentação econômica, via emprego de instrumentos tributários. Baseia-se no **princípio do pagamento pelo poluidor, PPP**. Os custos difusos em que a sociedade como um todo incorre pelas externalidades negativas geradas por empresas poluidoras são, no caso, ressarcidos por tributos pagos por essas empresas. A eficácia dessa categoria de controle é função direta dos danos que a internalização dos custos da degradação ambiental causam à capacidade de competição das empresas tributadas. O objetivo primordial é estimular tecnologias de produção que reduzam a zero as externalidades negativas – desonerando assim as empresas desse custo adicional. Embora geralmente eficaz, essa categoria de controle esbarra em pelo menos duas dificuldades. A primeira é calcular os custos das externalidades tributáveis. A segunda é evitar que os custos internalizados sejam compensados e assimilados pelas empresas, que então prosseguirão nos procedimentos que geraram sua cobrança.

Autorregulação. Trata-se de abordagem não fundamentada em constrangimentos legais ou tributários. O monitoramento das práticas que degradam direta ou indiretamente o meio ambiente resulta mais da conscientização sobre seus efeitos sobre a sociedade como um todo do que de quaisquer formas de penalização. As iniciativas do governo e as de organizações não governamentais, que se avolumaram nos últimos dez anos, na direção de conscientizar a sociedade dos dados causados pela degradação ambiental, formaram a base para a eficácia de processos autorregulados de desenvolvimento sustentável. As unidades familiares questionam, em escala crescente, produtos ecologicamente incorretos – dispositivos como o "selo verde" começam a ser fatores de vantagens competitivas. Em resposta, as empresas veem a ecoeficácia como uma oportunidade estratégica para seus negócios; se não aproveitada, pode reverter-se em ameaça estratégica. A postura reativa à regulamentação governamental e à ação de organizações ambientalistas tem sido substituída por posturas proativas, em todas as etapas da "cadeia de valores ambientais" – dos materiais empregados, passando pela pesquisa e desenvolvimento de tecnologias, pela manufatura e pela informação dos usuários dos produtos finais, chegando até ao reprocessamento após-uso. Instrumentos de gestão como **TQEM – Total Quality Environmental Management** têm sido voluntariamente adotados. Certificações da "qualidade ambiental" de produtos, do tipo **ISO 14000**, têm sido buscadas como diretriz estratégica, antes mesmo que sejam requisitos impostos por nações mais conscientizadas e por mercados mais exigentes. Em síntese: pela autorregulação, a ecoeficácia não resulta apenas de fatores como responsabilidade social, mas de posturas proativas que definam a qualidade ambiental do trinômio materiais-processos-produtos como fator crítico de sucesso no posicionamento estratégico das empresas.

A Conciliação da Eficiência Econômica com a Liberdade Política

7.6 O Desafio-síntese: uma Grade Referencial

Os cinco grandes desafios econômicos que destacamos, não obstante digam respeito a uma multiplicidade de questões, que vão da consolidação da nova ordem geopolítica à realização do desenvolvimento sustentável, são fortemente correlacionados entre si e podem, por isso mesmo, ser sintetizados por duas expressões-chave, ambas definidas a partir de novos padrões institucionais, culturais e comportamentais: o **desempenho socioeconômico** e as **liberdades políticas**. Os novos padrões de desempenho socioeconômico resultam da reelaboração avançada das questões-chave da economia, incorporando às definições usuais de eficiência produtiva, eficácia alocativa e justiça distributiva,

FIGURA 7.9
A conciliação de desempenho socioeconômico satisfatório com amplas liberdades políticas: uma síntese dos grandes desafios do mundo em que vivemos.

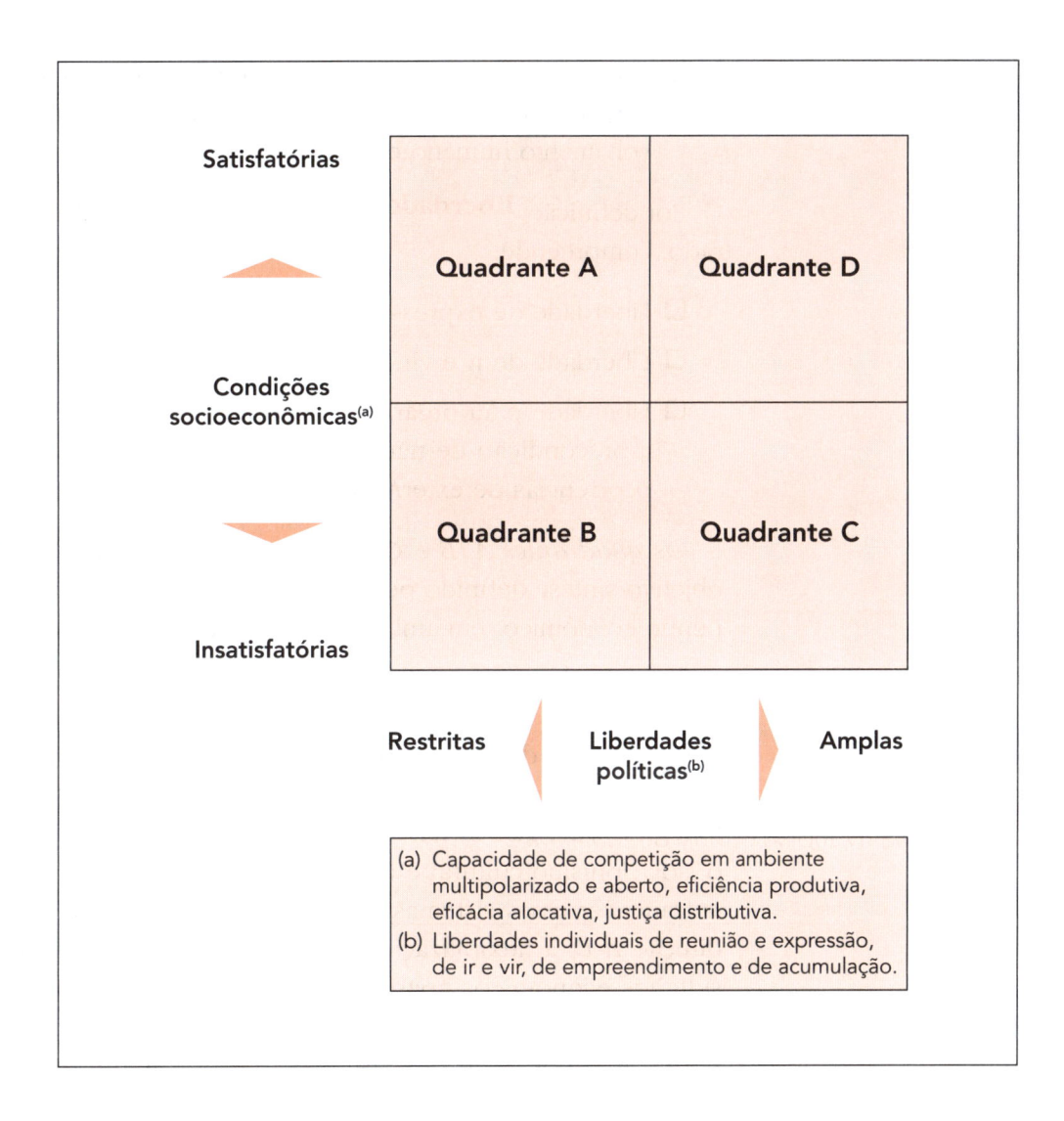

	Restritas	Amplas
Satisfatórias	Quadrante A	Quadrante D
Insatisfatórias	Quadrante B	Quadrante C

Condições socioeconômicas[a] / Liberdades políticas[b]

(a) Capacidade de competição em ambiente multipolarizado e aberto, eficiência produtiva, eficácia alocativa, justiça distributiva.
(b) Liberdades individuais de reunião e expressão, de ir e vir, de empreendimento e de acumulação.

os requisitos mais recentes de competitividade em escala global e de sustentabilidade do desenvolvimento. E os novos padrões das liberdades políticas também resultam da reconsideração dos conceitos convencionais de liberdade de expressão, de reunião, de organização e de ir e vir, incorporando os pressupostos da desradicalização ideológica.

Estas duas expressões-sínteses podem ser transpostas para uma grade referencial, como a da Figura 7.9. Ali se definem quatro quadrantes, diferenciáveis pelos padrões do desempenho econômico e das liberdades políticas.

Por definição, **desempenho socioeconômico satisfatório**, em conceito abrangente e reelaborado, incorporando os grandes desafios mundiais, compreende:

❑ Capacidade de competição em ambiente multipolarizado, aberto e integrado a esferas de coprosperidade.
❑ Eficiência produtiva, em seu sentido convencional.
❑ Eficácia alocativa, em seu sentido convencional e também no de ecoeficácia, abrangendo a realização do desenvolvimento sustentável.

❏ Justiça distributiva, abrangendo, além dos conceitos convencionais de equitatividade e de pobreza zero, extrema e absoluta, altos índices de desenvolvimento humano e social.

Por definição, **liberdades políticas amplas,** também em conceito reelaborado, compreende:

❏ Liberdade de expressão e de reunião.

❏ Liberdade de ir e vir.

❏ Liberdade para organização, para empreender e acumular riquezas, sob a precondição de não ser controladas e, no limite, eliminadas, todas as ocorrências de externalidades negativas.

Os *quadrantes A, B* e *C* da Figura 7.9 sintetizam posições distanciadas do objetivo-síntese definido pelo *quadrante D*: a realização de satisfatório desempenho econômico, em ambiente de amplas liberdades políticas.

No passado, muitos países foram durante algum tempo mantidos dentro dos limites do *quadrante A*. Sistemas autoritários de governo, alguns sustentados pela disciplina do monopartidarismo, conseguiram por algum tempo produzir resultados econômicos descritos como satisfatórios. Mas a inflexibilidade estratégica, irmã gêmea da centralização autoritária; a introversão da economia; o isolacionismo cultural e a concentração burocrática do poder acabaram por enfraquecer esses sistemas. Foram assim raros os casos de deslocamentos na direção *A-D*: a flexibilização política dificilmente é praticada enquanto os resultados econômicos aparentes são satisfatórios; afinal, o bom desempenho da economia é apresentado como justificativa para a alternativa autoritária de poder. A maior parte dos sistemas que por algum tempo permaneceram no *quadrante A* deslocou-se na direção *A-B*. Os sistemas políticos ditatoriais dificilmente conduzem a bons resultados socioeconômicos ao longo do tempo. Acumulando disfunções de todo tipo, o desempenho econômico acaba por ser comprometido. Foi o que ocorreu com os modelos autoritários do Leste Europeu e da antiga URSS e com as estruturas militaristas de poder da América Latina. A gradual abertura da China e de outras economias emergentes da Ásia também são exemplos de sistemas centralizados em transição.

No *quadrante B* posicionam-se ainda raros países. A passagem por este quadrante tende a ser de curta duração. O insatisfatório desempenho da economia, revelando equívocos estratégicos da estrutura autoritária, torna difícil a manutenção do poder. Além de hegemonias ainda fechadas da Ásia, como as do Laos e da Coreia do Norte e, nas Américas, como a de Cuba, são exemplos de resistência neste quadrante. Em Cuba, a predisposição para a abertura econômica não está ainda estendida ao eixo político.

No *quadrante C* ou na transição *B-C* encontram-se porções expressivas do sistema mundial. A Europa Central e a CEI, a quase totalidade da América Latina, países da África politicamente modernizados e expressões nacionais pré-emergentes da Ásia posicionam-se aí. A direção-objetivo é *C-D*. Pela rejeição mundial a retrocessos institucionais, provavelmente serão raros os casos de trajetória tipo *C-B*. E, ainda que ocorram, tendem a ser transitórios. Retrocessos no eixo político já não se coadunam mais com os tipos de solução que se preconizam para os grandes desafios econômicos do mundo atual.

No *quadrante D*, definido como objetivo-síntese, encontram-se, como regra, os países que apresentam altos índices de desenvolvimento humano e social – *IDH* e *IDS*. Todos os países do primeiro quartil da Tabela 7.7 preenchem as condições que definem, nos dois eixos, esse quadrante-objetivo. Desvios que se verifiquem nesses países, em relação aos conceitos reelaborados de desempenho econômico satisfatório e de amplas liberdades políticas, tendem a ser mais casos isolados do que generalizados. Esses países, em princípio, são os que, em termos comparativos, se encontram mais aptos para enfrentar os grandes desafios globais do terceiro milênio.

RESUMO

1. As questões econômicas do mundo em que vivemos dizem respeito a pelo menos cinco grandes desafios. O primeiro é a **consolidação da nova ordem geopolítica** que emergiu da desradicalização político-ideológica e da reassimilação leste-oeste ocorridas nos anos 90. O segundo é a **distância entre as condições de competitividade das nações**. O terceiro é a **universalização do desenvolvimento**: um desafio que implica o rompimento dos círculos viciosos do retardamento econômico, há muito tempo instalado em grande número de países pobres. O quarto é **conciliar a expansão da competitividade das empresas**, que implica tecnologias avançadas de produção e de gestão e estruturas organizacionais enxutas, com a **expansão das oportunidades de emprego** para a população economicamente mobilizável. E a quinta é a **sustentação do crescimento econômico**, em face das **exigências globais de preservação do meio ambiente**. Estas cinco questões podem ser sintetizadas em uma só: a conciliação de desempenho econômico satisfatório com liberdades políticas amplas.

2. O primeiro grande desafio tem estreitas relações com a **consolidação da nova tendência político-ideológica centrípeta** – o que implica a superação de confrontações ancoradas em radicalismos. Desde o pós-guerra até a primeira metade dos anos 80, o mundo ficou dividido entre duas ideologias antagônicas. O modelo era bipolar, fundamentado em radicalizações políticas. Mas desde o início dos anos 90 consolida-se uma nova ordem geopolítica multipolar, centrada na capacidade de competição de grandes blocos no campo econômico. A consolidação dos processos de integração econômica, que dão suporte à nova ordem geopolítica, e a dilatação das esferas de coprosperidade que dela decorrem sintetizam esse primeiro desafio.

3. O segundo grande desafio é a **superação, pela maior parte das nações, de suas distâncias entre às mais bem posicionadas no ranking global da competitividade**. Entre os novos fundamentos estratégicos definidos pela nova ordem geoeconômica e geopolítica, um dos mais relevantes foi a abertura de mercados, a formalização de pequenos acordos comerciais entre nações e a constituição de blocos econômicos. Os destaques são a União Europeia, o NATFA e a recente iniciativa de constituição do Tratado Comercial do Pacífico. Estas mudanças levaram ao fim da era protecionista e à transição para a era da competição. Mas as nações que desfrutam de altos índices de competitividade para o bom desempenho na economia global são uma pequena parcela do todo: apenas um quarto dos outros três quartos, pequeno subconjunto, de 15%, está em transição para o conjunto su-

PALAVRAS E EXPRESSÕES-CHAVE

- ❏ Ordem geopolítica
  - ✓ Hegemonia unipolar
  - ✓ Bipolarização
  - ✓ Multipolarização
- ❏ Integração econômica
  - ✓ Bloco econômico
  - ✓ Área de livre comércio
  - ✓ Mercado comum
  - ✓ União alfandegária
  - ✓ União aduaneira
  - ✓ Esfera de coprosperidade
- ❏ Pilares de competitividade
  - ✓ Instituições
  - ✓ Infraestrutura
  - ✓ Condições sociais
  - ✓ Ambiente macroeconômico
  - ✓ P&D e inovações
  - ✓ Eficiência e dimensões dos mercados
- ❏ "Pares paradoxais"
  - ✓ Competitividade *versus* expansão do emprego
  - ✓ Expansão da produção *versus* preservação ambiental
- ❏ Indicadores de desenvolvimento
  - ✓ PNB *per capita*
  - ✓ IDH – Índice de Desenvolvimento Humano
- ❏ Círculo vicioso do atraso
  - ✓ Disponibilidade deficiente de recursos
  - ✓ Baixo PNB *per capita*
  - ✓ Baixa capacidade de acumulação
  - ✓ Baixa produtividade
  - ✓ Baixa competitividade
  - ✓ Perpetuação do baixo PNB *per capita*
- ❏ Externalidades
  - ✓ Negativas
  - ✓ Positivas
- ❏ Desenvolvimento sustentável
- ❏ Ecoeficácia

perior; 85% estão ainda muito distantes das condições exigidas para a competição em ambiente de franca abertura econômica. As distâncias entre as nações são ainda enormes.

4. O terceiro grande desafio está fortemente relacionado aos dois primeiros: a **universalização do desenvolvimento**. Neste início do primeiro milênio são ainda de grandes proporções as diferenças de padrões de desenvolvimento entre os países. A maior parte apresenta baixos níveis de PNB *per capita* e índices insatisfatórios de desenvolvimento humano e social. Em relação ao Produto Mundial Bruto, 75,0% são realizados por 26,4% da população mundial. Isso implica, obviamente, que 73,6% da população do planeta realizam e têm acesso a apenas 25,0% do que é produzido. As distâncias se evidenciam por um conjunto de outros indicadores, sintetizados em índices que variam de um a zero, significando ótimas e precárias condições de desenvolvimento. Pois há nações de índice 0,943; outras, com 0,389. Nas primeiras, a expectativa de vida ao nascer supera 80 anos, nas do extremo oposto, é de 50 anos.

5. A dificuldade maior para a universalização do desenvolvimento está no caráter crônico que o atraso econômico assumiu em muitos países pobres. Uma espécie de círculo vicioso geralmente se estabelece quando o PNB *per capita* é muito baixo. Este círculo dificulta não só a satisfação de necessidades de consumo, como de acumulação. E a acumulação insuficiente, que se soma à baixa capacitação profissional da população, conduz a baixos níveis de produtividade e de produção, fechando-se um círculo crônico de difícil superação.

6. O quarto grande desafio é também um subproduto da nova ordem geopolítica: **conciliar a expansão da competitividade das empresas com a expansão das oportunidades de emprego para a força disponível de trabalho**. Trata-se de um "par paradoxal", pois há extensas listas de razões que justificam tanto a busca por competitividade quanto a necessidade de expansão das oportunidades de emprego. As exigências de competitividade derivam da multipolarização, da integração de economias nacionais, da liberalização do comércio mundial e da queda de barreiras para entrada de novos concorrentes em praticamente todos os mercados. Não há como fugir a esta exigência. Todavia, entre os atributos associáveis à competitividade, um dos mais relevantes é a operação com estruturas organizacionais enxutas, focadas em produtividade e em adoção de tecnologias avançadas. E as operações produtivas com estes atributos têm dificultado a diminuição do desemprego involuntário, notadamente em nações com baixos índices de competitividade e taxas ainda altas de crescimento populacional. Nestas, é alta (47,2%) a proporção de empregos vulneráveis e precários. Em termos mundiais, os índices de desemprego são resistentes e altos, especialmente entre os jovens (12,7%), perto de três vezes superior ao de adultos (4,5%). A estimativa do número de desempregados oscila entre 200 e 215 milhões, 6,1% da faixa etária produtiva da população mundial.

7. Outro grande desafio tem a ver também com o enfrentamento de um outro "par paradoxal": de um lado, as fundamentadas razões para a **expansão da produção de bens e serviços**; de outro, as inquestionáveis razões para a **preservação ambiental**. Ocorre, porém, que praticamente tudo o que é produzido provém da transformação de recursos naturais do planeta em que vivemos. Não há como produzir sem transformar parcelas dos recursos naturais; e, diante de escalas de produção gigantescas e crescentes, são também enormes as pressões sobre o meio ambiente. A degradação ambiental, como resultado de processos produtivos e de produtos ecologicamente incorretos, já causou danos de difícil reparação; mas, em contrapartida, conscientizou a maior parte das nações sobre a necessidade de posturas preservacionistas. Um novo comportamento dos agentes econômicos – governo, empresas e unidades familiares – pode conduzir à operacionalização de um novo conceito, o de **desenvolvimento sustentável**: o atendimento, ainda que em escalas crescentes, das necessidades presentes, sem comprometer a capacidade de as futuras gerações também atenderem aos padrões de necessidades que vieram a definir.

8. Estes cinco grandes desafios do mundo econômico em que vivemos, embora implique ampla listagem de questões cruciais, podem ser sintetizados na conjunção de duas conquistas-chave: **desempenho socioeconômico satisfatório** e **liberdades políticas amplas**, ambas sob condição de não gerarem externalidades negativas crescentes, que deteriorem os fundamentos que as suportam. Mas são poucos os países que se enquadram no quadrante de excelência de uma grade referencial que combina quatro posicionamentos em relação a estas duas conquistas simultaneamente. Os que as conquistaram, em sua plenitude e com sólidas perspectivas de as manterem ao longo do tempo, provavelmente não chegam a um décimo em relação à totalidade dos países – e menos ainda em relação à população mundial.

QUESTÕES

1. Richard Gill, professor de economia em Harvard, observa que "as questões econômicas globais e os grandes desafios do mundo em que vivemos são de uma extensão não registrada pela história em épocas passadas. Diante desses desafios, a economia não reúne condições para, sozinha, encontrar todas as soluções". Para destacá-la mais, grifamos a palavra *sozinha*. Discuta as razões deste destaque, refletindo sobre a busca multidisciplinar de soluções.

2. Mostre as diferenças fundamentais entre a nova ordem geopolítica que está em processo de consolidação nestas duas primeiras décadas do século XXI e as que prevaleceram até a primeira metade do século passado e no segundo pós-guerra até meados dos anos 80.

3. Do ponto de vista geopolítico, mostre as diferenças entre hegemonia unipolar, bipolarização político-ideológica e multipolarização econômica.

4. A expressão **macroparcerias internacionais** pode ser empregada para indicar diferentes modelos de iniciativas de integração econômica articuladas em várias regiões do mundo e em todos os continentes. Que vantagens e desvantagens podem resultar dessas iniciativas?

5. A universalização do desenvolvimento econômico, social e humano pode ser destacada como um dos maiores desafios que o século XX transferiu para o XXI. Você acredita que as distâncias entre países ricos e pobres deverão diminuir? Ou se ampliarão ainda mais? Justifique sua resposta.

6. O conceito de **esfera de coprosperidade** tem muito a ver com o processo de universalização do desenvolvimento. Ele já ocorreu em algum bloco de integração? Seria o caminho daqui para a frente para reduzir disparidades internacionais? Ou contribuiria para agravar e tensionar ainda mais as relações econômicas internacionais?

7. O PNB *per capita*, como indicador de desenvolvimento, exige a complementação de outros indicadores. Quais os que seriam mais importantes em sua opinião? Os índices de desenvolvimento humano e social que têm sido propostos nos últimos anos captam realmente tudo o que é relevante? Ou outras indicações devem ser ainda consideradas?

8. Uma das maiores dificuldades para superação das precárias condições econômicas e sociais dos países pobres é a instalação de um **círculo vicioso do atraso**. Explique em que consiste. E destaque um ou mais pontos-chave para sua remoção.

9. Quais são os principais pilares que definem as condições de competitividade das nações? O Brasil integra o grupo de países do topo do *ranking* global da competitividade? Comente o posicionamento comparativo do Brasil.

10. A competitividade empresarial é uma das exigências para o desenvolvimento neste final de século. Explique cada um dos seguintes motivos que a impulsionam: a) multipolarização; b) integração de economias nacionais; c) liberalização do comércio; d) inovação acelerada; e) queda de barreiras de entrada para novos concorrentes em praticamente todos os mercados; e f) escalabilidade.

11. Explique cada um dos seguintes motivos para expansão do emprego da força de trabalho: a) crescimento da população economicamente mobilizável; b) maior presença da mulher na força de trabalho; c) remoção do desemprego involuntário;

d) aspirações sociais em alta; e) redução das situações de pobreza extrema ou absoluta; f) redução da criminalidade; e g) princípios morais.

12. As taxas de desemprego no mundo – que resultam em mais entre 200 e 2015 milhões de pessoas involuntariamente desempregadas – são resistentes ao longo do tempo: há 15 anos mantêm-se em 6,2% da população economicamente mobilizável. Destaque, de um lado, as razões para a redução consistente desta taxa; de outro lado, as dificuldades.

13. Explique por que a promoção concomitante da competitividade das nações e a geração de empregos define um "par paradoxal".

14. O Japão se caracteriza como altamente competitivo e, nele, o desemprego involuntário é um dos mais baixos entre os países industriais avançados. Realmente, o aumento da competitividade empresarial e a expansão do emprego da população economicamente mobilizável são incompatíveis? Justifique sua resposta.

15. Um dos mais agudos "pares paradoxais" do mundo em que vivemos e das sociedades do futuro é o que se estabelece entre a expansão econômica e a preservação ambiental. Cite e comente diferentes tipos de externalidades negativas relacionadas à degradação ambiental, decorrentes dos padrões com que o aumento da produção se processou nas últimas décadas, tanto em países industriais desenvolvidos, quanto em países de baixa renda.

16. O que significam as expressões **desenvolvimento sustentável** e **ecoeficácia**?

17. Discorra sobre a expressão **externalidades negativas**.

18. Para promover o desenvolvimento sustentável, três mecanismos podem ser empregados: a) a imposição de controles diretos; b) a internalização dos custos ambientais pelas empresas; e c) a autorregulação. Compare-os, quanto a suas eficácias.

19. Os grandes desafios econômicos do mundo atual podem ser sintetizados em duas expressões-chave: o desempenho econômico satisfatório e as liberdades políticas amplas. Esclareça seus significados.

20. Construa uma grade de quatro quadrantes com os desafios sínteses do mundo atual. Subdivida o desempenho em satisfatório e insatisfatório; as liberdades, em restritas e amplas. Indique, na grade, países posicionados em cada quadrante. Em sua percepção, onde se encontra o Brasil? E qual sua trajetória provável a médio-longo prazo?

Parte II
Teoria Microeconômica Básica

- ❑ O Mercado: Estruturas e Mecanismos Básicos
- ❑ Os Comportamentos dos Consumidores e Produtores
- ❑ O Mercado sob Concorrência Perfeita
- ❑ O Monopólio e os Oligopólios
- ❑ A Eficiência Social das Diferentes Estruturas

8

O Mercado: Estruturas e Mecanismos Básicos

Os mercados podem ser, efetivamente, instrumentos de organização da economia. Embora as diferentes estruturas de mercado não sejam igualmente eficientes do ponto de vista social, outros mecanismos de organização da economia não produziram resultados equivalentes aos que as modernas economias conseguiram através do mercado. Mercados transparentes e atomizados, em que os preços são parâmetros de informações e decisões, podem gerar eficiência econômica em escala ótima e maximização do bem-estar social. E, mesmo por mercados menos perfeitos, podem transitar resultados de interesse social, como economias de escala e progresso técnico.

CLEM TISDELL
Microeconomics: the theory of economic allocation

O conceito de mercado, a descrição de sua tipologia e a classificação de suas principais estruturas serão nosso ponto de partida no estudo da microeconomia básica. Embora vários conceitos de mercado sejam possíveis, o que enfatiza seus atributos econômicos fundamenta-se nas tensões decorrentes de duas forças, em princípio antagônicas – as da procura e as da oferta. Os fatores que as determinam e suas configurações definem antagonismos e conflitos de interesse, que, no entanto, tendem para soluções, à medida que se estabelecem as relações de troca que equilibram os interesses envolvidos. Em mercados de escambo, sem intervenção monetária, essas relações se definem por quantidades de troca equivalentes; em mercados monetizados, por preços e remunerações. Nos dois casos, as negociações que se estabelecem entre os agentes envolvidos tendem sempre para uma posição de equilíbrio. Preços de equilíbrio são, assim, resultados de tensões e conflitos solucionados através do entrechoque das forças de oferta e de procura, que se manifestam e se movimentam em diferentes tipos de mercado.

As conformações básicas da procura e da oferta expressas por escalas ou curvas são, em princípio, opostas. Os fatores que as determinam, embora não necessariamente conflituosos em todos os aspectos, são de naturezas diferentes. E os deslocamentos de cada uma dessas expressões decorrem também de diferentes motivos. Cada um desses fatores e motivos se expressa nos mercados, em que as forças dos que exercem a oferta e a procura podem ou não ser equivalentes.

A equivalência de forças é obviamente maior nos mercados em que a concorrência entre os agentes envolvidos é descrita como "perfeita". Onde prevalecem "imperfeições", as forças em choque geralmente não se equivalem. E outras características que as configuram podem também desequilibrar o livre jogo das forças da oferta e da procura. Consequentemente não são iguais, em diferentes estruturas de concorrência, os resultados aferidos pelos agentes econômicos envolvidos. E, em uma avaliação de maior abrangência, os resultados sociais também diferem de uma estrutura para outra.

Tratando passo a passo cada um destes aspectos, destacaremos agora:

❑ O conceito econômico de mercado: tipologia e principais estruturas.

❑ A procura e a oferta: conformações básicas, fatores determinantes, deslocamentos e elasticidades.

❑ O equilíbrio de mercado: o intercruzamento da procura e da oferta.

❑ As funções do mercado: a alocação de recursos e a coordenação do processo econômico como um todo.

❑ As imperfeições do mercado e as intervenções regulatórias.

8.1 O Mercado: Conceito, Tipologia e Estruturas

O Conceito Econômico de Mercado

Em sua acepção primitiva, a palavra **mercado** dizia respeito a um lugar determinado onde os agentes econômicos realizavam suas transações. Os textos de história econômica citam os grandes mercados da Antiguidade, como o de Marselha, no Mediterrâneo; de Bizâncio e de Calcedônia, na Ásia; de Náucratis, no Egito; de Veneza e de Gênova, na Itália medieval. Em sua *História geral da economia,* M. Weber[1] descreve como os senhores feudais da Alta Idade Média estabeleciam mercados em seus territórios, concedendo o privilégio de sua exploração, como forma de atender às necessidades de suprimentos em seus domínios e de facilitar, pela centralização das transações, a cobrança de tributos.

Por tradição histórica, este conceito chegou até os dias atuais. Cidades interioranas tradicionais que têm, pelo menos, porte médio, ostentam a igreja, a praça pública, o coreto, a prefeitura, a cadeia, o fórum e o mercado: aí estão os elementos essenciais da vida em sociedade. O mercado permanece, por tradição, como um lugar definido, especialmente edificado, para o encontro de produtores e consumidores. Nesses mercados locais, geralmente o que mais se vende são produtos, também locais, destinados a suprimentos básicos.

Mas o conceito de mercado, em sua acepção econômica mais ampla, está bem distante dessa tradição. Como observa Galbraith,[2] "mercado, agora, é uma abstração. Já não existe a conotação geográfica. Executivos de grandes empresas industriais ou do setor financeiro falam das dificuldades com que eles se defrontam no mercado. E eles não estão se referindo a nenhum lugar, mas a uma abstração econômica".

A Figura 8.1 sintetiza este tipo de abstração. Aí separamos o mercado em duas categorias de referência: o de produtos e o de recursos. Nos dois casos, o mercado define-se pela existência de forças aparentemente antagônicas: as da procura e as da oferta. Quando ambas ocorrem simultaneamente, definem um mercado. Quando há procura por trabalhadores e pessoas dispostas a trabalhar; ou então quando há pessoas aplicando e outras procurando por empréstimos nos bancos; quando empresas emitem debêntures ou ações e pessoas procuram por esses títulos; quando, enfim, recursos humanos, financeiros e de capital são ofertados e procurados, pode-se dizer que há um **mercado de recursos**. Ou, então, mais especificamente, **mercado de trabalho, mercado financeiro, mercado de capitais**. Todos são abstrações, que dizem respeito à oferta e à procura dos recursos correspondentes.

Forças da mesma natureza, de procura e de oferta, também ocorrem pós-processos produtivos, relacionadas aos mercados de bens e serviços produzidos. Quando há procura por bens primários ou industrializados ou por serviços como transportes, comunicações, seguros e hotelaria, dizemos que há mercado para esses diferentes tipos de bens e serviços: genericamente, **mercado de produtos**. Ou, então, mais especificamente, mercado de boi gordo, mercado de soja, mercado de café, mercado de máquinas agrícolas, mercado de automóveis, mercado de seguros. Também aqui, a referência é a abstração. Não nos referimos aos locais onde as transações desses bens e serviços ocorrem, mas às forças que definem a oferta e a procura correspondentes. Ainda conceitualmente, dizemos que o mercado de recursos é interconectado ao de produtos. Havendo procura e oferta no primeiro, haverá no segundo. Quando um enfraquece ou se fortalece, leva, consequentemente, ao enfraquecimento ou ao fortalecimento do outro.

FIGURA 8.1
O conceito econômico de mercado: a coexistência de suas forças aparentemente antagônicas, as da procura e as da oferta.

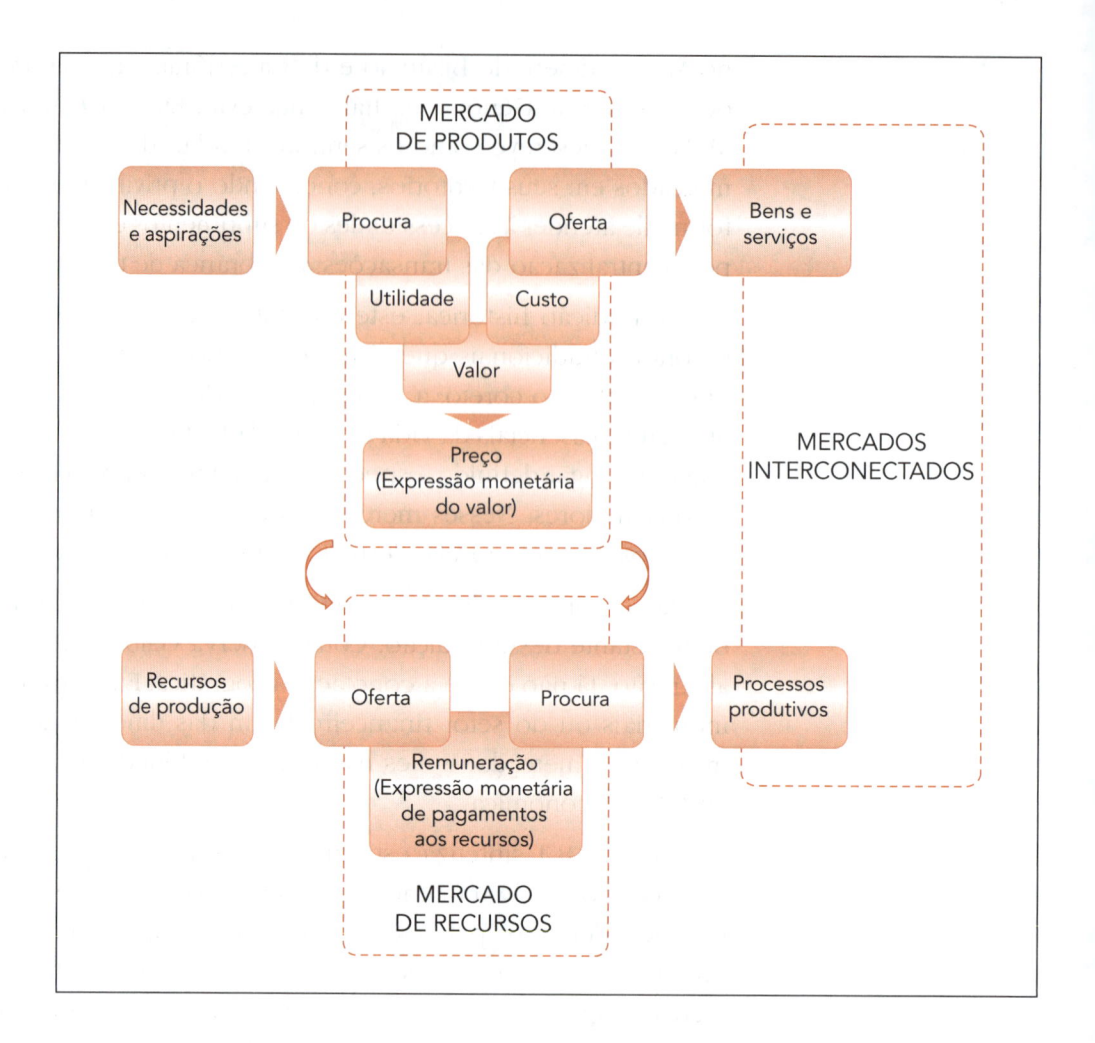

Os estados de tensão resultantes do entrechoque dessas forças estabelecem os padrões de desempenho desses diferentes mercados, em determinadas circunstâncias: diz-se que o mercado está **firme**, quando as forças da procura parecem superar as de oferta; **estável**, quando as duas forças se mantêm equilibradas; **frouxo**, quando as forças da procura parecem menos vigorosas que a capacidade de oferta.

No mercado de produtos, estes três diferentes estados refletem-se nos preços; no de recursos, nas remunerações. Os preços são expressões monetárias do valor dos produtos – e o valor resulta, segundo a tradição teórica da microeconomia, da utilidade avaliada pelos que têm a necessidade respectiva e, então, procuram satisfazê-la; e dos custos calculados pelos que produzem e, então, buscam ressarci-los pela oferta. Como definiu Stuart Mill,[3] em 1848, em seu *Principles of political economy*, "para que um bem qualquer tenha algum valor, duas condições devem ser preenchidas. Primeiramente, ele deve corresponder a alguma utilidade, convergir para algum fim, satisfazer a alguma necessidade. Em segundo lugar, além de corresponder a uma utilidade, sua obtenção deve ter esbarrado em alguma dificuldade econômica, expressa por custos".

No mercado de recursos, as remunerações sinalizam tensões semelhantes às que os preços sinalizam no mercado de produtos. Elas são as expressões monetárias das tensões entre oferta e procura por recursos. Apresentam-se também sob estado firme, estável ou de frouxidão, na dependência das tensões correspondentes.

Há ainda outras qualificações relacionadas a mercados. Quando se diz que um mercado está em **expansão**, é porque nele estão ocorrendo simultaneamente deslocamentos para mais na procura e na oferta. Contrariamente, quando um mercado está em **contração**, perdendo expressão econômica, é porque nele a procura e a oferta estão contraindo-se. No mercado de produtos, por exemplo, podem ser observados e até medidos movimentos desta natureza. Os ciclos de vida dos produtos têm muito a ver com a expansão e a retração dos seus mercados. Na maior parte dos casos, as fases iniciais de lançamento de um produto no mercado, quando este é bem-sucedido, caracterizam-se por expansão: aumentam a procura e a oferta, ambas deslocando-se para mais. Depois, vem uma fase de estabilização do mercado; por fim, de maturidade e declínio. Na última fase, o mercado como um todo se contrai – a demanda se reduz, provocando redução da oferta e, derivadamente, retração nos mercados dos recursos até então destinados à produção. Houve época em que os mercados de galochas, de máquinas de escrever, de rolos de papel especial para impressão de termo-fax e de carburadores estiveram em expansão. Depois declinaram. Hoje praticamente já não existem. O mercado de computadores gigantes já apresentou taxas de crescimento diferentes das que hoje se observam; há algum tempo, os microcomputadores tomaram seu lugar. Agora está em franca expansão o mercado de telefones celulares. Até onde irá? E o que virá depois? Assim é com a maior parte dos bens e serviços. A dimensão de seus mercados varia ao longo do tempo. E, a cada momento, os preços sinalizam o que está acontecendo.

Esses movimentos provocam deslocamentos para mais e para menos nas curvas de oferta e de procura. E, na dependência de suas variações relativas, os preços e as remunerações de equilíbrio sinalizam a força e a direção com que ocorrem as mudanças. Estados estáveis resultam de movimentos proporcionais; firmes ou de frouxidão, de movimentos desproporcionais.

Mostraremos por que e como isso ocorre, com ajuda de escalas e de gráficos convencionais. Mas, antes vamos conhecer as diferentes estruturas de mercado, definidos a partir de um conjunto de elementos diferenciadores:

❏ O número dos agentes envolvidos.

❏ As formas de comportamento dos agentes.

❏ A natureza do recurso de produção ou do produto.

Principais Estruturas de Mercado

As classificações mais simples de estruturas de mercado fundamentam-se apenas no número de agentes envolvidos em cada um dos dois lados – o da procura e o da oferta. É deste tipo a classificação proposta em 1934 por H. Stackelberg.[4] Ela está sintetizada no Quadro 8.1.

QUADRO 8.1
Classificação de Stackelberg: as estruturas de mercado segundo um único elemento de diferenciação: o número de agentes envolvidos.

Oferta / Procura	Um só vendedor	Pequeno número de vendedores	Grande número de vendedores
Um só comprador	Monopólio bilateral	Quase monopsônio	Monopsônio
Pequeno número de compradores	Quase monopólio	Oligopólio bilateral	Oligopsônio
Grande número de compradores	Monopólio	Oligopólio	Concorrência perfeita

A Classificação de Stackelberg

A simplicidade da matriz de Stackelberg resulta de se reduzir o princípio da diferenciação a apenas um elemento: o número dos que intervêm no mercado, tanto no lado da oferta (vendedores), quanto no da procura (compradores). Embora excessivamente simples, esta classificação tornou-se clássica. Mesmo não considerando outros elementos importantes de diferenciação, foi um instrumento de referência bastante simples, mas que conduziu a desenvolvimentos teóricos sofisticados. Segundo sua proposição, as estruturas de mercado que se observam na realidade não se limitam às hipóteses da concorrência perfeita (em que se fundamentou a tradição teórica da ortodoxia clássica e marginalista, dos séculos XVIII e XIX) e do monopólio (em que se fundamentaram as críticas mais agudas aos pressupostos clássicos e neoclássicos). Ele mostrou que, entre esses dois extremos, há várias possibilidades intermediárias, que se podem definir pelo número dos que se encontram em cada um dos dois lados, em diferentes situações de mercado.

Com esse único elemento diferenciador, Stackelberg destacou nove estruturas possíveis. Considerando-se unicamente o número de compradores e vendedores, a **concorrência perfeita** seria caracterizada pelo **grande número dos participantes, nos dois lados considerados**. Em contraste, na hipótese de haver um grande número de compradores defrontando com **apenas um vendedor**, estaria caracterizada uma situação típica de **monopólio**; invertendo-se as posições, com grande número de vendedores, mas com **apenas um comprador**, estaria configurada uma situação de **monopsônio**. E, diametralmente oposta à situação da concorrência perfeita, poderia ainda ser caracterizada outra situação extrema, definida pelo **monopólio bilateral**, em que se defrontariam no mercado **apenas um vendedor e apenas um comprador**. Além dessas, existiriam também as situações definidas como de **quase monopólio e quase monopsônio**. Trata-se de situações em que o único vendedor, ou o único comprador se defrontariam, respectivamente, com um número pequeno de compradores e de vendedores.

QUADRO 8.2
Classificação de Marchal: as estruturas de mercado diferenciadas também por fatores associados ao comportamento dos agentes e à natureza dos produtos.

Procura \ Oferta	ESTRUTURA MONOLÍTICA Um só vendedor	ESTRUTURA MOLECULAR Poucos vendedores	ESTRUTURA ATOMIZADA Muitos vendedores com viscosidade	ESTRUTURA ATOMIZADA Muitos vendedores com fluidez
ESTRUTURA MONOLÍTICA Um só comprador	Monopólio bilateral	Monopsônio contrariado	Monopsônio viscoso	Monopsônio fluido
ESTRUTURA MOLECULAR Poucos compradores	Monopólio contrariado	Oligopólio bilateral	Oligopsônio viscoso	Oligopsônio fluido
ESTRUTURA ATOMIZADA Muitos compradores com viscosidade	Monopólio viscoso	Oligopólio viscoso	Concorrência duplamente imperfeita	Concorrência imperfeita de compradores
ESTRUTURA ATOMIZADA Muitos compradores com fluidez	Monopólio fluido	Oligopólio fluido	Concorrência imperfeita de vendedores	Concorrência perfeita

Entre essas estruturas, Stackelberg definiu outras situações intermediárias. Estas seriam as que mais se encontram no mundo real. Na realidade, raramente se observam as situações-limite do monopólio puro e da perfeição concorrencial. Na moderna realidade industrial, em que os mercados são geralmente dominados por grandes corporações empresariais, prevalece, na maior parte dos setores, situações típicas de dominação, exercidas por um **pequeno número** de grandes firmas. É a essa situação que se atribuem as denominações genéricas de **oligopólio** (pequeno número de vendedores e grande número de compradores) e de **oligopsônio** (pequeno número de compradores e grande número de vendedores). O **oligopólio bilateral** seria caracterizado por um número pequeno, tanto de vendedores quanto de compradores.

A Classificação de Marchal

A classificação de J. Marchal, sintetizada no Quadro 8.2, embora mais elaborada, parte da mesma linha de diferenciação adotada por Stackelberg. O número dos que intervêm no mercado é também o principal elemento diferenciador considerado.

Adotando uma terminologia própria, Marchal propõe que a oferta e a procura podem apresentar-se sob três formas: **atomizadas, moleculares e monolíticas**, conforme a estrutura de mercado configurada.

As estruturas em que a oferta e a procura se apresentam perfeitamente **atomizadas** pressupõem um número elevado de produtores e de consumidores, de tal sorte que nenhum deles tenha condições para influenciar o equilíbrio do mercado. Situações deste tipo ocorreriam em raros mercados. Na maior parte dos casos, as estruturas apresentam-se **moleculares** (a oferta e a procura exercidas por poucos) ou **monolíticas** (quando exercidas por apenas um).

"Para que haja **concorrência perfeita**, como definiu Marchal em seu clássico *Le mécanisme des prix et la structure de l'économie*, é preciso que a oferta e a procura sejam atomizadas. Em todos os outros casos, quando não são atomizadas, estabelecem-se formas de **concorrência imperfeita**. Certas hipóteses são clássicas e recebem denominações particulares. Quando a oferta é monolítica e a procura atomizada falamos em **monopólio**. Quando a primeira é molecular e a segunda atomizada, teremos **oligopólio**. Quando a procura se torna monolítica, continuando atomizada a oferta, há **monopsônio**. Quando ambas são monolíticas, haverá **monopólio bilateral**."

Mas a classificação de Marchal não se limita a estas três qualificações. Segundo ainda sua terminologia, mesmo nas estruturas em que concorre grande número de compradores e de vendedores, o mercado pode se apresentar sob condições de **viscosidade** ou de **fluidez**. A estrutura será fluida quando não ocorrerem quaisquer obstáculos, legais ou de outra ordem, à livre atuação das forças de oferta e de procura. Será viscosa quando ocorrerem situações ou comportamentos capazes de impedir a sinalização perfeita dos preços, no mercado de produtos, e de remunerações, no mercado de recursos. Assim, ainda que subsista a atomização da oferta e da procura, faltarão outras condições que realmente completam uma estrutura de mercado sob concorrência perfeita.

Na classificação de Marchal, a atomização completa-se com a fluidez para definir a concorrência perfeita: quaisquer elementos, ainda que mínimos e de difícil percepção, que se interponham à perfeita mobilidade da oferta e da procura, descaracterizam a perfeição concorrencial e definem variadas situações de concorrência imperfeita. Na proposta de Marchal, as condições de fluidez exigidas são, pelo menos, quatro: (a) perfeita homogeneidade e padronização dos produtos ofertados, no sentido de que quaisquer possibilidades de diferenciação tirará a fluidez do regime e conduzirá à formação de viscosidades; (b) perfeita mobilidade empresarial, caracterizada pela ausência de quaisquer obstáculos que possam dificultar o ingresso de novos produtores no mercado ou a saída dos que nele operam; (c) perfeito conhecimento de todas as condições do mercado por parte de todos os agentes que nele atuem; (d) inexistência de qualquer tipo de preferência dos compradores com relação a qualquer das empresas que atuem no mercado correspondente.

Quatro Estruturas de Referência

Os elementos das classificações de Stackelberg e de Marchal são básicos para a diferenciação conceitual das estruturas de mercado. Em síntese, podem ser caracterizadas quatro estruturas de referência:

- ❏ Concorrência perfeita.
- ❏ Monopólio.
- ❏ Oligopólios.
- ❏ Concorrência monopolística.

Os elementos diferenciadores dessas estruturas não se limitam, como sugeriu a classificação pioneira de Stackelberg, ao número de agentes econômicos envolvidos. Vai além, incluindo fatores comportamentais, as características dos recursos e produtos transacionados, o controle que os participantes têm sobre o preço, as possibilidades de concorrência extrapreço e as condições para mobilidade (ingresso ou saída) dos competidores no mercado.

Considerando esse conjunto de aspectos diferenciadores, são as seguintes as características de cada uma das quatro estruturas de referência.

CONCORRÊNCIA PERFEITA. Uma estrutura de mercado descrita como de concorrência perfeita deve preencher todas as seguintes condições:

- ❏ **Atomização.** O número de agentes compradores e vendedores é de tal ordem que nenhum deles possui condições para influenciar o mercado. A expressão de cada um é insignificante. Suas decisões, quaisquer que sejam, em nada interferem no mercado. Este é totalmente despersonalizado. As condições de equilíbrio prevalecentes não se modificam sob a ação de qualquer agente. Todos se submetem às condições estabelecidas. Nenhum tem poder para alterá-las.

- ❏ **Homogeneidade.** O bem ou serviço, no mercado de produtos, ou o fator de produção, no mercado de fatores, é perfeitamente homogêneo. Nenhuma empresa pode diferenciar o produto que oferece. E, para dada categoria de recurso, a oferta é também caracterizada por perfeita homogeneidade. Em cada caso, inexistem diferenças. O produto vindo de qualquer produtor é um substituto perfeito do que é ofertado por quaisquer outros produtores. Os recursos disponíveis são também perfeitos substitutos uns dos outros.

- ❏ **Mobilidade.** Cada agente comprador e vendedor atua independentemente de todos os demais. A mobilidade é livre e não há quaisquer acordos entre os que participam do mercado. Também não há restrições governamentais de qualquer espécie. No mercado de produtos, empresas expandem ou reduzem livremente suas plantas, sem que quaisquer reações sejam observadas; ingressam e saem de quaisquer segmentos do mercado. No mercado de recursos, como no de trabalho, por exemplo, os trabalhadores deslocam-se livremente e com facilidade de uma região para outra. Nada impede que se tomem quaisquer decisões alocativas.

❑ **Permeabilidade**. Não há quaisquer barreiras para entrada ou saída dos agentes que atuam ou querem atuar no mercado. Barreiras técnicas, financeiras, legais, emocionais ou de qualquer outra ordem não existem sob situação de perfeita concorrência.

❑ **Preço-limite**. Nenhum vendedor de produto ou recurso pode praticar preços acima daquele que está estabelecido no mercado, e que é exclusivamente resultante da livre atuação das forças de oferta e de procura. Em contrapartida, nenhum comprador pode impor um preço abaixo do de equilíbrio. O preço-limite é dado pelo mercado. Define-se impessoalmente. Ninguém o estabeleceu. Ele resulta de forças que nenhum agente é capaz de comandar.

❑ **Extrapreço**. Não há qualquer eficácia em formas de concorrência fundamentadas em mecanismos extrapreço. A oferta de quaisquer vantagens adicionais, associáveis ao produto ou ao recurso, não faz qualquer sentido. Esta característica é subproduto da homogeneidade. Manobras extrapreço descaracterizam o atributo da padronização.

❑ **Transparência**. Por fim, o mercado é absolutamente transparente. Não há qualquer agente que detenha informações privilegiadas ou diferentes daquelas que todos detêm. As informações que possam influenciar o mercado são perfeitamente acessíveis a todos. E todos pactuam, em igualdade de condições, de decisões delas decorrentes.

Segundo Garófalo-Carvalho,[5] "dificilmente é possível enquadrar alguma atividade como concorrencial perfeita. Os exemplos mais aproximados são dados pelos mercados da maior parte dos produtos agrícolas, em que, normalmente, existe atomização, homogeneidade dos produtos, livre mobilidade dos agentes, dos produtos e dos recursos produtivos, embora tal mobilidade exija sempre algum período de tempo. Mas, mesmo no caso dos mercados de produtos agrícolas, muitos produtos sofrem influências externas, como de programas governamentais". Influências deste tipo introduzem "viscosidades" nesses mercados. A "fluidez" fica de alguma forma comprometida. E tem mais: as variedades genéticas que caracterizam a maior parte das culturas e as qualidades com que os produtos finais são levados ao mercado interferem no conceito de homogeneidade. Consequentemente, mesmo os mercados de produtos agrícolas deixam de corresponder aos atributos rigorosos que se exigem de estruturas perfeitamente competitivas.

MONOPÓLIO. O monopólio situa-se em outro extremo. Se considerarmos também com rigor os atributos que o caracterizam, os exemplos ficam difíceis. Esta estrutura se situa no extremo oposto do da concorrência perfeita. As condições que o caracterizam são:

❑ **Unicidade**. Há apenas um vendedor, dominando inteiramente a oferta. Sob monopólio, os conceitos de empresa e de ramo de atividade sobrepõem-se. Ramo industrial e firma são expressões que, neste caso, se equivalem. A indústria monopolística é constituída por uma única firma ou empresa. Isso significa que, do extremo da atomização, se vai para o da unicidade. E o monopolista detém total poder para influenciar o mercado. Este, como um todo, está em suas mãos.

- **Insubstitutibilidade**. O produto da empresa monopolista não tem substitutos próximos. A necessidade a que atende não tem como ser igualmente satisfeita por qualquer similar ou sucedâneo. Não há, neste caso, alternativas possíveis para os compradores. Estes, ou comprarão do único produtor existente ou então não terão acesso à satisfação da necessidade atendida pela empresa monopolista.

- **Barreira**. A entrada de um novo concorrente no mercado monopolista é, no limite, impossível. As barreiras de entrada são rigorosamente impeditivas. Podem decorrer de disposições legais (leis que protegem patentes de produtos não substituíveis), de direitos de exploração outorgados pelo poder público a uma única empresa, do domínio de tecnologias de produção e, em outros casos, de condições operacionais exigidas pela própria atividade. Independentemente da razão da barreira, sua manutenção é condição *sine qua non* para a permanência da dominação monopolista vigente, pois o surgimento de um concorrente direto ou indireto implica o desaparecimento da situação monopolística.

- **Poder**. A expressão "poder de monopólio" é empregada para caracterizar a situação privilegiada em que se encontra o monopolista, quanto a duas importantes variáveis do mercado: preço e quantidades. O poder é exercido sobre ambas, com objetivos diversos: manter a situação de monopólio, praticando preços ou escalas de produção que desestimulem o ingresso de concorrentes; maximizar os lucros; ou até controlar reações públicas à situação monopolista.

- **Extrapreço**. Devido a seu pleno domínio sobre o mercado, os monopólios dificilmente recorrem a formas convencionais de mecanismos extrapreço, para estimular ou desestimular comportamentos de compradores. Sob rigor conceitual, pode-se dizer que a capacidade de dominação é de tal ordem que mecanismos deste tipo não seriam necessários, notadamente quando destinados à obtenção de mais vantagens econômicas: neste caso, instrumentos mais diretos de contingenciamento da oferta ou aumento real dos preços praticados são mais eficazes, obviamente dentro de determinados limites. Quando os monopólios recorrem a expedientes extrapreço, os objetivos são de natureza institucional, mais ligados, por exemplo, à melhoria de imagem pública, do que benefícios econômico-financeiros vinculados à maximização de resultados operacionais.

- **Opacidade**. Os monopólios são, por definição, opacos. Os mais diferentes aspectos que envolvem suas operações e transações são mantidos dentro de "caixas-pretas". O acesso a informações sobre fontes supridoras, processos de produção, níveis de oferta e resultados alcançados dificilmente são abertos e transparentes. A empresa monopolista caracteriza-se por ser impenetrável. A opacidade é também usada como barreira de entrada, fechando o círculo das características pétreas de autoproteção.

OLIGOPÓLIOS. A palavra está no plural porque há, por definição, variadas formas de oligopólio. As estruturas oligopolistas não se caracterizam por fatores determinantes puros e extremados. Os tipos possíveis e, de fato, observados na realidade são de alta variabilidade. Em todas as características desta estrutura de mercado, os conceitos são mais flexíveis, comparativamente aos casos extremados de concorrência perfeita e de monopólio.

- **Número de concorrentes**. Geralmente, é pequeno. Palavras como **limitados, poucos, alguns, vários** são empregadas para indicar o número de concorrentes nas estruturas oligopolistas. Mas, efetivamente, é muito difícil estabelecer limites. Podem existir oligopólios, mesmo quando o número de concorrentes é bastante grande, o que acontece, por exemplo, em setores como os de alimentos industrializados, produtos de higiene pessoal e utensílios domésticos: nestes casos, o oligopólio resulta das altas taxas de participação no mercado de que desfrutam os competidores de maior porte. Os casos típicos, porém, são de estruturas em que o número de concorrentes é realmente pequeno: as indústrias automobilística, química de base, siderúrgica e de celulose e papel são exemplos de oligopólios constituídos por um número efetivamente reduzido de produtores. Mas são também oligopólios os serviços bancários e o setor industrial de eletrodomésticos, não obstante o número de concorrentes seja bem maior. Em todos esses casos, porém, a característica comum é a existência de um pequeno grupo de empresas líderes e colíderes, que dividem entre si uma grande fatia do mercado como um todo.

- **Diferenciação**. Outra característica de alta variabilidade é a que se refere a fatores como homogeneidade, substitutibilidade e padronização dos produtos. Isso porque tanto podem ocorrer oligopólios de produtos diferenciados, como de produtos não diferenciáveis. A atividade de um setor sob oligopólio tanto pode ser a mineração de materiais metálicos e não metálicos, em que os produtos são praticamente padronizados, apesar dos diferentes teores de pureza, quanto as indústrias de cosméticos, automobilística ou de produtos de limpeza, em que os produtos são levados ao mercado sob diferentes elementos de diferenciação. Obviamente, as características concorrenciais tornam-se diferentes, sob cada uma dessas duas hipóteses, mas não se pode destacar uma delas como caracterizadora perfeita de um oligopólio e, outra, como imperfeita. **A existência ou não de oligopólios independe do grau em que os produtos se diferenciam. E mais: a concorrência entre oligopolistas pode chegar a tal ponto de rivalização que todos se esforçam** para diferenciar até produtos em princípio não diferenciáveis: no mercado de produtos siderúrgicos longos para a construção civil, um concorrente pode valorizar sua marca e imagem, não obstante as características intrínsecas das barras de ferro sejam rigorosamente iguais e definidas por padrões técnicos rigorosos. O mesmo pode acontecer com o cimento e o concreto usinado.

- **Rivalização**. Tipicamente, os concorrentes que atuam sob condições de oligopólio são fortes rivais entre si. Há casos até de rivalizações que transparecem em campanhas publicitárias e em práticas comerciais desviadas de padrões de ética e lealdade. Mas, no outro extremo, encontram-se também situações de oligopólio em que os concorrentes se unem em acordos setoriais, todos respeitando rigorosamente as regras negociadas e definidas. Isso significa que os oligopólios tanto podem caracterizar-se pela alta rivalidade entre empresas líderes, como pelo conluio.

- **Barreiras**. Outra característica que se apresenta sob variadas formas é a referente a barreiras de entrada. Tipicamente, o ingresso de novos concorrentes nas estruturas oligopolistas é difícil. Há altos obstáculos, em grande parte derivados da dominação exercida pelas empresas líderes e de grande porte, que detêm parcelas substantivas do mercado. As barreiras, no caso, são geralmente ligadas a escalas de produção e às altas exigências de capital para o estabelecimento de novos concorrentes. Domínio de tecnologia de processos pode atuar como barreira. Marcas e imagem também. Mas isso não significa que novas empresas não possam surgir. Há casos em que as estruturas definidas são surpreendidas por concorrentes novos que entram no mercado com unidades de pequeno porte para atender a demandas regionais ou nichos de alta especificidade. Mas esses entrantes rompem passo a passo barreiras estabelecidas e, com o tempo, passam a participar do pequeno grupamento de líderes. A competência empresarial, nas estruturas oligopolísticas, pode romper barreiras: na maior parte dos setores, ela pode superar os mais altos obstáculos interpostos por concorrentes tradicionais.

- **Preço, extrapreço e poder**. Devido ao pequeno número de concorrentes dominantes, o controle sobre o preço geralmente é grande nos oligopólios. Há espaços para a prática de acordos e conluios ou de outras formas de conspiração contra o interesse público. Mas, em contrapartida, a rivalização pode estabelecer-se de tal forma que o poder de cada concorrente é minado por uma "guerra de preços" ou de formas extrapreço de concorrência, a ponto de todos se prejudicarem mutuamente, pelo menos durante algum tempo. Nos oligopólios, não há guerras impossíveis de ocorrer. Nem guerras que nunca terminem. Consequentemente, ainda que por períodos de tempo definidos, a busca pelo poder pode levar à guerra. Rivalização e capacidade de negociação para atuações acordadas colocam-se, assim, o tempo todo, como alternativas. E, pelos estragos que a rivalização extremada pode provocar, quase sempre prevalecem os acordos ou, então, o respeito a regras cautelosas de boa convivência.

- **Visibilidade**. Algo entre a opacidade dos monopólios e a perfeita transparência exigida da concorrência perfeita: os oligopólios são geralmente caracterizados pela alta visibilidade de suas estratégias empresariais. Em alguns casos, admite-se até a informação aberta como diretriz para inibir concorrentes ou promover a imagem pública. Nos casos em que a diferenciação do produto é uma arma estratégica para reforçar vantagens competitivas, a visibilidade se amplia, abrangendo características do processo produtivo e do produto. Mais ainda: a ampla divulgação de práticas comerciais pode ser também um instrumento de reforço competitivo, tudo convergindo para visibilidade alta.

CONCORRÊNCIA MONOPOLÍSTICA. Essa expressão foi empregada pela primeira vez na década de 1930 por Edward E. Chamberlin,[6] da Universidade de Harvard. Em *The theory of monopolistic competition*, de 1933, Chamberlin evidenciou que a realidade observada na maior parte dos mercados definia-se por uma combinação de duas estruturas referenciais – o monopólio e a concorrência perfeita.

Esta estrutura contém características que se encontram nas definições usuais de mercados perfeitamente competitivos e monopolizados. Ela identifica uma vasta variedade de casos, situados entre os dois extremos conceituais, fugindo, porém, de características de alguns tipos de oligopólio, entre as quais o pequeno número de concorrentes e a não diferenciação dos produtos. Na concorrência monopolística, o número de concorrentes é grande. Todavia, cada concorrente possui suas próprias patentes ou, então, diferencia de tal forma seus produtos que passa a criar um segmento próprio de mercado, que então dominará e procurará manter. O consumidor, todavia, encontra facilmente substitutos, não ocorrendo dessa forma a caracterização essencial do monopólio puro. Determinada patente ou determinado elemento de diferenciação pode significar, como de fato significa, certa monopolização. Mas, havendo outros concorrentes com bens ou serviços similares e substitutos, haverá também concorrência. Em síntese, as características principais desta estrutura de mercado são:

- **Competição.** É elevado o número de concorrentes, com capacidades de competição relativamente próximas. Esse número se situa numa posição intermediária entre a atomização da concorrência perfeita e a estrutura molecular do oligopólio. As fatias de mercado dominadas por cada um são geralmente pequenas e ameaçadas pelos concorrentes mais próximos.

- **Diferenciação.** Esta é a mais significativa peculiaridade da concorrência monopolística. A adjetivação *monopolística* decorre dela. O produto de cada concorrente apresenta particularidades capazes de distingui-lo dos demais e de criar um mercado próprio para ele. A diferenciação não envolve necessariamente atributos intrínsecos, mas serviços que se associam ao produto, formas de atendimento, localização do concorrente, condições, marcas e imagem. Quanto mais um concorrente conseguir diferenciar seu produto, mais monopolizará o segmento de mercado em que atua e, ao mesmo tempo, mais competitivo se tornará. Nesta estrutura de mercado, a concorrência se estabelece pelos diferenciais percebidos. Quanto mais fortes e marcantes, maior a capacidade competitiva do concorrente.

- **Substitutibilidade.** Trata-se de um atributo que fica exatamente entre a insubstitutibilidade do monopólio puro e a plena homogeneidade da concorrência perfeita. Embora cada concorrente tenha um produto diferenciado, definindo-se até, em alguns casos, situações de quase monopólio, os produtos de todos os concorrentes substituem-se entre si. Obviamente, a substituição não é perfeita – caso em que ocorreria perfeita homogeneidade – mas é possível, conhecida e de fácil acesso. Um exemplo de situação desse tipo encontra-se no segmento de sêmen para pecuária bovina. A inseminação artificial de uma matriz pode ser feita por uma grande variedade de sêmens concorrentes, todos de reprodutores de alto valor genético e de alta linhagem. Cada um, porém, possui características próprias e diferenciadoras e é, de certa forma, monopolizado pelo concorrente.

- ❑ **Preço-prêmio.** A capacidade de cada concorrente controlar o preço depende do grau de diferenciação percebido pelo comprador. Depende também de outros fatores, como localização dos demais concorrentes, esforço mercadológico, capacidade de produção e disponibilidade do produto. A diferenciação, quando percebida e aceita, pode dar origem a um preço-prêmio, gerando resultados favoráveis e estimuladores. Mas sua manutenção é função direta da capacidade do concorrente em manter a diferenciação, definindo-a o tempo todo como tendo atributos superiores aos dos demais concorrentes. Todavia, ainda que a capacidade de obter preço-prêmio possa ser mantida sem grandes ameaças por longo período de tempo, ela não configura uma situação de pleno domínio: a alta substitutibilidade dos produtos concorrentes atua como fator limitante.

- ❑ **Baixas barreiras.** As barreiras de entrada em mercados monopolisticamente competitivos tendem a ser baixas. Há relativa facilidade para ingresso de novas empresas no mercado. Essa facilidade é bem maior do que nas estruturas dominadas por oligopólios, mas algumas barreiras, como as ligadas à capacidade efetiva de diferenciação, tornam o ingresso menos fácil do que no caso da concorrência pura.

No Quadro 8.3, sintetizamos as quatro estruturas de referência – a **concorrência perfeita**, o **monopólio**, o **oligopólio** e a **concorrência monopolística** – quanto aos principais atributos diferenciadores: o número de empresas, a característica dos produtos, o controle sobre os preços, as formas extrapreço de concorrência e as condições para ingresso no mercado.

Conflitos de Interesse e Mecanismos de Equilíbrio

Excetuando-se o caso-limite da concorrência perfeita, definido como de referência teórica, em todas as demais estruturas de mercado prevalecem elementos de viscosidade, ora atuando sobre as condições da oferta, ora sobre as da procura. Esses elementos traduzem situações efetivamente encontradas no mundo e identificam diferentes graus de imperfeições concorrenciais. Em casos mais agudos, como nas estruturas monopolísticas, as imperfeições podem conflitar de tal forma com o interesse público que justificam marcos regulatórios e intervenções corretivas de agências governamentais.

Em praticamente todos os mercados, prevalecem, ainda que em graus variados, situações conflituosas de interesse. As próprias forças da oferta e da procura definem-se por pressupostos conflituosos. Quem exerce a oferta deseja o mais alto preço ou a mais alta remuneração possível; no lado oposto, quem procura quer pagar preços baixos, no mercado do produto, e remunerações também baixas, no de recursos. Consumidores, de um lado, desejam maximizar sua satisfação, aos mais baixos preços possíveis, otimizando seu poder aquisitivo; de outro lado, os produtores desejam rentabilizar sua atividade, pagando o mínimo pelos recursos

QUADRO 8.3
Principais características de quatro estruturas referenciais de mercado: uma síntese de atributos diferenciadores.

Características \ Estruturas	Concorrência perfeita	Monopólio	Oligopólio	Concorrência monopolística
NÚMERO DE CONCORRENTES	Muito grande. Mercado perfeitamente atomizado.	Apenas um. Prevalece a unicidade.	Geralmente pequeno.	Grande. Prevalece a competição.
PRODUTO OU FATOR	Padronizado. Não há quaisquer diferenças entre os ofertados.	Não tem substitutos satisfatórios ou próximos.	Pode ser padronizado ou diferenciado.	Diferenciado. A diferenciação é fator-chave.
CONTROLE SOBRE PREÇOS OU REMUNERAÇÕES	Não há qualquer possibilidade.	Muito alto, sobretudo quando não há intervenções corretivas.	Dificultado pela interdependência das concorrentes rivais. Amplia-se quando ocorrem conluios.	Há possibilidades, mas são limitadas pela substituição. Diferenciação possibilita preços-prêmio.
CONCORRÊNCIA EXTRAPREÇO	Não é possível nem seria eficaz.	Admissível para objetivos institucionais.	Vital, sobretudo nos casos de produtos diferenciados.	Decorrente da diferenciação. Resulta de fatores como marca, imagem, localização e serviços complementares.
CONDIÇÕES DE INGRESSO	Não há quaisquer tipos de obstáculos.	Impossível. A entrada de concorrentes implica o desaparecimento do monopólio.	Há consideráveis obstáculos, geralmente derivados de escalas e de tecnologias de produção.	São relativamente fáceis.
INFORMAÇÕES	Total transparência.	Opacidade.	Há visibilidade, embora limitada pela rivalidade.	Geralmente amplas.

empregados e obtendo o máximo pelos produtos gerados. As pretensões dos agentes só não se realizam por completo porque:

❑ A concorrência entre produtores atua como uma espécie de freio.

❑ A possibilidade de substituição de produtos é um instrumento de poder de que os consumidores dispõem.

❑ A capacidade de substituição de recursos (bens de capital por trabalho, por exemplo) amplia o poder de negociação dos produtores, aumentando suas margens de manobra e sua flexibilidade para lidar com custos.

❑ Sob situações de poder extremamente desequilibradas, a intervenção corretiva de agências e a definição de regulações podem vir a ser praticadas, tanto no mercado de produtos, como no de recursos.

Ainda que os poderes de negociação sejam desequilibrados, para que se configure um mercado, os interesses dos que exercem a oferta e dos que, no lado oposto, exercem a procura devem convergir para algum ponto. Mercados em funcionamento exigem assim três elementos: de um lado, a **oferta**; de outro, a **procura**; no cruzamento das duas, a **convergência de interesses**.

Somente no caso extremo e de referência teórica da concorrência perfeita, o poder de cada agente se encontra de tal forma reduzido pela atomização e por outros atributos de perfeição concorrencial que não há margens para negociações. Os preços são impessoalmente estabelecidos pelo mercado. Todos se rendem às condições prevalecentes. Ainda assim, pelo menos em princípio, o grau de satisfação social pode ser maximizado. Mas, em todos os demais casos que traduzem a realidade observada nos mercados, prevalecem imperfeições e conflitos. E os conflitos de interesse só não se opõem radicalmente, deixando de convergir para a negociação, porque, sob esta hipótese também extremada, não se estabeleceria a terceira condição básica para a existência do mercado: a convergência de interesses.

Na Figura 8.2, representam-se as diferentes hipóteses descritas:

❑ Em (a), não se completam as condições de configuração do mercado, embora existam oferta e procura. No ponto de partida, um dos agentes dispõe-se apenas a pagar A; o outro, pretende pelo menos por B. Eles permanecem inflexíveis em suas posições, ao longo do tempo, t. Recusam-se a ceder. Não convergem para qualquer ponto de conciliação de interesses.

❑ Em (b), configura-se uma situação em que as forças de negociação se mostram equilibradas. Ainda que, no ponto de partida, a pretensão de um e a disposição do outro não sejam iguais, elas convergem para uma posição conciliadora, C, a igual distância das posições iniciais de A e B.

❑ Em (c) e em (d), configuram-se poderes de negociação desequilibrados. Divergentes nos pontos de partida, convergem para posições conciliadoras. Em (c), o poder do agente na posição A é superior ao de B, seu opositor; ele cede menos e a solução do conflito dá-se em um ponto não equidistante das pretensões iniciais. O mesmo ocorre em (d), mas sob condições opostas.

❑ Em (e), as condições definidas pelas forças de negociação permanecem temporariamente, mas ao longo do tempo a conciliação de interesses é rompida. Um nova rodada de negociações definirá (ou não) uma nova posição acordada.

8.2 A Procura: Conformação, Elasticidade e Deslocamentos

Conformação Básica da Curva de Procura

Oferta, procura e preços dos produtos (ou, então, remunerações, no caso de recursos de produção) são os elementos essenciais do conceito econômico de mercado. As formas como cada um desses elementos se manifesta, as forças dos agentes envolvidos nas transações, as características intrínsecas dos recursos de produção ou produtos e os poderes de negociação variam em função das

FIGURA 8.2
O entrechoque de forças no mercado. Em (a), não se estabelece uma das condições necessárias para configuração do mercado: a conciliação de interesses. Em (b), forças em equilíbrio resultam em conciliação sob iguais concessões. Em (c) e em (d), a conciliação se estabelece sob diferentes poderes de negociação. Em (e), os interesses se encontram conciliados por algum tempo, mas se rompem e assim se mantêm até que as forças em conflito estabeleçam novas condições.

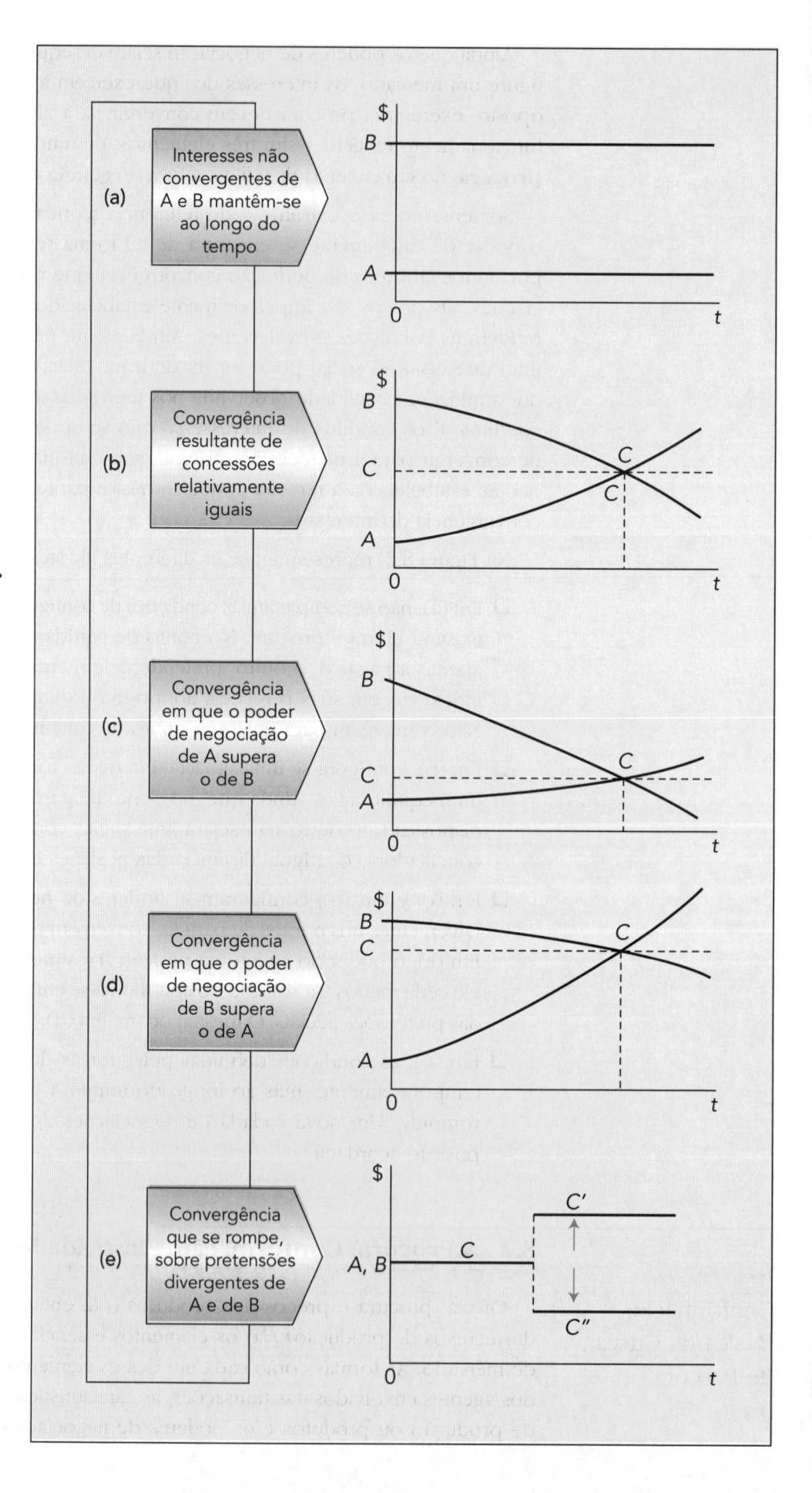

(a) Interesses não convergentes de A e B mantêm-se ao longo do tempo

(b) Convergência resultante de concessões relativamente iguais

(c) Convergência em que o poder de negociação de A supera o de B

(d) Convergência em que o poder de negociação de B supera o de A

(e) Convergência que se rompe, sobre pretensões divergentes de A e de B

diferentes estruturas de mercado. Mas, em todas elas, ainda que assumindo diferentes conformações, sempre há procura e oferta. E, de seu entrechoque, resultam os preços pelos quais se praticam as transações, caso os agentes envolvidos cheguem a uma posição de conciliação de interesses.

Aprofundaremos agora a procura – primeira destas três categorias. Primeiro, justificaremos sua definição; depois, veremos uma escala típica de procura, que transportaremos para um gráfico convencional, reproduzindo uma curva de procura típica; em seguida, destacaremos os fatores que produzem deslocamentos para mais e para menos nas escalas e curvas típicas; por fim, conceituaremos as elasticidades da procura e indicaremos seus principais fatores determinantes.

Na definição de procura, consideram-se duas variáveis – preços e quantidades procuradas. Usualmente, esta é a definição, para o mercado de bens e serviços finais de consumo:

A procura de determinado produto é estabelecida pelas várias quantidades que os consumidores estão dispostos e aptos a adquirir, em função de vários níveis possíveis de preços, em dado período de tempo.

Esta definição significa que a procura é dada por um conjunto de reações dos consumidores, correlacionando as duas variáveis consideradas, preços e quantidades. Pelo comportamento-padrão dos consumidores, estas duas variáveis correlacionam-se inversamente. Embora as reações de cada consumidor aos preços sejam diferentes, definindo-se a partir de padrões individuais de comportamento, de graus em que as necessidades se manifestam, de sensibilidades econômicas também diferentes, a configuração resultante de todos os comportamentos será definida por uma correlação inversa: quanto mais baixos os preços, maiores as quantidades procuradas totalizadas.

Partindo dessa configuração típica, dizemos que as quantidades procuradas, QP, dependem **inversamente** dos preços, P, estabelecendo-se então uma relação de dependência entre as variáveis QP e P. Esta relação pode ser expressa por uma função, cuja notação é dada por:

$$QP = f(P)$$

Quando equacionada em termos matemáticos, a relação de dependência entre quantidades procuradas e preços descreve um ramo de hipérbole ou, então, uma função linear de coeficiente angular negativo. Assim, se dispusermos as quantidades procuradas no eixo horizontal de um diagrama cartesiano, representando os preços no eixo vertical, teremos uma correlação descendente, resultante do princípio definido: **quanto mais altos os preços, menores as correspondentes quantidades procuradas**

A Figura 8.3 reproduz uma escala típica de procura de um produto qualquer, resultante da totalização das reações de consumidores individuais a diferentes hipóteses de preços. Ao preço de $ 6,00, as quantidades procuradas, em unidades-ano, serão de 2.000; no outro extremo da escala, ao preço de $ 2,00 as quantidades procuradas, no mesmo intervalo de tempo, serão de 18.000. Entre

FIGURA 8.3
Escala e curva típicas de procura: as quantidades procuradas e os preços correlacionam-se inversamente. A curva é descendente: inclina-se para baixo, da esquerda para a direita.

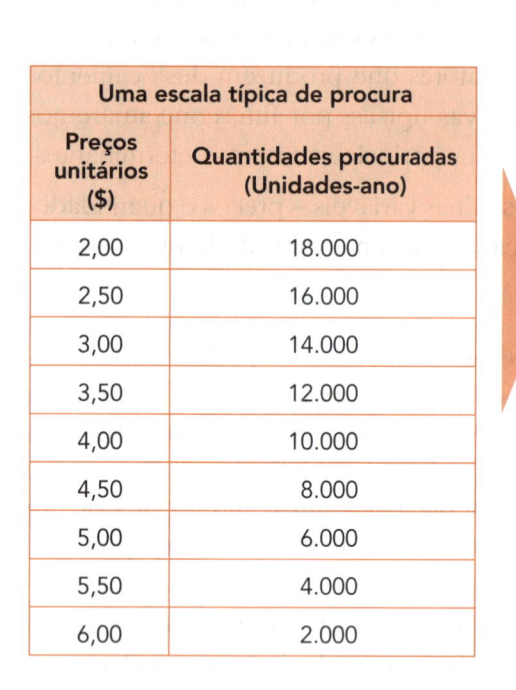

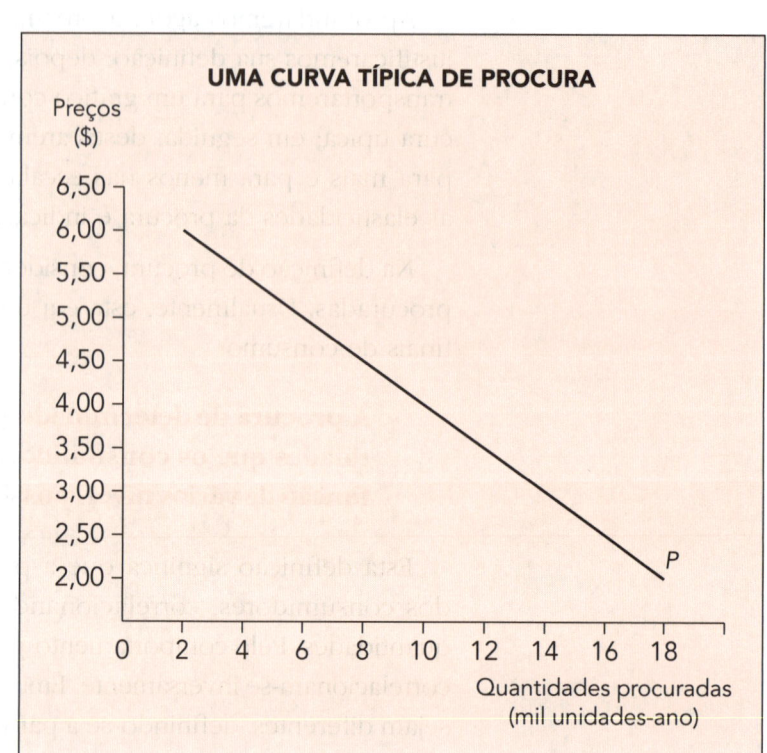

Uma escala típica de procura	
Preços unitários ($)	Quantidades procuradas (Unidades-ano)
2,00	18.000
2,50	16.000
3,00	14.000
3,50	12.000
4,00	10.000
4,50	8.000
5,00	6.000
5,50	4.000
6,00	2.000

esses extremos, outras alternativas indicam a trajetória típica da procura desse produto: as quantidades variam inversamente aos preços. Ao lado da escala, a curva de procura mostra a relação inversa entre preços e quantidades, no caso representada por uma função linear de coeficiente angular negativo.

A reação típica dos consumidores aos preços pode ser explicada por três razões. A primeira é que **os preços constituem uma espécie de obstáculo para os consumidores**: quanto mais altos, menor será o número de consumidores dispostos e aptos; quando mais baixos, os preços são um obstáculo menor, que pode ser transposto por um número maior de consumidores, aumentando consequentemente as quantidades procuradas totalizadas. A segunda razão é o **efeito substituição**: quando o preço de determinado produto aumenta, permanecendo invariáveis os preços de seus sucedâneos, os consumidores tendem a substituí-lo, reduzindo-se as quantidades procuradas do produto substituído. A terceira razão tem a ver com o conceito de **utilidade marginal**: quanto maiores forem as quantidades disponíveis de um produto qualquer, menores serão os graus de utilidade de cada nova unidade adicional. Explicando de outra forma: quando se tem apenas uma unidade de um produto qualquer, é alto o grau de utilidade a ela atribuído; mas, à medida que mais unidades estejam disponíveis, a utilidade de cada unidade marginal é decrescente. Assim, teoricamente, segundo essa abordagem, os consumidores só estarão dispostos a adquirir unidades adicionais se preços mais baixos corresponderem aos menores graus de utilidade atribuídos ao produto.

A Elasticidade-preço da Procura: Conceito e Aferição

As três principais razões da conformação típica da curva da procura evidenciam, sob diferentes ângulos teóricos, que as quantidades procuradas são sensíveis aos preços. Se totalizarmos as reações de todos os consumidores a variações de preços, as quantidades procuradas caem quando os preços aumentam. Mas nada autoriza a supor que os graus de sensibilidade preços-quantidades são iguais para todos os produtos. Na realidade, cada produto, ou pelo menos cada família de produtos, tem uma curva de procura que lhe é própria, diferente da de outros produtos ou famílias, quanto à sua concavidade ou inclinação. E as curvas de diferentes conformações decorrem das diferentes sensibilidades das quantidades procuradas em relação aos preços.

Para uns produtos, uma pequena alteração no preço pode provocar alterações bastante acentuadas nas quantidades procuradas. Para outros, pode ocorrer exatamente o inverso: mesmo alterações muito acentuadas nos preços não são capazes de provocar grandes mudanças nas quantidades procuradas. E há casos em que as variações preços-quantidades são rigorosamente proporcionais.

Esses diferentes graus de sensibilidade podem ser aferidos através do conceito formal da **elasticidade-preço da procura**. Em sua mais simples expressão conceitual, a elasticidade-preço é a relação existente entre as mudanças relativas (ou porcentuais) observadas nas quantidades procuradas, decorrentes de alterações relativas (ou porcentuais) nos preços. Assim, podemos considerar que a elasticidade-preço da procura, ε, em determinado ponto da curva, pode ser aproximadamente medida pela seguinte expressão:

$$\varepsilon = \frac{\text{Variação porcentual da quantidade procurada}}{\text{Variação porcentual do preço}}$$

Suponhamos, por exemplo, que o preço de determinado produto sofra uma redução real de 10%, caso as quantidades procuradas aumentem 10%, dizemos que esse produto apresenta uma **elasticidade-preço unitária**. Aplicando a esse caso a expressão acima definida, o valor de ε resulta igual a |1,0|. Essa rigorosa proporcionalidade poderá não ocorrer para outros produtos. Em alguns casos, uma redução real de 20% no preço pode conduzir, suponhamos, a um aumento de apenas 15% nas quantidades procuradas; nesse caso, o valor de ε seria inferior à unidade, aproximadamente |0,5|, definindo uma **procura inelástica** em relação ao preço. Em outros casos, uma mesma redução real de 20% no preço poderá levar a um aumento porcentual de 30% nas quantidades procuradas, definindo, portanto, um valor de ε superior à unidade, aproximadamente |1,5|. Nesse terceiro caso, estaríamos diante de uma **procura elástica** em relação ao preço.

Nesses três exemplos, consideramos o valor absoluto do coeficiente da elasticidade-preço, para facilitar a interpretação de sua expressão numérica. Mas o valor desse coeficiente é normalmente negativo. Tratando-se de curvas típicas de procura, os preços e as quantidades caminham sempre em **direções opostas**. Uma diminuição dos preços (modificação porcentual negativa) conduz a um aumento nas quantidades procuradas (modificação porcentual positiva). E vice-versa.

FIGURA 8.4
A elasticidade-preço da procura: a sensibilidade dos consumidores a variações nos preços não são iguais para diferentes produtos. A procura pode ter elasticidade-preço unitária, ser inelástica ou elástica. Em cada caso, os coeficientes de elasticidade-preço têm diferentes magnitudes.

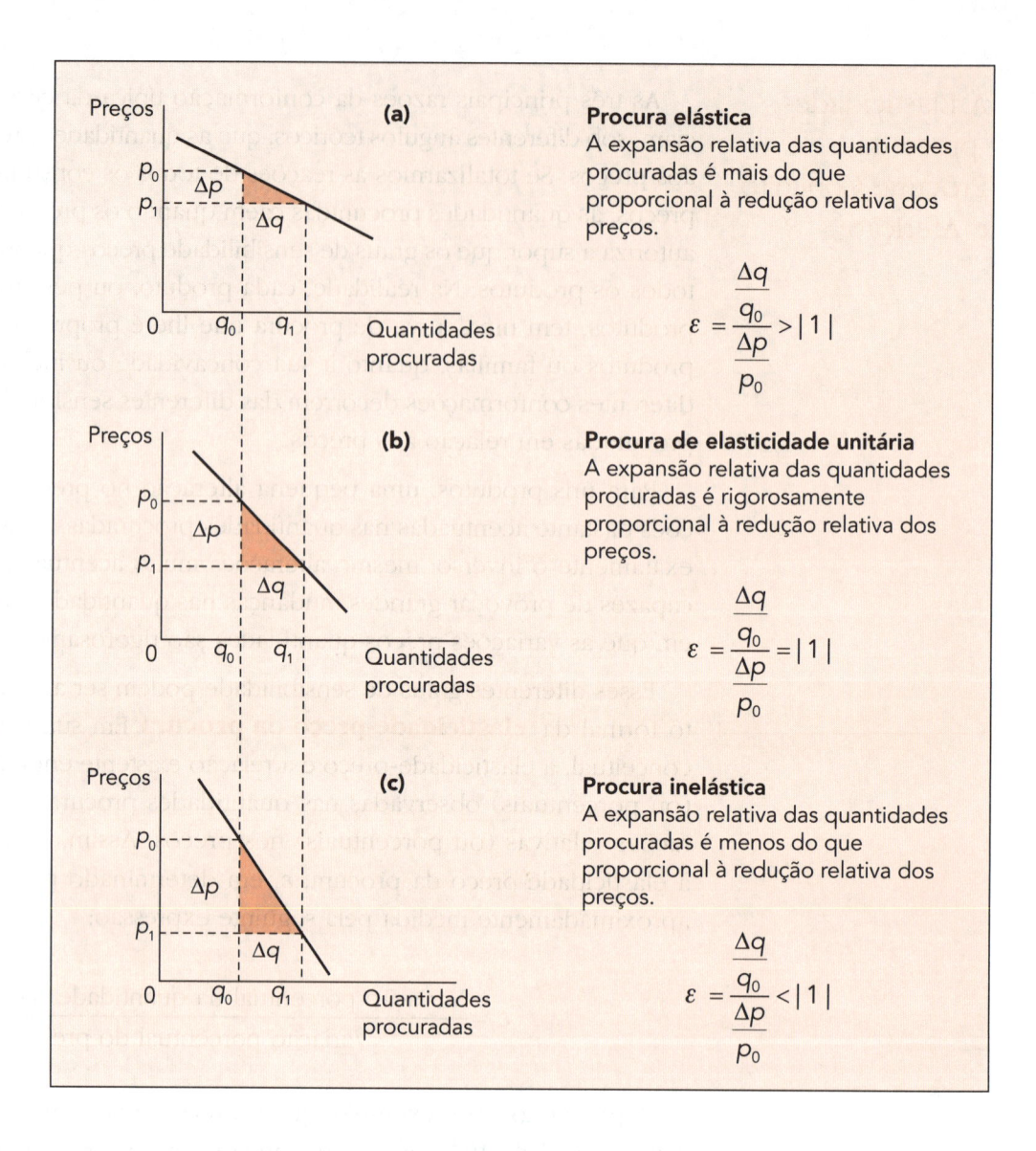

(a) Procura elástica
A expansão relativa das quantidades procuradas é mais do que proporcional à redução relativa dos preços.

$$\varepsilon = \frac{\frac{\Delta q}{q_0}}{\frac{\Delta p}{p_0}} > |1|$$

(b) Procura de elasticidade unitária
A expansão relativa das quantidades procuradas é rigorosamente proporcional à redução relativa dos preços.

$$\varepsilon = \frac{\frac{\Delta q}{q_0}}{\frac{\Delta p}{p_0}} = |1|$$

(c) Procura inelástica
A expansão relativa das quantidades procuradas é menos do que proporcional à redução relativa dos preços.

$$\varepsilon = \frac{\frac{\Delta q}{q_0}}{\frac{\Delta p}{p_0}} < |1|$$

As três diferentes situações exemplificadas podem ser vistas na Figura 8.4. A curva (a) reproduz o caso de um produto de procura elástica em relação ao preço. A curva (b) revela uma procura de elasticidade-preço unitária. E a curva (c) traduz um caso de procura inelástica em relação ao preço. Além dessas três hipóteses, podem também ser definidas duas outras situações extremas. Uma delas, representada por uma curva de procura paralela ao eixo horizontal; nessa hipótese, o valor de ε tenderia para o infinito, definindo um caso de **procura perfeitamente elástica**. Uma segunda situação extrema seria representada por uma curva perpendicular ao eixo horizontal; o valor de ε tenderia para zero, definindo um caso de **procura anelástica, rígida ou plenamente inelástica** em relação ao preço.

Cabe ainda observar que, geralmente, **uma mesma curva de procura pode apresentar diferentes coeficientes de elasticidade-preço, ao longo de seu percurso**. Em níveis de preços muito altos, a procura de determinado produto pode ser, por exemplo, menos elástica do que em níveis de preços mais baixos. Isso significa que, nesse caso, os consumidores seriam mais sensíveis às modificações dos preços quando estes se situassem em níveis mais baixos, do que

QUADRO 8.4
Significados e valores do coeficiente dos diferentes conceitos de elasticidade-preço da procura.

Conceitos	Significados	Valores do coeficiente
Procura elástica	As quantidades procuradas são relativamente sensíveis a alterações nos preços.	$\infty > \varepsilon > |1|$
Procura de elasticidade unitária	As variações nas quantidades procuradas são rigorosamente proporcionais às variações nos preços.	$\varepsilon = |1|$
Procura inelástica	As quantidades procuradas são relativamente insensíveis a alterações nos preços.	$0 < \varepsilon < |1|$
Procura perfeitamente elástica	A procura é definida por um único preço. Qualquer variação reduz a zero as quantidades procuradas.	$\varepsilon = \infty$
Procura anelástica	As quantidades procuradas são dadas e não reagem a preços.	$\varepsilon = 0$

quando se encontrassem em níveis elevados. O inverso, evidentemente, poderá também ocorrer. Mas cada bem ou serviço caracteriza-se, dentro de uma dada faixa habitual de preços, por coeficientes que normalmente ficam acima ou abaixo do valor unitário. Apesar das variações que possam eventualmente ser observadas ao longo das curvas de procura, há as que são caracteristicamente inelásticas. E outras cujo comportamento é caracteristicamente elástico.

Sintetizando: há cinco hipóteses de referência para a elasticidade-preço da procura. Esta pode ser **elástica, de elasticidade unitária, inelástica, perfeitamente elástica ou anelástica**. Os valores absolutos dos coeficientes variam de zero ao infinito. Quando maiores do que a unidade, dizemos tratar-se de procura elástica, pois um coeficiente desta ordem indica que as alterações relativas nos preços provocam alterações relativas mais que proporcionais nas quantidades procuradas. Quando iguais à unidade, dizemos tratar-se de um caso de procura de elasticidade-preço unitária, em que as variações relativas nos preços e nas quantidades são rigorosamente proporcionais. Quando superiores a zero, mas inferiores à unidade, dizemos tratar-se de procuras inelásticas, em que o comportamento relativo das quantidades procuradas é pouco sensível às mudanças relativas nos preços. E, finalmente, encontram-se ainda os casos extremos, que definem procuras perfeitamente elásticas ou anelásticas. O Quadro 8.4 resume esses conceitos.

Os Fatores Determinantes da Elasticidade-preço da Procura

Os principais fatores determinantes da elasticidade-preço da procura são:

❑ Essencialidade do produto.
❑ Substitutibilidade.
❑ Periodicidade de aquisição.
❑ Importância no orçamento.

Essencialidade. Refere-se ao grau de necessidade do produto, em contraposição a sua caracterização como supérfluo. Os produtos de maior essencialidade tendem a ter coeficientes de elasticidade-preço baixos, inferiores a um e, em casos de alta essencialidade, próximos de zero. Houthakker e Taylor[7] estimaram em 0,1 e 0,2, respectivamente, os coeficientes de elasticidade-preço da procura por gás de cozinha e por gasolina automotiva nos Estados Unidos. Esses baixos coeficientes foram atribuídos à essencialidade dos produtos: ainda que os preços aumentem, os consumidores não podem prescindir deles. Consequentemente, as variações relativas em suas quantidades procuradas tendem a ser menos que proporcionais às variações em seus preços. Os mesmos pesquisadores estimaram em 4,0 o coeficiente da elasticidade-preço de viagens aéreas para turismo e em 0,1 as destinadas a negócios. De novo, a essencialidade foi o fator determinante dos diferentes comportamentos dos usuários norte-americanos em relação a esses serviços.

Hábitos. A rigidez ou a flexibilidade de hábitos de consumo é também forte fator determinante da elasticidade-preço da procura. No limite, a sustentação de hábitos que se transformam em vícios praticamente independe do preço dos bens que os satisfazem. D. R. Bohi,[8] em *Analyzing demand behavior,* estimou em 0,45 a elasticidade-preço da procura de produtos derivados do fumo: embora os fumantes sejam sensíveis a variações nos preços, as variações nas quantidades procuradas tendem a ser menos que proporcionais. Mas não são apenas os produtos que satisfazem hábitos considerados vícios que têm baixa elasticidade-preço. Outros produtos que atendem a hábitos de que os consumidores não se livram facilmente também podem apresentar baixa elasticidade-preço. A aquisição de jornais e revistas enquadra-se nesta categoria: o hábito de sua leitura diária tende a se tornar rígido. O coeficiente calculado por Houthakker e Taylor para jornais e revistas foi de 0,5. Mas este pode modificar-se pela substituição da mídia impressa pela eletrônica – fator que veremos a seguir.

Substitutibilidade. Quanto maior o número de produtos que se substituem mutuamente, maiores os coeficientes de elasticidade-preço de todos eles, caso não interfiram em seu consumo outros fatores determinantes. Não havendo substitutos, a curva da procura tende a ser mais inelástica. Os casos clássicos são o sal de cozinha e a manteiga. O primeiro produto é de baixa elasticidade não só por sua essencialidade como também porque não tem substitutos; já a manteiga tem vários substitutos, mais ou menos perfeitos, para diferentes usos, como margarinas, patês e geleias. As proteínas de origem animal são também substituíveis entre si, o que torna elásticas as procuras por peixes, aves e carnes de bovinos e suínos. As variações de preços de cada um desses produtos afetam, intercruzando-se, as quantidades procuradas dos demais. H. Cheng e O. Capps[9] estimaram em 0,45 a elasticidade-preço da procura por peixes para consumo doméstico nos Estados Unidos.

Periodicidade de aquisição. O intervalo de tempo entre uma e outra aquisição do produto é também apontado como fator determinante da elasticidade-preço da procura. Grandes intervalos podem "apagar" da memória os preços de referência. Os exemplos clássicos são especiarias de uso doméstico, como o cravo da Índia, a canela em casca e a noz-moscada – variações nos preços desses produtos tendem a não ser percebidas pelos consumidores, reproduzindo-se em baixa variação de quantidades procuradas. Para outros produtos, a periodicidade é de tal amplitude que chegam a ocorrer mudanças intrínsecas nos produtos entre uma aquisição e outra, reduzindo a sensibilidade a preços. É o que ocorre no mercado de automóveis novos. Novamente citando o estudo de Houthakker e Taylor, a elasticidade-preço da procura de automóveis a longo prazo foi estimada em 0,2, diferente da de curto prazo, estimada entre 1,2 e 1,5.

Importância no orçamento. A importância dos gastos com o produto em relação ao orçamento do agente econômico tende a influenciar a elasticidade-preço da procura, nas seguintes direções: baixa importância, baixa elasticidade, tornando a procura inelástica, com coeficientes inferiores a um; alta importância, alta elasticidade-preço, tornando a procura elástica, com coeficientes superiores a um. O sal de cozinha aparece de novo como produto de baixa elasticidade-preço devida também a esse fator. Já a procura por automóveis, a curto prazo, tende a ser elástica a variações nos preços.

Deslocamentos da Curva da Procura: Fatores Determinantes

Como definimos de início, a procura de um determinado produto é dada por uma série de possibilidades alternativas, que correlacionam inversamente preços e quantidades procuradas. As quantidades reagem aos preços, embora sob diferentes padrões de elasticidade.

Conceitualmente, há, assim, uma diferença essencial entre **quantidades procuradas** e **procura**. As quantidades procuradas definem um ponto da curva de procura, correlacionando-se sempre a um determinado preço. As quantidades se alteram em função de alterações nos preços, diferindo de produto para produto o coeficiente dessas duas variações. Já a procura não se define por um determinado ponto, mas pela sucessão de todos os pontos coordenados, que correlacionam escalas de preços e de quantidades procuradas. A procura é expressa, assim, pela função como um todo. E ela pode deslocar-se, de ponta a ponta, para a direita ou para a esquerda, indicando, respectivamente, aumentos ou reduções, não de quantidades procuradas, mas da procura expressa por determinada função.

Em resumo: os preços são a variável de que dependem as quantidades procuradas. Já a função procura depende de outros fatores. Os de maior relevância são:

- Níveis *per capita* e estrutura de repartição da renda nacional, Y.
- Mobilidade das classes socioeconômicas.
- Atitudes e preferências dos consumidores, A.
- Preços dos bens substitutos, P_s.
- Preços dos bens complementares, P_c.
- Expectativa sobre a evolução da oferta, E.
- Condições e custo de acesso a operações de crédito, C.
- Número de consumidores potenciais, N.

Formalmente, reunindo esses fatores, definimos assim os deslocamentos da função procura, indicada por P:

$$P = f(Y, M, A, P_s, P_c, E, C, N)$$

Renda. O poder aquisitivo da sociedade, determinado pelo nível da renda *per capita* e pela estrutura de sua distribuição às diferentes classes sociais, é um dos mais importantes fatores determinantes da procura, embora as variações da procura em resposta a variações de renda não sejam iguais para todos os produtos. A relação entre renda e procura define um conceito similar ao de elasticidade-preço – o de elasticidade-renda. Neste caso, mede-se quanto a procura de um produto reage ao aumento da renda dos consumidores. Normalmente, os produtos têm elasticidade-renda positiva; ocorrem em menor número os que têm elasticidade-renda negativa. Os produtos cuja procura reage unitariamente à renda, apresentando elasticidade-renda próxima de 1,0, são definidos como **bens normais**. Os que apresentam altas variações de procura em resposta a variações de renda são chamados de **bens superiores**. E denominam-se **bens inferiores** aqueles cuja procura declina em consequência de aumentos na renda. Como estes últimos casos são relativamente raros, vamos assumir que alterações para mais na renda ou sua melhor distribuição social conduzem a alterações para mais na procura, mantidos inalterados outros fatores.

Mobilidade socioeconômica. O processo de mobilidade socioeconômica, ascendente ou descendente, é forte fator determinante da procura por determinados bens e serviços finais de consumo, especialmente os duráveis, como eletrodomésticos, ou semiduráveis como roupas e calçados. Um dos mais notáveis movimentos de ascensão socioeconômica, o dos últimos 15 anos (1995-2010), na quase totalidade dos países emergentes (entre os quais o Brasil) elevou substancialmente a procura por estas classes de bens, em praticamente todos os seus segmentos. A notória ascensão das classes de média-baixa renda, como C e D, favoreceu a expansão desses mercados, ampliando fortemente as escalas das transações.

Atitudes e preferências. Os gostos e as aspirações dos consumidores, suas atitudes e preferências também deslocam a função procura para mais ou para menos. A procura pela maior parte dos produtos é fortemente influenciada por fatores ligados a preferências, valores e comportamentos modais. Tanto podem ocorrer atitudes de alta resistência a mudanças nos padrões de procura por um dado produto, como altamente influenciáveis por campanhas promocionais. Impulsos, estímulos, influências, mudanças em percepções podem levar a alterações substantivas nos deslocamentos de curvas de procura. Novas tendências levam a novas preferências. Com o passar do tempo, as atitudes e os gostos se modificam. A procura por determinados produtos pode até desaparecer. Uma expressiva parcela dos produtos está sujeita a ciclos de vida. Novos produtos aparecem e deslocam tradicionais curvas de procura. Resultantes de processos decisórios altamente influenciáveis, as atitudes e preferências vão-se modificando e, com elas, vão-se deslocando para mais e para menos as curvas de procura da maior parte dos bens e serviços. Derivadamente, modifica-se também a procura pelos recursos de produção correlacionados.

Preços dos bens substitutos. Este fator decorre do conceito de **elasticidade cruzada**. Formalmente, a procura de um produto pode ser afetada por variações nos preços de produtos substitutos, quando se estabelecem entre eles elasticidades cruzadas positivas ou negativas. Quando positivas, a procura de um produto aumenta em resposta a aumento nos preços de um seu substituto. De ponta a ponta, a função de um produto como carne de aves pode ser afetada pela elevação dos preços de carne bovina. A elevação persistente dos preços de fertilizantes químicos pode levar ao aumento da procura por adubação orgânica.

A elasticidade cruzada pode ser positiva, nula ou negativa. Será positiva para produtos substitutos: o aumento do preço de um deles faz aumentar a quantidade procurada pelo outro. Será negativa quando são complementares: neste caso, o aumento do preço de um dos produtos pode levar à redução da quantidade procurada pelo outro. Será nula no caso de produtos independentes: a alteração no preço de um não interfere nas quantidades procuradas do outro. Exemplos: a elasticidade-preço cruzada entre manteiga e margarina é positiva; entre paio e outro ingrediente de feijoada, como, por exemplo, orelha suína salgada tende a ser negativa; entre móveis de vime e livros técnicos é próxima de zero.

Preços dos bens complementares. A procura por combustíveis automotivos pode ser influenciada pelos preços dos veículos. De igual forma, a procura por equipamentos para ginástica pode ser estimulada pelo aumento dos preços cobrados pelas academias. Enquanto o mercado da cultura física estiver estimulado, todos os bens e serviços complementares terão suas curvas de procura deslocadas positivamente. Mais um exemplo: uma redução nos custos dos financiamentos habitacionais de longo prazo pode levar a uma expansão da procura por unidades habitacionais, deslocando-se também em direção positiva a procura por móveis e utensílios domésticos. Por seus efeitos em cadeia, este tipo de movimentação de curvas de procura pode projetar-se em termos macroeconômicos, quando se modifica para mais ou para menos a procura por produtos conceituados como de alta "volatilidade".

Expectativas. A procura de determinados produtos, notadamente quando essenciais, pode ser também influenciada por expectativas quanto à normalidade de seu suprimento. A maior parte dos movimentos derivados desse fator tem caráter efêmero, mas modificam as posições das curvas de procura, sob certas circunstâncias até acentuadamente. Isso ocorre, por exemplo, com a procura por determinados produtos industrializados de alimentação quando se prenunciam crises de abastecimento. A falta prenunciada de óleo de cozinha pode conduzir a um intenso deslocamento da procura desse produto. Mesmo que o prenúncio não tenha fundamento, a falta ocorrerá por uma corrida precaucional dos consumidores. Movimentos podem também ser provocados por expectativas de outra ordem, como as relacionadas a preços, condições climáticas, mudanças políticas e alterações no comportamento social.

TABELA 8.1 Mudanças na escala da procura: para todos os níveis de preços, as quantidades procuradas diferem, provocadas por fatores como nível de renda, atitudes, preferências e expectativas.

Preços unitários ($)	Quantidades procuradas (Unidades-ano)		
	Situação inicial	Aumento da procura	Redução da procura
2,00	18.000	20.000	16.000
2,50	16.000	18.000	14.000
3,00	14.000	16.000	12.000
3,50	12.000	14.000	10.000
4,00	10.000	12.000	8.000
4,50	8.000	10.000	6.000
5,00	6.000	8.000	4.000
5,50	4.000	6.000	2.000
6,00	2.000	4.000	0

Condições e custos do crédito. A abertura e a disponibilidade de crédito, especialmente quando potencializadas por baixos custos e prazos dilatados, aumenta a procura por ampla variedade de bens, notadamente dos de maior preço e que demandam por financiamentos. Esta configuração das políticas de crédito pode exercer efeitos ainda mais pronunciados quando complementada por medidas fiscais expansionistas, como redução de tributos indiretos em benefício destinadas a incentivar o desempenho de setores produtivos afetados por conjunturas econômicas desfavoráveis.

Número de consumidores. Mudanças significativas no número de consumidores potenciais é fator relevante para o posicionamento da procura de um grande número de produtos. A procura de produtos para recém-nascidos certamente é influenciada pela redução ou expansão da taxa de natalidade: o número de recém-natos, "consumidores" de grande variedade de produtos, influencia a posição das curvas de procura. De igual forma, na outra ponta da pirâmide demográfica, mudanças nos índices de expectativa de vida levam a mudanças na procura de bens e serviços destinados a idosos. O número de consumidores potenciais, em praticamente todos os mercados, determina a magnitude da procura, embora o impacto desse fator deva ser balanceado pelos impactos de outros fatores, principalmente pelos primeiros relacionados – níveis *per capita* e estrutura de distribuição da renda nacional e mobilidade das classes socioeconômicas.

Na Tabela 8.1 comparamos duas escalas modificadas de procura de um determinado produto, relativamente a uma situação inicial dada. Na escala que define um aumento de procura, para todos os níveis de preços, as quantidades procuradas são maiores: na situação inicial, para um preço de $ 2,00, as quantidades procuradas eram 18.000 e para um preço de $ 6,00, eram de 2.000; modificando-se a procura para mais, as quantidades se alteram respectivamente para 20.000 e 4.000 a esses mesmos níveis de preços. Um aumento ou melhor distribuição de renda, expectativas quanto ao suprimento futuro do bem ou ainda mudanças em hábitos da sociedade contam-se entre os fatores que podem provocar mudanças deste tipo, alcançando toda a escala da procura. Já a escala que define uma re-

FIGURA 8.5 Deslocamentos das curvas de procura, da posição inicial *P* para *P'* (aumento das quantidades procuradas para todos os preços) e *P"* (redução das quantidades procuradas para todos os preços).

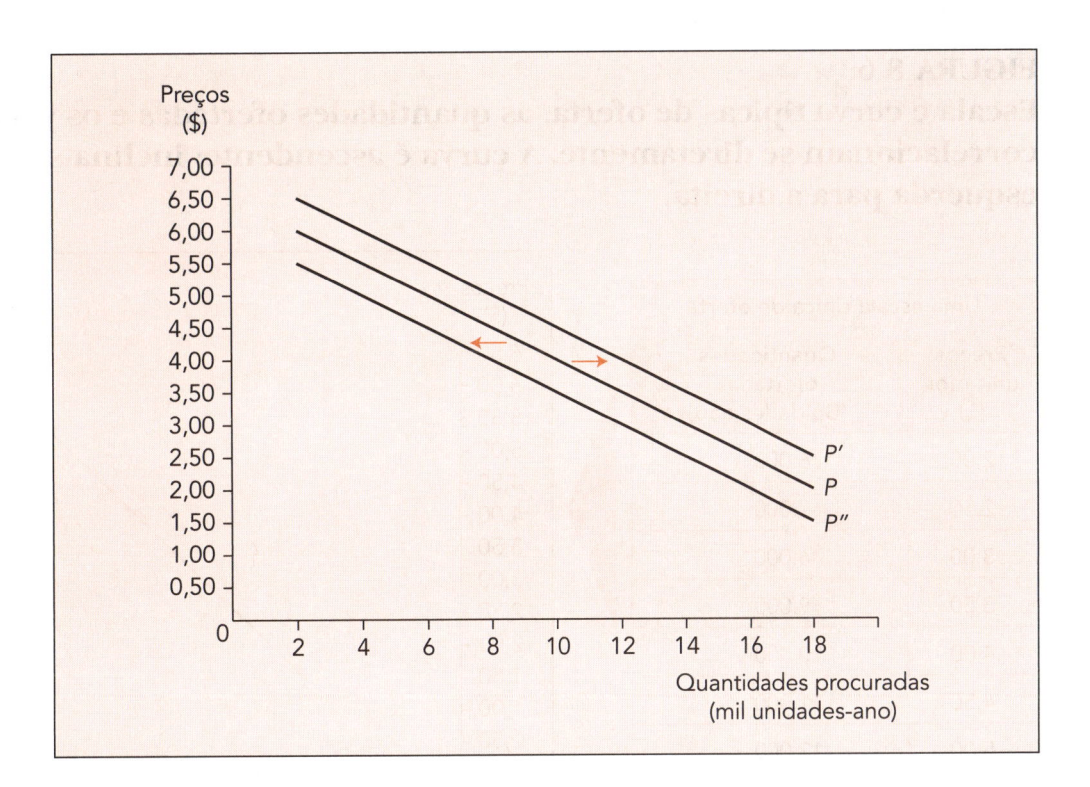

dução da procura mostra para todos os níveis de preços quantidades procuradas inferiores às da situação inicial. Redução nos níveis reais de renda da sociedade, redução dos preços de produtos substitutos ou aumento nos preços de produtos complementares são fatores que podem produzir modificações desta ordem.

Na Figura 8.5 reproduzimos as três escalas. Observa-se que as curvas, de ponta a ponta, mudam de posição, quando a procura aumenta ou diminui. Os deslocamentos para mais se dão para a direita; para menos, para a esquerda. A contração ou expansão nas quantidades procuradas nas escalas reproduzem-se nas funções.

8.3 A Oferta: Conformação, Elasticidade e Deslocamentos

Conformação Básica da Curva de Oferta

Todos os conceitos relacionados à oferta são similares aos da procura, iniciando-se pela própria definição. Também para a oferta, consideram-se duas variáveis – preços e quantidades ofertadas. A definição usual é:

A oferta de determinado produto é determinada pelas várias quantidades que os produtores estão dispostos e aptos a oferecer no mercado, em função de vários níveis possíveis de preços, em dado período de tempo.

Como no caso da procura, a oferta é dada por uma série de possibilidades, correlacionando as duas variáveis consideradas, preços e quantidades. O comportamento típico dos produtores é o de aumentarem as quantidades ofertadas, caso os preços aumentem, reduzindo-as em caso de reduções de preços incompatíveis

FIGURA 8.6
Escala e curva típicas de oferta: as quantidades ofertadas e os preços correlacionam-se diretamente. A curva é ascendente: inclina-se para cima, da esquerda para a direita.

Uma escala típica de oferta	
Preços unitários ($)	Quantidades ofertadas (Unidades-ano)
2,00	6.000
2,50	7.000
3,00	6.000
3,50	9.000
4,00	10.000
4,50	11.000
5,00	12.000
5,50	13.000
6,00	14.000

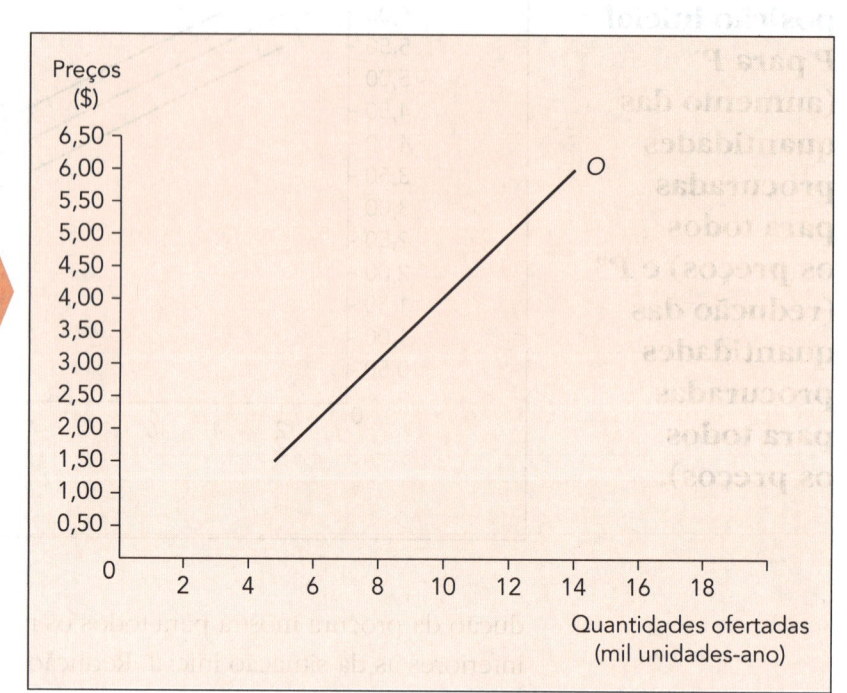

com os custos de produção. Não obstante as possibilidades efetivas de redução ou de aumento da produção não sejam as mesmas para todos os produtores, a totalização das reações de cada um deles definirá esse comportamento padrão. Para quem realiza a oferta, preços mais altos não são obstáculos. São estímulos.

Considerando essa reação típica, dizemos que as quantidades ofertadas, QO, dependem **diretamente** dos preços, P, estabelecendo uma relação de dependência entre as variáveis QO e P. Esta relação pode ser expressa por uma função do tipo:

$$QO = f(P)$$

Equacionada em termos matemáticos, a relação de dependência entre preços e quantidades ofertadas descreve um ramo de parábola ou, então, uma função linear de coeficiente angular positivo. Consequentemente, a conformação gráfica da curva de oferta é oposta à da procura. Colocando as quantidades ofertadas no eixo horizontal e os preços no vertical, a curva resultante será ascendente, da esquerda para a direita. Para preços mais altos, maiores serão as quantidades ofertadas.

A Figura 8.6 reproduz uma escala típica de oferta e a curva correspondente. Uma escala como esta resulta da totalização das reações dos produtores aos diferentes níveis de preços. Para preços de $ 2,00, eles estarão dispostos a produzir 6.000 unidades-ano; por $ 6,00, produzirão 14.000.

A Elasticidade-preço da Oferta: Conceito e Aferição

O conceito da elasticidade-preço aplica-se também à oferta. Uma curva típica de oferta mostra que uma alteração para mais no nível dos preços provoca uma alteração também para mais nas quantidades ofertadas. Todavia, não há razão para supor que, para quaisquer bens e serviços, as quantidades ofertadas sejam igualmente sensíveis às variações nos preços. Na realidade, também no caso da oferta, há diferentes graus possíveis de **sensibilidade dos produtores aos preços**, conduzindo a diferentes coeficientes de elasticidade-preço.

Esses diferentes graus de sensibilidade podem ser quantificados através do conceito formal de **elasticidade-preço da oferta**. Esta, em sua mais simples expressão conceitual, é a relação entre as modificações relativas (ou porcentuais) observadas nas quantidades ofertadas, decorrentes de alterações relativas (ou porcentuais) verificadas nos preços. Assim, podemos considerar que a elasticidade-preço da oferta, η, em determinado ponto da curva, pode ser aproximadamente medida pela seguinte expressão:

$$\eta = \frac{\text{Variação porcentual da quantidade ofertada}}{\text{Variação porcentual do preço}}$$

Suponhamos, por exemplo, que o preço de determinado produto sofra um aumento real de 20%, devido a oscilações do mercado; caso as quantidades ofertadas aumentem também em 20%, dizemos que a elasticidade-preço da oferta é **unitária**. Aplicando a esse caso a expressão acima definida, o valor de η resulta igual a 1,0. Em outros casos, não sendo possível aos produtores aumentar as quantidades ofertadas na rigorosa proporção do aumento havido nos preços, diz-se que a oferta é **inelástica**; seria esse o caso, por exemplo, de uma expansão das quantidades ofertadas de apenas 15%, em resposta a uma expansão de 30% nos preços praticados; o coeficiente resultante seria de 0,5. Por outro lado, caso um aumento de 30% nos preços resultar um aumento de 45% nas quantidades ofertadas, estaremos diante de uma oferta **elástica**, cujo coeficiente seria de aproximadamente 1,5.

O sinal da elasticidade-preço da oferta, contrariamente ao que ocorre no caso da procura, é positivo. Isso porque, em curvas típicas de oferta, **os preços e as quantidades ofertadas caminham sempre em igual direção**. Uma expansão dos preços (modificação porcentual positiva) conduz a um aumento nas quantidades ofertadas (modificação porcentual também positiva). E as reduções nos preços conduzem também a reduções nas quantidades ofertadas.

Estas três diferentes situações podem ser vistas na Figura 8.7. A curva (a) reproduz o caso de um produto de oferta elástica em relação ao preço. A curva (b) traduz um caso de oferta de elasticidade-preço unitária. E a curva (c) revela uma oferta inelástica em relação ao preço. Também aqui, além dessas três hipóteses fundamentais, podemos ainda definir duas situações extremas. A primeira, representada por uma curva de oferta paralela ao eixo horizontal; nesse caso, o coeficiente da elasticidade-preço da oferta tende para o infinito, definindo um caso de **oferta perfeitamente elástica**. A segunda é representada por uma curva perpendicular ao eixo horizontal; o valor do coeficiente da elasticidade-preço

FIGURA 8.7
A elasticidade-preço da oferta: a sensibilidade dos produtores a variações nos preços não são iguais para diferentes produtos. A oferta pode ter elasticidade-preço unitária, ser inelástica ou elástica. Em cada caso, os coeficientes de elasticidade-preço têm diferentes magnitudes.

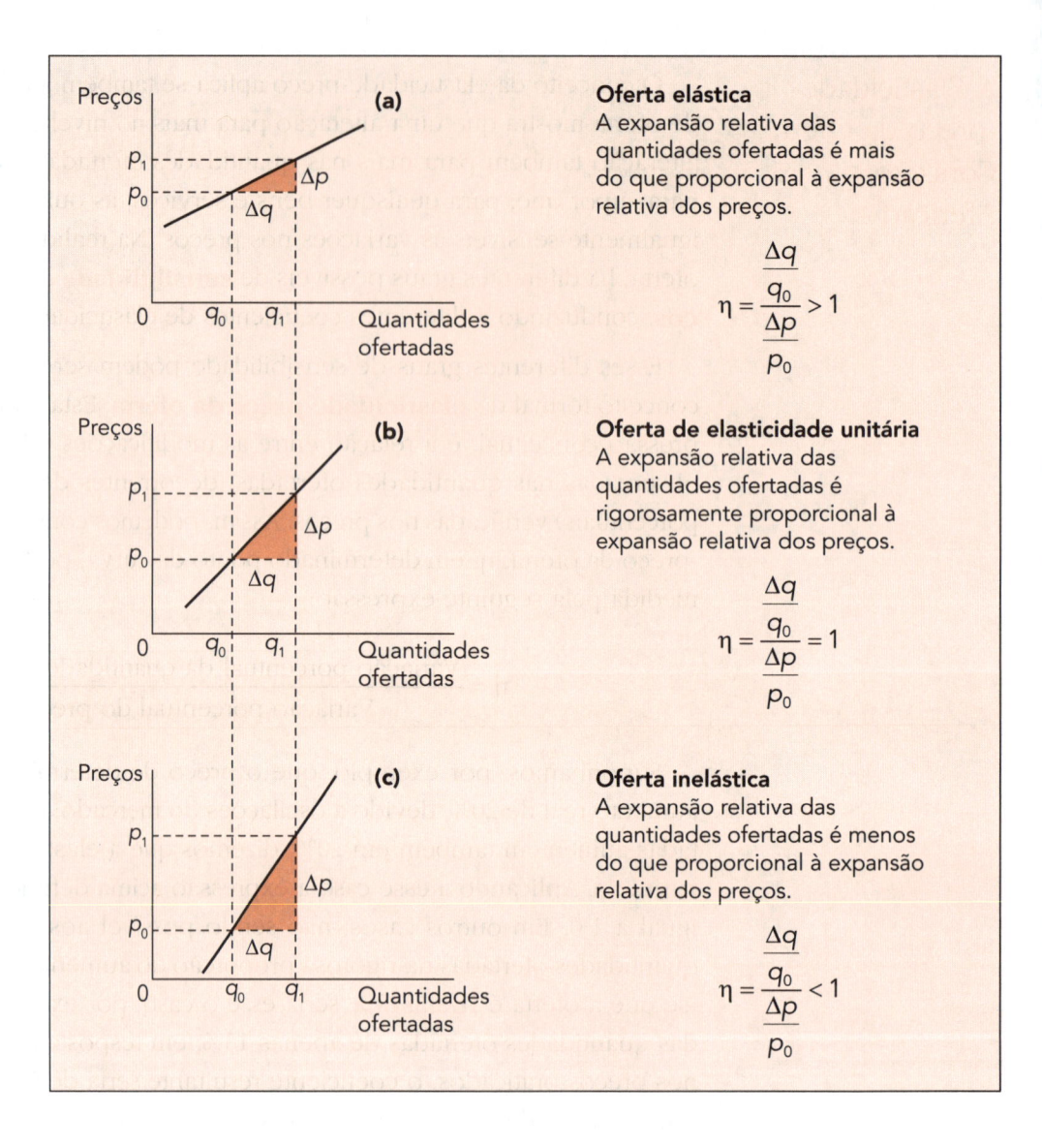

(a) Oferta elástica
A expansão relativa das quantidades ofertadas é mais do que proporcional à expansão relativa dos preços.

$$\eta = \frac{\frac{\Delta q}{q_0}}{\frac{\Delta p}{p_0}} > 1$$

(b) Oferta de elasticidade unitária
A expansão relativa das quantidades ofertadas é rigorosamente proporcional à expansão relativa dos preços.

$$\eta = \frac{\frac{\Delta q}{q_0}}{\frac{\Delta p}{p_0}} = 1$$

(c) Oferta inelástica
A expansão relativa das quantidades ofertadas é menos do que proporcional à expansão relativa dos preços.

$$\eta = \frac{\frac{\Delta q}{q_0}}{\frac{\Delta p}{p_0}} < 1$$

tende para zero, revelando um caso de **oferta anelástica, rígida ou perfeitamente inelástica**.

O Quadro 8.5 sintetiza esses conceitos.

Os Fatores Determinantes da Elasticidade-preço da Oferta

Os principais fatores determinantes da elasticidade-preço da oferta são:

❑ A disponibilidade de recursos de produção.
❑ Defasagens de resposta. Fator tempo exigido pelo processo produtivo.

Disponibilidade de recursos. Embora os produtores possam sensibilizar-se com as variações para mais nos preços dos produtos, dispondo-se a produzir mais, eles podem encontrar diferentes graus de dificuldade para expandir a produção, em função da disponibilidade de recursos produtivos, naturais, humanos e de capital. Ocorrendo flexibilidade na oferta de recursos ou então ociosidade, as quantidades ofertadas podem ser aumentadas, no caso de estimulação via preços. Mas situações de pleno-emprego ou de oferta inflexível, torna inelástica a capacidade de oferta, por mais que os produtores se encontrem estimulados.

QUADRO 8.5
Significados e valores do coeficiente dos diferentes conceitos de elasticidade-preço da oferta.

Conceitos	Significados	Valores do coeficiente
Oferta elástica	As quantidades ofertadas são relativamente sensíveis a alterações nos preços.	$\infty > \eta > 1$
Oferta de elasticidade unitária	As variações nas quantidades ofertadas são rigorosamente proporcionais às variações nos preços.	$\eta = 1$
Oferta inelástica	As quantidades ofertadas são relativamente insensíveis a alterações nos preços.	$0 < \eta < 1$
Oferta perfeitamente elástica	A oferta é definida por um único preço. Qualquer variação reduz a zero as quantidades ofertadas.	$\eta = \infty$
Oferta anelástica	As quantidades ofertadas são dadas e não reagem a preços.	$\eta = 0$

Um dos casos clássicos é o de oferta de água mineral: a vazão das nascentes é determinada e quantitativamente limitada. Isso pode configurar até casos de anelasticidade de oferta. A geração de energia por hidroelétricas é outro exemplo clássico. Não obstante as usinas possam regular a produção para mais ou para menos, as tarifas são menos relevantes que a disponibilidade de água nos reservatórios. O mesmo ocorre no setor primário de produção, no caso de culturas permanentes: as quantidades ofertadas são dadas pela capacidade máxima de produção das lavouras. Elas podem, efetivamente, variar para mais e para menos, em função dos preços. Estimulados por preços mais altos, os produtores podem melhorar os tratos culturais, expandir as áreas cultivadas e assim expandir as quantidades produzidas. Mas há limites. Geralmente, a elasticidade da oferta é baixa para culturas permanentes e mais alta para culturas temporárias.

Defasagens de resposta. O fator tempo é outro relevante determinante da elasticidade de oferta. Independentemente da disponibilidade ou não de recursos, há determinados produtos que exigem grandes intervalos de tempo para ser produzidos, definindo curvas de oferta inelásticas. Entre a sinalização dos preços mais altos e a defasagem de tempo para a produção podem ocorrer intervalos tão longos que impeçam a pronta resposta dos produtores. Em contrapartida, há casos em que a resposta pode ser mais rápida. Ou, em outros termos, se o preço permanecer estimulante por longos períodos, a capacidade de expansão das quantidades ofertadas é maior do que se as alterações forem efêmeras e de curto prazo.

Na Tabela 8.2 essas diferentes situações estão demonstradas. A elasticidade de oferta de produtos agrícolas nos Estados Unidos, calculada por L. G. Tweeten, é altamente influenciada pela defasagem de tempo: para todos os produtos pes-

TABELA 8.2 Elasticidade-preço da oferta, de curto e de longo prazo, estimada para produtos agrícolas.

Produtos	Coeficientes de elasticidade-preço	
	Curto prazo	Longo prazo
Média ponderada	**0,25**	**1,79**
Produção animal	0,38	2,90
Lavouras	0,17	1,56
Produtos selecionados		
Feijão-vagem	0,10	1,70
Repolho	0,36	1,20
Cenoura	0,14	1,00
Pepino	0,29	2,20
Alface	0,03	0,16
Cebola	0,34	1,00
Ervilha	0,31	4,40
Pimenta verde	0,07	0,26
Tomate	0,16	0,90
Melão	0,23	0,48

Fonte: TWEETEN, Luther G. *Foundations of farm policy.* Lincoln: University of Nebraska Press, 1979.

quisados, a elasticidade de longo prazo é substantivamente superior à de curto prazo. Mais: os coeficientes variam também em função dos tipos de produtos. A elasticidade-preço da oferta de produtos animais é superior à de produtos agrícolas. Os coeficientes variam, respectivamente, de 0,38 a 0,17 a curto prazo; a longo prazo, de 2,90 a 1,56.

Deslocamentos da Curva da Oferta: Fatores Determinantes

Como definimos de início, a oferta de um determinado produto é dada por uma série de possibilidades, que correlacionam diretamente preços e quantidades ofertadas. Embora sob diferentes padrões de elasticidade-preço, as quantidades reagem aos preços, na mesma direção.

De forma similar ao que ocorre com a função procura, há assim uma diferença conceitual entre **quantidades ofertadas** e **oferta**. As quantidades ofertadas resumem-se a um dado ponto da curva de oferta, correlacionando-se sempre a um determinado preço. Elas se alteram para mais ou para menos, sob diferentes coeficientes, em função das variações dos preços e das possibilidades de flexibilização da produção. Já a oferta não se limita a um determinado ponto: ela é dada pela sucessão de todos os pontos coordenados de uma dada escala, de ponta a ponta. E, em função de, pelo menos, seis fatores determinantes, ela pode deslocar-se para mais e para menos.

Os principais fatores determinantes da oferta de determinado produto são:

❏ Capacidade das empresas potencialmente aptas a produzir, N.

❏ As condições de oferta dos recursos de produção, F.
❏ Os preços dos diferentes insumos, P_a, P_k, P_n.
❏ As alterações na estrutura tecnológica, T.
❏ As expectativas sobre a evolução da procura, E_a.
❏ As expectativas sobre o comportamento do preço do produto, E_b.

Formalmente, reunindo esses fatores, definimos assim os deslocamentos da função oferta, indicada por O:

$$O = f(N, F, P_a, P_k, P_n, T, E_a, E_b)$$

Capacidade instalada. A capacidade instalada das empresas aptas a produzir é um dos mais importantes fatores determinantes da oferta de qualquer produto. Quando novas empresas se instalam ou quando as já estabelecidas aumentam suas capacidades de produção, a oferta pode expandir-se, deslocando-se para mais as potencialidades das unidades produtivas, para todos os níveis de preços possíveis. Alterações nas dimensões das plantas instaladas projetam-se assim sobre as alterações possíveis na capacidade de oferta. Deslocamentos da curva de oferta para mais e para menos decorrem essencialmente de investimentos em capacidade produtiva.

Condições de oferta dos recursos. Na definição da capacidade de oferta de um produto qualquer, os investimentos em plantas produtivas complementam-se pela condição de oferta dos recursos de produção. A oferta dos recursos é uma das forças determinantes de seus níveis de remuneração. Mantidas inalteradas todas as demais condições que prevalecem no mercado de recursos, se ocorrerem modificações na oferta de qualquer um deles, os padrões de remuneração poderão alterar-se, para mais ou para menos, transferindo-se dessa forma para os custos de produção. Sob novos padrões de custos, a disposição dos produtores para cada nível de preço resultará alterada, deslocando-se consequentemente a oferta para mais e para menos.

Preços dos insumos. De igual forma, os movimentos que se observarem no mercado e nos preços dos insumos (bens e serviços intermediários empregados na produção de bens finais) redefinem padrões de sensibilidade dos produtores. Reduções dos preços dos fertilizantes, dos defensivos agrícolas e das sementes podem induzir à expansão da oferta de produtos agrícolas, dados diferentes níveis possíveis de preços. O oposto poderá ocorrer, sob a hipótese de os agricultores terem seus custos expandidos com a aquisição desses mesmos insumos. O aumento do preço da nafta e de seus derivados, mantidos os preços de produtos finais de matérias plásticas, é fator suficiente para redução de sua oferta. Movimentos como estes ficam evidentes observando-se os dados da Tabela 8.3. Ao preço de $ 4,00, em dada situação inicial, os produtores estão dispostos a produzir 10.000; mas, a este mesmo preço, podem animar-se a produzir 12.000 se, por exemplo, os custos dos insumos caírem, mas apenas 8.000 se eles se expandirem, mantendo-se inalterados outros fatores.

**TABELA 8.3
Mudanças na escala da oferta: para todos os níveis de preços, as quantidades ofertadas diferem, provocadas por fatores como mudanças tecnológicas e expectativas sobre a procura futura.**

Preços unitários ($)	Quantidades ofertadas (Unidades-ano)		
	Situação inicial	Aumento da oferta	Redução da oferta
2,00	6.000	8.000	4.000
2,50	7.000	9.000	5.000
3,00	8.000	10.000	6.000
3,50	9.000	11.000	7.000
4,00	10.000	12.000	8.000
4,50	11.000	13.000	9.000
5,00	12.000	14.000	10.000
5,50	13.000	15.000	11.000
6,00	14.000	16.000	12.000

Tecnologia. Mudanças tecnológicas modificam padrões de produtividade e de produção e podem transferir-se para as curvas de oferta. Novas tecnologias geralmente atuam no sentido de alterar a oferta para mais, independentemente dos preços de mercado dos produtos resultantes. A utilização de estufas ampliou a oferta de verduras e legumes. Avanços em genética expandem a produtividade de grãos e melhoram o rendimento de carcaças animais. A tecnologia de laminação e de aglomeração modificou a oferta no setor madeireiro. A reciclagem de sucatas e o lingotamento contínuo modificaram os padrões da oferta de produtos siderúrgicos. Os avanços no setor têxtil, das cardas às conicaleiras, e a qualidade dos fios para os teares de maior velocidade e informatizados, modificaram a oferta de tecidos. Em todos os campos, a tecnologia tem alterado padrões de produtividade e tem feito avançar as curvas de oferta.

Expectativas. As expectativas dos produtores quanto à evolução da procura transmitem-se para a capacidade de oferta, o mesmo ocorrendo com suas expectativas quanto ao comportamento futuro dos preços de seus produtos. Se eles estimam que a demanda estará em expansão e os preços poderão reagir em relação aos seus níveis correntes, suas decisões empresariais geralmente são no sentido de se antecipar aos movimentos esperados, expandindo a oferta. Em alguns casos, quando expectativas desta ordem se generalizam, a expansão da oferta pode traduzir-se em resultados opostos aos esperados – caso excedam a expansão efetiva da procura. Mas é exatamente essa dinâmica, resultante de expectativas, que dá movimento aos mercados, definindo padrões de comportamento e reproduzindo-se em preços de produtos e remuneração de recursos.

Na Tabela 8.3 comparamos duas escalas modificadas de oferta de um determinado produto, relativamente a uma situação inicial dada. Nas escalas que definem aumento e redução da oferta, as quantidades ofertadas são, respectivamente, maiores e menores, para todos os níveis de preços, de ponta a ponta. Na Figura 8.8 reproduzimos as escalas inicial, O, e as modificadas, O' e O''.

FIGURA 8.8
Deslocamentos das curvas de oferta, da posição inicial O para O' (aumento das quantidades ofertadas para todos os preços) e O" (redução das quantidades ofertadas para todos os preços).

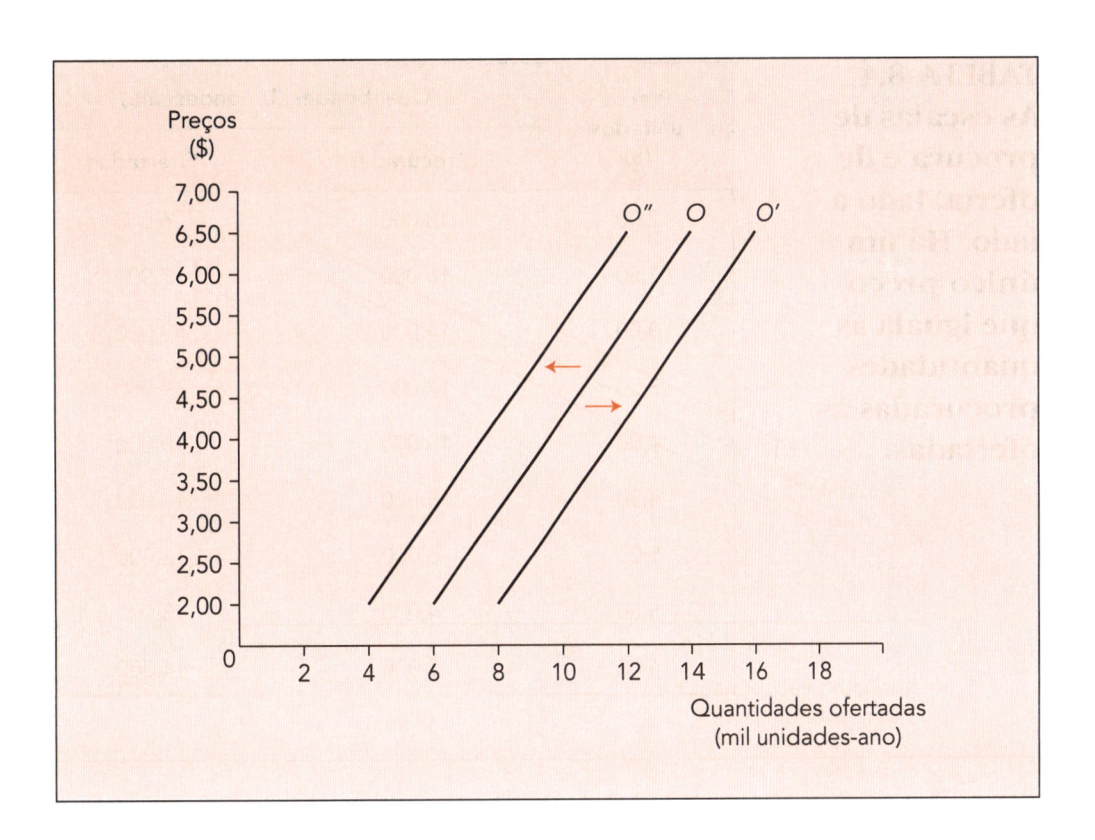

8.4 O Equilíbrio de Mercado: a Intersecção Procura-oferta

O Conceito de Preço de Equilíbrio

Em todas as estruturas de mercado, as posições dos produtores e dos consumidores em relação a uma dada escala de preços podem estar em conflito. Expostos a preços considerados baixos, os produtores dispõem-se a produzir menos, comparativamente às situações em que os preços se consideram satisfatórios. Já os consumidores estão em posição oposta: os preços baixos é que os estimulam a adquirir maiores quantidades. Estas posições conflituosas resultam dos próprios conceitos e das conformações básicas da procura e da oferta.

Há, porém, uma posição de equilíbrio possível – até porque, à sua ausência, trava-se o processo transacional. E esta posição é dada pela intersecção das curvas de procura e de oferta. No ponto de intersecção, define-se o **preço de equilíbrio**. Conceitualmente, há um único preço de equilíbrio que concilia, "aceitavelmente", os interesses dos que se posicionam em cada um dos "lados". Geralmente, esse preço resulta de um prolongado jogo de ensaios e de erros de negociação e de expectativas, em movimentos fortemente influenciáveis pela estrutura competitiva do mercado. Partindo da hipótese de que o mercado está submetido a uma situação de concorrência perfeita, o preço de equilíbrio não será determinado pelos diferentes poderes de negociação dos agentes envolvidos, mas de forma "impessoal" pela livre manifestação das forças da oferta e da procura.

Para entendermos bem o funcionamento dessa interação de forças, vamos considerar os dados da Tabela 8.4. Nela se encontram, colocados lado a lado, os números das escalas da procura e da oferta supostas anteriormente, mostrando,

TABELA 8.4
As escalas de procura e de oferta, lado a lado. Há um único preço que iguala as quantidades procuradas às ofertadas.

Preços unitários ($)	Quantidades (Unidades-ano)		Relações estabelecidas
	Procuradas	Ofertadas	
2,00	18.000	6.000	QP > QO
2,50	16.000	7.000	QP > QO
3,00	14.000	8.000	QP > QO
3,50	12.000	9.000	QP > QO
4,00	10.000	10.000	EQUILÍBRIO
4,50	8.000	11.000	QP < QO
5,00	6.000	12.000	QP < QO
5,50	4.000	13.000	QP < QO
6,00	2.000	14.000	QP < QO

para os nove diferentes níveis de preços possíveis, a relação existente entre as quantidades procuradas e as ofertadas. Como os números evidenciam, para níveis de preço abaixo de $ 4,00, há um excesso de quantidades procuradas em relação às efetivamente ofertadas. Inversamente, para todos os níveis acima deste mesmo valor, verifica-se que as quantidades ofertadas superam as procuradas.

O preço que separa essas duas diferentes situações é o único em que se registra uma **situação de equilíbrio**. É, efetivamente, o único preço que **harmoniza os interesses conflitantes dos produtores e dos consumidores**. Ele sincroniza, igualando-as, as capacidades e as disposições de procura e de oferta, livremente manifestadas no mercado.

Essa situação de equilíbrio não ocorre para os demais níveis de preço supostos. Quando o preço cai para $ 2,00, as quantidades procuradas chegam a 14.000, mas elas não serão atendidas por um correspondente movimento nas quantidades ofertadas. Esse desequilíbrio ocorrerá porque o mais baixo preço possível, embora seja estimulante para os consumidores, não encoraja os produtores na mesma proporção. Inversamente, no outro extremo da escala, o preço de $ 6,00 afastará muitos consumidores do mercado, embora seja altamente estimulante para os produtores.

À medida que o preço se desloca dessas posições extremas para as intermediárias, atenuam-se os desequilíbrios entre as quantidades procuradas e as ofertadas, até que, chegando a $ 4,00, atinge-se a posição de equilíbrio.

Na Figura 8.9 poderão ser visualizados e comparados os desequilíbrios que acabamos de apontar, bem como a convergência em direção à posição de ajustamento.

Em linguagem gráfica, o preço de ajustamento é determinado pela intersecção das curvas de oferta e de procura. Como mostramos na Figura 8.10, as duas curvas

FIGURA 8.9
As escalas de procura e de oferta comparadas. Há uma única situação de equilíbrio entre quantidades procuradas e ofertadas.

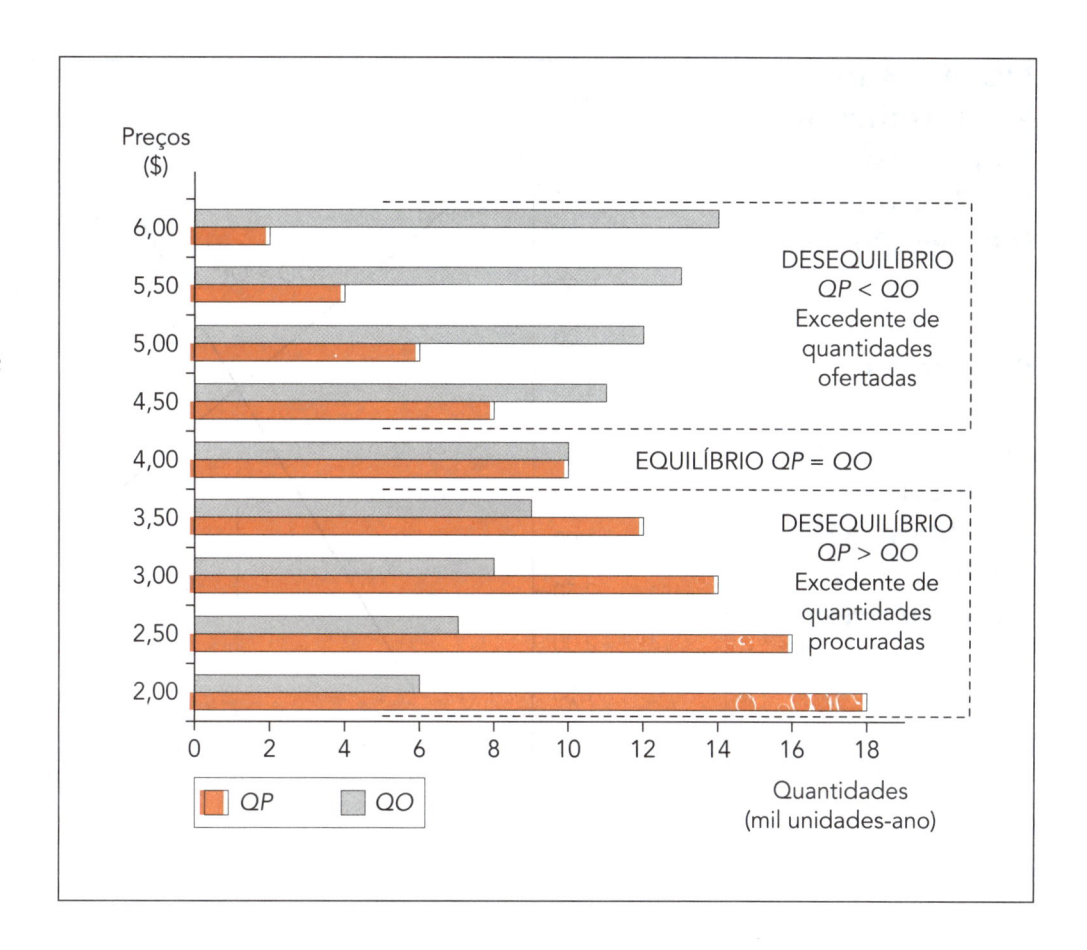

se encontram no ponto correspondente ao preço de equilíbrio, determinando a igualação das quantidades procuradas e ofertadas. Abaixo desse ponto de encontro, as quantidades procuradas serão superiores às ofertadas, o que levará a uma competição entre os consumidores, não só estimulando os produtores no sentido de um incremento das quantidades ofertadas, como também forçando a elevação natural do nível do preço. Por outro lado, acima do ponto de encontro das duas curvas, os excedentes das quantidades ofertadas em relação às procuradas conduzirão a uma competição entre os produtores, não só provocando uma retração no fluxo das quantidades como também um natural rebaixamento do preço.

Esses ajustamentos é que garantem o adequado suprimento do mercado, nas estruturas em que prevalecem as características da concorrência perfeita. Sob concorrência, os preços resultam do entrechoque das forças de oferta e procura, tendendo sempre para uma posição de equilíbrio, onde os interesses se harmonizarão, pelo menos temporariamente.

As posições de equilíbrio podem, porém, alterar-se, pelos movimentos da procura e da oferta. Já vimos que os preços definem quantidades procuradas e ofertadas. Mas as escalas da procura e da oferta movimentam-se para mais e para menos, em resposta a um conjunto de fatores determinantes que o tempo todo interferem em todos os mercados de produtos e de recursos, influenciando-os e definindo novas posições de equilíbrio e novas escalas.

FIGURA 8.10
A determinação do preço de equilíbrio pela intersecção das curvas de procura e de oferta: é o único preço que harmoniza os interesses conflitantes de produtores e compradores.

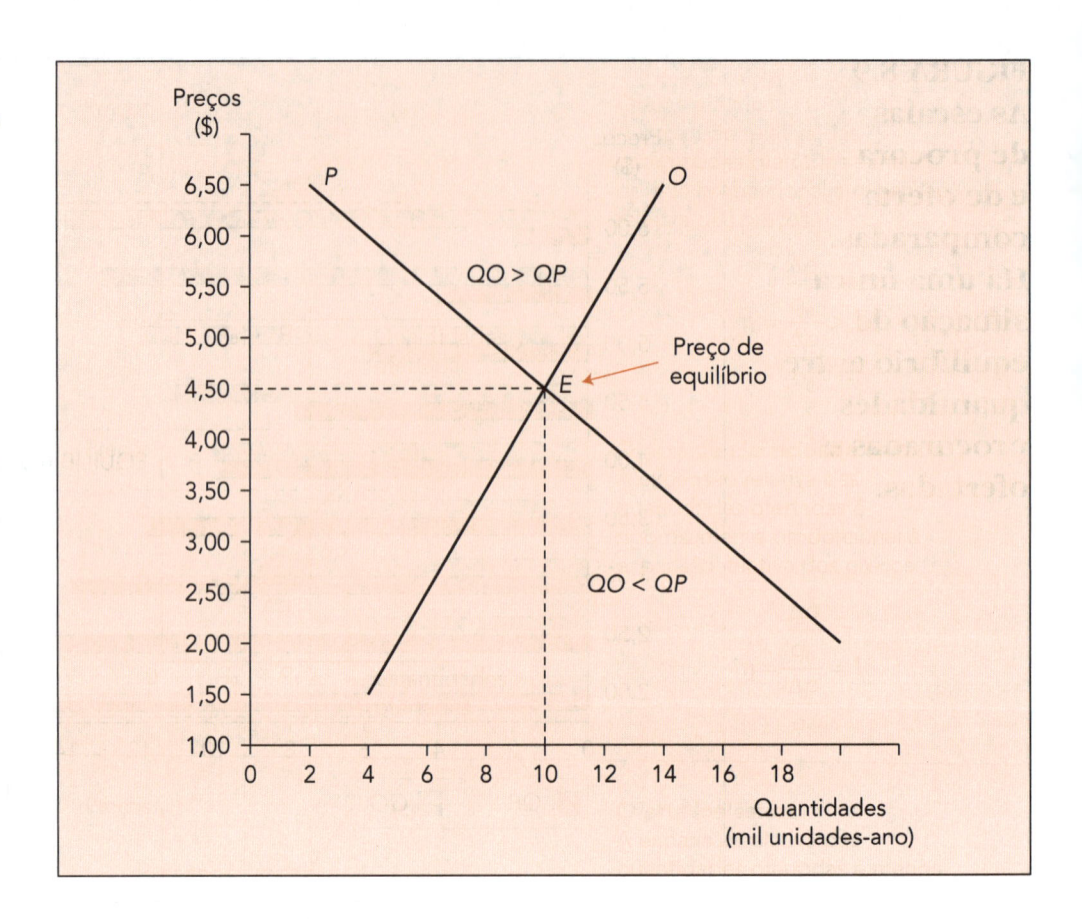

Os Deslocamentos da Procura e da Oferta e o Movimento dos Preços

Os deslocamentos das curvas da procura e da oferta, a não ser que sejam simultâneos no tempo e rigorosamente proporcionais, modificam os preços de equilíbrio, jogando-os para mais ou para menos. Na Figura 8.11 reproduzimos quatro hipóteses de movimento de preços, todos em resposta a deslocamentos para mais e para menos das curvas de procura e de oferta.

A primeira hipótese (a) registra o que ocorre com o preço de equilíbrio, quando a **procura se expande e a oferta permanece inalterada**: ele se deslocará da posição inicial de equilíbrio, E, para um nível mais alto, E'. Exemplos clássicos são os movimentos dos preços de peixes durante a Semana Santa e de flores no Dia de Finados. Por hábitos sociais enraizados, todos os anos a procura por esses produtos aumenta nestas datas especiais. A abstinência de "carnes de sangue" e a **homenagem aos mortos só não elevam para níveis ainda mais altos** os preços de peixes e de flores, porque os produtores antecipam-se aos movimentos esperados e se preparam para abastecer os mercados. Nos meses que antecedem estas datas, os frigoríficos de peixes armazenam maiores estoques e os floricultores aumentam o plantio. Ainda assim, percebem-se variações nos preços, em relação aos períodos de procura "normal".

A segunda hipótese (b) mostra uma situação inversa à anterior: o que ocorrerá com o preço de equilíbrio quando a **procura se retrai e a oferta permanece inalterada**. O preço cairá do ponto inicial, E, para uma posição mais baixa, E'. Nos estádios de futebol, bandeiras, bonés e camisetas com as cores e o logotipo do time perdedor são vendidos por preços mais baixos após os jogos: a demanda se retrai tanto e joga os preços tão para baixo que os vendedores decidem guar-

FIGURA 8.11
Os deslocamentos da procura e da oferta e o movimento dos preços de equilíbrio: sempre que a procura e a oferta se deslocam, os preços de equilíbrio se movimentam para novas posições, levando o mercado a ajustar-se.

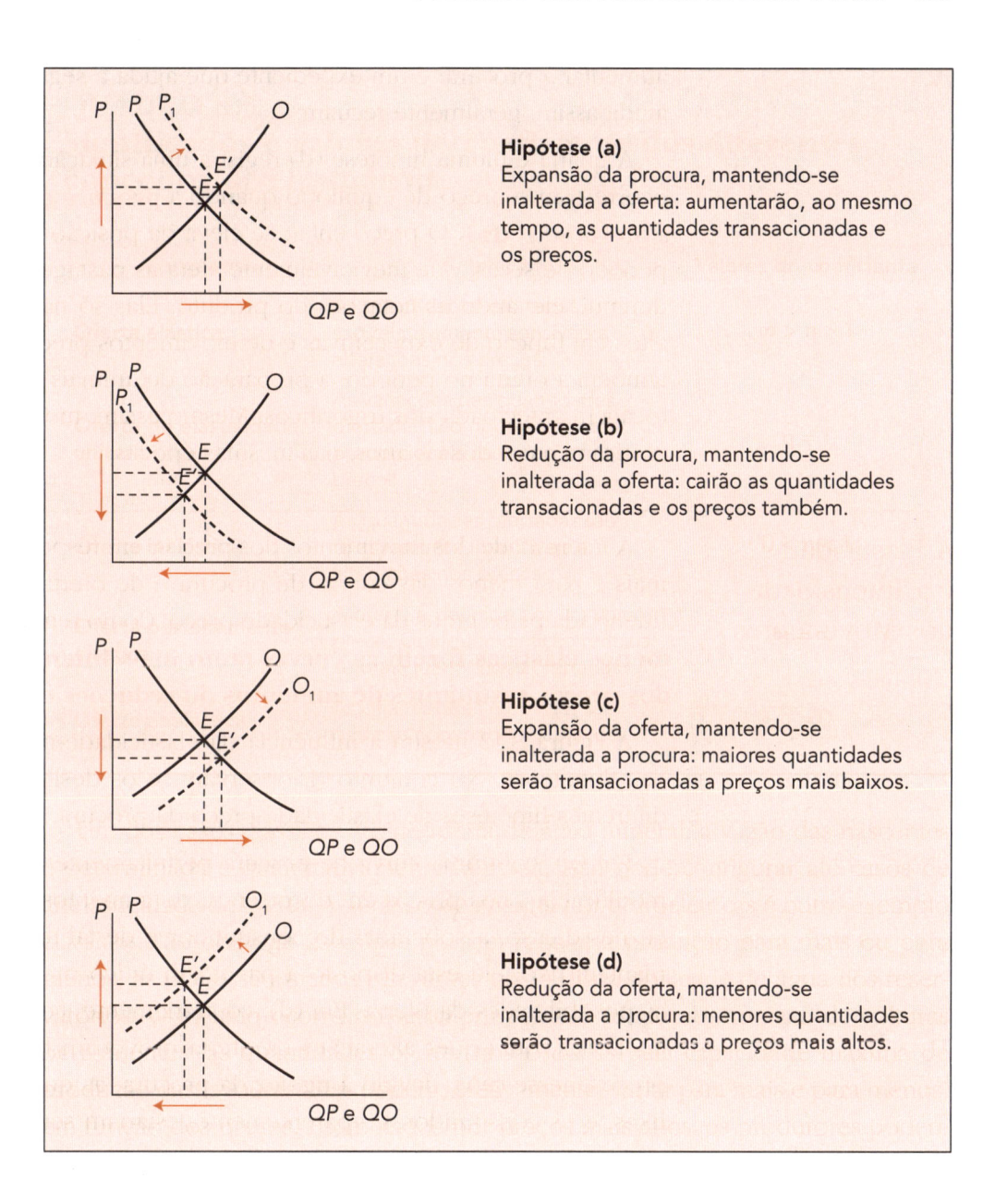

Hipótese (a)
Expansão da procura, mantendo-se inalterada a oferta: aumentarão, ao mesmo tempo, as quantidades transacionadas e os preços.

Hipótese (b)
Redução da procura, mantendo-se inalterada a oferta: cairão as quantidades transacionadas e os preços também.

Hipótese (c)
Expansão da oferta, mantendo-se inalterada a procura: maiores quantidades serão transacionadas a preços mais baixos.

Hipótese (d)
Redução da oferta, mantendo-se inalterada a procura: menores quantidades serão transacionadas a preços mais altos.

dar seus estoques para o próximo jogo. Movimentos de preços em igual direção ocorrem com ingressos adquiridos por cambistas, nos dias em que condições climáticas desfavoráveis afastam o público dos estádios. As condições do tempo também definem a posição das curvas de procura, nas praias, de praticamente todos os produtos oferecidos por ambulantes. Sob condições adversas, a procura se retrai e, com ela, caem os preços de equilíbrio.

A terceira hipótese (c) mostra **movimentos de preços resultantes de aumento da oferta**. Se a procura permanecer inalterada e a oferta expandir-se da posição inicial, O, para O_1, os produtores só conseguirão que o mercado absorva a produção ampliada se os preços recuarem de E para E'. O exemplo clássico é o da expansão da oferta de produtos agrícolas perecíveis em épocas de safra. Todas as frutas têm preços diferentes ao longo do ano: as "frutas de estação" têm preços comparativamente inferiores às "frutas de entressafras". Nas regiões produtoras, as festas populares promovidas pelos produtores têm o objetivo primordial de aumentar a procura: é um expediente que ajuda a segurar os preços; mas estes, ainda assim, geralmente recuam.

A quarta e última hipótese (d) registra uma situação oposta à anterior: o que ocorre com o preço de equilíbrio quando a **procura permanece inalterada e a oferta se retrai**. O preço então se eleva da posição inicial, E, para E'. Após o período de secas, que inevitavelmente afeta as pastagens, a oferta de boi gordo diminui, elevando as cotações do produto. Elas só não chegam a pontos mais altos em função de expectativas e de movimentos precaucionais que aumentam também a oferta no período: a preparação de animais por confinamento e a estocagem antecipada dos frigoríficos. Mesmo assim, movimentos de alta ocorrem praticamente todos os anos, nas mesmas épocas.

A Elasticidade e a Intensidade dos Movimentos

A intensidade dos movimentos dos preços, em resposta a deslocamentos para mais e para menos das curvas de procura e de oferta, é significativamente influenciada pelos graus da elasticidade-preço. Como regra, admite-se que **quanto menos elásticas forem as curvas tanto mais intensas serão as flutuações dos preços resultantes de aumentos ou reduções da oferta e da procura**.

A Figura 8.12 mostra a influência da elasticidade-preço sobre a intensidade das flutuações. No conjunto A, observam-se os deslocamentos de oferta, sob diferentes hipóteses de elasticidade-preço da procura.

Em (a), com uma curva de procura perfeitamente elástica, não se registram modificações nos preços em decorrência de aumentos ou de reduções da oferta; nesse caso, a soberania do consumidor é de tal amplitude que o preço se mantém fixo; ele está disposto a pagar um único preço, quaisquer que sejam as possibilidades da oferta. Em (d), contrariamente, com uma curva de procura anelástica, quaisquer alterações na oferta provocam bruscas modificações nos preços; nesse caso, devido à rigidez da procura, as quantidades procuradas são fixas; e os consumidores, aparentemente, estariam sempre dispostos a adquiri-las; neste caso, os preços são passíveis de violentas oscilações, decorrentes de aumentos ou reduções da oferta. Em (b), a intensidade de variação dos preços é relativamente menor do que em (c), em consequência dos diferentes graus de elasticidade-preço da procura supostos nessas duas hipóteses intermediárias. Mas, também nesses dois casos, valida-se a regra básica: o deslocamento dos preços é mais intenso para uma curva de procura relativamente inelástica do que para uma relativamente elástica.

Idênticas observações são também válidas quando consideramos os graus da elasticidade-preço da oferta. No conjunto B, mostramos que as ofertas rígidas e anelásticas imprimem modificações mais acentuadas nos níveis dos preços do que as ofertas perfeitamente elásticas. E, para graus intermediários, as flutuações são tanto mais acentuadas quanto menor for o grau da elasticidade-preço considerada.

Parecem intuitivas as razões das diferentes intensidades de flutuação dos preços, motivadas pelos diferentes graus de elasticidade-preço das curvas da procura e da oferta. Uma curva de oferta perfeitamente inelástica indica uma total impossibilidade de alteração das quantidades disponíveis do produto levadas ao mercado. Dada,

FIGURA 8.12
A elasticidade-preço e a intensidade do movimento dos preços de equilíbrio.

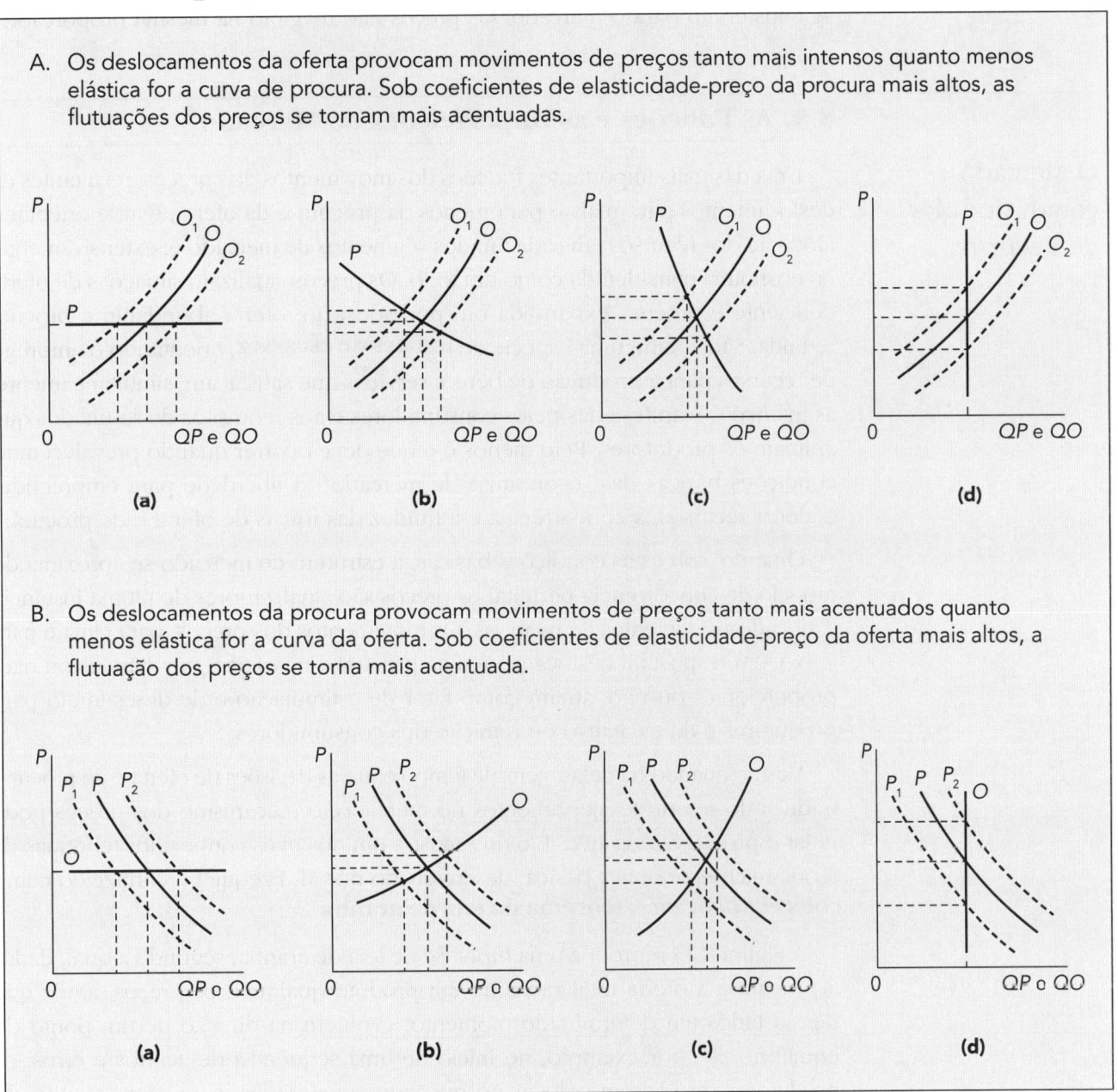

A. Os deslocamentos da oferta provocam movimentos de preços tanto mais intensos quanto menos elástica for a curva de procura. Sob coeficientes de elasticidade-preço da procura mais altos, as flutuações dos preços se tornam mais acentuadas.

(a) (b) (c) (d)

B. Os deslocamentos da procura provocam movimentos de preços tanto mais acentuados quanto menos elástica for a curva da oferta. Sob coeficientes de elasticidade-preço da oferta mais altos, a flutuação dos preços se torna mais acentuada.

(a) (b) (c) (d)

para essa situação, certa curva de procura, haverá um preço básico de equilíbrio, em torno do qual serão processadas todas as transações. Todavia, se houver uma expansão da procura, o maior número de consumidores provocará a inevitável expansão do preço, ao disputarem entre si as quantidades fixas e rígidas disponíveis. Inversamente, se a oferta fosse perfeitamente elástica, um deslocamento positivo da correspondente curva da procura não alteraria o nível do preço, pois a total ausência de rigidez na capacidade de oferta a curto prazo possibilitaria o fornecimento das quantidades adicionais exigidas pelo mercado, mantendo-se o preço no mesmo nível. Um exemplo: suponhamos que aumente a procura pela obra de Portinari, por uma razão qualquer. Os preços dos originais subirão mais que os de reproduções. A fixidez de oferta, no caso dos originais de um pintor já falecido, e a flexibilidade, no caso das reproduções de sua obra, seguramente se transferirão para o mercado. Os preços não reagirão na mesma proporção.

8.5 As Funções e as Imperfeições do Mercado

O Mercado como Alocador de Recursos

Uma das mais importantes funções dos movimentos dos preços, resultantes de deslocamentos para mais e para menos da procura e da oferta, é a de orientar a alocação dos recursos em cada um dos segmentos de mercado e, extensivamente, na economia considerada como um todo. Os preços sinalizam situações de oferta deficiente e procura expandida ou, por oposição, oferta abundante e procura retraída. São, assim, uma espécie de **índices de escassez**, orientando o emprego de recursos para a produção de bens e serviços que satisfaçam, simultaneamente, às intenções manifestadas pelos consumidores e aos requisitos de resultados que animam os produtores. Pelo menos é o que deve ocorrer quando prevalecem as condições básicas das "economias de mercado": a liberdade para empreender e alocar recursos, a concorrência e a fluidez das forças de oferta e de procura.

Quando, sob estas condições básicas, a estrutura de mercado se aproxima do modelo de concorrência perfeita, os preços são sinalizadores de última instância e alocadores eficientes de recursos. Os movimentos dos preços, para cima e para baixo, em resposta a deslocamentos na procura e na oferta, simultâneos ou não, proporcionais ou não, atuam como fator de estimulação e de desestímulo para produtores e de excitação ou retração dos consumidores.

Mesmo quando há defasagens de tempo entre as decisões de oferta e de procura, traduzindo-se em desajustamentos no mercado, o mecanismo dos preços pode guiar o processo alocativo. É o que mostra um dos mais conhecidos teoremas da teoria microeconômica básica, desenvolvido por M. Ezequiel e conhecido como **cobweb theorem – teorema da teia de aranha**.

A Figura 8.13 reproduz uma hipótese de teia de aranha, segundo a qual, dadas a procura e a oferta totalizadas de um produto qualquer, os preços, ainda que desajustados em determinado momento, evoluem na direção de um ponto de equilíbrio. Se, por exemplo, no início de uma sequência de acertos e erros, os produtores decidissem colocar no mercado q_0 unidades, com a expectativa de que o preço fosse de p_0, eles se decepcionariam: as quantidades colocadas no mercado só teriam um total escoamento por um preço bem mais baixo, representado por p_1. Esta decepção iria levá-los, no período seguinte, a oferecer no mercado apenas q_1 unidades, compatíveis com o nível prevalecente de preços. Todavia, esta nova tentativa traria resultados melhores que os esperados, pois as quantidades ofertadas seriam tão reduzidas que os consumidores iriam disputá-las entre si, elevando o preço para p_2. A sequência das decisões e ajustamentos teceria uma verdadeira **teia de aranha**, cujo ponto final coincidiria com o **preço de equilíbrio**.

FIGURA 8.13
A dinâmica da convergência das decisões de produtores e consumidores: admitindo-se que a oferta seja menos elástica que a procura, o mecanismo dos preços conduz o mercado ao equilíbrio.

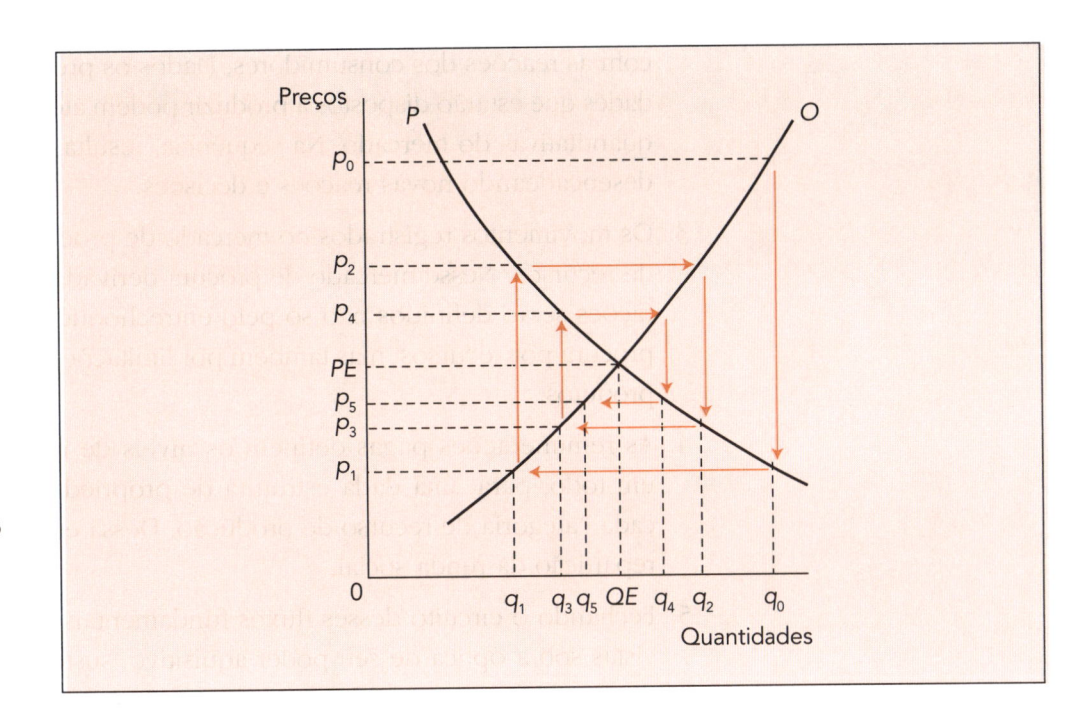

Movimentos como este, em mercados competitivos, podem resultar em estruturas de alocação de recursos ajustadas às aspirações e necessidades sociais. Nos sistemas em que os ajustamentos entre oferta e procura de produtos e de recursos se realizam por movimentos que se efetivam nos próprios mercados, os preços e as remunerações atuam como variáveis orientadoras das decisões de cada agente econômico. Como observa R. T. Bye,[10] em *Social economy and the price system,* "o sistema de preços foi apontado, sobretudo pela tradição clássica da economia, como um eficaz mecanismo espontâneo de contabilidade social, que realiza as tarefas de ajustar as ações dos agentes econômicos, interconectar os mercados e guiar a economia como um todo para o equilíbrio. Este sistema é uma espécie de **mão invisível**, segundo a expressão de A. Smith – uma síntese das motivações e dos interesses totalizados de milhares, às vezes milhões, de agentes que atuam nos mais diferentes segmentos de cada mercado".

Se prevalecessem estruturas perfeitamente competitivas em todos os mercado, os movimentos dos preços e das remunerações, resultantes da livre atuação das forças de oferta e de procura, seriam condições suficientes para promover o equilíbrio geral da economia, ao menos em seus fluxos fundamentais. Os pontos de partida, os caminhos, as derivações e as interconexões seriam, resumidamente:

1. Os consumidores têm, permanentemente, necessidades de ampla variedade de bens e serviços. Porém, como seus recursos são escassos, eles se orientam por escalas de preferência, formadas em função de duas exigências: (a) a maximização da satisfação; e (b) a restrição orçamentária. Em consequência, buscarão, para cada produto, os mais baixos preços possíveis, desde que satisfeitos outros requisitos, relacionados por exemplo à qualidade percebida e ao desempenho esperado dos produtos.

2. Os produtores reagem às sinalizações do mercado: os preços não são os que eles desejariam praticar, mas aqueles que equilibram suas pretensões

com as reações dos consumidores. Dados os preços praticáveis, as quantidades que estarão dispostos a produzir podem atender ou não às exigências quantitativas do mercado. Na sequência, resultam novos níveis de preços, desencadeando novas reações e decisões.

3. Os movimentos registrados no mercado de produtos transmitem-se para o de recursos. Nesse mercado de procura derivada, os padrões das remunerações serão definidos não só pelo entrechoque das forças de oferta e de procura por recursos, mas também por limitações definidas no mercado de produtos.

4. As remunerações pagas definem os níveis de renda da sociedade como um todo, para uma dada estrutura de propriedade e de qualificações de cada categoria de recurso de produção. Dessa estrutura resulta outra, a da repartição da renda social.

5. Fechando o circuito desses fluxos fundamentais, os detentores de rendas, vistas sob a óptica de seu poder aquisitivo, sustentam, pelos seus dispêndios, os diferentes mercados existentes na economia, sinalizando sempre como os recursos disponíveis serão empregados.

A confiança na automaticidade das forças de oferta e de procura guiadas por mãos invisíveis e atuantes, sob condições de concorrência perfeita em mercados interconectados, foi a base do pensamento clássico em economia. Oferta-procura-preços foi, nos anos formativos do conhecimento econômico, o trinômio que promoveria a sustentação do equilíbrio geral. Essa confiança não se estremeceu durante longo período, pelo menos até a década de 1930. Excetuando-se alguns curtos intervalos de desequilíbrio, as economias guiadas pelo mecanismo dos preços e pelas forças dos mercados mantiveram-se ativas e prósperas, seguindo o curso de um processo de expansão econômica aparentemente eficiente e ordenado. Canalizando recursos para a produção de bens e serviços escassos e com ampla liberdade para empreender, as empresas levavam a mercados competitivos seus produtos e, em mercados derivados, supostamente também competitivos, buscavam e empregavam os recursos de produção.

Mas descompassos, defasagens e imperfeições sinalizavam também – e de forma cada vez mais aguda – que o mercado tinha virtudes e vícios. Empresas que nasceram pequenas, atendendo a mercados locais e regionais, assumiram dimensões nacionais, algumas transnacionais. As tecnologias mudaram. A estrutura de oferta dos recursos também. O equilíbrio no mercado de produtos deixou de garantir o equilíbrio automático também no mercado de recursos. A hipótese ideal da concorrência perfeita iria chocar-se com a revelação de outras estruturas de mercado, oligopólicas ou de concorrência monopolística. À mesma época em que a tradição macroeconômica clássica era reformada por Keynes, também a síntese neoclássica de Marshall era revista por Chamberlin. Como observa R. Gill,[11] "aprendemos, nos anos 30, que as economias de mercado não reguladas poderiam estar sujeitas a grandes crises e depressões. Nos anos 40, vimos uma extraordinária expansão do papel que o governo precisa desempenhar no cenário econômico, quando nos mobilizamos para a guerra e, mesmo depois, em tempos de paz.

Nos anos 50, foi-nos mostrado que as economias altamente planejadas, como a da URSS, não seriam fatalmente conduzidas para o caos econômico, mas a substanciais taxas de crescimento, pelo menos enquanto privilegiassem as indústrias de base e investimentos em infraestrutura. E nos anos 60 testemunhamos o fato de que, nas economias de livre mercado, os interesses privados de determinados grupos poderiam conspirar contra os interesses públicos".

Virtudes, Vícios e Intervenções Regulatórias

Nas décadas de 1970 e 1980, ano após ano, os fundamentos e o funcionamento dos mercados passaram a ser observados com critérios mais pragmáticos centrados em resultados, do que em princípios derivados de dogmáticas proposições ideológicas. O mundo real mostrou que as economias que acreditavam ser possível a substituição dos mecanismos dos mercados livres por sistemas de planejamento centralizado reviram suas crenças e promoveram mudanças, em direção ao restabelecimento de princípios antes rejeitados, à medida em que os mercados se ampliavam e se diversificavam, para atender a crescentes aspirações sociais. Em contrapartida, nas economias de livre mercado, além das revisões da gestão macroeconômica dos anos 1930, as virtudes e os vícios dos mercados competitivos passaram a ser objeto de reconsideração, sob a óptica de conciliação dos interesses privados e públicos.

Entre as **virtudes** do mercado, estas permanecem reconhecidas:

- **O mercado gera índices de escassez**, transmitidos aos preços e às remunerações, orientando a alocação dos recursos escassos da sociedade.

- **O mercado é um centro de estimulação**, que leva à maior qualificação dos recursos e a compromissos com a qualidade dos produtos. As exigências impostas pela competição são, de um lado, fatores de impulsão das pessoas para investirem em si mesmas, aprimorando o capital humano; de outro lado, impulsionam a diversidade dos produtos e seus padrões de desempenho e qualidade.

- **O mercado orienta as sociedades a conservarem seus recursos escassos**. Os preços sinalizam o que está sendo e o que deve ser conservado; estimulam a busca de tecnologias alternativas; e sinalizarão a direção a ser dada a boa parte dos projetos de P&D – Pesquisa e Desenvolvimento.

- **O mercado possibilita as trocas voluntárias**. Concilia interesses e objetivos. Nesse sentido, é uma alternativa a sistemas coercitivos.

- **O mercado viabiliza a liberdade de escolha econômica**. Não obstante os graus dessa categoria de liberdade não se encontrarem igualmente distribuídos e serem desigualmente limitados por diferentes níveis de restrições orçamentárias, o processo de escolha é tolhido para todos, sempre que se suprime o mercado, centralizando-se decisões alocativas.

Mas, em contrapartida, o mercado também tem **vícios**. Estes são os mais apontados:

- **O processo de alocação exclusivamente via mercado registra ineficácias, do ponto de vista social**. Havendo consumidores dispostos e aptos a pagar por rações balanceadas para cães de estimação, essas rações continuarão a ser produzidas, ainda que pessoas desprovidas de recursos sobrevivam com dietas precárias.

- **O mercado não se estrutura apenas segundo as hipóteses da concorrência perfeita**. Prevalecem, na realidade, estruturas imperfeitamente competitivas, que podem conduzir a práticas que conspirem contra o interesse público.

- **O mercado não garante, o tempo todo, o pleno-emprego dos recursos**. As instabilidades que muitas vezes decorrem de movimentos questionáveis das forças de mercado, deixam recursos ociosos. Dificilmente o mercado leva a economia a operar permanentemente sobre suas fronteiras de produção.

- **O mercado não é capaz de penalizar agentes econômicos que geram externalidades negativas, ao produzir ou a consumir**. A acumulação de externalidades pode, no limite, inviabilizar o processo econômico como um todo.

- **O mercado não é adequado para gerar determinadas categorias de bens e serviços, de interesse difuso**. Defesa contra agressões externas e a segurança interna das nações são exemplos. O mercado é mais adequado para a produção de bens privados do que de bens públicos e semipúblicos.

- **Os mecanismos do mercado, limitados a preços, fragilizam-se diante do poder de outros mecanismos persuasórios e alocativos**. Estendida também à comunicação social, a liberdade de mercado pode tornar-se mais forte que as próprias forças do mercado. "A criatura pode rebelar-se contra o criador" e, embora menos perfeita, tomar seu lugar.

Do balanceamento dessas virtudes e vícios, todos fortemente relacionados com os pontos fortes e fracos dos sistemas econômicos vistos sob prismas institucionais, resultaram diferentes categorias de intervenções regulatórias exercidas pelo governo. Altamente díspares quanto às suas eficácias sociais, as de maior relevância têm sido:

- Coparticipação do governo no processo produtivo, originalmente para a geração de bens e serviços públicos e semipúblicos.

- Controle de preços. Fixação de tetos e de mínimos.

- Fixação de quotas de produção: limitação de acesso aos recursos.

- Constituição de estoques reguladores.

- Regulamentação de práticas operacionais em estruturas imperfeitamente competitivas.

- Controle de externalidades, notadamente as que conduzem à degradação ambiental.

- Implantação de mecanismos redistributivos de renda, de efeitos indiretos e diretos.

- Repressão aos abusos do poder de mercado.

RESUMO

1. Em sua acepção tradicional, o mercado caracterizava-se por um lugar, um espaço ou mesmo uma edificação em que se realizavam transações econômicas. Por tradição histórica, este conceito chegou até os dias atuais. Mas o conceito econômico de mercado está hoje bem distante de sua acepção primitiva. O mercado, agora, é uma abstração, definida pela existência e pelo entrechoque de forças aparentemente antagônicas, as da oferta e as da procura.

2. Existindo oferta e procura, bem como suas decorrências imediatas – as remunerações de recursos e os preços de produtos – definem-se dois tipos de mercado. No de recursos, transacionam-se recursos de produção. No de produtos, bens e serviços. O mercado de recursos caracteriza-se como derivado do de produtos.

3. Remunerações e preços resultam do entrechoque de forças de oferta e de procura, pelo menos em mercados perfeitamente competitivos, sob a ação de movimentos atomizados e impessoais. Mas podem resultar também do entrechoque de forças menos equilibradas, em estruturas imperfeitamente competitivas, onde o número de agentes não é atomizado, as formas de comportamento não são fluidas e a natureza dos produtos admite concorrência extrapreço.

4. Os mercados podem ser diferenciados quanto ao grau de concorrência que neles prevalece. As estruturas, no mundo real, situam-se entre os extremos teóricos da concorrência perfeita e do monopólio puro. É alta a ocorrência de estruturas imperfeitamente competitivas, como o oligopólio e a concorrência monopolística. Somente na concorrência perfeita prevalece a **fluidez**; nas demais estruturas, observam-se **viscosidades** em graus variados.

5. A **concorrência perfeita** caracteriza-se por condições ideais, como a atomização dos agentes, a homogeneidade dos produtos, a perfeita mobilidade dos concorrentes, a total permeabilidade para ingresso e saída, a plena transparência e apenas um preço, definido pelas forças da oferta e da procura, ao qual todos se submetem.

6. Já o **monopólio** vai para o outro extremo. A unicidade, definida pela existência de apenas um vendedor que domina inteiramente a oferta, é sua característica essencial. Depois vêm outras: a inexistência de substitutos para o produto do monopolista, insuperáveis barreiras de entrada, opacidade das informações e amplos poderes para definição de preços.

7. Os **oligopólios** caracterizam-se pela pluralidade de suas formas. Esta estrutura não se caracteriza por condições rígidas ou "puras". Os conceitos são mais flexíveis, inclusive quanto ao número de concorrentes. Embora no oligopólio típico o número de concorrentes seja pequeno, podem ocorrer estruturas com grande número, dominadas pelas práticas de um pequeno grupo de empresas líderes. Quanto ao produto, pode ser diferenciado ou padronizado; a visibilidade é alta, embora limitada pelos segredos estratégicos dos principais rivais; e os preços podem estar livres, gerando "guerras", ou ser controlados por conluios.

8. A **concorrência monopolística** caracteriza-se pela alta competição. A diferenciação de produtos é sua mais importante peculiaridade. Os produtos substituem-se uns aos outros, embora cada qual possua características próprias, protegidas por patentes e por processos produtivos de domínio não público. Se o mercado assimilar a diferenciação, os concorrentes monopolísticos podem ser beneficiados por um preço-prêmio. Mas até para o prêmio tem limite: a alta substitutibilidade dos produtos é o principal fator limitante.

PALAVRAS E EXPRESSÕES-CHAVE

- ❑ Mercado
  - ✓ Mercado de produtos
  - ✓ Mercado de recursos
  - ✓ Mercado derivado
- ❑ Estruturas de mercado
  - ✓ Concorrência perfeita
  - ✓ Monopólio
  - ✓ Monopsônio
  - ✓ Oligopólio
  - ✓ Oligopsônio
  - ✓ Concorrência monopolística
- ❑ Atributos de mercados
  - ✓ Fluidez
  - ✓ Viscosidade
  - ✓ Atomicidade
  - ✓ Permeabilidade
  - ✓ Transparência
  - ✓ Competição
  - ✓ Barreiras de entrada
  - ✓ Barreiras de saída
  - ✓ Mobilidade
- ❑ Atributos de produtos
  - ✓ Homogeneidade
  - ✓ Substitutibilidade
  - ✓ Diferenciação
  - ✓ Preço-prêmio
- ❑ Quantidades procuradas
  - ✓ *versus*
  - ✓ Procura
- ❑ Quantidades ofertadas
  - ✓ *versus*
  - ✓ Oferta
- ❑ Deslocamento da procura
- ❑ Deslocamento da oferta
- ❑ Preço de equilíbrio
- ❑ Elasticidade
  - ✓ Elasticidade-preço da procura
  - ✓ Elasticidade-preço da oferta
  - ✓ Elasticidade-cruzada
  - ✓ Elasticidade-renda
- ❑ Graus de elasticidade da procura e da oferta
  - ✓ Elástica
  - ✓ Inelástica
  - ✓ Unitária
  - ✓ Perfeitamente elástica
  - ✓ Anelástica
- ❑ Tipologia dos bens
  - ✓ Bens normais
  - ✓ Bens inferiores
  - ✓ Bens superiores

9. Independentemente das estruturas concorrenciais, a **procura** – primeiro elemento de configuração do mercado – define-se por uma sucessão, inversamente disposta, de preços e quantidades correlacionadas. O deslocamento dessa sucessão, de ponta a ponta, depende de uma multiplicidade de fatores. Os principais são o nível e a estrutura de repartição da renda, a mobilidade das classes socioeconômicas, as atitudes e preferências dos consumidores, os preços de bens substitutos e complementares, as condições e os custos de acesso a operações de crédito, as expectativas e o número de consumidores potenciais. Já a **oferta** é também definida por uma sucessão das mesmas variáveis (preços e quantidades), só que diretamente dispostas. E sua variação para mais ou para menos depende de outros fatores, como a capacidade potencial dos produtores, as condições de oferta dos recursos, a estrutura tecnológica e as expectativas sobre o comportamento da procura e dos preços.

10. A sensibilidade de consumidores e produtores aos preços varia de produto para produto. Seus graus são definidos pela **elasticidade-preço**, isto é, pelas variações relativas nas quantidades procuradas ou ofertadas, em resposta a variações relativas nos preços. Tanto uma quanto outra podem ser elásticas, de elasticidade unitária ou inelásticas. No limite, podem ocorrer situações de perfeita elasticidade e de anelasticidade.

11. Os determinantes da elasticidade-preço da procura são a essencialidade do produto, a substitutibilidade, a prioridade de aquisição e a importância no orçamento. Os da elasticidade da oferta são a disponibilidade de recursos de produção e as defasagens de resposta do processo produtivo. Os diferentes graus da elasticidade, tanto da procura quanto da oferta, têm substantiva importância nos movimentos de preços. Curvas de procura e de oferta inelásticas dão margem a movimentos especulativos, mais do que as de maior elasticidade.

12. Em condições de concorrência perfeita, o entrechoque da procura e da oferta é que determina o **preço de mercado**. Ele tende naturalmente para uma posição de equilíbrio, que harmoniza os interesses conflitantes de produtores e de consumidores. As situações de equilíbrio assim definidas só se modificam por movimentos na procura e na oferta. Mas, prevalecendo as condições competitivas, o mercado sempre reencontra novas posições harmonizantes de equilíbrio. A "mão invisível" das motivações e dos interesses envolvidos geralmente supera as condições conflituosas.

13. A confiança na automaticidade das forças da procura e da oferta e, sobretudo, em sua eficácia social, foi quase absoluta até os anos 1930. Mas ocorrências macroeconômicas e mudanças em estruturas competitivas conduziram à crítica do mercado como coordenador da economia como um todo e eficaz alocador de recursos. Hoje, sustentando posições menos radicais, de confiança ou de rejeição plenas, reconhecem-se no mercado vícios e virtudes. Aceitam-se intervenções regulatórias destinadas a corrigir suas imperfeições, entre as quais a regulamentação de práticas operacionais em estruturas imperfeitamente competitivas e a repressão aos abusos do poder de mercado.

QUESTÕES

1. Explique esta afirmação de J. K. Galbraith: "Mercado, agora, é uma abstração; não existe mais a conotação geográfica." E indique quais os elementos básicos para configuração de um mercado, segundo a atual versão econômica desse conceito.

2. Por que dizemos que o mercado de recursos é um **mercado derivado** do de produtos?

3. Considerando um único elemento diferenciador – o número de agentes envolvidos – quais as principais estruturas de mercado? Fundamente sua resposta na classificação de Stackelberg.

4. **Atomizadas, moleculares e monolíticas**. Explique o significado desses termos, empregados por J. Marchal, para diferenciar as estruturas de mercado. E empregue ainda os termos **fluidez** e **viscosidade** para explicar aspectos que caracterizam diferentes situações de mercado.

5. Cite cinco rigorosas condições para que um mercado seja definido como de **concorrência perfeita**. E cite outras cinco, efetivamente opostas, para que se configure um caso de **monopólio puro**. Seria possível dar exemplos de mercado onde essas condições, rigorosamente, se verificam?

6. Embora as estruturas oligopolistas não possam ser tão precisamente definidas como as da concorrência perfeita e do monopólio, indique quais são as características fundamentais da maior parte dos **oligopólios**.

7. Explique por que a expressão **concorrência monopolística** não é uma contradição de termos. Cite situações reais de mercado onde ela ocorre. Explique por que a diferenciação de produtos, nesta estrutura de mercado, é vital. E correlacione os conceitos de diferenciação e de preço-prêmio.

8. Em todos os mercados as forças que exercem a oferta e a procura estão igualmente equilibradas? Justifique sua resposta.

9. Que diferenças há entre as expressões **quantidades procuradas** e **procura**; **quantidades ofertadas** e **oferta**? As quantidades dependem, tanto em um caso como em outro, de que variável? E de que variáveis dependem, de um lado, a procura; e, de outro lado, a oferta?

10. Quando os preços aumentam, as quantidades procuradas diminuem e as ofertadas aumentam. Todavia, as relações entre variações porcentuais nos preços e nas quantidades não são iguais para todos os produtos. Explique por que, apoiando-se no conceito de **elasticidade-preço**.

11. Os preços de dois diferentes produtos, gás de cozinha e pó para preparação de refrescos, aumentam 50%. Os porcentuais de queda das quantidades procuradas serão diferentes? Qual o produto que, provavelmente, registrará maiores quedas de vendas? Justifique sua resposta.

12. Explique, citando exemplos, os seguintes fatores determinantes da elasticidade-preço da procura: essencialidade do produto, substitutibilidade, periodicidade de aquisição e importância no orçamento.

13. Explique, citando exemplos, por que a elasticidade-preço da oferta é determinada pela disponibilidade de recursos e pela defasagem de resposta do processo produtivo.

14. Se a procura dos originais e das reproduções da obra de Portinari aumentar em igual proporção, os preços poderão também aumentar, mas em proporções diferentes. Os originais ou as reproduções acusarão maior elevação de preços? Explique sua resposta.

15. Por decisão de governo, os preços das flores na época de Finados e dos peixes na Semana Santa serão tabelados. Em sua opinião, esse procedimento será justificável? E será eficiente?

16. Todos os anos, nas épocas de safra, os preços de determinadas "frutas de estação" sofrem acentuadas quedas, não obstante as quantidades procuradas e consumidas sejam maiores. Explique a razão disso.

17. O mercado tem virtudes e vícios. Destaque aqueles que, em sua opinião, são os mais relevantes.

18. De zero a dez, que notas você atribui ao mercado, como: (a) alocador de recursos; (b) estimulador do progresso tecnológico, de busca por aumento da produtividade e de P&D; e (c) coordenador das atividades econômicas.

9

Os Comportamentos dos Consumidores e dos Produtores: Fundamentos Teóricos

As teorias gerenciais sobre o comportamento de produtores e de consumidores adicionaram novos elementos às abordagens fundamentadas em objetivos de maximização – seja do lucro, seja da satisfação individual. Há muito mais variáveis em jogo do que as supostas pelas elegantes demonstrações neoclássicas. Mas, ainda assim, precisamos de ambas para ampla compreensão dos motivos que realmente animam esses dois agentes econômicos. O casamento das duas abordagens é mais fértil, do ponto de vista teórico. E mais convincente, quando checado com a realidade observada.

R. G. LIPSEY & P. O. STEINER
Economics

Do ponto de vista das abordagens teóricas convencionais, os consumidores e os produtores, embora ocupem posições supostamente opostas nos mercados em que interagem, são movidos por objetivos de igual índole – a maximização de suas satisfações. Produtores satisfazem-se quando alcançam o máximo lucro possível. Consumidores, quando maximizam a satisfação de suas necessidades e aspirações. De um lado, as limitações para a realização desses objetivos decorrem das condições técnicas da produção, da disponibilidade e dos custos de recursos, da capacidade instalada e do ambiente de mercado. De outro lado, decorrem de restrições orçamentárias. Mas, dadas as limitações e as restrições com que se defrontam, todos procuram a máxima satisfação de seus interesses.

Estas proposições básicas da microeconomia são formalmente evidenciadas por diferentes abordagens teóricas. O comportamento do consumidor é justificado tanto pelos conceitos tradicionais de utilidade e de escolhas indiferentes, quanto por abordagens de maior amplitude, que levam em conta fatores extraeconômicos. E o comportamento do produtor também pode ser teoricamente justificado tanto pela abordagem neoclássica de maximização de lucros, como pelas abordagens gerenciais mais recentes que levam em conta a multiplicidade dos objetivos perseguidos por organizações complexas, fortemente influenciadas pelas motivações decisórias de seus dirigentes.

Consideradas como intercomplementares, estas abordagens são fundamentais para a compreensão dos mecanismos de formação de preços que se observam em diferentes estruturas de mercado, perfeita ou imperfeitamente competitivas. Seus principais elementos são:

❑ O conceito de utilidade e a satisfação do consumidor.

❑ As preferências do consumidor: o conceito de indiferença, o processo de escolha e as posições de equilíbrio.

❑ Os fatores extraeconômicos que influenciam as decisões de consumidores.

❑ Os conceitos econômicos de custo e lucro: as regras teóricas básicas de maximização.

❑ A abordagem gerencial: fatores extraeconômicos que determinam o comportamento dos produtores.

9.1 O Comportamento do Consumidor: Fundamentos Teóricos

A Curva da Procura e o Princípio da Utilidade Marginal

Vimos no capítulo anterior que há três razões para a conformação básica da curva da procura – uma função descendente que correlaciona inversamente preços e quantidades procuradas. A primeira é o significado dos preços, do ponto de vista do consumidor: para este, os preços são obstáculos, de transposição tanto mais difícil quanto mais altos estiverem. A segunda é a possibilidade de substituição de produtos, que só não é possível no caso extremo do monopólio puro; excetuando-se este caso-limite, a existência de produtos substitutos, com preços mais baixos ou em queda, diminui as quantidades procuradas de produtos de preços mais altos ou em expansão. E a terceira é a utilidade atribuível ao produto: quanto mais unidades estiverem disponíveis, menor é o grau de utilidade das últimas unidades em relação às primeiras. Mesmo em relação a produtos que atendem a necessidades vitais, a utilidade de uma única unidade disponível é necessariamente superior à da segunda. Esta é superior à da terceira e assim por diante.

Agora, vamos aprofundar esses fundamentos. E demonstrar como se podem derivar curvas de procura a partir de modelos teóricos convencionais, desenvolvidos a partir desses pressupostos.

Os primeiros desenvolvimentos da teoria de comportamento do consumidor são devidos a economistas da segunda metade do século XIX, que chegaram a proposições semelhantes, em obras publicadas quase simultaneamente. O inglês W. S. Jevons foi um deles. Suas observações sobre o comportamento do consumidor são muito mais leis de lógica formal do que propriamente de economia. Elas foram sintetizadas em 1871, em *Theory of political economy* – antes, em 1870, ele havia publicado *Lessons of logic*. Da fertilidade de sua imaginação e de suas indagações lógicas, Jevons lançou as bases do **princípio da utilidade marginal decrescente**, do qual seriam derivados interessantes desenvolvimentos teóricos relacionados à função procura. Outros autores da mesma época foram os austríacos C. Menger, F. Wieser e E. Böhm-Bawerk. Em obras publicadas entre 1871 e 1884, eles chegaram a conclusões semelhantes às de Jevons, correlacionando os conceitos de utilidade, de valor e de preços e mostrando como as escalas de procura derivam do princípio da utilidade marginal decrescente. Ainda à mesma época, o francês L. Walras, professor em Lausanne, em *Éléments d'économie politique pure*, de 1874, também associou o conceito de intensidade de satisfação do consumidor ao grau de utilidade final dos produtos consumidos. E foi bem mais longe em seus desenvolvimentos teóricos, mostrando como o equilíbrio geral da economia tem a ver com a busca de satisfação máxima por agentes econômicos individuais, atuando racionalmente.

Como as reflexões desses economistas fundamentaram-se, em grande parte, no princípio da utilidade marginal, a denominação genérica que se dá à corrente de pensamento econômico que eles desenvolveram é **marginalismo** – o conceito de acréscimos marginais serviu a modelos teóricos em praticamente todos os campos da economia, micro e macro, desde o comportamento de consumidores e de produtores, até questões monetárias, fiscais e de equilíbrio geral. Sob muitos aspectos, o marginalismo reformulou e lapidou as abordagens clássicas do final do século XVIII. E forneceu os elementos para a **síntese neoclássica** feita por A. Marshall, na virada do século XIX para o século XX, em seu notável *Principles of economics*.

O que veremos a seguir é uma abordagem de trato introdutório. Um resumo dos pontos básicos dos primeiros desenvolvimentos neoclássicos sobre o comportamento do consumidor.

O ponto de partida é a compreensão dos seguintes princípios:

TABELA 9.1
Os conceitos econômicos de utilidade total e de utilidade marginal. A utilidade total eleva-se à medida que as quantidades consumidas aumentam, mas a um ritmo cada vez menor.

Consequentemente, a utilidade marginal é, por definição, decrescente.

Quantidades consumidas (ou disponíveis) de um produto	Utilidade total	Utilidade marginal
0	0	0
1	6	6
2	11	5
3	15	4
4	18	3
5	20	2
6	21	1
7	21	0

❏ **A utilidade é um conceito passível de percepção e de mensuração**, não obstante os graus de utilidade atribuíveis a um mesmo produto por diferentes consumidores possam ser diferentes. As diferenças resultam tanto de fatores subjetivos, quanto do número de unidades do produto já possuídas ou consumidas. A utilidade atribuída por dois diferentes consumidores a um cobertor de lã varia em função desses dois elementos: a aversão ao frio pode não ser igual; mas, ainda que seja, se um deles já possui um cobertor e outro não, os graus de utilidade que cada qual atribuirá a esse bem não serão iguais. O que ainda não o possui tenderá a atribuir um grau superior de utilidade.

❏ **A utilidade total de um produto qualquer é aditiva, até determinado ponto de saturação**. A soma das utilidades atribuídas a duas unidades é maior do que a atribuída a apenas uma.

❏ **Para um conjunto de diferentes produtos**, a utilidade total também é aditiva. Como cada produto possui determinado grau de utilidade, maior variedade de produtos terá uma soma de utilidade total maior do que uma variedade menor.

❏ **A utilidade é passível de comparações racionais**. Se uma unidade do produto A tem, digamos, um grau de utilidade de 10 e uma unidade do produto B tem um grau de utilidade de 5, a primeira unidade disponível de A é supostamente duas vezes mais útil que a primeira unidade de B.

❏ **O consumidor age racionalmente: ele busca maximizar sua satisfação**. Considerando um conjunto dado de produtos, ele adquirirá uma combinação que se traduza por um máximo de utilidade total. E as quantidades de cada produto obedecerão também a decisões racionais, resultantes do princípio de que unidades adicionais de um produto já disponível têm graus de utilidade decrescentes.

FIGURA 9.1
As curvas descrevem os conceitos básicos de utilidade total e marginal: o incremento de utilidade resultante de unidades adicionais de um produto é, por definição, decrescente.

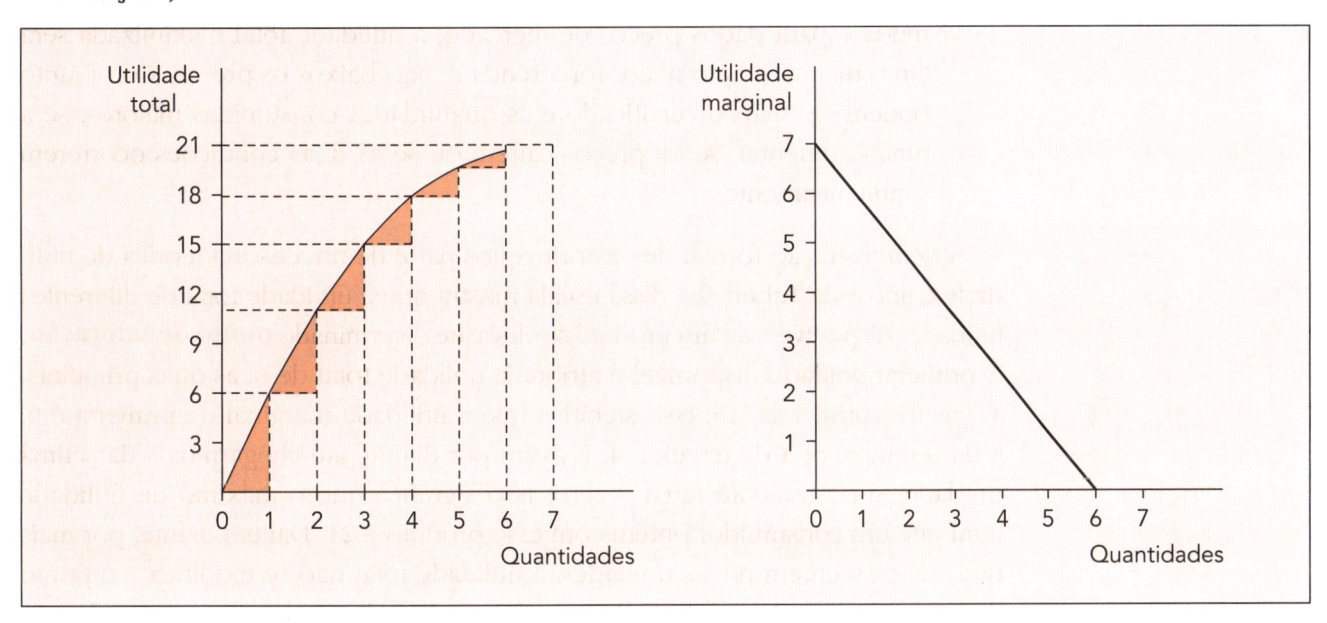

- **Os acréscimos nas unidades disponíveis de um produto qualquer têm graus decrescentes de utilidade**. Embora dois cobertores de lã tenham utilidade total superior à de apenas um, o grau de utilidade atribuível à segunda unidade é supostamente inferior ao atribuível à primeira. Genericamente: a utilidade atribuída a apenas uma unidade de A pode ser 100, supostamente o mais alto grau atribuível a um produto; mas a segunda unidade não será igualmente tão útil – seu grau de utilidade pode cair para 60; a da terceira para menos ainda. E haverá um número de unidades disponíveis a partir do qual a utilidade adicionada de novas unidades pode ser zero. Sob condições normais, se um consumidor possui dez cobertores de lã, dificilmente ele atribuirá alta utilidade à décima primeira unidade. Seu ponto de saturação quanto a este produto poderá já ter sido alcançado.

- **A expressão utilidade marginal é empregada para indicar a utilidade adicionada pela última unidade disponível de um produto**. Somente para a primeira unidade, a utilidade total é igual à marginal. Daí em diante, embora a utilidade total possa aumentar, os aumentos serão decrescentes, até um ponto em que sejam iguais a zero. Este é, em síntese, o **princípio da utilidade marginal decrescente**.

- **A satisfação que o consumidor pode obter de um conjunto de produtos é maximizada quando a utilidade total, resultante da soma das utilidades de cada produto consumido, é a mais alta possível, para dado nível de renda**. Se considerarmos apenas dois produtos, isso significa que, quando a utilidade marginal da enésima unidade do produto A se iguala à da primeira unidade do produto B, ele adquirirá B, mantendo a utilidade total e ampliando sua pauta de consumo, desde que os preços dos dois produtos sejam iguais e que sua renda admita a aquisição de ambos.

❏ **Os preços dos produtos e a renda disponível são, assim, as duas limitações à maximização da função de utilidade total**. Para um nível de renda e para dados preços de mercado, a utilidade total maximizada será tanto maior, quanto maior for a renda e mais baixos os preços. O conjunto poderá ser mais diversificado e as quantidades consumidas maiores, se a renda aumentar, se os preços caírem ou se as duas condições ocorrerem simultaneamente.

A demonstração formal desses princípios parte de uma escala teórica de utilidade como a da Tabela 9.1. Essa escala mostra que a utilidade total de diferentes unidades disponíveis de um produto se eleva até determinado **ponto de saturação**. À primeira unidade disponível é atribuída utilidade total de 6; às duas primeiras, 11; às três primeiras, 15. Isso significa que a utilidade marginal da primeira é 6; a da segunda, 5; a da terceira, 4. E assim por diante, até chegarmos à da sétima unidade, supostamente igual a zero. Isso significa que o máximo de utilidade total que um consumidor obtém com esse produto é 21. Daí em diante, por mais que se acrescentem novas unidades, a utilidade total não se modifica – o ponto de saturação foi alcançado. Alimentos, utensílios domésticos, produtos de uso pessoal, o que quer que seja está sujeito a esta regra, desde água para beber até aparelhos de TV instalados em sua casa: a utilidade atribuída a cada unidade pelo consumidor decresce à medida que mais e mais unidades sejam consumidas ou se encontrem de alguma forma disponíveis.

O comportamento racional dos consumidores, segundo a tradição marginalista, resulta de decisões que têm a ver com esta fundamentação teórica. A Tabela 9.2, adaptada do *Principles of economics* de C. Menger, ajuda a compreender como, com base nesses princípios, o consumidor toma decisões otimizantes. A matriz de Menger evidencia que o produto de maior utilidade é A – em termos marginais, iguais quantidades dele proporcionam mais satisfação, medida em função dos graus de utilidade a ele atribuídos, do que a obtida com quaisquer outros produtos. A primeira unidade de A proporciona um grau de utilidade marginal de 10, superior à de qualquer outro produto. Já a primeira unidade de J corresponde a um grau de utilidade marginal de apenas 1 – isso significa que, pela matriz de Menger, o ponto de saturação de J é alcançado com apenas uma unidade disponível. Todavia, ao chegar à décima unidade de A, a utilidade marginal por ela proporcionada é igual à primeira de J, à segunda de J, à terceira de H, e assim sucessivamente, em ordem crescente, até chegar à nona de B. Consequentemente, por mais que o produto A seja útil em relação aos demais, sua utilidade marginal é, como a de todos os demais, decrescente. Assim, se a renda desse consumidor teórico for suficiente apenas para adquirir três produtos, suas decisões maximizantes o levarão a adquirir três unidades de A, duas de B e uma de C: ele maximiza sua satisfação, com uma combinação de produtos de utilidades marginais iguais. Pelos graus marginais de utilidade, só faz sentido ele adquirir a primeira unidade de D, quando tiver possibilidade de adquirir a quarta de A, a terceira de B e a segunda de C. No limite, para toda a matriz, se sua

TABELA 9.2
A matriz teórica de Menger: uma ilustração do princípio da utilidade marginal decrescente.

Quantidades	Utilidade marginal de dez diferentes produtos									
	A	B	C	D	E	F	G	H	I	J
1	10	9	8	7	6	5	4	3	2	1
2	9	8	7	6	5	4	3	2	1	0
3	8	7	6	5	4	3	2	1	0	
4	7	6	5	4	3	2	1	0		
5	6	5	4	3	2	1	0			
6	5	4	3	2	1	0				
7	4	3	2	1	0					
8	3	2	1	0						
9	2	1	0							
10	1	0								
11	0									

renda admitir, ele maximizará sua satisfação adquirindo todos os produtos, em quantidades tais que seus graus marginais de utilidade sejam iguais, desde que, obviamente, os preços sejam também iguais.

Mas, mesmo desconsiderando limitações de renda e de preços, vejamos como Menger[1] explica esse princípio, citando como exemplos dois produtos de diferentes graus de utilidade, total e marginal – alimentos e tabaco:

> Suponhamos que a escala da coluna *A* expresse a importância atribuída por um indivíduo à satisfação de suas necessidades de alimentação e que a coluna *E* expresse a importância atribuída ao consumo de tabaco. É evidente que a satisfação de suas necessidades de alimentos, até certo grau de saciedade, tem uma importância maior que a satisfação de necessidades relacionadas ao tabaco. Mas se sua necessidade de alimentos já estiver saciada até determinado grau de satisfação (por exemplo, quando a importância atribuída a mais alimentos for igual a 6), o consumo de tabaco começa a ter, para ele, a mesma importância que uma satisfação maior de suas necessidades de alimentos. A partir deste ponto, ele satisfaz a essas duas necessidades, atribuindo à primeira unidade de tabaco a mesma importância dada à quinta unidade de alimentos. Embora, para ele, os alimentos tenham importância muito maior que os produtos derivados de fumo, se ele insistir em consumir apenas alimentos, seu grau de satisfação total não será tão grande quanto o resultante de uma combinação entre as duas categorias de produtos.

Em sua versão original, a matriz de rendimentos decrescentes de Menger desconsiderou as limitações relacionadas à renda do consumidor e aos preços dos produtos. Sua preocupação central era evidenciar que as escalas de utilidade de diferentes produtos eram também diferentes e que os graus de importância

TABELA 9.3 Escalas de utilidade total e marginal de dois produtos independentes: os fundamentos teóricos da racionalidade de escolha pelo consumidor.

Produto A (Preço = $ 2,0)			
Quantidades	Utilidade total	Utilidade marginal	UMg/Preço
1	40	40	20
2	64	24	12
3	74	10	5
4	80	6	3
5	82	2	1
6	82	0	0

Produto B (Preço = $ 1,5)			
Quantidades	Utilidade total	Utilidade marginal	UMg/Preço
1	27	27	18
2	51	24	16
3	69	18	12
4	84	15	10
5	93	9	6
6	93	0	0

atribuídos pelos consumidores variavam de produto para produto. Mas isso não significa que só seriam adquiridas quantidades adicionais do produto de maior importância, desconsiderando-se os de menor importância. A partir de certo nível, mesmo a utilidade de produtos vitais decresce, em resposta a números crescentes de unidades disponíveis. E então outros produtos menos essenciais passam a ter graus de utilidade superiores às das últimas unidades dos produtos de alta essencialidade. Daí por que as possibilidades de consumo se distribuem entre diferentes produtos, essenciais ou não, em função dos graus atribuídos às utilidades marginais das unidades disponíveis.

Esse raciocínio não se modifica, em sua essência, quando introduzimos as limitações relacionadas a preços e à renda disponível.

Considerando preços diferentes para dois diferentes produtos, a Tabela 9.3 e o Quadro 9.1 ajudam a compreender os fundamentos dessas regras.

Suponhamos a existência de apenas dois produtos, A e B, com preços de $ 2,0 e de $ 1,5, respectivamente, e com os graus de utilidade definidos na Tabela 9.3. Se o consumidor dispuser de apenas $ 2 de renda, ele adquirirá uma unidade de A, maximizando a utilidade total possível. Mas se ele dispuser de mais recursos, sua segunda aquisição será do produto B, pois a relação entre a utilidade marginal e o preço, UMg/P, é maior para a primeira unidade de B (18), do que para a segunda unidade de A (12). Na sequência, se ele ainda dispuser de recursos, sua terceira aquisição será também do produto B, cuja relação UMg/P permanece superior à do produto A (16 contra 12). A quarta aquisição será indiferente entre A

QUADRO 9.1
A destinação racional da renda do consumidor, consideradas as escalas de UMg/preço de A e B, para dois produtos independentes.

A sequência da destinação da renda	A racionalidade justificada
1ª aquisição: produto A	UMg/P da 1ª unidade de A > UMg/P da 1ª unidade de B
2ª aquisição: produto B	UMg/P da 1ª unidade de B > UMg/P da 2ª unidade de A
3ª aquisição: produto B	UMg/P da 2ª unidade de B > UMg/P da 2ª unidade de A
4ª aquisição: A ou B	UMg/P da 2ª unidade de A = UMg/P da 3ª unidade de B

Regra de maximização da utilidade total:

$$\frac{UMg \text{ do produto } A}{\text{Preço do produto } A} = \frac{UMg \text{ do produto } B}{\text{Preço do produto } B}$$

Generalização do comportamento racional:

$$\frac{UMg_1}{P_1} = \frac{UMg_2}{P_2} = \frac{UMg_3}{P_3} = \ldots = \frac{UMg_k}{P_k} = \ldots = \frac{UMg_n}{P_n}$$

e *B*: a esta altura, para os dois produtos, a relação *UMg/P* é igual a 10. Ponderadas pelos preços, as utilidades marginais da segunda unidade de *A* e da terceira de *B* são iguais. E se os recursos do consumidor totalizarem $ 8,5, nenhuma outra combinação de *A* e *B* proporcionará ao consumidor tanta satisfação quanto aquela em que a relação *UMg/P* é igual a 12 para os dois produtos.

Generalizando: para dada restrição de renda, em um mercado constituído por ampla diversidade de produtos, o consumidor maximiza sua satisfação quando decide por dada combinação de produtos, em quantidades tais que suas utilidades marginais, ponderadas por seus preços, resultem iguais. Se ele deixar de adquirir uma unidade de um produto cuja utilidade seja superior à das últimas unidades de quaisquer dos demais produtos adquiridos, a utilidade total de sua opção não será maximizada. A regra é clara: as utilidades marginais da última unidade de cada produto adquirido devem ser iguais. E quando uma única unidade de um produto qualquer tenha utilidade superior à das últimas unidades dos demais produtos, a conduta maximizante exige que ela seja incorporada à cesta de produtos adquiridos, sacrificando-se as de utilidade marginal inferior. Com essa regra, maximiza-se a utilidade total e amplia-se a diversidade dos produtos adquiridos. Em síntese, o consumidor alcança a máxima satisfação possível.

Mantidos os graus de utilidade atribuídos aos diferentes produtos, uma combinação de produtos-e-quantidades que maximiza a satisfação do consumidor só se altera se os preços se alterarem. E a realização de um nível mais alto de satisfação, mantidos os preços, só será possível se a renda aumentar. Essas duas possíveis alterações na posição de equilíbrio, com máxima satisfação, são atribuíveis a duas categorias de efeitos, de diferentes impactos sobre as preferências do consumidor: o **efeito-preço** e o **efeito-renda**.

O **efeito-preço** explica e valida a conformação básica das curvas de procura de bens e serviços pelos consumidores. Sob a restrição de dado nível de renda, se os preços de determinado produto se alterarem para mais, o consumidor redefinirá suas escalas de procura, maximizando sua satisfação por outra combinação de produtos-e-quantidades. Mas o resultado será, necessariamente, a redução das quantidades procuradas do produto cujo preço aumentou. Contrariamente, se o preço de determinado produto diminuir, uma nova combinação de produtos-e--quantidades será possível. Ponderada por preços mais baixos, a relação UMg/P aumentará e, comparada com outras relações inalteradas, as quantidades que satisfarão à regra de maximização serão então maiores. Consequentemente, reduzindo-se o preço de determinado produto, as quantidades procuradas tendem a aumentar, mantidas as regras da equação básica de máxima satisfação pela igualação das relações UMg/P.

Já o **efeito-renda** explica e valida os movimentos das curvas de procura como um todo. Já vimos que diferentes combinações de produtos-quantidades dependem essencialmente dos preços, para dada restrição orçamentária. Mas, mantidos os preços, se a restrição orçamentária se alterar, as combinações possíveis que maximizarão a satisfação do consumidor se alterarão também. Um aumento da renda disponível para consumo resultará em combinações ampliadas, tanto de quantidades, quanto de diversidade de produtos. Esta possibilidade de ampliação se traduzirá por deslocamentos para mais das funções procura.

As Curvas de Indiferença e as Restrições Orçamentárias

Esses dois efeitos são mais claramente demonstráveis por uma abordagem complementar à da utilidade marginal. Ela é fundamentada em outro instrumento da teoria microeconômica básica – as **curvas de indiferença**. Não obstante tenha resultado de uma reavaliação crítica da abordagem da utilidade marginal sintetizada em 1934 por J. Hicks e R. Allen, em *A reconsideration of the economic theory of value*, a abordagem das curvas de indiferença está também fundamentada nos princípios da marginalidade decrescente.

A hipótese que dá sustentação à curva de indiferença do consumidor é que ele alcança o mesmo grau de utilidade total com diferentes combinações de produtos--e-quantidades. Todas lhe proporcionariam o mesmo grau de satisfação, desde que pudessem ser viabilizadas por dado nível de renda disponível para consumo.

A Tabela 9.4 é uma primeira aproximação ao conceito de indiferença do consumidor. Ali se encontram seis pares de combinações dos produtos X e Y, aos quais o consumidor é indiferente. Segundo os dados, 20 unidades do produto X e 12 de Y lhe proporcionariam tanta satisfação quando 100 de X e 2 de Y. Observa-se, porém, que as taxas marginais de substituição, $TMgS$, de Y por X são decrescentes. Isso significa que a troca de menos de um produto por mais de outro não é linear. Presumivelmente, os graus de satisfação proporcionados pelos produtos são marginalmente decrescentes.

O modelo teórico que estamos desenvolvendo ilustra esse princípio. Ao passar da primeira combinação, A, para a segunda, B, o consumidor troca duas unidades de Y por cinco de X. Mas, ao passar de B para C, a desistência de duas unidades de Y exige dez de X. A taxa marginal de substituição caiu de 0,40 para

TABELA 9.4 Escala típica de indiferença: todas as combinações proporcionam, teoricamente, iguais graus de satisfação ao consumidor.

Pares indiferentes de combinações	Produtos		Variações nas quantidades		Taxas marginais de substituição (TMgS)
	X	Y	X	Y	
A	20	12			
			+ 5	− 2	$\frac{2}{5} = 0{,}40$
B	25	10			
			+ 10	− 2	$\frac{2}{10} = 0{,}20$
C	35	8			
			+ 15	− 2	$\frac{2}{15} = 0{,}13$
D	50	6			
			+ 20	− 2	$\frac{2}{20} = 0{,}10$
E	70	4			
			+ 30	− 2	$\frac{2}{30} = 0{,}07$
F	100	2			

0,20. Na combinação seguinte, cairá ainda mais, para 0,13, até atingir, na última das combinações indiferentes, 0,07. Em linguagem mais direta, estas hipóteses significam que quanto mais escasso se tornar um produto, maior será seu valor relativo de troca para o consumidor. Ou, explicando ainda de outra forma: ao escassear, sua utilidade marginal aumenta, em relação à do produto que se torna mais abundante.

A transposição das seis combinações da Tabela 9.4, *A* a *F*, para um gráfico como o da Figura 9.2 define uma típica **curva de indiferença**. A declividade e a concavidade dessa curva medem as utilidades marginais relativas dos produtos *X* e *Y*. Não obstante exigindo cada vez mais de *X* em troca de menor disponibilidade de *Y*, o consumidor é indiferente às seis combinações que definem a curva – e, teoricamente, por qualquer ponto situado sobre seu traçado. Em princípio, se o consumidor desse modelo tivesse que escolher uma entre todas as combinações possíveis, ele teria dificuldade em se definir. Qualquer que fosse a escolha, sua satisfação seria a mesma.

Ocorre, porém, que as possibilidades efetivas de consumo são limitadas por determinada **restrição orçamentária**. E esta se define a partir dos preços dos produtos. Embora o consumidor possa ser indiferente a uma multiplicidade de combinações possíveis, dados os preços dos produtos envolvidos, a restrição orçamentária é que indicará o ponto de máxima satisfação possível.

FIGURA 9.2
Curva típica de indiferença: o consumidor tem o mesmo grau de satisfação em todos os pontos que a definem – ele é indiferente entre quaisquer combinações dos produtos considerados.

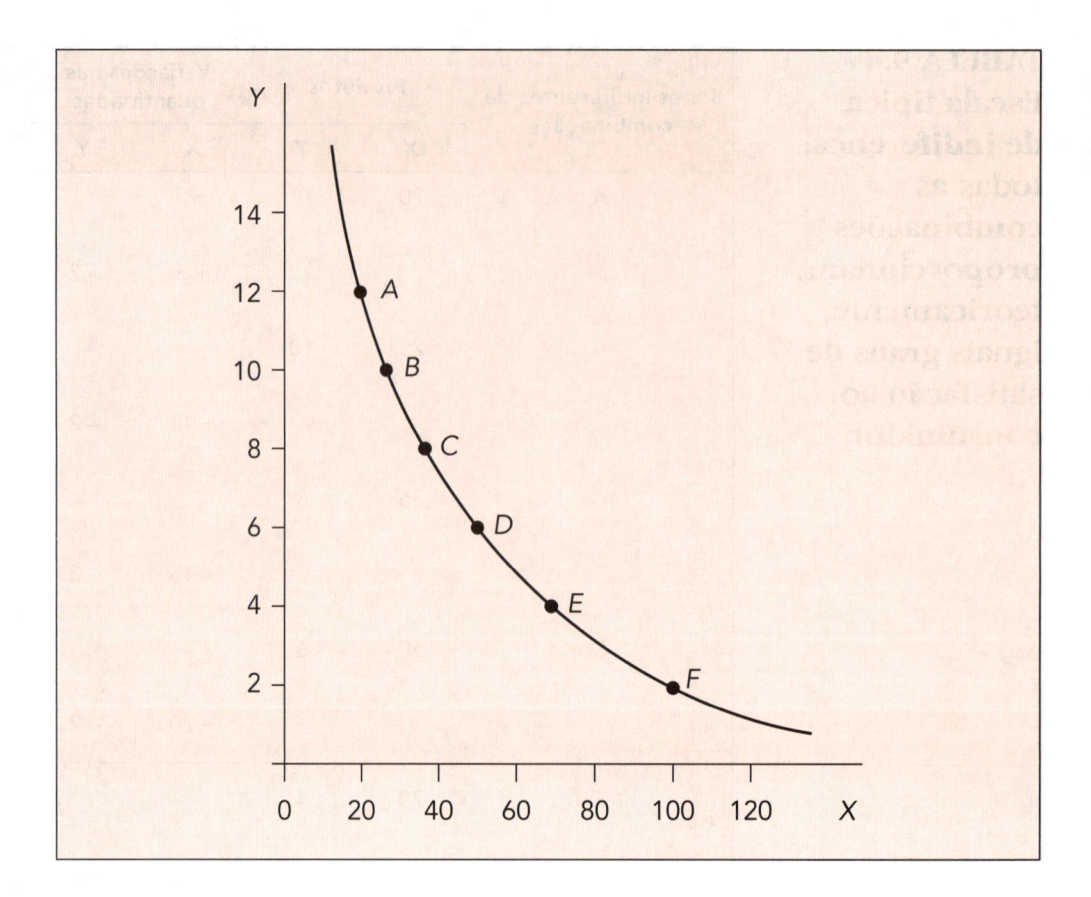

Continuando com o modelo, vamos supor que os preços unitários dos produtos X e Y sejam, respectivamente, $ 12 e $ 100. Se a renda do consumidor for de $ 1.200, as quantidades máximas de X que ele poderá adquirir, renunciando totalmente a Y, totalizam 100. No outro extremo, as quantidades máximas de Y que ele pode adquirir, renunciando totalmente a X, totalizam 12.

A **reta de restrição orçamentária** do consumidor, para uma renda disponível para consumo de $ 1.200, é a indicada na Figura 9.3. Dados os preços de $ 12, para X e de $ 100 para Y, várias são as combinações possíveis. Além das indicadas pelos pontos extremos, são também possíveis as combinações *a*, *b* e *c*, como muitas outras:

Combinação (a)
10 unidades de X a $ 12 =	$ 120
10 unidades de Y a $ 100 =	$ 1.000
Dispêndio total	**$ 1.120**

Combinação (b)
6 unidades de Y a $ 100 =	$ 600
50 unidades de X a $ 12 =	$ 600
Dispêndio total	**$ 1.200**

Combinação (c)
2 unidades de Y a $ 100 =	$ 200
80 unidades de X a $ 12 =	$ 960
Dispêndio total	**$ 1.160**

FIGURA 9.3
A reta de restrição orçamentária: dados os preços dos produtos, definem-se as possibilidades máximas de aquisição do consumidor.

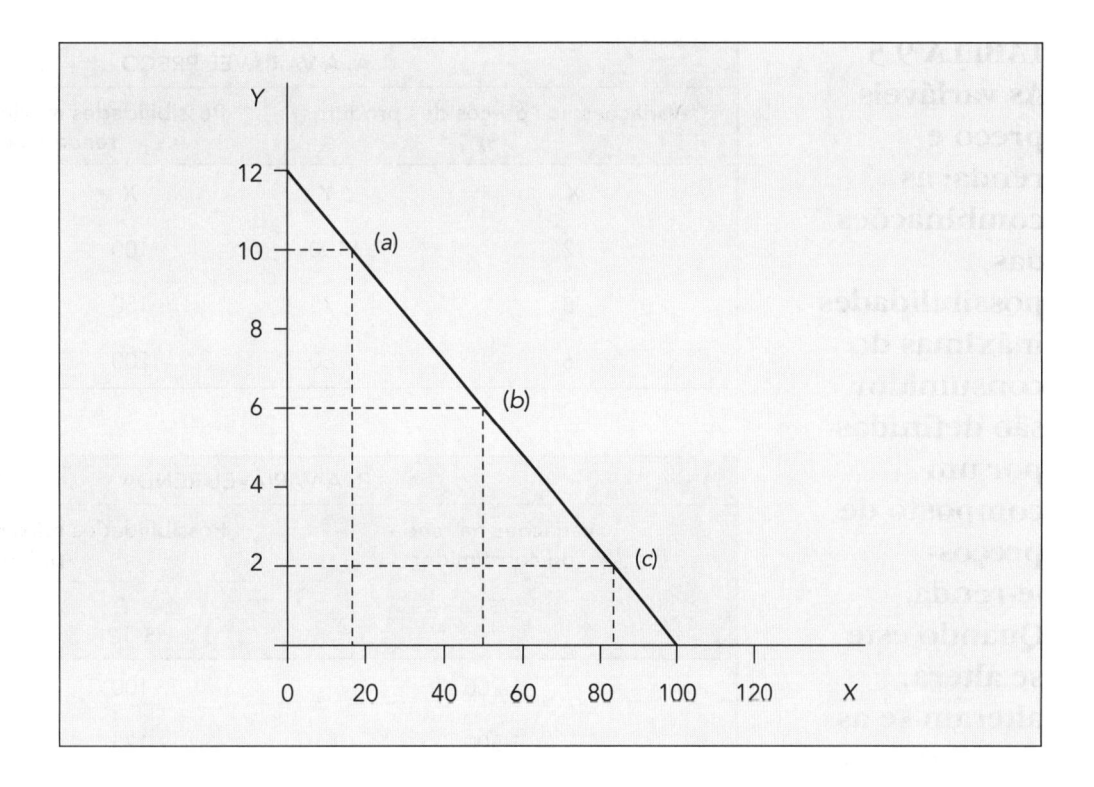

Destas três combinações, a primeira e a terceira não satisfazem, porém, à máxima satisfação do consumidor, expressa por sua curva de indiferença. Ambas estão em posições inferiores à da sequência de combinações indiferentes. Isso se torna claro na Figura 9.4, em que reproduzimos conjuntamente a curva de indiferença

FIGURA 9.4
O equilíbrio do consumidor: o ponto de máxima satisfação define-se pela tangência da curva de indiferença com a reta de restrição orçamentária.

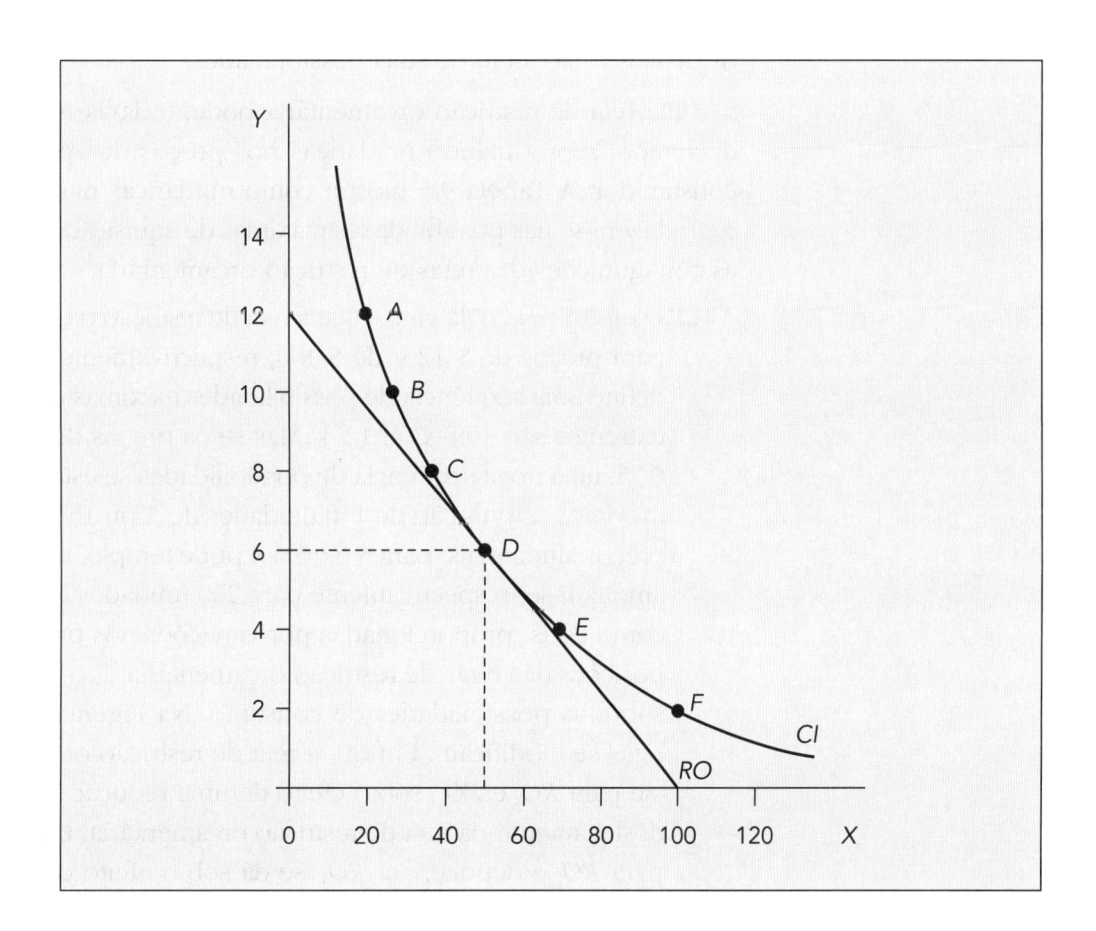

TABELA 9.5 As variáveis preço e renda: as combinações das possibilidades máximas do consumidor são definidas por um composto de preços-e-renda. Quando este se altera, alteram-se as possibilidades de consumo.

A. A VARIÁVEL PREÇO			
Variações nos preços dos produtos ($)		Possibilidades máximas de aquisição com renda fixa de $ 1.200	
X	Y	X	Y
12	100	100	12
8	75	150	16
6	60	200	20

B. A VARIÁVEL RENDA		
Variações na renda do consumidor ($)	Possibilidades máximas de aquisição com preços fixos	
	X ($ 12)	Y ($ 100)
1.200	100	12
1.500	125	15
1.800	150	18

e a reta de restrição orçamentária. O ponto que maximiza a satisfação do consumidor é aquele em que a curva de indiferença tangencia a restrição orçamentária. Este é o único ponto da curva de indiferença alcançável pelo consumidor. Todos os demais estão além de suas possibilidades.

Uma reta de restrição orçamentária pode, todavia, sofrer variações ao longo do tempo, reproduzindo mudanças nos preços dos produtos ou na renda do consumidor. A Tabela 9.5 mostra como mudanças nas variáveis preço e renda reproduzem-se nas possibilidades máximas de aquisição do consumidor, alterando as configurações das retas de restrição orçamentária.

❑ **O efeito-preço.** Já vimos que a reta de restrição orçamentária do consumidor, para preços de $ 12 e de $ 100, respectivamente para os produtos X e Y, define uma sequência de possibilidades máximas de consumo, cujos pontos extremos são 100 X ou 12 Y. Mas se os preços de X e Y caírem para $ 8 e $ 75, uma nova sequência de possibilidades se estabelece, tendo por limites máximos a aquisição de 150 unidades de X ou 16 unidades de Y. Caindo os preços ainda mais, para $ 6 e $ 60, por exemplo, as possibilidades máximas ampliam-se, respectivamente para 200 unidades de X e 20 de Y. Mudanças como estas, proporcionadas por variações nos preços, reproduzem-se nas posições das retas de restrição orçamentária. É o impacto do **efeito-preço** sobre as possibilidades de consumo. Na Figura 9.5, mostramos como as retas se modificam. Em (a), a reta de restrição orçamentária, RO_1, desloca-se para RO_2 e RO_3, sob o efeito de uma redução no preço de X. Em (b), o deslocamento da reta de restrição orçamentária, também para mais, de RO_1 para RO_2 e depois para RO_3, se dá sob o efeito de uma redução no preço

FIGURA 9.5
O efeito-preço: mantida inalterada a renda do consumidor, as possibilidades máximas de aquisição podem alterar-se quando variam os preços dos produtos. Em (a), sob o efeito de reduções no preço de X, a restrição orçamentária deslocou-se para mais; em (b), o deslocamento, também para mais, deu-se sob o efeito de redução no preço de Y.

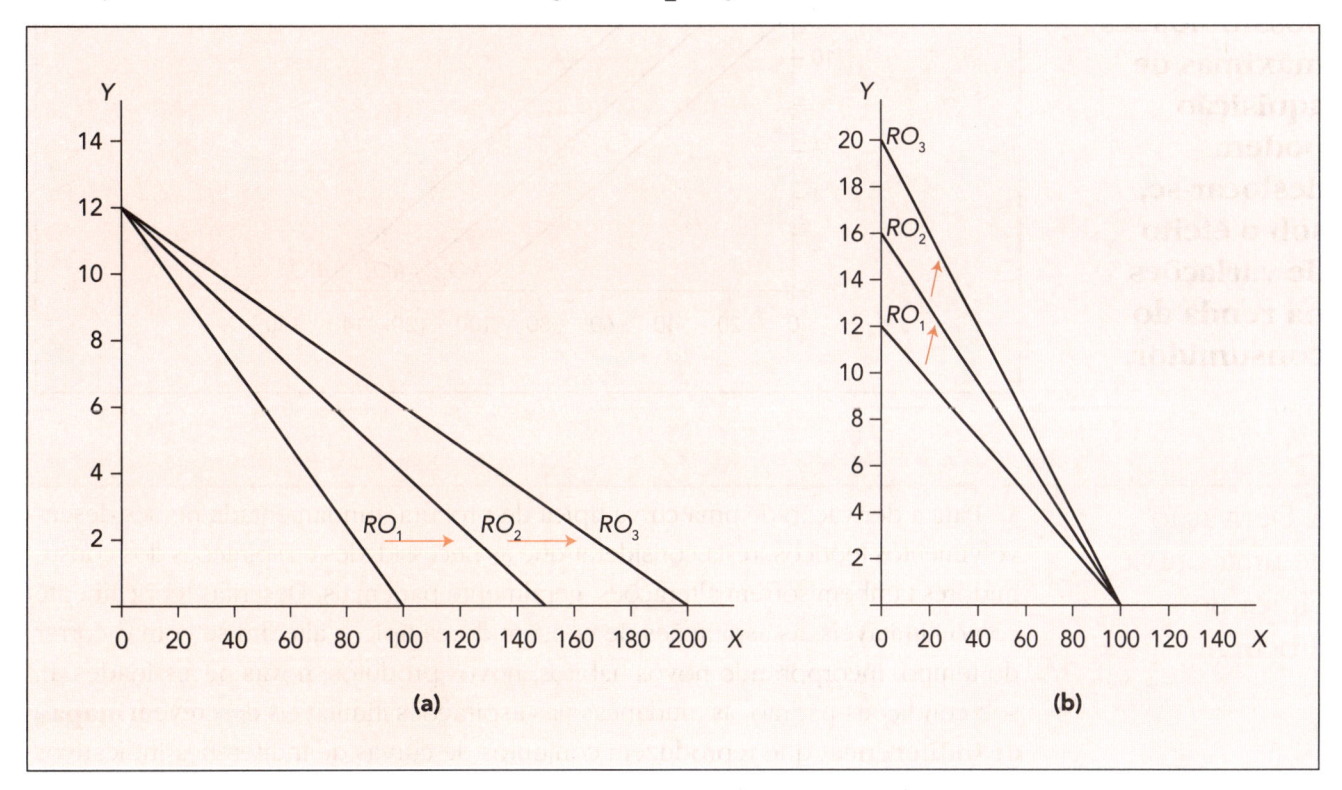

de Y. As duas reduções de preços que resultaram nesses deslocamentos são as indicadas na Tabela 9.4. Obviamente, se os preços dos dois produtos caírem ao mesmo tempo, os deslocamentos se reproduzirão simultaneamente nos dois eixos, X e Y.

- **O efeito-renda.** A reta de restrição orçamentária pode também sofrer variações ao longo do tempo, reproduzindo mudanças na renda do consumidor. Esta pode, por exemplo, como também indicamos na Tabela 9.5, aumentar de $ 1.200 para $ 1.500 ou para $ 1.800. Caso a renda aumente para os valores indicados, a reta de restrição orçamentária desloca-se para mais, de ponta a ponta, como evidenciamos na Figura 9.6, assumindo assim novas posições no modelo de equilíbrio do consumidor. Mantidos os preços dos produtos X e Y, respectivamente, em $ 12 e $ 100, a reta de restrição orçamentária será RO_1, para uma renda de $ 1.200. Se os preços não se alterarem, um aumento da renda para $ 1.500 produzirá um deslocamento nessa reta, que então assumirá a posição RO_2. E um novo aumento da renda para $ 1.800 produzirá outro deslocamento, neste caso para a posição representada por RO_3. Estes deslocamentos são, assim, atribuíveis à variável renda. Isso equivale a dizer que eles reproduzem, tipicamente, um **efeito-renda**.

FIGURA 9.6
O efeito-renda: mantidos inalterados os preços dos produtos, as possibilidades máximas de aquisição podem deslocar-se, sob o efeito de variações na renda do consumidor.

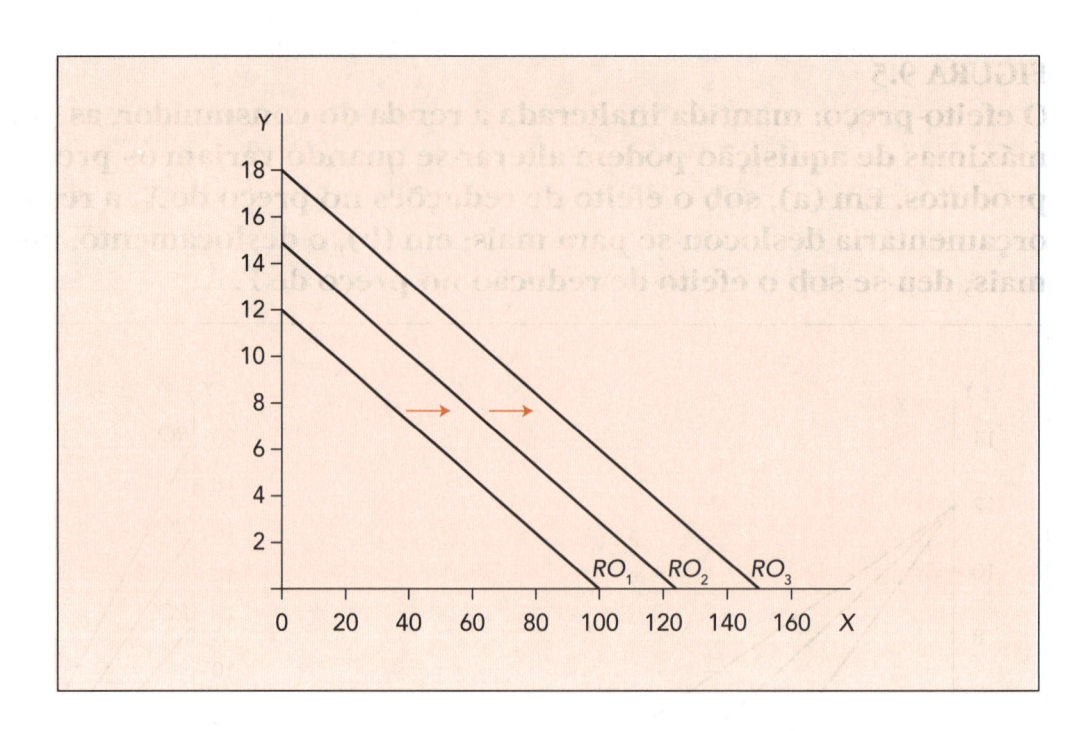

A Derivação de uma Curva Típica de Procura

Para a derivação de uma curva típica de procura, fundamentada nesses desenvolvimentos teóricos, resta considerar que as necessidades e aspirações dos consumidores também sofrem alterações, geralmente para mais. Descritas teoricamente como ilimitáveis, as aspirações de consumidores típicos alteram-se com o correr do tempo, incorporando novos hábitos, novos produtos, novas necessidades. E, sob condições-padrão, as mudanças nas aspirações ilimitáveis descrevem **mapas de indiferença**, que reproduzem conjuntos de curvas de indiferença indicativos de padrões diferenciados de aspirações.

A Figura 9.7 é um exemplo de mapa de indiferença. Ali está um conjunto de curvas de indiferença, definidas pela insaciabilidade de um consumidor típico. Presumivelmente, embora todas as curvas de indiferença do mapa, CI_1, CI_2 e CI_3 por sua declividade e concavidade, se fundamentem no princípio da utilidade marginal decrescente, cada uma delas indica, na sequência, um conjunto de aspirações quantitativamente superior ao anterior. A hipótese básica é de que cada novo conjunto de combinações indiferentes tem um grau maior de utilidade total.

Como aspirações, desejos e necessidades independem de restrições orçamentárias, cada consumidor tem, na realidade, não apenas uma curva de indiferença, mas também uma sucessão delas – suas aspirações ilimitáveis, na realidade, descrevem mapas e não apenas uma única curva de indiferença. Qual das curvas do mapa de indiferença poderá definir a **máxima satisfação possível** depende, obviamente, dos preços dos produtos desejados e da renda do consumidor. Aspirações, ainda que dificilmente atingíveis, todos podem ter, independentemente de quais sejam no presente os preços e a renda. Mas as possibilidades efetivas não. Elas se definem a partir dos preços de mercado e da renda disponível.

Com este conjunto de conceitos e de instrumentos teóricos, podemos então demonstrar como a conformação básica da procura está relacionada à hipótese de máxima satisfação do consumidor.

**FIGURA 9.7
Mapa de indiferença: conjunto de curvas de indiferença, definidas pela insaciabilidade do consumidor. Presumivelmente, a utilidade total de cada novo conjunto de combinações é superior às dos anteriores.**

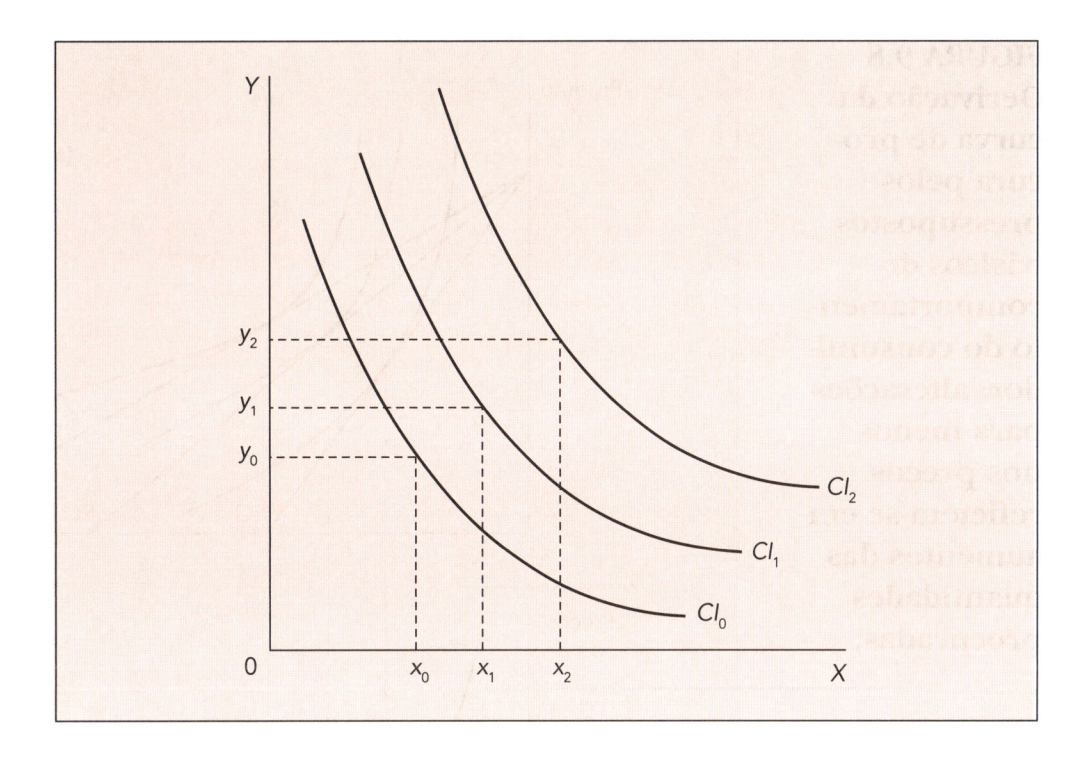

Na Figura 9.8, em (a) as curvas de indiferença CI_1, CI_2 e CI_3 definem as preferências e aspirações do consumidor. Elas são tangenciadas, em pontos de máxima satisfação, pelas retas de restrição orçamentária RO_1, RO_2 e RO_3, definidas por diferentes níveis de preços do produto X. Observa-se claramente que os preços menores, implicando retas de restrição orçamentária deslocadas para mais, tornam possíveis níveis mais altos de satisfação. E estes se traduzem por maiores quantidades efetivamente procuradas.

Rebatendo em (b) os pontos de tangência de (a), chegamos a uma curva típica de procura, P, dada por uma função descendente da esquerda para a direita – preços mais altos implicam menores quantidades procuradas; mais baixos, maiores. E esta conformação típica, tal como demonstramos, tem a ver com, pelo menos, dois pontos de sustentação:

❏ O binômio preços-e-renda: os preços como obstáculos, a renda como restrição.

❏ A busca de satisfação máxima pelo consumidor, definida a partir dos conceitos básicos de utilidade total e marginal.

Adiante veremos que, não obstante seus elegantes fundamentos, as abordagens convencionais do comportamento do consumidor são abstrações teóricas simplificadas em relação à realidade. O comportamento do consumidor é também influenciado por um conjunto de fatores extraeconômicos e nem sempre se define por decisões racionalmente derivadas de funções convencionais de utilidade. Ainda assim, a tradição teórica fundamentada em mapas de indiferença e em retas de restrição orçamentária, serve de guia para reflexão e, mesmo sendo uma simplificação da realidade, suas bases se apoiam em pontos de sustentação reconhecidamente lógicos.

O mesmo poderá ser dito sobre os desenvolvimentos convencionais relacionados ao comportamento dos produtores.

FIGURA 9.8 Derivação da curva de procura pelos pressupostos básicos do comportamento do consumidor: alterações para menos nos preços refletem-se em aumentos das quantidades procuradas.

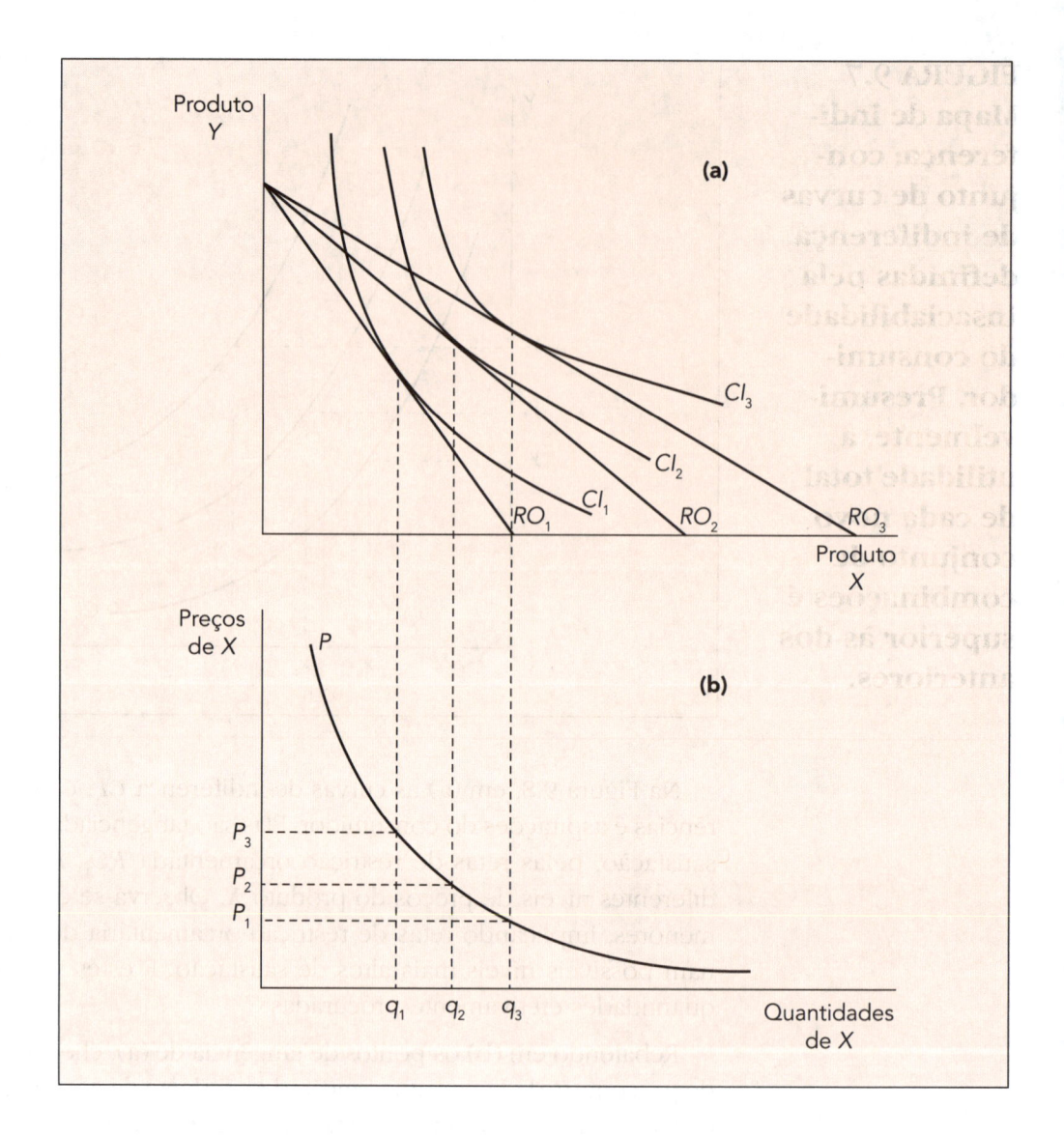

As curvas de oferta e a motivação central de maximização de lucros econômicos também exprimem princípios lógicos, embora não deixem de ser simplificações em relação à realidade. Em uma primeira aproximação convencional, apoiada ainda nos modelos neoclássicos, veremos os pontos de sustentação da teoria básica de maximização dos lucros, em que se fundamentam as abordagens convencionais do comportamento dos produtores.

Mais adiante, vamos requalificar as duas abordagens convencionais, de comportamento dos consumidores e dos produtos, numa tentativa de aproximá-los mais da realidade concretamente observada nos mercados.

9.2 O Comportamento do Produtor: Fundamentos Teóricos

Os Conceitos de Receita Total e Marginal

Ainda que seja uma simplificação da realidade, vamos assumir, para uma primeira aproximação ao comportamento do produtor, que seu objetivo de referência é a **maximização dos lucros**. Mais: assumiremos também que os conceitos

TABELA 9.6 Escala da procura do produto, receita total e receita marginal do produtor.

Escala da procura		Receita total RT = P . Q ($)	Receita marginal RMg ($)
Quantidades procuradas (Unidades/mês)	Preços unitários ($)		
100	20	2.000	18
200	19	3.800	16
300	18	5.400	14
400	17	6.800	12
500	16	8.000	10
600	15	9.000	8
700	14	9.800	6
800	13	10.400	4
900	12	10.800	2
1.000	11	11.000	0
1.100	10	11.000	–

de produtor e de empresa sejam equivalentes para os propósitos dessa primeira abordagem teórica. Mais ainda: consideraremos o lucro a partir de conceitos econômicos de receitas e custos, admitindo então que o lucro total (LT) resulta da diferença entre a receita total (RT) menos os custos totais (CT). Assim:

Lucro total = Receita total – Custo total

ou, então:

$$LT = RT - CT$$

Ao assumirmos que o objetivo da empresa (ou do produtor) é a maximização do lucro total, ela procurará ampliar tanto quanto possível, até atingir um ponto máximo, a distância entre receitas e custos totais. Para tanto, ela administrará o processo produtivo e regulará as quantidades ofertadas do produto, de tal forma que a relação entre os custos de produção e as receitas de vendas seja a mais alta possível – e, obviamente, positiva.

As receitas da empresa são estritamente relacionadas com a escala de procura com a qual ela defronta. A Tabela 9.6 reproduz uma escala típica, em que quantidades procuradas e preços correlacionam-se inversamente. Aos preços unitários de $ 20, serão procuradas 100 unidades/mês do produto da empresa; aos preços de $ 10, serão procuradas 1.100 unidades/mês. Entre estas duas posições-limites, definimos outras nove, obtendo assim uma escala de receita total definida por onze diferentes níveis. Observamos, obviamente, que a receita total aumenta à medida que aumentam as quantidades vendidas; mas observamos também, o que não é tão óbvio, que a progressão da receita não é linear – seus degraus de aumento são cada vez mais baixos, até um determinado ponto em que as quantidades vendidas aumentam, mas a preços tão baixos que a receita total se estabiliza. Esta conformação típica é mostrada na última coluna da Tabela 9.6, onde está calculada a receita marginal, RMg: ela decresce seguidamente, até chegar a zero.

FIGURA 9.9
Curvas típicas de procura (*P*) e de receita total (*RT*). A receita total resulta do produto *Q . P* (preços por quantidades procuradas): sua convexidade decorre do comportamento típico, decrescente, da receita marginal (*RMg*).

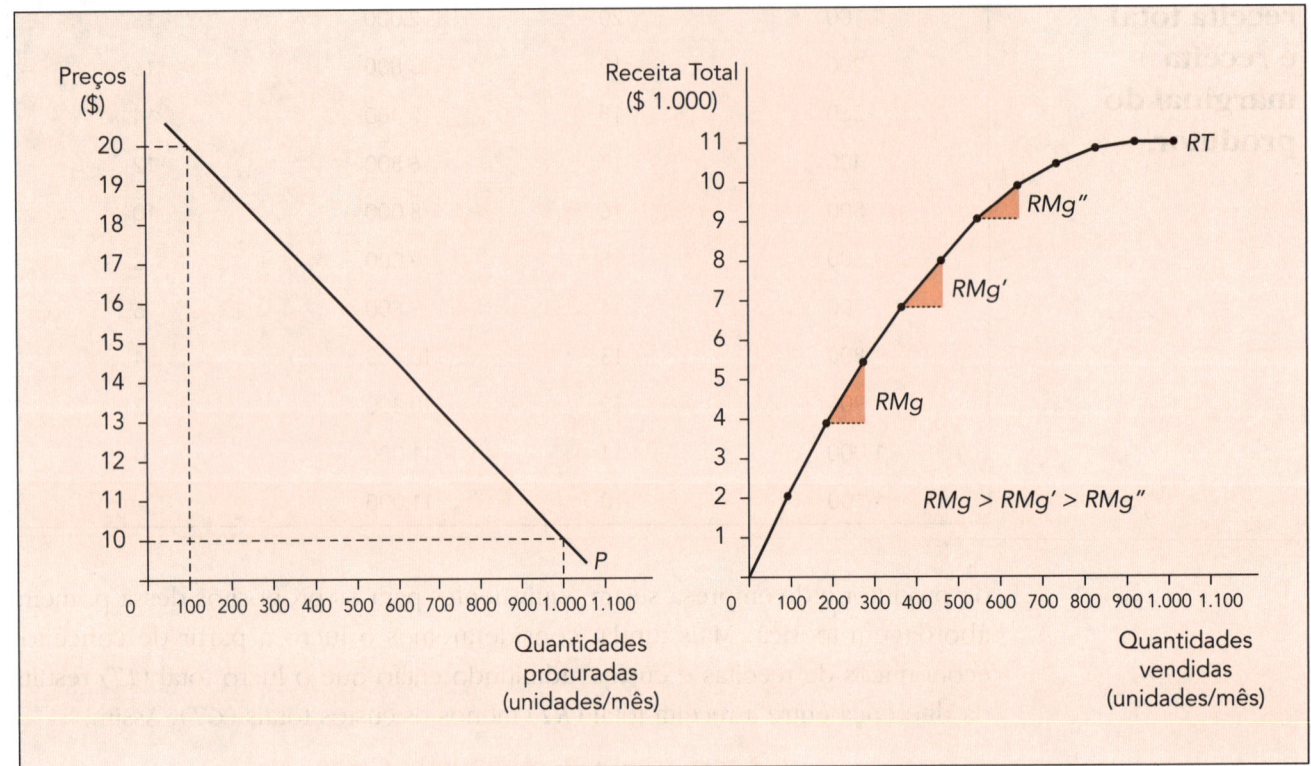

Para chegarmos à receita marginal, *RMg*, empregamos os conceitos do raciocínio marginalista neoclássico. A *RMg* é o acréscimo de receita por unidade vendida, quando, na escala da receita total, passamos de um patamar para outro. Nos dois primeiros patamares da escala, ao passarmos de 100 para 200 unidades vendidas, a receita passou de $ 2.000 (ao preço de $ 20 por unidade) para $ 3.800 (ao preço de $ 19 por unidade). A receita aumentou, portanto, em $ 1.800, com um acréscimo de 100 nas unidades vendidas. Cada unidade adicional foi vendida por $ 18: este é o valor da receita marginal nesse patamar. Como definimos uma escala de procura em que as quantidades aumentam à medida que os preços diminuem, a receita marginal é decrescente. Na Figura 9.9, encontram-se as curvas da procura, *P*, e da receita total, *RT*, obtidas a partir da escala definida. A convexidade da curva da receita total decorre do comportamento da receita marginal: ela é inicialmente alta, depois vai progressivamente diminuindo, até chegar a zero.

Os Conceitos de Custos Fixos, Variáveis, Totais, Médios e Marginais

Do ponto de vista da empresa, as receitas são uma contrapartida dos custos – e estes uma decorrência inevitável do processo produtivo e das escalas de produção.

A teoria microeconômica básica diferencia os custos da empresa a partir de seus comportamentos típicos em relação às quantidades produzidas. A curto prazo, diferenciam-se entre fixos e variáveis. A longo prazo, todos os custos, em princípio, variam, quer em decorrência de alterações nas dimensões da empresa, quer por mudanças nas tecnologias de produção, quer ainda em função de modificações nos suprimentos e preços dos recursos produtivos. Mas, a curto prazo, há custos que se mantêm fixos e que independem das quantidades produzidas. Outros são variáveis e modificam-se em função das escalas de produção da empresa.

Os custos em que a empresa incorre estão, assim, fortemente ligados ao processo produtivo e a sua função produção. Independentemente da estrutura de mercado em que a empresa opera, a produção é uma função dos recursos empregados. O volume de produção será maior ou menor na dependência de a empresa empregar maior ou menor volume de recursos mantendo-se constante a produtividade. Uma parte dos recursos empregados na produção varia diretamente em função do volume da própria produção: são os **recursos variáveis**. Outra parte, todavia, não varia a curto prazo: são os **recursos fixos**. Os recursos fixos incluem imobilizações (edificações, equipamentos e outros bens de capital) e parte do pessoal empregado, notadamente os envolvidos em atividades gerenciais de suporte. Os recursos variáveis incluem os insumos necessários para a produção (matérias-primas e outros materiais intermediários), o pessoal mobilizado diretamente no processo produtivo, a energia e outras categorias de dispêndios exigidas nas operações de produção.

A natureza diferente dessas duas categorias de recursos conduz à ocorrência de duas categorias também diferentes de custos: os **custos fixos** e os **custos variáveis**. A curto prazo, **os custos fixos não se alteram em decorrência de mudanças nas quantidades produzidas**: em unidades por mês, por exemplo, estas podem ser zero ou mil – os custos fixos serão os mesmos. As imobilizações serão ressarcidas por taxas que independem do volume produzido e uma substantiva parte dos pagamentos implícitos ou explícitos do fator trabalho terá que ser feita, seja qual tenha sido o volume produzido. Já **os custos variáveis se modificam em função das quantidades produzidas**. Mais produção significará a utilização de mais matérias-primas, mais energia e mais também de tudo quanto for exigido para se obter cada unidade adicional do produto.

Na Tabela 9.7, encontram-se escalas típicas de custos fixos, variáveis e totais. Na primeira coluna, assumimos uma série crescente de quantidades produzidas, em unidades/mês, a mesma na escala da procura, na Tabela 9.6. Nas outras três colunas, definimos três séries de custos. Os **custos fixos totais**, CFT, mantêm-se em $ 2.000, independentemente do volume de produção: para zero ou mil quantidades produzidas eles permanecem constantes. Já os **custos variáveis totais**, CVT, teoricamente inexistem quando a produção é zero, mas progridem à medida que esta atinge níveis mais altos. Sua progressão, todavia, não é constante. Inicialmente, a progressão é decrescente – os acréscimos iniciais nos custos variáveis são menos que proporcionais aos aumentos obtidos nas quantidades produzidas. Passam depois por um curto intervalo de progressão constante, para, em seguida, se tornarem crescentes.

TABELA 9.7 Escalas dos custos fixos, variáveis e totais, a curto prazo.

Quantidades produzidas (unidades/mês)	Valores expressos em $		
	Custo fixo total CFT	Custo variável total CVT	Custo total CT
0	2.000	0	2.000
100	2.000	1.600	3.600
200	2.000	2.700	4.700
300	2.000	3.360	5.360
400	2.000	3.820	5.820
500	2.000	4.300	6.300
600	2.000	5.100	7.100
700	2.000	6.420	8.420
800	2.000	8.220	10.220
900	2.000	10.520	12.520
1.000	2.000	13.620	15.620

O conceito de **economia de escala** ajuda a compreender esse comportamento típico. Inicialmente, a empresa incorre em custos variáveis altos por unidade produzida por uma série de razões: primeiro, porque seu poder de negociação com fornecedores é pequeno, para compras de pequenos lotes de insumos; depois, porque alguns recursos empregados no processo produtivo são semivariáveis, como é o caso da mão de obra – para baixos volumes de produção, sua utilização é menos eficiente, comparativamente a altos volumes; por último, porque à medida que a escala de produção vai aumentando, o processo de combinação de recursos variáveis e semivariáveis conduz a melhores rendimentos e a mais altos padrões de produtividade. Mas esse processo de redução dos custos variáveis por unidade produzida não é permanente. Mais à frente, quando todas as possíveis **economias crescentes de escala** tiverem sido aproveitadas, ocorrerão **economias constantes de escala** e, por fim, **economias decrescentes de escala**. Neste ponto, os recursos fixos existentes não suportarão mais, com igual eficiência, as unidades adicionais de recursos variáveis: aí então os acréscimos nas quantidades produzidas irão processar-se a custos variáveis proporcionalmente mais altos.

Somando os custos fixos totais e os variáveis totais, obtemos os **custos totais**, CT, que aparecem na última coluna da Tabela 9.7. Seu comportamento, obviamente, resulta de como se comportam os dois outros conceitos de custos que o definem. Assim, como se observa na Figura 9.10, os custos fixos totais são descritos por uma paralela ao eixo horizontal, das quantidades produzidas, cortando o eixo vertical no nível de $ 2.000, já os custos totais são descritos por uma curva que, de início, revela taxas decrescentes de expansão, para em seguida registrar taxas altas e progressivas de crescimento. A distância entre as duas curvas corresponde aos custos variáveis totais.

FIGURA 9.10 Trajetórias típicas das curvas do custo fixo total (***CFT***) e do custo total (***CT***). A distância entre as duas curvas corresponde ao custo variável total (***CVT***). Os custos fixos não se alteram em função das quantidades; o variável, sim, mas não em proporções constantes. O custo total resulta da soma dos dois.

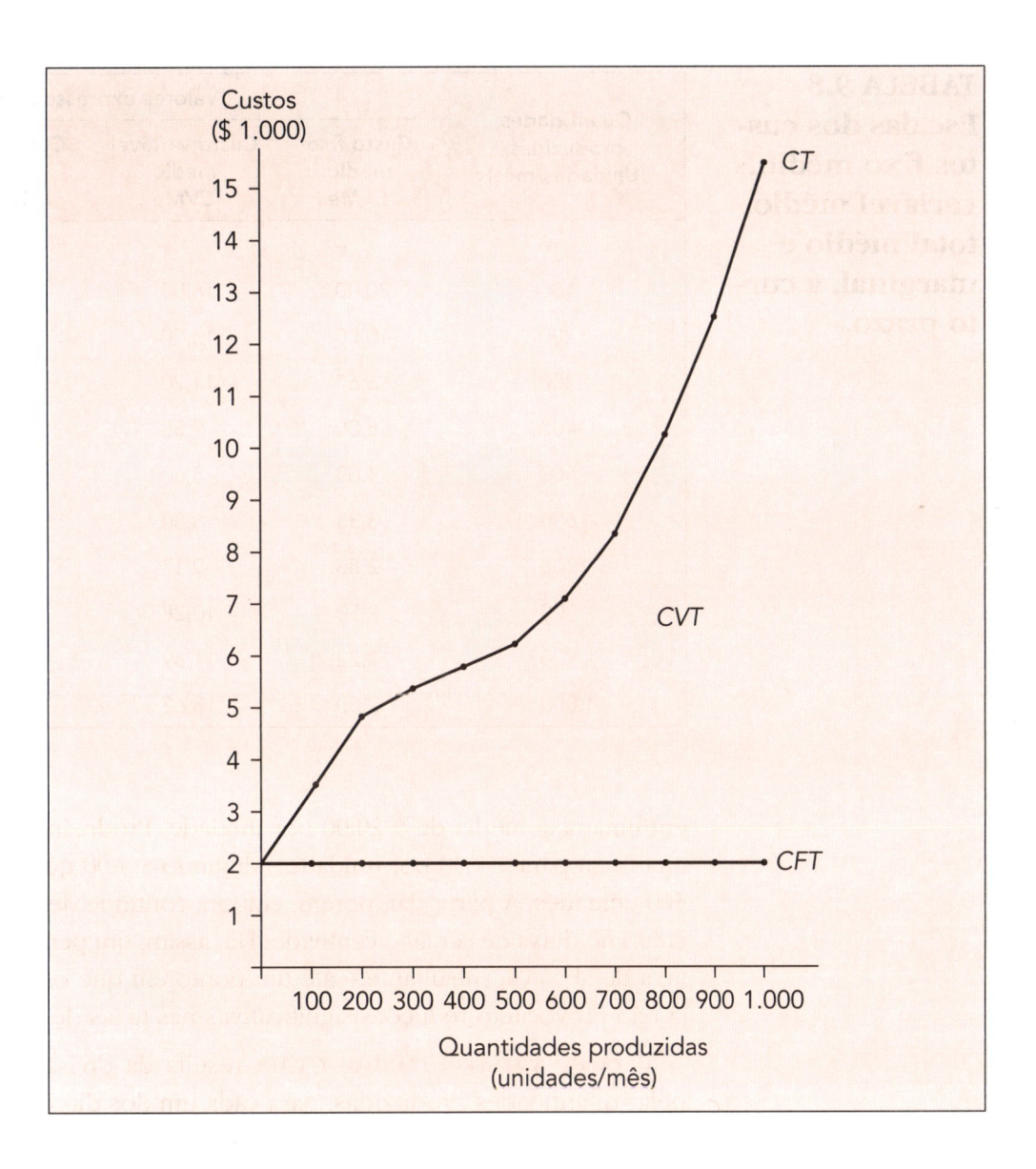

Outros conceitos de custos são também importantes para o desenvolvimento da teoria básica de maximização dos lucros pela empresa. Trata-se dos três conceitos de **custos médios** (fixo médio, variável médio e total médio) e do conceito de **custo marginal**. Todos se encontram reunidos na Tabela 9.8. E foram calculados a partir das escalas de custos totais da Tabela 9.7.

O **custo fixo médio**, *CFMe*, resulta da divisão do custo fixo total pelas quantidades produzidas, para cada um dos diferentes níveis de produção admitidos. Por sua natureza, pode ser considerado como uma espécie de taxa de absorção dos custos fixos a cada uma das unidades produzidas. Assim, para baixos níveis de produção, a taxa de absorção desses custos é alta. As primeiras unidades produzidas, ao absorverem o total dos custos fixos da empresa, são oneradas por uma taxa acentuadamente alta. Porém, à medida que a empresa atinge níveis mais altos de produção, como o total dos custos fixos permanece inalterado, será observada uma rápida redução da taxa de absorção por unidade. A redução será particularmente acentuada nos primeiros instantes, desacelerando-se progressivamente. Para as primeiras 100 unidades produzidas, os $ 2.000 fixos resultam

TABELA 9.8 Escalas dos custos fixo médio, variável médio, total médio e marginal, a curto prazo.

Quantidades produzidas (Unidades/mês)	Valores expressos em $			
	Custo fixo médio CFMe	Custo variável médio CVMe	Custo total médio CTMe	Custo marginal CMg
0	–	–	–	–
100	20,00	16,00	36,00	16,00
200	10,00	13,50	23,50	11,00
300	6,67	11,20	17,87	6,60
400	5,00	9,55	14,55	4,60
500	4,00	8,60	12,60	4,80
600	3,33	8,50	11,83	8,00
700	2,86	9,17	12,03	13,20
800	2,50	10,28	12,78	18,00
900	2,22	11,69	13,91	23,00
1.000	2,00	13,62	15,62	31,00

em uma taxa média de $ 20,00 por unidade. Produzindo-se mais 100 unidades, a taxa cai para $ 5,00 por unidade, atingindo $ 4,00 quando a produção alcança 500 unidades. A partir daí, porém, embora continue decrescendo, o ritmo do decréscimo deixa de ser tão acentuado. Há, assim, um persistente amortecimento da taxa de absorção resultante – até um ponto em que os acréscimos na produção já não provocarão reduções significativas nas taxas do custo fixo médio.

O **custo variável médio**, CVMe, resulta da divisão do custo variável total pelas quantidades produzidas, para cada um dos diferentes níveis de produção admitidos. Por sua natureza, não apresenta disparidades tão acentuadas quanto as que se observam com os custos fixos médios. As taxas para os diferentes níveis de produção admitidos apresentam quedas ou acréscimos relativamente menos acentuados – a magnitude da diferença entre os valores médios mais altos e os mais baixos é, nesse caso, menos expressiva do que no caso dos custos fixos. Além disso, o custo variável médio apresenta a particularidade de decrescer até certo nível de produção, mantendo-se relativamente constante durante certo intervalo, para, então, registrar progressiva tendência à expansão. Esse comportamento é decorrente das economias de escala. Inicialmente, a empresa incorre em **economias crescentes**. Depois, em **economias constantes**. E, finalmente, em **economias decrescentes** ou **deseconomias**.

O **custo total médio**, CTMe, resulta da soma do custo fixo médio com o custo variável médio. Ou, o que também conduz a igual resultado, pode ser dado pela divisão do custo total pelas quantidades produzidas, para cada um dos níveis de produção correspondentes. Seu comportamento incorpora, evidentemente, a trajetória típica dos custos fixos médios e variáveis médios. Assim, há um forte declínio inicial, não apenas resultante do declínio dos custos fixos, como também dos variáveis. Atravessa, em seguida, uma zona de estabilização relativamente prolongada, resultante de dois fatores combinados: a queda já menos acentuada do custo fixo médio e a ocorrência de economias constantes de escala atribuíveis aos custos variáveis. Por fim, revelará sensível tendência à expansão. Isso ocorrerá a partir do instante em que os acréscimos observados no custo variável médio passarem a suplantar os pequenos decréscimos do custo fixo médio.

Finalmente, resta considerar o **custo marginal**, *CMg*. Trata-se, sem dúvida, de um dos mais importantes conceitos teóricos de custo. **É o custo em que a empresa incorre para produzir uma unidade adicional.** Vamos ver dois exemplos, a partir dos dados da Tabela 9.7. No nível zero de produção, a empresa estaria incorrendo num custo fixo total de $ 2.000. Ao passar desse nível para o de 200 unidades produzidas, o custo fixo permaneceu inalterado, mas a empresa despendeu mais $ 1.600 com recursos variáveis. Em outras palavras, para aumentar a produção de zero para 100 unidades, a empresa incorreu num custo adicional de $ 1.600, o que é equivalente a de $ 16,00 por unidade. Subsequentemente, ao passar de 100 unidades para 200, os custos fixos continuaram inalterados, mas os variáveis passaram de $ 1.600 para $ 2.700. Houve, assim, um aumento de custos equivalente a $ 1.100, para possibilitar um acréscimo de mais 100 unidades na produção. Nesse caso, teria a empresa incorrido num custo marginal de $ 11,00 por unidade. Em decorrência do comportamento típico dos custos fixos e variáveis, o custo marginal decresce até certo nível de produção. Depois, passa a crescer, alcançando elevadas taxas de expansão, especialmente a partir do instante em que a empresa ingressa na fase das deseconomias de escala.

Na Figura 9.11, estão representados graficamente os comportamentos dos três conceitos de custos médios e do conceito de custo marginal. Ali poderão ser analisadas as características de cada uma das correspondentes curvas, bem como as relações existentes entre elas. Uma das relações mais importantes é a que se observa entre as curvas do custo variável médio e do custo marginal. A deste último situa-se inicialmente abaixo da curva do custo variável médio, tendendo posteriormente a cruzá-la. Permanece abaixo enquanto o custo variável médio declinar. E cruza-a exatamente em seu intervalo mais baixo. A interpretação dessa relação é intuitiva, afinal, se o custo de uma unidade adicional provoca a redução do custo médio, é porque aquele custo é inferior a este. Ou, como observam Lipsey e Steiner,[2] "admitindo-se que o custo marginal é o custo da última unidade produzida e recordando-se que o custo médio é influenciado tanto por esta última unidade como por todas as unidades anteriores, observa-se que é praticamente evidente a afirmação de que a curva do custo marginal cruza a curva do custo variável médio no seu ponto mais baixo".

No Quadro 9.2, reunimos todos os conceitos de custos. E, agora, vamos utilizá-los para demonstrar as condições de maximização do lucro.

Seguindo a tradição marginalista neoclássica, assumimos que o objetivo crucial da empresa é a maximização do lucro. Independentemente do regime concorrencial existente, esse objetivo implica a definição do ponto de lucro máximo, dado, como já assinalamos, pela máxima distância entre a receita total e o custo total. Este, como vimos, resulta de todos os encargos fixos de manutenção da capacidade instalada, somados aos encargos variáveis diretamente decorrentes

FIGURA 9.11
Trajetórias típicas das curvas dos custos fixo médio (*CFMe*), variável médio (*CVMe*), total médio (*CTMe*) e marginal (*CMg*). A curto prazo, o *CFMe* descreve uma trajetória descendente, inicialmente forte, depois cada vez mais suave. Já as trajetórias do *CVMe*, *CTMe* e *CMg* têm, tipicamente, a forma da letra *U*: declinam até certo ponto, tornam-se constantes em curto intervalo e depois aumentam. O *CTMe* aumenta suavemente, sob a influência do *CFMe*; o *CMg* aumenta vertiginosamente.

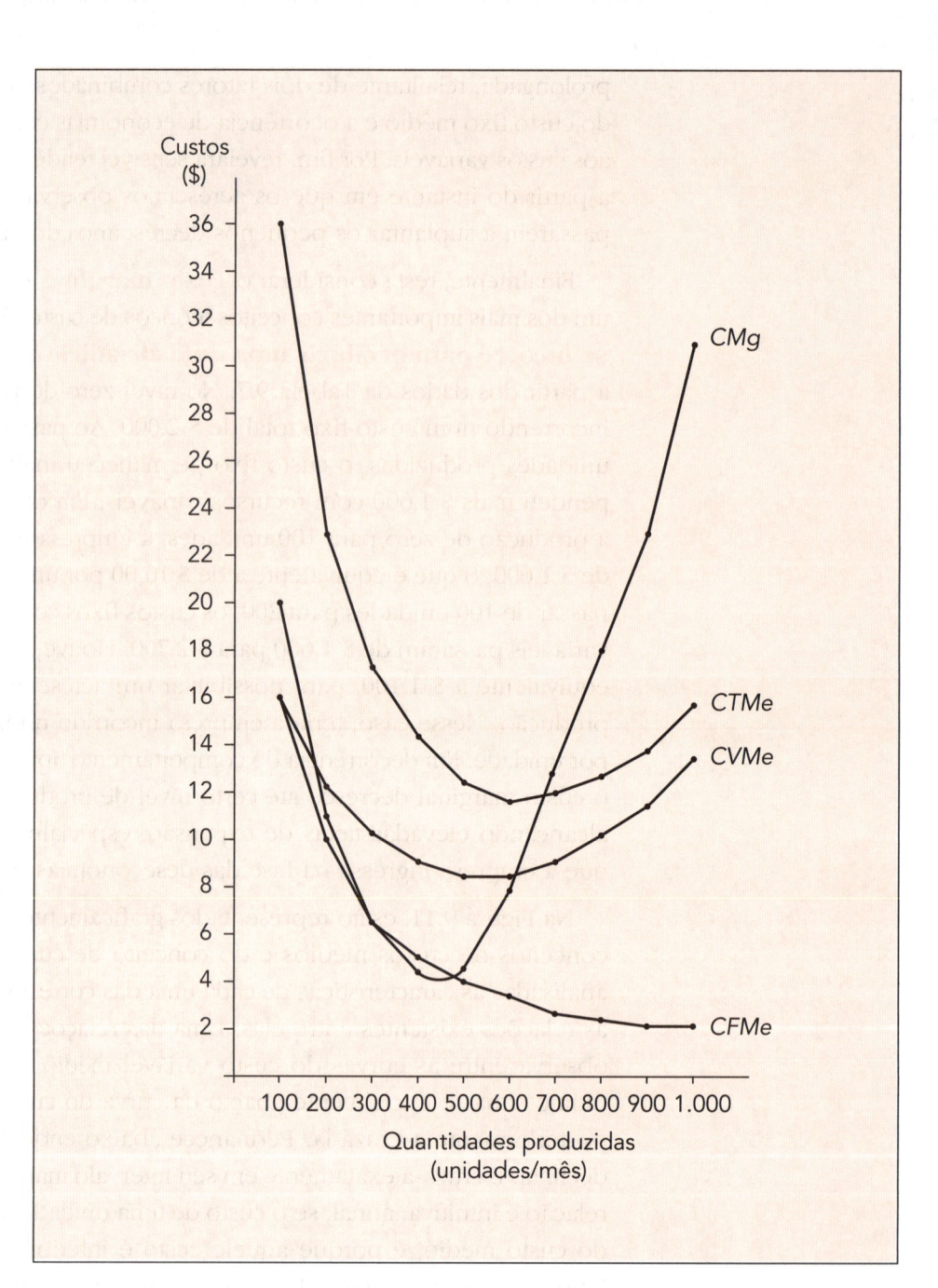

da atividade de produção. A empresa incorre em todos estes custos, na expectativa de que a produção resultante gerará uma receita total compensadora, capaz de cobrir todos os encargos e de deixar uma margem de lucro. Maximizar essa margem, no sentido de otimizar os ganhos resultantes da atividade empresarial, é a hipótese de referência da teoria microeconômica convencional.

Na Tabela 9.9, resumimos os dados do modelo que estamos desenvolvendo. Verificamos ali que a comparação da receita total e do custo total, da qual resulta o resultado econômico da empresa, mostra diferentes valores de lucro e de prejuízo, correspondentes a cada um dos degraus da escala de quantidades produzidas. Se a empresa não produzir, incorrerá em prejuízo de $ 2.000, resultante dos custos fixos totais. São também de prejuízo os resultados dos dois primeiros patamares

QUADRO 9.2
Conceitos e comportamentos típicos dos custos: um resumo.

Conceitos	Identificações	Comportamentos típicos a curto prazo
CUSTO FIXO TOTAL	CFT	Não se altera em função das quantidades produzidas. É representado por uma reta paralela ao eixo das quantidades.
CUSTO VARIÁVEL TOTAL	CVT	Aumenta em função do aumento das quantidades produzidas, mas não na mesma proporção. Inicialmente, os aumentos são menos que proporcionais, possibilitando retribuições crescentes. A partir de certo nível, seus aumentos passam a ser mais que proporcionais, conduzindo a retribuições decrescentes.
CUSTO TOTAL	CT = CFT + CVT	É a soma, para cada nível de produção, dos custos fixos e variáveis.
CUSTO FIXO MÉDIO	$CFMe = \dfrac{CFT}{q}$	Resulta da divisão do custo fixo total pelas quantidades produzidas. Inicialmente, declina acentuadamente. Mas a intensidade do declínio se amortece à medida que aumentam as quantidades produzidas.
CUSTO VARIÁVEL MÉDIO	$CVMe = \dfrac{CVT}{q}$	Resulta da divisão do custo variável total pelas quantidades produzidas. Mostra um pequeno declínio inicial e, a partir de certo nível, uma ligeira tendência à expansão.
CUSTO TOTAL MÉDIO	CTMe = CFMe + CVMe	Resulta da divisão do custo total pelas quantidades produzidas. É ainda dado pela soma dos custos fixo médio e variável médio. Decresce acentuadamente no início, mas passa a aumentar a partir do ponto em que os aumentos do custo variável médio se tornam maiores do que as reduções do custo fixo médio.
CUSTO MARGINAL	CMg	É o custo em que a empresa incorre para produzir uma unidade adicional. Situa-se abaixo do custo variável médio até o ponto em que este alcança seu nível mínimo. A partir daí revela uma tendência à expansão particularmente acentuada.

de produção, correspondentes a 100 e a 200 unidades/mês produzidas: a receita total será insuficiente para cobrir a soma dos custos fixos e variáveis. A empresa só sai do prejuízo a partir da produção de 300 unidades/mês: neste patamar, a receita total é discretamente superior ao custo total, resultando em lucro de $ 40. Daí em diante, o lucro aumenta, até atingir um ponto máximo, dado pela produção de 600 unidades/mês. Mas em seguida volta a cair, chegando a gerar novamente resultados econômicos negativos. Isso se dá por duas razões. A primeira é a ocorrência de economias decrescentes de escala; a segunda é a redução dos preços dados pela escala da procura. Embora a expansão das quantidades produzidas gere ganhos decorrentes da redução dos custos fixos por unidades, *CFMe*, os custos variáveis por unidade, *CVMe*, podem crescer e, mais importante, o mercado só absorve maior volume de quantidades produzidas por preços mais baixos.

TABELA 9.9 Custo total, receita total e resultado econômico: a ocorrência de lucro (*RE +*) ou prejuízo (*RE −*).

Quantidades produzidas (Unidades/mês)	Valores expressos em $		
	Receita total RT = P . Q	Custo total CT = CFT + CVT	Resultado econômico (Lucro ou prejuízo) RE = RT − CT
0	0	2.000	− 2.000
100	2.000	3.600	− 1.600
200	3.800	4.700	− 900
300	5.400	5.360	+ 40
400	6.800	5.820	+ 980
500	8.000	6.300	+ 1.700
600	9.000	7.100	+ 1.900
700	9.800	8.420	+ 1.380
800	10.400	10.220	+ 180
900	10.800	12.520	− 1.720
1.000	11.000	15.620	− 4.620

O Objetivo de Maximização do Lucro

A Figura 9.12 mostra as trajetórias típicas das curvas da receita total, *RT*, e do custo total, *CT*. Observamos que há dois **pontos de igualação**, quando *RT = CT*. O primeiro, próximo da produção de 300 unidades/mês; o segundo, próximo da de 800 unidades/mês. As faixas de produção anterior e posterior a esses dois pontos são de prejuízo: a curva do custo total está acima da de receita total. A região de lucro situa-se entre os dois pontos de igualação, I_0 e I_1 quando as posições se invertem: a curva do custo total fica abaixo da de receita total. A distância máxima entre duas curvas, dada pelo segmento *RC*, corresponde ao lucro máximo, alcançado, como já vimos na Tabela 9.9, quando a produção atinge 600 unidades/mês. Na parte inferior da Figura 9.12, traçamos a curva de lucro, *L*. Nos dois pontos de igualação, ela corta o eixo horizontal. Abaixo desse eixo registram-se prejuízos; acima, lucros. E o ponto de lucro máximo, *M*, coincide com a máxima distância entre as curvas da receita total e do custo total.

Outra forma de mostrar o ponto de maximização do lucro encontra-se na Tabela 9.10. Ali se encontram as escalas da receita marginal, *RMg*, e do custo marginal, *CMg*. Notamos que o lucro máximo ocorre quando:

Receita marginal = Gasto marginal

ou:

RMg = CMg

Esta igualdade maximizadora de lucro está demonstrada também na Figura

FIGURA 9.12 O lucro máximo é dado pela máxima distância, *RC*, entre as curvas da receita total e do custo total, que se cortam em dois pontos de igualação, I_0 e I_1. Nestes mesmos pontos, a curva do lucro, *L*, corta o eixo horizontal e seu ponto máximo, *M*, coincide com a distância máxima, *RC*, entre as curtas *CT* e *RT*.

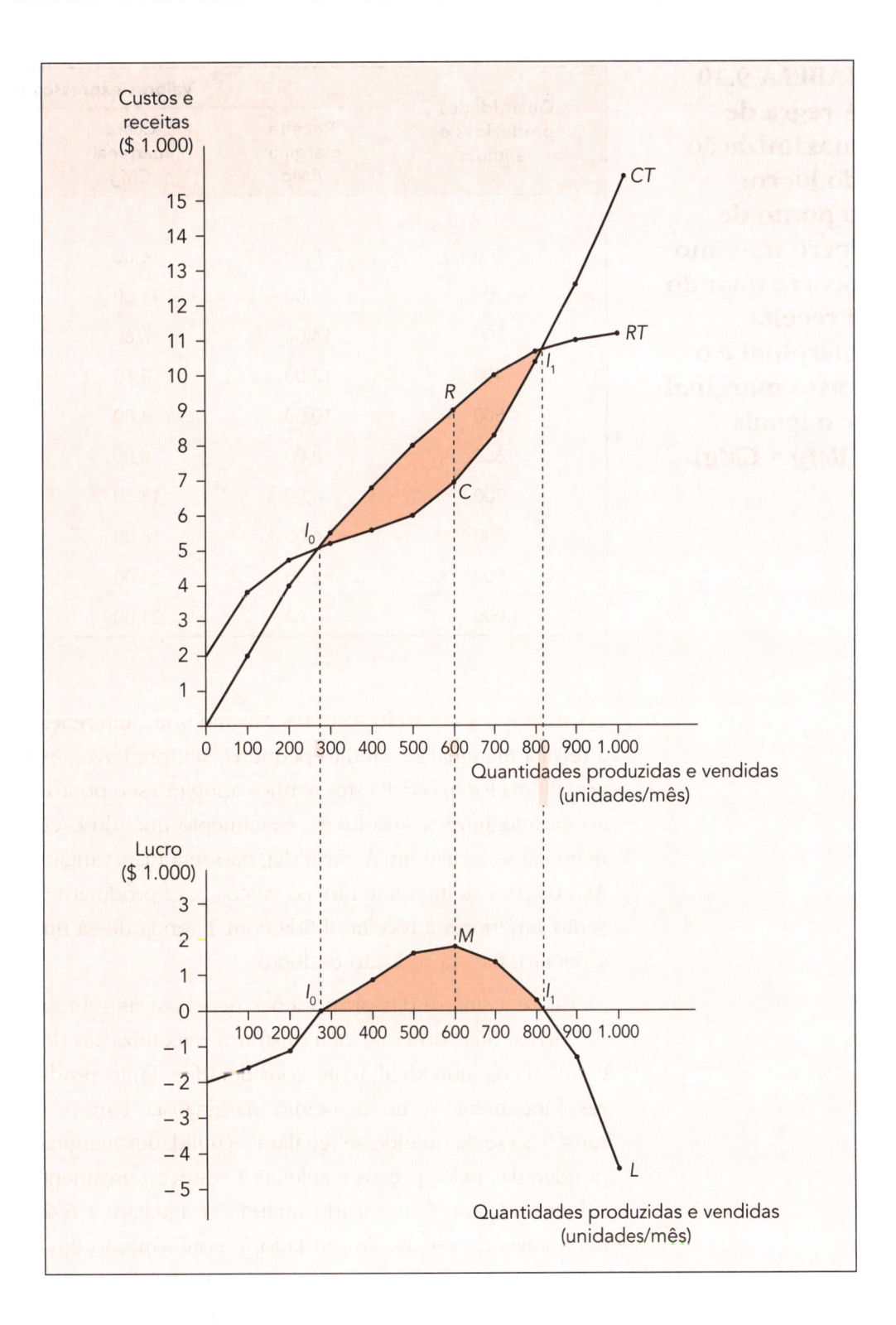

9.13. Quando a curva do lucro, *L*, alcança seu ponto máximo, *M*, as curvas da receita marginal e do custo marginal se cruzam no ponto *E*. É simples entender por que isso ocorre, recorrendo aos conceitos de receita e de custo marginal. A receita marginal é o quanto a empresa recebe por uma unidade a mais produzida; o custo marginal é o quanto ela gasta para produzir uma unidade a mais. Sendo assim, **enquanto aumentos de produção implicarem custos marginais inferiores às receitas marginais**, a empresa estará aumentando seu resultado

TABELA 9.10
A regra de maximização do lucro: o ponto de lucro máximo ocorre quando a receita marginal e o custo marginal são iguais ($RMg = CMg$).

Quantidades produzidas e vendidas	Valores expressos em $		
	Receita marginal RMg	Custo marginal CMg	Resultado econômico $RE = RT - CT$
0	—	—	– 2.000
100	18,00	16,00	– 1.600
200	16,00	11,00	– 900
300	14,00	6,60	+ 40
400	12,00	4,60	+ 980
500	10,00	4,80	+ 1.700
600	8,00	8,00	+ 1.900
700	6,00	13,20	+ 1.380
800	4,00	18,00	+ 180
900	2,00	23,00	– 1.720
1.000	0	31,00	– 4.620

econômico, produzindo mais. Mesmo que a diferença entre o custo marginal e a receita marginal seja muito pequena, sempre haverá ganhos líquidos enquanto esta última for maior. E estes ganhos atingirão seu ponto máximo, correspondente ao da maximização do lucro, exatamente quando o custo marginal e a receita marginal se igualarem. A partir daí, não será mais vantajoso aumentar a produção. As posições se interverterão: os custos para produzir uma unidade a mais, CMg, serão superiores à receita obtida com a venda dessa unidade, RMg. Em lugar de aumento, haverá redução de lucro.

Esta é a síntese das proposições neoclássicas sobre a empresa maximizadora de lucros. Sua forma de demonstrar a maximização dos interesses dos agentes econômicos individualmente considerados, tanto produtores como consumidores, fundamenta-se no raciocínio marginalista. Para os consumidores, a máxima satisfação se dá quando se igualam as utilidades marginais dos bens consumidos, ponderadas pelos preços e sujeitas à restrição orçamentária. Para os produtores, o lucro máximo é alcançado quando se igualam a receita e o custo marginais. Economias de escala, de um lado, e conformação básica da curva da procura, de outro, são os elementos essenciais que definem as trajetórias das curvas de custos e receitas. E, portanto, o ponto de maximização do lucro.

Estas proposições teóricas, bem como os argumentos centrais da microeconomia neoclássica, têm sido confrontadas com a observação sistematizada da realidade. Primeiro, como vimos no capítulo anterior, a hipótese da concorrência perfeita, subjacente à formulação teórica do equilíbrio geral, foi confrontada com as evidências de variadas formas de concorrência imperfeita – dos oligopólios à concorrência monopolística. Segundo, as hipóteses de maximização da utilidade total, pelo consumidor, e dos lucros, pela empresa, foram objeto de revisão me-

FIGURA 9.13 Demonstração gráfica da maximização do lucro: o ponto máximo, *M*, da curva do lucro corresponde ao ponto de cruzamento, *E*, das curvas da receita marginal e do custo marginal.

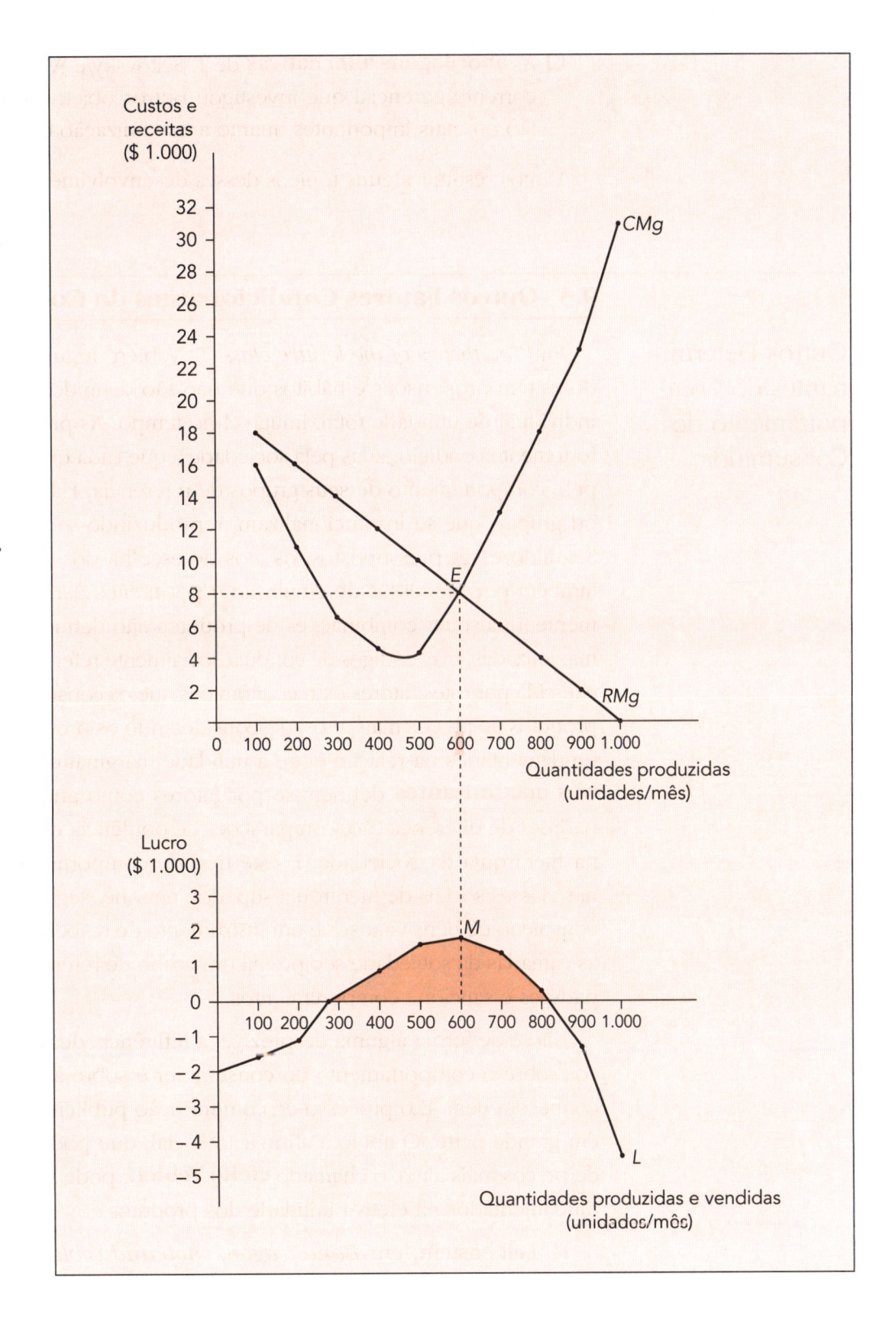

todológica: à abstração teórica dos marginalistas contrapôs-se a busca de maior realismo. Dos novos desenvolvimentos, duas revisões críticas se destacaram:

❏ A **corrente institucionalista** de T. Veblen, que investigou os estímulos induzidos e os fatores culturais e sociais que condicionam o comportamento do consumidor.

☐ As **abordagens alternativas** de T. Scitovsky e W. Baumol, subprodutos da corrente gerencial que investigou outros objetivos da empresa moderna, tão ou mais importantes quanto a maximização do lucro.

Vamos resumir alguns tópicos desses desenvolvimentos mais recentes.

9.3 Outros Fatores Condicionantes do Comportamento

Outros Determinantes do Comportamento do Consumidor

Em *The theory of the leisure class*, T. Veblen[3] argumentou que os consumidores têm propensões e hábitos que não são definidos apenas por uma função individual de utilidade total, imutável no tempo. As preferências individuais são fortemente condicionadas pela sociedade a que cada qual pertence e, mais ainda, pelo comportamento de seus grupos de referência. Há, assim, padrões coletivos ou grupais que se institucionalizam, reproduzindo-se nas escalas de satisfação. Segundo esses pressupostos, os atos de escolha dos consumidores definem-se também por processos de emulação e por efeitos-demonstração. Consequentemente, quaisquer combinações de produtos não definem satisfações individuais maximizadas, mas códigos de conduta socialmente referendados. Tal é a influência exercida por estes fatores extraeconômicos que os consumidores podem optar por produtos de preços mais altos, desconsiderando os pressupostos de maximização fundamentados na relação entre a utilidade marginal e os preços. Essas **opções não maximizantes** definem-se por fatores como afirmação social, emulação, padrões de diferenciação, comparações de opulência e busca por novos degraus na hierarquia da sociedade. E este tipo de comportamento não se dá apenas nas classes sociais de hierarquia superior, em que, segundo Veblen, "o consumo conspícuo de bens valiosos é um instrumento de respeitabilidade". Mas em todas as camadas da sociedade sempre há um grupo de referência, que institucionaliza padrões e sanciona comportamentos.

Não é de forma alguma desprezível a influência desses fatores extraeconômicos sobre o comportamento do consumidor e sobre a procura. As empresas os conhecem bem. E o processo de comunicação publicitária fundamenta-se neles, em grande parte. O apelo à afirmação social, que pode levar à opção por bens de preços mais altos, o chamado **efeito Veblen**, pode ser mais eficaz que apelos fundamentados na efetiva utilidade dos produtos.

H. Leibenstein, em *Band wagon, snob and veblen effects in the theory of consumer's demand*,[4] sistematizou as influências sociais sobre o comportamento do consumidor. Ele diferenciou três categorias de consumidores:

1. Os **fortemente influenciáveis** pela interdependência social. Há nítidos sinais de efeitos tipo Veblen em suas escalas de procura. E suas preferências definem-se pelos padrões de referência do grupo a que pertencem.

2. Os **não influenciáveis** pela interdependência social ou cultural. Suas condutas se dão até em direções opostas às do mercado como um todo. Estes

reagem a influências externas, notabilizando-se por padrões individuais diferenciados.

3. Os que se comportam conforme os **padrões convencionais** descritos pela tradição neoclássica: suas escolhas são do tipo racional, definidas por escalas otimizadas de satisfação total.

As proporções destes tipos de consumidores variam consideravelmente em cada época e lugar. Não há um padrão que se possa considerar universal. Por isso mesmo e pela complexidade dos processos de interpendência social e cultural, a teoria convencional do consumidor tem sido objeto de reconsiderações críticas. O resultado das reflexões teóricas e das investigações de comportamento não conduziu, ainda, a uma nova síntese. A heterogeneidade de preferências, a diversidade dos mercados, as influências diferenciadas do meio social, as pressões da informação de massa e os processos de indução de comportamentos – tudo isso interfere nos padrões convencionais de curvas de indiferença, de funções de utilidade total e de curvas de procura. Mas as hipóteses de referência, a despeito de todas as revisões críticas a que a microeconomia neoclássica tem sido submetida, permanecem firmes e aparentemente lógicas: as preferências são mutáveis e influenciáveis, mas isso não significa que elas não sejam um pano de fundo para reflexões teóricas do comportamento do consumidor. Muitos tipos de funções-procura são de fato possíveis e de curvas de indiferença também, mas para a maior parte dos produtos e dos consumidores, os preços são de fato um misto de apelos-e-obstáculos. Por fim, por mais efetivas que sejam as influências sociais e culturais sobre o comportamento do consumidor, não há fórmulas mágicas que suplantem as restrições orçamentárias.

Ainda assim, é útil ter presente que o consumidor não reage apenas a sua própria função de utilidade total. Como síntese, destacaremos os três fatores que se misturam à racionalidade fundamentada pelo trinômio restrições-utilidade-satisfação, para definir o comportamento dos consumidores:

- **Fatores culturais.**
- **Fatores sociais.**
- **Estímulos induzidos.**

Fatores culturais. Valores básicos, percepções e preferências, que definem escalas de utilidade e conduzem a comportamentos aparentemente racionais, têm a ver com fatores culturais. As curvas de indiferença podem ter conformações influenciadas pelas crenças e valores preponderantes na sociedade: a demanda por determinados produtos pode estar sob a influência de fatores ambientais e padrões culturais dominantes. Sociedades que valorizam o bem-estar material e o sucesso individual produzem padrões de preferências diferentes daquelas em que os valores de referência sejam o despojamento e o humanitarismo. A utilidade atribuída aos produtos é derivada direta desses padrões. Em sociedades estratificadas por classes de renda e por padrões de comportamento, os graus de utilidade podem também ser definidos pelos interesses compartilhados em cada classe. Em grande parte, assim, a força exercida pelos subgrupos culturais sobre os padrões de comportamento é que acaba por definir o que é indispensável, útil ou indesejável.

Fatores sociais. O comportamento dos consumidores é também influenciável por fatores de ordem social, como os ditados pelos grupos com que cada qual interage. As escalas em que diferentes cestas de produtos são diferentemente desejadas variam em função dos comportamentos mutantes desses grupos: a importância atribuída aos produtos e seus ciclos de vida varia também em função de estilos e de atitudes sociais. Efeitos exercidos por terceiros sobre a procura do consumidor podem superar os efeitos-preço clássicos. Efeitos-substituição não decorrem apenas de preços e rendas, mas também de influências extraeconômicas, que levam os consumidores a rejeitarem ou a aderirem a determinadas escalas de utilidade e valor. Papéis sociais, símbolos de *status* e de posições, o tipo de atividade, os interesses e as opiniões, o autoconceito, as escalas motivacionais hierarquizadas, as percepções, as crenças e as atitudes – tudo isso tem a ver com o padrão comportamental do consumidor.

Estímulos induzidos. As alternativas de escolha dos consumidores são também influenciáveis por estímulos induzidos pelos produtores. Entre as características dos mercados imperfeitamente competitivos estão a não homogeneidade dos produtos, a capacidade de diferenciação e o emprego de mecanismos extrapreço de concorrência. Os produtores recorrem a todos esses vetores de imperfeição concorrencial, para induzir comportamentos, estimular preferências e sustentar padrões de utilidade. Expectativas e preferências são, assim, passíveis de indução. Embora em menor escala, até os graus percebidos de satisfação também podem ser induzidos.

Em síntese, a elegância dos modelos formais da microempresa clássica está o tempo todo sujeita a questionamentos decorrentes, de um lado, das mais variadas categorias de imperfeições do mercado; de outro lado, de fatores e estímulos que podem ser tão ou mais importantes que escalas de preços e de utilidades racionalmente estabelecidas.

Outros Determinantes do Comportamento da Empresa

Também a hipótese da empresa maximizadora de lucros, formulada pela tradição neoclássica, chocou-se com o conjunto das novas realidades observadas no mundo dos negócios. Os elegantes postulados da ortodoxia clássica e da síntese marginalista dos séculos XVIII e XIX bateram de frente com outros propósitos da empresa do século XX – a maior parte deles decorrentes do divórcio entre a propriedade e a gerência dos empreendimentos.

Embora a revisão gerencial dos postulados neoclássicos tenha sido enfatizada a partir das décadas de 1950 e 1960, já nos anos 1930 e 1940 levantaram-se novos pressupostos, buscando compreender, por modelos menos abstratos, as verdadeiras motivações dos processos decisórios das empresas. A. Berle e G. Means,[5] em *The modern corporation and private property* teriam sido os primeiros a observar que a hipótese ortodoxa da maximização de lucros poderia estar em conflito com a forma como as empresas tomam decisões de produção, a curto e a longo prazo. Eles assinalaram que o divórcio entre a propriedade e a gerência estava na base de outras motivações. Mostraram que só nos primórdios da Revolução Industrial, quando as empresas eram dirigidas por seus proprietários-fundadores, os objetivos de maximização de lucros, tais como definidos pela tradição neoclássica, seriam efetivamente praticados, em sua clássica acepção. Mas, nas grandes corporações geridas por executivos não proprietários, outras forças organizacionais atuantes devem ser levadas em consideração: "em muitas das modernas corporações, outros interesses se chocam com o da maximização dos lucros; não é sempre que os proprietários acionistas são atendidos por gestores em seus objetivos de maximização dos lucros". Metas de participação no mercado ou de expansão da organização podem ser tão importantes quanto as de maximizar lucros a curto prazo. Outras metas ainda, como as de segurança das operações, sob alta aversão a riscos, de luta pelo poder ou de sobrevivência e perpetuação, podem ser tão importantes quanto as de maximização de resultados econômicos.

Reconhecendo-as como válidas, F. Machlup[6] foi um dos muitos teóricos que, nas últimas três décadas, chegaram a propor a combinação da análise marginalista convencional com as novas abordagens. Isso levaria a uma espécie de "fusão do marginalismo com a administração, no sentido de integrar aos lucros empresariais outros objetivos gerenciais, dentro de uma nova fórmula de **maximização do comportamento**".

Esta abertura para uma nova síntese revisionista colocou em xeque a abstração microeconômica e abriu espaços para levantamentos de campo, à busca de comprovações para velhos novos postulados. Ela acabou por conduzir à corrente gerencial, cujas principais bases haviam sido propostas no final dos anos 1930 por R. Hall e C. Hitch:[7]

❏ Reconsideração do pressuposto da análise marginal ortodoxa de que a empresa é dirigida exclusivamente pelo objetivo de maximização do lucro.

❏ Observação dos processos que definem a sequência dos comportamentos dos que administram e decidem nas empresas.

❏ Elaboração de novas abordagens que possam incorporar outros objetivos e comportamentos-padrão das empresas.

A base da corrente gerencial é, assim, o pressuposto de que o processo decisório e os objetivos das empresas não se limitam à busca do lucro máximo. Pelo menos nas organizações complexas, as metas de maximização dos lucros misturam-se com as de participação no mercado, de expansão da produção, de especulação com os ativos circulantes, de segurança empresarial e de perpetuação do empreendimento. Dadas essas metas, o processo decisório envolve uma sequência de barganhas entre os vários grupos e coalizões estabelecidas. Daí por que, como H. Simon[8] assinalou em *On the concept of organizational goal*, "nada garante que as decisões sejam otimizadas com respeito a qualquer um dos objetivos organizacionais. Não há solução ótima para um único objetivo de maximização, mas soluções satisfatórias para subconjuntos de objetivos".

Esta nova linha de abordagem levantou, assim, um conjunto de restrições à proposição neoclássica de maximização do lucro. Apontaram-se várias restrições a essa proposição e indicaram-se novos fatores determinantes do comportamento dos produtores. Os pontos básicos destacados pelas versões gerenciais são:

- ❑ O comportamento-padrão dos produtores, empreendedores ou gerentes pode descrever uma curva típica de indiferença entre vários objetivos organizacionais e extraorganizacionais – metas de lucro *versus* metas de expansão da produção e de participação no mercado; ou, ainda, metas de lucros empresariais *versus* metas de qualidade de vida.

- ❑ A severidade exigida pelas políticas maximizadoras de lucro pode conflitar com o comportamento interno dos gestores em relação às suas equipes e destas em relação aos gestores – a solução de conflitos pode estar em algum ponto entre a maximização a qualquer custo e a preservação de relações interpessoais e profissionais.

- ❑ Os gerentes podem estar mais interessados em seus próprios ganhos do que nos lucros da empresa ou nos retornos de seus acionistas.

- ❑ A formalização de acordos para conciliação de subconjuntos de objetivos organizacionais pode comprometer o objetivo de lucro máximo.

- ❑ *Internamente*, nas empresas, a maximização do lucro pode conflitar com outras políticas e procedimentos, como:

    a) Preferência por liquidez, em contraposição a ganhos especulativos.

    b) Preferência por segurança, gerando conflitos entre as oportunidades de lucro sob altos riscos e as atitudes conservadoras do grupo dominante.

    c) Busca de *status*, poder e prestígio, resultando em condutas incompatíveis com a obstinação do lucro máximo.

    d) A busca de perfeição e de excelência profissional, levando os gestores a desviarem recursos para atividades-meio, em detrimento, ao menos a curto prazo, de atividades-fim.

    e) A consciência do papel social da empresa pode também conflitar com objetivos convencionais de maximização. Estão alinhadas a este pressuposto as concepções *triple bottom line*, que compreende três dimensões de objetivos: econômico-financeiros, sociais e ambientais.

- ❑ *Externamente*, a influência de grupos de pressão, como sindicatos, agências do governo e organizações não governamentais, pode também interferir em decisões maximizadoras de lucros.

Além desses fatores restritivos à hipótese neoclássica, a linha gerencial destaca ainda que a **empresa moderna busca maximizar uma função-utilidade total**, definida por um grande elenco de variáveis, como prestígio empresarial, excelência profissional, segurança, perpetuidade e crescimento, atendendo simultaneamente aos objetivos de grupos controladores e de gestores. Fazem parte destas variáveis indicadores de desempenho que não se limitam ao lucro máximo. Embora a rentabilidade seja um dos mais importantes indicadores, há outros de relevância reconhecida. Uma lista não exaustiva incluiria pelo menos os seguintes:

- ❑ Lucros totais, distribuídos e reinvestidos.

- ❏ Taxas de crescimento.
- ❏ Retorno sobre o patrimônio líquido.
- ❏ Taxas de participação no mercado.
- ❏ Aumento do valor de mercado da empresa.
- ❏ Volume de investimentos.
- ❏ Imagem institucional.
- ❏ Benefícios sociais gerados pelo empreendimento.
- ❏ Explicitação de liderança.
- ❏ Indícios de influência e de poder sobre a sociedade, o governo e setor em que a empresa opera.

As Abordagens de Scitovsky e de Baumol

Várias abordagens alternativas aos modelos neoclássicos de maximização de lucros foram propostas nos últimos 50 anos, levando em consideração este conjunto de variáveis condicionantes dos comportamentos dos produtores – empreendedores ou gerentes. Pelo seu poder de síntese, duas podem ser destacadas: a de T. Scitovsky[9] e a de W. Baumol.[10]

A abordagem de Scitovsky. Proposta em 1943, em *A note on profit maximization and its implications*, o modelo de Scitovsky fundamenta-se nos conceitos tradicionais de curvas de indiferença, construídas a partir de dois objetivos empresariais e gerenciais: o lucro máximo e a expansão da empresa, expressa pelo volume de produção. Esta abordagem busca sintetizar os vários propósitos dos produtores, resumidos em uma função de preferência ordinal, representada por

$$U = f(L, X)$$

onde U define escalas de preferência, dados os padrões de indiferença entre os objetivos L de lucro e X de produção. As curvas de indiferença entre L e X podem ser dadas por traçados convencionais, como os da Figura 9.14. Em (a), as curvas de indiferença são inclinadas para cima, indicando que, sob esta hipótese, a empresa estaria disposta a expandir a produção apenas sob a compensação de maior lucro. Em (c), as curvas de indiferença são inclinadas para baixo, indicando um tipo de empresa não maximizadora de lucros, para a qual o aumento da produção é uma compensação do lucro inferior. Apenas em (b) o lucro é a única compensação, uma vez que as curvas de indiferença são perfeitamente elásticas em relação às metas de produção.

Os pressupostos que dão sustentação a esse modelo são de que o lucro máximo pode não ser a única nem a mais importante motivação de quem empreende ou gerencia empreendimentos. Empreendedores e gestores de empresas podem ser motivados também pela busca de prestígio e de poder, pelo espírito de concorrência e de rivalidade, pela magnitude dos negócios, tamanho da empresa e volumes de produção – e outros indicadores que expressam as dimensões alcançadas pelo empreendimento.

FIGURA 9.14
A abordagem de Scitovsky, uma das primeiras alternativas aos pressupostos neoclássicos de maximização do lucro: a ocorrência de curvas de indiferença definidas pelo lucro e pelo volume físico de produção.

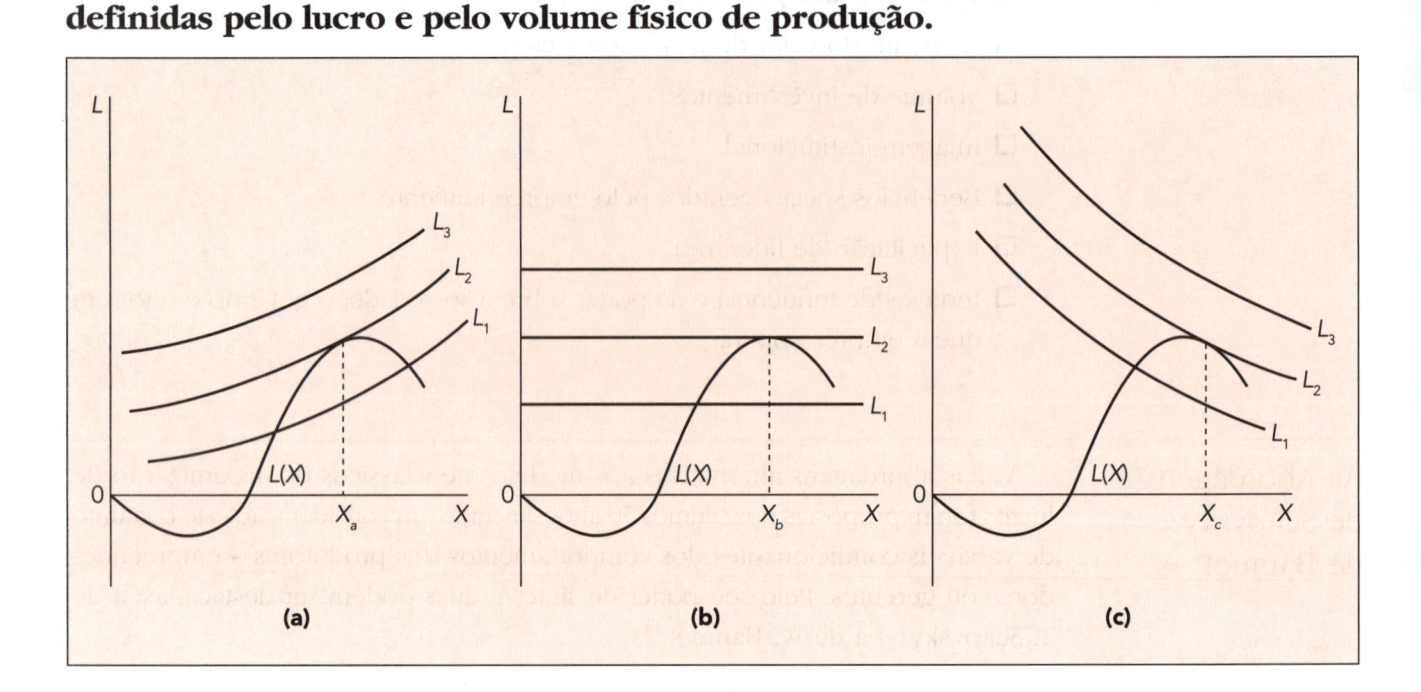

Supondo assim uma função típica de lucro, como $L(X)$, apenas na hipótese (b) o nível operacional da empresa estaria contingenciado pelo lucro máximo, determinado pela tangência da curva de indiferença L_2 com o ponto máximo da função lucro. Já em (a), atitudes conservadoras e restritivas levariam a um nível operacional X_a, supostamente inferior a X_b. E em (c) o nível operacional, X_c, o mais avançado dos três. Neste caso, considerado como típico por Scitovsky, a empresa operaria abaixo do ponto de lucro máximo, sob a restrição de resultados positivos, tidos como aceitáveis por controladores e gerentes. A motivação predominante seria a expansão da empresa, o volume de produção e outros indicadores de crescimento.

Os modelos subsequentes ao de Scitovsky diferenciaram-se dele em aspectos formais. Mas os pressupostos se mantiveram, notadamente os que põem em contraposição ao lucro máximo outros objetivos relevantes também correntemente observados nas empresas. O modelo Baumol, por exemplo, desenvolvido bem depois, tem fundamentos semelhantes.

A abordagem de Baumol. Exposta em 1967, em *Business behavior, value and growth*, essa abordagem fundamenta-se na observação de que, no mundo dos negócios, o tamanho de uma empresa, dado por exemplo pela magnitude de suas receitas, é considerado como indicador significante de sucesso, de poder e de *status*, satisfazendo à maior parte das condições de utilidade total que influenciam decisões empresariais e gerenciais. Este indicador, porém, sofre a restrição de objetivos de lucro, resultantes de negociações entre grupos controladores e gestores – objetivos que são expressos por taxas de retorno superiores às vigentes no mercado financeiro.

FIGURA 9.15
A abordagem de Baumol: o objetivo de expansão dos negócios, sob a restrição de dado nível negociado de lucro. A hipótese de otimização de dois propósitos: a expansão dos negócios e o retorno esperado pelos grupos controladores.

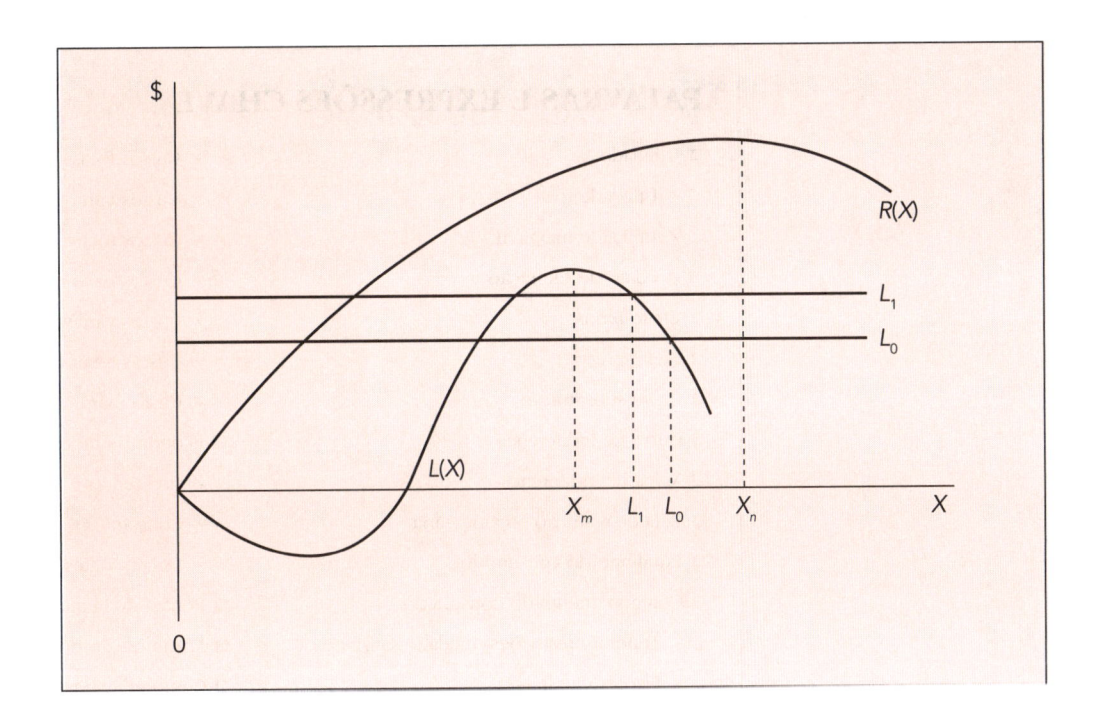

A hipótese de Baumol está reproduzida na Figura 9.15. No eixo horizontal, X indica o volume de produção, expressão de referência para o tamanho do empreendimento; no vertical, $ é a expressão monetária de receitas e lucros. A receita total da empresa nesse modelo é expressa por uma função produção, $R(X)$. Após atingir um ponto máximo, passa a declinar em decorrência de rendimentos decrescentes de escala. O lucro total, expresso como uma função do volume físico de produção, $L(X)$, também alcança um ponto máximo, após o qual também declina, sob a pressão de uma estrutura típica de custos fixos e variáveis.

Se a empresa operasse sob o objetivo de maximização de lucros, a produção estaria limitada a X_m. Se operasse sem restrições, sob a hipótese de maximizar as receitas totais, a produção seria de X_n, nível em que a receita marginal é igual a zero e a partir do qual passa a declinar. Há, contudo, a restrição negociada do retorno que o empreendimento deve proporcionar. Caso o limite mínimo negociado seja de L_0, a empresa produzirá X_0, nível intermediário entre os que maximizam a receita e o lucro. Quanto mais o lucro negociado for superior a L_0, aproximando-se do máximo, mais a empresa se afastará do objetivo de maximizar receitas e mais se aproximará do de maximizar lucros. Em L_1 por exemplo, a empresa operaria mais próxima do ponto de lucro máximo; em L_0, mais próxima da receita máxima. Mas a negociação de um dado nível de lucro que possa satisfazer aos dois propósitos é que acaba por prevalecer.

RESUMO

1. Na abordagem neoclássica convencional, o comportamento do consumidor fundamenta-se no **princípio da utilidade marginal decrescente**. A utilidade dos produtos, na concepção da teoria marginalista, é passível de percepção e de mensuração. E é também aditiva, no sentido de que mais unidades de um produto qualquer proporcionam maiores graus de utilidade total. Todavia, cada unidade adicional proporciona um grau de utilidade decrescente, até determinado **ponto de saturação**.

PALAVRAS E EXPRESSÕES-CHAVE

- Utilidade
  - Utilidade total
  - Utilidade marginal
  - Ponto de saturação
- Efeito-renda
- Efeito-preço
- Efeito-substituição
- Curva de indiferença
- Mapa de indiferença
- Reta de restrição orçamentária
- Equilíbrio do consumidor
- Comportamento do consumidor
  - Trinômio restrições-utilidade-satisfação
  - Fatores culturais
  - Fatores sociais
  - Estímulos induzidos
- Custos de produção
  - Custos fixos
  - Custos variáveis
  - Custos totais
  - Custos fixos médios
  - Custos variáveis médios
  - Custos totais médios
  - Custo marginal
- Economias de escala
  - Crescentes
  - Constantes
  - Decrescentes
- Pontos de igualação
- Maximização do lucro
- Comportamento do produtor
  - Trinômio receita-custos-lucro
  - Fatores externos à empresa
  - Fatores internos da empresa

2. **O consumidor age racionalmente, na concepção neoclássica convencional.** Exposto a ampla diversidade de produtos existentes no mercado, ele adquirirá uma combinação que se traduz por um máximo de utilidade total. E sua satisfação é maximizada quando a utilidade total, resultante da soma das utilidades de cada produto, é a mais alta possível, para dado nível de renda, confrontado com os preços dos produtos.

3. **Os preços dos produtos e a renda do consumidor são as duas limitações à maximização de sua função de utilidade total.** Para dado nível de renda e para dados preços de mercado, a utilidade total é maximizada quando as utilidades marginais de cada produto, ponderadas por seus respectivos preços, forem iguais. A regra é clara: ponderadas pelos preços, as utilidades marginais da última unidade de cada produto devem ser iguais. Quando uma única unidade de um produto qualquer tenha utilidade superior à das últimas unidades dos demais produtos, a conduta maximizante exige que esse produto seja incorporado à cesta do consumidor. As últimas unidades dos produtos de baixa utilidade marginal serão sacrificadas. Consequentemente, a utilidade total e a diversidade de produtos se ampliam. Em síntese, o consumidor alcança a máxima satisfação possível.

4. Uma combinação de produtos e quantidades de máxima satisfação só se altera se se alterarem os preços ou a renda do consumidor. O modelo teórico das **curvas de indiferença** ajuda a compreender os chamados **efeito-preço** e **efeito-renda**. Sujeito a uma reta de restrição orçamentária, definida a partir do máximo que o consumidor pode adquirir com sua renda, ele maximiza sua satisfação, quando esta reta tangencia sua mais alta curva de indiferença. Sob os efeitos-renda ou preço, esta reta de restrição se desloca: maior renda ou menores preços implicam menores restrições e a reta se desloca para mais. Sob situações inversas, ela cai. Daí deriva, então, a conformação básica da curva de procura: preços e quantidades procuradas

correlacionam-se inversamente e, mantidos os preços, a curva como um todo se desloca em função da renda.

5. Também do ponto de vista da abordagem neoclássica convencional, o comportamento do produtor é inspirado em princípios de maximização. Considera-se que **o objetivo do produtor é a maximização do lucro, expresso pela máxima diferença possível, positiva, entre a receita total e o custo total**.

6. As receitas da empresa são estritamente relacionadas com a escala de procura por seu produto. Como preços e quantidades procuradas estão inversamente correlacionados, a receita total da empresa (dada pela multiplicação dos preços pelas quantidades) não cresce linearmente. Maiores quantidades só são vendidas por preços mais baixos. Consequentemente, a **receita marginal é decrescente**, podendo até chegar a zero.

7. Descrevendo esse comportamento típico, as receitas da empresa são uma contrapartida de seus custos – e estes uma decorrência inevitável do processo produtivo. Para produzir, a empresa emprega recursos fixos e variáveis. Os primeiros não se modificam em função das quantidades produzidas; os segundos, sim. Consequentemente, a empresa incorre em custos totais, subdivididos em fixos e variáveis. Divididos pelas unidades produzidas, os fixos caem à medida que se produz mais, pelo menos a curto prazo. Já os variáveis estão sujeitos à ocorrência de economias de escala: inicialmente, por unidade produzida, eles também caem, depois se estabilizam e, por fim, geralmente crescem.

8. Em decorrência de seus comportamentos típicos, os custos médios têm quase a forma da letra *U*. Portanto, eles declinam até certo ponto, tornam-se relativamente constantes em curto intervalo e depois aumentam. Os custos marginais também têm o mesmo comportamento, notando-se porém que suas trajetórias de queda e expansão são mais vertiginosas.

9. Pelo comportamento das receitas e custos, o lucro da empresa não é descrito por uma função o tempo todo crescente. Mais ainda: ele não é sempre positivo. Para baixos volumes de produção, pode ser negativo, caso os custos fixos, somados aos variáveis, superem as receitas. Para altos volumes, caso os rendimentos de escala se tornem decrescentes, o lucro reduz-se a ponto de se tornar de novo negativo. Mas há um intervalo entre dois pontos de igualação (dados pela igualdade entre receitas e custos totais) em que o lucro é positivo, alcançando um ponto máximo.

10. Pode-se demonstrar que o ponto de máximo lucro, dado pela distância máxima entre a receita e o custo totais, ocorre quando a receita marginal e o custo marginal se tornam iguais. É simples entender por que isso ocorre. A receita marginal é o quanto a empresa recebe por uma unidade a mais produzida. O custo marginal é o quanto ela gasta para produzir uma unidade a mais. Assim, enquanto o custo marginal for inferior à receita marginal, a empresa aumenta seu resultado econômico produzindo mais, até o ponto em que estas duas expressões se igualam. A partir daí, as posições invertem-se. Por isso, o lucro é máximo quando o custo marginal e a receita marginal se cruzam, igualando-se.

11. Não obstante todos esses desenvolvimentos estejam fundamentados em princípios lógicos e em elegantes demonstrações teóricas, eles são, reconhecidamente, simplificações da realidade. A busca de maior aderência da teoria básica à realidade sistematicamente observada tem levado a revisões metodológicas e a novos desdobramentos teóricos, tanto da hipótese de maximização da utilidade total, pelo consumidor, quanto da de maximização do lucro, pelo produtor.

12. A corrente institucionalista é um exemplo de revisão crítica dos motivos de satisfação máxima do consumidor e dos fatores que determinam seu comportamento. Sua

função de utilidade total seria fortemente influenciável por fatores sociais e culturais e por estímulos induzidos. Estes fatores se misturam à racionalidade fundamentada no trinômio restrições-utilidade-satisfação, para definir o comportamento do consumidor.

13. Ainda na esteira do revisionismo da tradição neoclássica, o comportamento da empresa deixou também de ser definido apenas pelo objetivo crucial e único de maximização de lucro. Abordagens alternativas destacaram outros objetivos, como taxas de crescimento, taxas de participação no mercado, aumento do valor de mercado da empresa, imagem institucional, benefícios sociais gerados pelo empreendimento, explicitação de liderança e indícios de influência e de poder sobre a sociedade, o governo e setor em que a empresa opera. Os modelos alternativos que têm sido elaborados procuram evidenciar, em síntese, que a negociação de um elenco de objetivos é que acaba, na realidade, por prevalecer.

QUESTÕES

1. O que significa, na abordagem neoclássica da teoria do consumidor, a expressão **utilidade total**? Explique por que ela é aditiva e por que pode chegar a um ponto de saturação. Sua explicação, baseada em exemplos, deve destacar o **princípio da utilidade marginal decrescente**.

2. Suponha que, em sua casa, se encontrem instalados três aparelhos de TV, dois fornos de micro-ondas e duas máquinas de lavar roupa. Quais seriam, em sua percepção como consumidor desses produtos, as utilidades de mais unidades de cada um deles? Teoricamente, após certo ponto, mais e mais unidades não poderiam implicar em **desutilidade**?

3. Para colecionadores, por exemplo, de selos e de carros antigos, quanto maior a coleção, maior a satisfação. Supostamente, o último exemplar adquirido pode trazer um grau de satisfação maior do que o de todos os demais. Isso desqualifica ou destrói o princípio da utilidade marginal decrescente? Justifique sua opinião. E veja se você é capaz de citar outros exemplos "desqualificantes" da teoria.

4. Os preços dos produtos e a renda do consumidor são restrições a sua função de máxima utilidade total. Explique por que a primeira destas restrições valida a conformação básica da curva de procura e a segunda ajuda a compreender seus movimentos para mais e para menos.

5. Explique o que é uma **curva de indiferença** e o que é uma **reta de restrição orçamentária**. E justifique por que o consumidor alcança sua máxima satisfação quando a reta de restrição tangencia sua mais alta curva de indiferença.

6. Reconsiderando os princípios da teoria neoclássica, T. Veblen argumentou que os consumidores têm propensões e hábitos que não se definem apenas em uma função "individual" de utilidade total. Você também admite que a utilidade e a satisfação são influenciáveis por uma função "grupal"? Em que medida fatores sociais e culturais influenciam o comportamento do consumidor? Você admite que seu comportamento sofre esse tipo de influência? Caso sim, isso invalida os princípios em que se apoia a teoria convencional do consumidor?

7. Considere três tipos de consumidores: (a) o fortemente influenciável pela interdependência social; (b) o não influenciável, de comportamento independente; (c) o racional, cujas escolhas se definem por escalas otimizadas de satisfação total. Qual dos três ocorre em maior número, segundo sua percepção? Caso os dois primeiros

tipos sejam preponderantes, os princípios da teoria neoclássica do consumidor estariam invalidados? Justifique sua resposta.

8. Na abordagem neoclássica convencional, o objetivo de referência do produtor é a **maximização do lucro**, resultante da máxima distância positiva entre a receita total e o custo total. Explique por que o lucro máximo não se define, necessariamente, pelo máximo volume possível de produção.

9. A receita total de um produtor é definida pela multiplicação das quantidades vendidas pelos preços praticados. Conceitue receita marginal e justifique por que ela é decrescente.

10. As diferentes categorias de custos de produção relacionam-se com os tipos de recursos empregados no processo produtivo. Diferencie recursos e custos fixos de recursos e custos variáveis. Cite exemplos.

11. Por que os custos totais médios e o custo marginal têm forma parecida com a da letra U? Justifique sua resposta, recorrendo aos conceitos de **economia de escala**.

12. Tem-se como regra básica, válida para quaisquer estruturas de concorrência, que **a maximização do lucro se dá no ponto em que a receita marginal se torna igual ao custo marginal**. Explique a razão dessa regra.

13. Nas modernas corporações empresariais, o objetivo de maximização do lucro choca-se com outros interesses, internos e externos à empresa. Que interesses seriam esses e que outros objetivos, além do lucro máximo, uma empresa pode ter?

14. A abordagem de Scitovsky, segundo a qual os empreendedores agem segundo uma curva de indiferença definida pelo tamanho do empreendimento e pelo lucro realizado, seria mais realista que a abordagem fundamentada só em lucros? Você teria exemplos de empreendedores manifestamente motivados por outros fatores que não apenas o lucro? E estes exemplos preponderam?

15. A abordagem de Baumol tem fundamentos semelhantes à de Scitovsky. Ela mostra que, desde que a empresa obtenha uma taxa satisfatória de retorno, objetivos de expansão são tão importantes quanto os de lucro. Supondo que esta hipótese seja verdadeira, ela invalida por inteiro a análise marginalista convencional? Justifique sua posição.

10

Objetivos Privados e Benefícios Sociais: as Condições de Equilíbrio nas Diferentes Estruturas de Mercado

As relações entre custos privados e custos sociais ou entre benefícios privados e interesse público diferem de uma estrutura de mercado para outra. Na concorrência perfeita, a relação ótima entre custos e benefícios, privados e sociais, é uma resultante natural da mão invisível do mercado. Mas esta é uma situação limite, uma abstração ideal, que dificilmente se verifica na realidade dos mercados. As estruturas observadas são caracteristicamente imperfeitas. E, nestas, o interesse privado e o benefício público podem divergir. Então, corrigindo desvios da mão invisível do mercado, a mão interventora do governo pode atuar, em alguns casos, como instrumento de equalização de interesses.

STEPHEN L. SLAVIN
Microeconomics

Os objetivos de maximização da utilidade total pelos consumidores e dos interesses empresariais (lucros ou outros parâmetros de eficiência) pelos produtores dizem respeito a benefícios privados, que se alcançam ou não por procedimentos operacionais decididos individualmente. A condição básica para que tais objetivos sejam alcançados é a igualação de custos e de benefícios marginais. Enquanto esta condição não se realiza, há sempre uma solução melhor do que aquela que está sendo praticada, tanto por consumidores quanto por produtores. Mas, desde que ela se realize, não há nenhuma outra solução que possa apresentar graus superiores de satisfação ou de resultados.

Três questões cruciais decorrem, porém, dessas regras básicas de maximização.

A primeira é avaliar, comparativamente, como os agentes econômicos, individualmente considerados, atingem esses objetivos, sob diferentes estruturas de mercado: veremos, então, que a maximização dos interesses privados, nos casos extremos da concorrência perfeita e do monopólio puro, produzem-se por procedimentos de princípios e de consequências nada semelhantes.

A segunda é comparar os diferentes procedimentos de consumidores e produtores, do ponto de vista do interesse social: aqui veremos que não é sempre que objetivos privados plenamente satisfeitos se conciliam com os interesses sociais, em especial nas estruturas de mercado imperfeitamente competitivas.

E a terceira é de natureza normativa: definir regras para processos corretivos, de tal forma que se conciliem, sob determinadas condições de equilíbrio, os custos e os benefícios privados e sociais, nas diferentes estruturas de mercado.

10.1 O Protótipo da Eficiência Social: a Concorrência Perfeita

Condições de Mercado sob Concorrência Perfeita

As condições requeridas para a definição de um mercado sob concorrência perfeita são tão rigorosas que, dificilmente, se encontrarão na realidade exemplos que as preencham satisfatoriamente. Há, quando muito, casos que se aproximam dos modelos teoricamente descritos. Nenhum, porém, satisfaz plenamente todas as condições requeridas:

- **Número de compradores e de vendedores tão grande que nenhum tem expressão suficiente para modificar a situação de equilíbrio prevalecente**. O mercado é de tal forma atomizado que todos se submetem às condições estabelecidas, sem poder alterá-las.

- **Os produtos transacionados são homogêneos**. Substituem-se tão perfeitamente entre si que nenhum dos participantes do mercado pode diferenciar seu produto dos demais.

- **O mercado é totalmente permeável**, no sentido de que não há barreiras de entrada ou de saída.

- **Não há quaisquer formas de coalizões entre produtores ou compradores**. Todos atuam de forma independente. Nem mesmo o governo interfere para o que quer que seja, introduzindo viscosidades.

❑ **O preço é estabelecido pelo próprio mercado**, **resultando de transações transparentes e voluntárias**. Ele resulta, efetivamente, do entrechoque das forças da oferta e da procura, livres de quaisquer manobras ou influências. Quando ele se modifica, é em resposta a modificações em uma ou mais variáveis que definem, de forma despersonalizada e através de milhares de transações continuamente realizadas, as funções de oferta e de procura.

❑ **Todos**, **vendedores e compradores**, **se submetem ao preço definido pelo mercado**.

Efetivamente, não há mercados que preencham todas estas condições, o tempo todo. Segundo K. Lancaster,[1] "talvez nunca tenha existido uma economia em que todos os mercados – de recursos, de insumos e de produtos – fossem perfeitamente competitivos, no sentido de que nenhum comprador ou vendedor assumisse importância tal que suas ações individuais produzissem efeitos perceptíveis sobre as condições dadas de equilíbrio".

Um mercado, durante algum tempo, pode funcionar sob condições próximas da abstração ideal da concorrência perfeita. Mas, ainda assim, ele estará contaminado por imperfeições observadas em outros mercados com os quais interage. É o caso do mercado de produtos agrícolas, geralmente apontado como o mais próximo do modelo perfeitamente competitivo. Mas, de um lado, ele está sujeito aos efeitos de imperfeições que se observam a seu redor, de que são exemplos os suprimentos de quase todos os insumos, procedentes de setores oligopolizados, que, por sua vez, transacionam com fornecedores quase monopolistas de alto poder de barganha – fertilizantes e defensivos enquadram-se nesta categoria. De outro lado, ainda que quase todos os produtos da atividade agrícola possuam substitutos, o grau de substitutibilidade não é rigorosamente perfeito. E, por fim, os produtos não têm homogeneidade equivalente à definida pelo modelo ideal. Geralmente, observam-se variações qualitativas: umas, atribuíveis a processos de produção; outras, resultantes de variedades genéticas; outras, de classificação dos produtos, para atender a diferentes níveis de exigência de consumidores, sobretudo em transações internacionais.

Sendo assim, como não se encontram paralelos perfeitos no mundo real, qual seria então o interesse em examinar as condições de equilíbrio dos mercados sob concorrência perfeita? Ou, então, que interesse há em aprofundar as condições de uma economia imaginária, pouco verossímil, em que todos os mercados estivessem regidos por estruturas perfeitamente competitivas?

O interesse resulta de pelo menos quatro motivos:

1. A estrutura de concorrência perfeita, tal como formulada pela síntese neoclássica, é uma referência teórica de eficiência, em vários sentidos: (a) ela harmoniza os interesses privados de produtores e consumidores; (b) ela concilia interesses privados e benefícios sociais; (c) ela conduz à ótima alocação de recursos escassos, levando as empresas a funcionarem com tamanho ótimo de planta, todas alcançando graus máximos de desempenho.

2. A comparação do que ocorreria sob as condições da abstração ideal com o que de fato ocorre nos mercados imperfeitamente competitivos pode servir de guia, tanto para intervenções corretivas, quanto para políticas de preservação da concorrência. Nesse sentido, a concorrência perfeita é uma espécie de objetivo-padrão, que pode inspirar e justificar políticas de interesse público.

3. A concorrência perfeita é um modelo de estrutura de mercado em relação ao qual se definem imperfeições observadas na realidade concreta. Todas as demais estruturas, do monopólio puro às múltiplas formas de oligopólio, são definidas a partir dos parâmetros dessa primeira abstração. E seus desvios, em relação à promoção de máximo bem-estar social, são também avaliados por análises comparativas.

4. Não obstante seja descrito como modelo ideal, a concorrência perfeita, pela singularidade de suas rígidas condições, é também passível de avaliação. Diante de particularidades das modernas economias industrializadas avançadas, em especial as relacionadas às tecnologias de produção em larga escala, podem-se definir exceções às regras neoclássicas de otimização do bem-estar social pela concorrência perfeita. As exceções justificam-se pela incompatibilidade entre o modelo referencial e outros requisitos de otimização, ditados por novos conceitos teóricos, novas conquistas tecnológicas ou novos arranjos institucionais.

Descrevendo a concorrência perfeita como modelo referencial, vamos então examinar, passo a passo, as regras de que resulta sua avaliação como protótipo de eficiência social. A primeira é a forma como se apresenta a função procura para uma empresa perfeitamente competitiva. A segunda é a demonstração de que a maximização do lucro (no sentido de máximo benefício atingível pelo produtor) não é conflitante, na concorrência perfeita, nem com o máximo benefício do consumidor nem com a alocação ótima dos recursos, do ponto de vista dos interesses da sociedade como um todo. O terceiro é comparar as condições de equilíbrio assim estabelecidas com o que se verifica na realidade dos mercados. Daí se deduzirão regras para intervenções corretivas e para exceções que atendam a outros requisitos de eficiência em escala social.

Pelos pressupostos teóricos que regem o modelo de concorrência perfeita, nenhuma empresa tem condições para exercer quaisquer formas de controle ou de manobras especulativas que impliquem alterações nos preços vigentes. A empresa perfeitamente competitiva submete-se aos resultados do livre jogo das forças de mercado – determinados pela interação de um grande número de compradores e de vendedores, que não têm qualquer poder para promover mudanças substantivas no preço de equilíbrio.

A subordinação de todos os agentes aos preços ditados pelo mercado é uma decorrência natural de suas diminutas taxas de participação nas vendas e nas compras totais. As parcelas do abastecimento do mercado ou das aquisições são tão pequenas, tanto para a empresa como para os consumidores, que nenhum deles reúne qualquer condição para operar a preços minimamente divergentes dos

FIGURA 10.1
**(a) O preço de equilíbrio, E, estabelecido em mercado de concorrência perfeita.
(b) A curva da procura do ponto de vista da empresa: ao preço de equilíbrio, p_0, quaisquer quantidades produzidas pela empresa serão absorvidas pelo mercado. Não há possibilidade de a empresa praticar preços superiores a p_0. E não há razão para operar abaixo desse nível.**

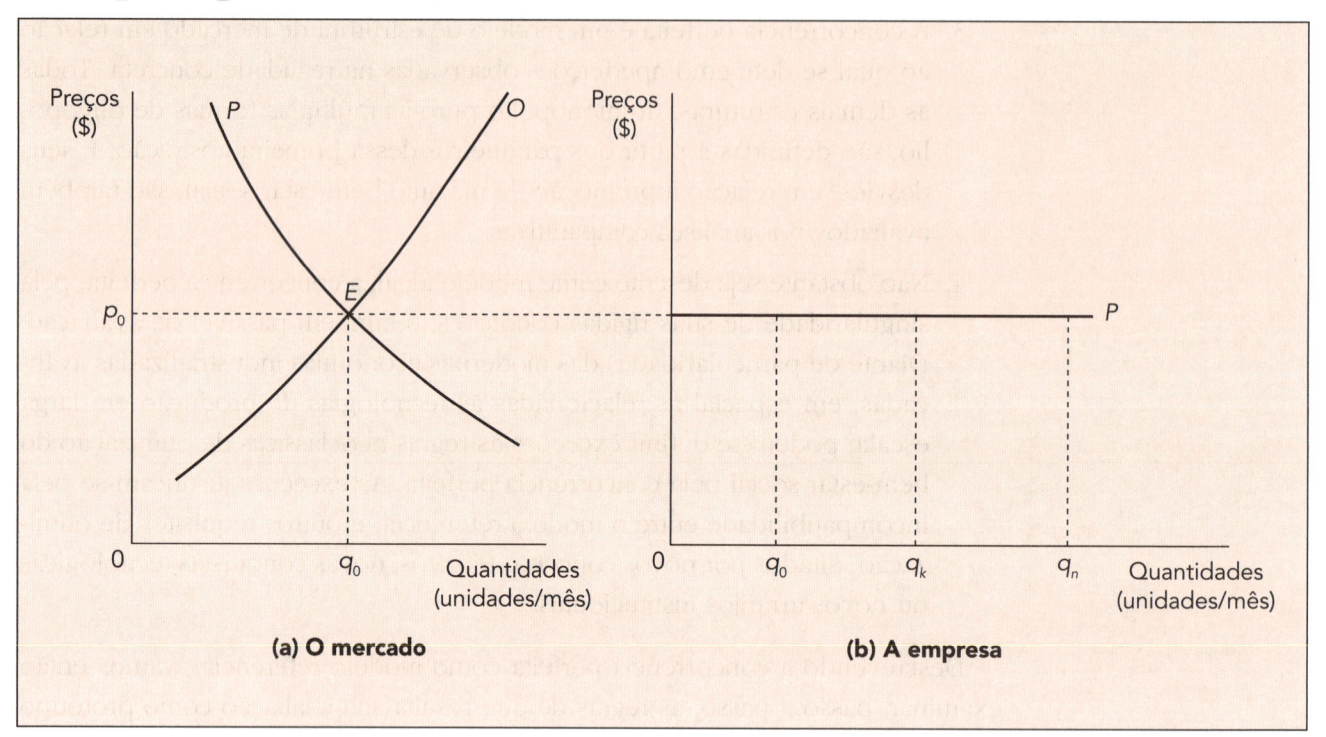

(a) O mercado

(b) A empresa

estabelecidos pelo mercado. Uma empresa qualquer, isoladamente considerada, não consegue vender por um preço superior ao de equilíbrio, por duas razões: a primeira é o perfeito conhecimento por todos os participantes das condições em que o mercado está operando; a segunda é o grande número de outras empresas dispostas a vender pelas condições vigentes. E o mesmo se pode dizer dos compradores: isoladamente, nenhum tem condições para forçar os preços para baixo. E, tanto de um lado como de outro, não são admissíveis coalizões para semelhantes propósitos, pelo simples fato de que, existindo quaisquer formas de agrupamentos conspirativos de agentes individuais, para imposição de quaisquer condições, o modelo se desvia das hipóteses que definem a concorrência perfeita. Em contrapartida, ao preço de equilíbrio não há quaisquer limitações para quantidades que cada agente decida vender ou comprar. Isso porque, por maiores que sejam essas quantidades, elas ainda serão pequenas, por definição, para abalar o equilíbrio de mercado estabelecido.

Na Figura 10.1, está representada esta situação especial. O gráfico (a) reproduz as condições vigentes no mercado. As curvas P e O definem, respectivamente, a procura e a oferta no mercado considerado como um todo. O preço de equilíbrio, resultante dos livres movimentos que então se estabelecem, é dado pela intersecção das duas curvas, no ponto E, situando-se no nível p_0. Este é o preço ao qual todas as empresas deverão necessariamente subordinar-se. Assim, do ponto de vista de

FIGURA 10.2
Em mercado sob concorrência perfeita, o preço de equilíbrio só se altera em resposta a mudanças nas funções de oferta ou de procura. Em (a), o preço de equilíbrio, E_0, movimentou-se para mais, alcançando E_1 e depois E_2, em decorrência de aumento da procura. Em (b), as curvas da procura, do ponto de vista da empresa, deslocaram-se para P_1 e depois para P_2: a estes preços, em cada situação de equilíbrio, toda a produção será vendida.

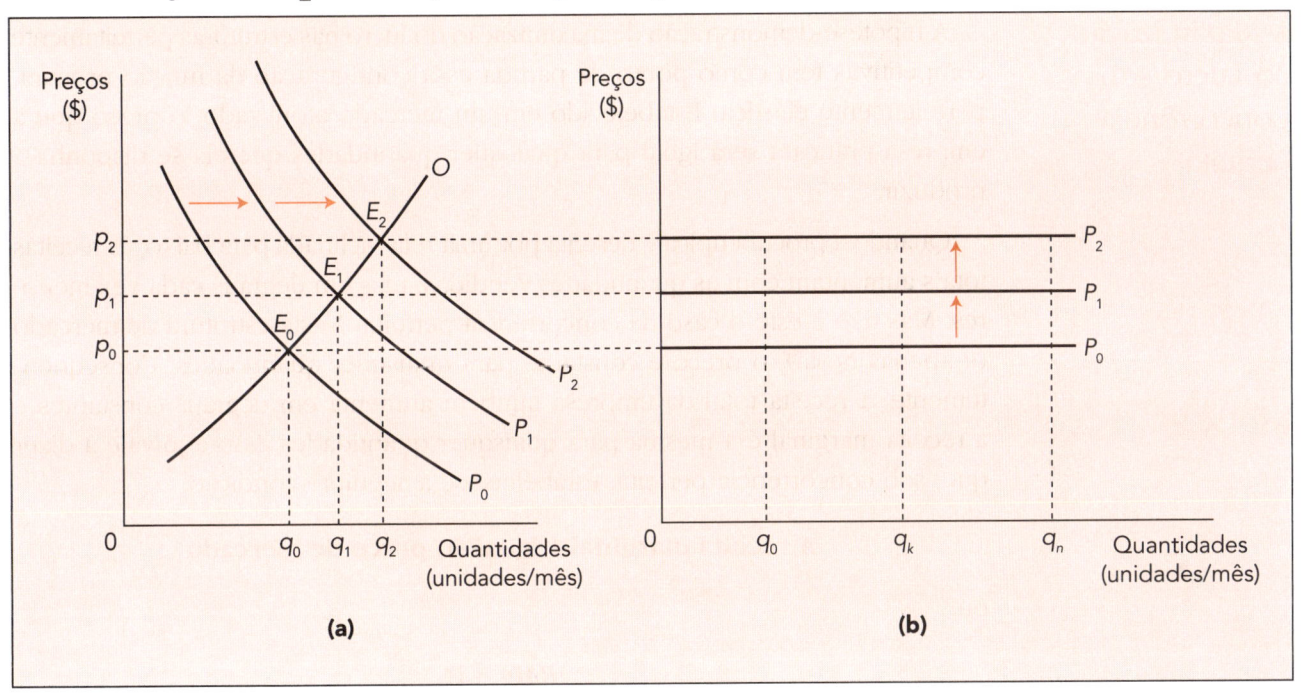

cada uma das empresas participantes de um mercado perfeitamente competitivo, a curva da procura assume uma forma horizontal, situando-se exatamente no nível do preço de mercado. O gráfico (b) evidencia essa situação. Ao preço p_0, quaisquer quantidades que a empresa trouxer ao mercado serão absorvidas. Não há interesse em operar abaixo desse nível. E não há possibilidades de praticar preços superiores.

Isso significa que, nos mercados perfeitamente competitivos, a curva da procura, do ponto de vista da empresa, é perfeitamente elástica. Não há restrições para a venda de quaisquer quantidades, ao preço de mercado. A empresa tanto pode vender q_0, quanto q_k ou q_n unidades/mês. Para o mercado como um todo, isso não terá quaisquer reflexos. Mesmo vendendo q_n, uma quantidade supostamente alta, sua participação no mercado ainda permanecerá insignificante. Se, por hipótese, em determinado mercado, ocorrer que um produtor tenha poderes, ainda que mínimos, para abalar suprimentos e preços, então esse mercado já não será perfeitamente competitivo.

Obviamente, nas estruturas de concorrência perfeita, os preços não são imutáveis o tempo todo. Os mercados são dinâmicos e as curvas de oferta e de procura movimentam-se. Já vimos que as de procura se deslocam em resposta, entre outros fatores, a mudanças na renda dos consumidores, a novos hábitos e costumes, aos preços de outros produtos substitutos ou complementares e às expectativas sobre a evolução da oferta. Na Figura 10.2, mostramos os efeitos de mudanças na procura sobre os preços de equilíbrio. Se a procura de mercado se deslocar de P_0 para P_1 ou P_2 os preços de equilíbrio se deslocarão de E_0 para E_1 ou E_2 e, então, a procura do ponto de vista da empresa se deslocará também: alteram-se, para todos os que interagem nesse mercado, os preços que definem a função perfeitamente elástica da procura.

A Maximização do Lucro sob Concorrência Perfeita

A hipótese-demonstração de maximização do lucro nas estruturas perfeitamente competitivas tem como ponto de partida essa configuração da função procura, perfeitamente elástica. Estabelecido em um mercado atomizado, o preço que a empresa praticará será igual para quaisquer quantidades que ela se disponha a produzir.

Quando a procura típica é descrita por uma reta inclinada para baixo, as receitas totais aumentam com as quantidades vendidas, mas em degraus cada vez menores. Mas não é este o caso da concorrência perfeita. Nesta estrutura de mercado (e apenas nesta), o preço é constante para quaisquer quantidades. Consequentemente, a receita total da empresa também aumenta em degraus constantes e a receita marginal é a mesma para quaisquer quantidades. Isso equivale a dizer que, sob concorrência perfeita, estabelece-se a seguinte condição:

A receita marginal é igual ao preço de mercado

ou:

$$RMg = P$$

Na Tabela 10.1, mostramos essa igualdade-condição. O preço é sempre igual a $ 5,00, para quaisquer quantidades, 100 ou 1.100. Em relação ao mercado como um todo, tanto o primeiro degrau quanto o último são inexpressivos, incapazes por si sós de alterar as condições vigentes. Como decorrência disso, a receita total aumenta em progressão constante e a receita marginal, sempre igual ao preço, é também constante. Repetindo esse conceito, agora com os dados da hipótese-demonstração: ao preço de $ 5,00, a empresa poderá vender as quantidades que pretender. Por maiores ou menores que sejam, sua receita marginal será constantemente igual a $ 5,00.

Neste caso, a empresa procurará então ajustar o volume de sua produção, de tal forma que obtenha o máximo benefício privado que lhe for possível. Este ajustamento decorrerá da estrutura de custos da empresa. Se ela estiver sujeita a custos totais resultantes de custos fixos mais custos variáveis definidos por economias e deseconomias de escala típicas, seus custos médios e marginais terão a forma parecida com a da letra *U*. E, tal como sugere a abordagem neoclássica do modelo competitivo, a maximização do benefício privado se dará no ponto de cruzamento das funções da receita e do custo marginal. Este ponto, como demonstramos na Figura 10.3, corresponde ao máximo da curva do lucro.

TABELA 10.1
Uma hipótese-demonstração de maximização do lucro pela empresa perfeitamente competitiva: o preço (= *RMg*) é estabelecido em mercado atomizado.

Quantidades produzidas Q	Custo total CT	Custo total médio CTMe	Custo marginal CMg	Preço ou receita marginal P = RMg	Receita total RT	Resultado econômico RE = RT – CT
0	1.000	–	–	–	–	– 1.000
100	1.400	14,00	4,00	5,00	500	– 900
200	1.680	8,40	2,80	5,00	1.000	– 680
300	1.840	6,13	1,60	5,00	1.500	– 340
400	1.955	4,89	1,15	5,00	2.000	+ 5
500	2.075	4,15	1,20	5,00	2.500	+ 425
600	2.275	3,79	2,00	5,00	3.000	+ 725
700	2.605	3,72	3,30	5,00	3.500	+ 895
800	3.055	3,82	4,50	5,00	4.000	+ 945
900	3.630	4,03	5,75	5,00	4.500	+ 870
1.000	4.405	4,41	7,75	5,00	5.000	+ 595
1.100	5.805	5,28	14,00	5,00	5.500	– 305

A demonstração da Figura 10.3 é estruturalmente semelhante ao caso geral mostrado no capítulo anterior. Os aspectos que merecem destaque são:

❑ A curva do custo marginal, *CMg*, corta a do custo total médio, *CTMe*, em seu ponto mais baixo. A partir daí, a quantidade maximizadora do lucro dependerá da curva da receita marginal, *RMg*, que, apenas neste caso, é igual à da receita média, *RTMe*, também igual ao preço de mercado, *p*.

❑ Há dois pontos de igualação, I_0 e I_1. Nestes pontos, o lucro é zero. Equivale a dizer que a receita total média, *RTMe*, é igual ao custo total médio, *CTMe*. Exatamente nestes pontos, a curva do lucro, *L*, corta o eixo horizontal, igualando-se a zero.

❑ O ponto *E*, de cruzamento das funções da receita marginal, *RMg*, e do custo marginal, *CMg*, corresponde ao lucro máximo: ponto *M* da função *L*.

A curto prazo, estas condições dadas não se alteram: o tamanho de cada empresa e suas estruturas de custos não poderão variar substantivamente. Cada empresa estará limitada por sua capacidade de produção e seus benefícios decorrerão de suas estruturas próprias de custos. E o preço de mercado, variável de importância vital para a maximização dos interesses privados, só se deslocará significativamente de sua posição de equilíbrio se ocorrerem mudanças em condições gerais, que provoquem deslocamentos nas funções de oferta e de procura. Caso contrário, tende a perpetuar-se no nível estabelecido.

FIGURA 10.3 Em mercado de concorrência perfeita, a empresa maximiza o lucro (ponto mais alto, M, da curva L) quando o custo marginal, CMg, é igual ao preço de mercado, p. Os pontos de igualação, I_0 e I_1, ocorrem quando a curva do custo médio corta a da receita média, que, sob a hipótese de concorrência perfeita, é igual à receita marginal, que é igual ao preço de mercado.

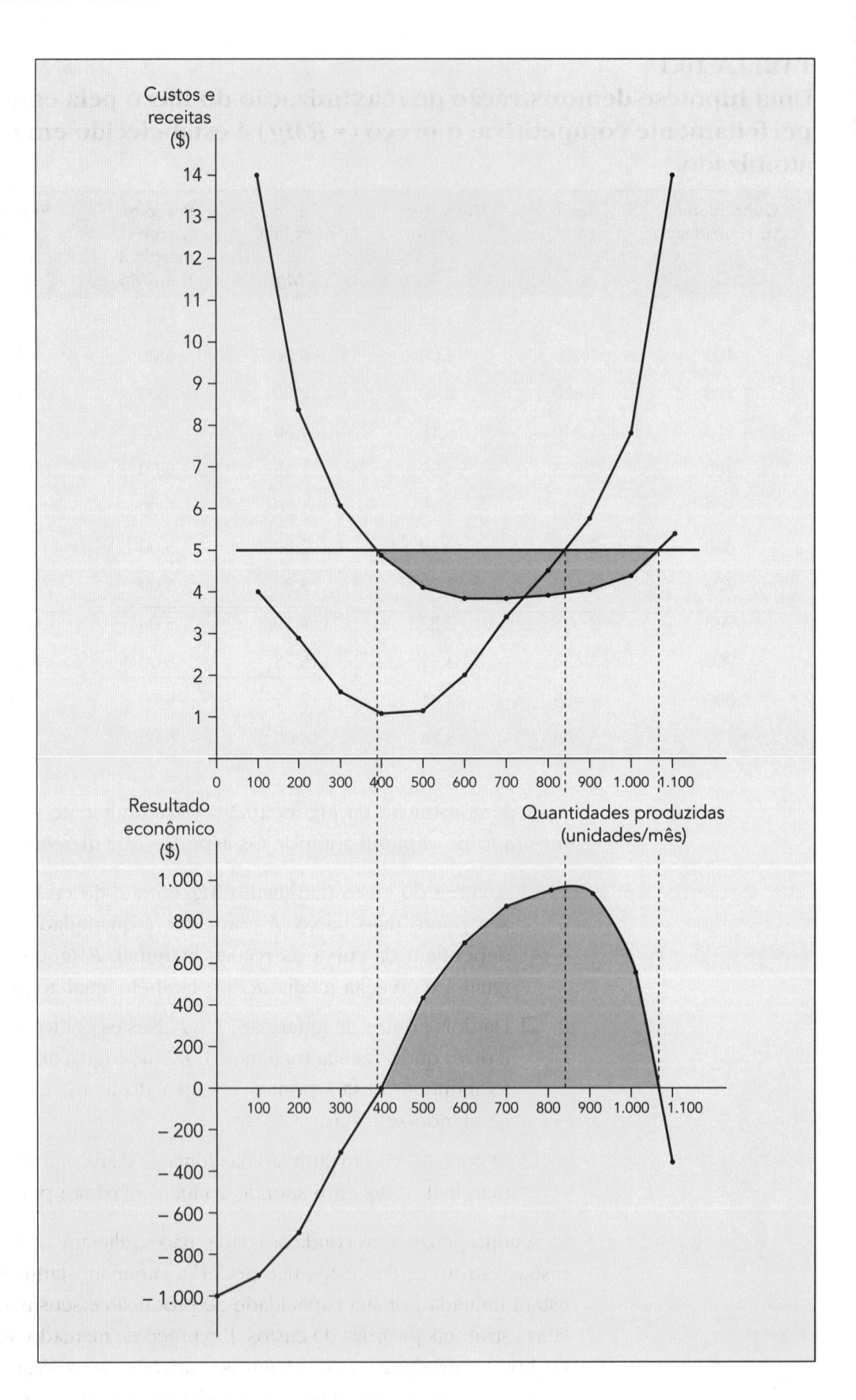

FIGURA 10.4 Aumentos nos preços de equilíbrio, no mercado sob concorrência perfeita, deslocam o ponto de maximização do lucro e a curva da oferta. No nível de preços p_0, as empresas produzirão q_0: em p_1, produzirão q_1, e assim sucessivamente. A curva da oferta da empresa perfeitamente competitiva, partindo do ponto mais baixo da curva de custo total médio, é idêntica a sua curva de custo marginal.

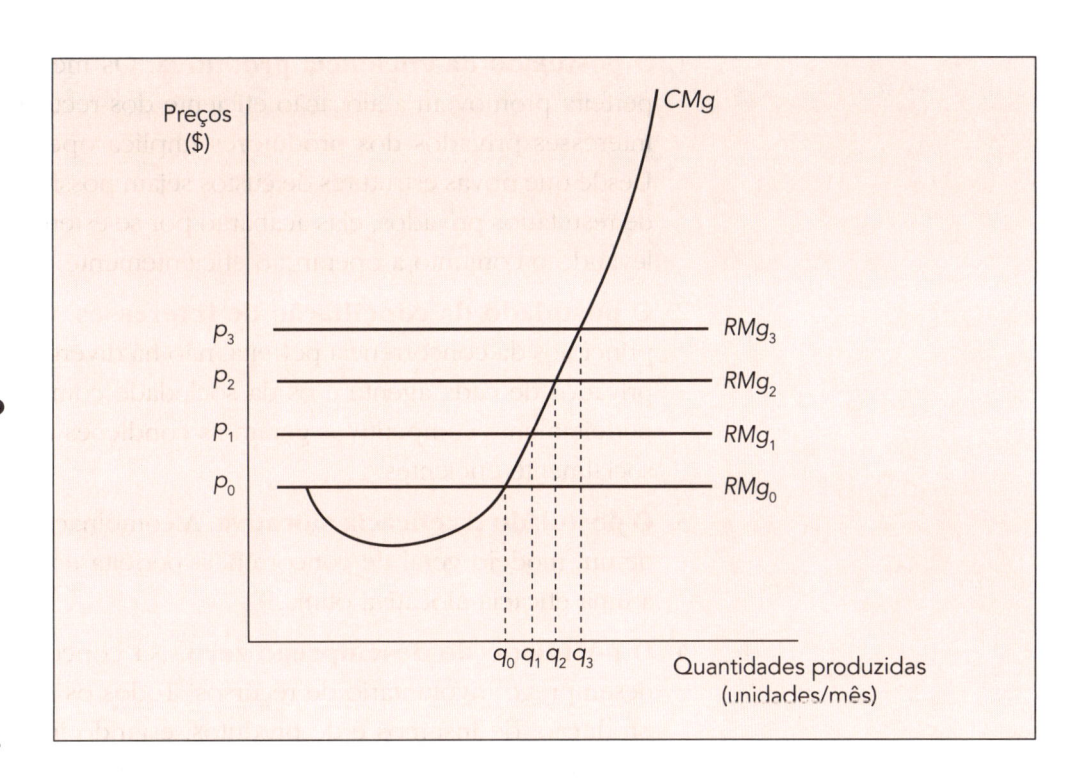

A médios-longos e, sobretudo, a longos prazos, as condições estabelecidas podem modificar-se. Custos de produção poderão alterar-se em função de novas tecnologias (como desenvolvimento de novos e mais eficazes insumos, processos produtivos mais eficientes, logísticas de suprimentos e de escoamento da produção menos onerosos, métodos de gestão, apoios de sistemas informatizados), modificando-se as condições do equilíbrio geral. As empresas que, pioneiramente, adotarem as novas condições, beneficiam-se de resultados superiores que os obtidos pelas empresas não inovadoras. Outras a seguirão, buscando os mesmos benefícios. Esforços por melhorias contínuas então se estabelecem, provocando tanto o interesse da empresa quanto o da economia como um todo.

De igual forma, novos padrões de procura poderão estabelecer-se, alterando-se as posições de equilíbrio que maximizam resultados privados. Na Figura 10.4, mostramos uma hipótese de aumentos nos preços de equilíbrio, resultantes, por exemplo, de deslocamentos para mais da procura como um todo. Então, as quantidades transacionadas que maximizam os interesses dos produtores, em resposta às novas condições da procura, serão também mais altas. Em outras palavras: no mercado sob concorrência perfeita, a curva da procura, do ponto de vista da empresa, é dada por uma função horizontal perfeitamente elástica; e a curva da oferta de cada empresa é dada pela intersecção de sua curva de custo marginal, *CMg*, com as sucessivas funções-procura definidas pelo mercado competitivo.

A Eficiência Social da Concorrência Perfeita

Se, por hipótese teórica, todos os mercados da economia estiverem estruturados e operando segundo as abstrações ideais da concorrência perfeita, certo estado estático de equilíbrio geral deverá corresponder ao protótipo da eficiência em escala social. Isso por quatro postulados:

1. **O postulado da eficiência produtiva**. Os mercados sob concorrência perfeita promovem a alocação eficiente dos recursos. A maximização dos interesses privados dos produtores implica operação a custos mínimos. Desde que novas estruturas de custos sejam possíveis, implicando melhoria de resultados privados, elas acabarão por se estender a todos os mercados, levando o conjunto a operar tão eficientemente quanto seja possível.

2. **O postulado da conciliação de interesses**. Quando se observam os princípios da concorrência perfeita, não há divergências entre os interesses privados de cada agente e os da sociedade como um todo. Os mercados perfeitamente competitivos geram as condições necessárias para soluções socialmente eficientes.

3. **O postulado da eficácia alocativa**. A combinação de produtos resultante de um modelo geral de concorrência perfeita em todos os mercados leva a uma eficácia alocativa ótima.

4. **O postulado do desemprego zero**. Na concorrência perfeita, não há desemprego involuntário de recursos. Todos os mercados, de recursos de produção, de insumos e de produtos, estando interligados entre si, serão levados a operar em condições tais de equilíbrio que, às remunerações e aos preços vigentes, será alcançado o pleno-emprego. A economia deverá operar sobre suas possibilidades máximas de produção.

Antes de compará-los com as condições efetivamente encontradas na realidade, vamos olhar com mais cuidado para cada um desses quatro postulados.

O Postulado da Eficiência Produtiva

O primeiro postulado está ilustrado na Figura 10.5. Na concorrência perfeita, para qualquer nível de produção, o preço de venda é determinado pelo mercado, tornando a receita marginal perfeitamente elástica e constante. Consequentemente, o mais alto resultado possível, do ponto de vista dos produtores, depende de suas curvas de custo total médio. Quanto mais o custo total médio do produtor estiver abaixo da receita total média, maiores poderão ser os resultados. E, como os produtores, individualmente, nada podem fazer para influenciar os preços de mercado, suas ações estarão concentradas nas técnicas e processos de produção que possam rentabilizar mais suas empresas.

Das três empresas da Figura 10.5 somente a terceira, *C*, tem condições de operar lucrativamente. Como um longo trecho de sua curva de custo total médio, *CTMe*, está abaixo do preço de mercado, *p* (que, na concorrência perfeita, é igual à receita total média, *RTMe*, que também é igual à receita marginal, *RMg*), a empresa *C* realiza um lucro máximo correspondente ao retângulo sombreado. Ele é definido a partir da intersecção da curva de custo marginal, *CMg*, com a reta da receita marginal, *RMg*. Esse retângulo corresponde à distância, do ponto de maximização do lucro, entre as curvas de receita e de custo médios, multiplicada pela quantidade.

FIGURA 10.5
Sob concorrência perfeita, a empresa realiza resultado econômico, *RE*, positivo à medida que tenha condições técnicas para operar a custos totais médios inferiores à receita total média (igual à receita marginal, que, por sua vez, é igual ao preço estabelecido pelo mercado). Esta situação só ocorre com a empresa *C*. Em *A*, o melhor resultado possível é zero, *RTMe* = *CTMe*. Em *B*, a melhor hipótese é de minimização do prejuízo, *RTMe* > *CTMe*.

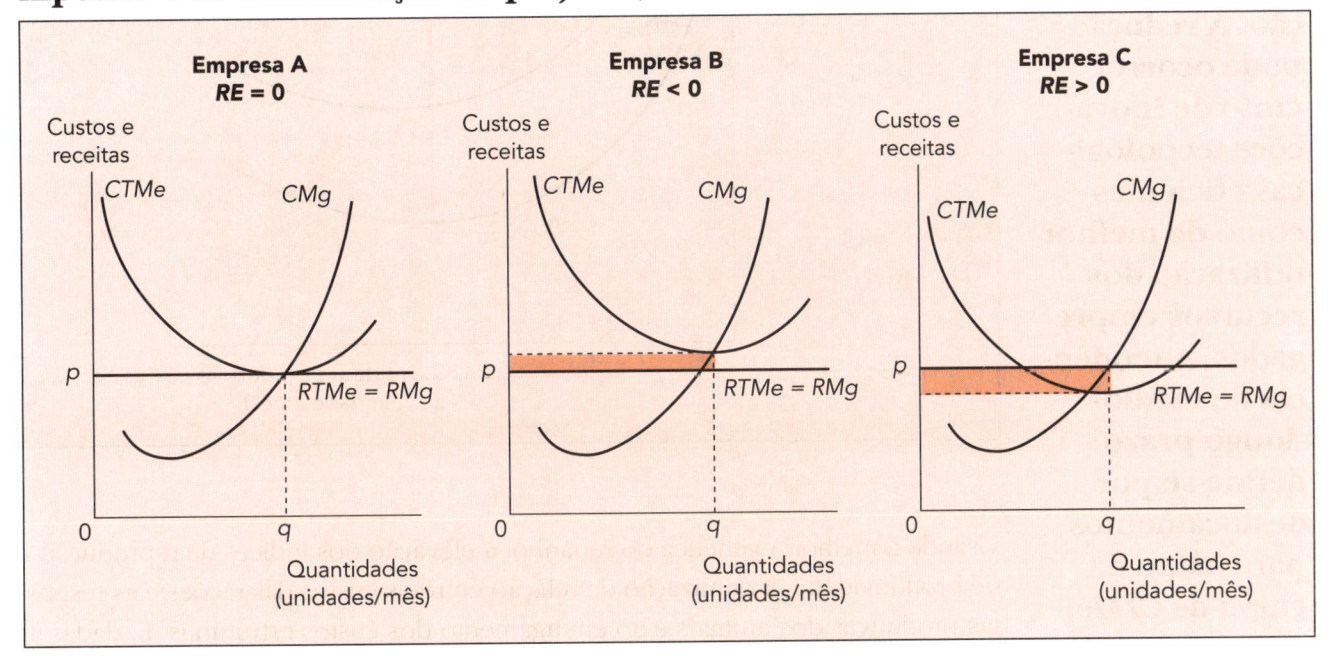

Já o máximo que a empresa *A* pode fazer é operar a lucro zero. Isso se dá no ponto de igualação de custos e receitas, dado pela tangência da curva de custo total médio, *CTMe*, com a da receita total média, *RTMe*. Em todos os demais pontos, a operação resultará em prejuízo, definido por custos superiores a receitas. No ponto de maximização, dado pela igualdade entre o custo marginal e a receita marginal, os custos totais e as receitas totais por unidade são iguais. Esta situação é menos dramática que a da empresa *B*, que, na melhor das hipóteses, terá que buscar o prejuízo mínimo. Este também é dado pela igualdade entre receitas e custos marginais, definindo-se pelo retângulo sombreado, acima da linha do preço. Isso equivale a dizer que o preço de mercado, *p*, não basta para a empresa *B*. Seus custos totais médios estão sempre acima dele.

A principal implicação de médio-longo prazo deste postulado é a busca por custos mínimos de produção. Na concorrência perfeita, se a empresa é ineficiente, operando acima do preço de mercado, ou ela se retira ou busca reduções de custos que conduzam a operações lucrativas. Para trazer a análise desse nosso primeiro postulado para mais perto da realidade, isso pode ser ilustrado pelas condições que prevalecem, para o produtor, no mercado do leite *in natura*. Para o produtor, prevalecem nesse mercado condições bem próximas da concorrência perfeita, entre as quais a atomização da oferta e a subordinação aos preços de mercado. A rentabilidade da atividade dependerá diretamente dos esforços de redução de custos totais médios. Cada qual se aprimorará em ações *internas*,

FIGURA 10.6
A concorrência perfeita força as empresas a reduzirem seus custos totais médios de produção. A redução pode ocorrer tanto de inovações tecnológicas eficientes como de melhor utilização dos recursos empregados. A tendência de médio-longo prazo define-se por deslocamentos para baixo da curva de *CTMe*: da posição inicial, 0, para as posições 1 e 2.

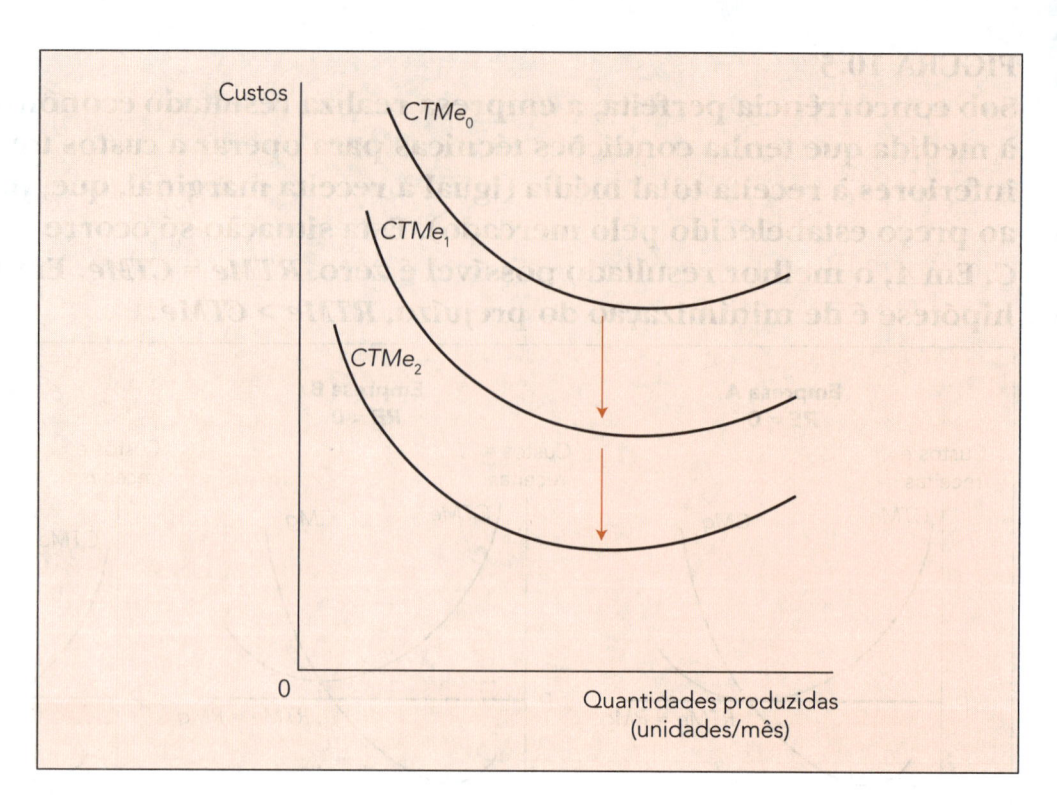

[Gráfico: Custos × Quantidades produzidas (unidades/mês), mostrando três curvas $CTMe_0$, $CTMe_1$ e $CTMe_2$ deslocando-se para baixo.]

visando à melhoria genética do rebanho, à elevação dos índices de reprodução e de produtividade, à otimização da relação entre os custos das rações e as respostas produtivas dos animais e ao enxugamento dos custos estruturais. E, dadas as condições prevalecentes no mercado, a transparência dos processos empregados é bastante alta e não há, em princípio, barreiras de acesso às tecnologias diferenciadas: todas estarão disponíveis a todos os produtores. A longo prazo, então, a tendência é a ocorrência de deslocamentos para baixo nas curvas do custo total médio, *CTMe*, como os mostrados na Figura 10.6. Independentemente dos preços, as ações dos produtores estarão concentradas em reduções de custos. E os que não acompanharem o "estado da arte" não reunirão condições para permanecer no mercado. As condições da concorrência perfeita acabarão por estimular aperfeiçoamentos em processos produtivos. A eficiência, consequentemente, estará de alguma forma assegurada. As empresas eficientes permanecerão. As ineficientes tendem a desaparecer: os recursos que empregavam nesta produção serão realocados para outros produtos.

O Postulado da Conciliação de Interesses

O segundo postulado traz à tona o que se pode considerar como resultado-síntese de uma economia em que todos os mercados operam segundo as condições da concorrência perfeita: a conciliação dos interesses privados e sociais. Embora sejam movidos pelos seus próprios interesses, fundamentados em propósitos pessoais, tanto consumidores quanto produtores maximizam os graus de suas satisfações e de seus resultados operacionais, convergindo para os mais altos padrões possíveis de bem-estar social.

De seu lado, os consumidores buscam sua máxima satisfação, definindo dada combinação de produtos que lhes proporcionem graus máximos de utilidade total, que, por sua vez, são delimitados pelas restrições orçamentárias de cada um. O modelo teórico desenvolvido pela análise marginalista convencional mostra que, sob estas condições, os consumidores definirão as quantidades de cada produto que irão adquirir em função de suas utilidades marginais, ponderadas pelos preços. E, quaisquer que sejam as combinações dos produtos, as quantidades que maximizarão a satisfação de cada um são aquelas em que os benefícios marginais se igualam aos custos marginais. Já os produtores, por outro lado, também buscarão o melhor resultado possível para suas atividades, regulando, com esse objetivo, as quantidades que lhes proporcionem o máximo benefício. **Nos dois casos, a regra comum é expandir as quantidades adquiridas (consumidores) ou produzidas (produtores) até o ponto em que os benefícios marginais se igualem aos custos marginais. Enquanto esta condição não se realizar, uma ou mais soluções melhores passarão a ser buscadas.**

Sob concorrência perfeita em todos os mercados, estas condições de maximização dos interesses privados de consumidores e de produtores conciliam-se com o interesse público e o bem-estar social, pelos seguintes princípios teóricos:

- Cada consumidor estende suas aquisições de cada produto até que as últimas unidades proporcionem benefícios marginais iguais aos custos marginais de aquisição. Isso significa que cada consumidor maximizará sua função de utilidade total aos preços de mercado, pois, na concorrência perfeita, a receita marginal do produtor é equivalente ao custo marginal do consumidor: ela significa o quanto um recebe e o outro paga por uma unidade adicional que é, por definição, igual ao preço do produto. Consumindo até o ponto em que a utilidade marginal se iguale ao preço, o consumidor igualará seu custo marginal a seu benefício marginal, maximizando assim seus graus de satisfação.

- Para um produtor em concorrência perfeita, o preço corresponde à receita marginal ou ao benefício marginal. E ele realizará seu objetivo de maximização de resultados exatamente no ponto em que o custo marginal for igual à receita marginal, isto é, no ponto em que seu custo marginal for igual ao preço de mercado.

- **Consequentemente, pode-se resumir que, em uma economia em que todos os mercados estiverem regidos pelas condições da concorrência perfeita, os preços de mercado são parâmetros de eficiência máxima, tanto para produtores como para consumidores.** Os consumidores adquirirão de cada produto tantas unidades quantas corresponderem à igualdade entre a utilidade marginal e o preço de mercado, $UMg = P$. E os produtores maximizarão resultados, produzindo tantas unidades quantas corresponderem à igualdade entre o custo marginal e o preço de mercado, $CMg = P$. Assim, em síntese, **a concorrência perfeita é a única estrutura em que os interesses de produtores e de consumidores se harmonizam pelo preço de mercado, sendo este resultante da livre atuação**

das forças da oferta e da procura. Nesta estrutura, por postulados teóricos, os preços de mercado realizam a difícil proeza de conciliar interesses em princípio conflitantes. Esta peculiaridade é dada pela expressão $UMg = CMg = P$.

❏ Por fim, se assumirmos que não ocorram externalidades na economia, quer resultantes de processos produtivos, quer de decisões de consumo, então os benefícios privados e sociais se tornam iguais. Isso significa, de um lado, que a totalização dos benefícios marginais usufruídos pelos consumidores seria igual ao da sociedade como um todo; de outro lado, a totalização dos custos incorridos na produção seria também igual aos custos privados de aquisição dos produtos. Ou, dizendo de outra forma: **na concorrência perfeita, à ausência de externalidades, as condições de equilíbrio, maximizadoras de resultados privados, não conflitam com o interesse social**. Em síntese: o equilíbrio perfeitamente competitivo é eficiente tanto do ponto de vista dos interesses privados, quanto do ponto de vista da sociedade como um todo. O Quadro 10.1 resume as condições necessárias para uma solução eficiente, sob estes dois ângulos de avaliação.

O Postulado da Eficácia Alocativa

O equilíbrio geral de uma economia em que todos os mercados se encontram, por hipótese teórica, estruturados segundo as condições da concorrência perfeita, conduz a uma combinação ótima de produtos. Este terceiro postulado tem tudo a ver com o processo decisório dos consumidores e com o ajustamento da produção efetiva às escolhas definidas.

Em mercados perfeitamente competitivos, os consumidores buscam sua máxima satisfação, igualando as utilidades marginais dos produtos adquiridos, ponderadas por seus respectivos preços. Sujeito a uma linha de restrição orçamentária, cada consumidor busca o máximo de utilidade total, sacrificando a aquisição de bens e serviços que apresentem graus de utilidade marginal inferior à de outros que, pelos mesmos preços relativos, possam ser adquiridos. Decidindo entre destinações concorrentes, os consumidores vão dando preferência aos bens e serviços cujas utilidades marginais, ponderadas pelos preços de mercado, sejam superiores às das últimas unidades dos bens e serviços a que já têm acesso. Os recursos vão sendo alocados em dada combinação de produtos que represente o mais alto benefício possível.

Ocorre porém que, em mercados sob concorrência perfeita, as preferências dos consumidores e os movimentos que se registram na procura de cada um dos bens e serviços disponíveis no mercado transmitem-se para os preços de equilíbrio. E estes, uma vez definidos, orientam os produtores quanto às quantidades que, a esses preços, maximizarão seus interesses. Se estas forem superiores ou inferiores às que o mercado exige, os preços assinalarão os desvios, os consumidores se readaptarão aos novos parâmetros e novas condições de equilíbrio se definirão, restabelecendo-se as igualdades entre preços, benefícios e custos marginais, no

QUADRO 10.1
A eficiência privada e a eficiência social do modelo de concorrência perfeita: uma síntese das condições necessárias.

HIPÓTESES FUNDAMENTAIS

1. Todos os mercados, interligados entre si, transparentes e atomizados, operam segundo as abstrações ideais da concorrência perfeita.
2. Não se observam externalidades, positivas ou negativas, resultantes de processos produtivos ou de decisões de consumo.

AS CONDIÇÕES DA EFICIÊNCIA SOCIAL

☐ Não ocorrendo externalidades, os benefícios e os custos privados, dados respectivamente pela utilidade marginal, UMg, e pelo custo marginal, CMg, igualam-se, quando totalizados, aos benefícios auferidos e aos custos incorridos pela sociedade como um todo. Indicando por $UMgS$ e por $CMgS$ os benefícios e os custos sociais, temos, em todos os mercados, para qualquer produto:

Condições	Notações
(a) Benefícios sociais e privados iguais.	$UMg = UMgS$
(b) Custos privados e sociais iguais.	$CMg = CMgS$

☐ Se, em mercados perfeitamente competitivos, os consumidores escolhem as quantidades em que a utilidade marginal é igual ao preço dos produtos e se, nesses mesmos mercados, os produtores operam nas escalas em que o custo marginal é igual ao preço, então:

Condições	Notações
(c) Utilidade marginal igual ao preço.	$UMg = P$
(d) Custo marginal igual ao preço.	$CMg = P$

☐ Por definição, sob concorrência perfeita em todos os mercados, os preços são os guias da eficiência privada, os orientadores da "mão invisível" a que se referia Adam Smith. Definidos pela livre atuação dos agentes econômicos, os preços de mercado ajustam a busca do interesse privado aos benefícios desfrutados pela sociedade como um todo. Isso porque, na abstração ideal da perfeição competitiva:

Conclusões	Notações
(e) A utilidade marginal é igual ao custo marginal.	$UMg = CMg$
(f) Os preços igualam utilidades e custos privados.	$UMg = P = CMg$
(g) Os preços igualam utilidades e custos sociais.	$UMgS = P = CMgS$
(h) A solução final resulta socialmente eficiente.	$UMg = UMgS = P = CMg = CMgS$

Fonte: Adaptado de WONNACOTT, P.; WONNACOTT, R. *Economia*. 2. ed. Parte VI, "Estrutura de mercado e eficiência econômica". São Paulo: Makron Books, 1994.

mercado de produtos finais. Daí, transmitem-se sinais para os mercados de insumos e de recursos produtivos, em interligações isentas de quaisquer viscosidades.

A pauta de produção da economia como um todo resulta eficaz, se de fato prevalecerem essas condições. Ela espelha as preferências maximizadas de cada consumidor, transmitidas via preços para todos os mercados, que operam competitivamente e interligados. Desde que haja concorrência perfeita, nenhum consumidor melhorará mais sua posição além daquela que já foi alcançada. E nenhum produtor obterá melhores resultados, a não ser que, por mudanças havidas nas condições da oferta e da procura, novas relações de equilíbrio se estabeleçam. Mas, uma vez assimiladas pelos mercados, estas novas condições também levarão à ótima alocação social dos recursos.

O Postulado do Desemprego Zero

Este quarto postulado é uma decorrência natural dos outros três. Com ele se estabelece a ponte entre a microeconomia e a macroeconomia clássicas, ambas fundamentadas nas hipóteses da concorrência perfeita. Realizando-se todos os postulados dessa abstração teórica, se todos os mercados forem perfeitamente competitivos, não haverá desemprego involuntário de recursos.

A operação da economia como um todo, em posição de equilíbrio com zero de desemprego involuntário, é outro ângulo pelo qual se pode mostrar a conciliação entre os interesses privados e sociais. A abstração da concorrência perfeita vai, assim, bem mais longe do que apenas demonstrar como, sob esta estrutura de mercado, cada agente individualmente considerado otimiza seus interesses. Ela deságua em um ponto crucial, ao demonstrar que o equilíbrio de estruturas perfeitamente competitivas implica, necessariamente, que as quantidades procuradas e as ofertadas se igualem o tempo todo ao preço de mercado. Levando este princípio aos mercados de recursos de produção, isso significa que nenhum recurso ficará involuntariamente desempregado, nos níveis correntes de remunerações. Também nesses mercados, prevalecendo as condições da atomização e da transparência, todos os recursos que se ofertarem para emprego serão absorvidos nos níveis correntes de remunerações. Quaisquer desequilíbrios temporários se transmitirão deste mercado para todos os demais, reequilibrando o sistema como um todo.

Para bem compreendermos o alcance e as implicações deste quarto postulado, devemos ter presente todas as condições que regem as economias definidas por mercados perfeitamente competitivos, notadamente a sua plena fluidez. Os movimentos dos preços e das remunerações, para cima e para baixo, não têm obstáculos definidos por imposições de qualquer espécie, inclusive legais. Se, por hipótese, as preferências dos consumidores se modificarem, redefinindo as posições das curvas de procura de produtos finais, os preços se alterarão, transmitindo-se os novos níveis para todas as cadeias de produção da economia, chegando até o mercado de recursos e, então, ao mercado de trabalho. Ali, os salários que remuneram esse recurso não estarão sujeitos a viscosidades: eles são perfeitamente flexíveis para cima e para baixo, em resposta a movimentos transmitidos de um para outro mercado, todos perfeitamente competitivos. Às novas remunerações, não importa se abaixo ou acima das até então praticadas, todos os que desejarem trabalhar serão empregados. Se qualquer taxa de ociosidade for constatada, ela será voluntária, resultante de escolhas individuais. Em termos marginais, otimizam-se então as preferências individuais e o bem-estar social, de ponta a ponta – do mercado de bens e serviços finais aos de recursos de produção.

Do Protótipo à Realidade: uma Síntese dos Desvios

Este conjunto de abstrações ideais jamais ocorreu, em sua plenitude, em qualquer economia. O rigor das condições requeridas para se configurarem as hipóteses da concorrência perfeita em todos os mercados é de tal ordem que dificilmente poderiam ser reproduzidos em qualquer época ou lugar. Levando-se as condições aos limites máximos do rigor exigido, talvez nem mesmo economias primitivas tenham vivenciado uma situação descrita como competitivamente perfeita. Até porque, se nessas economias não se observavam muitas das viscosidades e imperfeições que com o tempo vão-se introduzindo em mercados crescentemente diversificados e sofisticados, a condição primeira da concorrência perfeita também não era satisfeita plenamente: a atomização dos agentes envolvidos nas transações.

Em síntese, os desvios da realidade observada em relação às abstrações do modelo perfeitamente competitivo são:

❑ Não há um único mercado em que se encontram reunidas todas as condições da concorrência perfeita. Nos casos concretos mais próximos se encontram, quando muito, duas ou três condições, mas não as seis exigidas. A permeabilidade do mercado e a homogeneidade dos produtos são, no limite, difíceis de se efetivarem, ainda que duas condições-chaves possam até se verificar: a submissão de todos aos preços de mercado e a atomização dos agentes.

❑ Quando se verificam condições próximas das que definem o modelo perfeitamente competitivo, elas dificilmente se encontram simetricamente definidas nas duas pontas do mercado. Em quase todos os mercados, as condições a montante e a jusante não são iguais. Eventualmente, para um dado produto, uma das mais importantes condições da concorrência perfeita pode estar ocorrendo: a atomização, o grande número de produtores agindo independentemente. Mas, a montante, os suprimentos de insumos podem vir de cadeias imperfeitamente competitivas e até monopolistas; e, a jusante, podem ocorrer também imperfeições, chegando-se até a casos de monopsônio. Observe-se, por exemplo, o que acontece com a maior parte dos produtos agrícolas, cujos mercados são os que mais se aproximam da abstração perfeitamente competitiva. A montante, muitos suprimentos vêm de setores oligopolizados; a jusante, ocorrem casos típicos de monopsônios regionais. É o que ocorre, por exemplo, com o leite, a laranja e a cana de açúcar. Ainda que os preços se definam pelo jogo das forças de mercado, estes se encontram influenciados por imperfeições típicas de monopsônios, em cada região produtora.

❑ Os fatores que influenciam os comportamentos e as decisões de consumidores e de produtores não se limitam, respectivamente, à utilidade e à rentabilidade econômica. Não obstante esses parâmetros possam ser preponderantes, há outros motivos relevantes que impulsionam os agentes econômicos. De forma geral, ocorrem influências externas que se definem por uma multiplicidade de relações interpessoais e sociais, desviando as condutas efetivas dos pressupostos teóricos de maximização.

❑ A ausência de quaisquer formas de externalidades, fundamental para que os propósitos privados não conflitem com o interesse social, dificilmente se verifica na maior parte dos mercados. O oposto disso é o que, efetivamente, se observa na realidade: sujeitas a crescentes restrições socioambientais e comportamentais, as empresas e os consumidores estão cada vez mais atentos às externalidades resultantes de uso de recursos, de processos produtivos e de padrões de consumo, que afetam negativamente os interesses da sociedade como um todo.

❑ Ocorrem ainda outras categorias de imperfeição. Como observa P. Samuelson,[2] "embora a formação de preços com base nos princípios da equimarginalidade faça parte do pressuposto para se ter uma sociedade em que os custos e os benefícios privados e sociais se equalizem, ele não é uma condição suficiente. A eficácia alocativa e a eficiência produtiva não bastam, quando se verificam desigualdades socialmente intoleráveis no poder aquisitivo. E os mercados livres, mesmo os perfeitamente competitivos, não são uma garantia de que a justiça distributiva seja o tempo todo alcançada".

❑ Por fim, há muitos benefícios sociais que os modelos perfeitamente competitivos não seriam capazes de prover nas atuais condições de abertura globalizada de mercados e de interação entre corporações de alcance mundial, que competem entre si em estruturas de alta complexidade, tanto gerencial quanto de controle do capital ou de interesses cruzados. Há casos em que a ocorrência de estruturas de mercado imperfeitamente competitivas não significa, necessariamente, que o interesse social esteja sendo frontalmente contrariado. Também não significa que se estejam praticando o tempo todo formas espúrias e perversas de interação. O avanço tecnológico, as inovações, as formas extrapreço de concorrência e as exigências de grandes escalas para reduções de custos, a construção de cadeias globais de suprimento por grandes corporações, a democratização do consumo e os processos de mobilidade socioeconômica não são incompatíveis com estruturas de mercado imperfeitamente competitivas. Sob este ângulo, até algumas formas de monopólio regulado, de oligopólios e de concorrência monopolística podem também atender a interesses em escala social.

O protótipo da perfeição competitiva é, assim, uma hipótese-limite de demonstração de princípios convencionais de maximização. Mas a própria evolução dos mercados e dos instrumentos institucionais e sociais de controle de desvios e de externalidades acabaram por justificar questionamentos da doutrina neoclássica. Há também racionalidade de conteúdo social em mercados descritos como imperfeitamente competitivos. Muitas das abstrações da microeconomia convencional não se aplicam às condições efetivas do desenvolvimento empresarial das últimas décadas e, mesmo, das imediatamente seguintes à síntese neoclássica. E mais:

desenvolveram-se instrumentos corretivos, que, na maioria das vezes, podem cercear desvios e ajustar os interesses privados e os sociais. Nos próximos tópicos mostraremos isso mais claramente.

10.2 O Monopólio: Condições, Efeitos e Controle

Condições e Razões para a Existência de Monopólios

O monopólio pode ser definido como o extremo oposto da concorrência perfeita. A primeira condição para que se configure um caso típico de monopólio é a existência de apenas uma empresa, que domina inteiramente o mercado. Consequentemente, do extremo da oferta atomizada, típica da concorrência perfeita, se vai para outro extremo, o da oferta concentrada em apenas um produtor. Mas não basta esta condição. Pelo menos outras duas são, por definição, imprescindíveis: a inexistência de substitutos para o produto da empresa monopolista e a interposição de barreiras à entrada de concorrentes. Havendo substitutos para o produto, descaracteriza-se a situação de monopólio puro. E se as barreiras forem baixas e facilmente transponíveis, o poder de monopólio fica reduzido, notadamente quanto à fixação de preços: o monopolista, vulnerável ao ingresso de concorrentes, manterá os preços baixos como diretriz estratégica para desestimular possíveis entrantes em seu mercado.

Assim, caracteristicamente, os monopólios configuram-se pela unicidade do produtor, pela insubstitutibilidade do produto e por barreiras de entrada intransponíveis. Em decorrência disso, sendo a única supridora do mercado, a empresa monopolista não possui concorrentes diretos e, em casos extremos e puros, até concorrentes indiretos não existem ou se encontram tão longe de substituírem a oferta monopolizada que se consideram desprezíveis. Sem substitutos para seu produto, ela domina inteiramente o mercado.

Nestas condições, como mostramos na Figura 10.7, a curva da procura, do ponto de vista da empresa monopolista, é a própria curva do mercado como um todo. Isso não significa, porém, que a empresa monopolista pode aumentar os preços indefinidamente. Sem substitutos, sua curva de procura tem, tipicamente, baixa elasticidade-preço, embora dificilmente seja anelástica. Ainda assim, aumentos de preços proporcionam aumentos da receita total, pelo menos até certo nível, como p_1. Daí em diante, novos e sucessivos aumentos poderão implicar reduções na receita total, tornando-se então negativa a receita marginal. Considerando que a receita total é expressa pela multiplicação das quantidades pelos preços, quando a empresa aumenta o preço de p_0 para p_1, observa-se um ganho líquido, equivalente à diferença positiva entre as áreas dos retângulos $\overline{AB} \cdot \overline{CA}$ (perda de receita) e $\overline{CD} \cdot \overline{DE}$ (ganho de receita). Mas, na sequência, ao passar de p_1 para p_2, há uma perda líquida, dada pela diferença negativa entre as áreas dos retângulos $\overline{CD} \cdot \overline{DE}$ (perda de receita) e $\overline{EF} \cdot \overline{FG}$ (ganho de receita).

Ainda que sujeita a essa limitação, a faixa de manobras da empresa monopolista é ampla o suficiente para ela inverter a posição em que se encontra a empresa perfeitamente competitiva. Para esta, sujeita a uma curva de procura totalmente elástica, não há outra possibilidade senão a de se submeter ao preço de mer-

FIGURA 10.7 A curva da procura do ponto de vista da empresa monopolista é a própria curva do mercado como um todo. Pelas condições que definem o monopólio, é geralmente inelástica: até certo ponto, aumentos de preços implicam aumentos de receita total. Mas isso não significa que o monopolista pode aumentar os preços indefinidamente: após certo ponto, a receita total diminui.

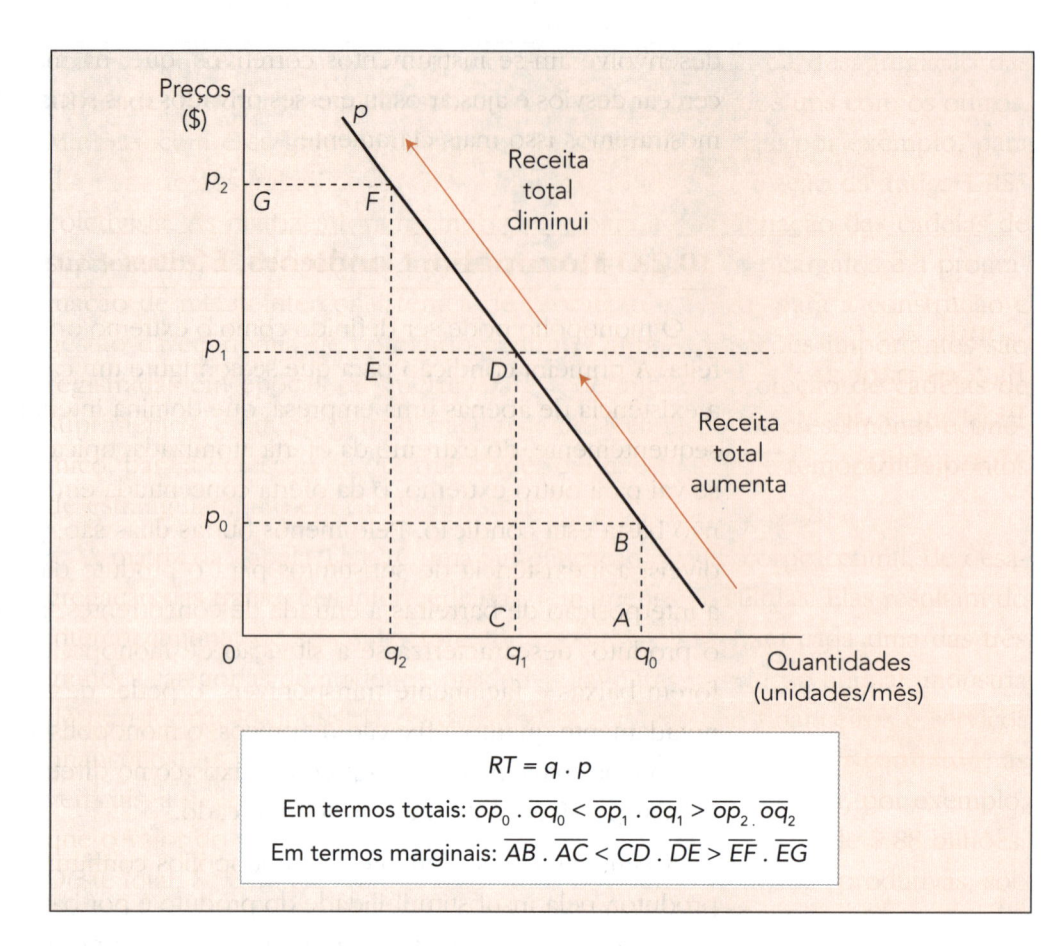

$$RT = q \cdot p$$

Em termos totais: $\overline{op_0} \cdot \overline{oq_0} < \overline{op_1} \cdot \overline{oq_1} > \overline{op_2} \cdot \overline{oq_2}$

Em termos marginais: $\overline{AB} \cdot \overline{AC} < \overline{CD} \cdot \overline{DE} > \overline{EF} \cdot \overline{EG}$

cado. Já, para o monopolista, é possível a definição do preço que otimiza seus interesses. No limite, o monopólio pode determinar qual a rentabilidade desejada e, dada a procura relativamente inelástica por seu produto, estabelecer então a melhor combinação de preço-quantidade com que atuará. Isso significa que, se suas informações sobre o mercado forem corretas, o monopolista pode decidir, unilateralmente, a combinação que maximizará seus interesses.

A excepcionalidade destas condições é de tal ordem que o surgimento e a manutenção de um monopólio puro são atribuíveis a razões técnicas, estruturais ou legais – estas últimas em geral derivadas de considerações de ordem estratégica. Definem-se dessa forma três critérios para a configuração de um monopólio:

❏ **O critério técnico**. Patentes resultantes de pesquisa e desenvolvimento de produtos podem conduzir a monopólios, que se sustentarão sob a proteção de normas institucionalizadas. Tais normas visam estimular a atividade de P&D, ao premiarem as descobertas pela concessão da patente protetora. Monopolizam-se, por este critério, processos que conduzem a produtos finais ou, então, a produção de determinados insumos controlados com exclusividade por seus detentores. Pode também ser atribuível a razões técnicas a concessão de determinados monopólios, de que são exemplos a distribuição de energia elétrica ou os direitos de lavra de determinada matéria-prima, como são os casos, no Brasil, da exploração das minas de magnesita no sul da Bahia ou dos de nióbio no sudoeste de Minas Gerais. Nestes casos, torna-se difícil, por razões técnicas, quebrar os monopólios, permitindo que outras empresas compartilhem dos direitos de exploração.

❑ **O critério estrutural**. Monopólios podem também surgir não de patentes ou de direitos exclusivos de exploração reconhecidos e concedidos, mas de razões estruturais, geralmente decorrentes de estruturas de custos ou das próprias dimensões do mercado. Há muitos insumos e produtos que, por uma combinação de elevados custos de implantação das unidades produtoras com as escalas relativamente baixas de procura, se mantêm naturalmente sob regimes monopolistas: ligas de aços especiais para produtos que exigem alta resistência, alguns tipos de resinas termoplásticas e medicamentos de alta especificidade para moléstias raras são exemplos de monopólios que se estabelecem naturalmente e que, por longos períodos, não são ameaçados por concorrentes. Exemplos como estes se multiplicam nas indústrias de ponta, de alto conteúdo tecnológico, como a química fina e a biotecnologia. Mas também podem ocorrer casos de monopólios estruturais em áreas de baixa exigência técnica. Este é o caso de determinadas linhas de transportes coletivos, onde as próprias dimensões do mercado não admitem mais de uma empresa ofertante: a concessão para exploração da mesma linha para uma segunda empresa poderia inviabilizar as duas, por insuficiência de procura em relação à oferta. E há casos também em que as dimensões do mercado podem ser amplas, mas os custos de implantação dos projetos são de tal ordem altos que acabam por se transformar em barreiras à entrada de concorrentes: é o que ocorre com os transportes metroviários urbanos.

❑ **O critério legal**. Monopólios podem também se estabelecer sob a proteção de disposições legais, que nem sempre se justificam por razões técnicas ou naturais. A lei pode estabelecer que determinadas explorações constituem monopólio do poder público, assim definidas, por exemplo, por razões de segurança nacional. Estabelecem-se, dessa forma, em muitas economias nacionais, monopólios para exploração de reservas naturais estratégicas, de que o petróleo, o gás natural e o urânio são exemplos clássicos.

Estes três critérios justificam estruturas monopolistas de "exploração consentida". E a elas se sobrepõe mais uma, geralmente "não consentida", resultante de coalizões entre empresas do mesmo setor, com o objetivo de desfrutarem do poder e das condições excepcionais que caracterizam os monopólios. Definem-se, assim, quatro categorias de monopólios:

❑ Os monopólios patenteados.

❑ Os monopólios naturais.

❑ Os monopólios legais.

❑ Os monopólios por coalizões.

A Maximização do Lucro pela Empresa Monopolista

As condições em que os monopólios operam correspondem ao exercício de amplo **poder de mercado** – diametralmente oposto ao que ocorre nas estruturas perfeitamente competitivas, onde esse mesmo poder, do ponto de vista do produtor, é praticamente nulo. Nos monopólios, todavia, os preços praticados e as quantidades produzidas, obviamente definidos conjuntamente, resultam de decisões unilaterais, quase sempre voltadas para a maximização do lucro. Como observam J. Robinson e J. Eatwell,[3] "segundo a teoria tradicional, o monopolista define o preço para o seu produto, de tal forma, que lhe proporcione o máximo de excesso de receitas sobre os custos. Em seu processo decisório, entra o conceito de elasticidade-preço. Se o monopolista agir segundo a regra de maximização dos lucros, jamais escolherá um preço ao qual a elasticidade da procura é inferior a um: a esse preço, maiores quantidades vendidas acarretam, ao mesmo tempo, menores receitas e maiores custos. Ele tem poder de mercado para ganhar mais vendendo a preços mais altos. Quando o monopolista satisfaz à procura de determinado produto, ele o faz a um preço suficientemente elevado para proporcionar-lhe um excesso confortável de receitas sobre os custos totais".

Como o monopolista tem o mercado em suas mãos, ele se movimenta ao longo da curva de procura, definindo-se por um preço que maximize lucros, resultante da maior distância possível entre receitas e custos totais. Obviamente, este preço equivale à igualdade já conhecida entre custos e receitas marginais, mas com uma diferença operacional: **em estruturas de mercado competitivas, as ações se concentram sobre os custos, internamente; no monopólio, as decisões levam em conta, essencialmente, as condições externas de mercado**.

A curto prazo, a empresa monopolista procurará operar no ponto em que seus lucros sejam maximizados, só se desviando desse objetivo primordial por razões estratégicas, como desencorajar o ingresso de concorrentes ou controlar reações da sociedade a seu poder de mercado. Ajustando então o binômio preços-quantidades, o monopolista estará interessado em determinar o nível de produção e de oferta que lhe possibilite os mais altos resultados possíveis. Seus interesses, neste caso, não coincidirão com as potencialidades do mercado. Atuando sob condições não reguladas pelo poder público, o mercado terá dimensões compatíveis com aquelas em que o monopolista decidir operar.

Na Tabela 10.2, encontra-se uma hipótese-demonstração de maximização do lucro por uma empresa monopolista. Admitimos ali um comportamento típico de custos, sujeito à ocorrência de rendimentos decrescentes de escala. Quanto às receitas, partimos de uma curva de procura que reproduz o modelo teórico básico da empresa monopolista, notadamente quanto ao comportamento da elasticidade-preço.

Como mostram os dados do modelo construído, o comportamento típico de uma função procura com que defronta uma empresa monopolista não é do tipo que permite continuado aumento da receita total. Esta aumentará inicialmente, enquanto a empresa estiver praticando preços altos. Mas, depois de atravessar um intervalo de relativa estabilização de receitas, os aumentos da produção e das vendas, por exigirem preços cada vez mais baixos, acabarão por conduzir a receitas totais também mais baixas. Como esclarece J. L. Bach,[4] "o fato de o monopolista necessitar abaixar o preço do seu produto para incrementar suas vendas, faz com que a receita marginal seja menor do que o preço, para todos os níveis de produção, exceto para o primeiro. A razão disso é que os cortes de preços não se aplicam apenas às unidades adicionais vendidas, mas a todas as unidades anteriores que poderiam ter sido vendidas a um preço maior. Assim,

TABELA 10.2
Uma hipótese-demonstração de maximização do lucro pela empresa monopolista. Operando no intervalo de procura inelástica, o monopolista regula preços e quantidades ofertadas: um caso típico de maximização pela igualdade entre o custo marginal e a receita marginal.

Quantidades produzidas (unidades/mês) Q	Custo total CT	Custo total médio CTMe	Custo marginal CMg	Preço (escala da procura) P	Receita total RT = P . Q	Receita marginal RMg	Resultado econômico RE = RT − CT
0	2.000	–	–	–	–	–	– 2.000
200	2.800	14,00	4,00	9,00	1.800	9,00	– 1.000
400	3.360	8,40	2,80	8,40	3.360	7,80	0
600	3.680	6,13	1,60	7,80	4.680	6,60	+ 1.000
800	3.910	4,89	1,15	7,20	5.760	5,40	+ 1.850
1.000	4.150	4,15	1,20	6,60	6.600	4,20	+ 2.450
1.200	4.550	3,79	2,00	6,00	7.200	3,00	+ 2.650
1.400	5.210	3,72	3,30	5,40	7.560	1,80	+ 2.350
1.600	6.110	3,82	4,50	4,80	7.680	0,60	+ 1.570
1.800	7.260	4,03	5,75	4,20	7.560	– 0,60	+ 300
2.000	8.810	4,41	7,75	3,60	7.200	– 1,80	– 1.610
2.200	11.610	5,28	14,00	3,00	6.600	– 3,00	– 5.010

cada unidade adicional de vendas acrescenta à receita total o seu preço, menos a soma das reduções sofridas por todas as unidades anteriores aos novos preços". Esta regra pode ser observada, comparando-se as escalas descendentes do preço com as da receita marginal.

Aparentemente, devido às características da procura dirigida a seu produto, a empresa monopolista tem facilidade para escapar de combinações preços-e--quantidades que impliquem resultados negativos, quer porque os preços são baixos e não ressarcem a totalidade dos custos, quer porque são muito altos e deprimem as quantidades procuradas, pressionando para baixo a receita total. Se o monopolista está operando em uma dessas duas faixas de resultado, ele manipula o preço sistematicamente, definindo-se por aquele que eleve o resultado econômico até o máximo ponto possível. Obviamente, vale para a empresa monopolista a regra de maximização definida pela igualação entre receitas e custos marginais. Enquanto as receitas marginais de vendas superarem os custos marginais de produção, ela estará disposta a aumentar as quantidades produzidas. Quando as receitas se tornam, em termos marginais, inferiores aos custos, ela reduz as quantidades produzidas. E permanecerá em equilíbrio estável a curto prazo, quando as duas se tornam iguais.

Na Figura 10.8, com dados da Tabela 10.2, mostramos os comportamentos típicos das curvas de receita total média e de procura da empresa monopolista típica. Como, do ponto de vista da empresa monopolista, a curva de procura com

FIGURA 10.8
(a) Para o monopolista, a curva da receita média, *RTMe*, corresponde à função procura, *P*. E a curva da receita marginal, *RMg*, está, necessariamente, abaixo da de receita total média.

(b) No monopólio, a curva típica da receita total, *RT*, atinge seu ponto mais alto quando a receita marginal, *RMg*, se torna zero. A partir daí é decrescente, sob a ação de receitas marginais negativas.

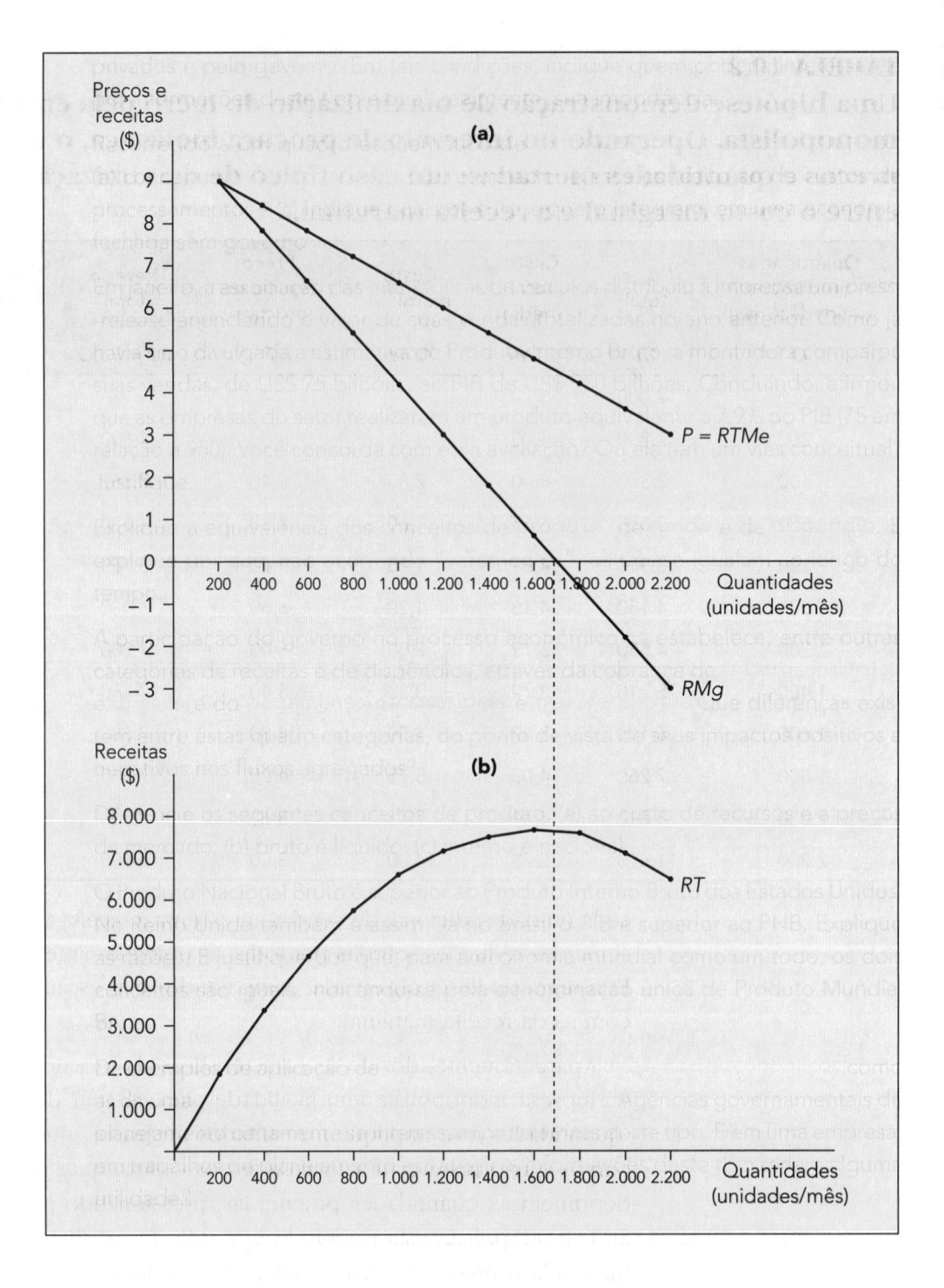

que defronta corresponde à do mercado como um todo, a curva da receita total média, *RTMe*, nada mais é do que a função procura de seu produto. E mostramos também que, por razões já expostas, a receita marginal está sempre abaixo da receita total média, exceto para o primeiro nível de produção. E, ocorrendo receitas marginais negativas, a curva da receita total pode flexionar-se para baixo. O ponto de flexão corresponde àquele nível de produção e vendas em que a receita marginal, *RMg*, se iguala a zero.

Na Figura 10.9, encontram-se as três abordagens de maximização do lucro. No gráfico (a), o lucro máximo é expresso pela distância *AB* entre o custo total, *CT*, e a receita total, *RT*. Os pontos de nivelação, I_0 e I_1 correspondem aos

FIGURA 10.9 A empresa monopolista maximiza o resultado econômico, *RE*, correspondente à máxima distância entre a receita total, *RT*, e o custo total, *CT*, no ponto em que a receita marginal, *RMg*, é igual ao custo marginal, *CMg*. Este ponto é definido por uma deliberada combinação de preços-e-quantidades que produza máximos retornos.

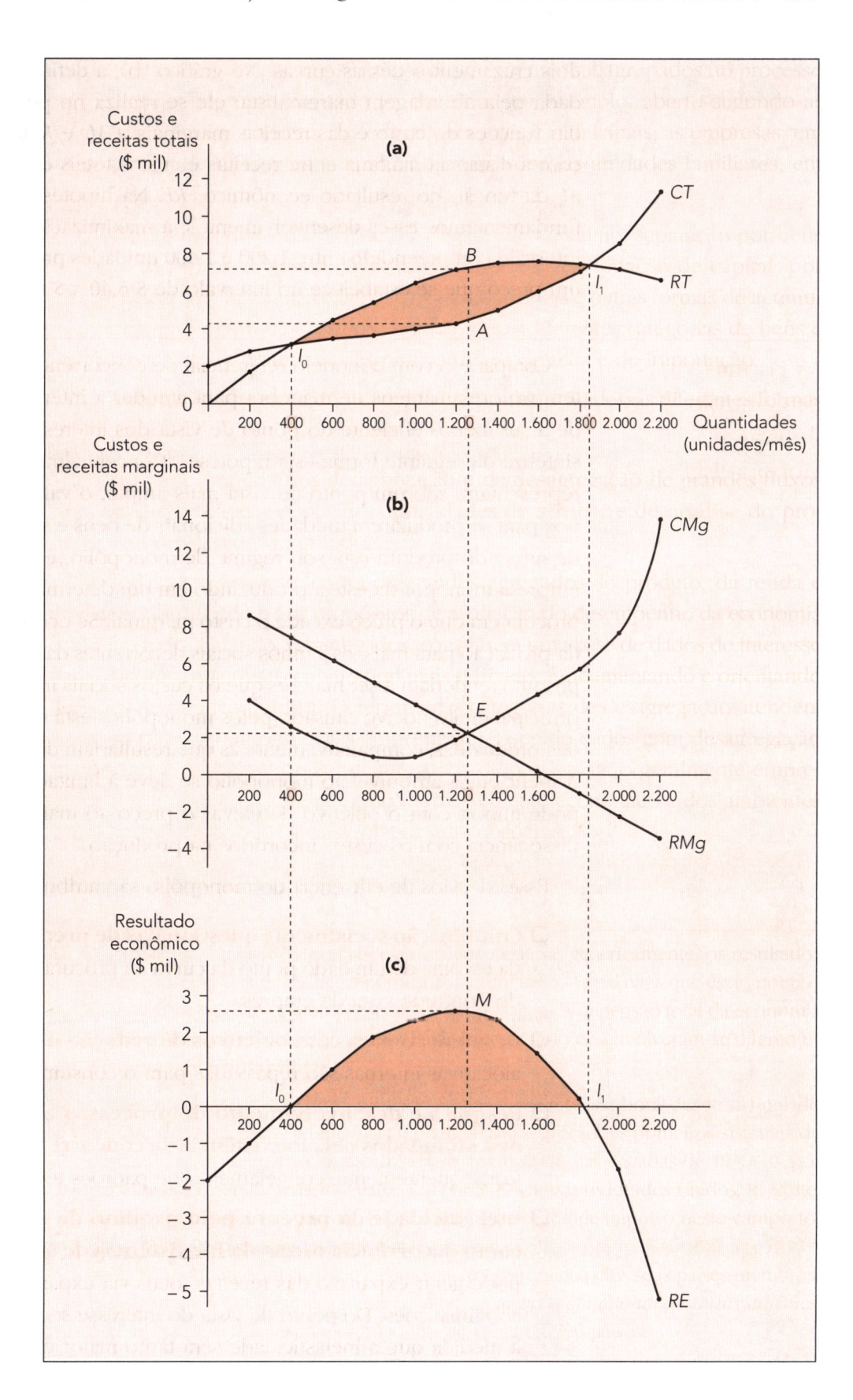

dois cruzamentos dessas curvas. No gráfico (b), a definição do lucro máximo é dada pela abordagem marginalista: ele se realiza no ponto de cruzamento, *E*, das funções do custo e das receitas marginais, *CMg* e *RMg*. Esse ponto coincide com a distância máxima entre receitas e custos totais e com o ponto mais alto, *M*, da função do resultado econômico, *RE*. Na hipótese-demonstração em que fundamentamos esses desenvolvimentos, a maximização do resultado dá-se no intervalo compreendido entre 1.200 e 1.400 unidades produzidas e vendidas, por um preço que se estabelece no intervalo de $ 5,40 a $ 6,00 por unidade.

As Formas de Controle do Poder Monopolista

Comparado com o modelo referencial de concorrência perfeita, o monopólio tem maiores margens de manobra para atender a interesses privados, mas tende a ser menos eficiente do ponto de vista dos interesses sociais. K. Lancaster[5] sintetiza da seguinte forma esta hipótese: "Conceitualmente, os custos marginais representam, sob um ponto de vista mais amplo, o valor dos recursos necessários para se produzirem unidades adicionais de bens e serviços. Quando a oferta de um dado produto está sob regime de monopólio, é bastante provável que a empresa monopolista esteja produzindo em um determinado ponto da escala de procura em que o preço excede o custo marginal. Se ocorresse um deslocamento da produção para mais, os ganhos sociais decorrentes da maior disponibilidade do produto tenderiam a ser maiores que os custos sociais incorridos na produção. O principal efeito nocivo causado pelos monopólios está na redução das quantidades produzidas, comparativamente às que resultariam de estruturas competitivas. A ineficiência atribuível ao monopólio se deve à limitação da produção que ele pode impor, com o objetivo de elevar o preço ao mais alto nível possível, em dissonância com os custos incorridos na produção."

Esses desvios de eficiência do monopólio são atribuíveis a vários fatores:

- **Combinação socialmente questionável de preços-quantidades**: o efeito da escolha de um dado ponto da curva da procura que maximiza resultados do ponto de vista da empresa.

- **Desatenção para com objetivos de redução de custos**: as ineficiências alocativas internas são repassadas para o consumidor.

- **Pesquisa e desenvolvimento de processos e melhoria do produto desestimulados pela inexistência de concorrentes diretos e indiretos**. Consequentemente, congelamento de padrões tecnológicos.

- **Inelasticidade da procura pelo produto da empresa monopolista, como decorrência direta da inexistência de substitutos**: um fator que pode gerar expansão das receitas totais via expansão dos preços, embora sob limitações. Do ponto de vista do interesse social, este fator é perverso, à medida que a inelasticidade será tanto maior quanto maior for a essencialidade do produto.

- **Descompasso, crescente a longo prazo, entre preços recebidos e preços pagos pelo monopolista**: seu poder de monopólio pode estender-se a montante, projetando-se sobre sua cadeia de fornecedores.

Essas possíveis divergências entre o interesse público e os objetivos da empresa monopolista têm desaguado na definição de **políticas antimonopólio**, conduzidas por autoridades públicas. Quando a quebra do monopólio se torna impraticável por razões estruturais ou naturais (escalas de produção, patentes ou indivisibilidade da oferta entre empresas concorrentes), as principais políticas impostas pelo governo são:

- **Controles**. Fixação de controles sobre o binômio preços-quantidades. O objetivo é impedir que o monopolista se limite à combinação que maximiza seus interesses. Os preços passam então a ser definidos pela autoridade pública, que também monitora o suprimento regular do mercado, controlando manobras especulativas. Os preços arbitrados não eliminam por completo o lucro do monopólio, mas em geral o rebaixam, aproximando-o de uma taxa normal, definida por uma relação estável entre o resultado operacional e o patrimônio líquido da empresa, próxima de padrões que se observam na maior parte das estruturas competitivas.

- **Discriminação de preços**. Imposição de preços discriminados, segundo uma escala justificada pelo interesse social. As tarifas diferenciadas de energia elétrica, geralmente beneficiando atividades produtivas eletrointensivas ou populações de baixa renda, são formas de discriminação de preços que atendem a objetivos públicos. As tarifas discriminadas para baixo podem ou não ser compensadas por escalas de preços em direções opostas.

- **Propriedade pública**. Implica estatização da empresa monopolista, de tal forma que todas suas ações sejam diretamente subordinadas à autoridade pública. As hipóteses justificadoras são: (a) A empresa estatal não é orientada, necessariamente, para objetivos de maximização do lucro; e (b) a empresa estatal é parte integrante da própria estrutura do governo e com ele interage diretamente na definição de políticas de interesse público.

Estas três formas de controle do poder da empresa monopolista, embora possam efetivamente conciliar interesses, também têm seus problemas. Elas não são garantias suficientes de que o interesse público estará o tempo todo preservado e atendido. Primeiro, porque a arbitragem e a fixação de preços podem estabelecer-se sobre estruturas ineficientes de custos. Segundo, porque a discriminação de preços e tarifas pode converter-se em instrumento de favorecimentos socialmente injustificáveis. Terceiro, porque o governo-empresário é um arranjo burocrático nem sempre comprometido com objetivos de eficiência.

De qualquer forma, as políticas antimonopólio constituem uma forma de convivência com estruturas monopolistas de "exploração consentida", que se mantém sob a força de institutos legais ou de condições estruturais. E são também instrumentos de atuação do governo aplicáveis nos casos de monopólios "não consentidos", criados por coalizões não sancionadas pelo poder público. Ainda que também imperfeitos, esses instrumentos de intervenção podem reduzir a distância entre o interesse social e os objetivos privados perseguidos pela empresa monopolista.

10.3 A Concorrência Monopolística: uma Estrutura a Meio-termo

Características Básicas: Diferenciação e Procura Elástica

Situando-se a meio-termo entre as hipóteses referenciais da concorrência perfeita e do monopólio puro, a **concorrência monopolística** é uma estrutura de mercado que apresenta ao mesmo tempo algumas das características peculiares dos dois extremos. E com uma importante particularidade: ela corresponde a um grande número de situações efetivamente encontradas na realidade dos mercados.

As duas principais características desta estrutura são o elevado número de concorrentes, que dominam fatias pequenas do mercado, e a diferenciação de seus produtos. O grande número de empresas justifica a palavra **concorrência**; e a diferenciação dos produtos, uma arma para a criação e a manutenção de nichos próprios de mercado para cada concorrente, justifica a palavra **monopolística**. Juntando as duas, temos uma expressão adjetivada que, como sintetiza C. Tisdell,[6] "pode ser considerada tanto uma variedade do monopólio, quanto da concorrência perfeita. Isto porque, em um mercado monopolístico, os vendedores têm alguma influência sobre os preços: não é impossível, como nos mercados perfeitamente competitivos, nem tão amplo como no monopólio. E existem outros aspectos que evidenciam situações intermediárias, como o ingresso de novos competidores no mercado, que é fácil a longo prazo, ou a diferenciação dos produtos, que tanto implica competição quanto monopolização. A diferenciação e a ampla variedade de produtos similares e substitutos é de tal ordem que a concorrência monopolística não se dá entre empresas de um mesmo setor da economia, mas entre empresas de diferentes setores, que produzem bens e serviços que concorrem entre si, ainda que indiretamente. Chamberlin, o criador dessa expressão, não se referia, assim, a uma estrutura de mercado que se observa em determinado setor, onde a oferta é a um só tempo monopolística e competitiva, mas a agrupamentos de subsetores que fornecem produtos que se substituem mutuamente, com alta elasticidade cruzada".

Sob estas peculiaridades, cada empresa define sua própria política de preços, tentando sustentá-la pela diferenciação de seu produto. A diferenciação pode ser resultante de qualidade, de marca, de imagem, de desempenho ou de *design* do produto. Importa apenas que ela seja percebida e valorizada pelo consumidor, que poderá estar até disposto a pagar pelo produto diferenciado uma espécie de **preço-prêmio**: ele premia a empresa, pagando preços mais altos que os praticados por suas concorrentes, desde que a diferenciação o satisfaça, justificando esse comportamento aparentemente irracional.

Na concorrência monopolística, cada empresa vende, em princípio, um produto diferenciado, mas que tem fortes candidatos no mercado para substituí-lo: um nítido meio-termo entre a insubstitutibilidade do produto do monopólio puro e a perfeita homogeneidade do produto da empresa perfeitamente competitiva. A diferenciação de produtos similares-substitutos é uma das armas principais da empresa monopolística para a conquista do consumidor e de uma fatia maior do mercado. Mas, a conquista dificilmente é definitiva: o consumidor estará sempre sujeito à tentação da substituição, a experimentar o similar, a romper a fidelidade.

FIGURA 10.10
A curva da procura do ponto de vista da empresa sob concorrência monopolística. Sua conformação típica está a meio caminho entre a da empresa perfeita competitiva e a da empresa monopolista. Embora a diferenciação do produto possa definir um "mercado cativo", como no monopólio, o elevado número de substitutos torna a procura, em seu todo, mais elástica. Além disso, a curva pode ser deslocada para mais e para menos pela atuação das empresas concorrentes.

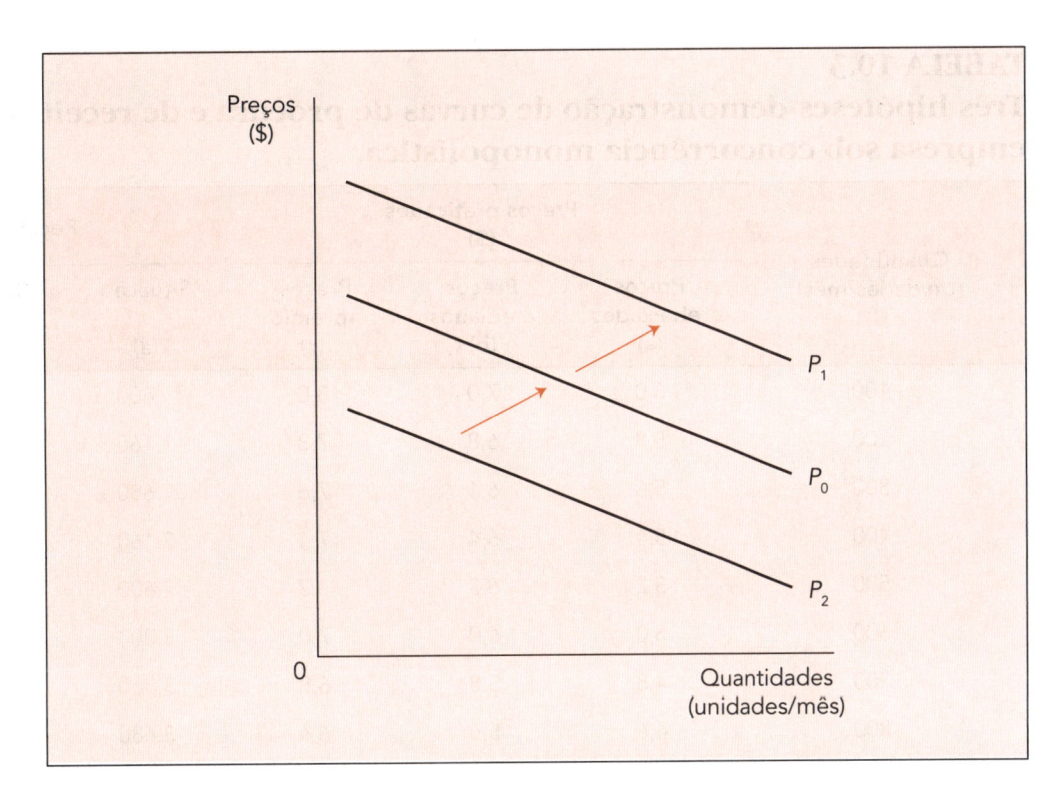

Consequentemente, a curva da procura com que defronta a empresa sob concorrência monopolística é relativamente elástica. No lugar da escala horizontal, perfeitamente elástica, dos mercados competitivos perfeitos, o padrão usual da procura dirigida à empresa monopolisticamente competitiva é o de uma curva levemente descendente. Além disso, como a empresa está sujeita à agressiva atuação de suas concorrentes, podem ocorrer substantivas perdas de mercado, definidas por deslocamentos para mais e para menos da curva de procura como um todo.

Isso é mostrado na Figura 10.10. As políticas de diferenciação dos produtos e a luta permanente para a conquista do consumidor podem, até com certa facilidade, provocar o deslocamento da procura preexistente, de P_0 para P_1 (para mais) ou P_2 (para menos). Deslocamentos para mais resultam de melhorias em reputação, imagem e qualidade ou de mais agressivas e bem-sucedidas ações mercadológicas. Os deslocamentos para menos geralmente têm a ver com ações de empresas concorrentes, que a superam por políticas de mercado, novas capacitações desenvolvidas, as características intrínsecas de produtos resultantes de inovações aprovadas pelos consumidores.

A Busca do Preço-prêmio: a Variável-chave do Resultado

Estas características essenciais da empresa sob concorrência monopolística encontram-se nas hipóteses da Tabela 10.3. Vamos partir da escala de procura de preços medianos (b), que estarão sendo praticados, sob determinadas condições e circunstâncias. Se a empresa conseguir reconhecimento do mercado por um sistemático processo de diferenciação de seu produto, poderá receber preços-prêmio, ao longo de toda a escala da procura: neste caso, as quantidades que a definem serão vendidas por um novo nível de preço (c), resultante da percepção, pelos consumidores, de fatores como qualidade, marca, imagem, desempenho

TABELA 10.3
Três hipóteses-demonstração de curvas de procura e de receitas totais para a empresa sob concorrência monopolística.

Quantidades (Unidades/mês)	Preços praticados ($)			Receitas totais ($)		
	Preços rebaixados (a)	Preços medianos (b)	Preços--prêmio (c)	Situação (a)	Situação (b)	Situação (c)
100	6,0	7,0	8,0	600	700	800
200	5,8	6,8	7,8	1.160	1.360	1.560
300	5,6	6,6	7,6	1.680	1.980	2.280
400	5,4	6,4	7,4	2.160	2.560	2.960
500	5,2	6,2	7,2	2.600	3.100	3.600
600	5,0	6,0	7,0	3.000	3.600	4.200
700	4,8	5,8	6,8	3.360	4.060	4.720
800	4,6	5,6	6,6	3.680	4.480	5.280
900	4,4	5,4	6,4	3.960	4.860	5.760
1.000	4,2	5,2	6,2	4.200	5.200	6.200
1.100	4,0	5,0	6,0	4.400	5.500	6.600

ou outros atributos do produto. Sob circunstâncias opostas, terá que rebaixar seus preços (a), para manter as quantidades vendidas ao longo de toda a escala da procura. Obviamente, esses movimentos refletem-se nas receitas totais, *RT*, ampliando-as ou contraindo-as, para iguais quantidades vendidas.

Em mercados como o de alimentos industrializados, as possibilidades de substituição de um produto por outro, dentro de uma mesma categoria, ou de substituição de produtos de categorias diferentes, são geralmente bastante amplas. O consumidor tem à sua disposição, por exemplo, uma grande variedade de salsichas, diferenciadas por marcas, cores, consistência, sabores, tamanhos – e preços. O produtor que conseguir diferenciar seu produto, conquistando a confiança do consumidor quanto à qualidade percebida, poderá praticar preços superiores aos de seus concorrentes – e venderá mais. A curva da procura de seu produto refletirá, ao longo de toda a escala de quantidades, um preço-prêmio pago pelo consumidor. E isso não ocorre apenas com alimentos, mas com uma grande variedade de produtos, desde tubos e conexões para construção civil até confecções, passando por produtos de limpeza e higiene pessoal. Onde quer que haja possibilidade de diferenciação do produto, podem estabelecer-se as condições típicas da concorrência monopolística: uma estrutura de mercado caracterizada, em síntese, pela existência de grande número de empresas com produtos diferenciados.

A Figura 10.11 reproduz as escalas de procura, *P*, e de receitas totais, *RT*, das hipóteses-demonstração (a), (b) e (c). Partindo da posição mediana, *P* (b) e *RT* (b), as curvas de procura e de receita total sofreram deslocamentos para mais e

FIGURA 10.11 As curvas da procura, *P*, do ponto de vista da empresa sob concorrência monopolística são, tipicamente, elásticas e sujeitas a deslocamentos para mais e para menos, em decorrência da substitutibilidade dos produtos concorrentes. Estas características se refletem nas curvas de receita total, *RT*, quase lineares, discretamente convexas.

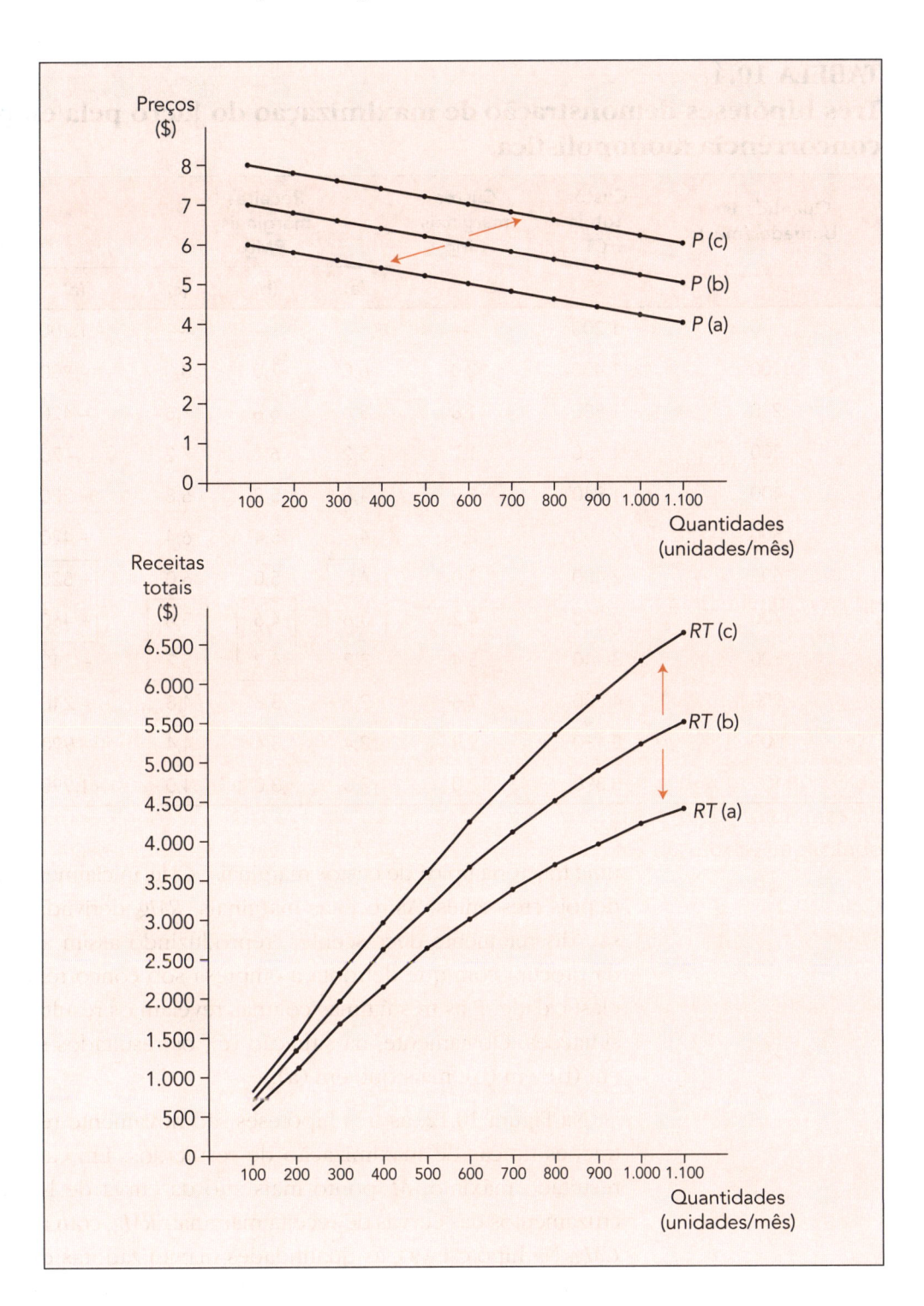

para menos, presumivelmente decorrentes de concorrência fundamentada na diferenciação do produto. As funções $P(c)$ e $RT(c)$ definem-se por preços-prêmio atribuíveis a bem-sucedidos esforços de diferenciação, não importa se atribuíveis aos binômios marca-imagem ou qualidade-desempenho do produto. A situação oposta, de preços e receitas rebaixadas, traduz-se pelas funções $P(a)$ e $RT(a)$.

As posições das curvas da procura e da receita total refletem-se no resultado econômico da empresa, como mostramos na Tabela 10.4. Admitimos ali uma estrutura de custos totais, *CT*, sujeita a rendimentos de escala, implicando

TABELA 10.4
Três hipóteses-demonstração de maximização do lucro pela empresa sob concorrência monopolística.

Quantidades (Unidades/mês)	Custos totais CT	Custos marginais CMg	Receitas marginais RMg			Resultado econômico RE = RT − CT		
			(a)	(b)	(c)	(a)	(b)	(c)
0	1.200	—	—	—	—	− 1.200	− 1.200	− 1.200
100	1.400	2,0	6,0	7,0	8,0	− 800	− 700	− 600
200	1.580	1,8	5,6	6,6	7,6	− 420	− 220	− 20
300	1.750	1,7	5,2	6,2	7,2	− 70	+ 230	+ 530
400	1.940	1,9	4,8	5,8	6,8	+ 220	+ 620	+ 1.020
500	2.180	2,4	4,4	5,4	6,4	+ 420	+ 920	+ 1.420
600	2.480	3,0	4,0	5,0	6,0	+ 520	+ 1.120	+ 1.720
700	2.900	4,2	3,6	4,6	5,6	+ 460	+ 1.160	+ 1.820
800	3.440	5,4	3,2	4,2	5,2	+ 240	+ 1.040	+ 1.840
900	4.200	7,6	2,8	3,8	4,8	− 240	+ 660	+ 1.560
1.000	5.190	9,9	2,4	3,4	4,4	− 990	+ 10	+ 1.010
1.100	6.390	12,0	2,0	3,0	4,0	− 1.990	− 890	+ 210

uma trajetória típica de custos marginais, *CMg*, inicialmente decrescentes, estáveis, depois crescentes. As receitas marginais, *RMg*, derivadas das curvas de procura, são discretamente decrescentes, reproduzindo assim a característica dominante da procura com que defronta a empresa sob concorrência monopolística, a alta elasticidade. E as três últimas colunas revelam os resultados econômicos das três situações. Obviamente, na situação (c), os resultados são mais expressivos que em (b); em (b), mais que em (a).

Na Figura 10.12, as três hipóteses são novamente reproduzidas, em demonstrações típicas de maximização de resultados. Em cada uma das hipóteses, o resultado máximo, *M*, ponto mais alto da curva de lucro, *L*, coincide com os cruzamentos das curvas de receita marginal, *RMg*, com a curva de custo marginal, *CMg*. Na hipótese (a), as quantidades maximizadoras de lucro estão entre 650 e 700 unidades/mês; em (b), entre 700 e 750; em (c), bem próximas de 800.

Isso significa que a empresa sob concorrência monopolística, bem-sucedida na diferenciação de seu produto, obtém, simultaneamente, preços mais altos, resultados mais expressivos e fatias maiores do mercado.

A diferenciação e o preço-prêmio são, nesta estrutura de mercado, condições básicas de sobrevivência da empresa e de expansão de seus negócios.

FIGURA 10.12
A empresa sob concorrência monopolística alcança maiores níveis de resultado econômico em função de deslocamentos da função procura ou de preços-prêmio, respectivamente resultantes da preferência por seu produto e da diferenciação premiada pelo consumidor. Preferências ou preços-prêmio definem diferentes curvas de receita marginal, *RMg*, que cruzam em diferentes pontos a função básica do custo marginal, *CMg*. As curvas do resultado econômico, *L*, e seus pontos máximos, *M*, correspondentes aos cruzamentos *RMg/CMg*, refletem as diferentes situações possíveis.

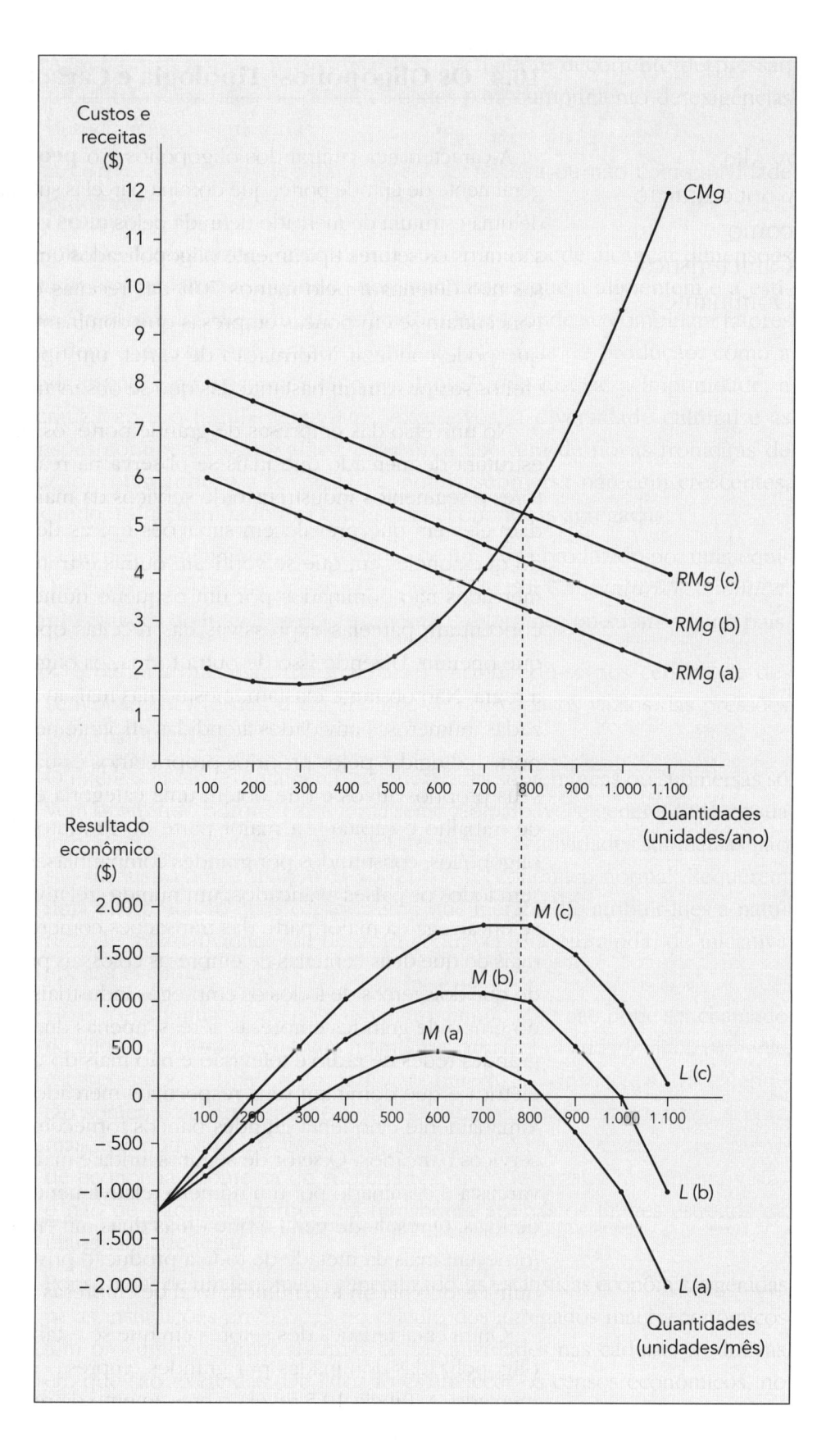

10.4 Os Oligopólios: Tipologia e Características Dominantes

A Alta Concentração como Característica Dominante

A característica central dos oligopólios é o **pequeno número de empresas**, geralmente de grande porte, que domina parcelas substantivas do mercado. Trata-se de uma estrutura de mercado definida pelos **altos coeficientes de concentração**: são raros os setores tipicamente oligopolizados em que as cinco maiores empresas não detenham pelo menos 70% das receitas operacionais totais. As vendas concentram-se em poucas empresas que dominam o mercado – uma dominação que pode conduzir à formação de cartel, um tipo de coalizão cujas práticas e efeitos se aproximam bastante das que se observam em situações de monopólio.

No universo das empresas de grande porte, os oligopólios são, claramente, a estrutura de mercado que mais se observa na realidade. Entre os principais setores e segmentos industriais e de serviços da maior parte dos países, o número daqueles em que prevalecem situações típicas de oligopólio tende a ser maior do que aqueles em que se verificam outras estruturas de mercado. São raros os mercados não dominados por um pequeno número de grandes empresas, que concentram parcelas expressivas das receitas operacionais dos segmentos em que operam. Dizendo isso de outra forma, os oligopólios não são exceções, são a regra. Não obstante existam, mesmo nas mais avançadas economias industrializadas, numerosas atividades atendidas eficientemente por empresas de pequeno porte – dirigidas pelos próprios proprietários e suas famílias, que põem em risco seus próprios ativos e que obtêm uma categoria especial de remuneração mista de trabalho e capital – a maior parte do Produto Nacional Bruto é gerada por oligopólios, constituídos por grandes companhias. Como observa J. K. Galbraith,[7] "em todos os países avançados, um número relativamente reduzido de empresas se encarrega da maior parte das transações comerciais. Nos Estados Unidos, não mais do que duas centenas de empresas colossais proporcionam não muito menos do que dois terços de todos os empregos industriais. Da mesma forma, um pequeno grupo de grandes empresas aéreas, apenas duas companhias telefônicas, três grandes redes de rádio e televisão e não mais do que cinco empresas de energia elétrica é que dominam seus respectivos mercados e ramos de atividade. Aproximadamente cinquenta grandes bancos fornecem cerca da metade de todos os serviços bancários. O setor de seguros ainda é mais concentrado. Até o comércio varejista é dominado por um número relativamente pequeno de grandes cadeias de lojas. O resultado geral é que umas duas mil empresas, não mais do que isto, fornecem mais da metade de toda a produção privada de bens e serviços – e isto numa economia onde o número total de empresas se aproxima de vinte milhões".

Outra característica dos setores em que se estabelecem estruturas de mercado oligopolizadas dominadas por grandes empresas é a crescente concentração do mercado. A Tabela 10.5 revela o crescimento da relação entre o total das receitas operacionais das 500 maiores empresas e o Produto Nacional Bruto dos Estados Unidos, nos últimos 50 anos. Este processo, observado em praticamente todos os países, é atribuível a extenso número de fatores. Em listagem não exaustiva, destacam-se estes:

TABELA 10.5 Relação entre as receitas operacionais das 500 maiores empresas e o Produto Nacional Bruto dos Estados Unidos.

Anos	US$ bilhões correntes		
	Produto Nacional Bruto (a)	Receitas das 500 maiores empresas (b)	Relação % (b)/(a)
1960	518,9	197,4	38,0
1970	1.012,9	469,3	46,3
1980	2.725,4	1.436,0	52,7
1995	7.325,1	4.228,7	57,7
2004	11.667,5	7.433,2	63,7
2006	13.201,8	9.896,7	74,9
2008	14.204,0	10.688,1	69,2
2009	14.119,0	9.763,4	69,2
2010	14.582,4	10.643,6	73,0
2011	15.049,0	12.942,4	86,0

- Diversidade do ritmo de crescimento orgânico das empresas, que diferenciam seus tamanhos e suas participações nos mercados em que atuam, gerando concentração.
- Fusões e aquisições, motivadas por ganhos de escala.
- Redução do tamanho de segmentos de mercado, dificultando a sobrevivência de empresas de menor porte.
- *Joint ventures* e *ventures capital* entre empresas independentes.
- Prioridade dada por fundos de *private equity* a empresas de médio porte, bem-sucedidas para injeção de recursos destinados a fortalecer projetos de crescimento.
- Crescente internacionalização das cadeias produtivas, dificultando a competitividade das empresas de menor porte que não tenham acesso a mercados externos, seja para suprimentos ou colocação de seus produtos.
- Maior capacidade das empresas de grande porte para investimentos em P&D, alijando do mercado, pelas inovações, as de menor porte.
- Barreiras de entrada a empresas de pequeno porte em setores intensivos em capital e de longos períodos de maturação – indústrias de base como exemplos notórios.
- Políticas governamentais que incentivam a formação de grandes grupos empresariais nacionais, com objetivos de fortalecimento da competitividade externa na economia como um todo.

No Brasil não é muito diferente. A Tabela 10.6 mostra os graus de concentração das vendas em 12 setores e em 42 segmentos selecionados. Em 21 deles, as cinco maiores empresas detêm mais de 70% das receitas operacionais – e não são poucos os casos em que elas concentram mais de 80%. É, por exemplo, o

TABELA 10.6
Brasil, na virada do século XX para o XXI: graus de concentração das empresas em setores e segmentos de mercados imperfeitamente competitivos.

Setores	Subsetores	Coeficientes de participação no mercado[a]	
		Das cinco maiores empresas	Da empresa líder
MINERAÇÃO	Ferrosos	89,3	60,6
	Não ferrosos	91,5	47,5
METALURGIA	Alumínio e artefatos	92,8	39,4
	Aço	71,6	22,1
	Cobre e artefatos	99,5	55,8
	Trefilados e telas	95,8	65,9
MECÂNICA	Equipamentos e implementos agrícolas	72,1	31,2
	Equipamentos pesados	41,0	17,7
	Máquinas-ferramenta	93,6	57,6
QUÍMICA E PETROQUÍMICA	Produtos petroquímicos	67,1	52,7
	Produtos químicos básicos	83,2	61,0
	Lubrificantes	85,2	32,6
	Gases industriais e outros produtos químicos	52,8	21,7
	Tintas, vernizes e solventes	61,3	22,0
	Fertilizantes, adubos e defensivos	54,4	15,4
PRODUTOS FARMACÊUTICOS E DE HIGIENE	Farmacêuticos e veterinários	49,8	17,8
	Higiene e limpeza	88,7	65,0
	Perfumaria	98,4	80,8
MADEIRAS, MÓVEIS E PAPEL	Artefatos de madeira	60,6	25,4
	Móveis	37,6	11,0
	Celulose e papel	41,8	9,9
ALIMENTOS	Conglomerados alimentícios	75,9	20,4
	Óleos vegetais	50,7	17,8
	Moinhos e massas	54,4	21,7
TÊXTIL E COURO	Fiação, tecelagem e confecção	25,3	12,5
	Curtumes	48,0	13,2
	Calçados e artefatos de couro	52,1	26,3
PLÁSTICOS E BORRACHA	Artefatos de plástico	36,2	11,0
	Artefatos de borracha	65,4	30,3
ELETROELETRÔNICA	Geração, transmissão e transformação de energia	80,6	43,9
	Eletrodomésticos	81,7	34,8
	Componentes elétricos	84,2	29,5
	Componentes eletrônicos	71,2	22,1
MATERIAL DE TRANSPORTES E AUTOPEÇAS	Montadoras de veículos	96,8	31,8
	Motores e componentes	74,3	17,6
	Carroçarias e componentes	81,0	28,0
	Acessórios, peças e componentes	53,0	14,8
SERVIÇOS	Transporte rodoviário de passageiros	33,2	11,0
	Transporte rodoviário de cargas	36,1	8,5
	Navegação	74,0	23,5
	Aviação nacional e regional	93,5	49,7
	Comunicações: edição de revistas	93,1	60,2
	Bancos múltiplos privados	49,9	18,2

(a) Segundo a receita operacional líquida em relação aos valores acumulados por segmento. As totalizações abrangeram as sociedades anônimas que, por lei, publicam seus balanços e as empresas limitadas que forneceram seus balanços para a *Gazeta Mercantil*.

Fonte: GAZETA MERCANTIL. *Balanço anual*. Ano XXIII, nº 23. São Paulo, jun. 1999.

TABELA 10.7 O ciclo de fusões e aquisições no Brasil, 1990-2012: relevante fator de concentração de mercados, pelo surgimento ou fortalecimento de oligopólios.

Períodos	Total de transações (a)	Total das transações envolvendo capital estrangeiro (b)	Participação (%) das transações envolvendo capital estrangeiro (b)/(a) . 100
1990-93	877	272	31,0%
1994-97	1.087	595	54,7%
1998-01	1.353	853	63,0%
2002-05	1.119	610	54,5%
2006-09	2.289	1.157	50,5%
2010-12	2.359	1.097	46,5%

que ocorre nos setores de mineração de não ferrosos, alumínio, cobre e artefatos, máquinas-ferramenta, lubrificantes, produtos de higiene e limpeza, montadoras de veículos, aviação nacional e regional e edição de revistas, na área de comunicações. Apenas em dois subsetores, o de celulose e papel e o de transporte rodoviário de cargas, a empresa líder domina menos de 10% do mercado. Nos demais, a taxa modal de participação da empresa líder está entre 25% e 35%. Nos 12 primeiros anos do século XXI, em todos esses segmentos de mercado os graus de concentração se modificaram, provavelmente aumentando na maior parte dos segmentos de mercado. Fusões e aquisições, um dos mais importantes determinantes da concentração setorial, foram mais intensas entre 2000 e 2012 do que na última década do século XX, como mostramos na Tabela 10.7.

As condições básicas que se observam em cada um dos segmentos de mercado destacados só se igualam em um ponto: o pequeno número de empresas dominantes. Em outros aspectos observam-se, todavia, diferentes situações e condições concorrenciais. Esta é uma segunda característica dos oligopólios: eles não se limitam a um tipo específico. Sua tipologia admite pelo menos quatro subclasses, propostas por Sylos-Labini[8] e assim resumidas por M. L. Possas,[9] em *Estruturas de mercado em oligopólio*:

❏ **Oligopólio concentrado**. Caracteriza-se, na maior parte dos casos, pela ausência de diferenciação dos produtos e por altas barreiras à entrada de novos competidores. É marcado pela alta concentração: poucas empresas detêm parcela substancial da produção e do mercado. As altas taxas de barreiras de entrada são geralmente decorrentes de elevados montantes de capitais exigidos e ao controle exercido sobre tecnologias de produção e suprimentos de insumos. Esse tipo de oligopólio geralmente se localiza em indústrias de base, de produtos padronizados, que exigem altos investimentos de longa maturação.

❏ **Oligopólio diferenciado**. Caracteriza-se pela natureza dos produtos fabricados, que faculta às empresas a disputa do mercado pela diferenciação. A concorrência via preços, embora não descartada, não é um recurso habitual. O esforço competitivo estará concentrado em gastos com publicidade, pesquisa e desenvolvimento, inovação de produtos, modelos, *design* e qualidade. A diferenciação geralmente está associada à conquista e fidelização de classes específicas de consumidores, segmentados por nível de renda, hábitos, padrões de consumo e aspirações sociais. Há barreiras de entrada, apesar da concorrência menos concentrada. Elas se prendem às dificuldades para entrantes competirem com as empresas líderes, que conquistaram e mantêm, pelos seus níveis de competência e percepção da qualidade de seus produtos, parcelas expressivas do mercado, em que operam com preços-prêmio. No Brasil, são exemplos os mercados de alimentos industrializados, de produtos de higiene pessoal e de limpeza doméstica.

❑ **Oligopólio diferenciado-concentrado**. Resulta da combinação de elementos presentes nos dois tipos descritos. A fusão de características resulta da diferenciação, como forma de concorrência, associada a requisitos mínimos de escala para a implantação de projetos concorrentes. As barreiras de entrada devem-se aos dois fatores. Decorrentemente, os índices de concentração podem atingir a mesma ordem de grandeza dos oligopólios concentrados.

❑ **Oligopólio competitivo**. Define-se pela concentração relativamente alta da produção, o que autoriza classificá-lo como oligopólio. Ao mesmo tempo, caracteriza-se pela possibilidade de concorrência via preços, com o objetivo de ampliar as fatias de mercado das empresas mais bem situadas, que coexistem com empresas periféricas, de menor expressão, mas resistentes à eliminação, até porque suas estruturas de custos tendem a ser fortemente competitivas. Neste tipo, as barreiras de entrada são menores, geralmente decorrentes da inexistência de economias de escala relevantes, como é o caso, no Brasil, do mercado de refrigerantes em que marcas mundiais coexistem com marcas regionais populares.

Estes quatro tipos de oligopólio diferenciam-se dos mercados propriamente competitivos, cujas características principais são os baixos índices de concentração e a acirrada competição via preços e diferenciação monopolística. Entre os quatro tipos, as características dominantes são tão díspares que se torna praticamente impossível reduzi-las para a definição de uma estrutura-padrão. Isso torna até mesmo difícil definir um tipo característico de curva de procura, do ponto de vista da empresa oligopolística – uma dificuldade que, segundo R. Leftwich,[10] "os economistas ainda não solucionaram e provavelmente não solucionarão por completo. Os casos concretos vão desde curvas bem determinadas até aqueles em que a determinação se torna praticamente impossível".

Isso se deve à multiplicidade de alternativas de competição, fundamentadas em estratégias de mercado que tanto podem fundamentar-se em diferenciação, quando em liderança de custos e preços, como ainda na focalização de nichos de mercado dominados por produtos com características de alta especificidade. Mais ainda: em cada tipo de oligopólio, o grau de independência ou de interdependência entre as empresas apresenta-se de uma forma: as variações vão desde o conluio (de que resultam acordos de coalizão) até a atuação independente, competitiva por excelência.

Para a definição de um entre os vários tipos de curvas de procura do ponto de vista da empresa oligopolista, vamos assumir um tipo determinado de oligopólio, com as seguintes características:

- ❏ Alto grau de concentração.
- ❏ Empresas atuando independentemente.
- ❏ Produtos diferenciados, embora substitutos próximos.
- ❏ Concorrência predominantemente via preços.

Sob estas características, não existindo quaisquer formas de acordos de coalizão, as decisões de cada empresa, atuando independentemente, provocarão reações entre as empresas rivais. Reduções de preços, por exemplo, tendo em vista que os produtos concorrentes são substitutos próximos uns dos outros, podem levar a aumentos das taxas de participação da empresa que decidir por essa forma de concorrência, em detrimento das taxas de participação das empresas rivais. Estas, contudo, dificilmente aceitarão passivamente a nova situação. Para não perderem vendas, baixarão também seus preços, podendo então estabelecer-se no mercado uma **guerra de preços**.

Essa situação especial, típica de oligopólios não organizados em conluios, está reproduzida na Figura 10.13.

A empresa oligopolista que se defronta com a curva de procura P poderá decidir aumentar seus preços, na expectativa de que não ocorrerão reduções significativas nas quantidades procuradas; estas se reduziriam nas proporções indicadas pela projeção $P'(a)$ da curva, pressupondo-se, assim, que os aumentos praticados pela empresa seriam acompanhados pelas rivais, todas interessadas em obter aumentos de receita a curto prazo. Todavia, não existindo acordos de coalizão, as rivais poderiam manter seus preços, interessadas em aumentar a fatia de sua participação no mercado. Essa atitude das rivais implicaria perdas de vendas e de receitas para a empresa que, isoladamente, decidiu aumentar seus preços.

A mesma consequência poderia ocorrer na outra direção, caso a empresa oligopolista decidisse reduzir seus preços; nesse caso, as expectativas de acréscimo nas quantidades procuradas, dadas pela projeção $P'(b)$ da curva, poderiam ser frustradas pelas reações das rivais. Estas, interessadas em também ampliar sua participação no mercado, também praticariam reduções em seus preços.

Prevalecendo essas condições e comportamentos, a procura, do ponto de vista da empresa oligopolista não organizada em acordos, é geralmente dada por uma **curva quebrada**, como a da Figura 10.13. Como observa J. Hogendorn,[11] "a forma da curva implica que a empresa hesitará em alterar a situação por meio de uma mudança de preços. Qualquer decisão para aumentar os preços acima de P_0 reduzirá rapidamente as vendas e a receita total. O segmento da curva acima do **ponto de quebra** é altamente elástico: as firmas concorrentes podem decidir por não acompanhar o aumento de preços. Inversamente, uma diminuição de preço poderá ser acompanhada pelas firmas concorrentes, que não desejam perder mercado. A redução do preço não se refletirá, assim, no aumento da quantidade vendida e, ao longo desse segmento elástico da curva de procura, a receita total diminuirá rapidamente".

FIGURA 10.13 Uma hipótese típica de curva de procura do ponto de vista da empresa oligopolista. Não existindo acordos de coalizão, a curva de procura pode ser "quebrada". O ponto de ruptura do equilíbrio de mercado, ou ponto de quebra, Q, resulta de reações das empresas rivais, quando uma delas decide competir via preços. A curva efetiva é P, quebrada em Q. As projeções P', (a) e (b), indicam expectativas não confirmadas, bloqueadas pelas reações das empresas rivais.

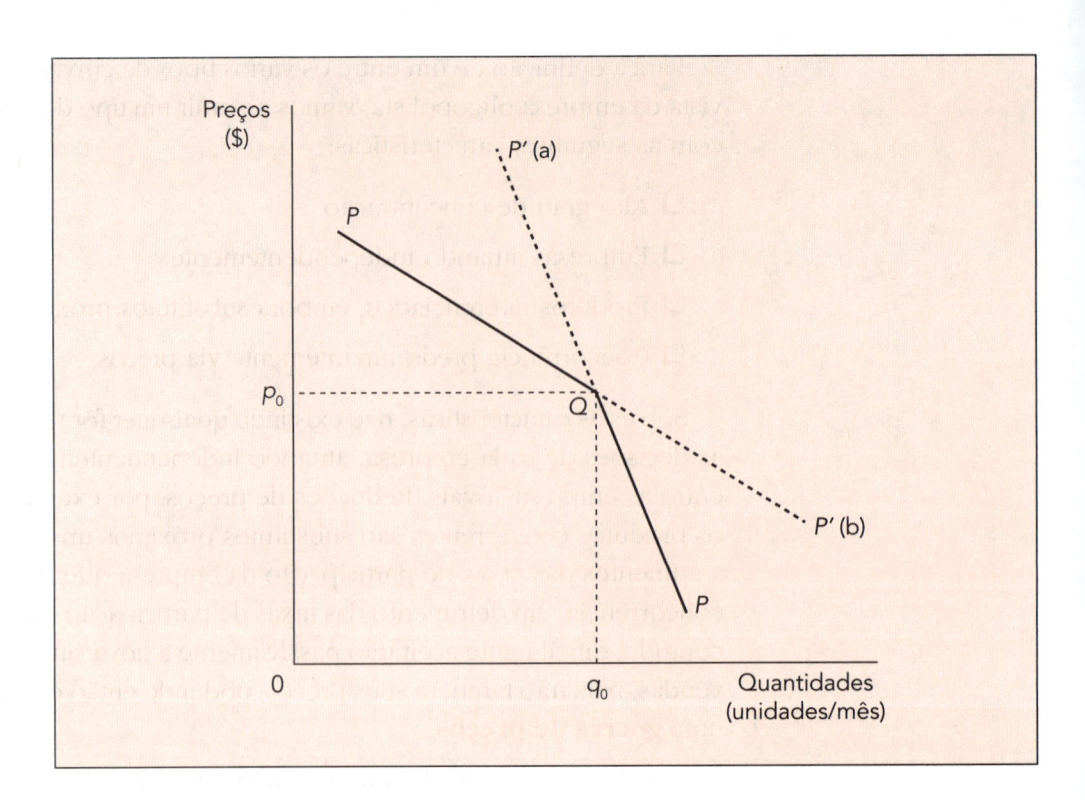

Estes registros indicam que o comportamento da empresa oligopolista, quanto à determinação do volume de produção e de oferta que corresponde à maximização do resultado econômico, depende essencialmente das características do oligopólio de que ela participa. Para cada um dos tipos de oligopólio, as regras de maximização diferem entre si, até porque as estruturas de cada empresa de custos também são diferentes.

Nos oligopólios de produtos diferenciados, em que os acordos de coalizão são menos frequentes, os custos totais médios são expandidos por gastos em publicidade e campanhas promocionais de diferenciação do produto e de fortalecimento da imagem e da marca da empresa. Já nos oligopólios de produtos homogêneos, cujas ações de mercado geralmente são coordenadas por acordos de coalizão, os custos totais médios tendem a ser mais baixos e as decisões que conduzirão à maximização dos resultados serão bem parecidas com as que se praticam nos monopólios. Neste caso, a produção da indústria como um todo é coordenada e o mercado é partilhado entre as empresas de tal forma que as fatias reservadas para cada uma configurem situações típicas de monopolização: os resultados geralmente são mais expressivos do que os que cada empresa, agindo isoladamente e competindo com as demais, poderia então obter.

As práticas de mercado das fábricas de cimento no Brasil, nos anos 1980 e 1990 exemplificam o que pode ocorrer com a fixação de quotas de produção e de preços em oligopólios de produtos homogêneos sob conluio. As usinas instaladas passaram a operar com alta capacidade ociosa. Foram implantadas nos anos 1970, época em que grande volume de obras públicas de grande expressão consumia elevadas quantidades do produto. Nas duas décadas seguintes, a demanda do produto diminuiu, as plantas tornaram-se ociosas e uma guerra de preços poderia ter sido desencadeada, levando ao desaparecimento das unidades menos eficazes e mais distantes dos centros de consumo. Mas os acordos de coalizão, com divisão do mercado e fixação de preços, evitaram a derrocada dessa importante indústria. Já nos oligopólios de produtos diferenciados, em que não se praticam acordos de coalizão, as decisões das empresas são independentes. Apesar do tamanho e do poder econômico das grandes empresas que dominam o mercado, suas decisões geralmente são cautelosas, de olho fixo nas possíveis reações das rivais.

Essas diferenças sugerem que a multiplicidade das características de que se revestem os oligopólios pode conduzir a múltiplos padrões de comportamento. Não há uma regra única para esta estrutura de mercado.

As regras do jogo variam em função de, pelo menos, cinco condições:

- A organização interna do oligopólio.
- O grau de concentração das empresas.
- O grau de diferenciação ou de homogeneidade dos produtos.
- As relações existentes entre as empresas.
- O poder de dominação e de influência da empresa líder.

Em nossa hipótese-demonstração de maximização de resultados, vamos assumir o caso especial de um oligopólio em que as empresas atuam independentemente, sem acordos de coalizão. As oportunidades e os riscos são bem diversos dos que se observam sob outras condições. Prevalecendo este tipo de oligopólio, como vimos anteriormente, a empresa defrontará com uma forma característica, "quebrada", de curva de procura. Até o ponto de "quebra", o comportamento da procura é ligeiramente descendente, de padrão parecido com o que se verifica nas estruturas de concorrência monopolística, de elasticidade geralmente baixa. Nesse intervalo da curva, os decréscimos em preços produzem aumentos mais que proporcionais nas quantidades procuradas, expandindo-se substantivamente a receita total. Isso ocorre, em geral, pela alta substitutibilidade entre os produtos concorrentes: quedas em preços de um deles significam ganhos em participação no mercado. Mas, por isso mesmo, as empresas rivais podem reagir. E a insistência nesse tipo de comportamento poderá ser desastrosa. Se não houver conivência entre as empresas, formalizada através de cartel centralizado, e se a empresa que estiver praticando a agressiva política de preços não tiver expressivo grau de dominação na indústria, suas rivais poderão sentir-se prejudicadas pela gradativa perda de suas fatias de mercado. A decorrência inevitável será o desencadeamento de uma verdadeira "guerra de preços". A curva da procura perderá sua natural continuidade. Sua tendência será interrompida por ponto de "quebra". E as consequências serão desastrosas para todas as empresas, em decorrência da violenta queda da receita total que atingirá a todas indistintamente.

Esses aspectos e as consequências dessa situação especial estão reproduzidos na hipótese-demonstração da Tabela 10.8 e da Figura 10.14. No modelo, o ponto Q de "quebra" da curva de procura não se situa no intervalo de maximização do resultado, mas depois dele. A empresa só sustentará a "guerra de preços" e os altos prejuízos decorrentes caso tenha objetivos de longo prazo, de dominação do mercado via rebaixamento de preços – *dumping*, no jargão econômico usual.

TABELA 10.8
Uma hipótese-demonstração de maximização do lucro por empresa oligopolista sujeita a uma curva de procura "quebrada". A partir do "ponto de quebra", as receitas e os resultados são fortemente afetados.

Quantidades produzidas (unidades/mês) Q	Custo total CT	Custo total médio CTMe	Custo marginal CMg	Preço (escala quebrada de procura) P	Receita total RT	Receita marginal RMg	Resultado econômico RE = RT − CT
0	2.000	–	–	–	–	–	– 2.000
200	2.800	14,00	4,00	8,50	1.700	8,50	– 1.100
400	3.360	8,40	2,80	8,00	3.200	7,50	– 160
600	3.680	6,13	1,60	7,50	4.500	6,50	+ 820
800	3.910	4,89	1,15	7,00	5.600	5,50	+ 1.690
1.000	4.150	4,15	1,20	6,50	6.500	4,50	+ 2.350
1.200	4.550	3,79	2,00	6,00	7.200	3,50	+ 2.650
1.400	5.210	3,72	3,30	5,50	7.700	2,50	+ 2.490
1.600	6.110	3,82	4,50	5,00	8.000	1,50	+ 1.890
1.800	7.260	4,03	5,75	4,00	7.200	– 4,00	– 60
2.000	8.810	4,41	7,75	3,00	6.000	– 6,00	– 2.810
2.200	10.810	4,91	10,00	2,00	4.400	– 8,00	– 6.410

Somente neste caso, a guerra será sustentada: os concorrentes mais frágeis deixarão o mercado e, mais adiante, quando a dominação estiver estabelecida, os custos do desastre serão recuperados.

A diferença essencial entre a hipótese-demonstração deste caso especial de oligopólio e as hipóteses das demais estruturas de mercado já demonstradas está no comportamento das funções de receita total, *RT*, de receita marginal, *RMg*, e de resultado econômico, *L*, a partir do "ponto de quebra", *Q*, da curva de procura. As quedas são pronunciadas e fortes. Por isso é que sua sustentação só se justifica por objetivos de longo prazo, quando há poder econômico suficiente para bancar a guerra. Ainda assim, se não houver reações das rivais denunciando o *dumping* – uma forma desleal de concorrência, geralmente punida pela autoridade pública, quando efetivamente confirmada e caracterizada. Diferentemente do que ocorre nos monopólios, quando a autoridade pública vigia as altas de preços, nos oligopólios ela pode ser acionada para vigiar formas desastrosas de concorrência. Ou, então, existindo conluios, para impedir diferentes formas de coalizão que podem também conspirar contra o interesse público, a curto ou a longo prazo.

FIGURA 10.14
O resultado econômico da empresa oligopolista pode ser fortemente impactado por uma curva de procura quebrada, resultante de "guerra de preços": a partir do ponto de quebra, Q, as receitas total e marginal, RT e RMg, caem abruptamente, produzindo fortes reduções no resultado, L. O ponto de maximização do resultado estabelece-se na intersecção das curvas da receita e do custo marginais, RMg e CMg.

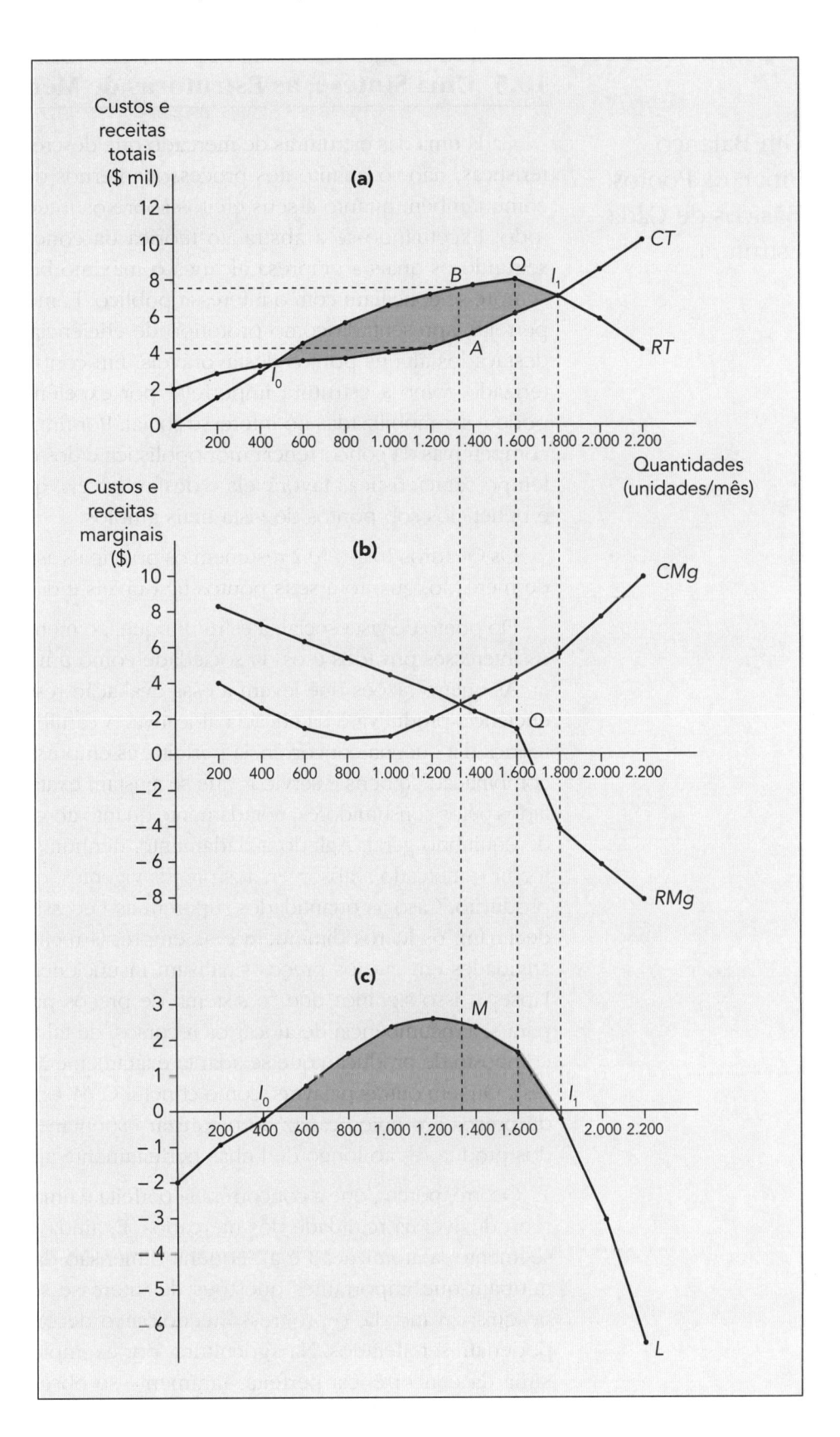

10.5 Uma Síntese: as Estruturas de Mercado Comparadas

Um Balanço Final: os Pontos Básicos de Cada Estrutura

Cada uma das estruturas de mercado que descrevemos reúne diferentes características, não só quanto aos processos internos de maximização de resultados, como também quanto a seus efeitos sobre os interesses da sociedade como um todo. Excetuando-se a abstração teórica da concorrência perfeita, os padrões segundo os quais a empresa alcança o máximo benefício privado possível nem sempre se conciliam com o interesse público. E, mesmo no caso da concorrência perfeita, apresentada como protótipo de eficiência em escala social, podem ser destacados alguns pontos desfavoráveis. Em contrapartida, o monopólio, caracterizado como a estrutura imperfeita por excelência, reúne características que podem ser mobilizadas no interesse social. Por fim, as estruturas imperfeitamente competitivas da concorrência monopolística e dos oligopólios reúnem ao mesmo tempo características favoráveis e desfavoráveis, quando se avaliam seus custos e benefícios sob pontos de vista mais amplos.

Os Quadros 10.1 e 10.2 resumem os principais aspectos dessas quatro estruturas de mercado, quanto a seus pontos favoráveis e desfavoráveis.

Do ponto de vista social, a estrutura que, ao menos teoricamente, compatibiliza os interesses privados e os da sociedade como um todo, é a concorrência perfeita. As quatro razões que levam a essa avaliação resumem-se nos pressupostos da eficiência produtiva e da eficácia alocativa. A cartilha de descrição dessa abstração teórica diz que, na concorrência perfeita, as empresas são levadas a produzir dada combinação de bens e serviços que se ajustam exatamente aos interesses manifestados pelos consumidores, notadamente quanto ao volume da produção, em estado de equilíbrio geral. Agindo isoladamente, nenhuma empresa tem condições para forçar o mercado a absorver, aos preços vigentes, quantidades não necessárias de produção. Caso as quantidades superem as necessidades manifestadas, os preços declinam, os lucros diminuem e as empresas recuam, deslocando recursos para atividades em que os preços sinalizam insuficiência de oferta. Como observa R. Lipsey,[12] isso significa que "o sistema de preços perfeitamente competitivo toma para si a incumbência de alocar os recursos, de tal forma que o resultado seja um composto de produção que se adapta exatamente às preferências dos consumidores". Ou, em outras palavras, como conclui C. McConnell,[13] "o sistema competitivo de preços é o único capaz de organizar espontaneamente os interesses privados dos produtores ao longo de linhas perfeitamente ajustadas aos interesses sociais".

Ocorre, porém, que a concorrência perfeita é uma abstração teórica, dificilmente reproduzível na realidade dos mercados. E, ainda que existisse em determinado segmento, a atomização e a pequena dimensão das empresas nem sempre permitiriam que importantes questões de interesse social fossem equacionadas: a pesquisa avançada, o progresso tecnológico decorrente e a comunicação social poderiam ser afetados. Na agricultura, por exemplo, atividade que mais se aproxima da concorrência perfeita, raramente se observam progressos atribuíveis à empresa atomizada. As inovações nos processos de produção e nos produtos são geralmente atribuíveis a empresas de grande porte, imperfeitamente competitivas, fornecedoras de insumos ou de equipamentos para a atividade. A maior parte das inovações introduzidas no campo vem de oligopólios que investem parcelas expressivas de suas receitas operacionais em pesquisa e desenvolvimento.

QUADRO 10.1
Os extremos comparados: um quadro-síntese dos pontos favoráveis e desfavoráveis da concorrência perfeita e do monopólio, do ponto de vista dos interesses sociais.

Estruturas de mercado	Pontos favoráveis	Pontos desfavoráveis
CONCORRÊNCIA PERFEITA	❏ Preços resultam do entrechoque da oferta e da procura, em mercados transparentes, atomizados e livres. ❏ Não há possibilidades de manobras conspirativas contra o interesse público. ❏ Os interesses privados e públicos se equalizam pelo livre jogo das forças do mercado. ❏ As empresas buscam maior rentabilidade, reduzindo custos totais médios e aprimorando processos de produção.	❏ Progresso tecnológico e inovações em processos produtivos são preponderantemente focados em redução de custos. ❏ A atomização e a pequena dimensão das empresas são fatores que dificultam investimentos inovativos e aprimoramento de produtos. ❏ Comunicação social reduzida: é ineficaz, dadas a homogeneidade dos produtos e a pulverização da oferta.

MONOPÓLIO	❏ Alta visibilidade pode favorecer políticas públicas corretivas:
	  a) Controle de preços.
	  b) Discriminação de preços.
	  c) Monitoramento da oferta.
	❏ Poder econômico pode ser mobilizado, potencialmente, para objetivos de interesse social:
	  a) Aprimoramento tecnológico.
	  b) Investimentos de alto impacto na economia.
	  c) Políticas com objetivos institucionais podem ser adotadas, atendendo a demandas sociais.
		❏ Poder de mercado concentrado: preços resultam de decisões unilaterais, movidas por interesses privados.
		❏ Restrição da oferta: as dimensões do mercado são aquelas em que a empresa decidir operar.
		❏ Desatenção para redução de custos: ineficiências são repassadas aos consumidores.
		❏ P&D podem ser desestimuladas pela inexistência de concorrentes próximos.
		❏ Poder de monopólio pode estender-se a montante, contrariando os interesses da cadeia de fornecedores.

Já os monopólios, tidos como a expressão menos desejável de estrutura de mercado, só admitida em casos justificados por força de lei ou por razões estruturais, não se caracterizam apenas por pontos desfavoráveis. Embora os monopólios restrinjam a produção e levantem barreiras de entrada intransponíveis, eles possuem pontos favoráveis, decorrentes do poder que concentram. São detentores de alta capacidade de investimentos de alto impacto na economia, geralmente caracterizados por longos períodos de maturação. E mais: a visibilidade dos monopólios é geralmente tão alta que as políticas públicas corretivas de suas ações podem ser adotadas com a especificidade requerida: para controlar ou discriminar preços ou ainda para monitorar as condições e o volume da oferta.

Por fim, as estruturas de mercado descritas como imperfeitas (a concorrência monopolística e os variados tipos de oligopólio) têm aspectos favoráveis e desfavoráveis, quando submetidos a avaliações que levam em conta o interesse público. As formas de atuação que as caracterizam, notadamente quando a concorrência se fundamenta na diferenciação do produto, podem realmente conduzir ao consumismo e a outras categorias de desperdício e de externalidades negativas.

QUADRO 10.2
Os mercados imperfeitamente competitivos comparados: um quadro-síntese dos pontos favoráveis e desfavoráveis da concorrência monopolística e dos oligopólios, do ponto de vista dos interesses sociais.

Estruturas de mercado	Pontos favoráveis	Pontos desfavoráveis

CONCORRÊNCIA MONOPOLÍSTICA	❑ Diferenciação é fator de estimulação de P&D: o progresso técnico sai fortalecido.
	❑ Ampla publicidade. Efeitos positivos:
	  a) Informação aos consumidores sobre opções competitivas.
	  b) Sustentação privada da comunicação social que, de outra forma, estaria na dependência de recursos públicos, propícios a manipulações.
	  c) Estimulação da demanda agregada, mantendo produção e emprego.
	  d) Torna a concorrência transparente, aberta à opinião pública.
	❑ Coalizações dificultadas.
		❑ Apelo massivo à publicidade diferenciadora pode gerar também efeitos nocivos:
		  a) Elevação dos custos totais médios.
		  b) Desperdícios em escala social: consumismo oneroso.
		  c) Informações enganosas.
		❑ Proteções patenteadas podem significar:
		  a) Barreiras à entrada de concorrentes.
		  b) Práticas típicas de monopólio, em casos de baixa substitutibilidade.

OLIGOPÓLIOS	❑ Interdependência das empresas diante de reações das rivais são fatores de cautela e respeito mútuo.
	❑ Tamanho das empresas conduz a economias de escala: rebaixamento dos custos totais médios e democratização do consumo.
	❑ No caso de produtos diferenciados, fortes estímulos para:
	  a) Investimentos em plantas de grandes dimensões.
	  b) Investimentos em P&D.
	  c) Busca por produtos que combinem desempenho-e-preços competitivos.
		❑ Estrutura dominada por pequeno número: favorece acordos de coalizão.
		❑ Coalizões, notadamente nos casos de produtos não diferenciados, podem conduzir a:
		❑ Loteamento do mercado.
		❑ Formação de cartel.
		❑ Concorrência predatória, com "guerra de preços" e *dumping*, pode desaguar em dominação do mercado: a eliminação de rivais contraria o interesse público.

O obsoletismo planejado de produtos é um exemplo. A manipulação da comunicação social pode também ocorrer. A concorrência predatória pode desaguar em formas de dominação do mercado que, a médio-longo prazo, acabarão por contrariar o interesse público. Coalizações, cartéis e loteamentos do mercado são também possíveis nessas estruturas imperfeitas, notadamente quando são altos os graus de concentração das empresas.

Mas há também o outro lado da moeda: a diferenciação de produtos é fator de estimulação do progresso técnico e das inovações. A publicidade é um meio que vai além do processo de informação e de convencimento de consumidores: ela sustenta a indústria da comunicação social, que, de outra forma, seria mantida pelo poder público, com a consequência maior de subordinar a informação aos interesses de governantes. E mais: excluídos os casos em que a não diferenciação pode levar a coalizões, a competição entre grandes empresas rivais não deságua necessariamente em condições que conflitam com o interesse público: a interdependência das empresas não é apenas um fator de estabilidade dos oligopólios, mas um atributo que dificulta a adoção de práticas conspirativas. Mais ainda: o gigantismo das empresas nos oligopólios não é um fator que apenas contraria interesses sociais; ele também tem que ver com economias crescentes de escala e com a democratização do consumo.

Esse conjunto de condições favoráveis e desfavoráveis, que se encontram em todas as estruturas de mercado, torna difícil qualquer conclusão comparativa. A reflexão econômica, em especial quando fundamentada na observação sistematizada do mundo real, complexo e multifacetado, nem sempre conduz a "proposições definitivas". Afinal, assim é a economia – especialmente a microeconomia: um composto quase indescritível de interesses, conflitos e comportamentos, que torna difícil a justaposição perfeita dos objetivos privados aos benefícios sociais. E esta realidade é que justifica a atuação corretiva do governo – ela própria, também, sujeita a restrições. E a um grande jogo de interesses, públicos e privados, que afinal se harmoniza, quando não prevalecem formas autocráticas de poder econômico ou político. Este jogo será necessariamente imperfeito, mas reproduzirá uma complexa e multifacetada relação de custos e benefícios, privados e sociais – um tipo de vetor que sintetiza a luta pela sobrevivência e pelo progresso.

RESUMO

1. **A concorrência perfeita é descrita como o protótipo da eficiência social.** Ocorre, porém, que esta estrutura de mercado dificilmente se verifica na realidade. O rigor das condições requeridas é de tal ordem que dificilmente situações reais de mercado preencherão todas elas, o tempo todo. E, ainda que prevaleçam em dado mercado as condições das estruturas perfeitamente competitivas, certamente ocorrerão, a seu redor, a montante e a jusante, imperfeições das mais variadas origens.

2. **A concorrência perfeita é uma abstração teórica de referência.** Presumivelmente, os mercados perfeitos promovem a alocação eficiente e eficaz dos recursos, conciliando interesses privados e públicos. E mais: as condições de equilíbrio transmitem-se de um mercado para outro, de tal forma que, existindo fluidez e flexibilidade, o resultado final, teoricamente demonstrável, é o desemprego zero e a perfeita satisfação das necessidades sociais.

3. Apesar de descrita como protótipo de eficiência em escala social, a concorrência perfeita não reúne todas as condições requeridas para eliminar externalidades indesejáveis ou desigualdades sociais. E as estruturas imperfeitamente competitivas não reúnem apenas condições que desatendem o interesse público. O avanço tecnológico, as inovações, as formas extrapreço de concorrência e as exigências de grandes escalas para reduções de custos e democratização do consumo são benefícios nem sempre compatíveis com a atomização dos mercados competitivos. Monopólios e oligopólios podem também atuar em direções compatíveis com o interesse público.

4. **Os monopólios podem ser definidos como o extremo oposto da concorrência perfeita.** Eles se estabelecem por critérios técnicos, estruturais e legais, definindo-se como estruturas monopolistas de "exploração consentida". Mas podem também resultar de acordos de coalizão de empresas, configurando formas "não consentidas" de monopolização. O poder de mercado dos monopólios é, em geral, bastante amplo e expressivo, notadamente quanto às políticas de preço e de suprimentos. As divergências entre esse poder e o interesse social justificam, na maior parte dos casos, políticas antimonopólio, conduzidas pelo governo. As práticas usuais são: (a)

PALAVRAS E EXPRESSÕES-CHAVE

- Interesses privados
- Benefícios sociais
- Concorrência perfeita
  - ✓ Protótipo de eficiência
  - ✓ Equimarginalidade
- Monopólio
  - ✓ Monopólio patenteado
  - ✓ Monopólio natural
  - ✓ Monopólio legal
  - ✓ Monopólio por coalizão
- Políticas antimonopólio
  - ✓ Controle de preços
  - ✓ Discriminação de preços
  - ✓ Monitoramento da oferta
- Concorrência monopolística
- ✓ Diferenciação
- ✓ Preço-prêmio
- Oligopólios
  - ✓ Grau de concentração
  - ✓ Oligopólio concentrado
  - ✓ Oligopólio diferenciado
  - ✓ Oligopólio misto
  - ✓ Oligopólio competitivo
  - ✓ Procura quebrada
  - ✓ Guerra de preços
  - ✓ *Dumping*
- Acordos de coalização
  - ✓ Cartelização
  - ✓ Loteamento do mercado

o controle sistemático de preços; (b) a discriminação de preços; e (c) a propriedade pública dos monopólios naturais.

5. **A concorrência monopolística** caracteriza-se como uma estrutura a meio-termo entre a concorrência perfeita e o oligopólio. Suas duas principais características são o grande número de empresas concorrentes e a diferenciação dos produtos. Suas curvas de procura são geralmente elásticas, o que dificulta manobras especulativas. Quando uma empresa consegue praticar preços acima de padrões medianos, geralmente isso é atribuível ao reconhecimento, pelos consumidores, dos atributos diferenciadores de seus produtos. Os preços-prêmio são, na maior parte dos casos, compensações por qualidade ou por padrões diferenciados de desempenho. A diferenciação reconhecida é, nesta estrutura de mercado, uma condição básica de sobrevivência da empresa e da expansão de seus negócios.

6. Os oligopólios são, de longe, a estrutura de mercado dominante nas mais avançadas economias industriais e também nas emergentes que se destacam por alta competitividade em termos mundiais. São raras as atividades não sujeitas a algum tipo de oligopólio e são ainda mais raros os setores não oligopolizados. As grandes empresas dominam a maior parte dos mercados. Em quase todos os subsetores da atividade produtiva, um pequeno número de empresas detém parcelas substantivas das vendas. Na maior parte dos casos, as cinco maiores empresas de cada subsetor dominam mais de 70% do mercado.

7. A tipologia dos oligopólios é bastante variada. Os tipos principais são os oligopólios concentrados, diferenciados, mistos e competitivos. Os concentrados caracterizam-se pela não diferenciação dos produtos, por altas barreiras de entrada e por exigirem altos investimentos de longa maturação. Os diferenciados caracterizam-se pela diversidade de produtos e disputas por instrumentos extrapreço. Os mistos resultam da combinação de todos esses atributos. E os competitivos definem-se pela coexistência

de empresas de grande porte com competidores de menor porte, custos totais médios mais baixos, menor conteúdo tecnológico, mas acirrada disposição para competir.

8. Os vários tipos de oligopólio tornam difícil uma caracterização teórica única dessa estrutura de mercado. Ela navega entre a competição acirrada e os acordos de coalizão: entre a "guerra de preços" e o conluio. As formas coalizadas de atuação não se diferenciam muito dos monopólios. E podem ser de controle público mais difícil, devido a sua baixa visibilidade.

9. **As comparações entre as diferentes estruturas de mercado, do ponto de vista do interesse social, evidenciam que nenhuma delas reúne apenas aspectos favoráveis ou desfavoráveis**. A regra parece ser um composto de pontos positivos e negativos, quanto à capacidade de cada estrutura em conciliar os objetivos privados de maximização de resultados com o interesse público. E isso é que justifica intervenções corretivas e equalizadoras.

QUESTÕES

1. Se não há na realidade atividades que apresentem as características da concorrência perfeita, existiriam razões para estudar este tipo de estrutura de mercado? Defenda seu ponto de vista.

2. Explique por que, no modelo de concorrência perfeita, a curva da procura do ponto de vista da empresa é dada por uma função horizontal, perfeitamente elástica, definida a partir do preço de mercado de equilíbrio. E explique o que esta função significa para o produtor.

3. Por que razão, na concorrência perfeita, a função do custo total médio, CTMe, tende a cair a médio e a longo prazo? Mostre o que isso tem a ver com o postulado da eficiência produtiva, nessa estrutura de mercado.

4. Para o produtor em concorrência perfeita, o preço, P, a receita total média, RTMe, e a receita marginal, RMg, são iguais. O que isso tem a ver com a curva da procura perfeitamente elástica?

5. Em concorrência perfeita, o produtor maximiza o resultado de sua atividade, quando o custo marginal é igual ao preço, CMg = P. E, como o consumidor maximiza sua satisfação quando a utilidade marginal é também igual ao preço, UMg = P, podemos dizer que esta estrutura de mercado, se existisse em todos os mercados, levaria à máxima eficácia alocativa? Justifique sua resposta.

6. Ausência de externalidades, justiça distributiva e avanço tecnológico. Estes três requisitos de interesse público seriam satisfatoriamente preenchidos pela concorrência perfeita? Caso não, poderíamos dizer que há outras estruturas de mercado, menos perfeitas, mas que podem produzir benefícios sociais?

7. Por que e como surgem os monopólios? Cite três casos de "explorações monopolistas consentidas" e um de "exploração não consentida".

8. Uma das diferenças marcantes entre as duas estruturas extremas de mercado está em que, no monopólio, o produtor maximiza resultados olhando para fora da empresa e, na concorrência perfeita, olhando para dentro. Explique esta diferença, mostrando o que ela tem a ver com poder, custos e interesse social.

9. Relacione alguns comportamentos típicos do monopólio, ineficientes do ponto de vista dos interesses sociais. E descreva as formas usuais de controle do poder do monopólio, as chamadas políticas antimonopólio, que procuram corrigi-los.

10. A concorrência monopolística é uma estrutura de mercado a meio-termo entre a concorrência perfeita e o monopólio. Cite duas razões que justificam esta afirmação. E compare as curvas da procura destas três estruturas de mercado, quanto a seus graus de elasticidade: a da concorrência monopolística está também a meio-termo? Justifique por quê.

11. Na concorrência monopolística, a diferenciação do produto é vital. Mostre por que e explique o que a estratégia de diferenciação tem a ver com o conceito de preço-prêmio.

12. Os oligopólios caracterizam-se por altos coeficientes de concentração – um tipo de dominação que pode levar a acordos de coalizão. Que vantagens têm os oligopólios quando se coalizam?

13. Explique por que oligopólios não cartelizados podem envolver-se em "guerra de preços". Em sua exposição, utilize o conceito de curva de procura "quebrada".

14. Diferencie os três seguintes tipos de oligopólio: concentrado, diferenciado e competitivo. Cite exemplos de cada um deles tirados da realidade brasileira.

15. Por que uma empresa, dentro de um oligopólio, pode decidir pelo *dumping* – preços de venda abaixo dos custos totais médios de produção? A curto-médio prazo, este tipo de concorrência predatória estará, aparentemente, beneficiando compradores. Mas por que, a médio-longo prazo, ela pode ser nociva do ponto de vista do interesse social?

16. Monopólios de alta visibilidade ou conluios de oligopólios? O que é mais fácil controlar?

17. Relacione dois pontos favoráveis das quatro estruturas referenciais de mercado – a concorrência perfeita, o monopólio, a concorrência monopolística e os oligopólios. E pelo menos dois desfavoráveis.

18. Os oligopólios diferenciados e a concorrência monopolística recorrem à publicidade como uma das formas vitais de concorrência extrapreço. Avalie esse recurso, sob a óptica do interesse social. Atribua à publicidade uma nota de zero a dez. E justifique seu ponto de vista.

Parte III

Conceito e Cálculo dos Agregados do Setor Real da Economia

- ❑ A Mensuração da Atividade Econômica como um Todo
- ❑ Os Fluxos Macroeconômicos Convencionais
- ❑ Os Conceitos de PIB, PNB, PNL, RN e RPD
- ❑ A Contabilidade Social no Brasil
- ❑ As Questões Relevantes da Aferição Macroeconômica

11

Conceito e Cálculo dos Agregados Macroeconômicos

Um dos mais importantes trabalhos da economia consiste em classificar os variadíssimos fenômenos da vida econômica, procurando reuni-los em grupos que, a partir de determinada metodologia, sejam homogêneos e apropriados para generalizações interpretativas da realidade. É neste campo de trabalho que se enquadra a Contabilidade Social. Ela se refere a uma forma especial de estatística econômica, cujo objeto é a classificação e a mensuração sistemática da economia como um todo, abrangendo todas as transações que compõem a vida econômica de uma nação.

INGVAR OHLSSON
National Accounting

A expressão **agregados macroeconômicos** é empregada para designar, genericamente, os resultados da mensuração da atividade econômica considerada como um todo. Classificação das transações, contabilização, totalização, agregação – estas são algumas das palavras-chave que estão por trás desta expressão. A unidade de referência, neste campo, não é o agente econômico individualmente considerado como a unidade familiar, a empresa ou uma dada unidade de governo; ou ainda o consumidor, o produtor, o investidor, o exportador ou uma repartição pública coletora de tributos. Não é também a remuneração recebida por um agente individual ou os preços que ele paga por um conjunto limitado de bens e serviços. A referência básica é a soma de todas as transações, realizadas por todos os agentes, na totalidade dos mercados. É a dimensão total – o todo, não as partes isoladamente consideradas.

Para chegar a essas grandes somas, os economistas recorrem a um conjunto de convenções, de que resultam agrupamentos classificados de recursos, agentes, atividades produtivas, transações, variáveis-fluxo e variáveis-estoque. Pelos conceitos convencionados, classificam-se e agrupam-se as partes, definindo-se categorias homogêneas da mesma natureza que serão as bases dos levantamentos estatísticos e dos processos de contabilização em termos agregados. À metodologia sistematizada de levantamentos e de contabilização do todo dá-se a denominação de **Contabilidade Social** – um conjunto de grandes contas em que se contabilizam todas as transações que compõem a vida econômica de uma nação. E ainda as transações entre nações.

Passo a passo, veremos os fundamentos dessa categoria diferenciada de trabalho estatístico e contábil, que abrange:

- Desenvolvimentos conceituais, adotando-se a economia como um todo, como unidade de referência.

- Diferenciação dos principais fluxos macroeconômicos interconectados: o do produto, o da renda e o do dispêndio.

- Aproximações progressivas ao modelo sistematizado de Contabilidade Social, partindo de uma concepção simplificada de economia, até chegarmos, por sucessivas adições, a um sistema completo de agentes, de transações e de resultados agregados.

- Definição e diferenciação dos principais agregados macroeconômicos: o Produto Interno Bruto, PIB; o Produto Nacional Bruto, PNB; o Produto Nacional Líquido, PNL; a Renda Nacional, RN; e a Renda Pessoal Disponível, RPD.

- Desagregação dos grandes fluxos macroeconômicos em matrizes de insumo-produto.

A Contabilidade Social: Objeto e Desenvolvimento

11.1 A Mensuração da Atividade Econômica como um Todo

O desenvolvimento da metodologia de mensuração da atividade econômica como um todo, a sua padronização e a sua difusão internacional são bastante recentes. Embora os trabalhos pioneiros neste campo datem do século XVII, somente na década de 40 do século XX é que se definiram processos sistematizados para o cálculo dos grandes agregados do produto, da renda e do dispêndio nacionais.

Os trabalhos pioneiros limitaram-se a tentativas de cálculo dos primeiros conceitos de renda nacional e de fortuna nacional. Encontra-se a expressão **renda nacional** em pelo menos três estudos publicados no século XVII: de W. Petty, *Anual income and expense of the people* (Inglaterra, 1665), de G. King, *Natural and political observations and conclusions upon the State and condition of England* (Inglaterra, 1696) e de P. Boisguilbert, *Détail de la France* (França, 1697).

Esses primeiros autores compreenderam a interdependência, a simultaneidade e a identidade existentes entre os conceitos de produção, de renda e de dispêndio e abriram o caminho para avaliações abrangentes e agregativas dos resultados da atividade econômica. Seus trabalhos inspiraram desenvolvimentos subsequentes, como o *Tableau économique,* de F. Quesnay (1758), e outros esforços de avaliação da **fortuna nacional**, como os de A. Radishchev (Rússia, 1811), de G. Tucker (Estados Unidos, 1843), K. Czoernig (Áustria, 1861), T. Coughlan (Austrália, 1886), R. May (Alemanha, 1899), K. Nakamura (Japão, 1902), M. Santoro (Itália, 1911) e K. Popoff (Bulgária, 1915). Mas todos esses esforços caracterizaram-se muito mais como contribuições para a quantificação de categorias agregadas isoladamente consideradas do que propriamente tentativas de sistematização de cálculo fundamentadas em construções conceituais e contábeis mais sólidas, abrangentes e sustentadas por modelos de equações simultâneas.

Esforços de maior envergadura e consistência ocorreram só no período compreendido entre o início da grande depressão e o término da Segunda Grande Guerra, nas décadas de 30-40, no século passado. Governos nacionais e instituições multilaterais interessaram-se por levantamentos macroeconômicos, já então movidos por motivos bem diferentes daqueles que levaram aos levantamentos censitários da fortuna nacional. Os motivos eram de maior envergadura:

- ❏ O planejamento de políticas antidepressão, capazes de dar sustentação a elevados e permanentes níveis de emprego e de produção.
- ❏ O conhecimento da estrutura e do potencial dos sistemas econômicos nacionais, de interesse tanto para programas de mobilização bélica quanto de promoção do desenvolvimento socioeconômico.
- ❏ O suprimento de dados agregados, internacionalmente comparáveis, para uso de entidades multilaterais que se originaram no pós-guerra, como a Organização das Nações Unidas, o Fundo Monetário Internacional e o Banco Mundial.

Nesse período, paralelamente aos esforços de sistematização contábil do cálculo econômico agregativo, depuraram-se os conceitos macroeconômicos de emprego, de produção, de renda e de dispêndio. Conceitos como os de oferta e procura agregadas, de consumo, de poupança e de acumulação em escalas macro, classificados segundo os agentes econômicos envolvidos, foram revistos e redefinidos. Estabeleceram-se relações de dependência entre os principais fluxos agregados, recriando-se assim a visão integrativa da realidade econômica. E mais: pelas suas diferentes bases e preocupações teóricas, diferenciaram-se as abordagens fundamentais da economia em duas grandes esferas de interesse – a micro e a macroeconomia.

De um lado, para o desenvolvimento da macroeconomia, a sistematização da Contabilidade Social tornou-se uma espécie de pré-requisito. De outro lado, com a publicação, em 1936, da *The general theory*, de J. M. Keynes, viga-mestra da teoria e da política macroeconômicas da época, a construção das contas nacionais sistematizadas e o cálculo dos grandes agregados passaram a apoiar-se em bases de sustentação mais sólidas. Estabeleceu-se, assim, nos anos 30-40, um círculo virtuoso entre o avanço dos estudos macroeconômicos, tendo por marco a síntese keynesiana, e as exigências por dados agregativos, claramente manifestadas por governos e organismos multilaterais preocupados com a reconstrução de economias devastadas por depressões e guerras.

Os Sistemas Padronizados de Contas Nacionais

As primeiras pesquisas sistematizadas para o cálculo dos agregados macroeconômicos e para a construção de sistemas nacionais de Contabilidade Social foram então patrocinadas por governos e por instituições multilaterais. O *National Bureau of Economic Research* dos Estados Unidos interessou-se, no início dos anos 30, por estimativas consistentes das principais macrovariáveis da economia, fundamentais para a adoção de medidas antidepressão. Outros centros nacionais de pesquisa econômica, como o *Central Statistical Office* do Reino Unido e o *Institute of Economics* da Universidade de Oslo, Noruega, mobilizaram-se na mesma direção. Mas o trabalho de sistematização decisivo, que procedeu à síntese de todas as contribuições de instituições nacionais, foi desenvolvido sob o patrocínio do *Economic and Social Council*, das Nações Unidas.

Nos Estados Unidos, S. Kuznets é apontado como o precursor dos modernos sistemas de Contabilidade Social. Em 1941, ele publicou *National income and its composition*,[1] onde quantificou as principais macrovariáveis do Produto e da Renda Nacional dos Estados Unidos, para o período 1919-38, com base em um sistema integrado de contas nacionais. Seu trabalho fundamentou os levantamentos periódicos do PNB norte-americano, que o *National Bureau of Economic Research* passou a publicar no início dos anos 40. Praticamente à mesma época, o inglês R. Stone esboçou um sistema de contas nacionais mais completo que o de Kuznets e bastante semelhante, em sua concepção básica, ao modelo que vinha sendo elaborado pela equipe de Oslo, constituída por R. Frisch, O. Aukrust e P. Bjerve. Os resultados desses trabalhos, realizados de forma independente, apareceram todos no final dos anos 40. Em 1949, R. Stone publicou a última versão de sua metodologia de cálculo dos agregados macroeconômicos, *Functions and criteria of a system of social accounting*.[2] No mesmo ano, O. Aukrust publicou *On the theory of social accounting*.[3]

Todos os trabalhos neste campo vinham sendo acompanhados e estimulados pelas Nações Unidas. Para a maior parte deles, essa organização deu suporte financeiro, ao mesmo tempo em que dava assistência técnica aos países-membros para que implantassem sistemas de contabilidade social. E, em 1952, publicou uma primeira metodologia padronizada, *System of national accounts and supporting tables*[4] – um trabalho baseado nas experiências adquiridas pelas nações que, pioneiramente, pesquisaram e implantaram seus próprios sistemas de Contabilidade Social nas duas décadas anteriores.

O *System of national accounts* das Nações Unidas, conhecido pela sigla *SNA-52*, forneceu uma estrutura consistente e padronizada para apresentação dos agregados econômicos. O sistema tomou a forma de um conjunto de contas inter-relacionadas, montadas por partidas dobradas, que pudessem ser preparadas por todos os países-membros, com as adaptações requeridas pelos seus sistemas nacionais de estatísticas econômicas primárias. Com a padronização definida pelas Nações Unidas, entre 1945 e 1955, o número de países que dispunham de equipes ou instituições envolvidas com a preparação de suas Contas Nacionais elevou-se de 39 para 93. E, em 1968, quando foi editada uma versão mais detalhada do *System of national accounts*, o *SNA-68*, o número dos países que haviam aderido ao sistema padronizado elevou-se a 120. Possibilitando comparações internacionais, esse sistema de macrocontabilização praticamente se universalizou. E, anualmente, as Nações Unidas passaram a publicar o *Yearbook of national accounts statistics*, que traz as contas nacionais de cerca de 200 países, elaboradas em bases contínuas e internacionalmente padronizadas.

Uma ampla revisão das bases conceituais e do Sistema de Contas Nacionais foi editada em 1993, o *SNA-93*. Nesta versão, as Nações Unidas incluíram contas "satélites", que se destinaram a indicar condições de geração do produto e da renda e estruturas de acumulação e de dispêndio específicas de cada nação, complementando o sistema padronizado. Além destas flexibilizações, o *SNA-93* admitiu que mudanças profundas no cenário econômico mundial, como o fim dos sistemas coletivistas do Leste Europeu, a revisão das estratégias nacionais protecionistas, a maior abertura de mercados, as mudanças decorrentes nas cadeias globais de suprimentos e nas estruturas produtivas das nações, além da maior mobilidade mundial de recursos e do notável avanço das transações internacionais com produtos básicos, semielaborados e finais, exigiam um novo sistema de contas nacionais, ainda que vários aspectos destas mudanças conduzissem a outras revisões, à medida que seus impactos nos agregados macroeconômicos das nações fossem mais bem assimilados e compreendidos.

Foi realmente o que ocorreu nos quinze anos seguintes, levando então à última versão do *UN System of national accounts*, editada em 2008. A construção desta versão resultou de esforços conjuntos de cinco instituições: Nações Unidas, Comissão Europeia, Organização de Cooperação para o Desenvolvimento Econômico, Fundo Monetário Internacional e Banco Mundial. Nesses quinze anos, a versão do *SNA-93* foi revista anualmente, introduzindo-se novos conceitos e metodologias de contabilização, porém mantendo-se a estrutura das contas. Já a versão de 2008 foi bem mais profunda, incorporando as mudanças na ordem econômica mundial que eclodiram no início da última década do século XX e caminharam para gradual consolidação nos primeiros anos do século XXI. Avanços metodológicos foram então consensados e incorporados ao sistema, como os relacionados aos conceitos de variáveis fluxo e de variáveis estoque, a classificação dos ativos nacionais tangíveis e intangíveis, a diversidade estrutural do governo e das empresas públicas, as mudanças nos processos produtivos, como terceirizações, produtividade, redução da quantidade de insumos por unidade de produtos finais e reciclagem de materiais. Além destes aspectos, consideram-se ainda a nova estrutura do sistema financeiro e de outros serviços, os impactos da globalização e dos processos de consolidação que transformaram praticamente todos os setores produtivos, com a intensificação dos processos de fusão e aquisição e de novos arranjos nas estruturas societárias e de capital das empresas.

Outros avanços foram então incorporados em função de oito objetivos que nortearam os trabalhos:

- Harmonização do Sistema de Contas Nacionais com os demais sistemas de dados das organizações multilaterais.
- Reclassificação dos subconjuntos das categorias das três contas nucleares do sistema – a da produção; a da geração da renda e a do uso da renda gerada.
- Geração de dados para formulação de políticas públicas nacionais – econômicas, sociais e ambientais.
- Análise do ambiente macroeconômico – séries históricas consistentes e geração de prognósticos.
- Propósitos de investigação e de pesquisas econômicas.
- Alinhamento das Contas Nacionais aos sistemas convencionais de contabilização das empresas.
- Definição de sistema que possa ser adotado por todos os países, independentemente de seus estágios de maturidade econômica e de suas estruturas de produção.
- Comparações internacionais.

Apesar de todos esses avanços, restam ainda pendentes vários temas relacionados aos Sistemas de Contas Nacionais, apontados no *SNA-2008*. Cinco aspectos podem ser destacados: 1. os impactos do crescimento econômico sobre o meio ambiente; 2. a relação entre o crescimento dos agregados econômicos e os indicadores de bem-estar efetivo da população das nações; 3. as dimensões da economia não declarada, da informalidade e das atividades ilegais; 4. o peso das atividades sem fins lucrativos e das organizações não governamentais (ONGs); 5. a qualidade das comparações internacionais, diante da diversidade dos custos estruturais de produção entre os países e dos preços de bens finais produzidos. Questões como estas estão ainda abertas e deverão conduzir a novas revisões conceituais e metodológicas dos sistemas de contabilização macroeconômica.

O Brasil aderiu ao sistema padronizado pelas Nações Unidas desde 1947, quando ainda estava em elaboração o *SNA-52*. Naquele ano foi criado um núcleo de estudos de contas nacionais na Fundação Getulio Vargas, no Rio de Janeiro. Em 1950, o núcleo contou com a assistência técnica direta das Nações Unidas e, em 1952, apresentou as primeiras estimativas da Renda Nacional por unidades da federação, referentes aos anos de 1950 e 1951. Mas somente em 1956, como relata G. Loeb,[5] "é que seria publicado um material mais extenso e completo, abrangendo o período 1948-55, baseado, em sua essência, no Sistema de Contas Nacionais recomendado em 1952 pelas Nações Unidas". Foi então criado o Centro de Contas Nacionais, CCN, um departamento anexado ao Instituto Brasileiro de Economia da FGV, para cuidar, especificamente, da adequação do modelo padronizado às condições estruturais da economia brasileira.

Dez anos mais tarde, em 1966, o CCN iniciou criteriosa revisão das bases metodológicas que vinham sendo aplicadas no país e, em 1972, publicaram-se novas estimativas, com revisão de séries históricas e incorporação das recomendações do *SNA-68*. Ainda nos anos 70 e 80, três grandes revisões em estimativas históricas foram publicadas, todas resultantes de novas bases conceituais e da disponibilidade de estatísticas primárias, muitas das quais resultantes de levantamentos censitários.

A partir de 1986, o CCN foi absorvido pelo IBGE. Naquele ano, uma nova revisão metodológica foi introduzida no sistema de contas consolidadas, reformulando-se também sua estrutura básica. O sistema atual está alinhado ao *SNA-2008*, a última versão padronizada pelas Nações Unidas. E um esforço contínuo tem sido feito em três direções: 1. adequar os censos econômicos e outros levantamentos de dados primários às exigências do sistema adotado; 2. uniformizar o padrão monetário das séries históricas; e 3. agilizar o processamento dos dados e a divulgação dos resultados.

11.2 Conceitos Básicos: Valor Adicionado, Renda e Dispêndio

O Conceito de Valor Adicionado: o Produto Nacional

A complexidade metodológica que está por trás dos modelos de Contabilidade Social é uma das razões de esta área ter sido uma das últimas fronteiras do desenvolvimento sistematizado da economia. A multiplicidade de transações que compõem a vida econômica, a diversidade dos agentes envolvidos e as diferentes categorias de fluxos resultantes foram, entre tantas outras, dificuldades que exigiram esforços de classificação e de sistematização, bem como de uniformização de bases conceituais. Como os sistemas de Contabilidade Social são, segundo a concepção de R. Stone,[6] "uma representação ordenada do que acontece nas economias nacionais, expressa através das transações que se verificam entre as diversas partes que a compõem", um dos trabalhos de base, neste campo, é tipificar os agentes, as suas atividades e transações, os fluxos pelos quais interagem e os resultados finais de suas ações econômicas.

A classificação dos agentes econômicos em **unidades familiares**, **empresas** e **governo** resultou destes trabalhos de sistematização. Também resultou deles a compreensão da interdependência dos fluxos de **produção**, de **geração de renda** e de **dispêndio**, a diferenciação entre **consumo** e **acumulação**, a identificação dos setores e subsetores em que as atividades econômicas podem ser classificadas e a tipificação dos seus resultados.

Dos conceitos básicos que resultaram desse trabalho sistematizador um dos mais importantes é o de **valor adicionado**. Este conceito é um ponto de partida para a descrição e compreensão dos sistemas de cálculo agregativo. Ele tem a ver com uma diferenciação essencial entre os **fluxos de produção** e o **conceito macroeconômico de produto**. E é fundamental para contornar um dos problemas cruciais do cálculo macroeconômico, o da dupla contagem dos bens e serviços intermediários, que são utilizados no processamento de outros bens e serviços, que por sua vez podem não ter, ainda, a destinação final do consumo e da acumulação.

Em uma economia industrial avançada e mesmo na maior parte das economias emergentes, produz-se um imenso conjunto de bens e serviços, originários de atividades primárias, secundárias e terciárias de produção. De atividades primárias resultam coisas como madeira em forma bruta, fibras naturais, grãos, gado, aves e pescados – e ainda um grande número de insumos derivados de seus primeiros processamentos. De atividades secundárias resultam desde laminados de metais e veículos automotores até materiais para construção, produtos químicos e farmacêuticos, plásticos e aparelhos eletrodomésticos; desde tratores e máquinas operatrizes até elementos de fixação, como alfinetes e parafusos; desde gases de uso industrial até bens que empregam esses gases em seus processos produtivos, como cristais, porcelanas e cerâmicas. E todos esses bens exigem um complexo sistema de prestação de serviços, para que sejam produzidos, financiados, armazenados, transportados, promovidos e distribuídos para utilização final. E há ainda muito mais do que tudo isto: os serviços públicos realizados pelas diferentes esferas do governo; os serviços privados executados por profissionais liberais e os de outras áreas do setor terciário que atendem a demandas finais, como entretenimento, turismo, saúde, educação e cultura. Somem-se a estas categorias, as atividades das organizações não governamentais e de outras instituições sem fins lucrativos que empregam recursos e coparticipam das atividades produtivas nacionais. E, por fim, transações não monetárias, que movimentam ativos reais, também destinados à satisfação de necessidades sociais.

Dessa simples enumeração transparecem duas dificuldades. A primeira e óbvia é a impossibilidade de se expressar a produção nacional totalizada sob a forma de toneladas ou de outras unidades metrológicas: a expressão do conjunto será em unidades monetárias. A segunda, menos evidente, é como evitar que os bens e serviços que entram na produção de outros bens e serviços sejam computados duas ou mais vezes, superestimando o valor bruto da produção.

Vamos deixar de lado, por enquanto, as questões relacionadas à expressão do conjunto em unidades monetárias e concentrar nossa atenção na segunda dificuldade – **a múltipla contagem de bens intermediários**. Para superação desta dificuldade, os sistemas de contabilização macroeconômica adotaram o conceito de **valor adicionado**, diferenciando-o do de produção.

FIGURA 11.1 O processo de produção e o conceito de valor adicionado. A produção é expressa por fluxos de **suprimentos**, processamento e saídas (a) e (b). O valor adicionado (c) é expresso pela diferença entre saídas e suprimentos.

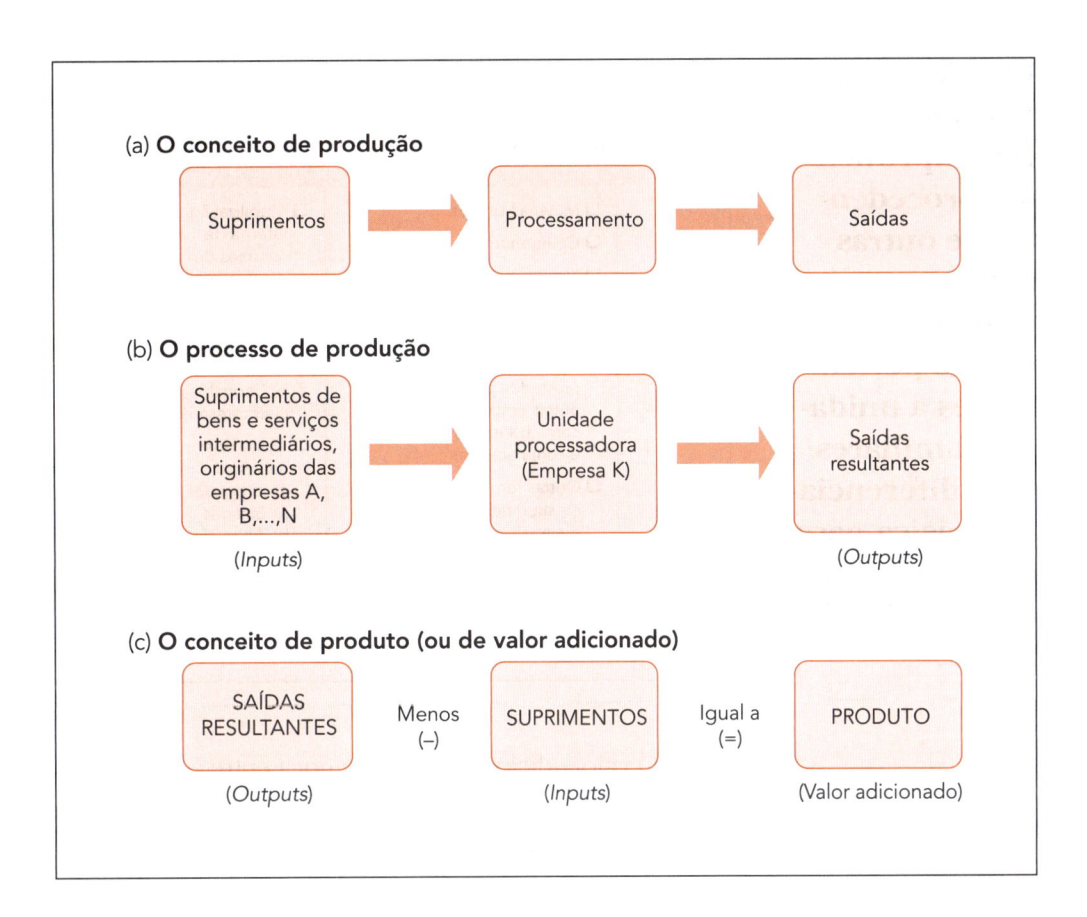

(a) O conceito de produção

Suprimentos → Processamento → Saídas

(b) O processo de produção

Suprimentos de bens e serviços intermediários, originários das empresas A, B,...,N (Inputs) → Unidade processadora (Empresa K) → Saídas resultantes (Outputs)

(c) O conceito de produto (ou de valor adicionado)

SAÍDAS RESULTANTES (Outputs) Menos (−) SUPRIMENTOS (Inputs) Igual a (=) PRODUTO (Valor adicionado)

A Figura 11.1 ajuda a compreender este ponto fundamental. A produção é um fluxo de processamento, em cujas extremidades se encontram **suprimentos** e **saídas**. Em todas as nações, as empresas são os principais agentes econômicos que realizam esse processamento. Mas, na complexa teia das relações de produção que se estabelece nas economias nacionais, não há uma só empresa autossuficiente. Independentemente das estruturas de mercado de que participa ou das atividades a que se dedica, toda empresa depende de alguma forma de suprimento, procedente de outras empresas. A empresa K recebe suprimentos de A, B, ..., N, sob a forma de bens e serviços de utilização intermediária. Processa os insumos recebidos e dá saída à produção resultante.

Entre os valores das saídas e dos suprimentos há, sob condições normais, uma diferença positiva, que se define como **valor adicionado pela empresa**. E este valor é que se considera para o cálculo do produto agregado. Valor adicionado e produto efetivamente realizado por cada uma das unidades de uma cadeia produtiva são, assim, sob óptica macroeconômica, conceitos equivalentes.

O Produto Nacional, depurado das transações múltiplas, resulta da soma dos valores adicionados por cada uma das empresas que compõem o aparelho de produção da economia nacional.

Assim, em síntese:

❑ A produção é um fluxo de suprimentos-processamento-saídas.

FIGURA 11.2 Pagamentos por suprimentos procedentes de outras empresas e custo dos recursos pertencentes a unidades familiares: uma diferenciação básica para compreensão do conceito de renda.

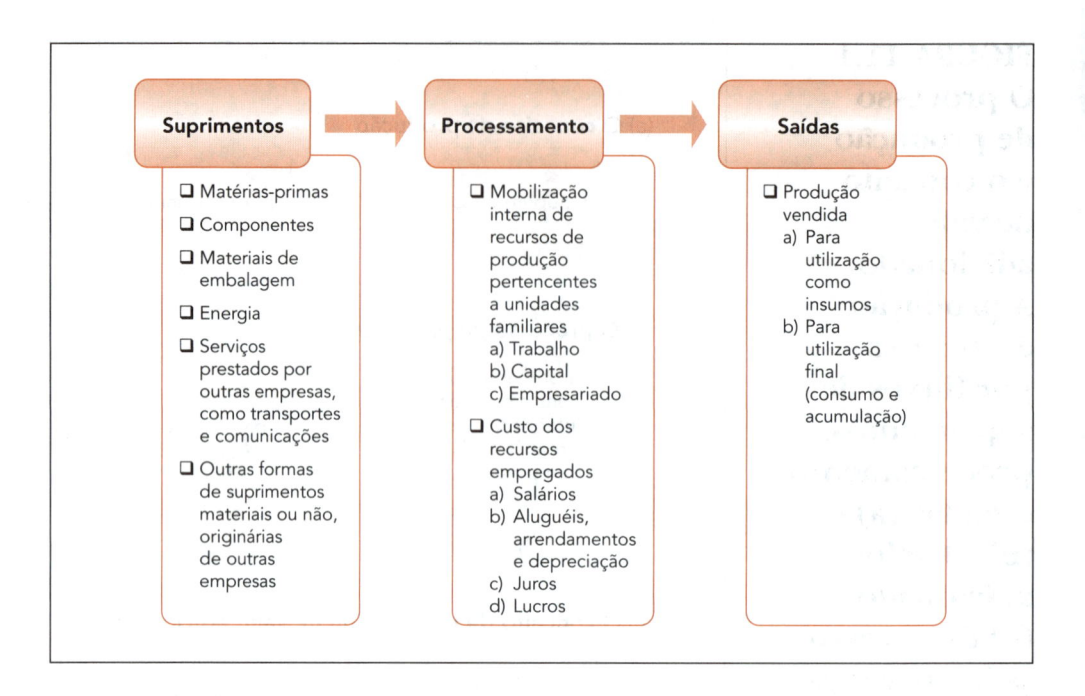

```
Suprimentos  →  Processamento  →  Saídas
```

Suprimentos
- Matérias-primas
- Componentes
- Materiais de embalagem
- Energia
- Serviços prestados por outras empresas, como transportes e comunicações
- Outras formas de suprimentos materiais ou não, originárias de outras empresas

Processamento
- Mobilização interna de recursos de produção pertencentes a unidades familiares
  a) Trabalho
  b) Capital
  c) Empresariado
- Custo dos recursos empregados
  a) Salários
  b) Aluguéis, arrendamentos e depreciação
  c) Juros
  d) Lucros

Saídas
- Produção vendida
  a) Para utilização como insumos
  b) Para utilização final (consumo e acumulação)

❑ O valor adicionado é a diferença entre o valor das saídas e o dos suprimentos. Ele corresponde aos custos internos de processamento em que as empresas incorrem, remunerando os recursos de produção por ela mobilizados.

❑ Valor adicionado e produto, sob óptica macroeconômica, são expressões equivalentes.

❑ O Produto Nacional resulta da soma dos valores adicionados (ou dos produtos) de todas as empresas que compõem o aparelho de produção da economia nacional.

A Composição do Valor Adicionado: o Conceito de Renda Nacional

O **valor adicionado** (ou o produto próprio de cada unidade, descontado dos suprimentos originários de outras unidades) está diretamente relacionado ao segundo conceito macroeconômico básico: o de Renda Nacional (ou de remunerações pagas aos recursos de produção mobilizados pela unidade produtiva).

A geração do Produto Nacional ocorre simultaneamente com os pagamentos que totalizam a Renda Nacional. Isto porque **produto** e **custo dos recursos** são, também, expressões equivalentes. A Figura 11.2 ajuda a compreender esta nova identidade. No topo, encontram-se as três etapas já descritas que definem o processo de produção: suprimentos, processamento e saídas. Abaixo, sintetizam-se as categorias que constituem e que definem cada etapa.

❑ **Suprimentos**. As empresas, independentemente de elementos que a diferenciam, como atividades a que se dedicam, dimensões econômicas, origem do capital de controle, âmbito geográfico de atuação e natureza dos bens e serviços que produzem, recebem suprimentos originários de outras empresas, de que são exemplos as matérias-primas, os componentes semielaborados, os materiais de embalagem, a energia, os serviços de comunicações e transportes e outras formas de insumos materiais e imateriais. Estes suprimentos dão origem a transações entre empresas, denominadas **transações**

intermediárias. Empresas pagam a empresas por esses suprimentos. São pagamentos entre pessoas jurídicas, sob a forma de preços e tarifas.

- **Processamento**. Todas as empresas, também independentemente de quaisquer elementos que as diferenciem, mobilizam recursos de produção pertencentes a unidades familiares, para o processamento dos insumos adquiridos de outras empresas. Os recursos básicos de produção são o trabalho, o capital e a empresariedade – e seus detentores são unidades familiares. Estas recebem pagamentos das empresas, sob a forma de remunerações, constituídos por salários, aluguéis, arrendamentos, juros e lucros. Além do pagamento dessas remunerações, as empresas remuneram suas estruturas físicas de produção (capitais imobilizados próprios) através de depreciações. Este conjunto de remunerações pagas aos recursos de produção é que totaliza o valor agregado pelas empresas no processamento da produção.

- **Saídas**. Definem-se pela produção realizada e vendida. As saídas podem destinar-se de novo para utilização como insumos por outras empresas ou atender às duas categorias básicas de demanda final, o consumo e a acumulação.

Vamos considerar um exemplo para clarificar esses conceitos. Do ponto de vista da cadeia de produção, a indústria automobilística compõe-se de três conjuntos de empresas: as de autopeças, as montadoras e as distribuidoras concessionárias. As de autopeças fazem parte da cadeia de suprimentos; as montadoras, da de processamento; as concessionárias, da de saídas. Neste exemplo, constituído por três categorias de elos de cadeias produtivas, a questão central que procuraremos compreender é: *qual o produto das montadoras?*

Motores, transmissão e freios, materiais elétricos e baterias, amortecedores e molas, rodas e pneus, componentes de matérias plásticas, vidros, elementos de borracha, equipamentos do painel, direção e acessórios, materiais de acabamento interno, elementos de fixação e tintas – todos esses suprimentos são produzidos por outras empresas. E, além deles, as montadoras ainda empregam serviços também prestados por outras empresas, como as de transportes, as de comunicações, as de intermediação financeira e todas as que se encarregam de atividades "terceirizadas", de que são exemplos as que cuidam do fornecimento de refeições e de serviços de saúde aos funcionários.

Obviamente, todos esses suprimentos *não são* produto das montadoras, mas saídas das empresas que fornecem para elas. O produto das montadoras resulta, internamente, da mobilização de recursos de produção pertencentes a unidades familiares, aos quais pagam remunerações. Estes recursos são considerados "próprios" e as remunerações pagas a eles é que constituem o valor adicionado pelas montadoras aos suprimentos adquiridos de outras empresas fornecedoras.

Sob condições normais, o valor das saídas (vendas dos veículos acabados à rede de concessionários) é superior aos custos de todos os suprimentos. E a diferença é exatamente igual ao valor adicionado, representado pelos custos pagos aos recursos de produção, sob a forma de salários, aluguéis, arrendamentos, juros, depreciações e lucro.

O valor adicionado é o produto das montadoras. Ele é representado pelo custo dos recursos empregados. E este é igual à renda gerada pela atividade de montagem.

Poderíamos repetir a mesma abordagem para uma empresa de autopeças. Veríamos que ela também recebe suprimentos de muitas outras e processa os materiais recebidos, adicionando valor a eles. E, também nessa empresa, o produto é o valor adicionado e este será representado pelos pagamentos dos recursos que ela tiver mobilizado. Não será diferente disto o que vai ocorrer em uma concessionária. Ela também adiciona valor, remunerando as pessoas e outros recursos de produção empregados para a venda dos veículos ao usuário final.

Assim, em síntese:

- Valor adicionado e remunerações pagas aos recursos de produção são expressões equivalentes.
- As remunerações pagas aos recursos de produção são fluxos de renda que saem das empresas e se destinam a unidades familiares.
- Renda Nacional é a soma das remunerações pagas aos recursos de produção. É uma grande totalização dos custos dos recursos.
- Como o valor adicionado é igual ao produto, que também é igual ao custo dos recursos, que por sua vez é igual à renda, podemos então dizer que o Produto Nacional e a Renda Nacional são, em termos líquidos, expressões que se equivalem.

A Destinação da Renda: o Conceito de Dispêndio Nacional

Um terceiro conceito básico diz respeito à destinação que é dada ao Produto e à Renda Nacional. Esta terceira abordagem vai conduzir-nos ao conceito de Dispêndio Nacional, completando-se com ele o conjunto dos grandes fluxos macroeconômicos que derivam da atividade fundamental de produção.

As nações produzem bens e serviços que se destinam a duas grandes categorias de dispêndio final – o **consumo** e a **acumulação**.

Conceitualmente, o **consumo** associa-se à ideia de "destruição" da riqueza. Consumir um bem ou serviço final, utilizando-o na satisfação de determinada necessidade, significa "destruí-lo", no sentido econômico do termo. A "destruição" pode ser imediata – assim é com os bens de consumo imediato; ou prolongar-se por dias, semanas e meses – assim é com os bens de consumo semiduráveis; ou ainda prolongar-se por anos – assim é com os bens de consumo de uso durável. Um bife com batatas fritas está na primeira categoria; roupas e calçados, na segunda; geladeiras e televisores, na terceira.

Independentemente do tempo de "destruição", do ponto de vista da Contabilidade Social, o consumo é contabilizado no ato de aquisição pelo consumidor final, no atendimento de suas necessidades próprias ou de seus dependentes. É também conceituado como consumo o usufruto de bens e serviços públicos, que atendem a necessidades coletivas e que são supridos pelo governo.

À ideia de consumo, contrapõe-se a de **acumulação**. Do ponto de vista da Contabilidade Social, a acumulação está ligada ao processo de formação de capital produtivo, e à acepção macroeconômica de investimento. Genericamente, aos acréscimos líquidos de bens de capital à capacidade nacional de produção. Constituem dispêndios tipificados como de acumulação as edificações e as aquisições de máquinas e equipamentos.

Para que possa ocorrer o processo de acumulação sob condições de equilíbrio macroeconômico, uma parte da renda gerada deverá ser poupada e canalizada para a formação de capital. Acumulação implica diferimento, adiamento, postergação do consumo. Poupança e consumo diferido são, assim, expressões que se equivalem. Definem-se como partes da renda não destinada, no presente, à satisfação das necessidades correntes de consumo de seus detentores.

Assim, em síntese:

❑ Os bens e serviços produzidos destinam-se a duas grandes categorias de dispêndio: o consumo e a acumulação. Esta é representada pelos investimentos em bens de capital.

❑ A soma do consumo e da acumulação é igual ao Dispêndio Nacional.

❑ A Renda, o Produto e o Dispêndio Nacional são expressões contabilmente equivalentes. São três abordagens diferentes, ou caminhos diferentes de avaliação, que conduzem a mensurações iguais. Para que esta tríplice igualdade se realize, o total dos investimentos em acumulação deve igualar-se ao total da renda poupada, não consumida.

Na origem do processo macroeconômico, as duas categorias básicas são o Produto Nacional e a Renda Nacional: suas expressões, em termos monetários, são iguais, dado que *a soma do valor adicionado por todas as empresas é igual à soma das remunerações de recursos de produção pertencentes às unidades familiares,* em um modelo simples de economia com apenas essas duas categorias de agentes econômicos. No fechamento dos fluxos macroeconômicos, dado pela soma do consumo e da acumulação, o Dispêndio Nacional iguala-se ao Produto Nacional e à Renda Nacional, desde que: 1. a parcela da renda poupada seja canalizada para investimentos; e 2. que não tenham ocorrido variações positivas ou negativas no período abrangido pelo cálculo desses agregados.

A Figura 11.3 resume, esquematicamente, esses conceitos básicos.

11.3 Uma Aproximação Simplificada: Apenas Dois Agentes Econômicos

Os Fluxos do Produto

Empregando os conceitos macroeconômicos básicos de valor adicionado, produto, renda e dispêndio, vamos considerar uma primeira hipótese simplificada de economia nacional, constituída apenas por duas categorias de agentes econômicos – empresas e unidades familiares. Nesta primeira aproximação simplificada, não há governo e não ocorrem, também, transações econômicas com

FIGURA 11.3 Categorias básicas de fluxos macroeconômicos. A interdependência dos conceitos de Produto, Renda e Dispêndio Nacional.

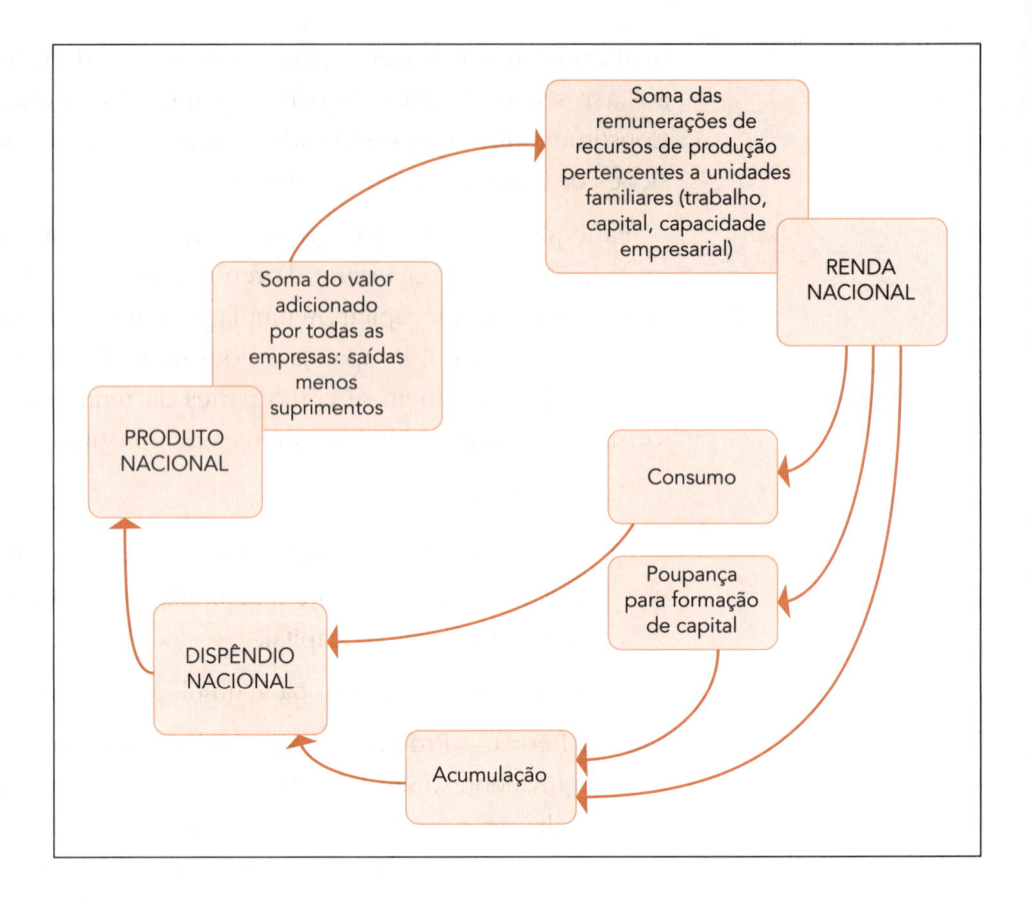

outras nações. Esta hipótese é usualmente definida pela expressão **economia fechada sem governo**.

Na hipótese simplificada que adotaremos, as empresas estarão distribuídas em três categorias de atividades produtivas: as primárias, que englobam atividades como lavouras, produção animal e extração vegetal; as secundárias, que se constituem das indústrias de transformação e de construção; e as terciárias, que reúnem todas as prestações de serviços privados. A Tabela 11.1 indica o valor total da produção de todas as empresas de cada uma das três categorias de atividades. Trata-se das saídas, sob a forma de vendas totalizadas de todas as categorias de bens e serviços produzidos. Expressos monetariamente, em $ bilhões, os valores totalizados das saídas foram de 150 para as atividades primárias; de 320, para as secundárias; e de 480, para as terciárias. Para a economia como um todo, o valor agregado da produção alcançou, assim, $ 950 bilhões.

Já sabemos que esse *não é* o valor do Produto Nacional. Esta forma de mensuração é uma superestimação, pois estão aí incluídas as transações intra e interatividades. A fibra natural colhida no setor primário está incluída pelo menos quatro vezes: no valor de produção das lavouras, no valor dos fios que resultaram das fibras, no valor do tecido em que os fios se transformaram e nas vendas do comércio que levou o tecido até o consumidor final. Além disso, na própria fibra, há insumos que foram também duplamente contados, como os fertilizantes e defensivos que a indústria forneceu à agricultura, além de serviços, como

TABELA 11.1
Uma hipótese de valor da produção (total das saídas) de todas as empresas da economia, classificadas segundo as três categorias básicas de atividades produtivas.

Atividades produtivas	Valor total das saídas dos bens e serviços produzidos ($ Bilhões)
Primárias	150
Secundárias	320
Terciárias	480
Valor da produção	950

transportes, que levaram os insumos das fábricas para as fazendas; as fibras, das fazendas para as fábricas; e os tecidos, das fábricas para a rede comercial.

Pela importância desse conceito, vamos a um outro exemplo, citando F. Brooman:[7] "Se o valor de *todas* as mercadorias for somado, o total será superior ao do Produto Nacional, porque algumas mercadorias são utilizadas na produção de outras. O preço de um pão, por exemplo, tem de incluir o valor da farinha de que foi feito; o preço da farinha tem de incluir o valor do trigo nela transformado. Assim, juntar o valor do trigo cultivado, da farinha e do pão é contar o valor da farinha duas vezes e o do trigo três vezes. Se essa **contagem múltipla** dos produtos intermediários não for eliminada de alguma forma, o valor do Produto Nacional será evidentemente superestimado."

O Produto Nacional, depurado das transações intra e interatividades, é expresso pela diferença entre o valor total das saídas dos bens e serviços produzidos e o valor dos fornecimentos intermediários, como indicamos na Tabela 11.2. A hipótese, ali resumida, é de que todas as atividades fornecem suprimentos intermediários. Empresas incluídas nas atividades primárias fornecem insumos para outras do próprio setor. Sementes e mudas para as lavouras e grãos das lavouras para a alimentação do gado são exemplos de insumos procedentes da própria atividade: $ 15 bilhões corresponderam a essas transações; outros $ 50 bilhões foram fornecimentos das atividades primárias para as indústrias de transformação; e $ 35 bilhões saíram como suprimentos destinados às atividades terciárias. De seu lado, as indústrias forneceram $ 25 bilhões para as lavouras, a produção animal e a extração vegetal; $ 70 bilhões transacionaram-se dentro do próprio setor; e $ 140 bilhões saíram das atividades industriais para as de prestação de serviços. Por fim, os serviços forneceram $ 50 bilhões para as atividades primárias, $ 90 bilhões para as indústrias e $ 175 bilhões em transações intrassetoriais.

Olhando agora os dados horizontalmente, verificamos que o valor adicionado pelas atividades primárias foi de $ 60 bilhões: das saídas, estimadas em $ 150 bilhões, deduziram-se os suprimentos intermediários sob a forma de insumos adquiridos ($15 bilhões do próprio setor, $ 25 bilhões do industrial e $ 50 bilhões do de serviços, totalizando $ 90 bilhões). Os $ 150 bilhões, menos $ 90 bilhões, correspondem ao **produto das atividades primárias**. Aplicando os mesmos critérios às duas outras atividades, constatamos que o valor dos **produtos** das atividades secundárias e terciárias foram, respectivamente, de $ 110 e de $ 130 bilhões. Somando, então, estas três parcelas de valores adicionados por todas

TABELA 11.2 Uma hipótese de valor agregado pelas atividades produtivas: valor total da produção menos suprimentos intermediários.

Atividades produtivas	$ Bilhões			
	Valor dos suprimentos intermediários			Valor adicionado bruto
	Fornecidos pelas atividades primárias	Fornecidos pelas atividades secundárias	Fornecidos pelas atividades terciárias	
Primárias	15	25	50	60
Secundárias	50	70	90	110
Terciárias	35	140	175	130
Totais	100	235	315	300

as empresas das três atividades, chegamos ao **agregado do Produto Nacional**: $ 300 bilhões, bem inferior à superestimada avaliação inicial de $ 950 bilhões.

Esses mesmos dados podem também ser mostrados de outra forma, como na Tabela 11.3. Temos, ali, um outro critério de avaliação do Produto Nacional, também resultante da exclusão de todas as transações intermediárias. Por este critério, separamos em cada atividade as transações que foram intermediárias, das que se destinaram aos usuários finais. Se sabemos que o total das saídas das atividades primárias, por exemplo, foi de $ 150 bilhões, dos quais $ 100 bilhões foram suprimentos sob a forma de insumos, então $ 50 bilhões saíram sob a forma de **bens finais**. Nas atividades secundárias, dos $ 320 bilhões de saídas totais, $ 235 bilhões foram fornecimentos de insumos; isto significa que $ 85 bilhões foram, também neste setor, **bens finais**. De igual forma, nas atividades terciárias, se deduzirmos dos $ 480 bilhões os $ 315 bilhões de fornecimentos intermediários, ficaremos com os $ 165 bilhões de **serviços finais**.

A soma do valor dos bens e serviços finais produzidos, $ 300 bilhões, é igual à totalização dos valores adicionados. Nem poderia ser outro o resultado, pois, conceitualmente, o Produto Nacional expressa a soma dos bens e serviços finais produzidos pela economia. Tanto por um critério como por outro, as transações intermediárias são excluídas, evitando-se contagens múltiplas. A Figura 11.4 mostra, esquematicamente, como se dá a igualdade entre estas duas formas de se chegar ao Produto Nacional: pelos valores adicionados e pelos valores dos bens e serviços finais.

Os Fluxos da Renda

A Tabela 11.4 registra o segundo caminho para cálculo do agregado macroeconômico do Produto Nacional: a abertura do valor adicionado, segundo os custos dos recursos que o totalizam. Trata-se da totalização dos fluxos de renda gerados internamente pelas empresas, durante o processamento da produção e pagos às unidades familiares, detentoras dos recursos, sob a forma de salários (remuneração do trabalho), aluguéis, arrendamentos, juros e depreciações (remuneração do capital) e lucros (remuneração da capacidade de empreendimento).

TABELA 11.3
Uma hipótese do valor dos bens e serviços finais resultantes das atividades produtivas: valor total da produção menos fornecimentos intermediários.

Atividades produtivas	$ Bilhões		
	Valor total das saídas dos bens e serviços produzidos	Valor dos fornecimentos intermediários	Valor dos bens e serviços finais produzidos
Primárias	150	100	50
Secundárias	320	235	85
Terciárias	480	315	165
Totais	950	650	300

FIGURA 11.4
Representação esquemática dos fluxos de suprimentos, do valor adicionado e do valor dos bens e serviços finais produzidos.

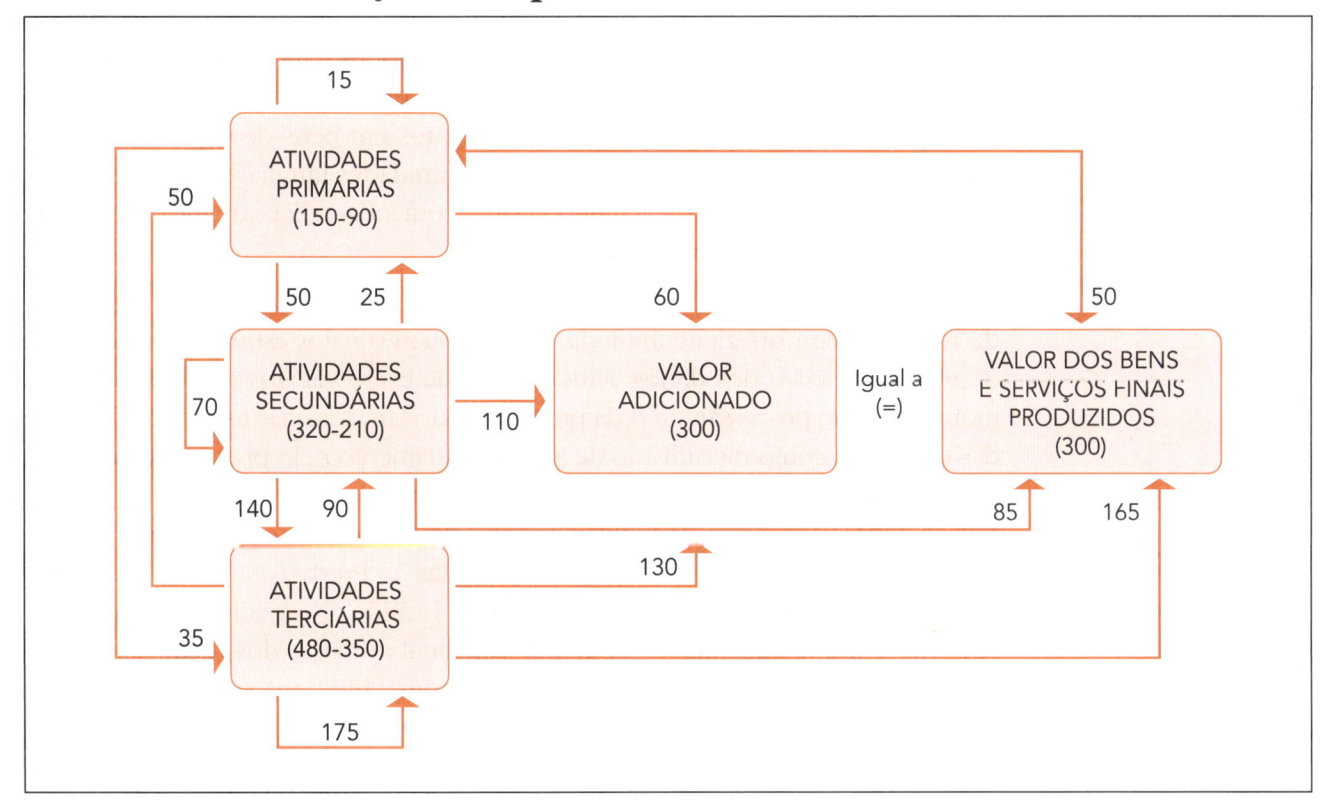

Estes pagamentos totalizam os **custos dos recursos**, diferenciando-se dos pagamentos por transações intermediárias que se referem aos **custos de suprimentos**. Na hipótese de composição dos custos dos recursos da Tabela 11.4, os salários totalizaram $ 165 bilhões, constituindo-se assim na principal fonte de renda das unidades familiares: a remuneração do trabalho. As rendas do capital, representadas por aluguéis, arrendamentos e juros, totalizaram $ 55 bilhões, observando-se que

**TABELA 11.4
Uma hipótese de composição do valor adicionado: o custo dos recursos por atividade produtiva.**

Atividades produtivas	$ Bilhões					
	Valor adicionado	Custo dos recursos				
		Salários	Aluguéis e arrendamentos	Juros	Depreciações	Lucros
Primárias	60	40	5	1	2	12
Secundárias	110	55	17	2	13	23
Terciárias	130	70	13	17	5	25
Totais	300	165	35	20	20	60

as atividades terciárias foram as que mais pagaram juros às unidades familiares: dos $ 20 bilhões, $ 17 bilhões procederam de atividades terciárias, isto porque é aí que se encontram as empresas do setor de intermediação financeira (bancos e outras instituições); uma expressiva parcela dos juros passivos do setor financeiro remunera aplicações de unidades familiares. Outra parcela expressiva do fluxo agregado de renda, $ 60 bilhões, foi representada por lucros distribuídos pelas empresas a seus proprietários e acionistas. Por fim, completando os $ 300 bilhões do custo totalizado dos recursos de produção, foram lançados pelas empresas $ 20 bilhões sob a forma de depreciações. Este tipo de custo de processamento corresponde ao ressarcimento dos investimentos em bens de capital feito pelas empresas e é o único que não se transfere às unidades familiares. Ele geralmente se destina à reposição do capital depreciado, somando-se à poupança como fonte de recursos para o processo de acumulação.

Do ponto de vista da Contabilidade Social, as depreciações têm o significado de reduções de riqueza acumulada. Elas indicam o valor estimado do desgaste, da obsolescência e dos danos acidentais a que estão sujeitos os bens de capital mobilizados no processamento da produção. São lançadas nas estruturas de custos das empresas, como mecanismo de autorressarcimento pelo processo de desgaste a que os bens de capital investidos estão sujeitos ao longo do tempo. Daí por que as depreciações são deduzidas dos investimentos brutos, para a aferição dos investimentos líquidos. E são também deduzidas do Produto Nacional Bruto, para se chegar ao conceito de Produto Nacional Líquido. Na realidade, este último conceito é o que equivale ao de Renda Nacional ao custo dos recursos: a renda agregada efetivamente recebida pelas unidades familiares em uma economia fechada sem governo.

Os Fluxos do Dispêndio

O terceiro grande fluxo macroeconômico que completa a hipótese simplificada de economia que estamos desenvolvendo é o do dispêndio. Ele está resumido na Tabela 11.5.

Como já mostramos, os $ 300 bilhões estimados para o Produto Nacional expressam-se alternativamente pelo valor dos bens e serviços finais produzidos pelas atividades primárias ($ 50 bilhões), secundárias ($ 85 bilhões) e terciárias ($ 165 bilhões). Agora indicamos a composição do Produto Nacional segundo as

TABELA 11.5 Uma hipótese de destinação da renda agregada: o consumo e a acumulação de bens e serviços finais.

Atividades produtivas	$ Bilhões		
	Bens e serviços finais produzidos	Consumo	Acumulação
Primárias	50	40	10
Secundárias	85	60	25
Terciárias	165	150	15
Totais	300	250	50

duas principais categorias de bens e serviços finais, também por atividade produtiva: por hipótese, dos $ 300 bilhões do Produto Nacional, $ 250 bilhões foram bens e serviços de consumo; $ 50 bilhões foram de bens e serviços destinados à acumulação.

Exemplos de bens de consumo das atividades primárias são os destinados à alimentação humana vendidos diretamente pelo setor às unidades familiares; madeiras da extração vegetal destinadas a cercas e currais são exemplos de um bem final do setor primário destinado ao processo de acumulação. Das atividades secundárias, consomem-se bens finais duráveis e semiduráveis; acumulam-se máquinas, equipamentos, instrumentos de trabalho e edificações. Já as atividades terciárias tipificam-se mais como fornecedoras de serviços que se consomem; mas podem ocorrer também nesse setor serviços tipificados como de acumulação, de que são exemplos dispêndios em educação, em formação profissional e em atividades de pesquisa e desenvolvimento, básicas e aplicativas.

Na hipótese adotada, todo o Produto Nacional é adquirido por usuários finais, em fluxos de consumo e de acumulação, totalizando assim $ 300 bilhões. No caso, a acumulação de $ 50 bilhões foi financiada por $ 30 bilhões de poupança das unidades familiares e $ 20 bilhões de depreciação. A poupança das unidades familiares foi calculada residualmente. Como da Renda Nacional ao custo dos recursos, de 280 bilhões, foram consumidos $ 250 bilhões, a diferença correspondeu ao fluxo de poupança: um "vazamento" que se destinou ao financiamento dos investimentos em acumulação de capital.

A Figura 11.5 resume estes conceitos de fluxos macroeconômicos. O Produto Nacional menos as depreciações é igual ao Produto Nacional Líquido, que equivale à Renda Nacional. Uma parte desta é consumida; outra, poupada. A poupança e a depreciação, na hipótese simplificada adotada, são as duas fontes do processo de acumulação que, somado ao consumo, totaliza o Dispêndio Nacional.

11.4 Uma Segunda Aproximação: a Introdução do Governo

Os Fluxos de Receita do Governo

Mantendo a economia ainda fechada, sem transações econômicas com outras nações, consideraremos agora uma hipótese mais ampla, admitindo a existência do governo como agente econômico. A introdução desse terceiro agente implicará

**FIGURA 11.5
Do produto ao dispêndio nacional: a origem dos recursos para o consumo e a acumulação.**

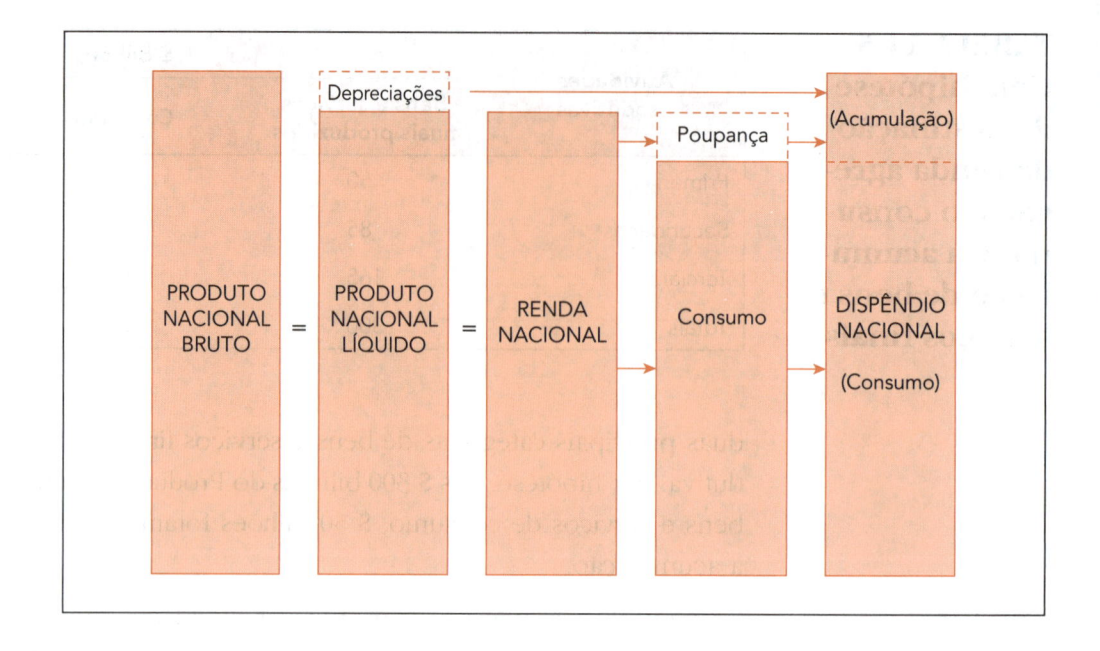

```
PRODUTO            PRODUTO                                    (Acumulação)
NACIONAL     =     NACIONAL      =    RENDA      Consumo      DISPÊNDIO
BRUTO              LÍQUIDO            NACIONAL                NACIONAL
                   Depreciações       Poupança                (Consumo)
```

mudanças nos fluxos de produção, de apropriação e destinação da renda e de composição dos dispêndios. De um lado, o governo interage com as unidades familiares e as empresas, arrecadando tributos; de outro lado, despendendo as receitas tributárias. De sua ação econômica, resultam impactos de várias ordens: uns reprimem a capacidade aquisitiva das unidades familiares e o potencial de acumulação das empresas; outros expandem a renda agregada; outros ainda tanto podem comprimir quanto expandir os níveis correntes do dispêndio agregado.

A tipificação das receitas e dos gastos do governo é um primeiro passo para a compreensão desses impactos nos fluxos macroeconômicos agregados. Vamos começar pelas receitas.

As atividades do governo são financiadas por duas categorias de receitas: as tributárias e as não tributárias. As primeiras resultam da exação fiscal, realizada através de dois tipos de tributos: os diretos e os indiretos. As segundas resultam de taxas cobradas por prestação de serviços, arrendamento de propriedades e participação acionária em empresas. As receitas do governo agrupam-se, assim, em três categorias:

❑ **Tributos diretos**. Englobam a arrecadação tributária que incide sobre ativos e rendas das unidades familiares e das empresas. Os impostos sobre heranças e sobre propriedades urbanas e rurais são exemplos dos que incidem sobre ativos. Mas eles, usualmente, não constituem a maior parte da arrecadação tributária direta. Esta é preponderantemente constituída por tributos que incidem sobre as remunerações dos recursos de produção, alcançando os fluxos de renda da sociedade. Salários, aluguéis, arrendamentos, juros e lucros são tributados diretamente, em geral por taxas progressivas. Este tipo de exação fiscal reduz o poder de dispêndio dos agentes econômicos privados.

- **Tributos indiretos**. Esses tributos oneram as transações intermediárias e finais, tendo como principal fato gerador os fluxos de entrada e de saída que, nas empresas, alimentam e dão sustentação ao processamento da produção. Eles são incorporados aos preços dos bens e serviços transacionados. Com sua incorporação aos custos de processamento, estes deixam de se constituir apenas pelas remunerações pagas aos recursos, mas também pela carga fiscal indireta. Geralmente, os tributos indiretos são recolhidos pelas empresas durante o processamento da produção, mas efetivamente pagos pelos agentes que adquirem, na etapa final do processo, os bens e serviços finais produzidos. As empresas lançam a seu crédito os tributos indiretos constantes dos documentos fiscais que acompanham os suprimentos; lançam a débito os tributos indiretos constantes dos documentos fiscais de saída; e recolhem a diferença. Com este procedimento usual é indiretamente tributado o valor adicionado em cada etapa, totalizando-se a alíquota estabelecida pela soma dos recolhimentos em cada uma das etapas do processo produtivo.

- **Outras receitas correntes**. Esta é a denominação genérica de um amplo conjunto de receitas não tributárias do governo, como taxas, dividendos, laudêmios e vários fluxos de recebimentos originários de ativos públicos mobiliários e imobiliários. Por convenção, admite-se que estas receitas oneram o poder de compra das unidades familiares. Consequentemente, na metodologia de Contabilidade Social são lançadas a crédito do governo e a débito das famílias.

Os Fluxos de Dispêndio do Governo

O governo, como agente econômico, emprega as receitas resultantes dessas três fontes em quatro categorias distintas de dispêndios, que exercem diferentes impactos sobre os grandes fluxos macroeconômicos da produção, da renda e do dispêndio. As quatro categorias são:

- **Consumo**. A manutenção da estrutura organizacional do setor público como um todo, incluindo pagamentos ao pessoal civil e militar, mais os gastos com a aquisição de bens e serviços destinados às atividades exercidas nas repartições públicas, totalizam o consumo do governo. Estes dispêndios classificam-se usualmente, também, como de custeio.

- **Investimentos**. Os dispêndios de capital ou de investimento realizados pelo governo são caracterizados por adições ao estoque de capital da economia. Diferenciam-se dos dispêndios correntes de custeio, porque fazem parte do processo de acumulação. Obras públicas como açudes, barragens e sistemas de irrigação; equipamentos de infraestrutura urbana; edificações para repartições públicas, escolas, hospitais, bibliotecas; rodovias, canais navegáveis, portos e aeroportos; estruturas para armazenagem; quarteis e outras instalações para fins militares; e aquisições de máquinas e equipamentos – são, todos, exemplos de dispêndios do governo em formação bruta de capital fixo.

❏ **Transferências**. São pagamentos unilaterais feitos pelo governo, sem a contrapartida corrente dos agentes beneficiados. A maior parte das transferências é representada pelos benefícios pagos pelo sistema de previdência social, sob a forma de aposentadorias, pensões, bolsas, seguro social para desempregados e auxílios para educação, transporte pessoal, alimentação, nascimento e funerais. Os gastos com auxílios a populações flageladas e subvenções a instituições não governamentais sem fins lucrativos incluem-se também entre as transferências. Esta categoria de dispêndio público soma-se à Renda Nacional, ampliando o montante da renda agregada das unidades familiares.

❏ **Subsídios**. Trata-se de pagamentos que fluem do governo para as empresas, constituindo uma espécie de tributos indiretos com sinal negativo. O objetivo é permitir que a sociedade tenha acesso a determinados bens e serviços de alta essencialidade que, se não subsidiados, teriam um preço de mercado inacessível para grande parte da população. São geralmente subsidiados bens destinados à alimentação (o trigo é um exemplo clássico em muitos países), insumos de alta relevância no processo produtivo (determinados derivados do petróleo) ou serviços mantidos por razões de integração ou de segurança nacionais (transportes e comunicações).

Estas diferentes categorias de receitas e de dispêndios do governo modificam os valores básicos dos fluxos macroeconômicos, contraindo-os ou ampliando-os. Incorporam-se na composição do valor agregado. Incorporam-se à renda das unidades familiares ou reduzem o seu poder aquisitivo, direta ou indiretamente. Ampliam o processo de formação de capital. Interferem nos preços de mercado de bens e serviços. E impactam o equilíbrio da economia como um todo. Enfim, com a introdução do governo no modelo de economia fechada, deveremos reconsiderar boa parte dos conceitos relacionados à formação e à composição dos agregados macroeconômicos.

Impactos da Introdução do Governo

Um dos impactos relevantes da introdução do governo dá-se na composição do valor adicionado. Desconsiderada a existência de governo, o valor adicionado resume-se nos custos dos recursos de produção, internamente mobilizados pelas empresas. Mas, desde que o governo estabeleça impostos indiretos, incidentes sobre as transações líquidas de suprimentos e saídas de produtos, estes se somam aos valores adicionados, passando a fazer parte dos preços de mercado dos produtos finais. E, em direção oposta, ocorrendo subsídios, alguns preços finais serão rebaixados para o usuário final: não se exclui a hipótese de que alguns fiquem até abaixo dos custos de suprimentos e de processamento somados.

A Tabela 11.6 resume a reconfiguração do valor adicionado, com a introdução do governo no sistema econômico. Mantivemos, na hipótese em desenvolvimento, os mesmos pagamentos aos recursos admitidos no modelo de economia fechada sem governo. Mas incluímos a tributação indireta e admitimos a concessão de subsídios. Para um valor adicionado bruto de $ 300 bilhões ($ 280 bilhões de custo de recursos, mais $ 20 bilhões de depreciações), a carga tributária indireta

TABELA 11.6
Reconfiguração da hipótese do valor adicionado: o produto ao custo dos recursos e a preços de mercado, por atividade produtiva.

Composição do valor adicionado	$ Bilhões			
	Atividades primárias	Atividades secundárias	Atividades terciárias	Totais
(a) Salários	40	55	70	165
(b) Aluguéis e arrendamentos	5	17	13	35
(c) Juros	1	2	17	20
(d) Lucros	12	23	25	60
Produto ao custo dos recursos (a) + (b) + (c) + (d)	58	97	125	280
(e) Depreciações	2	13	5	20
(f) Tributos indiretos	14	27	17	58
(g) Subsídios	4	2	2	8
(h) Tributos indiretos líquidos (f) – (g)	10	25	15	50
Produto a preços de mercado (a) + (b) + (c) + (d) + (e) + (h)	70	135	145	350

bruta, expressa pela relação entre o valor agregado bruto e os tributos indiretos, representou 19,3%. Mas, como o governo concedeu subsídios a um dado conjunto de bens e serviços, a carga tributária indireta líquida recuou para 16,7%: $ 50 bilhões, contra $ 300 bilhões.

Com a inclusão do governo, junto com as modificações na composição do valor agregado, dois novos conceitos de produto se estabelecem. O de **produto ao custo dos recursos**, que totaliza os pagamentos das empresas pelos recursos de produção fornecidos pelas unidades familiares, e o de **produto a preços de mercado**, que adiciona ao custo dos recursos as depreciações e os tributos indiretos líquidos. Na hipótese mostrada na Tabela 11.6, o produto ao custo dos recursos totalizou $ 280 bilhões; a preços de mercado, $ 350 bilhões. Ao custo dos recursos, somaram-se $ 20 bilhões de depreciações e $ 50 bilhões de tributos indiretos líquidos. Pelos dados desta hipótese, observamos que o valor adicionado se expandiu, incorporando os "custos" de sustentação do governo.

Há também impactos relevantes na renda agregada. Estes, de um lado, decorrem da tributação direta que incide sobre a remuneração dos recursos produtivos. De outro lado, decorrem das transferências do governo para ativos e inativos. Enquanto os tributos diretos reduzem a renda agregada disponível das famílias, as transferências a ampliam. Pode-se até admitir que as transferências têm o significado de impostos diretos com sinal negativo. Aqueles subtraem-se da renda agregada; estes adicionam-se. Na Tabela 11.7 encontram-se as hipóteses assumidas. Sobre uma renda agregada líquida (custo dos recursos trabalho e capital, pagos pelas empresas às unidades familiares) de $ 280 bilhões, incidiu uma carga tributária

TABELA 11.7 Impactos da ação do governo na renda agregada: o conceito de renda pessoal disponível.

Fluxos agregados	$ Bilhões
(a) Custo totalizado dos recursos	280
(b) Tributos diretos	40
(c) Transferências	15
Renda pessoal disponível	
(a) − (b) + (c)	255

TABELA 11.8 Reconfiguração da hipótese de destinação da renda agregada.

Atividades produtivas	Bens e serviços finais produzidos	Consumo			Acumulação		
		Unidades familiares	Governo	Total	Unidades familiares e empresas	Governo	Total
Primárias	70	39	6	45	9	1	10
Secundárias	135	58	17	75	18	12	30
Terciárias	145	148	22	170	3	17	20
Totais	350	245	45	290	30	30	60

direta bruta de 14,3%, equivalente a uma exação fiscal de $ 40 bilhões. Mas, em contrapartida, o governo transferiu pagamentos para as famílias, via sistema de previdência social e outros canais de aporte de subvenções, auxílios e bolsas que totalizaram $ 15 bilhões. Como resultado, a **renda pessoal disponível** contraiu-se com a tributação direta e expandiu-se com as transferências. Em termos líquidos, situou-se em $ 255 bilhões.

Quanto à destinação da renda agregada, a Tabela 11.8 mostra que os bens e serviços finais produzidos passam a ser consumidos e acumulados pelas unidades familiares, empresas e governo. De todos os fluxos macroeconômicos, o consumo das famílias continua o de mais alta expressão, seguindo pelo consumo do governo. Depois, vêm os dispêndios de acumulação das empresas, famílias e do governo. Somados, todos os fluxos do Dispêndio Nacional equivalem ao valor mais alto do Produto Nacional. Isto porque, como já assinalamos, as depreciações retornam ao sistema econômico, financiando parte do processo de acumulação das empresas.

A Figura 11.6 registra, para essa hipótese de economia, os conceitos convencionais de Produto, de Renda e de Dispêndio Nacional. O **Produto Nacional Bruto** expressa o valor agregado bruto pelas empresas, que corresponde ao total da produção de bens e serviços finais a preços de mercado. Deduzindo do PNB as depreciações do capital, temos o conceito de **Produto Nacional Líquido** a

FIGURA 11.6
Impactos da presença do governo nos conceitos e nos fluxos de produto, renda e dispêndio.

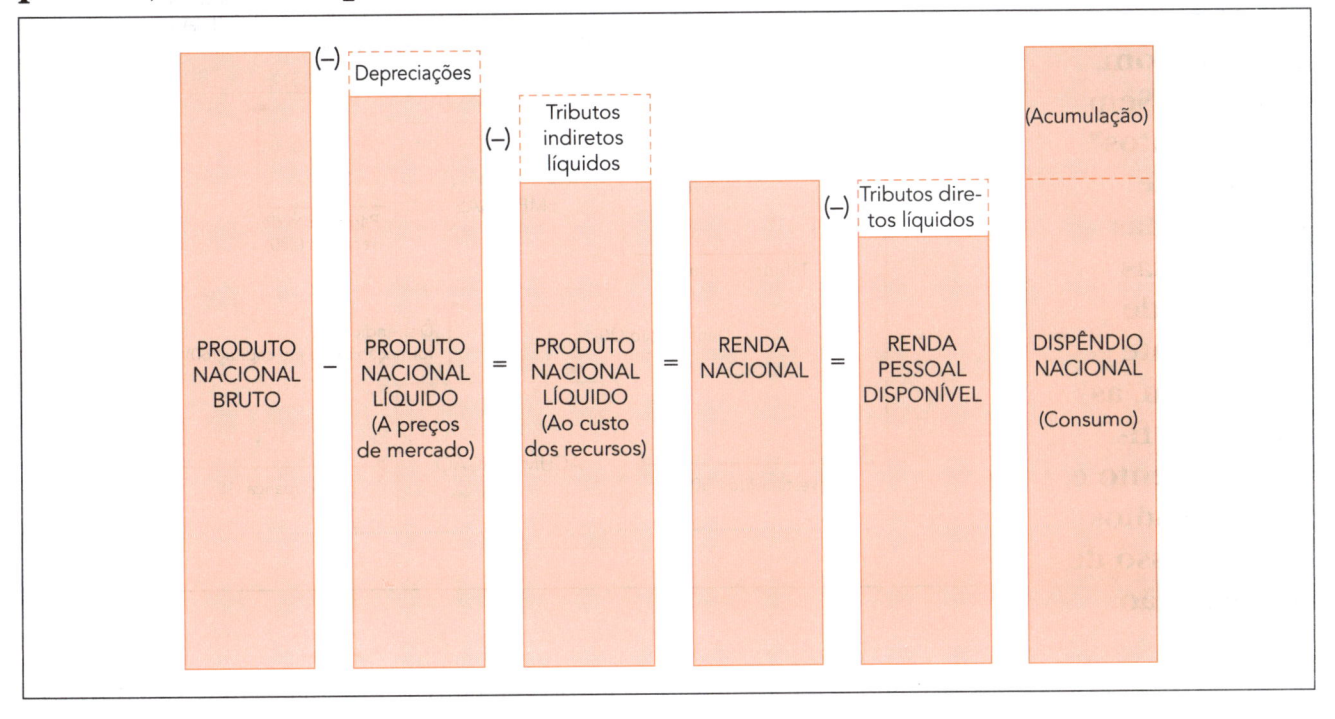

PRODUTO NACIONAL BRUTO − (−) Depreciações = PRODUTO NACIONAL LÍQUIDO (A preços de mercado) − (−) Tributos indiretos líquidos = PRODUTO NACIONAL LÍQUIDO (Ao custo dos recursos) = RENDA NACIONAL − (−) Tributos diretos líquidos = RENDA PESSOAL DISPONÍVEL = DISPÊNDIO NACIONAL (Acumulação) (Consumo)

preços de mercado, que inclui, além dos pagamentos líquidos aos recursos de produção pertencentes às famílias, os impostos indiretos líquidos que oneraram as transações de suprimentos e saídas do processo produtivo. Subtraindo essa categoria de ônus tributário do PNL a preços de mercado, chegamos ao conceito de Produto Nacional Líquido ao custo dos recursos, que é igual ao de **Renda Nacional**. É sobre os fluxos de renda que totalizam esse agregado que incidem os impostos diretos, que são redutores da renda agregada; mas, em contrapartida, devem ser incorporados os pagamentos de transferências do governo definindo-se assim o conceito de **Renda Pessoal Disponível**. Por fim, todos esses macrofluxos alimentam os dois grandes conceitos de dispêndio da sociedade – o consumo e a acumulação bruta de capital fixo. Não ocorrendo "vazamentos", o **Dispêndio Nacional Bruto** equivale ao **Produto Nacional Bruto** a preços de mercado.

Como admitimos a hipótese de equilíbrio geral sem "vazamentos", os fluxos macroeconômicos se fecham, como mostra a Figura 11.7. Ali estão resumidas quatro grandes contas de um sistema convencional de Contabilidade Social. As empresas situam-se no centro de todo o sistema: delas fluem os principais fluxos macroeconômicos, de que são exemplos os custos dos recursos internamente empregados, pagos às unidades familiares e os tributos recolhidos para o governo que, indireta ou diretamente, originam-se das atividades produtivas; e, como contrapartida, são para as empresas que retornam os grandes fluxos de dispêndio em consumo e em formação bruta de capital fixo. Nas empresas, nas unidades familiares e no governo, os fluxos de entrada, totalizados, são iguais aos de saída, também totalizados. O mesmo ocorre com o processo de acumulação:

FIGURA 11.7 Fluxos agregados em uma economia fechada com governo. Sem "vazamentos", igualam-se os totais das saídas e das entradas de cada agente e, também, as fontes de financiamento e os dispêndios do processo de acumulação.

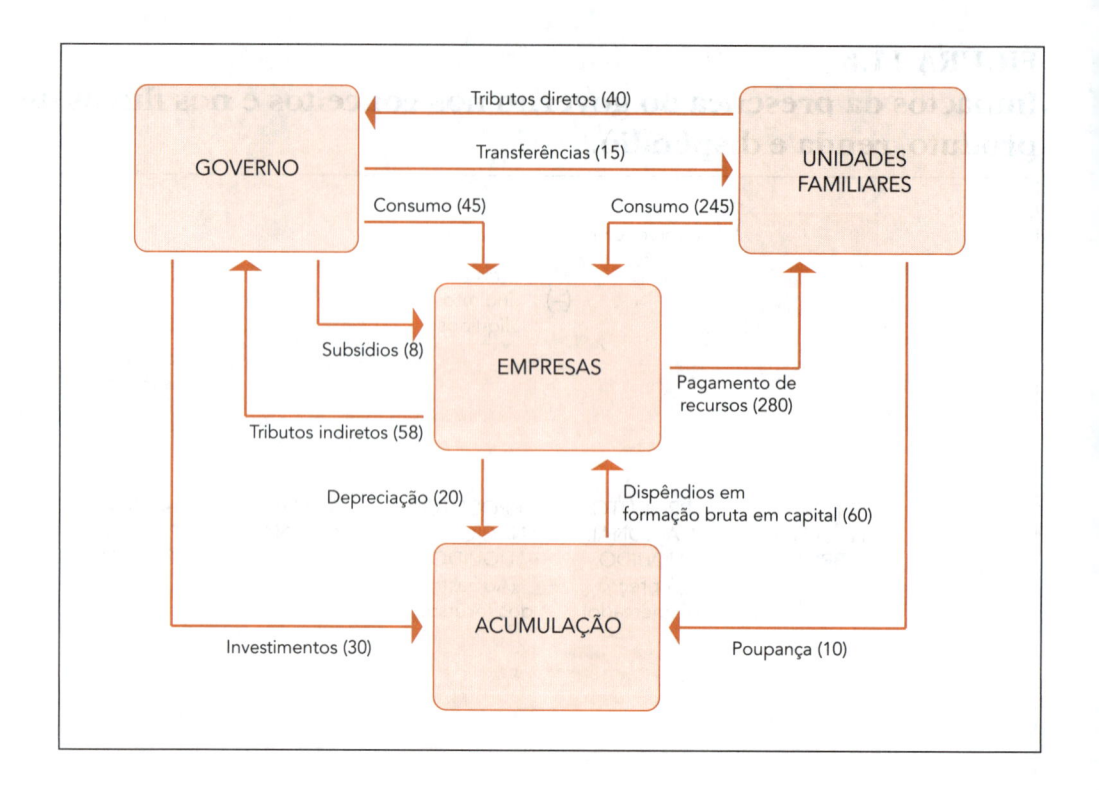

[Diagrama: GOVERNO, UNIDADES FAMILIARES, EMPRESAS, ACUMULAÇÃO]
- Tributos diretos (40)
- Transferências (15)
- Consumo (45)
- Consumo (245)
- Subsídios (8)
- Pagamento de recursos (280)
- Tributos indiretos (58)
- Depreciação (20)
- Dispêndios em formação bruta em capital (60)
- Investimentos (30)
- Poupança (10)

os dispêndios em formação bruta de capital fixo são financiados por fluxos de igual valor originários dos três agentes econômicos.

As igualdades entre os fluxos de entrada e saída dos três agentes evidenciam a **reciprocidade lógica** que os agregados macroeconômicos mantêm entre si. Uma reciprocidade que explica a consistência dos processos econômicos e a dinâmica da economia como um todo. A sustentação das atividades produtivas e o crescimento econômico dependem de como esses fluxos se articulam e das proporções em que ocorrem. Por um lado, "vazamentos" substantivos ou dispêndios "sem origem" podem desequilibrar o sistema: a regular manutenção do emprego dos recursos econômicos depende essencialmente de fluxos equilibrados. Por outro lado, o crescimento do conjunto depende do processo de acumulação: os dispêndios em consumo mantêm os níveis de emprego; os investimentos em formação de capital os ampliam. Isto em uma economia fechada. Em uma economia aberta, desequilíbrios internos entre fluxos agregados podem ser compensados por transações externas. E podem também ocorrer desequilíbrios originários dessas mesmas transações. Vamos ver isto em seguida, abrindo o modelo.

11.5 Um Modelo Completo de Economia Aberta

As Transações Externas: Principais Categorias

A expressão **economia fechada** é usualmente empregada para designar modelos teóricos de economias sem quaisquer transações comerciais ou financeiras com o exterior. Em contraposição, emprega-se a expressão **economia aberta** para designar sistemas nacionais que mantêm transações econômicas com outras

CONCEITO E CÁLCULO DOS AGREGADOS MACROECONÔMICOS 587

nações. Os modelos abertos traduzem mais adequadamente a realidade. Por maior que seja a propensão nacional à autossuficiência, dificilmente uma economia pode manter-se em estado de completo isolamento em relação às economias de outras nações, independentemente de suas dimensões territoriais, da dotação de seus recursos naturais, de seus estágios de desenvolvimento e do regime político-institucional adotado. A abertura ao exterior, em muitos casos, é fator de sobrevivência. E, ainda que não seja assim, as nações praticam diferentes graus de abertura, procurando complementar suas cadeias de suprimentos, o escoamento de sua produção e a absorção de recursos produtivos. Como regra, a abertura é observada nos três momentos da cadeia produtiva: entradas de insumos, processamento e saídas de produtos.

Para os propósitos da Contabilidade Social, as transações reais com o exterior são agrupadas em quatro grandes categorias de fluxos:

❑ Exportações de mercadorias e serviços.

❑ Importações de mercadorias e serviços.

❑ Resultado líquido dos pagamentos-e-recebimentos pelo emprego de recursos de produção.

❑ Saldo das transações correntes.

Nas contas nacionais, os fluxos de **exportações** incluem as vendas de mercadorias para o exterior e as receitas cambiais com serviços prestados a estrangeiros, como as decorrentes de viagens, transportes, seguros e telecomunicações; incluem também os dispêndios das representações diplomáticas de outras nações instaladas no país. Em direção oposta, os fluxos de **importações** incluem as compras de mercadorias, as despesas cambiais com serviços adquiridos de estrangeiros e os dispêndios das representações diplomáticas da nação no exterior. Já os **pagamentos-e-recebimentos pelo emprego de recursos de produção** incluem remunerações como salários, juros, arrendamentos e aluguéis, patentes, direitos autorais e lucros, remetidos ou recebidos do exterior, como contrapartida pela utilização interna de recursos pertencentes a estrangeiros.

O resíduo final desses fluxos é o **saldo do balanço internacional de pagamentos em transações correntes**. Quando este resíduo é positivo, a nação forneceu para outras economias, sob as formas de recursos, mercadorias e serviços, mais do que deles recebeu. Inversamente, quando é negativo, as entradas de recursos e produtos originários do exterior superaram as saídas. Por isso, quando o saldo em transações correntes é negativo, registra-se um processo positivo de acumulação interna; quando é positivo, o processo decorrente é de desacumulação externa.

Impactos nos Fluxos Agregados

A Tabela 11.9 resume as hipóteses de transações externas, em fluxos totalizados, que introduziremos no modelo. O resultado da balança de comércio de mercadorias e de serviços é negativo; as exportações totalizam $ 20 bilhões e as importações apenas $ 15 bilhões. É também negativo o resultado dos recebimentos e remessas de rendas pelo emprego de recursos: $ 5 bilhões contra $ 10 bilhões.

TABELA 11.9
A economia aberta: hipóteses de transações externas introduzidas no modelo.

Fluxos agregados	$ Bilhões
(a) Exportações de mercadorias e serviços	15
(b) Importações de mercadorias e serviços	20
(c) Recebimentos por rendas de recursos	5
(d) Remessas de rendas de recursos	10
Saldo do balanço de transações correntes	
(a) – (b) + (c) – (d)	– 10

TABELA 11.10
A oferta e a procura agregadas, em um modelo completo de economia aberta: fluxos de produto e de dispêndio, internos e externos.

Fluxos agregados	$ Bilhões
(a) Custo interno dos fatores	280
(b) Depreciações	20
(c) Tributos indiretos	58
(d) Subsídios	8
(e) PIB a preços de mercado (a) + (b) + (c) – (d)	350
(f) Importações de mercadorias e serviços	20
OFERTA AGREGADA (e) + (f)	**370**
(g) Consumo	
Das unidades familiares	245
Do governo	45
(h) Formação bruta de capital	
Das unidades familiares e empresas	35
Do governo	30
(i) Exportações de mercadorias e serviços	15
PROCURA AGREGADA (g) + (h) + (i)	**370**

Decorrentemente, é negativo em $ 10 bilhões o saldo do balanço de pagamentos em transações correntes.

Mais adiante veremos como e porque esse saldo negativo se incorpora ao processo de acumulação interna da sociedade. Mas, antes, vamos requalificar alguns conceitos.

Com a economia aberta, como mostra a Tabela 11.10, a oferta agregada interna passa a incluir as mercadorias e serviços originários do exterior. Os produtos de origem externa são levados ao mercado junto com os resultantes do esforço interno de produção. Com isso, ao Produto Interno Bruto a preços de mercado somam-se as importações de mercadorias e serviços, para a definição da oferta agregada. A sua contrapartida é a procura agregada, que inclui os dispêndios internos em consumo e em formação bruta de capital, das unidades familiares, das empresas e do governo, mais as exportações de mercadorias e serviços.

TABELA 11.11 Impactos da abertura da economia na renda agregada: a inclusão de recebimentos-e-remessas de renda para o exterior.

Fluxos agregados	$ Bilhões
(a) Custo totalizado dos recursos	280
(b) Tributos diretos	40
(c) Transferências	15
Renda Interna Disponível (a) − (b) + (c)	255
(d) Remessas de renda para o exterior	10
(e) Recebimentos de renda do exterior	5
Renda Pessoal Disponível (a) − (b) + (c) − (d) + (e)	250

Consequentemente, nas economias abertas, tanto a oferta quanto a procura agregadas incluem os fluxos originários ou destinados ao exterior. Estabelecem-se, nos dois lados da equação, dois blocos de oferta e de procura agregadas: a **oferta interna** (ou Produto Interno Bruto) e a **externa** (importações); a **procura interna** (ou Dispêndio Interno Bruto) e a **externa** (exportações). Estas são, em síntese, as alterações que se observam nos agregados do produto e do dispêndio, com a introdução do setor externo do modelo.

De forma semelhante ao que ocorre com os agregados do produto e do dispêndio, nos fluxos agregados da renda também se registram alterações. Nestes, elas decorrem do resultado líquido das remessas e recebimentos pelo emprego de recursos de produção (trabalho, capital, aportes tecnológicos e capacidade empresarial). Por convenção, os saldos dos fluxos de renda modificam as disponibilidades das unidades familiares. A suposição é de que os pagamentos por recursos externos subtraem-se da renda da nação, incorporando-se às rendas de unidades familiares estrangeiras detentoras dos recursos internamente empregados. Em direção oposta, os estrangeiros pagam às unidades familiares da nação pelos recursos de sua propriedade empregados no exterior. E isto é exatamente o que ocorre quando se remetem ou se recebem pagamentos como lucros, juros, direitos autorais e de patentes e remunerações do trabalho.

Na Tabela 11.11, resumem-se os impactos da abertura da economia na renda agregada. A **Renda Interna Disponível** totaliza os pagamentos pelos recursos internamente mobilizados, independentemente de pertencerem ou não à nação. Já a **Renda Pessoal Disponível** exclui as remessas para o exterior e soma os recebimentos.

Os fluxos externos articulam-se com os internos, redefinindo a dinâmica do equilíbrio macroeconômico. Na Figura 11.8, a inclusão da conta corrente do exterior mostra como as relações econômicas externas afetam as receitas das empresas, as rendas das unidades familiares e o processo interno de acumulação. Rendas líquidas remetidas e importações são "vazamentos" que se compensam por exportações e pela entrada de recursos que financiam dispêndios expandidos em formação bruta de capital.

FIGURA 11.8 Fluxos agregados em um modelo completo de economia aberta: a articulação das transações em cinco contas, sem "vazamentos".

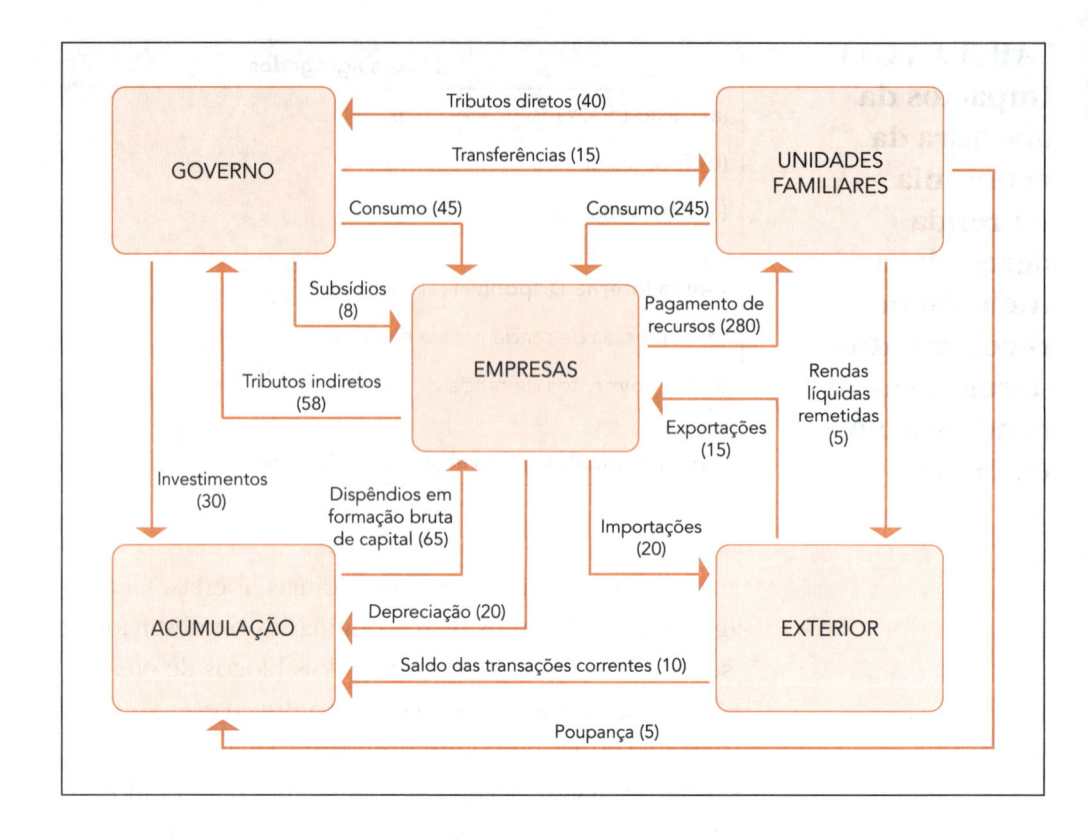

Diagrama de fluxos:

- Tributos diretos (40): Unidades Familiares → Governo
- Transferências (15): Governo → Unidades Familiares
- Consumo (45): Governo → Empresas
- Consumo (245): Unidades Familiares → Empresas
- Subsídios (8): Governo → Empresas
- Tributos indiretos (58): Empresas → Governo
- Pagamento de recursos (280): Empresas → Unidades Familiares
- Rendas líquidas remetidas (5): Unidades Familiares → Exterior
- Exportações (15): Exterior → Empresas
- Importações (20): Empresas → Exterior
- Investimentos (30): Acumulação → Governo
- Dispêndios em formação bruta de capital (65): Acumulação → Empresas
- Depreciação (20): Empresas → Acumulação
- Saldo das transações correntes (10): Exterior → Acumulação
- Poupança (5): Unidades Familiares → Acumulação

11.6 Uma Síntese: os Conceitos Agregados Convencionais

A Diferença entre "Interno" e "Nacional"

Em um modelo completo de economia aberta, por convenção, diferenciam-se os conceitos agregados de **interno** e de **nacional**. Trata-se de adjetivos que identificam o que pertence ou não à nação e os fluxos de que ela efetivamente se apropria ou que transfere para outras nações.

O conceito de **interno** associa-se ao de **território econômico**. Este é constituído pelo território terrestre, o espaço aéreo e as águas territoriais do país, os enclaves extraterritoriais mantidos no exterior por força de acordos internacionais e os equipamentos móveis (aeronaves, embarcações, plataformas flutuantes e satélites) que fazem parte dos estoques de capital mobilizados pelos agentes econômicos sediados no país. Assim, quando se emprega o adjetivo **interno**, a referência é à localização territorial dos agentes econômicos e não à sua nacionalidade. Esta é identificada pelo adjetivo **nacional**.

Há, portanto, diferenças conceituais entre **Produto Interno** e **Produto Nacional** – ou entre **Renda Interna** e **Renda Nacional**. O produto e a renda gerados dentro do território econômico de um país são **internos**; de igual forma, o dispêndio interno é o que ocorre dentro dessas mesmas fronteiras econômicas. Já os produtos gerados pelos recursos de propriedade de uma nação, os fluxos de renda por ela apropriados e os dispêndios que ela realiza, independentemente das bases territoriais onde ocorram, são **nacionais**.

Há nações que têm um Produto Interno Bruto maior do que o Produto Nacional Bruto – são as que usam, dentro de seu território econômico, mais recursos pertencentes a outras nações, comparativamente aos recursos nacionais usados por outros povos em outros países. Por isso, remetem mais pagamentos do que recebem, a título de remuneração desses recursos. Em contrapartida, há nações que têm um Produto Nacional Bruto maior do que o Produto Interno Bruto – são as que fornecem recursos para outras nações, em escala superior ao emprego que fazem de recursos pertencentes a outros povos.

Os Conceitos Convencionais: PIB, PNB, PNL, RN e RPD

Assim, em um modelo completo de economia, os conceitos convencionais dos agregados macroeconômicos são semelhantes aos resumidos na Figura 11.9. Recorrendo aos dados da hipótese que desenvolvemos, os conceitos e suas interfaces são:

PRODUTO INTERNO BRUTO, PIB	**$ 350**
menos	
Rendas líquidas enviadas para o exterior	**$ 5**
é igual a	
PRODUTO NACIONAL BRUTO, PNB	**$ 345**
menos	
Depreciação do capital fixo	**$ 20**
é igual a	
PRODUTO NACIONAL LÍQUIDO, PNL	**$ 325**
menos	
Tributos indiretos	**$ 58**
mais	
Subsídios	**$ 8**
é igual a	
RENDA NACIONAL, RN	**$ 275**
menos	
Tributos diretos	**$ 40**
mais	
Transferências	**$ 15**
é igual a	
RENDA PESSOAL DISPONÍVEL, RPD	**$ 250**

11.7 A Desagregação dos Fluxos Macroeconômicos

As Matrizes Tipo Leontief

A expressão **agregados**, com a qual se identificam genericamente os fluxos macroeconômicos do produto, da renda e do dispêndio, tem o significado de **totalização, conjunto, agrupamento**. O PIB, por exemplo, é um agregado que resulta do agrupamento de um conjunto de grandes fluxos e lançamentos contábeis, como pagamentos a diferentes categorias de recursos, depreciações e tributos indiretos. E as macrovariáveis que totalizam os grandes conceitos, como o consumo e a acumulação bruta de capital, são também agregações de um elevado número de fluxos menores, referentes às subcategorias de que se constituem.

A expressão antônima, é igualmente importante, é **desagregação**. Se, para determinadas finalidades e aplicações, é relevante conhecer os valores agregados, para outras, exigem-se desagregações dos dados. Estas são geralmente destinadas

**FIGURA 11.9
Os conceitos convencionais de agregados macroeconômicos: do PIB à RPD.**

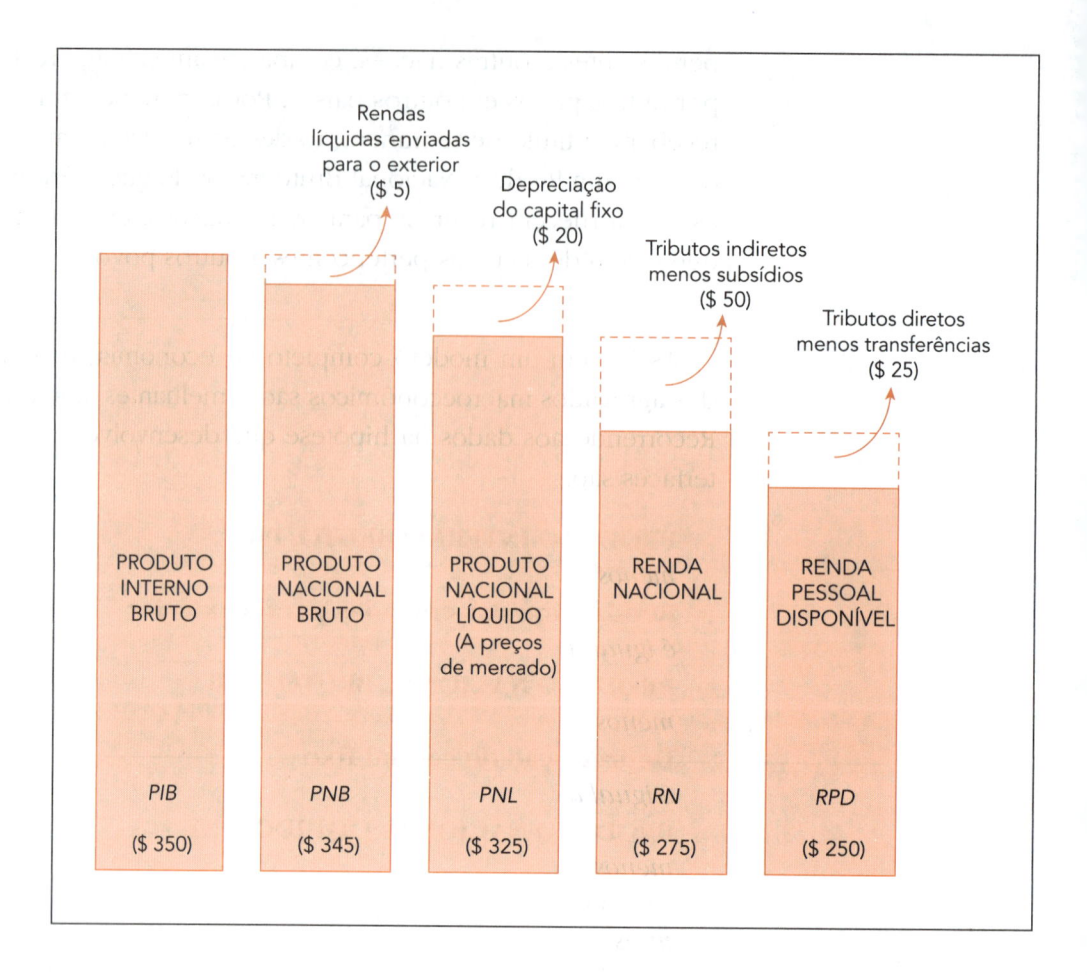

Rendas líquidas enviadas para o exterior ($ 5)
Depreciação do capital fixo ($ 20)
Tributos indiretos menos subsídios ($ 50)
Tributos diretos menos transferências ($ 25)

PRODUTO INTERNO BRUTO	PRODUTO NACIONAL BRUTO	PRODUTO NACIONAL LÍQUIDO (A preços de mercado)	RENDA NACIONAL	RENDA PESSOAL DISPONÍVEL
PIB	PNB	PNL	RN	RPD
($ 350)	($ 345)	($ 325)	($ 275)	($ 250)

a análises das condições estruturais em que opera a economia e de seus resultados abertos por cadeias produtivas, setores, subsetores, regiões, categorias de transações e de variáveis.

São formas usuais de desagregação:

❑ **A estrutura das transações intermediárias**, evidenciando para onde vai o produto e de onde vêm os insumos de cada um dos ramos de produção ou cadeias produtivas, que compõem as três grandes atividades produtivas.

❑ **A procura final de bens e serviços**, segundo as categorias de transações que a compõem, por grandes atividades, abertas em ramos de produção.

❑ **As diferentes categorias de valores agregados**, abertas segundo os principais ramos que as geraram.

Estas formas de desagregação são geralmente apresentadas através de **relações matriciais**. O corpo central das matrizes resulta de um sistema de dupla entrada, por linhas e colunas, horizontais e verticais, que se intercruzam, definindo células de cadeias de suprimentos, processamento e saídas. A Tabela 11.12 é um exemplo de desagregação deste tipo. Ela foi montada a partir dos dados da última hipótese que consideramos, a de um modelo completo de economia aberta. E tem a estrutura do modelo matricial originalmente desenvolvido por Wassily Leontief,[8] no início da década de 1940.

TABELA 11.12
Matriz de insumo-produto tipo Leontief: uma hipótese de desagregação dos fluxos macroeconômicos.

Origem dos insumos	Destino dos produtos	TRANSAÇÕES INTERMEDIÁRIAS							PROCURA FINAL				Valor da produção
		Lavouras	Produção animal	Indústrias de transformação	Indústrias de construção	Serviços não financeiros	Serviços financeiros	Subtotal	Consumo	Acumulação	Exportações	Subtotal	
Agropecuária	Lavouras	3	2	25	10	15	3	58	27	1	2	30	88
	Produção animal	9	1	13	2	9	1	35	34	2	4	40	75
Indústria	Transformação	13	9	40	8	90	20	180	58	22	5	85	265
	Construção	2	1	18	4	9	8	42	21	29	0	50	92
Serviços	Não financeiros	18	15	52	17	127	31	260	118	9	3	130	390
	Financeiros	11	6	16	5	27	10	75	32	2	1	35	110
Subtotal		56	34	164	46	277	73	650	290	65	15	370	1.020
Importações		2	1	11	1	3	2	20					
Subtotal		58	35	185	47	280	75	670					
Valor adicionado bruto	Custo dos recursos	25	33	64	33	93	32	280					
	Depreciações	1	1	8	5	3	2	20					
	Tributos indiretos líquidos	4	6	18	7	14	1	50					
	Subtotal	30	40	90	45	110	35	350					
Valor da produção		88	75	265	92	390	110	1.020					

A **matriz tipo Leontief** desagrega as transações intermediárias, o valor agregado e a procura final, por tantos ramos de atividade produtiva, quantos sejam necessários para as finalidades a que se destina. Há matrizes minuciosas com 40.000 células em seu corpo central: elas resultam da desagregação das atividades produtivas em 200 subsetores e ramos, cruzados uns com os outros. Matrizes com esse grau de desagregação foram montadas, por exemplo, para dar suporte aos trabalhos do Gosplan, o órgão de planificação da antiga URSS coletivista. As matrizes foram empregadas para a coordenação das cadeias de suprimentos, as decisões de investimentos, a remoção de gargalos e a programação de metas interconsistentes de produção – enfim, para a construção e gestão da economia de comando central. Outras aplicações importantes são registradas em épocas de guerra, para a definição e proteção de cadeias de suprimentos, e em programas nacionais de aceleração do crescimento econômico, para a detecção de oportunidades de investimento e remoção de pontos de estrangulamento em cadeias básicas.

A matriz da Tabela 11.12 é uma simplificação. O seu corpo central, de desagregação das transações intermediárias, tem apenas 36 células. Elas resultam do intercruzamento de seis subsetores de produção, dois para cada uma das três grandes categorias de atividade produtiva: lavouras, produção animal, indústria de transformação, indústria de construção, serviços não financeiros e serviços financeiros. As fileiras horizontais mostram o **destino do que é produzido**; as verticais, a **origem dos insumos empregados**. A matriz mostra, por exemplo, que o valor do total das saídas das lavouras (primeira fileira) é de $ 88 bilhões. Deste total, $ 58 bilhões foram absorvidos por outras atividades produtivas, sob a forma de insumos, em transações intermediárias; $ 30 bilhões foram para o mercado final, sob as formas de consumo ($ 27 bilhões), acumulação ($ 1 bilhão) e exportações ($ 2 bilhões). Em contrapartida, as lavouras (primeira coluna) absorveram $ 56 bilhões de insumos e $ 2 bilhões de importações, totalizando $ 58 bilhões. E a diferença entre o total das saídas e das entradas foi o seu valor adicionado, de $ 30 bilhões, composto por $ 25 bilhões de custo de recursos, $ 1 bilhão de depreciações e $ 4 bilhões de tributos indiretos líquidos.

A desagregação tipo insumo-produto de W. Leontief, como descreve L. Silk[9] "é um guia da máquina econômica do mundo real. O fluxo de bens e serviços entre os diferentes ramos de toda a economia é apresentado em uma grade do tipo *jogo da velha*. Todas as atividades são relacionadas no topo e na lateral da grade, uma em cada linha e coluna. E os números que se encontram dentro de cada *casa* representam ao mesmo tempo produtos vendidos por um ramo a outro ou produtos que um ramo compra do outro. No bloco central da matriz, a saída de um ramo é sempre a entrada de outro, mostrando a interdependência geral que caracteriza a estrutura de produção". Com matrizes assim, expressando fluxos desagregados, é possível ver o quanto um ramo depende do outro, para produzir e escoar o que produz. Quanto adicionam e quanto destinam aos mercados finais. E, o que é mais importante, que mudanças podem ocorrer em toda a estrutura de suprimentos quando um ou mais ramos investem em expansão ou se retraem.

Outras desagregações dos grandes indicadores macroeconômicos fundamentam-se em outros critérios:

❑ **Distribuições espaciais**. Composição dos fluxos por regiões.

- **Subgrupos de agentes**. Participação de agentes subagrupados no processo econômico como um todo (o governo, por exemplo, aberto segundo as esferas que o constituem, federal, estaduais e municipais; as empresas, em grupos de diferentes tamanhos e expressões; as unidades familiares, em faixas de renda).

- **Categorias de bens**. No fluxo agregado de consumo, separação por bens de uso durável, semidurável e imediato; no de formação de capital, por edificações, máquinas e equipamentos nacionais e outras formas de acumulação; no de procura externa líquida, pelas diferentes categorias de bens e serviços, que definem as estruturas de exportação e de importação.

- **Aberturas por mais de um critério**. Combinação dessas diferentes formas entre si.

Cada um desses critérios de agregação e de desagregação de grandes fluxos atendem a diferentes e específicas finalidades de **síntese** e de **análise** do processo econômico como um todo.

Os indicadores-síntese, como os grandes agregados do produto, da renda e do dispêndio, atendem aos propósitos de avaliação do desempenho da economia como um todo. Quando desagregados, constituem uma base de dados de interesse para o acompanhamento conjuntural mais refinado, fundamentando e orientando decisões de política pública. Determinadas categorias de desagregação atendem ainda ao planejamento da ação empresarial. Bases de dados com desagregação por setores e regiões e ainda por categorias de produtos são geralmente empregados por empresas para análise do macroambiente econômico e dos ambientes mais específicos em que desenvolvem seus negócios.

RESUMO

1. A expressão **agregados macroeconômicos** designa, genericamente, os resultados da mensuração da atividade econômica como um todo. As palavras que estão por trás dessa expressão são conjunto, totalização, agregação. A dimensão total da economia é a referência do cálculo agregativo. Para sistematizá-lo desenvolveram-se diferentes **Sistemas de Contabilidade Social**.

2. O desenvolvimento da Contabilidade Social é recente. Embora desde o final do século XVII registrem-se tentativas pioneiras nesta direção, os primeiros sistemas de contabilização agregativa sistematizada só apareceram nas décadas de 1930-40, por trabalhos independentemente realizados por S. Kuznets, nos Estados Unidos, R. Stone, na Inglaterra, e Frisch-Aukrust, na Noruega. Mas o grande impulso neste campo foi dado pelas Nações Unidas, que em 1952 editou o **System of national accounts, SNA-52**, para uniformização do cálculo macroeconômico pelos seus países-membros. Desde então, a ONU publica todos os anos o *Yearbook of national accounts statistics,* que atualmente traz as contas nacionais de cerca de 200 países.

3. A complexidade metodológica dos levantamentos macroeconômicos é uma das razões de esta área ter sido uma das últimas fronteiras do desenvolvimento sistematizado na economia. A sistematização do cálculo macroeconômico exige uniformização de bases conceituais, classificação das múltiplas formas de transações e agrupamento, em categorias homogêneas, da diversidade dos agentes econômicos envolvidos.

PALAVRAS E EXPRESSÕES-CHAVE

- Agregados macroeconômicos
- Custos de suprimentos
- Custos de recursos
- Valor adicionado
  - ✓ Suprimentos
  - ✓ Processamento
  - ✓ Saídas
- Fluxos macroeconômicos
  - ✓ Produto (ou valor adicionado)
  - ✓ Renda (ou custo dos recursos)
  - ✓ Dispêndio
- Economia fechada sem governo
- Economia fechada com governo
- Receitas do governo
  - ✓ Tributos indiretos
  - ✓ Tributos diretos
- Dispêndios do governo
  - ✓ Consumo
  - ✓ Investimentos
  - ✓ Subsídios
  - ✓ Transferências
- Produto ao custo dos recursos
- Produto a preços de mercado
- Economia aberta
- Transações externas
  - ✓ Exportações
  - ✓ Importações
  - ✓ Renda de recursos
  - ✓ Saldo em transações correntes
- Macroindicadores
  - ✓ Produto Interno Bruto
  - ✓ Produto Nacional Bruto
  - ✓ Produto Nacional Líquido
  - ✓ Renda Nacional
  - ✓ Renda Pessoal Disponível
- Oferta agregada
  - ✓ PIB a preços de mercado
  - ✓ Importações
- Procura agregada
  - ✓ Consumo
  - ✓ Formação bruta de capital
  - ✓ Exportações
- Procura interna
- Procura externa líquida
- Desagregações
- Matriz tipo Leontief

4. Um dos conceitos fundamentais do cálculo macroeconômico é o de **valor adicionado**. Ele é derivado do conceito de produção como um processo de entradas-e-saídas. Define-se a partir das saídas da produção elaborada, deduzidas das entradas de insumos. O valor adicionado equivale aos **custos de processamento**. E estes é que definem o **produto** da empresa, que difere e é inferior ao valor da produção.

5. O valor adicionado corresponde aos pagamentos de recursos mobilizados pela empresa – trabalho (salários), capital (aluguéis, arrendamentos, juros e depreciações) e empresariedade (lucros). Isto em um modelo fechado de economia sem governo. Com a inclusão do governo, incorporam-se ao valor adicionado os custos tributários do processamento produtivo: os tributos indiretos fazem parte do conceito.

6. **O conceito de valor adicionado equivale ao de renda**. Se somarmos todos os pagamentos dos recursos empregados pelas empresas e pagos às unidades familiares, teremos o agregado da renda auferida pela sociedade como um todo. Esta renda reflui para o sistema produtivo através da mais importante categoria de dispêndio: o **consumo**. E a parcela poupada, em condições de equilíbrio, financia outra categoria de dispêndio, a **acumulação de bens de capital**.

7. Em um **modelo fechado de economia com governo**, os fluxos de dispêndio incluem o consumo e a formação de capital do governo. Este agente econômico tem ainda outros dois tipos de dispêndio: os **subsídios** e as **transferências**. Subsídios são pagamentos a empresas para rebaixamento dos preços de mercado de produtos

essenciais. Transferências são pagamentos a unidades familiares, sob a forma de benefícios sociais. Estes quatro tipos de dispêndios são financiados por **tributos indiretos** (que incidem sobre os custos de processamento) e por tributos diretos (que incidem progressivamente sobre as diferentes categorias de renda).

8. Um **modelo completo de economia aberta** inclui as **transações externas**. Estas são constituídas por exportações e importações de mercadorias e serviços e por pagamentos-e-recebimentos pelo emprego de recursos de produção.

9. Os fluxos externos completam o quadro transacional da economia, impactando seus resultados. As **importações** passam a integrar o conceito de **oferta agregada**; as **exportações**, o de **procura agregada**. E os **saldos líquidos das transações correntes** traduzem-se por adições e deduções do processo interno de **acumulação**. Quando negativos, implicam acumulação positiva: é como se os estrangeiros estivessem transferindo à nação uma parcela de sua capacidade e de seu esforço de produção.

10. Em um modelo completo de economia aberta, dois conceitos de referência são usualmente diferenciados: o de "interno" e o de "nacional". O primeiro associa-se ao conceito de território econômico; o segundo, à nacionalidade dos proprietários dos recursos mobilizados em dado território. Com esses dois conceitos, diferenciamos Produto Interno de Produto Nacional; Renda Interna de Renda Nacional; Dispêndio Interno de Dispêndio Nacional.

11. O **Produto Interno Bruto** é a expressão do total dos bens e serviços finais produzidos dentro do território econômico da nação, independentemente de quais sejam os proprietários dos recursos empregados. Já o **Produto Nacional Bruto** exclui os pagamentos por recursos não nacionais. Outros conceitos agregados são o de **Produto Nacional Líquido**, que exclui as depreciações do capital; o de **Renda Nacional**, que exclui os tributos indiretos líquidos; e o de **Renda Pessoal Disponível**, que exclui os impostos diretos e inclui os recebimentos de transferência. Cada um desses conceitos é calculado a partir do anterior.

12. Os fluxos macroeconômicos podem ser **desagregados** em tabelas matriciais ou outras formas de apresentação de duas ou mais variáveis macroeconômicas, abertas em seus componentes e combinadas entre si. Os fluxos desagregados põem em evidência, analiticamente, as categorias integrantes dos fluxos totalizados.

13. Um dos mais conhecidos modelos de desagregação é a **matriz de insumo-produto do tipo Leontief**. Ela revela todas as cadeias de suprimentos da economia, mostrando as relações de dependência de cada ramo produtivo em relação a todos os demais. E mostra também o valor que cada ramo adiciona aos suprimentos recebidos e as parcelas de sua produção encaminhadas para procura final. Esta forma de desagregação é complementada por outras, que enfatizam fluxos por regiões, subagrupamentos de agentes econômicos ou categorias específicas de produtos.

14. Os diferentes conceitos de agregação e critérios de desagregação atendem a finalidades específicas de **síntese** ou de **análise**.

QUESTÕES

1. O que são e a que se referem os **agregados macroeconômicos**?

2. As avaliações agregativas têm, para uma economia como um todo, papel semelhante ao dos registros estatísticos e contábeis das empresas. Os agregados indicam os resultados do esforço de produção, os índices de crescimento da economia, os valores totalizados e a evolução dos gastos em consumo e investimento, por agentes

privados e pelo governo. Em tais condições, indique quem poderia interessar-se por informações deste tipo e qual, realmente, sua importância.

3. Recorrendo a um quadro esquemático de **entradas-processamento-e-saídas**: (a) conceitue **valor adicionado**; (b) correlacione esse conceito ao de custos de processamento; e (c) indique quais os custos que o integram, em uma economia fechada sem governo.

4. Em janeiro, a associação das montadoras de veículos distribuiu à imprensa um *press--release* anunciando o valor de suas vendas totalizadas no ano anterior. Como já havia sido divulgada a estimativa do Produto Interno Bruto, a montadora comparou suas vendas, de US$ 75 bilhões, ao PIB de US$ 950 bilhões. Concluindo, afirmou que as empresas do setor realizaram um produto equivalente a 7,9% do PIB (75 em relação a 950). Você concorda com essa avaliação? Ou ela tem um viés conceitual? Justifique.

5. Explique a equivalência dos conceitos de **produto**, de **renda** e de **dispêndio**. E explique por que, não ocorrendo "vazamentos", os três se igualam ao longo do tempo.

6. A participação do governo no processo econômico se estabelece, entre outras categorias de receitas e de dispêndios, através da cobrança de **tributos indiretos** e **diretos** e do **pagamento de subsídios** e **transferências**. Que diferenças existem entre estas quatro categorias, do ponto de vista de seus impactos positivos e negativos nos fluxos agregados?

7. Diferencie os seguintes conceitos de produto: (a) ao custo de recursos e a preços de mercado; (b) bruto e líquido; (c) interno e nacional.

8. O Produto Nacional Bruto é superior ao Produto Interno Bruto dos Estados Unidos. No Reino Unido também é assim. Já no Brasil o PIB é superior ao PNB. Explique as razões. E justifique por que, para a economia mundial como um todo, os dois conceitos são iguais, indicando-se pela denominação única de Produto Mundial Bruto.

9. Dê exemplos de aplicação de **desagregações dos fluxos macroeconômicos** como as de uma **matriz de insumo-produto tipo Leontief**. Agências governamentais de planejamento certamente se interessam por matrizes deste tipo. E em uma empresa, em trabalhos de planejamento estratégico, informações deste tipo teriam alguma utilidade?

10. Nas dinâmicas economias industriais deste início de século, com estruturas de produção passando por substantivas mudanças tecnológicas, matrizes de insumo--produto não seriam um instrumento estático e facilmente superável? Que interesse teriam, diante de seguidas revoluções tecnológicas em processos e em cadeias de suprimentos? Justifique seu ponto de vista.

12

A Mensuração Agregativa: Questões Relevantes, Significados e Limitações

As medidas do produto e da renda nacionais mostram um importante lado do desempenho social: o dos resultados econômicos, agregativamente considerados. Elas deixam de lado, porém, outros aspectos relevantes para avaliações mais abrangentes do bem-estar social. Indicadores-síntese mais amplos estão ainda por ser desenvolvidos. E eles escapam da órbita restrita da economia: serão o resultado de um trabalho multidisciplinar de filosofia social.

ARTHUR M. OKUN
Should GNP measure social welfare?

O desenvolvimento de metodologias uniformizadas para o cálculo dos agregados macroeconômicos e a concepção de matrizes de desagregação do tipo insumo-produto incluem-se entre os mais expressivos avanços da economia na primeira metade do século XX.

Há mais de 70 anos, os resultados do cálculo agregativo têm orientado a formulação de políticas econômicas nacionais de estabilização e de crescimento. Têm evidenciado as mudanças estruturais e os padrões de desempenho alcançados pelas nações. Têm mostrado a participação dos agentes econômicos, a dinâmica da remuneração dos recursos, a pressão fiscal e a presença do governo nas atividades produtivas e nos processos de definição de objetivos e de alocação e de realocação de meios. E têm sido ainda a base de comparações internacionais de ritmos de expansão e de padrões de desenvolvimento.

Mas o que significam e os usos dos agregados calculados têm ainda muitas limitações. Algumas decorrem de deficiências metodológicas. Outras, de questões conceituais complexas, até hoje sujeitas a controvérsias. Outras, ainda, da falta ou da insuficiência de estatísticas básicas. E há também as que decorrem de os agregados convencionais não revelarem por inteiro os padrões e os níveis do bem-estar social: há muitos aspectos relevantes da realidade social que a contabilização convencional das transações econômicas não revela.

Entre os questionamentos conceituais e metodológicos de maior relevância se incluem:

- ❏ O hiato entre as atividades efetivamente exercidas pela sociedade (algumas não são consideradas "produção" por critérios mercantis, outras sobrevivem na informalidade e há as que são ilegais) e a economia agregativa aferida.

- ❏ A passagem das avaliações nominais, a preços de mercado correntes, inflacionados para as avaliações reais, a preços de mercado constantes.

- ❏ As tendências seculares de variações reais nos preços de bens e serviços, que impactam a avaliação das quantidades efetivamente produzidas.

- ❏ As metodologias de conversão dos valores agregados, calculados em moedas correntes nacionais, para um padrão monetário de referência mundial. O significado dos valores convertidos. A escolha da taxa cambial usada na conversão: os possíveis erros e desvios decorrentes de o conversor não ser uma medida fixa, mas variável e de alta volatilidade.

- ❏ A não avaliação de externalidades, positivas ou negativas.

- ❏ O caráter limitado dos agregados convencionais: a busca por indicadores mais abrangentes que envolvam questões sociais e ambientais.

- ❏ Após o aprofundamento conceitual de cada questão, todas serão tratadas, uma a uma, neste capítulo. Elas traduzem preocupações críticas com o significado dos agregados macroeconômicos, em especial quanto à sua abrangência e exatidão e ainda quanto ao seu uso para comparações intertemporais e internacionais.

FIGURA 12.1
O hiato entre as atividades efetivamente exercidas e a economia aferida: as atividades legalizáveis, as efetivamente legalizadas, as informais e as subterrâneas não aferidas.

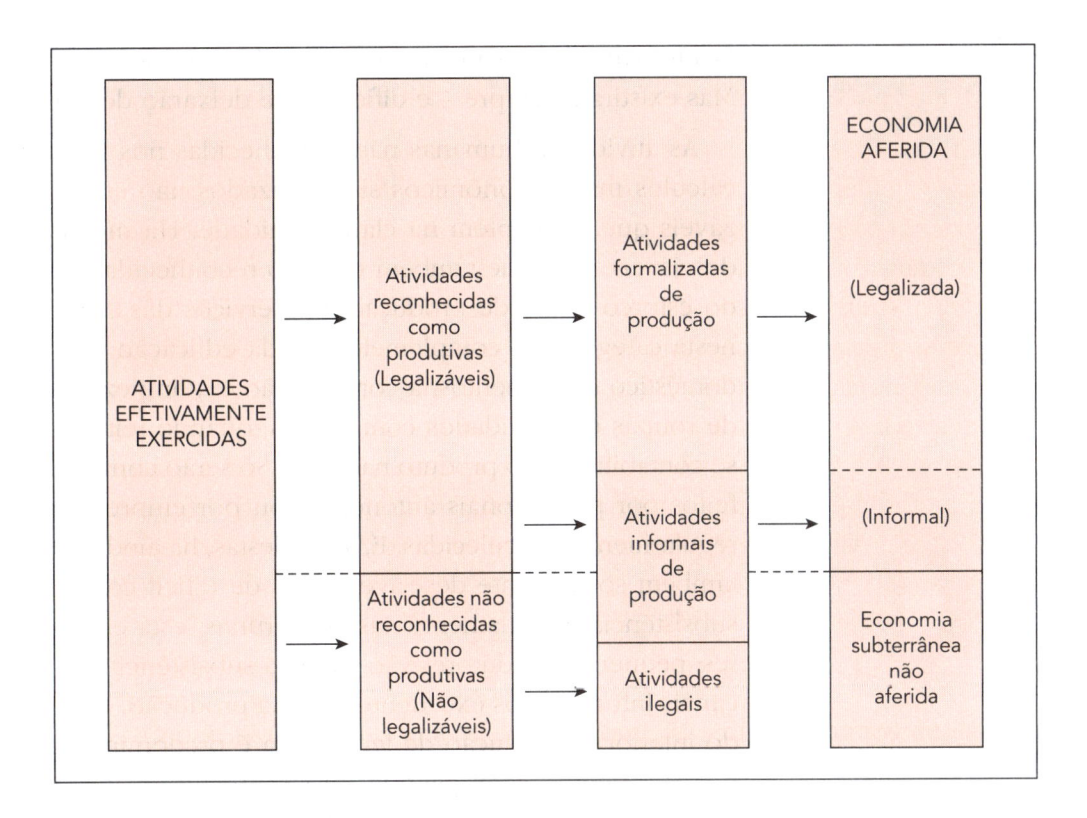

ATIVIDADES EFETIVAMENTE EXERCIDAS → Atividades reconhecidas como produtivas (Legalizáveis) → Atividades formalizadas de produção → ECONOMIA AFERIDA (Legalizada)

Atividades informais de produção → (Informal)

Atividades não reconhecidas como produtivas (Não legalizáveis) → Atividades ilegais → Economia subterrânea não aferida

12.1 A Questão da Economia Subterrânea não Aferida

O Conceito de Economia Subterrânea

Uma das questões relevantes do cálculo macroeconômico é o hiato entre as atividades efetivamente exercidas pela sociedade e aquelas que são aferidas pela metodologia convencional das contas nacionais. Este tipo de hiato resulta, primeiro, de convenções conceituais sobre o que deve ser incluído no cálculo; segundo, da não legalização de determinadas atividades econômicas.

A Figura 12.1 resume os diferentes grupamentos das atividades humanas, inicialmente classificadas do ponto de vista de serem ou não legalizáveis. A maior parte das atividades efetivamente exercidas pela sociedade é admitida como socialmente desejável. Uma parte inferior é definida como indesejável e, como decorrência, não legalizável. Produtos como o *crack*, a cocaína, a heroína e outros alucinógenos incluem-se entre inúmeros outros que se consideram socialmente indesejáveis. A produção de insumos básicos para a obtenção dessas drogas, o seu processamento industrial, sua promoção e sua distribuição são fortemente reprimidos. Mas não desaparecem por completo. Mantêm-se na clandestinidade, empregando grande número de pessoas e movimentando expressivos volumes de recursos e de fluxos financeiros. Geram a desgraça de uns e o enriquecimento de outros. Assim é também com os jogos de azar não legalizados, que se mantêm clandestinos. E com muitos outros serviços, como a intermediação financeira de agiotas, as produções piratas, as falsificações de grandes marcas, o comércio de produtos contrabandeados e a prostituição. Por razões óbvias, nenhuma destas atividades é oficialmente registrada. Elas não aparecem nas estatísticas da estrutura ocupacional das nações. Não recolhem tributos. Não fazem parte dos levantamentos oficializados. Definem-se como contravenções. Mas existiram sempre – e dificilmente deixarão de existir no futuro.

As atividades humanas não reconhecidas nos levantamentos oficiais e nos cálculos macroeconômicos sistematizados não se limitam, porém, às ilegalizáveis que se mantêm na clandestinidade. Há muitas atividades socialmente desejáveis, mas que também não são reconhecidas nos levantamentos oficiais do esforço social de produção. Os serviços das donas de casa enquadram-se nesta categoria. A complementação da educação dos filhos, o processamento doméstico de alimentos, a conservação e a limpeza das habitações, a lavagem de roupas e os cuidados com jardins, quando feitos pelas donas de casa, não se contabilizam no produto nacional. Só serão contabilizáveis se passarem a ser feitos por profissionais autônomos ou por empresas prestadoras de serviços, regularmente estabelecidas. E, além destas, há ainda outras atividades humanas, também socialmente desejáveis, mas de difícil contabilização: a produção de subsistência, notadamente nas áreas rurais, está entre elas. E, em muitos lugares, pequenos produtores vão além da subsistência, fornecendo a terceiros, por canais informais, os excedentes de sua produção. Em muitas pequenas cidades do interior, a produção de leite ainda é predominantemente informal. Pequenos excedentes, sem qualquer processamento pós-ordenha, transportados por tração animal, são distribuídos de porta em porta. Legumes, verduras e frutas são também fornecidos pelos mesmos canais. E até carnes originárias de abates clandestinos são levadas a mercados e a feiras informais. A clandestinidade vai, assim, além das atividades que se consideram socialmente indesejáveis. Ela também abrange atividades legalizáveis. Só não são legalizadas por usos--e-costumes, por convenções institucionais ou, mesmo, por um certo grau de preferência social pela informalidade.

O segundo bloco da Figura 12.1 é, assim, desdobrado em dois conjuntos: o das atividades reconhecidas como produtivas e o das não reconhecidas. As primeiras são legalizáveis; as segundas, não. Ocorre, porém, de um lado, que uma parte das atividades legalizáveis não é formalizada ou legalizada; de outro lado, apenas uma parte das atividades não reconhecidas como produtivas é também ilegal. Daí derivamos três blocos: o das atividades formalizadas; o das atividades informais; e o das atividades ilegais. Por fim, chegamos ao bloco da **economia aferida**: ele inclui a atividade legalizada e uma parcela da economia informal, reconhecida como produtiva. Resta, porém, uma parcela expressiva, irreconhecida e não legalizável, que constitui a **economia subterrânea**, uma parte criminosa considerada "casos de polícia".

Razões e Dimensões da Economia Subterrânea	As razões para a existência das atividades subterrâneas são, em síntese: ❑ A **ilegalidade**: as atividades definidas como socialmente indesejáveis, proibidas por lei e exercidas por grupos criminosos "organizados". ❑ **Usos-e-costumes**: processos informais de suprimentos e de abastecimento que se mantêm por tradição.

❑ A **preferência pela informalidade** geralmente decorrente de pressão tributária exacerbada ou de dificuldades para cumprimento de exigências burocráticas e regulatórias.

❑ A **convenção estabelecida**: o que se considera ou não como atividade produtiva.

Resultante dessas razões, a economia subterrânea pode alcançar dimensões expressivas, notadamente quando subsistem fatores que a alimentem e a estimulem. Presumivelmente, em países como o Brasil, onde se combinam fatores que podem conduzir à impulsão de cadeias informais de produção, como a escalada fiscal, o congestionamento e a lentidão da justiça, a impunidade, a burocratização e o regulamentarismo excessivos, a diversidade cultural e as dimensões continentais que ainda ensejam a abertura de novas fronteiras de produção, o tamanho e a força da economia submersa parecem crescentes, ameaçando a fidedignidade das estatísticas econômicas agregadas.

Os seguintes comentários, selecionados de um texto produzido por uma equipe do Instituto Brasileiro de Economia e publicado por *Conjuntura Econômica*[1] revelam as razões do interesse pela economia subterrânea ou submersa, no país:

❑ A economia brasileira transforma-se, encolhendo-se nos centros de desenvolvimento formal e expandindo-se nos espaços vazios das pressões governamentais.

❑ O interesse pelo levantamento das atividades subterrâneas ou submersas só vem ocorrendo porque existe uma sensação palpável e generalizada de sua importância no cenário nacional. Acresce que as atividades submersas não são exclusivamente marginais ao processo econômico normal. Requerem uma interpretação mais complexa do que meramente atribuir-lhes a natureza de microatividade ou de ação contraventora ou, ainda, de iniciativa apenas eventual.

❑ Hoje, a economia submersa é um outro mundo, que não pode ser chamado de informal porque tem, frequentemente, canais de atividade rigorosamente estabelecidos e níveis de organização interna até invejáveis. Não atende tão somente ao requisito de formalização legal ou, quando o faz, é para mascarar outros objetivos sociais. Preferimos, assim, chamar o fenômeno de economia submersa ou subterrânea (porque invisível à primeira vista) e não de informal, porque ela transborda apenas os limites estreitos da marginalidade legal.

❑ Por se tratar de um fenômeno generalizado, as estatísticas econômicas geradas pelas instituições envolvidas no cálculo dos agregados macroeconômicos têm procurado estimar algumas dessas atividades nas cadeias produtivas em que são exercidas. De fato, ao estabelecer os censos econômicos, no campo e nas cidades, a autoridade censitária procura registrar o máximo de atividades econômicas que lhe for exequível, de micros a gigantes, de legítimas a clandestinas, de interioranas a metropolitanas. Com isso, o PIB calculado pode incorporar boa parte da economia submersa não declarada.

**FIGURA 12.2
A economia legalizável e a não legalizável: uma parcela submersa, de difícil estimação, não está incluída nas estimativas oficiais do PIB.**

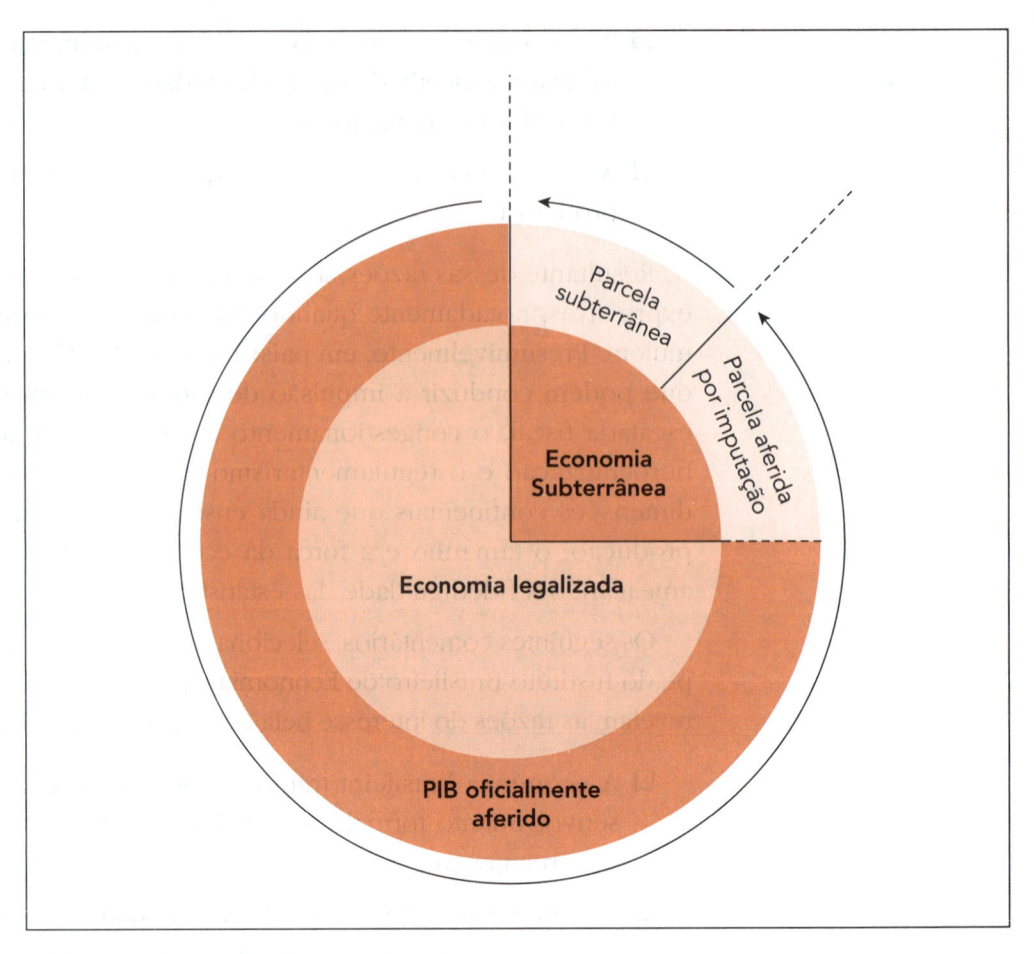

[Figura: diagrama circular mostrando "Parcela subterrânea", "Parcela aferida por imputação", "Economia Subterrânea", "Economia legalizada" e "PIB oficialmente aferido"]

Fonte: Adaptação de "A força da economia submersa". Carta do IBRE. *Conjuntura Econômica.* Rio de Janeiro: IBRE/FGV, jun. 1989.

A fração assim calculada e incluída no PIB tem o objetivo de ampliar a fidedignidade do cálculo agregativo.

❏ É tido como certo, porém, que uma parte da dimensão subterrânea ainda permanece fora do PIB. As atividades que se caracterizam como contravenções fazem parte de um mundo submerso que o cálculo agregativo convencional não consegue captar.

A Figura 12.2 sintetiza esses conceitos e a realidade do cálculo agregativo. Uma parcela da economia subterrânea é incluível nos agregados do produto e da renda nacionais oficialmente aferidos, contrariamente ao que a opinião leiga supõe. A economia de subsistência, a microinformalidade por usos-e-costumes e a fração da economia que se mantém subterrânea por razões de sonegação fiscal ou de regulamentarismo excessivo podem ser aferidas por imputação e inferência – e efetivamente são. Há até metodologias de cálculo para estimar essas parcelas. Mas, a despeito desses esforços, uma parte das atividades exercidas pela sociedade permanece subterrânea, seja por convenções (a não consideração do trabalho das donas-de-casa), seja por razões legais (a produção e o tráfico de drogas, o contrabando e a agiotagem financeira).

Em síntese: o PIB inclui apenas uma fração dos processos submersos, mas não a sua totalidade. A parcela não incluída varia de país para país e, em um mesmo lugar, de época para época. As dimensões das frações subterrâneas não incluídas são estimadas em 5 a 10% do PIB, em média mundial. Estariam neste intervalo as porções não computadas do PIB das nações industrialmente avançadas do hemisfério norte, avaliadas por E. Fierge,[2] em *Underground economies: tax evasion and information distortion*.

12.2 A Questão das Comparações Intertemporais

As Variações Nominais e as Reais

Uma segunda questão relevante da metodologia de cálculo dos agregados macroeconômicos decorre da **variação do valor da unidade de conta empregada** – a moeda corrente do país. Pelas diversidades dos bens e serviços produzidos e das categorias de transações que compõem os fluxos agregados, só é possível expressá-los em termos monetários. Esta é até uma das mais importantes funções da moeda: servir de unidade de conta para transações entre os agentes econômicos, contabilização de resultados e cálculos agregativos. A heterogeneidade de produtos, de remunerações e de dispêndios impede que qualquer outra unidade de conta seja adotada. A moeda é a única medida comum a todos os fluxos de produção, de renda e de dispêndio, em que se envolvem unidades familiares, empresas e governo. A moeda é o elo de ligação entre os agentes, a forma usual de avaliação dos recursos e produtos, o instrumento básico da transação econômica. Independentemente de sua natureza, quaisquer transações que se verifiquem em uma economia são realizadas por valores expressos em moeda, sob a forma de preços, tarifas e remunerações.

Ocorre, porém, que a representatividade dos valores expressos em moeda tem a ver com o valor da própria moeda. Como este dificilmente permanece constante ao longo do tempo, as avaliações precisam ser depuradas das variações do valor da moeda. Como os fluxos são calculados a preços de mercado, nas economias onde se registram movimentos inflacionários ou deflacionários, de alta ou de baixa generalizada de preços, as expressões dos agregados do produto, da renda e do dispêndio incorporam duas categorias de variações – as **nominais** e as **reais**.

❑ **Variações nominais**. As variações nominais dos valores agregados resultam de mudanças ocorridas nas quantidades transacionadas e nos preços de mercado praticados. Denominam-se também **variações a preços correntes**. São assim, por exemplo, expressões equivalentes o **PIB em termos nominais** e o **PIB a preços correntes**.

❑ **Variações reais**. As variações reais são depuradas das variações no valor da moeda, expressando apenas as que se registraram nas quantidades efetivamente transacionais. Denominam-se também **variações a preços constantes**. São assim, por exemplo, expressões equivalentes o **PIB em termos reais** e o **PIB a preços constantes**.

TABELA 12.1
Hipóteses de produto agregado a preços correntes: a avaliação em termos nominais.

Bens e serviços produzidos	Períodos								
	t_1			t_2			t_3		
	Quantidades (q_1)	Preços (p_1)	$q_1 \cdot p_1$ ($)	Quantidades (q_2)	Preços (p_2)	$q_2 \cdot p_2$ ($)	Quantidades (q_3)	Preços (p_3)	$q_3 \cdot p_3$ ($)
A	100	1,50	150	125	1,60	200	112	2,50	280
B	80	2,25	180	90	3,00	270	75	4,00	300
C	250	3,00	750	250	4,00	1.000	220	5,00	1.100
D	50	0,80	40	100	1,30	130	70	2,00	140
E	20	4,00	80	20	5,00	100	30	6,00	180
Somas	$S\, p_1 \cdot q_1$		1.200	$S\, p_2 \cdot q_2$		1.700	$S\, p_3 \cdot q_3$		2.000

Os Deflatores do Cálculo Agregativo

A passagem dos valores expressos a **preços correntes** para **preços constantes** pode ser feita por dois caminhos. O primeiro consiste em calcular diretamente o volume físico das transações para sucessivos períodos considerados, aos preços de um determinado ano-base. O segundo consiste em calcular a variação média ponderada dos preços ao longo de determinados períodos de tempo, para abstraí-la das estimativas correntes.

Vamos a exemplos, fundamentados nas hipóteses simplificadas da Tabela 12.1. Trata-se de uma economia fechada que produz apenas cinco diferentes bens e serviços finais, de A a E. As quantidades finais produzidas e os preços pelos quais são transacionadas são conhecidos para os períodos de tempo t_1, t_2 e t_3. Multiplicando as quantidades pelos preços praticados, definimos o PIB de cada período de tempo em termos nominais: este agregado é expresso pelas somas, S, dos preços praticados vezes as quantidades de cada produto, em cada período.

Em t_1, o PIB é expresso pela soma $S\, p_1 \cdot q_1$, totalizando $ 1.200. Em P_2, dado pela soma $S\, p_2 \cdot q_2$, elevou-se para $ 1.700. E, em P_3, a soma $S\, p_3 \cdot q_3$ foi para $ 2.000. Esses valores são todos nominais. Eles expressam variações em quantidades e preços. Se a economia produzisse apenas A e B, no segundo período, t_2, o seu PIB em termos quantitativos teria aumentado, relativamente ao primeiro período, t_1. Mas no terceiro período, t_3, ainda em relação ao primeiro, t_1, teria aumentado apenas a produção de A, mas diminuído a de B; neste caso, o que teria acontecido com o PIB? Já se essa economia produzisse apenas C, o PIB dos dois primeiros períodos, t_1 e t_2, teria permanecido inalterado, diminuindo porém no terceiro período, t_3. O inverso ocorreria se a economia produzisse apenas E: neste caso, o PIB ficaria inalterado nos dois primeiros períodos, t_1 e t_2, mas aumentaria no terceiro, t_3. Considerando, porém, todos os cinco bens e serviços, de A a E, qual seria a expressão real do PIB, em cada um dos três períodos?

TABELA 12.2 Variações nominais do PIB: os fluxos expressos a preços correntes.

PIB em termos nominais		Variações (expressas em %)
t_1	1.200	
t_2	1.700	t_2 em relação a $t_1 = \dfrac{1.700}{1.200} = 1{,}4167 \rightarrow 41{,}67\%$
t_3	2.000	t_3 em relação a $t_2 = \dfrac{2.000}{1.700} = 1{,}1765 \rightarrow 17{,}65\%$

É óbvio que os valores nominais não expressam o que a economia efetivamente produziu, pois os preços de todos os produtos aumentaram de um período para outro, embora em diferentes proporções. Os preços de *D* mais do que dobraram de t_1 para t_3. Neste mesmo período, os preços de *E* aumentaram 50%; os de *A* e *C*, 66,7%; os de *B*, 77,8%. Assim, embora as quantidades tenham se alterado para mais na maior parte dos casos, as variações nominais do PIB serão influenciadas também pelas variações nos preços e os resultados finais não expressarão os acréscimos ou reduções efetivos nos níveis reais da produção.

Na Tabela 12.2 constam o PIB em termos nominais e as variações observadas em relação ao período anterior. Em t_2, puxado pelos preços que aumentaram e pela expansão das quantidades de quatro dos seis bens e serviços finais produzidos, o PIB aumentou $ 500, saltando de $ 1.200 para $ 1.700. O coeficiente de variação foi de 1,4167, equivalente a 41,67% positivos. Ainda em termos nominais, em t_3 registraram-se acréscimos no valor do PIB, apesar de, em relação a t_2, cinco entre os seis bens e serviços finais produzidos tenham registrado quedas nas quantidades produzidas: mesmo assim, puxado pelos preços em alta, o PIB nominal aumentou $ 300, passando de $ 1.700 para $ 2.000. O coeficiente de variação em relação ao período anterior foi de 1,1765, equivalente a 17,65% positivos.

Para passarmos da avaliação nominal para a real, abstraindo do PIB efetivo as variações decorrentes de preços, calcularemos, primeiro, **números índices** de variação de preços ou de quantidades, em bases fixas ou móveis, utilizando-os, depois, como **deflatores** do PIB nominal. Entre as várias fórmulas de números índices, optamos por **índices de preços ponderados por bases móveis**. Consideramos o primeiro período, t_1, como **período-base**. A fórmula empregada indica que o índice do segundo período, t_2, resulta da ponderação dos preços vigentes pelas quantidades produzidas no período-base. Depois, como a base é móvel, as quantidades produzidas em t_2 ponderam os preços vigentes em t_2 e t_3. Se tivéssemos outros períodos, o elemento de ponderação de nossa série de números índices se moveria ao longo do tempo: as quantidades do ano anterior ponderariam, sempre, as do ano em curso.

Na Tabela 12.3 mostramos como se aplica uma fórmula deste tipo. Sua denominação usual é **índice de preços de Laspeyres, com pesos móveis**. O índice do período-base é sempre igual a 1,0000. O de t_2, que revela a variação ponderada dos preços de todos os bens e serviços finais produzidos, é de 1,3042; o de t_3, 1,3191.

**TABELA 12.3
Índices de preços ponderados, de base móvel.**

Períodos	Números índices			
t_1	$\dfrac{\Sigma q_1 \cdot p_1}{\Sigma q_1 \cdot p_1}$	=	$\dfrac{1.200,00}{1.200,00}$	= 1,0000
t_2 em relação a t_1	$\dfrac{\Sigma q_1 \cdot p_2}{\Sigma q_1 \cdot p_1}$	=	$\dfrac{1.565,00}{1.200,00}$	= 1,3042
t_3 em relação a t_2	$\dfrac{\Sigma q_2 \cdot p_3}{\Sigma q_2 \cdot p_2}$	=	$\dfrac{2.245,50}{1.700,00}$	= 1,3191

**TABELA 12.4
Variações reais do PIB: os fluxos expressos a preços constantes.**

Períodos	Produto nominal sobre deflator	Produto a preços constantes	Variações (em %)
t_1	$\dfrac{1.200,00}{1,0000}$	= 1.200,00	–
t_2 em relação a t_1	$\dfrac{1.700,00}{1,3042}$	= 1.303,40	+ 8,62
t_3 em relação a t_2	$\dfrac{2.000,00}{1,3191}$	= 1.516,19	–10,81

Com estes índices, denominados **deflatores do PIB**, deflacionamos o PIB nominal, definindo o PIB real. Na Tabela 12.4 procedemos a esta última operação. O PIB real resulta da divisão do PIB nominal pelo deflator. O do primeiro período, t_1, por ser o período-base, permanece igual a $ 1.200,00; o do período t_2 foi estimado em $ 1.303,40 (menos, portanto, que os $ 1.700,00 nominais), tendo assim apresentado uma variação positiva em relação a t_1 de 8,62%. O do terceiro período, t_3 foi estimado em $ 1.516,19 (também inferior aos $ 2.000,00 da avaliação em termos nominais) e sua variação real, em relação ao PIB a preços correntes do período anterior, $ 1.700,00, foi negativa, de 10,81%. Esta variação negativa não deve surpreender: afinal, ela expressa o que realmente ocorreu na economia. Com apenas uma exceção, diminuíram as quantidades de todos os demais bens e serviços finais produzidos.

Esta metodologia de cálculo para avaliações agregativas em termos reais não é a única que pode ser empregada. Os índices podem ser de quantidades, não de preços; podem ter bases fixas, não móveis. Podem resultar de médias harmônicas ou geométricas. Ou ainda de combinações desses critérios. Os resultados finais de cada um dos critérios não são rigorosamente iguais, embora muito próximos entre si e simétricos.

Usualmente, o critério adotado pela maior parte dos países é semelhante ao do exemplo que desenvolvemos. A preferência por bases móveis é justificada pelas mudanças que se observam na composição da oferta e da procura agregadas, bem como nas tecnologias de processamento da produção. A cada ano, surgem novos bens e serviços intermediários e finais; a importância relativa de cada setor de produção se altera com o tempo; e a configuração estrutural da economia vai-se modificando.

Os cuidados metodológicos com o cálculo dos deflatores não eliminam, porém, distorções nos resultados finais. Como observa R. Abdelhay,[3] "os problemas provocados pela inflação na mensuração dos agregados econômicos têm sido objeto de preocupação crescente dos técnicos ligados a esta área em todo o mundo. A inflação provoca distorções, que se tornam tão mais acentuadas quanto maiores as taxas verificadas". Trata-se, enfim, de uma das questões de tratamentos rigorosos para que as medições do desempenho macroeconômico reflitam variações reais, não influenciadas pelos movimentos no valor da moeda corrente. E a ela se soma mais uma, que examinaremos a seguir: a da conversão cambial do PIB real de cada país em uma única unidade monetária, para que se tornem possíveis comparações internacionais.

12.3 A Questão das Comparações Internacionais

A Conversão para uma Denominação Monetária Comum

Outra questão relevante diz respeito à conversão dos resultados do cálculo agregativo de cada país a uma unidade monetária comum, para comparações internacionais. Os agregados são calculados em termos nominais e depois convertidos em termos reais, na moeda corrente de cada país. As conversões para valores a preços constantes, depuradas da inflação interna, destinam-se a utilizações internas das séries de dados anuais: elas revelam, dentro de cada país, o quanto efetivamente o produto, a renda e o dispêndio cresceram, tornando assim efetivamente representativos os dados referentes à estrutura de cada um desses valores agregados, segundo as principais categorias de fluxos que os constituem. Mas, mesmo depois de depurados da variação do valor da moeda corrente, os dados de cada país ainda não se prestam para comparações internacionais.

A primeira coluna da Tabela 12.5, os valores do PNB de um grupo selecionado de países em 2014, está expressa em bilhões das unidades monetárias nacionais. Sabemos, por exemplo, que o PNB dos Estados Unidos foi de 17.419 bilhões de *dólares*; o do Japão, 64.237 bilhões de *ienes*; o da Coreia do Sul, de 1.427.484 bilhões de *wons*; o da República Tcheca de 4.130 bilhões de *kronas*; o da Guatemala, de 459 bilhões de *quetzales;* e o de Botswana, de 2 bilhões de *pulas*. Mas o que estes dados significam quando comparados entre si? Um PNB de 3.721 *randes*, a moeda corrente da África do Sul, é maior ou menor que um PNB de 596 *euros*, a moeda corrente da Áustria?

Como registra P. Samuelson,[4] em *Analytical notes on international real income measures,* "junto com o conhecimento da evolução real ao longo do tempo dos agregados econômicos de cada país, há grande interesse quanto ao levantamento de valores internacionalmente comparáveis, relacionados às estimativas totais e *per capita* do produto e da renda nacionais". As razões do interesse são:

TABELA 12.5
PNB de países selecionados, em 2014: conversão em US$ pelas taxas oficiais de paridade cambial.

Países	PNB em bilhões de unidades monetárias nacionais		Taxa oficial de paridade cambial: médias anuais (b)	PNB em bilhões de US$[a]	
	Unidades	Valores (a)		Valores (c) = (a) / (b)	Relações (EUA = 100)
Estados Unidos	Dólares	17.419	–	17.419	100,00
China	Renmimbi iuans	64.273	6,2040	10.360	59,48
Japão	Ienes	604.111	101,3000	5.964	34,24
Alemanha	Euros	5.274	1,3689	3.853	22,12
Reino Unido	Libras esterlinas	5.033	1,7106	2.942	16,89
França	Euros	3.872	1,3689	2.829	16,24
Brasil	Reais	5.521	2,3534	2.346	13,47
Índia	Rupias	124.206	60,0900	2.067	11,87
Rússia	Rublos	63.255	33,9900	1.861	10,68
Canadá	Dólares canadenses	1.908	1,0679	1.787	10,26
Austrália	Dólares australianos	1.371	0,9426	1.454	8,35
Coreia do Sul	Wons	1.427.484	1.012,4000	1.410	8,09
Turquia	Liras turcas	1.653	2,1196	780	4,48
Suécia	Coroas suecas	3.820	6,6907	571	3,28
Noruega	Coroas norueguesas	3.067	6,1353	500	2,87
Áustria	Euros	596	1,3689	436	2,50
Tailândia	Baths	12.100	32,4400	373	2,14
África do Sul	Randes	3.721	10,6305	350	2,01
Dinamarca	Coroas dinamarquesas	1.863	5,4474	342	1,96
Cingapura	Dólares	384	1,2472	308	1,77
Israel	Shekel	1.044	3,4337	304	1,75
República Tcheca	Coroas tchecas	4.130	20,0510	206	1,18
Hungria	Florints	31.020	226,4200	137	0,79
Marrocos	Dirhans	880	8,2237	107	0,61
Sri Lanka	Rupias	9.776	130,3500	75	0,43
Guatemala	Quetzales	459	7,7820	59	0,34
Etiópia	Birrs	1.082	19,6780	55	0,32
Paraguai	Guaranis	136.068	4.389,3000	31	0,18
Botswana	Pulas	2	0,1140	18	0,10

(a) Para alguns países, os valores do PNB expressos em US$ apresentam discretas divergências em relação aos dados da Tabela 7.1, do Capítulo 7, por critérios de cálculo da média ponderada da taxa oficial de câmbio. Cálculos do autor.

Fontes: IMF, International Monetary Fund. *International Financial Statistic.* v. LXVII, nº 5. Washington, DC, May 2015. WORLD BANK. *World Development Indicators. Database.* Washington, DC, Jul. 2015.

❏ Avaliação comparativa do ritmo de crescimento dos países e dos estágios econômicos em que se encontram.

❏ Definição, por organizações multilaterais, de programas subvencionados, prioritariamente destinados aos países situados no terço inferior do *ranking* de desenvolvimento econômico e social.

❏ Fixação de quotas nacionais de contribuição para fundos e programas de âmbito mundial.

❏ Avaliação de potenciais de mercado, de interesse de empresas que atuam em âmbito global. (A primeira tentativa mais consistente de comparações internacionais de produção e renda, antes ainda da criação das Nações Unidas, foi empreendida por uma empresa global, a Unilever. Os resultados do *The Unilever Inquiry* foram consolidados em 1930.)

As comparações internacionais de agregados econômicos esbarram, contudo, em duas questões técnicas de complexa solução: a metodologia de cálculo e a conversão dos resultados expressos na moeda corrente de cada país a uma denominação monetária comum.

A primeira questão, relacionada à metodologia de cálculo, tem sido satisfatoriamente encaminhada, desde que as Nações Unidas passaram a padronizar os sistemas de contabilidade social. Mas até o início dos anos 90, as contas nacionais dos países ocidentais de economia de mercado, padronizadas pela ONU, eram bem diferentes dos "balanços nacionais" produzidos pelos países não membros de economia de comando central. E em alguns países-membros de precários padrões de desenvolvimento, embora seguindo a padronização recomendada, os resultados finais do cálculo agregativo eram de baixa comparabilidade, por deficiência de estatísticas básicas ou por razões estruturais. Em seus relatórios sobre o desenvolvimento mundial, o Banco Mundial[5] até o início da última década do século XX advertia que "o rigor da comparabilidade tem sido prejudicado sobretudo quando predominam atividades econômicas difíceis de ser mensuradas, como as transações do mercado paralelo, do setor informal ou da agropecuária de subsistência". Mas, nos últimos 25 anos, esta questão tem sido superada, seja pela universalização de métodos de cálculo padronizados, seja pela maior confiabilidade de dados básicos produzidos pelas instituições de pesquisa econômica aplicada de praticamente todos os países.

Mas a segunda questão, relacionada à conversão dos dados a uma única denominação monetária, é a que parece envolver dificuldades técnicas ainda maiores. Como, por convenção, o dólar dos Estados Unidos é a denominação de referência, a questão está em converter os valores do PNB de todos os países e, por extensão, todas as categorias de fluxos e de transações que os constituem, em dólares norte-americanos.

Um critério é adotar as taxas de câmbio entre as moedas nacionais, em relação ao dólar dos Estados Unidos, como fator de conversão. Neste caso, os procedimentos se resumem em:

❏ Considerar os dados nacionais em valores constantes, reais, deflacionados e, portanto, já "livres" das variações internas do valor de suas moedas.

❏ Definir a taxa de câmbio que será empregada. Há países que praticam taxas múltiplas. Em outros, há um mercado oficial e mercados paralelos.

❏ Calcular o valor anual médio ponderado da taxa definida em relação ao dólar dos Estados Unidos.

❏ Converter o PNB dos países em moeda nacional constante, em dólares norte-americanos, dividindo-o pelo valor médio ponderado da taxa cambial definida.

Este é o procedimento que adotamos na construção da Tabela 12.5, com dados do Fundo Monetário Internacional, para taxas cambiais, e do Banco Mundial, para os valores reais dos PNBs. Adotamos as médias anuais da taxa oficial de paridade cambial. O PNB em bilhões de US$ resulta, então, da divisão do PNB em bilhões de unidades monetárias de cada país, coluna (a), pela média anual ponderada da taxa oficial de paridade cambial, coluna (b). Na coluna (c), todos os valores estão expressos em uma única denominação. Vemos então que os PNBs da Guatemala e da Etiópia, são bem próximos respectivamente, a 0,34% e a 0,32% do PNB dos Estados Unidos. O da China alcança 59,48% e o de Botswana, 0,10%. Na última coluna, pelo critério adotado, hierarquizamos os países segundo os valores absolutos do PNB total expressos em dólares norte-americanos.

Os Ajustamentos pela Paridade do Poder de Compra

Com a aplicação de taxas cambiais ajustadas para essa finalidade, passamos a ter valores internacionalmente comparáveis. Fizemos algum progresso. Evoluímos de agregados expressos em unidades de valor heterogêneas, para um denominador comum de expressão mundial. Mas as taxas oficiais de câmbio não são ainda o mais adequado fator de conversão para fins comparativos. Essas taxas não refletem, necessariamente, o **poder aquisitivo interno das moedas nacionais**. Com uma determinada quantia em dólares norte-americanos, os agentes econômicos podem adquirir diferentes quantidades dos mesmos bens finais em diferentes países. Mesmo produtos "mundiais", de igual composição física, têm valores de mercado desiguais, em US$, em diferentes países. E as desigualdades são, na maior parte dos casos, substantivas. Produtos "mundiais" como a *coca-cola* ou o *big mac*, são adquiridos por diferentes preços de mercado, expressos em US$, em diferentes lugares do mundo. O preço de mercado do *big mac*, por exemplo, no início de 2015, era de US$ 4,8 nos Estados Unidos, US$ 7,5 na Suíça, US$ 5,2 na Dinamarca, US$ 4,3 na Austrália, US$ 2,7 na China e por US$ 1,9 na Índia – embora o produto seja praticamente igual, em ingredientes e em peso. Este exemplo é revelador. Certamente, para praticamente quase todos os produtos de semelhante configuração e qualidade, com US$ 10 mil, na Alemanha, na Turquia, na Tailândia e na Guatemala, serão adquiridas quantidades bem diferentes.

Taxas oficiais de câmbio e paridade de poder aquisitivo não são a mesma coisa. Esta dificuldade foi percebida tão logo se passaram das estimativas nacionais para quadros de comparações internacionais. Daí por que a busca por outras taxas de conversão que, de alguma forma, pudessem tornar os dados mais comparáveis é tão antiga quanto a sistematização padronizada das contas nacionais.

Em 1940, C. Clark[6] chamou a atenção para o problema. Em 1947, Copelan, Jacobson e Clyman[7] evidenciaram as distorções de comparações internacionais não baseadas em taxas mais adequadas para esse fim. Mas, somente em 1954, dois anos depois do **SNA-52**, é que se definiram critérios para comparações mais consistentes. O trabalho pioneiro foi de Gilbert-Kravis,[8] *An international comparison of national product and purchasing power currencies.*

Esse trabalho introduziu o conceito de **paridade de poder de compra**. As paridades de Gilbert-Kravis foram calculadas a partir de 250 classes de bens, selecionadas segundo sua representatividade em diferentes países. Para cada uma, compararam-se os preços convertidos em dólares norte-americanos e se evidenciou o poder aquisitivo dos agentes econômicos de cada país, relativamente a essas classes de bens. O poder efetivo de compra foi então a base para o cálculo de índices de ajustamento, normalizado-se os valores finais.

A metodologia de Gilbert-Kravis inspirou desenvolvimentos subsequentes, como os do **Programa de Comparações Internacionais, PCI**, das Nações Unidas, iniciado no final dos anos 60. Seus primeiros resultados apareceram em meados dos anos 70. O **PCI**, para o cálculo de índices multilaterais de paridade de poder aquisitivo, parte da composição do PNB segundo 153 categorias de dispêndio, abrangendo tanto o consumo das unidades familiares, quanto os investimentos das empresas e os gastos do governo. Os preços destas categorias, em todos os países-membros, tornaram-se então a base do cálculo de índices de taxas de conversão dos PNBs, pelo critério de paridade do poder de compra.

A Tabela 12.6 reproduz os resultados para os mesmos países da Tabela 12.5.

O cálculo pela paridade do poder de compra redefine posições no *ranking* e corrige a expressão do produto total de cada país relativamente aos Estados Unidos. O dólar norte-americano permanece unidade monetária comum, até porque, para o cálculo das paridades multilaterais do poder de compra dos agentes econômicos de cada país, os preços da grande cesta-básica de dispêndio são, antes, convertidos para essa moeda pelas taxas de paridade cambial. A partir daí é que são ajustados pelos índices de paridade do poder de compra, chegando-se a comparações internacionais que medem, com maior precisão, as dimensões das economias nacionais.

De forma geral, o que se observa é que os agregados dos países industrialmente avançados são rebaixados; o dos emergentes e o dos países mais pobres são ajustados para mais. Os resultados desses ajustes se encontram resumidos na Tabela 12.7. A participação dos países de baixa e média renda no produto mundial bruto é de 30,06%, quando se empregam taxas oficiais de câmbio, contra 67,94% dos países industriais avançados, de alta renda. Mas com as correções introduzidas pelos índices de paridade de poder de compra, ela se amplia para 47,79%, contra 52,21% dos países de alta renda. Estes resultados ainda estão

TABELA 12.6
PNB de países selecionados, em 2014: conversão em US$ pelas taxas oficiais de paridade cambial e pela paridade do poder de compra.

Países	Taxas oficiais de paridade cambial: médias anuais		Países	Paridade do poder de compra	
	US$ bilhões	Relações (EUA = 100)		US$ bilhões	Relações (China = 100)
Estados Unidos	17.419	100,00	China	18.031	100,00
China	10.360	59,48	Estados Unidos	17.419	96,61
Japão	5.964	34,24	Índia	7.393	41,00
Alemanha	3.853	22,12	Japão	4.631	25,68
Reino Unido	2.942	16,89	Rússia	3.745	20,77
França	2.829	16,24	Alemanha	3.690	20,46
Brasil	2.346	13,47	Brasil	3.264	18,10
Índia	2.067	11,87	Indonésia	2.676	14,84
Rússia	1.861	10,68	França	2.572	14,26
Canadá	1.787	10,26	Reino Unido	2.525	14,00
Austrália	1.454	8,35	Itália	2.132	11,82
Coreia do Sul	1.410	8,09	México	2.125	11,79
Turquia	780	4,48	Coreia do Sul	1.732	9,61
Suécia	571	3,28	Arábia Saudita	1.604	8,89
Noruega	500	2,87	Canadá	1.567	8,69
Áustria	436	2,50	Espanha	1.567	8,69
Tailândia	373	2,14	Turquia	1.460	8,10
África do Sul	350	2,01	Irã	1.281	7,10
Dinamarca	342	1,96	Nigéria	1.049	5,82
Cingapura	308	1,77	Austrália	1.031	5,72
Israel	304	1,75	Tailândia	986	5,47
República Tcheca	206	1,18	Polônia	945	5,24
Hungria	137	0,79	Egito	943	5,23
Marrocos	107	0,61	Paquistão	896	4,97
Sri Lanka	75	0,43	Holanda	794	4,41
Guatemala	59	0,34	Malásia	746	4,14
Etiópia	55	0,32	África do Sul	705	3,91
Paraguai	31	0,18	Filipinas	692	3,84
Botswana	18	0,10	Colômbia	638	3,54

Fonte: IMF, International Monetary Fund. *International Financial Statistic.* v. LXVII, nº 5. Washington, DC, May 2015. WORLD BANK. *World Development Indicators. Database.* Washington, DC, Jul, 2015.

TABELA 12.7 PNB de 2014, totalizado por grandes grupos de países. Comparação de critérios de conversão: taxas oficiais de paridade cambial e paridade do poder de compra.

Grupos de países	% em relação ao total mundial	
	Taxas oficiais de paridade cambial	Paridade do poder de compra
Renda alta	**67,94**	**52,21**
Estados Unidos	22,37	16,06
Japão	5,91	4,27
Alemanha	4,95	3,40
Reino Unido	3,78	2,33
França	3,63	2,37
Itália	2,75	1,96
Canadá	2,29	1,44
Austrália	1,87	0,95
Coreia do Sul	1,81	1,60
Holanda	1,12	0,73
Suíça	0,88	0,43
Suécia	0,73	0,40
Noruega	0,64	0,31
Outros de alta renda	15,21	15,96
Renda média e baixa	**32,06**	**47,79**
Leste da Ásia e Pacífico	16,10	21,89
América Latina e Caribe	6,12	6,95
Sul da Ásia	3,35	8,43
Europa e Ásia Central	2,33	3,39
África Subsaariana	2,20	3,90
Oriente Médio e Norte da África	1,96	3,23

Fonte: WORLD BANK, *World Development Indicators. GDP, GDP PPP*. Washington, DC, Jul, 2015.

sendo objeto de revisões e de ajustes meticulosos. Mas a tendência é a de eles substituírem as comparações convencionais ainda baseadas em taxas oficiais de paridade cambial não ajustadas.

12.4 Limitações e Significado dos Macroagregados

Limitações Reconhecidas: um Passo para o Aperfeiçoamento

Os agregados macroeconômicos gerados pelos sistemas convencionais de contas nacionais ou ajustados por critérios que objetivam avaliar com maior exatidão as dimensões comparativas das economias (como o da paridade do poder de compra), têm relevantes utilizações. Destacamos estas oito:

- Acompanhamento do desempenho conjuntural de curto prazo, abrangendo os sistemas interligados de variáveis de produção, de geração da renda e de dispêndios que compõem as transações internas e internacionais entre os diferentes grupos de agentes econômicos.

- Evolução e mudanças estruturais de longo prazo da economia, por regiões e setores produtivos – e, dentro de cada setor, pelas diferentes categorias de atividades que os compõem.

- Análise de correlações entre as variáveis que compõem o sistema de contas e outros indicadores das condições conjunturais e estruturais da economia – como os níveis de emprego da força de trabalho e de utilização da capacidade instalada – de alto interesse para a compreensão do funcionamento dos sistemas econômicos e para a orientação para decisões de políticas públicas, econômicas e sociais.

- Definição de macrodiretrizes para a construção de planos nacionais de crescimento e de desenvolvimento socioeconômico.

- Construção de cenários macroeconômicos, como bases de planos estratégicos de empresas. Análise das cadeias internas de negócios a que as empresas estão ligadas e análises que fundamentam projetos de internacionalização.

- Quando desagregados em quadros analíticos ou matrizes de origem e destinação de fluxos de produção, os macroindicadores evidenciam vetores (verticais e horizontais) de alto interesse estratégico, revelam gargalos nas cadeias de suprimentos, evidenciam oportunidades, especialmente de investimentos em indústrias de base e de bens de capital.

- *Rankings* das nações, quanto às dimensões de suas economias e mudanças de posicionamento ao longo do tempo.

- Definição de quotas nacionais de participação em orçamentos programáticos de organizações multilaterais, tanto do lado dos recursos que as mantêm, quanto do lado da destinação de fundos para programas nacionais de desenvolvimento de nações de baixa renda.

Esta listagem evidencia a importância inquestionável desses macroindicadores e as razões que justificaram as definições conceituais, as orientações metodológicas e os esforços para levantamento de estatísticas-bases para a construção e cálculo dos sistemas de contas nacionais. Mas, ainda assim, têm sido levantados reparos aos significados dos agregados macroeconômicos e questionadas as suas limitações. Apesar do reconhecimento universal da importância do PIB e dos demais grandes agregados econômicos – como principais referências das dimensões e da evolução das economias nacionais – não estão superadas as críticas à sua utilização como medida efetiva de bem-estar e de desenvolvimento das nações em todas as suas dimensões.

Entre as questões mais discutidas destacam-se dois grupos – as de natureza metodológica e as conceituais. Destacamos estas seis, três em cada grupo:

Questões metodológicas

❏ A não inclusão de atividades "subterrâneas" – ilegais, legais, mas que subsistem na informalidade, e de subsistência.

❏ A representatividade das comparações internacionais, por agregados são levantados a preços de mercado, mas que desconsideram grandes assimetrias as estruturas de custos das nações, especialmente entre países avançados e emergentes.

❏ Os impactos das tendências seculares dos preços de mercado dos bens e serviços, de baixa e de alta, no dimensionamento exato das escalas e volumes da produção efetivamente realizada.

Questões conceituais

❏ A imperfeita correlação entre os níveis *per capita* dos macroindicadores e os padrões efetivos de bem-estar da sociedade ou, ainda, de forma mais contundente, as contradições entre crescimento econômico e de mercados e níveis de desperdícios indesejáveis e de felicidade das pessoas.

❏ A desconsideração de externalidades negativas, especialmente a degradação das condições ambientais.

❏ A não distinção dos fins a que atendem os fluxos agregados das diferentes cadeias de produção.

As duas primeiras questões metodológicas foram abordadas em tópicos anteriores. Mostramos os conceitos relacionados à classificação das atividades segundo os critérios de legalidade, legalização e ilegalidade, relacionados às atividades produtivas; observamos que há atividades legais, para que não são consideradas para fins produtivos, como são os casos dos serviços religiosos e as "prendas domésticas"; e registramos que há esforços metodológicos e de geração de dados, para incluir nas contas nacionais as atividades consideradas produtivas e legalizadas, mas que são exercidas e mantidas na informalidade. Quanto à representatividade das comparações internacionais, tratamos das diferenças entre dois critérios de cálculo – o baseado nas taxas de paridade cambial em relação ao dólar dos Estados Unidos e o que adota a paridade das estruturas de custos e de preços em relação aos padrões dos Estados Unidos. Este segundo critério busca superar as restrições à adoção do câmbio como critério de conversão dos PNBs pelas taxas de câmbio, dado que este não é constante e está sujeito a variações, que podem ser expressivas mesmo a curto prazo.

Resta-nos examinar a terceira questão do grupo metodológico e as três do grupo conceitual. Vamos a elas.

Realmente, a questão relacionada à **tendência secular dos preços** requer reflexões. Ela difere das variações no nível geral dos preços – inflacionárias ou deflacionárias. Estas estão satisfatoriamente solucionadas, pelas metodologias de cálculo de índices de preços (como o deflator do PIB), que indicam com boa precisão as variações reais dos agregados macroeconômicos e não meramente as variações nominais. Mas as "tendências seculares" dos preços são distintas dos conceitos de inflação ou deflação. Essas tendências têm a ver com escalas de produção, com avanços em processos produtivos, com ganhos em produtividade e com os avanços na excelência operacional das empresas, e, ainda mais fortemente, com mudanças na utilização de insumos por unidade de produto final (de que são exemplos marcantes a nanotecnologia, os sistemas de comunicação virtual e sem fios e o veloz desenvolvimento de aplicativos e de outros sistemas crescentemente avançados de tecnologias de informação. Com estes avanços nos sistemas de produção e no uso de insumos, as tendências dos preços de bens materiais e de boa parte dos serviços têm sido predominantemente de baixa, ensejando o maior acesso da população a segmentos sofisticados de mercado antes restritos às classes de alta renda. Mas os agregados não refletem o significado real destas conquistas sociais: a produção e o acesso a maior diversidade de bens e serviços estão fortemente expandidos. Só que os preços de mercado para a maioria dos bens e serviços finais são cada vez mais baixos em termos reais, deixando assim de refletir a ampliação do acesso da população à sua aquisição e a seu uso efetivo: uma questão realmente ainda insuficientemente analisada e que poderá levar a uma segunda onda de mudanças metodológicas.

A primeira questão conceitual – esta sim recorrentemente destacada – é a **imperfeita correlação entre o PNB *per capita* e os padrões efetivos de bem-estar da sociedade**. Embora o PNB *per capita* seja um indicador amplamente utilizado para comparações de níveis de desenvolvimento socioeconômico, ele não representa nem mede por si mesmo os padrões de bem-estar das nações. Um exemplo clássico é a exigência de maior produção de calefação e de roupas pesadas e quentes em países frios, comparativamente ao que ocorre em climas mais amenos, onde a população se sente bem usando roupas leves e ao ar livre. Neste caso, o maior PNB *per capita* de países de clima predominantemente frio, associável a maior produção de uma dada classe indispensável de bens, deveria sofrer um "deságio" como medida comparativa de bem-estar; ou os PNBs mais baixos de países de clima ameno deveriam ser ajustados para cima. Como procedimentos levariam a questionamentos ainda maiores, a solução tem sido associar ao PNB *per capita* outros indicadores, que se aproximem de conceitos como bem-estar efetivo e de padrões de desenvolvimento socioeconômico. O IDH – índice de Desenvolvimento Humano – foi criado com este propósito.

A segunda questão conceitual, de **não aferição de relevante externalidade negativa, relacionada à degradação ambiental**, é uma das mais antigas restrições ao caráter limitado do conceito de depreciação adotado nos sistemas de contas nacionais, para diferenciar o PNB bruto do PNB líquido. O sistema admite que a depreciação dos bens de capital (infraestruturas instaladas; máquinas, equipamentos, ferramentas e instrumentos de trabalho; edificações para fins produtivos; e agrocapitais) significa perdas decorrentes dos desgastes físicos e da obsolescência tecnológica de amplas categorias de recursos empregados para a geração do PNB e que devem, portanto, ser excluídas da geração líquida de novas riquezas. Mas este conceito não abrange o uso crescente do capital natural – terras produtivas, formações florestais, oceanos, bacias hidrográficas, faunas, jazidas minerais e condições climáticas satisfatórias – que são a origem primária de todos os bens e serviços produzidos e que também se depreciam

QUADRO 12.1
Uma visão crítica sobre avanços metodológicos na mensuração do desenvolvimento socioeconômico.

Ao longo do tempo, a ideia de riqueza e o conceito de desenvolvimento ou progresso foram se modificando. Desde a concepção da riqueza como acúmulo de metais preciosos, à ideia fisiocrática de que apenas a agricultura produzia riqueza, até a concepção mais moderna, traduzida no conceito de PIB. Em um primeiro momento, a ideia de desenvolvimento esteve associada a crescimento econômico e daí a importância dada aos agregados macroeconômicos, com destaque para o PIB. Posteriormente, com a constatação de que o crescimento econômico não significa necessariamente progresso social (especialmente melhor distribuição da riqueza), passou-se a empregar a expressão desenvolvimento econômico e social, com maior proeminência do social sobre o econômico. Daí se passou a construir todo um novo sistema de indicadores, de que é exemplo o IDH – Índice de Desenvolvimento Humano. Mas os avanços continuaram, com o ganho de relevância das questões ecológicas, surgindo então a expressão desenvolvimento sustentável. O resultado destas novas concepções é o consenso de que o progresso deve ser ao mesmo tempo econômico, social e sustentável, em termos ambientais. Daí os esforços em busca de indicadores de desenvolvimento sustentável, de bem-estar e de felicidade, embora não haja ainda um indicador considerado consensual e amplamente aceito, que substitua o PIB, devido a divergências conceituais e falta de informações estatísticas apropriadas.

PIB – Crítica e defesa. O que se exige de um conceito é que ele seja preciso em sua definição. É o caso do PIB: mede o valor total de mercado de todos os bens e serviços finais produzidos dentro do território econômico de um país durante determinado período. Sua metodologia é rigorosamente definida: não há divergências quanto aos seus fundamentos conceituais e sua simplicidade analítica está na base de sua ampla aceitação, inclusive para comparações internacionais. Mas não se deve esperar de um conceito mais do que ele pretende significar. O PIB não foi criado para medir o progresso, o bem-estar ou a qualidade de vida, mas tão somente para medir o crescimento econômico, através de transações que possam ser mensuradas em valores monetários.

Todavia, subsistem críticas ao PIB, que em geral convergem para os seguintes pontos: 1. há um conjunto de atividades, tais como os trabalhos doméstico e o voluntário, que não são consideradas no cálculo desse agregado; 2. o PIB não leva em conta a destruição de riquezas necessária à produção de outras formas de riqueza (bens e serviços mercantis); 3. o PIB contabiliza transações que, na realidade, diminuem o bem-estar e a qualidade de vida da sociedade; 4. o PIB não contabiliza a produção ilegal e oculta da economia informal. Consequentemente, levando-se em conta essas críticas, não seria um bom indicador do bem-estar das sociedades.

Essas críticas, porém, não são inteiramente justas. Quanto ao primeiro ponto, a não inclusão das atividades citadas não passam pelo mercado e não devem mesmo ser medidas, pela própria concepção do que é o PIB; quanto ao segundo, nem toda destruição de riquezas deixa de ser considerada, apenas as ambientais, pois outras formas de depreciação são aferidas; quanto ao terceiro, reconhece-se seu fundamento (por exemplo quanto à produção de bens que geram externalidades negativas (como as derivadas do tabaco), mas devem-se considerar que este tipo de externalidade não é reconhecido por todos os cidadãos (há os que apreciam estas categorias de produtos); quanto ao quarto ponto, embora a economia informal não possa ser tão bem mensurada como a formal, há esforços consistentes para ser incluída nas estimativas do PIB, por pesquisas amostrais e por cruzamentos com outras fontes de informação.

A geração de outros indicadores. A constatação de que o PIB e outros agregados macroeconômicos não indicam necessariamente outras categorias de mensuração, como as de padrões de vida e de bem-estar, tem levado à geração de outros indicadores, como o IDH, o IPH (Índice de Pobreza Humana), o BIP (*Baromètre des Inegalityés e de Pauvretê*) e o ISH (*Index Social Health*). Mas, em todos esses indicadores, estão presentes dados agregados convencionais extraídos dos Sistemas de Contas Nacionais.

Quanto à outra classe de indicadores, referente a questões ambientais, têm sido desenvolvidos esforços para levantamentos que meçam o quanto as atividades correntes de produção do presente comprometem a habilidade das gerações futuras em terem satisfeitas suas próprias necessidades. Este tema não é estranho à teoria econômica e têm sido procuradas metodologias que meçam a degradação ambiental (de forma semelhante ao que se faz com a depreciação dos bens de capital), com o objetivo de mitigar suas consequências futuras. Há ainda muitos entraves conceituais, de método e de disponibilidade de dados a ser superados, mas já é extensa a listagem de indicadores de sustentabilidade, de que são exemplos: BS (*Barometer of Sustainability*), EPI (*Evironmental Performance Index*), GPI (*Genuine Progress Indicator*) e LPI (*Living Planet Index*). Mas nenhum ainda se impôs como síntese, como o PIB e o IDH.

O mesmo se pode considerar quanto aos indicadores de bem-estar, também não estranhos à teoria econômica. Já se produziram recomendações para mensurações de agregados macroeconômicos que levem em conta este conceito. Bons frutos têm sido colhidos. Recente publicação da OECD (2011) nesta área pode ser destacada: *How's life? Measuring well-being*. O objetivo é chegar a um índice composto, BLI (*Better Life Index*).

Em conclusão: os temas são relevantes e a agenda de pesquisa é imensa e abrangente, envolvendo órgãos oficiais, tanto de países desenvolvidos como emergentes, além de organizações não governamentais e instituições privadas. A tendência é de o tema ganhar peso na agenda internacional, com ênfase para o desenvolvimento de Contas Ambientais, bem como de Macro Indicadores de Bem-estar, fortalecendo-se sistemas de governança de alcance mundial.

Fonte: Resumo de FEIJÓ, Carmem Aparecida; VALENTE, Elvio; CARVALHO, Paulo G. Mibielli. *Estatística e Sociedade*, nº 2, nov. 2012, UFRS. Além do PIB: uma visão crítica sobre os avanços metodológicos na mensuração do desenvolvimento econômico e o debate no Brasil contemporâneo. Porto Alegre: UFRGS, nov. 2012.

(e em escalas crescentes), mas não estão incluídos no limitado conceito de depreciação adotado.

A importância deste questionamento é universalmente reconhecida, mas de complexa solução. Não tem faltado iniciativas consistentes, tanto da academia, de instituições de pesquisas ambientais e de organizações multilaterais (como o *World Bank* e a *OECD*), para a inclusão dos diferentes processos de degradação ambiental no conceito convencional de depreciação, mas ainda não se chegou a uma forma consensual para esta aferição – e, consequentemente, para a adoção de reparações econômicas que reduzam o impacto destas perdas.

A terceira e última questão conceitual, a **não distinção dos fins a que se destinam os bens e serviços finais produzidos**, é também reconhecida como questionamento relevante. Os valores agregados da produção computam todas as categorias de bens e serviços finais gerados pelas economias nacionais – sejam armamentos ou alimentos; investimentos em geração de energia eólica ou termonuclear; dispêndios públicos com educação, saúde, espionagem ou manutenção da máquina burocrática do governo; construção de escolas ou de instalações militares – sem aferir os efeitos sociais de cada um destes fluxos. Trata-se de restrição semelhante à da correlação entre os agregados em termos *per capita* e os padrões de bem-estar das nações.

A solução aqui encontrada para atender a esta questão foi a inclusão de "contas satélites", que desagregam os fluxos da produção com o objetivo de evidenciar categorias distintas de produtos quanto a seus efeitos de longo prazo, abrindo os olhos de *policy makers* para a adoção de estímulos concedidos e restrições aplicadas ao desenvolvimento das respectivas cadeias produtivas.

O Quadro 12.1 sintetiza todo este conjunto de visões críticas e lista esforços que têm sido aplicados para a geração de indicadores complementares e alternativos que meçam com maior efetividade o progresso social, o bem-estar e, em sentido ainda mais abrangente, a "felicidade" das nações. Mas não deixa de enfatizar os fundamentos conceituais e os fins para os quais foram criados os agregados macroeconômicos.

RESUMO

1. Uma das questões cruciais do cálculo agregativo é o hiato entre as atividades efetivamente exercidas pela sociedade e aquelas que são aferidas pela contabilidade social. A distância entre a realidade e a aferição resulta de: 1. Convenções conceituais – há atividades que não se incluem no produto nacional; e 2. não legalização e informalidade de parcelas expressivas das atividades produtivas.

2. A expressão **economia subterrânea** (ou **economia submersa**) é usualmente empregada para indicar a parcela das atividades não contabilizada no PIB. Uma parte da economia não legalizada, informal e de subsistência, é captada e calculada por inferência e imputação. Mas uma parcela subterrânea não aferida existirá sempre, não obstante empregue e movimente parcelas consideráveis dos recursos internos. As razões para a existência de processos subterrâneos são: 1. o exercício de atividades socialmente indesejáveis, condenáveis e ilegalizáveis; 2. usos-e-costumes; 3. a preferência pela informalidade; e 4. convenções estabelecidas.

PALAVRAS E EXPRESSÕES-CHAVE

- Atividades econômicas exercidas
  - ✓ Legalizáveis
  - ✓ Não legalizáveis
  - ✓ Formalizadas
  - ✓ Informais
  - ✓ Ilegais
- Economia subterrânea (ou economia submersa)
- Economia aferida
  - ✓ Legalizada
  - ✓ Informal não legalizada
  - ✓ Informal de subsistência
- Comparações intertemporais
  - ✓ Variações nominais (ou a preços correntes)
  - ✓ Variações reais (ou a preços constantes)
  - ✓ Deflatores do PIB
- Comparações internacionais
  - ✓ PNB em moeda nacional
  - ✓ PNB pelas taxas de paridade cambial de conversão
  - ✓ PNB pela paridade de poder de compra
- PNB total e *per capita*
  - ✓ Representatividade
  - ✓ Correlação com bem-estar

3. Uma segunda questão crucial do cálculo agregativo decorre da **variação do valor da unidade de conta empregada**, a moeda corrente do país. Pela diversidade dos bens e serviços e das categorias de transações que compõem os fluxos agregados, só é possível expressá-los em termos monetários. Ocorre, porém, que a representatividade dos valores expressos em moeda tem a ver com o valor da própria moeda. Como este não permanece constante ao longo do tempo, as avaliações precisam ser depuradas quando se registram movimentos inflacionários ou deflacionários, de alta ou de baixa generalizadas de preços.

4. A depuração dos agregados expressos em termos monetários conduz a dois conceitos de avaliação: os **nominais**, ou a preços correntes, e os **reais**, ou a preços constantes. Na passagem de uma avaliação para outra empregam-se números índices que expressam as variações reais nas quantidades produzidas ou, alternativamente, as variações médias ponderadas dos preços. Estes índices são denominados **deflatores do PIB**.

5. Uma terceira questão crucial diz respeito à conversão dos resultados do cálculo agregativo de cada país a uma **unidade monetária comum**, para comparações internacionais. Os valores expressos em moedas nacionais não são comparáveis entre si. Para isso exigem-se conversões para uma denominação monetária comum que, por convenção, é o dólar dos Estados Unidos. Mas estas esbarram na definição da taxa de conversão que será empregada. Usualmente, emprega-se a taxa de câmbio oficial entre as moedas nacionais, pelo seu valor médio anual ponderado. Mas nem sempre as taxas oficiais expressam a paridade do poder aquisitivo das moedas nacionais. **Taxas oficiais de câmbio** e **paridade do poder de compra** não são a mesma coisa. Somente com índices que equalizam valores paritários de custos e de preços de bens e serviços finais é que se podem definir expressões agregadas internacionalmente comparáveis.

6. Os valores do PNB *per capita* de cada nação, calculados por taxas de conversão ajustadas por índices de paridade de poder de compra, são usualmente empregados para evidenciar o poder econômico, os níveis de desenvolvimento, a evolução ao longo do tempo e as posições relativas no ranking internacional. Estes valores resultam do

PNB total ajustado dividido pela população total. Para evitar maiores distorções, a população é dada pelo contingente mediano do ano em referência.

7. Apesar dos cuidados metodológicos adotados para chegar ao PNB total e *per capita*, sua representatividade é ainda questionada. As razões dos questionamentos são: 1. A não inclusão de atividades informais e subterrâneas no cálculo dos agregados; 2. as distorções resultantes de conversões; 3. a imperfeita correlação entre esse indicador e os níveis efetivos de bem-estar das nações; 4. as tendências de longo prazo nos custos e preços dos bens e serviços; 5. a não distinção dos fins a que servem os fluxos agregados de produção de ampla variedade de bens e serviços; e 6. a desconsideração para com os efeitos de externalidades. O reconhecimento destas limitações está levando à adoção de novos sistemas de contas nacionais e de outros indicadores, de conteúdos mais abrangentes.

QUESTÕES

1. A economia aferida inclui não apenas as atividades econômicas legalizadas, como uma parte da economia subterrânea. Indique algumas das não legalizadas que se consideram e quais as que ficam fora do cálculo.

2. Se uma determinada nação decidir legalizar a produção e o uso de drogas alucinógenas e também legalizar todos os jogos de azar que funcionam na clandestinidade, aumentarão os agregados do produto, da renda e do dispêndio convencionalmente aferidos? Isto significa que a renda de uma sociedade onde estas atividades são legalizadas, comparativamente a outra onde não são, é *efetivamente* ampliada? Justifique sua resposta.

3. O que leva agentes econômicos ao exercício "subterrâneo" de atividades econômicas? Das razões destacadas, quais as que, em sua opinião, preponderam no Brasil?

4. Como será no futuro – a economia subterrânea tende a diminuir ou a crescer? Relacione e justifique causas de redução e de aumento dos processos econômicos subterrâneos.

5. No cálculo dos agregados econômicos empregamos uma unidade de conta, a moeda corrente do país, cujo valor não se mantém o mesmo ao longo do tempo. Isto remete aos conceitos de variações nominais e reais dos agregados. Diferencie-os e mostre como se procede à passagem de um para outro.

6. Você concorda com a afirmação de que "a inflação provoca distorções no cálculo dos agregados econômicos, tão mais acentuadas quanto maiores forem as taxas verificadas"? Os deflatores do PIB não são suficientes para corrigi-las?

7. Por que a taxa oficial de câmbio entre moedas nacionais não é, necessariamente, um bom fator de conversão dos agregados econômicos dos países, para comparações internacionais? Afinal, estas taxas não revelam a paridade do poder aquisitivo das moedas nacionais?

8. Diferencie os conceitos de **taxa oficial de câmbio** e de **paridade do poder de compra**.

9. Convertido pela taxa média de paridade cambial em 2014 entre o dólar dos Estados Unidos e a coroa da Dinamarca, o PNB deste último país foi avaliado em US$ 342 bilhões. Como o dos Estados Unidos, naquele mesmo ano, totalizou US$ 17.419

bilhões, podemos dizer que a produção efetiva dos Estados Unidos é 50,9 vezes maior que a da Dinamarca? Justifique sua resposta.

10. Convertidos por taxas oficiais de paridade cambial e divididos pelas populações totais de cada país, os PNBs da Alemanha e de Botswana foram da ordem de US$ 47.627 e de US$ 7.123 anuais. Isto significa que o padrão de vida e o bem-estar da população alemã são 6,7 vezes maiores?

11. Quando empregamos para conversão dos PNBs de todos os países em US$ o critério da paridade do poder de compra, os valores dos países emergentes aumentam, comparativamente, aos valores pelo critério das taxas oficiais de paridade cambial. Os das economias industriais avançadas diminuem. Justifique por que.

12. Mesmo quando ajustado por índices de paridade de poder de compra, o PNB *per capita* não é um indicador definitivo e inquestionável de bem-estar. Por quê? O que ainda falta nos sistemas de contabilidade social, para aferições mais rigorosas do bem-estar efetivo e dos padrões de vida das nações?

13

O Sistema de Contas Nacionais do Brasil: Articulação, Metodologias e Conteúdos

As contas do produto e da renda nacionais sintetizam a vida econômica das nações. Embora não meçam a qualidade de vida e o bem-estar, pois estes atributos dependem do usufruto do meio ambiente, das artes, das formas de convívio e de outros valores ligados à satisfação e à fruição sociais, elas nos dão indicações úteis sobre tendências de produção, de renda e de dispêndios. Devemos, assim, saber usá-las, para extrair delas o que de fato são capazes de nos indicar.

JOHN KENNETH GALBRAITH
Almost everyone's guide to economics

As várias versões do sistema de Contas Nacionais do Brasil seguiram padrões estruturais universalmente praticados, quanto aos agrupamentos das atividades produtivas, dos agentes econômicos internos e do registro das relações do país com o resto do mundo. Além dos agrupamentos básicos, os elementos conceituais, as metodologias de levantamento de estatísticas básicas, a articulação e a integração dos fluxos de transações econômicas são definidas por volumosas publicações orientativas, tradicionalmente denominadas *SNA – System of National Accounts*, editados desde o início dos anos 50 pelas Nações Unidas. A primeira versão foi *SNA-53 – A System of National Accounts and Supporting Tables*, um dos mais importantes marcos históricos do cálculo sistematizado dos agregados econômicos. Esta primeira versão foi seguida de outras, sempre procurando atender à grande diversidade e a evolução das economias nacionais, principalmente quanto ao crescente desdobramento de suas cadeias produtivas. Os fatores determinantes nas mudanças do SNA podem ser sintetizados em quatro categorias:

- Surgimento de novos ramos e de novos produtos em todas as atividades produtivas, primárias, secundárias e terciárias.
- Agudas inovações tecnológicas, que modificam processos produtivos e relações intra e intersetoriais.
- Mudanças no papel do governo na última década do século XX, sobretudo nas nações de comando centralizado, em seus movimentos de transição para economias de mercado.
- Correntes crescentes de transações internacionais, tanto de mercadorias e serviços, quanto de movimentos de capital.

O **Sistema de Contas Nacionais do Brasil (SCNB)** tem se adaptado às mudanças conceituais, metodológicas e estruturais do SNA. Nos últimos 70 anos, as Nações Unidas editaram cinco novas versões do SNA, nos anos 1960, 64, 68, 93 e 2008, incorporando mudanças expressivas em relação à versão original de 1952. Todas estas evoluções foram assimiladas no Brasil, especialmente as que introduziram substanciais mudanças na formulação de contas, como a de 1993, não modificada, em seus fundamentos estruturais, pela versão de 2008. Em síntese, o SCNB está alinhado às mais recentes normas internacionais, expostas nos manuais do SNA das Nações Unidas.

Como o IBGE destacou em nota metodológica publicada em janeiro de 2015,[1] a construção do sistema está orientada "por um conjunto de normas contábeis, princípios econômicos e convenções, definidas por discussões técnicas em fóruns internacionais, envolvendo representantes de diferentes grupos de países e com consultas a todos os organismos produtores de contas nacionais. A compilação de um Sistema de Contas Nacionais assim construído visa estabelecer um marco conceitual comum e padronizado, que descreva, de forma consistente e comparável, as estruturas produtivas e das transações das economias, por fluxos e estoques de macrovariáveis, permanentemente avaliado pelos organismos que os produzem e por seus usuários". No Brasil, entre os usos mais reconhecidos do sistema de contas macroeconômicas, quatro são geralmente destacados:

❏ Acompanhar a **evolução dos grandes agregados da produção, da renda e dos dispêndios**, relevada em séries temporais, que evidenciem o desempenho da economia brasileira, por setores e regiões.

❏ Evidenciar as **mudanças estruturais na economia do país** e os resultados de políticas públicas focadas em objetivos de crescimento, de distribuição consistente de renda e de alocação de recursos.

❏ Gerar informações para **definição de políticas, diretrizes e planos estratégicos**, formulados nos setores público e privado.

❏ Estabelecer parâmetros para **comparações internacionais do país**, como ritmo de crescimento, graus de abertura econômica, produtividade dos recursos empregados e participação no PMB – Produto Mundial Bruto.

Neste capítulo abordaremos:

❏ A evolução do Sistema de Contas Nacionais do Brasil, destacando os avanços estruturais alinhados ao SNA-93, em relação aos primeiros sistemas do período de 1947 a 1996, bem como aspectos da revisão conceitual e metodológica iniciada em 2011 e concretizada em 2015.

❏ As classificações fundamentais do novo sistema.

❏ A formatação de Tabelas de Recursos e Usos – TRUs.

❏ A Conta Econômica Integrada – CEI.

❏ Os grandes agregados gerados pela estrutura de contas: as grandezas-chave da economia do país, como PIB – indicador de maior expressão em valor.

❏ A trajetória do PIB, total e *per capita*, em série histórica de longo prazo.

❏ As principais desagregações, como o PIB por grandes regiões e municípios e sua composição por atividades econômicas.

13.1 A Evolução do Sistema de Contas Nacionais do Brasil

Os Primeiros Sistemas: de 1947 a 1996

Como ocorreu na maior parte dos países, as primeiras estimativas de grandes indicadores macroeconômicos no Brasil foram elaboradas por pesquisadores locais, para fins específicos e em bases não contínuas. Segundo registros de Lewinshon[2], as iniciativas pioneiras no Brasil datam de 1935: o cálculo da *fortuna nacional*, em ensaio de Roberto Simonsen, e o valor da *produção nacional*, compilado pelo Ministério das Relações Exteriores, com objetivos de comparações internacionais. Mas, até 1947 não haviam sido oficialmente constituídas equipes para cuidar da construção de um sistema articulado de contas nacionais. O primeiro passo nesta direção foi dado pelo Núcleo de Economia da FVG, tendo então contado com a contribuição técnica de G. Harberler, da Universidade de Harvard. Mas não foram produzidas por este núcleo estimativas na forma de um sistema integrado de contas, chegando-se apenas a uma primeira e bem fundamentada avaliação da Renda Nacional ao custo dos recursos produtivos.

A primeira formatação de um sistema interligado de contas foi concluída em 1950, então com assistência técnica de J. B. Derksen, enviado ao Brasil pelas Nações Unidas. Esta sistematização foi baseada em estrutura produzida por R. Stone, em 1947, para a *League of Nations*, que antecedeu a primeira versão do SNA, em 1953. Desenvolveram-se então métodos para a mensuração e a interligação dos grandes agregados da produção física, da renda e dos dispêndios, segundo os principais setores da atividade econômica. Mas somente em 1956 é que seria publicado um material mais extenso e complexo, abrangendo o período de 1948-1955, baseado no sistema proposto pelas Nações Unidas, então produzido pelo Núcleo de Estudos da Renda Nacional, vinculado ao IBRE – Instituto Brasileiro de Economia da FGV. Como o IBRE registrou,[3] "pela primeira vez foram então articulados os agregados das Contas Nacionais, que, além de oferecerem a estimativa do *produto* e da *renda*, também indicaram os componentes da *despesa*, permitindo uma síntese balanceada de toda a atividade econômica do país".

Em 1960, estabeleceu-se um novo marco na evolução das estimativas articuladas dos grandes agregados, com a criação do Centro de Contas Nacionais do IBRE, unidade organizada para cumprir um extenso programa de revisão das estimativas dos grandes agregados econômicos do Brasil, com base em novos suportes metodológicos. Seguiram-se várias revisões conceituais e métodos de cálculo, criteriosos e substanciais, acompanhando os avanços introduzidos nas três novas versões do SNA, anos de 1960, 1964 e 1968.

Nas décadas de 60, 70, 80 e na primeira metade da de 90, várias revisões estruturais e conceituais foram introduzidas no SCBN, acompanhadas de ajustes em séries históricas das estimativas, orientadas por três objetivos: 1. maior abrangência e rigor de dados; 2. integração com os levantamentos estatísticos censitários e amostrais da economia do país; e 3. consistência entre as cinco contas que o constituíram, embora com mudanças em suas nomenclaturas:

Contas Nucleares

1. Conta do Produto Interno Bruto.
2. Conta da Renda Nacional.
3. Conta de Capital.
4. Conta das Transações Correntes com a Renda do Mundo.

Conta Satélite

5. Conta Corrente das Administrações Públicas.

O Quadro 13.1 sintetiza as mudanças do SCBN nesse longo período (início dos anos 1950 a 1996). A Figura 13.1 destaca as cinco contas consolidadas e as tabelas complementares do sistema vigente até 1996, então fundamentado da quarta versão do SNA, editada em 1968. Esse sistema foi constituído por um conjunto de cinco equações simultâneas, inter-relacionando 19 macrovariáveis, mostradas no Quadro 13.2.

QUADRO 13.1
Os primeiros Sistemas de Contas Nacionais do Brasil, SCBN: registros comparativos.

Características diferenciadas	SCNB			
	Primeira versão (1953)	Segunda versão (1960)	Terceira versão (1964)	Quarta versão (1968, adotada até 1996)
Quanto ao número de contas interligadas	6	6	5	4
Quanto ao número de categorias básicas de transações	36	23	17	19
Quanto à nomenclatura das contas básicas	1. Produto Interno Bruto 2. Renda nacional 3. Formação interna de capital 4. Unidades familiares e instituições sem fins lucrativos 5. Governo geral 6. Transações com o resto do mundo	1. Produto interno 2. Renda nacional 3. Consolidada de capital 4. Consumidores 5. Governo 6. Transações com o exterior	1. Produção 2. Apropriação 3. Governo 4. Consolidada de capital 5. Transações com o exterior	A. Contas Nucleares 1. Produto Interno Bruto 2. Renda Nacional Disponível Bruta 3. Capital 4. Transações correntes com o resto do mundo B. Conta Satélite 5. Administrações públicas
Quanto às desagregações	❏ Apenas estimativas dos grandes agregados.	❏ Apenas estimativas dos grandes agregados.	❏ Desagregações segundo os setores de atividade produtiva.	❏ Desagregações segundo setores de atividade, unidades de federação, esferas de governo e categorias de formação bruta de capital fixo.
Avanços em relação ao SNA anterior[a]	❏ Classificação dos principais fluxos macroeconômicos. ❏ Propósitos de adequação do sistema para adoção por economias avançadas e em desenvolvimento. ❏ Interligação do sistema de contas.	❏ Análise do processo de implantação do SNA: ✓ Desalinhamentos conceituais. ✓ Diversidades estruturais das economias nacionais. ✓ Experiências nacionais comparadas: dificuldades comuns. ✓ Exigência de sistema nacional de estatísticas básicas. ❏ Consolidação da conta de formação bruta de fixos	❏ Realinhamentos conceituais. ❏ Ajustes metodológicos para superação das dificuldades de implantação do SNA. ❏ Integração com dados gerados por outras instituições multilaterais: ✓ FMI. ✓ OMC. ❏ Maior consistência da conta de transações com o exterior.	❏ Maior abrangência e extensão do escopo do SNA. ❏ Maior atenção às metodologias de estimativas a preços constantes. ❏ Adição da matriz de insumo-produto. ❏ Esforços para integração do SNA com o *Material Product System* (MPS) adotado pelas economias de comando central para estimativas de macroindicadores de desempenho.

(a) No caso do SNA-53, os avanços registrados são em relação ao SNA desenvolvido por R. Stone para o League of Nations Committee of Statistic Experts, em 1947.

Fonte: UNITED NATIONS. *Historic Versions of the System of National Accounts*, 2008. Formatação comparativa do Autor.

QUADRO 13.2
Principais fluxos e equações básicas do Sistema de Contas Nacionais do Brasil, vigente até 1996.

Fluxos agregados	Notações
Produto interno bruto (ao custo dos recursos produtivos)	Y
Consumo final das famílias	C_f
Consumo final das administrações públicas	C_{ap}
Formação bruta de capital fixo	I
Variação de estoques	E
Poupança bruta	S
Tributos indiretos	T_i
Tributos diretos	T_d
Outras receitas correntes do governo	T_c
Subsídios	G_s
Transferências de assistência e previdência	G_t
Juros da dívida interna	G_j
Poupança em conta corrente das administrações públicas	S_{ap}
Exportação de mercadorias e serviços	X
Importação de mercadorias e serviços	M
Remuneração de recursos produtivos procedente do resto do mundo (recebidas, Y_{er}, menos pagas, Y_{ep})	$Y_e = Y_{er} - Y_{ep}$
Outros rendimentos procedentes do resto do mundo (recebidos, Y_{or}, menos pagas, Y_{op})	$Y_o = Y_{or} - Y_{op}$
Transferências unilaterais, líquidas, procedentes do resto do mundo	$T_e = T_{er} - T_{ep}$
Saldo das transações correntes com o resto do mundo	S_f

Contas	Equações básicas		
	Saídas	=	Entradas
1. Produto interno bruto	$Y + (T_i - G_s) + M$	=	$C_f + C_{ap} + I + E + X$
2. Renda nacional disponível	$C_f + C_{ap} + S_f$	=	$Y + Y_{er} + Y_{or} + T_{er} + (T_i - G_s)$
3. Capital	$I + E$	=	$S_f + S_{ap}$
4. Transações com o resto do mundo	$X + Y_{er} + T_{er}$	=	$M + Y_{ep} + Y_{op} + T_{ep}$
5. Administrações públicas	$C_{ap} + G_s + G_t + G_j + S_{ap}$	=	$T_i + T_d + T_c$

Embora conciso, o sistema mantido até 1996 abrangia as principais categorias de transações da economia, entre agentes econômicos internos e externos, dos setores privado e público. As estimativas, consolidadas em fluxos anuais, articulavam-se em um macromodelo contábil, com lançamentos segundo o prin-

FIGURA 13.1
O Sistema de Contas Nacionais do Brasil vigente até 1996: as contas consolidadas da nação e as tabelas complementares.

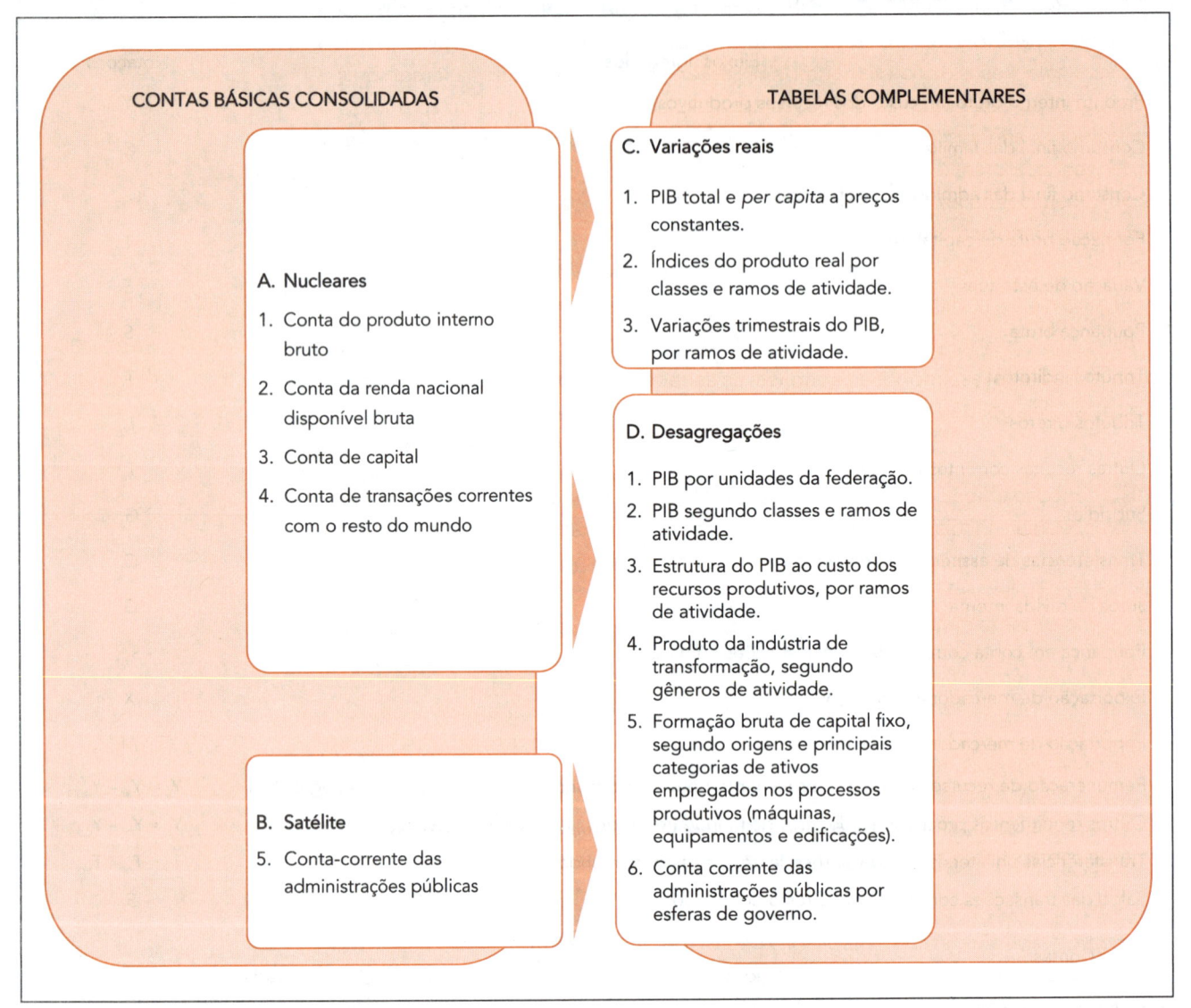

CONTAS BÁSICAS CONSOLIDADAS

A. Nucleares
1. Conta do produto interno bruto
2. Conta da renda nacional disponível bruta
3. Conta de capital
4. Conta de transações correntes com o resto do mundo

B. Satélite
5. Conta-corrente das administrações públicas

TABELAS COMPLEMENTARES

C. Variações reais
1. PIB total e *per capita* a preços constantes.
2. Índices do produto real por classes e ramos de atividade.
3. Variações trimestrais do PIB, por ramos de atividade.

D. Desagregações
1. PIB por unidades da federação.
2. PIB segundo classes e ramos de atividade.
3. Estrutura do PIB ao custo dos recursos produtivos, por ramos de atividade.
4. Produto da indústria de transformação, segundo gêneros de atividade.
5. Formação bruta de capital fixo, segundo origens e principais categorias de ativos empregados nos processos produtivos (máquinas, equipamentos e edificações).
6. Conta corrente das administrações públicas por esferas de governo.

cípio das partidas dobradas. Como os fluxos registravam transações entre duas categorias de agentes, cada um deles aparecia sempre e apenas em duas contas: em uma delas como entrada, a crédito; em outra, como saída, a débito, conforme as equações reproduzidas no Quadro 13.2.

O sistema revelava, assim, de onde vinham e para onde iam os recursos empregados nas transações, as relações entre rendas e dispêndios dos agentes econômicos, as ligações entre eles e as magnitudes dos grandes agregados consolidados em cada uma das contas. Como primeiro exemplo, destacamos a remuneração dos recursos empregados pelas empresas (conta de geração do PIB): sai das empresas e destina-se às unidades familiares (conta da Renda Nacional). Ou exemplo: os dispêndios das famílias em bens e serviços finais são debitados na conta da Renda Nacional, de onde saem, e destinam-se às empresas (conta de geração de PIB), onde entram. Mais um exemplo: a conta consolidada de capital

FIGURA 13.2
O SNA-68 – 1968, adotado pelo Brasil até 1996: a interligação e a consistência das contas consolidadas da nação. Valores em R$ bilhões.

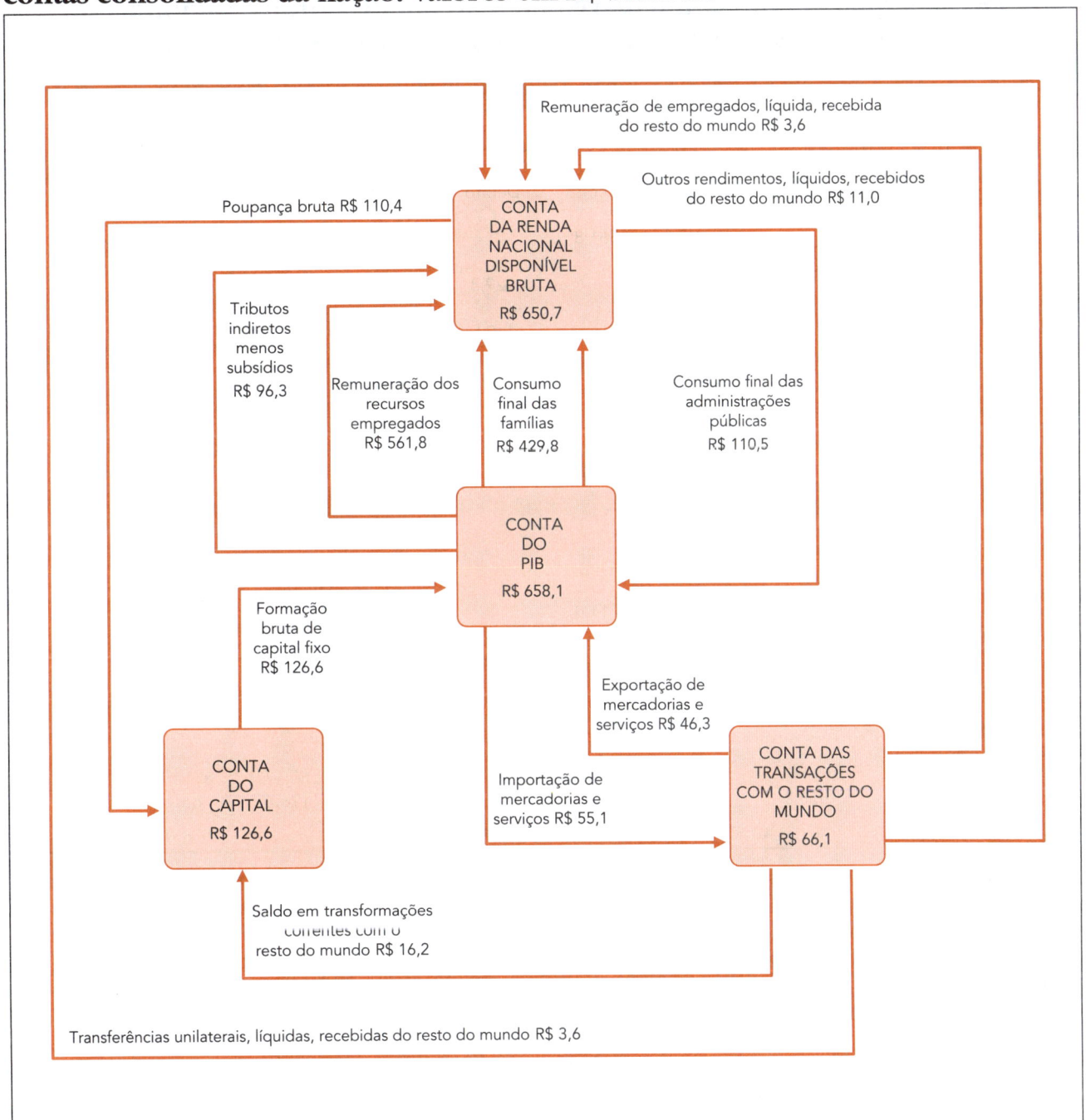

```
                                Remuneração de empregados, líquida, recebida
                                          do resto do mundo R$ 3,6

                                      Outros rendimentos, líquidos, recebidos
                                          do resto do mundo R$ 11,0

        Poupança bruta R$ 110,4        CONTA
                                    DA RENDA
                                    NACIONAL
                                   DISPONÍVEL
                                      BRUTA
         Tributos                     R$ 650,7
        indiretos
          menos
        subsídios
         R$ 96,3    Remuneração dos  Consumo      Consumo final das
                      recursos      final das      administrações
                     empregados     famílias         públicas
                     R$ 561,8       R$ 429,8        R$ 110,5

                                     CONTA
                                      DO
                                      PIB
                                    R$ 658,1

          Formação
          bruta de
         capital fixo
          R$ 126,6
                                              Exportação de
                                              mercadorias e
                                              serviços R$ 46,3
          CONTA                                        CONTA DAS
            DO          Importação de                 TRANSAÇÕES
         CAPITAL         mercadorias e                COM O RESTO DO
         R$ 126,6       serviços R$ 55,1                 MUNDO
                                                        R$ 66,1

                     Saldo em transformações
                         correntes com o
                     resto do mundo R$ 16,2

        Transferências unilaterais, líquidas, recebidas do resto do mundo R$ 3,6
```

é alimentada (fluxos de entrada definidos pelas poupanças interna e externa) e tem como saídas os pagamentos dos agentes econômicos em seus dispêndios de investimentos (formação bruta de capital fixo).

Estes fluxos de entradas e saídas estão mostrados em três formatos: na Figura 13.2, em diagrama de blocos; no Quadro 13.3, em lançamentos contábeis por partidas dobradas; e no Quadro 13.4, em equações simultâneas.

> **QUADRO 13.3**
> Lançamentos em partidas dobradas: a versão contábil da consistência interna das quatro contas nucleares do Sistema de Contas Nacionais do Brasil, vigente até 1996. Os valores, em R$ bilhões, são das contas de 1995.

Notações dos fluxos agregados	PIB		Renda		Capital		Resto do mundo	
	Crédito	Débito	Crédito	Débito	Crédito	Débito	Crédito	Débito
Y		561,8	561,8					
C_f	429,8			429,8				
C_{ap}	110,5			110,5				
$I + E$	126,6					126,6		
S				110,4	110,4			
$T_i - G_s$		96,3	96,3					
X	46,3							46,3
M	$-55,1$						55,1	
Y_e			$-11,0$				11,0	
Y_o			3,6					3,6
T_e			0,0					0,0
S_f					16,2			16,2
Somas	658,1	658,1	650,7	650,7	126,6	126,6	66,1	66,1

Observações: em 1995, as variações de estoque (E) foram somadas à formação bruta de capital fixo (I). As rendas pagas ao exterior por recursos produtivos do país empregados no exterior (Y_{er}) foram inferiores aos pagamentos por recursos produtivos do exterior empregados no país (Y_{ep}), o que explica o sinal negativo na conta da Renda Nacional. Os valores das transferências unilaterais líquidas ($T_e = T_{er} - T_{ep}$) não atingiram valores expressos em R$ bilhões.

Fonte: IBGE. Departamento de Contas Nacionais. *Anuário Estatístico do Brasil*, 1996.

As séries históricas de um sistema assim constituído tornam possíveis análises das mudanças estruturais e do desempenho da economia ao longo do tempo. São úteis não apenas como registros do passado, mas como parâmetros de visões prospectivas e de diretrizes de planejamento dos setores público e privado. Revelam, portanto, com clareza, a situação presente e a evolução da economia.

O SNA de 1993 e a Nova Estrutura das Contas

Os princípios de consistência contábil e de integração das contas por equações básicas do SNA-68 foram mantidos nas últimas e mais abrangentes revisões coordenadas pelas Nações Unidas, a de 1993 e a de 2008. Estas revisões atenderam ao propósito de se construir um sistema de contas macroeconômicas ainda mais completo, para formulação de políticas, análises e propósitos de investigação

QUADRO 13.4
As equações simultâneas das contas nucleares do SCNB de 1995, expressos em valores (R$ bilhões)

Contas	Entradas	=	Saídas
1. Conta do PIB	$C_f + C_{ap} + I + E + X - M$	=	$Y((T_i - G_s)$
2. Conta da Renda Nacional Disponível Bruta	$Y + (T_i + G_s) + Y_e + Y_o + Y_t$	=	$C_f + C_{ap} + S$
3. Conta de Capital	$S + S_f$	=	$I + E$
4. Conta de Transações com o Resto do Mundo	$M + Y_{ep} + Y_{op} + T_{ep}$	=	$X + Y_{er} + T_{er} + S_f$

Valores expressos em R$ bilhões

Contas	Agregados	Equações		
1. Conta do PIB	658,1	429,8 + 110,5 + 126,6 + 46,3 – 55,1	=	561,8 + 96,3
2. Conta da Renda Nacional Disponível Bruta	650,7	561,8 + 96,3 – 11,0 + 3,6	=	429,8 + 110,5 + 110,4
3. Conta de Capital	126,6	110,4 + 16,2	=	126,6
4. Conta de Transações com o Resto do Mundo	66,1	55,1 + 11,0	=	43,6 + 3,6 + 16,2

econômica, coerentes com as grandes mudanças nos cenários geopolítico e geoeconômico dos anos 90. Estas mudanças impactaram também a economia brasileira em amplos espectros. Destacamos quatro, relacionados às exigências de mudanças no SCNB:

- Maior abertura do mercado nacional e o aumento das transações internacionais com mercadorias e serviços em praticamente todas as cadeias produtivas.
- Intensificação dos movimentos financeiros internacionais com implicações nas estruturas de capital das empresas, no ritmo de fusões e de aquisições com maior participação de recursos de origem externa.
- Maior diversificação da estrutura produtiva.
- Exigências de dados de maior amplitude para comparações internacionais de desempenho, sob novos enfoques, entre os quais os da atratividade e da competitividade das cadeias produtivas do país em termos globais.

Em dezembro de 1997, o IBGE lançou os resultados do **SCNB elaborado de acordo com o SNA-93**. Trata-se de sistema que mantém os fundamentos das versões anteriores, quanto aos conceitos que conduzem às estimativas das contas de produção de bens e serviços, ao cálculo dos grandes agregados (PIB, RNDB e RND – Produto Interno Bruto, Renda Nacional Disponível Bruta e Renda Nacional Disponível), às relações entre as três óticas das transações econômicas (**produção, geração de rendimentos e dispêndios**) e ao processo de formação bruta de capital fixo. O novo sistema não comprometeu a disponibilidade de séries históricas. Contrariamente até, ampliou sua consistência, por novas metodologias de estimação de valores a preços constantes, que passaram a ser construídas pelo encadeamento das variações de volumes anuais, não mais a preços de um ano fixo.

Os grandes blocos do SCNB, definidos segundo a estrutura do SNA-93, são constituídos pelas contas de produção, de geração da renda e de formação de capital, esta última financiada pela capacidade de poupança interna e externa (ativos financeiros que suprem o processo de acumulação de ativos fixos, nas forma de bens de capital), de que resulta a ampliação do patrimônio nacional – conceito adotado pelo SCNB que indica a disponibilidade acumulada pelo país, em termos monetários, de todas as categorias de ativos produtivos, contabilizadas como formação bruta de capital fixo.

Uma das formas de representação desta concepção está esquematizada na Figura 13.3. É uma síntese da **CEI – a Conta Econômica Integrada**, subdividida em quatro blocos: produção, geração da renda, poupança e acumulação de capital. Além da CEI, o atual SCNB é ainda constituído por uma nova formatação das matrizes de insumo-produto, as **TRUs – Tabelas de Recursos e Usos**. Segundo síntese descritiva do IBGE,[4] o sistema "pode ser visto através de dois conjuntos de seis quadros que representam a economia a partir de abordagens distintas". As TRUs são constituídas a partir de cortes na economia, segundo o formato esquematizado na Figura 13.4. As tabelas de recursos (A = A1 + A2) trazem as estimativas da oferta de bens e serviços, por setores produtivos internos, mais as decorrentes de importações. As tabelas de usos (B1 + B2) trazem os mesmos valores da de oferta (A1), mas deduzidos das transações intermediárias, realizadas pelas cadeias produtivas de cada setor na forma de insumos (ou suprimentos intermediários) recebidos de transações entre unidades de produção do próprio setor ou de outros setores. Os fundamentos destas TRUs são os mesmos das relações matriciais, que calculam os valores adicionados em cada setor. **São estes valores que, somados, definem o grande valor agregado dos sistemas de contas nacionais: o PIB**. Este agregado é desdobrado, no terceiro bloco (C) segundo os componentes do valor adicionado, também por setor produtivo.

13.2 O Atual Sistema de Contas Nacionais do Brasil

Classificações Básicas do Sistema

A estrutura contábil do SCNB está fundamentada em três classificações básicas: 1. os agentes institucionais; 2. as atividades produtivas; e 3. as operações e transações econômicas.

**FIGURA 13.3
Os grandes blocos do atual SCNB: representam a estrutura básica da Conta Econômica Integrada (CEI).**

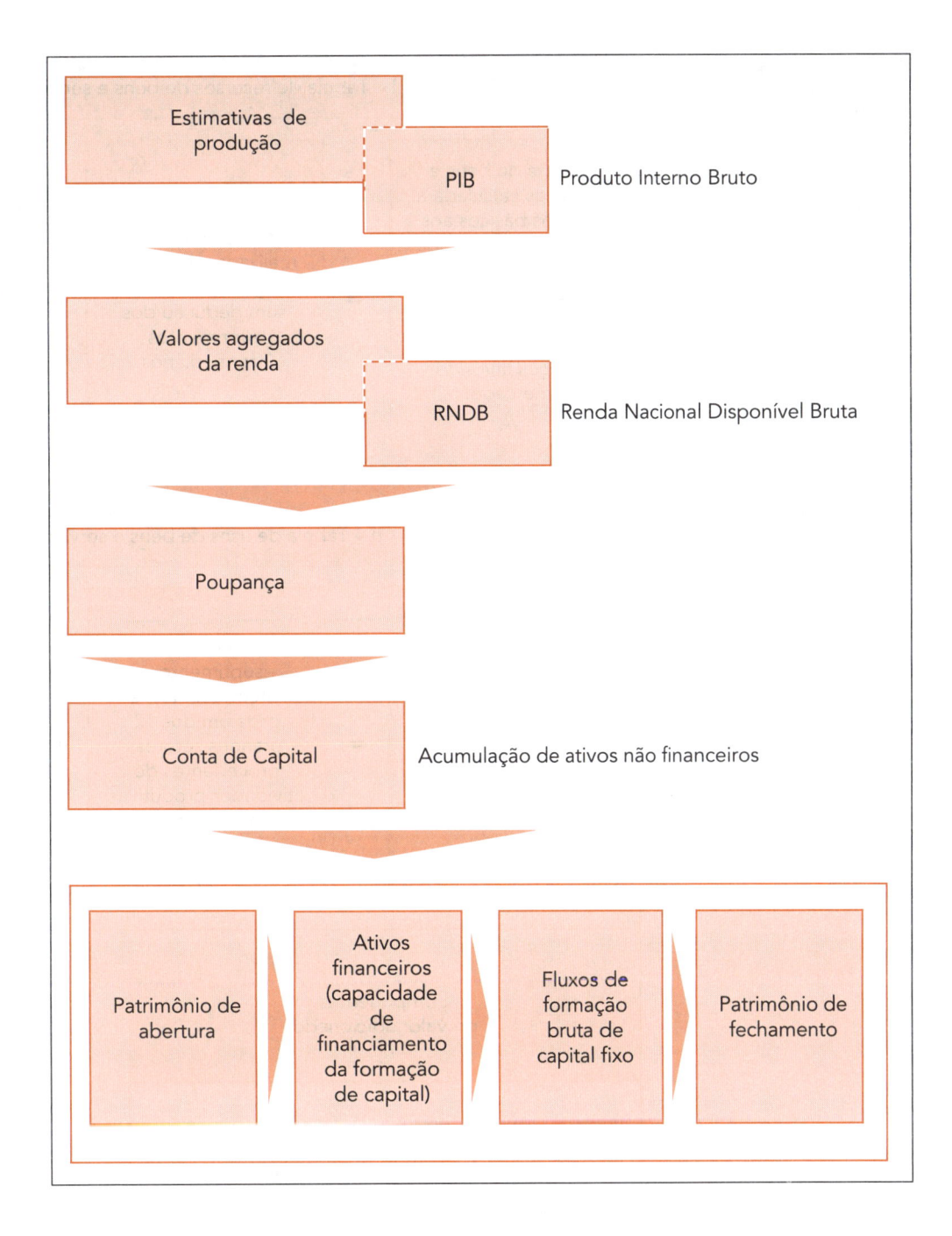

- Estimativas de produção
  - PIB — Produto Interno Bruto
- Valores agregados da renda
  - RNDB — Renda Nacional Disponível Bruta
- Poupança
- Conta de Capital — Acumulação de ativos não financeiros
- Patrimônio de abertura | Ativos financeiros (capacidade de financiamento da formação de capital) | Fluxos de formação bruta de capital fixo | Patrimônio de fechamento

Agentes institucionais. São subdivididos em cinco grupos: empresas não financeiras, empresas financeiras, administrações públicas, famílias e instituições sem fins lucrativos, todos atuantes no sistema econômico interno e conceituados como residentes, domiciliados e estabelecidos no país. O Quadro 13.5 sintetiza esta classificação, quanto às suas subdivisões, principais funções e operações econômicas. Em todas as subdivisões destes agentes, eles são vistos como unidades capazes de possuir e acumular ativos e contrair passivos por sua própria conta: caracterizam-se, assim, como entidades que têm autonomia de decisão. Segundo este conceito, microempresas individuais, de que são exemplos as constituídas por profissionais liberais, as prestadoras de pequenos serviços urbanos e, no meio

FIGURA 13.4 Conteúdos e indicadores das Tabelas de Recursos e Usos do SCNB – TRUs.

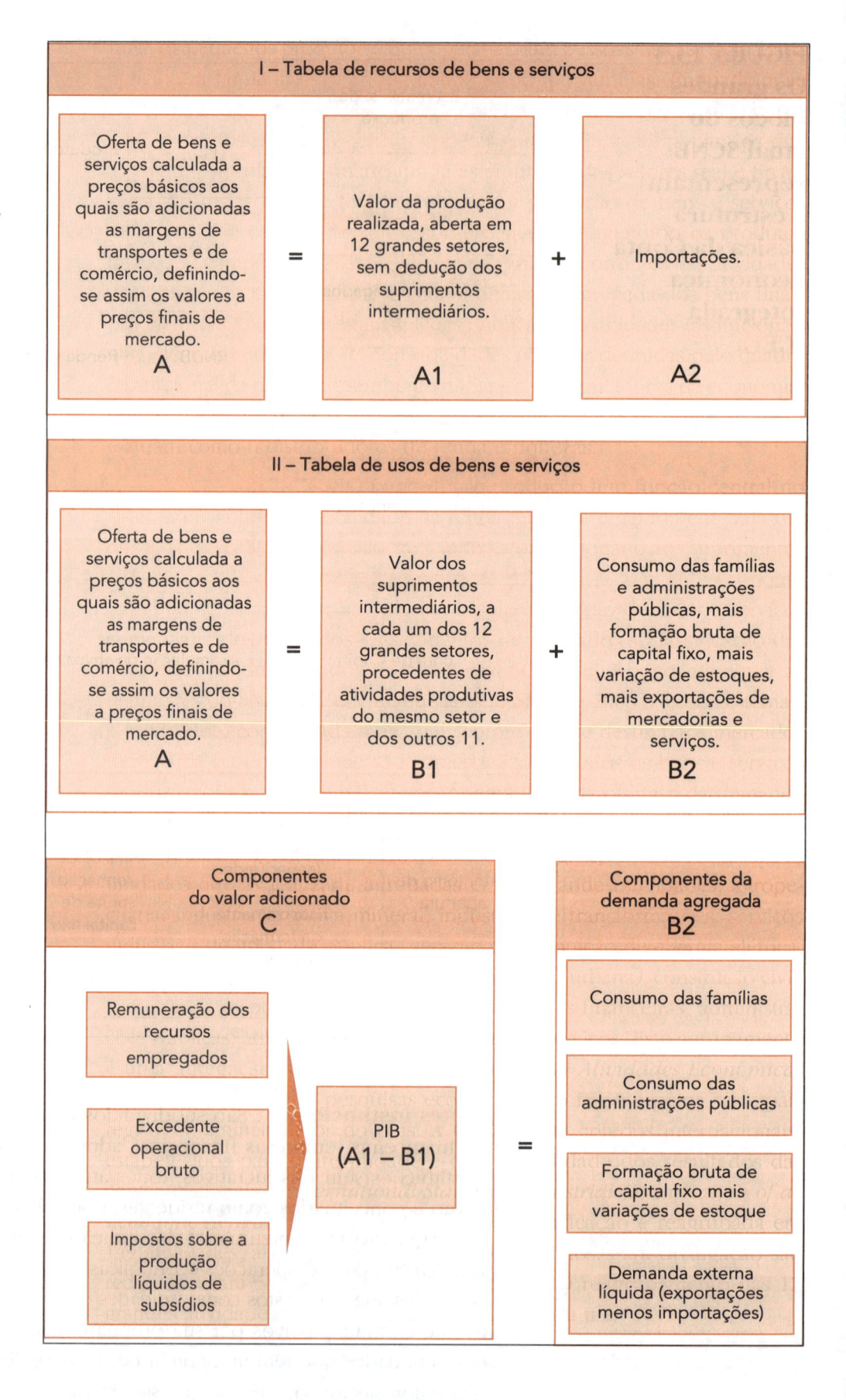

I – Tabela de recursos de bens e serviços

A: Oferta de bens e serviços calculada a preços básicos aos quais são adicionadas as margens de transportes e de comércio, definindo-se assim os valores a preços finais de mercado.

=

A1: Valor da produção realizada, aberta em 12 grandes setores, sem dedução dos suprimentos intermediários.

+

A2: Importações.

II – Tabela de usos de bens e serviços

A: Oferta de bens e serviços calculada a preços básicos aos quais são adicionadas as margens de transportes e de comércio, definindo-se assim os valores a preços finais de mercado.

=

B1: Valor dos suprimentos intermediários, a cada um dos 12 grandes setores, procedentes de atividades produtivas do mesmo setor e dos outros 11.

+

B2: Consumo das famílias e administrações públicas, mais formação bruta de capital fixo, mais variação de estoques, mais exportações de mercadorias e serviços.

Componentes do valor adicionado — C

- Remuneração dos recursos empregados
- Excedente operacional bruto
- Impostos sobre a produção líquidos de subsídios

PIB (A1 – B1)

=

Componentes da demanda agregada — B2

- Consumo das famílias
- Consumo das administrações públicas
- Formação bruta de capital fixo mais variações de estoque
- Demanda externa líquida (exportações menos importações)

QUADRO 13.5
Classificações básicas do atual SCNB.

CLASSIFICAÇÕES	SUBDIVISÕES	FUNÇÕES
AGENTES INSTITUCIONAIS	❑ Empresas não financeiras	❑ Produção de bens e serviços mercantis não financeiros, transacionados nos mercados reais.
	❑ Empresas financeiras	❑ Intermediação de recursos financeiros e atividades auxiliares que compõem o sistema financeiro nacional.
	❑ Administrações públicas	❑ Atuação segundo ordenamento político-institucional da nação. ❑ Regulação das atividades econômicas. ❑ Produção de bens e serviços públicos não mercantis, de uso difuso, não transacionados nos mercados (*public goods*).
	❑ Famílias	❑ Pessoas físicas. ❑ Oferta de capacitações profissionais no mercado de trabalho. ❑ Produção realizada em negócios de pequeno porte, conduzidos pessoalmente. ❑ Principais agentes dos fluxos de consumo de bens e serviços transacionados nos mercados finais.
	❑ Instituições sem fins lucrativos	❑ Pessoas jurídicas ou organizações sociais não geradoras de rendimentos, que suprem as famílias de serviços não transacionados nos mercados do sistema produtivo.
ATIVIDADES PRODUTIVAS	❑ Conjuntos inter-relacionados em cadeias produtivas. ❑ As TRUs do SCNB são constituídas por 149 atividades, agrupadas em 12 grandes setores, de que resultam 293 classes de produtos, agropecuários, industriais, de comércio e outros serviços, privados. ❑ Os doze grandes setores destacados nas TRUs são: ✓ Agropecuária. ✓ Indústria extrativa mineral. ✓ Indústria de transformação. ✓ Produção e distribuição de energia elétrica, gás, água, esgoto e limpeza pública. ✓ Indústria da construção. ✓ Comércio. ✓ Transporte, armazenagem, correio. ✓ Serviços de informação. ✓ Intermediação financeira. ✓ Atividades imobiliárias. ✓ Administração pública. ✓ Outros serviços.	❑ Emprego dos recursos econômicos da nação: ✓ Terra. ✓ Trabalho. ✓ Capital. ✓ Capacidade tecnológica. ✓ Capacidade empresarial. ❑ Emprego de recursos econômicos fornecidos por outras nações e disponível no território econômico do país. ❑ Geração de bens e serviços finais, destinados ao consumo e à acumulação (formação bruta de capital fixo). ❑ Geração da renda interna (parte remunera recursos da nação; parte, recursos pertencentes a outras nações).
OPERAÇÕES E TRANSAÇÕES ECONÔMICAS	❑ Produção de bens e serviços. ❑ Geração da renda primária. ❑ Distribuição secundária da renda. ❑ Demanda, uso da renda: ✓ Consumo. ✓ Poupança. ✓ Formação de capital. ✓ Transações internacionais: exportações e importações.	❑ Interconectar cadeias produtivas: ✓ Nacionais. ✓ Internacionais. ❑ Interconectar os agentes institucionais. ❑ Prover a nação de bens e serviços e dos meios para adquiri-los a preços de mercado. ❑ Manter o sistema econômico em funcionamento.

rural, os pequenos produtores que operam como pessoas físicas (a chamada agricultura familiar), são enquadrados no grupo famílias. Enquadram-se também neste grupo instituições sem fins lucrativos a serviço das famílias, cujos estatutos não lhes permitem gerar ganhos financeiros para os que as criam, controlam ou financiam. Já as empresas dos setores real e financeiro são unidades que têm por objetivo a produção de bens e serviços mercantis, em cadeias produtivas interconectadas, gerando os produtos finais que compõem o PIB e os fluxos de renda decorrentes das atividades produtivas que serão utilizados para a demanda agregada dos bens finais produzidos. Quanto às administrações públicas, são unidades institucionais que, além de cumprirem responsabilidades políticas definidas pelo quadro institucional da nação, desempenham papéis de reguladores da economia, produzem bens e serviços não mercantis de interesse difuso (*public goods*) e atuam como redistribuidores de renda e riquezas.

Atividades produtivas. O conceito de produção tem função central no sistema econômico: a totalidade da renda nacional é gerada em cada um dos elos das cadeias de produção, como valor adicionado aos suprimentos originários dos demais elos. A produção é, assim, a atividade econômica fundamental das nações, de que resulta a criação de bens e serviços comercializados em todos os segmentos de mercado. A classificação das atividades produtivas adotada pelo atual SCNB segue rigorosamente as definições do SNA de 1993, mantidas pelo SNA de 2008. Nesses sistemas, a produção é considerada mercantil sempre que se destina aos mercados formais da economia, onde são comercializados todos os bens e serviços produzidos, a preços significativos, orientadores da oferta e da demanda de cada unidade produtiva e, consequentemente, dos valores adicionados e dos grandes agregados. A mensuração da produção é referenciada às unidades que as realizam, agrupadas em 12 grandes atividades: agropecuária, indústria extrativa mineral, indústrias de transformações, serviços industriais de utilidade pública (geração e distribuição de energia elétrica, gás, água, coleta e tratamento de esgotos, limpeza urbana), construção civil, comércio, transportes, comunicações, instituições financeiras, administrações públicas, atividades imobiliárias e outros serviços. Este agrupamento é uma agregação da *Classificação Nacional de Atividades Econômicas* (CNAE) utilizada pelas pesquisas econômicas do IBGE e pelos principais registros administrativos do país. A CNEA adota critérios internacionais, estabelecidos para uniformidade e comparabilidade dos resultados das contas nacionais – *International Standard Industrial Classification of all Economic Activities* (ISIC). No SCNB essa classificação é reagrupada em 149 atividades, abertas em 293 classes de produtos. Para divulgação são reduzidos para 55 atividades e 100 produtos. O reagrupamento nas 12 grandes atividades citadas é uma agregação ainda mais reduzida.

Operações econômicas. No atual SCNB as operações econômicas são agrupadas segundo três categorias básicas: a produção de bens e serviços, as operações de distribuição (apropriação de rendimentos) e a formação bruta de capital fixo (acumulação, incluindo as variações de estoque). As transações econômicas internacionais (exportações e importações de bens e serviços) integram-se no sistema de contas, com registros tanto nas Contas Econômicas Integradas (blocos de produção, acumulação de capital, geração, alocação primária, distribuição secundária e uso de renda), quanto nas TRUs (blocos definidos na Figura 13.4).

Os Grandes Agregados do Atual SCNB

Definidos a partir das transações contabilizadas nas CEIs e nas TRUs, os grandes agregados do atual SCNB são o Produto Interno Bruto (PIB), o Produto Interno Líquido (PIL), a Renda Nacional Bruta (RNB) e a Renda Nacional Disponível Bruta (RNDB). São também estimadas a poupança bruta e a capacidade/necessidade líquida de financiamento da economia.

O **Produto Interno Bruto, PIB**, mede, a preços de mercado, o total dos bens e serviços produzidos pelas unidades produtoras estabelecidas no território econômico do país e destinados a usos finais. É equivalente à soma dos valores adicionados nas atividades produtivas de todos os segmentos, acrescidos de impostos líquidos de subsídios incidentes sobre os produtos gerados. O PIB pode também ser estimado pela soma dos rendimentos primários gerados nos processos produtivos, que são equivalentes e que compõem o valor adicionado pelas atividades produtivas. Fechando as estimativas contábeis do sistema econômico, estes rendimentos são utilizados pelos agentes institucionais nas transações finais que definem a demanda agregada: o consumo das famílias e das instituições sem fins lucrativos, o consumo das administrações públicas, a formação bruta de capital fixo, somada à variação de estoques, e a demanda externa líquida – exportações menos importações de bens e serviços.

A articulação das atividades e das transações econômicas é evidenciada pela medição da grandeza-chave da economia, o PIB, por três caminhos, ou óticas, mostrados na Tabela 13.1:

A ótica da geração do produto. Este caminho resulta da totalização dos valores adicionados em cada um dos elos das cadeias produtivas, definidas segundo grandes classes, atividades e categorias de bens e serviços. Por esta ótica, evidencia-se com clareza a distinção entre os valores das transações entre os elos das cadeias de produção e valor adicionado em cada elo. Este é o valor efetivamente gerado pelo elo ou unidade produtiva, resultante da dedução dos valores pagos aos suprimentos procedentes de outros segmentos da própria cadeia produtiva ou de outras cadeias (insumos que são fornecidos e utilizados em seus processos produtivos por todas as unidades de produção do sistema econômico).

A ótica da geração da renda. Este segundo caminho resulta da abertura dos valores adicionados em cada unidade produtiva, segundo as categorias de renda que os compõem, na forma de remunerações pagas aos recursos de produção. As quatro principais fontes de renda das economias nacionais são: 1. a remuneração do trabalho (salários e todas as demais formas de pagamentos diretos e indiretos ao contingente empregado); 2. a remuneração do capital (depreciações, aluguéis e arrendamentos de máquinas, equipamentos e edificações para fins produtivos);

TABELA 13.1
O PIB do Brasil pelas três óticas – produto, renda e despesa agregada, em R$ milhões. Resultados de 2014.

Óticas	Macroindicadores	R$ milhões
PRODUTO	❏ Agropecuária	254.759
	❏ Indústria	1.169.169
	✓ Extrativa mineral	183.830
	✓ Utilidade pública (a)	92.158
	✓ Transformação	569.425
	✓ Construção civil	323.756
	❏ Serviços	3.454.007
	✓ Comércio	632.224
	✓ Intermediação financeira	318.923
	✓ Atividades imobiliárias	462.863
	✓ Transportes, armazenagem e correio	215.520
	✓ Administrações públicas	997.479
	✓ Outros serviços	826.998
	❏ Impostos sobre produtos	809.734
	PIB a preços de mercado	**5.687.309**
RENDA	❏ Renda nacional bruta (a)	5.578.640
	❏ Rendas líquidas remetidas para o exterior (b) = (c) + (d) – (e)	108.663
	✓ Remunerações do trabalho líquidas recebidas (c)	846
	✓ Transferências líquidas recebidas (d)	5.560
	✓ Menos: Rendas líquidas da propriedade remetidas (e)	– 115.168
	PIB a preços de mercado	**5.687.309**
DESPESA	❏ Despesas de consumo de família (f)	3.547.428
	❏ Despesas de consumo das administrações públicas	1.108.729
	❏ Formação bruta de capital fixo	1.147.423
	❏ Variação de estoques	39.208
	❏ Exportações de bens e serviços	791.709
	❏ Menos: Importações de bens e serviços	
	PIB a preços de mercado	**5.687.309**

(a) Produção e distribuição de energia elétrica, gás, tratamento e distribuição de água, captação e tratamento de esgoto e limpeza urbana.

(b) Ver na CEI a Conta de Renda, para compreensão dos conceitos de Renda Nacional Disponível Bruta, Renda Nacional Bruta e Renda Disponível Bruta. Nesta tabela, (a) = (c) + (d) – (e).

(c) A Renda Nacional Disponível Bruta menos as rendas líquidas de recursos de propriedade de não residentes remetidas para o exterior é igual à renda nacional bruta. Esta, acrescida das transferências líquidas recebidas do exterior, é igual à Renda Nacional.

(f) Inclui as despesas das instituições sem fins lucrativos (ISFL).

Fonte: IBGE. Diretoria de Pesquisas. Coordenação das Contas Nacionais.

3. a remuneração da capacidade tecnológica não de domínio público (*royalties* pelo uso de patentes, marcas, imagens e direitos sobre a propriedade intelectual); e 4. a remuneração da capacidade empresarial (lucros distribuídos ou não e juros sobre o capital próprio empregado na atividade produtiva, integralizado pelos proprietários das empresas).

A ótica da despesa (ou destinação) das rendas geradas. Este terceiro caminho resulta da totalização das grandes categorias de dispêndios finais da economia. Os três principais macrofluxos de dispêndio são: 1. o consumo das unidades familiares; 2. o consumo das administrações públicas (dos três poderes – Executivo, Legislativo e Judiciário – e das três esferas do Governo – União, estados e municípios); e 3. a formação bruta de capital fixo (dispêndios realizados para a expansão da capacidade de produção da economia – investimentos em construções para fins produtivos, aquisição de todas as categorias de *hardwares* (máquinas, equipamentos e ferramentas), além de novas categorias incluídas na mais recente revisão metodológica realizada pelo IBGE, como "investimentos em pesquisa e desenvolvimento (P&D) de novos materiais, processos e produtos, mapeamento exploratório e avaliação de recursos minerais, aquisição de *softwares*, aquisição ou uso de patentes, marcas e outros direitos de propriedade".[5] São também considerados nesta ótica os dispêndios líquidos realizados nas transações de comércio exterior (diferença entre exportações e importações de bens e serviços). Lançam-se ainda nesta ótica as variações de estoques (são positivas, quando a totalização dos dispêndios é inferior ao PIB gerado, acumulando-se assim estoques não desovados no período de avaliação dos grandes agregados; são negativas, quando os dispêndios são superiores ao PIB gerado no período de avaliação, resultantes da desova de estoques acumulados em exercícios anteriores).

Por estas três óticas, o PIB do Brasil, em 2014, foi de R$ 5.687.309 milhões, como mostramos na Tabela 13.1. Além do PIB, são usualmente destacados outros dois grandes agregados definidos pelo atual SCNB: a Renda Nacional Bruta e a Renda Nacional Disponível Bruta.

A **Renda Nacional Bruta, RNB**, é a soma das rendas primárias recebidas pelos agentes institucionais residentes, domiciliados e estabelecidos no país, que corresponde ao PIB, mais os rendimentos recebidos do exterior, como remunerações de recursos de produção pertencentes a residentes e utilizados pelas unidades de produção de outros países; deduzem-se destes rendimentos as remessas a não residentes, que remunerem o trabalho e as rendas de outros recursos de produção de propriedade de estrangeiros empregadas no país. Quando essas remessas a não residentes superam as recebidas por residentes, a RNB resulta inferior ao PIB. Este tem sido, recorrentemente, o caso do Brasil.

A **Renda Nacional Disponível Bruta, RNDB**, expressa as rendas primárias acrescidas de benefícios sociais concedidos pelas administrações públicas, deduzidas de contribuições sociais efetivas pagas. É a renda de que a nação dispõe para seus dispêndios de consumo final. A diferença entre o total destes dispêndios e a RNDB é a poupança bruta. Esta é destinada ao financiamento da formação bruta de capital fixo mais variação de ativos, líquida de passivos financeiros.

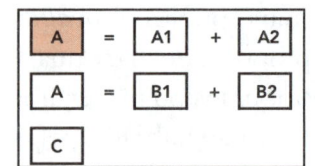

TABELA 13.2
Estrutura e conteúdos das TRUs – Tabelas de Usos e Recursos. O bloco A. Resultados do SCNB de 2014.

Atividades produtivas	Oferta de bens e serviços, R$ milhões								
	Oferta total a preços de mercado	Margem de comércio	Margem de transporte	Imposto de importação	IPI	ICMS	Outros impostos menos subsídios	Total de impostos líquidos de subsídios	Oferta total a preços básicos
	(a)	(b)	(c)	(d)	(e)	(f)	(g)	(h) = (d) + (e) + (f)	(i) = (a) – (b) – (h)
Agropecuária	511.728	51.648	11.271	439	0	7.292	3.644	11.376	437.434
Indústria extrativa	387.780	13.167	6.310	19	0	1.294	4.551	5.864	362.439
Indústria de transformação	4.570.771	764.574	51.505	36.131	49.204	286.273	131.385	50.993	3.251.699
Produção e distribuição de eletricidade e gás, água, esgoto e limpeza urbana	294.763	3.677	0	0	0	29.716	(-) 29	29.687	261.399
Construção civil	720.240	0	0	0	0	0	37.089	37.089	683.152
Comércio	109.257	(–) 843.278	0	0	0	0	2.110	2.110	950.426
Transporte, armazenagem e correio	450.608	0	(–) 69.142	0	0	11.864	16.778	28.642	491.108
Serviços de informação	428.554	10.212	56	14	0	32.357	15.537	47.908	370.378
Intermediação financeira, seguros e previdência complementar e serviços relacionados	571.398	0	0	0	0	0	62.040	62.040	509.358
Atividades imobiliárias	559.006	0	0	0	0	0	1.066	1.066	557.940
Outros serviços	1.639.340	0	0	0	0	19.848	60.744	80.600	1.558.740
Administração	1.061.504	0	0	8	0	0	0	0	1.061.504
Ajustes CIF/FOB das transações internacionais	0	0	0	0	0	0	0	0	0
Total	11.304.950	0	0	36.311	49.204	388.646	334.914	809.374	10.495.576

Fonte: IBGE. Diretoria de Pesquisas. Coordenação das Contas Nacionais.

Estrutura e Conteúdo das TRUs

As Tabelas de Recursos e Usos do atual SCNB são constituídas, como esquematizamos na Figura 13.4, por seis blocos: bloco **A** (subdividido em dois blocos de recursos, **A1** e **A2**; dois blocos de usos, **B1** e **B2**; e bloco **C**, em que os valores adicionados (total da produção de bens e serviços, deduzidos dos transacionados intra e interatividades produtivas, na forma de suprimentos intermediários), são decompostos segundo as remunerações pagas aos agentes fornecedores de trabalho, capital, capacidade tecnológica e empresarial e de outros ativos empregados nos processos produtivos. Estes conjuntos de *recursos menos usos* e de remunerações conduzem à estimativa da grandeza-chave gerada pelos macrofluxos da economia interna, o PIB – que se subdivide nos quatro grandes componentes da demanda agregada: o consumo das famílias, o consumo das administrações públicas, a formação bruta de capital fixo (à qual se adiciona, por convenção, a variação de estoques de um exercício para outro) e a demanda externa líquida (exportações menos importações).

A Tabela 13.2 mostra os resultados da economia brasileira contabilizados no bloco **A**. Trata-se da oferta total a preços de mercado (R$ 11.304,9 bilhões) com inclusão das margens de comércio e transporte aplicados sobre bens e serviços mercantis, mais o total dos impostos sobre produtos, líquidos de subsídios (R$ 809,4 bilhões). A oferta total a preços básicos (R$ 10.945,6 bilhões, blocos **A1** e **A2**) é a diferença entre a oferta total a preços de mercado com a dedução dos impostos líquidos sobre produtos.

Os resultados das atividades produtivas a preços básicos incluem as transações intermediárias (ou, na nomenclatura adotada pelo SCNB, "consumo intermediário das atividades produtivas"). Para se chegar ao valor efetivamente adicionado, estas transações devem ser deduzidas, pois são suprimentos de insumos intra e interatividades produtivas, não produtos levados aos pontos finais dos mercados. A contabilização destas transações (reproduzindo os conceitos tradicionais das matrizes de insumo-produto) é feita pelos cruzamentos do total da economia a preços básicos (que inclui o total da produção interna e a importação de bens e serviços mercantis) com os suprimentos de insumos, por setor de atividade. Chega-se, então, ao valor adicionado a preços básicos. É o que mostramos na Tabela 13.3. Em síntese, os resultados ali registrados são, em bilhões: total da produção interna (R$ 9.703,8) menos total das transações intermediárias ou suprimentos de insumos (R$ 4.825,9) é igual ao valor adicionado a preços básicos (R$ 4.877,9). Este valor é dado pelas diferenças entre as transações registradas no bloco **A** e as registradas no bloco **B1**, para cada uma das atividades produtivas. Partindo desse último valor e somando os impostos líquidos de subsídios incidentes sobre os produtos das atividades produtivas, trazidos do bloco **A** (R$ 809,4), chegamos à *grandeza-chave da economia interna*, o PIB, que é igual a R$ 5.687,3 bilhões.

Fechando o círculo das transações do sistema econômico e chegando, por outra ótica, ao valor do PIB, as TRUs trazem os componentes da demanda agregada por bens e serviços finais, bloco **B2** da Figura 13.4, mostrado em números na Tabela 13.4. Temos ali o total da oferta a preços básicos, sem dedução das transações ou suprimentos intermediários, intra e interatividades produtivas. A demanda por bens e serviços finais exclui estas transações. Definimos, assim, a demanda final de R$ 6.479,0, que inclui bens e serviços mercantis importados (obviamente não produzidos internamente, mas vindos de outras partes do mundo). Para chegarmos ao valor do PIB, já definido como *grandeza-chave da economia interna*, deduzimos as importações. Chegamos, assim, por uma outra ótica, ao mesmo valor do PIB: demanda final a preços de mercado (R$ 6.479,0 bilhões) menos importações (R$ 791,7 bilhões) é igual ao PIB de R$ 5.687,0 bilhões.

As Contas Econômicas Integradas, CEIS

Além das TRUs, o SCNB é composto pelas Contas Econômicas Integradas (CEIs). A estrutura conceitual destas contas já foi destacada na Figura 13.3. Vamos agora aos números da economia brasileira em 2014 contabilizados nessas contas, seguindo percurso semelhante que fizemos com as TRUs.

Segundo descrição do IBGE,[6] "as CEIs fornecem uma visão de conjunto da economia em uma única tabela, em que estão dispostas, em coluna, as contas internas dos setores institucionais nacionais e as transações com o resto do mun-

TABELA 13.3
Estrutura e conteúdos das TRUs – Tabelas de Usos e Recursos. Os blocos A1, A2 e B1. Resultados do SCNB de 2014.

A = A1 + A2
A = B1 + B2
C

Atividades produtivas	Agropecuária	Indústria extrativa	Indústria de transformação	Produção e distribuição de eletricidade e gás, água, esgoto e limpeza urbana	Construção civil	Comércio	Transporte, armazenagem e correio	Serviços de informação	Intermediação financeira	Atividades imobiliárias	Outros serviços	Administração pública	Total de produção interna (a)	Ajustes CIF/FOB (b)	Importação de bens e serviços (c)	Total da oferta a preços básicos (a) + (c)
Agropecuária	423.156	0	126	0	0	110	89	0	0	0	7	1.537	425.025	0	12.409	437.434
Indústria extrativa	398	296.159	1.477	0	0	511	0	0	0	0	0	3	298.548	0	63.891	362.439
Indústria de transformação	8.733	5.037	2.642.836	0	88	55.968	122	1.502	0	0	3.460	1.360	2.719.106	0	532.593	3.251.699
Produção e distribuição de eletricidade e gás, água, esgoto e limpeza urbana	0	0	0	255.289	0	0	0	0	0	0	0	2.826	258.115	0	3.284	261.399
Construção civil	5.102	11.865	0	0	663.325	0	0	0	0	0	0	0	680.291	0	2.860	683.151
Comércio	0	9	16.501	0	0	929.680	297	(-)798	0	0	1.894	243	947.827	0	2.599	950.426
Transporte, armazenagem e correio	0	0	0	160	0	2.537	467.007	0	0	0	8	6.429	476.141	(-)22.934	37.902	514.043
Serviços de informação	0	0	0	0	0	598	63	347.554	0	0	0	1.310	349.525	0	20.852	370.377
Intermediação financeira, relacionados	0	0	0	0	0	0	0	0	491.605	0	0	537	492.142	(-)419	17.635	509.777
Atividades imobiliárias	24	414	19.438	3.916	1.145	2.303	3.028	1.044	9.899	503.977	5.674	1.717	552.579	0	5.362	557.941
Outros serviços	156	553	14.465	397	454	16.549	10.977	1.630	1.767	0	1.343.441	52.676	1.443.064	0	115.676	1.558.740
Administração pública	0	0	0	0	0	0	0	0	0	0	0	1.061.504	1.061.504	0	0	1.061.504
Ajuste CIF/FOB	0	0	0	0	0	0	0	0	0	0	0	0	0	23.354	(-)23.354	0
Total	437.568	314.037	2.694.482	259.763	665.012	1.008.256	481.583	350.932	503.270	503.977	1.354.484	1.130.143	9.703.867	0	791.709	10.495.576

Transações intermediárias (suprimentos de insumos)

Atividades produtivas	Agropecuária	Indústria extrativa	Indústria de transformação	Produção e distribuição de eletricidade e gás, água, esgoto e limpeza urbana	Construção civil	Comércio	Transporte, armazenagem e correio	Serviços de informação	Intermediação financeira	Atividades imobiliárias	Outros serviços	Administração pública	Total
Agropecuária	25.262	2	235.096	29	619	12.295	0	0	0	0	7.114	2.921	283.339
Indústria extrativa	512	12.808	221.234	19.695	9.395	82	6	0	0	450	99	106	264.387
Indústria de transformação	130.777	42.168	1.254.217	32.767	216.607	96.099	132.021	22.254	9.719	8.053	184.170	56.189	2.185.041
Produção e distribuição de eletricidade e gás, água, esgoto e limpeza urbana	8.552	2.261	38.398	76.613	801	18.148	2.965	2.765	2.563	658	23.674	20.880	198.280
Construção civil	264	4.083	2.647	4.416	67.102	1.171	1.692	6.824	1.488	1.692	5.910	17.943	115.233
Comércio	339	973	32.463	857	544	9.024	5.849	5.442	139	23	2.612	2.712	60.978
Transporte, armazenagem e correio	5.901	24.476	104.479	4.573	4.616	51.342	59.270	3.429	7.771	299	26.026	13.486	305.669
Serviços de informação	64	962	18.414	2.114	2.117	16.916	4.769	55.399	27.975	1.034	62.821	25.634	218.219
Intermediação financeira, relacionados	8.830	8.934	59.382	7.763	11.024	30.349	14.756	11.474	64.296	22.341	26.957	50.736	316.842
Atividades imobiliárias	26	292	5.614	1.262	1.550	39.253	3.871	5.427	6.412	1.950	29.157	4.089	98.903
Outros serviços	2.280	33.248	153.472	17.517	26.880	101.351	40.863	71.648	63.984	4.614	154.736	108.448	779.040
Administração pública	0	0	0	0	0	0	0	0	0	0	0	0	0
Total	182.809	130.207	2.125.417	167.605	341.256	376.032	266.063	184663	184.347	41.114	523.274	303.145	4.825.931
Valor adicionado a preços básicos	254.759	183.830	569.425	92.158	323.756	632.224	215.520	166.269	318.923	462.863	831.210	826.998	4.877.936(a)

(a) O PIB corresponde à soma do valor adicionado a preços básicos das atividades econômicas (R$ 4.877.936 milhões) mais o total dos impostos, líquidos de subsídios, sobre produtos (R$ 809.374 milhões) coluna (g) da Tabela 13.1 = (R$ 5.687.310 milhões).

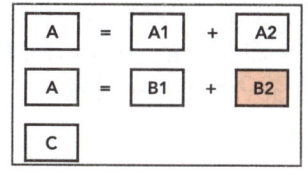

TABELA 13.4
Estrutura e conteúdos das TRUs – Tabelas de Usos e Recursos. O bloco B2. Resultados do SCNB de 2014.

Atividades produtivas	Demanda final em R$ milhões						
	Exportação de bens e serviços	Consumo do governo	Consumo das famílias e das ISFL	Formação bruta de capital fixo	Variação de estoque	Demanda final	Demanda total a preços de mercado
Agropecuária	87.846	53	118.488	14.236	7.726	228.389	511.728
Indústria extrativa	106.608	0	0	8.915	7.870	123.393	387.780
Indústria de transformação	344.708	9.229	1.603.772	404.225	23.796	2.385.729	4.570.771
Produção e distribuição de eletricidade e gás, água, esgoto e limpeza urbana	15	0	96.468	0	0	96.483	294.763
Construção civil	6.076	0	0	598.931	0	605.007	720.240
Comércio	6.489	0	41.791	0	0	48.28	109.257
Transporte, armazenagem e correio	16.758	0	128.181	0	0	144.939	450.608
Serviços de informação	5.303	0	137.026	68.231	(-) 224	210.335	428.554
Intermediação financeira, seguros e previdência complementar e serviços relacionados	7.525	2.895	244.136	0	0	254.556	571.398
Atividades imobiliárias	6.336	0	453.768	0	0	460.104	559.006
Outros serviços	48.566	35.049	723.798	52.886	0	860.300	1.639.340
Administração pública	0	1.061.504	0	0	0	1.061.504	1.061.504
Total	636.230	1.108.729	3.547.428	1.147.423	39.208	6.479.019	11.304.950

(a) Sob a ótica da demanda, o PIB (R$ 5.687.310 milhões) é igual à demanda final (R$ 6.479.019), menos as importações de bens e serviços, coluna (c) da Tabela 13.3 (R$ 791.709 milhões).

Fonte: IBGE. Diretoria de Pesquisas. Coordenação das Contas Nacionais.

do em bens e serviços. As sínteses das CEIs, que evidenciam também os macroagregados da economia, estão estruturadas em *contas-espelho*. As três principais da economia nacional são a Conta de Produção, a Conta da Renda e a Conta de Acumulação. Elas trazem informações adicionais e desagregações, que não constam das TRUs. Cada uma das contas se relaciona com as contas seguintes, através de saldos resultantes das diferenças entre os recursos e usos de cada conta. Por exemplo, a Conta de Produção se relaciona com a Conta da Renda através da diferença entre o valor bruto da produção e as transações intermediárias de suprimentos de insumos, que é dada pelo valor adicionado pelas atividades produtivas. Como este saldo, todos os demais são também definidos pela equação "*recursos menos usos*".

Os *Relatórios Metodológicos* do IBGE destacam a estrutura e os conteúdos de cada conta, pela equação *recursos menos usos:*

- **A Conta de Produção** mostra os resultados do processo de produção: valor bruto, utilização intermediária de bens e serviços e o saldo entre esses dois macrofluxos. Esse saldo é o valor adicionado pelas atividades produtivas.

- **A Conta da Renda** é subdividida em duas subcontas: a de geração da renda e a de alocação primária da renda. As rendas primárias são recebidas pelas unidades institucionais famílias (remunerações) e pela administração pública (impostos líquidos de subsídios), pelas suas interações com as empresas. Essas rendas resultam de participações ativas desses dois agentes no processo produtivo ou da utilização de ativos de sua propriedade necessários à produção. A conta de geração de renda mostra como se distribui o valor adicionado entre o trabalho, o capital e a parcela destinada, na forma de impostos, às administrações públicas. Assim, esta conta registra, do ponto de vista dos produtores, as operações de distribuição primária da renda diretamente ligadas aos processos de produção. Ainda na Conta da Renda são registradas as distribuições secundárias de renda por pagamentos de benefícios sociais e *em espécie*. Exemplos de distribuição em espécie são os serviços oferecidos pelas administrações públicas e por instituições sem fins lucrativos a preços simbólicos ou "gratuitamente", sem contrapartidas de pagamentos diretos. Entre esses serviços, os de maior relevância são educação e saúde pública: somados ao total de bens finais adquiridos pelas famílias, definem um conceito ampliado de consumo – o *consumo efetivo*. Não são considerados na contabilização deste conceito dispêndios públicos como defesa e segurança, cujos efeitos são difusos e não apropriáveis individualmente: são considerados, tipicamente, como bens e serviços de consumo coletivo. Segundo esta concepção, são contabilizados junto com as aquisições de bens e serviços pelo governo, definindo-se assim o *consumo efetivo* desse agente institucional. Estes dois conceitos de *consumo efetivo* são registrados nas CEIs apenas para duas categorias de agentes institucionais, as famílias e as administrações públicas. As empresas são agentes institucionais que não têm consumo final: os dispêndios das empresas em bens e serviços são transações intermediárias, não finais – devem assim ser deduzidos dos valores da produção, na contabilização das suas adições efetivas de valor pela unidade de produção.

- **Transferências sociais em espécie**. Nas CEIs, são assim registradas as *transferências sociais em espécie*, ou seja, as transferências dos valores e serviços pagos pelo governo e por instituições sem fins lucrativos a serviço das famílias e por elas *efetivamente consumidos*. Assim, para não ocorrerem contabilizações duplas, o consumo efetivo das instituições sem fins lucrativos a serviço das famílias (que incluem, por convenção, entidades como igrejas, clubes sociais e de serviços, ONGs, asilos e orfanatos) é zero, pois todo ele é transferido às famílias. Já o consumo efetivo final do governo inclui as atividades que geram benefícios difusos, coletivos e não contabilizáveis individualmente. Mas, para o total da economia, as CEIs mostram os dispêndios em consumo final do governo, que incluem os gastos com as atividades de alcance coletivo; portanto, trata-se também de *consumo efetivo*. Este critério de contabilização permite que o consumo agregado seja mais fortemente associado ao *padrão médio de vida efetivo*, pois mostra o total dos bens e serviços a que a sociedade efetivamente tem acesso, adquirindo-os com seus próprios rendimentos ou usufruindo-os por *transferências em espécie*.

- **Conta de Acumulação** Na Conta de Acumulação, as CEIs revelam a variação da capacidade produtiva da economia relacionada a investimentos e desinvestimentos em formação bruta de capital fixo. Estas categorias de transações são integrantes do ativo imobilizado dos setores institucionais e são utilizadas continuamente nos processos de produção; mas não são "consumidas" nem "transformadas": são, claramente, bens patrimoniais. Os fluxos de formação deste patrimônio incluem, além da aquisição de bens de capital novos, a importação de bens de capital usados. Quanto às categorias de ativos considerados, destacam-se os bens patrimoniais imóveis (construções residenciais, comerciais, industriais, destinadas a repartições públicas e militares, além de obras de infraestrutura) e móveis (como equipamentos de transporte, em todos os modais). A formação bruta de capital fixo inclui, ainda, os valores dos serviços ligados à instalação dos bens de capital, os ativos incorporados aos terrenos urbanos e às áreas rurais e as melhorias que elevam a vida útil dos bens patrimoniais existentes. A contabilização das variações de estoque, incluídas na conta de acumulação, segue os mesmos conceitos e métodos dos adotados nas TRUs.

- **Transações com o Resto do Mundo** As CEIs incluem, também no formato de *contas-espelho*, as transações do resto do mundo com a economia nacional. Estas são abertas em três contas: 1. Conta de Bens e Serviços; 2. Conta de Distribuição Primária de Renda; e 3. Conta de Acumulação – todas contabilizando apenas as transações internacionais da economia nacional.

Com dados do SCNB para 2014, a Tabela 13.5 traz uma síntese das CEIs, subdivididas em dois grandes blocos, o da economia nacional e o das transações da economia nacional com o resto do mundo.

Uma Síntese: a Lógica Contábil do SCNB

A lógica contábil do SCNB está centrada na reprodução do circuito econômico da economia nacional e nos impactos das transações com o resto do mundo nos processos de geração de bens e serviços, apropriação de rendas, disponibilidade de poupanças para formação de capital e variações efetivas do patrimônio nacional.

Esta lógica pode ser representada por uma série encadeada de oito equações:

1. Produto Interno Bruto (PIB) a preços de mercado = valor bruto da produção + impostos, líquidos de subsídios, sobre produtos − consumo intermediário.

2. Produto Interno Bruto (PIB) a preços de mercado = despesa de consumo final + formação bruta de capital fixo + variação de estoques + exportações de bens e serviços − importações de bens e serviços.

3. Renda Nacional Bruta (RNB) = PIB + ordenados e salários (líquidos, recebidos do exterior) + rendas de propriedade (líquidas, recebidas do exterior).

TABELA 13.5
As Contas Econômicas Integradas (CEIs). Resultados do SCNB de 2014.

Economia Nacional		
Usos	Operações e saldos, R$ milhões	Recursos
	Conta 1 – Conta de Produção	
5.687.309	Produto Interno Bruto – PIB	
	Conta 2 – Conta da Renda	
	Produto Interno Bruto – PIB	5.687.309
377	Remunerações do trabalhos (líquidos recebidos do exterior)	1.223
140.332	Rendas de propriedade (líquidas recebidas do exterior)	25.164
5.572.986	Renda Nacional bruta	5.572.986
6.240	Outras transferências correntes (líquidas recebidas do exterior)	11.900
5.578.646	Renda nacional disponível bruta	5.578.646
4.656.157	Despesa de consumo final	
922.489	Poupança bruta	
	Conta 3 – Conta de Acumulação	
	Poupança bruta	922.489
1.186.631	Fomação bruta de capital	
333	Transferências de capital (líquidas a receber)[a]	888
– 263.587	Capacidade ou necessidade líquida de financiamento	
Transações do Resto do Mundo com a Economia Nacional		
	Conta 1 – Conta de bens e serviços do resto do mundo com a economia nacional	
636.230	Exportação de bens e serviços	
	Importação de bens e serviços	791.709
155.479	Saldo externo de bens e serviços	
	Conta 2 – Conta de distribuição primária da renda e transferência correntes do resto do mundo com a economia nacional	
	Saldo externo de bens e serviços	155.479
1.223	Ordenados e salários (líquidos recebidos do exterior)	377
25.164	Rendas de propriedade (líquidas recebidas do exterior)	140.332
11.900	Outras transferências correntes (líquidas recebidas do exterior)	6.210
264.142	Saldo externo corrente	
	Conta 3 – Conta acumulação do resto do mundo com a economia nacional	
	Saldo externo corrente	264.142
888	Transferências de capital (líquidas a receber)[a]	333
	Variações do patrimônio líquido resultantes de poupança e de transferências de capital	263.587
263.587	Capacidade ou necessidade líquida de financiamento	

(a) Inclui transferências unilaterais de capital e bens não financeiros não produzidos – cessão de marcas e patentes.

Fonte: IBGE. Diretoria de Pesquisas. Coordenação das Contas Nacionais.

4. Renda Nacional Disponível Bruta (RNDB) = RNB + outras transferências correntes (líquidas, recebidas do exterior).

5. Renda Nacional Disponível Bruta (RNDB) = despesa de consumo final + poupança bruta.

6. Poupança Bruta + transferências de capital (líquidas, recebidas do exterior) = variações do patrimônio líquido devido à poupança e à transferência de capital.

7. Poupança Bruta + transferências de capital (líquidas, recebidas do exterior) = formação bruta de capital fixo + variação de estoques + aquisições de cessões de ativos não financeiros não produzidos + capacidade/necessidade líquida de financiamento.

8. Capacidade/necessidade líquida de financiamento = exportação de bens e serviços – importações de bens e serviços + ordenados e salários (líquidos, recebidos do exterior) + rendas de propriedade (líquidas, recebidas do exterior) + outras transferências correntes (líquidas, recebidas do exterior) + transferências de capital (líquidas, recebidas do exterior) – aquisições líquidas de cessões de ativos não financeiros não produzidos.

PIB: a Grandeza-chave da Economia Interna

A Tabela 13.6 traz os valores do Produto Interno Bruto do Brasil em série histórica de longo prazo, 1962-2014, em valores constantes. Nestes últimos 52 anos, o Brasil atravessou períodos de altos e recorrentes índices inflacionários. Nos anos 80 esteve perto do desencadeamento de um processo radical de hiperinflação, do qual resultaria a destruição da moeda corrente, como meio de pagamento e unidade de conta. Antes do real, foram adotadas sete denominações monetárias: o cruzeiro (1942-1986), o cruzado (1986-1990), o retorno ao cruzeiro (1990-1994) e o real, desde julho de 1994. Ocorreram, ainda, vários cortes de três zeros da moeda: os valores expressos em milhões recuavam para mil e os valores expressos em mil recuavam para um. Foram as épocas do cruzeiro novo (1967-1970), do cruzado novo (1989-1990) e do cruzeiro real (1993-1994). Mas a série de valores a preços constantes do PIB, grandeza-chave da economia interna, está denominada em reais para todo o período, convertendo-se as estimativas desse agregado, nos últimos 52 anos, em R$ de 2014 – um número mostrado nos itens anteriores sob várias óticas: R$ 5.687,3 milhões.

Essa conversão para uma única denominação monetária e em valores constantes permite a definição das variações anuais reais, mostradas na Tabela 13.6 e no Quadro 13.6, em que estão sintetizadas as variações reais do PIB para as quatro últimas décadas do século XX, para a primeira década do século XXI e para o último quadriênio (2011-2014). Em relação aos índices de crescimento real da economia nas décadas de 60 e 70, os das últimas décadas declinaram significativamente.

TABELA 13.6
A trajetória do PIB, total e *per capita*, em R$ constantes. Série de longo prazo: os últimos 52 anos.

Anos	PIB em R$ de 2014 (Milhões)	Variação real (%)	População (Mil habitantes)	Per capita R$ de 2014	Variação real (%)
1962	632,6	6,6	75,3	8.400,5	3,6
1964	658,0	3,4	79,8	8.297,5	1,0
1966	718,9	6,7	84,7	8.487,9	3,6
1968	822,5	9,8	89,1	9231,6	7,5
1970	994,4	10,4	95,8	10.379,4	6,6
1972	1.238,4	11,9	100,6	12.310,2	9,3
1974	1.527,6	8,2	105,5	14.479,2	6,1
1976	1.772,5	10,3	110,6	16.026,3	7,7
1978	1.952,3	5,0	115,9	16.844,9	2,6
1980	2.276,9	9,2	118,6	19198,2	9,2
1981	2.181,3	-4,2	121,2	17.997,4	-6,3
1982	2.198,7	0,8	123,9	17.746,0	-1,4
1983	2.135,0	-2,9	126,6	16.863,9	-5,0
1984	2.250,3	5,4	129,3	17.403,4	3,2
1985	2.428,0	7,9	132,0	18.394,1	5,7
1986	2.610,1	7,5	134,7	19.377,3	5,3
1987	2.701,5	3,5	137,3	19.675,8	1,5
1988	2.698,8	-0,1	139,8	19.304,6	-1,9
1989	2.785,1	3,2	142,3	19.572,3	1,4
1990	2.665,4	-4,3	146,6	18.181,3	-7,1
1991	2.692,0	1,0	149,1	18.055,3	-0,7
1992	2.678,6	-0,5	151,5	17.680,4	-2,1
1993	2.809,8	4,9	154,0	18.245,6	3,2
1994	2.975,6	5,9	156,4	19.025,6	4,3
1995	3.100,6	4,2	158,9	19.512,8	2,6
1996	3.227,7	4,1	161,3	20.010,6	2,5
1997	3.337,5	3,4	163,7	20.387,6	1,9
1998	3.457,6	3,6	166,3	20.791,3	1,9
1999	3.474,9	0,5	168,8	20.585,8	-1,0
2000	3.627,8	4,4	173,4	20.915,6	1,6
2001	3.678,2	1,4	175,9	20.912,5	-0,2
2002	3.790,5	3,1	178,3	21.262,0	1,6
2003	3.833,8	1,1	180,6	21.255,6	-0,1
2004	4.054,6	5,8	182,9	22.166,8	4,3
2005	4.184,4	3,2	185,2	22.600,0	1,9
2006	4.350,2	4,0	187,3	23.221,5	2,8
2007	4.614,2	6,1	189,5	24354,4	4,9
2008	4.849,3	5,1	191,5	25.318,5	3,9
2009	4.843,2	-0,1	193,5	25.023,8	-1,2
2010	5.207,8	7,5	195,5	26.638,7	6,6
2011	5.411,4	3,9	197,4	27.413,7	3,1
2012	5.515,2	1,9	199,2	27.680,7	0,9
2013	5.681,4	3,0	201,0	28.261,0	0,7
2014	5.687,3	0,1	202,8	28.048,3	-1,0

Fonte: Banco Central do Brasil. *Sistema Gerador de Séries Temporais*, 2015.

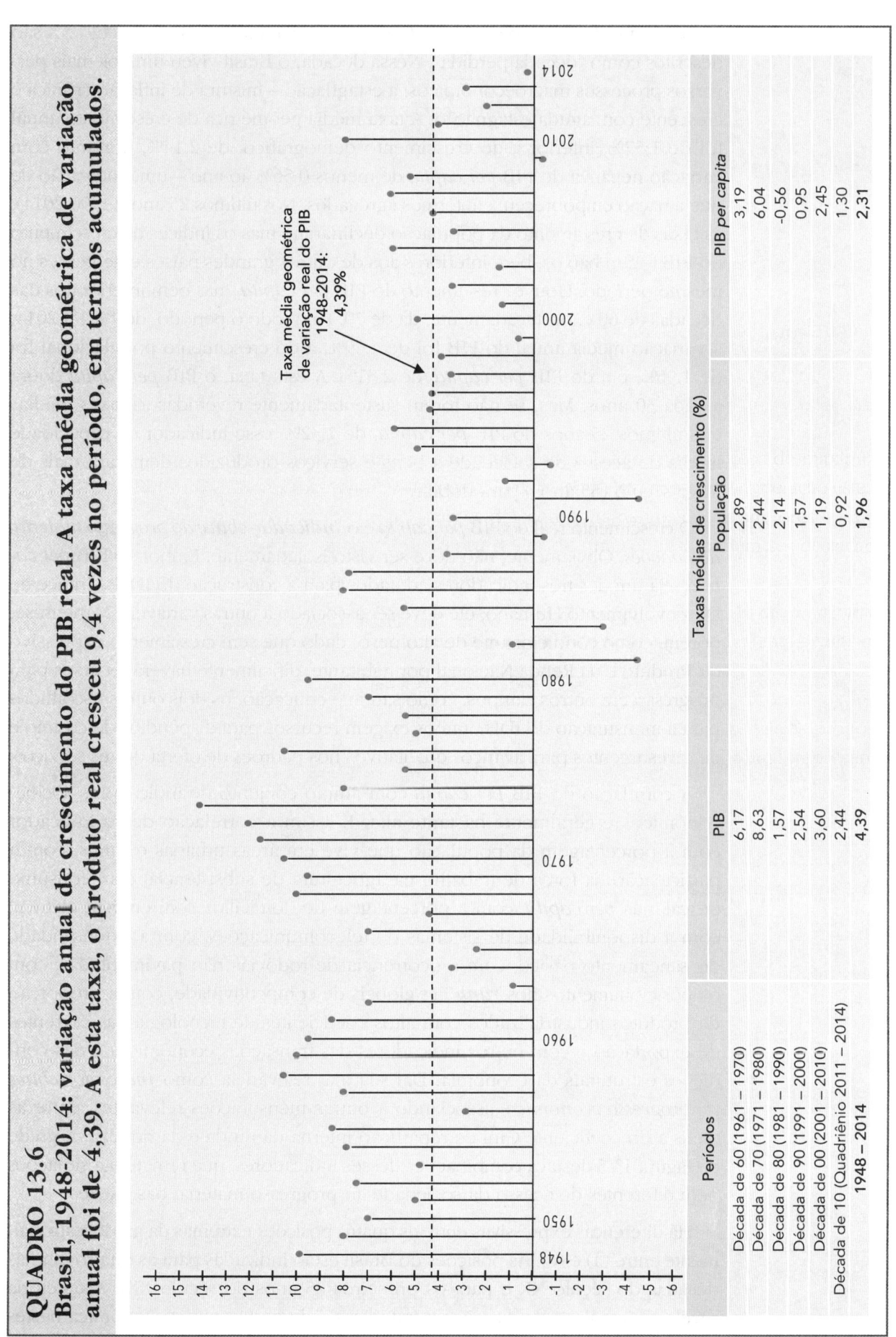

QUADRO 13.6
Brasil, 1948-2014: variação anual de crescimento do PIB real. A taxa média geométrica de variação anual foi de 4,39. A esta taxa, o produto real cresceu 9,4 vezes no período, em termos acumulados.

Taxa média geométrica de variação real do PIB 1948-2014: 4,39%

Taxas médias de crescimento (%)

Períodos	PIB	População	PIB per capita
Década de 60 (1961 – 1970)	6,17	2,89	3,19
Década de 70 (1971 – 1980)	8,63	2,44	6,04
Década de 80 (1981 – 1990)	1,57	2,14	-0,56
Década de 90 (1991 – 2000)	2,54	1,57	0,95
Década de 00 (2001 – 2010)	3,60	1,19	2,45
Década de 10 (Quadriênio 2011 – 2014)	2,44	0,92	1,30
1948 – 2014	4,39	1,96	2,31

Fontes: IBGE. *Estatísticas históricas do Brasil. Séries estatísticas retrospectivas*, v. 3. Rio de Janeiro: IBGE, 1987. IBGE. Anuário estatístico do Brasil nos anos de 1994, 1998, 2004, 2008 e 2014. Rio de Janeiro: IBGE. Contas Nacionais Trimestrais, Out./Dez. 2014.

Do ponto de vista do crescimento da economia, os anos 80 do século XX são descritos como "década perdida". Nessa década, o Brasil viveu um dos mais perversos processos macroeconômicos: a estagflação – mistura de inflação crônica e crescente com aguda estagnação. A taxa média geométrica de crescimento anual foi de 1,57%, inferior à do crescimento demográfico, de 2,14%, portanto com variação negativa do PIB *per capita* de menos 0,56% ao ano – uma indicação de que a nação empobreceu, em termos agregados. Nos últimos 25 anos (1990-2014), as taxas de crescimento da população declinaram, mas os índices de crescimento do PIB foram baixos, bem inferiores aos de outros grandes países emergentes no mesmo período. Houve crescimento do PIB *per capita*, mas bem inferior aos das décadas de 60 e, destacadamente, da de 70. Para todo o período, de 1961 a 2014, a variação média anual do PIB foi de 4,39%, a do crescimento populacional foi de 1,96%; e a do PIB *per capita*, de 2,31%. A esta taxa, o PIB *per capita* dobra a cada 30 anos. Mas, se não forem sustentadamente revertidas as taxas médias dos últimos 25 anos do PIB *per capita*, de 1,32%, esse indicador da capacidade média de acesso da sociedade a bens e serviços produzidos demorará mais de meio século (55 anos) para dobrar.

O crescimento real do PIB *per capita* é o *indicador-chave do progresso material das nações*. Obviamente, não deve ser visto isoladamente. Embora o PIB *per capita* seja um dos três indicadores adotados para a construção do IDH – Índice de Desenvolvimento Humano, ele deve ser associado a outras variáveis. Mantém-se, porém, como condicionante de alto peso, dado que sem crescimento expressivo do Produto e da Renda Nacional por habitante, dificilmente haverá recursos para progresso em outros campos, como saúde e educação, os dois outros escolhidos para a mensuração do IDH: ambos exigem recursos para dispêndios de custeio e de investimentos para avanços qualitativos nos padrões de oferta destes serviços.

A correlação do PIB *per capita* com amplo conjunto de indicadores socioeconômicos é geralmente bastante alta. É assim a correlação desse indicador com a porcentagem da população que vive em áreas urbanas e rurais, com a participação da força de trabalho na agricultura de subsistência, com consumo de calorias *per capita*, com a porcentagem de domicílios com energia elétrica, com a disponibilidade de sistemas de telecomunicações, com a extensividade do saneamento básico, com a ocorrência de rodovias não pavimentadas, com os posicionamentos nos *rankings* globais de competitividade, com a proporção de produtos industrializados com altos coeficientes de tecnologia nas correntes de exportação e com outros indicadores das transações econômicas e das condições estruturais da economia. Daí sua alta relevância como *indicador-chave do progresso econômico*, associando a outras mensurações relevantes, entre as quais a do coeficiente Gini de repartição interna da renda e da riqueza. A grade da Figura 13.5 destaca combinações desses indicadores, que remetem a situações bem diferentes de acesso da sociedade ao progresso material das nações.

Há diferenças expressivas entre as quatro posições extremas da grade, especialmente entre (a) e (c). As posições do Brasil estão indicadas para as quatro últimas décadas do século XX e para os primeiros 25 anos do século XXI. A trajetória revela os impactos de direções estratégicas e de gestão macroeconômica nestes

FIGURA 13.5
Combinações da variação da histórica do PIB real *per capita* com o coeficiente Gini de repartição da renda: a trajetória do Brasil.

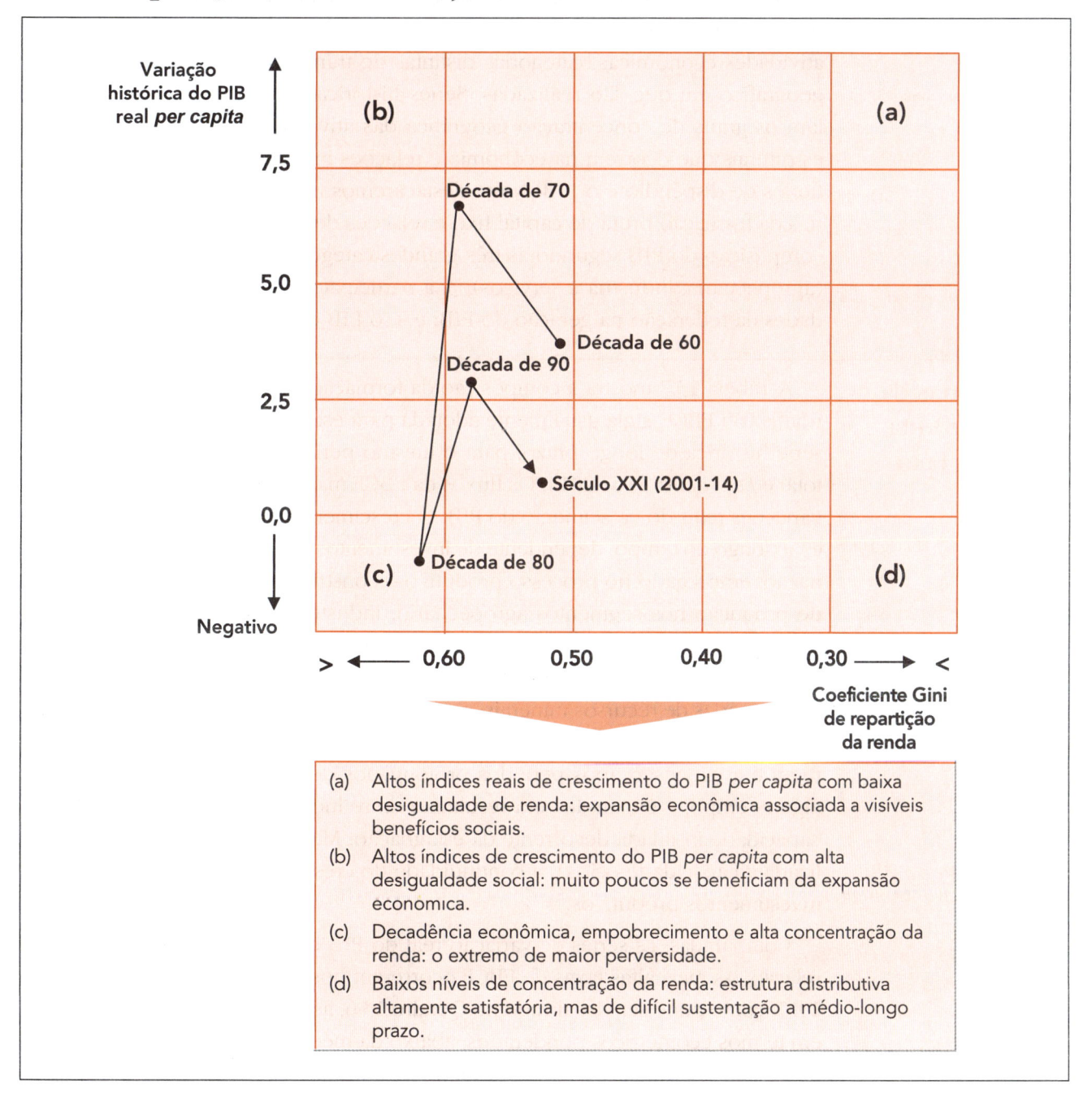

(a) Altos índices reais de crescimento do PIB *per capita* com baixa desigualdade de renda: expansão econômica associada a visíveis benefícios sociais.
(b) Altos índices de crescimento do PIB *per capita* com alta desigualdade social: muito poucos se beneficiam da expansão economica.
(c) Decadência econômica, empobrecimento e alta concentração da renda: o extremo de maior perversidade.
(d) Baixos níveis de concentração da renda: estrutura distributiva altamente satisfatória, mas de difícil sustentação a médio-longo prazo.

dois importantes indicadores socioeconômicos. E mostram também as distâncias do Brasil – ampliadas nos últimos 25 anos – em relação ao posicionamento-alvo, sintetizado pela combinação (a).

No longo período de 1960 até o início da segunda década do século XXI, o Brasil esteve distante do quadrante (a), principalmente no eixo do coeficiente Gini, que mede a concentração da repartição da renda. No eixo do crescimento econômico, apenas na década de 1970 aproximou-se dos quadrantes mais altos da grade definida. A década de 1980 foi de pior posicionamento.

13.3 Desagregações dos Macroindicadores

O SCNB oferece um conjunto de desagregações que permitem visões e análises da realidade econômica da nação, abertas em contas definidas pela tipologia das atividades econômicas, categorias distintas de transações econômicas e espaço geográfico em que são realizadas. Séries históricas destas desagregações revelam os graus de concentração geográfica das atividades produtivas, mudanças estruturais que ocorrem na economia e relações importantes entre os principais fluxos de dispêndio e o PIB. Neste destacaremos três desagregações: 1. Categorias da formação bruta de capital fixo e relações deste dispêndio com o PIB; 2. a composição do PIB segundo as três grandes categorias de atividades produtivas (agropecuária, indústria e serviços); 3. a participação das grandes regiões e unidades da federação na geração do PIB; e 4. o PIB dos 5.564 municípios do país.

As Categorias da Formação Bruta de Capital Fixo

A Tabela 13.7 mostra a composição da formação bruta de capital fixo da economia (ou FBCF, sigla usualmente adotada para esta categoria de dispêndio), em série histórica de longo prazo, para o mesmo período do das variações do PIB total e *per capita*, 1962-2014. Os fluxos da FBCF mantêm correlação direta com as variações reais do crescimento do PIB. O crescimento das atividades econômicas é, ao longo do tempo, dependente de investimentos que ampliem o patrimônio da nação, empregado no processo produtivo – construções que abrigam atividades de produção nos segmentos agropecuário, industriais e de serviços; máquinas, equipamentos e ferramentas; P&D de novos materiais, processos e produtos; *softwares* empregados pelas empresas e administrações públicas; e pesquisas exploratórias de recursos minerais; aquisição de patentes. Não há como expandir a capacidade de produção sem que se realizem investimentos. A exceção a esta regra é a expansão após períodos prolongados de estagnação. Neste caso, por algum tempo, a expansão será resultante da redução do índice de utilização da capacidade instalada decorrente da estagnação. Mas, uma vez plenamente reutilizada a capacidade ociosa, a continuidade do crescimento dependerá de novos investimentos produtivos.

Comparadas, as séries de variação real do PIB e de FBCF, comprovam a correlação. As mais altas taxas de FBCF ocorreram nos anos 70. Nos anos de 1963 a 1967, como pode ser visualizado no Quadro 13.6, as taxas de crescimento ficaram, em termos geométricos ponderados, abaixo da média histórica do país, resultado que é consistente com a FBCF no mesmo período. Com a expansão dos investimentos no triênio seguinte, as variações do PIB aumentaram expressivamente. De 1968 a 1980, sem exceção, o crescimento econômico foi destacadamente superior à média histórica. Nos anos 80, a relação FBCF/PIB recuou, o mesmo ocorrendo com o crescimento real da economia. E, daí em diante, ocorreram esporádicos níveis reais de expansão acima da média histórica, em anos em que se empregou capacidade ociosa acumulada em períodos anteriores ou em que se realizaram níveis mais altos de FBCF.

Quanto à aparente inconsistência entre as taxas de FBCF e as variações reais do PIB no período 2000-2014, cabe notar que é devida à ampla revisão meto-

TABELA 13.7 Contas Nacionais do Brasil: relação entre a formação bruta de capital fixo e o PIB a preços de mercado. Período 1962-2014.

Anos	Formação bruta de capital fixo[a]			
	Construções	Máquinas e equipamentos	Outros[b]	Total
1962	9,7	5,6	0,3	15,6
1963	10,5	6,3	0,5	17,3
1964	9,5	5,2	0,3	15,0
1965	9,6	4,9	0,3	14,8
1966	9,7	5,9	0,2	15,8
1967	10,6	5,3	0,2	16,1
1968	12,0	6,5	0,2	18,7
1969	12,1	6,9	0,2	19,2
1970	10,9	7,7	0,2	18,8
1971	11,6	7,1	0,2	18,9
1972	11,6	8,4	0,7	20,7
1973	12,7	9,5	0,3	22,5
1974	13,4	9,1	0,3	22,8
1975	14,0	10,0	0,3	24,3
1976	13,3	8,8	0,3	22,4
1977	13,1	7,9	0,3	21,3
1978	13,3	8,2	0,3	21,8
1979	14,4	7,9	0,4	22,7
1980	13,5	8,0	0,4	21,9
1981	14,2	7,6	0,4	22,2
1982	13,2	7,1	0,4	20,7
1983	11,4	7,1	0,2	18,7
1984	11,1	5,2	0,2	16,5
1985	12,9	5,0	0,2	18,1
1986	13,7	4,9	0,6	19,2
1987	15,9	5,5	0,5	21,9
1988	14,8	6,4	0,5	21,7
1989	17,7	6,5	0,6	24,8
1990	13,9	7,2	0,5	21,6
1991	12,5	5,9	0,3	18,7
1992	12,7	5,7	0,2	18,6
1993	13,0	5,9	0,4	19,3
1994	13,2	6,1	0,3	19,6
1995	12,8	6,2	0,3	19,3
1996	8,2	7,6	1,2	17,0
1997	8,6	8,1	0,7	17,4
1998	8,8	7,0	1,2	17,0
1999	8,3	6,8	1,3	16,4
2000	8,6	8,4	1,3	18,3
2001	8,6	8,2	1,6	18,4
2002	8,5	8,1	1,4	18,0
2003	7,5	7,7	1,5	16,7
2004	7,9	8,1	1,4	17,4
2005	7,2	8,5	1,5	17,2
2006	6,9	8,7	1,7	17,3
2007	7,2	9,3	1,6	18,1
2008	7,1	10,2	2,2	19,5
2009	7,7	9,6	1,9	19,2
2010	8,4	10,7	1,5	20,6
2011	8,5	10,6	1,5	20,6
2012	8,8	10,0	1,4	20,2
2013	8,3	10,7	1,5	20,5
2014	8,4	9,9	1,4	19,7

(a) No período 1962-1995 as variações de estoque foram excluídas.

(b) Na série de 2000-2014, foram incluídos na formação bruta de capital fixo, além das variações de estoque, dispêndios não considerados nos períodos anteriores: investimento em P&D, mapeamento exploratório de reservas minerais, aquisição de *software*, aquisição e usos de patentes, marcas e outros direitos de propriedade.

Fontes: IBGE. *Estatísticas históricas do Brasil 1950-1985*, v. 3, (período 1962-85). *Anuário estatístico do Brasil 1991* (período 1986-90). *Anuário estatístico do Brasil 1996* (período 1991-95). SCNB (1996-2015).

dológica das Contas Nacionais com relação da FBCF. Como observam Carvalho e Fevereiro,[7] "o investimento foi o componente de demanda que sofreu a principal revisão nas novas Contas Nacionais, sendo afetado pela inclusão de novos ativos na categoria de FBCF. Outra razão significativa do aumento nas taxas de investimento verificada nas novas contas pode ser explicada pela elevação de seus custos relativos". Mas, mesmo com essas inclusões, as taxas médias plurianuais desse período são inferiores às das fases de maior crescimento do PIB nos últimos 52 anos.

A Composição do PIB Segundo as Atividades Produtivas

A Tabela 13.8 traz a composição porcentual do PIB, segundo três agrupamentos de atividades produtivas, a agropecuária, a indústria e os serviços.

Os dados revelam importantes mudanças na estrutura produtiva do país, no período 1950-2014. A indústria de transformação sofreu forte redução na geração do PIB, mesmo em relação aos idos de 1950. Após longo período de participação crescente (1950-1980), a tendência reverteu-se. Ao final dos anos 70, a participação chegou muito perto de 30%, mas passou a cair seguidamente: em 1990, recuou para 23,3% e em apenas mais uma década, na virada para o século XXI, voltou para 15,3%, número inferior ao do início dos anos 50. Durante a primeira década deste século a participação das atividades industriais flutuou entre 15 e 17% do PIB, mas no primeiro quadriênio da segunda década (2011-14) o recuo foi bem acentuado: saiu de 13,9% e chegou a 11,7%, em trajetória de perversas consequências, descrita como "desindustrialização". Esta perda de participação é atribuível a amplo conjunto de fatores. Dois são os mais destacados: a perda de competitividade global da indústria brasileira, em ambiente de abertura de mercados para correntes mundiais de comércio; e a redução dos investimentos produtivos neste setor, especialmente nas indústrias pesadas e de bens de capital.

Queda também acentuada ocorreu com as atividades agropecuárias: ao longo do período, essas atividades saíram de perto de 25% para cerca de 5%.

A contrapartida destas quedas foi a expansão do setor de serviços, que saltou para 70%. Este setor inclui uma extensa diversidade de serviços não financeiros, todas as atividades de intermediação financeira (bancária e não bancária), as atividades de gestão de ativos imobiliários (incluídos os pagamentos de aluguéis) e os serviços prestados pelas administrações públicas. Uma parte expressiva dos serviços públicos, definida como consumo do governo, engloba a manutenção das atividades dos três poderes, em todos os seus níveis, além dos dispêndios com aquisições de materiais necessários para o trabalho do pessoal civil e militar.

As participações das atividades produtivas da Tabela 13.8 foram calculadas em relação ao PIB a preços básicos, não incluídos os impostos sobre produtos, líquidos de subsídios. Estes aumentaram durante o período, estabilizando-se nos últimos 15 anos. Como assinalamos em tópicos anteriores, a soma destes impostos ao PIB a preços básicos define o PIB a preços de mercado.

TABELA 13.8
Contas Nacionais do Brasil: composição porcentual das atividades produtivas, no PIB a preços básicos e a preços de mercado. Período 1950-2014.

Anos	Atividades produtivas					PIB a preços básicos[b]	Impostos líquidos sobre produtos	PIB a preços de mercado[c]
	Agropecuária	Indústria			Serviços			
		Transformação	Construção civil	Outras[a]				
1950	24,3	18,7	4,1	1,4	51,5	100,0	10,1	110,1
1960	17,8	25,6	4,8	1,8	50,0	100,0	12,9	112,9
1970	11,6	27,4	5,3	3,1	52,6	100,0	14,9	114,9
1980	10,0	29,2	6,6	2,3	51,9	100,0	9,9	109,9
1990	11,6	29,3	8,1	2,7	60,6	100,0	12,7	112,7
2000	7,6	16,9	7,8	4,6	63,1	100,0	16,3	116,3
2002	6,4	14,5	6,5	5,4	67,2	100,0	17,2	117,2
2004	6,7	17,8	4,9	6,0	64,7	100,0	17,8	117,8
2006	5,1	16,6	4,3	6,0	67,2	100,0	17,6	117,6
2008	5,4	16,5	4,4	6,4	67,3	100,0	18,4	118,4
2010	4,8	15,0	6,3	6,1	67,8	100,0	17,7	117,7
2012	4,9	12,6	6,5	7,0	69,0	100,0	17,6	117,6
2014	5,2	11,7	6,6	5,7	70,8	100,0	16,6	116,6

(a) Indústria extrativa mineral mais atividades de interesse público, preponderadamente exercidas por empresas estatais ou autarquias, como produção e distribuição de energia elétrica e gás, tratamento e distribuição de águas, coleta e tratamento de esgotos e limpeza urbana.

(b) O PIB a preços básicos não inclui os impostos sobre produtos.

(c) O PIB a preços de mercado inclui os impostos sobre produtos, líquidos de subsídios.

Fonte: IBGE. *Estatísticas históricas do Brasil*, 1950 a 1985, v. 3, 1987. *Anuário Estatístico do Brasil*, 1991 e 1996. Diretoria de Pesquisas. Coordenação de Contas Nacionais. Resultados calculados a partir das Contas Nacionais Trimestrais, 4º trimestre, 2015.

A Distribuição Espacial das Atividades Produtivas

Em países de dimensões continentais, como o Brasil, a desagregação do PIB por grandes regiões, unidades da federação e municípios é de alto interesse, por evidenciar, em séries históricas, aspectos relevantes de mudanças econômicas do país. Destacamos cinco: 1. O ritmo dos avanços econômicos das regiões de menor densidade empresarial e econômica, que revelam reduções das disparidades regionais ou, contrariamente, distanciamento crescente entre os níveis e os padrões de vida regionais do país; 2. assimetrias e graus de concentração espacial das atividades produtivas entre regiões, estados e municípios; 3. surgimento de novos centros de dinamismo econômico no território nacional, associáveis ou não à ocorrência de recursos naturais; 4. ganhos e perdas das participações dos municípios em suas regiões, em seus estados e no país; e 5. estrutura produtiva dos municípios, segundo atividades e produtos.

**TABELA 13.9
Contas Nacionais do Brasil. Produto Interno Bruto das grandes regiões e unidades da federação. Período 2002-2012.**

Grandes Regiões e Unidades da Federação	% de participação da geração do Produto Interno Bruto				
	1970	1980	1990	2000	2010
Norte	2,2	3,1	3,5	4,7	5,5
Rondônia	0,1	0,2	0,3	0,4	0,6
Acre	0,1	0,1	0,1	0,2	0,2
Amazonas	0,7	1,1	1,3	1,5	1,5
Roraima	0,0	0,0	0,1	0,2	0,2
Pará	1,1	1,5	1,6	2,1	2,2
Amapá	0,1	0,1	0,1	0,3	0,2
Tocantins	–	–	–	–	0,5
Nordeste	11,7	12,0	12,4	13,1	13,9
Maranhão	0,8	0,8	0,9	1,1	1,3
Piauí	0,4	0,4	0,5	0,5	0,6
Ceará	1,4	1,5	1,7	1,9	2,1
Rio Grande do Norte	0,5	0,6	0,7	0,8	0,9
Paraíba	0,7	0,7	0,7	0,8	0,9
Pernambuco	2,9	2,5	2,5	2,5	2,5
Alagoas	0,7	0,7	0,7	0,7	0,7
Sergipe	0,4	0,4	0,5	0,6	0,7
Bahia	3,8	4,3	4,2	4,2	4,2
Sudeste	65,5	62,4	60,2	57,1	54,4
Minas Gerais	8,3	9,3	9,4	9,4	9,5
Espírito Santo	1,2	1,5	1,7	2,0	2,1
Rio de Janeiro	16,7	14,2	13,3	12,1	10,7
São Paulo	39,4	37,4	35,8	33,6	32,1
Sul	16,7	17,0	16,8	16,6	16,6
Paraná	5,4	5,8	5,7	5,8	5,8
Santa Catarina	2,7	3,2	3,5	3,8	4,0
Rio Grande do Sul	8,6	8,0	7,6	7,0	6,8
Centro Oeste	3,9	5,5	7,1	8,5	9,5
Mato Grosso do Sul	–	1,1	1,1	1,2	1,2
Mato Grosso	1,1	0,6	0,9	1,3	1,6
Goiás	1,5	1,8	2,0	2,4	2,6
Distrito Federal	1,3	2,0	3,1	3,6	4,1
Brasil	100,0	100,0	100,0	100,0	100,0

Fonte: IBGE, em parceria com os Órgãos Estaduais de Estatística.

A Tabela 13.9 mostra as participações das grandes regiões e unidades da federação na geração do PIB do país. No período 1970-2010, três regiões ganharam participação na geração do PIB: Norte, Centro-Oeste e Nordeste. Na região Norte, Amazonas, Pará e Rondônia foram os estados que mais se destacaram; no Centro-Oeste, Mato Grosso, Goiás e Distrito Federal; no Nordeste, Ceará,

TABELA 13.10 Contas Nacionais do Brasil. Produto Interno Bruto dos municípios. Dados de 2013.

Municípios	PIB a preços correntes R$ milhões	Participação (%) no PIB	
		Relativa	Acumulada
Dez maiores			
☐ São Paulo	570.706	10,73	10,73
☐ Rio de Janeiro	282.539	5,31	16,05
☐ Brasília/DF	175.363	3,30	19,35
☐ Belo Horizonte/MG	81.427	1,53	20,88
☐ Curitiba/PR	79.383	1,49	22,37
☐ Manaus/AM	64.025	1,20	23,58
☐ Campos Goytacazes/RJ	58.249	1,10	24,67
☐ Porto Alegre/RS	57.379	1,08	25,75
☐ Osasco/SP	55.516	1,04	26,80
☐ Salvador/BA	52.668	0,99	27,79
11º ao 20º	420.113	7,90	35,69
21º ao 30º	242.587	4,56	40,25
31º ao 40º	200.564	3,77	44,02
41º ao 50º	154.833	2,91	46,94
51º ao 100º	531.630	10,00	56,94
101º ao 200º	571.232	10,74	67,68
201º ao 300º	311.550	5,86	73,54
301º ao 400º	206.141	3,88	77,42
401º ao 500º	148.581	2,79	80,21
501º ao 5.564º	1.051.967	19,79	100,00
Total	**5.316.455**	**100,00**	**100,00**

Fonte: IBGE, em parceria com os Órgãos Estaduais de Estatística.

Rio Grande do Norte, Maranhão e Bahia. As regiões Sudeste e Sul, não obstante ainda concentrem mais de 70% da atividade produtiva do país, perderam participação. Ocorreu, assim, desconcentração na distribuição espacial das atividades econômicas no território nacional: em 1970, as duas regiões de maior densidade econômica respondiam por 82,2% da geração do PIB; em 2010, a participação reduziu-se para 71,1%.

Os graus de concentração espacial na geração do PIB do Brasil são bem mais acentuados por municípios, comparativamente aos números estimados por grandes regiões e unidades da federação. A malha municipal brasileira, em 2010, dividia a extensão territorial administrativa do país em 5.565 municípios, que apresentavam uma grande diversidade de recursos naturais, de condições climáticas e de situações econômica e social. A Tabela 13.10 revela alta concentração, medida pela relação ente os municípios que geram as maiores parcelas do PIB e os que geram as menores. Os dez municípios de maiores expressões econômicas no país, o G-10, geram 27,79% do PIB – e são menos de 0,2% do total dos municípios. Os 100 de maior expressão econômica (o G-100, que corresponde a 1,8% do total dos municípios) geram mais da metade do PIB, 56,9%. Os 8,9% dos municípios, que integram o G-500, são responsáveis pela geração de 80,2% do PIB. Isto significa que em 91,1% dos municípios brasileiros realizam-se apenas 19,8% das atividades produtivas do país.

Estes índices de concentração são também revelados por coeficiente Gini. Como registra o IBGE,[8] "o coeficiente de Gini para o PIB, no ano de 2010, foi de 0,86, bastante próximo de seu grau máximo, que é igual a 1,00. Segmentado por atividade econômica, foi ainda maior para os setores industrial e de serviços, respectivamente de 0,90 e 0,87. Já para a atividade agropecuária, a concentração é significativamente menor, expressa por coeficiente de 0,57".

Cabe observar que os coeficientes Gini de concentração espacial do PIB mantêm-se relativamente estáveis em intervalos de curto e médio prazo. As mudanças na concentração espacial da atividade produtiva no país só se observam em longos intervalos de tempo – e, mesmo assim, não são muito expressivas e decorrem da abertura de novas fronteiras de produção agropecuária nas regiões de maior expressão territorial, como Norte e Centro-Oeste, que correspondem, somadas, a 64,1% da extensão geográfica do país.

RESUMO

1. O Sistema de Contas Nacionais do Brasil (SCNB) segue os conceitos convencionados, as classificações, a estrutura e a metodologia de cálculo recomendadas pelas Nações Unidas. O modelo de referência é o *SNA – A System of National Accounts,* editado desde o início dos anos 50, no século XX. A primeira versão, o SNA-53 passou por três revisões, em 1960, 64 e 68. Uma nova versão, com mudanças estruturais mais abrangentes, foi editada em l993 e aprimorada em 2008. Todas essas evoluções foram assimiladas pelo SCNB.

2. As mudanças do SNA, sempre acompanhadas pelo SCNB, decorreram de vários fatores: surgimento de novos ramos de produção, agudas inovações tecnológicas, mudanças no papel dos governos e correntes crescentes de transações internacionais. Os usos mais destacados do SCNB têm sido o acompanhamento da evolução e da composição dos grandes agregados da produção da renda e do dispêndio, a disponibilidade de dados agregados para definição de diretrizes e políticas nos setores público e privado e o estabelecimento de parâmetros para comparações internacionais do país no campo econômico.

3. Até 1996, o SCNB era constituído por quatro contas nucleares (a do PIB, a da Renda Nacional, a de Capital e a de Transações Correntes com o Resto do Mundo) e uma conta satélite (a das Administrações Públicas). Embora conciso, abrangia as principais transações da economia entre agentes internos e externos, dos setores público e privado. As estimativas, consolidadas em fluxos anuais, articulavam-se em um macromodelo contábil, com lançamento em partidas dobradas. A formatação do sistema era sintetizada em cinco equações simultâneas, que revelam a integração e consistência das contas.

4. Os primeiros resultados do novo SCNB, estruturado segundo o SNA-93, foram publicados em 1997. O novo sistema, embora estruturalmente diferente dos anteriores,

PALAVRAS E EXPRESSÕES-CHAVE

- ❏ Sistema de Contas Nacionais
  - ✓ Agentes institucionais
  - ✓ Atividades produtivas
  - ✓ Operações econômicas
- ❏ Consistência estrutural do sistema
  - ✓ Registros em partidas dobradas
  - ✓ Equações simultâneas
- ❏ Contas Nacionais do Brasil, 1950-1966
  - ✓ Conta do Produto Interno Bruto
  - ✓ Conta da Renda Nacional
  - ✓ Conta de Capital
  - ✓ Conta das Transações Correntes com o Resto do Mundo
  - ✓ Conta Corrente das Administrações Públicas
- ❏ Contas Nacionais do Brasil, versão SNA-93
  - ✓ CEIs – Contas Econômicas Integradas
    - Contas-espelho
    - Estimativas da produção
    - Valores agregados da renda
  - ✓ Poupança bruta: financiamento da acumulação de ativos não financeiros
  - ✓ Conta de capital – patrimônios de abertura e de fechamento
  - ✓ TRUs – Tabelas de Recursos e Usos
- Valor da produção
- Valor dos suprimentos intermediários
- Valor adicionado
- Componentes da demanda agregada
- ❏ Grandes agregados
  - ✓ PIB – Produto Interno Bruto
  - ✓ Renda Nacional Bruta
  - ✓ Renda Nacional Disponível Bruta
- ❏ Desagregações do PIB:
  - ✓ Categorias de FBCF – Formação Bruta de Capital Fixo
  - ✓ Composição segundo atividades produtivas
  - ✓ Distribuição espacial
- ❏ Óticas do PIB:
  - ✓ Geração do produto
  - ✓ Geração da renda
  - ✓ Dispêndios da renda gerada
- ❏ PIB a preços básicos
- ❏ PIB a preços de mercado
- ❏ PIB a preços constantes
- ❏ PIB total e *per capita*
  - ✓ Variação real anual
  - ✓ Variação real acumulada

não comprometeu a disponibilidade de séries históricas, em bases comparáveis e a preços constantes, apesar das várias mudanças nas denominações monetárias do país, decorrentes de processos inflacionários agudos, próximos de uma hiperinflação radical. São assim disponíveis dados históricos comparáveis, que evidenciam as transformações do sistema produtivo do país e seus impactos socioeconômicos.

5. O atual SCNB está fundamentado em três classificações básicas: 1. os **agentes institucionais** (empresas não financeiras, empresas financeiras, administrações públicas, famílias e instituições sem fins lucrativos); 2. as **atividades produtivas**, agrupadas em 12 grandes segmentos; e 3. as **operações e transações econômicas**, intra e interatividades produtivas e entre os agentes institucionais. A articulação das atividades produtivas é evidenciada pela medição da grandeza-chave da economia, o PIB, por três caminhos, ou óticas: 1. a da geração do produto, segundo grandes classes, atividades e categorias de bens e serviços finais; a da geração da renda, na forma de remunerações pagas aos detentores de recursos de produção; e 3. a da despesa (ou de destinação) das rendas geradas.

6. Os grandes agregados do atual SCNB são o Produto Interno Bruto, a Renda Nacional Bruta, a Renda Nacional Disponível Bruta, a Poupança Bruta (que financia o processo

de formação bruta de capital fixo). Estes agregados são gerados por dois grandes conjuntos de contas e tabelas: 1. As **CEIs, Contas Econômicas Integradas**; e 2. as **TRUs, Tabelas de Recursos e Usos**.

7. As CEIs são abertas em dois grandes grupos de contas, o da economia nacional e o das transações do resto do mundo com a economia nacional. Nestes dois grupos os macrofluxos das transações são contabilizados em seis contas-espelho: 1. A conta da produção; 2. a conta da renda; 3. a conta de acumulação; 4. a conta de bens e serviços com o resto do mundo com a economia nacional; 5. a conta da distribuição e transferências da renda entre a economia nacional e o resto do mundo; e 6. a conta de acumulação do resto do mundo com a economia nacional.

8. As TRUs são constituídas por seis blocos, em que se evidenciam as transações entre as atividades produtivas, a criação dos valores adicionados (valor da produção bruta a preços de mercado menos os suprimentos intermediários), a composição do valor adicionado e a estrutura da demanda agregada.

9. No período para o qual se têm indicadores de **variação do PIB real no Brasil**, extraídos do SCNB, o crescimento da economia superou o da população. Entre 1962-2014, o PIB real cresceu 8,9 vezes, a população 2,7 vezes. O coeficiente destes índices correspondeu a um crescimento de 3,3 vezes do PIB *per capita*. A taxa média geométrica de expansão do produto real foi de 4,39%. As décadas de 60 e 70 foram as de mais acelerado crescimento com índices anuais de 6,17% e de 8,63%, respectivamente. Deste ponto de vista, a década de 80 é descrita como "década perdida", com variação negativa do PIB *per capita*. Nos últimos 25 anos, o crescimento médio é inferior à média histórica.

10. As **desagregações do PIB do Brasil** revelam, para o período de 1970-2014: 1. redução expressiva das atividades agropecuária e industrial (com forte declínio da indústria de transformação) e crescimento relativamente maior do setor de serviços; 2. baixa relação entre os investimentos (formação bruta de capital fixo) e o PIB e alta correlação entre os níveis desta relação e os de crescimento do PIB; e 3. alta concentração espacial das atividades produtivas no país, por grandes regiões, unidades da federação e municípios (a região Sudeste gera mais da metade do PIB, 54,4%, embora tenha recuado em relação aos números de 1970, de 65,5%). Na região Sul observou-se discreta redução. Expandiram-se as participações do Centro-Oeste, Norte e Nordeste, em ordem de grandeza.

QUESTÕES

1. O *System of National Accounts* (SNA) das Nações Unidas tem sido objetivo de revisões, desde sua primeira versão, em 1953, até as mais recentes e mais abrangentes, de 1993 e de 2008. Como o Sistema de Contas Nacionais do Brasil (SCNB) segue os padrões propostos pelo SNA, cite razões que têm justificado as mudanças nas estruturas desses sistemas de contas.

2. Destaque pelo menos três fatores determinantes das últimas versões do SNA, adotadas pelo SCNB desde 1996. Relacione as razões dessas novas versões com as grandes mudanças geopolíticas e geoeconômicas que mudaram o cenário econômico global a partir da última década do século XX.

3. Destaque as principais subdivisões das classificações básicas do atual SCNB: a) Os agentes institucionais; b) as atividades produtivas; e c) as operações e transações econômicas.

4. Cite as categorias de transações que integram as três óticas do PIB no SCNB: a do produto, a da renda e a da despesa.

5. Descreva a constituição dos três principais blocos das Tabelas de Recursos e Usos (TRUs) do atual SCNB: a) Valor bruto do total da oferta de bens e serviços a preços de mercado; b) valor dos suprimentos intermediários utilizados pelas unidades de produção das cadeias produtivas; c) valor adicionado pelas atividades produtivas; d) componentes do valor adicionado; e e) componentes de demanda agregada.

6. Explique as diferenças entre os conceitos de patrimônio de abertura e patrimônio de fechamento, relacionados à formação bruta de capital fixo, das Contas Econômicas Integradas (CEIs) do atual SCNB.

7. Discorra sobre o conceito de consumo efetivo, relacionado a transferências sociais em espécie, adotado pelas CEIs do atual SCNB.

8. Explique por que, no Brasil, o Produto Interno Bruto (PIB) é superior, em valor, à Renda Nacional Bruta (RNB).

9. As taxas de crescimento da economia brasileira nas últimas cinco décadas apresentaram grandes variações de ano para ano. Houve períodos em que os indicadores médios anuais de expansão foram bem superiores à média histórica, contrastando com períodos mais longos de crescimento inferior. Correlacione estes diferentes níveis de desempenho com a relação entre investimentos produtivos e expansão do PIB. E destaque outros prováveis fatores do baixo desempenho nos últimos 25 anos.

10. Comente os resultados das três seguintes desagregações do PIB do Brasil: a) Por categorias componentes da formação bruta de capital fixo; b) por atividades econômicas; e c) por distribuição espacial.

11. Justifique por que a desagregação do PIB por distribuição espacial apresenta graus de concentração das atividades industrial e de serviços comparativamente às da agropecuária. E explique também por que esta desagregação revela mudanças e variações de ano para ano bem mais lentas que as desagregações por atividade produtiva.

Parte IV

Conceito e Medição dos Agregados do Setor Financeiro da Economia

- ❏ O Sistema de Intermediação Financeira: Funções e Segmentação
- ❏ Os Ativos Financeiros: Monetários e não Monetários
- ❏ Os Ativos Monetários: Conceitos, Oferta e Procura
- ❏ A Interação dos Setores Real e Monetário
- ❏ Os Objetivos e os Instrumentos da Política Monetária
- ❏ A Variação do Valor da Moeda: Causas e Consequências

14

O Sistema de Intermediação Financeira

Toda e qualquer economia, para sua sobrevivência, necessita possuir uma superestrutura de instrumentos financeiros, coexistindo e interagindo com uma infraestrutura de riqueza real. A intermediação financeira cumpre a importante tarefa de canalizar e transformar os recursos de poupança em investimento. Quanto mais desenvolvido o estágio da intermediação, maior tende a ser a formação de capital e mais eficiente a alocação de recursos. Embora seja difícil estabelecer precisamente a direção de casualidade desse processo, à medida que a renda e a riqueza aumentam, o tamanho e a complexidade da superestrutura financeira tendem também a crescer. O desenvolvimento econômico e o financeiro são interdependentes e complementares.

CLÁUDIO ROBERTO CONTADOR
Mercado de Ativos Financeiros no Brasil

A expressão **intermediação financeira** designa uma categoria diferenciada de serviço, integrada às atividades terciárias de produção, prestada por um agrupamento também diferenciado de agentes econômicos – os **intermediários financeiros**. Embora as instituições que compõem o **sistema financeiro** façam parte do quadro de agentes econômicos, como empresas processadoras de serviços, elas atuam em um setor que apresenta um conjunto de características diferenciadoras dos demais setores produtivos, quanto a suas operações, quanto à tipologia de seus mercados e ainda quanto aos tipos de ativos que movimentam – o **setor financeiro**.

Deste ponto de vista, no jargão usual da economia, o **setor financeiro** diferencia-se do **setor real** em vários aspectos. As expressões **setor financeiro** e **setor real** indicam duas diferentes áreas de interesse em economia. É no âmbito do setor real que se realizam as operações de geração de bens (produtos tangíveis) e de serviços não financeiros (produtos intangíveis, como comunicações, transportes, comércio). Já no âmbito do setor financeiro realizam-se operações relacionadas à custódia, à intermediação, à compensação e à liquidação de ativos considerados "não reais", como a moeda, os títulos de crédito, as ações que representam quotas-partes das empresas e outros papéis negociáveis em segmentos específicos de mercado.

Assim, por convenção, partindo das características que diferenciam as atividades financeiras das demais atividades produtivas, o aparelho de produção da economia é também desdobrável em dois grandes setores:

- ❑ O setor real.
- ❑ O setor financeiro.

As particularidades do setor financeiro decorrem de como e por que se estabelece seu envolvimento nas atividades produtivas e das funções que ele exerce no processo transacional. Passo a passo, veremos:

- ❑ As características diferenciadoras desses dois setores.
- ❑ As funções da intermediação financeira e as razões de sua existência.
- ❑ A segmentação do mercado financeiro.
- ❑ A distinção entre instituições financeiras bancárias e não bancárias.
- ❑ A estrutura do sistema financeiro nacional e as atribuições das instituições normativas e operacionais que o integram.

14.1 A Intermediação Financeira: Pressupostos e Funções

Diferenças entre os Setores Real e Financeiro

O Quadro 14.1 resume as principais características diferenciadoras dos **setores real e financeiro**.

Na terminologia usual, o termo **real** é empregado para designar valores, transações e fluxos no sentido de "expurgados" das variações nominais da moeda;

QUADRO 14.1
O setor real e o setor financeiro: características diferenciadoras.

SETOR REAL	SETOR FINANCEIRO
❑ Gera produtos tangíveis (bens) e intangíveis (serviços).	❑ Gera apenas produtos intangíveis (serviços de intermediação financeira).
❑ O valor adicionado resulta, preponderantemente, de cinco categorias de processos produtivos: ✓ Extração ✓ Transformação ✓ Construção ✓ Movimentação ✓ Comercialização	❑ O valor adicionado resulta, preponderantemente, de quatro categorias de operações: ✓ Custódia ✓ Intermediação ✓ Compensação ✓ Liquidação
❑ Segmenta-se segundo ramos de atividade e gêneros de produtos gerados.	❑ Segmenta-se segundo mercados, definidos por tipos de ativos, operações, prazos e fins a que se destinam.
❑ Movimenta produtos destinados a duas categorias finais de uso: ❑ Formação de capital ❑ Consumo ✓ Durável ✓ Semidurável ✓ Imediato	❑ Movimenta ativos financeiros, monetários e não monetários, para três finalidades: ✓ Liquidação de transações ✓ Manutenção precaucional de reservas ✓ Aplicações especulativas
❑ Predominantemente, os agregados do setor real são **variáveis-fluxo**.	❑ Predominantemente, os agregados do setor financeiro são **variáveis-estoque.**

é também empregado para designar produtos e riquezas concretas e palpáveis, que tenham valor intrínseco, de uso, para satisfação direta de necessidades de consumo ou de produção. Não importa se tangíveis ou não, os bens e serviços têm estes atributos. Os bens têm características físicas e resultam de processamentos materiais. Os serviços, não; mas, ainda assim, fazem parte do mundo real e atendem a um conjunto de necessidades que se apresentam como a contrapartida real das transações entre os agentes econômicos que os utilizam. O **setor real** da economia define o conjunto dos ramos e dos gêneros de produção que se dedicam à produção dessas duas categorias de utilidades.

Já o termo **financeiro** é empregado para designar determinados tipos de ativos, de variáveis e de fluxos em que a moeda corrente e outros títulos de crédito são os elementos-chave, os próprios objetos das transações. Não importa se manipuláveis ou meramente escriturais, os ativos financeiros são de natureza diversa dos ativos reais. Eles não atendem diretamente a necessidades. São meios pelos quais se liquidam transações com bens ou serviços que tenham atendido a necessidades reais dos agentes envolvidos. Por sua liquidez, eles podem ser reservas de valor. Embora não tenham valor de uso e seu valor de face não tenha qualquer relação com seu valor intrínseco, estes ativos são a contrapartida de todas as transações econômicas. Eles têm valor de troca e são os instrumentos básicos de interação dos agentes econômicos. Assim é a moeda. Assim também são os demais ativos financeiros não monetários. E o **setor financeiro** é aquele em que se realiza uma ampla diversidade de operações com esses ativos.

As características resumidas no Quadro 14.1 indicam que as diferenças entre os setores real e financeiro decorrem de pelo menos seis elementos:

- Os tipos de produtos gerados.
- As categorias de processos ou operações de que resulta o valor adicionado pelas empresas desses setores.
- Os critérios de segmentação.
- As finalidades a que seus produtos ou ativos atendem.
- As categorias dominantes dos indicadores agregados com que se medem as dimensões e as operações de empresas de um setor e do outro.
- As categorias dominantes dos valores agregados, quanto à sua caracterização, como variáveis-fluxo ou variáveis-estoque.

Os **ativos financeiros**, como a moeda corrente e outros títulos de crédito, destinam-se à liquidação de transações, à manutenção precaucional de reservas de alta liquidez e a aplicações especulativas. Isso é bem diferente das finalidades a que os **ativos reais** atendem, relacionadas ao consumo ou à formação de capital produtivo. Outra diferença essencial está no significado dos agregados de cada um desses dois setores: a moeda é uma variável-estoque; difere da renda, uma variável-fluxo. A renda de um agente econômico é medida por um fluxo de recebimentos, ao longo de determinado período de tempo; a moeda de que ele dispõe é medida por um estoque em dado momento. As dimensões e o poder de mercado de uma empresa do setor real expressam-se usualmente pelo valor bruto de sua produção, no decurso de um ano, por exemplo. Com um banco é diferente: os saldos dos recursos captados e das operações de financiamento, na data de fechamento de seu balanço, estão entre os mais importantes indicadores de poder e de desempenho. O valor bruto da produção é uma variável-fluxo; os saldos de captações e financiamentos são variáveis-estoque.

Há outras características diferenciadoras. Entre as mais relevantes vamos destacar apenas a natureza das operações de um e de outro setor. No setor real, o processo produtivo envolve atividades como as de extração (minerações), transformação (indústrias), movimentação (transportes) e comercialização (comércio). Em todas essas atividades, há sempre uma contrapartida real, liquidada pela contrapartida financeira. Já no setor financeiro, as operações são de custódia (depósito e guarda de ativos), de intermediação (repasse de recursos financeiros), de compensação de pagamentos e de liquidação de transações. Nestes casos, a contrapartida não tem a mesma natureza da que se observa no setor real.

Nenhuma destas características diferenciadoras sugere que o setor real produz e o financeiro não – ou que o setor real tem maior importância social que o setor financeiro. Ambos são socialmente importantes. E ambos produzem: empregam recursos, processam e adicionam valor. O produto de ambos é considerado no agregado do PIB. As características de diferenciação sugerem apenas que a natureza das atividades e as razões da existência de um e de outro é que são essencialmente diversas.

A Intermediação Financeira: a Abordagem Gurley-Shaw

A existência da intermediação financeira pressupõe pelo menos três precondições, apontadas por Gurley e Shaw:[1]

- Maturidade e desenvolvimento do sistema econômico: a superação de estágios primitivos de escambo e de outras formas de troca sem intervenção monetária.
- Existência de agentes econômicos superavitários e deficitários, respectivamente dispostos a ofertar e a procurar por excedentes financeiros, assumindo os riscos a que estão expostos e os custos envolvidos nas operações.
- Criação de bases institucionais para a operação de intermediários financeiros.

Em economias de estágios não primitivos, em que as trocas se realizam com intervenção de instrumentos monetários, os agentes econômicos podem estar em três situações:

- **Orçamentos e dispêndios efetivos equilibrados**. Os fluxos totais de dispêndios correntes e os planejados para o futuro são rigorosamente iguais aos fluxos totais de rendas. Tanto o consumo quanto a acumulação de capital são financiados "internamente", por recursos próprios. Operam com fluxos de caixa equilibrados, autossustentáveis.

- **Orçamentos e dispêndios efetivos superavitários**. Os fluxos totais de dispêndios correntes e os planejados para o futuro são inferiores aos fluxos totais de recebimentos. Configuram-se situações atuais ou futuras de superávit de caixa, traduzidos por excedentes financeiros.

- **Orçamentos e dispêndios efetivos deficitários**. Os dispêndios correntes e os planejados superam as disponibilidades atuais e futuras. Configuram-se situações de déficits de caixa, que podem levar à procura por operações financeiras de repasse de recursos. O financiamento do déficit se dará "externamente".

Teoricamente, em uma economia em que todos os agentes econômicos operam sob condições rigorosas de equilíbrio, quanto a seus dispêndios efetivos e orçamentos, não há lugar para intermediários financeiros. Ainda teoricamente, mesmo que se verifiquem situações de desequilíbrio, o financiamento dos deficitários poderá estabelecer-se por transações diretas com os superavitários. Trata-se, no caso, de operações financeiras diretas, sem intervenção de intermediários. Daí a terceira condição: para que existam intermediários financeiros, exige-se a criação de bases institucionais para que este tipo diferenciado de agente econômico possa atuar. Neste caso, os financiamentos de déficits se darão "externamente" e por canais indiretos. A existência desses canais pressupõe o estabelecimento de intermediários financeiros que operarão sob condições e regras definidas.

**FIGURA 14.1
Os intermediários e o mercado de excedentes financeiros:** estabelecem-se quando existem, de um lado, agentes econômicos superavitários e, de outro lado, agentes econômicos deficitários.

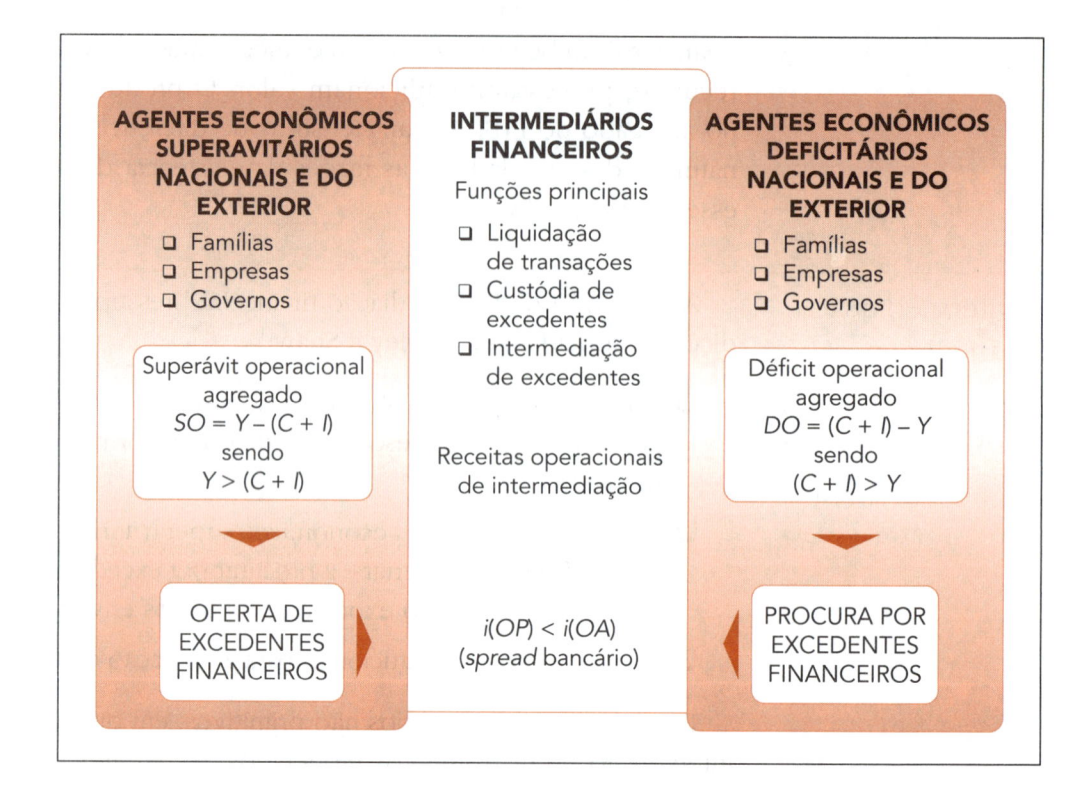

AGENTES ECONÔMICOS SUPERAVITÁRIOS NACIONAIS E DO EXTERIOR	INTERMEDIÁRIOS FINANCEIROS	AGENTES ECONÔMICOS DEFICITÁRIOS NACIONAIS E DO EXTERIOR
▫ Famílias ▫ Empresas ▫ Governos	Funções principais ▫ Liquidação de transações ▫ Custódia de excedentes ▫ Intermediação de excedentes	▫ Famílias ▫ Empresas ▫ Governos
Superávit operacional agregado $SO = Y - (C + I)$ sendo $Y > (C + I)$	Receitas operacionais de intermediação	Déficit operacional agregado $DO = (C + I) - Y$ sendo $(C + I) > Y$
OFERTA DE EXCEDENTES FINANCEIROS	$i(OP) < i(OA)$ (*spread* bancário)	PROCURA POR EXCEDENTES FINANCEIROS

A Figura 14.1 resume as precondições para a existência e a atuação de intermediários financeiros. De um lado, encontram-se agentes econômicos superavitários, no país ou no exterior. Eles geram um superávit operacional agregado, *SO*, traduzido por um fluxo agregado de renda, *Y*, superior ao total dos dispêndios correntes e projetados, de consumo e investimento, $C + I$. De outro lado, encontram-se agentes econômicos, no país ou no exterior, em condições opostas. Seus dispêndios atuais e seus projetos superam suas disponibilidades correntes e projetadas de caixa. Totalizados, registram um déficit operacional agregado, *DO*, que tanto pode resultar de dispêndios de consumo como de investimentos.

Existindo bases institucionais para a operação de intermediários financeiros, os agentes superavitários ofertarão seus excedentes; os deficitários procurarão por financiamentos. Os primeiros receberão juros, uma espécie de prêmio pelo diferimento de seus dispêndios e de compensação pelos possíveis riscos em que incorrem; os segundos pagarão juros. Os intermediários financeiros farão o encontro indireto de uns com outros, colocando-se entre os mutuários (deficitários) e os mutuantes (superavitários). Os juros de suas operações passivas com os mutuantes, $i(OP)$, deverão ser inferiores aos de suas operações ativas com os mutuários, $i(OA)$. As diferenças entre juros passivos e ativos, ou *spread* bancário, serão suas receitas operacionais de intermediação, com as quais cobrirão suprimentos para suas operações empresariais e custos de processamento. Estas receitas poderão ser complementadas por outros serviços que os intermediários financeiros podem prestar, como a custódia de excedentes não remunerados e apoio para liquidação de transações.

A Tabela 14.1 mostra os *spreads* médios ponderados praticados pelos sistemas financeiros de países selecionados, agrupados segundo níveis de desenvolvimento. Nos de economia avançada, os *spreads* são inferiores aos de países emergentes.

TABELA 14.1
Spread bancário em países selecionados, segundo níveis de desenvolvimento: período 2000-2012.

Países	2000	2002	2004	2006	2008	2010	2012
Avançados							
Japão	2,00	1,83	1,69	0,98	1,32	1,10	0,93
França	–	–	0,77	0,86	0,88	1,08	0,95
Reino Unido	–	–	1,20	1,65	2,00	1,40	1,40
Bélgica	2,00	2,00	2,00	2,00	1,78	1,50	1,50
Alemanha	–	–	1,32	1,18	1,22	1,91	1,78
Canadá	3,79	3,38	3,22	3,99	3,23	2,40	2,52
Suíça	1,29	3,50	2,99	1,63	3,18	2,65	2,66
Estados Unidos	2,77	2,95	2,78	2,81	2,12	2,94	3,02
Austrália	5,07	4,46	5,00	5,35	4,18	3,07	3,06
Dinamarca	–	–	5,98	4,56	4,22	4,10	4,46
Emergentes							
Polônia	5,83	5,83	3,81	3,28	2,02	2,58	2,50
Filipinas	2,60	4,53	3,90	4,48	4,26	4,45	2,52
Turquia	–	–	–	–	3,59	3,73	2,65
China	3,60	3,33	3,33	3,60	3,06	3,06	3,00
Índia	2,75	5,25	5,25	5,00	3,70	4,50	3,23
África do Sul	5,30	4,98	4,74	4,03	3,51	3,37	3,31
Rússia	17,92	10,75	7,65	6,35	6,47	4,81	3,57
México	8,67	4,45	4,74	4,22	5,66	4,07	3,65
Hungria	3,11	2,76	3,73	0,63	0,26	2,67	3,72
Chile	5,64	3,96	3,19	2,89	5,77	3,00	4,27
Tailândia	4,84	4,90	4,50	2,92	4,56	4,92	4,30
República Checa	3,77	7,05	6,55	5,52	5,36	5,78	5,11
Romênia	20,74	16,19	14,07	9,21	5,48	6,76	5,82
Indonésia	5,96	3,44	7,68	4,57	5,11	6,24	5,86
Colômbia	6,64	7,39	7,28	6,62	7,43	5,72	7,23
Cazaquistão	15,40	10,10	10,30	9,20	10,60	10,10	9,10
Brasil	**36,90**	**31,40**	**27,90**	**27,20**	**30,70**	**23,50**	**11,50**
Peru	20,18	17,23	22,26	20,73	20,17	17,43	16,78

Fonte: *World Competitiveness Yearbook*. IMD: Lausanne, relatórios anuais de 2000 a 2012.

Os principais fatores determinantes das diferença são, além das distâncias entre juros passivos e ativos da intermediação bancária, os riscos de inadimplência (provisões para empréstimos de liquidação duvidosa), os custos operacionais dos

FIGURA 14.2
A interligação operacional dos setores real e financeiro: atividades interdependentes, mas com funções e operações distintas.

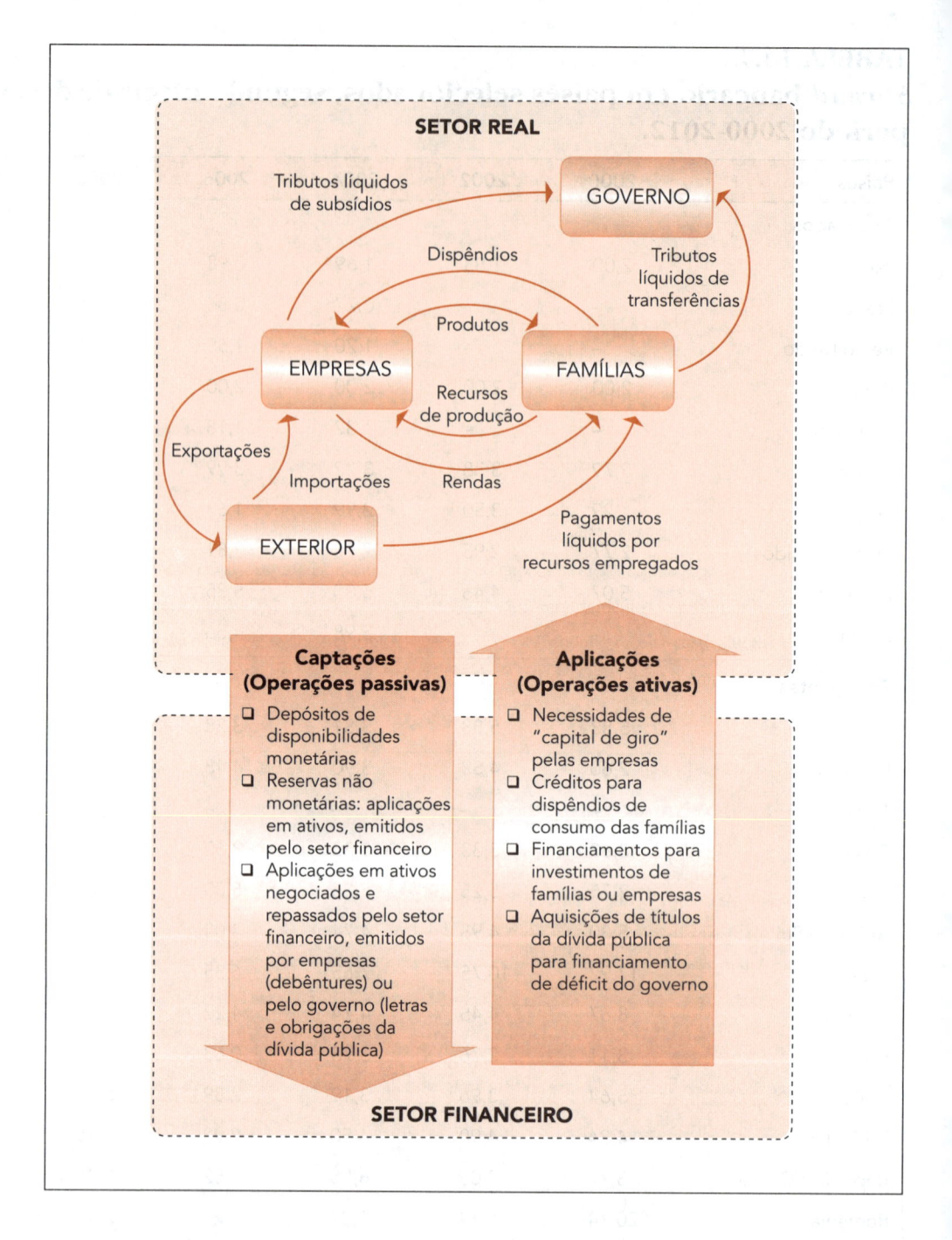

SETOR REAL

- GOVERNO
- EMPRESAS
- FAMÍLIAS
- EXTERIOR

Fluxos: Tributos líquidos de subsídios; Dispêndios; Tributos líquidos de transferências; Produtos; Recursos de produção; Exportações; Importações; Rendas; Pagamentos líquidos por recursos empregados.

Captações (Operações passivas)
- Depósitos de disponibilidades monetárias
- Reservas não monetárias: aplicações em ativos, emitidos pelo setor financeiro
- Aplicações em ativos negociados e repassados pelo setor financeiro, emitidos por empresas (debêntures) ou pelo governo (letras e obrigações da dívida pública)

Aplicações (Operações ativas)
- Necessidades de "capital de giro" pelas empresas
- Créditos para dispêndios de consumo das famílias
- Financiamentos para investimentos de famílias ou empresas
- Aquisições de títulos da dívida pública para financiamento de déficit do governo

SETOR FINANCEIRO

---

bancos, os impostos incidentes sobre as operações, os encargos estabelecidos pelas autoridades monetárias e as margens líquidas de lucro auferidas pelos bancos. Estes fatores ampliam os *spreads* praticados no Brasil. No *ranking* mundial deste indicador da intermediação financeira, o Brasil é o que tem apresentado, em séries históricas, as mais altas taxas. Praticamente todos os fatores que as determinam são, em termos comparativos, mais altos no Brasil.

Funções da Intermediação Financeira

As funções do **setor financeiro** e suas ligações com o **setor real** estão sintetizadas na Figura 14.2.

As transações do setor real são, em síntese, as que se contabilizam nos sistemas convencionais de contas nacionais. Todas pressupõem um fluxo real de prestação de serviços ou de fornecimento de bens para fins intermediários ou finais. E têm, como contrapartida, a liquidação com o uso de instrumentos monetários: a moeda corrente ou a movimentação de saldos bancários.

O setor real está operacionalmente ligado ao financeiro não só pela liquidação de operações, via movimentação de saldos bancários, mas também por operações de intermediação de recursos. Empresas, famílias e governos, do país e do exterior, em posições superavitárias, fornecem recursos captados pelo setor financeiro, sob a forma de depósitos de disponibilidades monetárias (depósitos a vista nos bancos comerciais) e de reservas financeiras não monetárias (aplicações em títulos de emissão dos intermediários financeiros ou de outros agentes deficitários, que os intermediários colocam no mercado financeiro). Em contrapartida, estabelecem-se condições para as operações ativas dos intermediários. Eles canalizarão os recursos captados, no financiamento de necessidades de giro, na concessão de créditos para dispêndios de consumo e no financiamento de investimentos.

O papel exercido pelos intermediários financeiros é justificado pelos benefícios privados e sociais decorrentes. Os geralmente aceitos são:

- **Canais permanentes.** A qualquer momento, qualquer agente econômico encontra no setor financeiro canais abertos para a negociação de operações ativas e passivas. Com a intermediação financeira, eliminam-se os inconvenientes dos financiamentos "diretos", que pressupõem, caso a caso, o encontro de dois agentes econômicos não financeiros em condições opostas de liquidez e com interesses que se ajustem perfeitamente.

- **Especialização.** Dadas as incertezas que cercam a realidade econômica, exige-se de agentes deficitários ou superavitários capacidade de previsão e de julgamento, requeridas tanto para operações ativas, quanto para passivas. A administração de excedentes poderá ser mais bem conduzida por agentes especializados. E a filtragem de operações de crédito também. Os agentes que operam no setor real da economia podem não ser dotados das capacitações exigidas para decisões financeiras que complementem adequadamente seus negócios e transações.

- **Diluição de riscos.** O custo das operações financeiras deve cobrir não apenas os riscos inerentes às intenções e às possibilidades futuras de liquidação dos mutuários, mas também os decorrentes de contingências, como desastres, crises, insucessos e outros infortúnios. Como o processo de intermediação abrange grande número de agentes, estendendo-se por diferentes regiões e atendendo a atividades diversificadas, os riscos diluem-se e os custos operacionais reduzem-se, notadamente quando prevalecem estruturas de mercado competitivas no setor financeiro.

- **Ganhos de eficácia.** C. R. Contador[2] demonstra que as operações regulares do setor financeiro podem conduzir a ganhos sociais de eficácia alocativa. Os recursos captados por intermediários financeiros tendem a ser canalizados para atividades produtivas, com base em critérios comparativos de rentabilidade e de retorno. Os projetos de investimento, candidatos a financiamento, ao passarem pelo filtro do sistema financeiro, cercam-se de maior proteção, quanto à avaliação de seus custos e benefícios sociais.

❏ **Sustentação e expansão de fluxos reais**. A intermediação financeira fomenta os fluxos reais e atua como coadjuvante na sustentação do emprego e das atividades produtivas. Excedentes de agentes superavitários, quando não recanalizados para o setor real, deprimem os fluxos de dispêndio e de produção. Quando convertidos em operações de crédito, para o processamento produtivo, para o consumo ou para a formação de capital, ampliam os fluxos agregados, integrando-se nos processos de manutenção e crescimento das atividades econômicas como um todo.

Pelos efeitos que a intermediação financeira exerce sobre o setor real da economia, há evidências empíricas de que os padrões e os estágios de desenvolvimento econômico das nações são fortemente correlacionados com os do desenvolvimento dos seus sistemas financeiros.

R. G. Goldsmith,[3] em *Financial structure and development,* demonstrou que, à medida que aumenta a renda e a riqueza de uma economia, tende também a evoluir a estrutura da intermediação financeira. É até difícil estabelecer o que vem primeiro: se é o desenvolvimento do processo de intermediação financeira que puxa o setor real, impulsionando o crescimento da economia como um todo e os padrões de seu desenvolvimento empresarial, ou se é o desenvolvimento dos negócios no setor real da economia que pressiona por maior sofisticação e desempenho do setor de intermediação financeira.

De qualquer forma, ainda que seja difícil estabelecer a direção do processo de causa e efeito, a correlação é evidente. E mais: a própria segmentação e os padrões de diversificação e de especialização do sistema financeiro têm muito a ver com a estrutura econômica das nações. Isso porque, como observa C. R. Contador,[4] cada ramo de atividade produtiva "caracteriza-se por diferentes intensidades de absorção de ativos financeiros. Assim, uma economia predominantemente primária, ainda que não necessariamente num baixo estágio de bem-estar social, requer instrumentos financeiros menos sofisticados que uma economia baseada em atividades secundárias e terciárias. A atividade rural, conforme demonstra a experiência dos mais distintos países, requer menor intensidade de ativos financeiros e seu funcionamento eficiente é satisfeito com um número reduzido de ativos e de funções financeiras. Mas à medida que as atividades industriais e de serviços assumem maior importância relativa, novos e mais sofisticados instrumentos financeiros tornam-se necessários para o funcionamento eficaz do setor real".

14.2 A Segmentação do Setor de Intermediação Financeira

Características e Papéis dos Quatro Segmentos

Em economias que já tenham uma estrutura de produção mais diversificada, com ampliação das participações relativas das atividades secundárias e terciárias no produto agregado, o setor de intermediação financeira é constituído por quatro segmentos, definidos pelos tipos de operações que os caracterizam e pelos fins a que se destinam.

O termo **mercado** é usualmente empregado na designação desses segmentos. Essa designação resulta da própria caracterização formal do setor de intermediação financeira: ele está entre agentes que exercem, de um lado, a procura por ativos financeiros monetários e não monetários; de outro lado, por agentes que ofertam excedentes a partir dos quais se constituem os estoques disponíveis desses mesmos ativos. Assim, os quatro principais segmentos do setor financeiro correspondem a quatro mercados:

- O mercado monetário.
- O mercado de crédito.
- O mercado de capitais.
- O mercado cambial.

As características desses mercados, quanto às operações, prazos praticados, tipos de ativos transacionados e fins a que se destinam, encontram-se resumidas no Quadro 14.2.

O mercado monetário. É neste mercado que se estabelece o nível de liquidez geral da economia, definido pelo suprimento de moeda, em seu conceito restrito e convencional, constituído pelo papel-moeda e pela moeda escritural, esta última correspondente aos depósitos a vista no sistema bancário. Para que as transações no setor real da economia possam ser adequadamente liquidadas, o setor financeiro deve dispor de suprimento desses ativos. Os bancos centrais, na qualidade de autoridades monetárias, são os reguladores do nível dos estoques monetários. Para compatibilizar, no dia a dia, o nível desses estoques com a desejada liquidez da economia, as autoridades monetárias operam nesse mercado junto a uma rede de intermediários financeiros, através da qual injeta ou retira recursos líquidos.

Nesse mercado, de alta sensibilidade e de grandes montantes negociados, as operações são de curto ou de curtíssimo prazo. Lastreiam-se em títulos emitidos ou repassados pelos bancos centrais. Quando há excesso de liquidez, podendo comprometer o valor da moeda, as autoridades monetárias injetam esses títulos, vendendo-os em grandes lotes a bancos *dealers*, que os revendem a outros intermediários financeiros ou ao setor real, em **mercado aberto** (*open market*) e enxugando estoques de moeda. Em situação oposta, quando há falta de liquidez, as autoridades recompram os títulos e reinjetam moeda no sistema financeiro. Como observam Rudge-Cavalcante,[5] "no conjunto das operações, os bancos centrais não precisam ser sempre a parte que compra ou vende dinheiro em excesso ou em falta. Os próprios bancos, operando entre si, têm a mesma facilidade de repor saques ou aplicar depósitos. Como tais operações são continuadas, durante todo o expediente bancário, as instituições financeiras montam mesas de operações com essa finalidade especial, a de manter a liquidez em situação de equilíbrio".

Para conferir liquidez ao próprio mercado monetário, as instituições monetárias abrem ainda mais as operações de repasse dos títulos. Agentes do setor real da economia, em operações secundárias, podem trocar posições monetárias por títulos do mercado aberto. O objetivo desses agentes não financeiros é rentabilizar suas disponibilidades, mantendo-as em ativos de prazos curtos e de alta liquidez.

QUADRO 14.2
Segmentação do mercado financeiro, por tipos de ativos, prazos das operações e fins a que se destinam.

Principais segmentos do mercado financeiro	Operações, prazos e fins a que se destinam
MERCADO MONETÁRIO	❑ Operações de curto e de curtíssimo prazos. ❑ Agentes primariamente envolvidos: autoridades monetárias e intermediários financeiros. Secundariamente, o mercado é aberto para os demais agentes econômicos. Daí a expressão *open market*. ❑ Finalidade principal: regular a liquidez da economia como um todo.
MERCADO DE CRÉDITO	❑ Operações de curto, médio e longo prazos. Em economias estáveis, os prazos tendem a alongar-se. ❑ Finalidade básica: suprir necessidades de caixa, para operações correntes e investimentos. ❑ Atende a todos os agentes econômicos: 　✓ **Famílias** (crédito direto ao consumidor). 　✓ **Empresas** (crédito rural, industrial, imobiliário para investimentos e giro comercial). 　✓ **Governos** (crédito para cobertura de déficits correntes e de capital). ❑ Pelos riscos envolvidos, opera sob garantias: 　✓ **Reais** (hipoteca de bens de raiz). 　✓ **Pignoratícias** (penhor, alienação fiduciária e reserva de domínio). 　✓ **Fidejussórias** (aval, fiança).
MERCADO DE CAPITAIS	❑ Operações sem prazos definidos. ❑ Não se caracteriza por operações que envolvem exigíveis (empréstimos e financiamentos). Transacionam-se quotas de participação no capital de empresas. ❑ Tipifica-se por riscos maiores que os do mercado de crédito: os credores das empresas são preferenciais aos acionistas. ❑ Finalidade básica: suprir necessidades de recursos **não exigíveis**, para investimentos de alta expressão e longos prazos de retorno.
MERCADO CAMBIAL	❑ Operações de compra e venda de moedas estrangeiras conversíveis. ❑ Preponderam operações com moedas de livre curso internacional. ❑ Destinam-se a converter ativos monetários para transações com o exterior: 　✓ **Reais** (transações correntes com mercadorias e serviços). 　✓ **Financeiras** (interligação de mercados internacionais de crédito e de capitais).

O mercado de crédito. É neste segmento que se realizam as operações de financiamento do setor real da economia, por **exigibilidades** que este setor passará a ter com o de intermediação financeira. As obrigações exigíveis são decorrentes de operações de crédito, de curto, médio e longo prazo, destinadas a suprir necessidades de caixa, para operações correntes e de investimentos.

O mercado de crédito atende a todos os agentes econômicos. A Tabela 14.2 e o Quadro 14.3 mostram a amplitude e a diversidade dos atendimentos desse mercado, reproduzindo dados da realidade brasileira, em saldos apurados no final de 2013. Famílias e empresas, pessoas físicas e jurídicas, além de todas as esferas

> **QUADRO 14.3**
> **Brasil, 2013: amplitude e diversidade do mercado de crédito.**
>
> De todos os segmentos do setor de intermediação financeira, o mercado de crédito é o que revela maior amplitude, quanto aos agentes atendidos, às finalidades das operações, às garantias requeridas e aos intermediários envolvidos. São também diversificadas as categorias de captação que lastreiam essas operações.
>
> Os saldos do final de 2013 indicam que, no Brasil, a maior parcela das operações nesse segmento destinou-se às **empresas** (57,3%). Os dados das atividades agropecuárias, desagregados segundo a finalidade do crédito, mostram que 2/3 se destinaram a operações de custeio e de comercialização; 1/3 para investimentos em formação de capital. Provavelmente, esta proporção se repete nas atividades industriais e de serviços.
>
> As **famílias** (pessoas físicas mais habitação) absorveram 42,7% das operações do mercado de crédito, cerca de 1/3 destinado ao financiamento de habitações.
>
> As três esferas de **governo** tomaram 5,3% das operações. A baixa participação do governo federal nesta parcela justifica-se pela utilização do mercado monetário para financiamento de suas insuficiências de caixa, via colocação de títulos do tesouro nacional pelas autoridades monetárias.
>
> No Brasil, a amplitude do **mercado de crédito** é exacerbada em relação ao **mercado de capitais**. No final de 2013, o saldo das operações ativas dos intermediários financeiros no mercado de crédito totalizou R$ 2.715,2 bilhões. Isso é mais de 150 vezes maior que a colocação de ações e debêntures no subsegmento do mercado primário de capitais durante o mesmo período.
>
> Se, no Brasil, repetir-se a experiência histórica observada em outros países, são tendências prováveis nesses dois segmentos do setor financeiro:
> - Ampliação relativa do mercado de capitais.
> - Expansão das operações destinadas à formação de capital em relação ao consumo no mercado de crédito.

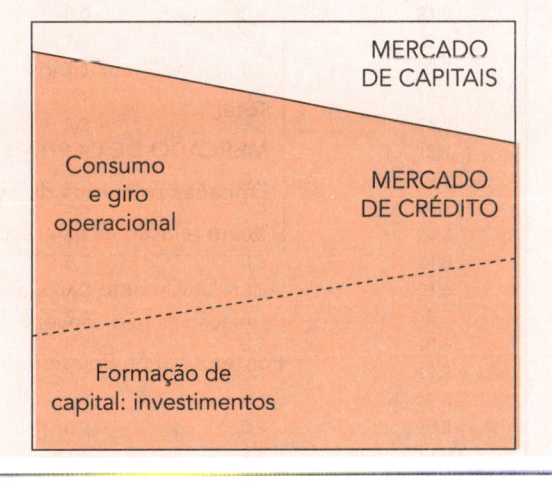

do governo, recorrem ao mercado de crédito para suprimento de suas deficiências de caixa. E estes mesmos agentes, quando em posições superavitárias, fornecem recursos (saldos de caixa temporariamente "ociosos"), que serão repassados pelo sistema de intermediação financeira.

É neste mercado que se realizam os empréstimos do sistema financeiro ao setor real da economia. No Brasil, como mostram os dados da Tabela 14.3, essas operações têm aumentado substancialmente em relação ao PIB, embora ainda estejam abaixo do volume de intermediação dos países avançados (80 a 85% do PIB). O crédito direto ao consumidor, o crédito rural, as operações de financiamento das atividades industriais, o giro comercial, o crédito imobiliário e o repasse de recursos exigíveis da economia privada para o governo se dão no mercado de crédito, em que operam instituições bancárias comerciais e outros intermediários financeiros não bancários, de que são exemplos as sociedades de crédito e financiamento e as instituições de fomento. Pelos riscos envolvidos, as operações que se realizam neste mercado se processam em bases contratuais, por regras estabelecidas ao amparo da lei. As ligações operacionais entre os setores real e financeiro se processam sob **garantias reais, pignoratícias e fidejussórias** – hipotecas, penhores e fianças.

TABELA 14.2 Brasil, 2013: saldo das operações dos intermediários financeiros no mercado de crédito. Expressão desse segmento em relação ao mercado de capitais.

MERCADO DE CRÉDITO Operações por agentes econômicos	Saldos no final de 2013	
	R$ bilhões	% sobre o total
Famílias	**1.162,7**	**42,7**
Pessoas físicas	767,5	29,0
Habitação	395,2	13,7
Empresas	**1.402,2**	**57,3**
Atividades agropecuárias	218,2	7,5
Custeio e comercialização	145,5	5,0
Investimentos	72,7	2,5
Atividades industriais	516,5	19,1
Serviços	667,5	25,4
Comércio	242,3	9,2
Outros Serviços	425,2	16,2
Governo	**150,3**	**5,3**
Federal	70,6	2,8
Estados e municípios	79,7	2,5
Total	**2.715,2**	**100,0**
MERCADO DE CAPITAIS		
Emissões primários de ações e debêntures[a]	**17,1**	
% em relação às operações do mercado de crédito		**0,6%**

[a] É relativamente baixa a expressão do lançamento de debêntures conversíveis em ações, em relação às não conversíveis: média de 16,5% no período 2000-2013.

Fonte: BACEN. *Boletim do Banco Central do Brasil*. Brasília: Bacen, 2013.

TABELA 14.3 Evolução das operações de empréstimo do sistema financeiro do Brasil em relação ao PIB: 2000-2013.

Anos	R$ bilhões correntes		
	Empréstimos[1] (a)	PIB (b)	Relação % (a)/(b)
2000	319,0	1.179,5	27,05
2001	332,4	1.302,1	25,53
2002	378,3	1.477,8	25,65
2003	418,2	1.699,9	24,60
2004	499,6	1.941,5	25,73
2005	607,0	2.147,2	28,27
2006	732,6	2.369,5	30,92
2007	936,0	2.661,3	35,17
2008	1.227,3	3.032,2	40,48
2009	1.414,3	3.239,4	43,66
2010	1.705,3	3.770,1	45,23
2011	2.034,0	4.143,0	49,09
2012	2.368,4	4.402,5	53,80
2013	2.715,2	4.806,9[2]	56,48

[1] Saldos no final de dezembro, com recursos livres e direcionados.
[2] Estimativa preliminar.
Fonte: IBGE – Centro de Contas Nacionais e Banco Central.

O mercado de capitais. Neste segmento, realizam-se operações sem prazos definidos. Pelo próprio conceito econômico de capital, não se transacionam nesse mercado exigibilidades financeiras. Transacionam-se "pedaços" das empresas, representados por quotas de participação no capital. As ações que se negociam em bolsas de valores são os títulos de referência desses "pedaços". Seus detentores são acionistas. E seus ganhos decorrem, de um lado, das variações positivas no valor das empresas, julgadas pelo mercado; de outro lado, do recebimento de dividendos. Mas as ações não são papéis exigíveis. São **não exigíveis**. Seus detentores podem, porém, transferi-las para outros. E tanto a colocação primária de ações emitidas, quanto suas subsequentes transferências de um detentor para outro, em transações secundárias, ocorrem no âmbito do mercado de capitais.

As expressões **mercado primário de capitais** e **mercado secundário de capitais**, com que se subdividem as operações neste segmento do sistema financeiro, identificam dois subsegmentos de importância equivalente. No primeiro, são colocadas as emissões de capital: é nele que os agentes econômicos canalizam para as empresas recursos destinados à expansão, à implantação de novas unidades, à formação de capital produtivo. Mas, como as ações são títulos não exigíveis, é no segundo subsegmento que se estabelece sua liquidez.

H. Paula Leite[6] observa que é incorreto atribuir maior importância às operações do mercado primário, comparativamente às do secundário, sob a alegação de que é no primeiro que se dá, efetivamente, a transformação de fundos financeiros em bens de capital, fomentando o crescimento econômico, enquanto o segundo é meramente especulativo. Na realidade, é o mercado secundário que viabiliza o primário, pois, sem a sua existência, não se encontrariam investidores dispostos a financiar os investimentos empresariais, sem prazos de vencimento. Como o investidor não pode prescindir da liquidez de suas aplicações, é o mercado secundário que lhe proporciona isso. "Assim, torna-se difícil, para não dizer inútil, tentar hierarquizar os subsegmentos segundo suas presumidas utilidades para a economia como um todo. Eles complementam-se e, em conjunto, viabilizam o financiamento das empresas através de ações."

O mercado cambial. Neste segmento é que se realizam as operações de conexão do setor real e do setor financeiro de um país com os do resto do mundo. É nele que se realizam as operações de compra e venda de moedas estrangeiras conversíveis, preponderantemente das que têm livre curso internacional, com as quais se liquidam as transações de importação e exportação de mercadorias e serviços e se viabilizam as transferências financeiras entre as nações.

Sob condições de livre negociação, sem viscosidades, é no mercado cambial que se estabelece a taxa de câmbio entre a moeda corrente nacional e as dos demais países. Neste caso, as taxas se flexibilizam, valorizando ou desvalorizando a moeda nacional, sob a influência das forças de oferta e de procura de cada uma das moedas livremente negociadas. Como a direção e o volume das transações externas, reais e financeiras, são fortemente afetados pelo nível da taxa cambial, as taxas de câmbio tendem a ser reguladas pelas autoridades monetárias. Ao câmbio livre e flexível, contrapõe-se o câmbio oficial. E podem-se estabelecer mercados paralelos, quando, a juízo dos agentes do setor real e dos intermediários financeiros, as taxas oficiais não refletem as tensões resultantes da interface da economia nacional com o resto do mundo.

A Estrutura do Sistema

14.3 O Sistema Financeiro Nacional

A estrutura dos sistemas financeiros guarda estreitas relações com o estágio de desenvolvimento das economias nacionais. G. Kaufman,[7] em *Money: the financial system and the economy,* observa que os sistemas financeiros "são o espelho da maturidade econômica das nações. As formas como se encontram estruturados os canais de transferência de fundos, de unidades superavitárias para unidades deficitárias, definem diferentes graus de eficiência com que a economia maximiza o bem-estar corrente e viabiliza o crescimento futuro". Espelhando a maturidade da economia como um todo, o setor financeiro das nações difere quanto a pelo menos cinco aspectos:

- Os padrões com que as instituições normativas interferem nas regras de intermediação.
- A diversidade das instituições de intermediação e de suas carteiras operacionais.
- Os tipos de instrumentos de captação de recursos e de operações ativas.
- A estrutura dos ativos financeiros, monetários e não monetários, quanto a taxas de participação de cada um deles no estoque do sistema como um todo.
- Os graus de abertura em relação ao sistema financeiro internacional.

A experiência histórica do Brasil na estruturação do sistema financeiro nacional praticamente reproduziu o que ocorreu em outros países. A formação do sistema inicia-se com a criação de bancos comerciais. Nessa fase, a moeda corrente e os depósitos bancários a vista praticamente totalizam os ativos financeiros. Com o desenvolvimento econômico e a diversificação das atividades, criam-se novas instituições, instrumentos de captação e categorias operacionais. Por fim, estruturam-se as autoridades monetárias e estabelecem-se padrões normativos. A especialização operacional, a busca por ganhos de escala, o aumento dos graus de concentração das instituições em cada segmento caracterizam a fase de maturação. Esta se completa com o alargamento dos graus de abertura do setor externo – quando se definem os padrões estratégicos de maior integração da economia no sistema mundial.

Os grandes contornos da estrutura do sistema financeiro nacional foram definidos no biênio 1964-65. No bojo da reforma do setor financeiro, foram criados o Conselho Monetário Nacional e o Banco Central do Brasil. Redefiniram-se os papéis e os padrões operacionais de instituições tradicionais, que vinham operando no mercado de crédito. Estabeleceram-se as condições institucionais para a operação do mercado monetário. O desenvolvimento do mercado de capital foi estimulado. As instituições se reaparelharam para operar no mercado cambial, sob a perspectiva de maior inserção da economia do país no mercado financeiro internacional. E se definiram as regras para a criação de novas instituições não bancárias, especializadas em operações de longo prazo para o financiamento do processo de acumulação de capital.

A Figura 14.3 sintetiza a estrutura operacional do sistema, subdividido em dois subsistemas. O primeiro, normativo, é constituído por autoridades monetárias que

FIGURA 14.3
A estrutura funcional do sistema financeiro nacional: instituições dos subsistemas normativo e operacional.

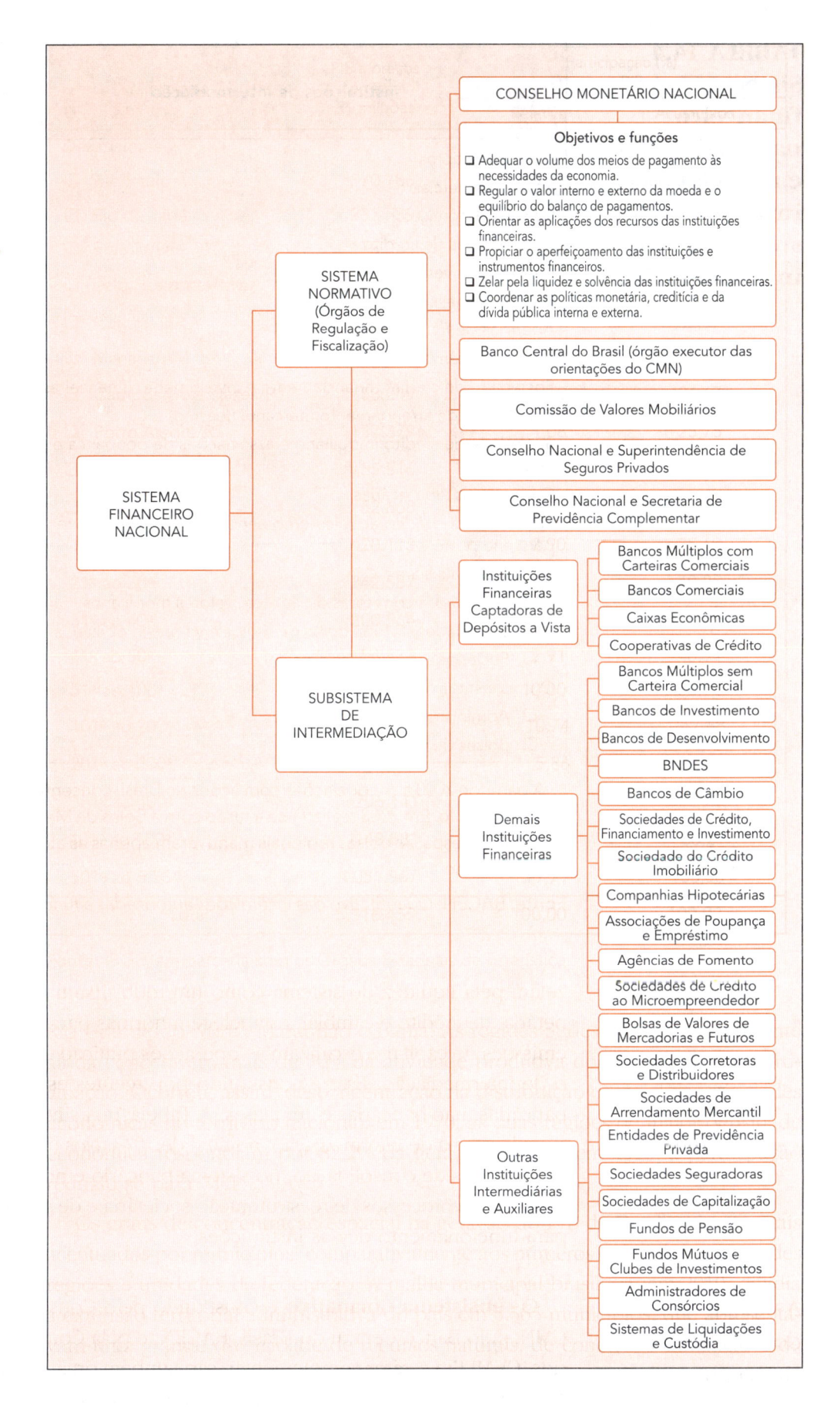

```
                                              ┌─ CONSELHO MONETÁRIO NACIONAL
                                              │
                                              │   Objetivos e funções
                                              │   ❑ Adequar o volume dos meios de pagamento às
                                              │     necessidades da economia.
                                              │   ❑ Regular o valor interno e externo da moeda e o
                                              │     equilíbrio do balanço de pagamentos.
                                              │   ❑ Orientar as aplicações dos recursos das instituições
                          SISTEMA              │     financeiras.
                          NORMATIVO ───────────┤   ❑ Propiciar o aperfeiçoamento das instituições e
                          (Órgãos de           │     instrumentos financeiros.
                          Regulação e          │   ❑ Zelar pela liquidez e solvência das instituições financeiras.
                          Fiscalização)        │   ❑ Coordenar as políticas monetária, creditícia e da
                       │                       │     dívida pública interna e externa.
                       │                       │
                       │                       ├─ Banco Central do Brasil (órgão executor das
                       │                       │  orientações do CMN)
                       │                       │
                       │                       ├─ Comissão de Valores Mobiliários
  SISTEMA              │                       │
  FINANCEIRO ──────────┤                       ├─ Conselho Nacional e Superintendência de
  NACIONAL             │                       │  Seguros Privados
                       │                       │
                       │                       └─ Conselho Nacional e Secretaria de
                       │                          Previdência Complementar
                       │
                       │                                              ┌─ Bancos Múltiplos com Carteiras Comerciais
                       │                         Instituições         ├─ Bancos Comerciais
                       │                         Financeiras ────────┤
                       │                         Captadoras de        ├─ Caixas Econômicas
                       │                         Depósitos a Vista    └─ Cooperativas de Crédito
                       │
                       │                                              ┌─ Bancos Múltiplos sem Carteira Comercial
                       │                                              ├─ Bancos de Investimento
                       │                                              ├─ Bancos de Desenvolvimento
                       │                                              ├─ BNDES
                       │                                              ├─ Bancos de Câmbio
                       │   SUBSISTEMA                                 ├─ Sociedades de Crédito, Financiamento e Investimento
                       └── DE ──────────────── Demais ────────────────┤
                           INTERMEDIAÇÃO       Instituições           ├─ Sociedade de Crédito Imobiliário
                                               Financeiras            ├─ Companhias Hipotecárias
                                                                      ├─ Associações de Poupança e Empréstimo
                                                                      ├─ Agências de Fomento
                                                                      └─ Sociedades de Crédito ao Microempreendedor

                                                                      ┌─ Bolsas de Valores de Mercadorias e Futuros
                                                                      ├─ Sociedades Corretoras e Distribuidores
                                                                      ├─ Sociedades de Arrendamento Mercantil
                                                                      ├─ Entidades de Previdência Privada
                                               Outras                 ├─ Sociedades Seguradoras
                                               Instituições ─────────┤
                                               Intermediárias         ├─ Sociedades de Capitalização
                                               e Auxiliares           ├─ Fundos de Pensão
                                                                      ├─ Fundos Mútuos e Clubes de Investimentos
                                                                      ├─ Administradores de Consórcios
                                                                      └─ Sistemas de Liquidações e Custódia
```

TABELA 14.4 Sistema financeiro nacional: sedes e agências das instituições do subsistema de intermediação.

Instituições de intermediação	Dimensionamento do sistema — Final de 2013
Bancos múltiplos	132
Bancos comerciais	22
Caixas econômicas	1
Cooperativas de crédito	1.192
Bancos de investimentos	14
Bancos de desenvolvimento	4
Agências de Fomento	16
Bancos de câmbio	3
Sociedade de crédito, financiamento e investimento (financeiras)	58
Sociedades de arrendamento mercantil (leasing)	28
Sociedade de crédito imobiliário e associações de poupança e empréstimo	11
Companhias hipotecárias	8
Sociedade de crédito ao microempreendedor/e à empresa de pequeno porte	38
Instituições auxiliares	
❑ Sociedades corretoras de títulos e valores mobiliários	92
❑ Sociedades distribuidoras de títulos e valores mobiliários	115
❑ Sociedades corretoras de câmbio	62
Outras instituições	
❑ Administradoras de consórcios	199
❑ Bolsas de valores[a]	1

[a] A partir de 2000 as negociações com ações no Brasil concentraram-se na Bolsa de Valores de São Paulo. Em 2008 realizou-se a fusão com a Bolsa de Mercadorias, criando-se então a BM&FBovespa. As bolsas regionais mantiveram apenas as atividades de desenvolvimento do mercado acionário.

Fonte: BACEN. *Quantitativo das instituições autorizadas a funcionar.* Brasília: BACEN, 2013.

zelam pela liquidez do sistema como um todo, fixam diretrizes de política monetária, de crédito e cambial, estabelecem normas para emissão e negociação de emissões de capital e fiscalizam as operações praticadas no segundo subsistema, o de intermediação. Este é constituído por agentes especiais e por instituições bancárias, não bancárias e auxiliares. A Tabela 14.4 sintetiza o dimensionamento do subsistema de intermediação, no final de 2013. Nos últimos 15 anos, ocorreram movimentos de consolidação, no sistema bancário e no mercado de capitais, resultantes de processos de reestruturação societária e de novos marcos regulatórios para funcionamento dessas instituições.

As Instituições do Subsistema Normativo

O **subsistema normativo** é constituído pelo Conselho Monetário Nacional, CMN, pelo Banco Central do Brasil, BACEN, e pela Comissão de Valores Mobiliários, CVM. Em caráter complementar, são também órgãos reguladores o Conselho Nacional e a Superintendência de Seguros Privados e o Conselho Nacional e a Secretaria de Previdência Complementar.

Conselho Monetário Nacional. O CMN é um órgão normativo por excelência. Não tem funções executivas. Fixa, em sentido abrangente, todas as diretrizes de atuação do setor financeiro, compatibilizando-as com o desempenho projetado para o setor real da economia. Atua como um conselho de política econômica, procurando harmonizar as diretrizes para os mercados monetário, de crédito, de capitais e cambial com as medidas adotadas em outros segmentos de ação do governo. São suas funções:

- Adaptar o volume dos meios de pagamento às necessidades do setor real da economia e do processo de desenvolvimento.
- Regular o valor interno da moeda, prevenindo ou corrigindo os surtos inflacionários ou deflacionários de origem interna ou externa, as depressões econômicas e outros desequilíbrios conjunturais.
- Regular o valor externo da moeda, o equilíbrio do balanço de pagamentos do país e a utilização dos recursos em moeda estrangeira.
- Orientar a aplicação dos recursos das instituições financeiras, tendo em vista propiciar, nas diferentes regiões do país, condições favoráveis ao desenvolvimento harmônico da economia nacional.
- Propiciar o aperfeiçoamento das instituições e dos instrumentos financeiros, com vista à maior eficiência do sistema de pagamentos e de mobilização de recursos.
- Zelar pela liquidez e solvência das instituições financeiras.
- Coordenar as políticas monetária, creditícia, cambial, fiscal e da dívida pública, interna e externa.

Banco Central do Brasil. É o órgão executivo central do sistema financeiro do país. Faz cumprir as disposições do CMN que regulam o funcionamento do subsistema de intermediação. São de sua privativa competência a emissão de papel-moeda e de moeda metálica, nos limites autorizados pelo CMN; a execução dos serviços do meio circulante; a execução das operações primárias do mercado monetário; e a fiscalização das instituições financeiras. Pelo elenco de suas atribuições, o BACEN pode ser considerado:

- **Banco dos bancos.** Recebe, com exclusividade, recolhimentos compulsórios e voluntários das instituições financeiras e bancárias, fornece empréstimos de liquidez e redescontos para atender às necessidades imediatas das instituições financeiras e regulamenta o funcionamento dos serviços de compensação de cheques e outros papéis.
- **Superintendente do sistema financeiro nacional.** Adapta o desenvolvimento do sistema às reais necessidades e transformações verificadas na economia do país, baixando normas, fiscalizando e controlando as atividades das instituições financeiras, concedendo autorização para seu funcionamento e decretando intervenção ou liquidação extrajudicial.
- **Executor da política monetária.** Regula a expansão dos meios de pagamento, elaborando o orçamento monetário e utilizando os instrumentos de controle da liquidez da economia como um todo. Zela pela adequada liquidez da economia e estimula a formação da poupança.

❏ **Banco emissor**. Detém o monopólio de emissão do papel-moeda e da moeda metálica e executa os serviços de saneamento do meio circulante.

❏ **Banqueiro do governo**. Efetua as operações de compra e venda de títulos públicos federais, administra a dívida pública interna e externa, controla o fluxo de capitais estrangeiros no país, administra as reservas internacionais do país mantendo-os em nível adequado e executa operações ligadas a organismos financeiros internacionais.

Comissão de Valores Mobiliários. A CVM é o mais recente órgão normativo do sistema financeiro nacional. Foi criada em 1976. Suas atribuições limitam-se ao mercado de capitais. As principais são:

❏ Assegurar o funcionamento eficiente das bolsas de valores e das instituições auxiliares que atuam neste segmento de mercado.

❏ Proteger os titulares de valores mobiliários, notadamente os minoritários.

❏ Fiscalizar as emissões e as negociações dos títulos emitidos pelas empresas de capital aberto.

❏ Fortalecer o mercado de capitais, ampliando a longo prazo a participação desse segmento no sistema de intermediação, com dois objetivos: (1) Expandir a massa de recursos destinada ao crescimento da capacidade de produção do país; e (2) democratizar a propriedade do capital das empresas.

As Instituições do Subsistema de Intermediação

O subsistema de **intermediação** é conceitualmente desdobrado em dois blocos: o das **instituições bancárias**, que operam com **ativos monetários** e o das **instituições não bancárias**, que operam com **ativos não monetários**. Este desdobramento conceitual é de alta relevância para a compreensão da economia monetária, quanto aos mecanismos de contração e de expansão da liquidez, fortemente associados às operações do bloco bancário.

A ligação entre o bloco bancário e os ativos monetários resulta do conceito convencional de moeda. No Capítulo 3, ao tratarmos da interação dos agentes econômicos e do sistema social de trocas, mostramos as funções, a origem e a evolução da moeda. E destacamos as duas formas convencionais de moeda nas economias que dispõem de sistemas financeiros estruturados: a **moeda manual**, constituída pelo papel-moeda e pelas moedas metálicas divisionárias, e a **moeda escritural**, constituída pelos depósitos a vista nas instituições bancárias. No próximo Capítulo, 15, examinaremos outros conceitos de moeda, expandidos em relação ao conceito convencional e restrito de meios de pagamento.

Daí a subdivisão conceitual do subsistema de intermediação: apenas as instituições que captam e operam com depósitos a vista são consideradas bancárias; as demais, que realizam outras formas de captações, como depósitos em cadernetas de poupança, colocação de certificados de depósitos a prazo remunerados, letras de câmbio e quotas de fundos de aplicações em títulos de renda fixa ou variável, são consideradas não bancárias. Repetindo: os depósitos a vista no sistema bancário são ativos monetários; outros ativos financeiros captados pelo subsistema de intermediação são conceituados como não monetários. No próximo capítulo, vamos retomar esses conceitos e mostrar a constituição estrutural desses dois conceitos de ativos financeiros.

Por ora, olhando o subsistema de intermediação por esse ângulo, vamos desdobrá-los em três grupos de instituições:

❑ **Instituições bancárias**
- ✓ Bancos comerciais.
- ✓ Caixas econômicas.

❑ **Instituições não bancárias**
- ✓ Bancos de desenvolvimento.
- ✓ Bancos de investimento.
- ✓ Sociedades de crédito, financiamento e investimento.
- ✓ Sociedades de crédito imobiliário.
- ✓ Associações de poupança e empréstimo.
- ✓ Instituições do mercado de capitais.

❑ **Instituições bancárias mistas**
- ✓ Bancos múltiplos.

Bancos comerciais e caixas econômicas. Os bancos comerciais e as caixas econômicas diferenciam-se das demais instituições do sistema financeiro porque sua operação passiva fundamental é a captação de depósitos a vista em conta corrente. Os bancos múltiplos que operam como bancos comerciais também captam estes depósitos, mas realizam também outras operações passivas de captação de recursos: por isso, são instituições bancárias mistas. Os agentes econômicos que realizam depósitos a vista nessas instituições movimentam seus saldos como **meios de pagamento**, emitindo cheques. O cheque é, assim, o instrumento de manejo da moeda escritural.

Propiciar a movimentação de meios de pagamentos é a diferença essencial entre os bancos comerciais e caixas econômicas e as demais instituições financeiras. Outra característica diferenciadora é o tipo predominante de suas operações ativas: elas se concentram no mercado de crédito e financiam deficiências correntes de caixa, relacionadas a dispêndios de consumo e ao giro de negócios.

Bancos de desenvolvimento e de investimento. As operações ativas desses bancos estão essencialmente vinculadas ao processo de acumulação: sua principal função é financiar a formação de capital fixo. Os bancos de desenvolvimento caracterizam-se como instituições oficiais de fomento. O principal é o Banco Nacional de Desenvolvimento Econômico e Social, BNDES, criado na década de 1950. Com sua criação, desencadearam-se os processos de diversificação e de especialização, que passaram a marcar o desenvolvimento do sistema financeiro no país. Suas atividades de fomento centram-se no aporte de recursos de longo prazo, para fortalecimento do sistema empresarial, dando suporte para a consolidação da grande empresa nacional nos setores básicos da economia – como o de indústrias pesadas e produtoras de bens de capital – para o preferencial de recursos a regiões carentes (projetos *greenfield*) e para remoção de pontos de estrangulamento observados no setor real da economia. Atuando com sua subsidiária integral, BNDESPAR, investe em empresas nacionais através da subscrição de ações e de debêntures conversíveis. Não obstante o BNDES esteja focado em grandes projetos, atende também a empresas de qualquer porte ou setor, em parceria com agências e instituições repassadoras de seus recursos, estabelecidas em todas as regiões do país. Os demais bancos de desenvolvimento e as agências de fomento são instituições controladas pelos governos estaduais, com objetivos semelhantes aos do BNDES e de sua subsidiária, visando o apoio a projetos empresariais em seus respectivos Estados.

Sociedades de crédito, financiamento e investimentos. Estes intermediários financeiros não bancários, conhecidos como "financeiras", atuam no mercado de crédito, em operações de médio prazo, predominantemente destinadas ao financiamento da compra a prazo de bens de consumo de uso durável (ou semidurável) por usuários finais. Eles surgiram na estrutura financeira do país no segundo pós-guerra do século XX. Inicialmente, financiavam tanto a aquisição de bens de capital para investimentos em estruturas industriais, quanto a aquisição de bens finais pelos consumidores. Com a criação dos bancos de desenvolvimento e de investimento, passaram a concentrar suas operações no mercado de crédito ao consumidor. Suas operações ativas são, assim, realizadas junto a unidades familiares adquirentes de bens duráveis de consumo, ou junto a empresas comerciais que tomam os recursos, repassando-os aos consumidores. Suas operações passivas de captação de recursos são por meio de aceite ou colocação de letras de câmbio e de recibos de depósitos bancários, LCs e RDBs.

Sociedades de crédito imobiliário e associações de poupança e empréstimo. As SCIs e as APEs atuam também no mercado de crédito. São intermediários não bancários especializados na concessão de empréstimos de médio e de longo prazos para construção ou compra de habitações, financiamento do capital de giro de incorporadoras, produtoras e distribuidoras de materiais de construção. As APEs têm suas operações ativas também basicamente direcionadas para o SFH – Sistema Financeiro da Habitação. São constituídas por associados que não recebem juros pelas captações por emissões de letras e cédulas hipotecárias, ou por depósitos de cadernetas de poupança, mas dividendos resultantes de suas operações. Este sistema é complementado pelas operações das **companhias hipotecárias**, que administram fundos de investimento imobiliário que captam recursos no país e no exterior para financiamentos destinados à produção, reforma ou comercialização de imóveis residenciais e comerciais aos quais não se aplicam as normas do SFH.

Outras instituições dos mercados de crédito e cambial. A complexidade operacional do subsistema de intermediação financeira comporta outras instituições que operam em segmentos específicos do mercado de crédito e de câmbio. As **companhias de arrendamento mercantil** intermediam recursos para operações de arrendamento de bens móveis, de produção nacional ou estrangeira, e de bens imóveis adquiridos para uso próprio do arrendatário. As **administradoras**

de consórcios são também consideradas intermediárias financeiras, que gerem fundos providos por aplicações de futuros adquirentes de bens de consumo de uso durável ou de bens de capital, mediante liberação parcial e cumulativa dos recursos geridos, até liquidação final de cada grupo consorciado, atuando como mandatárias de seus interesses e direitos. Diferentemente das demais instituições do sistema financeiro, têm prazo de duração e número de cotas previamente determinado. Por fim, os **bancos de câmbio** são instituições autorizadas a realizar operações de câmbio e de crédito vinculadas às de câmbio, como financiamentos a importações e exportações e adiantamentos de recursos sobre estas operações. Suas operações são completadas por sociedades corretoras que atuam especificamente no mercado de câmbio de taxas flutuantes.

Instituições do mercado de capitais. As **bolsas de valores** são instituições que têm por objetivo manter locais e sistemas adequados ao encontro de seus membros – as **sociedades corretoras** – e à realização entre eles de compra e venda de títulos e valores mobiliários, em mercado livre e aberto, organizado e fiscalizado por seus membros. Embora possuam autonomia financeira, patrimonial e administrativa, estão sujeitas a marcos regulatórios estabelecidos pela CVM – Comissão de Valores Mobiliários. As **bolsas de mercadorias e futuros** também possuem as mesmas autonomias das de valores. Organizam e operacionalizam, em mercado livre e transparente, operações de *hedging* (proteção) para flutuações de preço de *commodities* agropecuárias e metálicas, índices, juros e moedas, bem como de qualquer variável econômica com preços futuros incertos, que possam influenciar negativamente as atividades de agentes econômicos. São também fiscalizadas e sujeitas a normas estabelecidas pela CVM.

Sociedades distribuidoras de títulos e valores mobiliários. Estas sociedades têm amplo escopo de atuação. Intermediam a oferta pública e a distribuição de títulos e valores mobiliários no mercado, administram e custodiam carteiras desses papéis, instituem e administram fundos de investimentos, operam no mercado acionário, por conta de terceiros, efetuam lançamentos públicos de ações, operam no mercado aberto e intermediam também operações de câmbio. Pela amplitude de suas operações, são supervisionadas pelo Banco Central.

A consolidação do mercado de capitais corresponde, geralmente, à última etapa da evolução do subsistema de intermediação. Na primeira etapa, o processo de financiamento dá-se por canais diretos, com alta proporção de mecanismos internos de formação de capital. Depois, vem a fase em que se estabelecem processos indiretos realizados por instituições bancárias. Esta é seguida da aparição de instituições não bancárias, que lastreiam suas operações com criação de mercados para ativos financeiros não monetários: dilatam-se então os prazos das operações, sofisticam-se os instrumentos financeiros e criam-se bases institucionais para a especialização operacional. Por fim, na maior parte dos países avançados ou emergentes, consolida-se o mercado de capitais, democratizando-se a estrutura de propriedade das empresas e alargando-se a base de financiamento para a expansão do setor real por recursos não exigíveis.

RESUMO

1. A expressão **intermediação financeira** designa uma categoria diferenciada de serviço, prestada por um conjunto de agentes econômicos também diferenciados, os **intermediários financeiros**.

2. O setor em que os intermediários financeiros atuam é usualmente denominado **setor financeiro**. Neste setor realizam-se operações com ativos financeiros, monetários e não monetários. Os monetários são meios de pagamento, empregados na liquidação de transações. Os não monetários são instrumentos de captação para financiamento de operações de crédito. Estes ativos e o setor em que eles são transacionados diferem dos **ativos reais** e do **setor real** da economia, onde são gerados e transacionados ativos que têm valor intrínseco, de uso, para satisfação direta de necessidades de consumo ou de acumulação.

3. Para a existência da intermediação financeira exigem-se três condições: (a) a superação do estágio primitivo do escambo; (b) a existência de **agentes econômicos superavitários**, de um lado, e de **agentes econômicos deficitários**, de outro lado; e (c) a criação de bases para a operação de intermediários financeiros.

4. Os sistemas financeiros captam recursos dos agentes que têm superávit operacional – excedentes de renda em relação aos dispêndios totais; e repassam esses recursos para os agentes econômicos com insuficiência de caixa. Para os intermediários financeiros, as captações são **operações passivas**; a aplicação dos recursos em financiamentos são **operações ativas**. As passivas resultam de depósitos e outras reservas financeiras de **mutuários**; as ativas, de créditos tomados por **mutuantes** para dispêndios de consumo, giro operacional e investimentos.

5. O setor financeiro é subdividido em quatro mercados: o monetário, o de crédito, o de capitais e o cambial. No **mercado monetário**, estabelece-se o nível geral de liquidez da economia: nele, as autoridades monetárias operam primariamente com as instituições financeiras. No **mercado de crédito**, suprem-se necessidades de caixa para operações correntes e formação de capital, através de recursos exigíveis. No **mercado de capitais**, transacionam-se recursos não exigíveis, quotas-partes do capital das empresas. E, no **mercado cambial**, realizam-se operações de compra e venda de moedas estrangeiras.

6. O **sistema financeiro nacional**, constituído por esses quatro mercados, é usualmente subdividido em dois subsistemas: o **normativo** e o de **intermediação**. O normativo congrega as autoridades monetárias, responsáveis pela disciplina operacional e pela liquidez do sistema. O de intermediação congrega as instituições bancárias e não bancárias.

7. As **instituições bancárias** são aquelas que operam com ativos monetários. As **não bancárias**, com ativos não monetários. Esta diferenciação resulta do conceito convencional de moeda, dado pela soma da **moeda manual** (papel-moeda e moedas metálicas) com a **moeda escritural** (depósitos a vista na rede bancária comercial). Somente estas duas formas de ativos financeiros são meios de pagamento; todas as demais, não. E somente se consideram instituições bancárias aquelas que captam depósitos a vista. As que lastreiam suas operações ativas com outras formas de captações são definidas como não bancárias.

8. No Brasil, as três principais instituições do subsistema normativo do sistema financeiro nacional são o Conselho Monetário Nacional, o Banco Central do Brasil e a Comissão de Valores Mobiliários. Estes órgãos são responsáveis pela formulação, execução e acompanhamento das políticas monetárias, de crédito, de emissão de capitais e cambial. O CMN vai ainda além: é um conselho econômico, à medida

PALAVRAS E EXPRESSÕES-CHAVE

- Setor real
- Setor financeiro
- Intermediação financeira
  - ✓ Agentes econômicos superavitários
  - ✓ Agentes econômicos deficitários
  - ✓ Intermediários financeiros
- Canais de financiamento
  - ✓ Internos diretos
  - ✓ Externos diretos
  - ✓ Externos indiretos
- Mercado financeiro
  - ✓ Mercado monetário
  - ✓ Mercado de crédito
  - ✓ Mercado de capitais
  - ✓ Mercado cambial
- Operações de financiamento
  - ✓ Recursos exigíveis
  - ✓ Recursos não exigíveis
- Sistema financeiro nacional
  - ✓ Subsistema normativo
    - Conselho Monetário Nacional
    - Banco Central
    - Comissão de Valores Mobiliários
  - ✓ Subsistema de intermediação
    - Instituições bancárias
    - Instituições não bancárias
    - Instituições bancárias mistas
- Ativos financeiros
  - ✓ Monetários
  - ✓ Não monetários

que se responsabiliza pela harmonização dessas políticas com as demais ações do governo. Além destas instituições, são órgãos reguladores os Conselhos Nacionais de Seguros Privados e de Previdência Complementar.

9. O subsistema de intermediação financeira no Brasil é constituído por um diversificado complexo de instituições bancárias, não bancárias e mistas. Desse complexo fazem parte bancos comerciais, de desenvolvimento e de investimento, sociedades de crédito e de arrendamento mercantil, instituições do mercado de capitais (bolsas de valores, de mercadorias e de futuros, constituídas por sociedades corretoras), bancos múltiplos, bancos de câmbio e sociedades distribuidoras de títulos e valores mobiliários. Consideram-se também como intermediários financeiros os agentes de fomento, os fundos de pensão e os administradores de consórcios.

10. A rede de intermediação financeira no Brasil, no final de 2013, constituía-se por cerca de 2.000 instituições (pontos de ligação do setor financeiro com o setor real). Os saldos das operações do mercado de crédito no final de 2013 totalizaram R$ 2.715,2 bilhões, 53,8% do PIB. Mas as transações do mercado primário de capitais totalizaram R$ 17,1 bilhões, 0,6% do mercado de crédito e 0,3% do PIB. Esses dados revelam a expressão ainda pequena do mercado de capitais no país.

11. O processo de desenvolvimento do mercado de capitais é, na maior parte dos países, a última etapa da **maturação do sistema financeiro**. Com a consolidação desse segmento de mercado abrem-se espaços para a democratização da propriedade do capital das empresas e para o financiamento da expansão econômica por não exigíveis.

QUESTÕES

1. Diferencie o **setor real** do **setor financeiro**, quanto a três características: (a) os critérios de segmentação; (b) os tipos de ativos transacionados; (c) a categoria predominante de suas macrovariáveis.

2. Explique os conceitos de **agentes econômicos superavitários** e **deficitários**. E justifique por que, sem eles, a intermediação financeira não é possível nem seria necessária.

3. Qual dos dois setores é de maior importância para a vida econômica das nações: o real ou o financeiro? Justifique sua posição.

4. Que benefícios privados e sociais podem resultar da atuação de intermediários financeiros? Destaque também riscos e custos sociais da intermediação.

5. Explique o que *spread* bancário. Os níveis históricos deste custo da intermediação financeira no Brasil é um dos mais altos do mundo. Liste razões desta situação.

6. Relate as várias etapas de evolução e de maturação dos sistemas financeiros das nações. Com que tipos de instituições eles começam? E qual é, na maior parte dos países, a última etapa de seu desenvolvimento e maturação?

7. Diferencie, quanto às operações, prazos praticados e fins a que se destinam, os quatro seguintes segmentos do **mercado financeiro: monetário, de crédito, de capitais e cambial**.

8. No mercado de capitais, usualmente se diferenciam dois subsegmentos: o primário e o secundário. Você concorda que é muito difícil dizer qual o mais importante, do ponto de vista de seu interesse social? Justifique sua posição.

9. Que razões você encontra para a reduzida dimensão do mercado de capitais no Brasil, relativamente ao mercado de crédito?

10. Do ponto de vista social, uma economia que financia sua expansão por recursos não exigíveis, captados em um amplo e pulverizado mercado de capitais seria preferível a outra em que a expansão é financiada por exigíveis resultantes de operações em mercados financeiros de alta concentração? Justifique sua resposta.

11. Quais as instituições típicas do subsistema normativo dos sistemas financeiros nacionais? E por que razão conceituai o subsistema de intermediação é desdobrado em **instituições bancárias** e **não bancárias**?

12. Liste dez instituições não bancárias que operam no sistema financeiro do Brasil – sete do mercado de crédito, duas do mercado de capitais e uma do mercado cambial.

15

A Moeda: Oferta, Procura e Velocidade de Circulação

Todas as pessoas sabem que a civilização moderna é fortemente baseada na especialização e nas trocas e que a moeda, indispensável como medida de valor e meio de pagamento, é o instrumento que viabiliza a ordem econômica e social. Mas a moeda é muito mais que um meio passivo que facilita a definição de valores e o sistema de trocas. Muito mais do que um simples lubrificante da máquina econômica, ela tem grande importância na regulação da atividade econômica e na ordem social. A estabilidade, a eficiência e o crescimento dependem de uma equilibrada interação entre os setores real e monetário da economia.

EUGENE S. KLISE
Money and Banking

Os **ativos monetários** constituem apenas uma parcela dos ativos financeiros de uma economia avançada ou mesmo de emergentes em processo de desenvolvimento consistente. Definida de forma restrita e convencional, a **moeda** representa, na maior parte dos países, uma parcela reduzida dos ativos financeiros como um todo – algo como 15%, ou menos. Ainda assim, a manutenção de saldos monetários pelos agentes econômicos e sua velocidade de circulação são variáveis de alta relevância para o equilíbrio da economia como um todo. Elas dependem da oferta monetária e da regulação da liquidez pelas autoridades monetárias.

A **oferta monetária** é primariamente derivada da variação nominal do meio circulante, definida sob controle das autoridades monetárias. Mas depende também do processo de multiplicação de seu componente escritural, que se desencadeia no sistema bancário. As operações ativas dos bancos comerciais têm o poder de multiplicar a base monetária. Se não existissem freios institucionais para esse processo multiplicador, os meios de pagamento poderiam elevar-se a níveis que comprometeriam a própria estabilidade do valor da moeda e a da economia como um todo. Daí por que o controle da oferta monetária não se limita ao processo primário de **emissão de moeda manual**. Ele se estende **ao processo de multiplicação da moeda escritural**. E a **procura por moeda**, que complementa o processo de manutenção e giro de saldos monetários, é também influenciada por variáveis controladas pelas autoridades monetárias e por fatores relacionados ao comportamento dos agentes econômicos.

Os pontos básicos para compreensão dos mecanismos que interferem na ordem monetária são:

- A composição dos ativos financeiros totais, quanto a sua subdivisão em monetários e não monetários.
- Os conceitos de referência e a medição dos saldos monetários.
- O processo de multiplicação da moeda escritural.
- Os fatores de contração e de expansão da base monetária e os instrumentos de controle da oferta de moeda.
- As razões da procura por moeda pelos agentes econômicos e da velocidade de sua circulação.

15.1 Os Ativos Financeiros Monetários e os Quase Monetários

Quadros Referenciais: os Ativos Financeiros no Brasil e em Outros Países

Após determinado período de participação efetiva nos processos econômicos de produção, de apropriação de rendas e de acumulação, os agentes econômicos passam a dispor de um conjunto de **ativos dotados de valor**. No capítulo anterior, correlacionamos esses ativos a dois grandes setores em que a economia se desdobra: o real e o financeiro. No primeiro, são produzidos, consumidos e acumulados os **ativos reais**. No segundo, são custodiados e intermediados os **ativos financeiros**.

Veremos agora que essas duas formas de ativos diferenciam-se, além de outros, por dois atributos de ordem financeira:

- Os **rendimentos que proporcionam** seus detentores.
- Os **graus de liquidez** de que são dotados.

Os **ativos reais**, ainda que sujeitos às incertezas inerentes ao ambiente econômico em que são gerados e transacionados, podem proporcionar rendimentos a seus detentores ou, então, atender à satisfação direta de necessidades materiais, individuais e sociais. Além desses atributos, esses ativos também possuem determinados graus de liquidez, definidos pela capacidade que cada um deles tem em se transformar em moeda. Este segundo atributo varia, tanto quanto o primeiro, de caso para caso – encontram-se entre os ativos reais os que são dotados de altíssimos graus de liquidez até, no extremo oposto, os que têm liquidez quase nula. A diversidade da liquidez dos ativos reais é decorrente de vários fatores, como sua essencialidade para o processo de produção ou para o atendimento de necessidades de consumo, seu valor de mercado e a existência ou não de constrangimentos legais ou de outra ordem que podem interferir em seu valor de troca. Dois ou três exemplos são suficientes para elucidar este segundo atributo: o gado bovino tem liquidez expressivamente alta, não só por sua essencialidade na alimentação humana, como ainda por ser, na maior parte dos países, um bem amplamente utilizado como reserva de valor no meio rural. Grãos, fibras, metais de uso industrial e metais preciosos têm também altos graus de liquidez: como o gado bovino, todos esses bens lastreiam operações em bolsas de mercadorias, o que lhes confere altos graus de negociabilidade. Já imóveis em áreas urbanas deterioradas têm geralmente liquidez muito baixa. Ainda assim, é superior à de uma gleba de terra coberta por floresta nativa, que as autoridades definiram como reserva ecológica. F. Brooman[1] cita dois outros bons exemplos, para evidenciar que a liquidez de um ativo real nem sempre está associada positivamente com seus padrões estéticos, de qualidade, de raridade ou de desejabilidade. "O proprietário de uma belíssima casa de campo ou de uma tela de Rembrandt certamente encontrará muitas pessoas que desejariam ter esses bens, muitos que os apreciam e que reconhecem seu alto valor. Mas, apesar disso, precisará de considerável tempo para encontrar compradores para eles e talvez nem encontre quem esteja disposto a pagar o justo preço: estes são, portanto, exemplos de baixa liquidez."

Já os **ativos financeiros** são dotados de atributos bem diferentes dos que acabam de ser descritos. Primeiro, eles não satisfazem a nenhuma necessidade de forma direta: são usados como meios para aquisição de bens e serviços que atenderão às necessidades a que se destinem. Segundo, eles geralmente têm graus de liquidez superior à da maior parte dos ativos reais. Terceiro, embora não em sua totalidade, eles podem proporcionar rendimentos a seus detentores – e rendimentos fixos, menos expostos aos riscos e incertezas que tipificam as atividades do setor real da economia. Por fim, **uma parte dos ativos financeiros, a moeda corrente, é a própria expressão da liquidez**.

Do ponto de vista desses dois atributos (os rendimentos que proporcionam e os graus de liquidez), os ativos financeiros subdividem-se em **monetários** e

não monetários. E os não monetários, quando dotados de liquidez próxima à da própria moeda, são considerados **quase monetários**.

Os ativos financeiros que proporcionam rendimentos são considerados **não monetários**. Definem-se pelo estoque das aplicações dos agentes econômicos em títulos de renda fixa ou variável, de emissão do governo ou do próprio sistema financeiro, com os quais são captados recursos de agentes superavitários para o financiamento de operações de crédito. Os rendimentos que esses ativos proporcionam correspondem aos juros passivos pagos ou repassados pelos intermediários financeiros. Além de proporcionarem rendimentos, esses ativos podem ainda ser dotados de alta liquidez. Alguns são facilmente transferíveis ou resgatáveis. Praticamente, são **quase líquidos**. Consideram-se então **quase monetários**.

Mas há uma parte dos ativos financeiros que não proporciona rendimentos a seus detentores. É a constituída pelos **ativos monetários**. Eles não proporcionam quaisquer formas de renda, pois não estão aplicados em títulos rentáveis. São ativos prontos, disponíveis, que se mantêm em sua forma líquida. Têm, assim, **liquidez absoluta**. Conceitualmente representam os estoques de meios de pagamento dos agentes econômicos. São a **liquidez por excelência**.

Assim, em resumo:

1. Os ativos reais proporcionam rendimentos, ainda que incertos e em graus variáveis em relação aos seus valores de mercado. Satisfazem diretamente a necessidades de produção, de consumo ou de acumulação. Mas a sua liquidez varia enormemente de caso a caso: vai desde os altamente líquidos, passando pelos de liquidez baixa, muito baixa e chegando até a alguns que se consideram ilíquidos.

2. Os ativos financeiros não atendem diretamente a necessidades. Parte deles pode proporcionar rendimentos, desde que aplicada no sistema de intermediação. Mas o que mais os caracteriza é a liquidez. Subdividem-se em monetários e não monetários. Os primeiros têm liquidez absoluta. Os segundos podem ter liquidez tão alta que se consideram quase líquidos. Ou quase monetários.

A Tabela 15.1 traz os ativos financeiros totais existentes no Brasil, no final de 2015, no valor de R$ 5.554.333 milhões. Começamos pelo papel-moeda emitido (expressão nominal do meio circulante): R$ 225.485 milhões. Uma parte dele é mantida sob a forma de encaixe em moeda corrente pelo Banco Central e pelo sistema bancário, R$ 39.191 milhões. A diferença é definida como papel-moeda em poder do público, R$ 186.294 milhões. Além do papel-moeda, o público mantém ainda depósitos a vista no sistema bancário, R$ 148.123 milhões. Este saldo, mais o papel-moeda em poder do público, totalizando R$ 334.417 milhões, é a parcela dos ativos financeiros não aplicada em títulos rentáveis. A parcela restante, R$ 5.219.916 milhões, está aplicada em algum tipo de ativo financeiro, proporcionando rendimentos a seus detentores.

TABELA 15.1
Brasil, 2015: composição dos ativos financeiros totais, em R$ milhões.

Ativos financeiros			Saldos no final do período	% sobre o total
Papel-moeda emitido: valor do meio circulante[a]			225.485	–
Estoques com os agentes econômicos não financeiros	Ativos monetários	Papel-moeda em poder do público	186.294	3,35
		Depósitos a vista do público no sistema bancário	148.123	2,67
	Ativos quase monetários	Depósitos de poupança	659.006	11,86
		Títulos privados (depósito a prazo, letras de câmbio, letras hipotecárias, letras de crédito imobiliárias, letras de crédito do agronegócio e letras financeiras).	1.292.298	23,27
		Quotas de fundos de investimento (fundos cambiais, de curto prazo, de renda fixa, multimercados e referenciados).	2.277.820	41,01
		Operações compromissadas com títulos federais	195.771	3,53
		Títulos federais (Selic)	795.021	14,31
Total dos ativos financeiros			5.554.333	100,00

[a] A diferença entre papel-moeda emitido e em poder público são as reservas livres dos bancos comerciais mais encaixes próprios do Banco Central: R$ 39.191 milhões no final de 2015.

Fonte: Banco Central do Brasil. *Boletim do Banco Central do Brasil*, Brasília: BACEN, dez. 2015.

A Figura 15.1 sintetiza as duas parcelas, desdobradas segundo os ativos que as constituem. A parcela dos ativos líquidos em poder do público totalizava, no final de 2015, 7,74% do total. E a parcela dos demais ativos financeiros, 92,26%. Os primeiros são considerados ativos **monetários**; os segundos, **não monetários**. Mas, pelos elevados graus de liquidez de que são dotados no Brasil, decorrentes da facilidade com que são transferíveis e resgatáveis, consideram-se quase líquidos. Daí a denominação que lhes é atribuída: ativos financeiros **quase monetários**.

A maior parte dos países possui esses dois tipos de ativos financeiros. Mas as proporções com que se apresentam variam bastante de país para país. São muitos e de variada natureza os fatores de que dependem os estoques de cada um deles. Entre os de maior importância, destaca-se a estabilidade monetária: em momentos de inflação alta, os ativos monetários tendem a representar uma parcela ínfima dos ativos financeiros totais, pois a alta inflacionária dos preços corrói seu poder efetivo de compra; neste caso, os agentes econômicos tendem a manter aplicada em títulos a parcela financeira de seus ativos totais ou, até mesmo, a revelar alta preferência por ativos reais – mais seguros, sob determinadas circunstâncias, ainda que menos líquidos. Hábitos e costumes da sociedade, quanto às formas e prazos de liquidação de suas transações, estágios de desenvolvimento da economia, estruturas de repartição da renda, graus de maturidade do sistema de intermediação financeira, taxas de juros praticadas nos mercados

FIGURA 15.1 Composição dos ativos financeiros do Brasil, no final de 2015: os ativos líquidos (papel-moeda e depósitos a vista) representavam 7,74% do total; os quase líquidos 92,26%.

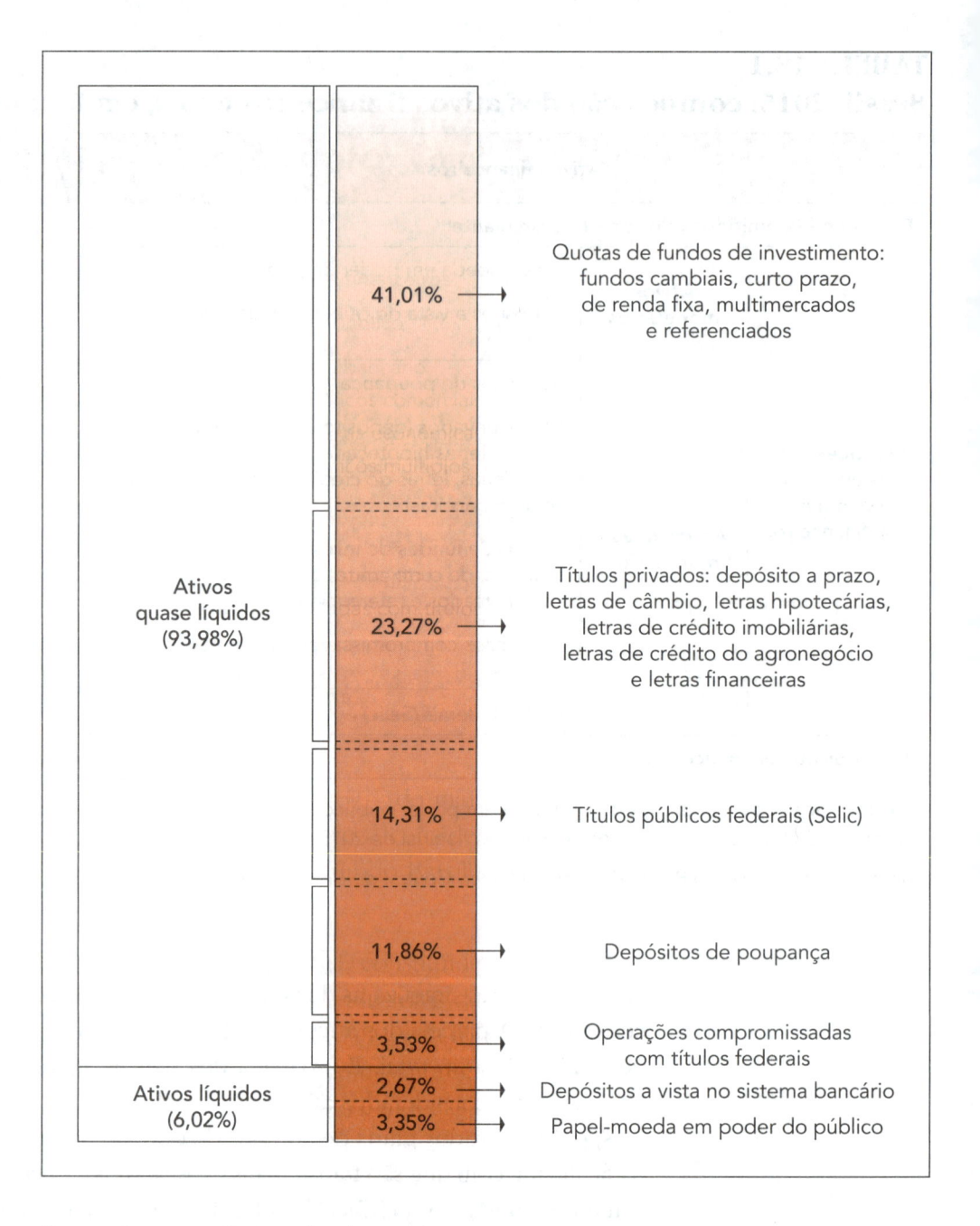

Ativos quase líquidos (93,98%)
- 41,01% → Quotas de fundos de investimento: fundos cambiais, curto prazo, de renda fixa, multimercados e referenciados
- 23,27% → Títulos privados: depósito a prazo, letras de câmbio, letras hipotecárias, letras de crédito imobiliárias, letras de crédito do agronegócio e letras financeiras
- 14,31% → Títulos públicos federais (Selic)
- 11,86% → Depósitos de poupança
- 3,53% → Operações compromissadas com títulos federais

Ativos líquidos (6,02%)
- 2,67% → Depósitos a vista no sistema bancário
- 3,35% → Papel-moeda em poder do público

financeiros, condições de abastecimento e segurança quanto aos suprimentos, estabilidade institucional e expectativas em relação ao futuro incluem-se entre os demais fatores que determinam a composição desses ativos.

Esses fatores estruturais, conjunturais, comportamentais ou episódicos que determinam a composição dos estoques de ativos financeiros e de sua proporção em relação aos ativos reais variam muito não só de país para país como, em um mesmo país de época para época. Dificilmente, porém, salvo em condições radicais e de alta excepcionalidade, os estoques financeiros totais encontram-se apenas sob uma das duas formas. Em condições normais, embora as proporções dos estoques monetário e quase monetário variem muito entre os países, estas duas formas coexistem.

A Tabela 15.2 mostra a composição desses dois tipos de ativos, em países selecionados, no final de 2012. Na maior parte dos países, os estoques de ativos monetários

TABELA 15.2
Ativos monetários e quase monetários em países selecionados. Saldos em bilhões de unidades monetárias dos países, no final de 2012.

Países selecionados	Unidade monetária	Saldos em bilhões		% sobre o total	
		Ativos monetários	Ativos quase monetários	Ativos monetários	Ativos quase monetários
Tailândia	Bath	1.589	14.966	9,6	90,4
Hong Kong	Dólar de HK	792	6.053	11,6	88,4
Estados Unidos	Dólar	2.672	19.352	12,1	87,9
Polônia	Zloti	167	921	15,3	84,7
Israel[b]	Novo Siclo	127	673	15,9	84,1
Chile	Peso chileno	20.560	102.811	16,7	83,3
Austrália	Dólar australiano	271	1.246	17,9	82,1
Nova Zelândia	Dólar da NZ	36	152	19,1	80,9
Malásia	Ringuite malaio	289	1.063	21,4	78,6
Colômbia	Peso colombiano	73.727	266.481	21,7	78,3
México	Peso mexicano	2.280	8.039	22,1	77,9
Índia	Rupia indiana	17.384	59.098	22,7	77,3
Turquia	Lira turca	179	604	22,9	77,1
Egito	Libra egípcia	288	879	24,7	75,3
Vietnam	Dongue	686	2.088	24,7	75,3
Indonésia	Rupia indonésia	841	2.463	25,5	74,5
Filipinas	Pelo filipino	1.603	4.559	26,0	74,0
Cingapura	Dólar	141	344	29,1	70,9
China	Iuan	30.866	66.584	31,7	68,3
Angola	Kwanza	1.275	2.591	33,0	67,0
Bolívia	Boliviano	44	79	35,8	64,2
Bulgária	Lev búlgaro	23	39	37,1	62,9
Japão[a]	Iene	560	900	38,4	61,6
Rússia	Rublo	13.753	18.453	42,7	57,3
Argentina	Peso argentina	321	393	45,0	55,0
Marrocos	Dirame marroquino	612	380	61,7	38,3
Azerbaijão	Manat	11.107	5.668	80,6	19,4

[a] Dados em trilhões de unidades monetárias.

[b] Dados de 2009.

Fonte: IMF, International Monetary Fund. *International Financial Statistic.* v. LXVI. Washington, D. C.: IMF, June 2013.

representavam entre 15 e 30% dos ativos financeiros totais; os quase monetários ficavam entre 85 e 70%. Os países que tinham estoques de ativos financeiros quase monetários próximos ou abaixo de 50% caracterizavam-se, como regra, por estágios menos avançados de desenvolvimento e de maturidade financeira.

Os Ativos Monetários e os Quase Monetários

Segundo os conceitos adotados, os **ativos financeiros monetários** são uma parcela dos ativos financeiros totais que possuem um conjunto de características diferenciadoras em relação aos quase monetários:

- ❏ Têm liquidez absoluta.
- ❏ Não proporcionam rendimentos a seus detentores.
- ❏ São empregados como meios de pagamento.

Voltando à Tabela 15.1, observamos que apenas dois dos dez ativos financeiros aí relacionados preenchem estas três condições: o papel-moeda em poder do público e os depósitos a vista no sistema bancário.

A parcela do papel-moeda emitido que se encontra sob a forma de encaixe do sistema bancário, embora esteja em circulação, não preenche as condições convencionadas. Esta parcela representa uma reserva técnica que dá condições de liquidez aos bancos, para que possam corresponder aos saques do público depositante – conversões de moeda escritural em moeda manual. Mas, mesmo que não os convertam em moeda manual, o público depositante conta com o total de seus depósitos a vista como meios de pagamento, somados obviamente aos saldos de papel-moeda que se encontram em seu poder. Todos os demais ativos mantidos pelo público no sistema financeiro não preenchem as três condições citadas. Eles proporcionam rendimentos a seus detentores – e a moeda, por definição, não. Ademais, embora possam ter, como de fato têm, alta liquidez, esta não é absoluta: para se transformarem em meios de pagamento, cada um deles precisa ser resgatado e transformado em moeda convencional – papel-moeda ou depósitos a vista.

Diferentemente do que ocorre com os ativos financeiros não monetários ou quase monetários, os monetários têm liquidez absoluta. Sua função não é a de proporcionar rendimentos a seus detentores, mas a de ser por estes utilizados como meios de pagamento. Por isso é que as expressões **meios de pagamento** e **ativos monetários** são equivalentes. Os ativos financeiros não monetários não são meios de pagamento, embora possam constituir reservas com as quais seus detentores contam para liquidarem transações que tenham realizado. Mas, para tal, na data em que terão de proceder à liquidação, eles darão baixa na aplicação financeira correspondente, transformando-a em disponibilidades monetárias para os pagamentos devidos, sob a forma de papel-moeda ou de depósitos a vista no sistema bancário. Repetindo: o papel-moeda em poder do público e os depósitos a vista no sistema bancário são as duas únicas formas de meios de pagamento, em sentido convencional e restrito.

Como, no Brasil, apenas os bancos comerciais públicos e privados, as caixas econômicas e os bancos múltiplos podem captar depósitos a vista, consideram-se como ativos financeiros monetários:

❑ O papel-moeda e as moedas metálicas divisionais em poder do público.

❑ Os depósitos a vista nos bancos comerciais públicos e privados.

❑ Os depósitos a vista nas caixas econômicas.

❑ Os depósitos a vista nos bancos múltiplos que operam com carteiras comerciais.

O papel-moeda em poder do público corresponde ao conceito de **moeda manual**. Os depósitos a vista em todas as instituições bancárias correspondem ao conceito de **moeda escritural** ou **moeda bancária**. Dessas duas formas de **meios de pagamento**, a preferência do público geralmente recai sobre a **escritural**. As razões são:

❑ **Segurança**. Os depósitos a vista são menos passíveis de perdas e roubo, comparativamente à moeda corrente.

❑ **Facilidade de manejo**. O instrumento de manejo da moeda escritural, o cheque, é mais facilmente utilizável, principalmente em transações de elevado valor.

❑ **Contabilização e comprovação**. Os pagamentos por meio de cheques facilitam a contabilização e a comprovação da operação liquidada.

❑ **Obtenção de créditos**. Os bancos consideram os saldos médios dos depósitos a vista como importante elemento para concessão de empréstimos e financiamentos a seus detentores. Os que mantêm saldos médios expressivos nos bancos para fins transacionais têm, como regra, maiores facilidades para a realização de operações de crédito, comparativamente aos que não os mantêm.

No Brasil, como mostram a Tabela 15.3 e a Figura 15.2, os meios de pagamento só foram preponderantemente constituídos pela moeda manual no século XIX e até o final da década de 1910 no século XX. Em sua forma mais simples, o papel-moeda satisfazia, em grande parte, às necessidades da economia pré-industrial e pré-capitalista do país. Como observa C. Contador,[2] "o estoque de papel-moeda totalizava aproximadamente 21% da renda nacional. Descrevendo uma forte tendência descendente, passou a uma proporção inferior a 3%, na década de 1960. Ao mesmo tempo, a moeda escritural aumentava sua proporção em relação à renda agregada, à medida em que evoluía o sistema de intermediação financeira". Nos anos 1970, a moeda escritural chegou a representar 4/5 dos meios de pagamento. Mas a soma das duas formas convencionais de moeda, em relação à renda agregada, recuou para menos de 5%, essencialmente em razão do desenvolvimento do sistema financeiro.

Nos anos 1990, a moeda escritural passou a representar cerca de 60% dos meios de pagamento; a manual, cerca de 40%. A proporção da manual tornou-se mais alta, em relação às décadas de 1970 e 1980, não por sua expressão em relação ao PIB, que recuou para menos de 0,5%; mas pela forte queda dos depósitos a vista no sistema bancário: antes do real, novo padrão monetário criado em 1994, com as elevadíssimas taxas de inflação registradas no país os saldos bancários a vista

TABELA 15.3
A composição dos ativos monetários no Brasil: evolução no período 1840-2015.

Anos	% em relação ao total dos ativos monetários	
	Papel-moeda em poder do público	Depósitos a vista no sistema bancário
1840	99,25	0,75
1850	97,12	2,88
1860	77,29	22,71
1870	83,73	16,27
1880	74,54	26,46
1890	39,87	60,13
1900	74,40	27,60
1910	65,63	34,37
1920	42,08	57,92
1930	38,70	61,30
1940	35,69	64,31
1950	34,59	65,41
1960	25,76	74,24
1970	18,41	81,59
1980	21,26	78,74
1990	38,36	61,64
1995	42,62	57,38
2000	35,83	64,17
2002	39,50	60,50
2004	40,14	59,86
2006	40,12	59,88
2008	41,50	58,50
2010	42,77	57,23
2012	46,52	53,48
2013	47,85	52,15
2014	50,95	49,05
2015	55,71	44,29

Fontes: PELÁEZ, Carlos Manuel; SUZIGAN, Wilson. *História monetária do Brasil*. Brasília: Universidade de Brasília, 1976 (para o período 1840-1970). Banco Central do Brasil. *Relatórios anuais* e *Boletins mensais*. Brasília: BACEN (para o período 1980-2015).

praticamente desapareceram, ficando perto de 1% do PIB. As disponibilidades no sistema financeiro eram quase totalmente aplicadas em títulos não monetários, que as protegiam da corrosão inflacionária. Somente a partir da segunda metade de 1994, com a estabilização trazida pela nova unidade monetária, os estoques

FIGURA 15.2
Os ativos monetários no Brasil: composição no período 1840-2015.

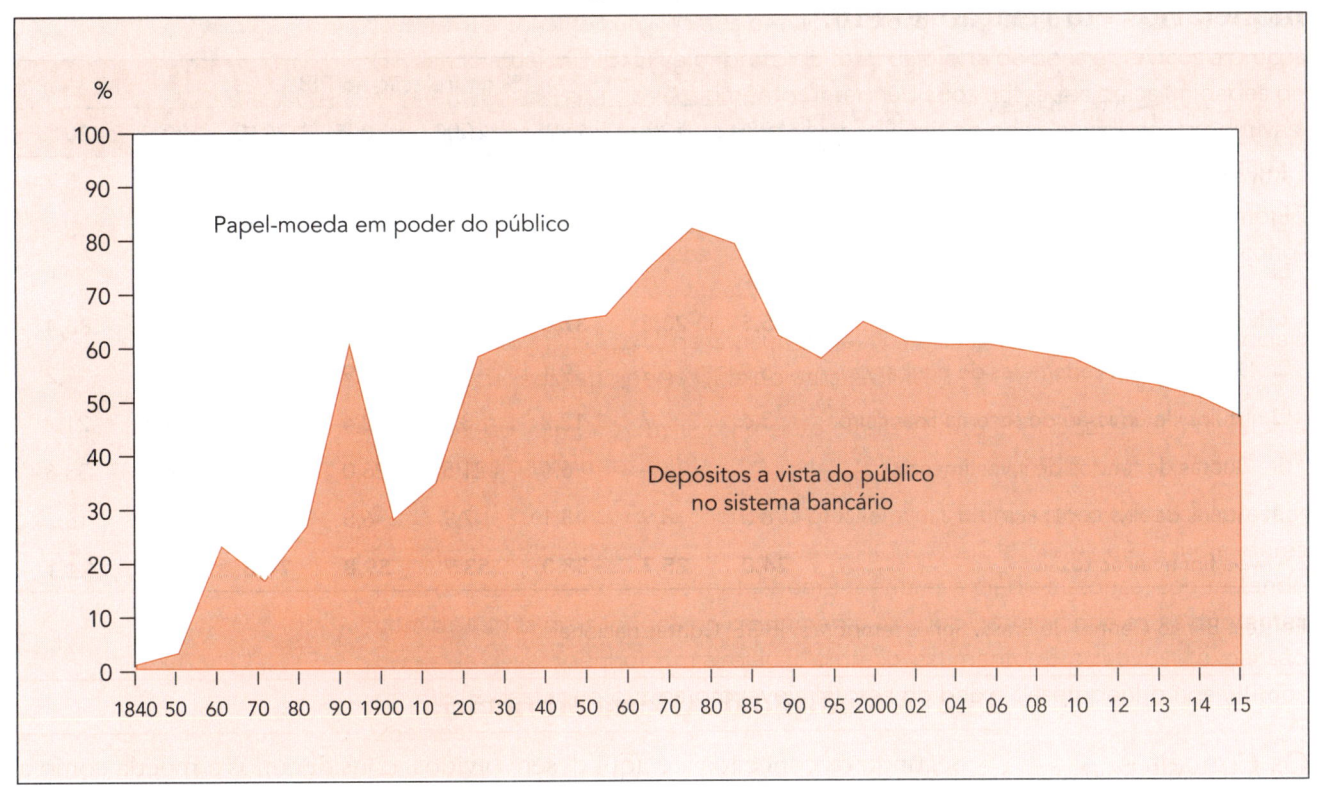

de papel-moeda em poder do público voltaram a subir, mantendo-se entre 1 e 2% do PIB. E os estoques de ativos monetários totais, com inclusão dos depósitos a vista, chegaram a 4,0%.

É o que mostram os dados da Tabela 15.4. Mas, embora os **ativos monetários** tenham aumentado em termos relativos, a maior parte dos ativos financeiros apresenta-se sob a forma **quase monetária**. No Brasil, os ativos financeiros quase monetários representavam 15,5% do PIB em 1980, 1,8 vezes mais que os ativos financeiros monetários, que atingiam 8,5% do PIB. Em 1990, a relação entre estas duas formas de ativos financeiros aumentou substancialmente: os quase monetários, em média plurianual, chegaram a totalizar dez vezes mais que os monetários. Em 2000, os ativos monetários chegaram a 6,3% do PIB; os não monetários, 7,5 vezes maiores, atingiram 47,0% em relação a esse agregado. Estas variações na composição dos ativos financeiros do país e em suas expressões em relação ao PIB refletem, um a um, todos os fatores que definem a relação que se estabelece entre os vários tipos de ativos financeiros e os agregados do setor real da economia. Mas os de maior importância foram os movimentos inflacionários e de desinflação ao longo dos 32 anos abrangidos pelos dados. A partir de 1994, a reversão da tendência de alta dos ativos monetários em relação ao PIB é fortemente atribuível à estabilização dos preços com a criação do real.

TABELA 15.4
Brasil, 1980-2015: porcentagem dos ativos financeiros, monetários e quase monetários em relação ao PIB.

Ativos financeiros	% em relação ao PIB							
	1980	1990	1995	2000	2005	2010	2012	2015
Ativos monetários	8,5	2,2	4,0	6,3	6,7	7,4	7,1	5,7
❏ Papel-moeda em poder do público	1,7	0,8	1,7	2,3	2,7	3,2	3,3	3,2
❏ Depósitos a vista no sistema bancário	6,8	1,4	2,3	4,0	4,0	4,2	3,8	2,5
Ativos quase monetários	15,5	23,5	37,0	47,0	53,1	71,2	82,4	88,4
❏ Depósitos em cadernetas de poupança	5,9	6,9	9,1	9,4	7,9	10,1	11,3	11,2
❏ Títulos de emissão do sistema financeiro	3,6	7,7	12,2	8,2	12,4	18,5	21,4	21,9
❏ Quotas de fundos de investimento	–	–	6,6	21,5	26,0	29,6	36,4	38,6
❏ Títulos da dívida pública	6,0	8,9	5,1	7,9	6,8	13,0	13,3	16,7
Ativos financeiros totais	24,0	25,7	33,0	53,7	59,8	74,6	89,5	94,1

Fontes: Banco Central do Brasil. Séries temporais. IBGE. Contas nacionais.

15.2 A Medição da Oferta Monetária

Os Conceitos Restritos e Abrangentes de Oferta Monetária

Segundo os conceitos até aqui desenvolvidos, consideramos a moeda como a **liquidez por excelência**. E os demais ativos financeiros como **quase líquidos**, o que justifica a denominação usual de ativos **quase monetários**.

Em conceito radicalmente restrito, definido pelo papel-moeda e pelas moedas metálicas, os meios de pagamento são os únicos ativos a que podemos atribuir a expressão **liquidez absoluta**. Todos os demais, financeiros ou reais, têm **liquidez relativa**: um atributo que se define a partir da facilidade que seus detentores encontram para convertê-los em moeda.

Os ativos monetários são os únicos que podem ser imediatamente convertidos, na medida de seu valor legal, em quaisquer outros bens ou serviços disponíveis no mercado. A moeda manual tem **poder liberatório** e **curso forçado**. Pelas garantias de que está cercada, nenhum agente econômico pode recusar sua aceitação como meio de pagamento ou de liquidação de transações. De outro lado, a moeda escritural, embora não tenha poder liberatório e curso forçado, constitui uma ordem de pagamento a vista, podendo, dessa forma, desde que esteja provida de fundos, ser transformada, contra a apresentação, em moeda manual. Assim, seu grau de liquidez está bastante próximo à máxima liquidez da moeda manual. Praticamente se justapõe a ela.

Classificados segundo seus graus de liquidez, encontram-se porém outros ativos financeiros que se aproximam bastante da liquidez dos estoques convencionais de moeda. Trata-se de ativos que **não integram o meio circulante** nem se podem considerar como ordens de pagamento a vista. Mas desde que possam ser facilmente transferíveis, negociáveis ou resgatáveis, monetarizam-se com tal rapidez que se consideram muito próximos da moeda, pelo menos quanto à liquidez, um de seus atributos essenciais.

No Brasil, os depósitos de poupança, os certificados de depósito a prazo, as letras de câmbio e as hipotecárias e os títulos da dívida pública das várias esferas de governo têm, todos, graus de liquidez compatíveis com o conceito convencional de quase moeda. As cadernetas de poupança praticamente converteram-se em depósitos especiais remunerados, conversíveis facilmente em depósitos a vista, bastando para isso uma simples solicitação, sem prévio aviso, de seus detentores. Os títulos da dívida pública são diariamente rolados em mercados secundários de curtíssimo prazo, que lhes confere negociabilidade praticamente imediata. E os títulos de emissão do sistema financeiro, embora sua conversão em moeda só possa ser legalmente exigível em seus vencimentos, são facilmente resgatáveis, por operações de recompra que garantem sua liquidez praticamente imediata.

Tais são os graus de liquidez desses ativos no país que o Banco Central do Brasil institucionalizou quatro conceitos de **oferta monetária**. Usualmente, como a oferta monetária é indicada pela notação M, os quatro conceitos são diferenciados pelas notações $M1$, $M2$, $M3$ e $M4$. Os ativos financeiros que se consideram em cada conceito são:

- ***M1***. Corresponde à versão convencional e restrita de meios de pagamento. É resultante da soma do papel-moeda em poder do público com os depósitos a vista do público no sistema bancário.

- ***M2***. Inclui, além dos ativos que totalizam o conceito $M1$, os depósitos de poupança e as aplicações em títulos privados (depósitos a prazo, letras de câmbio, letras hipotecárias, letras de crédito imobiliárias, letras de crédito do agronegócio e letras financeiras).

- ***M3***. Resulta da soma de $M2$ com os saldos das quotas de fundos de investimento (fundos cambiais, de curto prazo, de renda fixa, multimercados e referenciados) mais as operações compromissadas com títulos federais.

- ***M4***. É o mais abrangente dos conceitos. Resulta da soma de $M3$ com as aplicações do público em títulos federais (sistema Selic) e em títulos de emissão dos Estados e municípios.

Com as notações do Quadro 15.1, esses quatro conceitos correspondem às seguintes totalizações cumulativas:

$$M1 = PMPP + (DVBC + DVCE + DVBM)$$
$$M2 = M1 + DP + TD$$
$$M3 = M2 + QFI + OCTF$$
$$M4 = M3 + TSF + TEM$$

Os Conceitos e a Medição dos Agregados Monetários

Os saldos totais de todos os conceitos de **oferta monetária** definem os estoques agregados dos ativos monetários da economia. Eles correspondem aos **agregados monetários** – um conjunto de variáveis-estoque relacionadas aos saldos efetivamente contabilizados no âmbito das autoridades monetárias e no das instituições de intermediação financeira.

> **QUADRO 15.1**
> **Notações dos ativos financeiros que compõem os vários conceitos de oferta monetária adotados pelo Banco Central do Brasil.**
>
> | Ativos financeiros | Notações |
> |---|---|
> | Papel-moeda em poder do público | PMPP |
> | Depósitos a vista no sistema bancário | DVSB |
> | ❏ Depósitos a vista nos bancos comerciais | DVBC |
> | ❏ Depósitos a vista nas caixas econômicas | DVCE |
> | ❏ Depósitos a vista nos bancos múltiplos | DVBM |
> | ❏ Depósito de poupança | DP |
> | Títulos privados | TP |
> | ❏ Quotas de fundo de investimento | QFI |
> | ❏ Operações compromissadas com títulos federais | OCTF |
> | Títulos federais (Selic) | TFS |
> | Títulos estaduais e municipais | TEM |

Os **agregados monetários** de maior relevância conceitual estão descritos no Quadro 15.2. Em síntese e considerando os conceitos de oferta monetária adotados pelo Banco Central do Brasil são estes os seus principais estoques de agregados monetários:

- **O meio circulante**. É constituído por espécies, fisicamente dadas, resultantes de processos industriais de impressão ou de cunhagem, que instituições como a Casa da Moeda fornecem aos bancos centrais. A expressão **meio circulante** é assim empregada para designar a **moeda em espécie**: papel-moeda impresso e moedas metálicas cunhadas. O agregado do meio circulante é constituído pelo *quantum* de cada uma das moedas metálicas ou cédulas emitidas por ordem dos bancos centrais. No Brasil, número das espécies metálicas de 1, 5, 10, 25 e 50 centavos de reais e número das de 1 real, mais número das cédulas de 1, 2, 5, 10, 20, 50 e 100 reais. A Tabela 15.5 reproduz os dados do meio circulante do Brasil no final de 2013.

- **Papel-moeda emitido**. Por convenção, não se usa a expressão **papel-moeda** e **moedas metálicas** divisionais emitidas, mas simplificadamente apenas papel-moeda emitido. Trata-se do valor agregado que resulta a totalização do meio circulante, expresso nominalmente. É, como os demais agregados monetários, uma variável-estoque que indica o valor nominal do meio circulante.

- **Papel-moeda em circulação**. É também uma expressão simplificada, que engloba todas as espécies emitidas do meio circulante. É calculado a partir do papel-moeda emitido, menos o que permanece no caixa-forte do banco central. É, assim, a parcela do papel-moeda emitido que foi efetivamente posta em circulação.

QUADRO 15.2
Principais conceitos de agregados monetários.

Agregados financeiros	Sínteses descritivas[a]
Meio circulante	Define a quantidade de cada uma das denominações (ou "valores de face"), estampadas ou cunhadas, nas cédulas e moedas metálicas. Trata-se do número de cada denominação emitida, em papel, outros materiais similares que o substituem (como polímeros laminados). Entende-se por "denominações" os valores estampados em cédulas, como as de 1,00, de 10,00 ou de 100,00; ou ainda as moedas divisionais (geralmente de valores mais baixos, como as de 0,01, de 0,10 ou de 1,00. Como os demais agregados monetários, o meio circulante é uma variável estoque. Difere dos demais conceitos por exprimir quantidades, não os valores que correspondem aos estoques emitidos de cada denominação.
Papel-moeda emitido	É a expressão nominal do meio circulante. Resulta da multiplicação da quantidade emitida de cada uma das denominações pelos seus "valores de face", já então empregando-se, na indicação do valor do estoque emitido, o termo que expressa o padrão monetário do país: no Brasil, o *real*, indicado por R$. Embora constituído por diferentes materiais empregados na sua emissão (papel, polímeros ou ligas metálicas) usa-se a apenas denominação "papel-moeda emitido". Ou ainda mais simplesmente "moeda emitida".
Papel-moeda em circulação	Não obstante já emitido, não é a totalidade do estoque monetário em forma impressa ou cunhada que os bancos centrais põem em circulação. Uma parte é retida no caixa dessa autoridade monetária, não colocada à disposição dos agentes econômicos. Assim, o papel-moeda em circulação é o papel-moeda emitido menos a parcela retida no caixa dos bancos centrais. Assim como o emitido, é expresso em termos nominais, não meramente em quantidades físicas.
Papel-moeda em poder do público	O papel-moeda em poder do público, expresso também em termos nominais, é um estoque de valor inferior ao colocado em circulação pelos bancos centrais. Deduz-se do papel-moeda em circulação a parcela retida pela rede bancária. Nesse sentido, o termo "público" é usado para designar todos os agentes econômicos, excetuando-se a rede bancária que capta depósitos a vista – uma das bases que suportam suas operações de intermediação financeira, complementada por outros instrumentos de captação de recursos. O disponível monetário que esta rede retém em caixa também não circula nem está à disposição dos demais agentes econômicos.
Depósitos a vista no sistema bancário	Esta parcela dos ativos financeiros do público é destacada por ser empregada como "meio de pagamento". Está à disposição dos agentes econômicos e é, em princípio, tão líquida quanto a própria moeda em espécie, em todas as suas denominações, não obstante os saldos em espécie desses depósitos (parcelas retidas em caixa pela rede bancária) sejam significativamente bem inferiores aos depósitos efetivamente feitos pelo público. Trata-se de *moeda de alto poder de auto expansão (high-powered money)* que se multiplica pelas operações bancárias de intermediação.[b] A emissão do cheque é o instrumento de manejo dessa forma de moeda; havendo provisão de fundos, pode ser movimentada a qualquer tempo, sem qualquer outra operação que a anteceda junto ao sistema bancário. O cheque é assim uma ordem de pagamento a vista, líquida, conversível em moeda corrente.
Meios de pagamento (M1)	São expressos também em termos nominais e constituídos por duas parcelas: o papel-moeda em poder do público, mais os depósitos a vista do público na rede bancária. A primeira parcela é também denominada *moeda manual*: a segunda, por não ter existência física correspondente ao seu valor, é denominada *moeda escritural*. Resulta de efeitos multiplicadores de operações de empréstimos, realizados pelos bancos que captam depósitos a vista e que são considerados por esta razão "bancos criadores de moeda". Embora resultantes de uma parcela que se multiplica e que geralmente é maior do que a que tem existência física, os meios de pagamento M1 são considerados "restritos".
Meios de pagamento expandidos (M2, M3, M4)	Os meios de pagamento "ampliados" são expressivamente superiores a M1 e são indicados por numerais cumulativos. M2, M3, M4. O primeiro entre os conceitos expandidos, M2, é o M1 acrescido de outros ativos financeiros do público junto ao sistema de intermediação financeira, todos quase monetários. O M3 é o M2 e outras categorias de quase moedas; o M4 é o M3 acrescido de outros ativos financeiros e assim sucessivamente.

[a] Até M1, os conceitos são praticamente iguais em todos os países. De M2 em diante são acrescidos de quase moedas, variando entre os países, quanto às categorias de ativos financeiros de emissão das Autoridades Fiscais, dos Bancos Centrais ou da rede de intermediários financeiros privados.

[b] Veremos adiante neste capítulo como se estabelece esse efeito multiplicador e quais os fatores determinantes de sua magnitude.

TABELA 15.5
Meio circulante do Brasil no final de 2015: cédulas e moedas metálicas em poder do público e da rede bancária.

Denominações		Números absolutos		% em relação ao total	
		Quantidades (Milhões)	Valor (R$ milhões)	Quantidades	Valor
Cédulas	1,00[a]	149,0	149,0	0,49	0,08
	2,00	1.122,7	2.245,4	3,66	1,00
	5,00	536,7	2.683,5	1,75	1,19
	10,00	683,7	6.837,0	2,23	3,03
	20,00	741,3	14.826,0	2,42	6,58
	50,00	2.163,6	108.180,0	7,05	47,98
	100,00	846,0	84.600,0	2,76	37,52
	Subtotal	6.243,0	219.520,9	20,34	97,36
Moedas metálicas	0,01	3.191,0	31,9	10,40	0,01
	0,05	5.886,8	294,3	19,18	0,13
	0,10	6.369,1	636,9	20,75	0,28
	0,25	2.785,0	696,3	9,08	0,31
	0,50	2.600,0	1.300,0	8,47	0,58
	1,00	2.997,3	2.997,3	9,77	1,33
	Moedas comemorativas[b]	615,6	7,6	2,01	–
	Subtotal	24.444,8	5.964,3	79,66	2,64
	TOTAIS	30.687,8	225.485,2	100,00	100,00

[a] A circulação dessa denominação foi descontinuada em 2009.

[b] A emissão da maior parte dessas moedas atende a objetivos distintos do suprimento monetário, como comemoração de eventos históricos, homenagens a personalidades nacionais e a instituições. São menos frequentemente usadas como meios de pagamento. São voltadas para colecionadores e a maior parte é cunhada em ouro e prata. As de uso corrente são em aço inoxidável e revestidas com cobre bronze ou em cuproníquel.

Fonte: Banco Central do Brasil. Composição do meio circulante nacional. Dinheiro em circulação. Posição em 31 dez. 2015.

❑ **Papel-moeda em poder do público**. A palavra **público**, em economia monetária, exclui as instituições bancárias que fazem parte do subsistema de intermediação financeira; inclui as instituições financeiras não bancárias e todos os demais agentes econômicos do setor real da economia (governo, empresas e unidades familiares). Os estoques de papel-moeda em poder do público excluem, portanto, dos estoques em circulação, a parcela que é mantida em caixa pelo sistema bancário. Este agregado é também denominado **moeda manual**.

❑ **Depósitos a vista no sistema bancário**. Denomina-se também **moeda escritural**. Trata-se de um agregado monetário que possui uma particularidade de alta relevância para a regulação da liquidez da economia como

TABELA 15.6
Os conceitos de oferta monetária adotados pelo Banco Central do Brasil: saldos no final de 2015.

Conceitos	Saldos em/R$ milhões	% sobre o total
Papel-moeda em poder do público	186.294	
Mais Depósitos a vista no sistema bancário	148.123	
= Meios de pagamento, M1	**344.417**	**6,02%**
Mais Depósitos de poupança	659.006	
Títulos privados (depósitos a prazo, letras de câmbio, letras hipotecárias, letras de crédito imobiliárias, letras de crédito do agronegócio e letras financeiras)	1.292.298	
= M2	**2.285.721**	**41,15%**
Mais Quotas de fundos de investimento (fundos cambiais, de curto prazo, de renda fixa, multimercados e referenciados)	2.277.820	
Operações compromissadas com títulos federais	195.771	
= M3	**4.759.312**	**85,69%**
Mais Títulos federais (Selic)	795.021	
= M4	**5.554.333**	**100,00%**

Fonte: Banco Central do Brasil. *Boletim Mensal do Banco Central do Brasil*. Brasília: BACEN, 2015.

um todo. Ele possui alto poder de autoexpansão. Pode-se dizer que a maior parte dos saldos dos depósitos a vista são criados pelas operações ativas dos bancos. Não têm existência física. Quanto a este aspecto, são diametralmente opostos aos demais agregados monetários.

Todos têm uma contrapartida física, são concreções visíveis. Já os depósitos a vista são meramente escriturais. Por isso mesmo, são alternativamente denominados **moeda escritural** ou **moeda bancária**.

❑ **Oferta monetária**. Em sentido restrito e convencional, é dada pela totalização dos ativos monetários mantidos pelo público: papel-moeda e depósitos a vista. Em sentido amplo, é dado pelos saldos totalizados de todos os ativos financeiros, monetários e quase monetários. Os agregados *M*1, *M*2, *M*3 e *M*4 correspondem aos diferentes conceitos de oferta monetária. A Tabela 15.6 reproduz os conceitos adotados pelo Banco Central do Brasil e o correspondentes saldos no final de 2015.

Todos esses agregados monetários são variáveis-estoque. Não são fluxos. Sua medição se faz através de saldos emitidos, em circulação ou contabilizados nas instituições financeiras. Não há, neste caso, dificuldades de mensuração que exigem artifícios contábeis. Cada um deles é dado diretamente pela totalização dos registros contábeis das instituições. Cada um deles corresponde a um tipo específico de disponibilidade ou de aplicação financeira.

Ainda assim, há duas diferentes formas de medição desses agregados monetários, ambas representadas por sua expressão nominal:

❑ Média diária dos saldos.

❑ Saldos no final de períodos definidos.

A média diária dos saldos indica os estoques médios ao longo de determinado período: resulta da divisão dos saldos pelos dias úteis de períodos considerados. Já os saldos no final de períodos são os estoques totais de cada agregado em datas definidas. A prática usual é medir os estoques totais dos agregados no final de cada mês ou as médias dos dias úteis do mês em referência.

Estes dois critérios de medição dos agregados monetários são empregados para finalidades específicas. A média diária dos saldos é geralmente empregada como parâmetro de recolhimentos em espécie exigidos pelas autoridades monetárias junto ao sistema de intermediação financeira. E os saldos são usualmente empregados para correlacionar as disponibilidades efetivas que circulam no setor financeiro com as variáveis-fluxo do setor real. Empregam-se tanto para aferir a liquidez efetiva da economia como um todo, como para acompanhar a velocidade com que eles circulam no setor real da economia.

15.3 O Sistema Bancário e a Multiplicação dos Meios de Pagamento

Uma Primeira Aproximação: a Multiplicação da Moeda Bancária

Conceitualmente, o sistema bancário é constituído pelas instituições de intermediação financeira que captam depósitos a vista. O não bancário opera apenas com outras formas de captação, definidos como ativos financeiros quase monetários. Os bancos de desenvolvimento e os de investimento são exemplos de instituições não bancárias, embora tenham em sua denominação usual o substantivo **banco**. As financeiras também são instituições não bancárias, apesar de bancarem os dispêndios de consumo ou de investimento de agentes econômicos que recorrem às suas operações de financiamento. Também são não bancárias as associações de poupança e empréstimo e as sociedades de crédito imobiliário, bem como, por analogia, as frações dos bancos múltiplos que captam recursos quase monetários, operando como intermediários não bancários.

Esta distinção é de alta relevância em economia monetária. E por duas razões:

1. Os depósitos a vista integram o conceito convencional de meios de pagamento. Seus saldos são considerados tão líquidos quanto a própria moeda manual.

2. Os depósitos a vista caracterizam-se por seu autopoder de expansão. Constituem uma categoria de ativos monetários que tem o poder de multiplicar a base monetária. Dizendo isto de outra forma, podemos inferir que as instituições bancárias têm o poder de criar uma das formas convencionais de moeda, a escritural.

Os dados dos agregados monetários do Brasil, expressos pelos saldos no final do primeiro semestre de 2013, são uma primeira indicação da criação de moeda pelo sistema bancário: os depósitos a vista superam, em valor, todos os saldos do papel-moeda em poder do público e são bastante próximos até mesmo dos saldos do papel-moeda emitido. A alta expressão dessa categoria de ativo monetário é derivada direta do **efeito multiplicador da moeda escritural**. E esse efeito será tanto mais alto quanto menores forem as taxas de encaixes técnicos mantidas pelos bancos e as de recolhimentos compulsórios exigidos pelo banco central.

Já vimos em tópicos anteriores que os encaixes técnicos dos bancos não fazem parte dos agregados monetários convencionais. Eles constituem uma parte dos depósitos a vista que é voluntariamente esterilizada pelos próprios bancos. São todavia necessários para que os bancos possam atender aos saques de seus depositantes ou então cobrir perdas nas câmaras de compensação. O nível desse encaixe é geralmente baixo e é definido pela experiência operacional dos próprios bancos. Geralmente, oscilam entre 5 e 10% dos depósitos a vista. É evidente que quanto mais baixo for este tipo de encaixe maior será a parcela dos depósitos a vista que os bancos destinarão a operações ativas, ampliando-se assim a base de suas receitas operacionais com empréstimos. Em consequência, tanto quanto seja possível, sem pôr em risco sua solvabilidade e a confiança do público em suas operações, os bancos tendem a reduzir para as mais baixas posições de segurança as taxas de seus encaixes voluntários.

Adicionalmente, à esterilização voluntária dos depósitos a vista, os bancos centrais exigem que bancos procedam a recolhimentos compulsórios, em espécie monetária. Esses recolhimentos são usualmente impostos aos bancos através de uma taxa aplicada à média diária dos saldos dos depósitos a vista. Eles representam uma esterilização adicional, geralmente superior à voluntária. E têm três finalidades:

1. Controlar a massa de crédito concedida pelas instituições bancárias.
2. Manter em poder do banco central um volume de reservas em caixa capaz de garantir a liquidez do sistema como um todo e de lastrear uma de suas funções mais importantes, a de atuar como banco dos bancos.
3. Controlar a expansão ou a redução dos meios de pagamento, pela redução ou expansão do impacto do efeito multiplicador da moeda escritural.

Adotando um modelo simplificado, vamos ver como se dá esse efeito multiplicador e de que fatores depende sua magnitude. Já vimos que a oferta monetária, M, em seu conceito tradicional e restrito, é dada por:

$$M = PMPP + DVSB$$

Suponhamos que, em dado instante, os saldos deste agregado monetário aumentam sob o efeito de uma operação passiva do banco central: a injeção primária de papel-moeda na economia expandindo o meio circulante, em termos nominais. Isso pode dar-se, por exemplo, com a compra, no mercado aberto, de títulos da dívida pública em poder do público. Consequentemente, o papel-

-moeda em circulação aumentará. Em um primeiro instante, os agentes econômicos aumentarão suas disponibilidades monetárias na exata proporção em que se deu a injeção primária de moeda manual. Mas, na sequência das operações que podem resultar da injeção primária, os meios de pagamento como um todo se multiplicarão. Eles não ficarão limitados exatamente à injeção de moeda manual. Tenderão a ampliar-se por uma sequência de operações passivas e ativas dos bancos "criadores de moeda", multiplicando pelo sistema como um todo os meios líquidos de pagamento com que a economia passa a dispor.

É simples entender por que este efeito ocorre. Os agentes econômicos não manterão em caixa, sob a forma de moeda-manual, a nova disponibilidade de papel-moeda. Uma parte irá para o sistema bancário sob a forma de depósitos a vista. E o sistema bancário, por sua vez, também não ficará com a totalidade dos novos recursos em caixa, ociosos. Ao contabilizar o aumento dos depósitos, tenderá a manter voluntariamente apenas uma parte dos acréscimos em caixa. Outra parte será destinada a operações de empréstimo, restabelecendo-se assim a relação entre os encaixes voluntários e os depósitos a vista recomendada por sua experiência operacional e pelos seus padrões de segurança. Outra parte ainda será recolhida compulsoriamente ao banco central.

Assim, indicando por Δ os acréscimos no total dos meios de pagamento, originários da injeção primária, teremos:

$$\Delta M = \Delta PMPP + \Delta DVSB$$

Na sequência dos efeitos, aumentarão também os encaixes voluntários dos bancos, EV, os recolhimentos compulsórios, RC. O que restar será destinado a novas operações ativas, sob a forma de empréstimos, E. Assim:

$$\Delta DVSB = \Delta EV + \Delta RC + \Delta E$$

Destas três categorias de acréscimos, uma exercerá um efeito multiplicador sobre os meios de pagamento. Trata-se de ΔE. Isso porque as novas operações de empréstimo acabarão por gerar novos depósitos no sistema bancário: o agente econômico que realiza uma operação de empréstimo com um banco utilizará os recursos para efetuar pagamentos a outros agentes; aqueles que os receberem irão aos bancos para efetuar depósitos, mantendo sob a forma de papel-moeda parcelas geralmente pequenas das novas disponibilidades. E os bancos, com os depósitos novamente expandidos, manterão uma parcela em caixa, outra recolherão e outra emprestarão a outros agentes. A esta altura, estarão provocando uma **propagação multiplicativa** dos meios de pagamento. O efeito multiplicador da moeda escritural já estará ocorrendo.

Tudo isso porque, do ponto de vista de um banqueiro, os **depósitos geram empréstimos**. Mas, do ponto de vista do sistema bancário como um todo, os **empréstimos geram depósitos**. Quando a rede bancária concede **novos empréstimos**, decorrentes de uma expansão primária dos meios de pagamento, apenas uma parcela dos recursos será mantida, pelos tomadores dos empréstimos que lhes foram concedidos, sob a forma de papel-moeda. A maior parte retornará à própria rede bancária sob a forma de **novos depósitos**. Destes, já então sob

FIGURA 15.3
O mecanismo de criação da moeda escritural: novos empréstimos geram novos depósitos e assim sucessivamente.

o efeito multiplicador, uma pequena parcela será esterilizada pelos recolhimentos compulsórios e pelos encaixes voluntários da rede bancária, enquanto uma parcela substancialmente maior gerará novas operações de empréstimo. Nessas condições, até que seja afinal amortecido o efeito multiplicador inicial, os empréstimos criarão novos depósitos e estes importarão em sucessivas adições ao estoque de moeda escritural da economia. E, ao término da propagação do efeito multiplicador da moeda escritural, os meios de pagamento resultarão maiores do que o valor originalmente injetado e canalizado para o sistema bancário.

Esquematicamente, a Figura 15.3 mostra de que forma esse efeito é exercido: os novos depósitos (resultantes da expansão da moeda escritural, dada por $\Delta DVSB$) desdobram-se em encaixes voluntários e compulsórios, $\Delta EV + \Delta RC$, e em operações de empréstimo, ΔE. Quando os novos empréstimos forem concedidos, uma parte será retida pelo público e outra será transformada em novos depósitos. Estes, por sua vez, gerarão novos encaixes e recolhimentos compulsórios e novas operações de empréstimo. Evidentemente, quanto menores forem as taxas dos encaixes, dos recolhimentos e das retenções pelo público, tanto maior será a magnitude do efeito multiplicador. Se os encaixes, recolhimentos e retenções forem totais, não ocorrerão novos empréstimos e novos depósitos, anulando-se, assim, um possível efeito de multiplicação dos meios de pagamento. Em contrapartida, se não houver quaisquer retenções, encaixes e recolhimentos, o efeito irá propagar-se infinitamente. Isso significa que **a magnitude do multiplicador bancário é inversamente proporcional à soma das taxas de encaixes, recolhimentos compulsórios e retenções.**

Em termos bastante simples, para uma primeira aproximação, vamos reduzir a expressão do multiplicador bancário a sua forma mais concisa, dada pela seguinte expressão:

$$K = \frac{1}{R}$$

TABELA 15.7
O efeito multiplicador da moeda escritural: uma demonstração para uma taxa de encaixes de 0,25.

Etapas do processo	Expansão dos depósitos a vista ($\Delta DVSB$)	Retenções voluntárias e compulsórias ($\Delta EV + \Delta RC$)	Novas operações de empréstimo (ΔE)
Injeção inicial	10.000	2.500	7.500
Primeira etapa	7.500	1.875	5.625
Segunda etapa	5.625	1.407	4.218
Terceira etapa	4.218	1.055	3.163
Quarta etapa	3.163	791	2.372
Quinta etapa	2.372	593	1.779
Sexta etapa	1.779	445	1.334
Sétima etapa	1.334	334	1.000
Oitava etapa	1.000	250	750
Nona etapa	750	188	562
Décima etapa	562	141	421
Efeito multiplicador cumulativo das dez primeiras etapas	38.303	9.579	28.724
Efeito multiplicador cumulativo das demais etapas do processo, até que, no limite, os efeitos estejam próximos de zero	1.697	421	1.276
Efeito multiplicador no final do processo	40.000	10.000	30.000

onde K é a magnitude do efeito multiplicador e R a taxa de todas as formas de encaixes e retenções. Assim, por exemplo, se a taxa R for de 0,25, indicando encaixes e retenções de 25% em todas as etapas do processo de multiplicação, o efeito multiplicador final será igual a 4:

$$K = \frac{1}{R} = \frac{1}{0,25} = 4$$

A Tabela 15.7 mostra como se dá a propagação do efeito multiplicador da moeda escritural. Adotamos as seguintes hipóteses em sua construção:

❑ Injeção inicial, pelo banco central, de $ 10.000 na economia, através da troca de títulos da dívida pública por papel-moeda.

❑ A injeção inicial, em sua totalidade, vai para o sistema bancário sob a forma de novos depósitos a vista. A retenção pelo público é igual a zero, admitindo-se assim que a troca de títulos da dívida pública por papel-moeda se deu dentro do sistema bancário, que mantinha esses títulos em carteira.

❑ A esterilização voluntária dos bancos, R_1, é de 5% sobre os depósitos a vista, o que equivale a uma taxa de encaixe técnico de 0,05.

TABELA 15.8 A magnitude do efeito multiplicador da moeda escritural. É inversamente correlacionada com a taxa global de encaixes voluntários e compulsórios.

Taxas de encaixes			Magnitude do efeito multiplicador K
Voluntários R_1	Compulsórios R_2	Total $R = R_1 + R_2$	
0,030	0,070	0,10	10,00
0,035	0,115	0,15	6,67
0,040	0,160	0,20	5,00
0,045	0,205	0,25	4,00
0,050	0,250	0,30	3,33
0,055	0,295	0,35	2,86
0,060	0,340	0,40	2,50
0,065	0,385	0,45	2,22
0,070	0,430	0,50	2,00
0,075	0,525	0,60	1,67
0,080	0,620	0,70	1,43
0,085	0,715	0,80	1,25
0,090	0,810	0,90	1,11
0,095	0,905	1,00	1,00

❑ A esterilização compulsória exigida pelo banco central, R_2, é de 20% dos saldos dos depósitos a vista, o que equivale a uma taxa de recolhimento de 0,20. A soma das taxas dos encaixes voluntários e compulsórios, $R = R_1 + R_2$, é de 0,25.

Mantendo-se estas hipóteses durante todo o processo de multiplicação, os novos depósitos, de $ 10.000, multiplicaram-se por quatro, totalizando cumulativamente, no final da propagação do efeito multiplicador, $ 40.000 em novos depósitos. As operações de empréstimo que retornaram ao próprio sistema bancário totalizaram $ 30.000, boa parte delas nos dez primeiros retornos multiplicadores, e uma parte menor, decrescentemente expressiva, nas últimas etapas do processo. Obviamente, como a Tabela 15.7 evidencia, os acréscimos finais correspondem às duas categorias de meios de pagamento: o acréscimo sob a forma de moeda manual foi de $ 10.000 – exatamente o que de fato foi injetado como papel-moeda no sistema; e o acréscimo sob a forma de moeda escritural foi de $ 30.000. Somados, correspondem a uma expansão quatro vezes maior que a resultante da injeção primária inicial.

Para hipóteses de uma taxa R inferior à suposta na Tabela 15.7, o efeito multiplicador K será maior. Inversamente, adotando-se taxas de encaixes mais altas, o efeito multiplicador diminui. A Tabela 15.8 resume os efeitos multiplicadores resultantes de diferentes taxas de esterilização. E evidencia que quanto mais altos os encaixes técnicos e compulsórios menor o efeito multiplicador da moeda escritural.

Uma Abordagem mais Elaborada do Comportamento Monetário

Resumidamente, a variação dos meios de pagamento, conceito $M1$, e os níveis primários de liquidez da economia como um todo dependem de quatro variáveis:

❑ As decisões das autoridades monetárias, executadas pelo banco central, quanto à emissão de papel-moeda.

❑ O comportamento do público, quanto à forma de retenção de saldos monetários.

❑ O comportamento dos bancos, quanto à taxa de encaixes técnicos voluntários.

❑ As exigências do banco central, quanto à taxa de recolhimentos compulsórios sobre os depósitos a vista.

As **decisões das autoridades monetárias** quanto ao suprimento de moeda, ao controle das operações de crédito e aos decorrentes níveis de liquidez dos setores financeiro e real, geralmente, são condicionadas pela gestão da política econômica como um todo e por seus mais importantes objetivos – como a promoção do desenvolvimento econômico e social, o crescimento do produto, a expansão do emprego, a estabilização dos preços ou o equilíbrio nas transações externas. Isso porque a moeda não é apenas um meio de pagamento, neutro em relação aos objetivos da política pública. Seu suprimento, os mecanismos pelos quais os setores real e monetário interagem e as decorrentes condições de equilíbrio afetam o desempenho da economia como um todo. Daí por que os instrumentos convencionais da política monetária integram-se aos demais meios pelos quais os *policy makers* procuram conduzir os setores real e monetário na direção das diretrizes econômicas e sociais que tenham sido definidas.

O **controle da base monetária** é uma das questões-chave da política monetária. Esse controle tem a ver com o suprimento primário de papel-moeda e com a magnitude do efeito multiplicador da moeda escritural. Isso porque a base monetária é constituída, de um lado, pelo papel-moeda emitido, e, de outro lado, pelas reservas bancárias voluntárias e compulsórias junto ao banco central. À medida que se expandem os saldos de papel-moeda emitido e contraem-se as reservas, os meios de pagamento se multiplicam, elevando-se os níveis gerais de liquidez da economia. Opostamente, a liquidez contrai-se quando os saldos primários de papel-moeda são contidos ou quando se expandem as exigências de recolhimentos compulsórios do sistema bancário, ampliando-se as reservas esterilizadas junto ao banco central.

Mas as variações dos meios de pagamento têm a ver, também, com o **comportamento do público e das instituições bancárias**. Quanto maiores forem, de um lado, as taxas de retenção de papel-moeda mantidas pelo público, e, de outro lado, as taxas de encaixes técnicos voluntários decididas pelos bancos, tanto menor será a magnitude do efeito multiplicador. Em direções opostas, se o público decidir por baixa retenção de saldos de papel-moeda, ampliando o coeficiente de depósitos a vista em relação ao estoque total de $M1$, ao mesmo tempo em que os bancos contraem para níveis mínimos seus encaixes próprios, o efeito multiplicador se expande e, com ele, ampliam-se os estoques escriturais de meios de pagamento.

Formalmente, são os seguintes, em um modelo mais elaborado, os **coeficientes de comportamento monetário** que interferem efetivamente na magnitude do efeito multiplicador:

1. Comportamento do público

❏ Papel-moeda em poder do público:

$$C = \frac{PMPP}{M1}$$

❏ Preferência do público por depósitos a vista:

$$D = \frac{DVSB}{M1}$$

2. Comportamento dos bancos

❏ Encaixe técnico voluntário em moeda corrente:

$$R_1 = \frac{EX}{DVSB}$$

❏ Recolhimento compulsório exigido (reservas bancárias):

$$R_2 = \frac{RB}{DVSB}$$

São estes os quatro **coeficientes de comportamento monetário** que os bancos centrais consideram para o acompanhamento formal do multiplicador da base monetária. O modelo de acompanhamento é, obviamente, mais elaborado que o de nossa primeira demonstração desse efeito. Primeiro, porque o efeito multiplicador se aplica à base monetária como um todo; segundo, porque, além do comportamento voluntário e compulsório dos bancos, ele é também influenciado pelo comportamento do público.

As Tabelas 15.9 e 15.10 mostram como esses quatro coeficientes de comportamento definem a magnitude do multiplicador da base monetária e, decorrentemente, da oferta monetária, conceito $M1$. Os dados cobrem um período significativo da recente realidade monetária no Brasil: o da passagem de um longo período de inflação alta e recorrente para uma nova fase de estabilização dos preços, com o advento da nova moeda, o real. A estabilização implicou rígido controle da oferta monetária, com redução dos níveis reais de liquidez da economia. Os elevados recolhimentos compulsórios exigidos pelo Banco Central foram um dos mais vigorosos instrumentos de controle dos meios de pagamento. Em relação aos saldos dos depósitos a vista, a taxa desses recolhimentos elevou-se de um patamar histórico situado entre 0,20 e 0,30 para níveis próximos de 0,60. Consequentemente, o multiplicador da base monetária contraiu-se: de 1,6 a 1,7 (antes do real) para 1,2 a 1,3 (nos dois primeiros anos da nova moeda) e, nos anos seguintes, com a inflação já dominada, para 1,3 a 1,5.

TABELA 15.9
Brasil, 1995-2015: coeficientes de comportamento monetário. Base de cálculo: média dos saldos diários.

Períodos		$C = \dfrac{PMPP}{M1}$	$D = \dfrac{DVSB}{M1}$	$R_1 = \dfrac{CX}{DVSB}$	$R_2 = \dfrac{RB}{DVSB}$	$K = \dfrac{1}{C + D(R_1 + R_2)}$
1994		0,37	0,63	0,11	0,62	1,2090
1995		0,43	0,57	0,12	0,50	1,2829
2000		0,38	0,62	0,09	0,35	1,5199
2005		0,40	0,60	0,14	0,34	1,4491
2010		0,43	0,57	0,16	0,32	1,4167
2011		0,46	0,54	0,21	0,30	1,3618
2012		0,47	0,53	0,21	0,30	1,3561
2013		0,48	0,52	0,20	0,27	1,3821
2014		0,51	0,49	0,22	0,25	1,3466
2013	1º Trimestre	0,53	0,47	0,22	0,27	1,3153
	2º Trimestre	0,54	0,46	0,24	0,26	1,2987
	3º Trimestre	0,55	0,45	0,25	0,26	1,2829
	4º Trimestre	0,56	0,44	0,25	0,24	1,2893

Fonte: Banco Central do Brasil. *Boletim do Banco Central do Brasil*. Séries Temporais e Relatórios Anuais. Vários números. Brasília: BACEN, 1995-2015.

TABELA 15.10
Brasil, 1994-2015: multiplicador, base monetária e meios de pagamento, conceito *M*1, em média dos saldos diários.

Períodos		Multiplicador (K)	Média dos saldos diários em R$ milhões	
			Base monetária (BM)	Meios de pagamento M1 = K . MB
1994		1,2090	17.265	20.874
1995		1,2829	20.746	26.615
2000		1,5198	46.304	70.375
2005		1,4491	98.306	142.451
2010		1,4167	197.388	279.632
2011		1,3618	205.977	280.491
2012		1,3561	230.869	313.081
2013		1,3821	249.510	344.843
2014		1,3508	259.397	350.394
2015	1º Trimestre	1,3153	240.243	315.992
	2º Trimestre	1,2987	233.248	302.919
	3º Trimestre	1,2989	230.967	296.308
	4º Trimestre	1,2893	255.289	329.144

Fonte: Banco Central do Brasil. *Boletim do Banco Central do Brasil*. Séries Temporais e Relatórios Anuais. Vários números. Brasília: BACEN, 1995-2015.

Pelo seu impacto no efeito multiplicador da moeda escritural e, portanto, no suprimento monetário em conceito restrito, os recolhimentos compulsórios são um dos mais poderosos instrumentos de controle da moeda. Mas há outros, que também podem atuar em direção contracionista e expansionista. É o que veremos a seguir.

15.4 O Controle da Oferta Monetária: os Movimentos Expansionistas e os Contracionistas

Os Instrumentos de Controle da Oferta Monetária

Além da fixação da taxa de recolhimentos compulsórios sobre os depósitos a vista no sistema bancário que podem se estender aos ativos quse-monetários de emissão do sistema financeiro, as autoridades monetárias dispõem de outros meios para controlar a oferta monetária e para a adequação do nível geral de liquidez da economia.

Os quatro principais instrumentos de controle da oferta monetária são:

❑ A fixação da taxa de recolhimentos compulsórios.

❑ As operações de redesconto.

❑ As operações de mercado aberto.

❑ O controle seletivo do crédito.

Com a aplicação desses quatro instrumentos, a oferta monetária e a regulação da liquidez podem assumir direção **expansionista** ou **contracionista**. Os movimentos induzidos de expansão ou de contração no setor monetário transmitem-se para o setor real através da **taxa de juros**. Deste ponto de vista, a taxa real de juros (taxa nominal depurada da variação do valor da moeda) é uma variável de conexão dos dois setores. Ou, segundo a terminologia de Ragan-Thomas,[3] um "canal pelo qual as autoridades monetárias fazem passar o seu poder de influência sobre o desempenho do setor real da economia".

Quando as autoridades monetárias contraem a oferta monetária e apertam os níveis de liquidez, a tendência natural da taxa de juros é a de aumentar em termos reais. Na direção oposta, quando se expande a oferta monetária, descontraindo-se a liquidez, os juros reais tendem a diminuir. Todos esses movimentos transmitem-se para o setor real, afetando, primeiro, os fluxos de dispêndio e, na sequência de seus efeitos, definindo novos níveis de produção e de geração de renda.

Os mecanismos pelos quais o manejo dos instrumentos de controle da oferta monetária afetam os níveis de liquidez e as taxas de juros são:

Recolhimentos compulsórios. A taxa de reservas compulsórias é um instrumento de alta eficácia para controlar o processo de multiplicação da moeda escritural e, dessa forma, a expansão dos meios de pagamento. O aumento das reservas compulsórias contrai a proporção dos depósitos a vista (ou de outras captações sobre as quais venham a ser exigidos recolhimentos) que os bancos destinarão a operações de empréstimo; já a redução das reservas exigidas pelo banco central atua em direção oposta, liberando maior volume de recursos para o financiamento do setor real da economia.

A taxa de recolhimento compulsório exigida pelo banco central é aplicada sobre a média dos saldos das captações da rede bancária e exerce efeitos sobre as duas variáveis que, combinadas, podem interferir no desempenho do setor real: a oferta monetária e a taxa de juros.

À medida que se expandem as exigências de reservas compulsórias, a capacidade operacional dos bancos contrai, por um lado, os movimentos de multiplicação da moeda bancária; por outro lado, eleva os níveis da taxa de juros que os bancos passarão a praticar. A variação dos juros para mais é uma resposta do sistema bancário à expansão das reservas compulsórias: o aumento dos juros busca compensar as perdas operacionais decorrentes da contração das suas operações ativas.

Operações de redesconto. Estas operações caracterizam-se como contrapartida dos recolhimentos compulsórios. Denominam-se também **empréstimos de liquidez**. Trata-se de empréstimos que o banco central concede, redescontando títulos de crédito que o setor real da economia descontou no sistema bancário. Estas operações têm o sentido de um socorro aos bancos, embora as taxas de juros praticadas pelo banco central sejam usualmente punitivas: para que se mantenha a logicidade das operações bancárias, as taxas do redesconto superam aquelas cobradas pelos bancos em suas operações ativas de desconto de títulos. Caso contrário, seria estabelecida uma ciranda-sem-fim, que pressionaria o banco central, fazendo-o refém do sistema bancário. É exatamente por ser um tipo de socorro punitivo que as operações de redesconto atuam como instrumento de controle da oferta monetária, além de ser uma garantia de segurança operacional e de liquidez para o sistema bancário como um todo. Na hipótese de não existirem operações desta natureza, os bancos seriam forçados a operar com taxas bem maiores de reservas técnicas próprias; mas, ainda assim, os riscos envolvidos nas operações bancárias seriam mais altos e a liquidez do sistema financeiro ficaria inteiramente condicionada ao comportamento do público e dos próprios bancos.

Manejando as operações de redesconto como instrumentos de controle da liquidez da economia, o banco central fixa os níveis das taxas de juros que serão cobradas do sistema em caso de dificuldades operacionais, estabelece os prazos de liquidação das operações e define limites de seus empréstimos aos bancos. Obviamente, quanto maiores forem os níveis dos juros do redesconto, mais curtos os prazos de resgate e mais estreitos os limites de concessão do socorro, maiores serão os cuidados dos bancos em suas operações ativas e maiores as reservas que eles manterão sob a forma de encaixes técnicos. Em situação oposta, quando o banco central sente necessidade de ampliar os níveis de liquidez e provocar a queda dos juros praticados pelo sistema financeiro, ele sinaliza com movimentos de descontração da oferta monetária: contrai os juros do redesconto, amplia os prazos de resgate exigidos dos bancos e aumenta os limites das operações de liquidez.

Operações de mercado aberto. São operações que se realizam no mercado monetário, essencialmente destinadas a regular, no dia a dia, a liquidez geral da economia. Atuam a curtíssimo prazo em dois sentidos, condicionando diretamente o volume da oferta monetária e a taxa de juros. Nesse segmento de mercado, como mostramos no capítulo anterior, atuam primariamente o banco central e as instituições do sistema financeiro. Em situações de aperto de liquidez, o banco central entra no mercado monetário comprando títulos quase monetários, que integram os conceitos ampliados de oferta monetária ($M3$ e $M4$, no Brasil); com isso, injeta papel-moeda na economia, monetizando o volume desejado de ativos financeiros quase monetários e expandindo a oferta primária de moeda. Em situação oposta, quando as condições de liquidez frouxa podem levar a níveis indesejáveis de aquecimento da economia, comprometendo a estabilidade monetária, o mercado aberto é acionado em direção contracionista. Em vez de irrigar, o banco central enxuga o mercado monetário, expandindo os juros e absorvendo papel-moeda com a colocação líquida de títulos.

Controle seletivo do crédito. Trata-se de intervenções diretas do banco central no mercado de crédito. Nesse sentido, é um instrumento de controle da oferta monetária que se diferencia do trinômio compulsório, redesconto e mercado aberto em pelo menos três aspectos:

1. Alcança as operações ativas de todo o subsistema de intermediação financeira e todos os subsegmentos de mercado em que se realiza a maior parte das operações de crédito e financiamento.

2. Condiciona diretamente, e não por vias indiretas, o volume e os custos das aplicações do setor financeiro, direcionando-as para as categorias de fluxos do setor real que sejam alinhadas à consecução dos objetivos da política econômica como um todo.

3. Atua sobre o conceito mais abrangente de oferta monetária, $M4$.

O controle direto do crédito, embora seja rejeitado pelas correntes mais ortodoxas do monetarismo, que preferem os instrumentos indiretos de controle da oferta monetária, é um recurso de alto impacto para direcionar as operações dos intermediários financeiros. O banco central seleciona, neste caso, as atividades produtivas que serão alcançadas – e em que volume – pelas operações financeiras, podendo ainda diferenciar suas decisões segundo as regiões do país. Seleciona ainda as categorias de fluxos de consumo e de acumulação que, em dadas circunstâncias, exigem ou não suprimentos de crédito. E define, por fim, as categorias de agentes econômicos com que se realizarão cada uma das operações de financiamento.

O Quadro 15.3 sintetiza os efeitos desses instrumentos sobre a oferta monetária, sobre os níveis de liquidez e sobre a taxa de juros.

15.5 A Interação da Oferta e da Procura por Moeda

Os Motivos da Procura por Moeda

A taxa real de juros, variável-chave de conexão dos setores monetário e real da economia, é fortemente influenciada pela oferta monetária: quando restritiva, expande-se; quando expansionista, contrai-se. O aumento ou a redução da taxa

QUADRO 15.3
Os instrumentos de controle da oferta monetária: impactos sobre os níveis de liquidez e os juros reais.

Instrumentos	Oferta monetária (Níveis reais de liquidez)	Taxa real de juros
RECOLHIMENTOS COMPULSÓRIOS		
❏ Expansão da taxa exigida sobre os depósitos a vista.	⇩	⇧
❏ Redução da taxa exigida sobre os depósitos a vista.	⇧	⇩
OPERAÇÕES DE REDESCONTO		
❏ Expansão dos juros exigidos, redução de prazos de resgate e de limites operacionais.	⇩	⇧
❏ Redução dos juros exigidos, expansão dos prazos de resgate e dos limites operacionais.	⇧	⇩
OPERAÇÕES DE MERCADO ABERTO		
❏ Venda de títulos.	⇩	⇧
❏ Compra de títulos.	⇧	⇩
CONTROLE SELETIVO DO CRÉDITO		
❏ Restrições em volumes, encurtamento de prazos e bloqueios seletivos de operações.	⇩	⇧
❏ Remoção de restrições.	⇧	⇩

de juros transmite-se para o setor real da economia, impulsionando ou não os fluxos reais, internos e externos, de consumo e de acumulação. Mas os efeitos dos juros não se propagam apenas sobre o setor real. Eles têm um efeito também sobre o setor monetário, como um dos mais importantes fatores condicionantes da procura por moeda.

A expressão **procura por moeda** soa estranha à primeira vez em que é ouvida. Chega a parecer uma aberração conceitual, pois a moeda não satisfaz diretamente a qualquer necessidade. É apenas um meio através do qual os agentes econômicos têm acesso a bens e serviços que atendem, estes sim, a suas necessidades de consumo e acumulação. Mas, exatamente por ser um meio de acesso a outras formas de riqueza ou de satisfação de necessidades, a moeda é estocada pelos agentes econômicos. Além disso, como a moeda é a liquidez por excelência, ou o padrão da liquidez absoluta, a **retenção de saldos monetários** é também uma forma de riqueza. Daí, admitir-se que há motivos para uma procura por moeda, irmã gêmea da **preferência pela liquidez**. São, assim, expressões equivalentes:

❏ Retenção de saldos monetários.
❏ Preferência pela liquidez.
❏ Procura por moeda.

A procura por moeda é definida por três motivos: **transação**, **precaução** e **especulação**. São assim sintetizados por Gwartney-Stroup:[4]

Motivo transação. A moeda é uma provisão temporal de poder de compra. Todos os agentes econômicos a empregam como meio de pagamento. As unidades familiares a utilizam quer para a satisfação de necessidades corriqueiras de bens e serviços de consumo, tanto de uso imediato, adquiridos praticamente todos os dias, como de uso durável, adquiridos a intervalos mais espaçados no tempo. As empresas mantêm haveres líquidos em caixa, para pagamento dos suprimentos originários de outras empresas e dos fatores mobilizados no processamento da produção. E o governo também mantém saldos monetários, com os quais executa seus orçamentos correntes e de capital. Enfim, todos os agentes retêm parcelas de suas rendas correntes sob forma líquida. Até porque todas as transações têm uma contrapartida monetária. A procura por moeda que atende a estas finalidades transacionais é uma função da renda agregada. Quanto maior a renda, mais expressivos os agregados dos quais ela se origina (fluxos de produção) e aos quais ela se destina (fluxos de dispêndio) e tanto maior a retenção de saldos monetários para fins transacionais.

Motivo precaução. A retenção de saldos precaucionais de moeda é destinada a atender às incertezas do futuro. A preferência pela liquidez não cobre apenas as necessidades correntes, mas também as expectativas de dispêndios futuros, imprevisíveis ou não. Este componente da procura por moeda tende a ser, presumivelmente, inferior ao transacional, mas varia também em função do nível da renda disponível agregada. Traduzem-se por fundos contingenciais, destinados a fazer frente a fluxos incertos, descontínuos e extraordinários de dispêndio.

Motivo especulação. Os agentes econômicos mantêm ainda saldos monetários na expectativa de ganhos especulativos, com a compra de ativos reais e financeiros. Como a moeda é a forma mais líquida de riqueza, a retenção de saldos monetários pode ensejar ganhos especulativos, definidos por oportunidades de negócios nos setores real e financeiro. A moeda mantida em caixa para estes propósitos é de índole especulativa. Na maior parte das versões teóricas da procura por moeda, este componente da procura monetária é função da taxa de juros. Fica implícito nesta relação funcional que a maior parte dos saldos monetários retidos para finalidades especulativas é derivada direta das expectativas de variação futura das taxas de juros. As expectativas de juros mais altos no futuro levam os agentes econômicos a reter moeda, pois, neste caso, os preços dos títulos devem cair; em situação oposta, quando as expectativas quanto à variação dos juros é de baixa, os agentes econômicos se desfazem de seus estoques de títulos (ativos financeiros quase monetários), ampliando temporariamente seus estoques de moeda.

Além do nível da renda agregada e das taxas de juros, outros fatores determinam a procura por moeda. Os de maior relevância são:

❑ Expectativas quanto à variação futura dos preços.

❑ Fatores institucionais, como usos-e-costumes quanto aos prazos de liquidação de operações reais.

❑ Grau de maturidade e de desenvolvimento da intermediação financeira e consequente existência de substitutos próximos da moeda.

❑ Graus de incerteza quanto ao futuro da economia, envolvendo os suprimentos, os padrões e a regularidade do abastecimento, a ocorrência ou não de crises e de perturbações da ordem político-institucional estabelecida.

❑ Condições estruturais prevalecentes, como os graus de concentração da concorrência nos mercados de produtos finais, a rigidez contratual nos mercados de fatores de produção e a estrutura de repartição da renda.

Submetidos a este conjunto de fatores, todos os agentes econômicos mantêm uma parcela de seus fluxos de rendimentos e de seus estoques de riqueza sob a forma de ativos monetários. Mas, como os ativos monetários, por definição, não proporcionam quaisquer formas de rendimentos, sua retenção implica **custos de oportunidade**, tanto mais altos quanto maiores forem os estoques monetários e quanto mais atraentes forem os níveis de rendimentos proporcionados por outras formas de riqueza, financeiras e reais.

Na Figura 15.4, em (a) e em (b) separamos a procura por moeda, L, em duas funções: a destinada a fins transacionais e precaucionais, L_p, e a para especulação, L_e. Dado o nível da renda agregada, Y_0, Y_1 ou Y_2 a procura por moeda para transações e por precaução é influenciada pelos custos de oportunidade implícita em sua retenção: trata-se de uma função presumivelmente inelástica, mas que revela a sensibilidade dos agentes econômicos a esses custos. S. Slavin[5] mostra em *Macroeconomics* que o componente para fins transacionais é mais sensível a esses custos que o componente precaucional, dados os propósitos específicos que levam a sua retenção. Já a procura por moeda para especulação revela alta sensibilidade à expectativa de variação da taxa de juros: quanto mais baixas forem as taxas de juros esperadas, maior será a retenção de saldos financeiros sob forma monetária, ampliando-se a preferência por títulos; se as expectativas se confirmarem, os juros mais altos farão os preços dos títulos caírem, tornando-se mais vantajosa sua compra quando isso ocorrer. Já quando as expectativas são de juros em baixa, os preços dos títulos devem subir e, neste caso, a preferência do público recairá mais sobre a manutenção de saldos financeiros sob forma não monetária: é menor, consequentemente, a retenção de saldos monetários para fins especulativos.

A procura agregada por moeda resulta, assim, da soma das duas funções, como mostramos em (c), na Figura 15.4. A taxa real de juros é a variável-chave em relação à qual se definem os custos de oportunidade de retenção de saldos monetários. Quando as taxas reais de juros são altas, a procura agregada por moeda tende a cair; quando baixas, induzem à expansão dos saldos monetários retidos. Há, porém, limites para as variações dos saldos monetários: no extremo superior, por maior que seja a taxa de juros, a procura por moeda não recuará mais, pois não é factível que os agentes econômicos reduzam a zero seus saldos monetários; no extremo inferior, a monetização de outras formas de riqueza vai também até certo ponto, pois, por menores que sejam as taxas reais de juros, uma parcela dos ativos financeiros será ainda mantida sob forma quase monetária.

FIGURA 15.4
A procura por moeda para fins transacionais e precaucionais, L_t, definida a partir do nível da renda agregada, é influenciada por variáveis e expectativas reais, definidas como custos de oportunidade de retenção de saldos monetários. Já a procura por moeda para fins especulativos, L_e, é função das expectativas de variação da taxa de juros. A procura agregada, L, resulta da soma das duas funções.

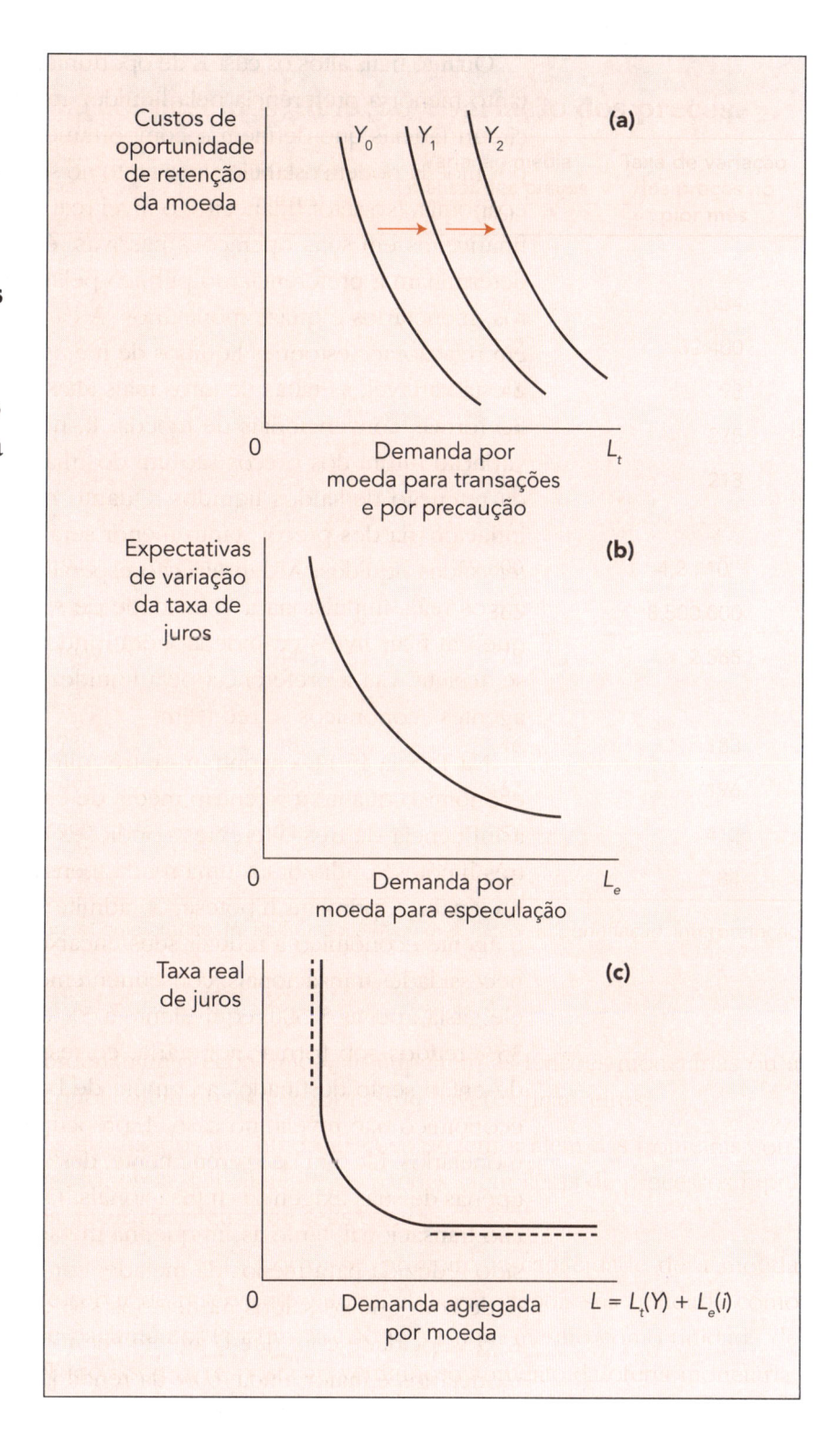

A Velocidade de Circulação da Moeda: Conceito e Determinantes

A maior ou menor procura por moeda determina outro conceito relevante: o da **velocidade de circulação da moeda**. Trata-se de uma medida que se estabelece em relação à renda dos agentes econômicos e que é fortemente influenciada pelo conjunto dos custos de oportunidade de retenção de saldos monetários, particularmente as expectativas de variação futura dos preços.

Quanto mais altos os custos de oportunidade de retenção de saldos monetários, tanto menor a preferência pela liquidez revelada pelos agentes econômicos. As circunstâncias que definem o comportamento do público em relação à procura por moeda podem estabelecer-se tanto no setor financeiro, quanto no setor real da economia. No setor financeiro, o nível real dos juros praticados pelas instituições financeiras em suas operações passivas, é um dos mais relevantes fatores que determinam a preferência do público pelas diferentes formas de ativos financeiros, monetários e quase monetários. A carteira de títulos mantida pelo público, em relação aos estoques líquidos de meios de pagamento, responde fortemente a esta variável: as taxas de juros mais altas impactam, para baixo, a procura pelas formas convencionais de moeda. E, no setor real, as expectativas quanto à variação futura dos preços são um dos mais importantes fatores condicionantes da retenção de saldos líquidos. Quanto maiores forem os índices de variação inflacionária dos preços, tanto menor será a predisposição do público em manter saldos líquidos. A depreciação esperada do valor da moeda em relação aos ativos reais impulsiona a velocidade de sua circulação: os agentes econômicos querem ficar livres da moeda, adquirindo ativos reais. A circulação da moeda se acelera. Cai a preferência pela liquidez. Os encaixes monetários médios dos agentes econômicos se reduzem.

Na Tabela 15.11, encontram-se três diferentes comportamentos de um agente econômico quanto à retenção média de encaixes monetários, supostamente sob a influência de três diferentes condições circunstanciais. Na construção dessas três hipóteses, admitimos uma renda mensal de $ 10.000, toda ela para fins transacionais. A primeira hipótese, *A*, admite que não há outras razões que levem o agente econômico a reduzir seus encaixes monetários, além das ditadas pelas necessidades transacionais: consequentemente, nos cinco primeiros dias do mês, ele gasta apenas $ 500, equivalente a 5% de sua renda e até o dia 25 ainda terá 35% retidos sob forma monetária, correspondentes a $ 3.500, que só a partir de então serão destinados à compra de bens e serviços. Tipicamente, o agente econômico não revela, no caso *A*, preocupação em se desfazer de seus haveres monetários. Ele fará isso serenamente, desfazendo-se de seus encaixes, em função apenas de suas exigências transacionais. Já a hipótese *B* revela maior predisposição transacional, tanto assim que, na metade do mês, a renda de $ 10.000 já terá sido reduzida para menos da metade: comparativamente à hipótese *A*, a velocidade com que os saldos monetários são desfeitos é bem maior. E, na hipótese *C*, a velocidade com que o agente econômico vai se desfazer de seus encaixes monetários é maior ainda: 60% da renda já terão sido destinados à aquisição de bens e serviços nos dez primeiros dias do período.

Os encaixes monetários médios mantidos ao longo do período são bem diferentes em cada uma das três hipóteses: $ 5.417 em *A*, $ 3.750 em *B* e $ 2.417 em *C*. Os encaixes monetários médios, *EM*, são calculados pela expressão:

$$EM = \frac{\text{Soma (Encaixes} \times \text{Dias)}}{\text{Número total de dias}}$$

TABELA 15.11
Encaixes monetários sob três circunstâncias: a velocidade de circulação da moeda se acelera na razão inversa da retenção de saldos monetários.

Intervalos de um período de 30 dias	Circunstâncias					
	A		B		C	
	Desencaixes ($)	Encaixes ($)	Desencaixes ($)	Encaixes ($)	Desencaixes ($)	Encaixes ($)
1 a 5	500	9.500	1.500	8.500	3.000	7.000
5 a 10	1.000	8.500	1.500	7.000	3.000	4.000
10 a 15	2.000	6.500	2.500	4.500	2.000	2.000
15 a 20	2.000	4.500	2.500	2.000	1.000	1.000
20 a 25	1.000	3.500	1.500	500	500	500
25 a 30	3.500	0	500	0	500	0

Assim:

$$EM(A) = \frac{(9.500)5 + (8.500)5 + (6.500)5 + (4.500)5 + (3.500)5}{30} = 5.417$$

$$EM(B) = \frac{(8.500)5 + (7.000)5 + (4.500)5 + (2.000)5 + (500)5}{30} = 3.750$$

$$EM(C) = \frac{(7.000)5 + (4.000)5 + (2.000)5 + (1.000)5 + (500)5}{30} = 2.417$$

Na Figura 15.5, mostramos as três hipóteses e os correspondentes encaixes monetários médios: eles caem à medida que as circunstâncias levem o agente econômico a desfazer-se com maior velocidade de seus ativos monetários – no caso, ele estará à procura por ativos reais. Em relação à renda, a retenção de moeda no caso *A* será de 0,5417; no caso *B*, de 0,3750; e, no caso *C*, de 0,2417. Isto equivale a dizer que a procura por moeda para fins transacionais correspondeu a 54,17% da renda no primeiro caso e a 37,50% no segundo, reduzindo-se para 24,17% no terceiro.

Em termos agregados, a **velocidade-renda de circulação da moeda** resulta do comportamento médio ponderado de todos os agentes econômicos: quando as condições prevalecentes não implicam altos custos de oportunidade de retenção de saldos monetários, os encaixes médios de moeda tendem a ser mais altos, em relação à renda e ao produto agregados, comparativamente ao que ocorre quando as condições vigentes levam os agentes a se desfazerem de seus ativos monetários tão rapidamente quanto seja possível. Em casos extremos, a **preferência pela liquidez** pode transformar-se em **aversão à liquidez**.

O indicador usual de medição da velocidade de circulação da moeda, *V*, é coeficiente da divisão do PIB pelo estoque de moeda mantido pelo público:

$$V = \frac{PIB}{M}$$

FIGURA 15.5 Para um mesmo nível de renda, os encaixes monetários médios são afetados pelas mesmas variáveis que condicionam a procura por moeda. Encaixes médios menores ocorrem sob circunstâncias que induzem à baixa preferência pela liquidez. A velocidade de circulação da moeda é menor em *A*, maior em *B* e maior ainda em *C*.

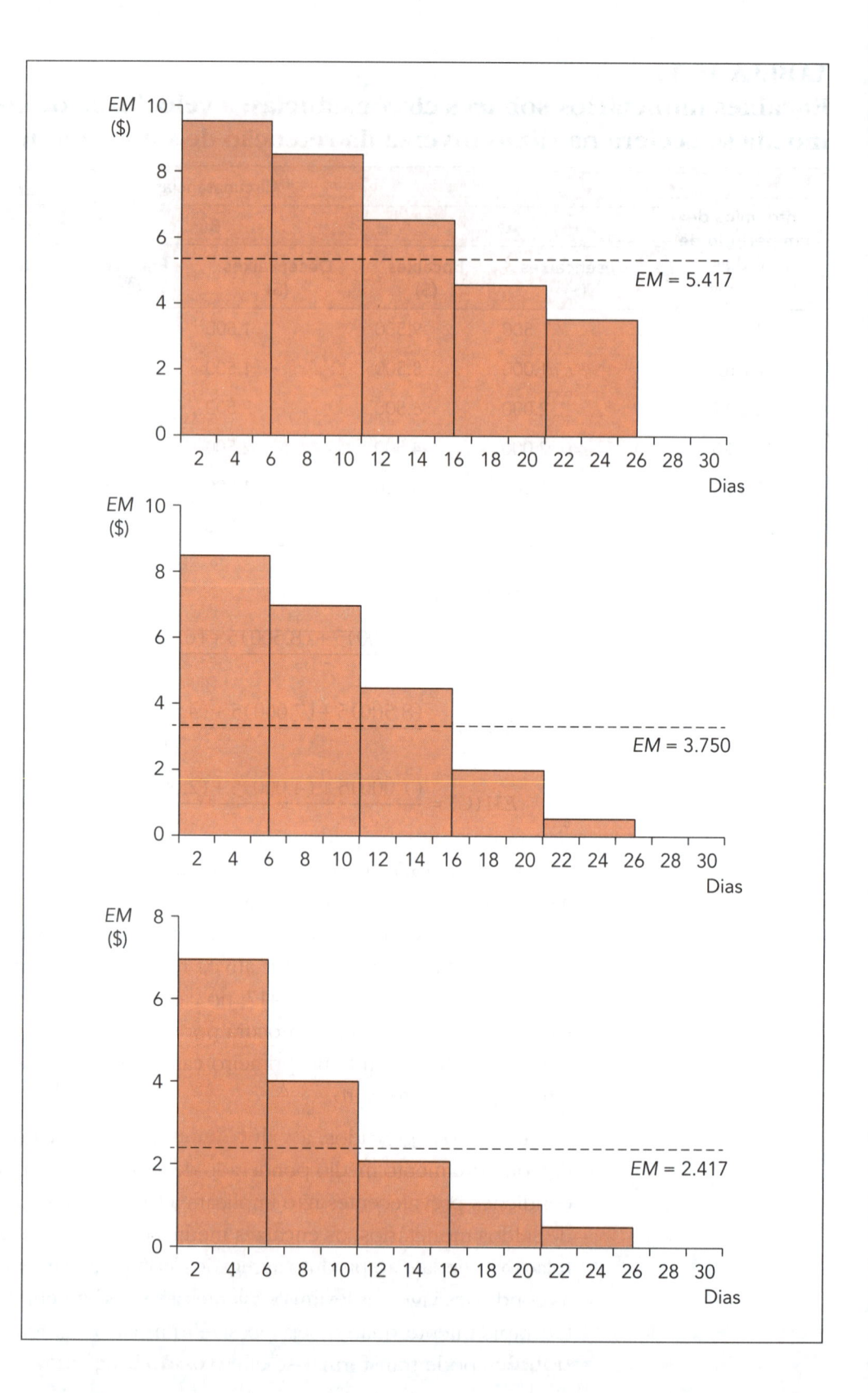

EM = 5.417

EM = 3.750

EM = 2.417

Quanto menor o valor de *V*, maior a retenção de moeda em relação à oferta agregada de bens e serviços: a velocidade com os que os agentes econômicos se desfazem de seus ativos líquidos é, neste caso, baixa. Já elevados valores de *V* indicam que os saldos monetários mantidos pelo público são baixos em relação aos bens e serviços produzidos: neste caso, é baixa a preferência pela liquidez e os agentes econômicos imprimem alta velocidade nas trocas de moedas por outras formas de ativos.

A velocidade de circulação é calculada para todos os conceitos de moeda, do mais restrito, *M*1, ao mais abrangente, como *M*4 no caso do Brasil. Os coeficientes correspondentes são indicados por *V*1, *V*2, *V*3 e *V*4.

A série histórica da velocidade de circulação da moeda no Brasil, nas últimas quatro décadas, sintetizada na Tabela 15.12, é bastante ilustrativa quanto às variações que podem ocorrer neste indicador, em resposta a mudanças no ambiente econômico. Nos anos 1970, a velocidade de circulação do conceito restrito de moeda, *V*1, acelerou-se gradativamente, saindo de 6,4 para 9,9. Esta aceleração, ainda moderada em relação ao que ocorreria na década de 1980 e nos primeiros anos da de 1990, revelou-se fortemente correlacionada com os índices de variação dos preços: à medida que a inflação se acelerava, a velocidade de circulação de *M*1 acusava variações para mais, só interrompidas nos anos em que se implementavam planos de estabilização, reduzindo temporariamente a recorrente trajetória de alta dos preços.

A preferência do público por outros ativos implicou crescente **desmonetização**: quando a velocidade de circulação chega a 75,8, como em 1993, a procura pelas formas correspondentes de moeda – papel-moeda e depósitos a vista, no caso – reduz-se a níveis mínimos, inferiores a 1% do PIB; quando em condições de estabilidade conjuntural, tende a situar-se em torno de 7 a 8% em países com sistemas financeiros avançados. A aversão aos estoques de *M*1 decorreu, no Brasil, da quase destruição, pela inflação, de uma das funções da moeda, a de servir como reserva de valor. A debilitação dessa função tem como contrapartida a aceleração da velocidade de circulação. E esta decorre da busca por outras formas de ativo que possam substituir as formas convencionais de moeda nesta função. No caso brasileiro, durante os anos de alta inflação (1980-93), os ativos financeiros quase monetários foram eleitos pelo público para exercer esta função: com a deterioração do valor da moeda convencional, os agentes refugiavam-se em ativos financeiros quase líquidos, porém protegidos do processo de decomposição da moeda corrente. Durante todo o período, a velocidade de circulação de *M*4, indicada por *V*4, permaneceu praticamente constante: as exceções à média histórica, registradas nos anos de 1990 e 91, não decorreram de mudanças de atitudes do público, mas do confisco dos ativos financeiros imposto na época por decisão das autoridades monetárias.

A Figura 15.6 mostra a correlação entre o índice geral de preços e a velocidade *V*1 de circulação da moeda, em séries de longo prazo. Embora a demanda por moeda seja função de um conjunto de variáveis, a estabilidade dos preços é uma das mais relevantes – senão mesmo a mais importante. As tendências e as observações registradas na Tabela 15.12 evidenciam esta relação funcional. No próximo capítulo, ao examinarmos as consequências das variações do valor da moeda, esta correlação será amplamente evidenciada.

TABELA 15.12
Brasil, 1980-2015, porcentagem dos ativos financeiros, monetários e quase monetários em relação ao PIB.

Anos	Tendências	Velocidade-renda da moeda		
		Conceito restrito $V1 = \dfrac{PIB}{M1}$	Observações	Conceito abrangente $V4 = \dfrac{PIB}{M4}$
Longo período de inflação ascendente: 1970-1993		1970 — 6,4		4,5
		1971 — 6,5		4,3
		1972 — 6,7		3,9
		1973 — 6,4		3,5
		1974 — 6,7		3,7
		1975 — 7,1		3,4
	Aumento da velocidade de circulação da moeda, sob efeito de movimentos inflacionários crescentes, a partir da década de 80 e notadamente no início dos anos 90, antes da criação do real. Em 1993 a velocidade apontava aversão à liquidez.	1976 — 8,0	Os mecanismos de correção monetária dos ativos quase monetários evitou a aversão radical aos ativos financeiros.	3,5
		1977 — 8,8		3,5
		1978 — 9,1		3,4
		1979 — 9,9		3,6
		1980 — 11,9		4,4
		1981 — 14,3		4,2
		1982 — 15,1		3,7
		1983 — 20,5		4,0
		1984 — 27,6		3,9
		1985 — 28,9		3,4
		1986 — 13,1		3,2
		1987 — 21,9		3,3
		1988 — 39,7		3,7
		1989 — 58,4		4,6
		1990 — 30,2		7,3
		1991 — 42,2		6,3
		1992 — 53,1		4,1
		1993 — 75,8		4,3
A inflação sob controle, com a criação do real: 1994-2015	Com a criação do real e com a ampla reforma nas instituições monetárias do país, a partir da segunda metade de 1994, inverteu-se a tendência de alta da velocidade de circulação da moeda: manteve-se moderada na segunda metade dos anos 90, reduzindo-se gradualmente e estabilizando-se em resposta aos mecanismos de controle das pressões inflacionárias.	1994 — 23,1	A forte redução da velocidade de circulação do conceito mais abrangente de oferta monetária revela a confiança dos agentes econômicos no sistema financeiro e nos níveis de liquidez de seus ativos quase monetários.	3,0
		1995 — 26,5		2,7
		1996 — 29,1		2,5
		1997 — 20,1		2,3
		1998 — 21,7		2,0
		1999 — 18,0		1,9
		2000 — 18,5		1,8
		2001 — 16,4		1,7
		2002 — 14,4		1,8
		2003 — 16,1		1,8
		2004 — 15,2		1,7
		2005 — 15,1		1,6
		2006 — 11,2		1,5
		2007 — 16,2		1,4
		2008 — 13,9		1,4
		2009 — 13,4		1,2
		2010 — 13,2		1,2
		2011 — 14,7		1,2
		2012 — 14,0		1,1
		2013 — 14,0		1,1
		2014 — 16,2		1,1
		2015 — 17,7		1,2

Fonte: Banco Central do Brasil. *Boletim do Banco Central do Brasil.* Vários volumes (para os anos 1994-2015). *Relatórios anuais anteriores* (para os anos 1970-1993). Brasília: BACEN.

FIGURA 15.6
Brasil, 1970-2015: a alta correlação direta da velocidade de circulação da moeda, conceito *M*1, com a variação anual do índice geral de preços, IGP.

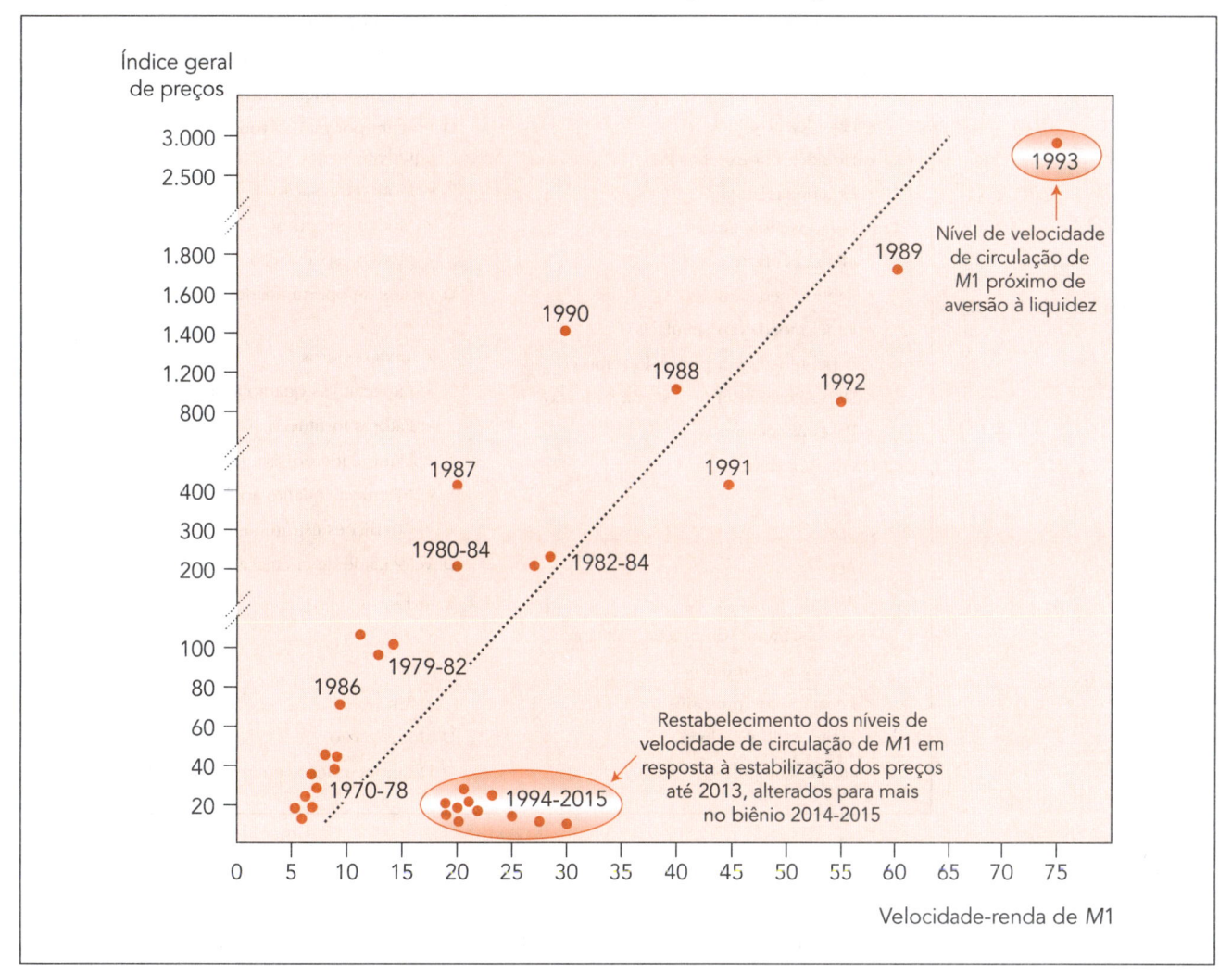

Índice geral de preços (eixo vertical); Velocidade-renda de M1 (eixo horizontal).

Pontos assinalados:
- 1993 — Nível de velocidade de circulação de M1 próximo de aversão à liquidez
- 1989
- 1990
- 1988
- 1992
- 1987
- 1991
- 1980-84
- 1982-84
- 1979-82
- 1986
- 1970-78
- 1994-2015 — Restabelecimento dos níveis de velocidade de circulação de *M*1 em resposta à estabilização dos preços até 2013, alterados para mais no biênio 2014-2015

RESUMO

1. Os ativos dotados de valor, acumulados pelos agentes econômicos, dividem-se em duas grandes categorias: os **reais** e os **financeiros**. Estas duas formas de ativos podem ser diferenciadas, entre outros, por dois atributos: os **rendimentos que proporcionam** e os **graus de liquidez de que são dotados.** Os ativos reais podem proporcionar rendimentos a seus detentores ou, então, atender à satisfação direta de necessidades sociais ou individuais; já os ativos financeiros constituem uma forma de riqueza que é acumulada como meio de acesso a outras formas de riqueza, que possam atender, no presente ou no futuro, a necessidades reais dos agentes econômicos. Uma parte dos ativos financeiros pode proporcionar rendimentos, alguns até fixos, menos expostos aos riscos e incertezas que tipificam os ganhos proporcionados pelo setor real. Mas outra parte não proporciona, por definição, rendimento algum: esta parte é a moeda, segundo sua definição convencional e restrita.

2. Quanto aos graus de liquidez, os ativos reais vão desde índices inexpressivos de negociabilidade e de liquidez, até os facilmente negociáveis e, portanto, altamente

PALAVRAS E EXPRESSÕES-CHAVE

- Ativos financeiros
  - Ativos monetários
  - Ativos quase monetários
- Liquidez
  - Liquidez absoluta
  - Liquidez por excelência
  - Liquidez relativa
- Agregados monetários
  - Meio circulante
  - Papel-moeda emitido
  - Papel-moeda em circulação
  - Papel-moeda em poder do público
  - Depósitos a vista no sistema bancário
  - Base monetária
- Oferta monetária
  - $M1$
  - $M2$
  - $M3$
  - $M4$
- Moeda escritural (ou moeda bancária)
  - Encaixes voluntários
  - Encaixes compulsórios
  - Efeito multiplicador
- Controle da oferta monetária
- Taxa de reservas compulsórias
- Operações de redesconto
- Operações de mercado aberto
- Controle seletivo do crédito
- Procura por moeda (ou preferência pela liquidez)
  - Motivo transação
  - Motivo precaução
  - Motivo especulação
- Custos de oportunidade da procura por moeda
  - Taxa de juros
  - Expectativas quanto a preços
  - Fatores institucionais
  - Maturidade do sistema financeiro
  - Incertezas quanto ao futuro
  - Condições estruturais
- Velocidade de circulação da moeda
  - $V1$
  - $V2$
  - $V3$
  - $V4$
- Monetização
- Desmonetização (ou aversão à liquidez)

---

líquidos; no geral, pode-se dizer que a maior parte tem liquidez mediana. Já os ativos financeiros são, como regra, mais líquidos. São raros os ativos financeiros de baixa liquidez. Os que se apresentam assim significam uma pequena parcela do total. Uma parte expressiva é de altíssima liquidez. E a moeda, a categoria básica dos ativos financeiros, é a **liquidez por excelência**.

3. Classificados segundo o conceito de liquidez, os ativos financeiros subdividem-se em **monetários** e **quase monetários**. Os **monetários** são, por definição, os que têm liquidez absoluta, os que não proporcionam rendimentos a seus detentores e os que são empregados como meios de pagamento. Os **quase monetários** chegam a ter liquidez muito próxima à da própria moeda, mas, antes de ser usados como meios de pagamento, precisam ser convertidos em uma das formas usuais empregadas para este fim: papel-moeda e depósitos a vista nas instituições bancárias.

4. O **papel-moeda** (moeda manual) e os **depósitos a vista nos bancos comerciais** (moeda escritural) são os únicos ativos financeiros que preenchem as condições de plena liquidez, de rendimento zero e de meio de pagamento. Embora os depósitos a vista não tenham poder liberatório e curso forçado, atributos inerentes ao papel--moeda (um ativo irrecusável como meio de pagamento), eles constituem uma ordem de pagamento a vista que, provida de fundos, tem um grau de liquidez que praticamente se justapõe ao da própria moeda manual. Além disso, a **moeda bancária** ou **escritural** desde que amplamente aceita pelos agentes econômicos, é preferível

ao papel-moeda como meio de pagamento, por razões de segurança, facilidade de manejo, contabilização, comprovação do pagamento realizado e obtenção de créditos no sistema financeiro.

5. Na maior parte dos países, os ativos monetários representam entre 15 e 30% dos ativos financeiros totais. Os quase monetários alcançam, respectivamente, entre 85 e 70%. A maturidade do sistema de intermediação financeira e a estabilidade do valor da moeda são os fatores relevantes que definem as proporções em que esses dois ativos financeiros se apresentam.

6. No Brasil, os ativos financeiros quase monetários mantidos pelo público são títulos da dívida pública, depósitos de poupança, certificados de depósito a prazo, letras de câmbio, letras hipotecárias, letras de crédito imobiliárias, letras de crédito do agronegócio, letras financeiras e quotas de fundos de investimento cambiais, de renda fixa, multimercados e referenciados. Somados ao papel-moeda em poder do público e aos depósitos a vista, definem o estoque total de ativos financeiros. Todos têm liquidez muito próxima à da moeda em sentido restrito e integram os quatro conceitos de **oferta monetária** adotados pelo Banco Central: $M1$ (conceito restrito) e $M2$, $M3$ e $M4$ (conceitos abrangentes). No final de 2015, $M1$ representava 6,02% do estoque financeiro total no país.

7. Das duas formas de ativos que integram o conceito restrito de oferta monetária, os depósitos a vista no sistema bancário têm uma particularidade de alta relevância, na definição da liquidez geral da economia: o poder de autoexpandir-se. Esta característica é definida como **efeito multiplicador da moeda escritural**. Este efeito, se não for contido, pode, em princípio, multiplicar infinitamente os meios de pagamento. Isso porque, do ponto de vista do sistema bancário como um todo, os depósitos captados pelos bancos destinam-se a operações de empréstimo que, tomadas por determinado agente econômico, transforma-se em pagamento a outro, que o recebe e o deposita de volta em um banco. Mas, do ponto de vista dos bancos centrais, os novos depósitos geram novos empréstimos, que geram novos depósitos, e assim sucessivamente. Precisam, assim, ser controlados.

8. **O encaixe próprio dos bancos** (parcela dos depósitos que é mantida em caixa) é um dos freios à multiplicação infinita da moeda escritural. Mas o freio maior é o **recolhimento compulsório** que o banco central exige dos bancos comerciais. Quanto maiores forem as taxas voluntária e compulsória da esterilização da moeda bancária, menor seu efeito multiplicador. Este, em sua mais simples expressão, é dado pelo inverso dos encaixes totais. Assim, uma esterilização total de 25% dos depósitos, correspondente a uma taxa de 0,25, resulta em um efeito multiplicador de 4,0. Se a esterilização aumentar para 0,50, o multiplicador recuará para 2,0.

9. A **fixação da taxa das reservas compulsórias** é, assim, um meio de controle da oferta monetária. Outros meios são as **operações de redesconto**, as **operações de mercado aberto** e o **controle seletivo do crédito**. Com a aplicação desses instrumentos, a oferta monetária e regulação da liquidez podem assumir direção expansionista ou contracionista. Os movimentos de expansão ou de contração da oferta monetária transmitem-se para o setor real da economia através da taxa de juros. Deste ponto de vista, a taxa de juros é uma variável de conexão dos dois setores: quando alta, em termos reais, contrai os dispêndios de consumo e de acumulação, freando a economia; em direção oposta, pode agir como fator de estimulação do dispêndio agregado e, por esta via, da economia do setor real como um todo.

10. Os efeitos dos juros não se propagam apenas para o setor real da economia: eles também alcançam o setor financeiro, como um dos fatores que definem a **procura**

por moeda. A retenção de saldos monetários é motivada por razões transacionais, precaucionais ou especulativas. Todo agente econômico, ainda que seja apenas para utilizá-lo como meio de pagamento, não pode prescindir de um estoque de moeda. A retenção deste estoque, relativamente aos ativos financeiros totais ou, mesmo, a outras formas de ativos, implica um custo de oportunidade, posto que a moeda, por definição, não gera rendimentos. Quanto maior for este custo menor a propensão à liquidez. E, como a taxa de juros real corresponde também a um **custo de oportunidade de retenção de saldos monetários**, ela atua como fator determinante de seus estoques mantidos pelo público.

11. Além da taxa de juros, são também fatores determinantes da procura por moeda: as expectativas quanto à variação futura dos preços, os usos e costumes quanto aos prazos de liquidação de operações, os graus de desenvolvimento do sistema financeiro e um conjunto de condições estruturais, como a repartição da renda social.

12. A maior ou menor procura por moeda determina outro conceito relevante: o de **velocidade de circulação da moeda**. Trata-se de uma medida que se estabelece em relação à renda dos agentes econômicos ou ao produto agregado da economia, que é fortemente influenciada pelos custos de oportunidade de retenção de saldos monetários. De todos os fatores que interferem na velocidade de circulação, um dos mais importantes é a expectativa de variação futura dos preços: expectativas de inflação alta levam os agentes econômicos a se desfazerem de seus estoques monetários. Em casos extremos, a **preferência pela liquidez** pode transformar-se em **aversão à liquidez**.

QUESTÕES

1. A moeda, em sua visão, é um simples lubrificante da atividade econômica ou é algo mais que isso? Sua importância se limita à função de meio de troca e reserva de valor ou ela tem a ver também com o **desempenho do setor real da economia**? Justifique suas respostas.

2. Discorra sobre os ativos reais e os ativos financeiros, do ponto de vista de dois atributos: os **rendimentos que proporcionam** a seus detentores e os **graus de liquidez** de que são dotados.

3. Os ativos financeiros desdobram-se em **monetários** e **quase monetários**. Além de serem dotados de alta liquidez, que outros atributos diferenciadores os quase monetários possuem, em relação à moeda em sentido restrito?

4. As proporções dos ativos monetários e quase monetários diferem de país para país – e até acentuadamente. Nos Estados Unidos, em Hong-Kong, em Israel, na Austrália e na Nova Zelândia, em 2012, os monetários representavam entre 12 e 20% dos ativos financeiros totais. No Brasil, entre 1995 e 2013, os ativos quase monetários, em relação ao estoque total de ativos financeiros, evolução do patamar de 40 para o de 80%. Relacione e explique pelo menos três causas destas diferentes proporções.

5. Considerando os ativos monetários em sentido restrito, qual das duas formas tende a ser preferida pelo público, para liquidação de transações: o papel-moeda ou a moeda escritural? Resuma as razões da preferência apontada.

6. No Brasil, além da oferta monetária em sentido restrito, M1, o Banco Central adota mais três conceitos: *M2, M3* e *M4*. Cite os ativos financeiros que totalizam cada um desses quatro conceitos.

7. Diferencie os seguintes conceitos de agregados monetários:
   - ❑ Meio circulante.
   - ❑ Papel-moeda emitido.
   - ❑ Papel-moeda em poder do público.

8. Explique, esquematicamente, como e por que se propaga o **efeito multiplicador da moeda escritural**. Cite quais são e explique como funcionam seus dois principais freios.

9. No Brasil, em 1994, ano da reforma monetária que criou o real, R$, o multiplicador dos meios de pagamento foi reduzido para 1,28, seu mais baixo nível dos últimos 20 anos. Discuta as razões que teriam levado as autoridades monetárias a conter o processo de multiplicação da moeda escritural.

10. A **regulação da liquidez geral da economia** ou o **controle da oferta monetária** são executados pelos bancos centrais através de quatro instrumentos: a fixação da taxa de reservas, as operações de redesconto, as operações de mercado aberto e o controle seletivo do crédito. Indique, em resumo: (a) Como funcionam esses instrumentos; (b) que influência cada um deles exerce sobre a oferta monetária; e (c) que impacto tem sobre a taxa de juros.

11. A **retenção de saldos monetários pelo público** (ou a **procura por moeda**) atende a três motivos: **transação**, **precaução** e **especulação**. Explique cada um deles e indique de que variáveis dependem.

12. As expectativas dos agentes econômicos quanto à variação futura dos preços é um dos mais importantes fatores determinantes da procura por moeda. Justifique esta afirmação.

13. A velocidade de circulação da moeda e os custos de oportunidade de retenção de saldos monetários estão direta ou inversamente correlacionados? Justifique, citando exemplos.

14. No Brasil, o **conceito V1 de velocidade de circulação da moeda** acelerou-se acentuadamente no quarto de século compreendido entre 1970-1994. Foram efêmeros os períodos em que a velocidade diminuiu. Justifique por que isso ocorreu e por que, entre 1995-2013, a velocidade V1 desacelerou-se, voltando a acelerar-se no biênio 2014-15.

15. O **conceito V4 de velocidade de circulação da moeda** manteve-se praticamente constante, no Brasil, durante o período 1970-2015, com raros episódios de expansão e com forte tendência à redução nos últimos cinco anos. Mas o comportamento da série é bem menos volátil que V1. Quais as causas da relativa estabilidade desse indicador?

16

A Variação do Valor da Moeda: Causas e Consequências

Não há forma mais sutil nem mais segura de destruir as bases da sociedade do que corromper sua moeda. Esse processo mobiliza, para a destruição, todas as forças ocultas das leis econômicas. As variações do valor da moeda estiveram, por tudo o que envolveram, entre os mais significantes eventos da história econômica do mundo moderno. A inflação e a deflação infligiram grandes danos. Retardaram a produção da riqueza e alteraram sua distribuição entre as classes sociais. A deflação tem sido mais danosa ao retardar a produção. Mas a inflação tem sido a pior das duas em seus efeitos sobre a distribuição da riqueza.

JOHN MAYNARD KEYNES
Inflation and deflation

Os estoques médios de retenção de saldos monetários pelo público, a velocidade de circulação da moeda e os graus em que se dão sua utilização como meio de pagamento, como reserva de valor e como unidade de conta são apenas formas diferentes de evidenciar uma só realidade: **a preferência pela liquidez**. Dela decorre a plena aceitação ou a rejeição da moeda ou, ainda, um grande número de situações intermediárias, caracterizadas pela utilização forçada do padrão monetário, decorrente de seu valor legal, de seu curso forçado e de disposições que lhe conferem o atributo da irrecusabilidade. Seja como for, de um extremo ao outro, o que está em jogo, definindo os graus da preferência pela liquidez, é a variação do valor da moeda em relação a outras formas de ativos.

Quando o valor da moeda se altera em relação ao de outros ativos, apreciando-se ou depreciando-se, várias disfunções introduzem-se na ordem econômica e, dependendo de suas intensidades, alcançam a ordem social e a político-institucional. Os efeitos da corrosão da moeda não se limitam à ordem financeira. Vão muito além. Como pondera E. Giannetti da Fonseca,[1] "a moeda estável é uma regra de convivência civilizada. Ela é parte essencial do sistema de pesos e medidas que dão precisão e transparência às relações econômicas". Os sistemas de medição do tempo, das distâncias, dos volumes, das velocidades e de tantos outros aspectos da realidade objetiva são conquistas da vida civilizada. E a medição do valor das coisas, por uma unidade estável, é tão importante – ou mais ainda – quanto todos os demais sistemas convencionados. Em conjunto com os demais, a unidade de conta ajuda a definir direitos e obrigações. Evita conflitos e fraudes. Faz parte de regras definidas. Está presente em praticamente todas as transações. Daí por que, quando o valor da moeda se altera, multiplicam-se os conflitos, corroem-se as regras, aumenta a propensão à fraude e estabelecem-se condições para a busca oportunista do ganho fácil. As relações entre os agentes econômicos tornam-se mais tensas. Enfim, deterioram-se as regras da convivência civilizada.

Os padrões da convivência social, a estabilidade político-institucional e as bases morais de sustentação da ordem econômica têm, assim, muito a ver com a estabilidade monetária – com a sustentação do valor da moeda. Quando se introduzem mecanismos de desestabilização do valor da moeda, logo eles se estenderão a outros campos da ordem estabelecida: as variações do valor da unidade monetária afetam desigualmente os agentes econômicos, produzem transferências indesejáveis de renda, modificam a estrutura dos preços relativos e destroem as relações de mercado. São, enfim, fatores perversos de redistribuição e de desorganização.

A compreensão das causas e das consequências da estabilidade (ou da instabilidade) do valor da moeda vai, assim, muito além das fronteiras convencionais do conhecimento econômico. Esta é a abordagem de referência que adotaremos. Para sua exposição, consideraremos os seguintes aspectos:

- ❑ A interação dos setores real e monetário: como as variações nos níveis reais de liquidez afetam os preços, as taxas de juros, o desempenho do setor real da economia e, por extensão, outros aspectos da vida em sociedade.

- Os conceitos relacionados à variação do valor da moeda: a inflação como categoria predominante.
- O conceito de inflação.
- As causas da inflação: as que se originam no setor financeiro e as que se originam no setor real.
- As consequências econômicas e as extraeconômicas da inflação: uma análise abrangente.
- A inflação no Brasil. O enquadramento histórico. Os esforços de estabilização. E o sistema de metas de inflação.

16.1 A Interação dos Setores Monetário e Real

A Teoria Quantitativa da Moeda

A importância da moeda como meio de pagamento e como unidade de conta e as relações entre a oferta monetária e a variação do nível geral de preços encontram-se entre os temas de maior interesse dos primeiros pensadores econômicos. De início, a preocupação era com o papel da moeda no funcionamento de uma economia de trocas. Depois, com a definição dos bens que melhor poderiam desempenhar a função monetária, por suas características intrínsecas e por seu valor de troca. Mais adiante, procurou-se conhecer as causas dos primeiros surtos de desvalorização da moeda. E, por fim, as investigações centraram-se nas relações entre as variáveis dos setores monetário e real, procurando-se definir como a oferta e a procura por moeda definem a taxa de juros e quais as ligações entre os juros, a liquidez geral da economia, o nível geral dos preços e o desempenho do setor real.

As primeiras abordagens que relacionavam o nível geral de preços à oferta monetária levaram ao desenvolvimento da **teoria quantitativa da moeda**, em sua forma embrionária: o valor da moeda e o nível dos preços definem-se, fundamentalmente, pelo *quantum* da oferta monetária. Quando há, em relação aos ativos reais e à produção de bens e serviços, um suprimento superabundante de meios de pagamento, estes se desvalorizam, fazendo os preços dos demais ativos aumentarem. Mesmo na época em que os meios de pagamento eram metais preciosos como o ouro e a prata, a relação de valor entre esses bens monetários e os demais bens transacionados era atribuída a suas respectivas quantidades disponíveis. Entre os mercantilistas dos séculos XVI e XVII, J. Bodin é geralmente citado como um dos que mais contribuíram para evidenciar a importância da moeda para o desenvolvimento da economia e para a estabilidade geral dos preços. No século XVI, entre as décadas de 1930 e 1990, a maior parte dos mercados europeus foi atingida por surtos inflacionários. Bodin correlacionou a alta dos preços à abundância de ouro e prata, bens monetários cuja oferta se expandiu a taxas superiores à da produção dos principais artigos então transacionados.

No século XVII, J. Locke deu um passo adiante, argumentando que o valor da moeda com relação às outras mercadorias não dependia apenas de sua farta ou escassa disponibilidade, mas também da velocidade de sua circulação. No século

XVIII, D. Hume, um pensador de transição entre os mercantilistas e os clássicos, sintetizou as abordagens quantitativistas em *Political discourses*, editado em 1752. No ensaio *Of money*, observou que "a proporção entre a moeda em circulação e as mercadorias no mercado é que determina os preços". Ele argumentou que a decadência do valor da moeda e a sua contrapartida, as altas dos preços das mercadorias transacionadas, eram atribuíveis à abundante oferta de metais monetários, trazidos pelos espanhóis e portugueses de suas minas além-mar e pelos ingleses, franceses e holandeses, pelas vias do comércio e do contrabando. A oferta monetária, segundo estimativas por ele citadas, teria crescido três a quatro vezes em toda a Europa desde que as atividades mercantis passaram a desenvolver-se. Os preços subiram. E só não chegaram a níveis exorbitantes porque mais mercadorias foram produzidas e a economia de trocas substituiu em grande parte a de subsistência.

Depois de Hume, as ideias sobre as relações entre a oferta de moeda, o desempenho do setor real e o nível geral dos preços enveredaram para uma das mais conhecidas controvérsias da teoria monetária, exatamente numa época em que se desenvolvia a utilização da moeda escritural. De um lado, a *banking school*, com J. Bosanquet, acreditava que a liberdade de emissão e o abundante suprimento monetário eram fatores de estimulação do progresso: se a moeda fosse rigidamente controlada, os negócios se reduziriam, travando o progresso. De outro lado, a *currency school*, com D. Ricardo e W. Thornton, argumentava que o controle da oferta monetária era essencial para a estabilidade dos preços e o equilíbrio econômico como um todo: a variação do valor da moeda, resultante de emissões descontroladas, afetaria perversamente os mercados internos e as transações externas, atuando no setor real como fator de desequilíbrio da oferta agregada e dos preços. No Brasil, **papelistas** e **metalistas**, na primeira metade do século XIX, reproduziram esta clássica controvérsia. Os primeiros acreditavam no potencial desenvolvimentista da moeda escritural; os segundos, nos efeitos de longo prazo da estabilidade monetária.

Quase como regra, a história evidenciou que os riscos e turbulências do descontrole monetário não foram compensados pela euforia efêmera que produziram. Os estragos que as superabundâncias de moeda provocaram superaram seus supostos e efêmeros benefícios. Resultado: o quantitativismo acabou predominando. E mais: a forte correlação entre as variações na oferta monetária e as variações nos preços, empiricamente definida, conduziu à expressão básica da teoria quantitativa da moeda: a equação de trocas de I. Fisher, definida em 1911, em *The purchasing power of money*.[2]

A **equação de trocas** é geralmente expressa por:

$$MV = PY$$

onde M é a oferta monetária; V, a velocidade de circulação da moeda; P, o índice geral de preços; e Y, o volume físico da produção efetivamente realizada.

O lado esquerdo dessa equação tem duas variáveis monetárias, M e V; o lado direito, a variável-síntese do setor real da economia, a totalização da produção em termos nominais, dada pelo *quantum* dos bens e serviços finais produzidos, Y, aos preços de mercado praticados, P. Esta segunda expressão corresponde ao conceito de produto agregado. É equivalente ao PIB.

Expressa dessa forma, a equação de trocas é, em essência, tautológica – verdadeira por definição, vamos a um exemplo: se a oferta monetária, M, é de $ 150 bilhões e PY (ou o PIB) é de $ 600, então V é igual a 4,0. Isso porque, por definição, a velocidade de circulação da moeda é expressa por:

$$V = \frac{PY}{M} = \frac{PIB}{M} = \frac{600}{150} = 4,0$$

Ou, então, se a velocidade de circulação da moeda, V, se mantiver constante e a oferta agregada de bens e serviços, Y, não se alterar, aumentando, porém, a oferta monetária, M, então os preços se movimentarão para cima, aproximadamente em proporção equivalente à da expansão da moeda. Expandindo-se a oferta monetária em 80%, passando de $ 150 para $ 270, então o produto nominal irá para $ 1.080, mantendo-se em 4,0 a velocidade de circulação da moeda, segundo a hipótese inicial adotada. A mesma variação do produto nominal ocorrerá se o *quantum* da produção, Y, e a oferta monetária, M, se mantiverem inalterados, acelerando-se, porém, de 4,0 para 7,2 a velocidade de circulação da moeda. A maior aceleração implicará rejeição relativa da moeda: procurando desfazer-se dela, os agentes econômicos irão trocá-la por ativos reais, empurrando os preços para cima.

Assim, em síntese:

❑ Mantendo-se estáveis os preços, P, e a oferta monetária, M, as variações no produto real, Y, transmitem-se para a velocidade de circulação da moeda, V.

❑ As variações na oferta monetária, M, e nos preços, P, são fortemente correlacionadas.

❑ A velocidade de circulação da moeda, V, é derivada direta da interação do produto real, Y, com a oferta monetária, M.

❑ Mantendo-se inalterada a produção, Y, os preços, P, variam aproximadamente na proporção em que variar a oferta monetária, M.

A Moeda, os Preços e o Desempenho do Setor Real

Embora a variação do valor da moeda (ou dos preços) não seja atribuível apenas à variação da oferta monetária, mas a amplo conjunto de outras causas, o quantitativismo expresso pela célebre equação de trocas de Fisher tem sido amplamente comprovado pela experiência histórica.

Obviamente, a exatidão teórica da equação não se reproduz rigorosamente no mundo real. As variações inter-relacionadas de M, Y, P e V não se verificam exatamente segundo as regras aritméticas do quantitativismo: as acidentalidades e a multiplicidade de fatores que interferem na ordem econômica introduzem desvios nos resultados efetivos da maior parte das simulações teóricas. Mas as variações de longo prazo nessas variáveis validam as relações implícitas na equação de Fisher.

É o que indicam os dados da Tabela 16.1. As taxas médias anuais de expansão da oferta monetária transmitem-se para os preços, descontado o crescimento real

TABELA 16.1 Países selecionados, período 1980-2012: variação média anual da oferta monetária, dos preços e do crescimento do PNB real.

Países selecionados	Taxas médias anuais de variação (%)		
	Oferta monetária (conceito restrito, M1)	Preços (deflator do PNB)	Crescimento do PNB real
Baixa renda			
Serra Leoa	37,1	36,7	1,9
Madagáscar	15,3	14,6	1,3
Guiné-Bissau	40,8	37,7	2,9
Índia	16,2	8,5	5,6
Nigéria	21,3	19,4	2,1
Gâmbia	16,2	10,5	2,2
Gana	26,9	23,2	4,9
Mauritânia	9,2	6,9	3,0
Honduras	14,0	9,4	3,3
Renda média baixa			
Bolívia	89,2	81,7	3,1
Guatemala	14,1	10,3	2,6
Romênia	20,1	22,3	0,2
Equador	26,4	24,2	3,1
República Dominicana	16,2	12,3	5,3
El Salvador	10,1	6,1	2,9
Jamaica	17,5	12,7	0,6
Peru	80,8	73,4	3,3
Polônia	31,3	26,5	2,9
Turquia	40,1	38,5	4,3
Renda média alta			
Venezuela	34,1	28,7	1,3
África do Sul	15,3	10,9	2,5
Chile	17,6	10,7	4,8
México	31,5	29,3	2,7
Uruguai	37,5	33,7	3,5
Argentina	137,5	140,3	2,8
Grécia	16,2	13,9	0,9
Portugal	15,7	13,7	2,2
Alta renda			
Área do Euro[a]	5,4	2,5	0,9
Espanha	6,9	3,1	2,3
Israel	27,6	23,5	3,9
Austrália	9,3	4,1	3,6
Finlândia	6,9	3,9	2,1
Itália	7,8	5,3	1,9
Canadá	7,2	2,9	2,7
Austrália	6,1	3,1	2,2
Alemanha	5,6	1,9	2,3
Suécia	5,5	4,6	1,6
Estados Unidos	6,6	3,4	2,8
Noruega	6,6	3,5	2,4
Japão	3,1	0,7	2,6
Suíça	5,1	3,0	1,6

(a) Período 2001-2012. Para países da área, foram consideradas as moedas nacionais (até 1998) e euro de 1999-2012.

Fonte: WORLD BANK. World Development Indicators. *World development report 1994*. Washington: World Bank/Oxford University Press, 1994 (para período 1980-1992). IMF – *International financial statistics*. v. LV, nº 8, Aug. 2002 (para período 1993-2002) e v. LXVI, *Yearbook 2013* (para período 2003-2012).

TABELA 16.2 Brasil, 1950-2013: variação média anual da oferta monetária, dos preços e do PNB real.

Períodos	Taxas médias anuais de variação (%)		
	Expansão da oferta monetária (conceito M1)	Índice geral de preços (IGP)	Crescimento do PNB real
1950-55	20,4	16,0	6,8
1956-61	34,7	28,2	7,4
1962-65	72,3	63,1	3,1
1968-73	33,9	22,1	8,8
1974-80	51,1	47,8	7,0
1981-87	191,7	202,7	2,9
1990-93	1.312,3	1.454,2	– 0,4
1994-98	18,6	17,1	2,1
1999-2013	11,3	8,6	2,9

Fontes: Dados primários do Banco Central do Brasil, do Instituto Brasileiro de Economia da FGV e do IBGE. Cálculos de LANGONI, C. G. *A economia da transformação*. Rio de Janeiro: José Olympio, 1975 (para os quatro primeiros períodos). Cálculos do autor para os demais períodos.

do PNB. É bastante expressiva a correlação entre os valores de M e de P, independentemente do nível de renda dos países selecionados. Em série de longo prazo, período 1980-2012, a média anual de variação dos preços em todos os países, medida pelo deflator do PNB, ficou próxima da variação da oferta monetária. A mais baixa taxa de variação média anual dos preços, entre os países de baixa renda, registrou-se na Mauritânia, 6,9%, e foi também nesse país que ocorreu a mais baixa taxa de variação anual da oferta monetária no mesmo período, 9,2%; a diferença corresponde aproximadamente ao crescimento do PNB real. Entre os países de renda média, as taxas mais altas de variação dos preços ocorreram na Argentina, na Bolívia e no Peru, respectivamente, 140,3%, 81,7% e 73,4% – os três países onde ocorreram, na mesma ordem, as mais altas taxas de variação da oferta monetária, 137,5%, 89,2% e 80,8%. Estas expressivas variações refletem as altas taxas inflacionárias registradas na maior parte dos países da América Latina nos anos 1980, muito próximas do desencadeamento de hiperinflações abertas. Entre os países de alta renda, as mais altas taxas de variação da oferta de moeda e dos preços, ocorreram em Israel: em média anual, os preços cresceram menos que a oferta monetária (23,5% contra 27,6%), provavelmente assimilando os efeitos de um satisfatório crescimento do PNB real (3,9% ao ano).

No Brasil, uma série histórica mais longo prazo também evidencia a relação quantitativa entre oferta monetária e preços. Deste ponto de vista, os dados da Tabela 16.2 são bastante expressivos.

FIGURA 16.1
A oferta primária de moeda e a mobilização dos instrumentos de política monetária: efeitos sobre a liquidez, os juros, os fluxos reais de dispêndio, o PIB e os níveis de preços.

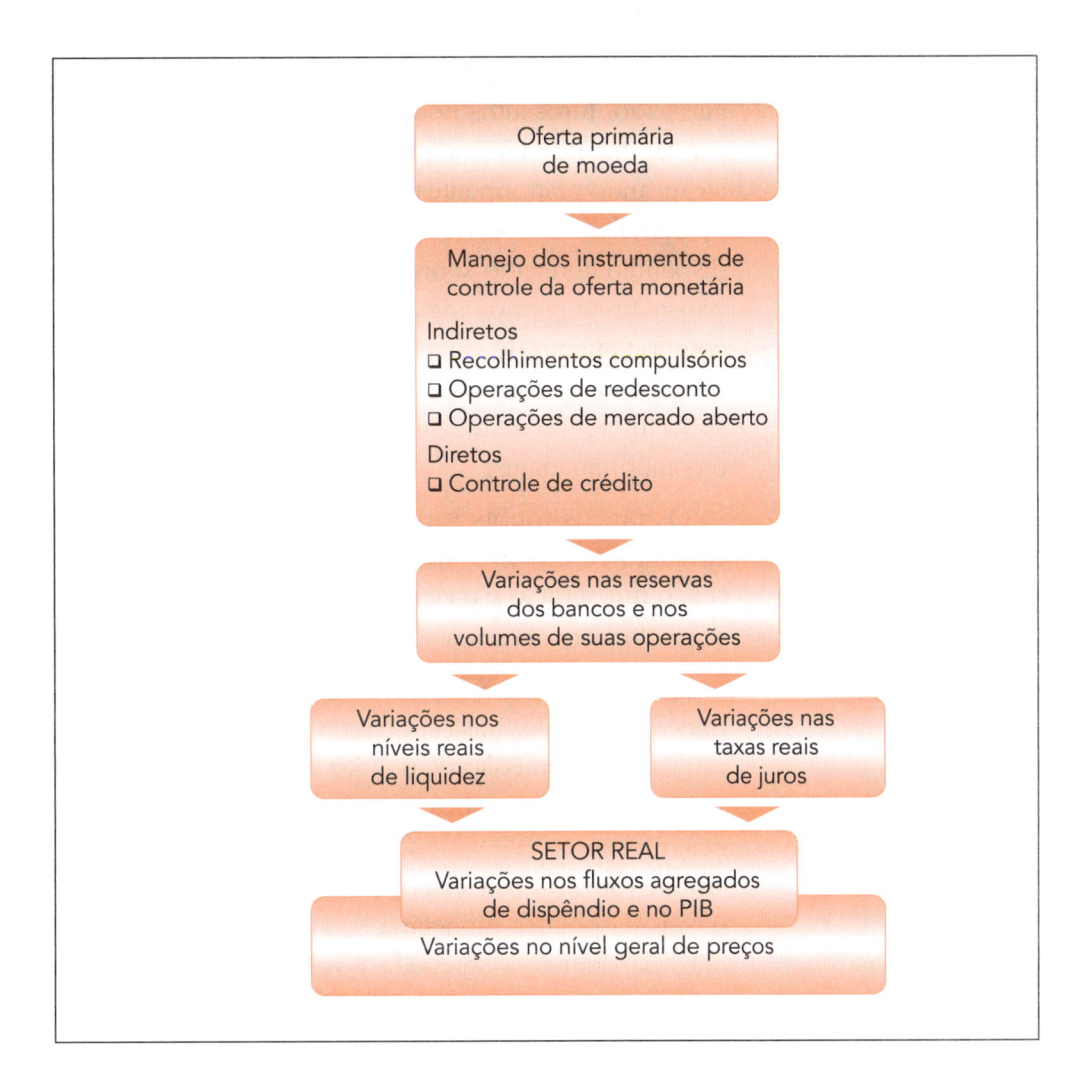

```
                    Oferta primária
                       de moeda
                           ↓
            Manejo dos instrumentos de
            controle da oferta monetária
            Indiretos
            ❑ Recolhimentos compulsórios
            ❑ Operações de redesconto
            ❑ Operações de mercado aberto
            Diretos
            ❑ Controle de crédito
                           ↓
               Variações nas reservas
                  dos bancos e nos
               volumes de suas operações
                   ↙               ↘
        Variações nos           Variações nas
         níveis reais            taxas reais
         de liquidez              de juros
                   ↘               ↙
                     SETOR REAL
            Variações nos fluxos agregados
              de dispêndio e no PIB
            Variações no nível geral de preços
```

A interação dos setores monetário e real não se limita, porém, às quatro variáveis da equação de Fisher. Vai além, à medida que a oferta monetária não se transmite apenas para os preços e, destes, para a velocidade de circulação da moeda; transmite-se também para os fluxos agregados de dispêndio, fortemente influenciados pelas variações nos níveis reais de liquidez da economia e nas taxas reais de juros.

A Figura 16.1 sintetiza alguns dos efeitos das variações na oferta primária de moeda nos níveis de liquidez da economia e nas taxas de juros sobre a variação no nível geral de preços no setor real da economia e sobre os fluxos agregados de dispêndio e o PIB. Dado um estoque primário de oferta de moeda, as autoridades monetárias manejam os instrumentos básicos de controle da oferta monetária, atuando sobre seus componentes mais expressivos. Com o emprego deste conjunto dos instrumentos, os bancos centrais definem as variações desejadas nas reservas dos bancos e nos volumes de suas operações, interferindo assim nos níveis reais de liquidez e, consequentemente, nas taxas de juros praticadas pelo sistema financeiro para operações com unidades familiares e empresas. Com o manejo dos instrumentos convencionais de controle monetário, os bancos centrais tanto podem contrair a oferta monetária, expandindo os juros, como expandir a oferta monetária, reduzindo as taxas de juros. A liquidez e os juros transmitem-se para o setor real, contraindo ou estimulando as diferentes categorias de dispêndio agregado. Juros altos podem contrair tanto o consumo quanto a acumulação de capital; quando baixos, podem atuar como fatores de estimulação do dispêndio alcançando praticamente todas as cadeias produtivas, tanto de bens intermediários quanto de bens e serviços fiscais, de consumo e de investimento. E as pressões do dispêndio agregado sobre os níveis correntes da oferta agregada podem, então, transmitir-se para os preços de mercado. Estes, porém, não resultam apenas do comportamento de variáveis monetárias. Mas também das tensões entre a oferta e a procura que se observam em diferentes mercados, de recursos e de produtos, sob a influência de uma multiplicidade de outras variáveis, inclusive expectativas e comportamentais.

Os preços (ou as variações no valor da moeda) sinalizam, assim, todo um conjunto de **relações que se estabelecem dentro de cada um dos dois setores, o monetário e o real**; e ainda refletem as velocidades, os modos e as bases segundo as quais se estabelecem as **interações entre esses dois setores**.

Minella e Souza-Sobrinho,[3] ambos do Departamento de Estudos e Pesquisa do Banco Central do Brasil em ensaio econométrico pioneiro no país, investigaram os canais de transmissão da política monetária no Brasil, para o período posterior a 1999, quando se estabeleceu o regime de metas para inflação. Em outros países, desde os anos 1990, muitos pesquisadores e áreas técnicas de bancos centrais têm investigado os canais por onde passam os efeitos dos juros e de outras variáveis da política monetária sobre as taxas de inflação, as variações nos fluxos reais da demanda agregada e o PIB. O modelo adotado pelos pesquisadores do Banco Central do Brasil identificou três principais canais de transmissão. O primeiro é a **taxa de juros das famílias** que capta o efeito da taxa básica de juros da política monetária, impactando o custo dos empréstimos a esse agente econômico, transmitindo-se para as decisões de consumo. O segundo é a **taxa de juros das firmas**, que impacta os custos do financiamento praticados pelo sistema financeiro em suas operações com o sistema produtivo, afetando o volume de investimentos. Este dois canais compreendem o canal tradicional da taxa de juros. Já o terceiro mecanismo de transmissão capta os efeitos dos movimentos da taxa de juros sobre a **taxa real de câmbio**, que afetam decisões empresariais e impactam praticamente todos os componentes da demanda agregada. Outro canal investigado foi o das **expectativas dos agentes econômicos** quanto aos efeitos dos movimentos da política monetária sobre a trajetória futura da inflação.

A Tabela 16.3 resume os resultados desta investigação. O canal da taxa de juros desempenha o papel mais importante, tanto na variação do PIB, quanto na taxa de inflação. Dado um choque de política monetária contracionista, 62% da queda do PIB em um ano são atribuíveis a esse canal; 24% à taxa de juros das firmas, refletindo a menor participação do investimentos na demanda agregada e no PIB. Já nos efeitos sobre a inflação, os dois canais de maior peso são taxas de juros das famílias, e a taxa de câmbio, respondendo por 42,7% e 41,3% dos impactos, enquanto a taxa de juros das firmas responde por 16%.

TABELA 16.3 Canais de transmissão da política monetária sobre as variações do PIB e da inflação no Brasil: resultados de amostras do período 1999-2008.

Canais de transmissão	Horizonte de tempo		
	4 Trimestres	8 Trimestres	12 Trimestres
Variações anuais do PIB (%)			
Taxa de juros das famílias[a]	62,1	49,3	40,9
Taxa de juros das firmas[b]	23,9	20,2	17,2
Taxa de câmbio[c]	14,1	30,4	41,9
Total	100,0	100,0	100,00
Variações trimestrais da inflação (%)			
Taxa de juros das famílias	42,7	45,2	42,0
Taxa de juros das firmas	16,0	17,7	15,8
Taxa de juros de câmbio	41,3	37,1	42,2
Total	100,0	100,00	100,00

(a) Capta o efeito da taxa básica de juros (taxa de juros da política monetária) na taxa de empréstimos às famílias e seus impactos nas decisões de consumo.

(b) Efeito da taxa básica de juros sobre os custos de financiamento das firmas e suas consequências para o investimento.

(c) Capta efeitos da taxa básica de juros sobre a taxa real de câmbio, impactando os componentes da demanda agregada.

Fonte: MINELLA, André; SOUZA-SOBRINHO, Nelson F. Canais monetários no Brasil sob a ótica de um modelo semiestrutural. *Dez anos de metas para a inflação no Brasil*: 1999-2009, Brasília: Banco Central do Brasil.

16.2 A Variação do Valor da Moeda: Conceitos

Quatro Situações Possíveis de Variação dos Preços e do Valor da Moeda

A Figura 16.2 sintetiza as quatro situações possíveis relacionadas à variação do valor da moeda (ou aos índices de variação dos preços):

❏ A inflação.

❏ A desinflação.

❏ A deflação.

❏ A reflação.

A inflação. É a categoria predominante de variação do valor da moeda. Trata-se de um fenômeno universal, comum a praticamente todos os países. Corresponde a uma alta geral, mas não necessariamente simétrica, dos preços dos bens e serviços, expressos pelo padrão monetário corrente. A alta, que varia de intensidade de país para país e de época para época, implica desvalorização da moeda em relação aos demais ativos.

A desinflação. É a volta em direção à linha de estabilidade dos preços. Os índices de variação dos preços, por unidade de tempo, recuam seguidamente, de patamares altos para mais baixos, restabelecendo-se a estabilização em patamares baixos e fortalecendo-se o valor da moeda. Os movimentos de desinflação

FIGURA 16.2
A variação do valor da moeda (ou os índices de variação dos preços): as quatro trajetórias possíveis.

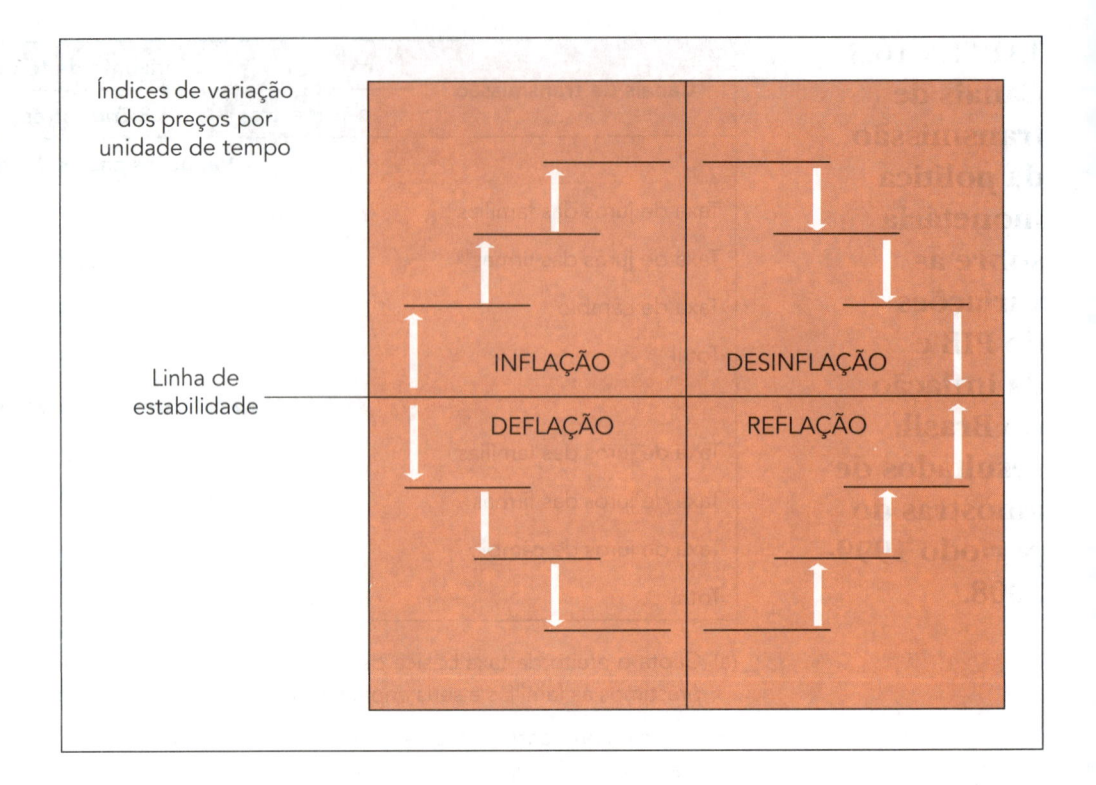

Índices de variação dos preços por unidade de tempo

Linha de estabilidade

INFLAÇÃO | DESINFLAÇÃO
DEFLAÇÃO | REFLAÇÃO

geralmente são induzidos. Decorrem de programas de estabilização monetária, graduais ou de choque. Dependendo da consistência macroeconômica dos programas, os processos de desinflação são firmes e duradouros. Quando decorrem de soluções heterodoxas, como congelamento de preços ou de prefixações de altas, geralmente deságuam em processos inflacionários recorrentes.

A deflação. Traduz-se pela queda generalizada dos preços, para níveis inferiores aos que vinham sendo correntemente praticados. O recuo implica queda dos índices de preços para posições abaixo da linha de estabilidade, valorizando-se a moeda em relação aos demais ativos. A deflação geralmente é associada à estagnação econômica. O dispêndio agregado torna-se persistentemente inferior à oferta agregada, aumentando os estoques e deságuando em expansão da capacidade ociosa da economia como um todo. Estabelecem-se então concorrência entre o produtores, em disputa pelos poucos agentes dispostos e aptos a consumir e a investir. Com a queda resultante dos preços, caem ainda mais os investimentos e os dispêndios de consumo, todos esperando por quedas mais acentuadas no futuro. Persistindo e aprofundando-se os movimentos de baixa, a estagnação deságua em depressão. Foi assim com a grande depressão do início dos anos 1930, quando, nos Estados Unidos, o PNB recuou de US$ 103,2 bilhões (1929) para US$ 55,6 bilhões (1933): os dispêndios de consumo caíram de US$ 77,5 bilhões para US$ 45,9 bilhões; e os investimentos, em termos relativos, recuaram ainda mais, de US$ 16,7 bilhões para US$ 1,7 bilhão, entre 1929 e 1933. No mesmo período, o índice geral de preços recuou 24,5%.

Em anos recentes, de meados dos anos 1990 a 2013, o crescimento econômico do Japão tem sido negativamente impactado por resistente processo deflacionário: ainda que discreto, afeta o PNB, via retração dos principais componentes da demanda agregada: a disposição das famílias para o consumo e os investimentos do setor privado. No período 1995-2004, os preços recuaram 0,9% ao ano e entre 2005 e 2013, a deflação acumulada foi de 10,6%, com redução média anual dos preços de 1,12%.

A reflação. É a volta à estabilidade da economia como um todo, após períodos deflacionários. Recuperam-se os níveis de ociosidade, pela expansão dos dispêndios de investimento e de consumo. O aperto geral de liquidez é corrigido, expandindo-se a oferta monetária. Os preços voltam para a linha de estabilidade, recuperando-se as perdas registradas e restabelecendo-se a estrutura relativa do valor dos bens e serviços, segundo o padrão monetário vigente. Obviamente, quando os movimentos de reflação atingem a linha de estabilidade e o setor real volta para posições próximas do pleno-emprego, a continuidade do processo implica movimentos inflacionários.

Como observa B. Griffiths,[4] cada um destes termos refere-se a uma ocorrência específica: "a **inflação** é um aumento persistente no nível geral de preços; a **desinflação** é a redução ou a eliminação da inflação; a **deflação** é, caracteristicamente, uma redução no nível da atividade econômica, acompanhada de queda generalizada dos dispêndios e dos preços; e a **reflação** é o movimento de recuperação de processos deflacionários depressivos".

16.3 A Inflação: Categoria Predominante de Variação dos Preços e do Valor da Moeda

Conceito, Características e Mensuração da Inflação

Das quatro categorias básicas de variação dos preços e do valor da moeda, a inflação é, de longe, a predominante. Praticamente, não há um só país que não tenha vivido episódios de inflação; e, em muitos, ela se tornou uma ocorrência crônica, ainda que de intensidade variada. Resultante de uma multiplicidade de causas, a inflação se manifesta de muitas formas, expressa-se pelos mais variados ritmos, produz efeitos que rompem as fronteiras convencionais da economia; quando prolongada e muito intensa, modifica relações estruturais, padrões de comportamento e regras transacionais. Daí por que proliferam os adjetivos empregados para tipificar suas intensidades, causas e formas.

Para distinguir a velocidade com que os preços aumentam e com que se deteriora o valor da moeda, usam-se expressões adjetivadas como **sopro inflacionário**, **inflação rastejante**, **inflação acelerada** (ou, dependendo da intensidade, galopante e desenfreada), **hiperinflação**. Já a adjetivação das causas diferencia a **inflação de procura**, da **inflação de custos** ou, ainda, das **inflações mistas**, resultantes da interação procura-custos; além destas, há também episódios de inflações mais resistentes, de que são exemplos a **inflação estrutural** e a **inflação inercial**. Por fim, dependendo de sua resistência e de suas respostas aos mais variados tipos de tratamentos, as inflações caracterizam-se também como **abertas**, **reprimidas**, **corretivas**, **recorrentes** e **crônicas**. Mais ainda: estes adjetivos podem ser combinados para expressar movimentos inflacionários de maior especificidade. Estes vão desde **inflação corretiva de custos** até **sopro inflacionário de procura**. Ou, então: **inflação rastejante reprimida**.

Todos esses tipos de inflação, simples ou combinados, têm, porém, uma característica comum. Só há inflação quando se verifica **elevação do nível geral de preços,** à qual corresponde uma **redução de magnitude equivalente no valor da moeda corrente**. Este conceito de inflação aplica-se tanto aos sopros inflacionários quanto às hiperinflações. O que varia, no caso, é apenas a magnitude da taxa de elevação geral dos preços por unidade de tempo e o grau em que se dá a decomposição da moeda.

Este conceito incorpora os quatro seguintes aspectos básicos dos processos inflacionários:

- ❏ **Caráter monetário**. A inflação é, essencialmente, um fenômeno de natureza monetária, caracterizada pela elevação de preços e pela equivalente depreciação do valor da moeda. Nas economias em que as trocas se processam por escambo, não há como tipificar a ocorrência de inflação. Mais ainda: pelas evidências quantitativas, como observa A. Harberger,[5] "nenhuma economia jamais experimentou uma inflação significativa e sustentada sem um aumento em sua oferta monetária".

- ❏ **Abrangência**. A inflação traduz-se por um aumento geral de preços. Embora a variação dos preços possa ter grande dispersão em torno de um índice geral, praticamente todos se movimentam para cima: a regra básica é a **alta generalizada**. A inflação não se limita a um grupo específico de bens ou de serviços. Ela alcança, quando se instala efetivamente, todos os produtos, ainda que com intensidades variadas.

- ❏ **Dinâmica**. A inflação é um processo dinâmico de **preços em alta**, não uma situação estática de preços altos. Nas inflações ascendentes, os índices de variação de preços mudam de patamar, reproduzindo-se em níveis cada vez mais altos. Nas descendentes, os índices acusam reduções progressivas.

- ❏ **Persistência**. A inflação é um processo de alta persistente e continuada. A cada período de tempo, deteriora-se o valor da moeda. A interrupção desse processo implica desaparecimento do movimento inflacionário.

Pelo próprio conceito de inflação (uma elevação geral do nível de preços), a mensuração se faz através de números-índices, calculados a partir de preços coletados em intervalos de tempo regulares, ponderados por suas relativas importâncias nos agregados a que se referem. Os índices atendem a diferentes objetivos e têm diferentes níveis de abrangência setorial ou espacial.

Os indicadores mais comuns são:

- ❏ **Índices de preços ao consumidor, IPC**. Indicam as variações médias dos preços de uma cesta de bens e serviços de consumo, ponderadas por suas participações no dispêndio das unidades familiares. Geralmente, as estruturas de ponderação resultam de pesquisas sobre os dispêndios de consumo de unidades de uma faixa de renda: os produtos de maior consumo, em valor, têm maior peso na construção dos índices. Os *IPCs* têm abrangência regional, dado que os hábitos e os bens de consumo variam de região para região, especialmente em países de dimensões continentais como o Brasil.

Para o cálculo de um índice nacional de preços ao consumidor, extraem-se médias ponderadas dos vários índices regionais.

- **Índices de preços por atacado, IPA.** Indicam as variações de preços praticados nas transações intermediárias das cadeias de produção. Geralmente, são desagregados segundo a categoria dos produtos: bens de consumo e bens de produção, estes geralmente subagrupados em matérias-primas brutas e semielaboradas, materiais de construção, máquinas e equipamentos. São também desagregados em produtos agrícolas (segundo as diferentes culturas) e produtos industriais (segundo os diferentes ramos da indústria de transformação).

- **Deflator implícito do PIB.** Indica a variação dos preços de todos os subgrupos de atividades produtivas. Geralmente, resultam da média ponderada dos índices de preços de produtos primários, de produtos da indústria (de transformação e de construção) e de serviços. A estrutura de ponderação reproduz a importância relativa dessas diferentes atividades na geração do produto agregado.

Em séries de longo prazo acumuladas, esses indicadores geralmente convergem para resultados muito próximos entre si. Em intervalos mais curtos, a dispersão é maior e tanto mais pronunciada quanto mais alta for a velocidade de variação dos preços por unidade de tempo.

Principais Teorias Explicativas

Não há uma única teoria que seja capaz de explicar todos os tipos de inflação historicamente registrados: eles são muitos e, como já destacamos, geralmente são diferenciados por qualificativos que remetem às causas, às magnitudes dos processos de alta e a suas características visíveis. Isso não obstante, é possível agrupar os principais troncos teóricos da inflação em quatro grupos:

- A inflação de procura.
- A inflação de custos.
- A inflação estrutural.
- A inflação inercial.

A inflação de procura. Uma das principais explicações teóricas da inflação sustenta que as altas generalizadas de preços resultam de uma procura agregada excessiva em relação à capacidade de oferta da economia. No período inflacionário que se seguiu à Segunda Grande Guerra, este teria sido o tipo dominante de inflação. Segundo uma expressão consagrada, trata-se de um processo de alta que resulta de "alta capacidade de dispêndio, assimétrica em relação à baixa capacidade de produção". A procura exacerbada empurra os preços para cima, dando origem a uma espiral de alta, tanto mais intensa quanto menor for a capacidade ociosa da economia.

As inflações resultantes de dispêndios agregados excessivos podem originar-se tanto no setor real, quanto no setor monetário da economia. Podem ainda resultar de expectativas sobre insuficiências nas cadeias de suprimentos. Ou até

FIGURA 16.3
Um caso típico de inflação de procura: o volume do produto e os preços expandem-se simultaneamente até o ponto de pleno-emprego. Daí em diante, ocorrem apenas mudanças nominais, mantendo-se o volume do produto agregado.

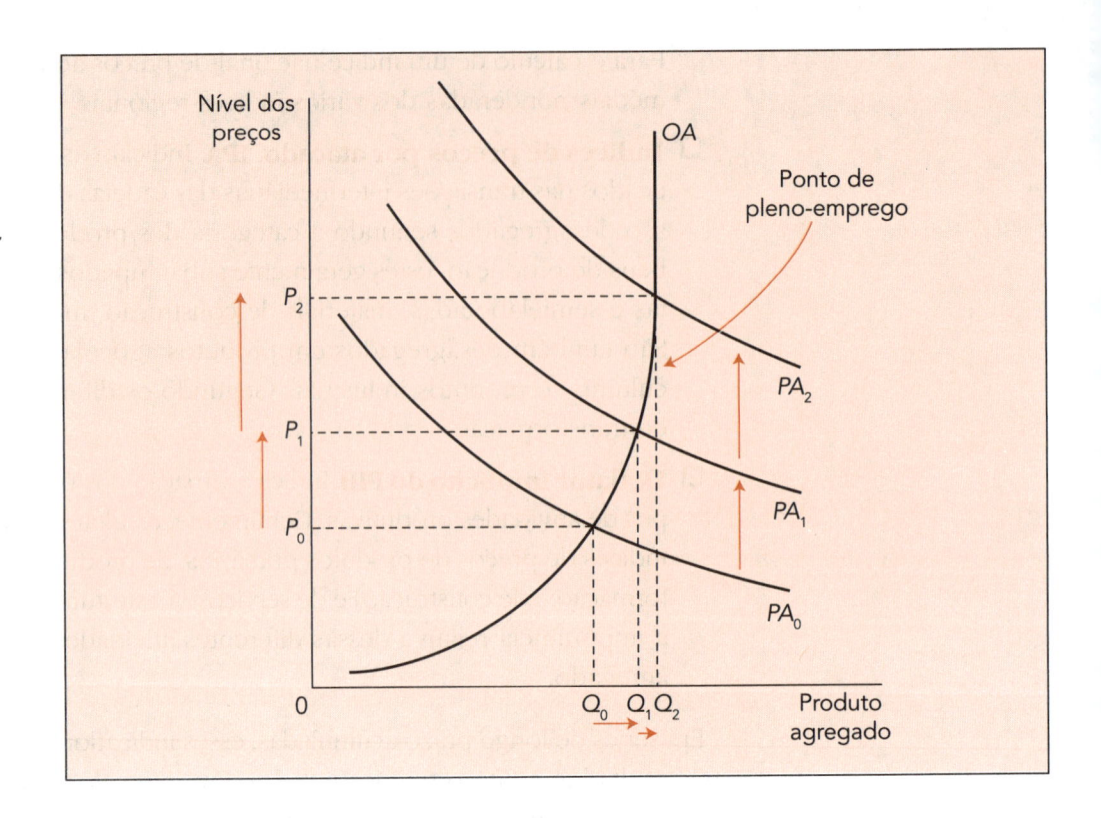

de uma generalizada expansão de dispêndios, financiada por recursos até então entesourados ou retidos por motivos precaucionais. Podem também originar-se de programas intensivos de dispêndios públicos não correspondidos pela poupança do governo em conta-corrente, mas de ligações não recomendáveis do tesouro nacional com o banco central, implicando emissões primárias de papel-moeda. Podem, por fim, originar-se da inadequada condução da política monetária, conduzindo à lassidão da oferta de moeda e à multiplicação dos meios de pagamento em escalas mais que proporcionais à capacidade efetiva de geração de bens e serviços.

A Figura 16.3 reproduz um caso típico de inflação de procura. *OA* é a trajetória da **oferta agregada** a curto e médio prazos. Não obstante os preços em alta estimulem o setor real a produzir mais, há um ponto a partir do qual a oferta agregada se torna inelástica: ele ocorre quando a economia passa a operar sobre suas fronteiras de produção, a pleno-emprego. As funções PA_0, PA_1 e PA_2 expressam diferentes estágios de **procura agregada**. Tipicamente, a trajetória da procura agregada reproduz o comportamento típico dos agentes econômicos, dispostos e aptos a adquirir maior quantidade de produtos quanto menores forem os preços praticados.

Segundo esta concepção, o nível geral dos preços é definido pelo cruzamento das funções de oferta e de procura agregadas. Enquanto houver espaço para expansão da oferta agregada, a expansão inflacionária dos preços é pouco expressiva, estabelecendo-se, porém, um processo mais intenso de alta a partir do ponto em que a economia passa a operar sobre suas fronteiras de produção, a pleno-emprego. Aí ocorre, então, na expressão de A. Lerner,[6] "a inflação verdadeira de procura".

As inflações de procura se propagam com maior ou menor intensidade quanto maior for a irrigação monetária, não importa se decorrente da monetização de ativos financeiros quase monetários, da lassidão das operações de crédito ou da expansão autônoma de dispêndios públicos financiados pela expansão da base monetária. Em todas estas hipóteses, trata-se de um tipo de inflação fortemente correlacionado à expansão da moeda. O quantitativismo é a base de sua sustentação teórica.

A inflação de custos. Trata-se de movimentos de alta originários da expansão dos custos dos recursos mobilizados no processamento da produção de bens e serviços. Há também várias fontes para os surtos inflacionários de custos: a expansão de tributos indiretos pode desencadear um processo de alta que se autoalimentará em espiral; a expansão dos custos do trabalho a ritmos superiores ao aumento de sua produtividade também pode dar origem a altas generalizadas; por fim, a ampliação das margens de lucro, ainda que setorialmente localizadas, podem propagar-se ao longo da cadeia de produção, empurrando os preços para cima.

Estes tipos de inflação geralmente estão associados a diferentes categorias de viscosidades observadas em mercados imperfeitamente competitivos. Sindicatos de trabalhadores organizados e com alto poder de negociação podem, por exemplo, impor taxas de aumento real dos salários superiores aos ganhos de produtividade do trabalho. De igual forma, estruturas monopolistas de oferta ou oligopólios em conluio podem impor taxas anormais de lucros que se transmitem, em cadeia, aos custos dos suprimentos.

A magnitude deste tipo de inflação e a dinâmica de sua propagação dependem de vários fatores. Os principais são:

❏ Estrutura competitiva nos mercados dos bens ou serviços afetados pelos movimentos de alta em seus custos de processamento.

❏ Importância relativa dos bens ou serviços afetados na matriz de transações intermediárias da economia.

❏ Capacidade dos agentes econômicos, com perdas relativas em seus padrões de remunerações, em absorver ou repassar as expansões de custos.

❏ Taxa global de ociosidade do setor real da economia: quanto mais baixa, maior o impacto de um foco inflacionário de custos.

A Figura 16.4 reproduz uma explicação teórica formal de inflação de custos. Neste caso, é a função da oferta agregada que se desloca para cima, de OA_0 para OA_1. Ainda que a procura agregada PA, permaneça inalterada, os preços resultarão expandidos e a capacidade efetiva de compra da moeda diminuirá.

A inflação estrutural As teorias estruturalistas buscam explicações para inflações altas e crônicas, como as que ocorreram na maior parte das economias de baixa renda nas décadas de 1950, 1960 e 1970. Entre as causas apontadas para este tipo de inflação destacam-se estas quatro:

❏ A baixa elasticidade de oferta dos produtos agrícolas, decorrentes da estrutura de propriedade da terra, dos métodos de produção rural e da crescente migração das populações rurais para as áreas urbanas.

FIGURA 16.4 Um caso típico de inflação de custos: a oferta agregada desloca-se, reproduzindo aumentos nos custos de processamento. Podem ocorrer impactos negativos no nível do produto, pela redução da capacidade efetiva de procura, aos novos níveis de preços praticados.

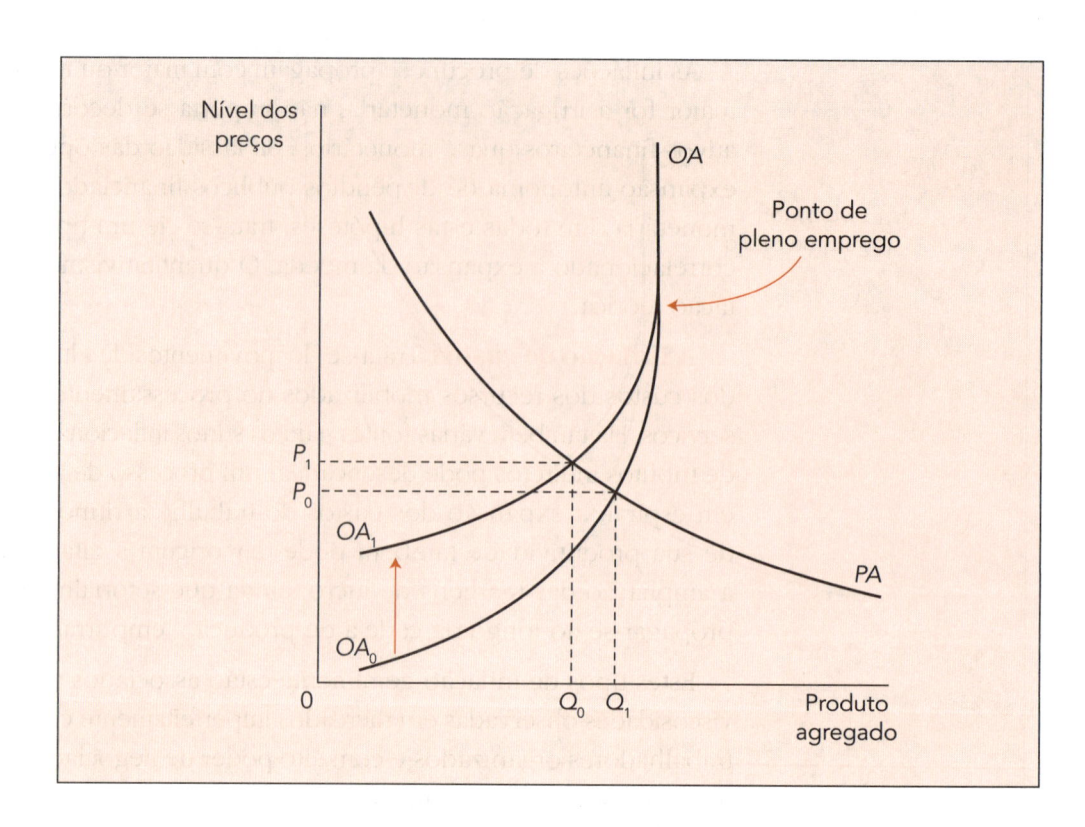

❑ O desequilíbrio crônico do balanço de pagamentos, que exige forte excedente de exportações sobre importações, implicando desvalorizações induzidas da taxa de câmbio, que pressiona os preços internos.

❑ A desigual distribuição da renda e da riqueza, de que resultam as lutas travadas pelos diversos grupos sociais para recomposição de seu poder de compra.

❑ A tendência expansionista dos orçamentos públicos, dadas as crescentes responsabilidades infraestruturais e sociais do governo, correspondidas pela expansão da carga tributária incidente sobre os preços finais.

J. Grunwald[7] argumenta que estes fatores estruturais são típicos dos países de baixa renda que adotam políticas deliberadas de aceleração do crescimento econômico. Nesses países, a estrutura da oferta agregada não se ajustaria aos novos padrões da demanda agregada, implicando desequilíbrios inflacionários. Segundo esta concepção, os movimentos de desinflação, na direção de uma linha de estabilidade de preços, resultariam de **reformas de base**: a rigidez estrutural da economia tornaria inócuas medidas convencionais de política econômica, notadamente as ditadas pela ortodoxia monetarista.

A inflação inercial. A abordagem inercialista fundamenta-se na capacidade de autopropagação da inflação e na prática generalizada da **indexação** – a correção dos custos dos recursos de produção e dos preços dos produtos, indefinidamente, pelos índices da inflação passada, para que se mantenha a estrutura dos preços relativos e se recomponha a capacidade de compra das remunerações pagas. Perpetua-se, assim, a inflação passada por um conjunto de **fatores mantenedores**; com isso, introduz-se uma rigidez permanente no processo de alta, que pode expandir-se, circunstancialmente, elevando-se seu patamar, quando **fatores aceleradores**, originários de pressões de procura, de expansões de custos ou de condições estruturais, produzem choques de alta.

A concepção da inflação inercial pressupõe expectativas compulsivas que levam à remarcação contínua de preços, à indexação de contratos e a um tipo de convivência com o processo de alta aceito e praticado por todos os agentes econômicos. Não se apaga, assim, a "memória inflacionária"; contrariamente, ela se reproduz. Instalam-se até formas de comportamento geralmente descritas como "cultura inflacionária", que aumentam a rigidez do processo de alta.

G. Franco[8] sugere que a autorreprodução e a rigidez das inflações inerciais têm a ver com ações racionais, individualmente praticadas pelos agentes econômicos, que levam a uma situação irracional do ponto de vista agregado. O aprendizado da convivência com a inércia inflacionária e os mecanismos formais e informais de indexação, que passam a ser generalizadamente praticados, mascaram a externalidade negativa da inflação. A volta a uma linha de estabilidade dos preços e do valor da moeda implica uma troca de posições comportamentais: da aceitação passiva da inércia, para a aversão social às externalidades da inflação. O ponto de quebra do processo exige uma coordenação estratégica que leve os agentes econômicos a perceberem a moeda estável como um valor fundamental, como um bem público, cuja preservação exige comportamentos cooperativos simétricos.

Dinâmica e Intensidade dos Processos Inflacionários

A dinâmica e a intensidade dos desequilíbrios inflacionários definem-se a partir da causa central do processo de alta. Em todos os casos, porém, as variações de preços só se propagarão, sem autoextinguir-se, se a quantidade de moeda alimentar os mecanismos e comportamentos indutores da inflação – ou, então, se se instalarem movimentos que aumentem a velocidade de circulação da moeda.

Nos processos inflacionários rastejantes, a expansão geral dos preços é lenta, quase imperceptível. Há sopros inflacionários de intensidade tão reduzida que se torna difícil até mesmo caracterizar os movimentos dos preços como resultantes de processos inflacionários típicos. O caso clássico é o da economia norte-americana no decênio 1955-64, quando a taxa geométrica média acumulada de variação dos preços foi de 1,45%, ou de 0,113% ao mês. Teria havido inflação? Ou mudanças decorrentes de modificações qualitativas nos bens e serviços? Difícil dizer.

Esses resultados são bem diferentes dos que se observaram nos decênios seguintes. No período 1965-74, as variações acumuladas foram de 5,66%: em média geométrica, equivalentes a 0,381% ao mês. Depois, entre 1975-84, a taxa acumulada foi ainda mais alta, de 6,81%, equivalente a 0,442% ao mês. E entre 1985-94 a variação recuou para 3,63%, equivalentes a 0,262% ao mês. Nestes três últimos períodos, pode-se falar em inflação rastejante: a variação persistente dos preços, ainda que de pequena intensidade, é tipicamente inflacionária. Mantêm-se por pressões de custos e de procura, geralmente interativas. Apenas no decênio 1975-84, exatamente o de mais alta inflação nos últimos cem anos nos Estados Unidos, a causa preponderante foi a expansão cartelizada dos preços do petróleo: um caso clássico de inflação de custos que se propagou praticamente por todos os países dependentes de importações do produto.

Este padrão de variação de preços é o que se tem verificado durante os últimos cem anos também em outras economias de alta renda. São raros os países desse conjunto em que a taxa anual permanece acima de dois dígitos por períodos prolongados: variações acima do padrão histórico são episódicas. Já nos países emergentes e em desenvolvimento, de renda média e baixa, as tensões inflacionárias tendem a ser mais fortes e prolongadas. No século XX, praticamente na totalidade desses países foram raros e curtos os períodos em que os índices de inflação ficaram abaixo de dois dígitos. Na maior parte, as taxas anuais situaram-se entre 25% e 35%, com variações mensais de 1,9% e 2,5% (equivalentes às inflações anuais dos países de alta renda). Menos comuns, mas ainda assim frequentes, foram os processos inflacionários mais intensos, entre 50% e 100% anuais. Pontualmente, observaram-se taxas anuais mais severas, de três dígitos, resistentes e recorrentes, aproximando-se e até superando quatro dígitos: foram inflações galopantes, desenfreadas, que se assemelham aos casos históricos de hiperinflação. Os índices de inflação registrados em vários países da América Latina nos anos 1980, de quatro dígitos anuais, enquadraram-se nesta categoria.

Teoricamente, não há uma fronteira definida entre as **inflações de alta aceleração** – galopantes, autoexpansivas, inerciais e crônicas – e a **hiperinflação**. Um critério geralmente aceito estabelece que uma hiperinflação começa quando a taxa mensal de variação dos preços supera 50%: a esta taxa, os preços crescem em um só ano 130 vezes. Este critério foi proposto em 1956 por Cagan,[9] em *The monetary dynamics of hyperinflation*. Trata-se, porém, de uma fronteira arbitrária, até porque os processos de hiperinflação não se caracterizam apenas pela velocidade com que os preços aumentam, mas também pelas consequências que produzem, entre as quais o colapso transacional e a total aversão a quaisquer formas de ativos financeiros, monetários e quase monetários.

Os casos clássicos de hiperinflação são raros. G. Franco[10] acrescenta aos casos clássicos das décadas de 1920 e 1940 episódios mais recentes registrados na América Latina nos anos 1980. A Tabela 16.4 resume 12 casos, indicando os períodos em que ocorreram, a duração, a taxa média mensal de variação dos preços e a taxa observada no pior mês do processo.

Principais Consequências da Inflação

As consequências da inflação variam com a intensidade e com a velocidade do processo de alta. Obviamente, as inflações rastejantes, que se traduzem por variações de preços discretas e de baixa dispersão, produzem efeitos econômicos assimiláveis, em alguns casos até despercebidos. Quando os movimentos de alta dos preços são lentos, espaçados no tempo e simétricos para a maior parte dos fatores de produção e dos produtos, geralmente não se observam ajustes traumáticos nem efeitos perversos que afetem substantivamente as posições relativas dos agentes econômicos. Mas esse quadro de relativo conforto começa a alterar-se à medida que o processo se torna mais intenso, atingindo assimetricamente os fatores de produção, os produtos, as categorias de renda e os estratos socioeconômicos. Mais ainda: dependendo da intensidade do processo e dos mecanismos de defesa acionados, as inflações intensas podem produzir graves efeitos redistributivos sobre a renda agregada e as riquezas acumuladas; no limite, poderão destruir

TABELA 16.4
Casos conhecidos de hiperinflação: períodos, duração e variação dos preços.

Países	Períodos	Duração (em meses)	Variação média mensal dos preços (%)	Taxa de variação dos preços no pior mês
Década de 1920				
Áustria	Out./1921 – Ago./1922	11	47	134
Alemanha	Ago./1922 – Nov./1923	16	322	32.400
Hungria	Mar./1923 – Fev./1924	10	46	98
Polônia	Jan./1923 – Jan./1924	11	81	275
URSS	Dez./1921 – Jan./1924	26	57	213
Década de 1940				
Hungria	Ago./1945 – Jul./1946	12	19.800	$4,2 \cdot 10^{15}$
Grécia	Nov./1943 – Nov./1944	11	365	8.500.000
China	Set./1945 – Maio/1949	44	78	2.565
Década de 1980				
Bolívia	Abr./1984 – Set./1985	18	46	183
Argentina	Abr./1989 – Jan./1991	32	67	196
Peru	Jan./1989 – Set./1990	21	51	412
Brasil	Nov./1989 – Mar. 1990	5	62	84

Fonte: FRANCO, Gustavo H. B. Hiperinflação: um guia prático. In: REGO, José Marcio. *Inflação e hiperinflação*: interpretação e retórica. São Paulo: Bienal, 1990.

as bases do ordenamento econômico, ao atingirem as funções monetárias ou a confiança do público em quaisquer formas de haveres financeiros.

Os estragos produzidos por hiperinflações podem ir além das fronteiras convencionais da economia. Dificilmente, as nações saem ilesas de processos hiperinflacionários. Estes são alguns de seus efeitos:

❏ **Destruição da moeda**. Corrói-se, primeiro, a capacidade de a moeda corrente servir de reserva de valor. Debilita-se depois sua utilidade como meio de pagamento. Por fim, já não serve nem mesmo como unidade de conta. Tudo isso em resposta ao vertiginoso aumento da oferta monetária, concomitante à violenta aceleração de sua velocidade. Na Alemanha de 1922-23, segundo cálculos de P. Cagan,[11] a quantidade de moeda circulante aumentou $7,32 \times 10^9$; na Grécia de 1943-44, $3,62 \times 10^6$; e na Hungria de 1945-46, $1,19 \times 10^{25}$.

❏ **Destruição da estrutura e da logicidade do sistema de trocas**. Estabelecem-se quadros típicos de **colapso transacional**, quando se torna praticamente impossível determinar e manter preços ou quando não se estabelecem mais interesses opostos: todos desejam ter ativos reais, desfazendo-se de suas riquezas financeiras, monetárias e quase monetárias.

- **Desarticulação de suprimentos nas cadeias de produção**: as matrizes de insumo-produto passam a registrar crescente número de células vazias, inviabilizando o processo produtivo.
- **Regressão das atividades produtivas à linha de subsistência**.
- **Queda vertiginosa do nível do emprego nas etapas finais do processo**. Estabelece-se uma situação paradoxal de difícil solução: desemprego generalizado em meio à superexcitação da procura por ativos reais.
- **Possível ruptura do tecido social**, notadamente nos centros urbanos de maior adensamento demográfico: o saque pode sobrepor-se às práticas transacionais. Antes, a especulação já se teria sobreposto ao trabalho honesto.
- **Possível ruptura político-institucional**: radicalizações quanto ao emprego de meios de controle social.

Das muitas descrições contundentes dos efeitos devastadores das hiperinflações vividas por países da Europa nas décadas de 1920 e 1940, escolhemos esta, de Bresciani-Turroni,[12] extraída de *The economics of inflation*, que descreve aspectos das condições econômicas e sociais na Alemanha, após a devastação provocada pela hiperinflação do início dos anos 1920:

> **A pobreza era evidente por muitos sinais, alguns deles passíveis de avaliação estatística: o estado das crianças (peso inferior ao normal); alta incidência de tuberculose e raquitismo; baixos padrões de alimentação (queda do consumo de cereais, carne, manteiga, leite e ovos e substituição de alimentos nobres por inferiores); péssima conservação das casas; trabalho excessivo das mulheres; incidência de enfermidades anteriormente quase desconhecidas no país, como o escorbuto; aumento do número de suicídios devido à falta de meios de subsistência; mortes por desnutrição (antes raras); e, por fim, aumento do número de enterros indigentes, porque os parentes não tinham como pagar os funerais, apesar de o governo ter liberado a substituição da madeira dos ataúdes por papelão.**

Entre os efeitos das inflações rastejantes, assimiláveis sem maiores traumas, e as consequências devastadoras das hiperinflações, há um grande número de situações intermediárias, que variam de caso a caso, não só em função da magnitude das taxas de variação dos preços e de corrosão da moeda, como também mecanismos usados pelos agentes econômicos para a convivência com o processo de alta. Não há, porém, inflações típicas sem consequências perversas. Em expressões-chave e, resumindo, as principais são:

1. **Sobre o setor financeiro**
   - Desmonetização: baixa retenção de ativos monetários.
   - Giro oneroso: aumento da velocidade de circulação da moeda.
   - Alta expressão das aplicações financeiras quase líquidas: busca por ganhos especulativos, não operacionais.

❏ Encurtamento dos prazos das operações passivas e ativas das instituições bancárias e não bancárias.

❏ Fugas para mercados financeiros externos.

❏ Hipertrofia da atividade financeira como um todo, sob novas condições operacionais.

2. **Sobre o setor real**

❏ Movimentos redistributivos reais da renda e da riqueza, financeira e não financeira dos agentes econômicos.

❏ Maior concentração do patrimônio empresarial.

❏ Desestimulação das atividades produtivas.

❏ Queda nos níveis de formação bruta de capital fixo.

❏ Modificação perversa dos mecanismos de financiamento do governo: a introdução do imposto inflacionário.

❏ Comprometimento da capacidade de planejar dos agentes econômicos.

❏ Destruição do papel orientador do mercado: os preços dos recursos de produção e dos produtos deixam de ser índices de escassez.

3. **Sobre as condições e atitudes sociais**

❏ Exacerbam-se os indicadores de pobreza: a inflação é significativamente mais prejudicial aos mais pobres.

❏ Conflitos interclasses socioeconômicas mais acirrados.

❏ Mudanças nos credos, nos valores e na cultura empresarial: substituição de visões de longo prazo e formulação de projetos estratégicos por posturas imediatistas e oportunistas.

❏ Corrosão das bases morais da convivência social. Sancionam-se práticas condenáveis.

A Estabilização dos Preços no Mundo: os Fatores Determinantes

A compreensão das causas da inflação e a convivência com seus efeitos perversos conduziram à adoção de medidas rigorosas para a estabilização dos preços, como um dos objetivos centrais da política econômica. Embora várias economias tenham ficado próximas de hiperinflações destrutivas, como as dos anos 1920 e 1940, esses episódios extremos não se repetiram, mesmo nas mais inflacionadas economias de baixa renda, nos últimos 20 anos. A Tabela 16.5 traz uma ampla visão da inflação da segunda metade dos anos 1990 até 2013. Nota-se que nos países de alta renda a inflação é rastejante, próxima de 2,5% ao ano, equivalente a 0,21% ao mês. Já nas economias emergentes, no período 1995-2004, registraram-se índices médios ponderados de dois dígitos: 39,0% na CEI – Comunidade dos Estados Independentes; 31,1% na Europa Central; 16,4% na África Subsaariana; e 13,0% na América Latina e Caribe. Mas, em todos esses casos, os índices médios ponderados recuaram para um dígito no período 2005-2013. Raros países registraram índices anuais de dois dígitos: Ucrânia, na CEI; Indonésia e no Vietnam, na Ásia; Argentina e Venezuela, na América Latina; Angola, Gana e Nigéria, na África. As médias gerais de todos os países avançados foram de 2,2% ao ano, nos dois períodos; as de todos os emergentes, recuaram de 5,8% e de 5,6% ao ano.

TABELA 16.5
Uma ampla visão da inflação no mundo, em anos recentes: países selecionados, de economias avançadas e emergentes, de todos os continentes.

Países	Variações dos preços: médias mensais										
	Média 1995-2004	2005	2006	2007	2008	2009	2010	2011	2012	2013	Média 2005-2013
ECONOMIAS AVANÇADAS											
Área do Euro	1,9	2,2	2,2	2,1	3,3	0,3	1,6	2,7	2,5	1,5	2,0
Estado Unidos	2,5	3,4	3,2	2,9	3,8	-0,3	1,6	3,1	2,1	1,4	2,6
Canadá	2,0	2,2	2,0	2,1	2,4	0,3	1,8	2,9	1,5	1,1	1,8
Reino Unido	1,6	2,0	2,3	2,3	3,6	2,1	3,3	4,5	2,8	2,7	2,8
Austrália	2,7	2,7	3,6	2,3	4,4	1,8	2,9	3,3	1,8	2,2	2,8
Nova Zelândia	2,0	3,0	3,4	2,4	4,0	2,1	2,3	4,0	1,1	1,1	2,6
Dinamarca	2,1	1,8	1,9	1,7	3,4	1,3	2,3	2,8	2,4	0,8	2,0
Noruega	2,1	1,5	2,3	0,7	3,8	2,2	2,4	1,3	0,7	1,8	1,9
ECONOMIAS EMERGENTES											
EUROPA CENTRAL	31,1	5,9	5,9	6,0	8,1	4,7	5,3	5,3	5,8	4,1	5,7
Bulgária	52,8	6,0	7,4	7,6	12,0	2,5	3,0	3,4	2,4	1,4	5,0
Hungria	12,7	3,6	3,9	7,9	6,1	4,2	4,8	3,9	5,7	2,3	4,7
Polônia	10,1	2,2	1,2	2,5	4,4	3,5	2,6	4,3	3,7	1,4	2,9
Romênia	42,1	9,0	6,6	4,8	7,8	5,6	6,1	5,8	3,3	4,5	5,9
CEI	39,0	12,1	9,5	9,7	15,6	11,2	7,2	10,1	6,5	6,5	9,8
Rússia	38,3	12,7	9,7	9,0	14,1	11,7	6,9	8,4	5,1	6,7	9,3
Ucrânia	36,5	13,5	9,1	12,8	25,2	15,9	9,4	8,0	0,6	0,0	10,3
Geórgia	19,9	8,3	9,2	9,2	10,0	1,7	7,1	8,5	-0,9	-0,3	5,8
Cazaquistão	22,8	7,5	8,6	10,8	17,1	7,3	7,1	8,3	5,1	6,3	8,6
ÁSIA	6,7	3,7	4,2	5,3	7,4	3,0	5,3	6,3	4,7	5,0	5,1
China	3,0	1,8	1,5	4,8	5,9	-0,7	3,3	5,4	2,6	2,7	3,0
Índia	6,2	4,4	6,7	6,2	9,1	12,4	10,4	8,4	10,4	10,9	8,7
Indonésia	13,4	10,5	13,1	6,7	9,8	4,8	5,1	5,4	4,3	7,3	10,8
Filipinas	5,8	6,6	5,5	2,9	8,2	4,2	3,8	4,7	3,2	2,8	4,6
Tailândia	3,4	4,5	4,6	2,2	5,5	-0,9	3,3	3,8	3,0	2,2	3,1
Vietnam	5,0	8,4	7,5	8,3	23,1	6,7	9,2	18,7	9,1	8,8	10,9
AMÉRICA LATINA E CARIBE	13,0	6,2	5,3	5,4	7,9	5,9	5,9	6,6	5,9	6,7	6,2
Argentina	4,3	9,6	10,9	8,8	8,6	6,3	10,5	9,8	10,0	10,5	10,5
Bolívia	5,1	5,4	4,3	6,7	14,0	3,3	2,5	9,9	4,5	4,8	6,1
Chile	4,4	3,1	3,4	4,4	8,7	1,5	1,4	3,3	3,0	1,7	3,4
Colômbia	12,5	5,0	4,3	5,5	7,0	4,2	2,3	3,4	3,2	2,2	3,4
México	14,8	4,0	3,6	4,0	5,1	5,3	4,2	3,4	4,1	3,6	4,1
Paraguai	9,3	6,8	9,6	8,1	10,2	2,6	4,7	8,3	3,7	3,2	6,3
Peru	5,3	1,6	2,0	1,8	5,8	2,9	1,5	3,4	3,7	2,8	2,8
Venezuela	35,3	16,0	13,7	18,7	30,4	27,1	28,2	26,1	21,1	37,9	24,5
Jamaica	11,6	13,4	8,9	9,2	22,0	9,6	12,6	7,5	6,9	9,3	9,8
Honduras	14,1	8,8	5,6	6,9	11,4	5,5	4,7	6,8	5,2	5,4	6,6
ORIENTE MÉDIO E NORTE DA ÁFRICA	7,5	3,9	6,2	6,3	5,8	7,4	6,9	9,7	8,7	7,7	6,9
Egito	5,0	8,8	4,2	11,0	11,7	16,2	11,7	11,1	8,6	6,9	10,1
Emirados Árabes	3,0	6,2	9,3	11,1	12,3	1,6	0,9	0,9	0,7	1,5	4,9
Jordânia	2,5	3,5	6,3	4,7	13,9	-0,7	5,0	4,4	4,8	5,9	5,3
Líbano	3,5	-0,7	5,6	4,1	10,8	1,2	4,5	5,0	6,6	6,3	4,8
Marrocos	2,1	1,0	3,3	2,0	3,9	1,0	1,0	0,9	1,3	2,3	1,7
ÁFRICA SUBSAARIANA	16,4	8,7	7,1	6,4	12,9	9,4	7,4	9,3	9,0	6,9	8,6
Angola	320,9	23,0	13,3	12,2	12,5	13,7	14,5	13,5	10,3	9,2	13,5
Botsuana	8,3	8,6	11,6	7,1	12,6	8,1	6,9	8,5	7,5	6,8	8,6
Camarões	4,7	2,0	4,9	1,1	5,3	3,0	1,3	2,9	2,4	2,5	2,8
Costa do Marfim	4,0	3,9	2,5	1,9	6,3	1,0	1,4	4,9	1,3	2,9	2,9
Gana	26,5	15,1	10,2	10,7	16,5	19,3	10,7	8,7	9,2	11,0	12,3
Quênia	6,7	7,8	6,0	4,3	15,1	10,6	4,3	14,0	9,4	5,4	8,5
Nigéria	18,3	17,9	8,2	5,4	11,6	12,5	13,7	10,8	12,2	9,9	11,3
MÉDIAS MUNDIAIS											
Avançados	2,2	2,1	2,3	2,2	3,9	0,6	2,0	3,1	2,6	1,6	2,2
Emergentes	5,8	5,4	6,0	6,2	10,3	3,8	4,3	5,6	4,6	4,4	5,6

Fonte: International Monetary Fund. *World Economic Outlook, WEO*. Washington, D. C.: IMF. Oct. 2013.

QUADRO 16.1
Uma listagem das condições determinantes da redução dos índices de inflação em anos recentes: o fim de longo período de processos inflacionários intensos e resistentes, em países emergentes.

Determinantes	Sínteses descritivas
Desfronteirização	Abertura das fronteiras econômicas nacionais, viabilizando a internacionalização das cadeias de suprimentos em praticamente todas as cadeias produtivas, reduzindo custos de produção e preços finais.
Focos estratégicos	Redefinição das estratégias econômicas nacionais, com foco em produtividade e competitividade, superando longo período histórico de protecionismo nacionalista, que acobertava ineficiências transferidas para os mercados finais, via preços inflados.
Consolidação corporativa	Ciclo sem precedentes de fusões e aquisições, em número de transações e em velocidade, ampliando escalas, reduzindo custos médios de produção e acirrando a competição entre gigantes do mundo corporativo.
Redução de barreiras de entrada	Queda das barreiras à entrada de novos e pequenos competidores nos elos finais das cadeias produtivas, operando com custos estruturais baixos e levando aos mercados finais produtos similares a preços inferiores.
Emergentes competitivos	Peso crescente de países emergentes na geração do Produto Mundial Bruto, que abriram as portas dos grandes mercados a seus produtos, com estratégias de liderança de custos e preços fortemente competitivos.
Mudanças institucionais	Reforma das instituições monetárias e criação de bancos centrais em grande números de países emergentes, com três missões fundamentais: atuação como guardiões da estabilidade, supervisão segura das operações do sistema financeiro e controle da liquidez dos setores financeiro e real.
Evolução e focos da política monetária	Avanços conceituais no campo da política monetária e evidências empíricas sobre a transmissão de seus efeitos no setor real da economia. Focos na conciliação de objetivos de estabilidade de preços, de sustentação do nível de emprego e de crescimento econômico.
Ortodoxia *versus* heterodoxias	Fim das tentativas heterodoxas de estabilização: controle centralizado, por órgãos do estado, dos preços praticados pelos setores de alta expressão nas matrizes de suprimentos da economia; tabelamento e congelamento por decretos; repressamento dos preços de empresas de controle estatal. Reconhecimento da eficácia das políticas monetárias ortodoxas. Criação de âncoras ortodoxas articuladas.
Metas para inflação	Adoção, pelos bancos centrais, a partir do início dos anos 1990, do regime de metas para inflação, anunciadas publicamente. Prestação regular e transparente de contas à sociedade, das razões e das medidas monetárias adotadas para a estabilidade dos preços.

Foram várias as condições determinantes da redução da inflação em praticamente todos os países, a partir da segunda metade dos anos 1990, aproximando os índices anuais dos países de média e baixa renda dos níveis historicamente mantidos pelos países de alta renda. Embora seja difícil estabelecer os pesos destas condições – que variam de país para país, em resposta a diferentes condições estruturais e institucionais – as mais relevantes estão sintetizadas no Quadro 16.1.

A ascensão da ortodoxia e, em sua esteira, o êxito alcançado pelos bancos centrais com seu comprometimento público com a estabilidade dos preços fortaleceram os efeitos atribuíveis às demais condições. A experiência pioneira com definição de metas para a inflação, buscadas com emprego de instrumentos ortodoxos de política monetária – com destaque para o controle das taxas básicas de juros – foi praticada na Nova Zelândia, em 1990. O êxito do modelo e o acesso a seus fundamentos técnicos levaram outros países a adotarem esse regime. Nos primeiros cinco anos da década de 1990, nove países passaram a definir metas de médio prazo para a inflação: em 1991, Chile e Canadá; em 1992, Reino Unido e Israel; em 1993, Austrália, Suécia e Finlândia; em 1995, Espanha e México. Até o final da década 1990 os bancos centrais de outros oito países comprometem-se com metas para inflação, como objetivo primordial da política monetária: Coreia do Sul, Polônia, República Tcheca, Colômbia, Suíça, África do Sul, Tailândia e Brasil.

Os principais elementos que caracterizam os regimes de metas para a inflação são:

❑ **Informação aberta**. Divulgação pública das metas numéricas de médio prazo para a inflação, definindo-se seus limites inferior e superior (bandas das metas).

❑ **Objetivo primordial**. Comprometimento dos bancos centrais com as metas de inflação definidas, como objetivo primordial da política monetária.

❑ **Foco na estabilidade**. Estabilização dos preços como objetivo crucial, considerando-a de alta relevância para a consecução de outros objetivos macroeconômicos, como sustentação de altos níveis de emprego, crescimento, expectativas favoráveis dos agentes econômicos e composição estável da demanda agregada.

❑ **Transparência**. Estratégia de atuação dos bancos centrais pautada pela transparência: comunicação clara para o público sobre os planos, objetivos e razões de medidas adotadas para manter a inflação próxima do centro das metas estabelecidas.

❑ **Juros como instrumento primário**. Uso da taxa básica de juros de curto prazo como instrumento primário de política monetária, pelos mecanismos de transmissão de seus efeitos sobre a inflação e os agregados do setor real da economia.

16.4 A Inflação no Brasil: Características, Causas e Programas de Estabilização

A Secular Alta de Preços: uma Tendência Superada

Uma das características históricas da economia brasileira, apenas superada com a criação do real na última década do século XX, foi a tendência secular à alta dos preços. Os períodos de variação acelerada dos preços prevaleceram sobre os de inflação moderada, sobretudo nas décadas de 1940 a 1990 do século passado. Os episódios históricos de inflação rastejante são, todos, anteriores à Segunda Grande Guerra. De lá até final da primeira década dos anos 1990, o país viveu épocas de inflação galopante ascendente. Na transição dos anos 1980 para 1990 esteve bem próximo de uma hiperinflação descontrolada.

Estudos pioneiros, como o de O. Onody,[13] revelaram que a inflação no Brasil tornou-se um fenômeno endêmico, persistente e recorrente, embora brando no passado: "num período de 58 anos, de 1829 a 1887, os preços teriam se multiplicado por 2,31, o que corresponde a uma taxa média de apenas 1,5% ao ano". Daí em diante, notadamente nos primeiros anos do governo republicano, pesadas emissões de papel-moeda refletiram-se nos preços, produzindo o primeiro surto inflacionário agudo vivido no país. Mas à euforia **papelista** sobrepôs-se a rigidez **metalista**: em apenas um ano, em 1890, o estoque de papel-moeda emitido aumentou 63,1%; depois, segundo série histórica construída por Peláez-Suzigan,[14] no período de dez anos compreendido entre 1890-1900, o aumento acumulado foi de 74,0% correspondente à taxa média anual de 5,69%. No início do século até a Primeira Grande Guerra, tanto a oferta monetária quanto os preços registraram aumentos suaves: nos primeiros quinze anos, a base monetária cresceu 50,6%, com média anual de 2,77%; o produto real, segundo série construída por C. Haddad,[15] aumentou 58,5%, com média anual de 3,12%; e os preços, como apontam Chacel-Simonsen-Wald,[16] teriam se mantido virtualmente inalterados.

Entre as guerras de 1914-18 e de 1939-45 essas séries históricas passaram a acusar mudanças relevantes: excetuando-se os anos depressivos do início da década de 1930, observou-se nítida tendência à elevação da oferta monetária e dos preços. Depois da crise dos anos 1930 até o término da última grande guerra, entre 1939-45, os preços cresceram 3,1 vezes, evidenciando a aceleração do processo inflacionário no país. Daí em diante, só no triênio 1947-49 a inflação anual limitou-se a um dígito. Mas a esses movimentos rastejantes de preços sucederam-se surtos inflacionários de variadas intensidades, sempre acompanhados de uma expansão equivalente da oferta monetária. A Tabela 16.6 reproduz as séries históricas dos 69 anos compreendidos entre o segundo pós-guerra (1946) e 2015, ano em que o Plano Real completou 22 anos, um marco do retorno à ortodoxia na condução da política monetária no Brasil, após várias tentativas fracassadas de medidas heterodoxas.

Os Programas de Estabilização

A simples leitura das séries históricas evidencia que se observaram no Brasil nos últimos 70 anos pelo menos oito períodos distintos, definidos pela magnitude das taxas de variação da oferta monetária e dos preços, pelas causas prováveis do processo de alta e pela tipologia dos programas de estabilização:

- 1946-58: Inflação de crédito e estrutural.
- 1959-63: Inflação predominantemente fiscal.
- 1964-67: Aplicação de controles ortodoxos.
- 1968-79: Inflação reprimida.
- 1980-85: Instalação de movimentos inerciais.
- 1986-94: Fase dos choques heterodoxos.

TABELA 16.6
Brasil, 1946-2015: a inflação nos últimos 69 anos. Taxas anuais de variação da oferta monetária e dos preços.

Períodos[a] e anos	Taxas anuais de variação (%)				
	Oferta monetária (conceito M1)	IGP-DI [b]	IPC-SP [c]	IPC-RJ [d]	INPC [e]
1946-1950	25,3	9,9	9,1	9,1	9,5
1951-1960	24,7	17,1	23,1	22,6	20,7
1961-1970	48,3	38,2	43,7	41,6	41,7
1971-1980	44,8	44,7	40,2	38,1	38,5
1981	87,1	95,2	90,9	100,6	91,9
1982	71,7	99,7	94,6	101,8	97,9
1983	97,4	211,0	164,1	177,9	178,0
1984	201,9	223,8	178,6	208,7	209,1
1985	304,3	235,1	228,2	248,5	239,1
1986	306,8	65,0	68,1	63,5	59,2
1987	127,4	415,8	367,2	432,3	394,6
1988	571,7	1.037,6	891,6	1.006,4	993,3
1989	1.384,2	1.782,9	1.635,8	1.759,2	1.863,6
1990	2.335,7	1.476,6	1.639,1	1.651,0	1.585,2
1991	330,7	480,2	458,6	493,0	475,1
1992	867,3	1.157,9	1.129,4	1.160,3	1.149,1
1993	2.129,4	2.708,6	2.491,0	2.729,6	2.489,1
1994	224,6	1.093,8	941,3	978,9	929,3
1995	27,5	14,8	23,2	27,9	22,0
1996	9,1	9,3	10,0	11,5	9,1
1997	57,3	7,5	4,8	7,4	4,3
1998	7,4	1,7	-1,8	3,1	2,5
1999	20,5	19,9	8,6	9,1	8,4
2000	19,2	9,8	4,4	6,2	5,3
2001	12,2	10,4	7,1	7,9	9,4
2002	29,6	13,5	6,7	8,3	10,2
2003	2,5	22,8	12,6	14,3	17,0
2004	21,2	9,4	5,7	6,1	6,3
2005	12,1	6,0	6,1	5,7	5,8
2006	17,4	1,7	2,5	2,7	3,3
2007	25,9	5,1	4,1	3,6	4,1
2008	3,7	11,2	5,6	5,6	6,6
2009	10,1	1,8	4,8	5,2	5,0
2010	16,3	5,6	5,1	5,0	5,1
2011	0,3	5,0	5,8	6,4	6,1
2012	11,6	8,1	5,1	5,7	6,2
2013	6,1	5,5	3,9	5,6	5,6
2014	2,1	3,8	5,2	6,8	6,2
2015	–4,9	10,7	11,1	10,5	11,3

[a] Para os períodos 1946-50 e das três décadas seguintes, 50, 60 e 70 as taxas indicam variações geométricas médias anuais.

[b] Até 1960, IPA, índice de preços por atacado. De 1961-95, IGP-DI, índice geral de preços, conceito disponibilidade interna: média ponderada de outros três índices de preços: por atacado, ao consumidor no RJ e do custo da construção civil no RJ.

[c] Índice de preços ao consumidor na cidade de São Paulo, IPC-SP.

[d] Índice de preços ao consumidor na cidade do Rio de Janeiro, IPC-RJ, período até 2000. IPC-FGV Brasil 2001-2015.

[e] Índice nacional de preços ao consumidor, INPC. Resulta na média ponderada dos índices de preços ao consumidor em 11 regiões metropolitanas do país. Produzido pelo IBGE desde março de 1979. Até 1980, média dos índices de preços ao consumidor em 14 capitais.

Fonte: IBGE. *Estatísticas históricas do Brasil*. Séries Estatísticas Retrospectivas, v. 3. Rio de Janeiro: 1987 (para INPC 1964-80). PELÁEZ, C. M.; SUZIGAN. W. *História monetária do Brasil*. Rio de Janeiro: IPEA/INPES, 1976 (para variação de M1, 1946-70). Banco Central do Brasil, *Relatórios anuais e boletins mensais* e IBGE-FGV, *Conjuntura Econômica*, diversos volumes e números (para período 1971-2015).

❏ 1994-99: O real, a volta da ortodoxia e a estabilização.

❏ 1999 em diante: O regime de metas de inflação.

1946-58: Inflação de crédito e estrutural. No pós-guerra, aceleraram-se os processos de mudança estrutural no país, tanto no setor real (processo intensivo de industrialização), quanto no financeiro (criação de novas instituições financeiras predominantemente). Mudou gradativamente a composição dos meios de pagamento. O efeito multiplicador da moeda escritural exerceu-se com maior impacto, amplificando o efeito inflacionário de emissões primárias de moeda. Acentuaram-se as pressões do setor real (tanto agrícola, ainda vinculado à monocultura cafeeira, quanto industrial, em defesa de iniciativas emergentes) sobre o financeiro (tanto para elevação da taxa de câmbio, quanto para abertura de novas linhas de financiamento subsidiado). E às pressões privadas, somaram-se as do governo, todas conducentes à expansão dos agregados financeiros a taxas mais que proporcionais às dos agregados do setor real. Resultado desta combinação de "novas forças": gradualmente, a inflação acelerou-se, de um patamar inferior a 20% ao ano para um novo patamar, próximo de 40% ao ano.

1959-63: Inflação fiscal. Às pressões por crédito, exercidas pelos setores privado e público, somaram-se as pressões fiscais. Entre os analistas do período, é consensual a opinião de que os déficits de caixa do governo central atuaram como fatores básicos de expansão da oferta monetária no período: como indicam Peláez-Suzigan,[17] "as operações com o Tesouro Nacional foram responsáveis por 54,5% da expansão do saldo do papel-moeda em circulação no período". A este fator de impulsão dos preços somaram-se as pressões reivindicatórias da classe trabalhadora, à época mobilizada sob forte conteúdo político-ideológico. Estabeleceu-se então, em meio à redução real do produto agregado, um processo inflacionário inusitado: suas raízes eram mais complexas que as dos surtos inflacionários precedentes.

1964-67: A aplicação de controles ortodoxos. O governo instalado em 64 adotou rígidos mecanismos ortodoxos de controle do processo inflacionário. Debelou o déficit fiscal. Conteve a oferta monetária (fortemente em 1966). Medidas impopulares, concomitantes com amplo programa de reformas, foram então adotadas. Reformaram-se o sistema financeiro e a estrutura tributária. Cada um dos fatores diagnosticados como causadores das pressões inflacionárias do período anterior foi objeto de controles rígidos: tanto os relacionados à procura agregada quanto aos custos da oferta agregada foram duramente contidos. E a inflação anual recuou: de uma taxa entre 80 e 90% para um novo patamar, próximo de 20%.

1968-79: Inflação reprimida. As bases institucionais do período anterior foram mobilizadas para o "milagre econômico": conciliar forte crescimento (amparado por ampla disponibilidade de créditos e financiamentos, internos e externos) com contenção do processo inflacionário. Nos sete primeiros anos do período, os meios de pagamento cresceram duas vezes mais que os preços; nos três últimos, esta insólita equação já não foi mais mantida. Às pressões internas, de origem financeira, que pressionavam a procura agregada para cima, somaram-se as pressões externas de custos, resultantes dos choques de oferta do cartel do petróleo. Uma espiral procura-custos passou então a exercer fortes pressões de alta. À impulsão dos custos, de origem externa, acrescentavam-se os fatores internos, cuja atuação sobre os preços havia sido até então reprimida, por controles rigorosos das listas de preços das empresas exercidos pela CIP – Comissão Interministerial de Preços. Internamente, o déficit do setor público, pressionado pela concessão de subsídios a atividades privadas consideradas prioritárias e por maciços investimentos realizados pelo segmento estatal da economia, passou novamente a exigir emissões primárias de moeda, que, multiplicadas pelo sistema de intermediação bancária, criaram uma das principais precondições para a alta inflacionária dos preços. E havia ainda outro componente realimentador do processo de alta: a indexação da economia, decorrente da prática generalizada da correção monetária incidente sobre as mais variadas formas de contrato nos setores real e financeiro. Estavam então estabelecidas as condições para o rompimento das "barragens repressoras" e instalação de movimentos inerciais, autoexpansionistas.

1980-85: A instalação de movimentos inerciais. No início da década de 1980, a inflação brasileira, pela primeira vez desde o pós-guerra, situou-se na faixa dos três dígitos anuais, mantendo-se em torno de 100%. No triênio 1983-85, superou a taxa anual de 200% e, no início de 1986, caminhava para 300%. Instalara-se na economia do país, sob sustentação da correção monetária generalizada, um processo **inercial** de inflação. A inflação passada reproduzia-se no presente, animando um movimento ascendente e retroalimentador de alta de preços. As expectativas dos agentes econômicos levaram à adoção de indexadores contratuais e a remarcações de preços, sobretudo em mercados imperfeitamente competitivos. A esta altura, parecia estar atuando todo um conjunto de mecanismos inflacionários, interagindo. L. C. Bresser[18] apontava para uma inflação de tipo estrutural, derivada de um capitalismo tecnoburocrático. A. Moura da Silva[19] ainda buscava no monetarismo uma explicação lógica para o processo de alta. F. L. Lopes[20] apontava para causas inerciais. W. Baer[21] procurava sintetizar: a tradição ortodoxa, o neoestruturalismo, os mecanismos de propagação por choques externos e o caráter inercial da indexação são, todos, fatores de impulsão inflacionária. A resposta a todos os diagnósticos foi o Plano Cruzado, a primeira tentativa heterodoxa de controle da inflação no país. Suas "âncoras" foram: 1. criação de nova moeda; 2. extinção da indexação; 3. congelamento decretado de preços públicos e privados; e 4. fixidez da taxa de câmbio.

1986-94: A fase dos choques heterodoxos. Em 1986, com esse conjunto de medidas de choque do Plano Cruzado, reverteram-se temporariamente as expectativas inflacionárias. A inflação recuou por poucos meses para níveis próximos de zero, quebrando-se seu ímpeto inercial. Mas, com os preços congelados e os ativos financeiros quase monetários desindexados, ocorreu intenso processo de monetização, ampliando-se as pressões sobre o setor real da economia. A procura por todas as categorias de bens e serviços, de consumo e de produção, tornou-se exacerbada. Em mercados paralelos, à margem do congelamento decretado, os preços efetivos passaram a incorporar ágios, cuja magnitude variou segundo os desajustamentos entre uma oferta rígida e uma procura expandida. No final de 1986, os ágios sinalizavam a existência de **inflação reprimida**. Alimentada pela expansão da oferta de moeda, pela elevação dos níveis de salário e de emprego (variáveis não congeladas) e pela redução da pressão fiscal sobre a renda corrente, a inflação voltou a manifestar-se com vigor ainda maior que o observado antes da adoção do Plano Cruzado. Consequentemente, no início de 1987, os preços romperam as frágeis "âncoras" do congelamento e a inflação acelerou-se a taxas historicamente inusitadas. No início do segundo semestre de 1987, as taxas anuais projetadas situavam-se no patamar de quatro dígitos.

Sobrevieram então outras tentativas de estabilização, em 1987, 1989 e 1990: prefixações, congelamentos parciais, confisco de ativos financeiros. A cada tentativa, as taxas recuavam, sob o impacto de cortes fundos na liquidez geral da economia, controles administrativos diretos sobre preços e mudanças de regras contratuais. Mas a recorrência do processo sobrepunha-se a todas as medidas. Entre os planos, os preços caminhavam, sempre com velocidade crescente, para fronteiras próximas da **hiperinflação aberta**. Apesar da sucessão de reformas monetárias, a moeda se desqualificava. Uma a uma, suas funções se corroeriam: da reserva de valor à unidade de conta.

1994-99: O real, a volta da ortodoxia e a estabilização. A criação do real, na esteira de uma ampla reforma nas instituições monetárias do país a partir do segundo semestre de 1994, foi o mais bem-sucedido programa de estabilização dos preços no Brasil, já no final da segunda metade do século XX. Tratou-se de um processo de regeneração da moeda. Como G. Franco[22] relatou, "a regeneração da moeda no Brasil procurou trilhar o caminho inverso daquele que a destruiu". Esse processo de substituição regenerativa do padrão monetário foi completado por um conjunto de medidas ortodoxas que garantissem a estabilização dos preços em reais. As mais impactantes foram: 1. recuperação do controle da oferta monetária, definindo-se novos critérios para a emissão programada da nova moeda; 2. forte restrição da liquidez, ampliando-se para 100% os recolhimentos compulsórios sobre a expansão dos depósitos a vista nos bancos criadores de moeda e ampliando as retenções compulsórias exigidas sobre outros ativos financeiros quase monetários (como depósitos a prazo e cadernetas de poupança); 3. sustentação de câmbio valorizado, com o fim da indexação automática da taxa cambial e com a instituição do mercado flexível, mas dentro das bandas fixadas e controladas pelo Banco Central; e 4. ampla abertura da economia, junto com a redução de mecanismos protetores, buscando-se não só o "efeito demonstração" dos preços dos produtos importados, como ainda o abastecimento de segmentos de mercado que tivessem forte expansão, com o "efeito riqueza" gerado pelo fim do "imposto inflacionário".

A decorrente estabilização dos preços tornou-se evidente por todos os índices. A variação anual acumulada dos preços ao consumidor recuou de dois dígitos (1995) para um dígito (1999), trajetória inusitada na história monetária do país. Os benefícios sociais trazidos pela estabilização favoreceram a consolidação do processo. Desenvolvem-se no país uma espécie de **aversão social à inflação**. O recuo da inflação para taxas anuais "civilizadas" tornou-se um ativo social. As pressões de alta ocorridas com os "efeitos contágio" das crises externas (a do Sudeste Asiático no final de 1997 e a da Rússia em 1998) e mesmo as resultantes do ataque especulativo ao real no início de 1999 foram bem absorvidas, mas

QUADRO 16.2
A estabilização dos preços no Brasil: a execução do Plano Real e a adoção do regime de metas para a inflação.

O Plano Real conseguiu derrotar longo período de inflação recorrente e crescente, que em mais de um momento chegou muito perto da hiperinflação. Antes deste plano, várias tentativas heterodoxas de estabilização fracassaram. Com um sistema bem articulado de âncoras, o resultado do Plano Real foi extraordinário e teve maciço apoio da população. No entanto, passados seus primeiros quatro anos, as pressões sobre duas de suas mais importantes âncoras – o controle cambial e a austeridade fiscal – tornaram-se críticas, por contágios de crises externas, aumento dos custos do endividamento do país e desequilíbrio do balanço internacional de pagamentos.

Para estabilizar o mercado de câmbio, o Brasil renegociou acordo com o Fundo Monetário Internacional e promoveu *roadshow* nas principais praças bancárias do mundo, mostrando as medidas adotadas para estabilização da taxa cambial, redução de outras pressões sobre os preços e ancoragem de expectativas favoráveis dos agentes econômicos, como a elevação da taxa básica de juros em seis pontos porcentuais para 45%, concomitante com anúncio de compromisso de adoção de viés de baixa.

Foi neste contexto que se desenvolveu a ideia de adoção de um sistema de metas para a inflação, seguindo o exemplo de países como Reino Unido, Suécia e Nova Zelândia, excluindo-se então outras alternativas, como a fixidez cambial, um rígido *currency board* ou a simples condução de política monetária austera, mas sem metas explícitas para a inflação. A opção pelo sistema de metas refletia a preocupação com o risco de perda de controle sobre as expectativas inflacionárias. Em um país com longa história de inflação, tal descontrole traria consigo a ameaça da reindexação e o pesadelo do retorno à instabilidade. Mas o regime de metas foi adotado com cautela: se a meta escolhida fosse muito ambiciosa e então não atingida, poderia desmoralizar o modelo. Se fosse muito folgada, sinalizaria que a autoridade monetária estaria, por definição, abrindo mão de um retorno rápido a níveis baixos de inflação.

A solução para esse dilema foi a introdução do sistema de metas de forma gradual. O compromisso inicial era trazer a taxa anualizada de inflação para o nível de um dígito no final de 1999. Em adição ao sistema de metas, as demais medidas adotadas evidenciavam forte compromisso do governo com a recuperação do controle da inflação, de maneira crível e permanente, o que justificava medidas antipáticas e de choque, como o substancial aumento dos juros básicos da economia, a firme execução dos princípios da Lei de Responsabilidade Fiscal e a blindagem do Banco Central a eventuais pressões políticas.

As metas iniciais não ambiciosas abriram espaços para trajetórias descendentes, de forma a reconduzir a inflação para o nível desejado, algo como 3% a 4% anuais, em direção a taxas próximas à média mundial.

Em seus primeiros passos, as metas tiveram o duplo papel de mecanismo de combate e de âncora da inflação, através da coordenação de expectativas. Tal papel duplo voltou a se repetir quando da bem-sucedida administração dos efeitos da devastadora crise de confiança na transição de 2002-2003. Em geral, em momentos de crise, o sistema de metas de inflação tem se mostrado bastante eficaz. Podemos dizer que, até estes dias, a experiência brasileira representa o maior teste de estresse de um sistema de metas para a inflação já registrado. Em diversos momentos difíceis, o Banco Central tem podido agir de acordo com a prática hoje universalmente aceita de acomodar desvios temporários da meta, com o objetivo de suavizar as flutuações no nível de atividade da economia. Esse delicado equilíbrio de objetivos depende crucialmente da credibilidade do sistema que, entre uma crise e outra, vem se consolidando adequadamente desde sua implantação. Mas há aspectos a considerar para que se mantenham sólidas bases do regime macroeconômico brasileiro como um todo.

A modelagem da economia é tarefa útil, mas complexa, que evolui com o tempo e está sempre sujeita a erro. As questões-chave que dominam a economia variam de um momento para outro – ora são ligadas ao câmbio, como à época da introdução do regime de metas de inflação, ora são ligadas ao mercado de crédito, como agora. O Comitê de Política Monetária procura a cada momento integrar avaliações quantitativas e qualitativas, em processo interativo menos formal do que se imagina, mas nem por isto menos eficaz. Um ponto importante é desmontar a percepção da opinião pública quanto à existência de um modelo econométrico secreto. Este desmonte tem a ver com transparência e clareza sobre causas e correções de desvios na execução da política de metas.

Outro ponto importante para o futuro do regime monetário brasileiro diz respeito aos elevados *spreads* praticados no mercado de crédito. Se houver prudência na condução das políticas fiscal e de crédito, o Brasil poderá ter taxas de juros mais próximas à média internacional de países semelhantes. Por fim, dois outros pontos merecem também destaque. Um é a meta estabelecida para a inflação, que tem sido alta em relação até a países da América Latina, como México e Chile; cabe em algum momento considerar a conveniência de trazê-la para cerca de 3% ao ano. Outro é a autonomia do Banco Central. A maioria dos países tem adotado um modelo de banco central independente – um caminho que tem gerado bons resultados, à medida em que despolitiza suas funções e alonga os horizontes para a condução da política monetária. Ambos são fatores de redução de incertezas na economia.

Fonte: Adaptação condensada de depoimento de FRAGA NETO, Armínio. Dez anos de metas para a inflação no Brasil, in *Dez anos de metas para a inflação no Brasil-1999-2009*. Brasília: Banco Central do Brasil, 2011.

TABELA 16.7 Histórico das metas para a inflação definidas no Brasil: 1999-2015.

Anos	Taxas anuais (%)				
	Meta	Amplitude da banda	Limites		Inflação efetiva (IPCA)
			Inferior	Superior	
1999	8,0	2,0	6,0	10,0	8,94
2000	6,0	2,0	4,0	8,0	5,97
2001	4,0	2,0	2,0	6,0	7,67
2002	3,5	2,0	1,5	5,5	12,53
2003[a]	3,25	2,0	1,25	5,25	–
2003[b]	4,0	2,5	1,5	6,5	–
2003[c]	8,5	2,5	6,0	10,5	9,3
2004[d]	3,75	2,5	1,25	6,25	–
2004[e]	5,5	2,5	3,0	8,0	7,6
2005	4,5	2,5	2,0	7,0	5,69
2006	4,5	2,0	2,5	6,5	3,14
2007	4,5	2,0	2,5	6,5	4,46
2008	4,5	2,0	2,5	6,5	5,9
2009	4,5	2,0	2,5	6,5	4,31
2010	4,5	2,0	2,5	6,5	5,91
2011	4,5	2,0	2,5	6,5	6,5
2012	4,5	2,0	2,5	6,5	5,84
2013	4,5	2,0	2,5	6,5	5,91
2014	4,5	2,0	2,5	6,5	6,41
2015	4,5	2,0	2,5	6,5	10,67

[a] Meta fixada no final do primeiro semestre de 2001.

[b] Meta alterada no final do primeiro semestre de 2002.

[c] Meta ajustada em janeiro de 2003 para o mais alto nível da história do regime no país, em virtude do recrudescimento da inflação no segundo semestre de 2002, por devastadora crise de confiança na condução da política econômica na transição para o novo governo em 2003. A taxa cambial sofreu então forte desvalorização impactando as estruturas de custos e os preços finais.

[d] Meta definida no final do primeiro semestre de 2002.

[e] Meta ajustada para cima, no final de janeiro de 2004.

Fonte: Banco Central do Brasil.

exigiram uma nova mudança no sistema de controle das tensões inflacionárias no país: a implantação do regime de metas de inflação.

1999 em diante: O regime de metas para a inflação. A execução do plano real enfrentou um período de severos contágios de origem externa de média duração (1997-1999) que atingiram duas de suas mais importantes âncoras: o controle cambial e o equilíbrio fiscal. Foi neste contexto que se desenvolveu a ideia de adoção do regime de metas para a inflação, experimentado com êxito em vários países no início da última década do século XX. O Quadro 16.2 sintetiza depoimento de Armínio Fraga Neto, presidente do Banco Central do Brasil nesse período, em seminário promovido por esta instituição por ocasião dos dez anos do regime do país, instituído pelo decreto 3.088, de 21 de junho de 1999.

A meta inicial para a inflação anual de 1999 foi, por razões estratégicas, pouco ambiciosa, de 8%, com limites inferior e superior de 6% e 10%. Mas para os dois anos seguintes, estabeleceram-se metas mais rigorosas, que buscavam trazer a inflação do país para níveis próximos das médias mundiais para países emergentes.

Desde a adoção do regime de metas, a inflação efetiva ultrapassou o limite superior da banda nos anos de 2001, 2002 e 2003. Nos demais anos oscilou dentro das bandas definidas, com maior predominância de taxas mais próximas do limite superior (anos de 2005, 2008, 2010, 2011, 2012 e 2013) do que do limite inferior (2006, 2007 e 2009). No biênio 2014-15, a inflação voltou a acelerar-se, registrando-se crescente distanciamento em relação ao limite superior da meta. A Tabela 16.8 resume as metas definidas, a amplitude das bandas e os limites inferior e superior, comparados com as inflações efetivas em cada ano. Comparando os índices da segunda metade dos anos 1990 até 2013, **as práticas ortodoxas, entre as quais o regime de metas de inflação, podem ser apontadas como razões centrais da reversão da cultura inflacionária que havia se estabelecido na economia brasileira**.

RESUMO

1. A relação entre a oferta monetária e a variação do nível geral de preços e a compreensão de como a moeda afeta o desempenho econômico como um todo encontram-se entre os temas que despertaram o interesse dos primeiros pensadores econômicos. As abordagens pioneiras levaram ao desenvolvimento da **teoria quantitativa da moeda**, em sua forma embrionária.

2. No século XVI, o mercantilista J. Bodin correlacionou a abundância de ouro e prata à alta dos preços. No século XVII, J. Locke mostrou que a velocidade de circulação da moeda também influía nos preços. No século XVIII, D. Hume levantou dados agregados sobre a oferta de bens monetários na Europa, mostrando a correlação entre a expansão de seus estoques e a evolução dos preços. Mas foi só no início do século XX, com a **equação de trocas** de I. Fisher que a teoria quantitativa da moeda foi formalmente expressa.

3. A **equação de troca de Fisher** é verdadeira por definição. Define-se por quatro variáveis: M, a oferta monetária; V, a velocidade de circulação da moeda; Y, o volume físico de produção; e P, o índice geral de preços. É expressa por $MV = PY$. Seu lado esquerdo é o monetário; o direito, o real. Ela pressupõe que a oferta monetária e sua velocidade de circulação definem o nível de preços, dado o *quantum* do produto real. Se M aumentar mais rapidamente que Y, mantida a velocidade de circulação V, os preços, P, se movimentarão para cima. E seus movimentos serão mais intensos à medida que o suprimento de moeda for maior e, mais ainda, se sua velocidade de circulação se acelerar.

4. Embora a variação do valor da moeda (ou dos preços) não seja atribuível apenas à variação da oferta monetária, mas a amplo conjunto de outras causas, o quantitativismo expresso pela célebre equação de Fisher tem sido comprovado pela experiência histórica. Tomando-se períodos de médio e longo prazos, observa-se que a expansão

> **PALAVRAS E EXPRESSÕES-CHAVE**
>
> - Equação de trocas de Fisher (ou teoria quantitativa da moeda)
> - Variação do valor da moeda
>   - Inflação
>   - Desinflação
>   - Deflação
>   - Reflação
> - Tipos de inflação
>   - Sopro inflacionário
>   - Rastejante
>   - Acelerada
>   - Hiperinflação
> - Causas da inflação
>   - Procura
>   - Custos
>   - Interação procura-custos
>   - Estrutural
>   - Inercial
> - Características da inflação
>   - Aberta
>   - Reprimida
>   - Corretiva
>   - Recorrente
>   - Crônica
> - Regime de metas de inflação

da moeda e dos preços descrevem, em praticamente todos os países, trajetórias que se parecem com linhas paralelas.

5. A oferta monetária não influencia, porém, apenas os preços. As variações reais nos níveis de liquidez têm a ver com a taxa de juros e, ambas, com o desempenho do setor real da economia. Liquidez e juros transmitem-se para o setor real, contraindo ou estimulando as diferentes categorias de dispêndio agregado. E os preços, por sua vez, podem refletir tanto o desempenho da economia como o estado geral de liquidez. Dadas todas as relações que se estabelecem, a **estabilidade plena** da economia como um todo não é a regra. Ocorre em períodos excepcionais. A trajetória do sistema como um todo registra pelo menos quatro movimentos que se alternam, entre o desajuste e a correção: a **inflação**, a **desinflação**, a **deflação** e a **reflação**.

6. A **inflação** é a categoria predominante de instabilidade: sinaliza-se por altas persistentes de preços. A **desinflação** é a volta à linha de estabilidade: geralmente decorre de programas corretivos, gradualistas ou de choque. A **deflação** traduz-se pela queda generalizada de preços: geralmente é associada à estagnação da economia. E a **reflação** é a volta à estabilidade geral, após períodos deflacionários.

7. A inflação pode ter várias causas, embora seja, em essência, um fenômeno de natureza monetária. Quando não acompanhada por expansão da oferta monetária, tende a autoextinguir-se. Expressa-se por variados ritmos, produz efeitos que vão além das fronteiras convencionais da economia. A velocidade com que se manifesta varia de caso para caso. Por isso, proliferam os adjetivos empregados para tipificá-la. Quanto à velocidade da alta, as expressões usuais são **inflação rastejante**, **inflação acelerada** e **hiperinflação**. Quanto às causas, há **inflações de custo**, **de procura**, **estruturais** e **inerciais**. Quantos aos tipos, podem ser **abertas**, **reprimidas**, **corretivas**, **recorrentes** e **crônicas**. E estes adjetivos podem ser combinados entre si para identificar processos de maior especificidade.

8. A inflação de procura resulta de uma capacidade de dispêndio em relação à oferta agregada: acelera-se mais à medida que a economia se aproxima do pleno-emprego. A de custos de variações nas remunerações dos fatores de produção: quando a de

um deles se expande, sem comprimir as dos demais, transmite-se para os preços, podendo dar origem a uma espiral de alta. A estrutural é atribuída a desequilíbrios crônicos, como os que podem ocorrer na estrutura da oferta, na distribuição da renda e da riqueza e na rigidez dos orçamentos públicos. E a inercial resulta de um conjunto de fatores de autopropagação, resultantes de expectativas e comportamentos e da prática generalizada da indexação.

9. A dinâmica e a intensidade dos processos inflacionários dependem, fundamentalmente, de suas causas e dos mecanismos de sua alimentação. As hiperinflações geralmente se desencadeiam por uma combinação de causas, levando a movimentos galopantes e autoexpansivos. Geralmente, têm curta duração, até porque seus efeitos não são suportáveis indefinidamente.

10. As hiperinflações destroem, literalmente, a moeda, a estrutura e a logicidade do sistema de trocas. Levam ao colapso transacional. No limite, podem desaguar em desarticulação do tecido social e até em rupturas político-institucionais.

11. Os **efeitos da inflação** estendem-se sobre o setor financeiro, o setor real e ainda sobre as condições e atitudes sociais. O setor financeiro hipertrofia-se, com a maior velocidade das operações e com as possibilidades de ganhos especulativos. O setor real registra movimentos redistributivos perversos, acompanhados do desestímulo das atividades produtivas e da destruição de papel orientador do mercado e dos preços. E mais: a inflação, quando alta e recorrente, acirra os conflitos interclasses, exacerba a pobreza e corrói as bases morais da convivência civilizada.

12. Todos esses efeitos foram observados no Brasil, um país que conviveu por longo período com um processo inflacionário recorrente, com crescentes índices anuais. Só não ocorreram episódios de hiperinflação aberta, com total destruição de todos os conceitos de oferta monetária. Mas, em mais de um episódio de altas descontroladas, chegou-se bem perto disto.

13. Nos 50 anos que antecederam o real, somente no quinquênio 1946-1950, a alta geral dos preços, expressa por índices anuais acumulados, foi inferior a dois dígitos. A experiência histórica foi de convivência com taxas anuais de dois dígitos, quase sempre com tendência à aceleração. As acelerações mais agudas ocorreram no final dos anos 1980 e início de 1990, exatamente à época em que os programas de estabilização se apoiavam na aplicação de "choques heterodoxos".

14. A experiência dos países que passaram por episódios de hiperinflação aberta, notadamente a Alemanha do início dos anos 1920, inspirou a última reforma monetária adotada no Brasil. A regeneração da moeda, como unidade de conta e reserva de valor, trilhou o caminho inverso que levou à destruição dessas funções. A estratégia básica iniciou-se pela unificação dos indexadores, com a criação da URV, um misto de indexador e de unidade de conta. Sua assimilação e uso disseminado antecedeu a introdução do novo padrão monetário, o **real**.

15. Iniciado no final de julho de 1994, o Plano Real foi o mais bem-sucedido programa de estabilização dos preços no Brasil. Pela aceleração hiperinflacionária dos sete primeiros meses, a inflação anual ficou ainda próxima de quatro dígitos, mas com notável recuo desde 1995. Somente em 2003, por devastadora crise de confiança na sustentação de política econômica focada na estabilidade monetária, os preços voltaram para o patamar de dois dígitos anuais, mas já então mais rigidamente controláveis pela adoção do regime de metas de inflação. Duas fortes âncoras têm garantido a consolidação da nova era de estabilidade de preços no Brasil – como na

quase totalidade dos países: de um lado, a **disciplina monetária**; de outro lado, a **concepção da estabilidade como um bem público e a aversão social à inflação**.

QUESTÕES

1. Explique o significado de cada uma das quatro variáveis da equação de trocas de Fisher, $MV = PY$.

2. Suponha que permaneçam constantes a velocidade de circulação da moeda e a oferta agregada real de bens e serviços. O que ocorrerá se houver acréscimos persistentes na oferta monetária? Justifique sua resposta e formule um exemplo simples.

3. A oferta monetária não exerce efeitos apenas sobre os preços. A variação da liquidez real transmite-se também sobre os níveis de procura agregada. Mostre como se dá esta transmissão via taxa de juros.

4. Diferencie os seguintes conceitos: **inflação**, **desinflação**, **deflação** e **reflação**.

5. Do ponto de vista da depreciação do valor da moeda e de sua utilização como unidade de conta e reserva de valor, o que distingue uma inflação rastejante de uma hiperinflação?

6. Diferencie, explicando-as separadamente, as inflações de procura das inflações de custos.

7. A magnitude de uma inflação típica de procura depende de vários fatores. Cite e explique pelo menos dois.

8. O que a inflação de custos tem a ver com a estrutura competitiva dos mercados de recursos e de produtos? Fundamente sua resposta em exemplos.

9. A inflação pode ser causada e mantida apenas por fatores estruturais, do tipo baixa elasticidade de oferta agregada de produtos agrícolas ou rigidez dos orçamentos públicos? Justifique sua resposta.

10. O que é inflação inercial? Destaque dois fatores que a mantém e discorra sobre seus mecanismos de atuação.

11. O que é, segundo o critério proposto por Cagan, uma hiperinflação? O Brasil teria passado por uma hiperinflação do tipo das que ocorreram em países europeus nas décadas de 1920 e 1940? O que diferenciou a hiperinflação brasileira das hiperinflações clássicas do primeiro pós-guerra?

12. B. Griffiths, em *Inflation: the price of prosperity*, escreveu: "A inflação produz o mesmo tipo de consequências econômicas, seja qual for a taxa em que se registre. A única diferença entre hiperinflação e inflações menores reside na magnitude, não no tipo de seus efeitos. Tendências que são mal perceptíveis durante uma inflação moderada tornam-se óbvias durante uma hiperinflação." Você concorda com isso? Justifique-se.

13. Destaque os cinco piores efeitos perversos da inflação. A seu critério, coloque-os em ordem decrescente de importância. Justifique suas escolhas e a ordem em que as colocou.

14. A aversão social aos efeitos perversos da inflação somaram-se, nas últimas décadas do século XX e primeiras do século XXI, outros fatores determinantes para o final

da convivência mundial com a inflação, especialmente nos países de baixa e média renda. Liste e comente brevemente os de maior relevância.

15. O Brasil viveu prolongado período histórico de "inflação endêmica". Até o advento do **real** ela parecia uma doença crônica, intratável. Como não se praticaram, quando da criação do real, coisas como congelamento de preços e prefixação de correção monetária, por que, afinal, a inflação cedeu? Você concorda que a **aversão social à inflação** é uma importante âncora? E, em sua opinião, isoladamente considerada, essa âncora é resistente o suficiente para evitar a ocorrência de um novo surto de desestabilização?

16. Sintetize as principais condições do regime de metas de inflação. E aponte as razões que levaram o Brasil a adotá-lo no final dos anos 1990, em busca de consolidação das conquistas do Plano Real.

Parte V
Teoria Macroeconômica Básica

- ❏ O Equilíbrio Macroeconômico: Significado e Condições
- ❏ A Gestão Macroeconômica: os Fins e os Meios
- ❏ As Variáveis e as Funções Macroeconômicas Básicas
- ❏ Os Modelos Básicos do Equilíbrio Macroeconômico
- ❏ As Flutuações do Desempenho Macroeconômico
- ❏ Os Processos Corretivos: as Políticas Fiscal e Monetária

17

O Significado e as Condições do Equilíbrio Macroeconômico

A macroeconomia trata do comportamento da economia como um todo – de períodos de prosperidade e de recessão. Trata das flutuações do produto agregado, das taxas de variação dos preços e dos níveis de emprego. Focaliza os objetivos macroeconômicos e as variáveis que os afetam. Trata de tópicos relevantes – é, assim, fascinante e ao mesmo tempo um desafio, à medida que reduz os complexos detalhes da economia a sua essência manipulável. Em macroeconomia, negligenciamos os pormenores do comportamento de unidades econômicas individuais e tratamos do desempenho geral. Há um custo nesta abstração: pormenores omitidos são às vezes importantes. Mas há uma vantagem: a compreensão das interações vitais entre os mercados agregativamente considerados.

R. DORNBUSH e S. FISCHER
Macroeconomics

O significado e as condições do equilíbrio macroeconômico estão de tal forma difundidos que sua percepção já não se limita mais aos círculos fechados do conhecimento econômico. Os meios de comunicação de massa dão alta importância aos indicadores do desempenho da economia como um todo. As taxas de crescimento do PIB, as variações dos índices de preços, os níveis de utilização da capacidade instalada, as taxas de desemprego e os saldos da balança comercial são assuntos constantemente destacados para a manchete principal. Menos difundidas, porém, são as razões pelas quais os objetivos macroeconômicos relacionados a esses indicadores de desempenho não são o tempo todo simultaneamente alcançados. E são também menos conhecidas as relações entre cada um desses indicadores.

Os efeitos produzidos pelo desempenho da economia como um todo são facilmente percebidos – eles afetam a vida dos cidadãos. A conquista e a manutenção do poder público, os índices de confiança de empresários e de consumidores, o padrão de vida desfrutado pela sociedade, o poder da nação na comunidade mundial, o sucesso dos produtos nacionais em mercados externos e a imagem internacional do país são fortemente dependentes do desempenho macroeconômico. O desemprego crescente, a inflação alta e persistente, os desequilíbrios agudos e crônicos no balanço geral das transações externas e as baixas taxas internas de crescimento são resultados que se refletem de forma negativa em praticamente todos os aspectos da vida de uma nação – e projetam sua imagem no exterior. A economia é o termômetro. Os macroindicadores sinalizam padrões de desempenho, desequilíbrios cíclicos ou crônicos, êxito ou fracasso de concepções estratégicas e políticas. E mesmo o observador comum, exposto apenas à comunicação de massa, percebe diferenças essenciais em resultados macroeconômicos. Não são iguais os padrões internos de desempenho e, decorrentemente, as imagens externas do Japão, dos países da Zona do Euro, das economias industriais emergentes da Ásia, da Federação Russa, das nações nórdicas da Europa e dos países latino-americanos do Cone Sul.

Já as causas de desempenhos historicamente tão díspares são menos percebidas pelo observador comum. E mais: entre os macroeconomistas elas são objeto de controvérsias. São também menos facilmente evidenciáveis as relações entre os vários indicadores do desempenho agregado e, principalmente, que tipos de conflitos dificultam sua realização simultânea.

As causas dos padrões desiguais de desempenho, as razões dos conflitos entre alguns dos objetivos da política macroeconômica, os meios que se podem mobilizar na gestão da economia como um todo, as igualdades fundamentais e as relações entre as principais variáveis que definem o macroequilíbrio são os temas centrais de que se ocupa a macroeconomia.

Passo a passo, chegaremos a um modelo abrangente de equilíbrio macroeconômico. Iniciaremos por tópicos básicos:

❑ Os fins e os meios da gestão macroeconômica.

❑ Os fatores de que depende o potencial de oferta agregada da economia.

❑ Os fatores de que dependem o produto, a renda e a procura agregadas.

- O hiato do PIB: um indicador-síntese do desempenho macroeconômico.
- O anel hiato-preços: uma indicação mais abrangente do desempenho macroeconômico.
- A interação entre a oferta e a procura agregadas: uma primeira aproximação ao equilíbrio macroeconômico.

17.1 A Gestão Macroeconômica: os Fins e os Meios

Os Objetivos Macroeconômicos das Nações

Os principais objetivos da política macroeconômica estão sintetizados na primeira coluna do Quadro 17.1. Dizem respeito a quatro indicadores de desempenho:

- Produto agregado.
- Emprego.
- Preços.
- Transações externas.

Produto agregado. O objetivo primordial da atividade econômica é proporcionar um volume de bens e serviços finais para atender às necessidades e às aspirações da população. Em princípio, como o binômio necessidades-aspirações é definido como ilimitável, quanto maiores forem os níveis da produção corrente e maiores suas taxas de crescimento, maior poderá ser a satisfação social derivada do desempenho da economia como um todo. Define-se, então, como primeiro objetivo da gestão macroeconômica a geração de um produto agregado tão próximo quanto seja possível da plena capacidade da economia. Busca-se também que as taxas de crescimento do produto agregado ao longo do tempo sejam as mais altas possíveis, objetivando-se com isso atender às aspirações crescentes da população e estender os benefícios da prosperidade econômica a todas as camadas sociais.

As altas taxas de crescimento do produto agregado são preferíveis às taxas moderadas ou baixas, sobretudo nas economias emergentes, especialmente quando são elevadas as taxas de crescimento da população. O objetivo, desde que outros ajustes macroeconômicos não sejam prioritários, é promover o crescimento do produto agregado a taxas significativamente superiores às do crescimento demográfico, expandindo-se assim a produção *per capita* de bens e serviços finais.

Emprego. Outro objetivo macroeconômico relevante é trazer para os mais baixos níveis possíveis as taxas de desemprego. Conceitualmente, a taxa de desemprego é determinada pela distância relativa entre a força de trabalho empregada e os contingentes demográficos das faixas etárias aptas para o exercício de atividades produtivas.

Há vários tipos de desemprego. A primeira distinção é entre **desemprego voluntário** e **involuntário**. Na maior parte dos casos, os desempregados voluntários são indivíduos que vivem de rendimentos provenientes de outros recursos de produção de sua propriedade, de rendimentos fixos ou variáveis de ativos financeiros, estudantes que acumulam capital humano para posterior ingresso

QUADRO 17.1
Fins e meios da política macroeconômica: uma síntese.

Principais fins	Principais meios
Produto agregado ❏ Alto nível, próximo da plena capacidade da economia. ❏ Altas taxas de crescimento. **Emprego** ❏ Baixo nível de desemprego involuntário, cíclico ou estrutural. ❏ Expansão compatível com a dos novos contingentes que ingressam no mercado de trabalho. **Preços** ❏ Estabilidade, com mercados livres. ❏ Níveis relativos estruturalmente equilibrados. **Transações externas** ❏ Equilíbrio em transações correntes com exportações e importações de mercadorias e serviços. ❏ Equilíbrio do balanço de pagamentos. ❏ Taxa real de câmbio estável.	**Política fiscal** ❏ Dispêndios do governo, de consumo e de investimento. ❏ Pagamentos de transferências. ❏ Subsídios. ❏ Tributos diretos e indiretos. **Política monetária** ❏ Controle da oferta de moeda, afetando a taxa de juros. ❏ Contingenciamento das operações de crédito. **Política cambial e de relações econômicas externas** ❏ Intervenções no mercado cambial. ❏ Política de comércio: quotas, tarifas e proteções não tarifárias. ❏ Tratamento dado aos capitais externos de risco. **Políticas de rendas** ❏ Política salarial. ❏ Controle das demais remunerações de fatores.

Fonte: Adaptado de SAMUELSON, Paul A.; NORDHAUS, William D. *Economics*. Overview of macroeconomics: goals and instruments of macroeconomic policy. New York: McGraw-Hill, 1992.

no mercado de trabalho ou os membros de unidades familiares que preferem se dedicar aos afazeres do lar. Do ponto de vista do acompanhamento do desempenho da economia, este tipo de desemprego não é preocupante, nem objeto de políticas macroeconômicas, até porque na maior parte dos casos resulta de decisões pessoais. O objetivo é a redução do desemprego involuntário, isto é, daquele contingente que procura por oportunidades ocupacionais, aceita os padrões vigentes de remuneração, mas permanece desempregado. Pior ainda é a perda do emprego por contingentes que se encontravam empregados, resultando em aumento das taxas correntes de desemprego involuntário.

A existência ou o aumento do desemprego involuntário é geralmente atribuível a razões cíclicas ou estruturais. O **desemprego cíclico** resulta de flutuações da procura agregada ou de movimentos sazonais de produção, como os que ocorrem em áreas rurais nas entressafras; embora possa ser generalizado e severo, geralmente é temporário. Já o **desemprego estrutural** relaciona-se com a estagnação da economia, com o malogro de políticas macroeconômicas ou com o desajustamento crônico entre a oferta e a procura no mercado de trabalho. Pode ainda resultar de novos processos de produção, mais fortemente fundamentados na utilização intensiva do fator capital e em tecnologias avançadas, substitutas de mão de obra. Além destes dois tipos de desemprego involuntário, há ainda o **desemprego friccional**, que resulta de movimentos que se observam no interior dos mercados de trabalho, independentemente das condições estruturais ou do desempenho conjuntural: a massa de trabalhadores que se encontra desempregada por curtos períodos, mudando de ocupação ou procurando por melhores oportunidades, é tipicamente friccional e, por seu caráter "natural", geralmente não faz parte das preocupações dos gestores da política macroeconômica.

Já a redução do desemprego involuntário dos tipos cíclico e estrutural é um dos mais importantes objetivos da política macroeconômica. O desconforto social e as consequências perversas causadas por estas categorias de desemprego justificam as preocupações com seu monitoramento, controle e redução. Os percursos recessivos das atividades de produção geralmente agravam estas duas categorias de desemprego; e, pior, os desempregados durante as recessões nem sempre conseguem reempregar-se com a retomada do crescimento econômico, pelos mesmos níveis de remuneração que tinham antes. Isso porque os novos contingentes que passam a integrar as faixas etárias produtivas e que ingressam permanentemente no mercado de trabalho podem estar dispostos a trabalhar por menores remunerações que as pagas aos que foram desempregados. Por isso, os objetivos macroeconômicos relacionados ao emprego não se limitam a manter ou a reduzir as taxas do desemprego corrente, mas buscam ainda a expansão das oportunidades ocupacionais, para que os novos contingentes sejam absorvidos sem provocar movimentos estruturais de baixa na massa salarial em termos reais.

Teoricamente, não há incompatibilidade entre a expansão do produto agregado e os objetivos relacionados à sustentação e à expansão do emprego. Trata-se de dois objetivos macroeconômicos interconsistentes. Não obstante isso, podem ocorrer movimentos estruturais nos processos de produção, geralmente decorrentes de pressões para redução de custos com vistas à maior competitividade das empresas em mercados de concorrência acirrada, que comprometem as relações funcionais teóricas entre produto agregado e emprego. Estabelecem-se então dificuldades efetivas para conciliação desses dois objetivos macroeconômicos: sem competitividade, as empresas não conseguem manter os empregos que criaram; mas, para ser competitivas, são compelidas a aprimorar seus processos operacionais e a substituir a força de trabalho por novos recursos tecnológicos de produção e de gestão.

Preços. O terceiro objetivo macroeconômico é manter os preços estáveis e, ainda, o equilíbrio estrutural entre os níveis relativos dos preços dos diferentes bens e serviços produzidos. A estabilidade se estabelece quando, em mercados livres, os índices de variação de preços ficam próximos de zero ou do núcleo das metas de inflação estabelecidas; o equilíbrio estrutural entre preços ocorre quando não se observam transferências líquidas de renda entre os diferentes setores da atividade produtiva, mantendo-se razoavelmente simétricos ao longo do tempo os índices de preços pagos e recebidos. Mudanças em estruturas relativas de preços ou variações agudas e persistentes nos índices sinalizam desequilíbrios macroeconômicos indesejáveis. Inflações ou deflações altas indicam que alguma coisa não vai bem com o desempenho da economia como um todo. Tanto uma situação quanto outra exigem movimentos corretivos.

Já vimos que, historicamente, a inflação é a categoria predominante de variação geral dos preços. Já conhecemos suas causas principais – excesso de procura agregada em relação à capacidade agregada de oferta; mudanças na estrutura de custos; rigidez estrutural; expectativas e inércia. E conhecemos também suas consequências perversas.

Ocorre que a correção do tipo dominante de tensão inflacionária, o de procura, geralmente exige medidas não conciliáveis a curto prazo com os dois primeiros objetivos da política macroeconômica, a expansão do produto agregado e a redução do desemprego. A contração induzida da procura afeta desfavoravelmente a sustentação da produção e se transfere para o mercado de trabalho. Os conflitos que então se estabelecem entre esses objetivos macroeconômicos não se resolvem facilmente. E é muito difícil escolher qual objetivo será afinal priorizado.

Tanto a inflação crônica quanto o desemprego involuntário alto e em expansão são perversos do ponto de vista econômico e social. Quando uma destas duas categorias de desequilíbrio ocorre, a pobreza se agrava, instalando-se situações críticas de desconforto que tendem a generalizar-se. Ainda assim, quase sempre se impõem escolhas: os meios que se empregam para estabilizar os preços podem conflitar com os que se empregam para promover a expansão do produto e do emprego.

Transações externas. O quarto objetivo macroeconômico relevante é o equilíbrio das transações externas. A diferença entre exportações e importações de mercadorias e serviços, usualmente denominada exportações líquidas, é um dos fluxos componentes da procura agregada. Decorrentemente, tem tudo a ver com a sustentação ou com o crescimento do produto agregado, bem como com os níveis de emprego e com os índices de preços.

Somente em casos deliberados e excepcionais, os gestores da política macroeconômica podem induzir a situações de desequilíbrio em transações externas, sustentando déficits ou superávits nos saldos correntes comerciais e de serviços. Desequilíbrios nesses fluxos exigem compensações nas demais variáveis que compõem a procura agregada – ou então o sistema como um todo se desequilibrará. A compatibilização das exportações líquidas com os demais objetivos da política macroeconômica tem ainda a ver com outro objetivo, a estabilidade cambial. A desvalorização ou a apreciação sistemáticas da taxa de câmbio acabam interferindo no equilíbrio geral. Daí por que, no âmbito das transações externas, exportações líquidas equilibradas e taxa real de câmbio estável definem-se geralmente como metas intercomplementares.

Complementarmente, o equilíbrio do balanço saudável internacional de pagamentos é preferível a situações de desequilíbrio – especialmente déficits crônicos – ou mesmo superávits, quando de origens menos saudáveis como os originários da expansão do endividamento externo ou do ingresso de movimentos de capitais voláteis.

Os Instrumentos da Política Macroeconômica

Os instrumentos da política macroeconômica são variáveis-meio que se mobilizam para alcançar os objetivos de expansão do produto e o emprego, a estabilidade dos preços e o equilíbrio em transações externas. Os principais estão listados na segunda coluna do Quadro 17.1. Dividem-se em quatro grupos:

- Política fiscal.
- Política monetária.
- Política cambial e de relações econômicas externas.
- Políticas de rendas.

Política fiscal. Diz respeito ao manejo dos orçamentos do governo, tanto do lado dos dispêndios, quanto do lado das receitas. As decisões do governo sobre quanto despender, nas formas de consumo, investimentos, subsídios e transferências, sobre quanto tributar e ainda sobre quais agentes e quais transações os tributos incidirão, compõem os instrumentos que os gestores da política fiscal podem entregar para influenciar o desempenho geral da economia com foco nos objetivos macroeconômicos priorizados.

Os dispêndios do governo, de consumo e de investimentos, são dois importantes componentes da procura agregada. Decorrentemente, sua contração ou expansão têm a ver com boa parte da sustentação do produto agregado e do nível de emprego. Já os dispêndios com transferências incorporam-se à renda disponível das unidades familiares, aumentando sua capacidade efetiva de dispêndio ou de poupança. E os subsídios modificam preços de produtos finais, interferindo indiretamente nos níveis efetivos de dispêndios dos agentes privados.

A contrapartida fiscal destes dispêndios é a tributação direta ou indireta. Enquanto os dispêndios do governo exercem efeitos expansionistas sobre a renda, a produção e o emprego, a exação tributária exerce efeitos contracionistas. Um aumento de dispêndios pode ser, por exemplo, financiado por uma expansão equivalente na tributação: as influências expansionistas dos dispêndios podem ser compensadas pelos efeitos contracionistas dos tributos. Outras alternativas de composição do *mix* **fiscal** são os déficits ou os superávits orçamentários. O orçamento fiscal equilibrado é apenas uma entre três hipóteses. E as formas de financiamento de déficits, juntamente com as decisões sobre o destino a ser dado a superávits completam o arsenal de medidas fiscais.

São, assim, em síntese, instrumentos fiscais:

Os dispêndios do governo

- Consumo.
- Investimento.
- Transferências.
- Subsídios.

A tributação

- Tributos diretos.
- Tributos indiretos.

Estes instrumentos interferem em todos os objetivos macroeconômicos. Quando os gastos do governo se alteram para mais ou para menos, a procura agregada é afetada, também para mais e para menos. De outro lado, quando a tributação se altera, a renda disponível dos agentes privados é direta ou indiretamente modificada, alterando-se suas capacidades efetivas de dispêndio. Somados, os dispêndios do governo e dos agentes privados definem os níveis de sustentação do produto agregado, refletindo-se na sustentação do emprego. Mas as pressões do dispêndio agregado interferem também nos níveis de preços – quando exacerbadas, podem atender a objetivos de expansão do produto e do emprego, mas comprometer a estabilização dos preços. As transações externas podem também ser afetadas pelos instrumentos fiscais: o governo tanto pode contrair quanto expandir seus próprios dispêndios com importações de mercadorias e serviços, interferindo no saldo das exportações líquidas, quanto condicionar, por tributos, as decisões dos agentes privados relacionadas a correntes de transações internacionais reais e a movimentos nas contas de capital. O *mix* **fiscal** depende, assim, dos objetivos macroeconômicos definidos. Ele tanto pode ser mobilizado em direções contracionistas, quanto expansionistas, interferindo sobre os objetivos nas direções que vierem a ser priorizadas.

Política monetária. O instrumento básico é o controle da oferta de moeda, que define a liquidez da economia como um todo, atuando sobre a taxa de juros. O controle da moeda é complementado pelo contingenciamento das operações de crédito, que também exerce efeitos sobre a liquidez e os juros.

Praticamente, todos os objetivos da política macroeconômica podem sofrer a influência do suprimento monetário, da oferta de crédito e da taxa de juros. A contração da moeda pode provocar a elevação real da taxa de juros, contraindo os dispêndios de consumo e de investimento dos agentes privados e refletindo-se nos níveis gerais de preços. A contração do crédito pode atuar na mesma direção. Contrariamente, a expansão real da oferta monetária, à medida que reduz os níveis reais dos juros, pode atuar em direção oposta, estimulando os níveis do dispêndio agregado, interno e externo, dos agentes privados. Este estímulo pode refletir-se nos níveis do produto agregado. E, por esta via, atuar sobre os níveis agregados do emprego.

São, assim, instrumentos monetários:

O controle da oferta de moeda

❑ Composição da base monetária.

❑ Regulação da liquidez real.

O controle do crédito

❑ Destinado ao consumo.

❑ Destinado ao investimento.

❑ Destinado a transações externas.

Política cambial e de relações econômicas externas. Os instrumentos diretamente vinculados às transações externas são:

As intervenções no mercado cambial
- Neutralidade cambial.
- Desvalorização real da taxa de câmbio.
- Valorização real da taxa de câmbio.

A política de comércio
- Fixação de quotas.
- Regime de proteções.

Tratamento dado aos capitais externos de risco
- Condições de ingresso.
- Remessas de lucros.

Estes instrumentos complementam a utilização de mecanismos fiscais, monetários e de crédito, na regulação das exportações líquidas e no equilíbrio das contas externas como um todo. Todos eles têm ligações com todos os objetivos da política macroeconômica. O produto agregado e os níveis de emprego podem ser estimulados tanto por intervenções no mercado cambial, quanto pela política de comércio, como ainda pelo tratamento dado aos capitais externos de risco. Taxas reais de câmbio desvalorizadas, protecionismo e estímulo à entrada de capitais para investimentos geralmente estimulam a procura agregada e impulsionam para cima o nível geral do emprego. Mas tudo isso interfere também no nível geral de preços, podendo produzir focos inflacionários. Já o câmbio valorizado, a maior abertura das fronteiras econômicas para entrada de produtos competitivos e o favorecimento seletivo de empreendimentos externos para atuação em mercados pouco concorridos internamente podem ser instrumentos de estabilização de preços, não obstante possam comprometer os níveis internos de oferta agregada e de emprego. Também neste campo, a direção em que os instrumentos serão empregados estará condicionada à hierarquização dos objetivos macroeconômicos.

Políticas de rendas. Trata-se de um conjunto de intervenções diretas que geralmente complementam a atuação dos instrumentos fiscais, monetários e cambiais. A denominação política de rendas justifica-se pelos tipos predominantes de intervenções, como os controles diretos de preços e os controles legais sobre salários e demais remunerações dos recursos de produção.

Embora possam atuar também em direções expansionistas, as políticas de rendas geralmente são mais utilizadas em programas de estabilização. Sua eficácia depende, fortemente, de como os demais instrumentos de intervenção indireta estarão atuando.

A Figura 17.1 sintetiza as relações entre os meios e os fins da política macroeconômica. Esquematicamente, evidencia como as variáveis-meio atuam sobre as variáveis-fim. A via formal de influência é a procura agregada. Dos grandes fluxos que a compõem, como o consumo privado, o consumo do governo, os investimentos das empresas, os investimentos do governo e as exportações líquidas, dependem a sustentação e a expansão da oferta agregada e do emprego, bem como a estabilidade geral dos preços.

FIGURA 17.1
Os meios e os fins da política macroeconômica: uma síntese das interfaces e dos mecanismos de transmissão.

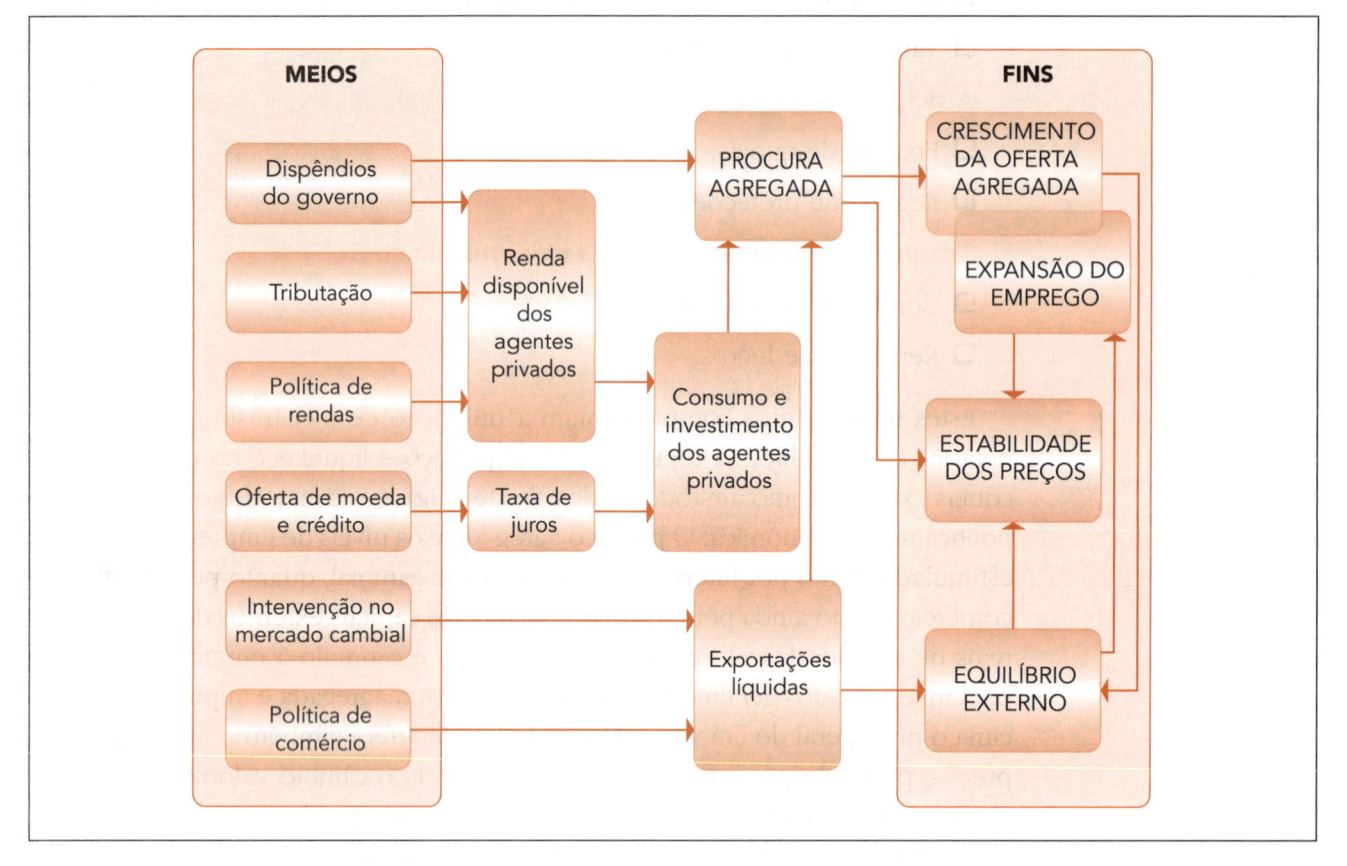

```
MEIOS                                                          FINS

Dispêndios ──────────────┐                                   CRESCIMENTO
do governo               ├──────► PROCURA ─────────────►    DA OFERTA
                         │         AGREGADA                  AGREGADA
                         │            ▲
Tributação ──────► Renda │            │                     EXPANSÃO DO
                   disponível         │                      EMPREGO
                   dos agentes        │
                   privados ──► Consumo e
Política de ──────┘            investimento
rendas                         dos agentes                  ESTABILIDADE
                               privados                     DOS PREÇOS
Oferta de moeda ──► Taxa de ──┘
e crédito           juros

Intervenção no ─────────────────────┐                        EQUILÍBRIO
mercado cambial                     ├──► Exportações ──►     EXTERNO
                                    │    líquidas
Política de ────────────────────────┘
comércio
```

17.2 O Hiato do PIB: um dos Indicadores-síntese do Desempenho Macroeconômico

Os Conceitos de Produto Potencial e de Produto Efetivo

Dada a multiplicidade dos fins da política macroeconômica, seus resultados são aferidos por diferentes indicadores de desempenho, como as taxas de crescimento do produto agregado, as taxas de desemprego, os índices gerais de preços e os saldos das transações externas. A economia como um todo pode estar apresentando resultados satisfatórios segundo um ou dois desses indicadores, mas sinalizando percursos menos brilhantes ou até desastrosos segundo outros. Em situações-limite, todos os indicadores poderão estar sinalizando um desempenho bom e sustentável; ou, então, ruim e com tendência a agravar-se ainda mais.

A taxa de crescimento do produto agregado sinaliza um dos mais importantes objetivos da política macroeconômica: a expansão da oferta agregada de bens e serviços. A relevância deste objetivo decorre de, pelo menos, três razões:

1. A produção é a atividade econômica essencial. Dela resultam a geração da renda, o atendimento das necessidades individuais e coletivas, a prosperidade e o bem-estar.

2. Embora não seja condição suficiente, o crescimento do produto agregado é uma das condições necessárias para a consecução dos demais objetivos da política macroeconômica.

3. Não se mantendo taxas satisfatórias de crescimento do produto agregado, aumentam ao longo do tempo as taxas de ociosidade da economia. E a capacidade ociosa é perversa, não apenas por sua correlação positiva com o desemprego, mas também porque exerce uma espécie de "efeito bumerangue" sobre o próprio crescimento, à medida que desestimula novos investimentos em expansão e em modernização da estrutura de produção.

Não são, porém, quaisquer taxas positivas de crescimento do produto agregado que satisfazem às condições requeridas para um bom desempenho macroeconômico. E mais: taxas de expansão que se podem considerar satisfatórias em determinado país poderão ser insatisfatórias em outro. Nas economias industriais avançadas, as taxas de expansão satisfatórias são geralmente inferiores às que se exigem de economias emergentes. Nas avançadas, geralmente o crescimento demográfico é baixo, o produto *per capita*, a prosperidade e o bem-estar já se encontram em níveis altos; em tais circunstâncias, pequenos acréscimos relativos traduzem-se por ganhos de produto agregado que se incorporam a boas condições socioeconômicas já estabelecidas. Já nas economias emergentes, geralmente submetidas a altas pressões demográficas, as taxas de expansão do produto agregado que caracterizam desempenhos satisfatórios são geralmente mais altas: as fronteiras de produção têm grandes espaços para deslocamentos positivos, várias são as atividades produtivas ainda em estágio embrionário e há grandes parcelas da população que não têm acesso a mercados básicos. Prevalecem situações de privação material. Ocorrem em várias regiões bolsões de pobreza absoluta. Mais simplesmente: nessas economias, há muito ainda por fazer; são muitas as oportunidades a explorar.

As taxas de crescimento do **produto efetivo** definem-se a partir da potencialidade de expansão da economia, expressa pelo seu **produto potencial**.

O **produto potencial** indica a magnitude possível do PIB (ou da oferta agregada) se todos os recursos disponíveis forem empregados plenamente. É a fronteira de produção da economia: conceitualmente, não é possível ir além dela. É o nível máximo sustentável de geração do produto agregado que pode ser mantido sem gerar pressões inflacionárias. Já o **produto efetivo** é o que resulta do emprego corrente dos recursos. É o resultado da atividade produtiva, medido pela metodologia convencional de aferição macroeconômica. No máximo, o produto efetivo pode ser igual ao produto potencial. E, quando isso ocorre, definem-se situações bastante próximas do **pleno-emprego**.

Tanto o produto potencial quanto o produto efetivo variam ao longo do tempo. O Quadro 17.2 sintetiza os principais fatores determinantes de suas variações.

A **variação do produto potencial** depende de variações na disponibilidade e na qualificação dos recursos de produção. Depende ainda de mudanças na relação quantitativa entre os recursos capital e trabalho, bem como de alterações nos padrões tecnológicos e na eficiência com que se dá a operação do processo produtivo. Maior suprimento de recursos, melhor qualificação, maior disponibilidade de capital por unidade de trabalho, a introdução de processos de maior conteúdo tecnológico e a mais eficiente mobilização dos recursos empregados

QUADRO 17.2
Fatores determinantes do produto potencial e do produto efetivo.

Determinantes do produto potencial	Determinantes do produto efetivo

❑ **Disponibilidade de recursos**. As disponibilidades de recursos básicos de produção (terra, trabalho e capital) definem o potencial de produção da economia em dado momento. A variação desse potencial ao longo do tempo resulta do maior ou menor suprimento desses recursos.
 	
❑ **Relação entre os recursos**. O crescimento do capital em relação aos demais recursos geralmente define diferentes padrões de produtividade, fazendo variar os potenciais de produção da economia.
 	
❑ **Qualificação dos recursos**. Melhor qualificação, notadamente do capital humano, modifica para mais o produto potencial da economia como um todo.
 	
❑ **Tecnologia e eficiência**. O produto potencial é também afetado pelo nível de eficiência operacional e pela tecnologia empregada no processo produtivo. Inovações e melhorias tecnológicas aumentam o nível do produto potencial e interferem positivamente em sua variação ao longo do tempo.
	❑ **Objetivos macroeconômicos**. A mobilização dos meios para condução do processo macroeconômico pode estar servindo a objetivos de estabilização, contraindo a procura agregada; contrariamente, pode estar sendo acionada para estimular a expansão da procura agregada e do emprego, refletindo-se assim nos níveis da produção.
	
	❑ **Mecanismos de contração/expansão**. Exemplos de ações que podem ser definidas em direções contracionistas ou expansionistas:
	  ✓ Cortes/expansão dos dispêndios do governo, de consumo e de investimento e de pagamentos de transferências.
	  ✓ Expansão/redução da carga tributária.
	  ✓ Redução/expansão da oferta monetária.
	  ✓ Restrições/liberação de operações de crédito.
	  ✓ Abertura/proteção em relação a importações.
	  ✓ Restrições/liberação para ingresso de capitais externos de risco.
	
	❑ **Contenção/aumento dos níveis reais de salários.**
	
	❑ **Clima, comportamento e expectativas internas**. Clima dos negócios, confiança nos rumos da política econômica e expectativas dos agentes quanto à evolução geral da economia.
	
	❑ **Variáveis externas**. Desempenho econômico do resto do mundo, notadamente das nações de maior peso e expressão.

resultam em maior produto potencial. Em condições normais, ocorrendo essas variações, a função do produto potencial tem inclinação positiva ao longo do tempo. E o coeficiente dessa inclinação será definido pela disponibilidade marginal dos fatores de produção e pelos acréscimos de produtividade alcançados em sua mobilização.

A **variação do produto efetivo** depende dos objetivos definidos pelos gestores do processo macroeconômico e dos meios acionados para alcançá-los. Os objetivos tanto podem ser de forte expansão da procura agregada e do produto, como de retração para controle de tensões inflacionárias. Não obstante a expansão da produção seja um objetivo primordial, podem ocorrer situações em que o objetivo priorizado da gestão macroeconômica seja a estabilização dos preços, com o emprego de medidas vigorosas de desinflação, entre as quais a contenção da procura agregada. Além da gestão macroeconômica, outros fatores internos definem o nível e a variação do produto efetivo, como o clima dos negócios, as expectativas e os comportamentos dos agentes econômicos. Por fim, ao conjunto de fatores internos, geralmente se sobrepõem fatores externos. As taxas efetivas

**TABELA 17.1
Produto potencial, produto efetivo e hiato.**

Anos	$ Bilhões			Hiato (%)
	Produto potencial (a)	Produto efetivo (b)	Distância (a) – (b)	
t_1	110,0	105,7	4,3	3,9
t_2	117,8	115,8	2,0	1,7
t_3	125,9	125,4	0,5	0,4
t_4	134,7	132,5	2,2	1,6
t_5	144,2	138,1	6,1	4,2
t_6	154,3	145,8	8,5	5,5
t_7	165,1	151,4	13,7	8,3
t_8	176,6	160,5	16,1	9,1
t_9	189,0	169,5	19,5	7,5
t_{10}	202,2	185,0	17,2	5,4

de variação do produto interno são também afetadas pelo desempenho econômico do resto do mundo, notadamente das nações de maior peso e expressão.

A distância, absoluta ou relativa, entre o produto potencial e o produto efetivo é usualmente definida como **hiato do PIB** – um dos indicadores-síntese do desempenho macroeconômico.

O Conceito de Hiato do PIB

A Tabela 17.1 ajuda a compreender os conceitos de produto potencial, de produto efetivo e de hiato do PIB. Medido em $ bilhões, o produto potencial de uma economia é de 110,0 no ano t_1; este é o produto máximo que esta economia pode realizar se os recursos disponíveis forem plenamente empregados. Ao longo do tempo, o produto potencial dessa economia registra variações positivas e constantes, em termos relativos: a cada ano, sua potencialidade de produção aumenta a uma taxa de 7%, que se acumula de ano para ano. Em t_2 o potencial é de $ 117,8 bilhões. Passados mais oito anos, em t_{10}, atinge $ 202,2 bilhões.

Já o produto efetivo dessa economia permanece o tempo todo abaixo do potencial máximo de produção, registrando diferentes taxas de ociosidade e desemprego. Somente no ano t_3 o produto efetivo praticamente atingiu o potencial máximo, aproximando-se de uma situação próxima do pleno-emprego. As perdas de capacidade produtiva potencial variam de ano para ano, tendo aumentado muito, em termos absolutos, nos últimos anos do período.

A comparação do produto efetivo com o potencial define o **hiato do PIB**. Em termos relativos (%), esse indicador é expresso por:

$$\text{Hiato do PIB} = \frac{\text{Produto potencial} - \text{Produto efetivo}}{\text{Produto potencial}} \cdot 100$$

FIGURA 17.2 Produto efetivo, produto potencial e hiato: a distância entre a função do produto potencial e a trajetória do produto efetivo é uma indicação alternativa de ociosidade e desemprego.

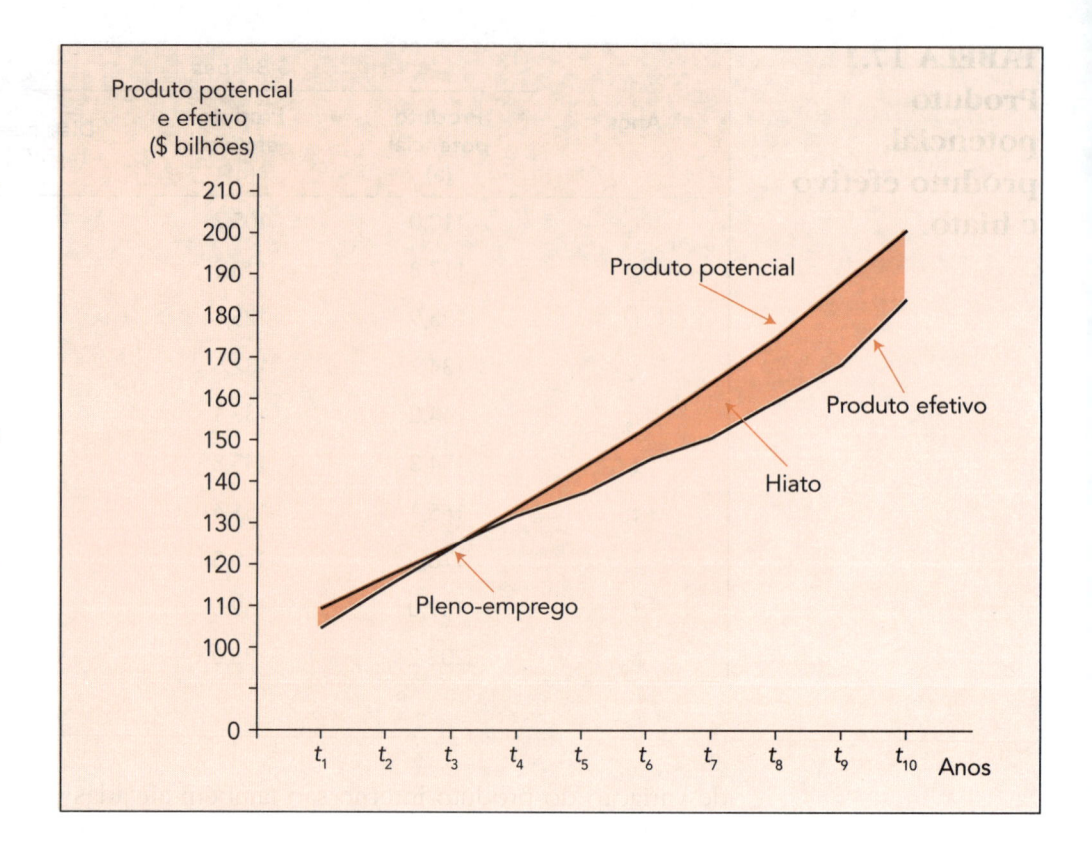

A última coluna da direita da Tabela 17.1 traz os valores do **hiato do PIB** expressos em porcentagem. O hiato caiu, até chegar perto de zero, no período t_1 a t_3. Depois subiu persistentemente, atingindo seu ponto mais alto em t_8. Não obstante tenha recuado em t_9 e t_{10}, não voltou aos padrões de desempenho do início do período.

A Figura 17.2 mostra a trajetória do produto efetivo em relação ao potencial nos dez anos considerados. A faixa de hiato ampliou-se a partir de t_3. Isso significa que a ociosidade aumentou. O hiato do PIB é um indicador alternativo de desemprego. Como tal, é utilizado para aferir dois resultados do desempenho macroeconômico: o crescimento da oferta agregada e a taxa de ociosidade dos recursos de produção.

17.3 O Anel Hiato-preços: uma Introdução à Dinâmica Macroeconômica

A Curva de Phillips

A variação positiva do produto agregado, tão alta quanto seja possível, e a redução da taxa de desemprego são dois relevantes objetivos da política macroeconômica. Mas não são os únicos. Outro objetivo também relevante é a estabilidade de preços.

Ocorre que esses objetivos não são facilmente conciliáveis o tempo todo. A dinâmica das relações hiato-preços, que descreve percursos geralmente na forma de anéis, é resultante da difícil conciliação dos objetivos básicos de manutenção de níveis próximos do pleno-emprego e de controle das pressões inflacionárias.

FIGURA 17.3
Curva de Phillips a curto prazo: a comprovação da hipótese de relação inversa não linear entre taxas de inflação e de desemprego.

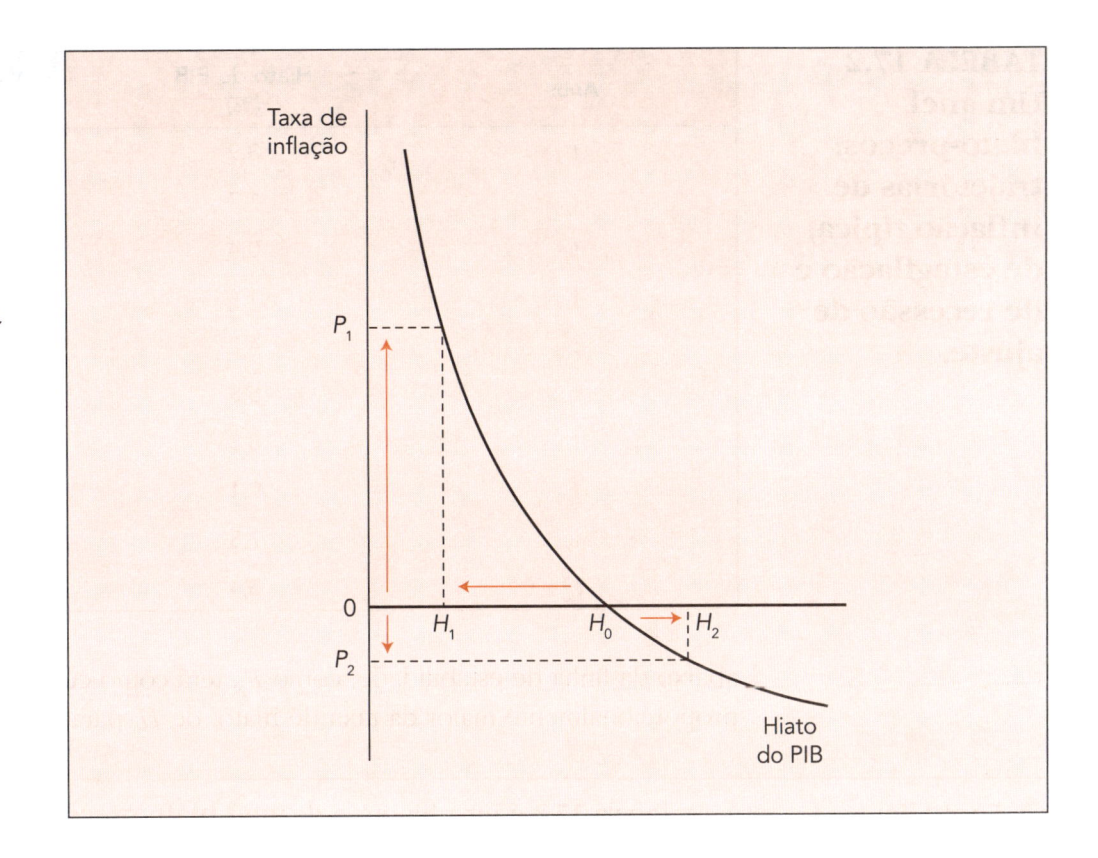

Os anéis hiato-preços são derivações estendidas de um dos mais importantes marcos do desenvolvimento da macroeconomia na transição da primeira para a segunda metade do século XX, a curva de Phillips. A evidência de uma relação inversa não linear entre os níveis de emprego e as taxas de inflação foi estabelecida pioneiramente pelo economista inglês A. W. Phillips, baseada em dados que cobriram um período de quase um século. Nas últimas três décadas, surgiram novas e ampliadas versões de sua descoberta original, publicada em 1958 – *The relation between unemployment and the rate of change in money wage rates in the United Kingdom*. Praticamente, todas as versões, amparadas em dados da realidade, confirmaram o conflito entre pleno emprego e preços estáveis.

A Figura 17.3 reproduz a curva de Phillips em sua versão mais divulgada. O hiato do PIB, como variável substituta de desemprego, é marcada no eixo horizontal e a variação dos preços no vertical. A curva corta o eixo horizontal no ponto correspondente ao **hiato natural** da economia, conceitualmente semelhante ao desemprego normal ou friccional. O ramo superior da curva, à esquerda de H_0, é geralmente dado como menos elástico que o ramo inferior. Esta conformação usual da curva de Phillips decorre de que os esforços para redução do hiato para níveis inferiores a H_0 produzem movimentos inflacionários de crescente intensidade, dada a rigidez cada vez mais acentuada da capacidade potencial de produção a curto prazo. Em seu ramo inferior, à direita de H_0, a curva é mais elástica, mostrando que os preços são menos flexíveis para baixo, comparativamente com a flexibilidade para cima das taxas de hiato e de desemprego. Uma redução do hiato de H_0 para H_1 produzirá uma elevação proporcionalmente maior dos preços, de 0 para P_1; e uma deflação típica, com redução dos preços para pontos

TABELA 17.2
Um anel hiato-preços: trajetórias de inflação típica, de estagflação e de recessão de ajuste.

Anos	Hiato do PIB (%)	Variação dos preços (%)
t_1	3,9	5,2
t_2	1,7	9,4
t_3	0,4	16,7
t_4	1,6	21,2
t_5	4,2	27,9
t_6	5,5	29,1
t_7	8,3	26,2
t_8	9,1	19,5
t_9	7,5	10,3
t_{10}	5,4	8,5

abaixo da linha de estabilidade, como P_2, terá como custo social uma ampliação proporcionalmente maior da taxa de hiato, de H_0 para H_2.

O Anel Hiato-preços: uma Versão Estendida da Curva de Phillips

A Tabela 17.2 é uma hipótese de **anel hiato-preços**, reproduzida na Figura 17.4. Construída para uma introdução à dinâmica macroeconômica, fundamenta-se em uma versão teórica estendida da curva de Phillips. Os dados do hiato do PIB são os mesmos da hipótese anterior. Adicionamos agora uma série temporal correspondente de taxas anuais de variação dos preços.

No início do período, em t_0, o hiato do PIB, de 3,9%, estaria bem próximo da taxa natural ou friccional de desemprego; e a variação anual de preços era do tipo rastejante, 5,2%. A dinâmica expansionista da economia reduziu nos dois anos seguintes, t_2 e t_3, a taxa de hiato para 1,7% e 0,4%, trazendo-a então para níveis bastante próximos do pleno-emprego. A contrapartida foi uma reação de alta dos preços, para 9,4 e 16,7%. Na sequência, estabeleceu-se um **processo de dinâmica inflacionária, combinada com taxas mais baixas de variação do PIB e expansão do hiato de desemprego**. Nesta fase, ocorrem simultaneamente dois indicadores de desempenho macroeconômico insatisfatório: a relativa estagnação do produto efetivo e a inflação. Trata-se de um percurso que a macroeconomia convencional não conseguia explicar teoricamente. Para sua denominação, P. Samuelson[1] empregou pela primeira vez em 1975 o neologismo **estagflação**.

Os processos de estagflação são geralmente de difícil correção. Com a redução do produto efetivo, estabelece-se um novo mecanismo de alimentação da dinâmica inflacionária, a expansão dos custos por unidade de produtos finais. Desencadeiam-se espirais reivindicatórias de preços-salários, seguidas de repasses salários-preços. Instalam-se então mecanismos de convivência com a estagnação e a inflação, difíceis de ser quebrados.

Uma das hipóteses de quebra de um movimento dinâmico de estagflação é a aplicação de um choque sobre os níveis correntes da demanda agregada, provocado pela mobilização conjunta de instrumentos fiscais e monetários em direção

FIGURA 17.4
O anel hiato-preços: uma hipótese típica de estagflação com recessão de ajuste.

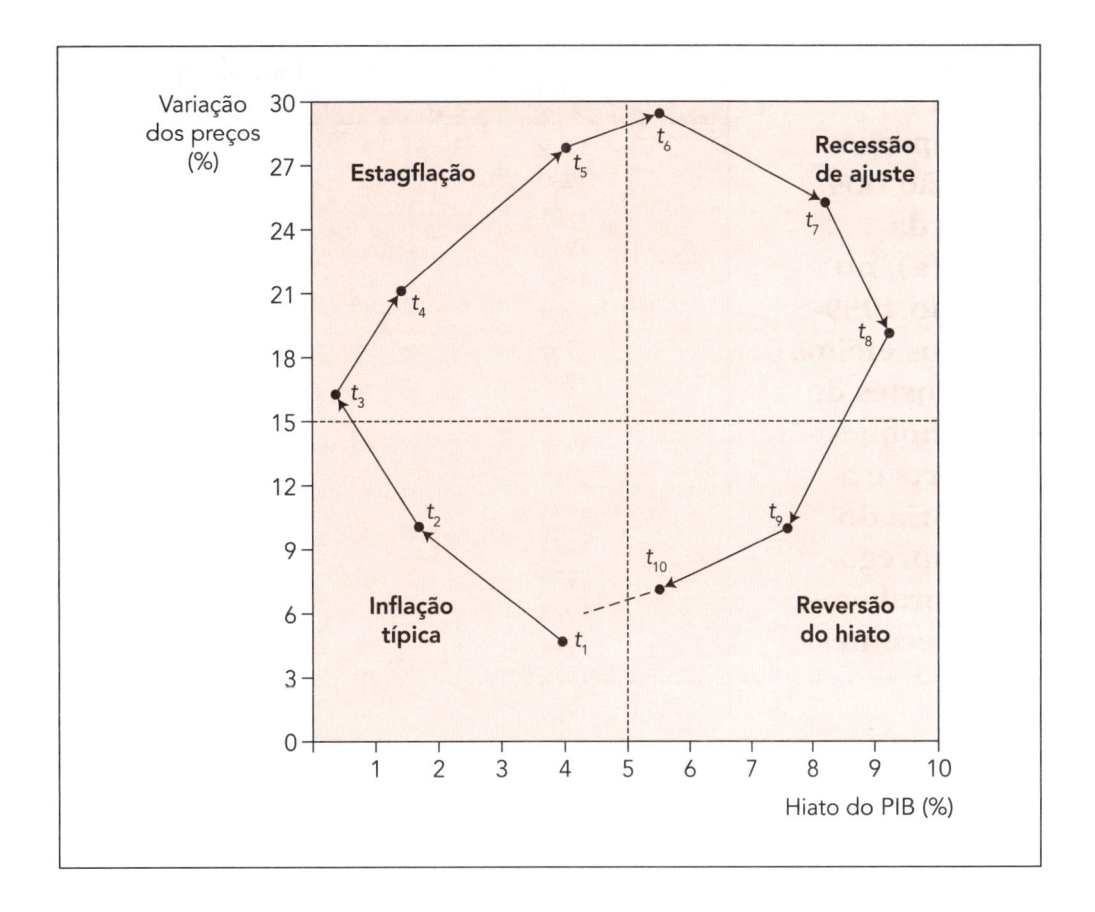

contracionista. Com um forte e persistente recuo da procura agregada, a alta dos preços interrompe-se e as taxas anualizadas começam a declinar. Mas este tipo de ajuste tem um custo social traduzido pela expansão da taxa de hiato do PIB. Na hipótese da Tabela 17.2, foi o que ocorreu nos anos t_7 e t_8: o hiato alcançou seus mais altos níveis, chegando a 9,1%, enquanto os preços recuavam de 29,1 para 26,2 e depois para 19,5%. Na sequência da recessão de ajuste, o anel se fecha com a dupla reversão do hiato e dos preços, voltando a economia para o quadrante inicial de baixo desemprego e baixa inflação.

A Tabela 17.3 traz as séries históricas do desemprego e da inflação (medida pelo IPC), em médias ponderadas, dos países da OCDE, Organização de Cooperação para o Desenvolvimento Econômico. No período 1959-1980, o anel desemprego-preços nesses países registrou a absorção e os movimentos recessivos de ajuste aplicados nos processos inflacionários de custos que se desencadearam em 1973 e em 1979, em decorrência dos choques de oferta do petróleo. Nos dois episódios, o ajuste implicou movimentos recessivos. No início dos anos 1980, a recessão de ajuste foi mais aberta, até 1983. Na sequência, as taxas de desemprego registraram redução bastante discreta, mas os índices de preços recuaram significativamente. Depois, na segunda metade dos anos 1980, a redução da taxa de desemprego e a reanimação econômica implicaram um percurso inflacionário típico, ainda que discreto: ao ganho de dois pontos porcentuais na taxa de desemprego correspondeu um aumento de 1,5 ponto porcentual na inflação. Provavelmente, as altas taxas de ociosidade ajudaram a amortecer as pressões de alta. Na última década do século XX, as taxas da inflação recuaram para níveis rastejantes, mas

TABELA 17.3
O anel desemprego-inflação nos países da OCDE(a), no período 1959-2012: os efeitos e os ajustes de dois choques de oferta e a trajetória do desemprego estrutural em anos recentes.

Anos	Desemprego (%)	IPC (%)
1959	4,0	1,6
1960	3,7	1,8
1961	3,8	1,9
1962	3,2	2,3
1963	3,4	2,6
1964	2,9	2,2
1965	2,8	2,6
1966	2,6	3,1
1967	2,9	2,9
1968	3,0	4,1
1969	2,7	4,9
1970	3,2	5,7
1971	3,7	4,9
1972	3,9	4,1
1973	3,4	7,5
1974	3,7	13,2
1975	5,3	10,9
1976	5,4	8,9
1977	5,5	8,1
1978	5,2	6,9
1979	5,6	9,2
1980	5,8	12,0
1981	6,6	9,9
1982	7,6	8,6
1983	8,8	5,2
1984	8,4	5,2
1985	8,4	4,5
1986	8,3	3,3
1987	7,9	3,8
1988	7,2	4,2
1989	6,8	5,9
1990	6,2	5,2
1991	6,9	4,5
1992	7,7	3,2
1993	7,8	2,8
1994	8,2	2,6
1995	8,5	2,5
1996	8,6	2,5
1997	8,3	2,3
1998	8,2	2,2
1999	8,4	2,3
2000	9,0	2,4
2001-2006	7,9	3,1
2007-2012	9,2	2,3

(a) No período 1959-2000, os 24 países-membros da OCDE eram: Alemanha, Austrália, Áustria, Bélgica, Canadá, Dinamarca, Estados Unidos, Espanha, Finlândia, França, Grécia, Holanda, Irlanda, Islândia, Itália, Japão, Luxemburgo, Nova Zelândia, Noruega, Portugal, Reino Unido, Suécia, Suíça e Turquia. O número aumentou para 34 países, com a inclusão de Chile, Coreia do Sul, Eslováquia, Eslovênia, Estônia, Hungria, Israel, México, Polônia e República Tcheca.

Fonte: OCDE, Organization for Economic Cooperation and Development. *The OECD Observer*, diversos números.

FIGURA 17.5
O anel desemprego-preços nos países industriais da OCDE. Período 1959-2012.

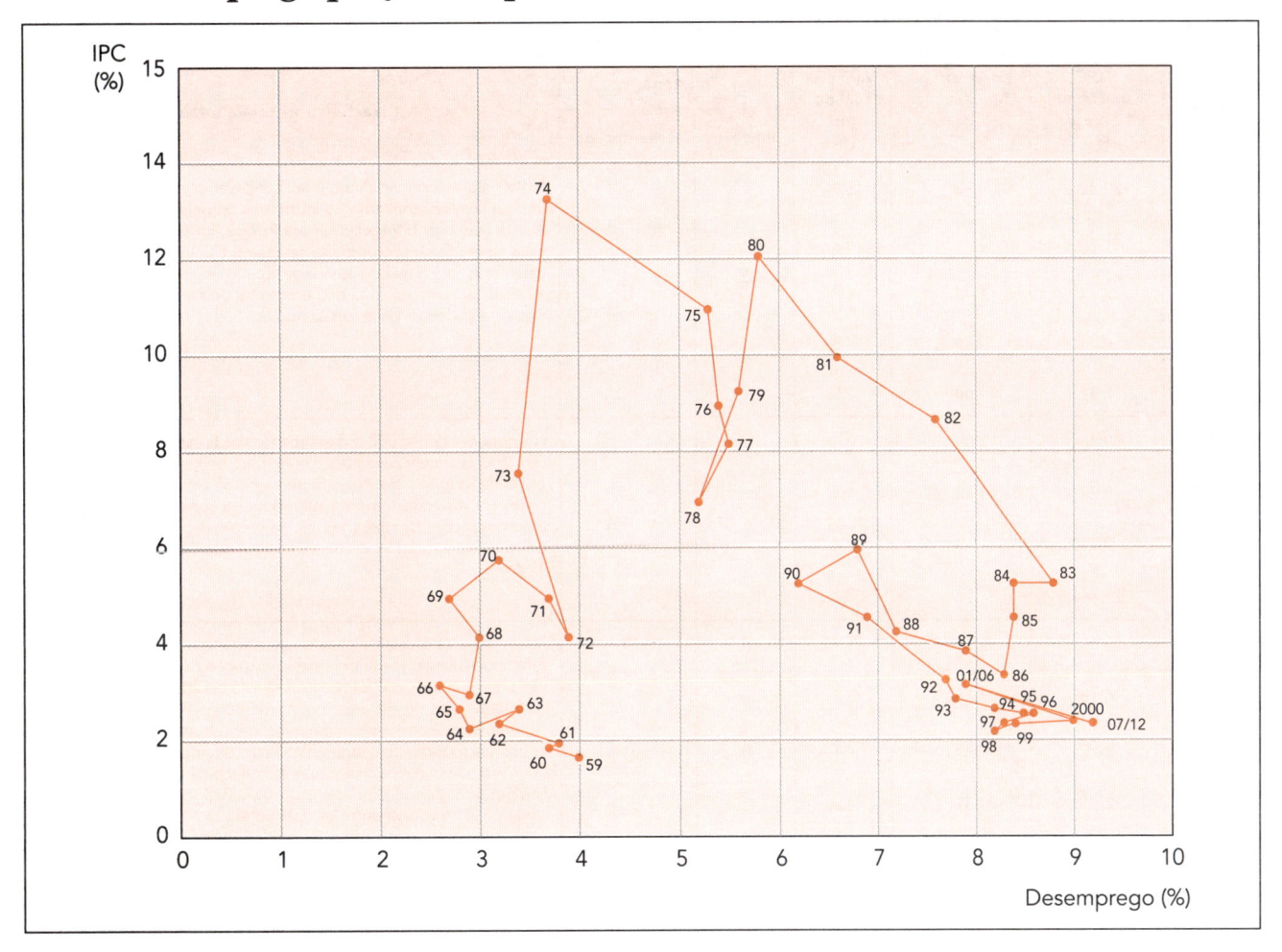

com aumento do desemprego. Como, nesse período, as taxas de expansão do produto agregado foram satisfatórias, a resistência das taxas de desemprego pode ser atribuída a arranjos organizacionais das empresas, resultantes de processos de ajuste fundamentados em *downsizing, reengineering*, redução de níveis hierárquicos, revisão de processos e adoção de tecnologias avançadas de produção, em resposta às pressões por competitividade crescente que se estabeleceram com os movimentos de globalização, abertura e integração de mercados. Já o primeiro quinquênio do século XXI caracterizou-se por redução expressiva do desemprego e, em contrapartida, por aumento do índice de preços. No segundo quinquênio, inverteram-se os movimentos, evidenciando o *trade-off* de Phillips: redução da inflação e aumento da taxa de desemprego, a mais alta de todo o período, certamente sob os efeitos da crise financeira que se desencadeou dos países avançados no biênio 2008-2009.

No Brasil, no período 1964-2012, como mostram os dados e os registros de situações conjunturais da Tabela 17.4, é evidente o *trade off* – no sentido de *escolha entre opções conflitantes* – entre a aceleração do crescimento econômico e o controle de tensões inflacionárias. O esforço inicial de superação da hiperinflação do triênio 1991-1993 e de construção da estabilidade dos preços implicou

TABELA 17.4
Brasil, 1994-2012: o *trade off* entre controle da inflação e ativação do crescimento com redução do desemprego.

Anos	INPC Variação em 12 meses (%)	Desemprego Média anual ponderada (%)	Variação real do PIB (%)	Trajetórias Inflação	Trajetórias Desemprego	Características conjunturais
1994	929,32	8,93	5,9			No triênio anterior ao Plano Real, a inflação média anual atingiu níveis historicamente inusitados no país, de 1.452,2%. A taxa anual de 1994 recuou para 929,32, fortemente puxada pela hiperinflação do primeiro semestre. Com os esforços de estabilização, o nível de atividade recuou no quadriênio 1995-1998. O processo de alta dos preços foi dominado, mas com taxas ascendentes de desemprego.
1995	21,98	8,95	4,2	⇩	⇧	
1996	9,12	9,93	2,2			
1997	4,34	10,16	3,4			
1998	2,49	11,68	0,0			
1999	8,43	12,06	0,3			No período 1999-2002 o crescimento médio anual do PIB foi de 2,9%, alternando-se para cima e para baixo, em trajetória típica de *stop and go*. No primeiro e no último ano do período, os preços foram fortemente influenciados por expressivas desvalorizações da taxa cambial. As medidas contencionistas dificultaram a redução do desemprego, que oscilou entre 11 e 12%.
2000	5,27	11,02	4,4	⇩ ⇧	⇩ ⇧	
2001	9,44	11,18	1,4			
2002	14,74	12,12	3,1			
2003	10,38	12,72	1,1	⇩	⇧	Foram altas as pressões inflacionárias no início de 2003, refletindo a alta movida pela desvalorização cambial de 2002. O objetivo central da política econômica de 2003 foi o controle da inflação, sacrificando-se o crescimento do PIB e a redução do desemprego. Com o recuo da inflação e o bom desempenho da economia mundial, o crescimento foi retomado no triênio 2004-2006, com reduções simultâneas da inflação e do desemprego. Um período atípico, dificilmente sustentável, em que o país escapou do *trade off* entre os dois objetivos.
2004	6,13	11,76	5,8			
2005	5,05	10,55	3,2	⇩	⇩	
2006	2,81	10,37	4,0			
2007	5,16	10,13	6,1	⇧	⇩	O biênio 2007-2008 caracterizou-se por expressiva variação do PIB e redução do desemprego, mas com aumento da taxa de inflação. Esse movimento exigiu medidas recessivas em 2009, ano em que se registrou acentuada reversão do ciclo de expansão mundial, decorrente da crise financeira dos países avançados. No país, pela primeira vez nos últimos 15 anos, a variação do PIB foi negativa e o desemprego voltou ao patamar de 10%.
2008	6,48	9,25	5,1			
2009	4,11	10,03	– 0,1	⇩	⇧	
2010	6,47	8,87	7,5	⇧	⇩	No último triênio do período, o *trade off* inflação-desemprego se manifestou com clareza. As pressões inflacionárias voltaram em 2010, com expressiva alta do PIB e redução do desemprego. Em 2011 e 2012 o crescimento do PIB recuou fortemente, o desemprego aumentou, em troca de contenção do processo de alta dos preços.
2011	6,08	6,90	3,9	⇩	⇧	
2012	5,43	7,60	1,9			
2013	5,56	7,9	3,0			No triênio 2013-2015, o crescimento do PIB recuou fortemente, mas a inflação não cedeu; contrariamente, acumulou, registrando-se inusitado desequilíbrio nas condições macroeconômicas do país.
2014	6,23	8,2	0,1	⇧	⇧	
2015	11,28	10,5	–3,8			

o sacrifício do crescimento econômico e da expansão do emprego. O controle da inflação e a ativação do crescimento eram realmente opções conflitantes, exigindo a escolha de uma, com o sacrifício da outra: para trazer a variação anual do INPC do patamar de 929,32% (1994) para 1,65% (1998), o crescimento do PIB recuou de 5,9% para zero e a média anual do desemprego aumentou de 8,93% para 11,68%. Mesmo nos períodos subsequentes, com a inflação sob controle e sujeita a metas definidas pelo Banco Central, sempre que se exigiam esforços para conter tensões de alta dos preços, o crescimento e o emprego foram sacrificados, ainda que em intensidades menores que as do período de consolidação da estabilidade da moeda. Estas relações entre crescimento, inflação e desemprego deterioraram-se no país no triênio 2013-2015, sob inusitadas condições gerais de desequilíbrio macroeconômico.

Os diagramas com dados da realidade que descrevem trajetórias desemprego-preços, como o dos países da OCDE e do Brasil, são, como assinalam Hall-Taylor,[2] em *Macroeconomics: theory, performance and policy*, "uma forma fascinante e razoavelmente precisa para colocarmos lado a lado a teoria e os fatos. Obviamente, eles não são tão regulares e circulares como os das hipóteses teóricas; mas, mesmo assim, descrevem percursos parecidos com os da teoria básica".

17.4 Uma Primeira Aproximação ao Equilíbrio Macroeconômico

A Procura e a Oferta Agregadas

A determinação do equilíbrio macroeconômico é, em seus fundamentos, semelhante à do equilíbrio de mercados específicos. Na realidade, as funções da procura e da oferta agregadas assemelham-se às da maior parte dos insumos e produtos finais transacionados no setor real da economia. Nem poderia ser diferente: afinal, a procura e a oferta agregadas são a totalização da procura e da oferta de todos os bens e serviços transacionados na economia. O que muda é o nível de agregação e os fatores determinantes: não estamos mais lidando com um produto específico, submetido às forças de uma estrutura dada de mercado; mas, com a economia como um todo, submetida às macrovariáveis que definem um dado padrão de desempenho totalizado.

A Figura 17.6 traz as funções da procura e da oferta agregadas, em suas versões mais difundidas. As variáveis de referência são preços, no eixo vertical, e o *quantum* do produto real (expressando quantidades), no horizontal. Como estamos lidando com expressões agregadas, os preços são indicados pelo índice geral de variação dos preços de todos os produtos; e as quantidades são expressas pelo produto real da economia como um todo. Indicamos a procura agregada por *PA*; a oferta agregada, por *OA*.

A Procura Agregada

A **procura agregada**, expressa os dispêndios de todos os agentes econômicos, consumidores, empresas e governo, agregativamente considerados. A função *PA* indica quanto os agentes econômicos estão dispostos e aptos a adquirir de todos os produtos em todos os mercados, dados os níveis correntes de preços. É uma grande soma da procura por bens e serviços de consumo de uso imediato, semi-duráveis e duráveis; por bens de capital de todas as categorias, desde máquinas e equipamentos para atividades industriais até animais de tração e reprodução no meio rural ou ferramentas e instrumentos de trabalho usados por profissionais autônomos; inclui ainda a procura por bens de consumo e de investimento por

FIGURA 17.6 Funções de oferta agregada, *OA*, e de procura agregada, *PA*. O equilíbrio do sistema como um todo, *E*, indica o produto efetivo, *Y*, que os agentes econômicos internos e externos estão dispostos a adquirir aos preços vigentes, *p*. O nível Y_{PE} indica o ponto máximo de equilíbrio a pleno-emprego.

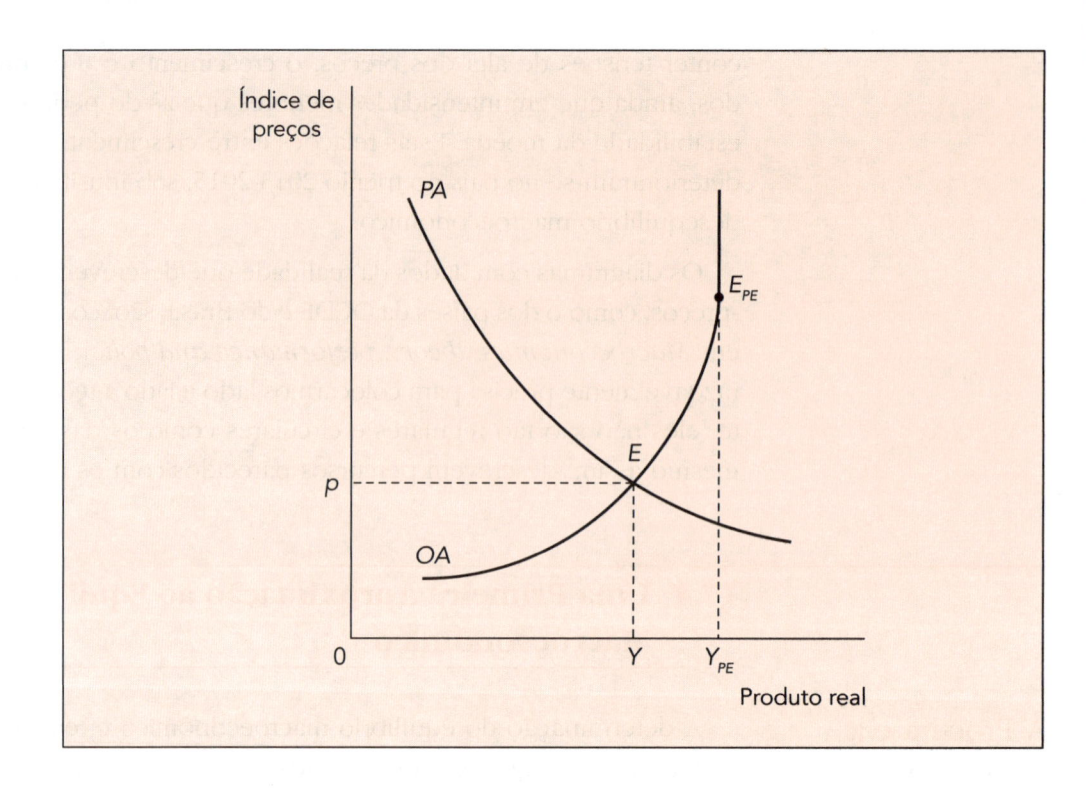

parte do governo, destinados às atividades de seus quadros civis e das Forças Armadas; por fim, inclui as exportações líquidas da produção interna.

Em termos agregados, o *quantum* da procura será tanto maior quanto menores os preços reais efetivamente praticados. Obviamente, em relação aos preços, há produtos mais elásticos e outros menos. Somente os anelásticos não reagem às variações reais de preços. Mas estes são exceções; a quase totalidade das curvas de procura descreve uma relação inversa preços-quantidades.

O que realmente muda, substantivamente, quando passamos de funções específicas de produtos para funções agregadas são os fatores determinantes. A posição da procura agregada é determinada, entre outros, pelos seguintes fatores:

- ❏ Nível da renda agregada disponível.
- ❏ Oferta monetária.
- ❏ Condições de acesso ao mercado de crédito.
- ❏ Dispêndios do governo.
- ❏ Tributação.
- ❏ Taxa de câmbio.
- ❏ Política de comércio exterior.
- ❏ Atratividade para investimentos externos.
- ❏ Clima interno dos negócios.
- ❏ Expectativas dos agentes econômicos.

Estes fatores definem os deslocamentos para mais e para menos da função *PA*; o nível dos preços define sua trajetória de referência, descendente da esquerda para a direita.

A Oferta Agregada

A oferta agregada expressa o *quantum* totalizado de bens e serviços que os produtores, agregativamente considerados, estão dispostos e aptos a produzir e a vender, dados diferentes níveis reais de preços. Como regra, os produtores estarão dispostos a operar a plena capacidade, mobilizando o maior volume possível de recursos, quando atraídos por preços que satisfazem a seus propósitos empresariais. Não obstante a maximização de lucros, derivada de preços exorbitantes, não seja a única e provavelmente nem mesmo a principal motivação dos empreendedores-produtores, a operação do processo produtivo, a perpetuação e a expansão das empresas não se farão sem resultados econômicos positivos – e os preços praticados, relativamente aos custos dos insumos e dos fatores, são variáveis-chave do resultado final.

A função OA desloca-se, assim, para cima, da esquerda para a direita, indicando que a reação típica dos produtores aos preços é de expandir o *quantum* da oferta à medida que os preços sinalizam variações reais para mais. Mas, à medida que se desloca para cima, a função vai modificando significativamente seu coeficiente de elasticidade, até tornar-se totalmente inelástica em seu ramo superior. O ponto a partir do qual a função OA passa a descrever uma trajetória inelástica é definido como **oferta agregada a pleno-emprego**.

Ao chegar perto do ponto de pleno-emprego, a função OA torna-se fortemente inelástica. Isso ocorre, como mostra R. Gordon,[3] porque "com o crescimento da oferta agregada a curto prazo, as empresas são obrigadas a contratar trabalhadores menos qualificados ou ainda não treinados para as operações, implicando perda de produtividade; além disso, os índices salariais aumentam; por fim, algumas empresas têm **força de mercado** e, em situações de oferta expandida para atender à procura por seus produtos, podem elevar a margem de lucro". Mas, além dos fatores internos das empresas, há também fatores externos, macroeconômicos, que impedem a curto prazo a expansão da oferta agregada. Trata-se da disponibilidade limitada dos recursos de produção. Submetida à limitação de recursos, há um ponto a partir do qual a oferta agregada não tem mais como se expandir. É o ponto máximo do produto potencial, a curto prazo. Só com mais investimentos em capital, melhoria da tecnologia, melhor qualificação ou aumento quantitativo da força de trabalho será possível produzir mais. Mas tudo isso exige tempo. A curto prazo, há um ponto definido a partir do qual se estabelece a inelasticidade da oferta agregada.

A posição e os deslocamentos da oferta agregada são assim determinados por dois fatores de alta relevância:

❑ Condições de mercado e níveis de custos de insumos e de recursos de produção.

❑ Disponibilidade e níveis de oferta dos recursos de produção, destacadamente infraestrutura e capacidade instalada.

A Interação da Oferta e da Procura Agregadas

O equilíbrio macroeconômico, no sentido de ajustamento da procura e da oferta agregadas, se estabelece no ponto de intersecção das funções *PA* e *OA*. Na Figura 17.6 o ponto *E* define o nível do produto real, *Y*, que os agentes econômicos estão dispostos e aptos a produzir e a adquirir a um nível de preços, *p*. Este ponto não é coincidente com o de equilíbrio a pleno-emprego, Y_{PE}. O deslocamento da economia como um todo na direção do pleno-emprego corresponderia a outra função de procura agregada, *PA*, posicionada mais à direita.

As posições em que se estabelece o equilíbrio macroeconômico alteram-se, assim, em função de deslocamentos para mais e para menos das funções como um todo. Movimentos deste tipo são mostrados na Figura 17.7. Em (a), a economia afasta-se ainda mais da posição de pleno-emprego, deixando mais recursos desempregados – pelos indicadores usuais de desempenho da economia, é o que ocorre quando se reduz o índice de ocupação da capacidade instalada; em (b), contrariamente, desloca-se na direção do pleno-emprego, ampliando-se as oportunidades de emprego no mercado de trabalho e reduzindo-se a ociosidade na utilização dos recursos de capital instalados. Nestes dois casos, foi a procura agregada que se deslocou, respectivamente para mais e para menos. O Quadro 17.3, destaca os principais fatores que determinam o nível da procura agregada, reunindo exemplos de algumas variações que podem induzir aos deslocamentos indicados. A maior parte deles decorre da gestão da política macroeconômica.

Podem também ocorrer deslocamentos na oferta agregada, *OA*, como em (c) na Figura 17.7. Assumimos, no caso, um deslocamento para a direita, resultante, por exemplo, de mudanças nas condições de oferta dos recursos de produção ou nos custos de insumos de alta relevância na matriz de suprimentos da economia.

Nos três casos, as posições de equilíbrio, tanto a inicial *E*, quanto a resultante de deslocamentos da oferta ou da procura agregadas, *E'*, ficaram teoricamente abaixo do equilíbrio a pleno-emprego, Y_{PE}. E, no caso (c), com o deslocamento da oferta agregada, mantendo-se a procura agregada na mesma posição, deslocaram-se tanto o equilíbrio geral do sistema quanto a nova posição de pleno-emprego, para Y'_{PE}.

A dinâmica dos ajustes macroeconômicos evidenciada nestas hipóteses tem a ver com os anéis emprego-preços. Em situações de procura agregada excitada, os preços tendem para cima, junto com a redução dos níveis de ociosidade da economia como um todo. Quando a economia passa a operar em posições próximas do equilíbrio a pleno-emprego, com superexcitação da procura agregada, pode ocorrer que os deslocamentos possíveis da oferta agregada não sejam suficientes para atender às pressões generalizadas dos mercados aquecidos: os preços, então, projetam-se mais rapidamente para cima. Políticas deliberadas de contração da procura agregada, via instrumentos convencionais da gestão macroeconômica, poderão ser exigidas para conter a onda de alta. Por algum tempo, a dinâmica dos processos macroeconômicos continuará empurrando os preços para cima, mas já com redução dos níveis de procura e de emprego: é assim que se estabelecem as condições da estagflação. Estas condições prevalecem até que novas posições de equilíbrio do binômio emprego-preços se restabeleçam, na direção dos objetivos macroeconômicos essenciais: operação a níveis próximos do pleno-emprego com estabilidade de preços.

FIGURA 17.7
As funções de oferta agregada e de procura agregada podem movimentar-se ao longo do tempo, modificando-se os fatores que as determinam. Em (a), a procura agregada contraiu-se de *PA* para *PA'*, produzindo deslocamento para menos no nível do produto efetivo e empurrando para baixo os índices de preços: o desempenho da economia ficou mais afastado da posição de equilíbrio a pleno-emprego. Em (b), ocorreram movimentos opostos aos de (a), deslocando-se o sistema na direção do equilíbrio a pleno-emprego. Em (c), o potencial de oferta agregada expandiu-se de *OA* para *OA'*, implicando mudanças nos padrões do desempenho: maior produto efetivo e maior demanda agregada, de *Y* para *Y'*, a preços mais baixos, de *p* para *p'*.

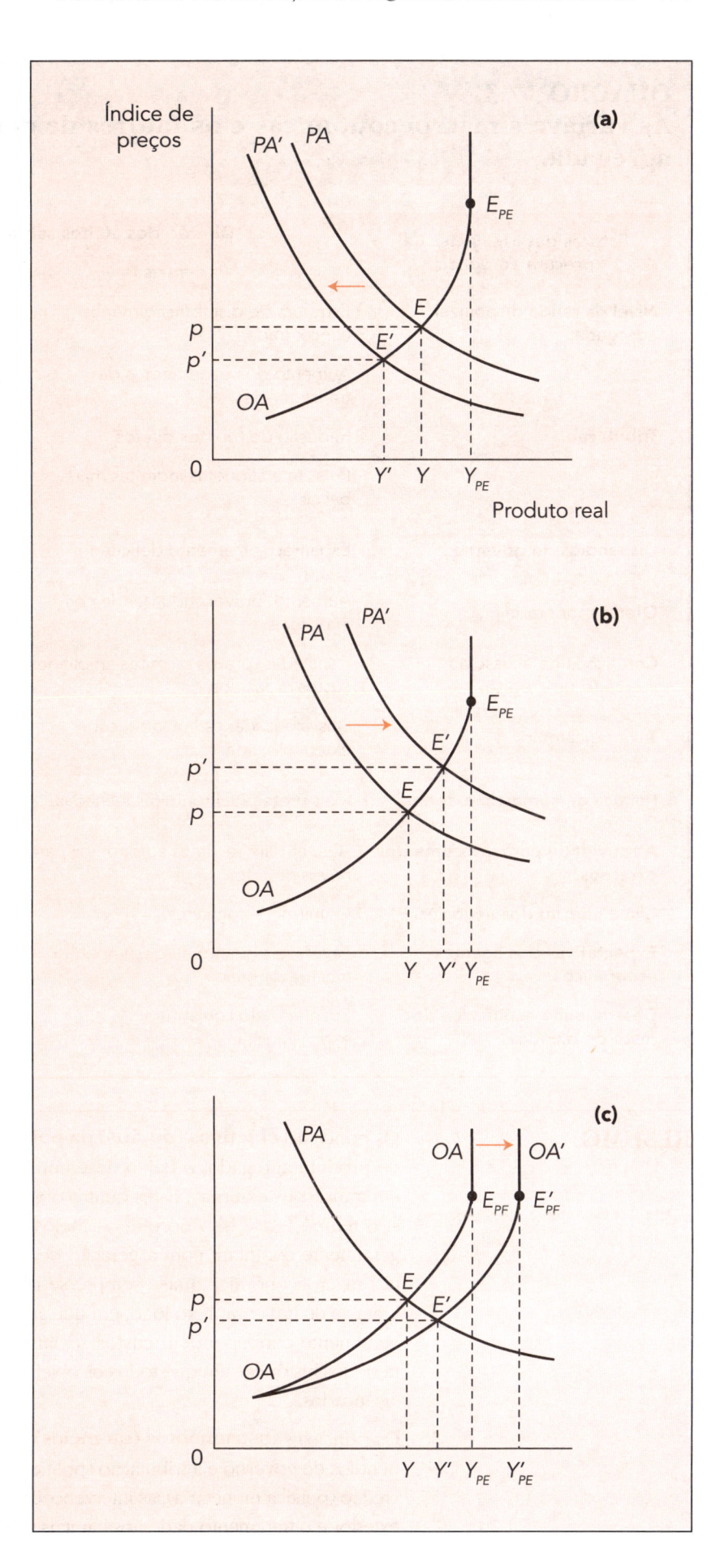

QUADRO 17.3
As variáveis macroeconômicas e os fatores de definição da procura agregada.

Fatores determinantes da procura agregada	Direção dos efeitos sobre a função como um todo	
	Para mais	Para menos
Nível da renda disponível agregada.	Estrutura de distribuição menos concentrada.	Estrutura de distribuição mais concentrada.
	Aumento dos pagamentos de transferências.	Redução dos pagamentos de transferências.
Tributação.	Redução de tributos diretos.	Aumento de tributos diretos.
	Pressão e alíquotas indiretas mais baixas.	Pressão e alíquotas indiretas mais altas.
Dispêndios do governo.	Expansão: orçamento deficitário.	Cortes fundos: orçamento superavitário.
Oferta monetária.	Aumento, provocando queda nos juros reais.	Contração, aumentando os juros reais.
Condições de acesso ao mercado de crédito.	Facilitadas: prazos e limites ampliados; custos reduzidos.	Dificultadas: prazos e limites reduzidos; custos mais altos.
Taxa de câmbio.	Desvalorizada: estimula procura externa líquida.	Valorizada: desestimula procura externa líquida.
Política de comércio exterior.	Mais proteção. Fronteiras fechadas.	Abertura. Facilidade de acesso a produtos estrangeiros.
Atratividade para investimentos externos.	Alta: entram recursos autônomos para novos projetos.	Baixa: investidores externos retraídos.
Clima interno dos negócios.	Otimismo e confiança.	Pessimismo generalizado.
Expectativas dos agentes econômicos.	Favoráveis quanto ao desempenho macroeconômico.	Desfavoráveis: anteveem-se ciclos recessivos.
Desempenho econômico do resto do mundo.	Em alta: ciclo conjuntural expansionista.	Em baixa: ciclo conjuntural contracionista.

RESUMO

1. Os principais **objetivos (ou fins) da política macroeconômica** são o crescimento do produto agregado, o baixo desemprego, a estabilidade de preços e o equilíbrio em transações externas. Estes quatro objetivos não são facilmente conciliáveis entre si o tempo todo. Isso porque os meios que conduzem à realização de um deles geralmente conflitam com a geração de outros bons resultados. Na gestão da política macroeconômica quase sempre se impõe a escolha de um objetivo prioritário. Trata-se de um complexo jogo, em que aos benefícios da consecução de um objetivo geralmente correspondem custos sociais da não realização de outro. São raros os períodos históricos em que todos os objetivos macroeconômicos são simultaneamente alcançados.

2. Os principais **instrumentos (ou meios) da política macroeconômica** são os dispêndios do governo e a tributação (política fiscal), o controle da oferta de moeda e do crédito (política monetária), as intervenções no mercado cambial, a política de comércio exterior e o tratamento dado aos capitais externos de risco (política cambial e de rela-

PALAVRAS E EXPRESSÕES-CHAVE

- ❏ Fins da política macroeconômica
    - ✓ Crescimento do produto agregado
    - ✓ Baixo desemprego
    - ✓ Preços estáveis
    - ✓ Equilíbrio externo
- ❏ Meios da política macroeconômica
    - ✓ Política fiscal
    - ✓ Política monetária
    - ✓ Política cambial
    - ✓ Política de rendas
- ❏ Produto agregado
    - ✓ Produto potencial
    - ✓ Produto efetivo
    - ✓ Hiato do produto
- ❏ Desemprego
    - ✓ Desemprego estrutural
    - ✓ Desemprego cíclico
    - ✓ Desemprego friccional
- ❏ Curva de Phillips
- ❏ Anel hiato-preços
    - ✓ Inflação típica
    - ✓ Estagflação
    - ✓ Recessão corretiva
    - ✓ Reversão do hiato
- ❏ Equilíbrio macroeconômico
    - ✓ Procura agregada
    - ✓ Oferta agregada
- ❏ Equilíbrio a pleno-emprego

ções econômicas externas) e um conjunto de intervenções diretas nos mecanismos de mercado (política de rendas). A eficácia comparativa de cada um desses instrumentos é uma das mais controvertidas áreas da política macroeconômica.

3. Dada a multiplicidade dos fins da política macroeconômica, seus resultados são aferidos por uma multiplicidade de indicadores de desempenho. Um dos indicadores-síntese é o **hiato do produto**: ele revela a um só tempo como se tem comportado, cumulativamente, o produto agregado e qual a taxa de desemprego dos recursos. O hiato do produto mede a distância entre o produto potencial e o efetivo.

4. O **produto potencial** indica a magnitude possível do PIB (ou da oferta agregada) se todos os recursos disponíveis forem empregados plenamente. É a fronteira da produção da economia. O **produto efetivo** é o que resulta do emprego corrente dos recursos. No máximo, o produto efetivo pode ser igual ao potencial. Quando isso ocorre, define-se uma situação próxima de **pleno-emprego**.

5. Os **fatores determinantes do produto potencial** são a disponibilidade e a qualificação dos recursos, os padrões tecnológicos dominantes e a eficiência com que os recursos estão sendo empregados. Os **fatores determinantes do produto efetivo** são os mecanismos de contração ou de expansão acionados pelos gestores da política macroeconômica, o clima dos negócios, o comportamento dos agentes econômicos e suas expectativas e o desempenho econômico do resto do mundo. A atuação desses fatores define a magnitude do hiato do produto e sua variação ao longo do tempo. Esses mesmos fatores definem também o nível geral de preços e o ponto de combinação hiato-preços em dado momento.

6. A relação hiato-preços, conceitualmente equivalente a desemprego-inflação, foi pioneiramente estabelecida por A. W. Phillips, baseada em dados que cobriram um período de quase um século. A evidência dessa relação foi um importante marco da macroeconomia na transição da primeira para a segunda metade do século XX. A **curva de Phillips**, em sua versão mais divulgada, mostra que há uma relação inversa não linear entre taxas de inflação e de desemprego, dois relevantes indicadores do desempenho macroeconômico. O tipo de relação evidenciada é uma indicação do conflito entre os objetivos correspondentes de política macroeconômica.

7. A **curva de Phillips estendida** conduz a conjuntos de combinações desemprego-inflação que, em séries de prazos mais longos, descrevem trajetórias em formato de anéis. Os **anéis hiato-preços** resultam da intervenção dos gestores da política macroeconômica, que buscam reverter desequilíbrios de tipo inflacionário ou recessivo ou, mesmo, situações mais complexas como as de estagflação, em que as tensões inflacionárias ocorrem em clima de estagnação. Dispostas em quatro semicírculos, as quatro partes de um anel hiato-preços típico são: 1. a inflação típica (um ramo de curva de Phillips); 2. a estagflação; 3. a recessão de ajuste; e 4. a reversão do hiato.

8. O **equilíbrio macroeconômico** define-se por uma combinação de nível geral de preços e de produto efetivo, que, sob dadas condições, movimenta o sistema econômico como um todo. O ponto de equilíbrio resulta da interação da procura e da oferta agregadas. Graficamente, o modelo é bastante parecido com o da determinação das condições de equilíbrio da oferta e procura de um produto, sob condições definidas de mercado. Nem poderia ser diferente: a oferta e a procura agregadas resultam da totalização do que ocorre em todos os mercados. Há, todavia, diferenças substantivas quanto aos fatores que definem as funções agregadas.

9. A **procura agregada** expressa os dispêndios de todos os agentes econômicos, consumidores, empresas e governo. Indica quanto os agentes estão dispostos e aptos a despender em bens de consumo e de investimento, públicos e privados, internos e externos, dados diferentes níveis de preços. Sua trajetória típica é dada por uma relação inversa preços-quantidades. E entre seus fatores determinantes, os principais são: 1. o nível da renda agregada disponível; 2. a oferta monetária; 3. as condições de acesso ao mercado de crédito; 4. os dispêndios do governo; 5. a tributação; 6. a taxa de câmbio; 7. a política de comércio exterior; 8. a atratividade para investimentos externos; 9. o clima interno dos negócios; e 10. as expectativas dos agentes econômicos.

10. A **oferta agregada** expressa o *quantum* de produto agregado que os produtores, totalizados, estão dispostos a levar ao mercado, dados diferentes níveis reais de preços. Seus fatores determinantes são o nível de "aquecimento" dos mercados, os níveis de custos de insumos e recursos e a disponibilidade dos recursos de capital, tecnologia e trabalho. Como os recursos são variáveis-estoque, há um limite superior para a oferta agregada. Ao atingi-lo, a oferta torna-se inelástica. Este nível se inicia no ponto de pleno-emprego.

11. O equilíbrio macroeconômico resulta da **interação da oferta e da procura agregadas**. Geralmente, está abaixo do equilíbrio de pleno-emprego. Desloca-se para baixo e para cima, aproximando-se ou afastando-se da posição de pleno-emprego sob o efeito dos fatores condicionantes da oferta e da procura agregadas. As variáveis-meio da política macroeconômica são os fatores de maior peso na definição das condições em que se estabelece o equilíbrio da economia como um todo.

QUESTÕES

1. Cite e descreva resumidamente os principais **objetivos da política macroeconômica**.

2. Cite e descreva resumidamente as principais **variáveis-meio da política macroeconômica**.

3. O desempenho da economia como um todo é caracterizado por ciclos de alta e de baixa, por preços razoavelmente estáveis e por inflações aceleradas, por bons níveis de emprego e por desemprego em alta. Por que, afinal, é difícil manter condições favoráveis o tempo todo, quanto ao crescimento, ao emprego e aos preços?

4. O que significam as expressões **produto potencial, produto efetivo, pleno-emprego e hiato do produto**?

5. De que fatores depende o **produto potencial**? De que fatores depende o **produto efetivo**? Mostre que as diferenças entre esses fatores é uma das justificativas dos ciclos de alta e de baixa da economia como um todo.

6. O que a curva de Phillips revela? Sintetize seu entendimento desse importante marco da teoria macroeconômica.

7. Trace um anel completo hiato-preços com trajetória no sentido dos ponteiros do relógio. Interprete o significado de seus quatro principais momentos (inflação típica, estagflação, recessão de ajuste e reversão do hiato). Justifique por que esses momentos ocorrem.

8. O que é e quais são os principais fatores determinantes da **procura agregada**?

9. O que é e quais são os principais fatores determinantes da **oferta agregada**?

10. Qual o significado das expressões **equilíbrio macroeconômico** e **equilíbrio macroeconômico a pleno-emprego**?

18

As Variáveis e as Funções Macroeconômicas Básicas

Definir o comportamento e os fatores determinantes de cada uma das variáveis que compõem a oferta e a procura agregadas é o primeiro passo para a construção de modelos explicativos do equilíbrio macroeconômico. O desempenho da atividade econômica como um todo é definido a partir das variações em cada uma das categorias de dispêndio, que se transmitem para os processos de produção e geração de renda. E a cada nível de produção-renda-dispêndio correspondem diferentes níveis de hiato em relação à linha referencial de pleno-emprego, bem como diferentes tensões sobre os níveis gerais de preços.

J. RAGAN e L. B. THOMAS
Principles of economics

As questões cruciais relacionadas ao desempenho do sistema econômico como um todo estão, todas elas, de alguma forma vinculadas ao comportamento da procura agregada e à relação entre seus níveis efetivos e a capacidade de oferta agregada em níveis próximos aos do pleno-emprego. Os níveis agregados do emprego, os hiatos de ociosidade, as variações cíclicas do desemprego involuntário e os índices de desemprego estrutural são todos derivados dos níveis da procura efetiva: quando eles são baixos, será também baixa a taxa de ocupação dos recursos de produção, alargando-se o hiato de ociosidade geral da economia; e, quando estão em queda, estabelecem-se trajetórias recessivas, que acabarão impactando os níveis do produto, da renda e do dispêndio agregado, numa espécie de efeito multiplicador negativo.

É também do comportamento da procura agregada e de suas pressões sobre a capacidade de oferta agregada que resultam as variações no índice geral de preços. Não obstante as variações nos preços possam também originar-se de movimentos nos custos da oferta agregada, as tendências dos índices e suas oscilações subsequentes serão definidas pelas reações da procura agregada. Os movimentos da procura agregada impactam também parcelas apreciáveis dos recolhimentos tributários para o governo: os tributos indiretos são, todos, resultantes de fluxos de dispêndio, enquanto os tributos diretos ocorrem à medida que os fluxos do dispêndio interno e externo mantenham o sistema produtivo em operação, gerando fluxos de renda tributáveis.

A procura agregada desempenha, assim, papel crucial nos modelos de determinação do produto e da renda nacional de equilíbrio, sob diferentes níveis de emprego e de preços. Conhecer o comportamento e os fatores determinantes de cada um de seus componentes é o próximo passo que daremos para a construção de modelos compreensivos de equilíbrio geral.

Para uma primeira visão de conjunto, partiremos de uma versão abrangente dos fluxos circulares do produto, da renda e do dispêndio, destacando em seguida, uma a uma, as principais variáveis que definem a procura como um todo. Passo a passo, veremos:

- ❏ O fluxo circular do produto, da renda e do dispêndio: principais componentes.
- ❏ A renda disponível das unidades familiares e suas duas principais destinações: o consumo e a poupança. As funções consumo e poupança de uma unidade familiar e suas expressões em termos agregados. Os fatores determinantes das propensões a consumir e a poupar. Os conceitos de propensões médias e marginais.
- ❏ O investimento: principais categorias, segundo os agentes envolvidos. Os fatores determinantes do investimento das empresas. Os custos dos investimentos e a eficiência marginal do capital.
- ❏ Os dispêndios do governo: o orçamento público como um misto de fins e meios.
- ❏ A procura externa líquida: principais fatores determinantes.
- ❏ A procura agregada reconsiderada: principais variáveis. Os movimentos da procura agregada e os níveis resultantes do emprego e dos preços.

FIGURA 18.1

O fluxo circular do produto, da renda e do dispêndio. A parte superior descreve os dispêndios dos consumidores (*C*), investidores (*I*) e governo (*G*), mais o saldo líquido das transações correntes com o resto do mundo (*EX – IM*). A parte inferior descreve a geração do produto agregado (*Y*), os pagamentos de tributos (*T*) e as transferências do governo; estas se incorporam à renda disponível (Y_D) que vai para os consumidores, fechando a corrente.

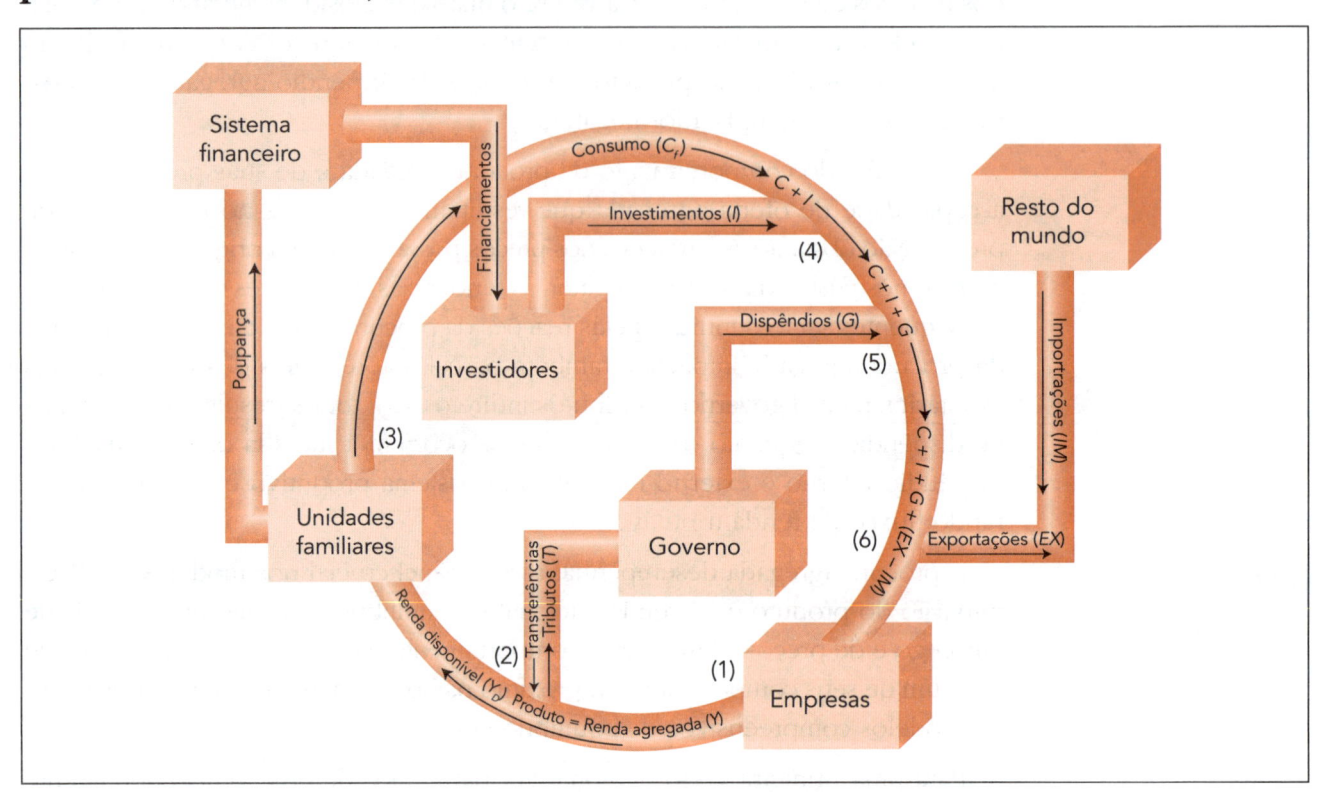

Fonte: Adaptada de BAUMOL, W.; BLINDER, A. *Economics*: principles and policy. Orlando: The Dryden Press/Harcourt Brace, 1994.

18.1 O Fluxo Circular do Produto, da Renda e do Dispêndio

O Produto, a Renda e o Dispêndio Agregados

A Figura 18.1 sintetiza o fluxo circular do produto, da renda e do dispêndio. Ele é constituído por um duto principal, por onde circulam, em sentido horário, os principais componentes da oferta e da procura agregadas. Em determinados pontos desse duto ocorrem **vazamentos** e **injeções**. Os vazamentos caracterizam-se por saídas que reduzem a procura agregada efetiva. As injeções caracterizam-se por adições aos fluxos do dispêndio, totalizando o montante da procura em cada ponto do movimento circular.

Na parte inferior do modelo circular, à direita, no ponto (1), registram-se os fluxos do produto e da renda agregada, originários das atividades de produção das empresas. A renda agregada, *Y*, resultante das remunerações pagas pelas empresas aos recursos de produção por elas mobilizados, flui na direção das unidades familiares. No caminho, no ponto (2), ocorre um primeiro vazamento: o fluxo dos tributos, que flui para o governo. Mas por esse mesmo duto secundário ocorre uma primeira reinjeção: as transferências pagas pelo governo, que se somam aos fluxos remanescentes de renda, definindo a renda disponível do setor privado, Y_D. Esta flui para as unidades familiares, que detêm poder decisório sobre sua destinação. No ponto (3) do modelo circular, a renda disponível desdobra-se em dois fluxos. Uma parte será destinada ao consumo, C, principal fluxo de dispêndio da economia. Outra parte será poupada, definindo um segundo e importante vazamento: a poupança, S, irá para o sistema financeiro e não para os mercados de ativos reais.

Já na parte superior do modelo, no ponto (4), uma segunda reinjeção engrossará os fluxos de dispêndio: os fluxos resultantes dos investimentos, I, financiados por diferentes categorias de poupança, que irão somar-se aos fluxos de consumo. Neste ponto, a procura agregada será dada pela soma $C + I$. Se os fluxos de poupança forem iguais aos de investimento, os vazamentos terão sido recuperados por reinjeções e a procura agregada não resultará modificada para mais ou para menos. Neste caso, até este ponto, estarão assegurados os fluxos de dispêndio que darão sustentação aos níveis agregados do produto e do emprego.

Mas ocorrerão mais dois pontos que modificarão o volume dos fluxos agregados. O primeiro, de reinjeção, no ponto (5), resultante dos dispêndios totais do governo, G. Trata-se de uma importante adição à procura agregada, que passa a ser definida pela soma $C + I + G$. Até este ponto, os dois mais importantes vazamentos são os tributos e a poupança, T e S. E as injeções compensatórias são dadas pelos investimentos e pelos gastos do setor público, I e G. A procura agregada estará assegurada em seus níveis correntes se a soma das duas primeiras variáveis for igual à das duas últimas ($T + S = I + G$). Neste caso, vazamentos e injeções se anularão reciprocamente, pelo menos até o último duto secundário, de ligação da economia nacional com o resto do mundo, no ponto (6).

Por este último duto secundário fluirão as transações com mercadorias e serviços com o resto do mundo. Obviamente, as importações, IM, são vazamentos, à medida que desviam rendas geradas internamente para a aquisição de produtos procedentes de outras economias. Em contrapartida, as exportações, EX, atuam como se fossem reinjeções, compensando os fluxos de produtos importados. A partir deste ponto, completa-se o fluxo circular, e a procura agregada será expressa pela soma de todos os seus componentes, $C + I + G + (EX - IM)$. Os vazamentos totais serão dados por $T + S + IM$. E as injeções, por $I + G + EX$.

A parte superior do modelo circular reúne os quatro principais fluxos do dispêndio agregado:

❑ O consumo das unidades familiares, C_f.

❑ Os investimentos, I.

❑ Os dispêndios totais do governo, G.

❑ As exportações líquidas, $EX - IM$, que passaremos a indicar por X.

Simplificadamente, a procura agregada, PA, é expressa pela soma desses quatro fluxos:

$$PA = C_f + I + G + X$$

Como os dispêndios totais do governo são em gastos de custeio e em formação de capital, eles podem ser desdobrados em duas categorias, consumo e investimento. Neste caso, a procura agregada, de forma mais analítica, é expressa pela soma de duas categorias de consumo e de investimento, mais o resultado líquido das transações externas com mercadorias e serviços:

$$PA = C_f + C_g + I_e + I_g + X$$

onde C_f é o consumo das unidades familiares; C_g, o consumo do governo; I_e, os investimentos das empresas; I_g os investimentos do governo; e X, as exportações líquidas.

Identidades Contábeis e Condições de Equilíbrio

Do ponto de vista contábil, expresso pelas contas dos sistemas convencionais de contabilidade social, o produto, a renda e o dispêndio agregados resultam sempre iguais, até porque a poupança interna, das unidades familiares, das empresas e do governo, bem como a poupança externa, representada pelo saldo do balanço internacional de pagamentos em transações correntes, são calculadas residualmente, podendo assumir sinais positivos ou negativos, no fechamento do sistema contábil. E, além da poupança, os sistemas convencionais de contabilidade social contam ainda com outro registro para o fechamento contábil das contas: a variação de estoques.

Isso significa que as identidades contábeis não expressam posições de equilíbrio macroeconômico. Os agentes econômicos internos podem estar temporariamente consumindo mais que o produto nacional corrente, registrando-se então variações negativas de estoques ou exportações líquidas negativas. Os consumidores poderão estar exercendo uma pressão de consumo superior aos bens e serviços finais de consumo gerados pelas empresas no período corrente. O governo poderá estar investindo mais que sua própria poupança em conta corrente, financiando-se por poupanças captadas do setor privado interno ou mesmo do mercado financeiro internacional. E mesmo as empresas públicas e privadas poderão estar financiando seus projetos de investimento com poupanças captadas nos mercados de crédito e de capitais do país e do exterior; consequentemente, as injeções dos dispêndios de investimento compensam-se parcialmente por poupanças do resto do mundo. Mais ainda: podem estar ocorrendo investimentos diretos de empresas transnacionais, financiados por reinvestimentos de lucros auferidos em outros países.

Todas estas possíveis situações não contariam as identidades fundamentais das contas nacionais. Os sinais negativos ou positivos nas variáveis residuais compensarão sempre, contabilmente, quaisquer situações de desequilíbrio, conjuntural ou crônico, nas variáveis-fluxo convencionais do produto, da renda e do dispêndio. A economia, porém, emitirá os sinais efetivos dos desequilíbrios em seus mercados reais e financeiros. As variações dos preços, as taxas de crescimento do produto interno e os níveis do emprego estarão sinalizando o tempo todo o equilíbrio efetivo do sistema econômico. Os mercados de recursos de produção, notadamente o mercado de trabalho, os mercados de produtos intermediários e finais e os mercados financeiros, monetário, de crédito, de capitais e cambial estarão emitindo sinais efetivos de equilíbrio ou de desequilíbrio.

As flutuações nos níveis da atividade econômica, em cada um de seus mercados reais e financeiros, transmitem-se para as remunerações dos recursos, para os preços de insumos e produtos, para as taxas de juros, para os preços dos títulos e para as taxas de câmbio. E, reciprocamente, os movimentos das remunerações, dos preços, dos juros e do câmbio afetam o comportamento dos fluxos reais de dispêndio, redefinindo a cada instante os níveis correntes do emprego e do produto.

Obviamente, todos esses movimentos são captados pelos sistemas convencionais da contabilidade agregativa – tanto é assim, que os agregados econômicos são calculados em termos nominais e reais. A diferença entre as duas formas de avaliação reflete os movimentos do índice geral de preços da economia. E as taxas reais de variação dos agregados refletem os movimentos efetivos das variáveis-fluxo do dispêndio, do produto e do emprego.

Mas os modelos convencionais de contabilidade social não explicam por que ocorreram as flutuações contabilizadas. Nem as igualdades contábeis, como já registramos, implicam que a economia esteja funcionando sempre em equilíbrio. A determinação das condições de equilíbrio do produto, da renda, do dispêndio e do emprego e seus efeitos sobre o nível geral dos preços, transpõem-se da contabilidade agregativa para a teoria e a análise macroeconômicas. Estas é que mostrarão por que a economia flutua. Porque existem ciclos econômicos de alta e de baixa. E quais os mecanismos que podem ser acionados para atenuar os distúrbios macroeconômicos, preventiva ou corretivamente, promovendo o melhor desempenho da economia como um todo.

O que a teoria macroeconômica enfatiza, como ponto de partida para a análise das condições do equilíbrio, é que as funções da procura e da oferta agregadas são mutuamente independentes. Mais que isso: cada uma das variáveis-fluxo que detêm a procura agregada tem seus próprios fatores determinantes. Elas resultam de planos e de decisões de agentes econômicos que se movem por expectativas, pelos mais diferentes interesses e motivações. E a igualdade entre vazamentos e injeções não é permanentemente assegurada, pois as decisões de poupança e investimento são tomadas independentemente, por agentes econômicos diferentes e motivadas por determinantes também diversos. De igual forma, as decisões de importar e de exportar, embora sejam ambas afetadas pelas taxas de câmbio, são também influenciadas por amplo conjunto de outros fatores e definidas de forma independente. O mesmo ocorre com o composto orçamentário do governo: as decisões de investir em obras públicas, de aumentar ou contrair os gastos correntes, ou de aumentar ou reduzir a pressão tributária não são definidas apenas pelos imperativos da regulação macroeconômica: há, também aqui, uma multiplicidade de fatores institucionais, políticos e sociais que se sobrepõem aos econômicos, definindo os dispêndios e as receitas do governo em relação ao produto agregado.

Os próximos tópicos serão destinados à análise de cada um dos grandes fluxos de dispêndio e de seus principais fatores determinantes. E no próximo capítulo retomaremos a análise das condições de equilíbrio do produto, da renda e do dispêndio. E examinaremos então suas ligações com os níveis do emprego e com o índice geral de preços.

18.2 O Consumo das Unidades Familiares

Principais Fatores Determinantes

O consumo das unidades familiares, C_f, é, de todos os fluxos que compõem a procura agregada, o de maior expressão. Este fluxo de dispêndio subdivide-se em pelo menos três categorias, definidas a partir da durabilidade dos bens e serviços consumidos: os não duráveis, os semiduráveis e os de uso durável. Alimentos, vestuário e eletrodomésticos são, respectivamente, exemplos destas três categorias. Os dispêndios de consumo das unidades familiares com bens e serviços de uso imediato, não duráveis, tendem a ser mais estáveis, em termos absolutos, por atenderem a um conjunto restrito de necessidades de subsistência. Já as outras duas categorias tendem a ser menos estáveis, quer em função de fatores sazonais, quer pela própria essencialidade da maior parte dos bens e serviços que as constituem.

Totalizados, os montantes dos dispêndios das unidades familiares com estas três categorias de bens e serviços de consumo respondem a um conjunto de fatores determinantes. Os de maior relevância são:

Renda e riqueza

- Nível da renda disponível, transitória e permanente.
- Nível de riqueza acumulada das unidades familiares.

Estrutura de repartição da renda e da riqueza

- Graus de concentração observados na estrutura distributiva.
- Participação dos diferentes estratos socioeconômicos na renda agregada.
- Mobilidade socioeconômica: estratos ascendentes e descendentes.

Expectativas e cultura dominantes

- Expectativas dos consumidores quanto às condições futuras do abastecimento.
- Expectativas dos consumidores quanto à evolução do nível geral de preços.
- Traços culturais predominantes: características do processo de emulação social.

Estoques e crédito

- Disponibilidade e custos do crédito direto ao consumidor.
- Padrões e níveis dos estoques dos consumidores e incitação para sua atualização e renovação.

Renda e riqueza. De todos os fatores relacionados, o nível da renda disponível é apontado por comprovações empíricas como o mais importante. Tanto que, em sua versão mais simples, o consumo das unidades familiares, C_f, é dado como uma função da renda disponível, Y_D: à medida que a renda disponível se eleva, os dispêndios de consumo tendem também a aumentar; inversamente, sob a hipótese de redução da renda, as unidades familiares tendem a reduzir seus dispêndios de consumo, notadamente os de bens de menor essencialidade e de uso durável. Há, assim, uma relação funcional de dependência entre as variáveis C_f e Y_D, de correlação positiva, que pode ser expressa por:

TABELA 18.1 Uma hipótese de referência: renda disponível, consumo e poupança de uma unidade familiar.

	Fluxos anuais ($ mil)			Propensão média a consumir $PMeC = \dfrac{C_f}{Y_D}$	Propensão média a poupar $PMeS = \dfrac{S_f}{Y_D}$
	Renda disponível Y_D	Dispêndios de consumo C_f	Poupança $S_f = Y_D - C_f$		
A	2.000	2.500	–500	1,25	–0,25
B	4.000	4.300	–300	1,08	–0,08
C	6.000	6.000	0	1,00	0
D	8.000	7.680	320	0,96	0,04
E	10.000	9.280	720	0,93	0,07
F	12.000	10.760	1.240	0,90	0,10
G	14.000	12.080	1.920	0,86	0,14
H	16.000	13.200	2.800	0,83	0,17
I	18.000	14.080	3.920	0,78	0,22
J	20.000	14.680	5.320	0,73	0,27

$$C_f = f(Y_D)$$

A proporção do consumo em relação à renda não é igual para diferentes níveis de renda. Presumivelmente, níveis de renda muito baixos geralmente não satisfazem às exigências mínimas de consumo, que tendem a ser financiadas por transferências do governo na forma de bolsas de renda mínima ou por processos informais de transferência de renda entre unidades familiares – das de renda alta e média para as de baixa renda – ou pela utilização de saldos poupados no passado. Mas há um nível de igualação renda-consumo, a partir do qual os dispêndios de consumo tendem a ser inferiores à renda disponível, viabilizando fluxos positivos de poupança. Isso significa que a poupança das unidades familiares, S_f, é também uma função direta da renda disponível, Y_D, que pode ser expressa por:

$$S_f = f(Y_D)$$

A Tabela 18.1 reproduz hipóteses de renda disponível, dispêndios de consumo e poupança de uma unidade familiar, cuja renda evolui de $ 2.000 (hipótese A), para $ 20.000 (hipótese J), em degraus subsequentes de $ 2.000. No primeiro degrau, A, o consumo é de $ 2.500, superior à renda, implicando poupança negativa. No segundo degrau, quando a renda está em $ 4.000, o consumo salta para $ 4.300. Neste estágio, não obstante a poupança negativa em relação à renda tenha diminuído, o ponto de igualação ainda não foi alcançado. Este só ocorrerá no terceiro patamar, quando tanto a renda quanto o consumo são iguais a $ 6.000 e a poupança é nula. Daí em diante, quanto mais aumenta a renda, mais aumentam os dispêndios de consumo, mas em proporções declinantes. Consequentemente, aumenta a capacidade efetiva de poupança da unidade familiar.

FIGURA 18.2
As trajetórias das funções consumo e poupança das unidades familiares. Para níveis baixos de renda disponível (*A* e *B*), os dispêndios de consumo superam a renda, implicando poupança negativa. Após o ponto de igualação (*C*), o crescimento dos dispêndios de consumo (*D* a *J*) não acompanha o crescimento da renda na mesma proporção, aumentando consequentemente a capacidade de poupança.

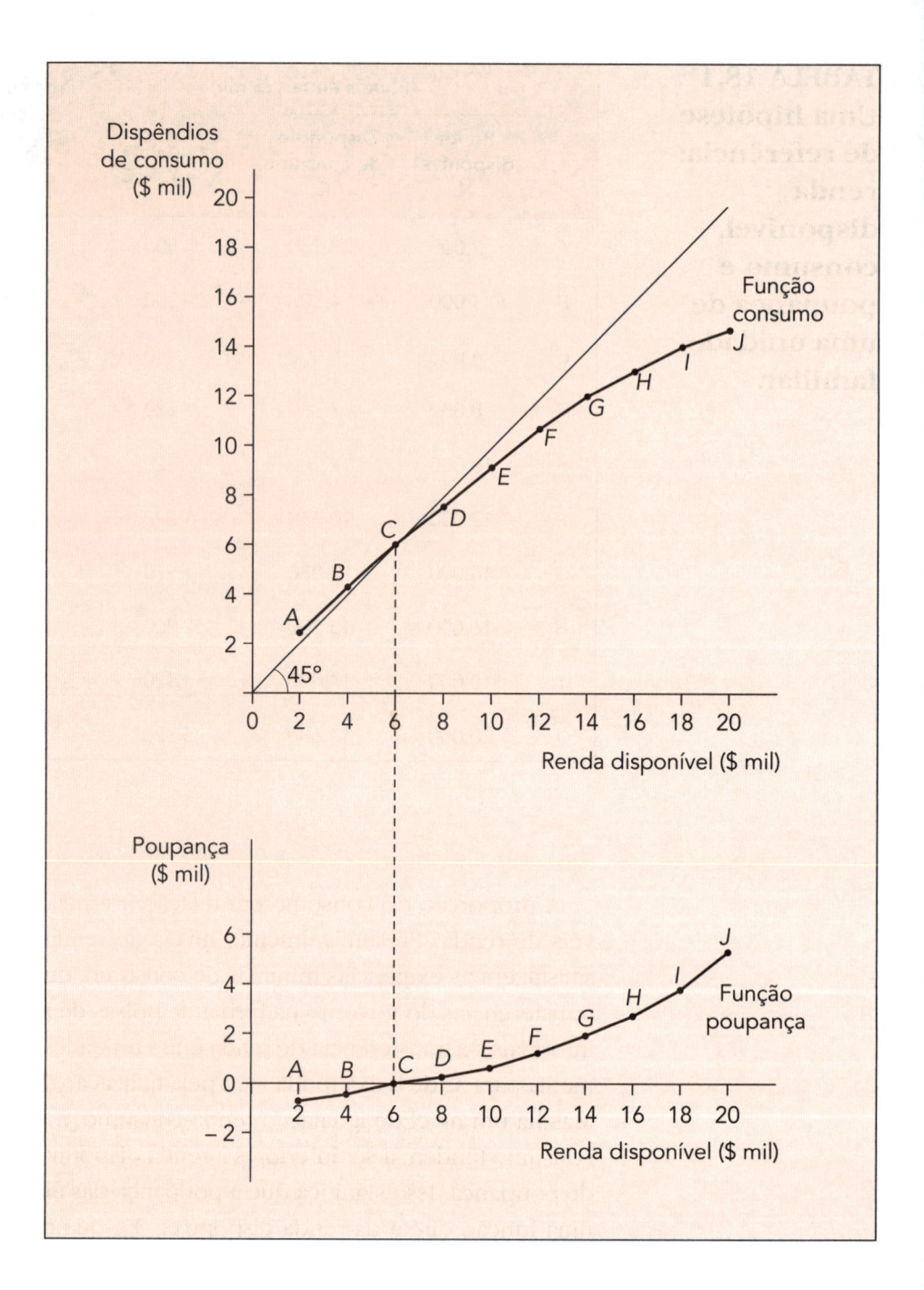

A Figura 18.2 mostra as trajetórias das funções consumo e poupança da unidade familiar suposta. A função consumo é comparada com uma reta referencial de 45°. Se todos os pontos, de *A* a *F*, estivessem sobre esta reta, então o consumo e a renda disponível seriam sempre iguais, independentemente dos níveis supostos. Mas não é o que ocorre. A função consumo corta a reta referencial no ponto *C*, de igualação. A partir daí afasta-se cada vez mais, evidenciando reduções na propensão média a consumir. Em contraposição, a função poupança corta o eixo da renda disponível no mesmo ponto *C*, de igualação. A partir daí, afasta-se em escala crescente do eixo da renda, evidenciando aumentos na propensão média a poupar.

Cabem, aqui, duas importantes qualificações: a primeira, relacionada à **hipótese do ciclo de vida**, desenvolvida por F. Modigliani e R. Brumberg;[1] a segunda, à **hipótese da renda permanente**, proposta por M. Friedman.[2] A primeira estabelece que o horizonte de vida das pessoas também define seus dispêndios de consumo: inicialmente, as pessoas estariam propensas a poupar maiores parcelas de suas rendas para acumular riquezas, financeiras e reais, destinadas por precaução a suportar suas necessidades futuras, ao longo de seu ciclo de vida; no final deste ciclo, os dispêndios tendem a superar a renda corrente, principalmente se esta é limitada ao recebimento de transferências previdenciárias. Já a segunda hipótese propõe também que os dispêndios de consumo não são função apenas da renda disponível corrente, mas das expectativas de renda permanente. Segundo esta hipótese, o consumo pode antecipar-se à renda, notadamente nos casos em que os níveis acumulados de riqueza humana (talentos pessoais, capacitações diferenciadas, formação profissional valorizada no mercado de trabalho) se destaquem como uma espécie de garantia de fluxos de renda ao longo de sucessivos períodos futuros.

Consequentemente, além da renda disponível corrente, as diferentes formas de riqueza, humana e materiais, financeiras e reais, de que as unidades familiares são dotadas, afetam também seus dispêndios de consumo e seus níveis de poupança. O patrimônio das pessoas, expresso sob a forma de capital humano e de outras formas de riqueza, afeta os padrões correntes de consumo. Esta noção se torna clara quando se comparam as propensões a consumir e a poupar de duas diferentes pessoas, ambas com a mesma renda corrente, digamos de $ 40.000 anuais. Se os estoques de riqueza materiais de uma delas forem de, digamos, $ 2 milhões, enquanto os da outra atingem $ 500 mil, é bastante provável, como destacam Baumol-Blinder,[3] que "a primeira terá uma propensão a consumir presumivelmente maior, especialmente se a sua riqueza estiver correlacionada com maiores estoques de capital humano acumulado".

Consideradas essas hipóteses, a função consumo será então expressa por:

$$C_f = f(Y_D, W)$$

em que Y_D é a renda disponível, transitória e permanente, e W é a riqueza total, humana e não humana, convertida em fluxos correntes de consumo pessoal.

Estrutura de repartição da renda e da riqueza. Para a economia como um todo, outro fator de alta relevância na determinação da relação entre os dispêndios de consumo, a renda disponível agregada e a riqueza acumulada é a estrutura de distribuição da renda e da riqueza. Supondo uma economia com apenas duas unidades familiares, UF_1 e UF_2, os dispêndios de consumo serão mais altos se ambas receberem rendas iguais e dispuserem de iguais estoques acumulados de riqueza. Quaisquer hipóteses de distribuição desigual implicarão menores dispêndios de consumo, quando totalizados.

Os dados da Tabela 18.1 podem ajudar a compreender este fator determinante. Na hipótese de uma renda agregada de $ 20.000, o consumo será menor se a UF_1 tiver uma renda de $ 6.000 e a UF_2 de $ 14.000, comparativamente a uma situação de distribuição igualitária, em que cada uma das duas unidades familiares receba $ 10.000. No primeiro caso, os dispêndios de consumo, totalizados, seriam de $ 18.080 (a UF_1 consumiria $ 6.000; a UF_2, $ 12.080). No segundo caso, os dispêndios totalizados aumentariam para $ 18.560 (cada uma das duas unidades consumiria $ 9.280).

As estruturas mais igualitárias de repartição ampliam os dispêndios de consumo em relação aos agregados convencionais do produto e da renda, comparativamente às estruturas em que os índices de concentração são mais elevados. A trajetória da função consumo de uma unidade familiar padrão mostra isso claramente: a relação entre o consumo e a renda é maior nos degraus inferiores, menor nos mais altos. As estruturas de repartição menos concentradas aumentam a capacidade de consumo das unidades familiares que se encontram na base da pirâmide de estratificação socioeconômica e reduzem a capacidade de poupança dos estratos do topo.

Expectativas e cultura dominantes. Outros fatores determinantes dos dispêndios de consumo das unidades familiares são as expectativas quanto à regularidade do abastecimento e à evolução do índice geral de preços, bem como os elementos institucionais e culturais, muitos dos quais se definem no campo da psicologia social.

As expectativas altistas de preços geralmente exercem alta pressão no sentido de elevar a propensão a consumir, notadamente quando a taxa nominal esperada de correção de ativos financeiros poupados é inferior às altas dos ativos reais. São bem conhecidos os episódios históricos de excitação do consumo por expectativas de alta; ou então os de compressão dos gastos de consumo, nos casos em que os consumidores confiam em trajetórias de baixa dos preços. Tanto em uma situação como em outra, a propensão a consumir se altera. E os fluxos do consumo agregado sinalizam mudanças em sua proporção histórica em relação à renda disponível e à riqueza acumulada.

De outro lado, as expectativas quanto à regularidade do abastecimento podem também afetar os dispêndios de consumo, relativamente aos padrões definidos para os diferentes níveis de renda e de riqueza. Um dos casos clássicos de mudança na trajetória histórica da relação consumo/renda, ocorreu nos Estados Unidos imediatamente após o início da Guerra da Coreia, em 1950. Nesse episódio, a poupança do setor privado recuou para níveis próximos de zero, todos procurando aumentar seus estoques, notadamente de suprimentos básicos, temerosos de que muitos produtos viessem a faltar. As dificuldades de abastecimento durante a Segunda Grande Guerra e o racionamento de produtos de alta essencialidade estavam ainda bem presentes na memória dos consumidores.

No Brasil, registram-se vários episódios de mudanças radicais nas propensões a consumir de praticamente todas as classes de renda, quando da execução dos planos heterodoxos de controle da inflação. O episódio de mais fortes efeitos no sistema de abastecimento e nas propensões da sociedade foi o que ocorreu no último trimestre de duração do Plano Cruzado: como os preços foram congelados, mas os salários não, estabeleceu-se que a produção foi travada ao mesmo tempo em que a capacidade de compra da sociedade aumentou fortemente. Estabeleceu-se então um inusitado processo de corrida coletiva aos pontos de venda do comércio varejista de bens de consumo. O resultado foi o desabastecimento, que estimulou ainda mais a propensão da sociedade às compras. O processo só se interrompeu quando o congelamento de preços tornou-se impraticável. O resultado foi a volta à normalidade: o abastecimento restabeleceu-se, a inflação voltou e novos choques heterodoxos tentaram em vão reprimi-la, mas só conseguiram manter-se na memória da sociedade pelas abruptas mudanças em hábitos e expectativas.

Independentemente das expectativas, há ainda uma série de fatores subjetivos que também exercem influência sobre os dispêndios de consumo. A ostentação, contrapondo-se à precaução; a imprevidência e a prodigalidade, contrapondo-se à sobriedade e à parcimônia, podem também afetar os padrões e os dispêndios de consumo, relativamente aos níveis da renda e da riqueza. Os estudos clássicos de J. Duesenberry[4] comprovaram que a propensão a consumir pode ser influenciada pela **emulação social**, uma espécie de **efeito demonstração**, que leva as pessoas a alterarem seus hábitos, incorporando os de seus grupos sociais de referência.

Como Keynes[5] assinalou, "a força desses fatores varia enormemente segundo as instituições e a organização da sociedade econômica que se presume, segundo os hábitos devidos à educação, às convenções e ao estado de espírito corrente e ainda segundo as expectativas em curso e as experiências passadas". Embora nem sempre seja fácil determinar a direção em que atuam a cada instante, esses fatores interferem na trajetória das funções consumo e poupança, modificando as propensões das unidades familiares ao longo do tempo e interferindo na regularidade do consumo agregado.

Estoques e crédito. Os padrões e os níveis dos estoques em poder dos consumidores é outro fator que pode afetar os dispêndios de consumo em relação à renda disponível. Nas economias de alta renda, em que praticamente todas as famílias dispõem de uma ou mais unidades dos bens de consumo de uso durável existentes no mercado, a renovação desses estoques só se verifica em decorrência da obsolescência técnica ou funcional dos produtos adquiridos em períodos passados. Os novos modelos, as melhorias de desempenho, os novos padrões funcionais e de qualidade e os esforços promocionais incitam os consumidores à modernização de seus hábitos e à atualização de seus estoques. Esta situação é bem diferente da que se observa nas economias de baixa renda, em que é comparavelmente inferior a disponibilidade *per capita* de praticamente todos os bens de consumo de uso durável. Neste caso, os mercados estão ainda por ser desenvolvidos: os consumidores são ávidos por mudanças qualitativas em seus padrões materiais de vida; em decorrência, tende a ser alta sua propensão a adquirir as diferentes categorias de bens e serviços de consumo.

A disponibilidade e os custos do crédito direto ao consumidor, notadamente nas economias de baixa renda, é outro fator que interfere no montante dos dispêndios de consumo. O impacto estimulante ou desencorajador desse fator é geralmente muito alto. Tanto que é um dos meios mais eficazes da política econômica, quando estão em jogo objetivos de expansão e de contenção da procura agregada, para estabilização da economia ou expansão dos níveis de atividade e de emprego.

FIGURA 18.3
Aumentos ou reduções da renda disponível implicam mudanças ao longo de uma função consumo: de A para B ou de B para A, na função C_0. Outros fatores determinantes, como a repartição da renda, as expectativas, os estoques e o crédito, podem deslocar a função como um todo, de C_0 para C_1 ou C_2, aumentando ou reduzindo os dispêndios de consumo para iguais níveis de renda disponível.

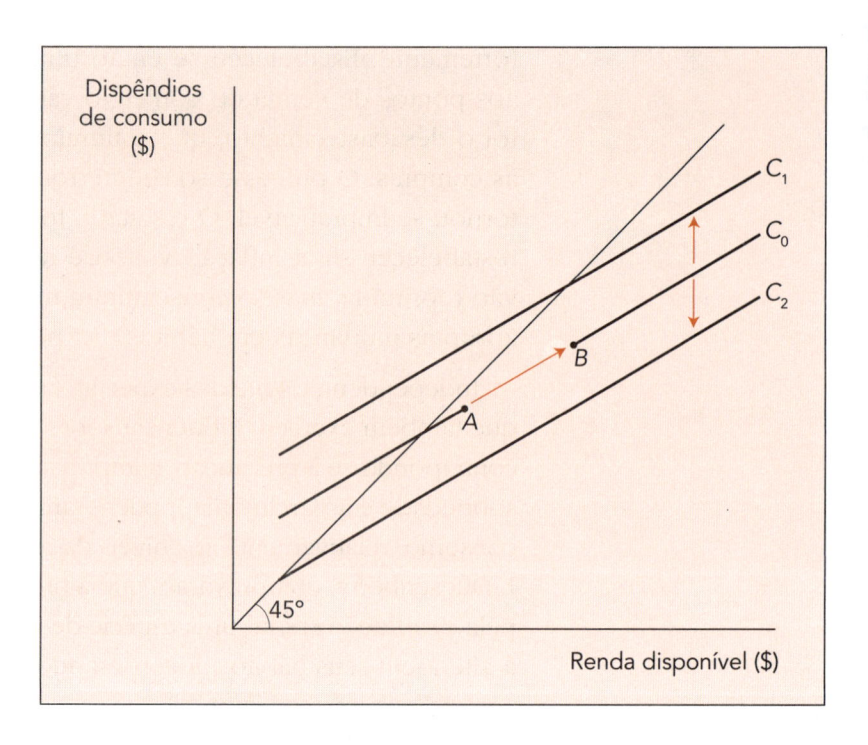

A Figura 18.3 sintetiza os efeitos de todos esses fatores determinantes na função consumo. Os aumentos de renda disponível deslocam o consumo efetivo do ponto A para o ponto B, em dada função, como C_0. Já os demais fatores podem também atuar no deslocamento da função como um todo, para mais e para menos, na direção de e C_1 e C_2. Os fatores que poderiam atuar, por exemplo, no deslocamento da função consumo para mais (C_0 na direção de C_1) são: expectativas de alta dos preços ou de anormalidade no abastecimento; maior disponibilidade de crédito, a custos atraentes; maior proporção de população idosa com riqueza acumulada em relação ao contingente demográfico total; redução nos índices de concentração da renda e da riqueza; forte incitação para atualização e renovação dos estoques dos bens de consumo de uso durável em poder dos consumidores; e emulação social direcionada para padrões ostentatórios. Ocorrendo o oposto, a tendência é o deslocamento da função para uma posição mais baixa (C_0 na direção de C_2).

As Propensões a Consumir e a Poupar

Determinadas pelo conjunto de fatores que acabamos de examinar, as relações entre os dispêndios de consumo, a poupança e a renda disponível tornaram-se, desde a publicação, em 1936, da *The general theory of employment, interest and money*, de Keynes, peças de importância central da macroeconomia básica. As denominações e as expressões usuais dessas relações são:

Propensão média a consumir, $PMeC = \dfrac{C_f}{Y_D}$

Propensão média a poupar, $PMeS = \dfrac{S_f}{Y_D}$

Voltando à Tabela 18.1, observamos que a **propensão média a consumir**, *PMeC*, varia com o nível da renda disponível, decrescendo à medida que a renda aumenta: embora os dispêndios de consumo das famílias aumentem, em termos absolutos, em resposta a aumentos na renda disponível, a relação entre essas duas variáveis, C_f e Y_D, descreve uma tendência decrescente.

Esta trajetória típica é conhecida desde o final do século XIX, tendo sido evidenciada pelo estatístico prussiano Ernest Engel. Estudando hábitos de consumo, ele mostrou que a parcela da renda destinada ao consumo de bens e serviços de alta essencialidade, como alimentos, tende a diminuir à medida que a renda aumenta; outros, como os relacionados à habitação, tendem a manter-se constantes; e os bens ostentatórios passam a ter maior peso. Estas diferentes relações entre o consumo e a renda, segundo as categorias de bens e serviços, tornaram-se conhecidas como **leis de Engel**. Os bens e serviços cujo consumo passa a ter maior peso à medida que a renda aumenta são denominados **bens superiores**; os **bens inferiores** definem-se pela situação oposta. Consequentemente, embora os dispêndios totais com bens de consumo, notadamente os superiores, aumentem com a variação da renda para mais, os aumentos totais tendem a não acompanhar a renda na mesma proporção, ampliando-se a capacidade de poupança.

Na Tabela 18.1, para o mais baixo nível de renda, $ 2.000 anuais, o consumo é de $ 2.500. Neste caso, a propensão média a consumir é maior que a unidade, 1,25; e, como ocorre despoupança, a **propensão média a poupar**, *PMgS*, é menor que zero, negativa, de – 0,25. Quando a propensão média a consumir é igual a 1,00, os dispêndios de consumo igualam-se à renda disponível: neste caso, a poupança e a propensão média a poupar são, ambas, iguais a zero. A partir deste ponto, a propensão média a consumir cai para valores inferiores à unidade e a propensão média a poupar torna-se positiva. No último degrau de renda, de $ 20.000 anuais, os dispêndios de consumo são de $ 14.680, a poupança é de $ 5.320 e as propensões a consumir e a poupar são, respectivamente, de 0,73 e de 0,27. Obviamente, por definição, para quaisquer níveis de renda, a soma das duas propensões é igual a 1,00.

Mais importantes ainda que os conceitos de **propensões médias** são os de **propensões marginais a consumir e a poupar**, *PMgC* e *PMgS*. Estas medem as **variações no consumo e na poupança** das unidades familiares ΔC_f e ΔS_f em resposta a **variações na renda disponível**, ΔY_D. Suas expressões são:

$$PMgC = \frac{\text{Variações nos dispêndios de consumo}}{\text{Variações na renda disponível}} = \frac{\Delta C_f}{\Delta Y_D}$$

$$PMgS = \frac{\text{Variações na poupança}}{\text{Variações na renda disponível}} = \frac{\Delta S_f}{\Delta Y_D}$$

A Tabela 18.2, construída a partir das mesmas hipóteses da Tabela 18.1, mostra a trajetória dessas duas propensões marginais. Elas medem **relações entre acréscimos** – daí sua maior importância. Trata-se de relações que indicam, em termos dinâmicos, a magnitude de um dos vazamentos dos fluxos circulares do produto, da renda e do dispêndio: quando a renda aumenta, qual será o acréscimo dos dispêndios de consumo das unidades familiares; consequentemente, qual o vazamento, sob a forma de poupança adicional. Dado o peso destes dispêndios na composição da procura agregada, a relação marginal entre o consumo e a

TABELA 18.2
Propensões marginais a consumir e a poupar: a relação entre os acréscimos na renda disponível, no consumo e na poupança.

Fluxos anuais ($ mil)			Propensão marginal a consumir	Propensão marginal a poupar
Renda marginal disponível ΔY_D	Dispêndios marginais de consumo ΔC_f	Poupança marginal ΔS_f	$PMgC = \dfrac{\Delta C_f}{\Delta Y_D}$	$PMgS = \dfrac{\Delta S_f}{\Delta Y_D}$
2.000	–	–	–	–
2.000	1.800	200	0,90	0,10
2.000	1.700	300	0,85	0,15
2.000	1.680	320	0,84	0,16
2.000	1.600	400	0,80	0,20
2.000	1.480	520	0,74	0,26
2.000	1.320	680	0,66	0,34
2.000	1.120	880	0,56	0,44
2.000	880	1.120	0,44	0,56
2.000	600	1.300	0,30	0,70

renda tem muito a ver com a sustentação e o crescimento dos níveis do produto e do emprego na economia como um todo. Mais adiante veremos que um dos mais importantes conceitos da teoria macroeconômica, o **efeito multiplicador dos dispêndios**, é fortemente correlacionado com os conceitos de propensões marginais: quanto maiores forem as propensões ao dispêndio, tanto maiores serão seus efeitos multiplicadores sobre a economia como um todo.

Na Figura 18.4, mostramos que as propensões marginais a consumir e a poupar medem a inclinação das funções consumo e poupança. A propensão marginal a poupar mede a vazão dos acréscimos da renda disponível, que saem dos fluxos reais para o sistema financeiro. Se o correspondente acréscimo na poupança for reinjetado no sistema circular por novos investimentos, então a economia como um todo não só mantém, como ainda amplia os níveis correntes do produto e do emprego.

A amplificação do produto agregado pelo efeito multiplicador dos dispêndios marginais só será vista no próximo capítulo. Por enquanto, vamos limitar-nos a examinar o que determina a magnitude de cada uma das macrovariáveis consideradas. Veremos agora que fatores impactam as decisões de investimento das empresas.

FIGURA 18.4
As propensões marginais a consumir, *PMgC*, e a poupar, *PMgS*, definem, para dado acréscimo na renda disponível, as proporções que serão destinadas ao consumo e à poupança. Por definição, a soma destas duas propensões é sempre igual a 1,00.

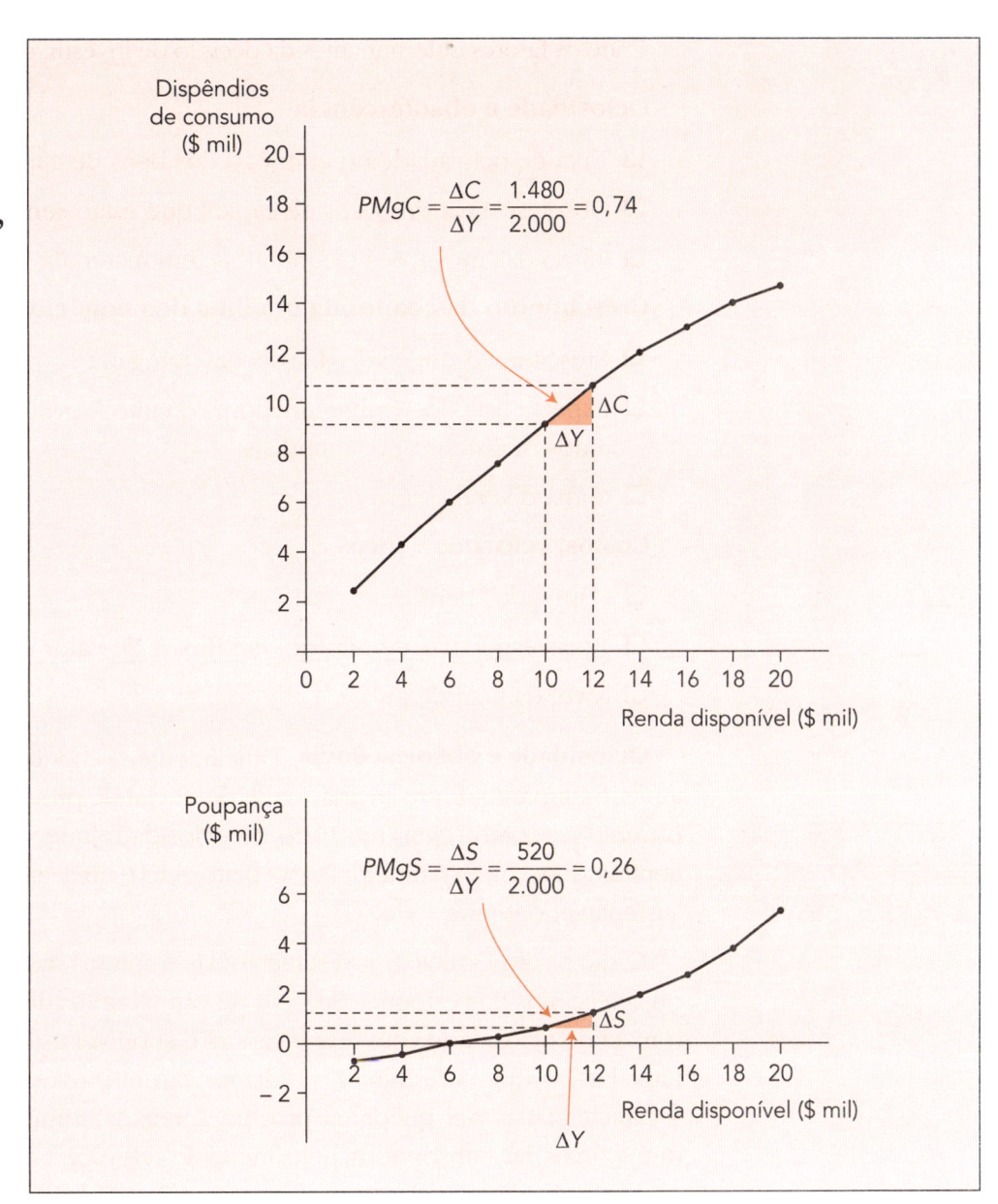

$$PMgC = \frac{\Delta C}{\Delta Y} = \frac{1.480}{2.000} = 0,74$$

$$PMgS = \frac{\Delta S}{\Delta Y} = \frac{520}{2.000} = 0,26$$

18.3 O Investimento das Empresas

As Decisões de Investimento: Fatores Determinantes

Enquanto os dispêndios de consumo das unidades familiares são firmes ao longo do tempo e até constantes para determinadas categorias de bens e serviços, definindo propensões médias e marginais relativamente estáveis, os fluxos de investimento são sujeitos a maiores oscilações. Mais ainda: a estimulação do consumo, em épocas depressivas, produz respostas mais rápidas que a estimulação do investimento. Este depende de um conjunto mais complexo de fatores determinantes, além do que o processo decisório de investir fundamenta-se, muito mais que quaisquer outros fluxos de dispêndio, em avaliações racionais de retorno e em relações custos/benefícios mais calculistas e frias.

Entre os fatores determinantes da decisão de investir, os de maior relevância são:

Ociosidade e obsolescência

❑ Taxa de ociosidade no emprego dos bens de capital disponíveis.

❑ Obsolescência dos bens de capital que estão sendo empregados.

❑ Ritmo das inovações tecnológicas, em materiais, processos e produtos.

Crescimento da economia e "clima dos negócios"

❑ Crescimento projetado da procura agregada.

❑ Expectativas dos empreendedores quanto à evolução do mercado interno e dos megamercados mundiais.

❑ Clima dos negócios.

Custos, retornos e juros

❑ Custos dos bens de capital.

❑ Taxas esperadas de retorno, em fluxos de valor atual.

❑ Nível da taxa de juros.

Ociosidade e obsolescência. Dificilmente, a economia como um todo opera a pleno-emprego. Entre a capacidade potencial de produção e o produto efetivo, observa-se, como regra, um hiato de ociosidade que varia ao longo do tempo, contraindo-se ou expandindo-se. O hiato zero é uma situação teórica dificilmente sustentável o tempo todo.

Como os dispêndios de investimento das empresas são, por definição, reposições ou acréscimos nos estoques de bens de capital utilizados no processo produtivo, o nível de ociosidade com que o capital disponível está sendo empregado é um fator básico que determina a predisposição em investir. Em épocas recessivas – caracterizadas por queda da procura agregada, aumento de estoques de produtos finais não absorvidos pelo mercado, elevação das taxas de desemprego no mercado de trabalho e aumento da ociosidade das plantas instaladas – as decisões de investimento são geralmente postergadas. E, mesmo que ocorra uma recuperação conjuntural da procura agregada, que amplie a absorção de produtos acabados pelos mercados do setor real da economia, a retomada dos dispêndios de investimento não é imediata: os empreendedores buscam assegurar-se de que a recuperação não é resultante de movimentos efêmeros, não sustentáveis.

Junto com a ociosidade, outro fator que determina os investimentos é a obsolescência das plantas. O processo de inovação tecnológica torna obsoletos bens de capital ainda não inteiramente depreciados pelo uso. A obsolescência tecnológica antecipa-se à operacional sob várias circunstâncias: quando se desenvolvem máquinas operatrizes informatizadas e mais velozes, equipamentos que reduzem custos de processos produtivos ou melhorem a qualidade dos produtos finais, automação e robotização em atividades até então sujeitas a tecnologias tradicionalmente conservadoras. Em todos esses casos, as empresas que não acompanharem o ritmo das inovações tornam-se relativamente obsoletas. E quanto mais inovações são oferecidas pelos setores produtores de bens de capital, mais as empresas são estimuladas a incorporá-las a suas plantas e processos, para que se mantenha atualizada sua capacidade competitiva, notadamente em mercados mais exigentes quanto ao binômio custos-qualidade.

O ritmo das inovações tecnológicas em materiais e produtos impacta também os investimentos das empresas. Para acompanhar as tendências e as iniciativas dos concorrentes líderes em competitividade e inovações, as empresas inovadoras decidem por novos investimentos em modernização, mesmo que ainda operem com equipamentos funcionalmente não depreciados e parcialmente ociosos. No *Estudo da competitividade da indústria brasileira*, realizado no início dos anos 1990, com as impactantes mudanças advindas da abertura de mercados e do acesso a cadeias globais de suprimentos, constatou-se que os dois principais motivos para novos investimentos eram a expansão da capacidade de produção (para 54,7% das empresas) e a modernização em processos e produtos (para 43,2%).[6]

Crescimento econômico e "clima dos negócios". Inversamente correlacionado com a taxa de ociosidade, o crescimento da economia como um todo é um relevante fator determinante dos investimentos das empresas. A expansão econômica, sustentada pela procura agregada, anima os empreendedores a ampliarem suas capacidades efetivas de produção, até como "barreiras de entrada" para novos concorrentes. E se estas barreiras não se estabelecerem, os investimentos acabarão resultando também de iniciativas de empreendedores entrantes.

A expansão projetada da economia define, assim, boa parte das decisões de investimento, especialmente nos setores em que a procura dos produtos mostra forte correlação direta com o crescimento de agregados econômicos, como o PIB. É prática usual nas empresas projetar a procura efetiva por seus produtos, a partir de sua correlação histórica com as variações do PIB. Na maior parte dos setores que produzem bens de consumo de uso semidurável ou durável, bem como nos que produzem bens intermediários ou de capital, as taxas de crescimento do mercado acompanham as variações do PIB, embora com defasagens e amplitudes que variam de setor para setor. São também diferentes os coeficientes de elasticidade-renda dos produtos de cada um dos setores. Em muitos casos, a elasticidade-renda é maior que um, indicando ritmos de expansão superiores aos do produto agregado.

As projeções de expansão das economias em que as empresas operam, ponderadas pelos coeficientes de elasticidade-renda dos produtos, são assim parâmetros para definição do crescimento da procura derivada, em diferentes mercados. E, dependendo das taxas planejadas de participação nos mercados, definidas pelas empresas em seus projetos estratégicos de crescimento, formulam-se as diretrizes de investimento em novas plantas ou em expansão das existentes.

Tão importante quanto as projeções do crescimento futuro da economia, geralmente compartilhadas por consultorias especializadas, são as expectativas que afinal se formam nos círculos empresariais sobre o desempenho futuro dos mercados.

As projeções e as expectativas definem o "clima dos negócios". Elas interagem com as projeções definidas por critérios técnicos, influenciando-se reciprocamente. E estabelecem-se, então, ondas contagiantes de otimismo ou de pessimismo, que se propagam de um setor para outro. O "clima" percebido em um setor da economia pode propagar-se para outros, principalmente quando as manifestações desencadeadoras ocorrem em setores de forte capacidade de influência, seja pelo poder e pela expressão de suas lideranças, seja por sua importância na matriz das relações intersetoriais de produção. É assim que "climas" de otimismo ou de pessimismo, interagindo com avaliações técnicas, condicionam a "atmosfera dos negócios", dentro da qual se estabelecem as visões de futuro e as decisões de investimento.

Custos, retornos e juros. Embora a ociosidade e a obsolescência dos bens de capital, o crescimento projetado da procura agregada e o "clima dos negócios" atuem, de fato, como fortes fatores determinantes dos investimentos das empresas, as decisões finais passam necessariamente por avaliações das taxas de retorno, em fluxos de valor atual. A base destas avaliações são os custos orçamentados dos bens de capital que totalizarão os investimentos planejados.

O retorno esperado é um dos principais fatores de atratividade de negócios. Ele varia intensamente de um setor para outro e de época para época. O acirramento da concorrência, o lançamento de produtos substitutos, as mudanças de hábitos da sociedade, a entrada no mercado de novos concorrentes com tecnologias de processo mais avançadas, as barreiras de entrada e de saída são, todos, fatores determinantes do retorno de investimentos. E, como sua evolução futura é incerta, há sempre o risco de os retornos efetivos não corresponderem aos fluxos projetados.

Aos riscos dos investimentos das empresas em novos negócios, ou na expansão dos já explorados, contrapõem-se os retornos das aplicações em ativos financeiros de renda fixa. O mercado de títulos é, assim, uma alternativa, supostamente de risco inferior, aos investimentos em ativos reais. Daí a importância atribuída pela teoria macroeconômica tradicional à taxa de juros como variável de importância crucial para as decisões de investimento das empresas.

A importância dessa variável resulta de sua atuação nos dois lados da equação de investimentos. De um lado, é parâmetro de comparação com as taxas esperadas de retorno das aplicações em bens de capital e em títulos de renda fixa. De outro lado, é também uma variável paramétrica, dado que a maior parte dos investimentos de alta expressão é alavancada por empréstimos e financiamentos concedidos pelo setor financeiro. Tanto em uma ponta como em outra, os investimentos se realizarão somente se os fluxos esperados de rendimentos líquidos, em valor atual, superarem as taxas de juros praticadas pelo setor financeiro da economia.

A comparação entre as taxas de juros praticadas pelo setor financeiro e os rendimentos internos proporcionados pelos investimentos em ativos reais, em fluxos de valor presente, é a base da teoria keynesiana do investimento. Esta teoria é assim sintetizada por Simonsen-Cysne,[7] em *Macroeconomia*:

❏ O investimento em bens de capital implica a expectativa de recebimento de uma sequência de rendimentos líquidos em períodos futuros. Esta sequência reflete o maior ou menor grau de otimismo espalhado pela economia. E, como o futuro é incerto, presume-se que os valores esperados incluam os riscos envolvidos.

❑ A sequência dos rendimentos esperados é derivada do preço de oferta dos bens de capital, em relação à qual se estabelecem as taxas de rendimento interno em valor atual. A esta sequência, definida por Keynes como **eficiência marginal do capital**, *EMgK*, contrapõem-se os coeficientes de descontos (ou taxas de juros) com que o mercado de títulos cota as promessas de pagamento para o futuro.

❑ Os projetos de investimento só se realizarão se, e somente se, a eficiência marginal do capital superar as taxas de juros praticadas no mercado financeiro.

❑ Ainda segundo a teoria keynesiana, cabe notar que os custos dos bens de capital dependem das pressões de procura exercidas sobre as indústrias produtoras e de sua capacidade de oferta a curto prazo. Quando o volume dos investimentos planejados supera essa capacidade, os preços de oferta tendem a elevar-se, reduzindo-se consequentemente as taxas esperadas de retorno. De igual forma, as pressões por empréstimos e financiamentos, em contrapartida à captação de aplicações em títulos e à oferta monetária, movimentam as taxas reais de juros projetadas. O resultado é a definição do ponto de corte, que acaba por limitar os investimentos que se efetivarão.

❑ Keynes conclui que o volume de investimentos depende, assim, em parte, do estado de expectativas dos agentes econômicos; em parte, da taxa de juros. Uma redução das taxas de juros pode estimular os investimentos. Contudo, a volatilidade das expectativas atua como fator de instabilidade dos fluxos planejados.

❑ Por fim, a logicidade operacional dos mercados financeiros também é fator de instabilidade dos investimentos. Em primeiro lugar, a dissociação entre o agente econômico que poupa e o que investe implica uma duplicação de riscos: o empresário que investe exige um prêmio de risco para enfrentar as incertezas dos negócios; o poupador que o financia também exige um prêmio para precaver-se contra a eventual insolvência. Em épocas de prosperidade, é possível que ambas as partes subestimem imprudentemente os riscos de lado a lado. Mas em épocas de depressão, em que se alastra o pessimismo, essa duplicação de riscos inibe severamente o nível dos investimentos.

A Eficiência Marginal do Capital e a Taxa de Juros

A Tabela 18.3 ajuda a compreender um dos aspectos cruciais destacados: **o ponto de corte dos investimentos, definido pela comparação entre a eficiência marginal do capital, *EMgK*, e a taxa de juros praticada, *i***.

Admitem-se dez diferentes projetos de investimento, de diferentes magnitudes e com diferentes taxas de retorno em valor atual. O valor do investimento planejado no projeto A é de $ 12.000.000; para cada $ 1.000 investidos, o retorno

TABELA 18.3
A decisão de investimento das empresas: a relação entre a taxa de retorno esperado e o custo do capital.

Projetos (1)	Total do investimento planejado em $ 1.000 (2)	Retorno esperado em valor atual para cada $ 1.000 investidos (3)	Custo anual dos projetos para cada $ 1.000 investidos		Retorno líquido esperado para cada $ 1.000 investidos	
			Taxa de juros de 5% (4)	Taxa de juros de 10% (5)	Taxa de juros de 5% (3) – (4)	Taxa de juros de 10% (3) – (5)
A	12.000	250	50	100	200	150
B	8.000	240	50	100	190	140
C	5.000	200	50	100	150	100
D	5.000	150	50	100	100	50
E	10.000	125	50	100	75	25
F	20.000	110	50	100	60	10
G	6.000	90	50	100	40	– 10
H	14.000	80	50	100	20	– 20
I	5.000	40	50	100	– 10	– 60
J	15.000	30	50	100	– 20	– 70

Fonte: Adaptação de demonstração de SAMUELSON-NORDHAUS. *Economics*, "The Determinants of Investment: Interest Rate and Investments". New York: McGraw-Hill, 1992.

esperado é de $ 250. Se outros fatores não interferirem na decisão, este projeto será efetivamente implantado, caso as taxas de juros sejam de 5% ($ 50 para cada $ 1.000 investidos), ou mesmo se forem de 10% ($ 100 para cada $ 1.000 investidos). O retorno líquido será, respectivamente, de $ 200 e de $ 150, para cada $ 1.000 investidos. Trata-se de projeto de alta rentabilidade esperada, bem acima do ponto de corte definido pelos juros praticados no mercado financeiro.

Os outros nove projetos de investimento supostos na Tabela 18.3, de *B* a *J* estão em ordem decrescente de retorno esperado, para cada $ 1.000 investidos. Se todos os dez projetos fossem efetivados, o investimento total seria de $ 100.000.000. Mas, comparando a eficiência marginal do capital de cada um deles, definida pela taxa de retorno esperado em valor atual, com as taxas de juros, apenas os seis primeiros (de *A* a *F*) têm chances de se efetivar se as taxas de juros forem de 10%; se os juros baixarem para 5%, outros dois projetos se viabilizam, *G* e *H*. Mas os dois últimos, *I* e *J*, dificilmente se efetivarão: são projetos de baixa rentabilidade projetada, inferior até às taxas de juros mais baixas admitidas na hipótese.

A Figura 18.5 mostra a sequência dos dez investimentos planejados, em ordem decrescente da taxa de retorno esperada. No eixo vertical, estão as taxas de retorno e as de juros; no horizontal, os totais dos investimentos: as taxas de retorno dos projetos *A* a *F* superam a taxa de juros de 10%; as de *G* e *H* são inferiores aos juros de 10%, mas superiores aos juros de 5%; *I* e *J* estão abaixo desta última taxa. A taxa interna de retorno esperada, que equivale à eficiência marginal do capital da teoria keynesiana do investimento, descreve uma função descendente.

FIGURA 18.5
Projetos de investimento ordenados segundo as taxas de retorno esperado, *RE*. O montante dos dispêndios de investimento das empresas define-se pela relação entre o retorno esperado e a taxa de juros. A taxa de mercado é o parâmetro de corte dos projetos. Teoricamente, serão implantados investimentos de $ 60 mil (*A* a *F*), se a taxa de juros for de 10%. Se a taxa for de 5%, os investimentos serão de $ 80 mil (*A* a *H*).

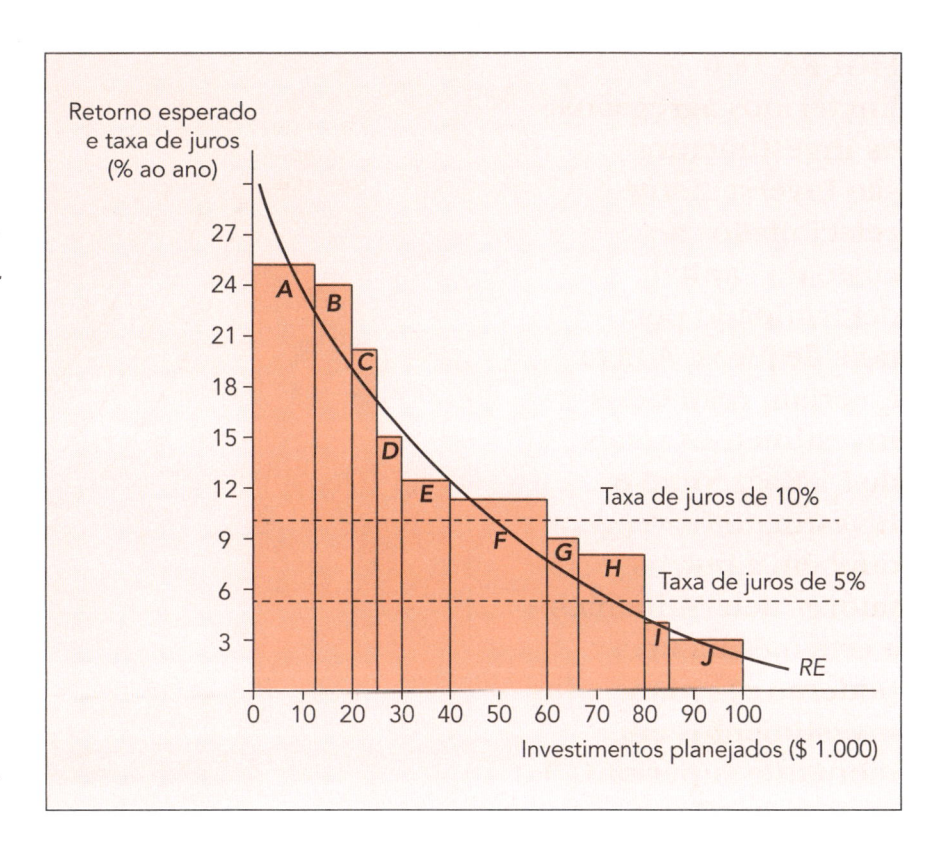

A trajetória descendente se justifica pelas diferentes taxas de retorno dos projetos de investimento existentes na economia: são poucos os projetos de altas taxas de retorno; à medida que aumentamos o total planejado dos investimentos, a taxa de retorno vai caindo, até incorporar projetos de retorno insuficiente para cobrir os custos efetivos do capital investido. Os bancos de investimento conhecem bem esta realidade: elevados volumes de projetos financiados implicam taxas de corte cada vez mais baixas, definidas em relação aos juros de mercado. Ou, então, olhando a realidade por outro ângulo: se os juros baixarem, viabiliza-se maior volume de projetos.

A síntese dessa abordagem teórica está na Figura 18.6. Em termos agregados, os investimentos são inversamente relacionados ao custo do capital, determinado pela taxa de juros. À taxa i_0 seriam realizados investimentos totais de I_0. Ocorre, porém, que os investimentos planejados não se definem apenas pela comparação keynesiana da eficiência marginal do capital com a taxa de juros. Há outros fatores em jogo. Vimos que o "clima dos negócios" é um deles. A obsolescência do capital é outro fator. As taxas de ociosidade no emprego dos recursos instalados são também de alta relevância. E os riscos avaliados, definidos inclusive por fatores como estabilidade político-institucional, geralmente independem das taxas de juros de mercado.

Consequentemente, dada uma mesma taxa de juros, i_0, podem ser realizados tanto investimentos de I_0, como de I' como de I''. No primeiro caso, o montante dos investimentos planejados será menor; no segundo caso, maior. Os movimentos na direção de I' ou de I'' podem ocorrer mesmo a curto prazo, dada a volatilidade das decisões finais. Volatilidade que é, no moderno mundo econômico, cada vez mais

FIGURA 18.6
Em termos agregados, os investimentos são inversamente relacionados ao custo do capital, determinado pela taxa de juros. À taxa i_0 seriam realizados investimentos totais de I_0. Mas, como os investimentos reagem também a outros fatores determinantes, a esta mesma taxa poderão ser planejados investimentos em montante superior (I') ou inferior (I'').

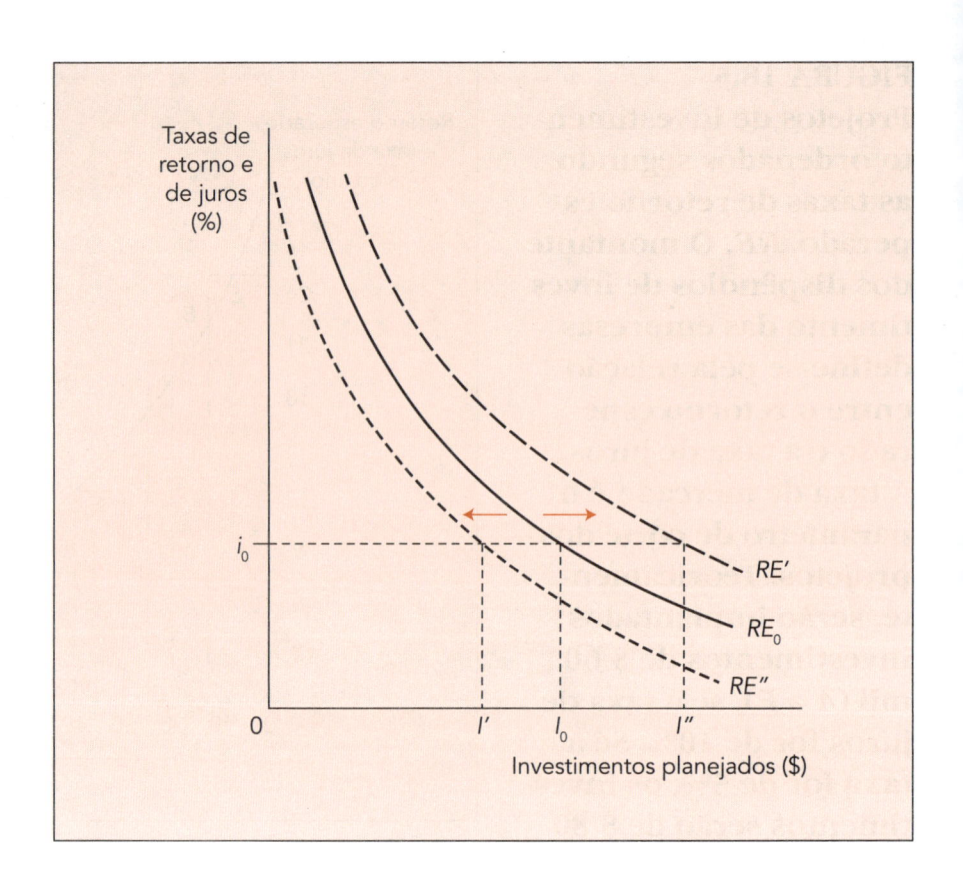

forte, dados os efeitos sobre os mercados nacionais exercidos por fatores externos decorrentes de maiores graus de abertura e de interconexão de desempenhos. Mais ainda: com a globalização, os investimentos migram com maior rapidez de uma economia para outra, estabelecendo-se nas que apresentam taxas mais promissoras de retorno. E estas taxas são definidas vetorialmente, por um conjunto de fatores, que vão da emergência de novos mercados à estabilidade presumida das regras econômicas.

18.4 Os Tributos e os Dispêndios do Governo

Os Fatores Determinantes do Orçamento Público

Retornando mais uma vez ao modelo circular da Figura 18.1, observamos que o terceiro agente econômico, o governo, também participa dos grandes fluxos de geração do produto e de apropriação da renda agregada, através de dois dutos. Pelo primeiro, no ponto (2), transitam os tributos líquidos, T; pelo outro, no ponto (5), os dispêndios, G. O primeiro é, tipicamente, um duto de vazamento; o segundo, de reinjeção. O vazamento reduz a renda disponível dos outros dois agentes econômicos, unidades familiares e empresas; a reinjeção reincorpora as receitas tributárias, sob a forma de dispêndios, aos fluxos componentes da procura agregada.

Também neste caso, embora os dispêndios do governo sejam fortemente atrelados à receita tributária, podem ocorrer casos em que os fluxos do dispêndio público superem os da arrecadação tributária, operando o governo com déficit na execução de seus orçamentos de custeio e de capital; contrariamente, podem também ocorrer orçamentos superavitários. Estas três hipóteses ($G = T$; $G > T$; e $G < T$) resultam da complexidade das funções do governo como agente econômico e da multiplicidade de seus objetivos. As funções requeridas pela sociedade e os objetivos do governo como agente econômico determinam não só a magnitude, como também, circunstancialmente, as condições de equilíbrio e as direções de desequilíbrio dos orçamentos públicos.

As funções do governo que interessam mais de perto à teoria macroeconômica básica são, resumidamente:

- Produção de bens e serviços públicos e semipúblicos.
- Redistribuição da renda e da riqueza, corrigindo vícios e imperfeições dos mercados onde se dá a interação dos agentes econômicos privados.
- Estabilização da economia como um todo, resultando intervenções em situações típicas de estagnação, de inflação recorrente ou de estagflação.

Estas três funções são exercidas pela gestão dos dois lados do orçamento público, o dos **tributos** e o dos **dispêndios**.

O Lado dos Tributos

No lado dos tributos, são três os aspectos teóricos relevantes, sintetizados na Figura 18.7:

- A tipologia dos tributos e a composição da estrutura tributária.
- A função receita tributária.
- A definição da carga tributária ótima.

A tipologia e a estrutura tributária. O governo pode recorrer a três tipos de tributos, quanto a sua relação com a renda agregada. A relação T/Y pode ser regressiva, proporcional constante ou progressiva. Os **tributos regressivos** resultam em uma relação T/Y decrescente, à medida que a renda se expande. Os tributos que têm como fato gerador o consumo das unidades familiares são geralmente descritos como regressivos, dada a tendência típica da propensão média a consumir, $PMeC$. Como os estratos mais altos de renda consomem uma proporção menor, comparativamente aos estratos mais baixos, quanto mais alta é a renda, menor é a proporção dos tributos arrecadados se o fato gerador for o consumo. Já os **tributos proporcionais** incidem sobre a renda a uma taxa constante, independentemente de seu nível: os tributos sobre serviços são geralmente deste tipo; suas alíquotas variam não em função da renda auferida pelos prestadores dos serviços tributados, mas segundo a essencialidade presumida das diferentes categorias de serviços. Finalmente, os **tributos progressivos** são graduados em função do nível da renda: níveis baixos podem ser isentados, mas à medida que a renda alcança níveis mais altos, as alíquotas aplicadas são crescentes. O exemplo típico são os impostos diretos sobre a renda declarada das unidades familiares. Na maior parte das economias, as alíquotas vão de zero a 50% ou até mais: as receitas efetivas, médias e marginais, são crescentes em relação à renda.

FIGURA 18.7
Três aspectos teóricos da gestão tributária:

(a) *A tipologia dos tributos*

Os tributos, como porcentagem da renda agregada, T/Y, podem ser progressivos, proporcionais ou regressivos: a composição definida busca atender, teoricamente, a princípios de justiça fiscal.

(b) *A função receita tributária*

Esta função é descrita por uma curva ascendente em relação à renda: o princípio da progressividade, neste caso, caracteriza a estrutura tributária definida.

(c) *A curva de Laffer*

Presumivelmente, há um nível ótimo de carga tributária, bY, que maximiza a receita tributária, T.

A curva de Laffer ilustra a relação teórica entre a carga tributária imposta à sociedade e a receita tributária efetiva obtida pelo governo.

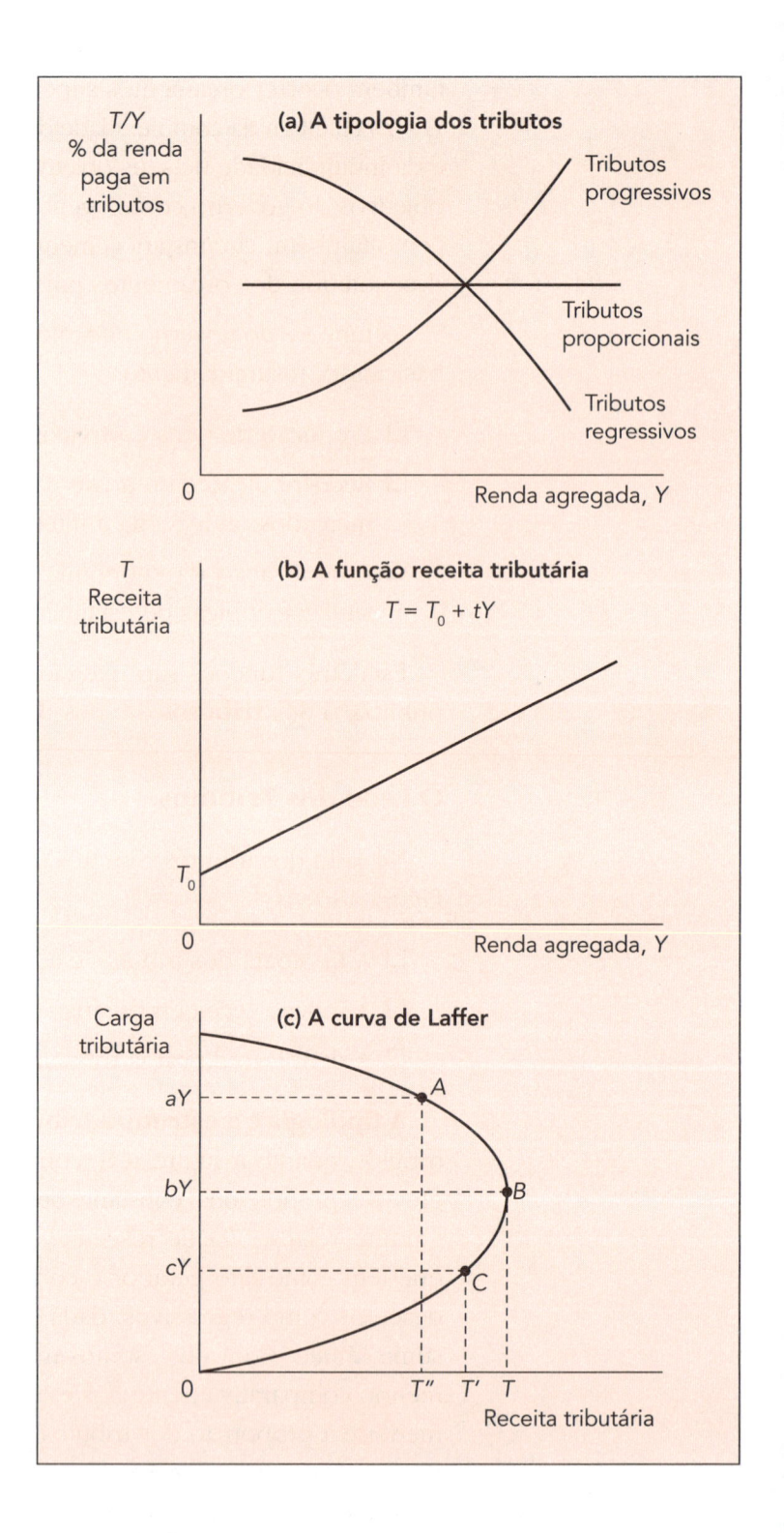

A estrutura tributária definida busca atender, teoricamente, a pelo menos dois princípios de justiça fiscal: 1. A essencialidade dos bens e serviços tributados; e 2. a capacidade contributiva do agente econômico tributado. Os produtos de mais alta essencialidade tendem a ser desonerados de cargas tributárias; daí em diante as alíquotas definidas correlacionam-se inversamente com os graus presumidos de essencialidade. De igual forma, os agentes econômicos que recebem altas rendas são tributados a taxas superiores às aplicadas aos agentes de baixa renda. A aplicação destes princípios resulta da legitimidade da função redistributiva.

A função receita tributária. Resultante da aplicação de uma estrutura tributária presumivelmente definida por princípios de justiça fiscal, a **função receita tributária do governo** é constituída, segundo convenções teóricas da macroeconomia, por um conjunto de receitas originárias de pelo menos quatro fontes: tributos, taxas, contribuições sociais e rendas patrimoniais. Por isso, a variável T é geralmente expressa da seguinte forma:

$$T = T_0 + tY$$

onde T é a receita total do governo; T_0, a parte da receita total não originária da renda agregada, mas, por exemplo, de taxas por serviços prestados e de tributos sobre ativos patrimoniais; o parâmetro t, a média dos impostos em relação à renda agregada, Y. Este parâmetro corresponde ao conceito de propensão média a tributar, $PMeT$.

Em termos gráficos, a função receita tributária é geralmente definida por uma curva ascendente. A conformação de referência desta curva resulta de princípios de progressividade, bem como da expansão da capacidade contributiva como decorrente da expansão da renda agregada.

A carga tributária ótima. A pressão tributária que o governo pode exercer sobre as unidades familiares e as empresas não é ilimitada, desde que atendidos os princípios da justiça fiscal. Teoricamente, há uma distância ótima entre o produto e a renda agregadas e a renda disponível. A reação dos agentes privados a cargas tributárias excessivas pode resultar em redução da receita tributária efetiva; isso pelos efeitos perversos das cargas elevadas na desmotivação para o trabalho e no desestímulo à atividade produtiva. Teoricamente, o aumento do custo de oportunidade da ociosidade é um fator importante para desincentivar o desemprego voluntário.

Estas hipóteses teóricas são geralmente evidenciadas pela **curva de Laffer**, que sintetiza as proposições de uma corrente fiscal liderada no início dos anos 80 pelo economista norte-americano Arthur Laffer, a *supply side economics*. Segundo essa corrente, as cargas tributárias excessivas impactam negativamente a oferta agregada e, por esta via, a própria arrecadação tributária. Em tal situação, uma redução da pressão tributária, resultante de desoneração fiscal ou de redução de alíquotas, implicaria maior motivação para a atividade produtiva, liberando-se as forças da oferta agregada que estariam presas pela excessiva exigência tributária do governo. No gráfico (c) da Figura 18.7, uma carga tributária muito alta, como aY, resultaria numa arrecadação tributária efetiva de T'', inferior a T', nível que o governo poderia obter com uma pressão bem menor, como cY. O ponto ótimo estaria, entretanto, entre estas duas posições, resultando na mais alta arrecadação tributária efetiva possível. A carga ótima seria bY; o ponto máximo da curva, B; e T a mais alta receita tributária.

O Lado dos Dispêndios

Os dispêndios públicos, G, compreendem todos os gastos do governo, nos três níveis da administração pública, federal, estadual e municipal. A teoria macroeconômica básica presume que os dispêndios públicos são uma variável exógena, controlada pelo governo, como instrumento de política econômica, para a produção complementar de bens e serviços públicos, para a redistribuição da renda e da riqueza e para a estabilização da economia.

O total G de dispêndios, sob o ângulo da procura agregada, desdobra-se em duas categorias, o consumo do governo, C_g, e o investimento do governo, I_g. Estas duas categorias, embora tenham forte ligação com as receitas tributárias, quando da formulação do orçamento público, não são descritas como uma função do total T da receita tributária. Como observa J. A. Leite,[8] "pode parecer estranho que, sendo os gastos públicos pelo menos parcialmente financiados pela receita tributária, não sejam considerados como função da tributação. Todavia, a explicação é simples. Embora a receita tributária seja condicionante do dispêndio, o governo não é obrigado a manter o seu orçamento em equilíbrio ($G = T$), podendo fixar seus gastos em níveis superiores ou inferiores aos da receita. No primeiro caso ($G < T$), surge um superávit e o excesso de receita é simplesmente transferido para o exercício seguinte. No segundo caso ($G > T$), surge um déficit, sendo o excesso de gastos financiado pelo endividamento público".

Os níveis efetivos dos dispêndios do governo, G, que se incorporam aos fluxos da procura agregada e que são expressos pela soma $C_g + I_g$, resultam de decisões políticas. São também resultantes de decisões políticas os pagamentos de transferências que se incorporam aos fluxos da renda disponível do setor privado. Os fatores determinantes de cada uma das categorias do orçamento público, no lado dos dispêndios, são bem diversos daqueles que determinam os dispêndios de consumo e de investimento dos agentes privados. Vista como um todo, a execução orçamentária reporta às funções do governo como agente econômico e é determinada por exigências de suprimento de bens e serviços públicos e semipúblicos, cujos custos de oferta não podem ser cobertos pelos mecanismos convencionais do mercado, porque eles não suprem necessidades individualizáveis, mas socialmente difusas, como são os casos da defesa, da segurança e do saneamento básico. Os dispêndios são ainda determinados pelas exigências de correção dos distúrbios macroeconômicos, o que justifica os movimentos exógenos de expansão e de contração de G, para promover a expansão do emprego ou sua contração, quando exigida por políticas de estabilização. Por fim, há ainda os fatores determinantes derivados da política social, geralmente de conteúdo redistributivo.

A natureza dos fatores determinantes dos dispêndios é, em alguns aspectos, bem diversa da que determina a receita tributária. A dissociação teórica entre T e G implica vazamentos não necessariamente iguais às injeções, também no âmbito do governo como agente econômico. Com a incorporação do governo nos fluxos da procura agregada, introduzem-se fatores de desequilíbrio, que contrariam a igualdade entre tributos e dispêndios, notadamente quando a execução dos orçamentos públicos deixa de ser, simplesmente, um instrumento de política econômica, incorporando pressões desestabilizantes.

18.5 A Procura Externa Líquida

Conceito e Fatores Determinantes

A expressão completa da procura agregada inclui a procura externa líquida, X, dada pela diferença entre exportações, EX, e importações, IM, de mercadorias e serviços produzidos pelos setores reais das economias nacionais.

Voltando mais uma vez ao modelo circular da Figura 18.1, observamos, no ponto (6), um último duto que liga a economia interna ao resto do mundo. Por este duto passam vazamentos e injeções, respectivamente representados pelas importações e exportações. Conceitualmente, as importações são vazamentos, por representarem transferências de recursos para o exterior, sob a forma de pagamentos pelos bens e serviços produzidos pelas economias com as quais se efetivaram os fluxos correspondentes; estes pagamentos são extraídos da renda disponível interna, diminuindo a capacidade efetiva de absorção da oferta agregada interna. Compensatoriamente, as exportações caracterizam-se como uma categoria de injeção, por representarem gastos com a oferta agregada interna realizada por não residentes no país.

Na equação da procura agregada, as importações entram, portanto, com sinal negativo; as exportações, com sinal positivo. E os saldos líquidos podem apresentar-se de três formas:

- ❑ Superávit em transações correntes reais. Neste caso, as exportações superam as importações, $EX > IM$. E a variável X adquire sinal positivo.
- ❑ Déficit em transações correntes reais. Neste caso, as importações superam as exportações, $IM > EX$. E a variável X adquire sinal negativo.
- ❑ Equilíbrio em transações correntes reais. Neste caso, os fluxos de exportações igualam-se aos de importações, $EX = IM$. E a variável X é igual a zero.

As concepções teóricas validadas pela observação empírica em anos recentes sugerem que a procura externa líquida é influenciada por um conjunto de fatores determinantes. Os de maior relevância são:

- ❑ A taxa real de câmbio.
- ❑ O nível da renda disponível do setor privado.
- ❑ A política de comércio exterior.
- ❑ A taxa de ociosidade de segmentos internos de cadeias produtivas com potencial exportador.
- ❑ As cotações internacionais dos produtos de maior peso nas transações externas.
- ❑ As assimetrias de custos entre países, notadamente salários e encargos sociais, tributos indiretos e transportes internos.

Taxa de câmbio real. A taxa de câmbio real é fator determinante de maior relevância na definição do sinal da procura externa líquida. As depreciações ou apreciações da taxa cambial afetam os fluxos de exportação e importação de mercadorias e serviços. As exportações são uma função crescente da taxa de câmbio real; as importações, uma função decrescente. Mantidos inalterados outros fatores, as taxas de câmbio depreciadas estimulam os segmentos exportadores e inibem as importações, pelo menos a curto prazo. A prazos mais longos, as variações cambiais não neutras, que modificam os níveis reais do câmbio, afetam a estrutura interna de preços, retransferindo-se, com sinais trocados, para o desempenho do setor externo da economia.

Nível da renda disponível. Este fator afeta preponderantemente as importações. A absorção de produtos externos é descrita como uma função crescente da renda disponível do setor privado. A observação empírica mostra que a propensão marginal a importar é positiva, mas inferior à propensão marginal a consumir. Esta suposição, como observam Simonsen-Cysne,[9] "traduz um fato que costuma ser observado na prática. Com a elevação da renda disponível do setor privado, o aumento do consumo costuma ser, apenas em parte, acompanhado de um incremento das importações. A parcela restante é adquirida no mercado interno", desde que exista capacidade de produção compatível com a expansão da demanda.

Política de comércio exterior. Os fluxos efetivos da demanda externa líquida que resultam da taxa de câmbio real e do nível da renda disponível podem ser também afetados pelos instrumentos da política de comércio exterior. Os mais comuns são a fixação de quotas de importação e exportação; as barreiras alfandegárias, tributárias e não tributárias, e o controle das operações cambiais. Entre as medidas não tributárias, estas seis se destacam entre as mais comumente empregadas: 1. requisitos de qualidade; 2. especificações técnicas de produtos; 3. exigências sociais, relacionadas às condições observadas no mercado de trabalho; 4. exigências ambientais, relacionadas a produtos ecologicamente corretos; 5. exigências fitossanitárias; e 6. requisitos de controle de doenças para correntes de comércio de produtos de origem animal.

Taxa de ociosidade. As variações da capacidade ociosa da economia, especialmente dos segmentos de cadeias produtivas com potencial exportador, modificam o interesse dos produtores por mercados externos. Um dos períodos de megassuperávits comerciais do Brasil (os 15 anos decorridos entre 1980-94) coincidiu com a desaceleração do crescimento interno e com o encolhimento da capacidade interna de absorção (consumo mais investimento, privado e do governo). As baixas taxas de crescimento da economia implicam queda na renda disponível do setor privado, puxando a procura agregada para baixo. Com o aumento da taxa de ociosidade, dada pelo alongamento do hiato entre a procura efetiva e o produto potencial, a busca por mercados externos, como estratégia compensatória do percurso recessivo interno, tende a intensificar-se. O movimento oposto é também teoricamente admissível: a excitação da economia interna leva as empresas a diminuírem o interesse por mercados externos, excetuando-se os setores essencialmente voltados para mercados externos e ainda os casos em que a sustentação da presença no exterior é ditada por diretrizes estratégicas.

Cotações internacionais. As cotações internacionais das *commodities* exportáveis fazem oscilar para mais e para menos, em certos casos de forma bem acentuada, os fluxos de exportações e importações. O resultado final da procura externa líquida, em fluxos de valor agregado, é em geral fortemente influenciado por este fator determinante. Há duas razões para a relevância desse efeito. A primeira é o quanto ele afeta as receitas ou dispêndios cambiais com os produtos sujeitos a cotações oscilantes, como ocorre com a maior parte das *commodities* – minérios, metais, fibras e produtos agrícolas. A segunda são seus reflexos sobre outros fatores determinantes da procura externa líquida, como a taxa cambial e os níveis do produto real e da renda disponível do setor privado.

Assimetrias de custos. Este fator diz respeito ao fato de não serem equalizadas, em termos globais, as estruturas de custos das economias nacionais. São díspares, de país para país, as taxas de remuneração e os encargos sociais no mercado de trabalho e em outros custos de alta relevância para a competitividade em termos mundiais. O Brasil, 9ª maior economia nacional quanto à magnitude do Produto Nacional Bruto em 2015, foi o 75º do *ranking* de competitividade entre os 140 países avaliados pelo World Economic Forum (WEF).[8] Os principais determinantes deste posicionamento são os altos ônus tributários e a ineficiência do governo, os custos associáveis às deficiências infraestruturais da economia (especialmente os gargalos observados em todos os modais de transporte), os marcos institucionais e a estrutura social. Somam-se a estes custos a apreciação real da taxa de câmbio (valorização do real em relação ao dólar), ao longo dos últimos 15 anos, estimulando importações e desestimulando exportações. A valorização, no período 2000-2015 foi de 23,6%, tendo permanecido durante vários anos entre 50 e 60%.

Em direção oposta, nos últimos 15 anos, o notável desempenho econômico da China em mercados externos se deve, essencialmente a este fator: uma combinação favorável de custos estruturais baixos. Operando em mercados abertos, as onerações industriais estabelecidas na China têm operado com expressivos superávits comerciais. A invasão de produtos chineses em praticamente todos os países está associada a custos mundialmente competitivos. A esta condição crucial tem se somado a apreciação da taxa cambial da moeda chinesa e as operações em altas escalas que comprimem os custos fixos médios de produção.

Os países onde estes custos são comprovadamente rebaixados por benefícios fiscais por artificialismos comprovados são retaliados pelo argumento do ***dumping social***.

Na Figura 18.8, agrupamos este conjunto de fatores, denominando-os genericamente de **gravames da procura externa líquida**. Na linha horizontal, definida por γ_0, os efeitos desses fatores anulam-se reciprocamente, conduzindo a procura externa líquida a uma posição de equilíbrio, E, em que $X = 0$. Abaixo desse nível, as combinações desses fatores determinantes oneram mais as exportações que as importações, produzindo um saldo negativo, dado pela distância entre os pontos A e B, em γ_1; neste ponto, a procura externa líquida dada por X é negativa e a procura agregada resulta rebaixada por vazamentos com importações superiores às reinjeções com exportações. Acima desse nível, as combinações dos fatores considerados desoneram mais as exportações que as importações, produzindo efeitos opostos: em γ_2, a distância entre os pontos C e D indica superávit, com a variável X assumindo sinal positivo.

FIGURA 18.8 Gravames da procura externa líquida: os efeitos finais de diferentes combinações dos fatores determinantes dos fluxos de exportação e de importação.

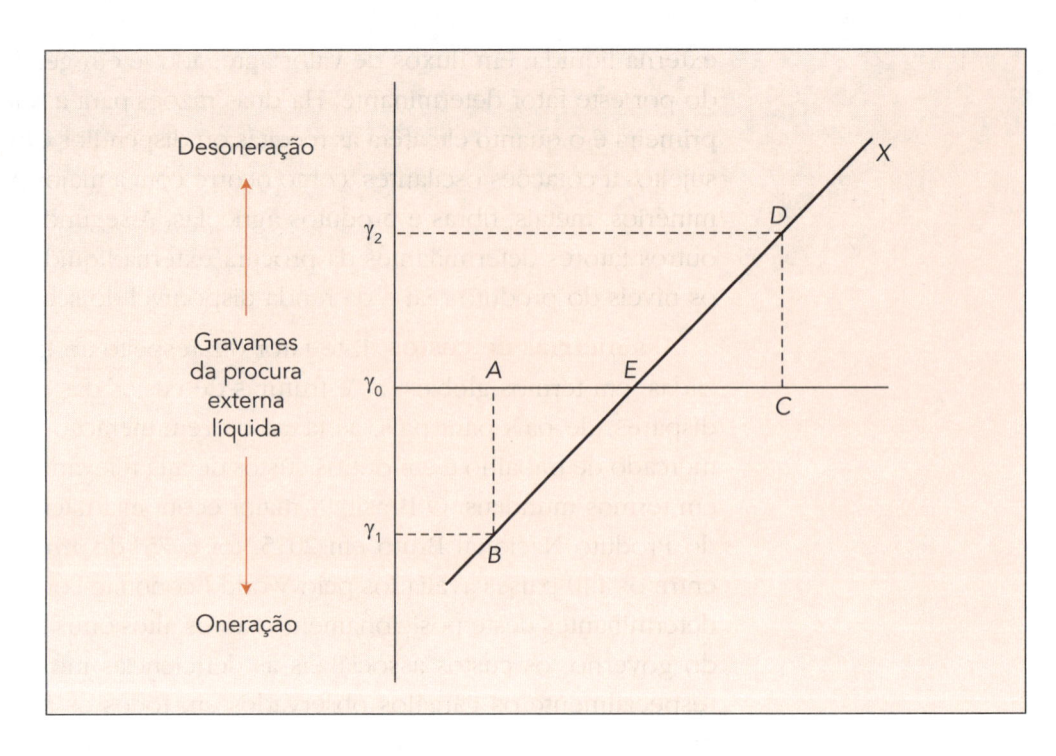

Os Movimentos da Procura Agregada

18.6 A Função Procura Agregada Reconsiderada

O Quadro 18.1 sintetiza os fluxos da procura agregada e seus principais fatores determinantes. E a Figura 18.9 reapresenta a função procura agregada, desdobrada de forma simplificada segundo seus principais componentes, C, I, G e X.

Vimos no capítulo anterior que a função procura agregada, PA, indica quanto os agentes econômicos, internos e externos, estão dispostos e aptos a adquirir de todos os produtos em todos os mercados em que se transacionam ativos reais, dados os níveis correntes de preços. Em termos agregados, o *quantum* da procura como um todo será maior ou menor na dependência dos níveis reais de preços efetivamente praticados. É assim com as funções de cada um dos grandes fluxos isoladamente considerados, o consumo das unidades familiares, os investimentos das empresas, os dispêndios do governo e a procura externa líquida. Praticamente, todos os produtos que compõem estes grandes fluxos serão adquiridos em maior volume se o nível geral de seus preços recuar. Só não reage a preços a procura por um grupo relativamente pequeno (e desprezível em termos agregados) cujas funções específicas de procura são anelásticas.

A Figura 18.9 (a) é uma síntese simplificada da reação de todos os fluxos da procura agregada ao nível geral dos preços. Ao acrescentarmos à função consumo, C, as demais funções, I, G e X, admitimos que as elasticidades da procura por produtos de consumo e de investimento, nos mercados interno e externo e pelos três agentes econômicos envolvidos, são iguais, em termos agregados. Ao nível de preços P_0, o *quantum* da procura agregada será de PA_0. Este *quantum* desloca-se para menos quando o nível geral dos preços se desloca para mais. Opostamente, o *quantum* dos bens e serviços adquiridos aumenta em resposta a uma variação para menos no nível geral dos preços. Assim, a procura agregada PA', ampliada, corresponde a um deslocamento dos preços de P_0 para P'. E a

QUADRO 18.1
Uma síntese: os fluxos componentes da procura agregada e seus principais fatores determinantes.

Fluxos componentes	Notações usuais	Fatores determinantes
Consumo das unidades familiares	C_f	❑ Nível da renda disponível. ❑ Nível de riqueza acumulada. ❑ Estrutura de repartição da renda e da riqueza. ❑ Mobilidade socioeconômica: estratos ascendentes e descendentes. ❑ Expectativas quanto a abastecimento e preços. ❑ Processo de emulação social. ❑ Disponibilidade e custos do crédito direto ao consumidor. ❑ Padrões e níveis dos estoques dos consumidores: incitação para atualização e renovação.
Investimento das empresas	I_e	❑ Ociosidade do capital disponível. ❑ Obsolescência do capital empregado. ❑ Ritmo das inovações tecnológicas. ❑ Crescimento esperado da economia. ❑ Expectativas dos empreendedores: "clima dos negócios". ❑ Custos dos bens de capital. ❑ Taxas esperadas de retorno dos investimentos. ❑ Nível da taxa de juros.
Dispêndios do governo de consumo e de investimento	C_g e I_g	❑ Composição dos orçamentos públicos, quanto à oferta de bens e serviços públicos. ❑ Programas públicos de redistribuição da renda e da riqueza. ❑ Exigências quanto à estabilização da economia, implicando contenção ou expansão de dispêndios.
Procura externa líquida: exportações menos importações	$X = EX - IM$	❑ Taxa real de câmbio. ❑ Nível da renda disponível do setor privado. ❑ Política de comércio exterior. ❑ Taxa de ociosidade dos segmentos com potencial exportador. ❑ Cotações internacionais das *commodities* de exportação. ❑ Assimetrias internacionais de custos.

procura agregada contraída, PA", corresponde a um deslocamento para mais no nível geral de preços, de P_0 para P".

Ainda na Figura 18.9, em (b), indicamos **deslocamentos da função procura agregada**. Aqui, não é o *quantum* que se desloca ao longo de uma função, reagindo ao nível geral de preços, como em (a). Os deslocamentos indicados são da **função como um todo**. Estes deslocamentos não decorrem de movimentos no nível geral de preços, mas de variações nos fatores determinantes de cada um dos grandes fluxos componentes da função.

FIGURA 18.9

Os quatro componentes da procura agregada: o consumo das famílias, C, os investimentos das empresas, I, os dispêndios do governo, G, e as exportações líquidas, X.

Em (a), o composto $C + I + G + X$ define os níveis da procura agregada para diferentes níveis de preços: aos preços P_0, a procura agregada efetiva será PA_0; modificando-se os preços para P' e P'', os montantes procurados movimentam-se em direções opostas, para as posições PA' e PA''.

Em (b), o composto $C + I + G + X$ desloca-se para a esquerda ou para a direita, definindo diferentes posições de procura agregada para os mesmos níveis de preços: isso ocorre em resposta aos fatores que podem afetar cada um dos quatro componentes da função, reduzindo ou aumentando os dispêndios efetivos.

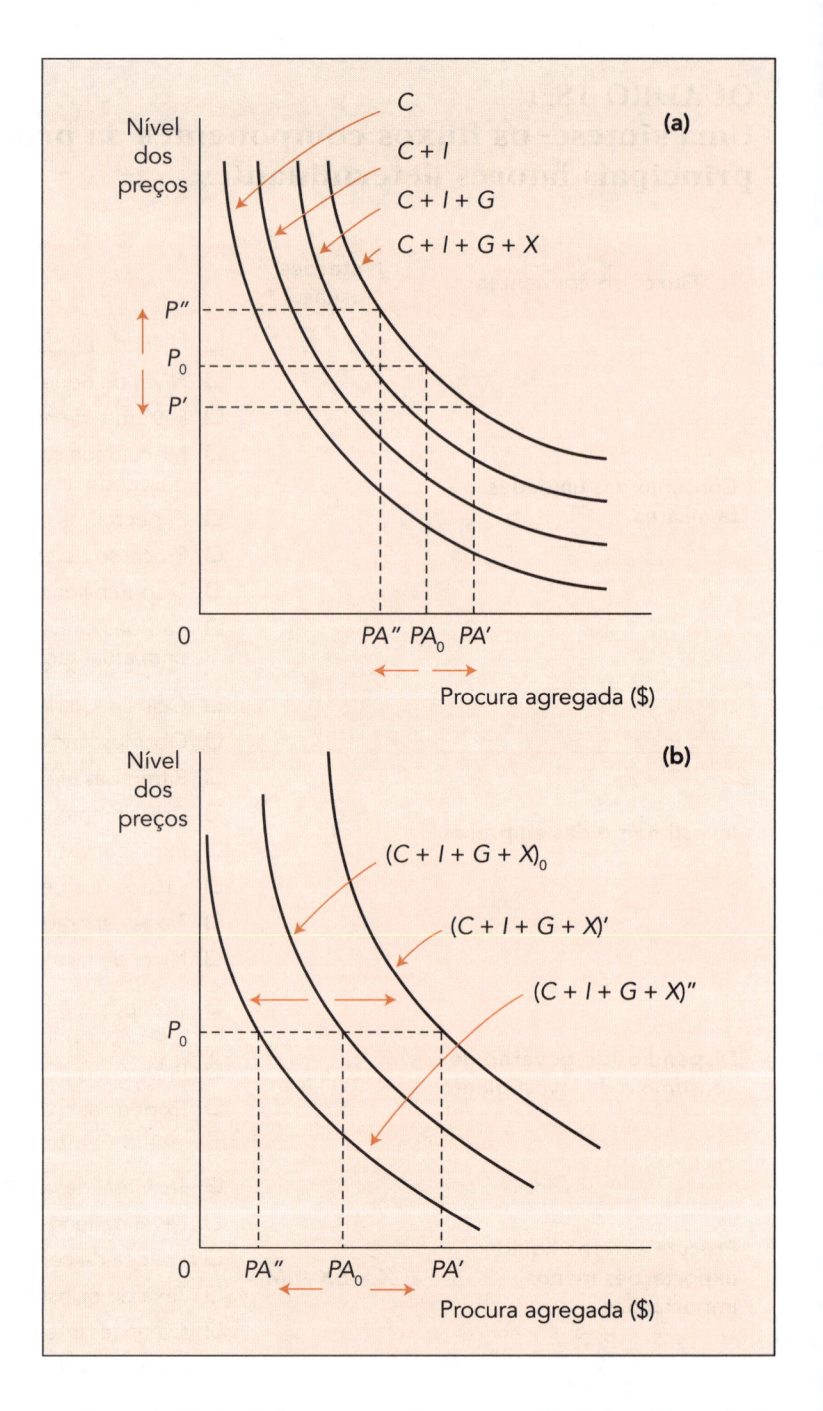

Em (b), para um mesmo nível geral de preços, P_0, temos três diferentes níveis de procura agregada, PA_0, PA' e PA''. A função como um todo é que se desloca, para mais (PA') e para menos (PA''). Trata-se, no caso, de deslocamentos resultantes de movimentos nos fluxos de consumo, C, de investimento, I, de dispêndios do governo, G, e de exportações líquidas, X. Basta que, por variações em seus fatores determinantes, um destes fluxos se modifique, ainda que os outros se mantenham inalterados, para que a procura agregada como um todo se desloque de sua posição inicial. Mais até: variações em apenas um fator determinante dos grandes fluxos podem provocar deslocamentos para mais ou para menos da procura agregada como um todo, para um mesmo nível geral de preços. Mudanças em variáveis de alto impacto, como as taxas de juros ou de câmbio, podem provocar mudanças substantivas no montante da procura agregada.

FIGURA 18.10 Formas alternativas de representação da procura agregada. Em (a), a função procura agregada define-se em relação ao nível geral dos preços. Em (b), a procura agregada define o nível do produto efetivo.

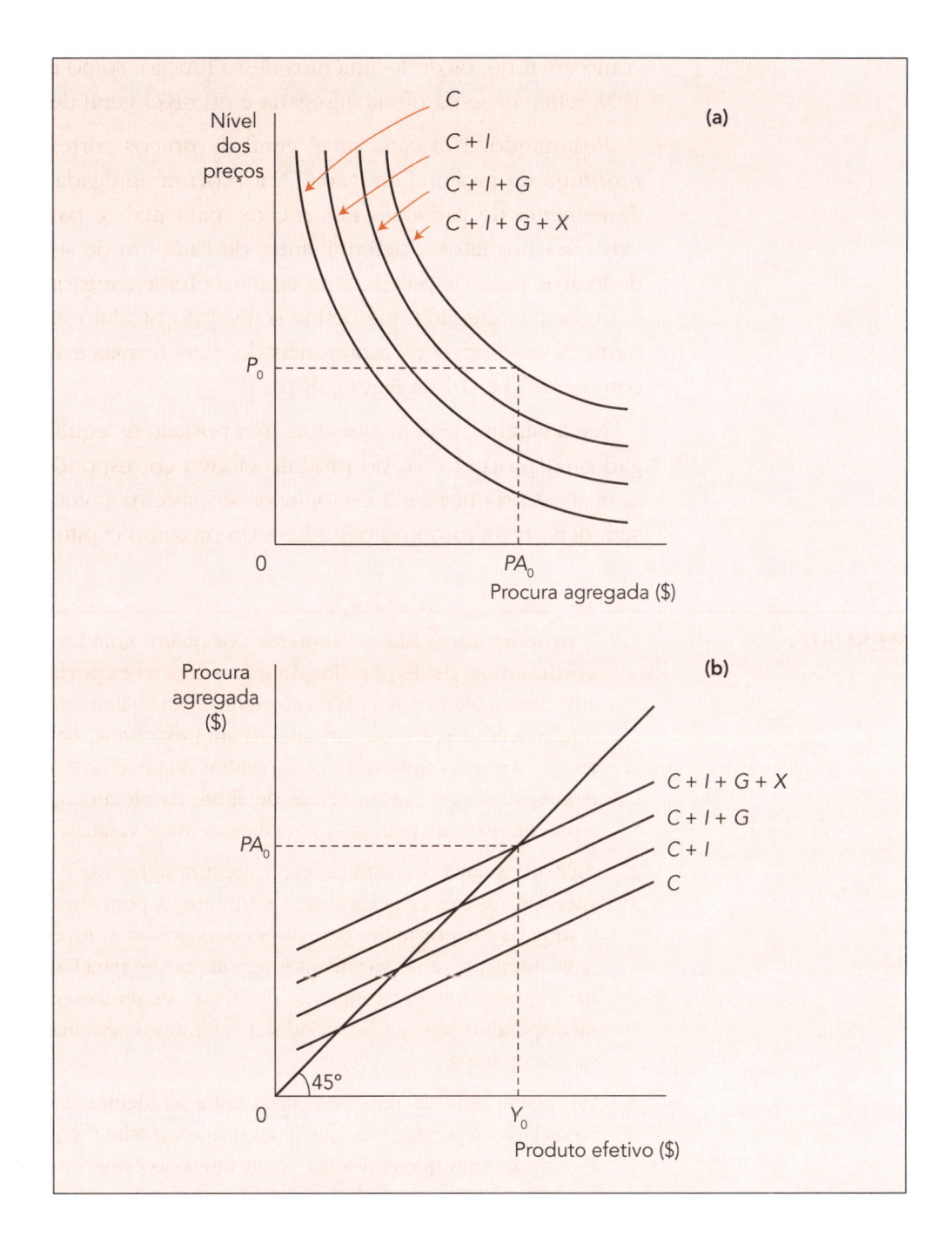

(a)

Nível dos preços

C
C + I
C + I + G
C + I + G + X

P_0

0   PA_0
Procura agregada ($)

(b)

Procura agregada ($)

PA_0

C + I + G + X
C + I + G
C + I
C

45°

0   Y_0
Produto efetivo ($)

Obviamente, efeitos produzidos por mudanças em variáveis de alto impacto, que definem o montante dos fluxos agregados, retransmitem-se para praticamente todos os mercados da economia, alterando, em movimentos subsequentes, as condições gerais preexistentes. Variações no câmbio provocam variações nos preços; mudanças no nível real dos salários afetam não apenas o nível da renda disponível como as propensões a consumir; alterações nos gastos públicos não ficam circunscritas à execução orçamentária do governo, transmitindo-se ao setor privado; as expectativas dos empreendedores não definem apenas o "clima dos negócios", correlacionando-se com os índices de confiança das unidades familiares e interferindo até nos fluxos da procura externa líquida. E, por fim, dada a importância do montante da procura agregada para o desempenho da economia como um todo, os deslocamentos dessa função, como indicado em (b) na Figura 18.9, refletem-se na oferta agregada e no nível geral de emprego.

Resumindo: 1. a cada nível geral de preços corresponde um determinado *quantum* de procura agregada; 2. a procura agregada movimenta-se, independentemente de variações nos preços, para mais e para menos, em resposta a variações nos fatores determinantes de cada um de seus grandes fluxos; e 3. a dado nível geral de preços, a procura e a oferta agregadas se equilibrarão – afinal, é a procura agregada que define o nível do produto efetivo. Podemos, assim, a partir destes conceitos representar de duas formas a função procura agregada, como em (a) e (b) na Figura 18.10.

Nada garante, porém, que qualquer posição de equilíbrio entre os fluxos agregados da procura e os do produto efetivo corresponde ao pleno-emprego dos fatores de produção e à estabilidade do sistema como um todo. Este princípio será demonstrado no primeiro item do próximo capítulo.

RESUMO

1. A **procura agregada** é constituída por quatro grandes fluxos: **o consumo, os investimentos, os dispêndios do governo e as exportações líquidas**. Estes fluxos absorvem a oferta agregada da economia. O de maior relevância, quanto aos montantes despendidos, é o de consumo. É um fluxo firme, de baixa variação histórica em relação à renda disponível. Os dispêndios do governo também são firmes e, ademais, empregados como instrumentos de ajuste da procura agregada. Os investimentos e a procura externa líquida são geralmente mais voláteis.

2. Além de sujeita a volatilidades, a procura agregada é também afetada por **vazamentos**. Os três principais são os tributos, a poupança e as importações. Quando compensados por reinjeções, dispêndios públicos, investimentos e exportações de igual montante, estes vazamentos não impactam para baixo a procura agregada. Mas nada garante que os vazamentos dos fluxos de renda sejam compensados por fluxos de dispêndios por eles financiados. Os fatores determinantes de uns e de outros não são os mesmos.

3. Há, assim, uma diferença essencial entre as identidades contábeis do produto, da renda e do dispêndio, e as condições que asseguram o **equilíbrio macroeconômico**. E mais: mesmo que o sistema como um todo esteja em equilíbrio, não registrando pressões de alta ou de baixa do emprego e dos preços, podem não estar sendo realizadas as condições do pleno-emprego.

4. O mais importante e firme dos grandes fluxos de dispêndio, o **consumo das unidades familiares**, é determinado por um conjunto de fatores: os níveis e a estrutura de repartição da renda e da riqueza da nação, a mobilidade socioeconômica, as expectativas quanto às condições futuras do mercado, os níveis de estoques em poder dos consumidores, as mudanças nos padrões tecnológicos e a incitação para manterem atualizados os seus bens, adquirindo os últimos lançamentos, a disponibilidade e os custos do crédito direto. De todos esses fatores, o de maior relevância é o nível da renda disponível. Consequentemente, o consumo é dado como função da renda disponível. A parcela da renda não consumida é poupada. Analogamente, a poupança é também definida como função da renda disponível.

5. A relação entre o consumo e a renda disponível, denominada **propensão média a consumir**, define uma das mais importantes relações da macroeconomia básica, a

PALAVRAS E EXPRESSÕES-CHAVE

- ❑ Fluxo circular do produto-renda-dispêndio
  - ✓ Fluxos de dispêndio
  - ✓ Vazamentos
- ❑ Fluxos de dispêndio
  - ✓ Consumo
  - ✓ Investimento
  - ✓ Dispêndio do governo
  - ✓ Procura externa líquida
- ❑ Vazamentos
  - ✓ Tributos
  - ✓ Poupança
  - ✓ Importações
- ❑ Funções consumo e poupança
  - ✓ Hipótese do ciclo de vida
  - ✓ Hipótese da renda permanente
  - ✓ Propensões médias a consumir e a poupar
  - ✓ Propensões marginais a consumir e a poupar
- ❑ Função investimento
  - ✓ Eficiência marginal do capital
  - ✓ Ponto de corte
- ❑ Orçamento público
  - ✓ Orçamento equilibrado
  - ✓ Orçamento superavitário
  - ✓ Orçamento deficitário
- ❑ Orçamento público: o lado dos tributos
  - ✓ Tributos regressivos
  - ✓ Tributos proporcionais
  - ✓ Tributos progressivos
  - ✓ Função receita tributária
  - ✓ Carga tributária ótima
  - ✓ Curva de Laffer
- ❑ Orçamento público: o lado dos dispêndios
  - ✓ Consumo do governo
  - ✓ Investimentos do governo
- ❑ Procura externa líquida
  - ✓ Equilibrada
  - ✓ Positiva
  - ✓ Negativa
- ❑ Função procura agregada
  - ✓ Componentes
  - ✓ Fatores determinantes
  - ✓ Deslocamentos

---

função consumo. Residualmente, estabelece-se outra relação, entre poupança e renda disponível, denominada **propensão média a poupar**. As **propensões marginais a consumir e a poupar** são definidas pelas relações entre os acréscimos destas mesmas três variáveis, a renda disponível, o consumo e a poupança.

6. Os fatores determinantes do consumo e da poupança diferem, e muito, dos que determinam os **investimentos das empresas**. Estes são geralmente determinados por projeções de retorno e por avaliações custos/benefícios mais racionais e "frias". Não obstante o "clima dos negócios", a ociosidade e a obsolescência dos bens de capital e o ritmo das inovações tecnológicas afetem os investimentos, a decisão de investir decorre teoricamente de a **eficiência marginal do capital** superar a taxa de juros, em fluxos de valor atual. Investimentos de retornos esperados inferiores aos juros praticados no mercado financeiro são teoricamente descartados. O ponto de corte é o da igualdade entre retornos e juros projetados.

7. Os **dispêndios do governo**, terceiro grande fluxo componente da procura agregada, são dados como exógenos. A atuação do governo, nos dois lados do orçamento público, o dos tributos e o dos dispêndios, é movida por interesses e por determinantes bem diversos daqueles que animam os agentes privados. No lado dos tributos, que financiam os dispêndios, o governo esbarra na carga tributária ótima – um fator limitante de sua ação econômica. No lado dos dispêndios, distribui os recursos entre

consumo e investimento. E, dependendo das condições do ciclo conjuntural, opera com equilíbrio orçamentário, déficit ou superávit.

8. O quarto e último componente da procura agregada é a **procura externa líquida**. Conceitualmente, resulta da diferença entre os fluxos de exportação e de importação de mercadorias e serviços. A taxa de câmbio é o principal fator determinante da relação líquida entre esses dois fluxos. Mas outros fatores intervêm nessas transações externas. Entre os de maior relevância estão o nível da renda disponível do setor privado, a política de comércio exterior, as taxas internas de ociosidade (em especial as dos setores com potencial exportador), as cotações internacionais e as assimetrias de custos entre as nações. Vistos em conjunto, estes fatores oneram a procura externa líquida em graus variados, afetando o resultado líquido das transações.

9. Cada um dos grandes componentes da procura agregada é ainda impactado pelo nível geral dos preços: a dado nível de preços corresponde dado *quantum* de procura agregada. E esta ainda se movimenta, deslocando-se como um todo, para mais e para menos, em resposta a variações nos fatores que determinam os montantes de cada um de seus componentes. O macroequilíbrio econômico é afetado por estes movimentos. A partir deles é que se estabelecem as condições para a realização ou não dos principais objetivos da política econômica: o crescimento a plena capacidade, o baixo desemprego involuntário, a estabilidade dos preços em mercados livres e o equilíbrio em transações externas correntes.

QUESTÕES

1. Discorra, resumidamente, sobre o grande fluxo circular do produto, da renda e do dispêndio. Explique por que os tributos, a poupança e as importações são **vazamentos**. E indique quais as **reinjeções** que podem compensá-los.

2. O que ocorrerá com o nível da oferta agregada se, sistematicamente e ao longo de prolongado período, no "fluxo circular" da renda e do dispêndio, os vazamentos superarem as reinjeções?

3. Escreva a expressão algébrica da procura agregada, dada por uma grande soma de fluxos de dispêndio. E indique fatores determinantes de cada uma das grandes categorias da expressão definida.

4. Uma coisa é a **identidade contábil**, mostrada pelos sistemas de contabilidade social, entre os grandes fluxos do produto, da renda e do dispêndio; outra, e bem diferente, são as **situações efetivas de desequilíbrio** nos mercados dos setores real e financeiro da economia. Explique por que, a despeito das identidades contábeis, a economia pode estar envolvida em situações efetivas de desequilíbrio.

5. O **consumo das unidades familiares** é, primordialmente, função da renda disponível. Mas há outros fatores determinantes desse fluxo de dispêndio. Resuma os principais, citando exemplos da realidade. Qual, segundo percepção comprovada por levantamentos sistematizados, é o de maior relevância?

6. Discorra sobre a **hipótese do ciclo de vida**, desenvolvida por Modigliani-Brumberg. Como e por que esse ciclo afeta a propensão a consumir? Você poderia dar exemplos de comportamentos diferenciados de pessoas de diferentes faixas etárias, relativamente a suas propensões ao consumo e à poupança?

7. Explique por que, nos estratos socioeconômicos médios-altos para cima, a propensão marginal tende a ser inferior à propensão média a consumir.

8. Que fatores determinam os investimentos das empresas?

9. Embora empresários tomem decisões "frias" e racionais, seria mesmo a eficiência marginal do capital projetada, comparada com a taxa de juros, o elemento crucial no **processo decisório de investir**? Discuta amplamente esta questão.

10. Que fatores determinam os **dispêndios do governo**? Há justificativas, aceitáveis do ponto de vista da política econômica, para o governo operar com orçamentos desequilibrados, com déficit ou superávit? Justifique sua resposta.

11. Os **dispêndios do governo**, importante fluxo da procura agregada, são financiados fundamentalmente pela receita tributária. Destacando seus impactos macroeconômicos, discorra sobre os tributos, abordando os seguintes aspectos:

    ❑ A tipologia dos tributos.
    ❑ As condições da justiça tributária.
    ❑ A carga tributária ótima: a hipótese de referência da curva de Laffer.

12. Conceitue **procura externa líquida**.

13. Quais os principais fatores determinantes dos fluxos de exportação e de importação? Baseado nestes fatores, comente a atual realidade brasileira neste campo e justifique os saldos líquidos da conta de transações correntes com mercadorias e serviços dos últimos dez anos.

14. Diferencie os movimentos ao longo de dada função procura agregada, dos movimentos da função como um todo, para mais e para menos. Qual a variável básica do primeiro tipo de movimento? Sintetize, para cada componente da procura agregada, as variáveis-chave do segundo tipo.

19

O Equilíbrio Macroeconômico, as Flutuações e as Políticas Corretivas

Economistas e formuladores de políticas públicas devem lidar com a ambiguidade. O estágio atual da macroeconomia oferece muitas perspectivas, mas também deixa muitas questões em aberto. O desafio para os economistas é encontrar respostas para estas questões e ampliar o conhecimento. O desafio dos formuladores de políticas econômicas é o de usar o conhecimento disponível para melhorar o desempenho da economia. Ambos os desafios são enormes, mas nenhum deles é insuperável.

H. GREGORY MANKIW
Macroeconomics

A multiplicidade, a heterogeneidade e o poder de impacto dos fatores determinantes de cada uma das grandes categorias que compõem a procura agregada interferem continuamente na estabilidade geral do desempenho econômico. Os períodos prolongados de desempenho estável são exceções históricas. Embora o objetivo-síntese da política macroeconômica seja um crescimento firme, estável e de baixas oscilações, as condições mais comuns do ambiente econômico são a instabilidade, as oscilações e as flutuações – de amplitudes, periodicidades e durações variáveis. Há períodos em que "crise", "turbulência" e "incerteza" são as palavras-chave com que se identificam as condições observadas no macroambiente de negócios.

Aos fatores de desequilíbrio da procura agregada somam-se as limitações e a rigidez da oferta agregada. Os períodos caracterizados por crescimento firme, com estabilidade de preços e equilíbrio em transações externas, além de menos comuns, têm geralmente duração limitada. À medida que o crescimento aproxima a economia de posições próximas às do pleno-emprego, as pressões expansionistas transmitem-se aos preços com maior intensidade, exigindo medidas contencionistas que evitem a aceleração do processo de alta. Mas, como é difícil dosar o processo corretivo, a atividade pode ser perversamente impactada: de um ciclo expansionista de índole inflacionária, a economia pode recuar para um ciclo de ajuste recessivo, com elevação dos índices de desemprego. E mais: a recuperação do processo geralmente esbarra em novas armadilhas. Medidas eficazes para conter um forte processo de descontrole podem não surtir efeitos opostos quando removidas ou, até, quando empregadas na direção inversa. A analogia clássica é a da retenção do cavalo em estado temporário de alta excitação: a corda esticada usada para dominar e conter seus impulsos não será tão eficaz como instrumento de reanimação. Uma vez acalmado o animal, não basta afrouxar a corda para que ele recupere o ânimo e o ímpeto impulsivo.

A gestão do processo macroeconômico está sujeita a armadilhas. Os instrumentos fiscais, monetários e cambiais podem ter alto poder de impacto, surpreendendo os agentes econômicos e alterando seu comportamento na direção desejada pelos gestores da política econômica. Mas podem ser também inócuos, neutralizados por expectativas opostas e racionais dos agentes econômicos. E, mesmo que os efeitos efetivos dos instrumentos usados se aproximem bastante dos planejados, há dois tipos de defasagens que dificultam os processos corretivos das flutuações econômicas: a **defasagem de ação** (tempo que decorre entre a percepção, o equacionamento e a aplicação de medidas) e a **defasagem de efeito** (tempo decorrido entre a ação e seus impactos efetivos).

Os modelos básicos do equilíbrio macroeconômico evidenciam a maior parte dos fatores de desequilíbrio e das armadilhas que dificultam sua correção. Seus principais aspectos teóricos serão agora destacados. Passo a passo, veremos:

❑ Os dois grandes troncos da concepção teórica do equilíbrio macroeconômico: o clássico e o keynesiano.

❑ Um modelo simples de equilíbrio macroeconômico.

- O comportamento da procura agregada como base dos principais objetivos da política macroeconômica: a sustentação do emprego, o crescimento e a estabilidade dos preços.
- As razões da instabilidade econômica, de curto e de longo prazo. As flutuações conjunturais e os ciclos econômicos.
- Os efeitos multiplicadores e aceleradores da variação dos dispêndios. Os princípios da multiplicação e da aceleração, simples e conjugados.
- Os efeitos de multiplicação-aceleração, os hiatos e os desequilíbrios da atividade em escala macroeconômica.
- Os fundamentos teóricos das políticas corretivas: a eficácia e as defasagens das políticas fiscal, monetária e cambial.
- Os movimentos de globalização, desfronteirização e abertura dos mercados nacionais e os novos desafios do macroequilíbrio.

19.1 Uma Primeira Aproximação: as Condições do Macroequilíbrio

Os Clássicos e Keynes: Contextos Históricos

As duas grandes fontes da teoria macroeconômica são a **clássica** e a **keynesiana**. Embora os contextos históricos em que foram elaboradas se tenham alterado substantivamente, seus fundamentos são ainda a base da reflexão teórica em macroeconomia e a inspiração para a formulação de estratégias corretivas para situações conjunturais ou crônicas de desequilíbrio. De suas versões originais resultaram interpretações, reinterpretações e abordagens complementares. Novas evidências têm corrigido suas concepções de referência. Controvérsias teóricas têm-se estabelecido em torno de seus pressupostos. Mas elas permanecem como fontes de duas grandes correntes: a que mantém sua confiança nos mecanismos autorreguladores do mercado; e a que justifica a aplicação ativa de instrumentos corretivos de ajustamento contínuo. Daí a denominação de **novos clássicos** e de **novos keynesianos** para as derivações mais recentes dessas duas grandes correntes.

Estes dois grandes troncos são usualmente denominados de **macroeconomia clássica** e de **macroeconomia keynesiana**.

- **Macroeconomia clássica.** Seus pilares se encontram em *An inquiry into the nature and causes of the wealth of nations*, de A. Smith (Inglaterra, 1776); *Traité d'économie politique*, de J. B. Say (França, 1803); *Principles of political economy*, de J. S. Mill (Inglaterra, 1848); e *Éleménts d'économie politique pure*, de L. Walras (edição definitiva, organizada por G. Leduc, França, 1926). O fio condutor que une a "mão invisível" dos mercados de A. Smith aos elaborados axiomas do equilíbrio geral de L. Walras, passando pelas leis de mercado de Say-Mill, é a crença no automatismo das forças de mercado, capazes de manter a economia em estado permanente de equilíbrio, em crescimento e sem desemprego.

❏ **Macroeconomia keynesiana**. *The general theory of employment, interest and money*, de J. M. Keynes (Inglaterra, 1936), consolidou as bases desse segundo tronco, que já vinham sendo ensaiadas em outros trabalhos de Keynes, como *The end of laissez-faire* (1922) e *A tratise on money* (1930). Ele foi reelaborado e complementado por novos arranjos teóricos, como em *Keynes and classics: a suggested interpretation*, de J. Hicks (Inglaterra, 1937), e *A guide to Keynes*, de A. Hansen (Estados Unidos, 1953). O ponto crucial dos modelos keynesianos é a rejeição da ideia de que a economia realiza autonomamente as condições do equilíbrio a pleno-emprego. A insuficiência da procura agregada pode levar ao desemprego generalizado, como ocorreu com as economias ocidentais de mercado nos anos 1930, arrastando-as, em cadeia, a um estado agudo de depressão sem precedentes históricos.

A crença da abordagem clássica na economia autoajustável tem a ver com o contexto em que surgiu. No século XVIII, a Inglaterra ostentava uma economia eficiente e poderosa, desfrutando de posição hegemônica na indústria, no comércio e nas finanças. A competitividade era de tal ordem que a economia não dependia de proteções tarifárias. Pregava-se o livre comércio sem temer a concorrência externa. Os empreendimentos se multiplicavam, na esteira das revoluções tecnológica e industrial, dificultando conluios e ampliando os graus da concorrência em praticamente todos os mercados. A oferta de recursos de produção tornara-se abundante: novas tecnologias mesclavam-se com a disponibilidade de novos bens de capital, enquanto as migrações dos campos para as cidades e os novos padrões do crescimento demográfico tornavam altamente elástica a oferta de mão de obra. As regulamentações que até então vigoravam no mercado de trabalho foram atropeladas pelas novas realidades. E, a despeito de iniciativas para a proteção legal dos trabalhadores, prevaleceram as regras da mobilidade da força de trabalho e da flexibilidade das remunerações.

Dadas estas condições, não se temia pela ocorrência de ondas de superprodução ou de insuficiências de condições nos mercados para absorvê-las. A flexibilidade de preços e de remunerações, fruto da concorrência e do livre mecanismo das forças de mercado, se encarregaria de fazer os ajustes, trazendo a economia de volta às condições de equilíbrio. Como sintetiza McConnell,[1] "reconhecia-se que circunstâncias anormais, como guerras, perturbações políticas, crises e corridas do ouro eram potencialmente capazes de desviar a economia do caminho do pleno-emprego. Porém, quando estes desvios ocorriam, argumentava-se que logo adviriam ajustamentos, dentro do sistema de preços em sentido amplo, fazendo com que a economia conseguisse de novo atingir o nível de produção correspondente ao pleno-emprego dos recursos disponíveis".

Durante 150 anos, nas três últimas décadas do século XVIII, durante todo o século XIX e nas três primeiras décadas do século XX, estas ideias resistiram à ocorrência de fases intercaladas de prosperidade e de declínio, em todas as economias. As flutuações no ritmo dos negócios, os choques de oferta e os distúrbios nos mercados financeiros não chegaram a levar a estados generalizados de bancarrota. Quando muito, perturbavam temporariamente o curso normal da economia. Mas pareciam existir forças endógenas que a traziam de volta a um

TABELA 19.1 Quadro-resumo da grande depressão dos anos 1930. Indicadores de desempenho macroeconômico nos Estados Unidos: período 1929-1933.

Indicadores de desempenho	Anos	
	1929	1933
Nível geral de preços:		
IPC de 1919 = 100,0	100,0	75,4
Procura agregada em US$ bilhões		
Dispêndios de consumo das famílias	77,5	45,9
Investimentos das empresas	16,7	1,7
Dispêndios do governo	8,6	7,9
Procura externa líquida	0,4	0,1
PNB	103,2	55,6
Taxa de desemprego (% sobre força de trabalho)	3,2	24,9

Fonte: BAUMOL, W. J.; BLINDER. *Economics*: principles and policy. Orlando: The Dryden Press/Harcourt Brace, 1994.

estado relativamente estável de crescimento. Enraizava-se, assim, a crença nos pressupostos da macroeconomia clássica.

A crença nas forças autoajustáveis da economia foi, porém, seriamente abalada com a grande depressão dos anos 1930. Nos Estados Unidos, economia então hegemônica do sistema ocidental, os preços caíram 25% entre 1929 e 1933, do início ao ponto mais crítico do processo depressivo. Mas a procura agregada não reagiu. Em valores correntes, o PNB caiu de US$ 103,2 para 55,6 bilhões. E a taxa de desemprego aumentou de 3,2 para 24,9% da força de trabalho. Os números desse desastroso desempenho macroeconômico estão sintetizados na Tabela 19.1.

Até a grande depressão dos anos 1930, os economistas não acreditavam que o desemprego em larga escala pudesse ocorrer. Mas os fatos abalaram as convicções clássicas. E foram o pano de fundo da macroeconomia keynesiana. A essência de sua abordagem está em identificar os fatores determinantes dos níveis do produto, da renda e do emprego. E em prescrever medidas corretivas, notadamente as que resultam da gestão do orçamento do governo, para trazer a economia de volta às condições dadas de equilíbrio.

Os contrastes teóricos entre a abordagem clássica e a keynesiana centram-se, assim, em três aspectos:

❑ Na conformação da função da oferta agregada.

❑ Nos fatores determinantes dos principais fluxos de dispêndio, notadamente os investimentos das empresas.

❑ Nos efeitos dos movimentos da oferta e da procura agregadas sobre o emprego e os preços.

É o que veremos em seguida, destacando os grandes pilares da macroeconomia clássica e da keynesiana.

A Lei de Say-Mill e o Equilíbrio com Pleno-emprego

A crença central da teoria macroeconômica clássica, a automaticidade do pleno-emprego, foi sintetizada pela **lei dos mercados de Say-Mill**. Estes dois seguidores da tradição clássica procuraram explicar por que eram improváveis as perturbações agudas e demoradas do desempenho econômico e como as anomalias temporárias eram corrigidas pelos mecanismos dos mercados livres e flexíveis. O argumento central de Say-Mill fundamentava-se na crença de que a produção cria, sempre e necessariamente, mercados para todos os bens e serviços produzidos. Em síntese: **a oferta cria sua própria procura**.

A lei de mercados de Say-Mill antecipou-se à concepção dos fluxos circulares do produto, da renda e do dispêndio e, ainda, à igualdade contábil entre os grandes agregados econômicos. Mas foi além, ao consagrar a ideia de que as forças do mercado operam no sentido de manter a economia em situação permanente de pleno-emprego. Em *Traité d'économie politique*, Say[2] resumiu as razões pelas quais à oferta agregada correspondem, sempre, fluxos equivalentes de renda e de dispêndio:

> "A produção é que propicia mercados aos produtos. Se um produtor de tecidos disser que não são outros produtos que ele pede em troca do seu, mas moeda, será fácil provar-lhe que seu comprador só estará em condições de pagá-lo em moeda pelas mercadorias que, por sua vez, for capaz de vender. Os agricultores comprarão mais tecidos se suas colheitas forem boas e comprarão tanto mais quanto mais tiverem produzido; não comprarão nada se não produzirem nada. A consequência que daí se extrai é que, em qualquer nação, quanto mais os produtores são numerosos e as produções multiplicadas, tanto mais os mercados serão amplos e variados. Cada produtor deseja vender os seus produtos. E, realizadas as vendas, todos se desfazem da moeda que elas proporcionaram, procurando por outros produtos. A moeda serve de ligação entre a troca de um produto por outro. Mas os produtos é que criam mercados para outros produtos."

As mesmas crenças se encontram em *Principles of political economy*, de Mill:[3]

> "O que constitui os meios de pagamento das mercadorias são as próprias mercadorias. Os meios de que cada pessoa dispõe para adquirir a produção de outras pessoas consistem nos bens que ela própria produziu. Todos os vendedores são, inevitavelmente e *ex vi termini*, compradores. Se pudéssemos duplicar repentinamente as forças da produção de um país e dobrar a oferta de mercadorias em todos os mercados, duplicaríamos ao mesmo tempo o poder aquisitivo. A sociedade poderia comprar o dobro, pois teria duas vezes mais para oferecer em troca. Estariam simultaneamente duplicadas a oferta e a procura."

A lei de Say-Mill pode ser compreendida em dois sentidos. Como observa C. Napoleoni,[4] "segundo uma primeira acepção, pode-se compreender a lei simplesmente no sentido de que a fonte de onde provém a procura é o rendimento obtido pelos que participaram do processo produtivo e da formação da oferta. Nesse sentido, a lei é evidentemente incontroversa. Mas a economia ortodoxa deu a essa lei um segundo significado, mais amplo e rígido, segundo o qual, seja qual for o nível da produção, o valor da procura não poderá ser inferior nem superior, mas exatamente igual ao valor dos bens produzidos, isto é, da oferta. A ortodoxia clássica apenas admitia que, em certas ocasiões, a composição da oferta poderia não corresponder à composição das preferências dos consumidores, verificando-se então fenômenos de superprodução parcial; estes, porém, seriam automaticamente corrigidos pelos movimentos indicativos do sistema de preços. A doutrina clássica negava, assim, a existência da superprodução e do desemprego em massa por períodos prolongados. **Não se poderiam verificar, segundo os pressupostos ortodoxos, volumes de procura agregada insuficientes para a aquisição e o escoamento de toda a produção efetuada**".

Por trás da lei de mercados de Say-Mill, pedra angular da teoria clássica do equilíbrio macroeconômico, encontram-se as cinco seguintes proposições:

- **Pleno-emprego**. As forças de mercado tendem a equilibrar a economia a pleno-emprego. Não existem recursos econômicos involuntariamente ociosos. É integral e permanente o emprego da oferta de trabalho e da disponibilidade dos bens de capital, independentemente dos avanços tecnológicos.

- **Autocorreção de desequilíbrios parciais**. A lei de mercados não significa que, de determinado produto, não se produzam quantidades superiores às necessidades correntes. Mas a lógica da livre concorrência provocará uma transferência espontânea de recursos, entre as atividades com oferta excedente e insuficiente. A transferência tem um impacto duplo: adaptação estrutural da produção e ajustes nos preços e nas remunerações das cadeias produtivas afetadas.

- **Flexibilidade de preços e de remunerações**. Não só os preços dos produtos finais, como também os dos insumos de procura derivada e os custos de processamento flexibilizam-se para a correção de desequilíbrios parciais. Os salários, principal custo de processamento, são definidos em condições de flexibilidade, sem a rigidez imposta por lei ou por acordos de longa duração. Os preços dos bens produzidos e os resultados econômicos decorrentes é que definem os salários reais. Como está implícita na macroeconomia clássica a ideia de que a empresa se move pelo princípio de maximização do lucro, os salários reais efetivamente pagos pelos empresários serão então iguais à produtividade marginal do trabalho, flexibilizando-se para mais e para menos em função das condições prevalecentes no mercado de produtos finais e de recursos de produção.

- **Neutralidade da moeda**. Segundo a concepção da equação de trocas de Fisher, a oferta monetária afeta apenas o nível geral de preços, não o nível do produto ou da renda. A procura por moeda atende apenas a finalidades transacionais e a oferta monetária, exógena, tende a ajustar-se a essas necessidades. Os desajustes no setor monetário, se ocorrerem, não afetarão o desempenho do setor real. Ficarão limitados a variações nominais: são, enfim, os preços que se movimentam, não o nível do emprego.

❑ **Igualdade poupança e investimento.** A poupança e o investimento, na macroeconomia clássica, são funções da taxa de juros. A poupança, uma função direta; os investimentos, uma função inversa. Os agentes econômicos só estariam dispostos a aumentar o nível de suas poupanças, reduzindo o consumo corrente, se os juros aumentassem. A taxa de juros é, assim, uma variável real, concebida como prêmio pelo diferimento do consumo. Já, para os investimentos, os juros altos são um fator de desestímulo, dado que a produtividade marginal do capital é decrescente. Os empresários só decidirão investir mais se os juros caírem. Harmonizando esses interesses opostos, o livre jogo das forças de mercado conduzirá sempre à igualdade entre poupança e investimento, dada por uma taxa de juros de equilíbrio.

Na teoria macroeconômica clássica, a lei de mercados de Say-Mill e a teoria quantitativa da moeda (expressa pela equação de trocas de Fisher) complementam-se mutuamente. O comportamento monetário é isolado do comportamento real. O nível geral dos preços é dado pela quantidade de moeda e a estrutura dos preços relativos é estabelecida pelas forças livres do mercado, no setor real. Como mostram Simonsen-Cysne,[5] "dessas ideias resultavam importantes prescrições de política econômica. O *laissez-faire* era a melhor terapêutica para o desemprego. A política monetária deveria ser cautelosamente controlada, de modo a evitar a instabilidade dos preços. A inflação, atribuída exclusivamente ao excesso do crescimento da moeda sobre o produto real, curar-se-ia facilmente chamando aos brios o governo ou os administradores do banco central. As equações do setor real, que nada têm a ver com a quantidade de moeda, determinam os preços relativos que equilibram a oferta e a procura nos vários mercados, inclusive o de mão de obra. Num compartimento estanque, a quantidade de moeda determina, pela equação quantitativa, o nível geral de preços".

A Figura 19.1 reproduz a concepção clássica do equilíbrio a pleno emprego, Y_{PE}. A função da procura agregada, *PA*, corta a função da oferta agregada, *OA*, dada por uma linha vertical, sempre e necessariamente a pleno-emprego. Se, em dado momento, a procura agregada se contrai, como em (a), recuando de *PA* para *PA'*, haverá um excesso de oferta, dado pela distância entre o ponto *D* da função *PA'* e o ponto de pleno-emprego da economia, Y_{PE}. Nesta situação de desequilíbrio temporário, os produtores rebaixarão seus preços, com o intuito de estimular os consumidores a comprar mais e os investidores a aumentar suas aquisições de bens de capital. A estimulação do mercado fará com que, sucessivamente, as quantidades agregadas de todos os bens e serviços procurados aumentem, deslocando-se ao longo da função *PA'*, do ponto *D* para *C*, *B* e, finalmente, *A*, quando então o pleno-emprego estará restabelecido, no ponto Y'_{PE}. Concomitantemente, com o movimento dos preços dos bens e serviços, os trabalhadores estarão dispostos a aceitar salários mais baixos, não só para manter seus postos de trabalho, mas também porque os preços dos demais bens estarão em queda. Quanto mais dispostos estiverem os empresários a praticar preços mais baixos e os trabalhadores a aceitar salários também mais baixos, mais rapidamente a economia se recuperará. A trajetória de *D* para *A*, sobre a função *PA'* será assim tanto mais rápida quanto maior for a flexibilidade dos mercados de produtos e de recursos de produção.

FIGURA 19.1
O macroequilíbrio na abordagem clássica. Em (a), ocorrendo um movimento descendente da procura agregada, de *PA* para *PA'*, restabelecem-se as condições do equilíbrio sem afetar o nível do emprego: a economia volta ao pleno-emprego, com a flexibilização de todos os preços, de produtos e de recursos.

Em (b), quando a oferta agregada se movimenta, a procura também se desloca. Os movimentos são simultâneos. Segundo as leis de Say-Mill, "a oferta cria a sua própria procura".

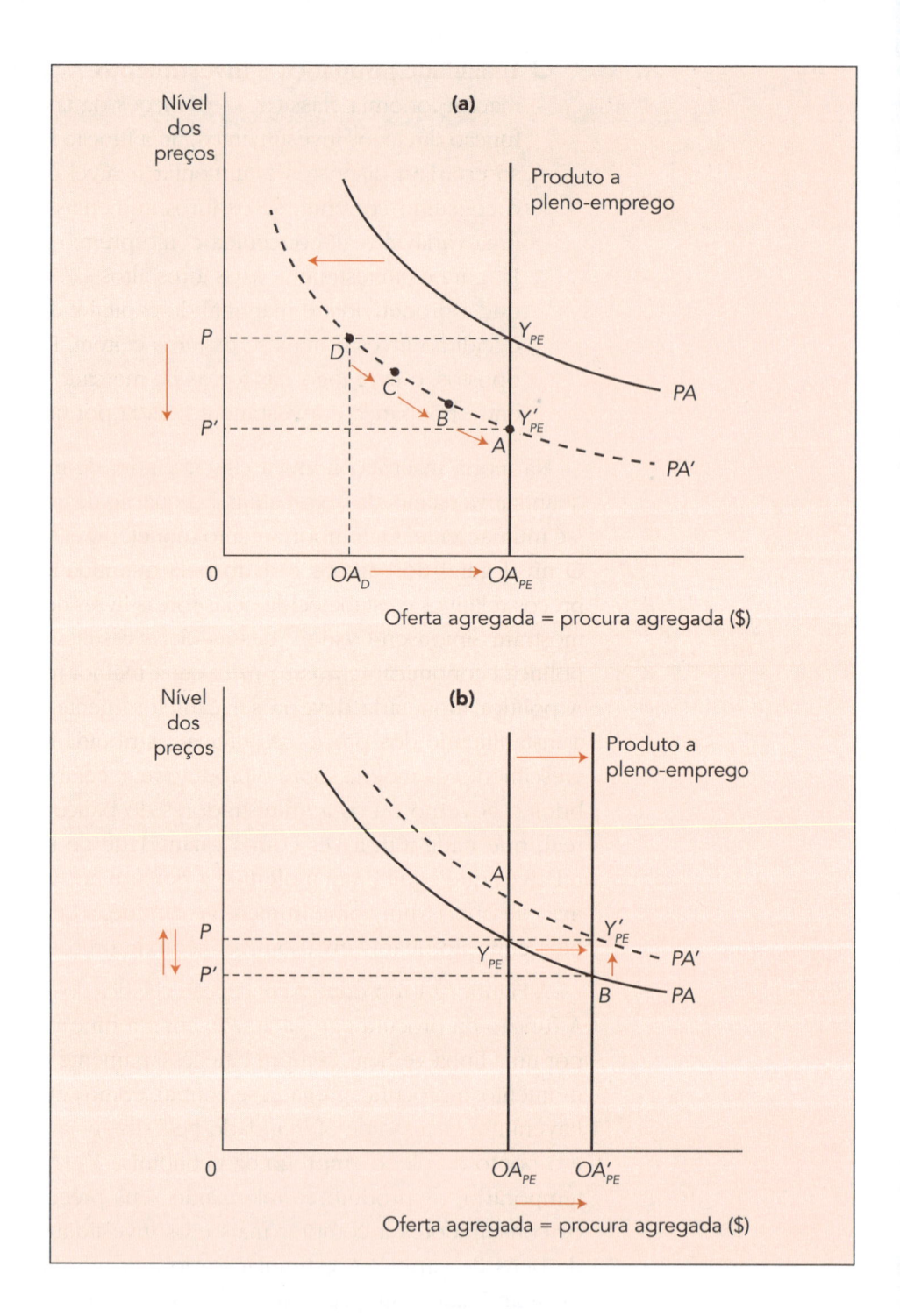

Os movimentos ao longo da função *PA'* implicariam, assim, de ponta a ponta, rebaixamento de preços, mas não redução sustentada no nível do emprego. A eventual ocorrência de desemprego, no instante inicial de redução da procura agregada, seria dos tipos friccional ou cíclico, com recuperação autônoma. Em situação oposta, como em (b), ainda na Figura 19.1, expandindo-se a procura agregada de *PA* para *PA'*, os preços se expandem num primeiro instante, deslocando o equilíbrio de pleno-emprego, Y_{PE}, para o ponto *A*. Os preços só recuarão para o nível inicial se houver condições, a médio prazo, para o deslocamento da função da oferta agregada, de *OA* para *OA'*. Estabelece-se, então, uma nova posição de equilíbrio a pleno-emprego, Y'_{PE}. Se, nos novos níveis de oferta agregada,

FIGURA 19.2
Na abordagem clássica, os estoques e os fluxos da poupança financeira não são vazamentos perturbadores do macroequilíbrio.

A taxa de juros, livremente definida no mercado financeiro, iguala permanentemente a poupança e os investimentos, garantindo reinjeções que mantêm a economia em estado permanente de equilíbrio a pleno-emprego.

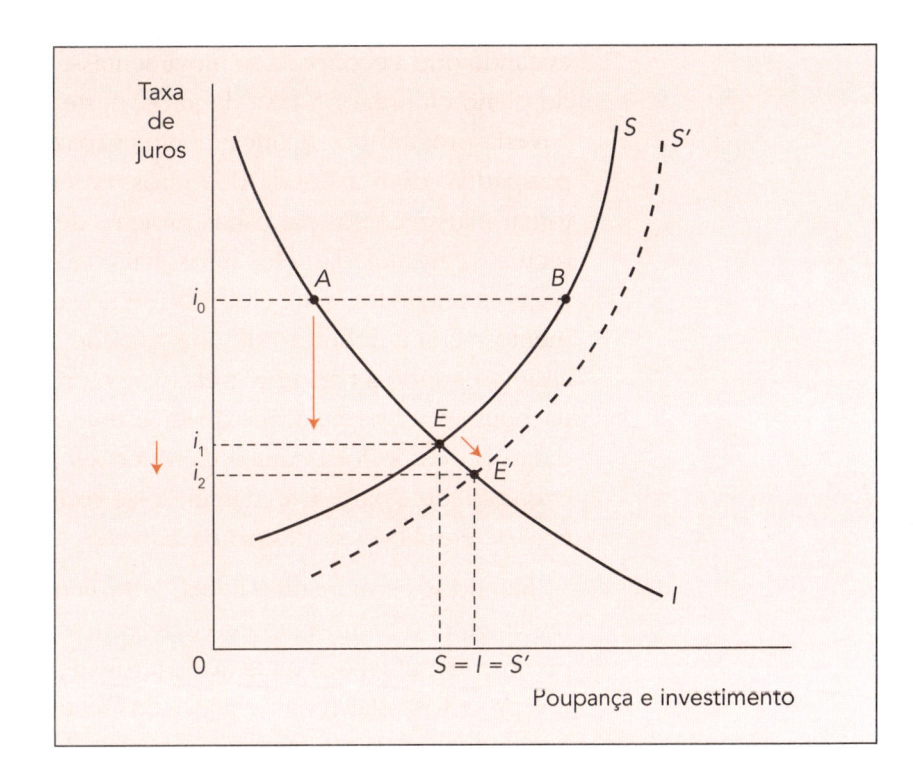

os preços recuarem de P para P', estabelecendo-se novo equilíbrio no ponto B, a tendência será a volta ao nível P, na direção da nova posição de equilíbrio a pleno-emprego. Enfim, sejam quais forem as condições, os preços se movimentarão flexivelmente, para baixo ou para cima, transmitindo-se de um mercado para outro, mas mantendo-se sempre a economia a pleno-emprego.

Segundo a concepção clássica, o desemprego em larga escala não poderia jamais ocorrer. Quaisquer volumes de bens e serviços produzidos, por gerarem um correspondente fluxo de rendimentos, capacitam os agentes econômicos a adquirirem tudo o que for produzido. A geração simultânea do produto e da renda colocará sempre, nas mãos da sociedade, um poder de compra suficiente para que todos os produtos ofertados sejam escoados, em fluxos de consumo e de investimento. Os vazamentos sob a forma de poupança não interromperiam o equilíbrio autônomo e permanente, dado que a taxa de juros atuaria sempre no sentido de igualar os saldos de renda poupados às decisões de investimento.

A Figura 19.2 mostra como se estabelece, na macroeconomia clássica, a igualdade entre a poupança e o investimento. Estas duas macrovariáveis reagiriam às taxas de juros em direções opostas. A função investimento, I, é dada por uma curva descendente, revelando que as decisões de investir são estimuladas por taxas de juros baixas e desencorajadas por taxas de juros altas. Já a função poupança, S, tem trajetória oposta: quanto mais alta a taxa de juros, maiores as parcelas da renda que seriam poupadas. Se, em dado instante, a taxa de juros estiver em i_0, os volumes de recursos poupados serão superiores aos procurados para financiamento de investimentos: a distância entre os pontos A e B indica, para esta taxa, a discrepância entre poupança e investimento. Mas os economistas clássicos não acreditavam que esta discrepância persistiria por muito tempo. O vazamento da poupança seria compensado autonomamente pelo investimento, evitando que a economia se movimentasse para uma posição de equilíbrio abaixo do pleno-emprego. A taxa de juros, neste caso, cairia, na direção de i_1, pois não haveria procura por financiamentos capazes de absorver inteiramente os saldos poupados. Com a queda dos juros, os empreendedores seriam encorajados a tomar mais recursos para seus projetos de investimento. E, caso a procura pelos recursos, estimulada pelos juros mais baixos, ultrapassasse os saldos poupados, os juros reagiriam, estabelecendo-se novas condições. O resultado desses movimentos seria a definição de uma taxa de juros de equilíbrio, E. Os juros seriam, assim, segundo a concepção clássica, o preço-chave que igualaria os vazamentos da poupança às reinjeções do investimento, quaisquer que fossem as posições dadas ou os deslocamentos das funções S e I. Deslocando-se a poupança, por exemplo, de S para S', e mantendo-se os investimentos em sua posição inicial, a taxa de equilíbrio se deslocaria para E'.

Mantidos os mercados livres, a tendência natural da economia seria, inexoravelmente, o pleno-emprego dos recursos, sob diferentes níveis e estruturas de preços. As flutuações da taxa de juros, de um lado, e a flexibilidade dos preços dos produtos e das remunerações dos recursos, de outro lado, sempre garantiriam a manutenção da atividade em situação de pleno-emprego. As oscilações seriam autonomamente corrigidas. A economia, conduzida pelo livre jogo do mercado, seria autoajustável, capaz de governar-se a si própria.

Como sintetiza G. Tapinos,[6] "a lei de mercados de Say-Mill fundamenta a atitude liberal do *laissez-faire*. Dá origem a uma sociedade econômica onde o interesse privado é o mais hábil dos condutores e onde o governo se abstém de toda e qualquer intervenção capaz de deturpar a concorrência, quer no que se refere aos empresários, quer no que se refere aos trabalhadores. A lei exprime bem a igualdade necessária entre o produto, a renda e o dispêndio, em equilíbrio de longa duração. Efetivamente, como a oferta cria sua própria procura, uma vez aceita a hipótese de racionalidade dos agentes econômicos, o circuito tenderá necessariamente ao equilíbrio, quaisquer que sejam as flutuações que possam ocorrer".

Os pressupostos da macroeconomia clássica não resistiram, porém, às evidências da grande depressão da década de 1930. O desemprego em larga escala alastrou-se em movimentos cumulativos sem precedentes históricos e as forças autônomas do mercado não pareciam suficientes para a volta ao crescimento firme e à recuperação do nível geral do emprego. Uma nova teoria macroeconômica, que indicasse os caminhos da recuperação, estaria destinada a ter ampla aceitação, ainda que sua inspiração fosse intervencionista e conduzisse a maior e mais ativa participação do governo na vida econômica. O *laissez-faire* estava com os dias contados. A recuperação exigiria, entre outras medidas, vigorosa política fiscal expansionista.

Os Pontos de Sustentação da Abordagem Keynesiana

A fundamentação da nova macroeconomia foi apresentada por J. M. Keynes, em 1936, numa das mais importantes contribuições à formação do pensamento econômico. *The general theory* é equiparável, em importância histórica, a *Wealth of nations*, de A. Smith, e ao *Das kapital*, de K. Marx. Não parece haver dúvida que estes três livros foram os que maior influência exerceram sobre o pensamento econômico e a efetiva condução da política econômica. Eles modelaram novas formas de pensar e de agir. Estabeleceram, claramente, novos paradigmas.

The general theory tem o significado de uma ruptura com a **revolução liberal**. Diferentemente, porém, de sua variante oposta, a **revolução socialista**, a ruptura keynesiana não removeu as bases político-institucionais do sistema econômico. A **revolução keynesiana** rompeu com os pressupostos da macroeconomia clássica, estabeleceu novas funções para o governo, mas não a ponto de colocá-lo como agente econômico central, eliminando radicalmente o setor privado da economia. No último capítulo da *General theory*, que tem o título de "Notas finais sobre a filosofia social a que poderia levar a teoria geral", Keynes sugeriu que as implicações da teoria exposta são razoavelmente conservadoras, quanto ao aspecto político-institucional. A macroeconomia keynesiana não propõe que o governo assuma a propriedade dos meios de produção. A prescrição é uma vigorosa política fiscal, fundamentada em investimentos públicos, para elevar a procura agregada a níveis compatíveis com os da oferta agregada potencial. Mais ainda: o governo exercerá influência orientadora sobre as propensões aos dispêndios de consumo dos agentes privados, por meios fiscais, monetários e por outras medidas. E, dado que a propensão a poupar e as decisões de investir não são guiadas necessariamente apenas pela taxa de juros, são necessários e justificáveis controles centrais para ajustar o estímulo ao investimento na direção desejada para a cura do desemprego. Mas as novas áreas de atuação confiadas ao governo não significariam um caminho aberto para a total estatização dos meios de produção e para o comando centralizado e autoritário de todo o processo econômico. As seguintes "notas finais"[7] dão o tom da filosofia social da macroeconomia keynesiana:

> "Os controles centrais necessários para assegurar o pleno-emprego exigirão, naturalmente, uma considerável extensão das funções tradicionais do governo. A par disso, a própria teoria clássica moderna chamou a atenção para as várias condições em que pode ser necessário refrear ou guiar o livre jogo das forças econômicas. Todavia subsistirá ainda, em grande amplitude, o exercício da iniciativa e da responsabilidade privadas. Do ponto de vista da eficiência, as vantagens da descentralização das decisões e da responsabilidade individual são talvez maiores do que julgou o século XIX, e a reação contra o atrativo do interesse pessoal talvez tenha ido demasiado longe. Se puderem ser purgadas de seus defeitos e abusos, são a melhor salvaguarda da liberdade, no sentido de que ampliam, mais do que qualquer outro sistema, o campo para o exercício das escolhas pessoais. Sua perda é a mais sensível de todas as que acarretam os regimes totalitários e homogêneos. Para colocar a questão num plano concreto, não vemos por que o sistema existente faria mal uso dos recursos de produção utilizados. É o volume e não a direção do emprego efetivo o responsável pelo colapso do sistema atual. É certo que o mundo não tolerará por muito mais tempo o desemprego que, excetuando-se curtos in-

> **tervalos de excitação, é uma consequência inevitável do capitalismo individualista da nossa época. Mas pode ser possível curar o mal por meio de uma análise correta do problema, preservando ao mesmo tempo a eficiência e a liberdade."**

Alinhados a essa filosofia social, os pontos de sustentação da **macroeconomia keynesiana** são:

- **Equilíbrio com desemprego**. Em contraste com a macroeconomia clássica, Keynes evidenciou que uma economia de mercado em situação de equilíbrio pode não estar realizando as condições definidas do pleno-emprego. Uma situação de equilíbrio a pleno-emprego é apenas uma entre tantas outras possibilidades que se observam na realidade econômica. Trata-se de "um caso especial, não o caso geral, pois a situação que ela supõe acha-se no limite das possíveis situações de equilíbrio". Nada garante que o pleno-emprego se realize sempre e autonomamente, dada a multiplicidade e a heterogeneidade dos fatores que determinam cada um dos grandes componentes da procura efetiva. As forças autônomas do mercado do produto e do mercado financeiro podem não ser suficientes para movimentar a economia na direção de um pleno-emprego permanente. Exigem-se, então, movimentos induzidos.

- **Desequilíbrios parciais podem exigir correções induzidas**. A causa central do desemprego em uma economia de mercado é, na macroeconomia keynesiana, uma **insuficiência de procura agregada**. Quando uma situação conjuntural de procura insuficiente se estabelece, ela pode conduzir, por um processo perverso de efeito multiplicador negativo, à generalização progressiva do desemprego. Foi o que ocorreu nos anos da grande depressão, a partir de uma queda de grandes proporções nos dispêndios privados. Neste caso, a correção exigiria que se realizassem esforços induzidos para suplementar as deficiências da procura efetiva, trazendo-a de volta, pelo efeito multiplicador de dispêndios induzidos, a situações mais próximas do pleno-emprego. A importância atribuída à procura agregada justificou, assim, o ponto de partida da análise keynesiana: a investigação dos fatores determinantes da procura efetiva por bens de consumo e de investimento. A chave para a compreensão das flutuações cíclicas das economias de mercado era definir as variáveis que determinam a propensão a consumir e as decisões de investir. Atuações sobre essas variáveis ou, então, o manejo dos fluxos de procura efetiva decorrentes da execução orçamentária do governo, poderiam corrigir desequilíbrios temporários e situações mais críticas de desemprego. A indução deliberada substituiria, assim, a crença nas hipóteses clássicas de autorregulação.

- **Inflexibilidade de preços e salários**. As imperfeições da concorrência, o poder de monopólio que se estabelece em vários setores, as leis trabalhistas e o poder de negociação dos sindicatos de trabalhadores são fatores que contrariam a hipótese clássica da flexibilidade de preços e salários. No mercado de trabalho do modelo keynesiano, o salário é rígido. Os contratos tornam viscosas as remunerações e os preços delas derivados. Consequentemente, diante de uma insuficiência de procura agregada, com preços e salários inflexíveis, o nível do emprego é duramente afetado, dado que os trabalhadores reagiriam a reduções reais em seus salários e as empresas dificilmente estariam dispostas a desovar seus estoques abaixo dos custos efetivos de reposição. As correções de ajuste conduziriam, assim, a uma variação para baixo no nível do emprego. As condições contratuais estabelecidas implicavam inflexibilidades que, na condução efetiva do processo econômico, não garantiam a automaticidade do pleno-emprego.

☐ **Não neutralidade da moeda**. Na macroeconomia keynesiana, a moeda não é neutra. Primeiro, porque a procura por moeda não se limita às necessidades transacionais dos agentes econômicos; ela é um ativo desejado como reserva de valor e, dependendo do acerto com que seus detentores anteveem as variações futuras da taxa de juros, a posse especulativa da moeda pode ser uma fonte de importantes ganhos de capital. Mais ainda: as taxas de juros, determinadas pela interação da oferta e da procura monetárias, afetam o nível dos investimentos e, consequentemente, a procura agregada. A moeda age, assim, sobre o setor real da economia, embora não se possa esperar sempre que aumentos na quantidade de moeda induzirão a aumentos na procura efetiva e, depois, por derivação, na oferta agregada e no nível do emprego. Esta relação causal não se dará se a preferência pela liquidez aumentar, se a escala da eficiência marginal do capital cair mais que a taxa de juros e se, a despeito da queda dos juros, a propensão a consumir estiver em declínio. Mas estas restrições à eficácia da moeda não significam, em Keynes, que ela se comporte mais como variável neutra do que como um dos elementos determinantes da procura efetiva. As "armadilhas da liquidez" podem realmente afetar sua influência, sob certas circunstâncias, mas não destroem irremediavelmente o nexo causal entre a moeda e o setor real.

☐ **A distinção dos fatores determinantes da poupança e do investimento**. Um dos mais importantes pontos de ruptura entre a macroeconomia clássica e a keynesiana é a evidenciação de que a taxa de juros não é o único fator que determina e que ajusta permanentemente, um ao outro, os fluxos de poupança e de investimento. Como observa A. Moura da Silva,[8] "para os clássicos, poupança e investimento se confundem não porque tenham identidade própria, mas sim porque o manejo da taxa de juros é de tal ordem poderoso que a distinção perde a razão de ser. Em Keynes, ao contrário, a distinção é magnificada exatamente porque a operação dos mecanismos de mercado via taxa de juros não tem essa força. Além de juros, a expectativa de lucro futuro gera investimento, e a renda corrente gera poupança. Portanto, a despeito da força equilibrante dos juros (sobre poupança e investimento) e da renda (sobre a poupança), pode ocorrer uma inconsistência básica entre a eficiência marginal do capital e a taxa de juros, de forma a gerar queda de produto. E mais: em condições normais, um aumento de investimento pode gerar poupança e maior nível de renda, enquanto um aumento de poupança em relação à renda corrente não gera **necessariamente** nem mais investimento, nem aumento, mas sim queda do produto".

Em síntese, a macroeconomia keynesiana afastou-se da clássica em pelo menos cinco pontos fundamentais:

1. A demonstração de que apenas a livre ação das forças de mercado não era suficiente para gerar permanentemente o pleno-emprego.

2. A legitimação da ação do governo como agente econômico regulador da procura efetiva, notadamente quando há insuficiência de dispêndios, recessão e desemprego.

3. A explicação para a inflexibilidade dos salários e dos preços.

4. A introdução da procura por moeda para fins especulativos e o papel das expectativas sobre a preferência pela liquidez.

5. A elucidação dos fatores determinantes da procura e da oferta agregadas, com ênfase nas funções consumo e investimento.

A Figura 19.3 ajuda a compreender o primeiro destes cinco pontos fundamentais. O macroequilíbrio, na abordagem keynesiana, não coincide, necessariamente, com o ponto de pleno-emprego da função da oferta agregada. A procura agregada efetiva pode estar abaixo do ponto de pleno-emprego. E como as funções da oferta e da procura agregadas são mutuamente independentes, o equilíbrio a pleno-emprego não é uma condição assegurada.

A procura agregada, *PA*, é descrita por uma função descendente em relação aos preços. Seu deslocamento para mais, na direção *PA'* resulta de aumentos líquidos positivos na soma dos quatro grandes fluxos que a compõem – o consumo das unidades familiares, o investimento das empresas, os dispêndios do governo e as exportações líquidas. Ainda que um, dois ou até três destes quatro fluxos esteja estabilizado ou em declínio, basta que a variação positiva de apenas um supere a variação negativa dos demais, para que a procura agregada avance para a direita, com impactos positivos sobre a oferta agregada e o nível do emprego.

A magnitude do impacto dessas variações sobre os preços será maior ou menor segundo o segmento da função de oferta agregada sobre o qual se define a posição *E* de equilíbrio. Isso porque, na versão keynesiana mais elaborada, a função de oferta agregada tem três segmentos distintos, diferenciados por seus coeficientes de elasticidade. Um primeiro segmento de alta elasticidade (no limite, perfeitamente elástico), ao longo do qual as variações efetivas da procura agregada induzem a variações no produto agregado e no nível de emprego, com reflexos muito baixos ou nulos sobre o nível geral de preços; neste primeiro segmento, é alta a ociosidade da economia, traduzindo-se por elevada taxa de desemprego. No segundo segmento, intermediário, as condições prevalecentes são de baixa ociosidade; nesse segmento, os preços já reagem à expansão da procura agregada, em decorrência de gargalos nas cadeias de suprimentos ou de desajustamentos entre a capacidade de oferta e as pressões crescentes da procura. A partir do ponto em que a ociosidade é totalmente removida, estabelecendo-se

FIGURA 19.3
O macroequilíbrio na abordagem keynesiana. A procura efetiva é que define o nível do emprego e seus deslocamentos na direção do pleno-emprego. Mas, à medida que a procura se aproxima da oferta agregada a pleno-emprego, como em (a), aumenta a tensão de alta do nível geral de preços, como um dos elementos de perturbação das condições gerais de equilíbrio. E, como as funções da oferta e da procura agregadas são mutuamente independentes, o equilíbrio a pleno-emprego não é uma condição assegurada, ainda que, como em (b), os preços permaneçam estáveis. O máximo potencial de oferta a pleno-emprego, com preços estáveis, dificilmente é alcançado pela simples atuação de forças autônomas ($Y < E_{PE}$).

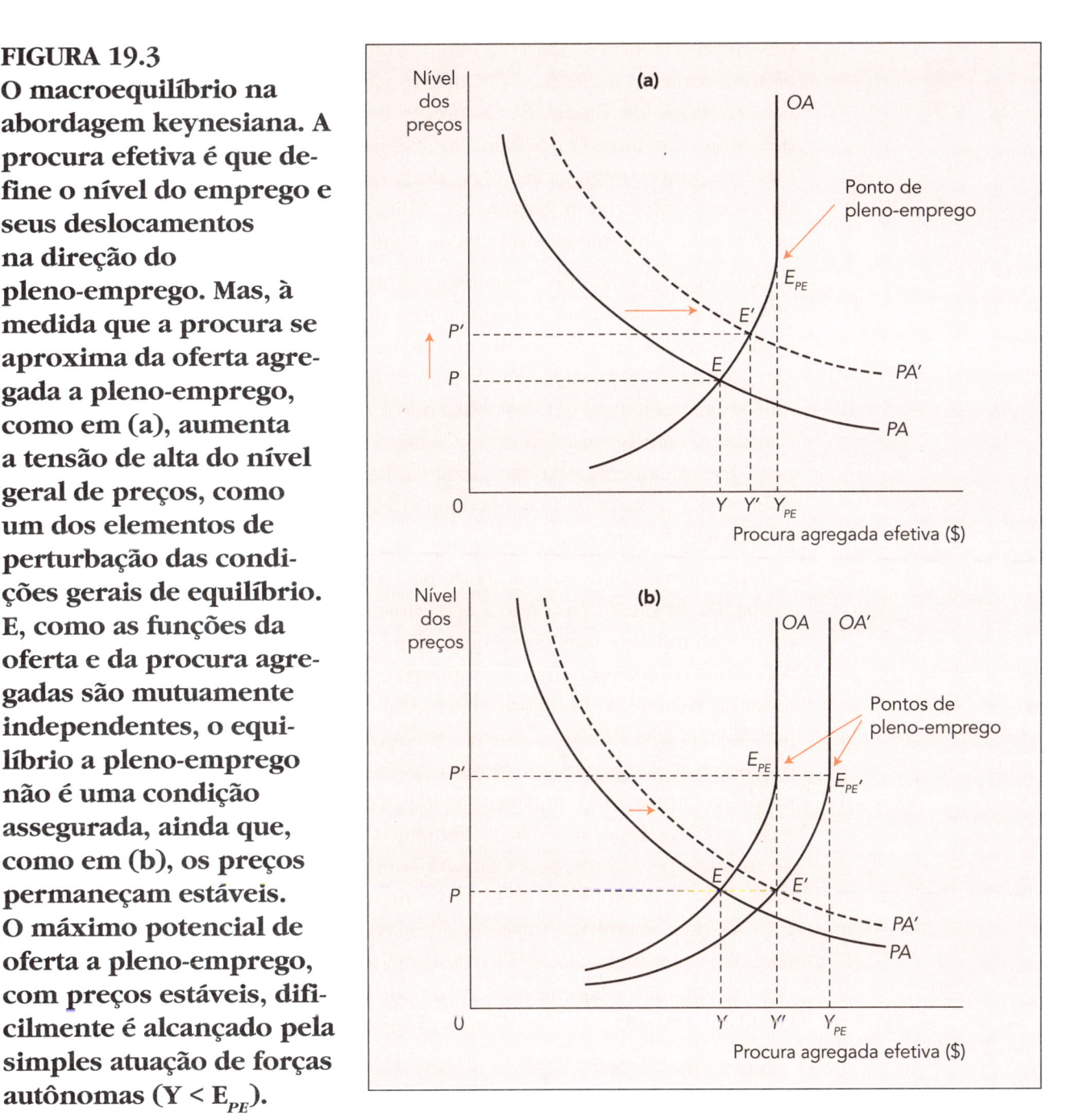

as condições do pleno-emprego, a função projeta-se para cima, em linha vertical anelástica, definindo o terceiro segmento da oferta agregada. Uma vez alcançado esse último segmento, qualquer aumento da procura agregada, por produtos ou por recursos de produção, causa forte variação nos preços, obviamente sem quaisquer variações nos níveis efetivos do produto e do emprego.

A médio prazo, a oferta agregada pode deslocar-se, como em (b), na Figura 19.3, de *OA* para *OA'*. Este deslocamento é resultado de maior disponibilidade de recursos de produção – maiores estoques de capital, decorrentes de investimentos, maior disponibilidade de mão de obra, melhoria em processos tecnológicos ou uma combinação de variações positivas no suprimento desses recursos. O deslocamento da oferta agregada geralmente se dá por expectativas favoráveis dos empreendedores, quanto à evolução futura da procura agregada. Se esta se efetivar, variando de *PA* para *PA'*, uma nova posição de equilíbrio se estabelecerá, deslocando-se de *E* para *E'*. Os preços poderão permanecer estáveis ao curso desses movimentos. Ou oscilar, em resposta a deslocamentos desproporcionais das duas funções agregadas. Mas, ainda que o nível do produto e do emprego também se desloquem, as novas condições de equilíbrio que se estabelecem podem estar afastadas dos pontos de pleno-emprego.

A redução da taxa de desemprego, aproximando a procura efetiva da oferta agregada potencial, pode exigir a adoção de medidas expansionistas, via políticas fiscal, monetária ou cambial. Inversamente, quando a superexcitação da procura agregada pressiona a capacidade de oferta além de seu máximo potencial, criando tensões inflacionárias e desestabilizando a economia como um todo, as medidas corretivas, com o emprego dos mesmos instrumentos, terão sentido contracionista. E é exatamente esta atuação ativa das autoridades fiscais e monetárias que diferencia a postura da macroeconomia keynesiana da crença clássica ortodoxa nas forças autoajustáveis.

Obviamente, a intervenção corretiva das autoridades fiscais e monetárias não é garantia suficiente para que a economia opere em posições sempre próximas do pleno-emprego, com crescimento firme, livre de oscilações na estrutura e nos níveis dos preços. O mundo econômico é mais complexo que o sintetizado nos modelos básicos do equilíbrio macroeconômico. E mais: a complexidade hoje, mais de três gerações após a revolução keynesiana, é supostamente maior e compreende novos desafios. A abertura de mercados e a globalização do processo produtivo, implicando mudanças agudas nas cadeias de suprimentos, de insumos e de produtos finais são novos elementos que dificultam as políticas nacionais de sustentação do emprego. Com a crescente abertura das fronteiras econômicas nacionais e a constituição de blocos e mercados comuns, estabelecem-se novos padrões de competição, tornando mais voláteis os movimentos do mercado financeiro (monetário, de crédito, de capitais e cambial), ampliando as flutuações dos investimentos das empresas e amplificando as oscilações da procura externa líquida por bens e serviços intermediários e finais.

Em aproximações sucessivas, vamos abordar as condições básicas de equilíbrio e os fatores que podem interferir nas flutuações da atividade econômica como um todo. Começaremos por um modelo simples de equilíbrio macroeconômico: o **modelo keynesiano simplificado**.

19.2 A Cruz Keynesiana: um Modelo Simplificado de Equilíbrio do Produto, da Renda e do Emprego

O Conceito de Cruz Keynesiana

A **cruz keynesiana** é a interpretação mais simples das condições do equilíbrio macroeconômico definidas na *General theory*. Ela se limita ao setor real da economia – aos mercados do produto, da renda, do dispêndio e do emprego. Mas, apesar de sua simplicidade, é uma base sólida para a construção de modelos mais elaborados, que indiquem as condições de equilíbrio resultantes da interação dos setores real e monetário.

A cruz definida para o setor real mostra que a igualdade entre a oferta agregada e a procura agregada corresponde a uma situação dada de equilíbrio dos agregados do produto, da renda e do dispêndio, reproduzindo-se na estabilidade do nível geral de emprego. Esta condição de equilíbrio, todavia, pode não corresponder ao pleno-emprego. Contrapondo-se à macroeconomia clássica, a cruz keynesiana evidencia que a procura agregada, resultante do total dos dispêndios de todos os agentes econômicos, pode ser igual, estar abaixo ou acima da oferta agregada. Quando igual, o volume do produto agregado tende a manter-se, sem movimentos de alta ou de baixa no nível do emprego. Quando está acima da oferta observada, impulsiona as empresas a aumentar a produção: quando está abaixo, induz a movimentos contracionistas. Mas nenhuma das posições dadas, mesmo a de equilíbrio, significa necessariamente que a economia está operando a pleno-emprego. O equilíbrio do produto (oferta agregada) e do dispêndio (procura agregada) pode coexistir com a ociosidade e o desemprego.

A cruz keynesiana resulta da intersecção de duas linhas. Uma indica a **função da procura agregada**. A outra, a **condição de equilíbrio**, para qualquer nível de produto, de renda e de dispêndio.

- ❑ **Função procura agregada**. Esta função resulta do montante, para diferentes níveis de renda agregada, que os agentes econômicos (unidades familiares, empresas e governo) estão dispostos e aptos a despender em bens e serviços de consumo e de investimento, incluindo, em uma economia aberta, as exportações líquidas. Ela resulta da soma da função consumo, da função investimento, do lado do dispêndio do orçamento público e das exportações líquidas. A inclinação dessa linha é ascendente e seu coeficiente angular, embora positivo, é inferior a 1,0. Esta inclinação é fortemente influenciada pelo mais importante fluxo de dispêndio da economia, o de consumo. Não obstante ele aumente à medida que a renda aumenta, suas variações não são iguais às da renda; como vimos no capítulo anterior, a propensão marginal a consumir, que mede a inclinação da função consumo, é inferior à unidade. Já os demais fluxos de dispêndio, que dependem de outras variáveis, podem ser descritos como exógenos, tanto os investimentos planejados pelas empresas, como os dispêndios públicos e os resultados líquidos das transações externas reais.

- ❑ **Condição de equilíbrio**. Quando a economia está em equilíbrio, o total observado dos dispêndios é igual ao montante do produto agregado. Como a geração do produto implica fluxos agregados de renda de igual montante, a condição de equilíbrio definida implica que o total dos vazamentos (tributos, poupanças e importações) seja igual ao total dos correspondentes fluxos compensatórios (dispêndios públicos, investimentos e exportações). Realizando-se esta condição de equilíbrio, para quaisquer níveis de produto e de renda, os totais correspondentes do dispêndio serão sempre iguais. Dessa forma, se representarmos no eixo horizontal a oferta agregada (produto e renda) e no eixo vertical a procura agregada (dispêndios totais), a linha da condição de equilíbrio será dada por uma função referencial de 45 graus. Em qualquer de seus pontos, a oferta e os dispêndios serão sempre iguais. Seu traçado é, assim, o de uma diagonal ascendente.

FIGURA 19.4
Procura agregada (a), condição de equilíbrio (b) e cruz keynesiana (c). O equilíbrio, na cruz keynesiana, é dado pelo ponto E de intersecção, em que a procura agregada, PA, é igual à renda e ao produto agregados, Y, que define um nível de emprego, mas não necessariamente de pleno-emprego. A economia só deixará essa posição por insuficiência ou por excesso de procura agregada ou por deslocamento da função como um todo.

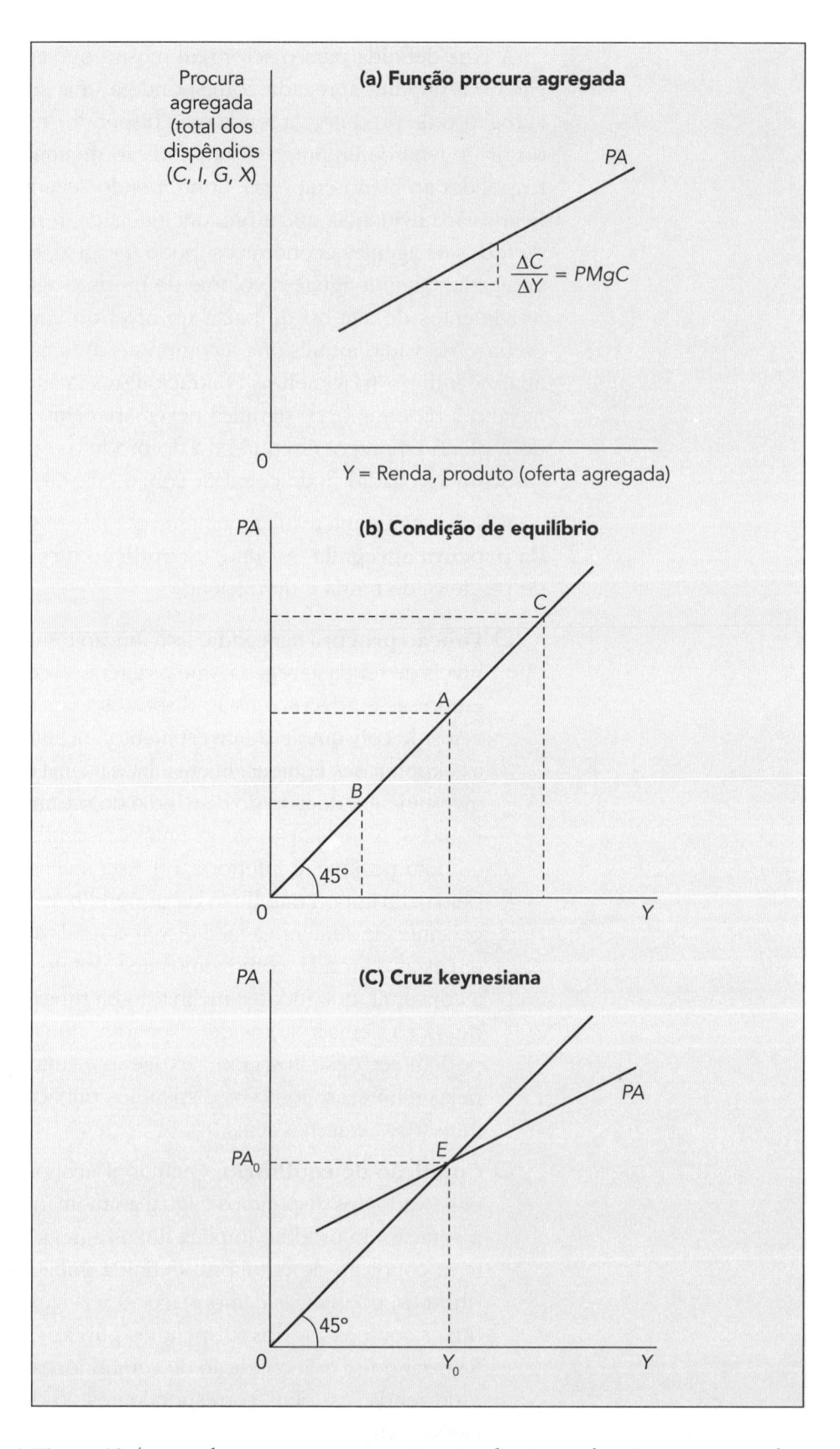

A Figura 19.4 reproduz estes conceitos. No eixo horizontal estão representados os agregados do produto e da renda nacional (contabilmente iguais); no vertical, o total dos dispêndios. A função procura agregada, gráfico (a), é dada pela linha ascendente PA; sua inclinação é positiva e o coeficiente angular é dado pela propensão marginal a consumir, *PMgC*, considerando-se os fluxos de investimento, de dispêndios do governo e de exportações líquidas como exógenos. A condição de equilíbrio é dada pela diagonal do gráfico (b): em qualquer ponto desta diagonal, como *A*, *B* ou *C*, a oferta agregada (produto e renda) será sempre igual à oferta agregada. Juntando num só gráfico, como em (c), a função procura agregada e a condição de equilíbrio, temos a cruz keynesiana. Ela indica que a procura efetiva de equilíbrio, dada pela intersecção *E*, dá-se em um ponto determinado, e não em todos os pontos da diagonal de referência.

Uma Primeira Abordagem: a Economia Fechada sem Governo

No Capítulo 3 da *General theory*, que Keynes dedica à análise da procura efetiva, é evidenciada a diferença essencial entre a macroeconomia clássica e os novos pressupostos então definidos. A doutrina clássica, resumida pela proposição de que "a oferta cria a sua própria procura", envolve uma hipótese categórica a respeito da relação entre as funções de procura e de oferta agregadas: para qualquer volume de emprego (ou de oferta agregada), os agentes econômicos adquirirão sempre, no setor real da economia, bens e serviços em valor igual ao da expressão nominal da oferta. Como escreveu Keynes, "isto significa dizer que a procura efetiva, em vez de ter um único valor de equilíbrio, comporta uma série infinita de valores, todos igualmente admissíveis. Se isto fosse verdade, a concorrência entre os empresários levaria sempre a um aumento do emprego, até o ponto em que a oferta agregada deixasse de ser elástica, ou seja, um ponto a partir do qual um novo aumento no valor da procura efetiva já não seria acompanhado por um aumento da produção. Assim, a lei de Say, segundo a qual o preço do conjunto que define a procura agregada é igual ao preço da sua oferta agregada para qualquer volume de produção, equivale à proposição de que não há obstáculo ao pleno-emprego". A condição de equilíbrio do gráfico (b) da Figura 19.4 seria sempre alcançada, para qualquer nível planejado de oferta agregada.

O significado da cruz keynesiana poderá ser mais bem compreendido com o auxílio de um modelo simplificado de economia fechada sem governo, como o da Tabela 19.2. Nesse modelo, para diferentes níveis de oferta agregada e de renda, assumimos uma hipótese convencional de função consumo: à medida que a renda *Y* aumenta, numa escala que vai de $ 550 a $ 1.050 bilhões, o consumo *C* também aumenta, mantendo-se, porém, constante, sempre de 0,60, a propensão marginal a consumir: para cada $ 50 bilhões de aumento da renda, o consumo aumenta $ 30 bilhões. A distância crescente entre renda e consumo define a função poupança, mantendo-se constante e igual a 0,40 a propensão marginal a poupar. Assumimos ainda que, nesse modelo simplificado de economia, os investimentos planejados por empresas e famílias, dados por dispêndios em máquinas, equipamentos, edificações para fins produtivos e outros bens de capital, é constante e igual a $ 80 bilhões.

A procura agregada, neste modelo, é constituída assim pela soma de apenas duas categorias de dispêndios, o consumo e o investimento. Para o primeiro nível de oferta, $ 550 bilhões, a soma dos dispêndios de consumo e investimento é de $ 650 bilhões. Isso significa uma procura agregada superior à oferta agregada. Mantendo-se a economia com esse padrão de desempenho, os estoques existen-

TABELA 19.2
Um modelo simplificado de economia fechada sem governo. Determinação do equilíbrio da renda e do emprego: a igualdade entre a oferta e a procura agregadas.

Fluxos em $ bilhões					Nível do emprego: tendências resultantes
Oferta agregada $OA = Y$	Dispêndios de consumo C_f	Poupança agregada S_f	Investimento planejado I	Procura agregada $PA = C + I$	
550	570	–20	80	650	Expansão
600	600	0	80	680	Expansão
650	630	20	80	710	Expansão
700	660	40	80	740	Expansão
750	690	60	80	770	Expansão
800	720	80	80	800	EQUILÍBRIO
850	750	100	80	830	Contração
900	780	120	80	860	Contração
950	810	140	80	890	Contração
1.000	840	160	80	920	Contração
1.050	870	180	80	950	Contração

tes se escoarão e as empresas perceberão que há mercado para a expansão da oferta. O estado geral da economia não é, portanto, de equilíbrio. A tendência é expansionista. O nível de emprego tende a aumentar.

No outro extremo da escala, para uma oferta agregada de $ 1.050 bilhões, a procura agregada é menor, totalizando R$ 950 bilhões em dispêndios de consumo e em investimento planejado. Na terminologia keynesiana, há insuficiência de procura agregada, um estado de desequilíbrio de natureza perversa, dado que as empresas verão seus estoques aumentarem em decorrência de um escoamento de produção inferior à procura efetiva. A tendência é contracionista. O nível do emprego deverá cair.

O equilíbrio entre a oferta e a procura agregada se estabelece no patamar de $ 800 bilhões. Para esse nível de oferta há um igual nível de dispêndio, dado pela soma de $ 720 em bens de consumo e de $ 80 de investimento. Mantidas as condições estabelecidas, a economia deve permanecer em equilíbrio. A tendência é que o nível do emprego se mantenha.

Os dados dessa hipótese simplificada estão reproduzidos na Figura 19.5. A cruz keynesiana é dada pela soma da função consumo, C, e dos dispêndios de investimento I. O ponto E de equilíbrio é alcançado quando a procura agregada corta a linha diagonal: é o que ocorre quando o dispêndio agregado e a oferta agregada totalizam $ 800 bilhões. Acima deste ponto de procura efetiva, a função $C + I$ fica abaixo da diagonal, indicando insuficiência de procura, que puxará para baixo o nível geral do emprego na economia. Abaixo deste ponto, a função da

FIGURA 19.5
A cruz keynesiana em modelo simplificado de economia fechada sem governo: o produto e o emprego encontram-se em equilíbrio, E, quando a procura efetiva e a oferta agregada se igualam. Considerando apenas as funções consumo, C, e investimento, I, o equilíbrio é alcançado quando a poupança agregada, S, se iguala ao investimento planejado, I.

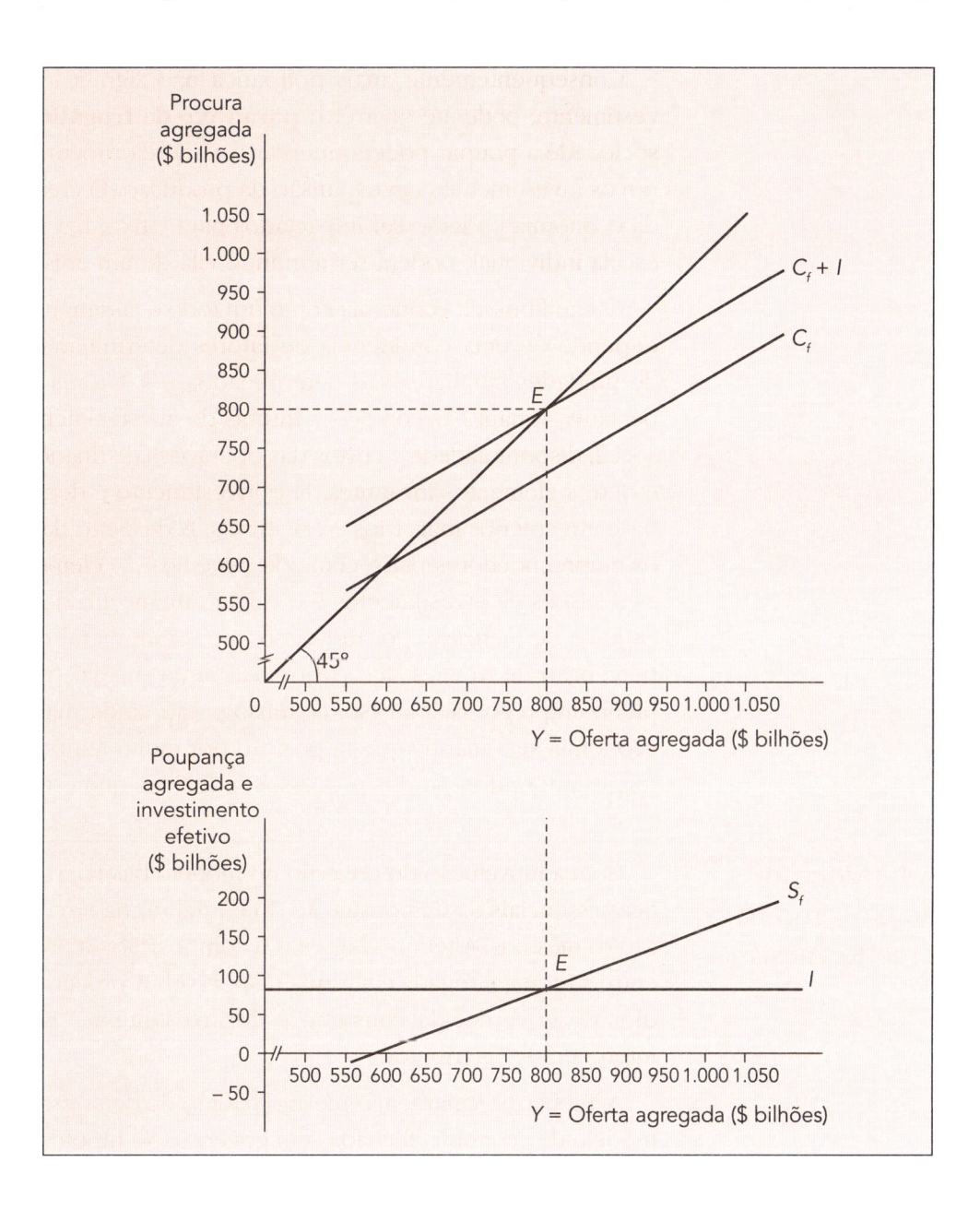

procura agregada fica acima da linha diagonal, indicando pressões que levarão à expansão do emprego e da oferta.

O ponto de equilíbrio do produto, da renda e do emprego na cruz keynesiana corresponde à igualdade entre a poupança e o investimento. Isso é mostrado tanto na Tabela 19.2 quanto na Figura 19.5. O ponto de cruzamento das funções poupança e investimento coincide com o de intersecção das funções de oferta e de procura agregadas. Esta demonstração é consistente com a visão do processo econômico mostrada nos fluxos circulares do produto da renda e do dispêndio. Como a poupança é um vazamento (renda gerada, mas não despendida), o fluxo que poderá compensá-la, mantendo a economia em atividade no nível corrente de emprego e produção, é o investimento. Na macroeconomia clássica, os dois fluxos se igualam permanentemente, via taxa de juros. Na versão keynesiana, nada garante que esta igualdade se estabeleça, pois os fatores determinantes da poupança e os do investimento não são os mesmos. Além disso, os agentes econômicos que decidem investir também não são os mesmos que decidem poupar.

Consequentemente, mais poupança não significa necessariamente mais investimento; pode até ocorrer o **paradoxo da frugalidade**: maior propensão da sociedade a poupar poderá quebrar o ritmo da procura agregada, desmotivando novos investimentos em expansão da produção. O crescimento e a prosperidade da economia poderão ser impactados para baixo. E a poupança, uma virtude da escala individual, poderá ser a grande vilã de um episódio recessivo.

O equilíbrio da economia como um todo é, assim, um caso circunstancial, que depende de uma confluência de fatores determinantes. Consumo e poupança de unidades familiares são determinados por fatores como renda, riqueza, expectativas quanto às condições futuras do abastecimento, processo de emulação social, disponibilidade e custos das operações de financiamento às pessoas físicas e outros elementos incitantes. Já o investimento é decidido pelas empresas com base em critérios mais frios e calculistas. A despeito da influência exercida sobre os empreendedores pelo "clima de negócios", o elemento-chave que determina as decisões de investimentos é o cálculo financeiro do retorno, comparado com os juros de mercado. Por tudo isso, um estado geral de equilíbrio é, segundo a percepção de Keynes, "de ocorrência rara e fugaz", principalmente quando de pleno-emprego. Neste caso, as tensões são ainda mais agudas e dificilmente a economia será mantida nesta posição por muito tempo, independentemente das forças autônomas ou dos processos induzidos que estejam em movimento.

A Introdução do Governo na Cruz Keynesiana

Com a introdução do governo no modelo básico, não se alteram as características essenciais da demonstração do equilíbrio na cruz keynesiana. Os princípios são os mesmos. Alteram-se apenas a composição da procura agregada e a relação entre a oferta agregada e a renda disponível. A procura passa a incluir os dispêndios do governo, de consumo e de investimento. E entre a oferta e a renda interpõem-se os tributos.

A Tabela 19.3 mantém o mesmo padrão de demonstração de equilíbrio em um modelo de economia fechada sem governo. Na hipótese construída com inclusão do governo, mantivemos as propensões a consumir e a poupar, respectivamente em 0,60 e 0,40, conservando assim a inclinação das funções consumo e poupança (para cada $ 30 bilhões de acréscimo na renda disponível, Y_D, o consumo das famílias, C_f, aumenta $ 18 bilhões; a poupança das famílias, S_f, $ 12 bilhões). O investimento planejado das empresas, I, mantém-se constante para todos os níveis de renda. Já o orçamento do governo aumenta com o aumento do produto e da renda, embora não na mesma proporção. No primeiro degrau da escala, o orçamento é deficitário ($T < G$); no último, é superavitário ($T > G$).

Novamente, o equilíbrio se estabelece quando a oferta e a procura agregadas são iguais a $ 800 bilhões. Abaixo e acima desse nível ocorrem, respectivamente, movimentos de expansão e de contração. Expansão por excesso de procura agregada em relação ao produto; contração, por insuficiência. Cabe apenas observar que o modelo passa a incluir dois fluxos que podem ser empregados como instrumentos de estabilização da economia ou de expansão do emprego: os tributos e os dispêndios do governo. Mobilizando-os, o governo pode injetar gastos na economia, promovendo a expansão do emprego; ou, então, reduzir a

TABELA 19.3
Um modelo simplificado de economia fechada com governo. Determinação do equilíbrio da renda e do emprego: a igualdade entre a oferta agregada e a procura efetiva.

Fluxos em $ bilhões								Nível do emprego: tendências resultantes
Oferta agregada $OA = Y$	Tributos T	Renda disponível Y_D	Dispêndios de consumo das famílias C_f	Poupança das famílias S_f	Investimento planejado I	Dispêndios do governo G	Procura agregada $PA = C + I + G$	
550	20	530	540	–10	55	40	635	Expansão
600	40	560	558	2	55	55	668	Expansão
650	60	590	576	14	55	70	701	Expansão
700	80	620	594	26	55	85	734	Expansão
750	100	650	612	38	55	100	767	Expansão
800	120	680	630	50	55	115	800	EQUILÍBRIO
850	140	710	648	62	55	130	833	Contração
900	160	740	666	74	55	145	866	Contração
950	180	770	684	86	55	160	899	Contração
1.000	200	800	702	98	55	175	932	Contração
1.050	220	830	720	110	55	190	965	Contração

pressão tributária, provendo o aumento da renda disponível e o potencial da procura do setor privado. Ou, em casos de procura excitada, pode atuar em direção contracionista, mobilizando na direção oposta os mesmos instrumentos fiscais.

A Figura 19.6 reproduz esse modelo de equilíbrio em cruz keynesiana simplificada. A diferença fundamental em relação à demonstração anterior é que, agora, há dois fluxos de vazamentos (poupança, S; e tributos, T). E dois de injeções (investimentos das empresas, I; e dispêndios do governo, G). Independentemente de sua composição, quando a soma $S + T$ é igual à soma $G + I$, estabelecem-se as condições de equilíbrio. E o ponto E, de procura efetiva, iguala injeções e vazamentos. Consequentemente, iguala também a procura e a oferta agregadas.

A Cruz Keynesiana em uma Economia Aberta

A cruz keynesiana completa é dada por um modelo de economia aberta, em que todos os agentes econômicos estão presentes. A Tabela 19.4 é uma hipótese deste tipo. Ali estão todos os fluxos da procura interna, dados pelos dispêndios de consumo das famílias, C_f, pelo investimento das empresas, I, e pelos dispêndios totais do governo, em consumo e em investimento, G. A estes fluxos soma-se o da procura externa, representada pelas exportações líquidas, X, que resultam da diferença entre exportações, EX, e importações, IM.

Novamente, o equilíbrio se estabelece quando a oferta e a procura agregadas se igualam. Isso se dá no ponto em que os fluxos agregados totalizam $ 800 bilhões. A hipótese construída mantém a mesma propensão marginal a consumir (0,60), estabelece em $ 50 bilhões o fluxo exógeno de investimento planejado e conserva a mesma escala de dispêndios do governo da hipótese anterior.

FIGURA 19.6
A cruz keynesiana em modelo simplificado de economia fechada com governo. O produto e o emprego encontram-se em posição de equilíbrio quando a procura efetiva se iguala à oferta agregada. O equilíbrio corresponde à igualdade das somas $S + T$ (vazamentos) e $G + I$ (injeções).

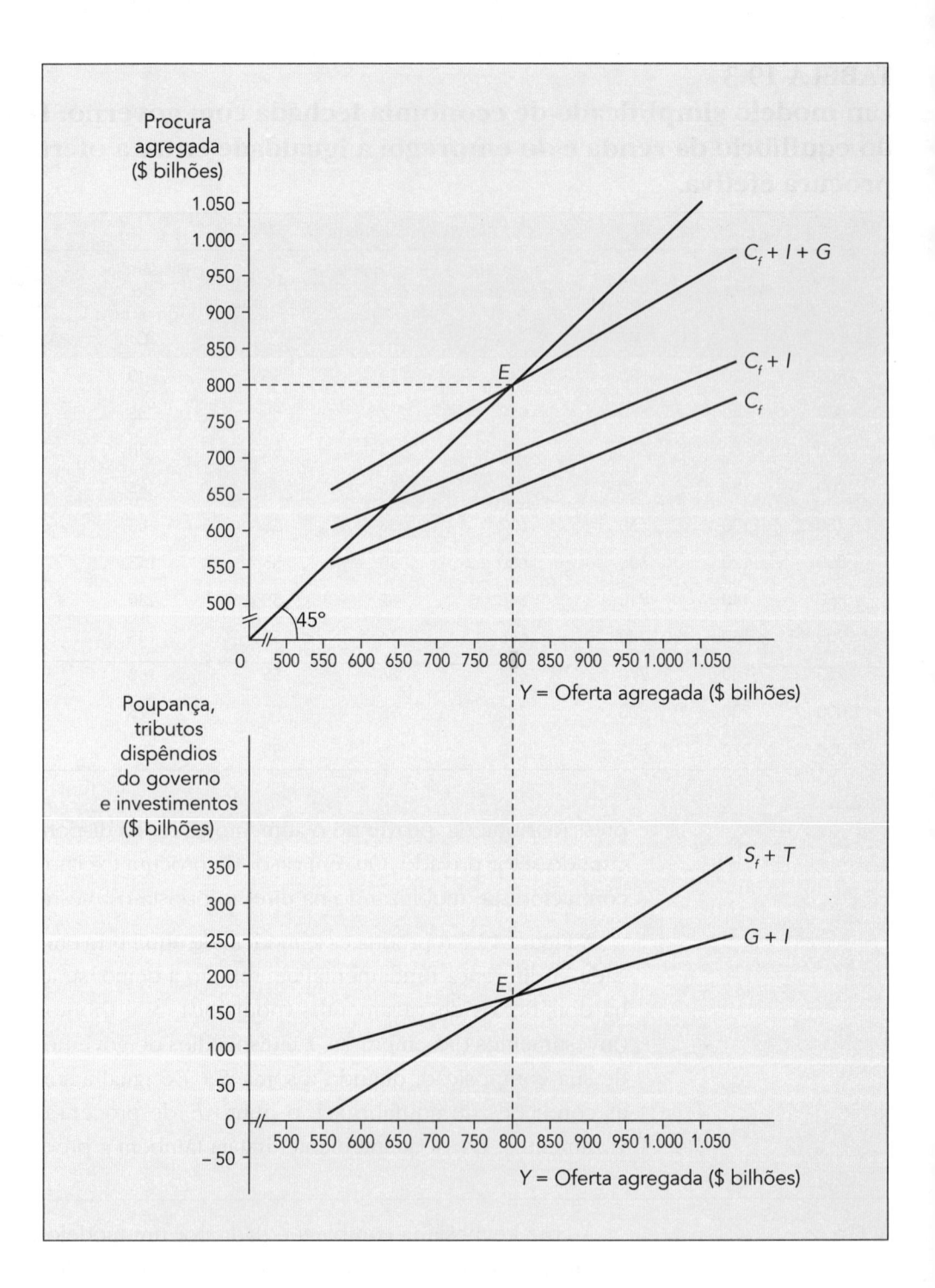

A procura externa, que é o novo fluxo introduzido no modelo, mantém as exportações firmes, para todos os níveis de renda, em $ 90 bilhões; mas faz variar as importações em função do produto e da renda. Assim, enquanto a propensão marginal a exportar é declinante, a de importar é constante. Não obstante as exportações sejam as mesmas em todos os níveis, diminuindo assim sua importância relativa para cada novo patamar de oferta agregada, para cada aumento de $ 50 bilhões no produto e na renda, a economia importa mais $ 15 bilhões. Com isso, temos uma injeção constante (exportações) e um vazamento crescente (importações).

TABELA 19.4
A economia aberta. Determinação do equilíbrio da renda e do emprego com os quatro grandes fluxos de dispêndio: consumo das famílias, investimento das empresas, dispêndios do governo e exportações líquidas.

	Fluxos em $ bilhões							
	Procura interna			Procura externa				
Oferta agregada	Dispêndios de consumo das famílias C_f	Investimento planejado I	Dispêndios do governo G	Importações IM	Exportações EX	Exportações líquidas $X = EX - IM$	Procura agregada $PA = C + I + G + X$	Nível do emprego: tendências resultantes
550	485	50	40	15	90	75	650	Expansão
600	515	50	55	30	90	60	680	Expansão
650	545	50	70	45	90	45	710	Expansão
700	575	50	85	60	90	30	740	Expansão
750	605	50	100	75	90	15	770	Expansão
800	635	50	115	90	90	0	800	EQUILÍBRIO
850	665	50	130	105	90	−15	830	Contração
900	695	50	145	120	90	−30	860	Contração
950	725	50	160	135	90	−45	890	Contração
1.000	755	50	175	150	90	−60	920	Contração
1.050	785	50	190	165	90	−75	950	Contração

O ponto E de equilíbrio, na Figura 19.7, corresponde, assim, ao nível de produto e de renda em que o resultado líquido da procura externa é igual a zero. Isso se dá quando a função da oferta agregada ($C_f + I + G + X$) corta a linha diagonal, em $ 800 bilhões. Para esse nível de produto e de renda, os três vazamentos do modelo (poupança das famílias, S_f, tributos, T, e importações, IM) são iguais às três injeções (investimentos das empresas, I, dispêndios do governo, G, e exportações, EX).

Obviamente, em um modelo completo de economia aberta, as condições do equilíbrio envolvem maior número de variáveis, cada uma delas com seu elenco próprio de fatores determinantes. Nesse modelo, as condições de equilíbrio envolvem todos os fluxos do dispêndio agregado, estabelecendo-se a partir das seguintes igualdades:

- Entre a soma dos fluxos do dispêndio agregado ($C_f + I + G + X$) e o montante da oferta agregada planejada e efetivamente realizada pelo setor real (Y).

- Entre os três principais vazamentos que se observam nos fluxos circulares do produto, da renda e do dispêndio (T, S e IM) e as injeções compensatórias, que restabelecem o escoamento do produto agregado (G, I e EX).

- Entre os estoques planejados pelas empresas e os estoques efetivamente observados. Variações não planejadas em estoques, indicando pressões de procura sobre a capacidade de oferta (variação negativa de estoques) ou

FIGURA 19.7
A cruz keynesiana em um modelo simplificado de economia aberta. A procura efetiva que determina o nível de equilíbrio da renda e do emprego é dada pela soma dos quatro grandes fluxos de dispêndio: o consumo das famílias, C_f, os investimentos das empresas, I, os dispêndios do governo, G, e as exportações líquidas, X.

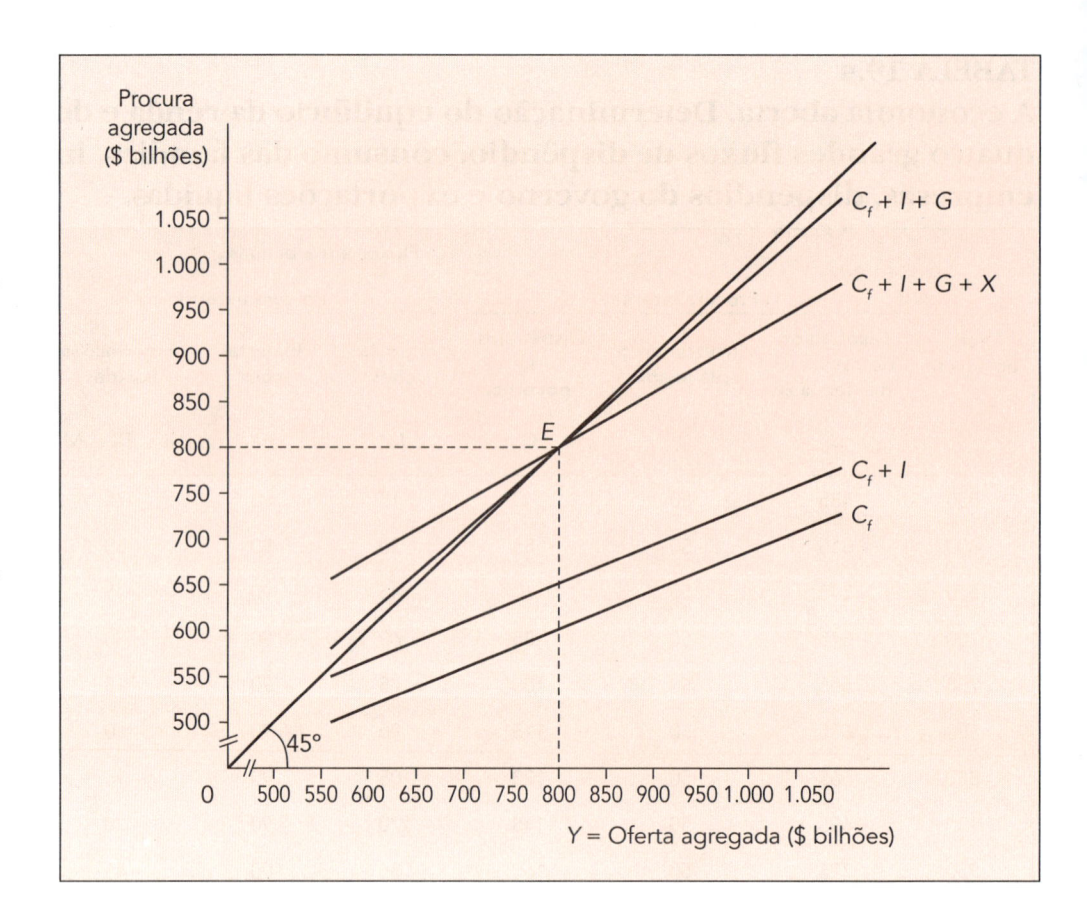

dificuldades para desovar a produção realizada (variação positiva de estoques) indicam desequilíbrios que acabam por influir no nível geral do emprego.

O nível geral do emprego, diretamente decorrente das variações nos fluxos agregados do dispêndio em relação aos da oferta agregada, registra tendência à expansão quando a economia mostra sinais de vitalidade crescente: os indicadores dos fluxos de consumo, dos investimentos, dos dispêndios do governo e das receitas líquidas com exportações superam os de períodos anteriores, pressionando as empresas para redimensionar suas plantas, ampliando a capacidade de produção. Em situação oposta, quando os sinais de vitalidade se enfraquecem, a economia estabelecerá uma nova situação de equilíbrio, mas com desemprego. Isso pode ocorrer quando:

❏ A procura agregada é insuficiente para manter o produto agregado em posições mais próximas do pleno-emprego.

❏ Os investimentos não absorvem a capacidade de poupança; os dispêndios públicos são inferiores à exação fiscal; e os fluxos líquidos de exportação são negativos.

Ao maior número de variáveis que interferem nas condições de equilíbrio corresponde, porém, maior número de instrumentos de ação que as autoridades econômicas podem empregar para induzir movimentos corretivos de expansão ou de contração. Desequilíbrios em um par de vazamento-injeção (por exemplo, poupança-investimento) podem ser compensados por desequilíbrios opostos em outro par (os dois lados do orçamento público; ou, alternativamente, os dois fluxos da procura externa). Mudanças na propensão a consumir podem também decorrer de medidas de política – e em direções invertidas, para mais e para menos, dependendo das exigências do ciclo conjuntural. E mais: como veremos a seguir, **as variações nos fluxos de dispêndio têm um efeito multiplicador sobre os agregados do produto e da renda**. Autônomas ou induzidas, essas variações amplificam, para cima e para baixo, os impactos da ação do governo como agente regulador do ciclo conjuntural. E a magnitude do efeito multiplicador dos dispêndios varia em função do coeficiente de inclinação do mais importante fluxo componente da procura agregada, o consumo. Daí, a importância da propensão marginal a consumir, *PMgC*, na macroeconomia keynesiana.

O Efeito Multiplicador dos Dispêndios

Não obstante a análise do efeito multiplicador tenha sido notavelmente desenvolvida por Keynes, seu conceito foi introduzido cinco anos antes da *General theory*, por outro economista inglês, de Cambridge, H. F. Khan, em 1931. Ele procurou calcular a relação quantitativa entre um novo investimento na economia e o aumento subsequente do emprego. E verificou que o aumento do emprego não se limitava ao investimento adicional injetado na economia. Ia além disso, por razões bastante simples: um novo projeto resulta em pagamento a fornecedores de bens de capital e de materiais de construção, a trabalhadores empregados nas obras civis e, uma vez concluído, em contratações de pessoas para operar o empreendimento e em encomendas a fornecedores de bens e serviços intermediários. Esses novos fluxos de pagamentos, recebidos por unidades familiares e empresas, dificilmente são entesourados, ainda que uma parte possa ser poupada. A maior parte se destinará a pagamentos às cadeias de suprimentos mobilizadas. E, em todos os segmentos, se observará que uma parcela substantiva dos rendimentos se transformará em fluxos de consumo das famílias que os receberem. Na sequência do processo, todos esses novos fluxos impulsionarão o emprego para mais.

Tendo publicado seu ensaio em 1931, nos primeiros anos da grande depressão, Khan argumentou que, se o governo, por exemplo, realizasse um investimento na construção de uma nova ferrovia, mobilizaria inicialmente certo número de trabalhadores. Estes, com os rendimentos recebidos por seu trabalho, destinariam uma parcela à aquisição de bens e serviços de consumo. Seus dispêndios implicariam a desova de estoques que se encontravam parados, incentivando sua renovação e mais produção, sob os efeitos da propagação do investimento inicial. Esses efeitos não parariam aí. Deveriam continuar propagando-se em cadeia e multiplicando-se pela economia em praticamente todos os setores.

Retomando a argumentação de Khan, Keynes demonstrou que a magnitude desse efeito multiplicador era tanto mais intensa quanto maior fosse a propensão marginal a consumir. Se esta fosse baixa, os efeitos se amorteceriam rapidamente, com pequena propagação. Se fosse alta, a propagação inicial seria maior. E, se mantida na sequência de seus desdobramentos, multiplicaria o nível geral do emprego em escala significativa.

Consequentemente, um aumento, autônomo ou induzido, em qualquer fluxo de dispêndio tem potencial para aumentar a renda e o produto em escala maior do que ele próprio. Embora, no ponto de equilíbrio, os valores agregados do produto e da renda sejam iguais aos do dispêndio agregado, um aumento de, digamos, $ 50 bilhões no dispêndio, não produzirá um aumento de apenas $ 50 bilhões no binômio produto-renda. Os $ 50 bilhões adicionais serão apenas o resultado da primeira etapa de um processo de multiplicação. Ao aumentar o produto e a renda, novos dispêndios ocorrerão, aumentando o fluxo do consumo. Este fluxo é função da renda. Quando esta aumenta (renda marginal, ΔY), o consumo também aumenta (consumo marginal, ΔC). E a relação entre essas duas variáveis (propensão marginal a consumir, $\Delta C/\Delta Y = PMgC$) determinará a magnitude do processo de multiplicação.

Vamos indicar por ΔA a expansão autônoma de um fluxo de dispêndio, não importa se de consumo, de investimento, de gastos públicos ou de exportações líquidas. Essa expansão será atendida por uma variação positiva no produto agregado, que se expandirá ΔY. Esse aumento do produto gerará, na sequência do processo, um aumento da renda, que, por sua vez, gerará um aumento do consumo, ΔC. Este aumento do consumo, supostamente, será atendido por um novo aumento do produto. E assim sucessivamente.

A propensão marginal a consumir, $PMgC$, é, assim, a variável-chave do processo multiplicador do produto e da renda. Como ela corresponde à inclinação da função consumo, vamos indicá-la por um coeficiente c. Teremos, então, uma função consumo expressa por:

$$C = cY$$

O primeiro acréscimo do produto e da renda, resultante da expansão autônoma de um dado fluxo do dispêndio, ΔA, será então dado por

$$cY \text{ ou } c(\Delta A)$$

Depois, em sucessivas etapas, todas decorrentes da primeira expansão ΔA, ocorrerão novos acréscimos do produto e da renda, ΔY, expressos por uma sequência do seguinte tipo:

$$\Delta Y = \Delta A + c(\Delta A) + c^2(\Delta A) + c^3(\Delta A) + \dots c^n(\Delta A)$$

ou

$$\Delta Y = \Delta A (1 + c + c^2 + c^3 + \dots c^n)$$

Esta série geométrica de multiplicação é decrescente, dado que o acréscimo se dará sempre sobre uma função de inclinação menor que um, pois o coeficiente c, que no caso indica a propensão marginal a consumir, é inferior à unidade. De qualquer forma, embora em magnitude que dependerá do valor de c, *o produto resultará multiplicado em relação ao primeiro acréscimo autônomo de uma categoria de dispêndio*. Assim:

$$\Delta A (1 + c + c^2 + c^3 + \dots c^n) = \Delta Y$$

ou, ainda, expressando a sequência do processo de multiplicação pela soma da progressão geométrica que se estabelecerá na economia, temos:

$$\Delta A \left(\frac{1}{1-c} \right) = \Delta Y$$

TABELA 19.5
O efeito multiplicador de um acréscimo dado em um componente da procura agregada. Hipóteses consideradas:

- Propensão marginal a consumir, *PMgC* = 0,60.
- Acréscimo no investimento planejado, $\Delta I' = \$ 50$ bilhões.
- Efeito multiplicador, $k = \dfrac{1}{1 - PMgC} = \dfrac{1}{1 - 0{,}60} = \dfrac{1}{0{,}40} = 2{,}5$.

Etapas do processo de multiplicação	Acréscimo no investimento planejado $\Delta I'$	Acréscimo na renda agregada ΔY	Acréscimos no consumo ΔC	Valores acumulados Renda agregada ΔY	Consumo agregado ΔC
t_0	50,00	50,00	30,00	50,00	30,00
t_1		30,00	18,00	80,00	48,00
t_2		18,00	10,80	98,00	58,80
t_3		10,80	6,48	108,80	65,28
t_4		6,48	3,89	115,28	69,17
t_5		3,89	2,33	119,17	71,50
t_6		2,33	1,40	121,50	72,90
t_7		1,40	0,84	122,20	73,74
t_8		0,84	0,50	123,74	74,24
t_9		0,50	0,30	124,40	74,54
Propagação final $t_{10} \dots t_n$		0,76	0,46	125,00	75,00

por fim, indicando por *k* a soma da progressão geométrica dessa sequência de dispêndios chegamos à conhecida expressão desse efeito multiplicador:

$$k = \frac{1}{1 - c}$$

e, como *c* é a inclinação da função consumo, expressando a propensão marginal a consumir, temos:

$$k = \frac{1}{1 - \dfrac{\Delta C}{\Delta Y}}$$

A Tabela 19.5 ajuda a compreender como se dá esse efeito multiplicador. O dispêndio autônomo suposto é de $ 50 bilhões, por exemplo, em um novo investimento planejado. O primeiro movimento é de uma expansão da renda nessa proporção. Já o segundo dependerá da propensão marginal a consumir, *PMgC*, que supusemos igual a 0,60: isto é, para cada acréscimo de $ 1 na renda, teremos um acréscimo de $ 0,6 no consumo. No final do processo de multiplicação, o produto e a renda serão aumentados 2,5 vezes. Isso porque, sendo *PMgC* = 0,6, *k* = 2,5.

FIGURA 19.8
O efeito multiplicador: um acréscimo de $ 50 bilhões no investimento planejado gera um acréscimo de $ 125 bilhões na procura agregada, estabelecendo um novo patamar de equilíbrio do produto e do emprego. No modelo keynesiano simplificado, esse efeito é atribuído ao coeficiente de inclinação da função consumo, que define a magnitude da propensão marginal a consumir.

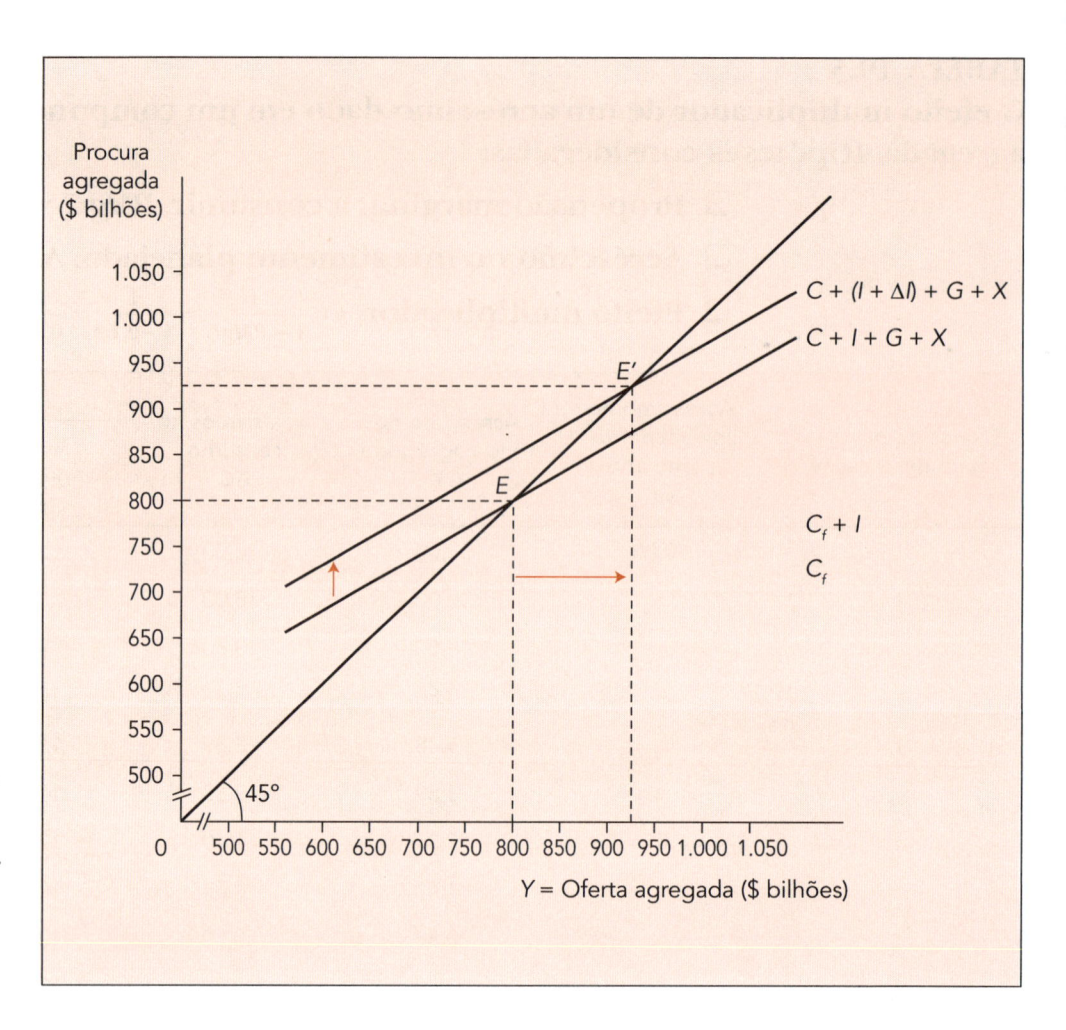

A Figura 19.8 mostra como um aumento de $ 50 no investimento, deslocando inicialmente a função procura agregada ($C_f + I + G + X$) para a nova posição ($C_f + I + I' + G + X$), exatamente nesta proporção, desloca a posição de equilíbrio E para E', em um novo patamar expandido, de $ 800 para $ 925 bilhões. Isto é, um acréscimo de $ 50 bilhões em determinado fluxo de dispêndio (no caso, dado por $\Delta I'$) produziu um acréscimo (k) 2,5 vezes maior no produto agregado (ΔY) de $ 125 bilhões. Assim:

$$K = \frac{\Delta Y}{\Delta I}$$

ou, em termos nominais:

$$k = \frac{\$ \ 125 \text{ bilhões}}{\$ \ 50 \text{ bilhões}} = 2,5$$

A Tabela 19.6 mostra que a magnitude do efeito multiplicador de dado fluxo de dispêndio adicional varia diretamente com a propensão marginal a consumir. Para uma *PMgC* de 0,90, o multiplicador *k* será de 10,00. Para uma *PMgC* bastante baixa, digamos de 0,10, o multiplicador *k* será de 1,11, discretamente maior que a unidade.

TABELA 19.6 A propensão marginal a consumir, *PMgC*, e o multiplicador dos dispêndios efetivos, *k*. A magnitude de *k* será tanto mais alta quanto maior for a *PMgC*.

Propensão marginal a consumir $PMgC = \dfrac{\Delta C}{\Delta Y}$	Efeito multiplicador $k = \dfrac{1}{1 - \dfrac{\Delta C}{\Delta Y}}$
0,90	10,00
0,80	5,00
0,70	3,33
0,60	2,50
0,50	2,00
0,40	1,67
0,30	1,43
0,20	1,25
0,10	1,11

O efeito multiplicador atua também em direção oposta, contraindo a procura agregada em montante superior à da contração inicial de um fluxo de dispêndio. Neste caso, o efeito multiplicador de sinal negativo, produzindo efeitos perversos, como a redução de fluxos de dispêndio e a decorrente expansão das taxas de desemprego da economia, em resposta a aumentos não planejados nos estoques das empresas, no setor real da economia. Os desempregados recuam para uma situação de renda zero ou, na hipótese de serem protegidos por mecanismos institucionais como o seguro-desemprego, terão um rendimento disponível inferior ao que recebiam quando em atividade. A redução da renda provocará redução do consumo de bens e serviços, que se refletirá nos níveis da procura agregada. Não tardará para que, daí, o processo contracionista retorne para o setor produtivo. Se não for de alguma forma compensado e estancado, novas ondas de desemprego ocorrerão, na esteira amplificada da queda inicial no nível do produto e da renda.

As Flutuações: o Princípio de Aceleração

Além do efeito multiplicador dos dispêndios, em dupla direção, há outros mecanismos de propagação que produzem flutuações no nível corrente da atividade produtiva. Um deles é definido como **princípio de ampliação da procura derivada** ou, mais simplesmente, **princípio de aceleração**. A procura derivada é a que se propaga do mercado de bens e serviços de consumo para o mercado de bens de capital, dentro ainda do setor real da economia.

As primeiras ideias sobre o princípio de aceleração também antecederam a publicação da *General theory*. Em 1913, o francês A. Aftalion, em *Les crises périodiques de superproduction*, estabeleceu os primeiros marcos deste princípio. Depois, em 1917, ele foi retomado por J. M. Clark, em *Business acceleration and the law of demand*. Em 1935, S. Kuznets retomou o princípio em *Relations between capital goods and finisher products in the business cycle*. Todos procuraram mostrar que os dispêndios com produtos finais de consumo acarretam outros dispêndios, inicialmente no mesmo sentido, mas de maior amplitude relativa, em investimentos em bens de capital.

A construção de uma hipótese quantitativa ajuda a compreender este princípio. Vamos admitir que, para a produção de 1,0 milhão de unidades do produto A, sejam necessários 500 unidades de um bem de capital. Vamos ainda admitir que a vida útil do equipamento empregado seja de dez anos, o que gera uma procura por reposição de 50 unidades, ao longo de cada período produtivo. Para atender à procura para reposição do capital depreciado, a indústria de bens de capital mantém-se com produção relativamente estável ao longo do tempo. Ocorrendo, porém, aumento firme no consumo do bem final produzido a procura derivada pelos equipamentos empregados em sua produção também aumentará. Admitindo que o aumento do consumo seja de 10%, de 1,0 para 1,1 milhão de unidades, e mantendo a mesma proporção de equipamentos por unidade de produto final, a procura por equipamentos aumentará de 50 para 100. Isso significa que a procura derivada acelerou-se em relação ao aumento do consumo. Em termos relativos, enquanto o consumo aumentou 10%, a procura por equipamentos aumentou 100%. Essa mesma relação não persistirá, todavia, se de novo ocorrer um aumento de 10% na procura pelo bem de consumo, passando de 1,1 para 1,21 milhão de unidades. Novamente, os resultados surpreenderão, como mostram os dados da Tabela 19.7. As novas 110 mil unidades do produto A induzirão à procura de outras 55 unidades de equipamentos. Estas, somadas às 50 de reposição, totalizarão 105. Mas, em relação à alta anterior de 100% (resultante de 50 para 100 unidades), a de agora será de apenas 5% (resultantes não mais de mudança de patamar, mas de um pequeno impulso no novo patamar que havia sido alcançado, de 100 para 105).

Vamos considerar novas hipóteses. Se, no período seguinte, o consumo do produto A registrar nova expansão, mas agora de 3%, passando de 1,21 para 1,25 milhão de unidades, os impactos no setor de bens de capital serão novamente surpreendentes: embora a procura por equipamentos tenha aumentado em mais 35 unidades, este aumento é menor do que os anteriores, de 50 e de 55 unidades. Somando-se, assim, as novas 35 unidades às 50 necessárias para reposição, a produção adicional total é de 85, menos portanto que a anterior, que se encontrava no patamar de 105. Isso significa que, desta vez, o aumento de 3% no consumo gerou, dentro do segmento considerado, redução de 33,3% nas encomendas de equipamentos. Novos acréscimos no consumo continuarão produzindo resultados surpreendentes. Em dado momento, como no período t_6 da Tabela 19.7, o dispêndio de consumo estacionou, mas a de equipamentos continuou em queda. Mas, no período seguinte, t_7, um novo aumento no consumo, desta vez de 100%, simplesmente triplicou as encomendas de bens de capital.

Construções teóricas como esta foram desenvolvidas para evidenciar que as flutuações da atividade econômica podem surpreender quanto a suas direções e intensidades. Mais: evidenciaram também que o crescimento firme e de igual intensidade em todos os segmentos do setor real da economia não passava de uma hipótese remota. As linhas assimétricas de instabilidade é que reproduziam a realidade efetivamente observada. E elas dão a impressão, como registrou P. Samuelson,[9] de que "a economia é uma embarcação sem piloto em águas revoltas". Dentro de certos limites, observações como essa são confirmadas por registros estatísticos. As fases de prosperidade e de recessão alternam-se. E, dentro delas,

TABELA 19.7
O princípio de aceleração: um modelo simplificado de seu mecanismo e de seus efeitos.

Períodos	Milhões de unidades — Dispêndios de consumo com o produto A	Mil unidades — Total de bens de capital necessários para a produção	Procura por bens de capital — Reposição	Procura por bens de capital — Derivada	Procura por bens de capital — Total	Variações porcentuais — No consumo	Variações porcentuais — Nos investimentos
t_0	1.000	500	50	–	50	–	–
t_1	1.100	550	50	50	100	+ 10,0	+ 100,0
t_2	1.210	605	50	55	105	+ 10,0	+ 5,0
t_3	1.250	625	50	20	70	+ 3,0	– 33,3
t_4	1.280	640	50	15	65	+ 2,4	– 7,1
t_5	1.300	650	50	10	60	+ 1,7	– 7,7
t_6	1.300	650	50	0	50	0,0	– 16,6
t_7	1.500	750	50	100	150	+ 15,4	+ 200,0

não são simétricas as variações da atividade econômica nos diferentes segmentos do setor real.

Embora sejam a regra e não a exceção, as flutuações no nível da atividade econômica geralmente não apresentam a curto e a médio prazos variações tão intensas quanto as da hipótese desenvolvida. Isso é decorrência de pelo menos seis restrições ao princípio de aceleração:

1. A procura suplementar de equipamentos só se processa com a intensidade indicada pelo princípio de aceleração, caso não haja capacidade ociosa na utilização dos meios de produção: a existência de capacidade ociosa anulará, ou, na melhor das hipóteses, amortecerá os efeitos de aceleração.

2. Em certos casos, embora seja mínima a capacidade ociosa, os efeitos da aceleração da procura total de equipamentos serão amortecidos pela utilização mais intensa dos meios de produção existentes.

3. Embora as empresas sejam sensíveis ao crescimento da procura de bens de consumo, a expansão da capacidade produtiva somente se processa quando a expansão do consumo se revela constante e não apenas temporária: o período de espera para melhor avaliação do comportamento do mercado reduz os efeitos da aceleração.

4. Há casos em que a expansão da procura de um produto decorre da retração da de outro: consequentemente, anulam-se os possíveis efeitos da aceleração da demanda total, de equipamentos direcionada às indústrias de bens de capital.

5. A procura total de equipamentos não resulta apenas da soma das procuras de reposição e das induzidas pelo consumo. Somam-se a estas as que re-

FIGURA 19.9
Os ciclos econômicos: a alternância das fases de expansão e de contração dos níveis do emprego e dos agregados do produto, da renda e do dispêndio.

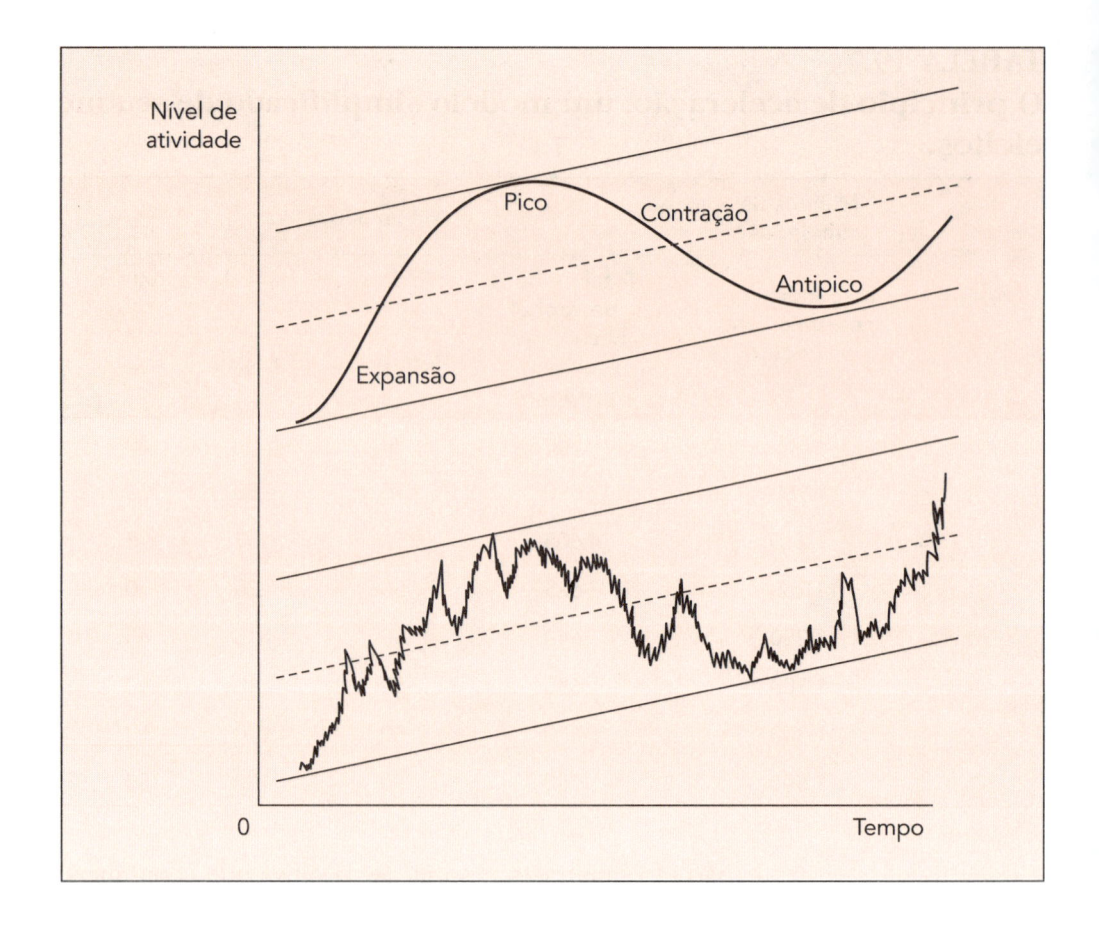

sultam de investimentos inteiramente novos, que também tornam os efeitos da aceleração menos intensos que os teoricamente indicados.

6. Finalmente, as mudanças tecnológicas em processos de produção interferem no mecanismo da aceleração, tanto amortecendo seus efeitos, como também provocando ondas de reposição de alta intensidade.

Outras Teorias Explicativas das Flutuações

Apesar das restrições ao princípio de aceleração, a maior parte delas indicando que a magnitude das flutuações tende a ser menos intensa e de amplitude menor, ele é um modelo útil para evidenciar a que tipos de forças e a quais processos de propagação estão sujeitas as flutuações no nível do emprego e nos agregados do produto, da renda e do dispêndio.

Permanecendo ainda apenas no setor real da economia, a interação das forças do efeito multiplicador com o princípio de aceleração, proposta por P. Samuelson,[10] em *Interactions between multiplier analysis and the principle of acceleration*, é uma das mais divulgadas abordagens explicativas das flutuações da atividade econômica. A interação multiplicador-acelerador sugere que os níveis do binômio dispêndio-produto e, consequentemente, os do emprego, tendem a flutuar recorrentemente, seguindo a trajetória típica de uma função senoidal, como a da Figura 19.9. As fases de prosperidade não duram o tempo todo. Ainda que dentro de um canal ascendente, sucedem-se fases de contração, até que novamente as forças dos efeitos de multiplicação e de aceleração se juntem para reverter o quadro recessivo. Dentro de bandas geralmente ascendentes, ocorreria assim uma alternância de picos e antipicos. O tipo ondulatório das flutuações decorreria de forças endógenas que se propagam tanto nos períodos de expansão quanto nos de contração, dificultando processos autocorretivos, como os descritos pela macroeconomia clássica.

Além do modelo de interação multiplicador-acelerador, outras teorias explicativas do ciclo econômico são:

A abordagem da inovação de Schumpeter[11] **e Hansen.**[12] As grandes fases de prosperidade são atribuídas às ondas de invenção e de inovação, em tecnologias de processo e em produtos. Até que os ciclos de vida das inovações desenvolvidas em determinada época não se esgotem, a prosperidade está assegurada, embora possa ser entrecortada por movimentos contracionistas de menor amplitude e curta duração.

A interveniência do ciclo político de Tufte.[13] Há movimentos de contração-expansão resultantes de objetivos políticos que intervêm na gestão da política econômica. Como os indicadores de desempenho da economia, em especial os relacionados aos níveis do produto e do emprego, são importantes parâmetros de avaliação dos governos, ondas de expansão temporária podem ser provocadas nas fases de alternância do poder político. A alternância de governos se estabelece, assim, como fator de descontinuidade. E as descontinuidades reproduzem-se em ciclos, que decorrem da troca temporária de prioridades em objetivos e da forma como se conduzem os gestores das políticas públicas nos períodos de disputa pelo poder.

O modelo dos ciclos de estoque de Metzler.[14] As expectativas adaptativas de produtores e consumidores levam a variações na oferta e na procura agregadas, fundamentadas em suas experiências passadas. As reduções de estoques, tanto quanto as procuras reprimidas, elevam o nível do produto e do emprego, na expectativa de que a procura futura reproduzirá os padrões da antecedente. Mas erros de avaliação acabam por conduzir a excessos de oferta agregada em relação à procura observada, estabelecendo-se então movimentos contracionistas, até que mais à frente as atividades se reequilibrem e os estoques se escoem, gerando novas e recorrentes expectativas de desempenho em alta.

A abordagem dos ciclos reais de Lucas[15] **e Prescott.**[16] Também denominada de abordagem de substituição intertemporal do trabalho, pressupõe que as flutuações no emprego e no produto refletem mudanças na disposição da força de trabalho, decorrentes dos incentivos econômicos oferecidos aos trabalhadores. Movimentos que provocam elevação temporária da remuneração no mercado de trabalho e as mudanças expressivas das tecnologias impactaram as "funções produção", isto é, a combinação de recursos (capital e trabalho) que geram uma dada cesta de bens e serviços. Quando os padrões tecnológicos evoluem, a economia tem capacidade para produzir mais e remunera melhor os que se capacitaram para operar os novos padrões. Essa abordagem mostra como as recessões são também períodos de retrocesso tecnológico, deteriorando a capacidade produtiva, reduzindo o

FIGURA 19.10
A procura agregada observada determina a direção dos ajustes na cruz keynesiana. Quando, como em Y', a procura efetiva é inferior à oferta agregada, ocorrem variações positivas em estoques, que levam as empresas a reduzir a produção e a desempregar. Em situação oposta, como em Y", a demanda efetiva supera a oferta agregada, os estoques caem e as empresas respondem com aumento da produção e do emprego.

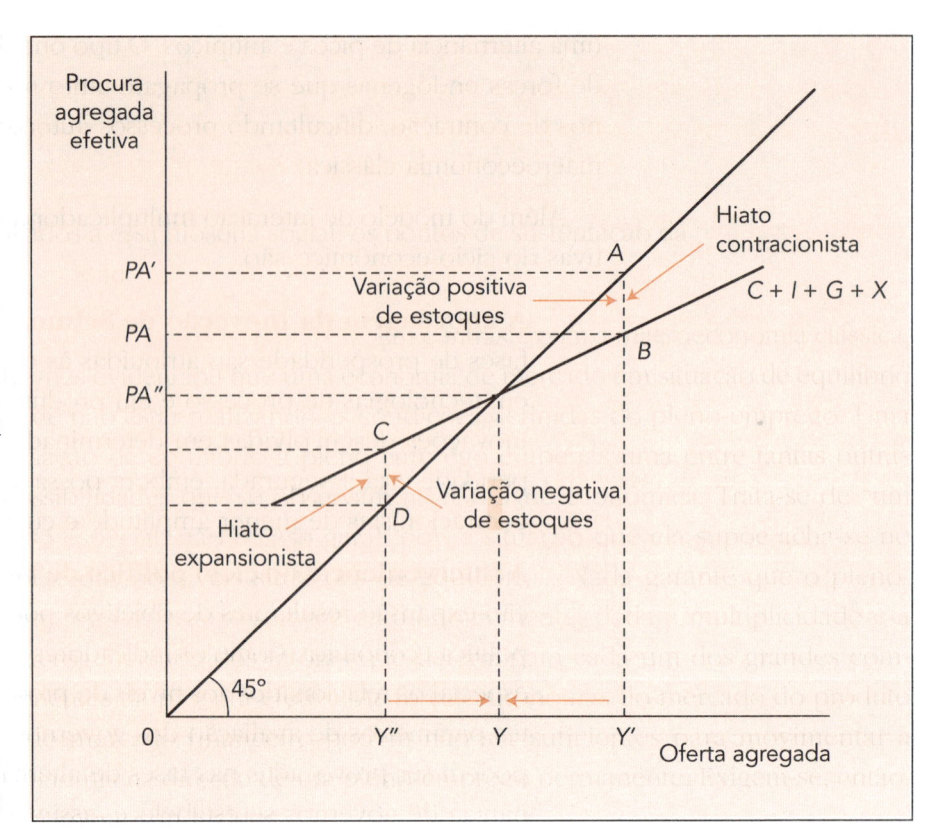

produto e os níveis correntes de emprego. Mas as potencialidades latentes permanecem e, passado o período de baixa, elas serão mobilizadas em movimentos intensivos de recuperação.

Uma Síntese: as Condições do Equilíbrio e o Pleno-emprego

Permanecendo ainda restritos ao setor real, vamos então sintetizar as condições gerais de equilíbrio e a posição da economia em relação ao produto potencial de pleno-emprego.

A Figura 19.10 resgata, na cruz keynesiana, a posição de equilíbrio do produto, da renda e do emprego e os hiatos expansionistas e contracionistas que produzem as flutuações no nível geral da atividade econômica. Definida a condição de equilíbrio, dada pela linha diagonal que corta o diagrama, o equilíbrio se estabelece no ponto em que a procura efetiva é igual à oferta agregada. Neste ponto, indicado por E, a economia permanece estável e, inexistindo quaisquer movimentos nas condições ou nas expectativas estabelecidas, o nível do emprego, do produto e da renda se mantém.

A estabilidade, porém, não é a regra da economia agregativamente considerada. Os obstáculos à sustentação de um estado de equilíbrio vêm de várias fontes, como mudanças em padrões tecnológicos, submissão da política econômica a objetivos relacionados à sustentação do poder político, a reversões em expectativas adaptativas e aos incentivos aos investimentos e a mudanças de alto impacto nos fluxos das transações externas. E, como observam Dornbusch-Fischer,[17] "há outras incontáveis perturbações menores, da mesma natureza das maiores, que continuamente afetam a economia. O clima e outros fenômenos naturais afetam também o nível do produto e do emprego. O consumo e o investimento estão sujeitos a alterações na moda e na emulação social. As greves afetam temporariamente o nível do produto. Os eventos políticos também. E, por fim, as incertezas e defasagens que envolvem as políticas que buscam conciliar a estabilização e o pleno-emprego".

A conjugação de todos esses fatores, se não chega a produzir ciclos recorrentes descritos por elegantes modelos senoidais, interfere o tempo todo no andamento da economia e reflete-se no desempenho das empresas. Há períodos em que os fatores de desequilíbrio conjugam-se de tal forma que se frustram as expectativas das empresas quanto ao escoamento de sua produção. Para uma oferta agregada planejada de Y', no ponto A da linha de equilíbrio, a procura agregada observada é de apenas PA', situando-se abaixo da linha de equilíbrio, no ponto B. Neste caso, a distância AB define um **hiato contracionista**, que trará a economia para a posição Y. Em sentido oposto, quando choques ou expectativas jogam para cima a procura agregada, relativamente aos níveis correntes de oferta, estabelece-se um **hiato expansionista**, como o da distância CD. As desovas de estoques conduzirão o maior volume de emprego e de produto: Y'' é insuficiente para atender à procura agregada observada, PA''. E a economia tende então a deslocar-se na direção de Y.

O ponto E de equilíbrio, que iguala a oferta agregada Y à procura agregada PA pode não ser de pleno-emprego. Como mostramos na Figura 19.11, a procura agregada efetiva correspondente ao produto potencial a pleno-emprego, Y_{PE}, geralmente está acima da posição de equilíbrio. A composição da procura agregada de pleno-emprego $(C + I + G + X)_{PE}$ corresponde a um volume de dispêndio, dado por PA_{PE}, mais alto em relação ao dispêndio corrente efetivo. E a busca pelo pleno-emprego pode afetar outras variáveis da economia, como o nível geral e a estrutura dos preços. As flutuações no setor real da economia ocorrem, assim, dentro de um hiato de ociosidade. Uma vez alcançado o equilíbrio a pleno-emprego, Y_{PE}, estabelecem-se condições ainda mais agudas para a sustentação da estabilidade abrangente – do emprego, da renda e dos preços.

Por fim, mas não menos importante, há ainda a considerar a **interação dos setores real e monetário** e os fatores de desequilíbrio que podem resultar da contração ou expansão da oferta de moeda, em padrões assimétricos com os do crescimento da capacidade agregada de produção. As **teorias monetaristas do ciclo econômico**, como as da atuação discricionária das autoridades monetárias de Friedman-Heller[18] e as de oscilação da liquidez de R. Hawtrey,[19] apontam para o poder de impacto do suprimento monetário e das operações do mercado financeiro sobre as variações conjunturais da economia.

Vista como variável exógena que exerce funções não apenas transacionais, mas também especulativas, a moeda pode ser fonte de flutuações do nível da atividade econômica, contrariando a hipótese de neutralidade da ortodoxia clássica. Já na macroeconomia keynesiana e nos desdobramentos pós-keynesianos da teoria do equilíbrio do emprego e da renda, a moeda interfere na procura agregada. A transmissão dos efeitos da moeda sobre o setor real dá-se via taxa de juros, especialmente sobre um dos mais instáveis fluxos de dispêndio – os investimentos das empresas.

FIGURA 19.11
O equilíbrio *E* definido pela cruz keynesiana não significa que a economia esteja operando a pleno-emprego. A procura agregada efetiva, *PA*, que corresponde ao produto agregado *Y*, pode definir uma posição de equilíbrio abaixo da linha do produto potencial de pleno-emprego. A procura efetiva que corresponde ao pleno-emprego, PA_{PE}, está acima da procura efetiva. Seu deslocamento implica variações positivas líquidas nas variáveis que totalizam a procura agregada.

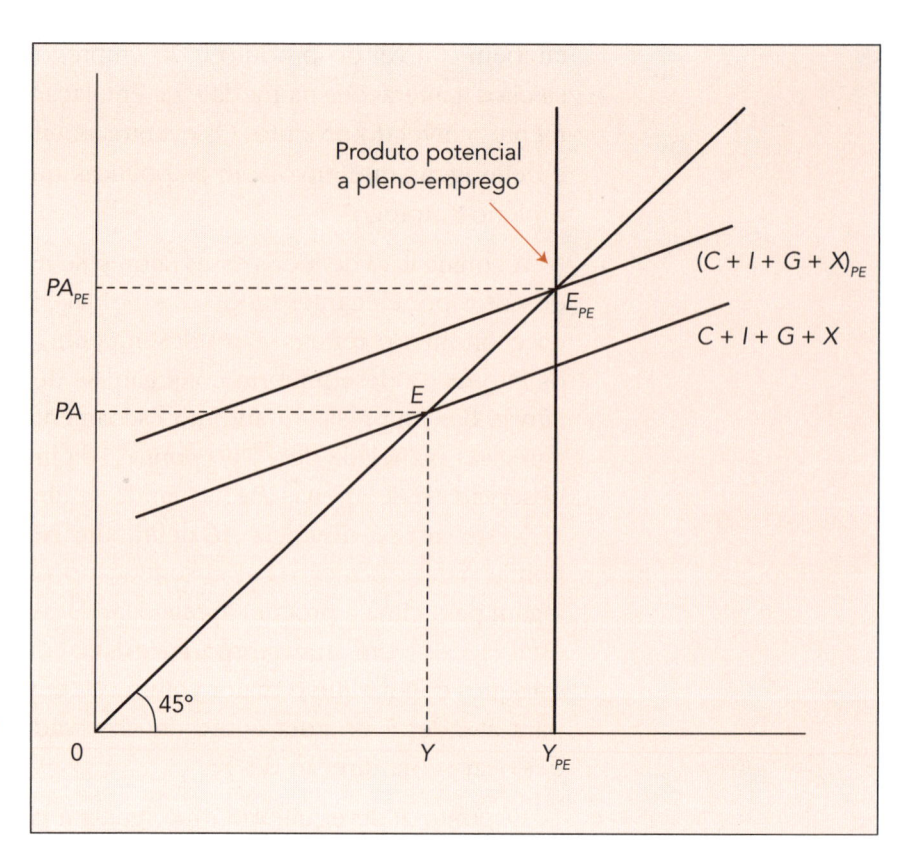

É o que veremos a seguir, antes de examinarmos os desafios e controvérsias das políticas corretivas das flutuações econômicas.

19.3 A Interação dos Setores Real e Monetário: Efeitos sobre o Macroequilíbrio

A Versão Clássica: a Ortodoxa e a Revitalizada

Três das hipóteses cruciais da macroeconomia clássica (o equilíbrio permanente a pleno-emprego, a neutralidade da moeda e a igualdade entre poupança e investimento via taxa de juros) conduzem a uma visão bem diversa da sugerida pela macroeconomia keynesiana sobre o papel da política monetária no equilíbrio do produto, da renda e do emprego.

A visão da ortodoxia clássica quanto aos efeitos da interação dos setores real e monetário nas condições de equilíbrio está esquematizada na Figura 19.12. Na versão clássica, a moeda é, fundamentalmente, um instrumento de intermediação de trocas. A procura por moeda limita-se, assim, ao suprimento de funções transacionais. E a oferta monetária não terá outro papel senão o de suprir as necessidades correntes de liquidez da economia. Os juros, na versão clássica ortodoxa, são definidos pela intersecção da poupança e do investimento: sua função é a de manter em equilíbrio as decisões de poupar e de investir. Consequentemente, as variações na oferta monetária, quando discrepantes das exigências de liquidez da economia, produzem apenas variações nominais no montante da procura agregada. Elas não modificam o nível de emprego da economia, que permanece pleno o tempo todo. Modificam apenas o nível geral de preços, segundo as condições

FIGURA 19.12
A interação dos setores real e monetário na macroeconomia clássica: as variações na oferta monetária não afetam o produto agregado e o nível do emprego.

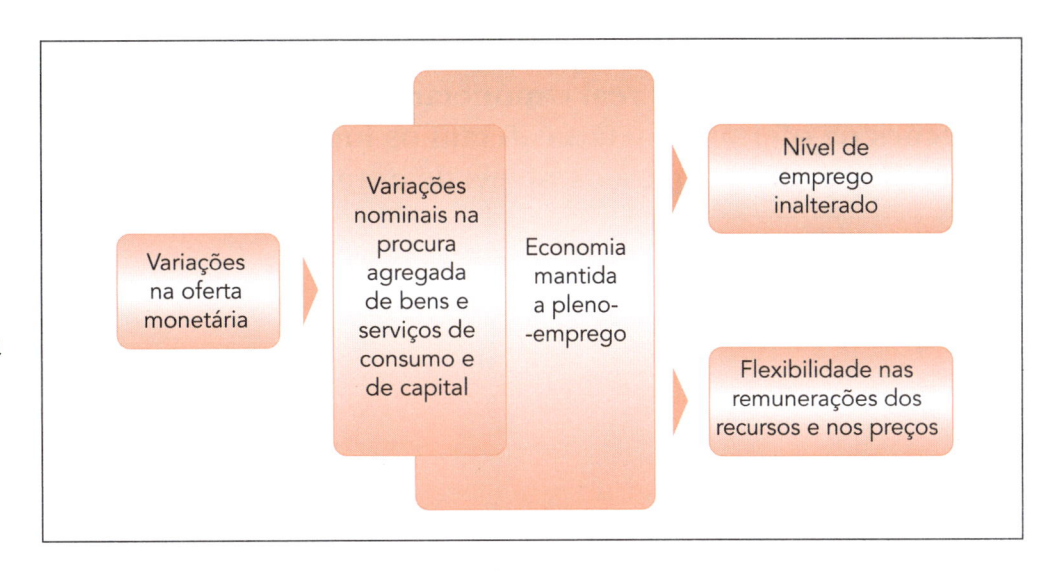

[Diagrama: Variações na oferta monetária → Variações nominais na procura agregada de bens e serviços de consumo e de capital → Economia mantida a pleno-emprego → Nível de emprego inalterado; Flexibilidade nas remunerações dos recursos e nos preços]

definidas pela equação de trocas, que sintetizou a concepção clássica dos efeitos da moeda sobre o macroequilíbrio.

Os economistas que revitalizaram o pensamento clássico e a equação quantitativa na década de 1960, como M. Friedman em *The role of monetary policy*, demonstraram que, a longo prazo, o nível do produto depende de variáveis reais, como a disponibilidade de recursos produtivos e o padrão tecnológico, atuando a moeda apenas como fator determinante do nível geral dos preços. Mas, a curto prazo, a contração e a expansão substanciais da oferta monetária podem perturbar o equilíbrio econômico, convertendo-se em fonte de instabilidade do produto, da renda e do emprego. Mas se o estoque monetário for mantido estável, tendo-se como regra fixa o aumento do estoque monetário a uma taxa constante e igual à do crescimento da capacidade produtiva, a política monetária contribuirá para a estabilidade e a expansão do produto a longo prazo, levando-a a níveis próximos do pleno-emprego. A curto prazo, essa firme orientação manterá a economia em um contexto de preços estáveis.

Em contrapartida, os novos monetaristas alinhados à doutrina clássica mostram-se céticos quanto à eficácia da política fiscal, como instrumento para controle e regulação da procura agregada e do nível de emprego. M. Friedman, W. Heller, A. Beltzer e W. Poole não desconsideram os efeitos que os orçamentos do governo exercem sobre a alocação de recursos. Mas, segundo os novos monetaristas, a política fiscal afeta mais a alocação da renda agregada entre os setores privado e público do que propriamente o nível da procura agregada. O governo, no plano fiscal, exerceria assim papel mais alocativo do que de influência efetiva sobre o nível do produto e da renda. Os instrumentos fiscais teriam reduzida influência sobre as flutuações cíclicas, especialmente nas fases de recuperação de movimentos recessivos. Consequentemente, no limite dessa concepção, tudo o que compete ao governo fazer, para manter um crescimento firme com preços estáveis, é sustentar um suprimento firme e constante da oferta monetária.

Segundo essa corrente **novo-clássica**, a economia é, em trajetória de longo prazo, estável por natureza. São as más intervenções dos formuladores da política econômica que interferem no curso normal da economia, produzindo flutuações

FIGURA 19.13
A interação dos setores real e monetário na macroeconomia keynesiana: as variações na oferta monetária afetam os juros, daí transmitem-se sobre os dispêndios e, destes, para os níveis de emprego e de preços.

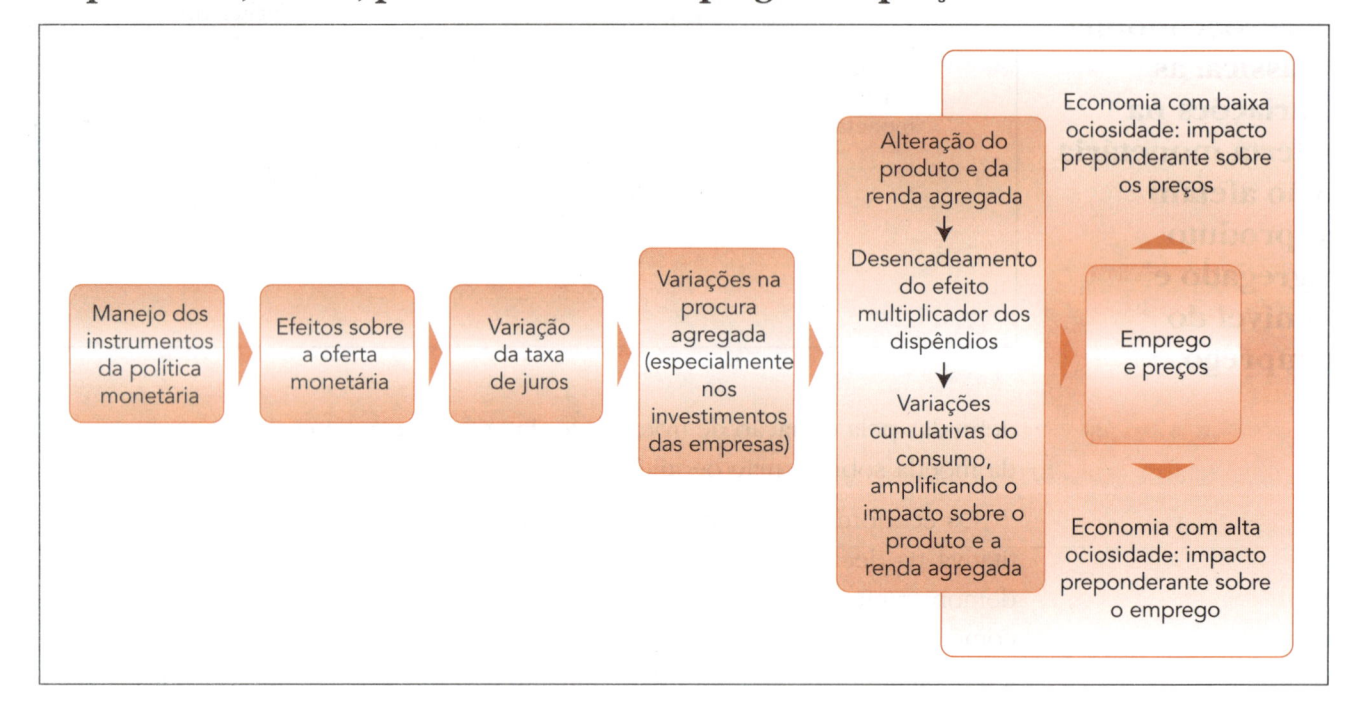

```
Manejo dos          Efeitos sobre      Variação         Variações na        Alteração do           Economia com baixa
instrumentos   →    a oferta       →   da taxa      →   procura         →   produto e da       →   ociosidade: impacto
da política         monetária          de juros         agregada            renda agregada         preponderante sobre
monetária                                               (especialmente            ↓                os preços
                                                        nos                 Desencadeamento              ↑
                                                        investimentos       do efeito
                                                        das empresas)       multiplicador dos      Emprego
                                                                            dispêndios             e preços
                                                                                  ↓                      ↓
                                                                            Variações              Economia com alta
                                                                            cumulativas do         ociosidade: impacto
                                                                            consumo,               preponderante sobre
                                                                            amplificando o         o emprego
                                                                            impacto sobre o
                                                                            produto e a
                                                                            renda agregada
```

de altos custos sociais. A política pública deveria ser passiva em relação ao equilíbrio macroeconômico.

A Versão de Orientação Keynesiana

As proposições teóricas e as prescrições de política econômica das versões clássica e novo-clássica conflitam frontalmente com as de orientação keynesiana. São divergentes as respectivas visões da interação dos setores real e monetário e as avaliações da eficácia e do papel das políticas monetária e fiscal. E há ainda divergências quanto à postura passiva da política pública em relação aos objetivos de equilíbrio macroeconômico.

Vamos começar pela interação dos setores real e monetário. Na versão de orientação keynesiana, sintetizada na Figura 19.13, a política monetária afeta a taxa de juros, via intersecção das funções de oferta e de procura por moeda. Alterando-se os juros, a procura agregada se alterará, especialmente os investimentos das empresas. As alterações na procura agregada se transmitirão para os agregados do produto e da renda, desencadeando-se então o efeito multiplicador dos dispêndios, de que resultarão variações amplificadas nos fluxos reais. Existindo alta capacidade ociosa, os fluxos amplificados afetarão preponderantemente o nível de emprego. Com baixa ociosidade, quando a economia opera em níveis próximos do pleno-emprego, os impactos preponderantes serão sobre os preços.

Em termos gráficos, é fácil ver como se movimentam esses mecanismos e como se transmitem seus efeitos. A Figura 19.14 mostra como se determina a taxa de juros na macroeconomia keynesiana. Ela não se define no setor real da economia, como pretendem os clássicos, igualando os fluxos de poupança e de investimento – até porque, como já visto, as decisões de poupar e de investir não dependem dos mesmos fatores determinantes nem são tomadas pela mesma categoria de agente econômico. A taxa de juros define-se no setor monetário da economia, via intersecção das funções de procura e de oferta monetária. A procura por moeda, L, reage aos juros, vistos como custos de oportunidade de retenção de saldos monetários. Esta reação se dá dentro de certos limites, dado que a função se torna perfeitamente elástica para níveis baixos de juros e anelástica para níveis muito altos. Já a oferta monetária, M, é uma variável exógena, definida pelas autoridades monetárias, tendo em vista objetivos de política macroeconômica especialmente quanto à estabilidade dos preços. Os modelos de metas de inflação definidos pelos bancos centrais são inspirados nesses princípios.

Na intersecção das duas funções, L e M, define-se a taxa de juros, i.

A mudança da taxa de juros, como nos gráficos (b) e (c) da Figura 19.14, resulta assim, fundamentalmente, de variações na oferta e na procura por moeda. Em (b), a oferta monetária contrai-se, de M para M', alterando a posição de equilíbrio de E para E' e jogando os juros para cima, de i para i'. Uma contração deste tipo tanto pode ser provocada por uma expansão da colocação líquida de títulos do banco central no mercado (enxugamento da oferta monetária), como pela expansão da taxa de reservas compulsórias ou por restrições mais severas para operações bancárias de liquidez. Em princípio, uma política monetária contracionista estará atendendo a objetivos de estabilização de preços via frenagem de dois importantes componentes da procura agregada: o consumo das famílias e, principalmente, os investimentos das empresas. Em direção oposta, uma expansão da oferta monetária, de M para M'', tem efeito de baixa sobre os juros, trazendo-os de i para i''. E poderá ser fator de expansão da atividade econômica como um todo.

Obviamente, a taxa de juros pode também alterar-se em resposta a mudanças na procura por moeda, como em (c), ainda na Figura 19.14. Na versão keynesiana, a procura por moeda não atende apenas a funções transacionais. Ela comporta ainda uma função especulativa, que depende, em essência, das expectativas dos agentes econômicos quanto à evolução da taxa de juros. Quando a procura por moeda se expande, de L para L', os preços dos títulos recuam e, em contrapartida, os juros se elevam. Estabelece-se um novo equilíbrio, E', alterando-se a taxa de juros de i para i'. Essa mudança de comportamento, fundamentada em expectativas, pode afetar o nível do produto e do emprego via expansão dos juros. E os efeitos, no caso, serão contracionistas.

A Figura 19.15 mostra como se dá a transmissão da variação na taxa de juros, no setor monetário da economia, para o setor real, na versão keynesiana. Em um primeiro momento, por deliberada atuação das autoridades monetárias, a oferta monetária expande-se de M para M'. Num segundo momento, os juros recuam de i para i', definindo-se uma nova posição de equilíbrio nesse setor. No setor real, os juros rebaixados afetarão os dispêndios de investimento. Quando os juros se encontravam no nível mais alto, a taxa de corte dos investimentos, A, era mais alta que a nova taxa de corte, B. Para um dado custo dos bens de capital, uma

FIGURA 19.14 A definição da taxa de juros de equilíbrio, no setor monetário da economia. São as variações na oferta monetária, M, e na procura por moeda, L, que produzem deslocamentos no nível dos juros e definem a taxa de equilíbrio.

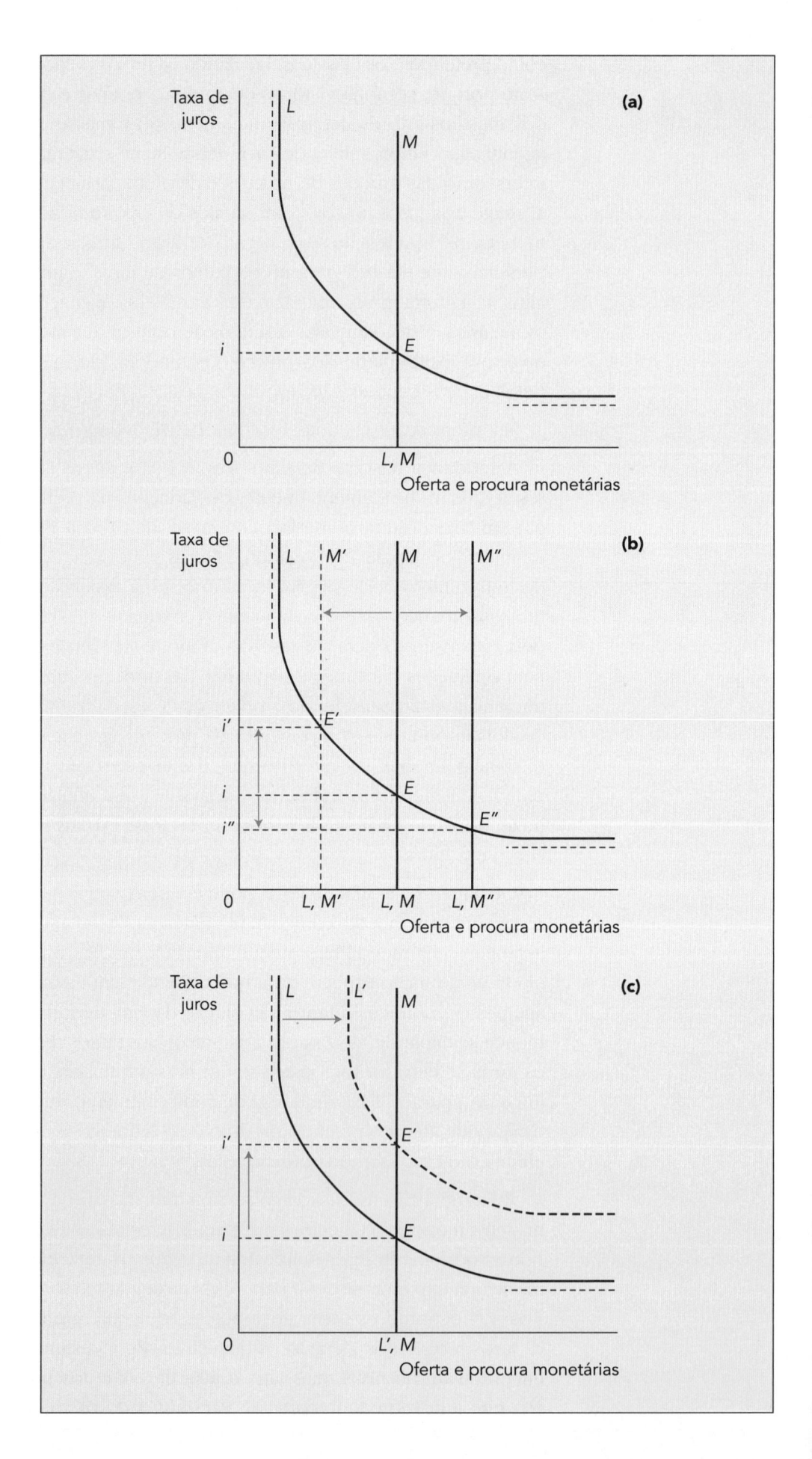

FIGURA 19.15
O processo de transmissão das variações na taxa de juros para o setor real da economia: os fluxos de dispêndio, especialmente os investimentos, são sensíveis aos juros. E os deslocamentos nesses fluxos definem, sob efeito multiplicador, novos níveis de procura agregada. Estes, na sequência, se transmitirão para a oferta agregada, a renda e o emprego.

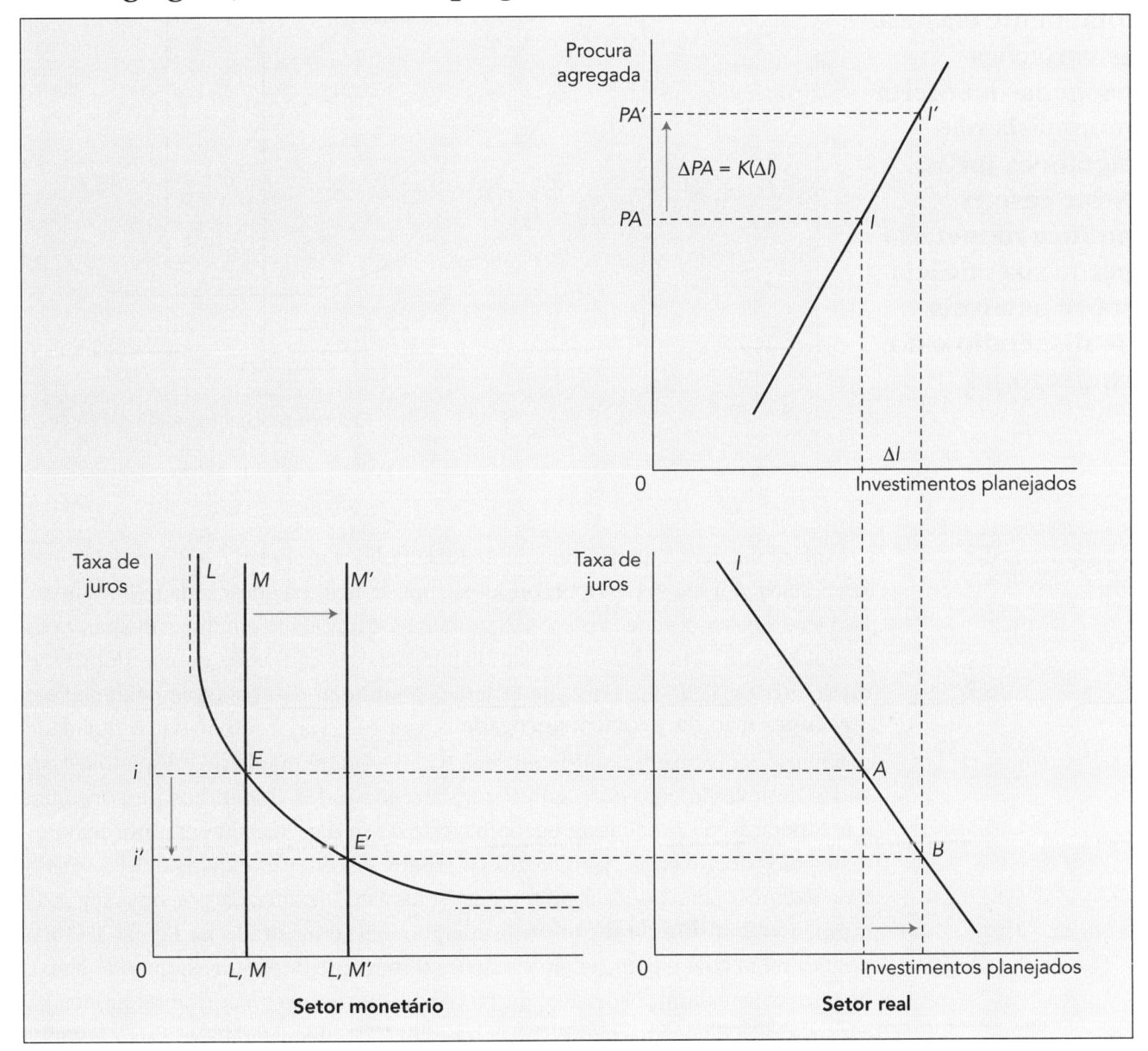

taxa de juros mais baixa viabiliza maior número de empreendimentos, comparativamente a uma taxa mais alta. Projetos menos rentáveis são agora viabilizados. E, consequentemente, haverá um acréscimo, ΔI, nos dispêndios de investimento das empresas. Este acréscimo se incorpora à procura agregada, aumentando-a, de PA para PA'. Um aumento que, com a sucessão esperada de efeitos multiplicadores, será maior que o montante inicial de acréscimo nos investimentos. Estes multiplicam-se por um fator k, definindo, ao término de um processo multiplicador, um acréscimo cumulativo da procura agregada: $\Delta PA = (k)\,\Delta I$.

FIGURA 19.16
A armadilha da liquidez: no segmento em que a procura por moeda é totalmente elástica, as variações exógenas na oferta monetária não afetam os juros. Neste caso, a política monetária perde sua eficácia sobre os níveis do dispêndio e do emprego.

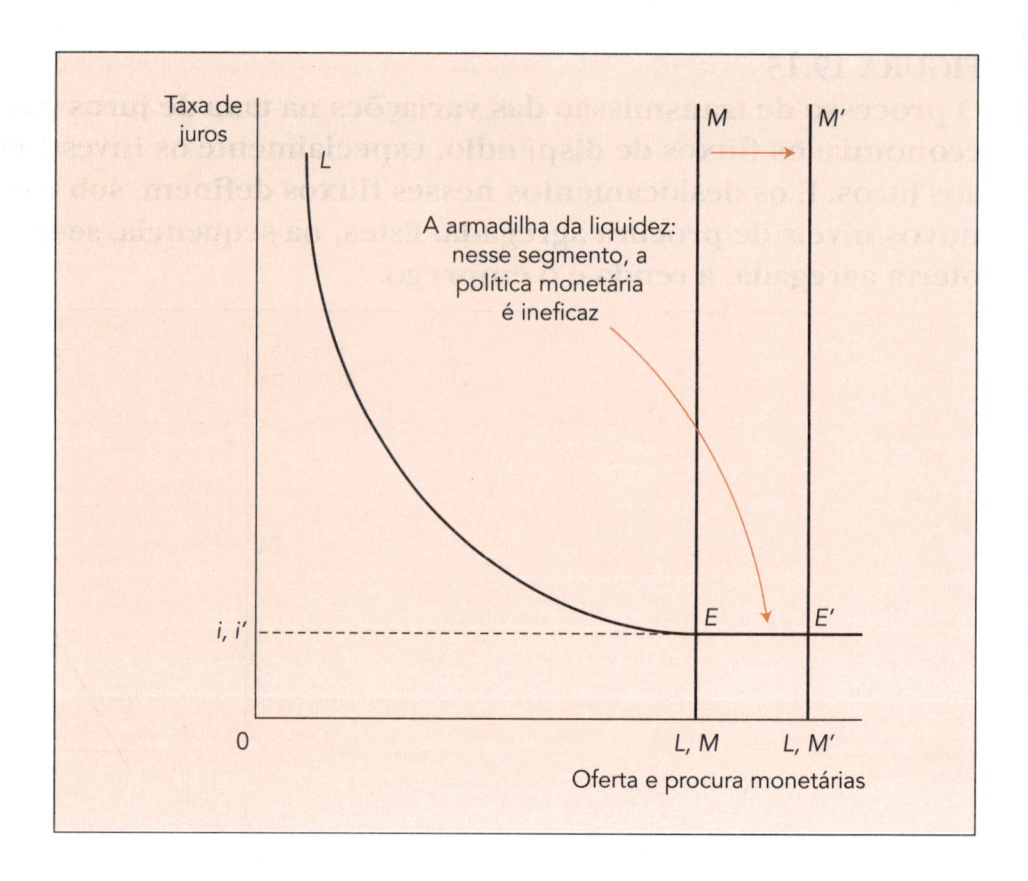

Apesar da crença na não neutralidade da política monetária, a macroeconomia keynesiana, em sua versão mais ortodoxa, aposta mais na eficácia da política fiscal. Isso tem duas importantes razões. A primeira é o ambiente em que formataram os postulados da *General theory* e seu diagnóstico das causas da grande depressão da década de 1930. Na época, o objetivo primordial da economia ocidental era a **recuperação da procura agregada** e, por esta via, a retomada da atividade produtiva e a recuperação do emprego. Com a brutal queda dos dispêndios privados de investimento e do emprego, da renda e dos dispêndios de consumo, a recuperação da procura agregada haveria de se dar, inicialmente, por maiores dispêndios do governo. A política fiscal, usada em direção expansionista, seria o motor da recuperação. Esta preferência seria ainda justificada por uma segunda razão: a **armadilha da liquidez**. Este argumento é mostrado na Figura 19.16: a política monetária é ineficaz em situações fortemente depressivas, quando a taxa de juros já se encontra em nível muito baixo. Neste caso, maior oferta monetária não modifica os juros e não é capaz, portanto, de afetar qualquer fluxo componente da procura agregada.

A crença fundamentada na eficácia da política fiscal tem sido mantida pelos seguidores dos postulados da macroeconomia keynesiana. A postura crucial **novo-keynesiana** continua atribuindo à política fiscal ativa um papel regulador da procura agregada. P. Samuelson, J. Tobin, L. Summers e A. Blinder revelam clara preferência pela política econômica ativa, reguladora dos fluxos agregados e corretiva das flutuações nos níveis do produto, da renda e do emprego. A passividade das autoridades públicas em relação aos objetivos do equilíbrio macroeconômico não se coaduna com as exigências de intervenções, tanto em direção expansionista, quanto contracionista. A direção, uma ou outra, estará na dependência das circunstâncias do ciclo conjuntural sobre o qual se está atuando. E a política monetária, desde que livre da armadilha da liquidez, pode complementar as ações no âmbito fiscal. Por fim, a atuação ativa é ainda justificada pela crença de que a economia não é capaz de realizar, autonomamente e o tempo todo, as condições requeridas do pleno-emprego.

19.4 Eficácia, Defasagens e Posturas: as Controvérsias e os Desafios da Política Econômica

Os Desafios da Política Econômica

Um dos maiores desafios da política econômica é a realização simultânea de seus quatro principais objetivos: 1) A sustentação do produto agregado em alto nível; 2) a expansão do emprego, na direção de um baixo nível de desemprego involuntário, tanto o de caráter cíclico quanto o estrutural; 3) a estabilidade dos preços em mercados livres; e 4) o equilíbrio em transações externas. Este desafio resulta dos efeitos adversos das políticas expansionistas sobre o nível dos preços e, em contrapartida, dos efeitos também adversos das políticas contracionistas sobre os níveis do produto e do emprego. Há evidentes conflitos entre estes objetivos.

Outro desafio é a adoção de processos corretivos que tenham alto impacto sobre as flutuações econômicas, com mínimos custos sociais de curto e de longo prazo. O poder de impacto é decorrente das defasagens de implementação e de efeito dos instrumentos de intervenção escolhidos. E os custos sociais são decorrentes dos efeitos perversos que uma linha de política corretiva pode exercer sobre o desempenho econômico como um todo.

O desafio da compatibilização de objetivos é facilmente demonstrável. Vamos partir de uma situação conjuntural indesejável, dados os baixos níveis de emprego e a alta ociosidade da economia em relação à capacidade plena de produção. Sob estas circunstâncias, sensíveis aos altos custos sociais do desemprego, as autoridades econômicas são compelidas a adotar uma linha de ação expansionista, empregando o arsenal disponível de instrumentos de política econômica, com o objetivo primordial de expandir os níveis da procura agregada e elevar os níveis do produto, do emprego e da renda. Os instrumentos disponíveis são:

Política fiscal, lado do dispêndio

❑ Aumento dos dispêndios de consumo do governo.

❑ Expansão das transferências.

❑ Aumento dos investimentos do governo.

Política fiscal, lado das receitas

❑ Redução de tributos diretos.

❑ Redução de tributos indiretos.

Política monetária e cambial

❑ Expansão da oferta monetária.

❑ Liberalização das operações de crédito.

❑ Depreciação da taxa cambial.

Adotados em conjunto ou seletivamente, todos esses instrumentos poderão exercer impactos expansionistas sobre os níveis correntes da procura agregada. Os efeitos serão de redução dos fluxos de vazamento (tributos, T; poupança, S; e importações, IM) e de expansão dos fluxos de injeção (dispêndios do governo, G; investimentos das empresas, I; e exportações, EX). O resultado final será o deslocamento para mais da função procura agregada e, na dependência da magnitude da propensão marginal a consumir, os efeitos de todos os novos fluxos de dispêndio poderão multiplicar-se no setor real da economia, resultando em forte expansão do produto agregado e do nível geral de emprego.

A Figura 19.17, em (a), mostra os efeitos da expansão da procura agregada sobre a oferta agregada de equilíbrio. A posição inicial, dada E_0, está bastante afastada da linha de pleno-emprego, sugerindo a existência de ampla ociosidade na utilização da capacidade de produção da economia. Com a expansão conjunta de todos os fluxos componentes da procura agregada, estabelece-se inicialmente uma nova posição de equilíbrio, E_1, depois outra, ainda mais avançada, E_2, praticamente sobre a linha de pleno-emprego, $Y_{PE} = PA_2 = (C + I + G + X)_2$.

O efeito perverso, sobre os preços, resultantes dos deslocamentos para mais da procura agregada é mostrado em (b). No início do processo de expansão da procura agregada, de Y_0 para Y_1, dada a alta ociosidade da economia, o deslocamento do ponto de intersecção das funções da procura e da oferta agregada, de E_0 para E_1, ocorreu sobre o segmento de alta elasticidade da função de oferta agregada, com pequeno reflexo sobre o nível geral de preços. Mas, na sequência do processo de expansão, já sobre o segmento de baixa elasticidade, que se define à medida que se aproxima da oferta agregada a pleno-emprego, as pressões da procura sobre o nível geral de preços foram mais intensas. Os movimentos expansionistas, sob os efeitos multiplicadores dos dispêndios, recuperaram o nível do emprego, mas afetaram perversamente os preços.

Esse duplo efeito (oferta agregada expandida, com redução do desemprego a zero; e procura agregada expandida, com variação inflacionária dos preços) traduz o desafio de compatibilizar os dois principais objetivos da política econômica e revela um segundo desafio, o de minimizar os custos sociais de curto e de longo prazo das flutuações nos níveis da renda e do emprego. E ele se encontra na base de uma das mais agudas controvérsias da política econômica, entre os **novos-clássicos** e os **novos-keynesianos**. A primeira corrente coloca em evidência o fato de que a intervenção na economia é também fator de distúrbios, não apenas fator de correção; a segunda corrente enfatiza que a trajetória natural da economia é cíclica e a política econômica é, preponderantemente, um fator de estabilização.

Controvérsias e Ambiguidades da Política Econômica

As controvérsias e as ambiguidades da política econômica são assim resumidas por N. G. Mankiw:[20]

FIGURA 19.17
Efeitos da política econômica expansionista, conduzida por instrumentos fiscais e monetários.

(a) *Sobre a renda e o emprego*

A procura agregada é expandida, deslocando o ponto de equilíbrio, E, para posições próximas da linha de pleno-emprego, Y_{PE}.

(b) *Sobre o nível de preços*

Em situação de alta ociosidade, a expansão da procura agregada exerce baixa pressão sobre o nível de preços; mas, à medida que se aproxima e alcança o pleno-emprego, as pressões sobre preços são mais intensas ($\Delta P_0 P_1 < \Delta P_1 P_2$).

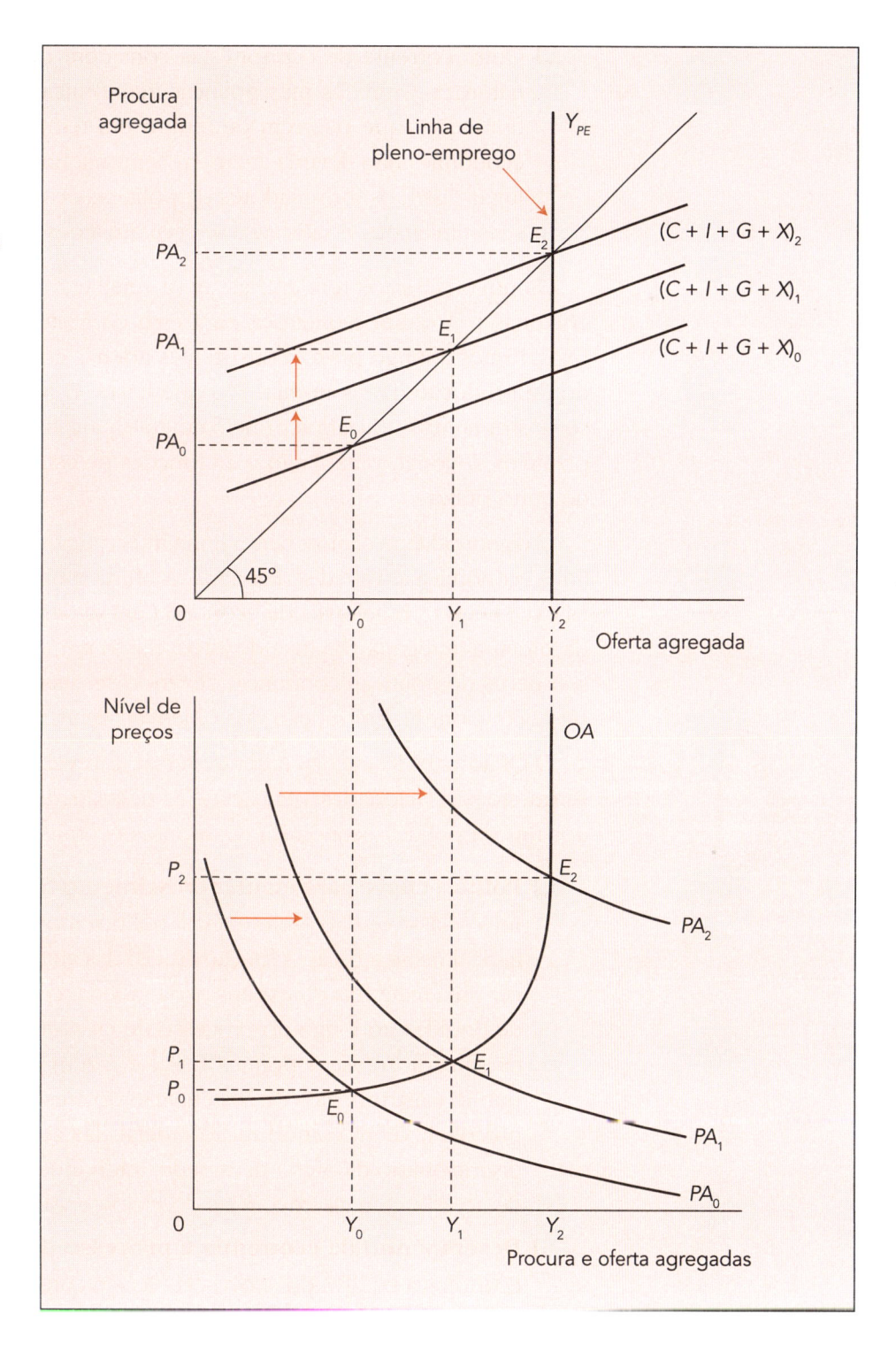

❑ Uma corrente de economistas encara a economia como sendo inerentemente instável. Considera que a economia experimenta frequentes choques de oferta e de procura agregadas. Se os formuladores das políticas públicas não utilizarem instrumentos monetários e fiscais para estabilizar a economia, esses choques provocam flutuações desnecessárias e ineficientes no produto, no emprego e na inflação. De acordo com o dito popular, de "remar contra a maré", a política econômica deveria estimular a economia quando esta se encontra em recessão, contraindo-a quando está em forte expansão.

❑ Outra corrente de economistas considera que a economia é estável por natureza. Culpa as más políticas econômicas pelas grandes e ineficientes flutuações que ocorrem de tempo em tempo. Argumenta que a política econômica não deveria atuar em "sintonia fina" com o ciclo econômico. Em lugar disso, os formuladores de políticas econômicas deveriam reconhecer suas limitações e satisfazer-se com atuações passivas.

Os novo-clássicos tendem, assim, a rejeitar a política econômica ativa, discricionária. A oferta monetária, para essa corrente, deve ser baseada em metas fixas, firmes a longo prazo, consistentes apenas com o crescimento da capacidade de produção da economia. É o que basta. E os orçamentos públicos devem ser instrumentos utilizados principalmente para funções realocativas, de efeitos positivos de longo prazo, não para funções de estabilização do ciclo conjuntural de curto prazo.

Já os novo-keynesianos, fiéis à linha intervencionista, sugerem a adoção de política econômica ativa e discricionária. A oferta monetária não visa apenas atender às exigências transacionais da economia em expansão, mas também à regulação da procura agregada, via taxa de juros. E isso não basta. Os orçamentos públicos são peças de política econômica, devendo ser usados em direção expansionista ou contracionista, em função dos objetivos de crescimento ou de estabilização.

O Quadro 19.1 sintetiza a controvérsia. E revela como cada corrente enxerga as questões relacionadas à eficácia e às defasagens dos instrumentos em relação aos fins da política econômica. Os pontos centrais da controvérsia são:

❑ **Política-chave para manter crescimento firme com preços estáveis**. Os novo-clássicos dão preferência à política monetária, embora não descartem radicalmente a fiscal. A função crucial das autoridades monetárias é estabelecer uma meta fixa de expansão da moeda, consistente com as necessidades de liquidez ao longo do processo de crescimento. Já os novo-keynesianos dão maior ênfase à política fiscal e fazem dos dois lados do orçamento público instrumentos de sustentação do crescimento e de estabilização dos preços. E veem como função crucial das autoridades monetárias o ajuste discricionário da oferta de moeda, intervindo na formação da taxa de juros de acordo com as exigências do ciclo conjuntural.

❑ **Desempenho da economia e processo de ajuste**. A crença na política econômica passiva dos novo-clássicos é consistente com sua percepção do desempenho da economia: deixando-a reagir aos impulsos naturais e ao livre mecanismo das forças do mercado, a tendência de longo prazo é na direção do pleno-emprego, com estabilidade. Já a corrente novo-keynesiana fundamenta suas convicções favoráveis a uma política econômica ativa na percepção de que a economia pode atingir altos níveis de desempenho, mas tende a ser instável. Requer intervenções, não só pela rigidez dos mercados, mas também pelas externalidades dos ajustes autônomos.

❑ **Defasagens de implementação e de efeito da política fiscal**. Segundo os novo-clássicos, as defasagens são longas: a implantação requer demoradas mudanças na ordem fiscal e o efeito final pode ser inócuo, meramente

QUADRO 19.1
Controvérsias e ambiguidades da política econômica: os pontos cruciais das abordagens novo-clássica e novo-keynesiana.

Pontos centrais	A abordagem novo-clássica	A abordagem novo-keynesiana
1. Política-chave para manter crescimento firme, com preços estáveis.	❑ Política monetária firme, baseada em taxas fixas, não discricionárias, de suprimento da moeda.	❑ Política fiscal: o emprego dos dois lados do orçamento público, de forma discricionária, segundo o ciclo conjuntural.
2. Desempenho da economia.	❑ Tende, a longo prazo, para o pleno-emprego e a estabilidade.	❑ Pode atingir altos níveis de produto e emprego, mas tende a ser instável.
3. Processo de ajuste.	❑ Salários e preços ajustam-se rapidamente para equilibrar os mercados.	❑ Requer intervenções: preços e salários são rígidos e os ajustes autônomos desaguam em externalidades.
4. Defasagens de implementação e de efeito da política fiscal.	❑ Longa. A implantação de medidas requer mudanças na ordem fiscal e o efeito pode ser inócuo, meramente de realocação de fluxos de renda.	❑ Longa em certos casos, mas não em todos. Além disso, os estabilizadores automáticos têm defasagens curtas, praticamente imediatas.
5. Defasagens de implementação e de efeito da política monetária.	❑ Curtas: daí sua maior eficácia comparativa. Mas não se aposta em mudanças de rota ditadas pelo ciclo conjuntural. O que define a oferta monetária é o crescimento de longo prazo da economia.	❑ Curtas, mas não há sempre certeza sobre a eficácia: há a inocuidade inerente à armadilha da liquidez. Os efeitos contracionistas são certos; os efeitos expansionistas, incertos.

de realocação de recursos entre os setores público e privado. Já os novo-keynesianos mostram que a defasagem de implementação da política fiscal realmente tende a ser longa, pela rigidez que se observa nos dois lados do orçamento público. Mas a defasagem de efeito dos instrumentos fiscais tende a ser mais curta: o poder de impacto de variações nos tributos e nos gastos é alto em razão da expressão do governo como agente econômico. Além disso, o orçamento fiscal, como instrumento de política econômica, possui um atributo adicional: o de ser **estabilizador automático** do ciclo conjuntural. Este atributo está presente nos gastos com transferências, que tendem automaticamente a aumentar em situações de desemprego (o seguro-desemprego exerce esta função) e se observa também na exação tributária (nos ciclos de alta, a maior exação atua como vazamento estabilizador).

❑ **Defasagens de implementação e de efeito da política monetária**. Para as duas correntes, as defasagens da política monetária são mais curtas, comparativamente à fiscal. A controvérsia está na forma como a moeda deve ser manejada. Os novo-clássicos não apostam em mudanças de rota ditadas pela conjuntura; insistem em que, apesar da maior eficácia comparativa da moeda, sua oferta deve ser fixada em relação ao crescimento da economia. Os novo-keynesianos não descartam a eficácia da política monetária, mas apontam para a sua inocuidade sob a armadilha da liquidez: os efeitos contracionistas são certos e eficazes; os efeitos expansionistas podem ser incertos.

Aos desafios e incertezas da política econômica (desafios relacionados à difícil conciliação de fins e à escolha de meios eficazes; incertezas derivadas de ambiguidades teóricas, muitas delas relacionadas a preferências político-ideológicas) soma-se neste início de século uma questão crucial que remonta às agudas transformações mundiais dos anos 1990: o choque da globalização sobre as condições de macroequilíbrio. A nova ordem geopolítica mundial que se estabeleceu impacta tanto os mercados financeiros quanto os mercados do setor real. Como observa R. Baumann,[21] "um dos efeitos da globalização é a perda parcial de poder por parte dos governos para exercer com plena independência as políticas fiscal e monetária". Mas este novo desafio será visto nos dois próximos (e últimos) capítulos.

RESUMO

1. As duas grandes fontes da **teoria macroeconômica** são a **clássica** e a **keynesiana.** Embora os contextos históricos em que foram elaboradas se tenham alterado substantivamente, seus fundamentos são ainda a base da reflexão teórica em macroeconomia e a inspiração para a formulação de políticas econômicas. Há alinhamentos de fundo entre a ortodoxia clássica e as mais recentes correntes **novo-clássicas;** há também entre os fundamentos da revolução keynesiana e as correntes **novo-keynesianas**.

2. A crença central da **macroeconomia clássica** é a automaticidade do pleno-emprego. Esta é sintetizada pela lei dos mercados de Say-Mill. A versão mais difundida de seu enunciado é **a oferta cria a sua própria procura**. A ortodoxia clássica acreditava que aos fluxos da oferta agregada correspondem, sempre e necessariamente, fluxos equivalentes de renda e de dispêndio. Consequentemente, os clássicos descartavam a ocorrência de superprodução e de alto desemprego generalizado. Eles acreditavam que, pela flexibilidade dos preços e salários, desequilíbrios parciais seriam autocorrigidos, ao mesmo tempo em que os possíveis vazamentos de rendimentos poupados seriam sempre compensados por iguais volumes de investimentos. A taxa de juros é que se encarregaria de equilibrar sempre os fluxos de investimento e as disponibilidades de fundos poupados.

3. Segundo ainda a ortodoxia clássica, a concepção de que a moeda atende apenas a finalidades transacionais, a oferta monetária é neutra em relação aos níveis reais da renda e do emprego. Todos os desajustes e flutuações remetem-se assim para os preços. E os preços livres, em mercados flexíveis, mantêm a economia em equilíbrio de pleno-emprego. Confirmava-se, assim, a tautologia da equação de trocas de Fisher: a teoria quantitativa da moeda e a automaticidade do pleno-emprego reafirmam-se mutuamente no plano teórico.

4. Os pressupostos da macroeconomia clássica não resistiram, porém, às evidências da grande depressão da década de 1930. A *General theory*, de Keynes, publicada em 1936, procurou evidenciar que as hipóteses clássicas se limitavam a um caso especial de equilíbrio, que não se observa indefinidamente. As forças do mercado não são suficientes para manter a economia plenamente empregada e em equilíbrio inalterável. Isso porque a procura agregada, cujo montante é fundamental para a sustentação do emprego, é constituída por um conjunto heterogêneo e instável

> ## PALAVRAS E EXPRESSÕES-CHAVE
>
> - Macroeconomia clássica
>   - A lei de mercados de Say-Mill
>   - Desemprego zero
>   - Flexibilidade de preços e salários
>   - Desequilíbrios parciais
>   - Autocorreção
>   - Neutralidade da moeda
> - Macroeconomia keynesiana
>   - Equilíbrio com desemprego
>   - Insuficiência de procura agregada
>   - Não neutralidade da moeda
> - Cruz keynesiana
>   - Função procura agregada
>   - Condição de equilíbrio
>   - Princípio da procura efetiva
>   - Ponto de equilíbrio
>   - Linha de pleno-emprego
> - Efeito multiplicador dos dispêndios
> - Princípio de aceleração
> - Ciclos econômicos
>   - Fase de expansão
>   - Pico
>   - Fase de contração
>   - Antipico
> - Equilíbrio macroeconômico
>   - Hiato expansionista
>   - Hiato contracionista
> - Desafios da política econômica
>   - Conflitos entre fins
>   - Escolha de meios
>   - Defasagens de ação e de efeito
> - Controvérsias da política econômica
>   - Corrente novo-clássica
>   - Corrente novo-keynesiana

de fluxos, cada um deles movido por diferentes fatores condicionantes. Quando a procura agregada é insuficiente em relação à oferta agregada, o desemprego é, em princípio, inevitável, pois preços e salários são inflexíveis tendo-se em conta que e os mercados têm elementos de rigidez e imperfeições que impedem o autoajuste. Daí a necessidade de intervenções corretivas.

5. Segundo os pressupostos da **macroeconomia keynesiana,** ao maior número de variáveis que interferem nas condições de equilíbrio corresponde, porém, maior número de instrumentos de ação que as autoridades econômicas podem empregar para induzir a movimentos de expansão (quando o nível do emprego é baixo) ou de contração (quando ocorrem pressões inflacionárias). As variações autônomas nessas variáveis podem, assim, ser ajustadas por movimentos induzidos, tanto no setor real, como no monetário. Como a moeda, no modelo keynesiano, não é neutra, suas variações podem também afetar o nível real do produto e do emprego. E, além da moeda, os orçamentos públicos são meios eficazes de ajustamento.

6. Os ajustamentos induzidos têm alto poder de impacto pelo **efeito multiplicador das variações nos dispêndios**, tanto em direção expansionista, quanto contracionista. Este efeito está associado à propensão marginal a consumir. O que ele mostra é que aumentos em quaisquer fluxos de dispêndio propagam-se na economia, à medida que as rendas adicionais que eles gerarem forem destinadas a novos dispêndios de consumo, pelas unidades familiares receptoras. Estes dispêndios, em cadeia, transferem-se para as empresas fornecedoras dos bens e serviços adicionalmente adquiridos. Novas rendas são então geradas. E novas oportunidades de emprego são criadas. No final do processo, a renda agregada resulta maior que o acréscimo original no fluxo de dispêndio ampliado.

7. Além do efeito multiplicador dos dispêndios, que atua em dupla direção (expansão e contração), há outros mecanismos de propagação que produzem flutuações no

nível corrente da atividade econômica. O princípio de ampliação da procura derivada, ou **princípio de aceleração**, é um deles: ele evidencia por que as flutuações nas indústrias de bens de capital tendem a ser mais intensas que as observadas nas indústrias de bens de consumo. E mais: além da interação multiplicador-acelerador, há ainda outros movimentos que produzem flutuações e ondas cíclicas de expansão e de contração: as inovações, os ciclos políticos e o entrechoque dos movimentos interconectados nos setores real e monetário.

8. As evidências das flutuações cíclicas e a demonstração do impacto das correções induzidas formam a base da **política econômica de orientação keynesiana**. As **correntes novo-keynesianas** alinham-se na crença de que a economia é inerentemente instável. Os períodos prolongados de desempenho estável seriam exceções históricas. Embora o objetivo-síntese da política macroeconômica seja um crescimento firme, estável e uniforme, as condições comuns do ambiente econômico são a instabilidade, as oscilações e as flutuações. Para corrigi-las, a política econômica ativa e discricionária, por meios fiscais e monetários, é condição básica para o macroequilíbrio.

9. Às proposições teóricas e às prescrições de política econômica de orientação keynesiana contrapõem-se os pressupostos das **correntes novo-clássicas**. Segundo essas correntes, a economia no longo prazo é estável por natureza. As flutuações são descritas como movimentos ondulatórios de curto prazo, que os mercados flexíveis podem ajustar. As intervenções fiscais têm mais caráter realocador do que impacto efetivo sobre o emprego. E as intervenções monetárias devem limitar-se à função crucial de prover níveis de liquidez compatíveis com o crescimento de longo prazo da capacidade de produção. Consequentemente, a política econômica deve pautar-se por regras fixas, não por intervenções discricionárias. O ativismo dos formuladores da política econômica é visto como fator adicional de perturbação do equilíbrio geral. As posturas passivas e as regras fixas são condições básicas para o macroequilíbrio.

10. As ambiguidades teóricas somam-se às dificuldades operacionais da condução da política econômica. Usar os conhecimentos disponíveis para melhorar o desempenho da economia como um todo é um tipo de desafio; outro, é a remoção de ambiguidades. E a ambos se junta mais um neste início de século: o choque sobre as condições do macroequilíbrio decorrente da abertura de mercados e da globalização das cadeias de suprimentos, sob condições de expressivas desigualdades entre os países quanto às suas posições em custos sistêmicos e em competitividade.

QUESTÕES

1. Quais são os dois grandes troncos da macroeconomia? Faça um resumo dos cenários históricos em que foram originalmente desenvolvidos.

2. O que teve a ver o contexto histórico em que se desenvolveu a **macroeconomia clássica** com sua crença nos mecanismos de autoajustamento pelas forças livres dos mercados?

3. O que teve a ver o contexto histórico em que se desenvolveu a **macroeconomia keynesiana** com a descrença nas forças autoajustáveis do mercado?

4. A **lei de mercados de Say-Mill**, pedra angular da macroeconomia clássica, diz que **a oferta cria a sua própria procura**. Justifique essa lei com base em dois grandes pontos: 1) A flexibilidade de preços e remunerações; 2) a hipótese de a taxa de juros definir-se no setor real da economia, igualando permanentemente os fundos poupados e as decisões de investimento.

5. A moeda, na macroeconomia clássica, é neutra em relação aos níveis reais do produto e do emprego: ela afeta apenas os preços. Mostre por que isso ocorre, relacionando a equação de trocas de Fisher aos principais pressupostos da ortodoxia clássica.

6. Em que consistiu a ruptura da "revolução keynesiana" com os pressupostos da macroeconomia clássica? A ruptura chegou ao extremo de propor a substituição da economia de mercado por um modelo de comando central? Defina e explique os limites dessa "revolução".

7. Você concorda com a proposição de Keynes de que, embora o desemprego seja um dos principais defeitos do mundo econômico em que vivemos (o outro é a desigual e arbitrária distribuição da renda e da riqueza), sua cura pode ser conciliada com a salvaguarda da liberdade e com os princípios que movem a economia de mercado? Justifique sua posição.

8. A **cruz keynesiana** é a interpretação mais simples das condições do equilíbrio macroeconômico. Faça um gráfico que a represente e explique o significado do ponto em que as duas linhas traçadas se cruzam.

9. Em dada cruz keynesiana, a oferta agregada é inferior à procura agregada e há capacidade ociosa na economia. Qual será a tendência resultante do nível de emprego: contração ou expansão? Justifique.

10. Por que, segundo a versão keynesiana, em dado fluxo circular do produto, da renda e do dispêndio, os vazamentos (tributos, poupança e importações) não são automaticamente compensados por reinjeções equivalentes (investimentos, gastos do governo e exportações)?

11. Mostre por que, não sendo necessariamente iguais os fluxos de vazamento e de reinjeção, os níveis do produto, da renda e do emprego podem oscilar gerando pressões inflacionárias e deflacionárias.

12. Em que consiste o **efeito multiplicador** de dado acréscimo em um fluxo de dispêndio? Explique por que este efeito depende da propensão marginal a consumir, *PMgC*.

13. Em dada economia, a *PMgC* é constante e igual a 0,80. Se os investimentos das empresas aumentarem $ 200 bilhões, em quanto aumentarão, no final do efeito multiplicador deste acréscimo de dispêndio, o produto e a renda nacional? Que ocorrências podem amortecer a magnitude desse efeito?

14. Que diferença conceitual existe entre o efeito multiplicador e o **princípio de aceleração**? Combinando-os, que tipo de trajetória a economia poderá descrever?

15. Além da **interação multiplicador-acelerador**, que outros fatores podem levar a economia a flutuações cíclicas?

16. Descreva um ciclo completo, constituído por uma fase de expansão, um ponto de pico, uma fase de contração e um ponto de antipico: quais os traços dominantes em cada uma dessas fases, do ponto de vista do "cenário econômico"?

17. Compare as proposições da macroeconomia clássica e da keynesiana quanto à neutralidade e não neutralidade da moeda. Como os clássicos justificam que a moeda é neutra, afetando apenas os preços? E mostre como, no modelo keynesiano, a

taxa de juros transmite os efeitos das variações monetárias sobre os dispêndios e, destes, para o produto e o emprego.

18. Explique o significado das expressões **defasagem de ação** e **defasagem de efeito**, empregadas para indicar os graus presumidos de eficácia dos meios da política econômica.

19. Compare as políticas fiscal e a monetária, quanto a suas presumidas defasagens de efeito. Justifique as comparações feitas.

20. Além da questão das defasagens, os meios da política econômica podem ser inócuos. Em que se baseiam os novo-clássicos para admitir que a política fiscal tem mais efeitos alocativos do que sobre os níveis efetivos do emprego? E em que circunstâncias, segundo a versão keynesiana, a política monetária é inócua?

21. Qual sua posição: os formuladores da política econômica devem assumir **posturas ativas e discricionárias** ou estabelecer **metas fixas** e manter-se em posições mais **passivas**? Justifique, citando recentes ocorrências observadas no país.

Parte VI

A Economia Nacional e as Relações Econômicas Internacionais

- ❑ Os Fatores Determinantes das Trocas Internacionais
- ❑ As Correntes Teóricas das Trocas Internacionais
- ❑ O Processo de Globalização: Significado e Desafios
- ❑ O Balanço Internacional de Pagamentos
- ❑ Uma Síntese: Custos e Benefícios das Trocas Internacionais

20

As Relações Econômicas Internacionais

O benefício maior do intercâmbio econômico entre as nações, mais do que o fato de ele possibilitar aos países obterem produtos que eles mesmos não conseguiriam produzir, está no emprego mais eficiente das forças produtivas do mundo.

JOHN STUART MILL
Principles of political economy

Os fluxos agregados das relações econômicas internacionais, reais e financeiros, têm assumido crescente importância em séries históricas de longo prazo, relativamente aos fluxos agregados das atividades internas de produção, de geração de renda e de dispêndio.

Nos últimos 500 anos, desde a revolução comercial do século XVI, década após década, excetuando-se os períodos de guerras, em que a composição e o peso dos fluxos econômicos internacionais sofrem descontinuidades, a tendência histórica tem sido o aumento relativo do grau de inserção das nações no sistema mundial como um todo. E isso por quatro razões preponderantes: 1) os graus crescentes de especialização, que ampliam a teia do sistema mundial de trocas reais e financeiras; 2) a busca incessante por economias de escala mais eficientes e competitivas; 3) a maior diversidade da pauta mundial de produção, que exige cadeias internacionais de suprimentos mais complexas e intensas; e 4) a tendência à construção de áreas de integração econômica. Tudo em nome dos benefícios recíprocos que a especialização, a divisão internacional da produção, as escalas crescentes e a diversidade de produtos podem trazer para as economias inseridas nas redes mundiais de intercâmbio.

Os principais fatores determinantes do intercâmbio econômico mundial, o significado da interdependência, as implicações trazidas pelo desencadeamento, desde a última década do século XX, do processo de globalização, os benefícios e os custos das redes mundiais de trocas serão, agora, passo a passo examinados. Em síntese, veremos:

- Por que se estabelecem redes internacionais de trocas: as razões ligadas à **diversidade das ocorrências de recursos materiais dos países e de outras condições competitivas de produção**.

- Os indicadores da **intensificação do intercâmbio econômico mundial**: a relação crescente entre os agregados das trocas internacionais e os da atividade econômica interna.

- O **processo de globalização**, como estágio avançado da intensificação das redes internacionais de trocas: pré-requisitos, conceito e tendências.

- As diferenças essenciais entre os padrões tradicionais das trocas externas e os que estão estabelecendo-se com o processo de globalização.

- **Implicações da globalização**: 1) as institucionais; 2) as macroeconômicas (sobre o setor real, sobre o setor financeiro e sobre a condução da política econômica); e 3) as microeconômicas (especialmente a maior complementaridade entre cadeias produtivas internacionais e as mudanças substantivas nas estruturas de custos das empresas).

- As **grandes correntes teóricas das trocas internacionais**, em perspectiva histórica: 1) a hipótese mercantilista das vantagens unilaterais; 2) a hipótese clássica dos benefícios recíprocos; 3) a teoria estruturalista da dependência; 4) os desenvolvimentos recentes no contexto da globalização.

- As trocas intensificadas: uma síntese dos **benefícios e custos**.

20.1 Fatores Determinantes das Trocas Internacionais

As Diferenças na Dotação de Recursos Naturais

As redes internacionais de intercâmbio econômico estabelecem-se a partir de duas grandes categorias de fatores determinantes: as diferenças na dotação de recursos naturais entre os países e a assimetria na configuração de atributos nacionais construídos. A primeira categoria pode ser desdobrada em três elementos de diferenciação entre os países; a segunda, em outros três:

Diferenças na dotação de recursos naturais

- Área territorial: dimensões e características.
- Diversidade dos recursos naturais.
- Ocorrências localizadas.

Assimetrias em atributos construídos

- Intensidade do emprego de capital e tecnologia em relação a outros recursos de produção.
- Diversidade na qualificação e na especialização dos recursos de produção.
- Heranças culturais: diversidade em capacitações acumuladas.

Área geográfica e diversidade do território. Entre os fatores determinantes das redes internacionais de trocas, um dos mais relevantes é a diversidade com que se apresentam nos diferentes países os elementos de que se constituem os recursos naturais – o solo, o subsolo, a pluviosidade, o clima, a flora e a fauna. Há exemplos bem conhecidos:

- Se dependessem de seu clima e de seu solo, os europeus e os norte-americanos não consumiriam produtos tropicais, como o cacau e o café. Cerca de 80% da produção mundial do cacau, espécie originária das florestas equatoriais da América do Sul, concentram-se nos países dessa região e da África, notadamente Gana, Nigéria, Costa do Marfim, Camarões, Brasil, Bolívia e Equador. A maior parte das variedades de cafeeiros requer clima quente e úmido e um solo rico em ferro; o Brasil e os países do centro-norte dos Andes são particularmente bem-dotados para sua produção.

- Os povos tropicais não teriam, em contrapartida, acesso aos derivados do trigo, espécie que não se desenvolve produtivamente em climas quentes e úmidos, principalmente porque aí as pragas destruiriam quase a totalidade das colheitas. Já a cana-de-açúcar exige climas tropicais ou semitropicais, o mesmo ocorrendo com a seringueira.

- Madeiras duras, como o ipê, o jacarandá e o mogno, são nativas dos trópicos; nas zonas temperadas ocorrem espécies macias, coníferas, como o pinho e o cipreste. As primeiras são insumos importantes para as indústrias de móveis; as segundas, para as de celulose e papel. E os climas subtropicais são favoráveis a uma terceira espécie substituta, o eucalipto originário da Austrália.

- A alta pluviosidade é fundamental para a produção de arroz, em todos os estágios de seu desenvolvimento. Já o algodão exige chuvas moderadas e, nos estágios finais de sua maturação, a alta pluviosidade é prejudicial à produtividade por área plantada e à qualidade das fibras. Na região central dos Estados Unidos, no Egito, no Sudão e no Paquistão as condições pluviométricas e a tipologia dos solos são altamente favoráveis à produção do algodão. E o arroz, em contrapartida, provém de regiões em que predominam varjões de alta extensão, como em longa faixa da porção central da China, na Tailândia e nas planícies do extremo sul do Brasil.

- Essências vegetais para chás de alta qualidade adaptam-se às condições climáticas e à textura do solo de Sri Lanka, mais do que em qualquer outra região: perto de 60% dos mercados mais exigentes são atendidos por importações originárias desse país.

- A quase totalidade da lã processada pela indústria têxtil mundial procede da Austrália, da Nova Zelândia, da Argentina, da África Sul e do Uruguai. Esses países combinam dois atributos essenciais para a produção dessa matéria-prima: disponibilidade de terras para sistemas semiextensivos de criação e climas mesotérmicos.

- A pecuária bovina de corte, para raças zebuínas, estabelece-se mais competitivamente em regiões onde prevalecem grandes extensões de terra, com solos de textura média, drenagem moderada e climas tropicais. Já a pecuária bovina de leite de alta produtividade é sensível às condições tropicais, que são mais propícias às raças de alta rusticidade.

Essas diferentes exigências por condições de solo e clima determinam os padrões da divisão internacional da produção primária, no subsetor agropecuário. Elas levam à especialização. E esta, ao estabelecimento de redes mundiais de trocas, sob a forma de *commodities* semiprocessadas ou de produtos processados para utilização final.

Ocorrências localizadas. Às diferentes exigências por condições de solo e clima somam-se outros fatores derivados da dotação primária de recursos, como os lençóis petrolíferos, as reservas de gás natural e as jazidas minerais metálicas e não metálicas. Também quanto a este aspecto há muitos exemplos conhecidos:

- Cerca de 75% das reservas conhecidas e da produção mundial de carvão mineral concentram-se em apenas seis países: das 2,7 trilhões de toneladas anualmente produzidas, quase em sua totalidade destinadas à siderurgia e à metalurgia, 2,1 trilhões são procedentes da Federação Russa, da China, dos Estados Unidos, do Reino Unido, da Alemanha e da Polônia. Mais de 3/4 da extração mundial ocorrem dentro de uma mesma faixa meridiana, no hemisfério norte: entre 30 e 60°. Mas, dentro dessa extensa faixa, a ocorrência não é uniformemente distribuída por países. E há países aí situados onde as ocorrências são insignificantes ou de qualidade não competitiva.

- A ocorrência de petróleo é também fortemente concentrada. Aproximadamente, 85% do consumo mundial são supridos por óleo bruto procedente do Oriente Médio, do Norte da África, dos países da região sudoeste da CEI, da porção centro-sul dos Estados Unidos, do Canadá, do Mar do Norte e da Venezuela. A Europa Ocidental, bem dotada de reservas de carvão, é altamente dependente de petróleo. É alta também a dependência em relação a esse insumo primário de nações industriais avançadas, como o Japão, ou emergentes, como as do Sudeste Asiático.

- Cerca de 90% das reservas conhecidas de urânio concentram-se nos Estados Unidos, no Canadá e na África do Sul. Mas sua utilização para fins energéticos é mais dispersa.

- Ocorre o oposto com o minério de ferro. Embora sua ocorrência seja mais dispersa, a extração é geograficamente concentrada: 80% dos 700 milhões de toneladas anualmente extraídas são de jazidas localizadas em 11 grandes regiões fornecedoras, destacando-se a CEI, os Estados Unidos, a Austrália, o Brasil, a China, o Canadá, a Libéria e a Suécia.

- Com a maior parte de outras reservas minerais não renováveis ocorrem também altas taxas de concentração espacial. Cerca de 40% do minério de cromo empregado para fins industriais procedem de apenas três países: África do Sul, Filipinas e Rodésia. Mais de 80% da produção mundial de cobre resultam da extração de minas localizadas em oito países, três dos quais são fortemente dependentes da mineração e das exportações desse mineral: Chile, Zaire e Zâmbia. Da produção mundial de ouro, 3/4 concentram-se na África do Sul. A Itália, a Espanha, o México e a China produzem a maior parte do mercúrio de utilização industrial. E quase 80% da produção mundial de manganês resultam da exploração de minas localizadas na Austrália, Gabão, Gana, Índia, África do Sul, Zaire e CEI.

Nos conhecidos exemplos que citamos, os países de dimensões continentais aparecem mais de uma vez, notadamente a China, os Estados Unidos, o Canadá, a Austrália e o Brasil. Já os países de dimensões territoriais menores são citados geralmente uma só vez, para ocorrências de alta especificidade e, mesmo assim, são raros os casos em que eles lideram o *ranking* da produção mundial referida.

Esta particularidade tem razões óbvias. A probabilidade de ocorrências naturais economicamente viáveis é maior em países de dimensões continentais. A área territorial dos cinco maiores países (Canadá, Estados Unidos, China, Brasil e Austrália) totaliza 45,6 milhões de km², mais de um terço de toda a superfície terrestre. E todos são bem dotados de recursos naturais básicos, em diversidade e em reservas aferidas. Já os países de menor disponibilidade do fator terra têm maiores graus de dependência de suprimentos primários de origem externa: a probabilidade de ocorrência é menor e, consequentemente, também a diversidade internamente disponível. Isso não significa, porém, que os países de grande extensão territorial e alta diversidade de recursos não tenham pontos vulneráveis em suas cadeias internas de suprimentos. Os Estados Unidos são excepcionalmente bem dotados de reservas minerais, mas mesmo assim são altamente dependentes de importações de grafite, manganês, bauxita, níquel, cromo e tungstênio.

TABELA 20.1 Área territorial e expressão das correntes de comércio exterior em relação ao PNB, de 40 países selecionados, de diferentes níveis de renda. Período das transações: 1996-2013.

Países selecionados	Área territorial (mil km²)	Médias das correntes de comércio: exportações mais importações (% em relação ao PIB)
Malásia	330	91,4
Bélgica	31	78,1
Hungria	93	77,2
Holanda	42	69,5
República Checa	77	64,6
Bulgária	111	61,3
Áustria	84	51,9
Dinamarca	43	47,9
Suécia	450	45,2
Suíça	40	44,9
Croácia	56	43,9
Filipinas	300	42,7
Alemanha	357	40,9
Polônia	313	40,2
Finlândia	338	39,6
Romênia	237	38,6
Marrocos	447	36,6
Noruega	324	35,5
Chile	757	35,3
Moçambique	802	34,2
Canadá	9.976	34,0
África do Sul	1.121	31,5
Reino Unido	245	30,8
México	1.985	29,6
Nova Zelândia	271	29,5
Espanha	505	28,9
Uruguai	176	27,9
Itália	301	27,7
França	552	27,0
Indonésia	1.904	26,7
Rússia	17.075	26,3
China	9.561	24,5
Peru	1.285	23,3
Índia	3.287	23,2
Austrália	7.713	20,5
Argentina	2.766	20,2
Colômbia	1.138	18,1
Estados Unidos	9.809	13,8
Japão	378	13,8
Brasil	8.512	12,7

Fontes: WORLD BANK. *World development report 2012*. Washington: World Bank (para áreas territoriais). IMF – International Monetary Fund. *International financial statistics*, v. LV, nº 8, 2002; e v. LXVII 2013. Washington: IMF Publication Service (para comércio exterior).

FIGURA 20.1
Grade de correlação: área territorial e expressão do comércio exterior em relação ao PNB. Países selecionados, 1996-2013.

Comércio exterior/PNB (%)	Menos de 100	100 a 300	300 a 500	500 a 1.000	1.000 a 2.000	Mais de 2.000
Mais de 60	Bélgica Hungria Holanda República Tcheca	Bulgária	Malásia			
50 a 60	Áustria					
40 a 50	Dinamarca Suíça	Croácia	Suécia Filipinas Alemanha Polônia			
30 a 40		Romênia Reino Unido Nova Zelândia	Finlândia Marrocos Noruega	Chile Moçambique		Canadá
20 a 30		Uruguai	Itália	Espanha França	África do Sul México Indonésia Peru	Rússia China Índia Austrália Argentina
Menos de 20			Japão		Colômbia	Estados Unidos Brasil

Área territorial (em mil km²)

Fontes: WORLD BANK. *World development reports 2012*. Washington: World Bank (para áreas territoriais). IMF – International Monetary Fund. *International financial statistics*. Washington: IMF Publication Service, v. LV, nº 8, 2002 e v. LXVII, 2013 (para comércio exterior).

A diversidade da dotação de recursos naturais básicos reflete-se na expressão do comércio internacional dos países, relativamente ao Produto Nacional Bruto. A Tabela 20.1 mostra este aspecto do intercâmbio econômico mundial. Embora ocorram significativas exceções a esta regra, os países de menores dimensões territoriais tendem a apresentar coeficientes mais altos de transações comerciais em relação ao PNB, comparativamente aos países de dimensões territoriais maiores.

A grade da Figura 20.1, construída com os dados da Tabela 20.1, complementa a visão deste aspecto das transações econômicas mundiais. E ela revela que, não obstante ocorram exceções, quando colocamos no eixo horizontal as dimensões da área territorial e no vertical a expressão do comércio internacional em relação ao PNB, ambas em escalas ascendentes, a posição-padrão dos países está ao longo de uma linha diagonal descendente. Mais: a grade revela duas regiões vazias, sem incidência. Uma, no canto direito superior; outra, no canto esquerdo inferior. Isso sugere que não há países de dimensões continentais que apresentem elevados coeficientes de comércio exterior em relação ao PNB; e que também não há países territorialmente diminutos, especialmente entre os de alta renda, com taxas inexpressivas de comércio exterior.

As Assimetrias em Atributos Construídos

Apesar da relação evidenciada na grade, **as bases territoriais e a diversidade dos recursos naturais não são os únicos fatores determinantes das trocas internacionais. Às diferenças na dotação das ocorrências naturais somam-se as assimetrias em atributos construídos**. E estas tendem a ter importância crescente na definição das cadeias internacionais de produção e de trocas.

As **diferenças internacionais quanto a atributos construídos** estão mais fortemente associadas a fatores históricos e culturais do que a elementos territoriais. A relação estrutural entre recursos de produção, que define as intensidades com que o capital e o trabalho (apoiados por heranças tecnológicas e mobilizados pela capacidade empresarial) aplicam-se no processo produtivo, é um dos mais importantes atributos construídos que diferenciam as nações.

Embora possam ter sido influenciadas por desafios relacionados à dotação de recursos naturais, as estruturas de produção capital-intensivas ou trabalho-intensivas definiram-se pela inventividade, pela propensão à inovação e pelo espírito empreendedor revelados pelas nações, ao curso de sua formação econômica. A revolução industrial do século XVIII não ocorreu com a mesma intensidade nem com a mesma velocidade em todos os países. Historicamente, a predisposição para a mudança, as bases político-institucionais, os desafios estratégicos e as diretrizes internas da política pública diferenciaram-se fortemente de país para país. E, em um mesmo lugar, não se mantiveram com a mesma força impulsora o tempo todo.

Por determinantes institucionais e culturais, a Inglaterra, a França e a Alemanha assumiram a dianteira do desenvolvimento tecnológico no século XIX, na esteira da revolução industrial europeia. Nessa época, nos demais continentes, o desenvolvimento técnico e científico não seguiu com a mesma velocidade: em alguns lugares manifestou-se tardiamente; em outros, limitou-se a uns poucos setores de ponta, gerando dualidades tecnológicas internas; e houve lugares que ficaram à margem dos avanços observados nas nações líderes em inovações e em tecnologias de produção.

Já no início do século XX, o epicentro do progresso técnico deslocou-se da Europa Ocidental para os Estados Unidos e, nas indústrias de base, para a antiga URSS. Nessas duas economias de dimensões continentais, a disponibilidade de reservas naturais combinou-se com os novos atributos construídos, redefinindo o balanço mundial da supremacia e do poder. Por fim, a partir dos anos 50 e, mais nitidamente, nas cinco últimas décadas, enquanto a Europa Ocidental revitalizava seus atributos construídos e integrava seus mercados, a Ásia também passaria a registrar forte expansão, fundamentada no aprimoramento cruzado de dois recursos de produção: o capital (via mudanças radicais em padrões tecnológicos) e o trabalho (via maciços investimentos em educação).

As diferenças nos esforços nacionais para a acumulação e o aprimoramento de atributos construídos conduziram a assimetrias que se tornaram os fatores determinantes de maior expressão na definição das redes internacionais de trocas, comparativamente ao peso desempenhado pelas diferenças em dotações naturais. Em anos mais recentes, as dotações naturais perderam em importância para os novos fatores determinantes de trocas entre as nações. E esses novos fatores são, todos eles, de alguma forma resultantes de diferenças nas estratégias nacionais de desenvolvimento, de heranças culturais diferenciadas e da diversidade de capacitações acumuladas pela educação, pelo espírito inventivo e pela propensão à inovação. **As vantagens competitivas definidas em anos recentes lastreiam-se, assim, muito mais nas assimetrias resultantes de atributos construídos do que em vocações naturais vinculadas à tipologia das ocorrências naturais**.

20.2 A Interdependência das Nações

Os Fluxos Crescentes de Comércio

As redes de interdependência econômica das nações estabelecem-se sob a influência cruzada da diversidade em dotações naturais e dos diferenciais em atributos construídos. As diferenças estruturais na disponibilidade e na combinação de recursos de produção daí resultantes impulsionam os fluxos internacionais de comércio, somando-se a outros fatores, como abertura, integração de mercados, criação de áreas de livre comércio e acordos econômicos bilaterais entre países. Os de maior relevância são:

❑ Os benefícios proporcionados pelo intercâmbio internacional, quando fundamentado em especializações que conduzem a ganhos de escala, a custos de produção e a acesso a produtos menos onerosos.

❑ Os ganhos de eficiência que resultam de maiores graus de abertura e de concorrência, relativamente às situações em que os mercados se mantêm fechados e sujeitos às manobras típicas de estruturas monopolistas de oferta.

❑ As mudanças qualitativas nos padrões vigentes da tecnologia de produção e a aceleração do ritmo das inovações, trazidas pela maior exposição dos países à concorrência internacional.

❑ A maior diversidade de produtos trazida pelo comércio mundial e as decorrentes mudanças positivas nos padrões de vida das nações.

A inevitabilidade das trocas internacionais (pela desigual dotação de recursos naturais), os diferenciais historicamente desenvolvidos pelos países (por atributos construídos) e as vantagens decorrentes do intercâmbio (especialização, ganhos de escala e diversidade de produtos) são evidenciados pelas taxas reais de crescimento do comércio mundial dos países, comparativamente às do PNB.

TABELA 20.2
Taxas médias anuais de crescimento real do PNB e do comércio exterior, em países selecionados (a), agrupados por níveis de renda (b). Período 1980-2015.

Países selecionados	Taxas médias anuais de crescimento (%)	
	PNB	Comércio exterior
Baixa renda	**5,1**	**6,1**
Tanzânia	5,9	6,3
Chade	5,7	6,3
Angola	5,4	6,7
Moçambique	5,2	6,0
Bangladesh	5,1	5,8
Gana	4,9	5,1
Paquistão	4,7	5,8
Renda média baixa	**5,3**	**7,5**
China	8,8	10,9
Vietnã	5,0	6,1
Tailândia	4,7	9,5
Indonésia	4,4	6,2
Turquia	4,3	10,7
Costa Rica	4,2	5,0
Tunísia	4,0	4,9
Filipinas	3,7	4,6
Marrocos	3,6	3,9
Colômbia	3,5	4,8
Renda média alta	**3,5**	**5,4**
Chile	4,8	6,5
Uruguai	3,8	2,3
Portugal	3,2	7,8
Polônia	3,1	6,0
Brasil	2,7	4,6
Alta renda	**2,8**	**5,8**
Cingapura	7,2	11,3
Coreia do Sul	6,9	10,3
Hong Kong	6,3	10,1
Irlanda	3,9	6,5
Austrália	3,6	5,2
Japão	2,8	5,3
Estados Unidos	2,7	4,1
Espanha	2,5	8,1
Reino Unido	2,4	3,5
Áustria	2,3	5,0
Nova Zelândia	2,3	4,1
França	2,2	2,0
Itália	2,1	3,5

(a) Os países selecionados de cada grupo foram os que apresentaram, no período 1980-2015, as mais altas médias anuais de crescimento do PNB.

(b) As taxas de crescimento dos grupos de países foram ponderadas pelos valores agregados do produto e das correntes de comércio exterior de cada país selecionado.

Fonte: WORLD BANK. World Development Indicators. *World development report 2002 e 2012*. Washington: World Bank/Oxford University Press, 2002 e 2012. IMF – International Monetary Fund. *International financial statistics*, v. LV, nº 8, Aug. 2002 e v. LXVIII, *Yearbook 2015*. Washington: IMF Publication Service.

FIGURA 20.2 Taxas médias de crescimento real do PNB e do comércio exterior de grupos de países selecionados, segundo os níveis de renda. Em todos os grupos, o crescimento real do comércio superou o do PNB, no período 1980-2015.

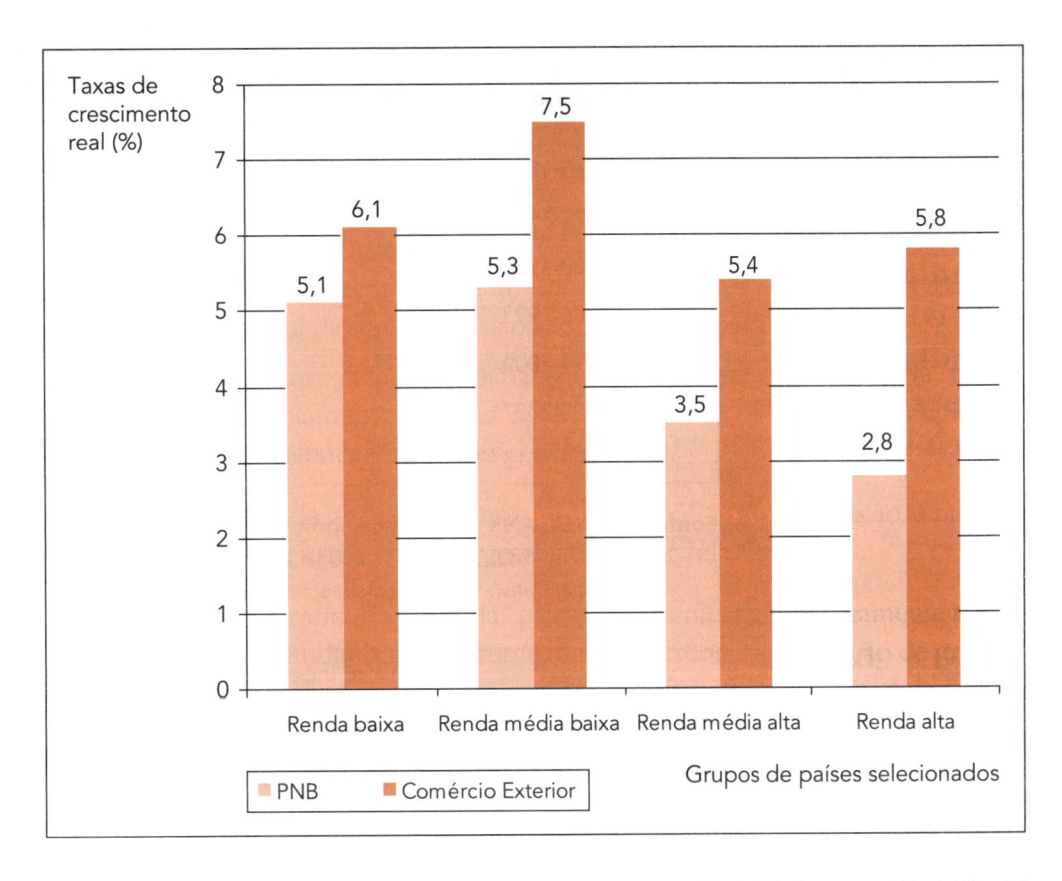

Grupos de países	PNB	Comércio Exterior
Renda baixa	5,1	6,1
Renda média baixa	5,3	7,5
Renda média alta	3,5	5,4
Renda alta	2,8	5,8

Fontes: WORLD BANK. *World development report 2002 e 2012*. Washington: World Bank/Oxford University Press, 2002 e 2012. IMF – International Monetary Fund. *International financial statistics*, v. LV, nº 8, Aug. 2002 e v. LXVIII, *Yearbook 2015*. Washington: IMF Publication Service.

Historicamente, as taxas médias anuais de crescimento das correntes de comércio internacional têm superado as dos PNB dos países. A Tabela 20.2 mostra, para o período 1980-2013, as taxas médias anuais de crescimento do PNB e do comércio exterior, para países selecionados, agrupados por níveis de renda. Os países selecionados foram os que apresentaram, em cada grupo, as mais altas taxas de crescimento do produto agregado no período. E, em todos eles, as taxas de crescimento do comércio exterior (soma dos fluxos de importação e de exportação) superaram as do PNB.

A Figura 20.2 compara o crescimento real desses dois indicadores, nos quatro grupos de países selecionados. Eles mostram, de um lado, a vitalidade econômica interna e, de outro lado, a capacidade de inserção crescente dos países selecionados na economia global. Mostram também que os fatores determinantes do comércio exterior são suficientemente fortes para aumentar o coeficiente de abertura das economias nacionais ao longo do tempo, intensificando-se, como consequência, as redes de trocas e a interdependência das nações.

Para a economia mundial como um todo, o crescimento dos fluxos de comércio entre os países tem sido superior ao crescimento real do produto agregado. A Tabela 20.3 destaca as taxas de variação desses dois indicadores, em diferentes períodos, entre os anos de 1965 e 2015. Em todos, a expansão do comércio

**TABELA 20.3
Taxas médias anuais de crescimento real do produto mundial bruto e do comércio mundial, em períodos selecionados.**

Períodos	Taxas anuais médias de crescimento real (%)	
	Produto mundial bruto	Comércio mundial
1965-1973	5,6	9,1
1973-1980	3,6	4,7
1980-1986	3,4	3,5
1986-1993	2,9	5,6
1994-2000	3,2	5,9
2000-2007	4,1	6,2
2008-2015	2,9	3,2

Fonte: WORLD BANK, *World development report*. Washington: Oxford University Press, edições de 1975, 1980, 1995, 2000, 2005 e 2012. IMF – International Monetary Fund, *International financial statistics* (várias edições, anos 1970, 1975, 1985, 1996, 1999, 2005, 2010, 2013 e 2015).

**TABELA 20.4
Produto mundial bruto e comércio mundial: evolução comparativa. Período 1970-2013.**

Anos	Bilhões de US$ correntes		Relação (%) comércio/produto (b)/(a) . 100
	Produto mundial (a)	Comércio mundial (b)	
1970	3.313	312	9,4
1980	11.168	1.281	11,5
1985	13.934	1.962	14,1
1990	21.755	3.412	15,7
1995	27.037	5.013	18,5
2000	31.528	6.345	20,1
2005	46.248	10.342	22,4
2006	50.059	12.035	24,0
2007	56.440	13.920	24,7
2008	61.848	15.984	25,8
2009	58.623	12.469	21,3
2010	64.020	15.167	23,7
2011	70.896	18.123	25,6
2012	72.106	18.260	25,3
2013	75.905	19.327	25,5
2014	77.825	20.458	26,3
2015	78.171	21.032	26,9

(a) Totalização do PNB das economias nacionais, convertido pela média anual ponderada da taxa oficial de câmbio.

(b) Média das exportações (valores FOB) mais importações (valores CIF) de 189 países-membros do Fundo Monetário Internacional.

Fonte: WORLD BANK, *World development report*. Washington: Oxford University Press (para produto mundial de 1970 a 1990). IMF – International Monetary Fund, *International financial statistics* (para produto e comércio mundial (de 1995 a 2015).

exterior foi superior, especialmente nos anos dourados do crescimento mundial, 1965-1973 e após a fase de abertura de mercados dos anos 90. Com as taxas de crescimento anual das três últimas décadas, o produto mundial bruto duplica a cada 25 anos; mas o comércio vai mais rápido, duplicando a cada 15. Esses diferentes ritmos de crescimento, decorrentes da força com que têm atuado os fatores determinantes da rede mundial de trocas, têm conduzido à expansão da relação comércio/produto ao longo do tempo, como mostram os dados da Tabela 20.4. Em 1970, as correntes mundiais do comércio representavam 9,4% do produto mundial bruto. Em 2000, ultrapassaram 20%, alcançando mais de 25% no primeiro quinquênio da segunda década do século XXI.

O forte crescimento dos fluxos mundiais de comércio em relação a outros fluxos econômicos agregados é um dos indicadores mais visíveis do **processo de globalização**, definido como **estágio avançado das trocas internacionais intensificadas, em múltiplos campos**. Da forma como tem sido conceituado, esse processo não se limita à ordem econômica: vai além, alcançando o cruzamento e a fertilização da cultura e das instituições nacionais, as redes de comunicação e de transmissão de dados, as políticas públicas e a consciência social sobre questões planetárias. Mas parece ser na área econômica, real e financeira, e em seus desdobramentos micro e macro, que esse processo se expressa com maior nitidez: é a partir das relações econômicas que o processo de abertura de mercados alcança outros aspectos da realidade global. E sua consolidação também tem fortes vínculos com outros processos econômicos, como a formação de blocos, a constituição de mercados comuns e de áreas ampliadas de livre comércio.

O Processo de Globalização: Pré-requisitos

O **processo de globalização**, fortemente vinculado aos fatores determinantes do intercâmbio econômico, intensificou-se nos últimos 25 anos, pela simultânea ocorrência de um conjunto de pré-requisitos. E tem produzido desdobramentos de alto impacto, que chegam até a afetar os conceitos convencionais de soberania das nações e a redução de poder dos governos para o exercício da política econômica interna. Vamos ver primeiro os pré-requisitos. Em seguida, as principais implicações desse processo.

Quatro pré-requisitos podem ser destacados:

- **Integração**. A consolidação dos processos de integração econômica e política das nações – a constituição de novas esferas de coprosperidade. São exemplos desse processo a constituição de blocos econômicos em todos os continentes (como o NAFTA, na América do Norte; o MERCOSUL, na América do Sul; a União Europeia, na Europa Ocidental; a Comunidade Econômica da África Ocidental; e, na Ásia, a Associação das Nações do Sudeste Asiático. São também exemplos os acordos multilaterais para o estabelecimento de áreas de livre comércio, removendo-se barreiras nacionais de proteção.

- **Empresas transnacionais**. O crescimento numérico e a maior expressão das empresas transnacionais na comunidade mundial de negócios. Segundo dados da *United Nations Conference on Trade and Development*,[1] citados por R. Baumann,[2] "o estoque total de investimento direto externo atingiu, na primeira metade dos anos 90, US$ 2 trilhões, associado à existência de 38 mil empresas transnacionais, com suas 207 mil subsidiárias. Isso representa um grande salto, se comparado com as 3.500 empresas estabelecidas no período compreendido entre 1946 e 1961. A importância desses indicadores decorre, evidentemente, do peso relativo dessas empresas para a atividade econômica mundial". Segundo M. Feldstein,[3] seus investimentos constituem 4/5 dos fluxos de formação de capital fixo de origem externa. E das correntes do comércio mundial, 2/3 são de transações inter e intra-empresas transnacionais.

❏ **Tecnologia em áreas-chave**. O avanço tecnológico e a queda vertical dos custos em áreas-chave para atuação global – transportes, comunicações, processamento e transmissão de dados. Séries de longo prazo construídas por G. Hufbauer[4] revelam que os fretes marítimos e as taxas portuárias médias caíram 76% entre 1930-90; as tarifas internacionais de telecomunicações, 95%, entre 1940-90; as tarifas de uso de satélites, 92%, entre 1970-90. Nos anos 90 e na primeira década do século XXI as reduções de custos prosseguiram. Nesses 20 anos, os fretes marítimos caíram 19,2%; as tarifas de telecomunicações, 68,3%, segundo dados do *World economic outlook*, edições de 1999 e 2011, do FMI. Estas fantásticas reduções de custos, associáveis a ganhos tecnológicos e a economias crescentes de escala, foram um dos mais importantes pré-requisitos de impulsão das transações globais – não só o comércio de produtos intermediários e finais, mas também os movimentos de capitais e a mobilidade de recursos de produção interfronteiras.

❏ **Desregulamentação e liberalização**. As políticas públicas de desregulamentação e de liberalização: o crescente empenho dos governos nacionais em melhorar os padrões dos atributos construídos de competitividade, via maiores coeficientes de abertura a produtos e a recursos reais e financeiros, em vez de proteger os mercados nacionais com barreiras protecionistas. No Brasil, economia de forte tradição protecionista, as tarifas aduaneiras, entre 1989-2012, caíram de uma média de 41,5% para 13,3%, segundo dados da CNI.[5]

Superpostos aos demais fatores determinantes do intercâmbio internacional (diversidade na dotação de recursos naturais e atributos construídos), estes quatro pré-requisitos atuaram em dupla direção, sobre dois eixos. Primeiro, aumentando a intensidade dos fluxos interfronteiras nacionais. Segundo, deslocando do âmbito local para o global-localizado o território de atuação dos agentes econômicos. E essa dupla direção é um dos aspectos cruciais do processo de globalização.

Essa caracterização do processo de globalização, pela **maior intensidade dos fluxos interfronteiras e pelo debilitamento do grau de territorialidade das atividades econômicas**, foi sugerida por J. C. Lerda:[6]

> **O traço que caracteriza o fenômeno da globalização é um progressivo debilitamento do grau de territorialidade das atividades econômicas, no sentido de que indústrias, setores ou cadeias produtivas inteiras – sejam elas pertencentes à esfera real ou financeira – passam a desenvolver**

**FIGURA 20.3
Dois aspectos cruciais da globalização: alta intensidade de fluxos interfronteiras e territorialidade global-localizada dos agentes econômicos.**

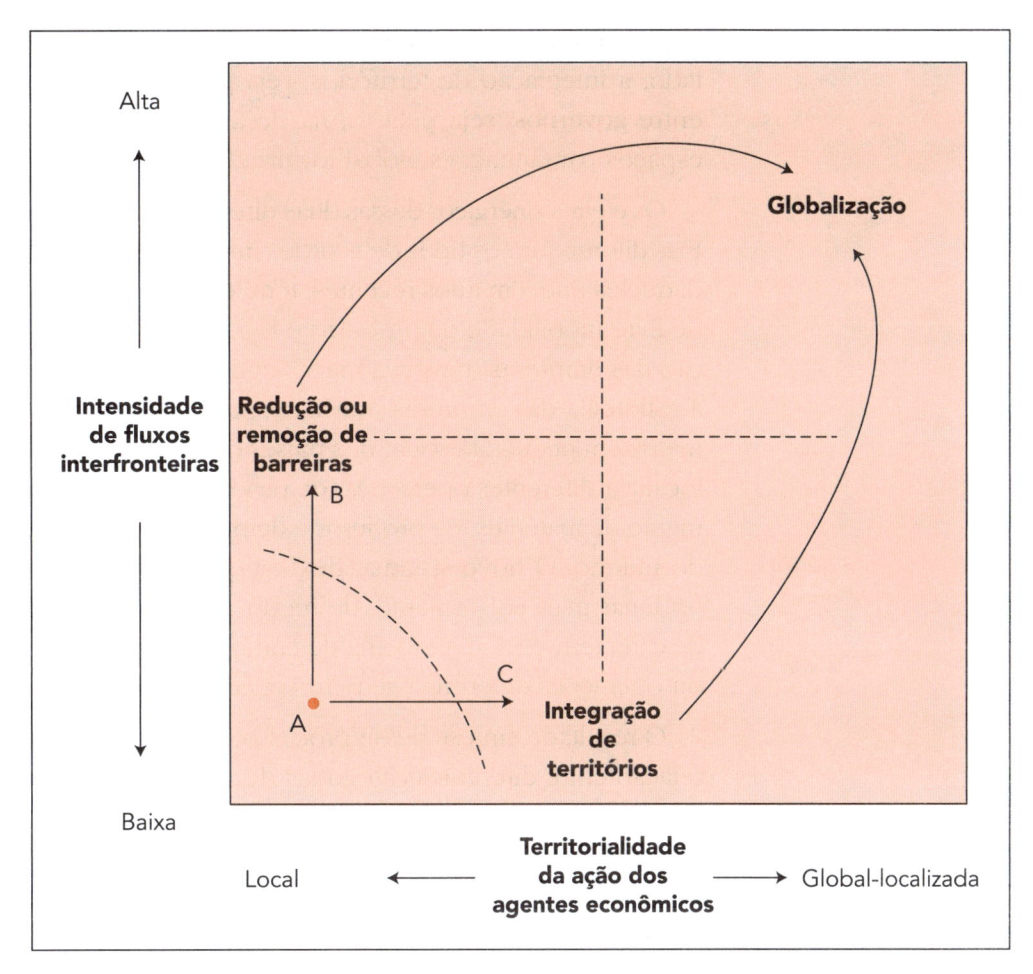

Fonte: Adaptada de LERDA, J. C. Uma caracterização do processo de globalização econômica, tópico do Cap. 12. In: BAUMANN, Renato (Org.). *O Brasil e a economia global*. Rio de Janeiro: Campus, 1996.

suas atividades com crescente independência dos recursos específicos de qualquer território nacional. De um lado, a referida desterritorialização das atividades econômicas resulta de causas vinculadas ao padrão do progresso técnico, à organização e à forma de atuação de empresas transnacionais e às políticas públicas de governos nacionais. De outro lado, a crescente intensificação de fluxos de comércio, de investimento direto de fontes externas e de tecnologias, entre e intraempresas, completa a análise da globalização, que deve ser interpretada como aceleração de um processo histórico, cujas raízes podem ser encontradas no século passado.

A Figura 20.3 ajuda a visualizar com maior clareza esses dois eixos do processo de globalização, o grau de intensidade dos fluxos interfronteiras e o grau de territorialidade das atividades econômicas. O ponto *A* é a expressão básica de uma fase primitiva de interdependência econômica entre nações: baixa intensidade de fluxos reais e financeiros interfronteiras e agentes econômicos atuando preponderantemente em bases locais. O deslocamento desse ponto em dupla direção, *B* e *C*, sugere que um deles reflete e condiciona a marcha do outro. De um lado, um aumento do grau de abertura e de internacionalização das economias nacionais implica redução ou remoção de barreiras para as transações externas. De outro lado, a integração de territórios, seja por formalização de acordos multilaterais entre governos, seja pela forma de atuação de empresas transnacionais, abre espaços para atuações global-localizadas.

Os efeitos sinérgicos dessas duas direções fortalecem o processo de globalização. Elas diferenciam os tipos de acordos internacionais que se celebravam no passado daqueles que, em anos recentes, têm levado à formalização de blocos e de áreas de livre mobilidade de produtos e recursos. Diferencia também a forma de atuação das empresas transnacionais. Segundo Lerda, "enquanto no passado recente a estratégia das empresas transnacionais consistia em reproduzir uma versão da matriz em pequena escala, nos países onde se instalavam, o atual modelo tende a localizar diferentes operações (de produção, suprimentos, pesquisa e desenvolvimento de materiais, de produtos e de processos) em diferentes territórios ao redor do mundo. O novo sistema, flexível, procura localizar cada função corporativa no lugar mais conveniente, de modo a aproveitar as **vantagens comparativas** de cada território. E a escolha de combinações ótimas de localizações de funções ou operações determina-se pelo conceito de **vantagens construídas**".

O resultado-síntese desse processo de globalização é o rápido crescimento da relação entre diferentes categorias de fluxos originários do exterior e os agregados convencionais das atividades econômicas internas. São exemplos relevantes:

- ❏ Comércio exterior/produto agregado.
- ❏ Investimentos externos/formação bruta de capital fixo.
- ❏ Consumo de produtos importados/consumo agregado.
- ❏ Importações de insumos e componentes/valor dos fluxos das cadeias internas de suprimentos.
- ❏ Ingresso autônomo de recursos de risco/estoques internos de ativos financeiros.

As Consequências da Globalização

A intensificação das transações econômicas internacionais, a expansão dos graus de interdependência das nações e, mais importante, as formas de que se vêm revestindo o processo de globalização, têm produzido consequências de alto impacto, desdobráveis em três grupos:

- ❏ Consequências institucionais.
- ❏ Consequências de alcance macroeconômico:
    - ✓ Sobre o setor real.
    - ✓ Sobre o setor financeiro.
    - ✓ Sobre a política econômica.
- ❏ Consequências microeconômicas.

Como resume Baumann,[7] de uma **perspectiva institucional**, a globalização leva a semelhanças crescentes, em termos da configuração dos diversos sistemas nacionais, e a uma convergência dos requisitos de regulação em diversas áreas, levando a maior homogeneidade entre países. Ao mesmo tempo, conduz à aparição, no cenário internacional, de um novo conjunto de atores com grande capacidade de influência, em comparação com o poder das nações.

Nesses termos, convergência, homogeneidade e perda de atributos de soberania são as implicações-chave do processo de globalização no plano institucional. Neste plano, em síntese, a globalização implica:

❑ Semelhanças crescentes na configuração dos sistemas nacionais.

❑ Convergência dos mecanismos de regulação em diversas áreas: modalidades mais uniformes de relações jurídicas.

❑ Maior poder de influência, em todas as nações, de agentes econômicos externos:

  a) Organizações multilaterais.

  b) Governos.

  c) Empresas transnacionais.

  d) Organizações não governamentais.

❑ Perda de atributos de soberania nacional: redução dos graus de autonomia para o desenho de políticas públicas.

❑ Crescente presença na agenda política das nações de temas supranacionais:

  a) Meio ambiente: controle sobre cadeias produtivas, sistemas de produção e acesso a recursos naturais que impliquem impactos globais.

  b) Modelos de integração: regulação das relações intra e interblocos.

  c) Revisão e redefinição das funções dos organismos multilaterais.

❑ Reorientação da ação dos governos: compatibilizar os projetos nacionais com a inserção global, buscando níveis mais altos de competitividade construída.

No **âmbito macroeconômico**, os desdobramentos do processo de globalização alcançam os setores real e financeiro e a condução da política econômica. Interferem ainda nas condições de equilíbrio dos mercados de produtos e de recursos de produção e nas estruturas da oferta e da procura agregadas. Em síntese, as principais implicações macroeconômicas são:

Sobre o setor real

❑ Aumento expressivo dos fluxos de importação e de exportação em relação à oferta agregada, alimentando em graus crescentes as cadeias nacionais de suprimentos.

❑ Tendência à homogeneidade das estruturas matriciais de insumo-produto.

❑ Tendência à crescente similaridade das estruturas setoriais de procura agregada.

❑ Equalização de longo prazo na estrutura dos custos dos recursos e nos níveis de preços da oferta agregada.

- Expansão das taxas de participação dos aportes externos no fluxo agregado de investimentos.
- Atratividade para investimentos externos decorrente mais de atributos construídos (infraestrutura, qualidade dos recursos humanos e expectativas quanto à gestão macroeconômica) do que de dotação de recursos naturais e de vocações históricas.

Sobre o setor financeiro

- Movimentação crescente de grandes fluxos de recursos autônomos interfronteiras nacionais:

    a) Para aplicação nos mercados financeiros, em ações, em títulos de renda fixa, soberanos ou privados.

    b) Para investimentos em operações produtivas no setor real.

- Maior velocidade e volatilidade das transferências de recursos interfronteiras. Em países de baixa atratividade para investimentos no setor real, preponderância de aplicações voláteis.
- Ampliação dos riscos de choques desestabilizantes, pela mobilidade dos recursos nos segmentos especulativos.
- Maior interdependência entre instituições financeiras, em redes mundiais, implicando aumento de riscos para o sistema como um todo, em decorrência de vários fatores:

    a) Opacidade das operações.

    b) Diversidade de produtos derivativos.

    c) Fragilização da liquidez interbancária.

    d) Instabilidade dos retornos.

    e) Volatilidade dos recursos captados.

- Maior exposição a "efeitos contágio". Repercussões de abrangência global de crises financeiras, com epicentro em países avançados.

Sobre a política econômica

- Condução da política econômica sobredeterminada por condicionantes externos: objetivos nacionais filtrados por interesses multilaterais; meios, instrumentos, medidas e ações impactadas pela crescente internacionalização de fluxos reais e financeiros.
- Aumento no número, no grau de complexidade e na importância estratégica das restrições multilaterais às políticas públicas nacionais.
- Redução da eficácia dos instrumentos convencionais, fiscais e monetários:

    a) Fiscais: pela substituição de preços de mercado por preços de transferência nas transações intraempresas transnacionais; e pelo peso de outros atributos construídos na determinação dos fluxos de comércio e de investimentos.

b) Monetários: pela regulamentação dos mercados; pelas inovações introduzidas nos mercados financeiros interconectados; e pela maior mobilidade internacional do capital financeiro, com peso crescente nos estoques internos dos ativos nos vários segmentos de mercado. Consequentemente, autoridades monetárias nacionais podem tornar-se reféns da globalização financeira: a manutenção da integridade dos sistemas financeiros locais, abalados por movimentos bruscos de origem externa, pode prevalecer sobre o controle convencional da moeda e das operações financeiras internas.

❑ Em síntese: perda da autonomia absoluta no campo econômico ou, como alternativa, isolamento e baixa inserção mundial da economia nacional, impactando potencialidades de crescimento.

As consequências da globalização no **âmbito microeconômico** estão centradas no trinômio escalas-custos-competição. As de maior relevância são:

❑ Quebra de "barreiras de entrada" para concorrentes, em praticamente todos os mercados: mudanças na estrutura da concorrência, introdução de grande número de produtos substitutos e maior elasticidade das curvas da procura, tanto do ponto de vista das empresas, como dos consumidores.

❑ Economias crescentes de escala, decorrentes dos grandes volumes de transações internacionais: deslocamento para baixo da curva de custo total médio a longo prazo.

❑ Mudanças inevitáveis nas estruturas de custos das empresas:

  a) Custos em expansão: P&D (pesquisa e desenvolvimento), relações com agentes externos, serviços pré e pós-venda e garantias associadas aos produtos.

  b) Custos em contração: estrutura organizacional, suprimentos e processos de produção.

❑ Conluios e cartéis em baixa, sob maior supervisão e regulação.

❑ Alianças estratégicas, fusões e aquisições em alta, com ênfase nas que resultam em riscos compartilhados, em complementação de capacitações e em expansão de escalas.

❑ Crescente integração do processo de produção: maior complementaridade entre estruturas produtivas instaladas em países distintos.

❑ Fragmentação das cadeias nacionais de suprimentos: globalização dos eixos de geração e de adição de valor.

❑ Mudança no eixo de competição das empresas: foco na tecnologia de processos e no encurtamento do ciclo de vida dos produtos.

❑ Revisão das estratégias empresariais. Focos priorizados:

  a) Alianças internacionais, movidas por acesso a novas tecnologias de materiais, processos e produtos.

  b) Acesso a cadeias globais de suprimentos.

  c) Lançamento de produtos mundiais, com elementos de conformidade e de diferenciação ditados pelas exigências de mercados nacionais.

**FIGURA 20.4
As mudanças estruturais nas trocas internacionais: novas vantagens comparativas e novos fluxos predominantes.**

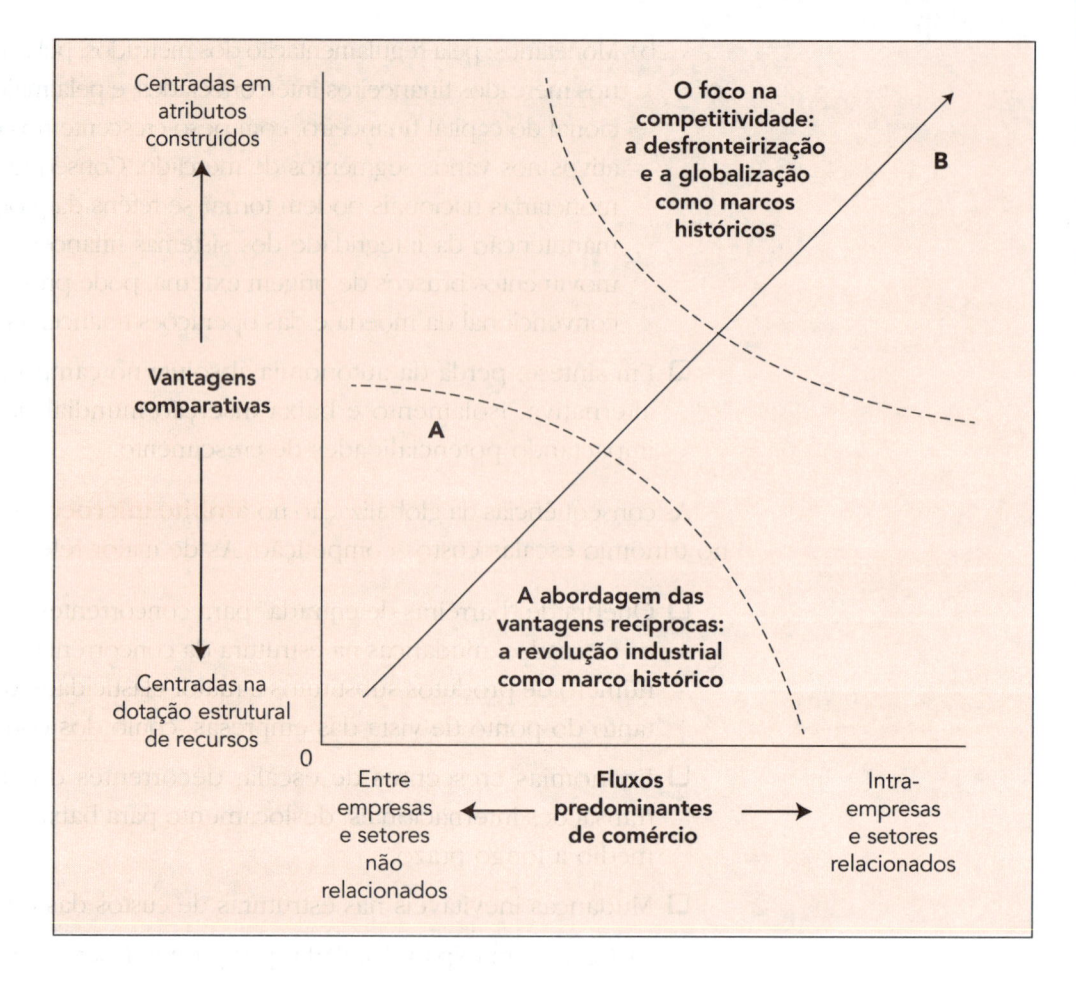

Eixo vertical (Vantagens comparativas): Centradas em atributos construídos ↑ / Centradas na dotação estrutural de recursos ↓
Eixo horizontal (Fluxos predominantes de comércio): ← Entre empresas e setores não relacionados / Intra-empresas e setores relacionados →
Área A: A abordagem das vantagens recíprocas: a revolução industrial como marco histórico.
Área B: O foco na competitividade: a desfronteirização e a globalização como marcos históricos.

d) Eficiência, agilidade e competitividade, subordinadas a padrões mundiais, viabilizando a atuação em novos mercados.

e) Global-localização de unidades operacionais, definida por diretrizes de internacionalização.

f) Acesso a fundos de *private equity* de atuação internacional, como passo para abertura de capital de companhias fechadas.

A Figura 20.4 sintetiza as bases desse conjunto de consequências macro e microeconômicas do processo de globalização: as mudanças nos fluxos predominantes de comércio e nas condições das vantagens comparativas entre as nações. A área *A* caracteriza períodos passados, em que as trocas internacionais eram centradas em dotações naturais de recursos e praticadas entre empresas não relacionadas entre si nem vinculadas por alianças estratégicas. Embora para muitos produtos, como matérias-primas básicas, esse padrão de relações internacionais ainda prevaleça, as transações predominantes nas últimas décadas têm sido centradas em vantagens comparativas resultantes de atributos nacionais construídos. E são praticadas intraempresas ou por empresas entrelaçadas por alianças internacionais. Caracteristicamente, posicionam-se na área *B*.

As mudanças nos padrões e nos fatores determinantes das redes mundiais de trocas estão refletidas na evolução da teoria básica neste campo. É o que veremos a seguir, focalizando a teoria das trocas internacionais sob perspectiva histórica.

20.3 A Evolução da Teoria das Trocas Internacionais

Uma Síntese em Perspectiva Histórica

O ponto de partida das reflexões teóricas sobre a relação custos-benefícios das trocas internacionais coincide com o surgimento da primeira corrente do pensamento econômico, o mercantilismo. Os primeiros pensadores mercantilistas enfatizaram como o comércio exterior poderia servir, unilateralmente, aos interesses do Estado colonialista dos séculos XVI e XVII. Da **hipótese mercantilista das vantagens unilaterais**, a teoria básica evoluiu para a **hipótese clássica dos benefícios recíprocos**, centrada nos princípios das diferenças entre vantagens absolutas e relativas reveladas pelas nações.

A versão da ortodoxia clássica, desenvolvida nos séculos XVIII e XIX, passou por refinamentos e revisões desde o início do século XX, evoluindo desde então para evidenciar que as bases das vantagens competitivas das nações deslocavam-se progressivamente da diversidade estrutural de recursos naturais para os atributos construídos. Paralelamente, **correntes estruturalistas passaram a pôr em xeque as hipóteses básicas dos benefícios recíprocos**, nas décadas de 1950 e 60, sugerindo modelos de desenvolvimento substitutivos de importações, sob forte protecionismo. E, em anos mais recentes, as novas abordagens teóricas passaram a enfatizar os **impactos macroeconômicos das trocas externas sobre as condições gerais do crescimento e da estabilidade**; no âmbito microeconômico, a ênfase tem recaído sobre as **condições efetivas das bases estruturais das nações, de seus recursos naturais e construídos e de seus sistemas produtivos, definindo-se então critérios para a construção de *rankings* de competitividade**.

O Quadro 20.1 sintetiza essa evolução, destacando as principais abordagens de referência dos quatro troncos teóricos destacados. Em perspectiva histórica, vamos abordar cada um deles:

- ❏ A hipótese mercantilista dos benefícios unilaterais.
- ❏ A hipótese clássica dos benefícios recíprocos.
- ❏ A teoria estruturalista.
- ❏ Os desenvolvimentos recentes, centrados em novos conceitos de competitividade, por critérios macro e microeconômicos.

A Hipótese dos Benefícios Unilaterais

A origem da análise teórica das trocas internacionais coincide com o desenvolvimento das tecnologias de produção, das finanças e do comércio, nos séculos XVI e XVII. O mercantilismo foi a corrente dominante do pensamento econômico da época. Colocou-se a serviço dos Estados soberanos da Europa Ocidental, que buscavam, paralelamente a objetivos políticos e militares, o fortalecimento de seu poder econômico.

As concepções de fortalecimento econômico e de fortuna nacional dos mercantilistas centravam-se em cinco pontos: 1) a acumulação metalista; 2) o colonialismo; 3) o industrialismo protecionista; 4) o controle das operações cambiais; e 5) o nacionalismo. Fortemente atrelado a esses cinco pontos, o comércio exterior

> **QUADRO 20.1**
> **Uma síntese da teoria das trocas internacionais: as primeiras abordagens, as extensões, as revisões críticas e os desenvolvimentos recentes.**

Principais troncos teóricos	Abordagens de referência
1. A hipótese das vantagens unilaterais	❑ A teoria mercantilista (Davenant-Mun). ❑ A reconsideração da visão mercantilista (Hume).
2. A hipótese dos benefícios recíprocos	❑ A teoria clássica dos custos comparativos: ✓ As vantagens absolutas (Smith). ✓ As vantagens relativas (Ricardo-Mill). ✓ Os refinamentos neoclássicos (Edgeworth-Haberler). ❑ A teoria da diversidade estrutural de recursos (Heckscher-Ohlin). ❑ As primeiras revisões centradas em atributos construídos (Linder).
3. A teoria estruturalista	❑ A deterioração das relações de troca (Prebisch-Singer-Furtado). ❑ Os modelos de crescimento por substituição de importações e industrialização intensiva (Nurske-Chenery).
4. Desenvolvimentos recentes	❑ O foco nos fatores de competitividade: ✓ Setores, ramos de produção e ambiente de negócios como unidades de análise (Porter). ✓ Nações como unidade de análise (Sachs-Werner e Garelli-Guertechin).

foi considerado como instrumento básico para alavancar os objetivos de fortalecimento dos Estados, sob a convicção central de que as vantagens auferidas por um país através de saldos positivos da balança de comércio representavam, necessariamente, desvantagens para outros países. Os benefícios advindos das trocas internacionais seriam assim unilaterais, implicando uma relação de perdas e ganhos para os países envolvidos.

A **abordagem dos benefícios unilaterais** dos mercantilistas fundamenta-se em sua concepção de riqueza. Os mercantilistas ortodoxos acreditavam que os metais preciosos, lastros dos meios de pagamento da época, eram a expressão da fortuna nacional. A acumulação do ouro e da prata significava riqueza, poder e prosperidade. Em uma época em que floresceram o industrialismo, o comércio e as rotas intercontinentais, o ouro e a prata serviam como metais monetários por excelência. Assim, mesmo que não constituíssem a própria expressão da riqueza, seriam instrumentos universais para sua aquisição. Daí a prescrição central de sua política econômica: a busca por saldos positivos na balança de comércio com outros países seria a base da acumulação metalista.

O colonialismo (extensão do território econômico dos Estados Europeus em outros continentes – África, Américas, Ásia e Oceania – com a constituição de possessões coloniais) somava-se à busca por superávits de comércio, como importante pilar estratégico de fortalecimento do Estado mercantilista. Na primeira fase da doutrina mercantil, Estados da Europa Ocidental, como Portugal e Espanha, buscavam a acumulação metalista por um conjunto de caminhos sinérgicos: as rotas de comércio, a exploração de minas de ouro e prata em suas colônias, a extração de matérias-primas essenciais ao desenvolvimento de manufaturas e de indústrias nascentes, completando-se com a concessão de monopólios para exploração de produtos raros e de alto valor específico. A manutenção de possessões coloniais atendia rigorosamente aos objetivos mercantilistas das metrópoles europeias: destas provinham manufaturados a preços elevados, em troca de matérias-primas nativas, a preços achatados. E os monopólios outorgados encarregavam-se de sustentar as vantagens absolutas, e unilaterais, nas relações de trocas.

O industrialismo protecionista surgiu como desdobramento dessas ideias. Em *England's treasure by foreign trade,* T. Mun argumentou que, "para vender mais aos estrangeiros do que deles adquirir em valor, as manufaturas de exportação devem ter a proteção do tesouro". As proteções então concedidas iam das baixas tarifas para a importação de matérias-primas destinadas à indústria nascente, à proibição de exportações de produtos primários não manufaturados e ainda à imposição de taxas alfandegárias proibitivas para importações que concorressem com as indústrias internas. Em *History of economic thought,* E. K. Hunt[8] mostra os sistemas de proteção então criados: "A indústria têxtil inglesa recebeu este tipo de proteção. Os ingleses proibiram a exportação de quase todas as matérias-primas e produtos semiacabados, como pele de ovelhas e fios de lã. E, na França, além das proteções efetivas, foram definidas medidas de controle de qualidade para produtos de exportação, sob inspiração de J. B. Colbert."

Fortalecendo os sistemas de proteção, a acumulação metalista exigia ainda o controle centralizado das operações cambiais, para evitar a fuga de lingotes de ouro e prata. G. Malynes, em *The maintenance of trade,* propôs na Inglaterra a criação de um Escritório Real de Câmbio para controlar operações que implicassem perdas de reservas metálicas. As saídas dessas reservas só se justificavam se se destinassem à importação de matérias-primas que, reprocessadas, seriam reexportadas, gerando superávits de comércio. Por fim, na esteira dessas ideias, o nacionalismo apresentava-se como corolário da política mercantilista de transações externas. De um lado, uma decorrência da impossibilidade de todos os países acumularem, ao mesmo tempo, excedentes comerciais. De outro lado, uma extensão do princípio dos benefícios unilaterais do comércio.

Antes que este conjunto de ideias fosse revisto pela ortodoxia clássica, os mercantilistas do fim do século XVII e início do XIX reconsideraram alguns aspectos de sua doutrina. D. Hume notabilizou-se entre os pensadores que fizeram a transição do mercantilismo para a economia liberal clássica. Ele se opôs à ideia de que o comércio exterior é uma fonte unilateral de benefícios. Propôs que as vantagens comparativas quanto à disponibilidade de recursos e quanto à capacidade de produção eram os fatores determinantes do intercâmbio econômico entre os países. E mostrou que os países não deveriam nutrir apreensões quanto ao desenvolvimento e ao aperfeiçoamento de seus parceiros.

Em um dos ensaios reunidos em *Writings on economics,* escrito em 1758, Mun antecipou-se à teoria clássica das vantagens comparativas, ao destacar que a natureza, dotando as nações de uma grande variedade de climas e solos e de uma diversidade de capacitações, pode conduzir a padrões de intercâmbio com vantagens mútuas. Além disso, mostrou que, quanto mais se desenvolvessem as artes da produção em qualquer país, maior seria a procura pelos produtos de outros países. Se a prosperidade de um país se fizer sobre o empobrecimento de outros, os mais prósperos acabarão por recair na mesma condição abjeta a que reduziu seus parceiros. Mas, sob a condição de benefícios mútuos, a produção e os padrões de vida de todos poderão aumentar simultaneamente. O fundamento de longo prazo do intercâmbio entre países seria, assim, o benefício recíproco, não o unilateral.

A Hipótese dos Benefícios Recíprocos

A revisão das ideias do mercantilismo primitivo foi a base da **hipótese dos benefícios recíprocos**, em que se fundamentou a teoria clássica do comércio exterior. Na esteira da reconsideração da visão mercantilista sugerida por Mun, as hipóteses da economia clássica basearam-se nos benefícios mútuos que a divisão internacional do trabalho, a especialização e as trocas poderiam trazer para as nações envolvidas.

Em *Wealth of nations,* A. Smith lançou as bases da doutrina clássica das trocas internacionais, sintetizada pelo binômio especialização-trocas. Desde que determinada nação, mobilizando as suas vocações naturais, as suas habilidades e os seus recursos abundantes, possa produzir dado produto a custos comparativamente mais baixos que o de outras nações, ela deverá especializar-se em sua produção, trocando-o pelos produtos em que suas vantagens absolutas são inferiores. Esta é a base dos benefícios recíprocos, em oposição à doutrina mercantilista tradicional. Para Smith, o comércio exterior poderia ser mutuamente proveitoso para todos os países participantes – um instrumento para a expansão dos níveis da produção e para a extensão dos benefícios das trocas internacionais aos consumidores, pela resultante redução de custos e de preços finais.

O pensamento original de Smith foi aprofundado no início do século XIX por D. Ricardo e J. Stuart Mill. A contribuição de Ricardo-Mill foi a de destacar que as vantagens mútuas das trocas internacionais não resultariam apenas de **vantagens absolutas** de custos, mas também de situações em que ocorressem **vantagens relativas**. Segundo essa nova perspectiva, o comércio exterior seria vantajoso para os países envolvidos até mesmo nos casos em que um deles pudesse produzir internamente a custos mais baixos os dois produtos objeto das trocas, desde que, em termos comparativos, as vantagens fossem relativamente diferentes.

Uma citação bastante divulgada do *Principles of political economy* de Mill sintetiza a concepção clássica dos custos comparativos:

> **"Não é apenas uma diferença em *custos absolutos* de produção que determina o intercâmbio, mas diferenças em *custos comparativos*. Pode ser vantajoso para a Inglaterra importar ferro da Suécia em troca de algodão, mesmo que as minas da Inglaterra e suas manufaturas têxteis sejam mais produtivas que as da Suécia. Se tivermos uma vantagem de 50% no algodão e de apenas 25% no ferro e se pudermos vender nosso algodão à Suécia ao preço que ela pagaria se ela própria o produzisse,**

TABELA 20.5 Uma hipótese simplificada de vantagens absolutas: o país Alfa, em minério de ferro; o país Beta, em carvão mineral.

Países	Produção por trabalhador/dia	
	Toneladas de minério de ferro	Toneladas de carvão mineral
Alfa	0,5	0,2
Beta	0,1	0,8

conseguiríamos obter uma vantagem de 50% nos dois produtos. Mesmo assim, o negócio seria também vantajoso para o país estrangeiro, porque a mercadoria que ele recebeu em troca, embora para o exportador tenha custado menos, para ele teria custado mais se ele próprio a produzisse."

A Tabela 20.5 estabelece uma hipótese simplificada de vantagens absolutas – um primeiro passo para a demonstração da **teoria clássica dos custos comparativos.** A hipótese é bastante simples. Fundamenta-se em dois países imaginários, Alfa e Beta, com possibilidades de troca de minério de ferro por carvão mineral. Seguindo a versão clássica, os custos internos desses dois produtos são determinados pelo trabalho empregado em sua produção.

Em nossa hipótese-demonstração, a produção por trabalhador-dia, no país Alfa, é de 0,5 tonelada de minério de ferro e de 0,2 tonelada de carvão mineral; isso significa que o custo da produção do carvão mineral, em Alfa, seria 2,5 vezes superior ao do minério de ferro. Em contrapartida, em Beta, o emprego de um trabalhador-dia poderia resultar em 0,1 tonelada de minério de ferro ou 0,8 de carvão mineral; assim, o custo de produção do minério de ferro em Beta seria oito vezes superior ao do carvão mineral. Vistos de outro modo, estes dados indicam que, para produzir uma tonelada de minério de ferro, o país Alfa teria de empregar dois trabalhadores-dia; o país Beta, dez. Mas, em contrapartida, para produzir uma tonelada de carvão mineral, Beta teria de empregar 1,25 trabalhador-dia; Alfa, cinco. Esses resultados indicam que Alfa possui **vantagem absoluta** na produção de minério de ferro. Beta, **vantagem absoluta** na produção de carvão mineral.

Se os dois países, agindo isoladamente, definirem objetivos de autossuficiência nesses dois produtos, extraindo de suas próprias minas a totalidade dos suprimentos internamente necessários, os custos envolvidos serão superiores aos que poderiam ser obtidos caso optassem pelo intercâmbio: a extração do carvão mineral no país Alfa seria mais onerosa que no país Beta; em contrapartida, a de minério de ferro, em Beta, seria mais onerosa que em Alfa. Visivelmente, a autossuficiência comprometeria objetivos de eficiência, medidos por custos de produção. A eficiência seria maior e os dois países seriam beneficiados se, em Alfa, os recursos empregados na produção de carvão mineral fossem canalizados para a produção de minério de ferro, operando-se em Beta o movimento inverso. Como A. Smith sugeriu, os excedentes dos dois países poderiam, neste caso, ser trocados, com benefícios mútuos.

É bastante fácil comprovar essa hipótese de benefícios recíprocos. Vamos supor que em cada um dos dois países estejam empregados 10.000 trabalhadores na extração dos dois minérios. Sem especialização, cada país empregaria 50%

TABELA 20.6 A hipótese das vantagens absolutas: produção total possível sem especialização.

Países	Produção diária de 10.000 trabalhadores	
	Toneladas de minério de ferro	Toneladas de carvão mineral
Alfa	2.500	1.000
Beta	500	4.000
TOTAL	3.000	5.000

dessa força de trabalho na produção de cada um dos dois produtos. Neste caso, como resumimos na Tabela 20.6, o país Alfa produziria 2.500 toneladas-dia de minério de ferro e 1.000 toneladas-dia de carvão mineral. E o país Beta produziria, respectivamente, 500 e 4.000 toneladas-dia de cada um desses dois produtos. Totalizando as produções dos dois países, seriam produzidas 3.000 toneladas-dia de minério de ferro e 5.000 de carvão mineral.

Esses mesmos dados também se encontram na linha central da Tabela 20.7. Eles correspondem à alocação de 50% da força de trabalho de cada país na extração de cada um dos dois minérios. As outras dez linhas indicam diferentes hipóteses de alocação de recursos, traduzindo-se em diferentes graus de especialização.

TABELA 20.7 A hipótese das vantagens absolutas: produção total possível com diferentes graus de especialização.

GRAUS DE ESPECIALIZAÇÃO Alocação da força de trabalho (%)		Produção de 10.000 trabalhadores (em toneladas/dia)					
		ALFA		BETA		TOTAL	
Na produção de minério de ferro	Na produção de carvão mineral	Minério de ferro	Carvão mineral	Minério de ferro	Carvão mineral	Minério de ferro	Carvão mineral
0	100	0	2.000	0	8.000	0	10.000
10	90	500	1.800	100	7.200	600	9.000
20	80	1.000	1.600	200	6.400	1.200	8.000
30	70	1.500	1.400	300	5.600	1.800	7.000
40	60	2.000	1.200	400	4.800	2.400	6.000
50	50	2.500	1.000	500	4.000	3.000	5.000
60	40	3.000	800	600	3.200	3.600	4.000
70	30	3.500	600	700	2.400	4.200	3.000
80	20	4.000	400	800	1.600	4.800	2.000
90	10	4.500	200	900	800	5.400	1.000
100	0	5.000	0	1.000	0	6.000	0

**TABELA 20.8
A hipótese das vantagens absolutas: especialização, trocas e benefícios bilaterais.**

Condições definidas
1. **Especialização plena**, com alocação total da força de trabalho em um só produto: Alfa, minério de ferro; Beta, carvão mineral.
2. **Relação de troca**: 1 tonelada de minério de ferro por 2 toneladas de carvão mineral.

Países	Disponibilidades após as trocas (em toneladas/dia)	
	Minério de ferro	Carvão mineral
Alfa	4.000	2.000
Beta	1.000	6.000
TOTAL	5.000	8.000

Os resultados da especialização na direção correta são eloquentes. A produção totalizada dos dois produtos será expressivamente maior se o país Alfa se especializar na produção de minério de ferro (100% de alocação da força de trabalho destinada para este produto), deixando para Beta a produção de carvão mineral: em vez de 3.000 e 6.000 toneladas-dia, serão respectivamente obtidas 5.000 e 8.000 toneladas-dia. Isso porque os custos de oportunidade da extração de um minério em relação ao outro não são iguais nos dois países. O custo de oportunidade de extração de carvão mineral em Alfa é de 5 para 2: cada 200 toneladas-dia adicionais de carvão mineral custam 500 toneladas-dia a menos de minério de ferro. Já em Beta, o custo de oportunidade do minério de ferro é de 8 para 1: cada 100 toneladas-dia adicionais de minério de ferro que o país Beta produzir custam-lhe 800 toneladas-dia de carvão mineral. Obviamente, se medirmos os custos de oportunidade, em cada país, do carvão mineral em relação ao minério de ferro, as posições se inverterão.

Estas diferenças em custos de oportunidade (que mantivemos constantes para simplificar a hipótese-demonstração) é que tornam a especialização e as trocas vantajosas para os dois países simultaneamente. Na hipótese de haver especialização, Alfa obterá vantagens comerciais sempre que importar de Beta uma tonelada de carvão mineral em troca de qualquer quantidade inferior a 2,5 toneladas de minério de ferro. Do lado de Beta, ocorrerão vantagens sempre que quaisquer quantidades superiores a uma tonelada de minério de ferro forem importadas em troca de oito toneladas de carvão mineral. Dentro destas faixas é que se estabelecerão as **relações de trocas com vantagens bilaterais**.

Completando essa hipótese-demonstração, vamos admitir uma das muitas relações de troca possíveis, dentro das faixas estabelecidas. Se for fixada, por exemplo, uma relação de troca de uma tonelada de minério de ferro do país Alfa por duas toneladas de carvão mineral do país Beta, ambos obterão vantagens econômicas, cada um com especialização máxima na extração do minério em que revela vantagem absoluta. Isso é mostrado na Tabela 20.8. Se cada país alocar a totalidade de sua força de trabalho na extração em que sua vantagem absoluta é maior, ambos terão mais de cada um dos dois minérios, comparativamente a quaisquer outras hipóteses de alocações menos especializadas.

Comparando as produções totais sem especialização e com especialização máxima, resumidas nas Tabelas 20.6 e 20.8, temos os resultados decorrentes da especialização com trocas. A produção de minério de ferro vai de 3.000 para 5.000 toneladas-dia; a de carvão mineral, de 5.000 para 8.000 toneladas-dia. Estes acréscimos, respectivamente de 67 e de 60%, poderão beneficiar os dois países, por trocas de excedentes dentro da faixa fixada de vantagens bilaterais. À base de uma relação de troca de uma tonelada de minério de ferro por duas de carvão mineral, o país Alfa duplicaria sua disponibilidade de carvão mineral, de 1.000 para 2.000 toneladas-dia; e o país Beta duplicaria sua disponibilidade de minério de ferro, de 500 para 1.000 toneladas-dia. E estas duplicações não reduziriam, em cada país, as disponibilidades dos produtos em que se especializariam. Alfa aumentaria também suas disponibilidades de minério de ferro, de 2.500 para 4.000 toneladas-dia; e Beta sua disponibilidade de carvão mineral, de 4.000 para 6.000 toneladas-dia. A especialização, como Smith sugeriu em *Wealth of nations,* com divisão internacional do trabalho, ganhos de escala e trocas externas, aumentaria a riqueza disponível nos dois países. A disponibilidade *per capita* de produtos seria maior. Decorrentemente, seriam também maiores os níveis possíveis de renda, dispêndio e bem-estar social.

Na Figura 20.5 sintetizamos os resultados finais da hipótese-demonstração. Com vantagens absolutas opostas na produção de dois bens, os dois países se beneficiariam. Antes das trocas, as combinações possíveis de minérios de ferro e de carvão mineral situavam-se no máximo sobre um ponto qualquer, como *A,* de suas próprias fronteiras de produção. Com as trocas, a combinação possível vai além das fronteiras próprias: desloca-se, com vantagens bilaterais, de *A* para *B.*

A hipótese dos **benefícios recíprocos com vantagens absolutas**, sugerida por A. Smith, foi estendida por Ricardo-Mill também para casos em que um país apresente vantagens comparativamente maiores ou mesmo superiores às do país parceiro em outro produto. Neste caso, o que efetivamente importa são as **vantagens relativas**, não as absolutas. E, explorando-as adequadamente, é também possível para ambos a realização de trocas com benefícios mútuos.

Novamente, para a hipótese-demonstração deste caso, vamos considerar outra situação teórica, envolvendo Alfa e Beta, para duas outras classes de produtos: alimentos e tecidos. Consideraremos que o país Alfa tem vantagem relativa na produção de alimentos, embora o país Beta não revele vantagem absoluta na produção de tecidos. Esta hipótese está reproduzida na Tabela 20.9. A produção, por trabalhador-dia, em Alfa, é de 0,5 unidade de alimentos e de 0,2 de tecidos; isso significa que o custo da produção de tecidos, considerando-se apenas a alocação de trabalhadores, é 2,5 vezes superior ao custo da produção de alimentos. Já em Beta, a produção por trabalhador-dia é de 0,4 unidade de alimentos e de 0,2 de tecidos; neste caso, o custo da produção de tecidos é 2,0 vezes superior à de alimentos. Consequentemente, a produção de tecidos, comparativamente à de alimentos, é mais onerosa em Alfa do que em Beta. Ou, em outros termos, Beta revela **vantagens relativas** na produção de tecidos; Alfa, na de alimentos.

FIGURA 20.5
Os efeitos do comércio exterior sob a hipótese de vantagens absolutas opostas na produção de dois bens: a evidência dos ganhos recíprocos.

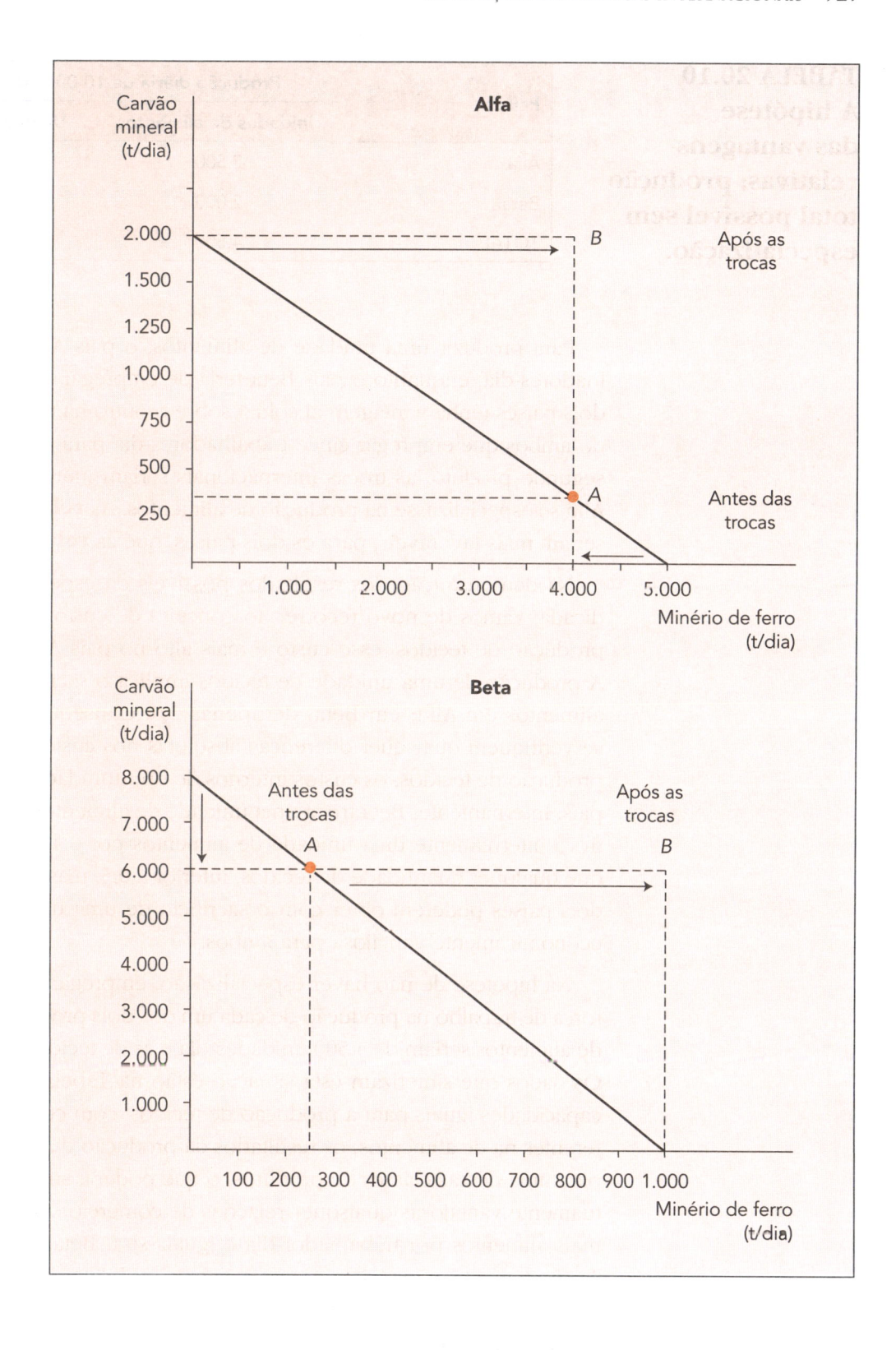

Alfa

Carvão mineral (t/dia) no eixo vertical com valores 250, 500, 750, 1.000, 1.250, 1.500, 2.000.
Minério de ferro (t/dia) no eixo horizontal com valores 1.000, 2.000, 3.000, 4.000, 5.000.

Ponto A: Antes das trocas (4.000; 250 aprox.)
Ponto B: Após as trocas (4.000; 2.000)

Beta

Carvão mineral (t/dia) no eixo vertical com valores 1.000 a 8.000.
Minério de ferro (t/dia) no eixo horizontal com valores 0, 100, 200, 300, 400, 500, 600, 700, 800, 900, 1.000.

Ponto A: Antes das trocas (250; 6.000)
Ponto B: Após as trocas (1.000; 6.000)

TABELA 20.9
Uma hipótese simplificada de vantagens relativas: Alfa, em alimentos; Beta, em tecidos.

Países	Produção por trabalhador/dia	
	Unidades de alimentos	Unidades de tecidos
Alfa	0,5	0,2
Beta	0,4	0,2

**TABELA 20.10
A hipótese das vantagens relativas: produção total possível sem especialização.**

Países	Produção diária de 10.000 trabalhadores	
	Unidades de alimentos	Unidades de tecidos
Alfa	2.500	1.000
Beta	2.000	1.000
TOTAL	4.500	2.000

Para produzir uma unidade de alimentos, o país Alfa empregaria 2,0 trabalhadores-dia, enquanto o país Beta teria de empregar 2,5. Embora nenhum dos dois países tenha vantagem absoluta sobre o outro na produção de tecidos, tendo ambos que empregar cinco trabalhadores-dia para obter uma unidade desse segundo produto, as trocas internacionais seriam mutuamente vantajosas, caso Alfa se especializasse na produção de alimentos. As **relações de troca externas** seriam mais favoráveis, para os dois países, que as **relações de troca internas**.

Na demonstração dos resultados possíveis da especialização na direção indicada, vamos de novo recorrer ao conceito de custo de oportunidade. Para a produção de tecidos, esse custo é mais alto no país Alfa do que no país Beta. A produção de uma unidade de tecidos implica o sacrifício de 2,5 unidades de alimentos em Alfa; em Beta, de apenas 2,0. Consequentemente, embora não se verifiquem quaisquer diferenças absolutas nos custos por trabalhador-dia na produção de tecidos, os custos internos de oportunidade são diferentes em cada país. Internamente, Beta troca uma unidade de alimentos por 0,5 de tecidos; Alfa troca internamente uma unidade de alimentos por 0,4 de tecidos. Isso significa que qualquer quantidade de tecidos, inferior a 0,5, mas superior a 0,4, que esses dois países puderem obter com o sacrifício de uma unidade de alimentos será economicamente vantajosa para ambos.

Na hipótese de não haver especialização, empregando cada país 50% de sua força de trabalho na produção de cada um dos dois produtos, as produções totais de alimentos seriam de 4.500 unidades-dia e as de tecidos de 2.000 unidades-dia. Os dados que sintetizam esta situação estão na Tabela 20.10. Como admitimos capacidades iguais para a produção de tecidos, com custos de oportunidade diferentes na de alimentos, os resultados da produção diária total só são diferentes para uma dessas classes de produtos, o que poderia sugerir que não seriam mutuamente vantajosas quaisquer relações de comércio. Afinal, o país Alfa produz mais alimentos por trabalhador-dia e iguala-se a Beta na produção de tecidos. Aparentemente, não seriam possíveis vantagens bilaterais. Mas, como Ricardo-Mill demonstraram, ainda assim o intercâmbio comercial entre os dois países seria mutuamente vantajoso. Também neste caso, se houver divisão internacional do trabalho, especialização e trocas, as vantagens serão bilaterais.

Se o país Beta se especializar na produção de tecidos, em que possui vantagem comparativa em relação ao país Alfa, sua produção máxima será de 2.000 unidades-dia. Alfa, em contrapartida, se especializará na produção de alimentos, em que sua vantagem comparativa é maior: com 100% de sua força de trabalho empregada nessa atividade, a produção total será de 5.000 unidades-dia. Os

TABELA 20.11
A hipótese das vantagens relativas: produção total possível com diferentes graus de especialização.

GRAUS DE ESPECIALIZAÇÃO Alocação da força de trabalho (%)		Produção de 10.000 trabalhadores (em unidades/dia)					
		ALFA		BETA		TOTAL	
Na produção de alimentos	Na produção de tecidos	Unidades de alimentos	Unidades de tecidos	Unidades de alimentos	Unidades de tecidos	Unidades de alimentos	Unidades de tecidos
0	100	0	2.000	0	2.000	0	4.000
10	90	500	1.800	400	1.800	900	3.600
20	80	1.000	1.600	800	1.600	1.800	3.200
30	70	1.500	1.400	1.200	1.400	2.700	2.800
40	60	2.000	1.200	1.600	1.200	3.600	2.400
50	50	2.500	1.000	2.000	1.000	4.500	2.000
60	40	3.000	800	2.400	800	5.400	1.600
70	30	3.500	600	2.800	600	6.300	1.200
80	20	4.000	400	3.200	400	7.200	800
90	10	4.500	200	3.600	200	8.100	400
100	0	5.000	0	4.000	0	9.000	0

dados para diferentes graus de especialização se encontram na Tabela 20.11. Os graus máximos de especialização justificam-se pelos diferentes custos de oportunidade dos dois países. Cada unidade adicional de alimentos que o país Alfa produzir, caminhando na direção da máxima especialização, implica o sacrifício de 0,4 unidade de tecidos. Mas, se o país Beta também se especializasse em alimentos, cada unidade adicional que produzisse implicaria uma redução de 0,5 unidade na produção de tecidos. No intervalo entre estas duas taxas de sacrifício, encontram-se os parâmetros para a fixação de relações externas de trocas mutuamente vantajosas.

Este intervalo de relações externas de troca indica que o país Alfa terá vantagens comerciais sempre que conseguir trocar mais de 0,4 unidade de tecidos por 1,0 de alimentos; e o país Beta também terá vantagens cada vez que obtiver 1,0 de alimentos por menos de 0,5 unidade de tecidos. Na Tabela 20.12, partindo de máxima especialização nos dois países, fixamos como condição uma relação de troca de 0,45 unidade de tecidos por uma de alimentos.

Especializando-se em tecidos, o país Beta não precisaria diminuir sua disponibilidade interna desse produto, comparativamente à situação inicial, em que dividia sua força de trabalho entre as duas categorias de bens. Trocaria apenas as 1.000 unidades-dia de tecidos excedentes pelos alimentos que teria deixado de produzir. Como as trocas se dessem pela relação 0,45 de tecidos por 1,0 de alimentos, as 1.000 unidades-dia excedentes corresponderiam a 2.222 unida-

**TABELA 20.12
A hipótese das vantagens relativas: especialização, trocas e benefícios bilaterais.**

Condições definidas
1. **Especialização plena**, com alocação total da força de trabalho em um só produto: Alfa, alimentos; Beta, tecidos.
2. **Relação de troca**: 1 unidade de alimentos por 0,45 de tecidos.

Países	Disponibilidades após as trocas (em unidades/dia)	
	Alimentos	Tecidos
Alfa	2.778	1.000
Beta	2.222	1.000
TOTAL	5.000	2.000

des-dia de alimentos, mais do que conseguiria sem especialização. Já o país Alfa, ao trocar as 2.222 unidades-dia de alimentos por 1.000 de tecidos, também não reduziria seu suprimento interno dessa categoria de produto, mas ampliaria a disponibilidade de alimentos, ficando com 2.778 unidades-dia.

Para comparar as disponibilidades internas antes e depois das trocas externas, basta colocar lado a lado os dados das Tabelas 20.10 e 20.12. Ou então ver o efeito do comércio exterior sobre a fronteira totalizada de produção de Alfa e de Beta. Esse efeito está mostrado na Figura 20.6. Antes das trocas, as disponibilidades totais dos dois países eram expressas pela fronteira inferior de possibilidades de produção, FPP_0; depois, pela fronteira ampliada, deslocada para cima, FPP_1. E as disponibilidades internas se deslocaram de A para B, com vantagens recíprocas.

Conclusivamente, segundo a versão clássica das vantagens comparativas, o intercâmbio internacional não se fundamenta num jogo de perdas e ganhos como supunham os mercantilistas. Nas hipóteses-demonstração dos economistas clássicos, o comércio exterior pode aumentar a eficiência com que os recursos disponíveis em cada país são empregados, conduzindo a benefícios de dupla direção. Segundo a regra clássica, **sempre que houver vantagens absolutas ou comparativas na produção de dois bens entre dois países, ambos poderão beneficiar-se da especialização e da divisão internacional do trabalho: se cada um se especializar na produção do bem em que possui vantagens absolutas ou relativas, a produção e a renda de ambos poderão atingir níveis mais altos, comparativamente ao que obteriam se buscassem a autossuficiência, sem especialização interna e sem trocas externas**.

As Limitações da Versão Clássica: a Abordagem Heckscher-Ohlin

Embora as hipóteses clássicas das vantagens recíprocas tenham representado notável avanço teórico em relação às posições dos mercantilistas, seus pontos de sustentação foram alvo de reparações desde a segunda metade do século XIX. Estas reparações no plano teórico estenderam-se até a primeira metade do século XX, quando novas reconsiderações mais críticas foram levantadas. As primeiras centraram-se mais em questões conceituais e formais. As segundas, mais nos efeitos produzidos pelas redes internacionais de trocas fundamentadas em espe-

FIGURA 20.6 O efeito do comércio exterior sob a hipótese de vantagens relativas diferentes na produção de dois bens: o deslocamento para mais da fronteira totalizada de produção.

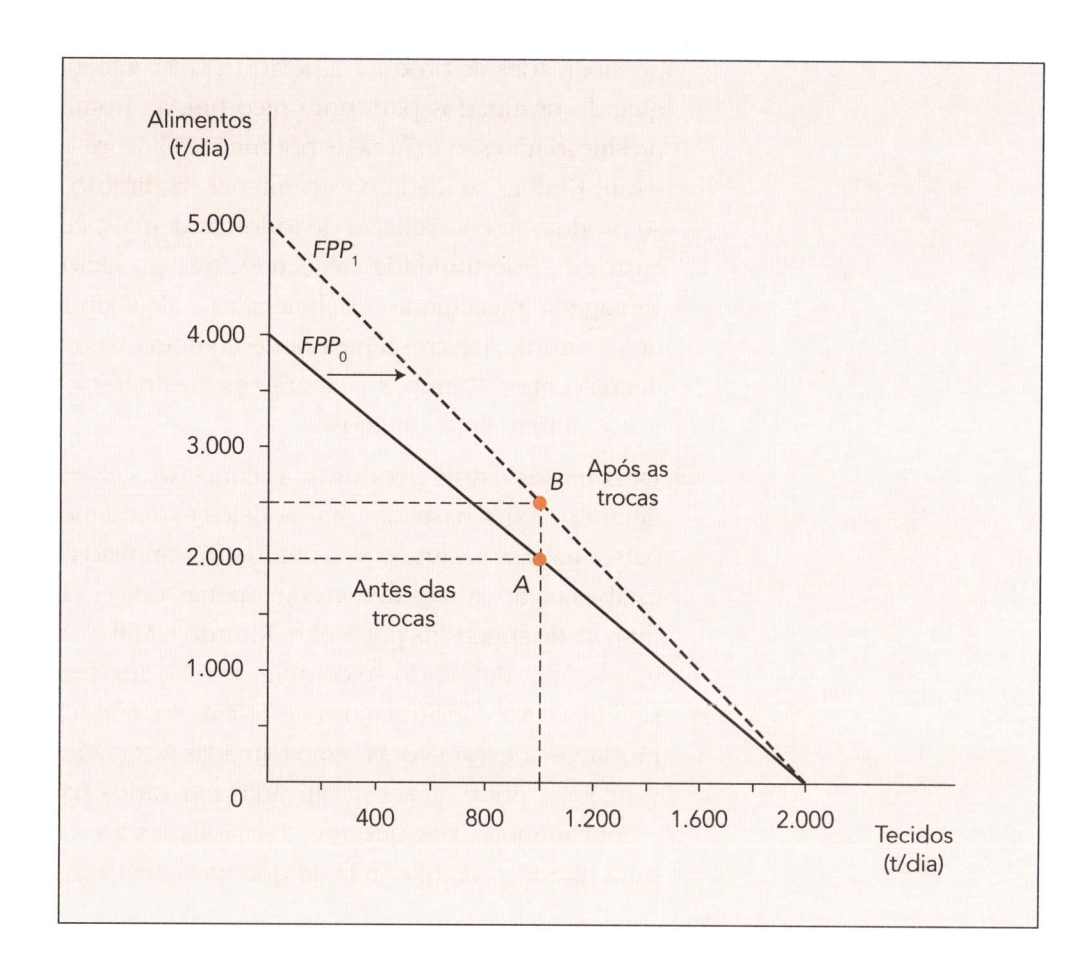

cializações ditadas por dotações estruturais de recursos. Vamos ver, primeiro, as reparações formais. Depois, as críticas mais contundentes, centradas nos efeitos efetivos de determinado padrão de trocas externas.

As reparações formais à teoria clássica dos custos comparativos centraram-se em três pontos:

- **Recurso único**. A hipótese dos custos comparativos é derivada direta da teoria clássica do valor. Esta repousa na concepção de que os custos de oferta são determinados pelo trabalho aplicado na produção. Os termos comparativos fundamentam-se, assim, nos custos do trabalho por unidade de produto, descartando-se os custos de outros recursos de produção, como terra, capital e tecnologia, e desconsiderando-se ainda diferenciais de custos e preços decorrentes tanto da elasticidade da oferta dos recursos, como da procura pelos produtos. Mais: a versão clássica não diferenciou o trabalho, quanto às suas habilidades e produtividade. Este foi tratado como homogêneo em suas qualificações e, portanto, em seus custos.

- **Custos constantes**. Outra limitação da teoria clássica do comércio exterior é a suposição de que os custos de oportunidade permanecem constantes, quaisquer que sejam os graus de especialização praticados pelos países. Mas isso conflita com outros princípios da economia básica, entre os quais o dos custos sociais crescentes, que justifica a concavidade das fronteiras de possibilidades de produção: devido à crescente inflexibilidade dos recursos, quando destinados para um único fim, as fronteiras de possibilidades de produção não são expressas por funções lineares. Como advertem Umbreit-Hunt-Kinter,[8] "se cada país caminhar da direção de especializar-se em um só produto, com exclusão de todos os demais, cedo ou tarde esbarrará em custos de oportunidade crescentes, que poderão descompensar eventuais vantagens inicialmente estabelecidas". Mais ainda: a ocorrência de custos de oportunidade crescentes pode combinar-se com a lei dos rendimentos decrescentes. E ambas acabarão por estreitar os limites das relações de troca mutuamente vantajosas.

- **Dois países e dois produtos**. As conclusões clássicas fundamentaram-se em demonstrações baseadas em modelos extremamente simplificados, de dois países e dois produtos. Se a análise for ampliada, as redes de trocas que se estabelecerão já não decorrerão apenas dos coeficientes cruzados de produtividade sugeridos por Smith, Ricardo e Mill. Outros fatores determinantes interferirão, definindo-se complexas relações de custos/benefícios que não se limitarão a considerações de ordem econômica. As redes mostrarão que produções desvantajosas serão mantidas por razões estratégicas; e produções vantajosas poderão ser desativadas em vários países, concentrando-se em menor número, por questões relacionadas a escalas, a aspectos logísticos ou a questões regulatórias de que são exemplos as restrições ambientais.

As evidências dessas limitações formais levaram a refinamentos teóricos, como os propostos por F. Edgeworth,[9] G. Haberler,[10] E. Heckscher[11] e B. Ohlin.[12] Em 1925, em *The pure theory of foreign trade,* Edgeworth mostrou como as diferenças nas curvas internas de procura influenciavam as redes internacionais de trocas, em graus supostamente equivalentes às diferenças nos custos de oferta. Em 1930, em *The theory of international trade,* Haberler incorporou à análise das trocas externas o conceito de custos de oportunidade crescentes, expressos por curvas côncavas de possibilidades de produção. Já as contribuições de Heckscher-Ohlin, formuladas em 1919 e em 1933, centraram-se na diversidade estrutural de recursos, superando as restrições às hipóteses clássicas fundamentadas sumariamente nos custos de oferta do trabalho. E foram além, ao evidenciar que as diferenças entre dotações de recursos tendem a atenuar-se ao longo do tempo, pela equalização das estruturas de custos.

Destas contribuições, as de Heckscher-Ohlin notabilizaram-se por levar a outras reflexões sobre as causas e os efeitos das trocas externas. No âmbito menos crítico das causas, o teorema de Heckscher-Ohlin ampliou a hipótese clássica ao atribuir às dotações de todos os recursos de produção e aos métodos com que são empregados, a ocorrência e a intensificação crescente de redes internacionais de trocas. Esta abordagem está sintetizada no Quadro 20.2. Ela dominou a teoria das trocas externas durante toda a primeira metade do século XX e as novas contribuições do período foram derivações ou questionamentos de seus fundamentos. Enfatizava-se que as relações comerciais do mundo eram dominadas pela disparidade internacional na dotação dos recursos terra, trabalho e capital. Justificavam-se, assim, as exportações de produtos primários dos países onde

> **QUADRO 20.2**
> **A abordagem Heckscher-Ohlin: um refinamento da versão clássica dos custos comparativos. A disponibilidade relativa de recursos como causa da especialização e das trocas internacionais.**

Oferta relativa de recursos	Trópicos	Regiões das grandes planícies	Europa Continental	Reino Unido	Estados Unidos
AMPLA	Trabalho	Terra	Trabalho	Capital	Capital
MODERADA	Terra	Trabalho	Capital	Trabalho	Terra
ESCASSA	Capital	Capital	Terra	Terra	Trabalho
Recursos mais intensivamente empregados	**Especialização e trocas, a partir das diferentes disponibilidades relativas de recursos**				
TRABALHO	Produtos agrícolas tropicais; artesanato manual.		Laticínios; manufaturas de mão de obra especializada.		
TERRA		Cereais; carnes; fibras naturais (lã e algodão).			
CAPITAL				Manufaturas leves e pesadas; máquinas e equipamentos.	Manufaturados leves; cereais.

Fonte: HANSSON, K. Erik. A general theory of the system of multilateral trade. *American Economic Review*, v. XLII, 1952.

a disponibilidade e a diversidade dos recursos naturais combinavam-se com a abundância da força de trabalho para os países onde o capital e as tecnologias avançadas preponderavam sobre as bases naturais e a abundância de mão de obra.

Ainda segundo os axiomas de Heckscher-Ohlin, uma das implicações de longo prazo deste padrão internacional de trocas seria a equalização mundial dos custos dos recursos de produção. Se, em determinado período, o trabalho for mais abundante no país *A* do que em *B* e *C*, os custos de oferta deste recurso tendem a ser mais altos onde é mais escasso, levando *A* a concentrar-se na produção de bens trabalho-intensivos; em contrapartida, se o capital for mais abundante em *B* e *C*, comparativamente a *A*, enquanto *C* apresenta ainda a vantagem de ter abundantes dotações do fator terra, *B* se especializará em produtos capital-intensivos e em *C* em produtos terra-capital-intensivos. Mas as especializações acabarão por elevar o custo do trabalho no país *A*, aproximando-o dos custos prevalecentes nos países com os quais têm relações de troca. E em *B* e *C* os custos que se expandirão são os relacionados aos dois outros recursos. As forças da oferta e da procura, nos mercados de recursos e de produtos, concorrerão para aplainar as diferenças.

A **mobilidade internacional de produtos** substituiria, assim, a **mobilidade internacional de recursos**. E seriam estabelecidas duas vias de benefícios multilaterais. A primeira, pelas diferenças em custos de oportunidade. A segunda, pelo aplainamento das diferenças estruturais entre os países, desde que, segundo a doutrina até então dominante, os fluxos racionais de comércio entre os países não sejam dificultados por proteções alfandegárias e outros tipos de restrições.

A Revisão dos Pressupostos Clássicos

A doutrina dos benefícios recíprocos e a atribuição das trocas externas à diversidade estrutural de recursos dominaram a teoria do comércio exterior, desde A. Smith (segunda metade do século XVIII) até Heckscher-Ohlin (primeira metade do século XX). Mas, a partir da década de 1950 e, com ênfase ainda maior, nos anos 60 e 70, tanto as causas centrais das trocas externas, quanto a crença nos benefícios recíprocos foram alvo de reconsiderações críticas.

Duas novas correntes teóricas desenvolveram-se. A primeira reviu os fatores determinantes das trocas externas, abrindo o caminho de desenvolvimentos recentes centrados em atributos construídos. A segunda foi mais contundente, ao evidenciar que os benefícios do comércio exterior eram desbalanceados, quando fundamentados na troca de matérias-primas primárias por produtos industrialmente processados. Vamos ver, separadamente, cada uma dessas duas correntes:

❑ A revisão dos fatores determinantes das trocas externas, centrada em atributos construídos.

❑ A revisão estruturalista da hipótese dos benefícios recíprocos, centrada nas evidências de deterioração de relações de trocas.

Os determinantes construídos. Os conceitos relacionados à abundância relativa e às diferenças na intensidade de uso dos recursos de produção foram revistos a partir da evidência de que os fluxos de comércio mais intensos e de valores mais expressivos não se estabeleciam entre países com diversidade estrutural de recursos, mas entre os que apresentavam semelhantes níveis médios de renda e também semelhantes estruturas internas de procura agregada.

Em *An essay on trade and transformation,* S. Linder[13] estabeleceu as bases desta nova concepção. Ele mostrou que o comércio exterior é uma extensão, para fora, das atividades econômicas desenvolvidas dentro de determinado país. E sugeriu que a intensidade dos fluxos de comércio entre os países é derivada de esforços empresariais em estender os padrões da procura interna para além das fronteiras do próprio país.

Segundo essa concepção, a decisão de produzir determinado bem é fortemente motivada por necessidades internas, exploradas e estimuladas por empreendedores. Estes movem-se por oportunidades de ganho visíveis em seu próprio território. Há evidências de que necessidades sentidas pelos próprios empreendedores é que os levam à ideia de seus empreendimentos. E, segundo Linder, para iniciativas empresariais bem-sucedidas, "o mercado local torna-se insuficiente e o horizonte de comércio vai gradualmente alargando-se. Mas somente após longo período de tempo na produção para o mercado interno é que os empreendedores percebem as oportunidades de ganho na produção para outros países. Uma vez alcançado esse estágio, nada impede que as exportações passem a ser proporcionalmente

FIGURA 20.7 A abordagem de Linder. As cadeias de intercâmbio entre os países nascem de potenciais internos de procura. E os ganhos mais expressivos do comércio resultam da transmissão internacional de padrões de procura e de produção.

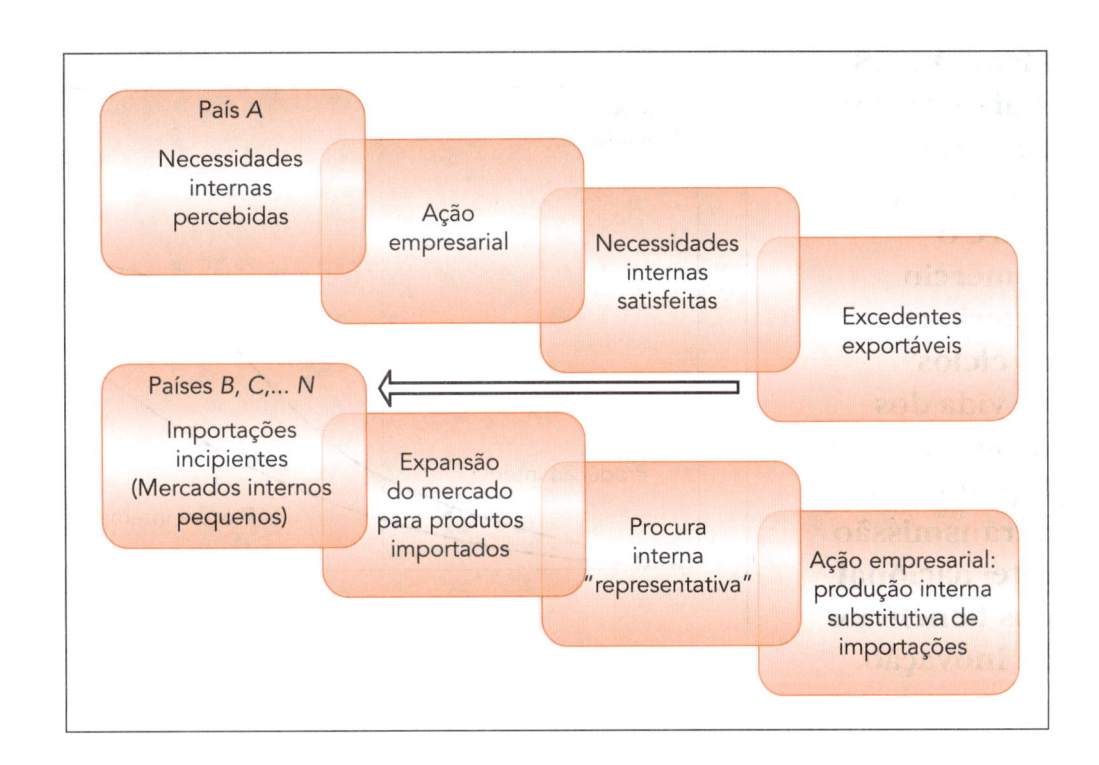

maiores que a produção absorvida no próprio país. E quanto menor o país de origem, tanto maior a probabilidade de as exportações aumentarem sua participação na oferta agregada. Fronteiras são linhas traçadas arbitrariamente, que cruzamos quando novos horizontes comerciais se abrem: quanto menor for o país, tanto mais cedo essas linhas serão cruzadas. O comércio internacional nada mais é do que uma extensão através das fronteiras da rede de atividade econômica do próprio país".

Essa concepção foi ainda mais longe, ao sugerir que o comércio exterior, que nasce de excedentes de produção em relação à capacidade de absorção de mercados internos, pode ser a base, em países importadores, de iniciativas empresariais substitutivas de importações. A Figura 20.7 mostra esquematicamente como se dá esse processo. A partir do momento em que, segundo a expressão de Linder, a procura interna é "representativa", ela se transforma em motivação para empreendimentos nos países importadores. E, em ondas, vão-se estabelecendo novas cadeias de intercâmbio entre os países, originárias, todas elas, de potenciais internos de procura. No início, no país A, a ação empresarial interna antecedeu-se ao comércio exterior, estabelecendo-se fluxos de exportação para B, C,... N. Depois, nestes países, o comércio exterior antecedeu-se às iniciativas empresariais substitutivas dos fluxos de importação. E é dessa transmissão de capacidades de produção entre os países que advêm os ganhos mais expressivos do comércio internacional.

Os pressupostos de Linder alinharam-se aos de outras abordagens teóricas desenvolvidas na mesma época. Uma das mais divulgadas foi a de R. Vernon,[14] que correlacionou os fluxos de comércio e os investimentos internacionais à teoria do ciclo de vida dos produtos. A Figura 20.8 mostra essa concepção. Um país inovador, industrialmente avançado, desenvolve determinado produto, atendendo tanto à procura interna, quanto à externa. As exportações, porém, só se mantêm

FIGURA 20.8 A abordagem de Vernon. A correlação entre o comércio exterior e os ciclos de vida dos produtos: uma hipótese para a transmissão internacional dos benefícios da inovação.

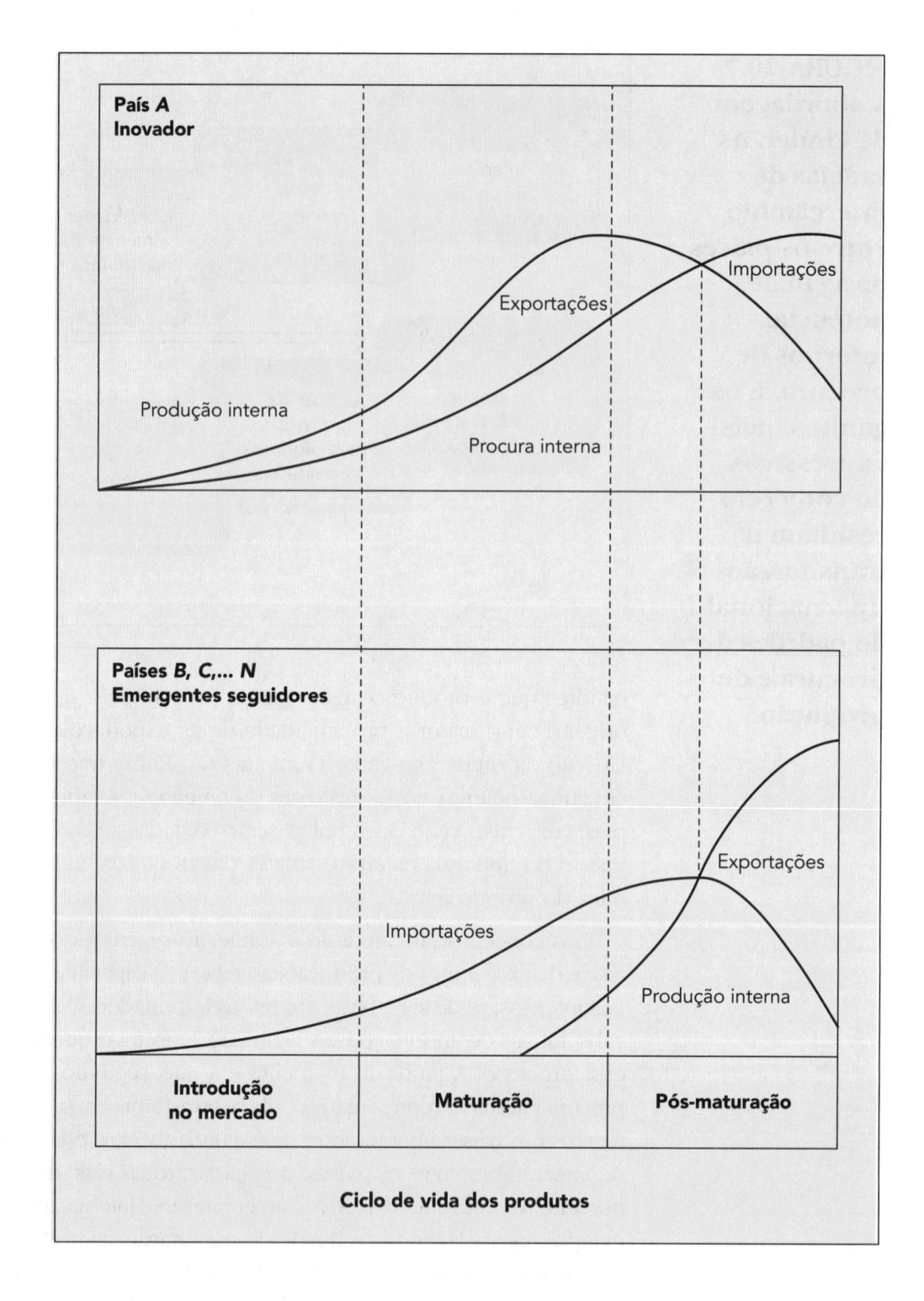

firmes nas fases de introdução e de maturação do produto. Mais à frente, pós-maturação, a procura interna tende a estabilizar-se ou, quando muito, a crescer mais lentamente e a produção interna declina, pelo efeito de dois fatores: 1) As forças internas de produção já estarão concentradas em outros produtos inovativos; e 2) os países para os quais se realizavam exportações tornaram-se produtores e também exportadores.

Assim, também no modelo de Vernon, as inovações se antecipam aos mercados; a absorção interna insuficiente e a existência de mercados externos levam às exportações; estas, à criação de novos mercados; e, estes, à viabilização de novas iniciativas empresariais, muitas das quais por investimentos de origem externa. Os ganhos decorrentes dessas cadeias de transmissão de novos padrões de procura e de oferta seriam, mais que as vantagens recíprocas da ortodoxia clássica, os benefícios efetivos das redes mundiais de intercâmbio econômico.

A corrente estruturalista. A revisão mais contundente dos pressupostos clássicos foi, todavia, a da corrente estruturalista. Esta centrou suas críticas no pressuposto das vantagens bilaterais simétricas, diante de evidências de que os ganhos do comércio exterior não se dividiam igualmente entre os países industrializados de alta renda, exportadores de manufaturados, e os países de baixa renda, exportadores de matérias-primas.

Em *Teoria e política do desenvolvimento econômico*, C. Furtado[15] sintetizou, para em seguida reconsiderá-los, os dois pontos cruciais das teorias convencionais do comércio exterior, da ortodoxia clássica às contribuições formais dos neoclássicos: 1) os ganhos decorrentes das vantagens comparativas; e 2) a equalização dos custos dos recursos. A especialização em escala internacional, essência da teoria ortodoxa, teria levado à "formulação de uma dupla tese otimista: o intercâmbio externo seria um fator de transmissão de impulso dinâmico e poria em marcha mecanismos tendentes à igualização das remunerações dos recursos nos distintos países. Em outras palavras: o desenvolvimento tenderia a propagar-se e as diferenças de níveis de renda entre países, a reduzir-se".

A reconsideração da corrente estruturalista, ainda segundo a síntese de Furtado, baseou-se em bases empíricas que evidenciavam a **deterioração das relações de troca** entre o "centro" e a "periferia" – entre os países produtores de bens primários e os países produtores de manufaturas de alto valor adicionado. O sistema de divisão internacional do trabalho até então prevalecente teria levado à cristalização de estruturas de produção diferenciadas, em detrimento daqueles países cujos produtos de exportação enfrentam uma procura internacional menos dinâmica. Essa crítica foi originalmente formulada em 1949 por R. Prebisch,[16] em *The economic development of Latin America and its principal problems*. Depois, foi sistematizada por H. Singer,[17] em *The distribution of gains between investing and borrowing countries*, em 1950.

Os pontos de sustentação da crítica estruturalista foram:

1. A **baixa elasticidade-preço dos produtos primários**: um efeito da concorrência intensa entre países fornecedores, bastante próxima da que se observa em mercados perfeitamente competitivos.

2. A **baixa elasticidade-renda da maior parte dos produtos primários**, como alimentos, sujeitos à influência da lei de Engels sobre o comportamento da procura dos "bens inferiores". Como Furtado notou, "se a elasticidade-renda da procura de gêneros alimentícios é relativamente baixa, não cabe esperar que as importações desses produtos, pelos países industrializados, cresçam com intensidade".

3. A **retração da procura de inúmeras matérias-primas de exportação**, sob o efeito de pelo menos duas causas de alto impacto: a) a entrada no

mercado de produtos sintéticos substitutos; e b) a redução da quantidade de insumos por unidade de produto final.

4. O **baixo valor adicionado dos produtos primários de exportação**, comparativamente ao alto valor adicionado dos produtos industrializados de importação.

5. As **estruturas dos mercados de *commodities* primárias**, que se definem por elementos que dificultam ganhos via preços. A oferta é abundante e, dentro de determinados limites, é quase atomizada. E os processos de diferenciação dos produtos, quando possíveis, são pouco eficazes e dificilmente sustentáveis a longo prazo.

Por essas cinco razões, as relações de troca, em séries de longo prazo, mostravam forte tendência à deterioração, resultando, como Prebisch-Nurkse evidenciaram, em **ganhos assimétricos de comércio exterior**, com pelo menos três consequências:

1. Dificuldades cumulativas, evoluindo para estados crônicos, para equilibrar as contas do comércio internacional de países com perdas crônicas em relações de troca.

2. Desacumulação externa líquida pelos países exportadores de produtos primários, implicando círculos viciosos de empobrecimento.

3. Ampliação da distância relativa dos padrões de riqueza entre países industrializados do "centro" e países de economia predominantemente primária da "periferia".

A contundência da corrente estruturalista dos anos 50 e 60 não se limitou à revisão crítica das abordagens convencionais. Foi além, ao propor reações estratégicas dos países atingidos pela deterioração das relações externas de trocas. As propostas centravam-se na indução do progresso técnico e na proteção tarifária da "industrialização nascente" nos países de desenvolvimento retardado. Movimentos dinâmicos, dos tipos descritos pelas abordagens de Linder e Vernon, seriam induzidos por dois diferentes padrões de reações estratégicas, respectivamente propostos por A. Hirschman[18] e H. Chenery:[19]

1. **Substituição de importações**: modelo fechado, de orientação nacionalista, ancorado em medidas de forte conteúdo protecionista.

2. **Industrialização intensiva**: modelo aberto, voltado para a conquista de megamercados mundiais, ancorado em competitividade construída.

A Competitividade como Foco dos Desenvolvimentos Recentes

Os desenvolvimentos mais recentes das trocas internacionais centram-se nos fatores de competitividade das nações, decorrentes mais de atributos construídos do que de vantagens definidas por dotações naturais. Os atributos de competitividade tanto são derivados de heranças culturais e tecnológicas, como de estratégias substitutivas de importações ou de industrialização intensiva. E são esses atributos, como destaca P. Krugman,[20] em *Rethinking international trade*, que definem as vantagens competitivas ancoradas em novas estruturas de produção e de mercado e em novas formas de transações externas, marcadamente intraindustriais.

A competitividade das nações para o comércio exterior é definida a partir de um conjunto de variáveis, todas referentes a atributos construídos. M. Porter,[21] em *The competitive advantage of nations,* em 1990, sugeriu que "a prosperidade nacional é criada, não herdada. Ela não brota dos atributos geoeconômicos de um país, mas de capacidade de inovação e da competição a que suas empresas são submetidas". Adotando as indústrias (no sentido de conjunto de empresas do mesmo setor de atividade) como unidades de análise, Porter definiu quatro categorias de fatores determinantes de competitividade internacional:

As condições dos recursos de produção

- Recursos humanos qualificados e submetidos a reciclagens permanentes de aperfeiçoamento.
- Inovação do capital, por investimentos sustentados em ciência e tecnologia.
- Estratégia global de acesso a recursos naturais: busca por suprimentos competitivos em qualidade e custos.

As condições internas da procura

- Mercado interno amplo, como base para escalas competitivas.
- Mercado interno exigente e antecipativo de tendências mundiais: a percepção de necessidades emergentes.

As cadeias de suprimentos

- Inovações e aperfeiçoamentos contínuos em insumos básicos.
- Extensão de padrões mundiais de qualidade e custos a todos os elos da cadeia de suprimentos.

A estrutura da concorrência no mercado interno

- Estruturas de mercado não cartelizadas: condição essencial para posturas competitivas em megamercados mundiais.
- Diretrizes estratégicas de negócios centradas na busca de vantagens competitivas.

Estas quatro categorias de fatores, segundo Porter, são fortemente impactadas pelos fins e meios da política econômica das nações. As diretrizes da política pública condicionam os graus de inserção mundial das economias nacionais e os padrões básicos de competitividade. Além de influir sobre cada um dos fatores determinantes de vantagens competitivas, a atuação do governo pode estar voltada, em graus variados, para a geração de fatores sistêmicos de competitividade, com ênfase nos político-institucionais, regulatórios e infraestruturais.

Adotando também os complexos industriais como unidades de análise, o *Estudo da competitividade da indústria brasileira,* de 1994, subdividiu os fatores de competitividade em três grupos, esquematizados na Figura 20.9:

FIGURA 20.9
Os fatores determinantes da competitividade internacional: os complexos industriais como unidades de análise.

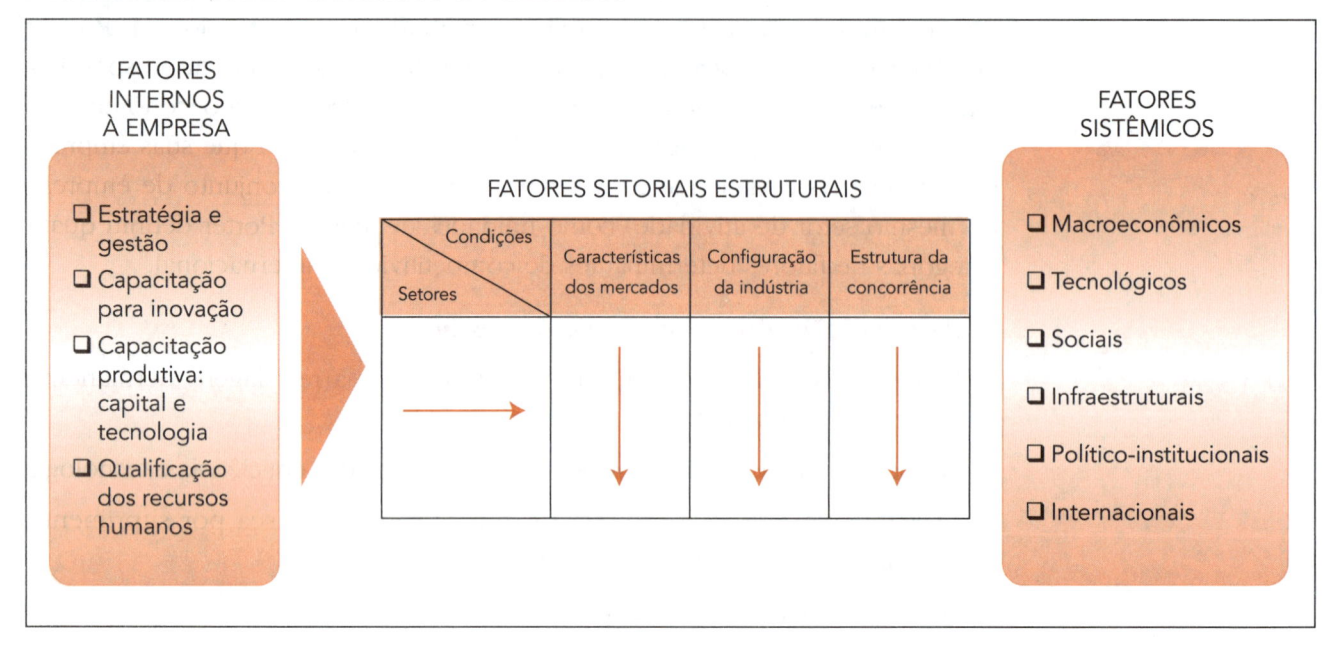

FATORES INTERNOS À EMPRESA
- Estratégia e gestão
- Capacitação para inovação
- Capacitação produtiva: capital e tecnologia
- Qualificação dos recursos humanos

FATORES SETORIAIS ESTRUTURAIS

Setores \ Condições	Características dos mercados	Configuração da indústria	Estrutura da concorrência

FATORES SISTÊMICOS
- Macroeconômicos
- Tecnológicos
- Sociais
- Infraestruturais
- Político-institucionais
- Internacionais

Fonte: COUTINHO, Luciano; FERRAZ, João Carlos (Coord.). *Estudo da competitividade da indústria brasileira*. Campinas: Unicamp/Papirus, 1994.

- **Fatores internos à empresa**. Incluem os estoques de recursos acumulados pela empresa, as vantagens competitivas que possuem e sua capacidade de ampliá-las. Esses estoques são dados pela capacitação tecnológica e produtiva; pela qualidade e produtividade dos recursos humanos; pelo conhecimento do mercado e pela capacidade de se adequar às suas especificidades; e pelas relações estabelecidas nas cadeias de suprimentos, para trás e para a frente.

- **Fatores estruturais**. Estes não são inteiramente controlados pela empresa, mas estão parcialmente sob sua área de influência e caracterizam o ambiente competitivo em que ela atua. Integram esse grupo: as características dos mercados; a configuração do complexo industrial em que a empresa atua, como graus de concentração, escalas de operação, graus de verticalização e diversificação, ritmo, origem e direção do progresso técnico; a concorrência, no que se refere às regras que definem condutas e relações entre competidores.

- **Fatores sistêmicos**. São externos às empresas, mas afetam as características do ambiente competitivo e podem ter importância nas vantagens competitivas que as empresas de um país têm em relação a suas rivais no mercado internacional. Incluem condições macroeconômicas (taxa de câmbio, oferta de crédito, taxa de juros), político-institucionais e regulatórias (tarifas de proteção, defesa da concorrência), infraestruturais (disponibilidade e qualidade dos modais de transporte, das telecomunicações, das fontes e da oferta de energia), sociais (situação e qualificação dos recursos humanos,

QUADRO 20.3
Os fatores de competitividade das nações: duas versões recentes comparadas.

A versão Sachs-Warner	A versão Garelli-Guertechin
❑ Os graus e os padrões de abertura da economia para fluxos financeiros e de comércio. ❑ O papel do governo como regulador e a estrutura do orçamento público. ❑ O desenvolvimento do mercado financeiro interno. ❑ A qualidade da infraestrutura. ❑ Os padrões e a qualidade das tecnologias de produção. ❑ A qualidade da estratégia e da gerência dos negócios. ❑ A flexibilidade do mercado de trabalho. ❑ A qualidade das instituições políticas e jurídicas.	❑ Os padrões da economia interna: formação de capital, produtividade e desempenho a curto e a longo prazo. ❑ Os graus e os padrões de internacionalização: características dos fluxos de comércio e de investimento. ❑ A conduta do governo: modos de intervenção, provisão de condições sociais e macroeconômicas, flexibilidade e diretrizes da política pública. ❑ O desempenho do mercado de capitais e a qualidade dos serviços financeiros. ❑ A adequação da infraestrutura, quanto às exigências básicas para o desenvolvimento de negócios. ❑ As pessoas: disponibilidade e qualificação. ❑ A ciência e a tecnologia: os esforços de investimento em P&D e o êxito em pesquisa básica e aplicada. ❑ A capacidade empresarial e a eficiência na gestão das empresas.

Fontes: SACHS, Jeffrey D.; WARNER, Andrew M. Why competitiveness counts. *The global competitiveness report 2002*. Lausanne: IMD, International Management Development, 2002. GARELLI, Stephane; GUERTECHIN, M. Linard. The fundamentals of world competitiveness and methodology and principles of analysis. *The world competitiveness yearbook 2002*. Geneva: World Economic Forum, 2002.

grau de exigência dos consumidores) e internacionais (fluxos de comércio e de capitais, relações com organismos multilaterais, acordos internacionais e políticas de comércio exterior).

Outra corrente de desenvolvimentos recentes fixa-se nas nações como unidades de análise. Os fatores determinantes são definidos para as economias como um todo. Centram-se, também, em atributos construídos, enfatizando os de caráter sistêmico e infraestrutural. O Quadro 20.3 sintetiza duas difundidas versões alinhadas a esta corrente: a de Sachs-Warner e a de Garelli-Guertechin. Os fatores considerados nessas duas versões são bastante próximos entre si. E são a base de índices que medem, comparativamente, a potencialidade dos países para o crescimento interno e para sua inserção competitiva nas redes internacionais de trocas, em um contexto de globalização.

Estas abordagens recentes, focadas tanto na competitividade das nações como na de suas cadeias setoriais de produção, são desenvolvimentos decorrentes das megamudanças globais dos anos 90, que modificaram substancialmente os focos estratégicos de países e empresas. Os três pilares que sustentaram as diretrizes da política pública nas décadas de 50, 60, 70 e 80 – nacionalismo, estatização e protecionismo – foram substituídos, em praticamente todos os lugares, por postura internacional, privatização de estruturas produtivas, abertura e integração de mercados. A supremacia econômica passaria então a ser definida por condições macro e microeconômicas de competitividade, em termos mundiais. Os esforços de revisão dos pressupostos teóricos das trocas externas, amadurecidos na transição do século XX para o XXI, passaram a ter, em síntese, quatro focos:

❑ A redefinição dos fatores determinantes das trocas externas: das assimetrias em dotações naturais para a configuração diferenciada de atributos construídos.

❑ A avaliação dos impactos, sob perspectivas institucionais e econômicas, do processo de globalização, como estágio avançado das trocas internacionais intensificadas.

❑ A definição dos fatores determinantes do desempenho competitivo de empresas, de complexos industriais e de nações. Os impactos das diretrizes da política econômica sobre esses fatores.

❑ A relação custos/benefícios das trocas externas intensificadas e dos diferentes graus possíveis de abertura das economias nacionais e dos padrões de sua inserção na economia global.

Na primeira década do século XXI, esses focos foram aprofundados por duas instituições de referência mundial: o *WEF – World Economic Forum* e o *IMD – International Management Development*, ambas com cinco objetivos centrais, relacionados à análise das condições para nações e empresas atuarem competitivamente em um sistema global de trocas com altos graus de abertura para movimentação de fluxos comerciais e financeiros:

❑ Definir critérios para avaliar a competitividade comparativa dos países.

❑ Estabelecer métricas para a mensuração dos pilares e variáveis definidas.

❑ Listar os países segundo os níveis de competitividade aferida.

❑ Observar as tendências do posicionamento dos países ao longo do tempo, quanto a ganhos ou perdas no *ranking* mundial.

❑ Evidenciar pontos fortes e fracos dos países, como primeiro passo da definição de políticas públicas focadas no fortalecimento de condições para competição em termos mundiais.

O Quadro 20.4 registra os pilares e as variáveis definidas no biênio 2013-2014, pela abordagem mais abrangente, adotada pelo IMD, para a mensuração da competitividade das nações. O número de variáveis macro e microeconômicas tem aumentado de ano para ano, evidenciando a crescente complexidade do ambiente competitivo em que se realizam as transações comerciais, os fluxos de serviços e os movimentos internacionais de capital. Os pesos de cada agrupamento de variáveis estão resumidos na Tabela 20.13.

QUADRO 20.4
Pilares de competitividade das nações definidos pelo IMD: a prevalência de atributos construídos.

Os quatro pilares e principais fatores de competitividade

DESEMPENHO ECONÔMICO	EFICIÊNCIA DO GOVERNO	EFICIÊNCIA DO AMBIENTE DE NEGÓCIOS	INFRAESTRUTURA

Economia nacional
☐ Participação no Produto Mundial Bruto.
☐ Dimensões absoluta e *per capita*.
☐ Diversificação da estrutura produtiva.
☐ Tendências e perspectivas.
☐ Indicadores macroeconômicos relevantes.
Comércio Internacional
☐ Inserção internacional.
☐ Termos de troca.
☐ Dispersão de vulnerabilidade.
☐ Correntes por países e produtos.
Investimento estrangeiro
☐ Dimensões de fluxos.
☐ Estoques de ativos.
☐ Representatividade no PNB.
☐ Global-localização de empresas.
☐ Riscos e ameaças.
Emprego
☐ Força de trabalho: dimensões e crescimento, por setores.
☐ Índice de desemprego.
Preços
☐ Indicadores de inflação.
☐ Preços relevantes em comparações internacionais.
	Finanças públicas
	☐ Execução orçamentária:
	  ✓ Déficits.
	  ✓ Superávits.
	☐ Evasão fiscal.
	☐ Estrutura dos dispêndios públicos.
	☐ Endividamento público.
	☐ Custos dos juros da dívida pública.
	Política Fiscal
	☐ Carga tributária: % do PNB.
	☐ Estrutura tributária:
	  ✓ Impostos indiretos.
	  ✓ Impostos sobre rendas.
	☐ Tributos segundo agentes econômicos:
	  ✓ Pessoas físicas.
	  ✓ Empresas.
	☐ Seguridade social:
	  ✓ Contribuições.
	  ✓ Benefícios.
	Condições institucionais
	☐ Marcos regulatórios.
	☐ Transparência, burocracia. Corrupção.
	☐ Decisões de governo: capacidade de execução.
	☐ Operação das autoridades monetárias:
	  ✓ Taxas de juros.
	  ✓ Custo de capital.
	  ✓ Estabilidade cambial.
	☐ Risco de crédito do país.
	☐ Reservas internacionais.
	Legislação dos negócios
	☐ Barreiras tarifárias.
	☐ Protecionismo.
	☐ Subsídios governamentais.
	☐ Empresas estatais: ameaças e riscos decorrentes.
	☐ Regulação da competição.
	☐ Economia informal.
	☐ Abertura de empresas: facilidades e barreiras.
	☐ Segurança contratual com o governo.
	☐ Acesso do capital estrangeiro para adquirir controle de empresas nacionais.
	☐ Regulação do trabalho.
	Sistema social
	☐ Administração da justiça.
	☐ Segurança pessoal e patrimonial.
	☐ Riscos de instabilidade política.
	☐ Coesão social.
	☐ Distribuição da renda: índice de Gini.
	☐ Igualdade de oportunidade.
		Produtividade
		☐ PNB por pessoa empregada.
		☐ Produtividade agrícola, industrial e dos serviços.
		☐ Eficiência comparativa das grandes comparações e pequenas e médias empresas.
		Mercado de trabalho
		☐ Custos e estruturas das remunerações.
		☐ Relações trabalhistas.
		☐ Motivação para o trabalho.
		☐ Qualificação e treinamento.
		☐ Competência e habilidades.
		☐ Experiência internacional.
		Mercado financeiro
		☐ Atuação do Banco Central.
		☐ Estrutura e regulamentação do sistema financeiro.
		☐ Operações/PNB.
		☐ Custos e *spread* bancário.
		☐ Mercado de capitais:
		  ✓ Capitalização/PNB.
		  ✓ Número de companhias listadas.
		  ✓ Desempenho de mercado.
		☐ Disponibilidade de crédito.
		☐ *Venture capital*.
		☐ Fusões e aquisições.
		☐ Endividamento das empresas.
		Práticas de administração
		☐ Conselhos de administração
		☐ Credibilidade dos administradores.
		☐ Conformidade e auditoria.
		☐ Empreendedorismo
		☐ Responsabilidade social e ambiental
		Atitudes e valores
		☐ Cultura nacional.
		☐ Valores, ética, condutas.
		☐ Imagem e marcas das empresas.
		☐ Reações à globalização.
			Básicas
			☐ Área territorial.
			☐ Recursos naturais: diversidade e acesso.
			☐ Estrutura demográfica.
			☐ Modais de transportes.
			☐ Energias: fontes e disponibilidades.
			Tecnológica
			☐ Sistemas de telecomunicações.
			☐ Conectividade e uso de computadores.
			☐ Tecnologia da informação.
			☐ Cooperação tecnológica.
			☐ Desenvolvimento e aplicações.
			☐ Qualidade da engenharia.
			☐ Exportações: conteúdo tecnológico dos produtos.
			Científica
			☐ Pesquisa e desenvolvimento: % do PNB.
			☐ Fontes dos recursos: governo, instituições, empresas.
			☐ Pesquisadores e produção científica.
			☐ Transparências de conhecimento.
			☐ Capacidade de inovação.
			☐ Patentes produzidas e adquiridas.
			☐ Prêmios Nobel
			Saúde e meio ambiente
			☐ Investimento em saúde: % do PNB.
			☐ Qualidade do sistema de saúde.
			☐ Expectativa de vida.
			☐ Qualidade de vida.
			☐ IDH – Índice de Desenvolvimento Humano.
			☐ Geração de energia renovável (%).
			☐ Intensidade da emissão de CO_2.
			☐ Balanço ecológico e reciclagens.
			☐ Leis ambientais.
			☐ Desenvolvimento sustentável.
			Educação
			☐ Investimentos em educação: % do PNB.
			☐ Acesso às redes de ensino: do primário ao superior.
			☐ Proficiência em línguas.
			☐ Universidades corporativas.
			☐ Qualidade do sistema educacional.

Fonte: International Management Development. *World Yearbook Competitiveness 2013-2014*. IMD: Lausanne, 2014.

TABELA 20.13 Pilares e fatores adotados pelo IMD para definição dos *rankings* de competitividade das nações.

Os quatros pilares		
Pilares	Número	% s/ total
1. DESEMPENHO ECONÔMICO	**83**	**24,6**
❏ Economia nacional	25	7,4
❏ Comércio internacional	26	7,7
❏ Investimento estrangeiro	18	5,3
❏ Emprego	8	2,4
❏ Preços	6	1,8
2. EFICIÊNCIA DO GOVERNO	**70**	**20,7**
❏ Finanças públicas	12	3,6
❏ Política fiscal	13	3,8
❏ Condições institucionais	13	3,8
❏ Legislação dos negócios	20	5,9
❏ Sistema social	12	3,6
3. EFICIÊNCIA DO AMBIENTE DE NEGÓCIOS	**71**	**21,0**
❏ Produtividade	11	3,2
❏ Mercado de trabalho	24	7,1
❏ Mercado financeiro	20	5,9
❏ Práticas de administração	9	2,7
❏ Atitudes e valores	7	2,1
4. INFRAESTRUTURA	**114**	**33,7**
❏ Básica	25	7,4
❏ Tecnológica	23	6,8
❏ Científica	23	6,8
❏ Saúde e meio ambiente	26	7,7
❏ Educação	17	5,0
TOTAL	**338**	**100,00**

Fonte: International Management Development. *World Yearbook Competitiveness 2013-2014*. IMD: Lausanne, 2014.

Relativamente às primeiras abordagens teóricas das relações internacionais de trocas, a listagem de fatores de competitividade do IMD evidencia que os determinantes de vantagens comparativas e de supremacia econômica das nações são, predominantemente, atributos construídos, não dádivas da natureza. E evidencia também que os estágios de desenvolvimento das nações, aferidos pelo PNB *per capita*, têm fortes correlações com a tipologia dos pilares da competitividade. Nos países que alcançaram estágios mais avançados, os pesos da propensão à eficiência, da inovação e da sofisticação tecnológica são superiores aos de pré--condições naturais e infraestruturas básicas. A Tabela 20.14, proposta pelo WEF, e os exemplos de países em cada estágio ilustram a importância dos atributos construídos e de sua tipologia.

TABELA 20.14
Estágios de desenvolvimento e peso dos fatores determinantes da competitividade das nações: o peso de condições básicas e naturais só supera o dos atributos construídos nas nações de baixa renda.

PNB per capita e peso dos fatores de competitividade	Estágios de desenvolvimento				
	Estágio 1	Transição de 1 para 2	Estágio 2 associável à eficiência	Transição de 2 para 3	Estágio 3 associável à inovação
PNB per capita (US$ anuais)	< 2.000	2.000 a 2.999	3.000 a 8.999	9.000 a 17.000	> 17.000
Pesos:					
Fatores básicos	60%	40-60%	40%	20-40%	20%
Fatores de eficiência	35%	35-50%	50%	50%	50%
Fatores de inovação	5%	5-10%	10%	10-30%	30%
Exemplos de países em cada estágio	Camarões Etiópia Laos Moçambique Nigéria Senegal	Angola Bolívia Marrocos Venezuela Botsuana Mongólia	Bulgária China Egito Peru Romênia África do Sul	Brasil Chile Hungria Malásia México Polônia	Dinamarca Alemanha Japão Noruega Coreia do Sul Estados Unidos

Fontes: World Economic Forum. *The global competitiveness report*, 2013-2014. WEF: Cologny/Geneva, 2014.

RESUMO

1. As **redes internacionais de trocas** estabelecem-se a partir de duas categorias de fatores determinantes: as diferenças na dotação de recursos naturais entre os países e as assimetrias em atributos construídos. Pela maior diversidade de recursos naturais, os países de grande extensão territorial tendem a apresentar menores coeficientes de transações externas em relação ao PNB. Mas a extensão do território não é condição limitativa para a elevada inserção dos países no sistema global de trocas: a inventividade, a propensão à inovação, o espírito empreendedor e as estruturas de produção podem compensar as insuficiências de recursos naturais.

2. Sob a influência cruzada da **diversidade em dotações naturais** e dos **diferenciais em atributos construídos**, os graus de interdependência entre os países têm aumentado em proporções expressivas. Historicamente, pela inevitabilidade das trocas internacionais e pelas vantagens multilaterais do intercâmbio econômico, as taxas de crescimento do comércio exterior têm superado as do PNB dos países. Em termos globais, a relação entre as correntes de comércio exterior e o Produto Mundial Bruto, no período 1970-2013, aumentou de 9,4% para 25,1%.

3. O forte crescimento dos fluxos mundiais de comércio, serviços e movimentos de capital é um dos indicadores mais visíveis do **processo de globalização** — um estágio avançado das trocas internacionais intensificadas. Nos últimos 25 anos, esse processo avançou, alcançando, além do econômico, outros aspectos da vida das nações. Os pré-requisitos desse avanço foram: 1) a consolidação de processos de integração econômica e política de nações; 2) o crescente número e a maior expressão das empresas transnacionais; 3) o desenvolvimento tecnológico em áreas-chave; e 4) as políticas públicas de abertura e integração de mercados.

PALAVRAS E EXPRESSÕES-CHAVE

- Determinantes das trocas internacionais
    - Dotações naturais
    - Atributos construídos
- Internacionalização
- Transnacionalização
- Globalização
- Fluxos de comércio
    - Entre empresas
    - Intraempresas
- Mercantilismo
- Vantagens das trocas internacionais
    - Unilaterais
    - Bilaterais
    - Multilaterais
- Teoria clássica das vantagens comparativas
    - Vantagens absolutas
    - Vantagens relativas
- Divisão internacional do trabalho
- Relações internacionais de trocas
- Teorema de Heckscher-Ohlin
    - Oferta relativa de recursos
    - Equalização de custos
- Abordagens neoclássicas
    - Princípio da procura representativa de Linder
    - Teoria dos ciclos de vida dos produtos de Vernon
- Teoria estruturalista do comércio exterior
    - Vantagens assimétricas
    - Deterioração das relações de troca
- Competitividade internacional
    - Fatores internos à empresa
    - Fatores sistêmicos
    - Fatores estruturais

4. Com a globalização, tem se ampliado a intensidade dos fluxos econômicos, interfronteiras, com mudanças expressivas nas bases territoriais de atuação dos agentes econômicos: as ações global-localizadas têm sido crescentemente ampliadas em relação às de âmbito geográfico restrito.

5. O resultado-síntese da globalização tem sido o rápido crescimento da relação entre fluxos econômicos originários do exterior e os agregados convencionais das atividades internas: comércio/PNB; investimentos externos/formação de capital; importações de insumos/valor dos fluxos das cadeias internas de suprimentos; e ingresso autônomo de capitais/estoques internos de ativos financeiros.

6. O processo de desfronteirização tem produzido mudanças de alto impacto. De uma perspectiva institucional, as de maior relevância são a perda de atributos de soberania nacional e a crescente presença de temas supranacionais na agenda política das nações. No âmbito econômico, os impactos vão desde o forte crescimento de transações intraempresas até a crescente interdependência dos mercados, reduzindo a eficácia dos instrumentos convencionais das políticas públicas nacionais.

7. As **mudanças nos padrões e nos fatores determinantes das redes mundiais de trocas** estão refletidas na evolução das correntes teóricas das transações internacionais. A primeira corrente, o mercantilismo, fundamentou-se na hipótese de vantagens unilaterais, ao enfatizar que as vantagens de comércio de um país significavam necessariamente perdas para outros. Esta hipótese foi frontalmente reparada pela doutrina clássica das vantagens bilaterais, fundamentada em diferenciais comparativos de custos. As limitações teóricas do modelo clássico levaram a refinamentos formais, que evidenciaram novas categorias determinantes da mobilidade internacional de produtos e de recursos; mas não refutaram os princípios das vantagens recíprocas. Isso foi feito pela corrente estruturalista, dada a evidência de benefícios assimétri-

cos, expressos pela deterioração das relações de troca entre os países "centrais" e os "periféricos".

8. A contundência da crítica estruturalista não se limitou à revisão teórica dos efeitos das correntes internacionais de transações econômicas. Propôs reações estratégicas para os países atingidos pela deterioração das relações de trocas. Os modelos substitutivos de importações, geralmente fechados, de orientação nacionalista e de forte conteúdo protecionista, podem ser apontados como decorrências diretas das proposições de política econômica sugerida por essa corrente.

9. A partir dos anos 90, o foco das reflexões teóricas e da proposição de políticas no campo das transações externas tem sido o estudo das condições de competitividade dos países. Estas reflexões e a mensuração de indicadores de desempenho competitivo têm confirmado que os fatores determinantes das trocas externas e da posição relativa dos países nesse campo são, preponderantemente, atributos construídos, internos às empresas, sistêmicos e estruturais.

10. Os desenvolvimentos mais recentes na abordagem das trocas externas estão voltados para quatro aspectos: 1) a redefinição dos fatores determinantes das trocas; 2) a avaliação dos impactos, sob perspectivas institucionais e econômicas, do processo de globalização; 3) a definição dos fatores que determinam o desempenho competitivo das nações; e 4) a relação custos/benefícios das trocas externas intensificadas.

QUESTÕES

1. Afirmações do tipo "o comércio exterior é, para muitos países, uma questão de vida ou morte" podem ser comprovadas por casos reais? Ou nada mais são do que força de expressão? Justifique seu ponto de vista.

2. Indígenas da região Norte do Brasil sobreviveram até hoje sem contatos com outras culturas ou civilizações. Qual, então, a verdadeira relevância das trocas externas para a sobrevivência das nações? Explore os múltiplos aspectos dessa questão.

3. Citando exemplos sobre a forma como se encontram distribuídas as jazidas minerais na terra, mostre a importância da desigual dotação de reservas naturais como determinante das redes internacionais de trocas.

4. Com exemplos, evidencie como as condições do solo e do clima influenciam o comércio mundial.

5. Comparativamente às **dotações naturais**, as **assimetrias em atributos construídos** são mais ou menos importantes, na definição de redes mundiais de trocas? Justifique.

6. A Nova Zelândia e a Argentina são importantes produtores de lã. O Japão e a China, de seda. Há razões naturais para essas diferentes especializações?

7. Bélgica, Holanda, Áustria e Dinamarca têm coeficientes de comércio exterior em relação ao PNB maiores que os da China, Índia, Austrália, Estados Unidos e Brasil. Justifique uma das razões fundamentais dessa diferença.

8. Os fluxos de transações externas, reais e financeiras, intensificaram-se significativamente nas últimas três décadas. Discorra sobre os motivos dessa tendência.

9. Conceitue o **processo de globalização**, como estágio avançado das trocas externas intensificadas. Destaque fatores que atuaram como pré-requisitos desse processo.

10. O processo de globalização, de uma perspectiva institucional, realmente implica perda de atributos de soberania nacional? Justifique seu ponto de vista.

11. Destaque pelo menos seis impactos do processo de globalização do ponto de vista macroeconômico – três sobre o setor real e três sobre o setor financeiro.

12. Do ponto de vista das empresas, em âmbito microeconômico, mostre o que a globalização tem a ver com barreiras de entrada, escalas, cartéis, alianças estratégicas, fragmentação de cadeias de suprimentos e diretrizes de aumento de competitividade.

13. Sintetize, no plano teórico, o **pensamento mercantilista sobre o comércio exterior**.

14. Qual o principal conflito entre as **teorias mercantilistas e clássica de comércio exterior**?

15. Baseado em que A. Smith sugeriu que o comércio exterior entre dois países pode ser mutuamente vantajoso?

16. Ricardo-Mill demonstraram a possibilidade de vantagens bilaterais no comércio exterior, não apenas quando há diversidade em **vantagens absolutas** entre dois países. Vantagens bilaterais podem também resultar de **vantagens relativas**. Explique a diferença entre esses dois conceitos clássicos.

17. Explique dois pontos cruciais do **teorema de Heckscher-Ohlin**: 1) as diferenças na disponibilidade estrutural de recursos de produção como determinante das trocas; e 2) a tendência à equalização dos custos dos recursos.

18. Sintetize a **abordagem de Linder** sobre a transmissão internacional de estruturas de procura e de produção, via fluxos de comércio. Você pode dar exemplos desse processo?

19. Faça uma síntese da **abordagem de Vernon**, correlacionando os ciclos de vida dos produtos à transmissão internacional de inovações, via fluxos de comércio. Cite exemplos.

20. Em que consistiu a crítica da **corrente estruturalista** ao princípio clássico de benefícios bilaterais simétricos do comércio exterior?

21. Os estruturalistas não se limitaram a criticar as versões convencionais da teoria das trocas externas. Eles propuseram também diretrizes de política pública. Sintetize-as e mostre como elas influenciaram, durante extenso período, a política econômica do Brasil nessa área.

22. **Competitividade** – essa é a palavra-chave que passou a definir, em anos recentes, a posição dos países frente às redes internacionais de trocas e à inserção global. Apoiando-se nas condições sugeridas por Porter, discorra sobre esse fator de desempenho.

23. Diferencie, citando exemplos, os fatores de competitividade internos à empresa dos fatores estruturais e sistêmicos.

24. A **versão Sachs-Warner da competitividade das nações** apoia-se em oito fatores determinantes. Coloque-os em ordem presumida de importância. Justifique a ordem que você definiu.

25. Faça uma síntese dos pilares da competitividade das nações definidos pelo *International Management Development* (IMD) e pelo *World Economic Forum* (WEF).

21

O Balanço Internacional de Pagamentos e os Impactos das Transações Externas

A estrutura e os resultados do balanço internacional de pagamentos são elementos que reportam a conceitos de soberania. Superávits, déficits ou situações de equilíbrio dependem de fatores como geografia e história, padrões de riqueza e de preferências políticas, evolução e estágio da tecnologia. Mas dependem também de como é administrada a taxa de câmbio e outros meios de regulação de fluxos externos líquidos. Ocorre, porém, que esses meios refletem um grande jogo de interesses, internos e externos. E não há um único padrão que seja capaz de conciliar os interesses de vários grupos em todos os países a um só tempo.

JOAN ROBINSON e JOHN EATWELL
An introduction to modern economics

Os resultados agregados, em termos contábeis, das relações econômicas internacionais de um país são revelados por seu **balanço internacional de pagamentos**. Os fluxos das transações com bens e serviços, das transferências unilaterais de rendimentos e dos movimentos de capitais totalizam-se em contas específicas, mostrando a estrutura das relações externas como um todo, reais e financeiras. O saldo líquido dos fluxos totalizados transfere-se para os estoques de divisas externas, fazendo-o variar para mais e para menos. O nível destes estoques, historicamente acumulado, indica a **liquidez internacional** da economia.

Este conjunto de indicadores dos resultados líquidos das transações externas, reais e financeiras completa-se com outra variável-estoque: o **endividamento externo líquido** da economia. O estoque da dívida líquida traduz os padrões com que se estabeleceram, historicamente, os fluxos do intercâmbio internacional da economia. E indicam mais: 1) preferências históricas, muitas delas decorrentes da orientação da política pública e de pressões movidas por interesses privados, quanto aos padrões da abertura da economia ao setor externo, nos âmbitos real e financeiro; e 2) os termos de troca com que se têm realizado as transações externas da economia.

A orientação dada pelos formuladores da política econômica no plano externo reflete-se em dois instrumentos: 1) a taxa de câmbio; e 2) o composto da política de comércio (tarifas de proteção, fixação de quotas e outras restrições não tarifárias à entrada e à saída de bens e serviços). E completa-se com um terceiro composto, dentro do qual se estabelecem as regras para o ingresso de recursos externos, especialmente os de investimentos em atividades produtivas.

Fechando o círculo, os impactos da orientação dada à política de relações econômicas externas definem os padrões de financiamento do balanço internacional de pagamentos, os níveis decorrentes de liquidez internacional, os estoques líquidos do endividamento externo e, de forma geral, os graus de abertura da economia. E tudo isso impacta de diferentes formas as estruturas da oferta e da procura agregadas, transmitindo-se para o equilíbrio macroeconômico.

Um a um e passo a passo, consideraremos todos estes aspectos. Em síntese, veremos:

- ❑ **O conceito e a estrutura do balanço internacional de pagamentos**: agrupamento das principais categorias de transações em grupos diferenciados de grandes contas.

- ❑ O conceito e os mecanismos de acumulação de duas variáveis-estoque: a **liquidez internacional** e o **endividamento externo** da economia.

- ❑ Os instrumentos da política econômica de regulação dos fluxos externos líquidos, reais e financeiros: a **taxa de câmbio**, a **política de comércio** e os **padrões da abertura para movimentos de capital**.

- ❑ O equilíbrio macroeconômico reconsiderado. Os **efeitos das transações externas sobre os três principais objetivos da política econômica**: o crescimento do produto, a sustentação e a expansão do emprego e a estabilidade dos preços.

21.1 O Balanço Internacional de Pagamentos: Conceito e Estrutura

Principais Categorias de Transações

As transações econômicas de determinado país com o exterior, agrupadas segundo suas categorias (reais e financeiras) e segundo seus fatos geradores (comércio de mercadorias, prestação de serviços, transferências unilaterais e movimentos de capital, nas formas de financiamentos, de investimentos diretos em atividades produtivas, de aplicações em títulos de renda fixa ou variável), resultam em saldos líquidos parciais, que produzem diferentes impactos sobre as condições internas de equilíbrio e de crescimento. Essas transações são totalizadas em um levantamento contábil, que registra todos os recebimentos de agentes econômicos do país (unidades familiares, empresas e governo) por fornecimentos de produtos e recursos de produção a agentes econômicos de outros países. Em contrapartida, registra os pagamentos por suprimentos originários do exterior. A denominação usual desse levantamento totalizado é **balanço internacional de pagamentos**.

A classificação das contas, a metodologia de levantamento e o registro das transações agrupadas no balanço internacional de pagamentos seguem padrões recomendados pelo Fundo Monetário Internacional. A padronização atende a propósitos técnicos e de política externa, dado que as diferentes composições estruturais das contas e seus mecanismos de ajuste, em casos de desequilíbrios conjunturais ou crônicos, têm implicações internacionais, que podem ir além do interesse restrito de determinado país.

Segundo a padronização, as transações econômicas internacionais consideradas para o levantamento do balanço de pagamentos abrangem quatro categorias:

1. Os fluxos comerciais de mercadorias e os de prestação de serviços, com as correspondentes contrapartidas financeiras.

2. Os movimentos puramente financeiros, resultantes de empréstimos internacionais de curto e de longo prazos e de fluxos de entrada e de saída de capitais para investimentos de risco.

3. As transferências unilaterais, a título de ajuda externa (auxílios e donativos) ou de remessas pessoais realizadas independentemente de qualquer contraprestação.

4. As alterações nos estoques de ativos e de passivos internacionais do país, que se originaram das transações consideradas.

Todas as transações econômicas internacionais, reais ou financeiras, expressam-se sob a forma de variáveis-fluxo e seus saldos definem-se como fluxos líquidos. A procura externa líquida, por exemplo, resulta dos saldos finais dos fluxos de comércio com mercadorias e serviços não financeiros; e é uma variável-fluxo que expressa a porção internacional da procura agregada. Já os resultados do balanço de pagamentos como um todo, déficits ou superávits, transmitem-se para duas variáveis-estoque, as reservas cambiais e o endividamento externo bruto.

O registro das transações econômicas internacionais e de seus resultados acumulados fundamentam-se nos conceitos de **agentes econômicos residentes e**

não residentes. São **residentes** todos os agentes econômicos domiciliados ou estabelecidos no país; os **não residentes** são os fixados em outros países. As empresas estrangeiras estabelecidas no país, embora seu patrimônio líquido seja de propriedade de agentes econômicos não residentes, são tratadas como residentes. Dessa forma, as transações inter e intraempresas estabelecidas em países distintos são tratadas como transações internacionais, contabilizando-se os fluxos nos balanços de pagamentos dos países envolvidos. As exceções a esta regra são as representações diplomáticas no exterior: suas transações com os residentes no país em que se encontram sediadas são consideradas como internacionais. Estas exceções justificam-se pelo conceito de território econômico, o mesmo adotado para o cálculo dos agregados econômicos nacionais: o território econômico de um país inclui os enclaves de suas representações no exterior e exclui os ocupados pelas representações estrangeiras no país.

Dados esses critérios, o balanço internacional de pagamentos é definido como o **levantamento, por critérios contábeis, de todas as transações econômicas, reais e financeiras, que se realizaram durante determinado período de tempo, entre os agentes econômicos residentes no país e os não residentes, domiciliados ou estabelecidos em outros países**. O período usualmente adotado para totalizações é anual.

A Estrutura do Balanço Internacional de Pagamentos

A estrutura do balanço internacional de pagamentos é definida a partir da natureza das transações, que se agrupam em duas grandes categorias de contas – as **transações correntes** e os **movimentos de capital**. As transações correntes englobam os fluxos reais de comércio e serviços e as transferências unilaterais. Os movimentos de capital englobam as entradas e saídas financeiras, na forma de empréstimos e financiamentos e de movimentos autônomos de capital, para investimentos no setor real e aplicações no setor financeiro; englobam ainda os pagamentos de exigibilidades, na forma de amortizações.

A estrutura convencional é dada, assim, pelas seguintes categorias de transações:

❏ **Transações correntes**

1. Balança comercial
   - Exportações de mercadorias
   - Importações de mercadorias
2. Balança de serviços
   - Viagens internacionais
   - Transportes
   - Seguros
   - Rendas de capitais
   - Serviços governamentais
   - *Royalties* e licenças
   - Aluguel de equipamentos

✓ Outros serviços

3. Transferências unilaterais

❑ **Movimentos de capital**

1. Investimentos e reinvestimentos
2. Empréstimos e financiamentos de longo prazo
3. Empréstimos e financiamentos de curto prazo
4. Outros movimentos de capital
   ✓ Operações com derivativos, ativos e passivos
   ✓ Carteiras de renda fixa
   ✓ Carteiras de renda variável
5. Amortizações
6. Erros e omissões

❑ **Déficit (–) ou superávit (+)**

Os aspectos principais de cada uma dessas contas são os seguintes:

❑ **Balança comercial**. A balança comercial é o resultado líquido das transações com exportações e importações de mercadorias. É a única categoria do balanço internacional de pagamentos que implica movimentações "visíveis" entre fronteiras nacionais, na forma de produtos primários, semiprocessados ou de utilização final, destinados ao consumo e à formação de capital fixo. Para a maioria dos países, é a conta internacional de maior expressão. Por seu peso no balanço como um todo, os resultados líquidos do fluxo de comércio acabam por definir as direções com que se movimentarão as demais contas. Países fortemente deficitários em comércio exterior ou buscarão compensar os saldos negativos via superávits em serviços (um padrão de ajuste que se verifica raramente), via abertura para investimentos estrangeiros no país ou ainda via tomada de empréstimos e financiamentos no exterior. Esta última via, que é a forma de ajuste mais comum de cobertura de déficits comerciais, implica endividamento externo.

❑ **Balança de serviços**. A balança de serviços compreende as receitas e as despesas cambiais com oito categorias de transações "intangíveis" ou "invisíveis". A primeira categoria, viagens internacionais, registra o saldo líquido dos gastos de residentes em suas viagens ao exterior e dos não residentes em viagem no país. Na categoria transporte, registram-se os saldos líquidos dos gastos de não residentes com a utilização de equipamentos de bandeira nacional, para movimentação de pessoas e cargas, e os gastos de residentes com a utilização de equipamentos de bandeira estrangeira. A terceira categoria, seguros, além de vinculada à movimentação de pessoas e cargas, registra o saldo líquido de repasses internacionais, de seguros de residentes, para empresas seguradoras externas, e de seguros de não residentes em seguradoras estabelecidas no país. A quarta categoria, rendas de capitais, é geralmente a de maior peso dentro da balança de serviços: é nesta conta que se contabilizam os saldos líquidos das remessas de juros e de lucros; os juros decorrem de exigibilidades externas decorrentes de empréstimos e financiamentos, acrescidos de todas as demais taxas incidentes sobre essas operações; os lucros decorrem de remessas feitas por empresas internacionais que operam no país, assumindo a forma de dividendos pagos a seus acionistas não residentes. A quinta categoria, serviços governamentais, compreende os saldos líquidos com a manutenção de representações diplomáticas ou de efetivos militares no exterior, além de contribuições nacionais para fundos e organizações multilaterais. Na sexta categoria são registrados os pagamentos de *royalties* sobre patentes industriais, licenças sobre imagens e marcas registradas e direitos autorais sobre ampla listagem de propriedade intelectual. Na sétima categoria registram-se os pagamentos referentes a operações de *leasing* e outras formas de arrendamento ou de aluguel de equipamentos produtivos empregados em modais de transportes, em sistemas de telecomunicações, e nas indústrias de transformações e de construção. Na oitava e última categoria, outros serviços, registram-se os saldos líquidos de um heterogêneo conjunto de transações, que vão desde pagamentos por utilização de satélites e outros equipamentos de telecomunicações, serviços de *call centers* e de profissionais e técnicos.

- **Transferências unilaterais**. Denominam-se também transferências não retribuídas. São o resultado líquido de doações de fontes privadas, de governos ou de instituições multilaterais, sem contrapartidas prévias ou futuras. As operações de ONGs, organizações não governamentais, cujo número tem crescido em todos os países, são geralmente financiadas por transferências unilaterais, a maior parte originária de países de alta renda. Contabilizam-se ainda nesta conta as remessas internacionais entre unidades familiares: de um lado, destinadas à manutenção de residentes que se encontram no exterior; de outro lado, provêm de trabalhadores temporariamente emigrados, que tendem a remeter para seus países de origem partes das rendas recebidas no exterior. São também registradas nesta conta recursos destinados a reparações de guerra, transferências de legados e heranças, pagamentos de pensão a cidadãos nacionais residindo no exterior, ajudas humanitárias e a entidades filantrópicas e de governos a populações afetadas por calamidades naturais.

- **Movimentos de capital**. Os movimentos de capital são representados por entradas e saídas de ativos financeiros, de três categorias básicas: os movimentos autônomos de risco, atraídos pelas oportunidades de investimento nos setores real e financeiro do país receptor; os financiamentos concedidos por bancos e fornecedores estrangeiros para transações correntes, preponderantemente exportações e importações; e os empréstimos de curto e de longo prazo tomados junto a organismos internacionais, agências governamentais e instituições financeiras privadas de outros países. Em cada uma destas três categorias de fluxos financeiros, os valores registrados no balanço internacional de pagamentos são expressos pelos saldos líquidos das respectivas transações entre residentes e não residentes.

Outra categoria de fluxo financeiro, também registrada na forma de fluxos líquidos, expressa as amortizações de dívidas externas contraídas. Quando as instituições financeiras do país são credoras líquidas de não residentes, as amortizações tendem a ter sinal positivo, implicando ingresso de divisas; caso contrário, implicam remessas.

❑ **Erros e omissões**. Registram-se nesta conta as discrepâncias entre fluxos de entrada e saída de recursos e as variações nos estoques de reservas cambiais do país. A velocidade com que se realizam as transações externas, notadamente os movimentos de capitais de curto prazo aplicados no mercado financeiro, a dificuldade em se determinarem exatamente a destinação de todos os recursos que entram no país e saem dele e os saldos retidos de operações cambiais (por exemplo, por pessoas não residentes, que retornam para seus países de origem com divisas adquiridas no mercado interno de câmbio) são as causas principais das divergências entre os saldos efetivos e os resultantes de operações contabilizadas. Nesta conta, quando o sinal é negativo, as discrepâncias constatadas indicam saída líquida de ativos financeiros internacionais do país.

❑ **Déficit (–) ou superávit (+)**. O resultado final do balanço internacional de pagamentos revela a posição do país em suas transações externas como um todo. As situações de déficit indicam saídas de reservas cambiais superiores às entradas, implicando geralmente queda das reservas cambiais do país; superávits, contrariamente, indicam ingressos líquidos de recursos, com aumento dos estoques de ativos externos do país. Quando relativamente altos em relação aos pagamentos externos como um todo e, principalmente quando, ano após ano, eles ocorrem numa única direção, tanto déficits quanto superávits indicam situações de desequilíbrio em transações externas que dificilmente se sustentarão o tempo todo. Os superávits implicam acumulação de haveres financeiros externos; de um lado, eles podem exercer efeitos internos perversos, geralmente de conteúdo inflacionário, desde que a acumulação de reservas cambiais se transforme em fator de expansão da base monetária; de outro lado, os superávits, quando resultantes de saldos positivos em transações correntes, implicam desacumulação externa líquida. Já os déficits levam à perda de haveres cambiais, reduzindo-se a liquidez internacional do país e colocando em risco sua solvabilidade externa; neste caso, ou a capacidade de inserção mundial fica reduzida ou o país recorre a empréstimos compensatórios, aumentando o endividamento externo e criando dificuldades futuras de equilíbrio do balanço internacional como um todo, pelas exigências acrescidas de juros e amortizações da dívida contraída. Por essas razões, o equilíbrio em transações externas é geralmente preferível às situações de desequilíbrio, especialmente quando estruturais e crônicas. Os desequilíbrios externos crônicos geralmente deságuam em dificuldades para a sustentação das condições básicas do equilíbrio macroeconômico, afetando objetivos de crescimento e de estabilidade.

FIGURA 21.1 Nível do estoque das reservas cambiais: um resultado acumulado do balanço internacional de pagamentos. Fluxos de entrada e de saída de divisas estrangeiras: as decorrentes alterações no nível das reservas.

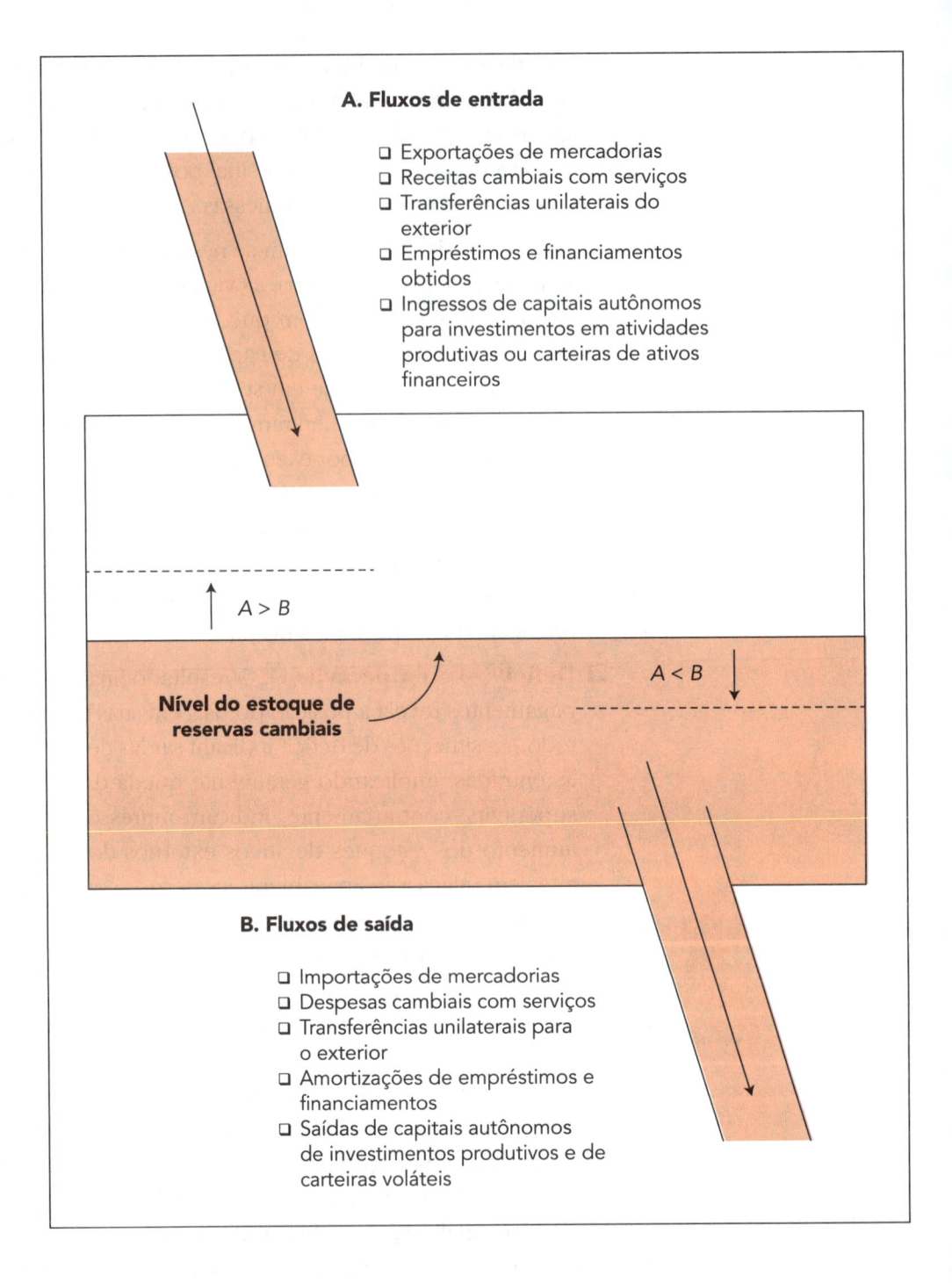

A. Fluxos de entrada

- Exportações de mercadorias
- Receitas cambiais com serviços
- Transferências unilaterais do exterior
- Empréstimos e financiamentos obtidos
- Ingressos de capitais autônomos para investimentos em atividades produtivas ou carteiras de ativos financeiros

$A > B$

$A < B$

Nível do estoque de reservas cambiais

B. Fluxos de saída

- Importações de mercadorias
- Despesas cambiais com serviços
- Transferências unilaterais para o exterior
- Amortizações de empréstimos e financiamentos
- Saídas de capitais autônomos de investimentos produtivos e de carteiras voláteis

A Figura 21.1 mostra, esquematicamente, os principais fluxos de entrada e de saída de divisas estrangeiras. Quando ocorrem desequilíbrios, uma das consequências é a variação do nível de reservas cambiais. Mas as implicações não se limitam à alteração dessa variável-estoque. Vão além, podendo afetar o processo de acumulação externa líquida em termos reais e os graus do endividamento externo do país. Vistas em conjunto, as implicações dependerão das origens do desequilíbrio (se em transações correntes ou em movimentos de capital) e dos padrões das operações compensatórias.

Na Tabela 21.1, resumimos cinco hipóteses (de *A* a *D*) de balanço internacional de pagamentos, com diferentes implicações:

TABELA 21.1
Cinco hipóteses de balanço internacional de pagamentos: implicações sobre o nível das reservas cambiais, o endividamento e a acumulação externa.

Grupos de contas	Hipóteses (em $ bilhões)				
	A	B	C	D	E
1. Balança comercial	− 50	− 100	+ 45	+ 100	− 100
2. Balança de serviços não financeiros	− 30	− 50	− 25	− 80	+ 120
3. Transferências unilaterais	+ 10	+ 20	− 5	− 20	+ 10
4. **BALANÇA DE TRANSAÇÕES CORRENTES** (4 = 1 + 2 + 3)	− 70	− 130	+ 15	0	+ 30
5. Movimentos de capital					
5.1 Empréstimos e financiamentos	+ 60	− 5	+ 20	− 20	− 10
5.2 Movimentos autônomos de capital					
a) Investimentos líquidos no setor real	+ 5	+ 160	− 15	+ 5	0
b) Aplicações líquidas no setor financeiro	+ 15	+ 5	− 20	+ 5	− 5
6. **BALANÇO DE PAGAMENTOS** (6 = 4 + 5)	+ 10	+ 30	0	− 10	+ 15
Implicações					
❏ Nível das reservas cambiais	↑	↑	=	↓	↑
❏ Acumulação externa líquida	↑	↑	↓	=	↓
❏ Endividamento externo	↑	↓	↑	↓	↓

❏ **Hipótese A**. O país opera com déficit de transações correntes, de $ 70 bilhões. Segundo o conceito convencional das contas nacionais, um déficit deste tipo implica transferência líquida de riquezas do exterior para o país, na forma de mercadorias e serviços: consequentemente, registra-se acumulação externa líquida positiva. O déficit em transações correntes, porém, é coberto por empréstimos e financiamentos e por movimentos autônomos de capital preponderantemente destinados a aplicações financeiras. Neste caso, embora o estoque de divisas tenha registrado discreta expansão, o endividamento externo aumentou consideravelmente. Estas implicações indicam que a possível situação confortável de curto prazo poderá desaguar em dificuldades mais à frente: a dívida agravará o déficit em serviços e, então, ou se estabelece um círculo vicioso de crescimento do endividamento externo em bola de neve ou o processo de acumulação externa se reverterá, exigindo do país a contenção de importações, conjugada a esforços crescentes de exportações.

❏ **Hipótese B**. Este é um padrão de balanço internacional de pagamentos que implica acumulação externa tanto no lado real do balanço de pagamentos (déficit em transações correntes), quanto em movimentos de capital. A hipótese descreve um padrão de capitalização externa por não exigíveis, expressa por movimentos autônomos líquidos aplicados no setor real. Mais ainda: pelos resultados finais, o nível das reservas cambiais aumentou. E, como empréstimos e financiamentos apresentaram-se com sinal negativo, o endividamento externo líquido diminuiu. Esse padrão de balanço de pagamentos, apesar das implicações positivas, é de alta vulnerabilidade. Todo o processo de capitalização e de acumulação são fortemente dependentes de entradas autônomas de recursos de risco. Quedas da atratividade do país, independentemente das razões que a tenham provocado, poderão levar ao estrangulamento das contas externas.

- **Hipótese C**. Nesta hipótese, embora o balanço como um todo esteja equilibrado, o padrão das relações externas do país é nitidamente perverso, com ocorrência simultânea de endividamento crescente e de desacumulação líquida. A desacumulação resulta do superávit em transações correntes; e o endividamento, de empréstimos e financiamentos tomados no exterior, para compensar a forte saída de movimentos autônomos de capital do país.

- **Hipótese D**. Neste caso, há queda de reservas cambiais, pelo saldo negativo do balanço internacional de pagamentos como um todo. E a redução das reservas, de $ 10 bilhões, é resultante de fluxos líquidos negativos em todas as categorias de movimentos de capital. O aspecto favorável desta hipótese é que a redução do endividamento externo, não obstante tenha implicado redução do estoque de divisas, foi financiada em 50% por movimentos autônomos de investimentos no setor real da economia.

- **Hipótese E**. Os serviços e as transferências unilaterais estão financiando, com superávit expressivo, de $ 30 bilhões, o déficit comercial. E este superávit é preponderantemente destinado ao pagamento de endividamento externo, registrando-se ainda saída líquida de capitais do país para aplicações financeiras no exterior.

O Balanço Internacional de Pagamentos do Brasil

A análise dos principais grupos de contas do balanço internacional de pagamentos do Brasil, no último terço deste século, revela que muitos desses diferentes padrões de ajuste das contas externas observaram-se no país, em momentos históricos distintos. A Tabela 21.2 traz o balanço de pagamentos do país em quatro períodos selecionados do século XX, nas décadas de 1970, 1980 e 1990 e em dois períodos do século XXI. E o Quadro 21.1 resume a configuração de referência dos principais grupos de contas nesses mesmos períodos.

- **Período 1971-73**. Este período exemplifica o que ocorreu com as contas externas do Brasil nos anos de mais forte expansão da economia interna, no auge do "milagre econômico" dos anos 70. A balança comercial mantinha-se em equilíbrio: déficits ou superávits de comércio eram episódicos e pouco expressivos. As transações correntes como um todo, porém, eram deficitárias, pelos déficits em serviços, tanto os não financeiros, quanto os financeiros decorrentes do endividamento externo do país. No período, o déficit corrente foi coberto por operações de empréstimos e financiamentos, a que o país recorreu em larga escala, não só para fechar as contas

TABELA 21.2
O balanço internacional de pagamentos do Brasil: padrões de referência em períodos históricos selecionados.

Grupos de contas	Períodos (Fluxos médios anuais em US$ milhões)				
	1971-73	1974-76	1988-94	1995-2002	2005-2015
1. Balança comercial	− 134	− 3.445	+ 13.632	− 2.333	+ 22.264
Exportações	+ 4.364	+ 8.917	+ 35.619	+ 52.155	+ 177.180
Importações	− 4.498	− 12.362	− 21.987	− 54.488	− 154.916
2. Balança de serviços	− 1.153	− 3.188	− 14.329	− 24.281	− 52.684
Serviços não financeiros	− 658	− 1.422	− 8.908	− 9.610	− 22.739
Serviços financeiros (juros da dívida externa e remessa de lucros)	− 495	− 1.746	− 5.421	− 14.671	− 29.945
3. Transferências unilaterais	+ 18	− 124	+ 1.315	+ 2.088	+ 2.781
4. TRANSAÇÕES CORRENTES (1 + 2 + 3)	− 1.269	− 6.757	+ 618	− 24.526	− 27.639
5. Investimentos diretos	+ 447	+ 930	+ 2.263	+ 20.596	+ 46.089
6. Empréstimos e financiamento (de curto e longo prazos e aplicações em carteira)	+ 3.346	+ 7.806	+ 15.058	+ 33.681	+ 53.573
7. Amortizações	− 1.156	− 2.309	− 14.384	− 31.873	− 46.767
8. MOVIMENTOS DE CAPITAL (5 + 6 + 7)	+ 2.637	+ 6.427	+ 2.937	+ 22.404	+ 54.251
9. ERROS E OMISSÕES	+ 121	+ 27	− 508	− 1.257	+ 1.481
10. SUPERÁVIT (+) OU DÉFICIT (−)	+ 1.368	+ 303	+ 4.063	− 3.379	+ 25.294

Fonte: BACEN. *Relatório do Banco Central do Brasil*, v. 10, nº 3, mar. 1974; v. 13, nº 4, abr. 1977; v. 31, 1994; e v. 31, 1996. Brasília: BACEN. FGV. *Conjuntura Econômica*, v. 55, nº 10, out. 2001 e v. 70, nº 5, maio 2015.

externas, como para financiar projetos internos de investimento do governo e das empresas estatais e privadas em setores de base e em indústrias de bens de consumo e de capital, substitutivas de importações. O expressivo recurso a essas operações exigíveis manteve as contas externas em equilíbrio, possibilitou a acumulação líquida de haveres cambiais, mas elevou o nível do endividamento externo do país.

❏ **Período 1974-76**. Este período revela o padrão das contas externas do país na segunda metade dos anos 70, quando, aos custos da estratégia de crescimento dos anos anteriores, somaram-se os impactos do choque externo imposto ao sistema mundial pelo cartel dos países produtores de petróleo. Sob o impacto do novo patamar de preços do petróleo importado (multiplicados por dez pelo cartel da OPEP no final de 1973 e início de 74), a balança comercial tornou-se fortemente deficitária, enquanto os juros do endividamento externos jogavam para cima o déficit estrutural em serviços. Para equilibrar o balanço como um todo, o país buscou mais recursos exi-

QUADRO 21.1
O balanço internacional de pagamentos do Brasil: configuração de referência em períodos históricos selecionados.

Grupos de contas	Períodos selecionados				
	1971-73	1974-76	1988-94	1995-2002	2005-2015
1. Balança comercial	Equilíbrio.	Déficit pronunciado.	Superávits expressivos.	Volta do ciclo de déficits, superados a partir de 1999, evoluindo para superávit na virada do século.	Retorno a superávits expressivos, embora decrescentes: de US$ 43,6 anuais (triênio 05-07), para 17,2 (período 08-15).
2. Balança de serviços	Déficit moderado.	Déficit em expansão.	Déficit em expansão.	Déficit em continuada expansão.	Déficit em forte expansão.
3. Transferências unilaterais	Equilíbrio.	Déficit discreto.	Superávit.	Superávit mantido.	Sustentação do superávit.
4. Transações correntes	Déficit.	Expressivo déficit.	Equilíbrio.	Expressivo déficit, puxado por remessas de lucros e viagens internacionais.	Déficit crescente. O mais alto da história das transações externas do país.
5. Movimento do capital	Ingressos compensatórios de exigíveis.	Expressivo ingresso de exigíveis.	Operações típicas de rolagem de dívida.	Ingressos compensatórios de capitais autônomos, para aplicações nos setores real e financeiro.	Sustentação do ingresso de capitais, movidos pela atratividade dos mercados do país.
6. Balanço de pagamentos como um todo	Superávit, com endividamento externo em expansão.	Equilíbrio, com forte expansão do endividamento externo.	Superávit, com desacumulação externa real e ingressos autônomos de capitais em expansão.	Superávit, com aumento das reservas cambiais, mas com alta proporção de capitais voláteis (até 1998).	Superávit, elevando as reservas cambiais do país a níveis históricos inusitados.

gíveis, acumulando uma dívida externa de alta proporção em relação ao produto interno. Desde o início dos anos 60, a dívida externa do Brasil em relação ao PIB oscilava entre 12 e 14%. Já na segunda metade dos anos 70, em 1977, o coeficiente dívida externa/PIB foi para 18,2%; em 1980, para 22,9%; e em 1985, para 42,8%. E ampliou-se no período a vulnerabilidade externa do país, com redução relativa do estoque de divisas em relação ao volume das transações correntes.

❏ **Período 1988-94**. Este período caracteriza a fase de superávits comerciais do Brasil, superiores, em média plurianual, a US$ 1 bilhão por mês. Entre

1988-94, o superávit comercial médio anual foi de US$ 13,6 bilhões, bastante próximo do déficit em serviços. As transações correntes foram equilibradas sob alto custo social de duas categorias de desacumulação externa, a real (superávits comerciais) e a financeira (destinação dos excedentes de comércio para o pagamento dos juros da dívida acumulada no período anterior). No âmbito dos movimentos de capital, para atender aos compromissos com amortizações, o país recorria a novos empréstimos e financiamentos, em operações típicas de rolagem do estoque da dívida externa.

❑ **Período 1995-2002**. Este período marca uma profunda mudança nos padrões estruturais do balanço internacional de pagamentos do país. Ampliou-se o coeficiente de abertura comercial, atrelado aos processos de estabilização dos preços internos e de maior inserção global da economia. Consequentemente, revertendo o ciclo de superávits do período anterior, o país envolveu-se em crescentes déficits comerciais, que alcançaram patamares historicamente inusitados no período 1995-2000 (média anual de US$ 4,23 bilhões). Nesse mesmo período de seis anos, somados a grandes déficits em serviços (média anual de US$ 24,7 bilhões), os déficits comerciais implicaram a forte expansão do déficit em transações correntes, atenuado apenas pelo crescimento das transferências unilaterais. A cobertura desse déficit deu-se por substancial ingresso de capitais, na esteira do processo de globalização financeira. Tanto os investimentos estrangeiros diretos (em grande parte resultantes do programa de privatizações em áreas de alta atratividade), quanto os empréstimos e financiamentos e as aplicações em carteiras voláteis alcançaram níveis também historicamente inusitados, possibilitando ao país não só financiar as transações correntes, como também acumular cambiais. Todavia, pela alta proporção de recursos voláteis no total das reservas acumuladas e pelas consequências internas da atração de recursos especulativos, a vulnerabilidade externa implicou choque cambial no início de 1999. Consequentemente, desencadeou-se o movimento de reequilíbrio: a taxa de câmbio realinhou-se, alcançando novo patamar e contribuindo para reverter o saldo comercial negativo, que voltou a ser positivo nos dois primeiros anos do século XXI.

❑ **Período 2005-2015**. Este período caracterizou-se pelo retorno a superávits comerciais expressivos, mantidos em níveis superiores aos de quaisquer períodos anteriores. Antes da crise nos mercados financeiros dos países avançados, desencadeada no final de 2008, os superávits anuais da balança comercial foram superiores a US$ 40 bilhões, puxados pela expansão da demanda de produtos básicos pela China e por outros grandes países de industrialização avançada ou emergente. Nesse mesmo período, porém, a balança de serviços registrou déficits crescentes, significativamente superiores aos saldos comerciais positivos, resultando em saldos negativos na balança de transações correntes, apesar da sustentação de transferências unilaterais positivas. Esses saldos negativos foram cobertos pelo ingresso de investimentos estrangeiros diretos e aumento da dívida externa, resultando em superávit do balanço internacional de pagamentos e acumulação de reservas cambiais. Desde 2008 o estoque de reservas é superior ao total da dívida externa e dez vezes superior às amortizações de curto prazo, alcançando níveis historicamente inusitados, não obstante parcialmente decorrentes de endividamento externo e outros movimentos de capital. Pelos níveis de liquidez externa, as agências internacionais de riscos qualificaram o país como "grau de investimento" mantido até o último trimestre de 2014. Esta avaliação fortaleceu a atratividade econômica do país, definida pela diversidade de recursos de sua extensão continental, pelas dimensões do PNB e pelo crescimento do mercado interno de produtos finais.

A reconfiguração do balanço internacional de pagamentos do Brasil nos últimos 27 anos alinhou-se aos padrões históricos do processo de globalização, desencadeado na transição da década de 80 para a de 90, no final do século XX:

- Abertura comercial.
- Intensificação dos fluxos de receitas e despesas cambiais com serviços.
- Maiores fluxos de transferências internacionais, pela ampliação de diferentes categorias de movimentos financeiros interfronteiras.
- Megamovimentos de capitais autônomos, para investimentos produtivos e especulativos, atraídos por expectativas de retornos competitivos em termos mundiais.
- Ciclo sem precedentes históricos de fusões e aquisições de empresas nacionais, com crescente participação de capital estrangeiro.
- Acumulação de reservas cambiais, por expressivos fluxos de investimentos produtivos, atraídos pelas oportunidades das dimensões do mercado interno.

Ampliaram-se, assim, os graus de inserção internacional do país, com visíveis consequências institucionais e econômicas. Destacam-se entre as de maior impacto:

- Perda parcial de autonomia para definição de políticas públicas unilaterais.
- Internacionalização dos suprimentos às cadeias produtivas internas.
- Quebra de barreiras de entrada a empresas de atuação global, com acirramento da competição em praticamente todos os mercados, tanto de insumos básicos como de produtos finais.
- Compreensão das margens operacionais das empresas na maior parte dos segmentos de negócio e redução dos preços finais, pela maior diversidade de competidores e de bens e serviços ofertados, e redução da elasticidade das funções de procura nos mercados mais competitivos.
- Maior acesso das classes de baixa e média-baixa renda aos mercados finais, ampliando-se a velocidade do processo de inclusão socioeconômica e mobilidade social ascendente.
- Redução das pressões inflacionárias associáveis a barreiras protecionistas.

Os custos e benefícios dessa nova configuração serão sintetizados no último tópico.

A Taxa de Câmbio e o Balanço de Pagamentos

21.2 Os Instrumentos de Ajuste dos Fluxos Externos

Com a maior intensidade das transações econômicas (reais e financeiras) interfronteiras e a consequente ampliação dos graus de interdependência dos países, o controle dos fluxos externos, correntes e de capital, têm assumido importância crescente dentro do conjunto de fins e meios da política pública. Tanto os fluxos de comércio, quanto os de serviços e os movimentos de capital têm alcançado magnitudes crescentes em relação aos agregados econômicos internos. A consequência dessa tendência é a importância maior dos fluxos externos na definição das condições internas de estabilidade dos preços e de expansão dos níveis agregados de produção e de emprego.

Os instrumentos de maior eficácia para a regulação dos fluxos externos são:

Instrumentos cambiais

- A administração da taxa de câmbio.
- O controle das operações cambiais.

Outros instrumentos

- A imposição de tarifas alfandegárias de proteção.
- A imposição de proteções não tarifárias.
- A fixação de quotas setoriais de comércio.

A taxa de câmbio é o preço, em moeda corrente nacional, de uma unidade de moeda estrangeira. É a relação entre o valor de duas unidades monetárias, indicando o preço, em termos monetários nacionais, da divisa estrangeira correspondente. Vista de outra forma, é o preço pago pelos produtos importados; o preço recebido pelos produtos exportados; a quantidade de moeda corrente nacional recebida em contrapartida às divisas trazidas ao país; a quantidade de divisas adquiridas pela conversão da moeda corrente, para liquidação de compromissos no exterior ou remessas de rendimentos.

A oferta de divisas estrangeiras, *OD*, resulta dos fluxos de entrada em transações correntes: exportações de mercadorias, receitas cambiais com serviços, transferências unilaterais originárias do exterior, empréstimos e financiamentos obtidos e ingressos autônomos de capitais de risco. Em contrapartida, a procura por divisas estrangeiras, *PD*, é dada pelos fluxos de importação de mercadorias, pelas despesas cambiais com serviços, pelas transferências unilaterais para o exterior, pelas amortizações de empréstimos e financiamentos e pelas saídas de capitais autônomos para aplicação em mercados externos.

Como observam Krugman-Obstfeld,[1] estabelecendo-se um mercado de câmbio flexível, sem qualquer intervenção das autoridades monetárias, a sua estrutura seria bastante próxima da concorrência perfeita. Primeiro, porque o produto é homogêneo. Segundo, porque os agentes econômicos envolvidos em operações cambiais possuem geralmente amplas informações sobre as condições atuais e as tendências do mercado, o que o torna bastante transparente. Terceiro, porque as operações são praticamente atomizadas e nenhum agente reúne condições para modificar os padrões de negociação vigentes. E, em quarto lugar, porque quaisquer espécies de concorrência extrapreço ou de mecanismos de diferenciação seriam inócuas.

FIGURA 21.2
A determinação da taxa de câmbio em mercado livre. Em (a), a flutuação do câmbio resulta de movimentos de contração e de expansão da procura por divisas, *PD*. Em (b), a flutuação é provocada pela contração e expansão da oferta de divisas, *OP*. Nos dois casos, a posição inicial de equilíbrio, E_0, desloca-se para cima, E_1, e para baixo, E_2, em movimentos de apreciação e de depreciação da taxa cambial.

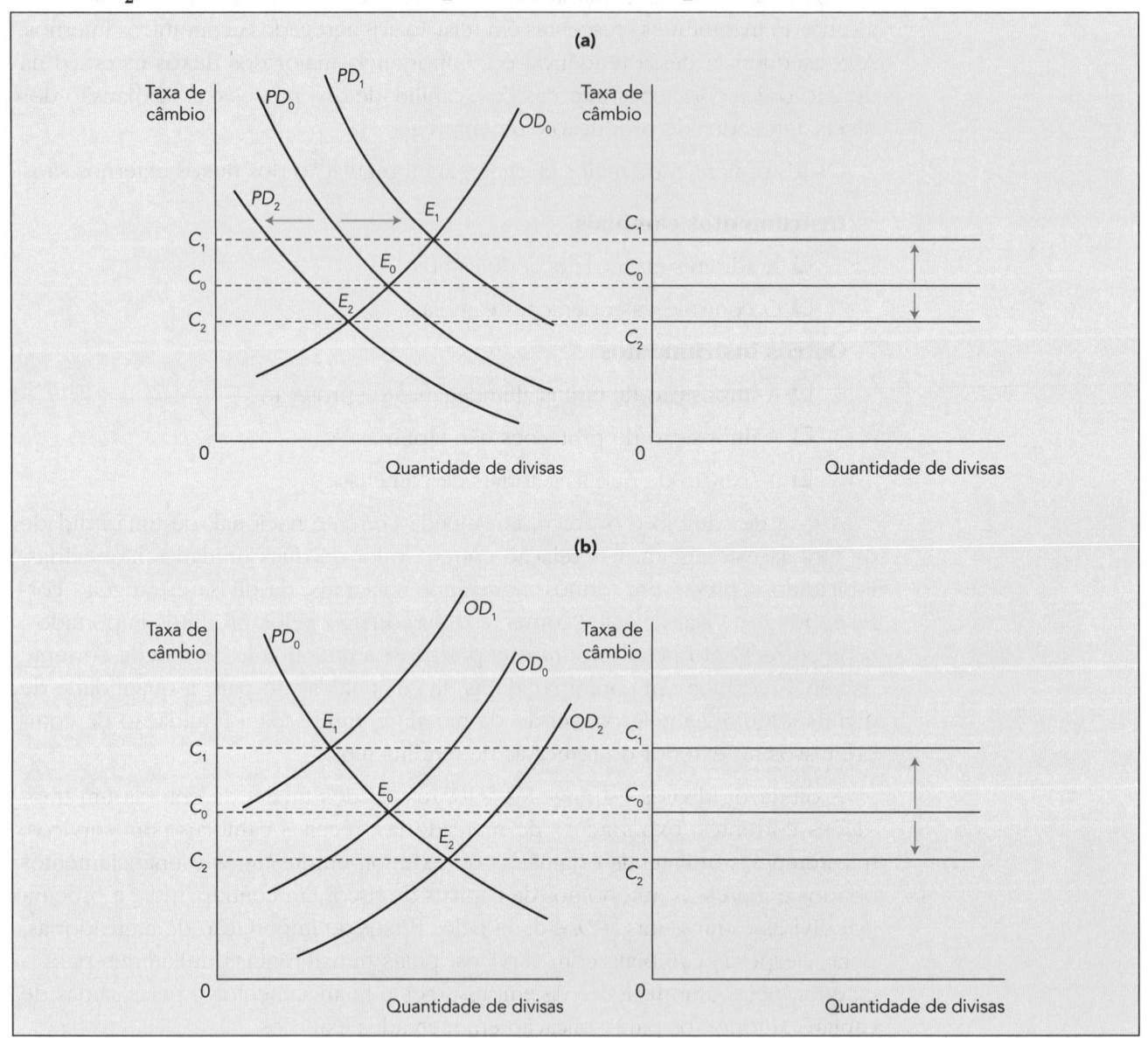

A Figura 21.2 resume essas condições: à taxa definida pelo mercado cambial livremente flutuante, quaisquer quantidades de divisas poderão ser adquiridas por um determinado agente econômico. Em (a), a taxa de câmbio de equilíbrio, E_0, flutua em resposta a variações na procura por divisas; quando a procura se desloca para mais, da posição PD_0 para PD_1, mantendo-se a oferta inalterada, a intersecção de equilíbrio vai para E_1 e a taxa aumenta de c_0 para c_1; com a contração da procura por divisas ocorrem obviamente movimentos opostos. Em (b), a taxa de câmbio de equilíbrio altera-se em resposta a variações na oferta de divisas.

FIGURA 21.3
As taxas de câmbio flexíveis e o equilíbrio do balanço internacional de pagamentos como um todo.

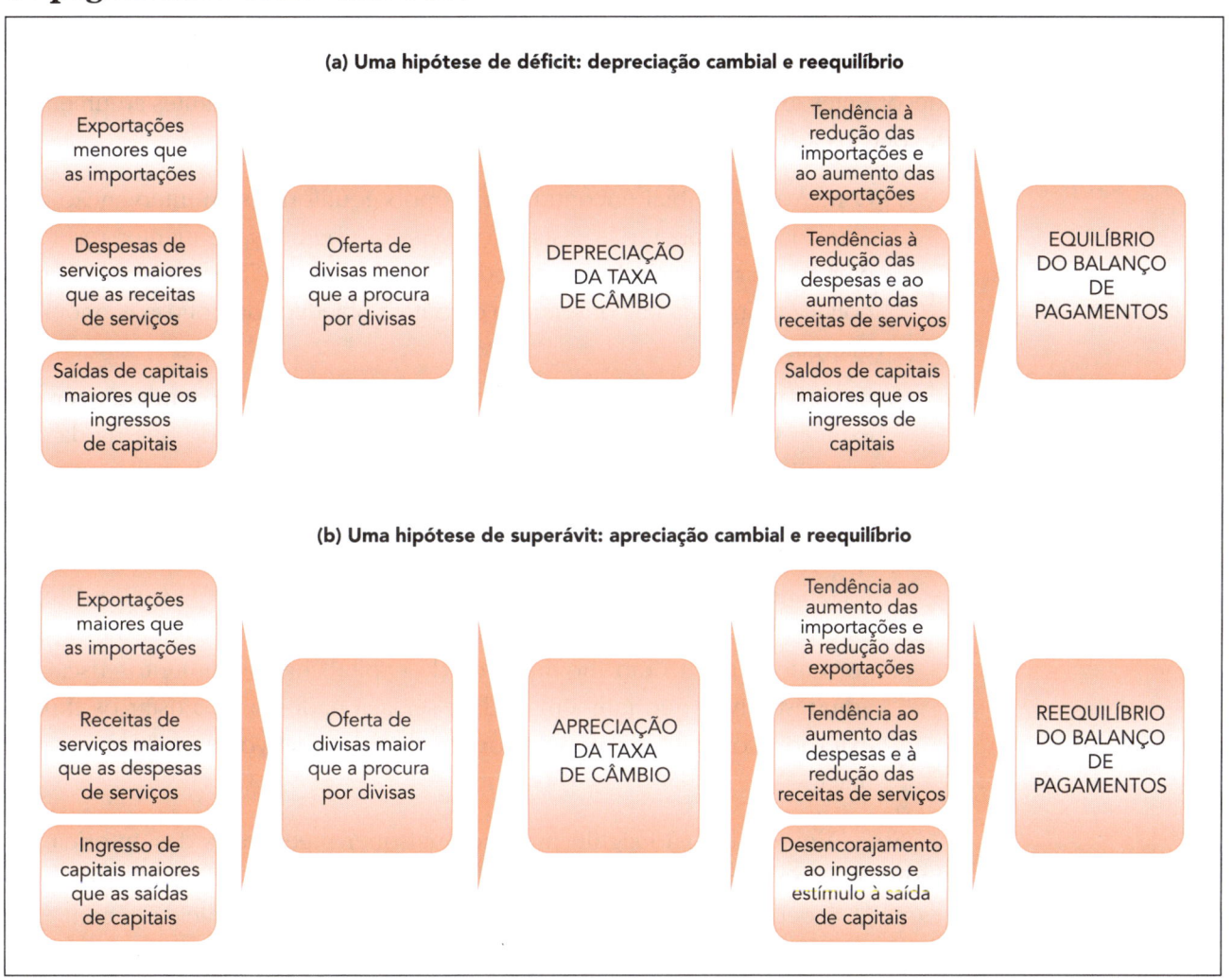

(a) Uma hipótese de déficit: depreciação cambial e reequilíbrio

- Exportações menores que as importações
- Despesas de serviços maiores que as receitas de serviços
- Saídas de capitais maiores que os ingressos de capitais

→ Oferta de divisas menor que a procura por divisas → DEPRECIAÇÃO DA TAXA DE CÂMBIO →

- Tendência à redução das importações e ao aumento das exportações
- Tendências à redução das despesas e ao aumento das receitas de serviços
- Saldos de capitais maiores que os ingressos de capitais

→ EQUILÍBRIO DO BALANÇO DE PAGAMENTOS

(b) Uma hipótese de superávit: apreciação cambial e reequilíbrio

- Exportações maiores que as importações
- Receitas de serviços maiores que as despesas de serviços
- Ingresso de capitais maiores que as saídas de capitais

→ Oferta de divisas maior que a procura por divisas → APRECIAÇÃO DA TAXA DE CÂMBIO →

- Tendência ao aumento das importações e à redução das exportações
- Tendência ao aumento das despesas e à redução das receitas de serviços
- Desencorajamento ao ingresso e estímulo à saída de capitais

→ REEQUILÍBRIO DO BALANÇO DE PAGAMENTOS

A teoria cambial básica propõe que, dado um **mercado cambial livremente flutuante** e com condições estruturais próximas das que se observam no modelo referencial da concorrência perfeita, o balanço internacional de pagamentos como um todo tenderia a permanecer em estado autossustentado de equilíbrio. As ligações fundamentais entre a taxa de câmbio flexível e o balanço de pagamentos estão esquematizadas na Figura 21.3. Os déficits provocariam depreciação real da taxa de câmbio; os superávits, apreciação. E o câmbio apreciado ou depreciado reconduziria ao equilíbrio do balanço como um todo.

Os regimes cambiais baseados em mercados livres com taxas flutuantes têm sido adotados por crescente número de países. Os regimes de taxas fixas ajustáveis, adotado desde o segundo pós-guerra, com a coordenação do FMI, têm sido substituídos por regimes mais flexíveis. Segundo levantamento recente do FMI,[2] mais de 80% das transações externas estão de alguma forma atreladas a taxas flutuantes, adotadas por 138 entre 182 países. Entre os 138, encontram-se os Estados Unidos, o Japão e os demais países industriais avançados da Europa Ocidental e da Oceania; encontram-se também os países emergentes da Ásia e crescente número de outros países em desenvolvimento. Em 1990, o número dos países com esse regime cambial limitava-se a 56.

As razões da crescente adoção de regimes cambiais com taxas flexíveis vão além dos ajustes nas contas externas proporcionados pelas flutuações do câmbio. Explicam-se também pela tendência à desfronteirização dos mercados financeiros e decorrentes exigências por flexibilidade. E ainda por três importantes argumentos favoráveis às taxas flutuantes:

1. O mercado cambial encontra seu próprio equilíbrio, sem intervenção das autoridades monetárias. Estas ficam assim liberadas de manter reservas para regular o mercado, ampliando-se seus graus de liberdade para usar a política monetária na consecução de outros objetivos da política econômica interna.

2. Em um mercado cambial livre, movimentos especulativos tendem a ter e a exercer funções muito mais na direção da estabilização do que na desestabilização. A eficiência resultante de uma atuação mais livre dos agentes econômicos (que desenvolverão mecanismos para se proteger de choques imprevisíveis) tende a ser superior à que obtém em mercados administrados.

3. A taxa de câmbio flutuante não é o único instrumento de ajuste dos fluxos externos e de equilíbrio do balanço de pagamentos, tanto em transações correntes, quanto em movimentos de capital: há instrumentos fiscais e administrativos que também podem ser acionados para ajustar os fluxos externos, compatibilizando-os com os demais objetivos da política econômica.

Esses argumentos não significam que quaisquer ingerências das autoridades monetárias no mercado de câmbio sejam nocivas. Ou que as flutuações da taxa cambial, independentemente de suas intensidades e da periodicidade com que ocorram, não representem perturbações ineficientes, prejudiciais à estabilidade e ao equilíbrio das transações externas. As incertezas em relação às taxas que prevalecerão em um mercado tão sensível, volátil e especulativo são argumentos que se opõem às taxas flutuantes, sugerindo regimes de taxas administradas de perto pelas autoridades monetárias.

O meio-termo entre as flutuações totalmente livres de controle central e a fixidez rígida do mercado é a adoção de **bandas de flutuação cambial**, definidas pelas autoridades monetárias como balizas para os limites inferior e superior das oscilações. Nesse caso, as autoridades monetárias manterão estoques de divisas conversíveis suficientes apenas para intervir no mercado (deslocando para cima e para baixo as curvas de oferta e procura, *OD* e *PD*) em situações de fortes e indesejáveis flutuações. As margens das bandas (ou faixas) de flutuação podem ser largas, para cima e para baixo, relativamente à posição da taxa central de equilíbrio. Como sugere A. Zini,[3] "quando conduzida com consistência e transparência, a adoção de bandas cambiais sujeitas a mudanças graduais, que busque um equilíbrio sustentável das contas externas, traz uma influência estabilizadora nos mercados financeiros, nas expectativas inflacionárias e na transmissão da desvalorização cambial aos preços internos".

A definição de bandas de variação cambial apresenta-se, assim, como a categoria de **administração da taxa de câmbio** que parece mais bem conciliar a flexibilidade exigida por mercados integrados, interdependentes e voláteis e os requisitos de maior independência para o emprego dos instrumentos convencionais da gestão econômica na busca de outros objetivos da política pública interna. E esta categoria de gestão cambial é também conciliável com o **controle das operações de câmbio**, no sentido de dotar as autoridades monetárias de poder de influência sobre a magnitude dos fluxos de ingresso e de saída de divisas, direcionando e adequando os níveis de estoque das reservas cambiais à liquidez internacional do país, às garantias requeridas pelos agentes econômicos residentes e não residentes que operam nesse mercado e aos objetivos internos de estabilidade dos preços e de crescimento do emprego e do produto.

Outros Instrumentos de Ajuste: Tarifas e Quotas

Para a regulação dos fluxos externos e o ajuste de seus saldos às condições do equilíbrio econômico interno, os gestores da política econômica contam ainda com o emprego de outros instrumentos, fiscais e administrativos, que complementam a administração da taxa e o controle das operações de câmbio.

A imposição de tarifas alfandegárias é a base da intervenção fiscal nos fluxos externos de comércio. Estas tarifas traduzem-se por impostos indiretos que gravam os preços dos produtos importados. Elas impactam os fluxos de importação e, portanto, os saldos da procura externa líquida. São, geralmente, barreiras comerciais que buscam proteger as atividades produtivas internas da concorrência global. Além da proteção tarifária, podem ainda ser estabelecidas outras modalidades protecionistas, como a fixação de quotas de importação (quando se limita o *quantum* do suprimento do mercado interno por produtos importados) e exigências administrativas, que assumem a forma de restrições não tarifárias, menos sujeitas a retaliações internacionais. As exigências quanto a normas fito-zoo-sanitárias são exemplos. Outros são a prova de que os produtos de exportação são produzidos sem agressão ao meio ambiente; ou, ainda, a prova de que seu consumo não agredirá o meio ambiente nos países importadores; ou ainda normas de segurança e de proteção dos consumidores.

As justificativas para a imposição de tarifas alfandegárias ou de outros instrumentos protecionistas gravitam geralmente em torno de cinco argumentos:

1. **Segurança nacional.** O argumento segurança nacional é geralmente utilizado para a proteção de setores considerados estratégicos. Embora importações possam ser feitas a custos mais baixos que os da produção interna, estas são fortemente tributadas, para que a atividade local não desapareça. A dependência de suprimentos externos é caracterizada como vulnerabilidade, envolvendo riscos, em casos de conflitos internacionais. As proteções tarifárias às indústrias de armas ou a atividades vitais para suprimentos básicos da população ou de cadeias produtivas são justificadas por argumentos desse tipo.

2. **Manutenção do emprego.** A abertura comercial irrestrita pode fazer desaparecer oportunidades ocupacionais em setores não competitivos em termos

globais. E, como a sustentação do emprego é um objetivo de política econômica pelo menos tão relevante quanto a obtenção de ganhos recíprocos em comércio exterior, a tarifa protetora prevalece sempre que as pressões e os interesses envolvidos evidenciam os custos sociais do desemprego.

3. **Viabilização de indústrias nascentes**. O argumento básico, neste caso, é que indústrias nascentes geralmente não têm escalas para concorrer, em custos, com suas rivais mundiais, mesmo em setores em que o país detém vantagens comparativas potenciais. Até a indústria local afirmar-se, ganhar escalas e custos totais médios competitivos, a proteção tarifária é necessária. Sem ela, a maior parte das indústrias nascentes dificilmente sobreviverá ao poder de mercado das concorrentes mundiais.

4. **Diversificação da pauta de produção**. Este argumento bate de frente com uma das decorrências naturais do comércio exterior, a especialização. Esta, porém, é também descrita como vulnerabilidade, à medida que torna o país fortemente dependente do setor externo em suas cadeias de suprimentos. A proteção torna a pauta interna de produção mais diversificada e atenua a vulnerabilidade do país quanto a dependência de suprimentos externos.

5. **Equalização de preços**. Embora, segundo a teoria básica, o comércio exterior possa levar à equalização dos custos dos recursos de produção e dos preços finais, a curto prazo a exposição dos produtores internos à concorrência de países onde as remunerações dos recursos são comparativamente mais baixas pode dificultar sua sobrevivência. As tarifas seriam uma forma de equalização, que poderia ser reduzida à medida que as diferenças internacionais fossem atenuadas.

Em contraposição a esses argumentos, o protecionismo é alvo das seguintes críticas:

1. **Transferências de renda**. As barreiras de comércio implicam preços mais altos nos países protegidos. E isso significa uma transferência de renda dos consumidores para os produtores. Inexistindo a proteção, os consumidores teriam acesso aos mesmos produtos (ou até a concorrentes de melhores padrões de qualidade e de desempenho) a preços mais baixos. As proteções nem sempre atendem ao interesse da sociedade como um todo, mas a pressões de grupos de interesse de alto poder de influência política.

2. **Custos da ineficiência**. As imposições protecionistas acobertam os custos de estruturas ineficientes de produção e favorecem práticas típicas de modelos monopolistas de mercado. As trocas mais abertas, contrariamente, induzem à busca por padrões mais elevados de eficiência e de competitividade, que se transferem para o mercado. O que a especialização e a divisão do trabalho fazem dentro dos limites territoriais de um país, as redes externas de trocas fazem no sistema global: o emprego mais racional e eficiente de recursos escassos.

3. **Retaliações**. A imposição de barreiras ao comércio por um país implica retaliações por outros países. As proteções para o emprego e o produto,

QUADRO 21.2
Uma síntese: custos e benefícios relevantes das trocas externas.

Custos	Benefícios
❑ **Menor autossuficiência**. Aumento dos graus de interdependência dos países: consequentemente, redução da autossuficiência e maior exposição a riscos e choques de origem externa.	❑ **Diversidade de produtos**. Maior diversidade da pauta de produtos usufruível pelas nações, especialmente as de menores dimensões territoriais, com baixa diversidade em atributos naturais.
❑ **Enfraquecimento do poder interno**. Subordinação da política pública interna a interesses multilaterais. Aumento no número, no grau de complexidade e na importância estratégica das restrições externas.	❑ **Ganhos de eficiência**. Ganhos de eficiência resultantes da abertura à concorrência, de escalas de produção ampliadas, de custos totais médios rebaixados e de remoção de pontos de estrangulamento em cadeias de suprimentos.
❑ **Desemprego estrutural**. Pressões externas forçando a busca incessante por padrões avançados de competitividade: redução das estruturas organizacionais, cortes em postos de trabalho e expansão das taxas globais de desemprego estrutural.	❑ **Aceleração de mudanças**. Transmissão de novos padrões tecnológicos, aceleração das inovações e estimulação para aprimoramento de fatores sistêmicos e estruturais de competitividade.

internamente adotadas, implicam desemprego e redução do produto nos países parceiros. O efeito final de retaliações em cascata é o comprometimento dos padrões mundiais de produtividade e de eficiência. Segundo esse contra-argumento, as retaliações entre países destroem as quatro fontes de benefícios das trocas externas: (a) a maior concorrência; (b) a busca incessante por padrões de eficiência; (c) as economias crescentes de escala; e (d) os benefícios multilaterais das vantagens comparativas.

21.3 Os Custos e Benefícios das Transações Externas

O Quadro 21.2 sintetiza custos e benefícios relevantes, derivados das redes internacionais de trocas. Não são, obviamente, os únicos. Quadros mais exaustivos considerariam todos os impactos nos mercados reais e financeiros dos processos de globalização – esse estágio avançado das trocas mundiais intensificadas. Mas, muito provavelmente, outras categorias menos abrangentes de custos e benefícios que poderiam ser listadas estariam, de alguma forma, relacionadas a um dos três aspectos resumidos em cada lado.

Mas, como resumem Ragan e Thomas,[4] por mais complexos que sejam os mecanismos de gestão do processo de abertura e de integração de mercados, implicando crescentes graus de interdependência e de transnacionalização das economias, os **benefícios globais** (especialmente a quebra de barreiras para a competição inovadora, a compressão eficiente de custos e o acesso ampliado das populações de renda baixa e média aos produtos mais sofisticados da indústria moderna) parecem superar os **custos localizados**. Com a adoção de salvaguardas que protejam interesses sociais, nítidos e menos questionáveis, custos localizados podem ser eficazmente geridos, sem que se estabeleçam cordões de isolamento para usufruto dos benefícios globais.

Ainda que praticados sob condições de complexidade crescente, a divisão do trabalho, a especialização e o intercâmbio são fatores-chave de desenvolvimento. Historicamente, eles concorrem com fatores-chave de outra ordem, todos estreitamente vinculados entre si. A acumulação de riqueza humana, base de todo o progresso, parece ser em grande parte induzida por esses fatores. E são exatamente estas as mais importantes lições que se podem extrair da história econômica de todos os povos, em todos os tempos.

RESUMO

1. As transações econômicas de um país com o exterior são totalizadas em levantamento de natureza contábil, que registra todos os recebimentos e os pagamentos entre agentes econômicos residentes e não residentes. A denominação usual desse levantamento é **balanço internacional de pagamentos**.

2. A estrutura do balanço internacional de pagamentos é definida segundo a natureza das transações, que se agrupam em duas categorias de contas: as **transações correntes** e os **movimentos de capital**. As transações correntes englobam os fluxos reais de comércio e serviços e as transferências unilaterais, sem contrapartidas. Os movimentos de capital englobam as entradas e saídas financeiras, sob as formas de investimentos diretos, empréstimos e financiamentos e aplicações em carteiras de renda fixa ou variável.

3. O resultado final do balanço internacional de pagamentos revela a posição do país, de déficit ou de superávit, em suas transações externas como um todo. As situações de déficit indicam saídas de divisas estrangeiras cambiais superiores às entradas, implicando queda das reservas internacionais do país; superávits, contrariamente, implicam aumento dos estoques de ativos externos do país. Tanto uma situação quanto outra implicam dificuldades imediatas ou futuras para a sustentação das condições internas de equilíbrio macroeconômico. Desequilíbrios externos crônicos, numa única direção, geralmente afetam objetivos internos de crescimento e de estabilidade.

4. A configuração das contas do balanço internacional de pagamentos dos países tem-se modificado com o **processo de globalização**. Três tendências têm sido registradas: 1) maior movimentação das contas de comércio, com expansão da relação comércio exterior/PNB; 2) intensificação dos fluxos de transferências unilaterais, pela maior mobilidade internacional de recursos de produção; 3) megamovimentos de capitais exigíveis e de investimentos produtivos, como mecanismo compensatório de desequilíbrios em transações correntes. Estas tendências, junto com a maior inserção internacional do país, foram observadas na reconfiguração do balanço de pagamentos do Brasil nos últimos anos, comparativamente aos padrões de ajuste das décadas precedentes.

5. Os **instrumentos de ajuste dos fluxos externos**, empregados para compatibilizar as transações do balanço de pagamentos aos objetivos internos da política pública, são a variação da taxa cambial, as tarifas alfandegárias, as quotas de comércio e outras formas não tarifárias de proteção. As variações das taxas de câmbio têm alto impacto

PALAVRAS E EXPRESSÕES-CHAVE

- ❏ Balanço internacional de pagamentos
  - ✓ Balança comercial
  - ✓ Balança de serviços
  - ✓ Transferências unilaterais
  - ✓ Movimentos de capital
- ❏ Liquidez internacional
- ❏ Reservas cambiais
- ❏ Endividamento externo
- ❏ Taxa de câmbio
- ❏ Regimes cambiais
  - ✓ Taxas fixas
  - ✓ Taxas fixas ajustáveis
  - ✓ Taxas flexíveis
  - ✓ Taxas administradas
- ❏ Bandas de flutuação cambial
- ❏ Protecionismo
- ❏ Instrumentos de proteção
  - ✓ Tarifas alfandegárias
  - ✓ Restrições não tarifárias
  - ✓ Fixação de quotas

sobre o balanço como um todo; os demais instrumentos, geralmente, atingem mais a balança de comércio.

6. A adoção de regimes cambiais com taxas flexíveis (variando dentro de bandas de flutuação definidas pelas autoridades monetárias), o rebaixamento de barreiras protecionistas tarifárias e a imposição de crescentes barreiras não tarifárias têm sido as práticas usuais adotadas pela maior parte dos países.

7. Os argumentos favoráveis à imposição de tarifas alfandegárias, como a segurança nacional, a manutenção do emprego, a viabilização de indústrias nascentes, a diversificação da pauta interna de produção e a equalização de preços, têm sido superados por contra-argumentações, fundamentadas em três pontos: 1) as barreiras de comércio implicam preços mais altos nos países protegidos – e isso significa transferência de renda de consumidores para produtores de alto poder de influência política; 2) as proteções acobertam estruturas ineficientes de produção e favorecem práticas típicas de modelos monopolistas de mercado; e 3) proteções levam a retaliações em cadeia, destruindo os benefícios das trocas externas.

8. Comparar custos e benefícios de trocas externas intensificadas com baixos coeficientes de proteção é um dos desafios mais complexos da economia globalizada. A benefícios globais contrapõem-se custos localizados. Preservar esses benefícios e administrar esses custos é, neste início de século, uma das tarefas cruciais dos gestores da política pública em praticamente todas as nações.

QUESTÕES

1. O que registram os **balanços internacionais de pagamentos**? Quais seus principais grupos de contas? Que categorias de transações são contabilizadas em cada um deles?

2. Os balanços internacionais de pagamentos resultam em situações de déficit ou de superávit. Cite pelo menos duas consequências de longo prazo para a economia interna de cada uma dessas situações.

3. Explique porque o conceito de **liquidez internacional** de um país é relacionado ao **estoque de suas reservas cambiais**; liste os cinco principais fluxos de entrada e de saída de divisas externas que modificam os níveis desse estoque.

4. Suponha duas hipóteses de movimentos de capital, compensatórios de déficits em transações correntes: (1) por empréstimos e financiamentos; (2) por ingresso de capitais autônomos de risco aplicados em projetos de investimento produtivo. Qual a preferível? Justifique.

5. Sintetize os padrões do balanço internacional de pagamentos do Brasil em cinco momentos históricos: (1) início dos anos 70, no auge do "milagre econômico"; (2) segunda metade dos anos 70, pós-choque de oferta do petróleo; (3) anos 80; (4) anos 90; e (5) primeiros 15 anos do século XXI.

6. Defina **taxa de câmbio**. Sintetize os principais fluxos de oferta e de procura de divisas. Justifique porque um mercado cambial livre é bastante próximo do modelo de concorrência perfeita.

7. Explique como taxas de câmbio flexíveis, definidas em mercados livres, podem movimentar-se e, mantidas inalteradas outras variáveis, levar ao equilíbrio o balanço internacional de pagamentos.

8. É crescente o número de países que adotam o **regime cambial de taxas flexíveis**, alguns com **bandas de flutuação cambial**. Quais os principais argumentos favoráveis a esse regime?

9. O que são tarifas alfandegárias? O que são quotas de comércio? E o que são proteções não tarifárias? Cite exemplos de cada um desses instrumentos protecionistas.

10. Que argumentos justificam o protecionismo? E quais as críticas a que está sujeito? Expresse e justifique sua posição a respeito.

11. As transações externas crescentemente abertas e menos protegidas envolvem custos e benefícios sociais. Sintetize os de maior relevância.

Referências Bibliográficas

1. SILK, Leonard. *The economists*. New York: Basic Books, 1976.
2. BOULDING, Kenneth. *The economics of peace*. New York: Harper Brothers, 1945.
3. SAY, Jean Baptiste. *Tratado de economia política*. São Paulo: Abril Cultural, 1983.
4. MARSHALL, Alfred. *Principles of economics*. Londres: Macmillan, 1890.
5. KUZNETS, Simon S. *Modem economic growth*: rate, structure and spread. New Haven: Yale University Press, 1966.
6. ROBBINS, Lionel. *An essay on the nature and significance of economic science*. Londres: Macmillan, 1932.
7. SCHUMPETER, Joseph Alois. *History of economic analysis*. New York: Oxford University Press, 1954.
8. MARSHALL, Alfred. *Principles of economics*. Londres: Macmillan, 1890.
9. LANGE, Oskar. *Moderna economia política*. Rio de Janeiro: Fundo de Cultura, 1967.
10. ROBBINS, Lionel. *An essay on the nature and significance of economic science*. Londres: Macmillan, 1932.
11. NAPOLEONI, Claudio. *O pensamento econômico do século XX*: a sistematização epistemológica de Robbins e a economia do bem-estar. Rio de Janeiro: Paz e Terra, 1979.
12. UMBREIT, Myron; HUNT, Elgin; KINTER, Charles. *Economics*: an introduction toprinciples and problems. New York: McGraw-Hill, 1957.
13. LEFTWICH, Richard H. *A basic framework for economics*. Dallas: Business, 1980.
14. BARRE, Raymond. *Manual de economia política*. Rio de Janeiro: Fundo de Cultura, 1970.
15. STONIER, Alfred; HAGUE, W. *A textbook of economic theory*. Londres: Longman Green, 1957.
16. ROGERS, Augustus J. *Choise*: an introduction to economics 2. ed. Englewood Cliffs: Prentice Hall, 1974.
17. HORSMAN, Thomas A. *Economics*: the science of scarcity. Hinsdale: Dryden, 1985.
18. DEMO, Pedro. *Metodologia científica em ciências sociais*. São Paulo: Atlas, 1980.
19. HERKOVITS, Melville J. *Antropologia económica*. México: Fondo de Cultura Económica, 1954.
20. SAMUELSON, Paul A.; NORDHAUS, William D. *Economics*. 4. ed. New York: McGraw-Hill, 1992.
21. OSER, Jacob; BLANCHFIELD, William. *História do pensamento econômico*. São Paulo: Atlas, 1983.
22. CHAUÍ, Marilena. *O que é ideologia*. 36. ed. São Paulo: Brasiliense, 1993.
23. LIPSEY, Richard G. *Introdução à economia positiva*. São Paulo: Martins Fontes, 1986.
24. LIPSEY, Richard G. A natureza da economia positiva. *Introdução à economia positiva*. São Paulo: Martins Fontes, 1986.
25. BRONFENBRENNER, Martin. A middlebrow introduction to economic methodology. In: KRUPP, R. S. (Org.). *The structure of economic science*: essays on methodology. Englewood Cliffs: Prentice Hall, 1966.
26. ROBINSON, Joan. *Economic Philosophy*. Londres: Penguin, 1966.

27. MACFIE, A. L. Economics: science, ideology, philosophy. In: *Scottishi Journal of Political Economy*. v. 10, 1963.
28. ZAMORA, Francisco. *Tratado de teoria económica*. México: Fondo de Cultura Económica, 1954.
29. LIPSEY, Richard. A economia como um todo. *Introdução â economia positiva*. São Paulo: Martins Fontes, 1986.
30. ROBINSON, Joan; EATWELL, John. *An introduction to modern economics*. Londres: McGraw-Hill, 1973.
31. SENIOR, Nassau William. *An outline of the science of political economy*. New York: Kelley, 1951.
32. WATSON, Donald Stevenson. *Economic policy*. 2. ed. Boston: Houghton Mifflin, 1978.

2

1. UMBREIT, Myron; HUNT, Elgin F.; KINTER, Charles V. *Economics*: an introduction to principles and problems. New York: McGraw-Hill, 1957.
2. KINDLEBERGER, Charles P. *Comércio exterior e a economia nacional*. Rio de Janeiro: Fundo de Cultura, 1967.
3. SCHMIDHEINY, Stephan. *Mudando o rumo*: uma perspectiva empresarial sobre desenvolvimento e meio ambiente. Rio de Janeiro: FGV, 1992.
4. TRENTON, Rudolph. *Basic economics*. 3. ed. Englewood Cliffs: Prentice Hall, 1973.
5. PATERSON, J. H. *Terra, trabalho e recursos naturais*: uma introdução à geografia econômica. Rio de Janeiro: Zahar, 1975.
6. MEADOWS, Donella H.; MEADOWS, Denis L. *Beyond the limits*. Boston: MIT Press, 1992.
7. BARRE, Raymond. *Manual de economia política*. Rio de Janeiro: Fundo de Cultura, 1970.
8. COSTA, Rubens V. *Crescimento populacional e desenvolvimento econômico*. Fortaleza: BNB, 1970.
9. MADISON, Angus. *Economic growth in Japan and URSS*. New York: W. W. Norton, 1969.
10. MARTINE, George; CARVALHO, J. A. Magno; ARIAS, Alfonso R. *Mudanças recentes no padrão demográfico brasileiro e implicações para a agenda social*. Texto para discussão nº 345. Rio de Janeiro: IPEA, 1994.
11. BOULDING, Kenneth E. *Principles of economic policy*. 4. ed. Englewood Cliffs: Prentice Hall, 1964.
12. BOOZ; ALLEN; HAMILTON. *New products management for 1980s*. New York, 1992.
13. KINDLEBERGER, Charles P. *Comércio exterior e a economia nacional*. Rio de Janeiro: Fundo de Cultura, 1967.
14. NETTO, A. Delfim. *Planejamento para o desenvolvimento econômico*. São Paulo: Pioneira, 1966.
15. MANDEL, Ernest. *O capitalismo tardio*. São Paulo: Abril Cultural, 1983.
16. COUTINHO, Luciano; FERRAZ, J. Carlos (Coords.). *Estudo da competitividade da indústria brasileira*. Campinas: MCT/UNICAMP/Papirus, 1994.
17. LEIBENSTEIN, Harvey. *Economic backwardness and economic growth*. Cincinnati: South-Western, 1975.
18. HAILTONES, Thomas J. *Basic economics*. Cincinnati: South-Western, 1980.

19. DOMAR, Evsey D.; HARROD, Roy F. *Essays in the theory of economic growth*. Londres: Oxford University Press, 1957.
20. COBB, C. W.; DOUGLAS, P. H. A theory of production. In: *American Economic Review*, 18, 1928.

3

1. BORNSTEIN, Morris. An integration. In: ECKSTEIN, Alexander (Ed.). *Comparation of economic systems*. Berkeley: University of California Press, 1975.
2. GALBRAITH, John Kenneth. *The new industrial state*. Boston: Houghton Mifflin, 1979.
3. EDEY, Harold C.; PEACOCK, Alan T. *Renda nacional e contabilidade social*. Rio de Janeiro: Zahar, 1963.
4. WONNACOTT, Paul; WONNACOTT, Ronald. *Economia*. 2. ed. São Paulo: Makron Books, 1994.
5. HICKS, J. R. *The social framework*. Oxford: Oxford University Press, 1960.
6. JEVONS, W. Stanley. *La monnaie et le mécanisme de l'échange*. 5. ed. Paris: Germer Baillièrie, 1891.
7. MENGER, Carl. *Principios de economia política*. São Paulo: Abril Cultural, 1983.
8. SMITH, Adam. *An inquiry into the nature and causes of the wealth of nations*. New York: Random House, 1937.
9. HUGON, Paul. *A moeda*. São Paulo: Pioneira, 1967.
10. GUDIN, Eugênio. *Introdução à economia monetária*. Rio de Janeiro: Agir, 1964.
11. GIDE, Charles. Éléments d'économie politique. Paris: Félix Alcan, 1920.
12. KEYNES, John Maynard. *A treatise on money*. Londres: Macmillan, 1930.
13. SAMUELSON, Paul Anthony. *Economies*. 9. ed. New York: McGraw-Hill, 1973.
14. LIPSEY, Richard G. *An introduction to positive economics*. Londres: Weidenfeld & Nicolson, 1974.
15. WITHERS, Hartley. *The meaning of money*. 5. ed. Londres: Macmillan, 1930.
16. KEYNES, John Maynard. The psychological and business incentives to liquidity. *The general theory of employment, interest and money*. Cambridge: The Royal Economic Society/Macmillan, 1973.
17. KENDRICK, J. W. *Economic accounting and their uses*. New York: McGraw-Hill, 1972.
18. KEYNES, John Maynard. Concluding notes on the social philosophy towards which the general theory might lead. *The general theory of employment, interest and money*. Cambridge: The Royal Economic Society/Macmillan, 1973.
19. LINDBECK, Assar. *A economia política da nova esquerda*. Rio de Janeiro: Paz e Terra, 1980.

4

1. GWARTNEY, James D.; STROUP, Richard L. *Economics*: private and public choice. 7. ed. Orlando: Dryden Press, 1995.
2. RAGAN, James F.; THOMAS, Lloyd B. *Principles of economics*. 2. ed. Orlando: Dryden Press, 1993.
3. MEYERS, Albert L. *Elements of modern economics*. Englewood Cliffs: Prentice Hall, 1937.
4. MASLOW, Abraham H. *Motivation and personality*. New York: Harper & Row, 1954.
5. GIDE, Charles. Éléments d'économie politique. Paris: Félix Alcan, 1920.

6. BARAN, Paul. *A economia política do desenvolvimento*. São Paulo: Abril Cultural, 1984.
7. GILL, Richard T. *Introdução à macroeconomia*. São Paulo: Atlas, 1975.
8. MATTERSDORFF, G. H. Diminishing returns law. In: GREENWALD, Douglas. *Encyclopedia of economics* (Ed.). New York: McGraw-Hill, 1982.
9. SAMUELSON, Paul Anthony. *Economics*. 9. ed. New York: McGraw-Hill, 1973.
10. MEAD, Margaret. *Cooperation and competition among primitive people*. New York: McGraw-Hill, 1937.
11. THOMAS, Henry. *A história da raça humana*. Porto Alegre: Globo, 1959.
12. CAMPOS, Roberto de Oliveira. *Ensaios de história econômica e sociologia*. Rio de Janeiro: APEC, 1963.
13. PREBISHI, Raul. *Transformação e desenvolvimento*: a grande tarefa da América Latina. Rio de Janeiro: FGV, 1973.
14. NAPOLEONI, Claudio. *Elementi di economia politica*. Florença: Nuova Italia, 1973.
15. ROSTOW, W. W. *The stages of economic growth*. Cambridge: Cambridge University Press, 1962.

5

1. PASTORE, José. *Desigualdade e mobilidade social no Brasil*. São Paulo: EDUSP, 1979.
2. VILA NOVA, Sebastião. *Desigualdade, classe e sociedade*. São Paulo: Atlas, 1982.
3. BACH, George Leland. *Economics*: an introduction to analysis and policy. 8. ed. Englewood Cliffs: Prentice Hall, 1974.
4. BONELLI, Regis; RAMOS, Lauro. *Distribuição de renda no Brasil*: avaliação das tendências de longo prazo e mudanças na desigualdade desde meados dos anos 70. Brasília/Rio de Janeiro: IPEA, 1993.
5. SAMUELSON, Paul Anthony. *Economics*. 9. ed. New York: McGraw-Hill, 1973.
6. PARETO, Vilfredo. *Cours d'économie politique*. Lausanne, v. I, 1896.
7. SIMONSEN, Mário Henrique. Os desafios do desenvolvimento. In: SIMONSEN, M. H.; CAMPOS, R. O. *A nova economia brasileira*. Rio de Janeiro: José Olympio, 1974.
8. ROMÃO, Maurício Costa. *Pobreza*: conceito e mensuração. Brasília/Rio de Janeiro: IPEA, 1993.
9. ABRANCHES, Sergio. *Os despossuídos*: crescimento e pobreza no país do milagre. Rio de Janeiro: Zahar, 1985.
10. BAUMOL, William J., BLINDER, Alan S. *Economics*: principles and policy. Orlando: Dryden Press/Harcourt Brace, 1994.
11. SAMUELSON, Paul A.; NORDHAUS, William D. *Economics*. 4. ed. New York: McGraw-Hill, 1992.
12. RAGAN, James F.; THOMAS, Lloyd B. *Principles of economics*. 2. ed. Orlando: Dryden Press, 1993.
13. JAGUARIBE, Helio; VALLE E SILVA, Nelson; ABREU, Marcelo P.; ÁVILA, Fernando B.; FRITSCH, Winston. *Brasil*: reforma ou caos. 3. ed. Rio de Janeiro: Paz e Terra, 1989.
14. LANGONI, Carlos Geraldo. *Distribuição da renda e desenvolvimento econômico do Brasil*. Rio de Janeiro: Expressão e Cultura, 1973.
15. SAMUELSON, Paul Anthony. *Economics*. 9. ed. New York: McGraw-Hill, 1973.
16. RAMOS, Mauro; VIEIRA, Maria Lucia. *Desigualdade de rendimentos no Brasil nas décadas de 80 e 90*: evolução e principais determinantes. IPEA, Texto para discussão nº 803. Rio de Janeiro: IPEA, jun. 2001.

17. RAWLS, John. *A theory of justice*. Boston: Harvard University Press, 1971.
18. ALAMGIR, M. Poverty inequality and social welfare: measurement, evidence and policies. *The Bangladesh Economic Review*, v. 3, nº 2, 1975.

6

1. SMITH, Adam. *An inquiry into the nature and causes of the wealth of nations*. New York: Random House, 1937.
2. STEINER, George A. *Government's role in economic life*. New York: McGraw-Hill, 1962.
3. GOLOB, Eugene O. *Os ismos*: história e interpretação. Rio de Janeiro: Ipanema, 1958.
4. WATKINS, Frederick. *A idade da ideologia*. Rio de Janeiro: Zahar, 1966.
5. STEINER, George A. *Government's role in economic life*. New York: McGraw-Hill, 1962.
6. WATKINS, Frederick. *A idade da ideologia*. Rio de Janeiro: Zahar, 1966.
7. BÖHM-BAWERK, Eugen. *Karl Marx and the close of his system*. New York: Macmillan, 1898.
8. HOOVER, Calvin B. *A economia, a liberdade e o estado*. Rio de Janeiro: AGIR, 1964.
9. MARSHALL, Alfred. *Principles of economics*. Londres: Macmillan, 1890.
10. BASTIAT, Frédéric. *Oeuvres completes*. Paris: Paillottet, 1855.
11. SAMUELSON, Paul Anthony. *Economics*. 9. ed. New York: McGraw-Hill, 1973.
12. ROBBINS, Lionel. *Teoria da política econômica*. São Paulo: IBRASA/USP, 1972.
13. PIGOU, Arthur Cecil. *The economics of welfare*. Londres: Macmillan, 1932.
14. SAMUELSON, P. A. Aspects of public expenditure. In: CAMERON, H. A.; HENDERSON, H. *Public finance*: selected readings. New York: Randon House, 1966.
15. LANGE, Oskar. *On the economic theory of socialism*. Minneapolis: University of Minnesota Press, 1938.
16. RAGAN, James F.; THOMAS, Lloyd B. *Principles of economics*. 2. ed. Orlando: Dryden Press, 1992.
17. REZENDE, Fernando A. *A avaliação do setor público na economia brasileira*. Rio de Janeiro: IPEA, 1972.
18. SIMONSEN, Mario Henrique. Planejamento, mercado, intervenção estatal. *Brasil 2001*. Rio de Janeiro: APEC, 1969.
19. HEILBRONER, Robert L. *The wordly philosophers*: the lives, times and ideas of the great economic thinkers. New York: Simon & Schuster, 1956.
20. NIVEAU, Maurice. *Histoire des faits économiques contemporains*. Paris: Presses Universitaires de France, 1967.
21. CAMPBELL, Robert W. *Soviet economic power*. 2. ed. Boston: Houghton Mifflin, 1966.
22. BROBOSWSKI, C. *Formation du système soviétique de planification*. Paris: La Haye, 1956.
23. LAJUGIE, Joseph. *Les systèmes économiques*. Paris: Presses Universitaires de France, 1973.
24. CORNEJO, Benjamin; ITURRIOZ, Eulogio. *Manual de economia politica*. Buenos Aires: Zavalia, 1969.
25. NOVE, Alec. *A economia soviética*, Rio de Janeiro: Zahar, 1963.
26. GORBACHEV, Mikhail. *Perestroika*: novas ideias para o meu país e o mundo. São Paulo: Best Seller, 1987.

27. HUIJIONG, Whang. Industrialização e reforma econômica na China. *A economia mundial em transformação.* 2. ed. Rio de Janeiro: FGV, 1994.
28. LIPSEY, R. G.; STEINER, P. O. *Economics.* New York: Harper & Row, 1983.
29. DALTON, George. *Sistemas econômicos e sociedade:* capitalismo, comunismo e terceiro mundo. Rio de Janeiro: Zahar, 1977.
30. GROSSMAN, Gregory. *Sistemas econômicos.* 2. ed. Lisboa: Clássica, 1968.
31. ELLIOT, John. *Comparative economic systems.* Englewood Cliffs: Prentice Hall, 1973.

7

1. DOBBS, Richard; KOLLER, Tim; RAMASWAMY, Sree. *The future and how to survive it.* Boston: Harvard Business Review, Oct. 2015.
2. LAFER, Celso. O Brasil no mundo pós-guerra fria. *A economia mundial em transformação.* Rio de Janeiro: FGV, 1994.
3. JONES, Hywel G. *An introduction to modem theories of economic growth.* Londres: Thomas Nelson, 1975.
4. RODRIGUES, Maria Cecilia Prates. O índice de desenvolvimento social (IDS). *Conjuntura Econômica,* ano 47, nº 2, 1993.
5. LEIBENSTEIN, Harvey. *General X-efficiency theory and economic development.* New York: Oxford University Press, 1978.
6. WALINSKY, Louis J. *Planejamento e execução do desenvolvimento econômico.* Rio de Janeiro: Zahar, 1965.
7. THORSTENSEN, Vera. *Comunidade europeia.* São Paulo: Brasiliense, 1992.
8. PORTER, Michael. *The competitive advantage of nations.* New York: Free Press, 1990.
9. GIANNETTI, Eduardo. *As partes & o todo.* 2. ed. São Paulo: Siciliano, 1995.
10. COUTINHO, Luciano, FERRAZ, João Carlos (Coords.). *Estudo da competitividade da indústria brasileira.* Campinas: UNICAMP/Papirus, 1994.
11. SHEPPARD, Blair. *The five global megatrends and possible implications.* New York: PWC, 2015.
12. SCHMIDHEINY, Stephan. *Mudando o rumo:* uma perspectiva empresarial global sobre desenvolvimento e meio ambiente. Rio de Janeiro: FGV, 1992.

8

1. WEBER, Max. *História geral da economia.* São Paulo: Mestre Jou, 1968.
2. GALBRAITH, John Kenneth. *A economia ao alcance de quase todos.* São Paulo: Guazzelli, 1980.
3. MILL, John Stuart. *Princípios de economia política:* com algumas de suas aplicações à filosofia social. São Paulo: Abril Cultural, 1983.
4. STACKELBERG, Heinrich. *Marktform und gleichgewicht.* Berlim: Springer, 1934.
5. GAROFALO, Gilson de Lima; CARVALHO, Luiz Carlos P. *Análise microeconômica.* São Paulo: Atlas, 1980.
6. CHAMBERLIN, Edward E. *The theory of monopolistic competition.* Cambridge: Harvard University Press, 1933.
7. HOUTHAKKER, Hendrick S.; TAYLOR, Lester D. *Consumer demand in the United States.* Cambridge: Harvard University Press, 1970.
8. BOHI, Douglas R. *Analysing demand behavior.* Baltimore: John Hopkins University Press, 1981.

9. CAPPS, Oral, CHENG, Hsaing-tai. Demand for fish. *American Journal of Agricultural Economics*, US Department of Agriculture, Aug. 1988.
10. BYE, R. T. *Social economy and the price system*. New York: Macmillan, 1950.
11. GILL, Richard. *Introdução à macroeconomia*. São Paulo: Atlas, 1975.

9

1. MENGER, Carl. *Princípios de economia política*. São Paulo: Abril Cultural, 1983.
2. LIPSEY, Richard; STEINER, Peter O. *Economics*. New York: Harper & Row, 1969.
3. VEBLEN, Thorstein. *The theory of leisure class*. Boston: Houghton Mifflin, 1973.
4. LEIBENSTEIN, H. Band wagon, snob and Veblen effects in the theory of consumer's demand. In: KAMERSCHEN, D. (Ed.). *Readings in microeconomics*. New York: John Wiley, 1969.
5. BERLE, A. A.; MEANS, G. C. *The modem corporation and private property*. New York: Macmillan, 1932.
6. MACHLUP, F. Theories of the firm: marginalist, behavioral, managerial. *The American Economic Review*, v. 57, nº 1, Mar. 1967.
7. HALL, R. L.; HITCH, C. J. Price theory and business behavior. *Oxford Economic Papers*, 2, 1939.
8. SIMON, H. A. On the concept of organizational goal. *Administrative Science Quarterly*, v. 9, nº 1, June 1964.
9. SCITOSKY, Tibor. A note on profit maximization and its implications. *Review of Economic Studies*, 2, 1943.
10. BAUMOL, William J. *Business behavior, value and growth*. 2. ed. New York: Harcourt Brace, 1967.

10

1. LANCASTER, Kelvin. *A economia moderna*: teoria e aplicações. Rio de Janeiro: Zahar, 1977.
2. SAMUELSON, Paul Anthony. *Economics*. 9. ed. New York: McGraw-Hill, 1973.
3. ROBINSON, Joan, EATWELL, John. *An introduction to modem economics*. Londres: McGraw-Hill, 1973.
4. BACH, George Leland. *Economics*: an introduction to analysis and policy. 8. ed. Englewood Cliffs: Prentice Hall, 1974.
5. LANCASTER, Kelvin. *A economia moderna*: teoria e aplicações. Rio de Janeiro: Zahar, 1977.
6. TISDELL, Ciem. *Microeconomia*: a teoria da alocação econômica. São Paulo: Atlas, 1978.
7. GALBRAITH, John Kenneth. *A economia ao alcance de quase todos*. São Paulo: Guazzelli, 1980.
8. SYLOS-LABINI, P. *Oligopolio y progresso técnico*. Barcelona: Oikostan, 1966.
9. POSSAS, Mario Luiz. *Estruturas de mercado em oligopólio*. 2. ed. São Paulo: Hucitec, 1987.
10. LEFTWICH, Richard H. *O sistema de preços e a alocação de recursos*. São Paulo: Pioneira, 1971.
11. HOGENDORN, Jan S. *Markets in the modem economy*: an introduction to microeconomics. Cambridge: Winthrop, 1974.

12. LIPSEY, Richard G. *An introduction to positive economics*. Londres: Wendenfeld & Nicolson, 1974.
13. McCONNELL, Campbell R. *Elementary economics*: principles, problems and policies. 6. ed. New York: McGraw-Hill, 1975.

11

1. KUZNETS, Simon. *National income and its composition, 1919-1938*. New York: National Bureau of Economic Research, 1941.
2. STONE, Richard. *Function and criteria of a system of social accounting*. New York: League of Nations, 1949.
3. AUKRUST, O. On the theory of social accounting. *The Review of Economic Studies*, 1949-50.
4. UNITED NATIONS. *A system of national accounts and supporting tables*. New York, 1952.
5. LOEB, Gustaaf F. Estimativas da renda nacional do Brasil. *Revista Brasileira de Economia*, v. 7, nº 1, 1953.
6. STONE, Richard, STONE, Giovanna. *National income and its expenditure*. Chicago: Quadrangle, 1962.
7. LEONTIEF, Wassily. *The structure of american economy, 1919-1929*. 2. ed. New York: Oxford University Press, 1951.
8. SILK, Leonard. *The economists*. New York: Basic Books, 1976.

12

1. IBRE – Instituto Brasileiro de Economia. A força da economia submersa. *Conjuntura Econômica*, ano 43, nº 6, jun. 1989.
2. FIERGE, Edgar L. (Ed.) *The underground economies*: tax evasion and information distortion. Cambridge: Cambridge University Press, 1989.
3. ABDELHAY, Rubens. Inflação e contas nacionais. *Conjuntura Econômica*, ano 47, nº 1, jan. 1993.
4. SAMUELSON, Paul Anthony. Analytical notes on international real income measures. *Economic Journal*, Sept. 1974.
5. WORLD BANK. *World development report*. Technical notes. Washington: World Bank/Oxford University Press, 1996.
6. CLARK, Colin. *The condition of economic progress*. Londres: Macmillan, 1940.
7. COPELAND, M. A.; JACOBSON, J.; CLYMAN, B. Problems of international comparisons of income and product. *Studies in income and wealth*, v. 10, Parte III. New York: 1947.
8. GILBERT, Milton; KRAVIS, Irving. *An international comparison of national products and the purchasing power of currencies*. Paris: Organization of European Economic Cooperation, 1954.

13

1. IBGE. *Estrutura do Sistema de Contas Nacionais*. Nota Metodológica nº 2, Rio de Janeiro: IBGE, jan. 2015.
2. LEWINSHON, Richard. Renda Nacional e Fortuna Nacional. *Revista Brasileira de Economia*, v. 4, nº 2, 1950.

3. IBRE, FGV-RJ. *Contas Nacionais do Brasil – conceitos e metodologia*. Ver capítulo 2, Histórico da experiência brasileira. Rio de Janeiro: FGV, 1972.
4. IBGE. Sistema de Contas Nacionais do Brasil. *Série Relatórios Metodológicos* nº 24, 2. ed. Rio de Janeiro: IBGE, 2008.
5. MELLO de CARVALHO, L.; TORRES FEVEREIRO, J. B. R. *Revisão metodológica das Contas Nacionais e principais impactos sobre a trajetória do PIB e seus componentes*. Rio de Janeiro: IBRE, Carta de Conjuntura, Nota técnica nº 26, abr. 2015.
6. IBGE. Sistema de Contas Nacionais do Brasil. *Série Relatórios Metodológicos* nº 24, 2. ed. Rios de Janeiro: IBGE. 2008.
7. MELLO de CARVALHO, L.; TORRES FEVEREIRO, J. B. R. *Nota técnica citada*. Rio de Janeiro: IBRE, abr. 2015.
8. IBGE. *Produto Interno Bruto dos municípios*. Contas Nacionais nº 39. Rio de Janeiro: IBGE, 2012.

14

1. GURLEY, J. G., SHAW, E. S. Financial intermediaries and the saving investment process. *Journal of Finance*, 11, 1965.
2. CONTADOR, Claudio Roberto. *Mercado de ativos financeiros no Brasil*: perspectiva histórica e comportamento recente. Rio de Janeiro: IBMEC, 1974.
3. GOLDSMITH, R. W. *Financial structure and development*. New Haven: Yale University Press, 1969.
4. CONTADOR, Claudio Roberto. *Mercado de ativos financeiros no Brasil*: perspectiva histórica e comportamento recente. Rio de Janeiro: IBMEC, 1974.
5. RUDGE, Luiz Fernando; CAVALCANTE, Francisco. *Mercado de capitais*. 3. ed. Belo Horizonte: Comissão Nacional de Bolsas de Valores, CNBV, 1996.
6. LEITE, Helio de Paula. *Introdução à administração financeira*. São Paulo: Atlas, 1985.
7. KAUFMAN, George G. *Money*: the financial system and the economy. Chicago: Rand McNally, 1977.

15

1. BROOMAN, F. S. *Macroeconomia*. Rio de Janeiro: Zahar, 1966.
2. CONTADOR, Claudio Roberto. *Mercado de ativos financeiros no Brasil*: perspectiva histórica e comportamento recente. Rio de Janeiro: IBMEC, 1974.
3. RAGAN, James F., THOMAS, Lloyd B. *Principles of economics*. 2. ed. Orlando: Dryden Press, 1992.
4. GWARTNEY, James D.; STROUP, Richard L. *Economics*: private and public choice. 8. ed. Orlando: Dryden Press, 1995.
5. SLAVIN, Stephen. *Macroeconomics*. 6. ed. New York: McGraw-Hill, Economic Series, 1997.

16

1. FONSECA, Eduardo Giannetti. Inflação: causas e consequências. *As partes & o todo*. São Paulo: Siciliano, 1995.
2. FISHER, Irving. *The purchasing power of money*: its determination and relation to credit, interest and crises. New York: Macmillan, 1911.

3 MINELLA, André; SOUZA-SOBRINHO, Nelson F. Canais monetários no Brasil, sob a ótica de um modelo semiestrutural. *Dez anos de metas para a inflação no Brasil: 1999-2009*. Brasília: Banco Central do Brasil, 2011.

4. GRIFFITHS, Brian. *Inflação*: o preço da prosperidade. São Paulo: Pioneira, 1981.

5. HARBERGER, Arnold C. Uma visão moderna do fenômeno da inflação. *Revista Brasileira de Economia*, Rio de Janeiro, v. 1. jan./mar. 1978.

6. LERNER, Abba P. *The economics of control*. New York: Macmillan, 1946.

7. GRUNWALD, Joseph. Estabilidade de preços e desenvolvimento, segundo a escola estruturalista. In: HIRSCHMAN, A. O. (Coord.). *Monetarismo e estruturalismo*: um estudo sobre a América Latina. Rio de Janeiro: 1967.

8. FRANCO, Gustavo H. B. *O plano real e outros ensaios*. Rio de Janeiro: Francisco Alves, 1995.

9. CAGAN, P. The monetary dynamics of hyperinflation. In: FRIEDMAN, Milton (Ed.). *Studies in the quantity theory of money*. Chicago: Chicago University Press, 1956.

10. FRANCO, Gustavo H. B. Hiperinflação. *O plano real e outros ensaios*. Rio de Janeiro: Francisco Alves, 1995.

11. CAGAN, P. The monetary dynamics of hyperinflation. In: FRIEDMAN, Milton (Ed.). *Studies in the quantity theory of money*. Chicago: Chicago University Press, 1956.

12. BRESCIANI-TURRONI, C. *The economics of inflation*: a study in currency depreciation in post-war Germany. Londres: Kelley, 1968.

13. ONODY, Oliver. *A inflação brasileira, 1820-1958*. Rio de Janeiro, 1960.

14. PELÁEZ, Carlos Manuel; SUZIGAN, Wilson. *História monetária do Brasil*: análise da política, comportamento e instituições monetárias. Rio de Janeiro: IPEA/INPES, 1976.

15. HADDAD, Claudio L. S. *Crescimento do produto real no Brasil, 1900-1947*. Rio de Janeiro: FGV, 1978.

16. CHACEL, Julian; SIMONSEN, M. Henrique; WALD, Arnoldo. *A correção monetária*. Rio de Janeiro: APEC, 1970.

17. PELÁEZ, Carlos Manuel; SUZIGAN, Wilson. *História monetária do Brasil*: análise da política, comportamento e instituições monetárias. Rio de Janeiro: IPEA/INPES, 1976.

18. PEREIRA, Luiz Carlos Bresser. *Fatores aceleradores, mantenedores e sancionadores da inflação*. X Encontro Nacional de Economia. Belém: ANPEC, 1983.

19. SILVA, Adroaldo Moura. Reflexões à margem da experiência brasileira. *Revista Brasileira de Economia*, v. 1, nº 3, 1981.

20. LOPES, Francisco L. O *desafio da hiperinflação*: em busca da moeda real. Rio de Janeiro: Campus, 1989.

21. BAER, Werner. A retomada da inflação no Brasil: 1974-1986. *Revista de Economia Política*, v. 7, nº 1, 1987.

22. FRANCO, Gustavo H. B. O plano real e a URV: fundamentos da reforma monetária brasileira de 1993-94. *O plano real e outros ensaios*. Rio de Janeiro: Francisco Alves, 1995.

17

1. SAMUELSON, Paul A. Worldwide stagflation. HAGATAMI, Hiroaki; CROWLEY, Kate (Org.). *The collected scientific papers of Paul Samuelson*, v. 4. Cambridge: MIT Press, 1975.

2. HALL, Robert E., TAYLOR, John B. *Macroeconomics*: theory, performance and policy. New York: W. W. Norton, 1986.

3. GORDON, Robert J. *Macroeconomics*. Boston: Little Brown, 1978.

18

1. MODIGLIANI, Franco; BRUMBERG, Richard. Utility analysis and the consumption function: an interpretation of cross-section data. In: KURIHARA, K. E. *Post-keyne-sian economics*. New Brunswick: Rutgers University Press, 1954.
2. FRIEDMAN, Milton. *A theory of consumption function*. Princeton: Princeton University Press, 1957.
3. BAUMOL, William J.; BLINDER, Alan S. *Economics*: principles and policy. Orlando: Dryden Press/Harcourt Brace, 1994.
4. DUESENBERRY, James S. *Income, saving and the theory of consumer behavior*. Cambridge: Harvard University Press, 1952.
5. KEYNES, John Maynard. *The general theory of employment, interest and money*. Cambridge: The Royal Economic Society /Macmillan, 1973.
6. COUTINHO, Luciano; FERRAZ, J. Carlos (Coord.). *Estudo da competitividade da indústria brasileira*. Campinas: MCT/UNICAMP/Papirus, 1994.
7. SIMONSEN, Mário Henrique; CYSNE, Rubens Penha. *Macroeconomia*. 2. ed. São Paulo/Rio de Janeiro: Atlas/FGV, 1995.
8. WORLD ECONOMIC FORUM. The Global Competitiveness Report 2014-2015. Colony/Geneva: WEF, 2015.
9. LEITE, José Alfredo. *Macroeconomia*: teoria, modelos e instrumentos de política econômica. São Paulo: Atlas, 1994.
10. SIMONSEN, Mário Henrique; CYSNE, Rubens Penha. *Macroeconomia*. 2. ed. São Paulo/Rio de Janeiro: Atlas/FGV, 1995.
11. IMD.

19

1. McCONNELL, Campbell R. *Elementary economics*: principles, problems and policies. 6. ed. New York: McGraw-Hill, 1975.
2. SAY, Jean Baptiste. *Tratado de economia política*. São Paulo: Abril Cultural, 1983.
3. MILL, John Stuart. *Princípios de economia política*: com algumas de suas aplicações à filosofia social. São Paulo: Abril Cultural, 1983.
4. NAPOLEONI, Claudio. *O pensamento econômico do século XX*. Rio de Janeiro: Paz e Terra, 1979.
5. SIMONSEN, Mário Henrique; CYSNE, Rubens Penha. *Macroeconomia*. 2. ed. São Paulo/Rio de Janeiro: Atlas/FGV, 1995.
6. TAPINOS, Georges. Prefácio ao *Traité d'économie politique* de J. S. Mill. Paris: Calmann-Lévy, 1972.
7. KEYNES, John Maynard. Concluding notes on the social philosophy towards which the general theory might lead. *Tire general theory of employment, interest and money*. Cambridge: The Royal Economic Society/Macmillan, 1973.
8. SILVA, Adroaldo M. Keynes e a teoria geral. Apresentação de *Teoria geral do emprego, do juro e da moeda* de J. M. Keynes. São Paulo: Abril Cultural, 1983.
9. SAMUELSON, Paul A. *Economics*. 9. ed. New York: McGraw-Hill, 1973.
10. SAMUELSON, Paul A. Interation between the multiplier analysis and the principle of acceleration. *Review of Economic Statistics*, v. 21, May 1939.
11. SCHUMPETER, Joseph Alois. *Business cycles*: a theoretical, historical and statistical analysis of the capitalist process. New York: McGraw-Hill, 1939.

12. HANSEN, Alvim H. *Business cycles and national income*. New York: W. W. Norton, 1951.
13. TUFTE, Edward. *Political control of the economy*. Princeton: Princeton University Press, 1978.
14. METZLER, Lloyd. The nature and stability of inventory cycles. *Review of Economic Statistics*, Aug. 1941.
15. LUCAS, Robert E.; RAPPING, Leonard A. Real wages, employment and inflation. *Journal of Political Economy*, v. 77, Sept./Oct. 1969.
16. PRESCOTT, Edward C. Theory ahead of business cycle measurement. *Quarterly Review*, Federal Reserve Bank of Minneapolis, 1986.
17. DORNBUSCH, Rudiger; FISCHER, Stanley. *Macroeconomics*. New York: McGraw-Hill, 1981.
18. FRIEDMAN, Milton; HELLER, Walter. *Monetary vs. fiscal policy*. New York: W. W. Norton, 1969.
19. HAWTREY, R. G. *Good and Bad Trade*. Londres: Constable, 1913. *Trade and Credit*. Londres: Longman, 1928.
20. MANKIW, N. Gregory. *Macroeconomics*. New York: Worth, 1992.
21. BAUMANN, Renato. Uma visão econômica da globalização. *O Brasil e a economia global*. Rio de Janeiro: Campus, 1996.

20

1. UNCATAD. *World investment report*. Transnational corporations, employment and the workplace. Genebra, 1994.
2. BAUMANN, Renato. Uma visão econômica da globalização. *O Brasil e a economia global*. Rio de Janeiro: Campus, 1996.
3. FELDSTEIN, Martin. The effects of outbound foreign direct investment on the domestic capital stock. *Working paper nº 4.668*. Cambridge: NBER, 1994.
4. HUFBAUER, Gary. World economic integration: the long view. *International economic insights*. Washington: World Bank, 1991.
5. CNI. *Abertura comercial e estratégia tecnológica*. Rio de Janeiro: CNI, 1994.
6. LERDA, Juan Carlos. Globalização da economia e perda de autonomia das autoridades fiscais, bancárias e monetárias. O *Brasil e a economia global*. Rio de Janeiro: Campus, 1996.
7. BAUMANN, Renato. Uma visão econômica da globalização. *O Brasil e a economia global*. Rio de Janeiro: Campus, 1996.
8. HUNT, E. K. *History of economic thought*. Belmont: Wodsworth, 1978.
9. EDEGEWORTH, F. The pure theory of foreign trade. *Papers relating to political economy*. Londres: Macmillan, 1925.
10. HABERLER, Gottfried. Some problems in the pure theory of international trade. In: CAVES, R. E.; JOHNSON, H. G. (Ed.). *Readings in international economics*. Londres: Allen and Unwin, 1968.
11. HECKSCHER, Eli F. The effect of foreign trade on the distribution of income. *Ekonomisk tidskrift*, v. 21, 1919.
12. OHLIN, Bertil. *Interregional and international trade*. Cambridge: Harvard University Press, 1933.
13. LINDER, Staffan B. *An essay on Wade and transformation*. New York: John Wiley, 1961.

14. VERNON, Raymond. International investment and international trade in the product cycle. *Quarterly Journal of Economics*, v. 80, 1966.
15. FURTADO, Celso. *Teoria e política do desenvolvimento econômico*. São Paulo: Nacional, 1967.
16. PREBISCH, Raul. *The economic development in Latin America and its problems*. Washington: UN/CEPAL, 1950.
17. SINGER, H. G. The distribution of gains between investing and borrowing countries. *American Economic Review*, May 1950.
18. HIRSCHMAN, Albert O. *The strategy of economic development*. New Haven: Yale University Press, 1958.
19. CHENERY, Hollis B. Comparative advantage and development policy. *Surveys of economic theory*. Londres: Macmillan, 1965.
20. KRUGMAN, Paul R. *Rethinking international trade*. Cambridge: MIT, 1990.
21. PORTER, Michael E. *The competitive advantage of nations*. New York: Free Press, 1990.

21

1. KRUGMAN, Paul R.; OBSTFELD, Maurice. *International economics*: theory and policy. 3. ed. New York: Harper Collins, 1994.
2. IMF. International Monetary Fund. *International financial statistics*. Exchange rate arrangements, v. LII, nº 9. Washington: IMF Publication Services, 1999.
3. ZINI, Álvaro Antônio. Política cambial com liberdade ao câmbio. *O Brasil e a economia global*. Rio de Janeiro: Campus, 1996.
4. RAGAN, James E.; THOMAS, Lloyd B. *Principles of economics*. 2. ed. Orlando: Harcourt Brace/Dryden Press, 1993.

Índice de Assuntos

A

Aceleração, princípio de
  conceito do, 873
  e flutuações da economia 873-875
  restrições ao, 875-876
Acumulação (ver fator capital e investimento)
Agentes econômicos
  conceito e categorias, 143
  interação dos, 154-157, 170-175, 586, 590
Agregados econômicos
  a preços constantes, 605-609
  a preços correntes, 605-609
  conceito de, 562, 595
  limitações dos, 615-619
  significado dos, 613-616
  visão crítica dos, 620, 622
Atividades primárias de produção, 125-126, 136, 149
Atividades secundárias de produção, 125-126, 136, 149
Atividades terciárias de produção, 125-126, 136, 149
Ativos financeiros
  conceito de, 670-671, 695-697, 731
  monetários, 686-687, 690, 700-704
  não monetários, 686-687
  quase-monetários, 694-699, 704
Ativos reais, 668-671, 695, 731
Atraso,
  círculos viciosos do, 381-384

B

Balança comercial, 952-953
Balança de serviços, 952-953
Balanço internacional de pagamentos
  conceito de, 951-952, 970
  déficit ou superávit do, 953-955
  do Brasil, 958-962
  erros e emissões do, 955
  estrutura do, 952-956
  hipóteses teóricas de, 957-958
  movimentos de capital, 954-955
  reconfiguração do, 962
  saldo em transações correntes, 587

Banco Central do Brasil, 684-686
Bancos, 687-688
Bancos centrais
  razões da criação dos, 168
Base monetária, 716
Bens econômicos, 193
Bens e serviços
  de consumo, 127-130
  de produção, 127-130
  de capital, 129
  finais, 576
  intermediários, 127-130, 568
Bens livres, 193
Bens públicos, 311-312
Bens semipúblicos, 311-312
Biodiversidade, 76,79

C

Capacidade empresarial, 121-125
Capacidade ociosa, 204-206
Capacidade tecnológica, 110-113
Capital (ver fator capital)
Capital humano, 278-283
Ciclos econômicos
  abordagens teóricas dos, 877-878
  conceito de, 877-878
  teorias monetaristas do, 879
Ciências do comportamento, 4
Ciências humanas, 4
Ciências sociais, 4, 5, 35, 53, 60, 62
Coalizão (ver oligopólio)
Coletivismo
  bases doutrinárias do, 318-322
  na antiga URSS, 321-322, 324-329
  na China, 329-334
  no leste da Europa, 334-336
  quadro institucional do, 322-324
  vícios do, 336-342
Comércio internacional
  abordagem de Linder, 934-935
  abordagem de Vernon, 935-937
  crescimento do, 908-911
  mudanças estruturais no, 918
  teorema de Hecksher-Ohlin, 930-934
  teoria clássica do, 919, 922-930
  teoria estruturalista do, 937-938

  teoria mercantilista do, 919-922
Comissão de Valores Mobiliários, 686
Competitividade
  condições requeridas para, 365
  das nações, 938-945
  estágios da, 944-945
  fundamentos e pilares da, 365-367
  pilares da, 942-944
  ranking mundial da, 368
  razões para melhoria da, 385-387
  versão Sachs-Warner, 941
  versão Garelli-Guertchin, 941
Concorrência monopolística
  conceito e características, 426-427, 464, 555-556
  curvas da procura na, 536-537
  maximização do lucro na, 538-539
  pontos desfavoráveis, 554-555
  pontos favoráveis, 554-555
Concorrência perfeita
  conceito e característica, 421-422, 461, 509-510, 555
  eficiência social da, 517-525
  interesse teórico pela, 510-511
  maximização do lucro na, 514-517
  pontos desfavoráveis da, 552-553
  pontos favoráveis da, 552-553
  preços na, 512-514
Conhecimento, teoria do
  ciência e, 30-31
  em economia, 32-36
  ideologia e, 30-31, 53
  senso comum e, 28-30
Conselho Monetário Nacional, 685
Consumidor
  abordagens alternativas da teoria do, 496-498
  equilíbrio do, 477
  maximização da satisfação do, 473, 477, 520-521
  teoria do comportamento do, 466
Consumo agregado, 572
Consumo das famílias
  conceito e constituição do, 636, 640-641
  fatores determinantes do, 810-816, 838
  função, 810-812

hipótese da renda permanente, 813
hipótese do ciclo de vida, 813
Consumo do governo
  conceito e constituição, 581, 641
Contabilidade Social
  conceito de, 562, 567
  desenvolvimento da, 562-564, 595
  padronização da, 564-567
Crédito, controle do (ver política monetária)
Crescimento econômico
  conceito de, 132-134, 136
  no Brasil, 649-653
Cruz Keynesiana
  conceito de, 858-861
  em uma economia aberta, 865-869
  modelos simplificados de, 861-864
Curva de indiferença, 474-475, 504-505
Curva de Lorenz, 258-261, 263, 267
Curvas de possibilidade de produção
  conceito de, 203-206
  deslocamentos, 206-208
  dilema consumo e investimento, 226-231
  dilemas fundamentais, 217-231
  pontos notáveis, 204-206
Custo
  fixo médio, 487, 491
  fixo total, 484
  marginal, 489-491
  total, 486-491
  total médio, 488-489, 519-520
  variável médio, 488-491
  variável total, 484-485
Custo de oportunidade, 25, 178-179, 211-216, 234-235
Custos crescentes de oportunidade, 211-216, 234-235
Custos de suprimentos, 569-571, 577-578
Custos dos recursos, 570, 576-578

D

Deflação, 746-747
Deflator do PIB, 608-609, 621
Depreciação, (ver fator capital)
Desagregação, 591-595, 654-659
Desemprego
  cíclico, 778
  de adultos e jovens, 394
  friccional, 779

involuntário, 81-83, 390-391, 777, 779
voluntário, 81-83, 777
taxas de, 393
Desenvolvimento
  econômico, 370-374
  indicadores de, 370-374, 376-377
  índices de, 377-381-382
  universalização do, 370, 406
Desenvolvimento sustentável
  autorregulação, 402
  conceito de, 79, 400-402
  controles diretos, 401
  ISO 14000, 402
  princípio do pagamento pelo poluidor, 401
Desinflação, 746-747, 769
Desradicalização
  conceito de, 342-346
Dispêndio Nacional,
  conceito de, 578-579
Divisão do trabalho
  benefícios da, 154-157
  conceito de, 154-156
  razões da, 154
Dumping (ver oligopólio)

E

Econometria, 10-12, 62
Economia,
  como ciência social, 4-6, 18, 60-62
  conceito clássico de, 20-23
  conceito de Robins, 23-28
  conceito neoclássico de, 20, 27-28
  conceito socialista de, 22-23, 28
  de que se ocupa a, 6-8, 59-61
  metodologia da, 32-36
  quantificação da, 10-16
Economia aberta, 586-590
Economia fechada, 573-586
Economia informal,
  conceito de, 601-602, 604
  razões da, 602-604
Economia normativa, 39-41, 53
Economia política, 17-20, 39
Economia positiva, 39-41
Economia social de mercado, 346-348, 351
Economia subterrânea, 601-605
Efeito-preço, 473-474, 478-479, 504
Efeito-renda, 473-474, 479, 504-505
Eficácia alocativa, 141, 177-190, 192,

231, 233
Eficiência marginal do capital, 823-824
Eficiência produtiva, 141, 177-178, 192, 233
Elasticidade cruzada, 439
Elasticidade-preço da oferta
  conceito e aferição da, 443
  determinantes da, 444-446
  tipologia, 443-444
Elasticidade-preço da procura
  conceito e aferição da, 433-435, 462
  determinantes da, 435-437
  tipologia da, 433-435
Emprego
  motivos para expansão do, 390
  segundo gênero, 391-392, 394
  vulneráveis e precários, 393
Empresariedade
  atributo da, 124
  barreiras e motivações da, 125
  conceito de, 121-123
Empresas
  conceito de, 147, 185
  dimensões das, 147- 148, 150
  elementos diferenciadores das, 147-151
  formas de gestão das, 150-151
  origens e controle das, 150
  transnacionais, 911-912
Endividamento externo, 950
Equilíbrio macroeconômico
  a pleno emprego, 848-852
  com desemprego, 854-855
  com interação dos setores real e monetário, 880-887
  identidades contábeis do, 808-809
  interação oferta-procura agregadas, 798-800
  na versão clássica, 848-852
  na versão keynesiana, 852-858
  no setor real (ver cruz keynesiana)
Equitatividade
  conceito de, 285-287
  critérios de Rawls de, 284
Escalas
  economias constantes de, 486
  economias crescentes de, 486
  economias de, 486
  economias decrescentes de, 486
Escambo
  conceito de, 157
  condições viabilizadoras do, 157

dificuldades do, 157-160
Escassez de recursos, 26-28, 62, 193-195
Escolas econômicas
  classicismo, 37-38
  fisiocracia, 37-38
  institucionalismo, 37-38
  keynesianismo, 37-38
  marginalismo, 37-38, 467
  marxismo, 37-38, 320-321
  mercantilismo, 37-38, 919-922
  monetarismo, 37-38
  neoclassicismo, 37-38
  neoliberalismo, 37-38, 318
  socialismo, 37-38, 318-322
Escolha, processo de, 24-28
Especialização (ver divisão do trabalho)
Estabilização dos preços
  determinantes da, 759
  experiência brasileira de, 766-767
  ortodoxia e heterodoxia, 764-765
  visão mundial da, 757-758
Estagflação, 790-791
Exportações (ver balança comercial)
  conceito de, 587
Externalidade, 399, 618-619

F

Fator capital
  acumulação bruta do, 105-106, 132-134, 654-656
  acumulação líquida do, 105-106, 132-134
  conceito e constituição do, 100-104, 132-134
  depreciação do, 105-106, 579
  fontes de acumulação do, 105-108
  formação bruta de, 108-110
  formação líquida de, 108-110
Fator trabalho
  faixa etária produtiva de, 79-82
  força de trabalho potencial, 83-84
  ônus demográfico, 83-84
  pirâmides demográficas, 83-84, 93-97
  população economicamente ativa, 80, 83, 134-135
  população economicamente inativa, 80, 83
  população economicamente mobilizável, 80, 83, 101, 134-135
  população não mobilizável economicamente, 80, 83

Fatores de produção
  fator capital, 100-109, 135-136
  fator terra, 67-79, 134
  fator trabalho, 79-83, 134-135
  remuneração dos, 169-170, 174, 176, 572
  tipologia, 67, 134, 176
Fisher, equação de trocas de, 739-742, 768, 849
Fluxo circular
  do produto-renda dispêndio, 806-808
  injeções no, 806-808
  vazamentos do, 806-808
Fluxos monetários, 170-171
Fluxos reais, 170-171
Frugalidade, paradoxo da, 864
Função produção, 130-134

G

Geopolítica
  blocos econômicos, 363-365
  hegemonia unipolar, 359-362
  multipolaridade, 362-364
  nova ordem mundial, 356-359
  reassimilação leste-oeste, 357
Gini, coeficiente de, 261-264, 267-269, 289
Globalização
  conceito de, 911, 945-946
  consequências institucionais da, 914-915
  Consequências macroeconômicas da, 915-917
  consequências microeconômicas da, 917-918
  pré-requisitos da, 911-914
Governo
  características e funções, 173-175
  categorias de dispêndio, 315-318
  conceito de, 173, 185
Gresham, lei de, 164
Guerra de preços (ver oligopólio)

H

Heckscher-Ohlin, teorema de (ver comércio internacional)
Hiato contracionista, 879
Hiato do PIB, 784-788, 801
Hiato expansionista, 879
Hiperinflação, 754-757

Homem econômico
  racionalidade do, 298, 306-307

I

IDH, índice de desenvolvimento humano (ver desenvolvimento)
IDS, índice de desenvolvimento social (ver desenvolvimento)
Igualdade absoluta, 242
Importações (ver balança comercial)
  conceito de, 587
  substituição de, 938
Indicadores econômicos, 10-16
Individualismo
Inflação
  conceito de, 745-746, 769-770
  consequências da, 754-757
  de custos, 751-752
  de procura, 749-751
  dinâmica da, 753-754
  estrutural, 751-752
  indicadores da, 748-749
  inercial, 752-753
  no Brasil, 760-766
  reprimida, 763-764
  sistema de metas da, 760, 766, 768
  tipologia da, 749-754
Inovação
  fontes de, 113-120
  índice global de, 121-122
  processo e fontes de, 110-114
Intercâmbio internacional (ver trocas)
  custos e benefícios do, 969-970
  determinantes construídos do, 906-907, 945
  determinantes naturais do, 901-906, 945
Intermediação financeira
  abordagens Gurley-Shaw da, 671-674, 690
  benefícios da, 675-676
  funções da, 671-672
  maturidade da, 676
  segmentação da, 676-681
Investimento
  bruto, 105-108
  categorias de, 102-104
  conceito de, 105-108
  líquido, 105-106
Investimento das empresas
  decisões de, 823-826
  fatores determinantes do, 819-823, 835

função, 824-826
Investimento do governo, 581

J

Juros
    definição da taxa de equilíbrio, 882-887
    efeito nos investimentos, 823-826
Justiça distributiva, 141, 176-177, 180-181, 187, 240-248, 282-287

L

Laffer, curva de, 828-829
Laissez-faire, 299, 349, 852
Leis econômicas
    caráter probabilístico das, 53, 57
    condições *ceteris paribus*, 57-59
    sofisma de composição, 59-60
    validade e limitações das, 53-60
Leontief, matriz tipo (ver matriz de insumo-produto)
Liquidez
    absoluta, 696, 704
    armadilha da, 886
    aversão à, 727, 730-731, 734
    internacional, 950
    preferência pela, 722-729, 734
    relativa, 697-700, 704-705
Lorenz, curva de, 258-264
Lucro
    função do, 492-493
    maximização do, 493-495

M

Macroeconomia
    clássica, 844, 847, 852, 892
    conceito de, 44-47
    keynesiana, 844, 893
    novo-clássica, 880-882, 894
    novo keynesiana, 886-894
Mais valia, 299
Mapa de indiferença, 480-481
Maslow, escala de (ver necessidades)
Matriz de insumo-produto, 10, 14, 592-594, 597
Meio circulante, 706-708
Meios de pagamento
    conceito de, 707
    efeito multiplicador, 710-719
Mercado
    automatismo das forças do, 307-308
    classificação de Marchal, 419-420
    classificação de Stackelberg, 418-419
    conceito de, 414-417, 461
    conflitos de interesse no, 427-429
    de produtos, 415
    de recursos, 415
    equilíbrio de, 449, 456
    funções do, 459
    imperfeições do, 459-460
    interconexões, 416
    "mão invisível" do, 298, 303-307, 349, 457-458
    preço de, 449-541,463
    vícios da economia de, 309-312
Mercado cambial, 678, 681, 690
Mercado de capitais, 678, 681, 690
Mercado de crédito, 678-680, 690
Mercado monetário, 677-678,690
Mercadoria-moeda, 160-162
Metalismo, 162-165
Método dedutivo, 32-36, 62-63
Método indutivo, 32-36, 62-63
    controvérsias do, 888-892
    defasagem de ação do, 843
    defasagem de efeito do, 843
    efeito do, 887-888
    fins (objetivos), 46-51, 777-780
    meios (instrumentos), 51-52, 781-784, 800
    novo-clássica, 888-892
    novo-keynesiana, 888-892
Microeconomia
    conceito de, 41-44, 47
    temas básicos da, 41-43
Moeda
    característica essenciais da, 168-169
    curso legal da, 163
    escritural, bancária ou invisível, 168-169, 707-709, 732-733
    evolução da, 161-170
    desmaterialização da, 168
    fiduciária (ver papel-moeda)
    funções da, 166-168
    lastro da, 165-166
    manual ou visível, 169, 703-709, 733
    metálica (ver metalismo)
    não neutralidade da, 848
    neutralidade da, 848
    poder liberatório da, 163
    representativa (ver moeda-papel)
    teoria quantitativa da, 739-742
    velocidade de circulação da, 727-731, 734
Moeda-papel, 165-166, 186
Monopólio
    bilateral, 418-419
    características do, 422-423, 428, 461, 527-528
    curva da procura no, 527-528
    efeitos do, 534
    maximização do lucro 529-534
    políticas antimonopólio, 535
    pontos desfavoráveis do, 553
    pontos favoráveis do, 553
Monopsônio, 418
Multiplicador da moeda
    magnitude do efeito, 715
    mecanismos do, 710-715
    propagação do efeito, 712-713
Multiplicador dos dispêndios, 818
    conceito de, 869-870, 893
    magnitude do, 872-873
    mecanismos do, 870

N

Necessidades
    hierarquia das, 196
    ilimitação das, 23-27, 62, 194-198

O

Oferta
    curva da, 442
    deslocamentos da, 446-448
    escala da, 442
    função da, 447
    lei da, 441
Oferta agregada
    conceito e constituição, 588-589, 795-797, 802
    função, 849
    na macroeconomia clássica, 849-852
    na macroeconomia keynesiana, 846-850, 858
Oferta monetária
    conceito de, 704-710
    controle da, 719-721
    $M1$, $M2$, $M3$, $M4$, 705, 709, 733
    mediação da, 705-710
Oligopólio
    bilateral, 419-420
    característica do, 423-425, 428, 461, 542, 556
    coalizão (ou conluio) no, 548-550, 554-557

competitivo, 546-547
concentração industrial no, 544
concentrado, 545, 556
diferenciado, 545-546, 556-557
diferenciado-concentrado, 546, 556-557
dumping no, 550
guerra de preços no, 547-550, 557
pontos desfavoráveis do, 554-555
pontos favoráveis do, 554-555
Ologopsônio, 418-419
Open market (ver política monetária)
Orçamento do governo
lados dos dispêndios, 829-830, 838, 839
lados dos tributos, 827-829, 839
Ordenamento institucional
conceito de, 141, 182-184, 187
critérios diferenciadores do, 184
economias de comando central, 182-184, 187, 299-302, 318-324, 336-342
economia de mercado, 182-184, 187, 297-298, 302-318, 348-350
sistemas mistos, 182-185, 187, 348

P

Papel moeda, 166-168, 186
Pareto,
coeficiente de alfa de, 253-258
hipérbole de, 255-257
Paridade do poder de compra, 612-615
Philips, curva de
versão estendida, 790-795, 802
versão original, 788-789, 801
Pleno desemprego, 204
Pleno emprego, 204-206, 524-525, 785
Pobreza
absoluta, 242, 269-274, 289
causas da, 274-282, 289
extrema, 271-274
índices de, 271-273
linhas de, 272
relativa, 269
Política cambial
instrumento da, 778, 782-783
Política de rendas, 778, 783-784
Política econômica
conceito de, 39-41, 63
Política fiscal
instrumentos da, 778, 781-782

Política monetária
efeitos da, 740-745
instrumentos da, 719-721, 733, 778, 782
Poupança das famílias
fatores determinantes da, 810-816, 835
função, 811-813
Preço de equilíbrio, 449-451
Preço-prêmio, 427, 536-539, 556
Procura
curva da, 432
curva quebrada da, 547-551
derivação da curva típica de, 480-482
deslocamentos da, 437-441
escala da, 432
função da, 438
lei da, 431
Procura agregada
conceito e constituição de, 795-796, 802, 838
fatores determinantes da, 835
função, 849
insuficiência da, 854
movimentos da, 834-838
na macroeconomia clássica, 847-851
na macroeconomia keynesiana, 854-858
Procura efetiva
princípio da, 853-856
Procura externa líquida
conceito de, 831, 840
fatores determinantes da, 831-833, 835
Procura por moeda
conceito de, 722-725
funções da, 724-725
motivo especulação da, 723-724
motivo precaução da, 723
motivo transação da, 723
Produção
função, 130-134
processo de, 127-130, 136
unidades de, 125-127, 136
Produto efetivo
conceito de, 785, 801
fatores determinantes do, 785-787
Produto Interno Bruto, PIB, 590-591, 639, 649-653
Produto Nacional
ao custo de recursos, 577-578, 583
a preços de mercado, 583, 585

conceito de, 569-570, 572, 576
Produto Nacional Bruto, PNB, 584-585, 590-592, 597
Produto Nacional Líquido, PNL, 584-585, 590-592, 597
Produto potencial
conceito de, 785, 801
fatores determinantes do, 785-786
Produtor, comportamento do
abordagem Baumol, 501-503
abordagem de Scitovsky, 501-502
teoria tradicional do, 466
teorias alternativas do, 496-498
Propensão a consumir, 816-818, 838
Propensão a poupar, 816-818, 838-839

Q

Quantitativismo (ver moeda, teoria quantitativa)
Quase-moeda (ver ativos financeiros)

R

Receita
marginal, 484, 505
total, 482-483, 492
Recolhimentos compulsórios (ver política monetária)
Recursos de produção (ver fatores de produção)
Redesconto (ver política monetária)
Reflação, 746-747
Renda Nacional, RN
conceito de, 572-574
significado e cálculo da, 578, 580, 585, 591
Renda Nacional Bruta, RNB, 641
Renda Pessoal Disponível, RPD,
conceito de, 585, 589, 591-592, 597
Rendimentos decrescentes
exemplos de, 208-212
lei dos, 209-211, 234
razões de, 211-213
Repartição da renda
em países selecionados, 243-248, 262-264
no Brasil, 248-253, 264-269, 288-289
Reservas cambiais, 956
Restrição orçamentária
deslocamento da, 480
reta de, 476-477
Riqueza humana (ver capital humano)

S

Say-Mill, lei de
 demonstração gráfica da, 849-852
 enunciado da, 848-849
 implicações da, 848-849
Setor financeiro, 668-671
Setor real, 668-671
Sistema de Contas Nacionais do Brasil (atual)
 agentes institucionais, 635-638
 atividades produtivas, 637-638
 CEI, Conta Econômica Integrada, 634, 643-648
 desagregação por atividades, 656-657
 desagregação da formação de capital, 654-656
 desagregação por municípios, 658-660
 desagregação por regiões, 657-658
 grandes blocos, 634-635
 lógica contábil, 647-649
 operações econômicas, 638-639
 razões das mudanças, 625, 633-634
 três óticas, 639-641
 TRUS, Tabelas de Recursos e Usos, 634, 636, 642-645
Sistema de Contas Nacionais do Brasil (vigente até 1996)
 equações básicas, 629
 evoluções, 626-634
 interligação das contas, 631-633
 normas e princípios, 625
 usos reconhecidos, 625-626
Sistema econômico
 conceito de, 141-142
 elementos constitutivos, 142-143
Sistema financeiro nacional
 estrutura do, 683-684
 subsistema de intermediação, 683, 686-689
 subsistema normativo, 684-686

Socialismo de mercado, 334-336, 346-361
Sistema social de trocas, 154-157
***Spread* bancário**
 conceito de, 672-674
 comparações internacionais do, 673
Subsídios, 582, 596-597

T

Tarifas alfandegárias
 conceito de, 967
 críticas às, 968-969
 justificações das, 967-968
Taxa de câmbio
 bandas de flutuações da, 966-967
 conceito de, 963
 determinação da, 963-965
 flexíveis (ou flutuantes), 965-966
Tecnologia
 conceito de, 110-112, 136
 inovação, 111-113, 136
 invenção, 111-113, 136
 P&D, processo de geração da, 113-121, 136
Território econômico, 590-591
Transações intermediárias, 593-594
Transferências, 582, 596-597
Transferências unilaterais, 953-954
Tributos
 diretos, 176, 580
 função receita tributária, 828
 indiretos, 176, 581
 ótimo tributário (ver Laffer, curva)
 progressivos, 176, 828-829
 proporcionais, 176, 828-829
 regressivos, 176, 828-829
Trocas
 internacionais com vantagens absolutas, 922-925
 internacionais com vantagens bilaterais, 925-930
 internacionais com vantagens relativas, 926-930
 internacionais com vantagens unilaterais, 920-922
 diretas (ver escambo), 157-160, 185
 indiretas, 157, 185
 razões das internacionais, 901-907
 relação de, 157-160
 sistema de, 154-160

U

Unidades familiares
 caracterização, 145-146
 conceito de, 143-144
 estruturas dos dispêndios das, 145-146
 origem dos rendimentos das, 145
Utilidade
 conceito de, 468
 marginal, 467-469, 472, 504
 matriz de Menger da, 470-471
 maximização da, 472-473
 ponto de saturação da, 470, 503
 total, 468-469, 472

V

Valor adicionado
 cálculo do, 574-576
 conceito de, 567-572
 composição do, 577-578, 582-583, 593
Valor nominal (ver agregados econômicos a preços correntes)
Valor real (ver agregados econômicos a preços constantes)
Variáveis econômicas
 conceito de, 10-12
 relações entre, 11-14
 variáveis-fluxo, 11-12
 variáveis estoque, 11-12

W

Wagner, lei de, 317-318

Cromosete
Gráfica e editora ltda.
Impressão e acabamento
Rua Uhland, 307
Vila Ema-Cep 03283-000
São Paulo - SP
Tel/Fax: 011 2154-1176
adm@cromosete.com.br

2019